Peter Mussaeus, Ingo Rausch, Markus Moraing (Hrsg.)
Verträge der Energiewirtschaft
De Gruyter Praxishandbuch

Verträge der Energiewirtschaft

Strom, Gas, Erneuerbare Energien, KWK

Herausgegeben von
Peter Mussaeus, Rechtsanwalt, Partner, PricewaterhouseCoopers AG Wirtschaftsprüfungsgesellschaft
Ingo Rausch, Rechtsanwalt, PricewaterhouseCoopers AG Wirtschaftsprüfungsgesellschaft
Markus Moraing, Rechtsanwalt, Verband kommunaler Unternehmen e. V.

Bearbeitet von*
Julia Fritz, Rechtsanwältin; **Marc Goldberg**, Rechtsanwalt; **Björn Jacob**, Rechtsanwalt; **Karin Jenner**, LL.M; **Micha Klewar**, Rechtsanwalt und Fachanwalt für Verwaltungsrecht; **Michael H. Küper**, M.Sc., Rechtsanwalt; **Dr. iur. Niels-Jakob Küttner**, Rechtsanwalt; **Dominik Martel**, LL.M., Rechtsanwalt; **Dirk-Henning Meier**, LL.M., Rechtsanwalt; **Dr. iur. Melanie Meyer**, LL.M., Rechtsanwältin; **Peter Mussaeus**, Rechtsanwalt, Partner; **Tim-Oliver Neumann**, LL.M., Rechtsanwalt; **Ingo Rausch**, Rechtsanwalt; **Christoph Sänger**, Rechtsanwalt; **Eva-Maria Schwind**, Rechtsanwältin; **Christian Teßmann**, Rechtsanwalt; **Sabine Theis**, LL.M., Rechtsanwältin; **Daniel Callejón Thömmes**, Rechtsanwalt; **Alexandra Ufer**, Rechtsanwältin; **Suzana Varvodic**, Rechtsanwältin

*Sämtliche Autoren sind Mitarbeiter der PricewaterhouseCoopers AG Wirtschaftsprüfungsgesellschaft.

DE GRUYTER

Zitiervorschlag: Mussaeus/Rausch/Moraing/*Bearbeiter*, Kap. 1 Rn 8 oder Kap. 2.B Rn 20.

Hinweis:
Alle Angaben in diesem Werk sind nach bestem Wissen unter Anwendung aller gebotenen Sorgfalt erstellt worden. Trotzdem kann von dem Verlag und den Autoren keine Haftung für etwaige Fehler übernommen werden.

ISBN 978-3-11-030505-0
e-ISBN (PDF) 978-3-11-035376-1
e-ISBN (EPUB) 978-3-11-038788-9

Bibliografische Information der Deutschen Nationalbibliothek
Die Deutsche Nationalbibliothek verzeichnet diese Publikation in der Deutschen Nationalbibliografie; detaillierte bibliografische Daten sind im Internet über http://dnb.d-nb.de abrufbar.

Datenkonvertierung/Satz: fidus Publikations-Service GmbH, Nördlingen
Druck: CPI books GmbH, Leck
♾ Gedruckt auf säurefreiem Papier
Printed in Germany

MIX
Papier aus verantwortungsvollen Quellen
FSC® C003147

www.degruyter.com

Vorwort

Das Energierecht stellt Unternehmen der Energiewirtschaft seit Jahren unter einen erheblichen Druck, mit dem stetigen Wandel der gesetzgeberischen Rahmenbedingungen, der behördlichen Anforderungen und der Rechtsprechung Schritt zu halten. Die zahlreichen Aktivitäten der EU-Kommission, des nationalen Gesetzgebers und der nationalen Regulierungsbehörden führen dazu, dass das Energierecht zu einer kaum überschaubaren Herausforderung für Unternehmen der Energiewirtschaft geworden ist.

Unternehmen der Energiewirtschaft geraten durch diesen Wandel unter Druck, jederzeit zu Schritt zu halten und zu verfolgen, inwieweit die Verträge (noch) im Einklang mit den gesetzgeberischen und richterlichen Rahmenbedingungen stehen. Unternehmen müssen sich den tiefgreifenden Änderungen stellen und auf Grundlage der verfolgten Unternehmensziele geeignete Strategien und Prozesse entwickeln. Durch die detaillierte Kommentierung, die neben materiellem Recht auch Ausführungen zu kautelarjuristischen und prozesstaktischen Überlegungen gibt, dient dieses Werk auch als Grundlage für ein fundiertes Wissen um das Recht der Energiewirtschaft. Die von den Autoren des Werkes aufbereiteten Rahmenbedingungen und Vorgaben des Gesetzgebers und der Rechtsprechung sind zugleich in den Musterverträgen umgesetzt. Durch die Verwendung des Handbuchs der Verträge der Energiewirtschaft soll eine möglichst rechtssichere Vertragsgestaltung gewährleistet werden. Den Herausgebern kam es dabei vor allem darauf an, ein praxisorientiertes Werk zu schaffen, welches als Arbeitshilfe für die Vertragsgestaltung innerhalb energiewirtschaftlicher Unternehmen dient. Es zeigt Gestaltungsspielräume zur Optimierung der mit den Verträgen verbundenen Ergebnisse auf. Die Musterverträge ersetzen naturgemäß selbstverständlich weder die Aufbereitung des Sachverhalts im Einzelfall noch die entsprechende rechtliche Subsumption. Sie dienen aber dazu, zügig und pragmatisch die entscheidenden Hebel zur vertraglichen Lösung verschiedener Situationen bereitzustellen. So kann mit Hilfe dieses Werkes auf effiziente Weise ein fundiertes und praxistaugliches Ergebnis erzielt werden.

Soweit nichts anderes angegeben, sind höchstgerichtliche Rechtsprechung, energiewirtschaftsrechtliche Literatur sowie Gesetzgebung und Beschlüsse der Bundesnetzagentur bis zum 30.6.2014 berücksichtigt.

Herausgeber und Autoren danken den zahlreichen Unternehmen, mit denen sie sich in den vergangenen Jahren immer wieder austauschen und dadurch praxiserprobte Muster entwickeln konnten. Gleichzeitig sind wir weiterhin dankbar für jegliche Anregungen sowie kritische Anmerkungen, um auch zukünftig bestmögliche Vertragsmuster zur Verfügung stellen zu können.

Nicht unerwähnt bleiben darf zudem der Dank der Herausgeber und Autoren für die Koordination des Werkes durch unseren geschätzten Kollegen und Mitautor Herrn Rechtsanwalt Tim-Oliver Neumann sowie die tatkräftige Unterstützung der Referendarinnen Frau Marta Paulina Sladek und Frau Sophia Künze bei der Erstellung dieses Werkes.

Düsseldorf, im Oktober 2014

Peter Mussaeus
Ingo Rausch
Markus Moraing

Geleitwort

Die Energiewirtschaft ist derzeit von einem grundlegenden Wandel geprägt. Politik, Wirtschaft, Technik und Recht sowie immer mehr auch die Digitalisierung prägen die weitere Entwicklung der Energiewirtschaft.

Gerade mit Blick auf die deutsche Energiewende und die Neujustierung der energiepolitischen Ziele in der EU zeigt sich, dass die Branche herausfordernde Aufgaben zu bewältigen hat. Die Energieversorger haben ihre Geschäftsmodelle und Strategien zu überprüfen. Gleichzeitig müssen sie ihre operativen Tätigkeiten effizienter gestalten und den sich kurzfristig ändernden Rahmenbedingen anpassen.

PwC unterstützt die Unternehmen dabei mit vielfältigen Beratungs- und Prüfungsleistungen. Ich freue mich, dass die Herausgeber und Autoren mit dem vorliegenden Werk allen interessierten Unternehmen erprobte und praxistaugliche Vertragsmuster zur Verfügung stellen und durch die Erläuterungen eine effiziente Verwendung ermöglichen. Sie leisten damit einen wertvollen Beitrag für die Unternehmen, die erforderlichen Vertragsgrundlagen zu standardisieren, zu optimieren und fortlaufend aktuell zu halten.

Ich wünsche allen Unternehmen, die dieses Werk nutzen, viel Erfolg bei der Bewältigung der anstehenden Aufgaben.

Düsseldorf, im Oktober 2014

Dr. Norbert Schwieters,
PricewaterhouseCoopers AG Wirtschaftsprüfungsgesellschaft,
Leiter Energiewirtschaft

Inhaltsübersicht

Kapitel 4
Messwesen

Kapitel 5
Einspeiseverträge für Erneuerbare-Energie-Anlagen

Kapitel 6
Einspeisevertrag für KWK-Anlagen

Inhaltsverzeichnis

Kapitel 6
Einspeisevertrag für KWK-Anlagen

Abkürzungsverzeichnis

%	Prozent
€	Euro
§	Paragraph
AbLaV	Verordnung über Vereinbarungen zu abschaltbaren Lasten (Verordnung über abschaltbare Lasten)
Abs.	Absatz
a. F.	alte Fassung
AGB	Allgemeine Geschäftsbedingungen
Alt.	Alternativ/e
Anh.	Anhang
ANV	Anschlussnutzungsvertrag
Art.	Artikel
AVB	Allgemeine Bedingungen für die Versorgung
AVBEltV	Verordnung über Allgemeine Bedingungen für die Elektrizitätsversorgung von Tarifkunden
AVBFernwärmeV	Verordnung über Allgemeine Bedingungen für die Versorgung mit Fernwärme
AVBGasV	Verordnung über Allgemeine Bedingungen für die Gasversorgung von Tarifkunden
AVBWasserV	Verordnung über Allgemeine Bedingungen für die Versorgung mit Wasser
Az.	Aktenzeichen
BAFA	Bundesamt für Wirtschaft und Ausfuhrkontrolle
BDEW	Bundesverband der Energie- und Wasserwirtschaft e. V.
BGB	Bürgerliches Gesetzbuch
BGBl.	Bundesgesetzblatt
BGH	Bundesgerichtshof
BHKW	Blockheizkraftwerk
BIC	Bank Identifier Code
BIKO	Bilanzkreiskoordinator
BImSchG	Gesetz zum Schutz vor schädlichen Umwelteinwirkungen durch Luftverunreinigungen, Geräusche, Erschütterungen und ähnliche Vorgänge (Bundes-Immissionsschutzgesetz)
BKA	Bilanzkreisabrechnung
BKV	Bilanzkreisvertrag oder Bilanzkreisverantwortlicher
BLZ	Bankleitzahl
BMU	Bundesministerium für Umwelt, Naturschutz, Bau und Reaktorsicherheit
BMWi	Bundesministerium für Wirtschaft und Energie
BNetzA	Bundesnetzagentur
BR-Drucks.	Bundesratsdrucksache
BT-Drucks.	Bundestagsdrucksache
bzgl.	bezüglich
bzw.	beziehungsweise
CSV	Comma-separated values
ct/kWh	Cent pro Kilowattstunde
DVGW	Deutscher Verein des Gas- und Wasserfaches

EDIFACT	Electronic Data Interchange For Administration, Commerce and Transport
EDL-G	Gesetz über Energiedienstleistungen und andere Energieeffizienzmaßnahmen (Energiedienstleistungsgesetz)
EEG	Gesetz für den Ausbau erneuerbarer Energien (Erneuerbare-Energien-Gesetz)
EGBGB	Einführungsgesetz zum Bürgerlichen Gesetzbuch
EIC	Energy Identification Code
EltRL	Richtlinie 2009/72/EG des europäischen Parlaments und des Rates vom 13. Juli 2009 über gemeinsame Vorschriften für den Elektrizitätsbinnenmarkt und zur Aufhebung der Richtlinie 2003/54/EG (Elektrizitätsbinnenmarktrichtlinie)
EnergieStG	Energiesteuergesetz
EnWG	Gesetz über die Elektrizitäts- und Gasversorgung (Energiewirtschaftsgesetz)
ESS	ENTSO–E Scheduling System
etc.	et cetera
EU	Europäische Union
EVU	Energieversorgungsunternehmen
f./ff.	folgende/fortfolgende
FTP	File Transfer Protocol
GasGVV	Verordnung über Allgemeine Bedingungen für die Grundversorgung von Haushaltskunden und die Ersatzversorgung mit Gas aus dem Niederdrucknetz (Gasgrundversorgungsverordnung)
GasNEV	Verordnung über die Entgelte für den Zugang zu Gasversorgungsnetzen (Gasnetzentgeltverordnung)
GasNZV	Verordnung über den Zugang zu Gasversorgungsnetzen (Gasnetzzugangsverordnung)
GasRL	Richtlinie 2009/73/EG des europäischen Parlaments und des Rates vom 13. Juli 2009 über gemeinsame Vorschriften für den Erdgasbinnenmarkt und zur Aufhebung der Richtlinie 2003/55/EG (Gasrichtlinie)
GeLi Gas	Geschäftsprozesse Lieferantenwechsel Gas
gem.	gemäß
GEODE	Groupement Européen des entreprises et Organismes de Distribution d'Énergie
ggf.	gegebenenfalls
GLN	Global Location Number
GPKE	Geschäftsprozesse zur Belieferung von Kunden mit Elektrizität
GVV	Grundversorgungsvertrag
GW	Gigawatt
GWh	Gigawattstunde
h	Stunde
H-Gas	High-Gas
HGÜ	Hochspannungs-Gleichstrom-Übertragung
HPflG	Haftpflichtgesetz
Hs.	Halbsatz
Hz	Hertz
i. H. v.	in Höhe von
i. S. d.	im Sinne des
i. S. v.	im Sinne von

i. V. m.	in Verbindung mit
IBAN	International Bank Account Number
Kap.	Kapitel
KBKA	Korrektur-Bilanzkreisabrechnung
KoV	Kooperationsvereinbarung
kVA	Kilovoltampere
kW	Kilowatt
kWh	Kilowattstunde
kWh/a	Kilowattstunde pro Jahr
kWh/h	Kilowattstunde pro Stunde
kWh/m³	Kilowattstunde pro Kubikmeter
KWK	Kraft-Wärme-Kopplung
KWKG	Gesetz für die Erhaltung, die Modernisierung und den Ausbau der Kraft-Wärme-Koppelung (Kraft-Wärme-Kopplungsgesetz)
KWKModG	Kraft-Wärme-Kopplungs-Modernisierungsgesetz
LG	Landgericht
L-Gas	Low-Gas
LRV	Lieferantenrahmenvertrag oder Lastrahmenvertrag
m	Meter
MaBiS	Marktregeln für die Durchführung der Bilanzkreisabrechnung Strom
MaPrV	Verordnung über die Höhe der Managementprämie für Strom aus Windenergie und solarer Strahlungsenergie (Managementprämienverordnung)
MessZV	Verordnung über Rahmenbedingungen für den Messstellenbetrieb und die Messung im Bereich der leitungsgebundenen Elektrizitäts- und Gasversorgung (Messzugangsverordnung)
MRV	Messrahmenvertrag
MSR	Mess-, Steuerungs- und Regelungstechnik
MSRV	Messstellenrahmenvertrag
MW	Megawatt
MWh	Megawattstunde
MwSt	Mehrwertsteuer
NAV	Verordnung über Allgemeine Bedingungen für den Netzanschluss und dessen Nutzung für die Elektrizitätsversorgung in Niederspannung (Niederspannungsanschlussverordnung) oder Netzanschlussvertrag
Nawaro	Nachwachsende Rohstoffe
NB	Betreiber von Elektrizitätsversorgungsnetzen
NDAV	Verordnung über Allgemeine Bedingungen für den Netzanschluss und dessen Nutzung für die Gasversorgung in Niederdruck (Niederdruckanschlussverordnung)
NJW	Neue Juristische Wochenschrift (Zeitschrift)
NKV	Netzkopplungsvertrag
NNV	Netznutzungsvertrag
Nr.	Nummer

ORC	Organic Rankine Cycle
PV	Photovoltaik
reBAP	regelzonenübergreifender einheitlicher Bilanzausgleichsenergiepreis
REE	Recht der Erneuerbaren Energien (Zeitschrift)
RLM	Registrierende Leistungsmessung
Rn	Randnummer
S./s.	Seite/Satz/siehe
SDLWindV	Systemdienstleistungsverordnung Windenergieanlagen
SEPA	Single Euro Payments Area
SLP	Standard-Lastprofil
sog.	sogenannte
StromGVV	Verordnung über Allgemeine Bedingungen für die Grundversorgung von Haushaltskunden und die Ersatzversorgung mit Elektrizität aus dem Niederspannungsnetz (Stromgrundversorgungsverordnung)
StromNEV	Verordnung über die Entgelte für den Zugang zu Elektrizitätsversorgungsnetzen (Stromnetzentgeltverordnung)
StromNZV	Verordnung über den Zugang zu Elektrizitätsversorgungsnetzen (Stromnetzzugangsverordnung)
StromStG	Stromsteuergesetz
SWIFT	Society for Worldwide Interbank Financial Telecommunication
TAB	Technische Anschlussbedingungen
u. a.	unter anderem
u. E.	unseres Ermessens
ÜNB	Übertragungsnetzbetreiber
Urt.	Urteil
USt	Umsatzsteuer
UStG	Umsatzsteuergesetz
USt-IdNr.	Umsatzsteuer-Identifikationsnummer
v.	vom/von
Vbh	Vollbenutzungsstunden
VDE	Verband der Elektrotechnik
vgl.	vergleiche
VHP	Virtueller Handelspunkt
VKU	Verband kommunaler Unternehmen e. V.
VwVfG	Verwaltungsverfahrensgesetz
WHG	Gesetz zur Ordnung des Wasserhaushalts (Wasserhaushaltsgesetz)
WT	Werktag
z. B.	zum Beispiel
Ziff.	Ziffer
ZNER	Zeitschrift für Neues Energierecht
ZPO	Zivilprozessordnung

Literaturverzeichnis

Altrock, Martin/Oschmann, Volker/Theobald, Christian, EEG, Erneuerbare-Energien-Gesetz, Kommentar, 3. Aufl., München 2011 (zit.: Altrock/Oschmann/Theobald/*Bearbeiter*)

Bartsch, Michael/Röhling, Andreas/Salje, Peter/Scholz, Ulrich, Stromwirtschaft – Ein Praxishandbuch, 2. Aufl., Köln 2008 (zit.: Bartsch/Röhling/Salje/Scholz/*Bearbeiter*)

Baur, Jürgen/*Salje, Peter/Schmidt-Preuß, Matthias*, Regulierung in der Energiewirtschaft, Köln 2011 (zit.: Baur/Salje/Schmidt-Preuß/*Bearbeiter*)

BDEW, Regelungen und Übergangsfristen für bestimmte Anforderungen in Ergänzung zur technischen Richtlinie: Erzeugungsanlagen am Mittelspannungsnetz – Richtlinie für Anschluss und Parallelbetrieb von Erzeugungsanlagen am Mittelspannungsnetz Ausgabe: Juni 2008, 1/2013, abrufbar unter http://www.vde.com/de/fnn/dokumente/documents/bdew-msrl_ergaenzung4_2013-01.pdf (zit.: BDEW, Regelungen und Übergangsfristen für bestimmte Anforderungen in Ergänzung zur technischen Richtlinie)

BDEW, TAB Mittelspannung 2008, Technische Anschlussbedingungen für den Anschluss an das Mittelspannungsnetz, 5/2008, abrufbar unter http://www.bdew.de/internet.nsf/id/A2A0475F2FAE8F44C12578300047C92F/$file/TAB_Mittelspannung_2008-05-29.pdf (zit.: BDEW, TAB Mittelspannung 2008)

BDEW, Technische Anschlussbedingungen TAB 2007 für den Anschluss an das Niederspannungsnetz, Stand: 7/2007, Ausgabe 2011, abrufbar unter http://www.swm-infrastruktur.de/dms/swm-infrastruktur/dokumente/strom/netzanschluss/tab2007-technische-anschlussbedingungen.pdf (zit.: BDEW, Technische Anschlussbedingungen TAB 2007 für den Anschluss an das Niederspannungsnetz)

BDEW, Technische Richtlinie Erzeugungsanlagen am Mittelspannungsnetz, Richtlinie für Anschluss und Parallelbetrieb von Erzeugungsanlagen am Mittelspannungsnetz, 6/2008, abrufbar unter http://www.bdew.de/internet.nsf/id/A2A0475F2FAE8F44C12578300047C92F/$file/BDEW_RL_EA-am-MS-Netz_Juni_2008_end.pdf (zit.: BDEW, Technische Richtlinie Erzeugungsanlagen am Mittelspannungsnetz)

BDEW, Umsetzungshilfe zum EEG 2012, Empfehlungen für Netzbetreiber zur Umsetzung des Gesetzes für den Vorrang Erneuerbarer Energien (Erneuerbare-Energien-Gesetz – EEG) und der damit verbundenen Verordnungen, 5/2013, abrufbar unter https://www.bdew.de/internet.nsf/res/313F1B2B1578A980C1257BEA0052440C/$file/130516 %20BDEW-Umsetzungshilfe%20EEG%202012.pdf (zit.: BDEW, Umsetzungshilfe zum EEG 2012)

Britz, Gabriele/Hellermann, Johannes/Hermes, Georg, EnWG, 2. Aufl. 2010 (zit.: Britz/Hellermann/Hermes/*Bearbeiter*)

Danner, Wolfgang/Theobald, Christian, Energierecht, Kommentar, Loseblatt, München, Stand: 9/2013 (zit.: Danner/Theobald/*Bearbeiter*)

Frenz, Walter/Müggenborg, Hans-Jürgen, EEG Erneuerbare-Energien-Gesetz, 3. Aufl., Berlin 2013 (zit.: Frenz/Müggenborg/*Bearbeiter*)

Gabler, Andreas/Metzenthin, Andreas, EEG – Der Praxiskommentar, Loseblatt, Frankfurt/Main, Stand: 9/2012 (zit.: Gabler/Metzenthin/*Bearbeiter*)

Gerstner, Stephan, Grundzüge des Rechts der Erneuerbaren Energien, Berlin 2013 (zit.: Gerstner/*Bearbeiter*)

Gordalla, Ludger, Biogasanlagen im EEG, 3. Aufl., Berlin 2013 (zit.: *Gordalla*)

Hack, Martin, Energie-Contracting, 2. Aufl., München 2012 (zit.: *Hack*)

Loibl, Helmut/Maslaton, Martin/von Bredow, Hartwig/Walter, René, Biogasanlagen im EEG, 3. Aufl., Berlin 2013 (zit.: Loibl/Maslaton/von Bredow/Walter/*Bearbeiter*)

PricewaterhouseCoopers AG WPG, Entflechtung und Regulierung in der deutschen Energiewirtschaft, 3. Aufl., Freiburg 2012 (zit.: PricewaterhouseCoopers/*Bearbeiter*)

Säcker, Franz Jürgen, Berliner Kommentar zum Energierecht, 3. Aufl., München 2014 (zit.: BerlK-EnR/*Bearbeiter*)

Salje, Peter, Erneuerbare-Energien-Gesetz, Gesetz für den Vorrang erneuerbarer Energien (EEG), Kommentar, 6. Aufl., Köln 2012 (zit.: *Salje*, EEG)

Schneider, Jens-Peter/Theobald, Christian, Recht der Energiewirtschaft, 4. Aufl., München 2013 (zit.: Schneider/Theobald/*Bearbeiter*)

Schöne, Thomas, Vertragshandbuch Stromwirtschaft, 2. Aufl., Frankfurt/Main 2014 (zit.: Schöne/*Bearbeiter*)

Stuhlmacher, Gerd/Stappert, Holger/Schoon, Heike/Jansen, Guido, Grundriss zum Energierecht, Frankfurt/Main 2011 (zit.: Stuhlmacher/Stappert/Schoon/Jansen/*Bearbeiter*)

Theobald, Christian/Theobald, Christiane, Grundzüge des Energiewirtschaftsrechts, 3. Aufl., München 2013 (zit.: *Theobald/Theobald*)

Bearbeiterverzeichnis

Julia Fritz, Jg. 1982; Rechtsanwältin; Studium der Rechtswissenschaften an der Friedrich-Schiller-Universität Jena; seit 2013 für die PricewaterhouseCoopers Legal AG Rechtsanwaltsgesellschaft tätig; Mitglied im BWE (Bundesverband WindEnergie). Beratungsschwerpunkte: Energierecht und –regulierung, insbesondere Recht der Erneuerbaren Energien, Kraft-Wärme-Kopplung; Vertragsrecht, Umwelt- und Planungsrecht, Konzessionsverfahren.

Marc Goldberg, Jg. 1981; Rechtsanwalt; Studium der Rechtswissenschaften an der Westfälischen-Wilhelms-Universität Münster und an der Deutschen Universität für Verwaltungswissenschaften in Speyer; Mitglied in der multidisziplinären Arbeitsgruppe zur Beratung von Transportnetzbetreibern innerhalb des europäischen PwC-Netzwerks; seit 2010 für die PricewaterhouseCoopers Legal AG Rechtsanwaltsgesellschaft tätig; diverse Fachvorträge und -veröffentlichungen (u. a. in „Entflechtung und Regulierung in der deutschen Energiewirtschaft", 3. Auflage, Haufe-Verlag). Beratungsschwerpunkte: Energierecht und -regulierung, insbesondere zu Fragen der Entflechtung und des Netzzugangs sowie der entsprechenden Vertragswerke; energieintensive Unternehmen zu Fragen der Energiekostenoptimierung (Netzentgeltreduzierungen, Beratung und Gestaltung von Vertragsmodellen im Zusammenhang mit dem Erneuerbare-Energien-Gesetz, besondere Ausgleichsregelungen), Umsetzung regulatorischer Verpflichtungen.

Björn Jacob, Jg. 1976; Rechtsanwalt seit 2002; Studium der Rechtswissenschaften an der Universität zu Köln; seit 2003 bei der PricewaterhouseCoopers AG Wirtschaftsprüfungsgesellschaft; seit 2005 als Rechtsanwalt für die PricewaterhouseCoopers Legal AG Rechtsanwaltsgesellschaft tätig. Diverse Fachvorträge und -veröffentlichungen (u. a. in „Entflechtung und Regulierung in der deutschen Energiewirtschaft", 3. Auflage, Haufe-Verlag). Beratungsschwerpunkte: Konzessionsverfahren in der Energie- und Wasserwirtschaft; Konzessionsabgaben; Straßenbeleuchtung; Netzzugang und Regulierung.

Karin Jenner, LL.M, Jg. 1986; Studium Wirtschafts- und Umweltrecht (Bachelor) und Europäisches Wirtschaftsrecht (Master) an der FH Trier, Umwelt-Campus Birkenfeld; seit 2011 Mitarbeiterin der PricewaterhouseCoopers AG Wirtschaftsprüfungsgesellschaft im Bereich Energiewirtschaft. Diverse Fachvorträge und Veröffentlichungen (u. a. in „Entflechtung und Regulierung in der deutschen Energiewirtschaft", 3. Auflage, Haufe-Verlag). Beratungsschwerpunkte: Recht der Erneuerbaren Energien, Kraft-Wärme-Kopplung; Netzentgeltregulierung.

Micha Klewar, Jg. 1975; Rechtsanwalt und Fachanwalt für Verwaltungsrecht; Studium der Rechtswissenschaften an der Universität Regensburg; seit 2013 für die PricewaterhouseCoopers Legal AG Rechtsanwaltsgesellschaft tätig; zuvor bei einer auf das Recht der Erneuerbaren Energien spezialisierten mittelständischen Kanzlei. Beratungsschwerpunkte: Regulierung des Strom- und Gasnetzbetriebs, Stromerzeugung aus konventionellen und erneuerbaren Energieträgern, Fernwärme und Wasserversorgung.

Michael H. Küper, M.Sc. (energy economics), Jg. 1978; Rechtsanwalt; Studium der Rechtswissenschaften an der Westfälischen-Wilhelms-Universität Münster; Studium der Energiewirtschaft an der Rheinisch-Westfälischen Technischen Hochschule (RWTH) in Aachen; seit 2006 für die PricewaterhouseCoopers Legal AG Rechtsanwaltsgesellschaft tätig. Beratungsschwerpunkte: Beratung von energieintensiven Unternehmen und Energieversorgern zu Fragen rund um das Thema Energiekosten, erneuerbare Energien, Energievertragsrecht in allen Facetten, Stromerzeugung aus konventionellen und erneuerbaren Energieträgern, Elektromobilität.

Niels-Jakob Küttner, Dr. iur., Jg. 1979; Rechtsanwalt; Studium der Rechtswissenschaften an der Heinrich-Heine-Universität Düsseldorf und der Universität Jaén (Spanien); seit 2011 für die PricewaterhouseCoopers Legal AG Rechtsanwaltsgesellschaft tätig; zuvor bei einer internationalen Anwaltssozietät in Brüssel. Beratungsschwerpunkte: Energierecht, Energie- und Finanzmarktregulierung, Energiehandelsrecht, Risikomanagement, Geschäftsfeldentwicklung bei Energieversorgungsunternehmen.

Dominik Martel, LL.M., Jg. 1979; Rechtsanwalt; Studium der Rechtswissenschaften an der Universität Bielefeld; Master of Laws an der Leuphana Universität Lüneburg in Umwelt- und Energierecht; seit 2010 für die PricewaterhouseCoopers Legal AG Rechtsanwaltsgesellschaft tätig; zuvor bei umwelt- und energierechtlich spezialisierten mittelständischen Kanzleien. Diverse Fachvorträge und Veröffentlichungen (u. a. in „Entflechtung und Regulierung in der deutschen Energiewirtschaft“, 3. Auflage, Haufe-Verlag). Beratungsschwerpunkte: Rechtliche und strategische Beratung von Energieversorgern; energierechtliche Begleitung von Fusionen, Kooperationen und Übernahmen in der Energiewirtschaft; Konzessionsrecht; Recht der erneuerbaren Energien; Beratung bei der Entwicklung und Umsetzung von Energieprojekten.

Dirk-Henning Meier, LL.M., Jg. 1983; Rechtsanwalt; Studium der Rechtswissenschaften an der Universität Trier; Master of Laws an der University of East Anglia (Norwich, England) im internationalen Öl- und Gashandelsrecht; Studium des Wirtschaftsingenieurswesen Energiewirtschaft an der RWTH Aachen und Westfälischen-Wilhelms-Universität Münster; seit 2011 für die PricewaterhouseCoopers Legal AG Rechtsanwaltsgesellschaft tätig. Diverse Fachvorträge und Veröffentlichungen (u. a. in „Entflechtung und Regulierung in der deutschen Energiewirtschaft“, 3. Auflage, Haufe-Verlag). Beratungsschwerpunkte: Systemstabilität von Strom- und Gasversorgungsnetzen; Prüfung und Gestaltung von bezugs- und abgabeseitigen Vertriebsverträgen.

Melanie Meyer, Dr. iur, LL.M., Jg. 1976; Rechtsanwältin seit 2006; Studium der Rechtswissenschaften Rheinischen Friedrich-Wilhelms-Universität Bonn, an der Universität zu Köln und in New York; Promotion zu einem Thema des Europäischen Energierechts; seit 2011 für die PricewaterhouseCoopers Legal AG Rechtsanwaltsgesellschaft tätig. Beratungsschwerpunkte: Energierecht, Recht der Erneuerbaren Energien, Infrastrukturrecht und Vertragsrecht.

Peter Mussaeus, Jg. 1972; Rechtsanwalt; Studium der Rechtswissenschaften an der Albert-Ludwigs-Universität Freiburg i.Br. und in Trier sowie an der University of East London; seit 2007 für die PricewaterhouseCoopers Legal AG Rechtsanwaltsgesellschaft tätig; seit 2010 Partner und Leiter der bundesweit agierenden Praxisgruppe Energierecht. Diverse Fachvorträge und -veröffentlichungen (u. a. in „Entflechtung und Regulierung in der deutschen Energiewirtschaft“, 3. Auflage, Haufe-Verlag). Beratungsschwerpunkte: strategische Beratung von Energieversorgern, rechtliche Strukturierung und Begleitung von Fusionen, Kooperationen und Übernahmen in der Energiewirtschaft, Gestaltung von Energieverträgen.

Tim-Oliver Neumann, LL.M., Jg. 1978; Rechtsanwalt; Studium der Rechtswissenschaften an der Westfälischen-Wilhelms-Universität Münster; Master of Laws an der University of the West of England (Bristol, England) in Commercial Law; seit 2011 für die PricewaterhouseCoopers Legal AG Rechtsanwaltsgesellschaft tätig. Diverse Fachvorträge und Veröffentlichungen (u. a. in „Entflechtung und Regulierung in der deutschen Energiewirtschaft“, 3. Auflage, Haufe-Verlag); Mitglied Forum Junge Anwaltschaft. Beratungsschwerpunkte: Energierecht und -regulierung, insbesondere Recht der Erneuerbaren Energien, Kraft-Wärme-Kopplung; energierechtliche Begleitung von Fusionen, Kooperationen und Übernahmen in der Energiewirtschaft; Konzessionsrecht, Umwelt- und Planungsrecht.

Ingo Rausch, Jg. 1961; Rechtsanwalt; Studium der Rechtswissenschaft an der Universität Regensburg und an der Ruhr-Universität Bochum; seit 1993 bei der PricewaterhouseCoopers AG Wirtschaftsprüfungsgesellschaft und Vorgängergesellschaften; seit 2005 als Rechtsanwalt für die PricewaterhouseCoopers Legal AG Rechtsanwaltsgesellschaft tätig. Diverse Fachvorträge und Veröffentlichungen (u. a. in „Entflechtung und Regulierung in der deutschen Energiewirtschaft", 3. Auflage, Haufe-Verlag). Beratungsschwerpunkte: Energiewirtschaftsrecht mit den Bereichen Netzzugang Strom, Erzeugung, Gründung von Kooperationsgesellschaften, Umstrukturierungen und Beratung von Arbeitsgemeinschaften.

Christoph Sänger, Jg. 1978; Rechtsanwalt; Studium der Rechtswissenschaften an der Justus-Liebig-Universität Gießen und der Westfälischen-Wilhelms-Universität Münster; seit 2006 für die PricewaterhouseCoopers Legal AG Rechtsanwaltsgesellschaft tätig. Diverse Fachvorträge und -veröffentlichungen (u. a. in „Entflechtung und Regulierung in der deutschen Energiewirtschaft", 3. Auflage, Haufe-Verlag). Beratungsschwerpunkte: Energierecht- und -regulierung, insbesondere Energie- und Finanzmarktregulierung, Energiehandel und -beschaffung, Regulierung und Einbindung von Gas- und Energiespeichern, Vertragsrecht, insbesondere im Zusammenhang mit der Gestaltung von Energieliefer- und Endkundenverträgen.

Eva-Maria Schwind, Jg. 1980; Rechtsanwältin; Studium der Rechtswissenschaften an der Universität zu Köln; anschließend Tätigkeit in einem Wirtschaftsverband mit dem Fokus Umweltrecht/-politik; seit 2011 für die PricewaterhouseCoopers Legal AG Rechtsanwaltsgesellschaft tätig. Schwerpunkte: Beratung energieintensiver Unternehmen und Gestaltung von Vertragsmodellen insbesondere im Zusammenhang mit dem Erneuerbare-Energien-Gesetz.

Christian Teßmann, Jg. 1965; Rechtsanwalt; Studium der Rechtswissenschaften an der Philipps-Universität Marburg und an der Universität zu Köln; seit 1998 bei der PricewaterhouseCoopers AG Wirtschaftsprüfungsgesellschaft und Vorgängergesellschaften; seit 2005 als Rechtsanwalt für die PricewaterhouseCoopers Legal AG Rechtsanwaltsgesellschaft tätig; zuvor 2 Jahre in Köln bei einer wirtschaftsrechtlichen Anwaltssozietät mit Schwerpunkt Handelsrecht; diverse Fachvorträge und -veröffentlichungen (u. a. in „Entflechtung und Regulierung in der deutschen Energiewirtschaft", 3. Auflage, Haufe-Verlag); betreut seit vielen Jahren verschiedene Stadtwerkeverbünde; unterstützt PwC in der Schweiz bei der energierechtlichen Beratung von Schweizer EVU; Mitglied bei der deutsch-italienischen Juristenvereinigung. Beratungsschwerpunkte: Energievertrieb und Energiebeschaffung für Strom und Gas, dezentrale Energieversorgungskonzepte, Energiedienstleistungen sowie Netznutzung/Netzzugang Strom und Gas.

Sabine Theis, LL.M., Jg. 1984; Rechtsanwältin; Studium der Rechtswissenschaften an der Philipps-Universität Marburg; LL.M.-Studium an der University of Aberdeen (Schottland); anschließend Tätigkeit als Rechtsanwältin in einer mittelständischen Anwaltskanzlei hauptsächlich in der Vertragsgestaltung/AGB-Prüfung; seit 2013 für die PricewaterhouseCoopers Legal AG Rechtsanwaltsgesellschaft tätig. Beratungsschwerpunkte: Energieverträge und Regulierung des Netzbetriebs.

Daniel Callejón Thömmes, Jg. 1980; Rechtsanwalt; Studium der Rechtswissenschaft an der Rheinischen Friedrich-Wilhelms-Universität Bonn; seit 2012 für die PricewaterhouseCoopers Legal AG Rechtsanwaltsgesellschaft tätig; zuvor bei einer internationalen Wirtschaftskanzlei in Düsseldorf; Mitglied bei der Deutsch Spanischen Juristenvereinigung. Beratungsschwerpunkte: energieintensive Unternehmen, EEG-Projekte, Besondere Ausgleichsregelung.

Alexandra Ufer, Jg. 1979; Rechtsanwältin; Studium der Rechtswissenschaften an der Ruhr-Universität Bochum; Energiewirtschaftsmanager (cert.) seit 2010; seit 2009 für die PricewaterhouseCoopers Legal AG Rechtsanwaltsgesellschaft tätig. Beratungsschwerpunkte: Beratung energieintensiver Unternehmen und Gestaltung von Vertragsmodellen im Zusammenhang mit dem Erneuerbare-Energien-Gesetz; Besondere Ausgleichsregelung.

Suzana Varvodic, Jg. 1982; Rechtsanwältin seit 2014; Studium der Rechtswissenschaften an der Friedrich-Schiller-Universität Jena; seit 2013 für die PricewaterhouseCoopers Legal AG Rechtsanwaltsgesellschaft tätig. Beratungsschwerpunkt: Energie- und Vertragsrecht.

Kapitel 1
Einführung zur Entwicklung und Gestaltung von energiewirtschaftlichen Verträgen

A. Historische Entwicklung der Energiewirtschaft und ihr Einfluss auf die Vertragsgestaltung

Die vertraglichen Regelungen zwischen Marktteilnehmern unterliegen einem starken Einfluss der jeweils geltenden Rahmenbedingungen. Die **Entwicklung der Energiewirtschaft** bis zu ihrer heutigen Form lässt sich dabei schematisch in **drei Phasen** unterteilen: 1

In der ersten Phase bis 1998 arbeiteten Energieversorgungsunternehmen (EVU) in einem geschützten Monopol. Dritte hatten keinen Anspruch auf Netzzugang. Es herrschte kein Wettbewerb im Erzeugungs- und Vertriebsbereich. 2

I. Energiewirtschaftsgesetz (EnWG) 1998

Die zweite Phase von 1998 bis 2005 war durch den **Wegfall des Monopolschutzes** gekennzeichnet. Dadurch kam es zu einer weitreichenden Marktöffnung des Energiesektors, indem das von 1935 datierende EnWG reformiert wurde (Gesetz zur Neuregelung des Energiewirtschaftsgesetzes).[1] Erstmalig wurde ein Anspruch auf Netzzugang zugunsten Dritter geregelt: Als Maßnahme zur Liberalisierung der Energiemärkte wurde mit §6 Abs.1 EnWG 1998 der sog. **verhandelte Netzzugang** eingeführt. Danach waren die Netzbetreiber verpflichtet, ihre Leitungen anderen Energieversorgern auf vertraglicher Basis zur Verfügung zu stellen.[2] 3

Das rief die Industrie- und Versorgungsverbände auf den Plan, die die erste Verbändevereinbarung für den Stromsektor (VV I Strom) am 22.5.1998 beschlossen. In der Folge wurde die VV I Strom durch die zweite Verbändevereinbarung vom 13.12.1999 (VV II Strom) und nachfolgend durch eine erweiterte Verbändevereinbarung vom 13.12.2001 (VV II+ Strom) ergänzt.[3] Die Verbändevereinbarungen waren zwar rechtlich unverbindlich, sollten jedoch **Vorbildwirkung** für die Parteien eines Netznutzungsvertrages erzeugen und bei der Durchleitung entstehende Fragen sachnah und 4

1 BGBl. I 1998 S. 730 ff.; Basis für die Reform des EnWG war das sog. Erste Energiebinnenmarktpaket; vgl. RL 96/92/EG des Europäischen Parlaments und des Rates v. 19.12.1996 betreffend gemeinsame Vorschriften für den Elektrizitätsbinnenmarkt, ABl. EG Nr. L 27, S. 20 v. 30.1.1997.

2 Vgl. BerlK-EnR/*Säcker*, Bd. 1, Einl. A., S. 16 Rn 22.

3 Die Verbändevereinbarung II+ Strom wurden zwischen den Verbänden BDI, VIK, VDEW, VDN, ARE und VKU geschlossen.

ohne staatliche Regulierung klären.[4] Neben den Kriterien für die Festlegung von Netznutzungsentgelten beinhaltet die VV II+ Strom auch Vorgaben für die vertragliche Ausgestaltung der Netznutzung. Wörtlich heißt es: *„Das Gebot der Transparenz erfordert – getrennt vom Stromlieferungsvertrag – den Abschluss von Netzanschlussverträgen mit jedem Einzelkunden."*[5] Nach diesem Grundverständnis hätte der Stromkunde also bereits zwei Verträge – zum einen für die Lieferung und zum anderen für den Netzanschluss – abschließen müssen. Die VV II+ Strom kannte allerdings bereits den sog. **All-inclusive-Vertrag** zur Stromversorgung. Bei Vorlage eines All-inclusive-Vertrages zur Stromversorgung eines Einzelkunden hat der Stromlieferant Anspruch auf zeitnahen Abschluss eines Netznutzungsvertrages[6] mit dem Netzbetreiber.[7] Dieses Modell hat sich in der Folge als Standard etabliert. Danach hatte der Stromkunde nur seinen Stromlieferanten als Vertragspartner. Nach der VV II+ Strom konnte der Stromkunde auch den Abschluss eines Netznutzungsvertrages mit dem Netzbetreiber wählen, was aber – zumindest bei der Versorgung von Haushaltskunden – eine Ausnahme darstellte. Die VV II+ Strom regelte die Netznutzung in der Weise, dass mit dem jeweiligen Netzbetreiber vertragliche Beziehungen am Einspeise- und Entnahmepunkt eingegangen wurden, wobei die Netznutzungsverträge voraussetzten, dass Abweichungen zwischen Einspeisung und Entnahme vertraglich geregelt wurden.[8] Die Regelung von Abweichungen wird als Bilanzausgleich bezeichnet. Das System des Bilanzausgleichs und die Einführung von Bilanzkreisen findet sich in Anlage 2 zur VV II+ Strom. Dort werden die Marktrollen aufgezeigt, die auch heute noch im Wesentlichen weiterbestehen.

5 Die Entwicklung im Gassektor nahm einen inhaltlich ähnlichen, zeitlich aber versetzten Verlauf. Erst mit Inkrafttreten des Ersten Gesetzes zur Änderung des Gesetzes zur Neuregelung des Energiewirtschaftsrechts erfolgte die gesetzliche Umsetzung der Gasbinnenmarkt-Richtlinie 98/30/EG.[9] Zunächst kam es nämlich auch im Gasbereich zum Abschluss von Verbändevereinbarungen. Am 4.7.2000 wurde die erste Verbändevereinbarung (VV I Gas) geschlossen. Diese wurde am 3.5.2002 durch die zweite Verbändevereinbarung (VV II Gas)[10] ergänzt. Die Verbändevereinbarungen beinhalteten grundlegende Rahmenbedingungen für frei verhandelbare Netzzugangsvereinbarungen. Gegenstand der VV II Gas war allerdings auch das sog. **Kontraktpfadmodell.** In diesem Modell musste der Transportkunde mit jedem Netzbetreiber entlang des

4 Vgl. BerlK-EnR/*Säcker*, Bd. 1, Einl. A., S. 16 Rn 24.

5 VV II+ Strom, S. 3.

6 Dieser Netznutzungsvertrag wird in der Folge als Lieferantenrahmenvertrag bezeichnet.

7 VV II+ Strom, S. 3.

8 VV II+ Strom, S. 4.

9 RL 98/30/EG des Europäischen Parlaments und des Rates v. 22.6.1998 betreffend gemeinsame Vorschriften für den Gasbinnenmarkt, ABl. EG Nr. L 204, S. 1 v. 21.7.1998.

10 Die Verbändevereinbarung II Gas wurden zwischen den Verbänden BDI, VIK, BGW und VKU geschlossen.

zugrunde gelegten Transportpfades einen separaten Vertrag über die entsprechenden Kapazitäten schließen. Bereits in den Verhandlungen zur – nicht zustande gekommenen – Verbändevereinbarung III Gas kritisierten die Industrieverbände das Kontraktpfadmodell und forderten ein Modell, bei dem lediglich zwei Verträge für die Einspeisung und Ausspeisung von Gas zu schließen sind (sog. Zweivertragsmodell oder Entry-Exit-Modell). Die Verhandlungen zur Verbändevereinbarung III Gas scheiterten in der Folge, das **Entry-Exit-Modell** wurde dennoch mit dem EnWG 2005 eingeführt.

Nachdem die Verbändevereinbarungen zwischenzeitlich sogar einen normkon- 6
kretisierenden Charakter zugeschrieben bekamen (vgl. §§ 6, 6a Abs. 2 EnWG 1998),[11] wurden sie mit der Neufassung des EnWG 2005 durch staatliche Vorgaben ersetzt.

Mit dem EnWG 1998 wird die sog. **buchhalterische Entflechtung** als ein Inst- 7
rument zur Marktmachtdisziplinierung und damit zur Förderung des Wettbewerbs eingeführt. Buchhalterische Entflechtung bedeutet, dass die verschiedenen Sparten eines integrierten EVU ihre Rechnungslegung dadurch aufspalten, dass sie getrennte Konten führen. Die gesamte Rechnungslegung hat also so zu erfolgen, als ob es sich bei den Konzernteilen um eigenständige Unternehmen handelte. Dies hat zur Folge, dass sie jeweils einen eigenen Jahresabschluss aufstellen und prüfen lassen müssen. Dieses wenig eingriffsintensive Instrument hatte nur wenige Auswirkungen auf die Entwicklung der Vertragsverhältnisse, weil diese Form der Entflechtung nicht unbedingt zu einer Zunahme von Marktteilnehmern führte.

II. EnWG 2005

Mit der dritten Phase ab 2005 begann auch die fortwährende Regulierung der Netze. 8
Die Bundesnetzagentur (BNetzA) und die Landesregulierungsbehörden wurden eingerichtet. Die zwischen den Marktakteuren freiwillig, vertraglich ausgehandelten Verbändevereinbarungen wurden durch **gesetzliche Vorgaben** ersetzt.

Der Grundstein für den Entflechtungsrahmen in seiner heutigen Form wurde 9
mit Einführung der **rechtlichen, operationellen und informellen Entflechtung** (Unbundling) durch die Novellierung des EnWG im Jahr 2005 gelegt. Dieser Rahmen reicht von der bereits bestehenden buchhalterischen Entflechtung bis hin zu der Pflicht, den Betrieb der Strom- und Gasversorgungsnetze in eigenständige Gesellschaften auszulagern. Diese Pflicht zur rechtlichen und auch die Pflicht zur operationellen Einflechtung gelten grundsätzlich nicht für vertikal integrierte EVU mit weniger als 100.000 angeschlossenen Kunden (sog. De-minimis-Unternehmen).

11 Eingeführt durch das Erste Gesetz zur Änderung der Neuregelung des Energiewirtschaftsrechts v. 20.5.2003, BGBl. I 2003, 686.

10 Alles in allem dienen die Entflechtungsvorgaben der Gewährleistung von Transparenz sowie einer diskriminierungsfreien Ausgestaltung und Abwicklung des Netzbetriebs. Anders als die gesetzlichen Vorschriften zur Missbrauchsabwehr zielen Entflechtungsvorschriften auf die erstmalige **Schaffung einer Wettbewerbssituation** und nicht auf die Beseitigung eines wettbewerbswidrigen Zustandes ab. Insgesamt soll dadurch sichergestellt werden, dass ein Netzbetreiber seinem eigenen bzw. assoziierten Energievertrieb keine günstigeren Konditionen beim Netzzugang einräumt als Vertriebskonkurrenten. Der vermeintliche Wettbewerbsvorteil für den eigenen Energievertrieb besteht damit nicht (mehr). Durch die Aufhebung des Wettbewerbsvorteils ist es vielen Unternehmen möglich, ihre Preise wettbewerbsorientierter zu kalkulieren. In der Folge nimmt die Zahl der Marktteilnehmer (vor allem Energievertriebe) gravierend zu.

11 Insbesondere die dritte Phase unterlag einem starken **europarechtlichen Einfluss**:

Wichtige europäische Vorgaben
- **RL 2003/54/EG** und **RL 2003/55/EG** über gemeinsame Vorschriften für den Elektrizitäts- bzw. Erdgasbinnenmarkt;
- **VO 1228/2003** (grenzüberschreitender Stromhandel) sowie **VO 1775/2005** (Zugang zu den Erdgasfernleitungsnetzen);
- Richtlinien (RL 2009/72/EG und 2009/73/EG) bzw. Verordnungen (VO) geändert durch das **3. Energiebinnenmarktpaket** und die Richtlinie zur Gründung einer Agentur für die Zusammenarbeit der Regulierungsbehörden (ACERVO).

III. Novellierung des EnWG in 2011

12 In Umsetzung des 3. Energiebinnenmarktpaketes wurde das EnWG im Jahre 2011 umfangreich novelliert. Im Fokus der Novellierung standen vor allem Regelungen für Übertragungs- bzw. Transportnetzbetreiber, die auf eine Verschärfung des bestehenden Rechtsrahmens abzielten. Für Verteilnetzbetreiber brachte die EnWG-Novelle 2011 verschärfte Vorgaben bezüglich ihres Markenauftritts und auch ihres Kommunikationsverhaltens mit sich (sog. markenrechtliches Unbundling). Die BNetzA vertritt in diesem Zusammenhang eine restriktive Position, wenn sie bei der Auslegung der Anforderungen an die Unterscheidbarkeit der Netz- von der konzernabhängigen Vertriebs- und Erzeugungsgesellschaft die markenrechtlichen Maßstäbe aus dem Wettbewerbsrecht ansetzt. Das für einen **Verstoß gegen markenrechtliche Entflechtung** maßgebliche Kriterium der Verwechslungsgefahr soll erfüllt sein, wenn die beteiligten Verkehrskreise aufgrund der Ähnlichkeit der Kollisionszeichen zu der irrigen Annahme verleitet werden, die markierten Produkte stammten aus ein und

demselben Unternehmen.[12] Entscheidend sei der Gesamteindruck, den die „Marke“, also der Marktauftritt eines vertikal integrierten EVU, auf einen Durchschnittsverbraucher mache. Relevante Bereiche des Kommunikationsverhaltens seien u. a. der Internetauftritt, Geschäftspapiere und Werbemittel sowie die Firma.

B. Verträge zwischen Marktakteuren

Neben den gesetzlichen Vorgaben ist die Energiewirtschaft vor allem durch das **Vertragsgeflecht zwischen den beteiligten Marktakteuren** bestimmt. Zur Systematisierung kann das Vertragsgeflecht in netzspezifische und vertriebsspezifische Verträge grob unterteilt werden. In beiden Bereichen kann eine weitere Differenzierung zwischen Strom und Gas vorgenommen werden. 13

Die wesentlichen Vertrags- und Leistungsbeziehungen lassen sich für den Stromsektor grafisch wie folgt darstellen: 14

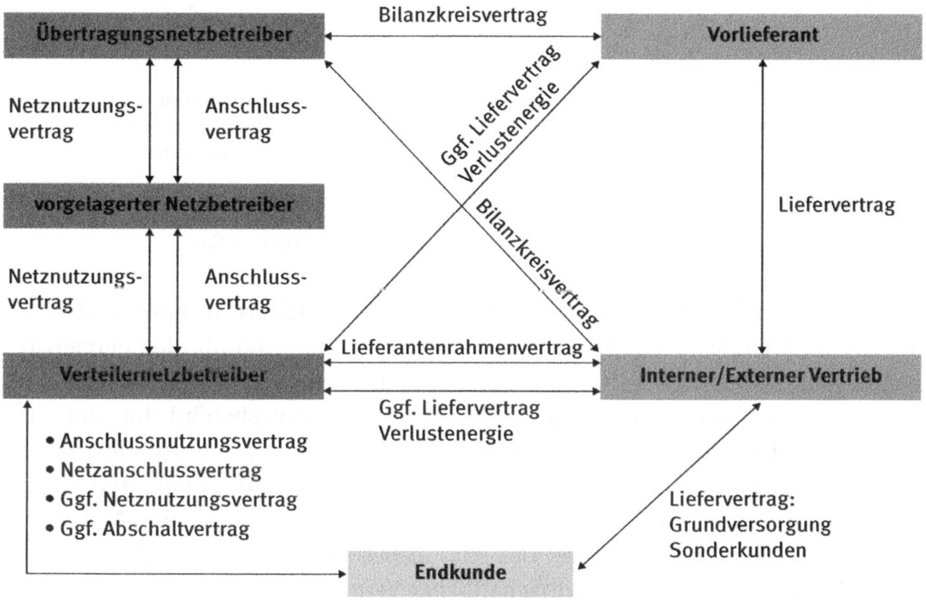

Abb. 1: Vertrags- und Leistungsbeziehungen zwischen den Marktteilnehmern Strom

12 Vgl. Gemeinsame Auslegungsgrundsätze III der Regulierungsbehörden des Bundes und der Länder zu den Anforderungen an die Markenpolitik und das Kommunikationsverhalten bei Verteilnetzbetreibern (§ 7a Abs. 6 EnWG) v. 16.7.2012.

15 Aufgrund der historischen Entwicklung und anderen technischen Begebenheiten stellen sich die Vertrags- und Leistungsbeziehungen auf dem Gassektor folgendermaßen dar:

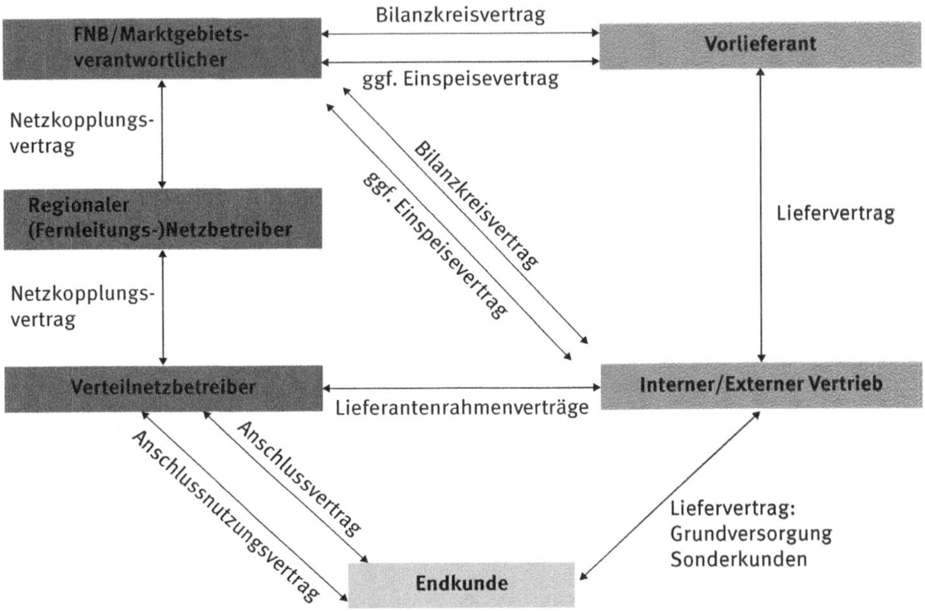

Abb. 2: Vertrags- und Leistungsbeziehungen zwischen den Marktteilnehmern Gas

16 Neben den eigentlichen Marktakteuren stehen die **staatlichen Akteure**. Insbesondere Kartell-, Energieaufsichts- und Regulierungsbehörden sind für die Energiewirtschaft zuständig. Das EnWG 2005 führte erstmals eine Regulierungsbehörde mit konkreten Vollzugsaufgaben ein. Bis heute kommt als Regulierungsbehörde im Sinne des EnWG bezüglich einzelner Vollzugsaufgaben die Bundesnetzagentur für Elektrizität, Gas, Telekommunikation, Post und Eisenbahnen (BNetzA) oder eine Landesregulierungsbehörde in Betracht. Für einige Vollzugsaufgaben hat die **BNetzA** aber die ausschließliche Zuständigkeit inne. Das sind insbesondere Aufgaben in Bereichen, die zur Wahrung gleichwertiger wirtschaftlicher Verhältnisse im Bundesgebiet bundeseinheitlich Vorgaben erfahren müssen (vgl. § 54 Abs. 3 S. 2 und 3 EnWG). Der Einfluss der BNetzA auf die Vertragsgestaltung zwischen den Marktakteuren geht dabei soweit, dass teilweise vollständige Vertragsmuster von den Beschlusskammern der BNetzA vorgegeben werden (z. B. Lieferantenrahmenvertrag Strom).

17 Anhand der oben dargestellten Vertrags- und Leistungsbeziehungen wird deutlich, dass es bei der Vertragsgestaltung in der Energiewirtschaft nicht nur um Verträge zwischen Versorger und Kunde geht. Viele der vertraglichen Regelungen betreffen

den Netzzugang, den Netzanschluss und die Netznutzung auf den unterschiedlichen Netzebenen.

Ein **Sonderfall vertraglicher Gestaltung** stellt die Grundversorgung dar. Grund- 18
versorgung bedeutet die Belieferung von Haushaltskunden mit Energie im Niederspannungs- bzw. Niederdruckbereich zu allgemeinen, öffentlich bekanntgegebenen und im Internet veröffentlichten Bedingungen und Preisen (§ 36 Abs. 1 EnWG). Bei der Grundversorgungspflicht handelt es sich nicht um ein gesetzliches Schuldverhältnis, sondern um einen sog. **Kontrahierungszwang.** Der Grundversorger wird also zum Abschluss entsprechender Verträge verpflichtet. Sein Einfluss auf den Vertragsinhalt ist gering: Gemäß § 1 Abs. 1 S. 2 StromGVV[13] bzw. GasGVV[14] sind die Bestimmungen der jeweiligen Verordnung automatisch Bestandteil jedes Grundversorgungsvertrages zwischen Grundversorger und grundversorgtem Haushaltskunden. Im Bereich der Grundversorgung besteht das gestalterische Potenzial im Wesentlichen in der Dokumentation der Vertragsverhältnisse und der Aufstellung von ergänzenden Bedingungen.

Für Lieferverträge mit Haushaltskunden außerhalb der Grundversorgung (sog. 19
Sonderkundenverträge) gibt das EnWG in § 41 Abs. 1 – neben der Forderung nach einfachen und verständlichen Verträgen – **vertragliche Mindestinhalte** vor:

Mindestinhalte für Energielieferverträge mit Haushaltskunden außerhalb der Grundversorgung
- Vertragsdauer, Preisanpassung, Kündigungstermine und Kündigungsfristen sowie das Rücktrittsrecht des Kunden;
- zu erbringende Leistungen einschließlich angebotener Wartungsdienste;
- Zahlungsweise;
- Haftungs- und Entschädigungsregelungen bei Nichteinhaltung vertraglich vereinbarter Leistungen;
- unentgeltlicher und zügiger Lieferantenwechsel;
- Art und Weise, wie aktuelle Informationen über die geltenden Tarife und Wartungsentgelte erhältlich sind;
- Informationen über Rechte der Haushaltskunden im Hinblick auf Streitbeilegungsverfahren, die ihnen im Streitfall zur Verfügung stehen, einschließlich der für Verbraucherbeschwerden nach § 111b EnWG einzurichtenden Streitschlichtungsstelle und deren Anschrift sowie Kontaktdaten des Verbrauchservice der BNetzA für den Bereich Elektrizität und Gas.

13 Verordnung über Allgemeine Bedingungen für die Grundversorgung von Haushaltskunden und die Ersatzversorgung mit Elektrizität aus dem Niederspannungsnetz (Stromgrundversorgungsverordnung – StromGVV) v. 26.10.2006 (BGBl. I S. 2391).

14 Verordnung über Allgemeine Bedingungen für die Grundversorgung von Haushaltskunden und die Ersatzversorgung mit Gas aus dem Niederdrucknetz (Gasgrundversorgungsverordnung – GasGVV) v. 26.10.2006 (BGBl. I S. 2391, 2396).

20 Eine weitere Konkretisierung könnte in Form einer Rechtsverordnung, mit der nähere Regelungen für den Inhalt der Energielieferverträge mit Haushaltskunden außerhalb der Grundversorgung getroffen werden können, geregelt werden. Eine entsprechende Verordnungsermächtigung findet sich in § 41 Abs. 5 EnWG. Allerdings haben die ermächtigten Ministerien[15] von der Verordnung bisher keinen Gebrauch gemacht. Soweit Ergänzungen der Vorgaben für alle Haushaltskunden, auch für die außerhalb der Grundversorgung Belieferten, als erforderlich angesehen wurden, erfolgten diese unmittelbar im EnWG durch die Einfügung zusätzlicher Vorschriften in den §§ 40 und 41 EnWG.[16]

21 Aus rechtlicher Sicht liegt die größte Herausforderung bei der Gestaltung von Sonderkundenverträgen in der Formulierung der Preisanpassungsklausel. Mit seinem Urteil vom 31.7.2013 hat der Bundesgerichtshof (BGH) von seiner sog. Leitbildrechtsprechung zu Preisanpassungsklauseln Abstand genommen[17] und ist dabei einer Vorabentscheidung des Europäischen Gerichtshofs (EuGH) gefolgt.[18] Bis dahin hat es der BGH zur Wirksamkeit einer Preisanpassungsklausel ausreichen lassen, wenn sie dem gesetzlichen Leitbild in der AVBGasV nachgebildet war.[19] Im Hinblick auf die Ausgestaltung von Preisanpassungsklauseln in Gas-Sonderkundenverträgen ist die ausschließliche Bezugnahme auf die entsprechende Vorschrift des § 4 AVBGasV demnach nicht ausreichend transparent im Sinne der europäischen Verbraucherschutzrichtlinie.

Rechtsprechungshinweis
BGH-Urteil vom 31.7.2013 (Leitsatz Nr. 2):
„Klauseln in Allgemeinen Geschäftsbedingungen eines Energieversorgungsunternehmens, die für das Vertragsverhältnis mit Normsonderkunden eine Preisanpassung oder ein einseitiges Preisanpassungsrecht des Energieversorgungsunternehmens in der Weise regeln, dass sie die unmittelbare Anwendbarkeit der AVBGasV oder ein mit § 4 AVBGasV in jeder Hinsicht gleichlautendes Änderungsrecht vorsehen, halten der Inhaltskontrolle nach § 307 Abs. 1 BGB nicht stand."

---

22 Nach der Entscheidung des EuGH vom 19.3.2013[20] darf bezweifelt werden, ob der EuGH die **Preisanpassungsrechte** in Gas- und in der StromGVV an sich als im Einklang

---

15 Vgl. § 41 Abs. 5 S. 1 EnWG: *„Das Bundesministerium für Wirtschaft und Technologie kann im Einvernehmen mit dem Bundesministerium für Ernährung, Landwirtschaft und Verbraucherschutz durch Rechtsverordnung mit Zustimmung des Bundesrates nähere Regelungen für die Belieferung von Haushaltskunden mit Energie außerhalb der Grundversorgung treffen, die Bestimmungen der Verträge einheitlich festsetzen und insbesondere Regelungen über den Vertragsabschluss, den Gegenstand und die Beendigung der Verträge treffen sowie Rechte und Pflichten der Vertragspartner festlegen."*
16 BerlK-EnR/*Säcker*, § 41 EnWG Rn 85.
17 BGH, Urt. v. 31.7.2013 – VIII ZR 162/09 –.
18 EuGH, Entscheidung v. 19.3.2013 – C-92/11 – RWE Vertrieb AG.
19 BGH, Urt. v. 15.7.2009 – VIII ZR 225/07 –.
20 EuGH, Entscheidung v. 19.3.2013 – C-92/11 – RWE Vertrieb AG.

mit europarechtlichen Vorgaben stehend betrachtet. Daher verwundert es nicht, dass beim EuGH zwei Verfahren[21] anhängig sind. Dabei geht es um die Frage, ob die bisherigen Regelungen in § 5 Abs. 2 GasGVV den europäischen Vorgaben standhalten und gegenüber grundversorgten Kunden eine einseitige Preisanpassung erfolgen kann. Der BGH möchte in seinem Vorabentscheidungsersuchen wissen, ob das vorgesehene Preisänderungsrecht den Anforderungen des Transparenzgebotes der Gasrichtlinie 2003/55/EG bzw. der Stromrichtlinie 2003/54/EG genügt. Anlass, Voraussetzungen und Umfang der Preisänderung seien in der deutschen Regelung zwar nicht wiedergegeben, es sei jedoch sichergestellt, dass das Versorgungsunternehmen seinen Kunden jede Preiserhöhung mit angemessener Frist im Voraus mitteile. Außerdem stehe den Kunden das Recht zu, sich durch Kündigung vom Vertrag zu lösen, wenn sie die ihnen mitgeteilten Bedingungen nicht akzeptieren wollen. Die Schlussanträge des Generalanwalts in den anhängigen EuGH-Verfahren vom 8.5.2014 sehen die deutschen Grundversorgungsverordnungen nicht in Überstimmung mit den europäischen Vorgaben. Freilich steht die Entscheidung des EuGH noch aus, in der Regel folgt das Gericht aber den Schlussanträgen der Generalanwältinnen und Generalanwälte.

Neben den energierechtlichen beeinflussen auch allgemeine zivilrechtliche Vor- 23
gaben die Gestaltung energiewirtschaftlicher Verträge maßgeblich. Aktuell besteht insbesondere aufgrund der Umsetzung der **europäischen Verbraucherrechterichtlinie**[22] in deutsches Recht die Notwendigkeit zur Anpassung vorhandener Vertragsmuster. Die BGB-Novelle zur Umsetzung dieser Richtlinie trat am 13.6.2014 in Kraft. Die Neuregelung des sog. Fernabsatzrechts bringt dabei grundlegende Änderungen für die Gestaltung von Versorgungsverträgen mit sich. Im Vordergrund steht aber vor allem die Anpassung des gesetzlichen Widerrufsrechts und der entsprechenden Belehrungspflichten. Erstmalig wird ein **Widerrufsrecht für Energielieferverträge** ausdrücklich angeordnet, wenn Energielieferverträge im Fernabsatz oder außerhalb von Geschäftsräumen mit Verbrauchern zustande kommen. Fernabsatz bedeutet dabei, dass der Vertragsschluss unter Nutzung von E-Mail, Brief, Fax oder Telefon zustande kommt. Der Gesetzgeber hat ein neues Muster zur Widerrufsbelehrung[23] vorgegeben und erstmalig auch ein Muster für eine Widerrufserklärung entwickelt. Das Muster für die Widerrufserklärung[24] ist den Kunden ebenfalls zur Verfügung zu stellen.

---

21 EuGH, Rechtssachen – C-359/11 – Schulz und – C-400/11 – Egbringhoff.
22 RL 2011/83/EU v. 25.10.2011.
23 Anlage 1 zu Art. 246a § 1 Abs. 2 S. 2 EGBGB.
24 Anlage 2 zu Art. 246a § 1 Abs. 2 S. 2 EGBGB.

C. Contracting

24 Der Begriff Contracting lässt bereits begrifflich auf eine enge Verbindung zu vertraglichen Gestaltungen schließen. In der Energiewirtschaft wird mit Contracting in der Regel die **Bereitstellung oder Lieferung von Betriebsstoffen** (Wärme, Kälte, Strom, Dampf etc.) in Verbindung mit dem **Betrieb der Erzeugungsanlagen** beschrieben. Dieser Bereich ist u. a. dadurch gekennzeichnet, dass vertragliche Vereinbarungen auch mit anderen als den üblichen o. g. Marktteilnehmern geschlossen werden. Neben einem Energieliefervertrag existieren beispielsweise Betriebsführungs- und Pachtverträge, die nur bedingt einem direkten energierechtlichen Einfluss unterliegen. Die in Contracting-Modellen angebotenen Energiedienstleistungen sind vornehmlich an den Vorschriften des BGB zu messen. Dabei kommt die gesamte Bandbreite der im **BGB vorgegebenen Vertragstypen** in Betracht (z. B. Werk-, Dienstleistungs-, Kauf-, Pacht- und Mietverträge), aber auch übergreifende Verträge mit Elementen aus unterschiedlichen Bereichen. Für die Praxis wurden diverse Mischformen entwickelt, die aus dem Bestreben erwachsen, für jedes Contracting-Objekt eine den Bedürfnissen der Nutzer entsprechende vertragliche Lösung zu bieten. Entscheidend für den rechtlichen Umgang mit Energiedienstleistungen ist nicht die Benennung, sondern allein der konkrete Inhalt der zu erbringenden Leistungen.[25] Die in diesem Buch vorgestellten Vertragsmuster bilden daher auch kein vollständiges Contracting-Modell ab. Sie können aber im Rahmen von derartigen Gestaltungen Berücksichtigung finden und mit weiteren Regelungen kombiniert werden. Dabei ist jedoch zu beachten, dass in einem Contracting-Modell – soweit einschlägig – weiterhin verbraucherschützende Vorschriften zu beachten sind. Wenn eine Energielieferung zum Bestandteil des Contracting-Modells wird, dann sind u. a. auch die Mindestinhalte für Energielieferverträge mit Haushaltskunden zu beachten.

D. EEG

25 Das novellierte EEG 2014[26] ist am 1. August 2014 in Kraft getreten. Die umfangreichen Änderungen im Vergleich zum EEG 2012 haben in diesem Buch bereits Berücksichtigung gefunden.

26 Im EEG sind **Anschluss-, Abnahme- und Vergütungspflichten** Bestandteile eines gesetzlichen Schuldverhältnisses zwischen Anlagenbetreiber und Netzbetrei-

25 *Hack*, Rn 11 m. w. N.

26 Gesetz für den Ausbau erneuerbarer Energien (Erneuerbare-Energien-Gesetz – EEG 2014) v. 21.7.2014 (BGBl. I S. 1066), zuletzt geändert durch Art. 4 des Gesetzes zur Bekämpfung von Zahlungsverzug im Geschäftsverkehr und zur Änderung des Erneuerbare-Energien-Gesetzes v. 22.7.2014 (BGBl. I S. 1218 ff.).

ber.[27] Die Erfüllung der Pflichten ist also nicht von dem Abschluss eines Vertrages abhängig bzw. darf seitens der Netzbetreiber nicht davon abhängig gemacht werden (vgl. § 7 EEG). Auf der anderen Seite bedeutet dies aber nicht, dass ein Vertrag nicht abgeschlossen werden darf. Bei der Regelung des § 7 Abs. 1 EEG handelt es sich nicht um ein Verbotsgesetz i. S. v. § 134 BGB, sodass geschlossene Verträge nicht wegen eines Verstoßes gegen das Verbot nichtig sind.[28] Es darf lediglich nicht von den Bestimmungen des EEG zulasten des Anlagenbetreibers oder des Netzbetreibers abgewichen werden (vgl. § 7 Abs. 2 EEG). Das Abweichungsverbot hingegen dürfte als Verbotsgesetz i. S. d. § 134 BGB einzustufen sein, sodass vom EEG abweichende Vereinbarungen unwirksam sind. Auch die Gesetzesbegründung zum EEG geht davon aus, dass der Abschluss eines Vertrages zwischen dem Netzbetreiber und einer anderen Partei sinnvoll sein kann, etwa um darin technische Fragen der Einbindung einer Anlage in das Netz zu regeln.[29] In der Praxis werden darüber hinaus insbesondere Messkonzepte, Haftungsregelungen und Abwicklungsvorgaben für Abrechnung und Direktvermarktung aufgenommen. Da solche Regelungen in der Regel formularmäßig vom Netzbetreiber vorgelegt werden, sind sie an den AGB-rechtlichen Vorgaben zu messen. Ein Sonderproblem stellt die vertragliche Festlegung des – oftmals umstrittenen – Netzverknüpfungspunktes gem. § 8 EEG dar. Wenn man unterstellt, dass das EEG nur einen idealen, den Vorgaben entsprechenden Verknüpfungspunkt kennt, dann wäre die Gefahr für das Vorliegen einer Abweichung i. S. v. § 7 Abs. 2 EEG durch die Vereinbarung eines von diesem Idealpunkt abweichenden Netzverknüpfungspunktes sehr hoch. Eine abweichende Festlegung wäre wohl in jedem Fall unwirksam, weil sie entweder zulasten des Anlagenbetreibers oder zulasten des Netzbetreibers geht. Trotz dieser Gefahr der Unwirksamkeit ist eine (vertragliche) Benennung des Netzverknüpfungspunktes ratsam, um beiden Parteien die nötige Planungssicherheit zu geben. Eine (gerichtliche) Kontrolle anhand der gesetzlichen Vorschriften und die Geltendmachung von Schadensersatzansprüchen sind aber für beide Vertragsparteien – Anlagenbetreiber und Netzbetreiber – möglich und lassen sich grundsätzlich nicht ausschließen.

Eine vertragliche Gestaltung im Rahmen des EEG findet des Weiteren bei der 27
Direktvermarktung statt. In diesem Zusammenhang handelt es sich auch nicht um eine fakultative vertragliche Ergänzung der Gesetzeslage, sondern um eine zwingende Vermarktungsvoraussetzung. Einem Direktvermarktungsvertrag kommt z. B. auch eine Nachweisfunktion bei der Beanspruchung der Marktprämie zu.[30] Als Muster für die Ausgestaltung einer Stromlieferung vom Anlagenbetreiber an den Direktvermark-

27 So schon BT Drucks. 15/2864, S. 45; zu einer differenzierten Betrachtung vgl. Frenz/Müggenborg/*Ehricke*, § 4 Rn 15 ff.
28 Vgl. BGH, Urt. v. 27.6.2007 – VIII ZR 149/06 –.
29 Frenz/Müggenborg/*Ehricke*, § 4 Rn 22 mit Verweis auf BT-Drucks. 16/8148, S. 41.
30 Vgl. Frenz/Müggenborg/*Ekardt/Henning*, § 33g Rn 10; *Salje*, EEG, § 33g Rn 9.

tungspartner kann grundsätzlich ein Strom-Sonderkundenvertrag dienen, der gemäß den Vorstellungen der Vertragspartner in dem konkreten Geschäftsmodell anzupassen ist.

E. KWKG

28 Das KWKG[31] folgt einer ähnlichen Struktur wie das EEG. Der Anspruch auf Zahlung einer Vergütung, des KWK-Zuschlages sowie des vermiedenen Netznutzungsentgeltes ist als **gesetzliches Schuldverhältnis** ausgestaltet. Daher ist der Abschluss von Verträgen nicht zwingend erforderlich. Zur Regelung von Einzelheiten bietet sich aber – aus den gleichen Gründen wie im Rahmen des EEG – der Abschluss von sog. Einspeiseverträgen an. Das KWKG kennt auch eine Vermarktung des KWK-Stroms an Dritte. Dazu ist ein Kaufangebot eines Dritten erforderlich. Der Netzbetreiber ist dann verpflichtet, den KWK-Strom zu der von dem Dritten angebotenen Vergütung abzunehmen. Der Dritte ist wiederum verpflichtet, den KWK-Strom zu dem Preis vom Netzbetreiber abzunehmen, den er dem Anlagenbetreiber angeboten hat (vgl. §4 Abs. 3 S. 4 KWKG). Diese relativ umständliche Form der Vermarktung erfährt in der Praxis in den meisten Fällen eine Vereinfachung, indem der Anlagenbetreiber mit Zustimmung des Netzbetreibers direkt an den Dritten liefert. Der Anlagenbetreiber und der Dritte schließen zu diesem Zweck einen Stromliefervertrag. Ohne eine zusätzliche Vereinbarung mit dem Netzbetreiber wäre diese Vorgehensweise aber nicht rechtskonform, weil der Netzbetreiber gemäß den gesetzlichen Vorschriften in die Vermarktung einzubeziehen ist. Auf diese Einbeziehung kann der Netzbetreiber jedoch verzichten, was üblicherweise auch in seinem Interesse ist. Die Zahlung des KWK-Zuschlages und des vermiedenen Netznutzungsentgeltes wird aber in der Regel weiterhin an den Anlagenbetreiber erfolgen. Die vertragliche Ausgestaltung des Vermarktungsverhältnisses kann entweder bilateral oder in einer dreiseitigen Vereinbarung erfolgen. Nachdem der Dritte ursprünglich über einen eigenen Bilanzkreis verfügen musste, hat die KWK-Novelle 2012 diese strenge Voraussetzung gelockert. Ohne Zuordnung des KWK-Stroms zu einem Bilanzkreis durch den Anlagenbetreiber wird der KWK-Strom einem netzbetreibereigenen Bilanzkreis zugeordnet (vgl. §4 Abs. 2a KWKG). Eine solche Bilanzkreiszuordnung kann ebenfalls Bestandteil einer vertraglichen Ausgestaltung zwischen den Parteien sein.

31 Gesetz für die Erhaltung, die Modernisierung und den Ausbau der Kraft-Wärme-Kopplung (Kraft-Wärme-Kopplungsgesetz) v. 19.3.2002 (BGBl. I S. 1092), zuletzt geändert durch Art. 13 des Gesetzes zur grundlegenden Reform des Erneuerbare-Energien-Gesetzes und zur Änderung weiterer Bestimmungen des Energiewirtschaftsrechts v. 21.7.2014 (BGBl. I S. 1066 ff.).

Die in den nachfolgenden Kapiteln vorgestellten Vertragsmuster bilden die Gestaltungsmöglichkeiten im energiewirtschaftlichen Vertragsgeflecht weitgehend ab. Selbstverständlich kann dabei nicht jede denkbare Vertragsbeziehung erfasst werden, sodass noch viel Raum für neue Ideen und Gestaltungsmöglichkeiten besteht. 29

Kapitel 2
Strom

A. Bilanzkreisvertrag (BKV)

I. Einführung

1 Das **Bilanzkreissystem** ist zentraler Punkt bei der vertraglichen Gestaltung des Netzzugangs zur Belieferung mit Strom.[1] Als **Bilanzkreise** werden im Elektrizitätsbereich die in einer **Regelzone** zusammengefassten Einspeise- und Entnahmestellen bezeichnet, die dem Zweck dienen, Abweichungen von Einspeisungen und Entnahmen durch ihre Durchmischung zu minimieren.[2] Dabei können mehrere Bilanzkreise innerhalb einer Regelzone gebildet werden. Die Bildung eines Bilanzkreises erfolgt durch einen oder mehrere Netznutzer und besteht aus mindesten einer Einspeise- und Entnahmestelle. Das Bilanzkreissystem ermöglicht damit jedem **Bilanzkreisverantwortlichen**, Einspeisungen und Entnahmen von Strom voneinander zu trennen und innerhalb eines Bilanzkreises für eine ausgeglichene Leistungsbilanz zu sorgen.

2 Für jeden Bilanzkreis von den bilanzkreisbildenden Netznutzern ist dabei gegenüber dem jeweiligen Übertragungsnetzbetreiber ein **Bilanzkreisverantwortlicher** zu benennen. Der Bilanzkreisverantwortliche fungiert als Schnittstelle zwischen den Netznutzern und dem jeweiligen Übertragungsnetzbetreiber und ist für eine ausgeglichene Bilanz zwischen Einspeisungen und Entnahmen in einem Bilanzkreis in jeder Viertelstunde wirtschaftlich verantwortlich.[3]

3 Jede Einspeise- oder Entnahmestelle ist zwingend einem Bilanzkreis zuzuordnen.

4 Dem **Bilanzkreisvertrag** kommt bei der vertraglichen Gestaltung des Netzzugangs wesentliche Bedeutung zu. Er bestimmt **zwischen dem Netznutzer und dem Netzbetreiber** den (ggf. Unter-) Bilanzkreis, dem die Einspeise- und Entnahmestellen in der jeweiligen Regelzone des Übertragungsnetzbetreibers zugeordnet werden sollen.[4]

5 Der rechtliche Rahmen für die vertragliche Gestaltung des Netzzugangs zu den Energieversorgungsnetzen ergibt sich aus den allgemeinen Regelungen der §§ 20–24 EnWG. Zudem sind vor allem die Konkretisierungen der Verordnung über den Zugang

---

1 Vgl. die Legaldefinition im EnWG gem. § 3 Nr. 10a EnWG: Bilanzkreis bedeutet im Elektrizitätsbereich innerhalb einer Regelzone die Zusammenfassung von Einspeise- und Entnahmestellen, die dem Zweck dient, Abweichungen zwischen Einspeisungen und Entnahmen durch ihre Durchmischung zu minimieren und die Abwicklung von Handelstransaktionen zu ermöglichen.

2 BerlK-EnR/*Boesche*, § 3 EnWG Rn 18 f.

3 Vgl. § 4 Abs. 2 StromNZV.

4 *Pritzsche/Klauer*, emw 2005, Heft 4, S. 22 f.

zu Elektrizitätsversorgungsnetzen (Stromnetzzugangsverordnung – StromNZV vom 14.8.2013, BGBl. I S. 3250) und hier die §§ 23–26 sowie § 28 StromNZV wesentlich.

Die vertraglichen Ausgestaltungen des Netzzugangs sind Folgen der Grundaussagen des § 20 Abs. 1a EnWG und des § 1 StromNZV. Laut § 20 Abs. 1a S. 5 EnWG ist die buchhalterische Abwicklung der physikalischen Vorgänge mittels eines Bilanzkreissystems zu verwirklichen, zu dem ein Bilanzkreisvertrag abzuschließen ist. 6

Regelungsschwerpunkte eines Bilanzkreisvertrages bilden insbesondere die Konkretisierung der beiderseitigen Rechte, Fragen der Haftung und der Berechtigung zur Anforderung von **Sicherheitsleistungen**, der Sonderkündigungsrechte sowie der Vorgaben zum **Datenaustausch** im Zuge der Vorbereitung der **Bilanzkreisabrechnung**. § 26 Abs. 2 StromNZV legt die Mindestregelungen, die der Bilanzkreisvertrag zwingend enthalten muss, fest. 7

Mindestinhalte Bilanzkreisvertrag
- Vertragsgegenstand;
- Rechte, Pflichten und Leistungen des Betreibers von Übertragungsnetzen;
- Rechte und Pflichten des Bilanzkreisverantwortlichen;
- Datenaustausch zwischen dem Betreiber von Übertragungsnetzen und dem Bilanzkreisverantwortlichen;
- Haftungsbestimmungen;
- Voraussetzungen für die Erhebung einer Sicherheitsleistung in begründeten Fällen;
- Kündigungsrechte der Vertragsparteien.

Um den **Minutenreservemarkt** zu beleben, ist in § 26 Abs. 3 StromNZV außerdem verfügt, dass für **Fahrplangeschäfte**, die der Bereitstellung von **Minutenreserve** dienen und die ein Bereitsteller des eigenen Bilanzkreises über einen anderen Bilanzkreis abwickeln will, der Bilanzkreis zu öffnen ist. Das hierfür zu entrichtende Entgelt ist der Höhe nach zwar unbestimmt, jedoch angemessen zu bilden. Es sollte demzufolge nicht höher sein, als die Transaktionsabwicklung im anderen Bilanzkreis allein gekostet hätte.[5] 8

Da die verantwortlichen Übertragungsnetzbetreiber in ihrer Rolle als **Bilanzkreiskoordinator** für ihre Regelzone stark voneinander abweichende Vertragsmuster verwendet haben und einige Regelungen in diesen Vertragsmustern hinsichtlich ihrer Angemessenheit nicht unumstritten waren, hat die Beschlusskammer 6 der BNetzA in dem Verwaltungsverfahren (BK6-06-013) mit Beschluss vom 29.6.2011 für die deutschen **Regelzonen** einen einheitlichen **Standard-Bilanzkreisvertrag** festgelegt und darin die Abwicklung der Handels-, Vertriebs- und Netzaktivitäten geregelt. Dieser Standard-Bilanzkreisvertrag ist nunmehr für alle Übertragungsnetzbetreiber verbindlich und ist ausschließlich in dieser Ausgestaltung den Bilanzkreisverantwortlichen **seit dem 1.8.2011** für Neuabschlüsse anzubieten. Alle bis zum 31.7.2011 abgeschlosse- 9

5 Danner/Theobald/*Lüdtke-Handjery*, § 26 StromNZV Rn 10.

nen Bilanzkreisverträge mit Bilanzkreisverantwortlichen sind spätestens mit Wirkung ab dem 1.10.2011 an den Standard-Bilanzkreisvertrag anzupassen.[6]

Achtung

Der Bilanzkreisvertrag muss **inhaltlich vollständig** der Festlegung der BNetzA entsprechen. Inhaltliche Abweichungen sind nicht möglich!

---

6 Vgl. BNetzA, Beschl. v. 20.6.2011 – BK6-06-013 – S. 2.

II. Vertragsmuster

1. Bilanzkreisvertrag

Muster

Bilanzkreisvertrag 10

über die Führung von Bilanzkreisen

zwischen

Unternehmensname
Straße
PLZ Ort
LAND
– Bilanzkreisverantwortlicher (BKV) –

und

Übertragungsnetzbetreiber
DEUTSCHLAND
– Übertragungsnetzbetreiber (ÜNB) –

– gemeinsam als Vertragsparteien bezeichnet –

1. **Präambel**
Bei diesem Bilanzkreisvertrag handelt es sich um einen Vertrag, der mittels förmlicher Festlegung durch die Bundesnetzagentur (Az. BK6-06-013, Beschluss vom 29.06.2011) vorgegeben wurde.
Dies vorausgeschickt schließen der Übertragungsnetzbetreiber (ÜNB) und der BKV auf der Grundlage des Energiewirtschaftsgesetzes (EnWG) und der Verordnung über den Zugang zu Elektrizitätsversorgungsnetzen (Stromnetzzugangsverordnung, StromNZV) den folgenden Bilanzkreisvertrag.

2. **Vertragsgegenstand**

2.1. Mit Abschluss dieses Vertrages verpflichtet sich der ÜNB zur Einrichtung, Abwicklung und Abrechnung von einem oder mehreren Bilanzkreisen in seiner Regelzone für den BKV. Ein jeder Bilanzkreis wird unter dem Energy Identification Code (EIC) gemäß Anlage 1 geführt. Weiterhin enthält dieser Vertrag Regelungen zur Datenbereitstellung für die Bilanzkreisabrechnung.

2.2. Auf Basis dieses Vertrages sind folgende Energielieferungen unter Nutzung von Bilanzkreisen möglich:
- Einspeisung von elektrischer Energie durch die einem Bilanzkreis zugeordneten Kraftwerke/Einspeisestellen innerhalb der Regelzone des ÜNB
- Entnahme von elektrischer Energie durch die einem Bilanzkreis zugeordneten Kunden an den jeweiligen Entnahmestellen innerhalb der Regelzone des ÜNB
- Austausch elektrischer Energie mittels Fahrplänen
- Weitergabe von nach EEG vergüteten Strommengen aus dem EEG-Bilanzkreis unterlagerter Netzbetreiber an den EEG-Bilanzkreis des ÜNB mittels Überführungszeitreihen
- Entnahme von Verlustenergie aus Bilanzkreisen nach § 10 StromNZV
- Einspeisung und Entnahme von Differenzenergie in beziehungsweise aus Bilanzkreisen nach § 12 StromNZV
- Einspeisung und Entnahme von Deltamengen gem. BK6-07-002 (MaBiS).

3. Voraussetzungen für die Nutzung von Bilanzkreisen

3.1. Mit dem jeweils zuständigen Betreiber von Elektrizitätsversorgungsnetzen (NB) ist die Netznutzung zu vereinbaren und dabei die Zuordenbarkeit von Einspeise- und Entnahmestellen zu dem Bilanzkreis durch den jeweiligen NB sicherzustellen. Diese Vereinbarungen sind nicht Gegenstand dieses Vertrages.

3.2. Bei Energielieferungen in andere Bilanzkreise sind wirksame Vertragsbeziehungen zur Bildung dieser Bilanzkreise zwischen dem ÜNB und den jeweiligen anderen BKV (für Lieferungen innerhalb der Regelzone des ÜNB) und/oder zwischen dem BKV und dem jeweils anderen ÜNB (für Lieferungen in/von andere/n Regelzonen) erforderlich. Die Vertragsparteien sind verpflichtet, sich alle gem. Anlage 2 erforderlichen Identifikatoren zur Abwicklung aller Prozesse zur Bilanzkreisführung und Abrechnung gegenseitig rechtzeitig bereitzustellen.

4. Rechte, Pflichten und Leistungen des ÜNB

4.1. Der ÜNB trägt entsprechend den gesetzlichen Regelungen die Systemverantwortung für das Übertragungsnetz in seiner Regelzone und ist in diesem Zusammenhang insbesondere für die Beschaffung und den Einsatz von Regelenergie verantwortlich.

4.2. Der ÜNB ist für die Einrichtung der Bilanzkreise des BKV, die Abwicklung der angemeldeten Fahrpläne und die Abrechnung der Bilanzkreise gemäß den gesetzlichen und behördlichen Vorgaben und den Bedingungen dieses Vertrages verantwortlich. Nach Maßgabe dieses Vertrages verarbeitet der ÜNB die seitens der NB bereitgestellten Zählwerte, führt den Ausgleich etwaiger Bilanzabweichungen im Bilanzkreis des BKV durch und rechnet diese entsprechend mit dem BKV ab.

5. Rechte und Pflichten des BKV

5.1. Der BKV ist für eine ausgeglichene Viertelstunden-Leistungsbilanz der seinem Bilanzkreis zugeordneten Einspeisungen und Entnahmen, für das ordnungsgemäße Fahrplanmanagement und für den wirtschaftlichen Ausgleich verbleibender Bilanzabweichungen verantwortlich.

5.2. Der BKV ist verpflichtet, durch zumutbare Maßnahmen, insbesondere durch entsprechende Sorgfalt bei der Erstellung der Prognosen, die Bilanzabweichungen möglichst gering zu halten. Die Inanspruchnahme von Ausgleichsenergie zur Lastdeckung bzw. zur Kompensation einer Überspeisung des Bilanzkreises ist nur zulässig, soweit damit nicht prognostizierbare Abweichungen ausgeglichen werden.

5.3. Im Fall eines ungeplanten Kraftwerksausfalls im Sinne von § 5 Abs. 4 StromNZV ist der BKV für den Zeitraum von vier Viertelstunden, einschließlich der Viertelstunde, in der der Ausfall aufgetreten ist, von den Verpflichtungen des vorstehenden Absatzes in dem Umfang freigestellt, in dem die in seinem Bilanzkreis aufgetretenen Abweichungen durch den Kraftwerksausfall verursacht sind. Die Vertragsparteien nehmen hinsichtlich der Definition eines Kraftwerksausfalls Bezug auf die Anlage 4 zu diesem Vertrag.

5.4. Der BKV teilt dem ÜNB unverzüglich Name, Firma und Anschrift der Händler und Lieferanten gem. Anlage 6 mit, die zu seinem Bilanzkreis zugeordnet sind und ermöglicht, dass der ÜNB diese Daten gegenüber berechtigten Stellen offenlegen darf, sofern die Datenschutzbelange der Betroffenen nicht berührt sind.

6. Ansprechstellen

6.1. Die Vertragsparteien stellen sicher, dass die in Anlage 2 benannten Ansprechpartner in einem für die ordnungsgemäße Erfüllung ihrer Vertragspflichten erforderlichen Umfang erreichbar und berechtigt sind, um Fahrpläne in den Bilanzkreisen dieses Vertrages zu ändern bzw. entgegenzunehmen sowie Zeitreihen zu den Bilanzkreisen des Vertrages entgegenzunehmen und Rückäußerungen zu diesen abzugeben.

6.2. Bei Änderungen der gemäß Anlage 2 benannten Ansprechstellen einer Vertragspartei ist dies unverzüglich schriftlich der jeweils anderen Vertragspartei mitzuteilen.

7. Fahrpläne

Der BKV hat das Recht, beim ÜNB einen Fahrplan anzumelden. Es gelten hierzu die Regelungen in Anlage 3 dieses Vertrages. Ebenfalls sind die Regelungen unter Ziffer 8. zu berücksichtigen.

8. Engpassmanagement

8.1. Netzengpässe können innerhalb des Übertragungsnetzes des ÜNB oder an den Kuppelstellen zu benachbarten Netzen im In- und Ausland entstehen. Sofern ein nicht nur kurzfristiger Netzengpass nicht durch geeignete Maßnahmen im Übertragungsnetz zu vermeiden ist, wird der ÜNB den Netzengpass im Internet veröffentlichen.

8.2. Die Veröffentlichung des Netzengpasses erfolgt spätestens 24 Stunden vor dem Ende der Anmeldefrist für Fahrpläne gemäß Ziffer 1.2. der Anlage 3 dieses Vertrages auf der in Anlage 2 genannten Internetseite des ÜNB und enthält folgende Angaben:

a. Die zur Verfügung stehende Gesamtkapazität
b. Übertragungsrichtung, in der der Engpass auftritt
c. Prognostizierte Dauer
d. Verfahren des Engpassmanagements

Zeitgleich mit der Veröffentlichung nach Satz 1 weist der ÜNB den BKV auch per E-Mail an die in Anlage 2 hierfür vom BKV genannte Adresse auf die Veröffentlichung hin.

Falls ein Engpass vom ÜNB veröffentlicht wird, ist eine Nutzung des Übertragungsnetzes zwischen den in der Veröffentlichung genannten Gebieten nur im Rahmen des veröffentlichten Engpassmanagements möglich. Hierfür können gesonderte Kosten für den Erwerb von Transportkapazität anfallen.

8.3. Tritt ein Netzengpass so kurzfristig auf, dass eine Veröffentlichung gemäß Ziffer 8.2. nicht mehr möglich ist, berechtigt dies den ÜNB insbesondere unter Beachtung der ordnungsgemäßen Rangfolge nach dem Energiewirtschaftsgesetz sowie dem Erneuerbare-Energien-Gesetz zur diskriminierungsfreien Ablehnung oder Reduzierung angemeldeter Fahrpläne gegenüber den betroffenen Bilanzkreisverantwortlichen. Die Ablehnung oder Reduzierung angemeldeter Fahrpläne ist dem BKV gegenüber nachträglich schriftlich zu begründen. Art. 16 Abs. 2 der EG-VO 714/2009 bleibt unberührt.

9. Datenbereitstellung zur Bilanzkreisabrechnung

Die Vertragsparteien verpflichten sich, an der Bilanzkreisabrechnung mitzuwirken nach Maßgabe der Festlegung BK6-07-002 (MaBiS) der Bundesnetzagentur, der zur weiteren Ausgestaltung verbändeübergreifend und unter Begleitung durch die Bundesnetzagentur erarbeiteten Spezifikationen in jeweils aktueller Fassung sowie unter Beachtung der von der Bundesnetzagentur hierzu veröffentlichten Mitteilungen.

10. Preise für Ausgleichsenergie

10.1. Der ÜNB beschafft Regelenergie entsprechend den gesetzlichen und behördlichen Vorgaben. Für jede Viertelstunde ermittelt der ÜNB einen positiven oder negativen Arbeitspreis für die Lieferung positiver oder negativer Ausgleichsenergie.

10.2. Der regelzonenübergreifende einheitliche Bilanzausgleichsenergiepreis (reBAP), der symmetrisch für die Abrechnung von Über- wie Unterdeckungen der Bilanzkreise dieses Vertrages gilt, bestimmt sich dadurch, dass die Kosten bzw. Erlöse der ÜNB aus dem Bezug bzw. der Abgabe von Sekundärregelarbeit und Minutenreservearbeit für jede Viertelstunde auf den gesamten Regelenergiebedarf der ÜNB umgelegt werden. Der reBAP wird spätestens am 20. Werktag (WT) nach dem Liefermonat durch den ÜNB in Form einer Preiszeitreihe in einem marktweit einheitlichen Format (CSV) zum automatisierten Herunterladen auf der Internetseite des ÜNB zur Verfügung gestellt. Zusätzlich wird der ÜNB dem BKV die Preiszeitreihe im Rahmen der elektronischen Marktkommunikation nach der Festlegung BK6-07-002 (MaBiS) in einem marktüblichen Format per EDIFACT an die in Anlage 2 genannte Adresse übermitteln. Nachträgliche

Korrekturen des reBAP werden den Bilanzkreisverantwortlichen in gleicher Weise unverzüglich bekannt gemacht.

11. Ermittlung und Abrechnung der Bilanzabweichungen

11.1. Der ÜNB ermittelt ab dem 30. WT nach dem Liefermonat auf Basis der ihm zum Ende des 29. WT nach dem Liefermonat vorliegenden Abrechnungsdaten die Bilanzabweichungen der Bilanzkreise dieses Vertrages oder ordnet sie gemäß Ziffer 13. dieses Vertrages dem gemäß Anlage 5 vereinbarten Bilanzkreis bzw. Unterbilanzkreis zu.
Eine Bilanzabweichung liegt vor, wenn sich zwischen sämtlichen dem Bilanzkreis zugeordneten Entnahmen einschließlich solcher Entnahmen aufgrund von Fahrplänen in einer Viertelstunde, verglichen mit sämtlichen dem Bilanzkreis zugeordneten Einspeisungen einschließlich solcher Einspeisungen aufgrund von Fahrplänen in derselben Viertelstunde, eine Differenz ergibt.

11.2. Der ÜNB ermittelt die Bilanzabweichung je Viertelstunde, die anschließend mit dem nach Ziffer 10. ermittelten reBAP multipliziert wird. Hat der Bilanzkreis in der Viertelstunde Ausgleichsenergie aufgenommen, so gilt diese als vom ÜNB zum nach Ziffer 10 ermittelten Preis geliefert und ist entsprechend vom ÜNB abzurechnen. Hat der Bilanzkreis in der Viertelstunde Ausgleichsenergie abgegeben, so gilt diese als vom ÜNB zum nach Ziffer 10. ermittelten Preis als abgenommen und ist entsprechend vom ÜNB abzurechnen. Entgelte und Vergütungen werden über den Abrechnungsmonat saldiert und der sich daraus ergebene Saldo abgerechnet.

11.3. Die Abrechnung von Ausgleichsenergie erfolgt monatlich spätestens am 42. WT nach dem Liefermonat. Für diejenigen Bilanzkreise, für die dem ÜNB am Ende des 7. Monats nach dem Liefermonat gegenüber der Erstabrechnung veränderte Werte vorliegen, erstellt und versendet der ÜNB bis zum Ende des 8. Monats nach dem Liefermonat eine Korrektur-Bilanzkreisabrechnung, solange und soweit die Durchführung einer Korrektur-Bilanzkreisabrechnung nach der jeweils aktuellen Fassung der Festlegung BK6-07-002 (MaBiS) vorgesehen ist. Die Mindestinhalte des Abrechnungsdokuments in Bezug auf die Bilanzkreisabrechnung sowie die Korrektur-Bilanzkreisabrechnung ergeben sich aus Anlage 7.

11.4. Ergeben sich im Rahmen der Bilanzkreisabrechnung signifikante Bilanzkreisabweichungen, die einen Verstoß des BKV gegen die Pflichten gem. Ziffer 5. nahelegen, so klärt der ÜNB zunächst mit dem BKV, ob bzw. inwiefern die Abweichungen durch den BKV vermeidbar waren. Lässt sich der Verdacht einer Pflichtverletzung nicht ausräumen, meldet der ÜNB den Sachverhalt an die Bundesnetzagentur, die über die Einleitung eines gegen den BKV gerichteten Aufsichtsverfahrens entscheidet.

11.5. Der Saldo nach Ziffer 11.2. dieses Vertrages wird vom ÜNB für den jeweils abgelaufenen Abrechnungsmonat ermittelt und an den BKV abgerechnet. Der Betrag versteht sich zuzüglich der zum Liefer- oder Leistungszeitpunkt geltenden gesetzlichen Umsatzsteuer, die gesondert ausgewiesen wird. Sofern der BKV seinen Sitz außerhalb Deutschlands hat oder andere gesetzliche Gründe den Ausweis der Umsatzsteuer verbieten, entfällt die Abrechnung der gesetzlichen Umsatzsteuer. Die Abrechnungen werden zu dem vom ÜNB angegebenen Zeitpunkt fällig, frühestens jedoch zwei Wochen nach Zugang beim BKV. Vom ÜNB erteilte Gutschriften werden abweichend vom vorstehenden Satz spätestens zwei Wochen nach dem Ausstellungsdatum der Gutschrift an den BKV fällig. Maßgeblich für die Einhaltung der Frist ist der Eingang des Geldbetrages auf dem Konto der Vertragspartei.

11.6. Einwendungen gegen die Abrechnung, die sich auf die Richtigkeit der vom VNB an den ÜNB übermittelten Daten beziehen, können der Abrechnung durch den ÜNB nicht entgegen gehalten werden. Etwas anderes gilt, soweit die Unrichtigkeit der Abrechnung vom ÜNB zu vertreten ist; in diesem Fall sind etwaige Einwendungen gegen die Richtigkeit einer Abrechnung nur binnen zwei Monaten nach Erhalt der Abrechnung zulässig.

11.7. Bei einem verspäteten Zahlungseingang sind die Vertragsparteien berechtigt, unbeschadet weitergehender Ansprüche nach Ablauf der Zahlungsfrist Verzugszinsen gemäß den gesetzlichen Regelungen zu berechnen. Bei Zahlungsverzug einer Vertragspartei kann die andere Vertragspartei, wenn sie erneut zur Zahlung auffordert oder den Betrag durch einen Beauftragten geltend machen lässt, der säumigen Vertragspartei die dadurch entstandenen Kosten berechnen.

11.8. Gegen aus diesem Vertrag resultierende Ansprüche der Vertragsparteien kann nur mit unbestrittenen oder rechtskräftig festgestellten Ansprüchen aufgerechnet werden.

11.9. Im Übrigen gelten die Regelungen zur Festlegung BK6-07-002 (MaBiS) nebst den weiteren in Ziffer 9. dieses Vertrages benannten Dokumenten.

12. Regelungen für Börsengeschäfte

Sollen über den Bilanzkreis Börsengeschäfte abgewickelt werden, gelten ergänzend die nachfolgenden vertraglichen Regelungen:

Bei Differenzen zwischen einem angemeldeten Fahrplan nach diesem Vertrag und dem korrespondierenden Fahrplan eines Börsenbilanzkreises hat der durch die Börse angemeldete Fahrplan Vorrang.

Der BKV erklärt rechtzeitig vor Aufnahme der Börsengeschäfte, für welche Börse die vorstehende Börsenregelung Anwendung findet und ist damit einverstanden, dass die Führung seines Bilanzkreises in der Regelzone des ÜNB der Börse mitgeteilt wird.

13. Unterbilanzkreise

13.1. Sämtliche Bilanzabweichungen eines Bilanzkreises dieses Vertrages können einem anderen Bilanzkreis in der Regelzone des ÜNB zugeordnet werden. Für den Unterbilanzkreis gilt dadurch nicht die Verpflichtung zur Wahrung einer ausgeglichenen Viertelstunden-Leistungsbilanz. Die Zuordnung erfolgt unbefristet.

Ebenso können sämtliche Bilanzabweichungen eines oder mehrerer Bilanzkreise in der Regelzone des ÜNB den Bilanzkreisen dieses Vertrages monatsweise zugeordnet werden.

Die Zuordnung wird durch die Bilanzkreisverantwortlichen der beiden betroffenen Bilanzkreise gemäß Anlage 5 gemeinsam mit dem ÜNB vereinbart. Der Beginn oder die Beendigung einer Zuordnung ist jeweils nur zum 1. eines Kalendermonats 00:00 Uhr unter Einhaltung einer Ankündigungsfrist von 10 WT möglich.

13.2. Die Beendigung der Zuordnung mit Wirkung für die Zukunft kann durch einen jeden der beteiligten Bilanzkreisverantwortlichen bzw. in begründeten Fällen durch den ÜNB durch schriftliche Erklärung gegenüber den jeweils anderen beteiligten Parteien erklärt werden.

Bei Kündigung eines Bilanzkreisvertrages enden automatisch auch alle damit im Zusammenhang stehenden Zuordnungen mit Wirkung für die Zukunft. Hierüber informiert der BKV die betroffenen Bilanzkreisverantwortlichen unverzüglich schriftlich.

Im Falle einer außerordentlichen Kündigung eines Bilanzkreisvertrages informiert der ÜNB alle direkt betroffenen Bilanzkreisverantwortlichen unverzüglich schriftlich. Direkt betroffen im vorstehenden Sinn sind auch der BKV des aufnehmenden Bilanzkreises sowie alle BKV, deren Bilanzabweichungen dem gekündigten Bilanzkreis zugeordnet werden. Bei außerordentlicher Kündigung des Bilanzkreisvertrages eines Bilanzkreises, dem ein Unterbilanzkreis zugeordnet ist, ermöglicht der ÜNB – erforderlichenfalls abweichend von der Ankündigungsfrist nach Ziffer 13.1. – möglichst kurzfristig die Zuordnung des Unterbilanzkreises zu einem anderen Bilanzkreis zum nächsten Monatsbeginn.

13.3. Sind einem Bilanzkreis Bilanzabweichungen eines oder mehrerer Bilanzkreise zugeordnet worden, kann dieser die Bilanzabweichungen seines Bilanzkreises und der zugeordneten Bilanzkreise einem weiteren Bilanzkreis zuordnen (Kettenzuordnungen). Die Zustimmung zur Bildung solcher Kettenzuordnungen kann vom BKV mittels Anlage 5 gegenüber dem ÜNB erklärt werden.

13.4. Das Kreditrisiko des Unterbilanzkreises wird auf den zugeordneten Bilanzkreis übertragen. Bei der Bestimmung der Höhe der ggf. notwendigen Sicherheitsleistung des zugeordneten Bilanzkreises gemäß Ziffer 14.1. wird die potentielle Inanspruchnahme von Ausgleichsenergie des Unterbilanzkreises mit berücksichtigt. Der Unterbilanzkreis hat hierfür keine Sicherheitsleistung zu erbringen.

13.5. Im Übrigen gelten die Regelungen zur Festlegung BK6-07-002 (MaBiS) nebst den weiteren in Ziffer 9. dieses Vertrages benannten Dokumenten.

14. Sicherheiten

14.1. Der ÜNB kann in begründeten Fällen eine angemessene Sicherheit vom BKV verlangen. Die Anforderung der Sicherheit ist gegenüber dem BKV schriftlich zu begründen. Die Sicherheit ist binnen 10 WT nach ihrer Anforderung zu leisten.
Ein begründeter Fall wird insbesondere angenommen, wenn

a. der BKV innerhalb von 12 Kalendermonaten mit fälligen Zahlungen zweimal mit nicht unerheblichen Beträgen in Bezug auf seine wirtschaftliche Leistungsfähigkeit in Verzug geraten ist und auch auf ausdrückliche Aufforderung nicht gezahlt hat,
b. gegen den BKV Zwangsvollstreckungsmaßnahmen wegen Geldforderungen (§§ 803–882a ZPO) in nicht unerheblicher Höhe in Bezug auf seine wirtschaftliche Leistungsfähigkeit eingeleitet sind,
c. ein Antrag auf Eröffnung des Insolvenzverfahrens über das Vermögen des BKV vorliegt und der BKV nicht innerhalb der Frist nach Satz 3 die Missbräuchlichkeit des Antrages nachweist; ist der BKV im Rahmen der Frist nach Satz 3 nicht in der Lage, die Missbräuchlichkeit nachzuweisen, so ist die Sicherheit nach Ablauf der Frist sofort zu leisten,
d. der BKV die auf Grund einer vom ÜNB über ihn eingeholten Auskunft oder einer sonstigen Sachlage begründete Besorgnis, dass er den Verpflichtungen aus diesem Vertrag nicht nachkommen wird, innerhalb der Frist nach Satz 3 durch einen geeigneten Nachweis seiner Bonität wie z. B. aktueller Geschäftsbericht, Handelsregisterauszug und erforderlichenfalls weitergehende aktuelle bonitätsrelevante Informationen nicht entkräften kann. Die eingeholte Auskunft oder die sonstigen Informationen, auf denen die begründete Besorgnis beruht, sind dem BKV mit der Anforderung der Sicherheitsleistung vollständig offen zu legen.

14.2. Als angemessen gilt die Sicherheitsleistung, wenn sie die Summe der durchschnittlichen Energielieferungen aus dem Bilanzkreis an Netzanschlüsse über einen Zeitraum von 7 Tagen sowie der durchschnittlichen Energiemenge der über den Bilanzkreis abgewickelten Handelsgeschäfte für 33,5 Stunden je multipliziert mit dem Durchschnitt des reBAP der letzten 12 Kalendermonate entspricht.

14.3 Der BKV wird im Rahmen des Bilanzkreisvertragsabschlusses sein Endkunden- und Handelsvolumen auf Anforderung bestmöglich prognostizieren und dem ÜNB mitteilen.

14.4. Sofern sich beim reBAP wesentliche Erhöhungen bzw. Senkungen ergeben, ist der ÜNB verpflichtet, die Höhe der Sicherheitsleistung anzupassen. Sollte der BKV eine wesentliche Veränderung seiner über den Bilanzkreis abgewickelten Energielieferungen planen, wird er rechtzeitig den ÜNB informieren und bei Bedarf die Sicherheitsleistung anpassen.

14.5. Die Sicherheit kann nach Wahl des BKV in Form einer

a. selbstschuldnerischen Bürgschaft nach deutschem Recht eines Unternehmens mit ausreichender Bonität unter Verzicht auf die Einreden der Anfechtbarkeit, der Aufrechenbarkeit und der Vorausklage, jedoch maximal bis zu einer Höhe von 10 Prozent des haftenden Eigenkapitals des Bürgen,

b. selbstschuldnerischen Bankbürgschaft nach deutschem Recht eines EU-Geldinstituts unter Verzicht auf die Einreden der Anfechtbarkeit, der Aufrechenbarkeit und der Vorausklage,
c. zum Basiszinssatz verzinslichen Barsicherheit oder
d. durch Verpfändung eines Kontos

erbracht werden.

14.6. Auf Anforderung des BKV hat der ÜNB das Fortbestehen eines begründeten Falles nach einem Jahr, und danach halbjährlich zu überprüfen. Die Sicherheit ist unverzüglich zurückzugeben, wenn ihre Voraussetzungen entfallen sind. Hält der ÜNB einen begründeten Fall nach Ziffer 14.1. nach Überprüfung nach wie vor für gegeben, sind dem BKV die Gründe hierfür sowie die vom BKV zu erfüllenden Voraussetzungen für eine Rückgabe der Sicherheit mitzuteilen. Die Geltendmachung eines weiteren Verzugsschadens bleibt unberührt.

14.7. Der ÜNB kann eine geleistete Sicherheit in Anspruch nehmen, wenn er nach Verzugseintritt eine Zahlungserinnerung ausgesprochen hat und die mit der Zahlungserinnerung gesetzte angemessene Frist von mindestens 10 WT fruchtlos verstrichen ist.

14.8. Im Fall der ganzen oder teilweisen Inanspruchnahme einer Sicherheitsleistung hat der ÜNB den BKV hierüber schriftlich zu unterrichten. Innerhalb von 10 WT nach Zugang dieser Unterrichtung ist der BKV verpflichtet, die Sicherheitsleistung wieder auf die ursprüngliche Höhe aufzufüllen.

15. Störungen und Unterbrechungen

15.1. Der ÜNB kann jederzeit in Energielieferungen und den Netzbetrieb eingreifen,
a. sofern eine unmittelbare Gefahr für die Sicherheit von Personen oder Anlagen abzuwenden ist,
b. um störende Rückwirkungen auf Einrichtungen des ÜNB oder Dritter auszuschließen oder der Gefährdung des stabilen Netzbetriebes durch unabgestimmte Inanspruchnahme des Übertragungsnetzes des ÜNB vorzubeugen,
c. wenn gemäß § 13 EnWG die Sicherheit oder die Zuverlässigkeit des Elektrizitätsversorgungssystems gefährdet ist, d. h., wenn dies zur Behebung von Störungen, zu Instandhaltungsarbeiten oder zu sonstigen betriebsnotwendigen Zwecken unter angemessener Abwägung der Belange der Netzbetreiber und Netznutzer erforderlich ist.

Ein Eingriff nach den vorstehenden Ziffern ohne vorherige Information des BKV in Textform und unter Einhaltung einer angemessenen Vorlauffrist kommt nur bei Gefahr im Verzug in Betracht. In diesem Fall ist der BKV im Nachgang unverzüglich in Textform zu informieren.

15.2. Soweit ein oder beide Vertragsparteien durch höhere Gewalt (etwa Naturkatastrophen, Krieg oder innere Unruhen) im Sinne eines von außen kommenden, keinen betrieblichen Zusammenhang aufweisenden, auch durch die äußerste vernünftigerweise zu erwartende Sorgfalt nicht abwendbaren Ereignisses ganz oder teilweise daran gehindert sein sollte(n), den Verpflichtungen nach diesem Vertrag nachzukommen, ruhen diese in entsprechendem Umfang bis zur Beseitigung der störenden Ursache und ihrer Folgen. § 13 Abs. 4 EnWG bleibt unberührt.
In derartigen Fällen werden sich die Vertragsparteien unverzüglich verständigen. Die Vertragsparteien werden in ihren Verantwortungsbereichen mit allen technisch und wirtschaftlich zumutbaren Mitteln dafür sorgen, dass die Voraussetzungen zur Erfüllung dieses Vertrages unverzüglich wieder hergestellt werden. Über Störungen und Einschränkungen des Netzbetriebes werden sich die Vertragsparteien unverzüglich gegenseitig informieren.

16. Haftung

Die Vertragsparteien haften einander nur für vorsätzlich oder grob fahrlässig verursachte Schäden sowie bei leichter fahrlässiger Schadensverursachung, wobei im Falle der leicht fahrlässigen Schadensverursachung die Haftung dem Grund nach auf die Verletzung wesentlicher

Vertragspflichten sowie der Art und Höhe nach auf den voraussehbaren vertragstypischen Schaden begrenzt ist. Die vorstehenden Haftungsausschlüsse und -beschränkungen gelten nicht für Schäden aus der Verletzung des Lebens, des Körpers oder der Gesundheit. Die Haftungsbeschränkung gilt auch sinngemäß für Mitarbeiter und Beauftragte der Vertragsparteien. § 13 Abs. 4 EnWG bleibt unberührt.

17. Datenschutz

17.1. Die im Zusammenhang mit diesem Vertrag anfallenden Daten werden beiderseits unter Beachtung der datenschutzrechtlichen Bestimmungen verarbeitet und soweit erforderlich gespeichert. Der BKV stimmt einem Datenaustausch zwischen dem ÜNB und anderen ggf. betroffenen Bilanzkreisverantwortlichen und Netzbetreibern zu, sofern dieser Datenaustausch für die ordnungsgemäße Umsetzung dieses Vertrages erforderlich ist.

17.2. Die Vertragsparteien werden insbesondere unter Beachtung von § 9 EnWG die im Rahmen dieses Vertragsverhältnisses erhaltenen Daten auch nach Vertragsende vertraulich behandeln und sie Dritten, unter Berücksichtigung der nachfolgenden Regelungen, nicht zugänglich machen.

17.3. Der BKV erklärt sich damit einverstanden, dass die Führung seines Bilanzkreises in der Regelzone des ÜNB, insbesondere Name und Anschrift des BKV, EIC und Zeitraum der Bilanzkreisführung im Internet veröffentlicht werden. Er erklärt sich darüber hinaus einverstanden, dass Name, Firma und Anschrift aller Händler und Lieferanten, die dem betreffenden Bilanzkreis gem. Anlage 6 zugeordnet sind, gegenüber berechtigten Stellen offengelegt werden. Der ÜNB ist befugt, Behörden, Gerichten und sonstigen öffentlichen Stellen auf berechtigte Anfrage hin Informationen diesen Bilanzkreisvertrag betreffend zu übermitteln.

18. Vertragsdauer und Kündigung

18.1. Der Bilanzkreisvertrag tritt zum **[DATUM]** frühestens jedoch 10 WT nach Vertragsschluss, in Kraft und läuft auf unbestimmte Zeit. Er kann vom BKV mit einer Frist von 3 Monaten zum Ende eines Kalendermonats gekündigt werden. Das Recht zur außerordentlichen Kündigung gemäß Ziffer 20. dieses Vertrages bleibt unberührt.

18.2. Mit Inkrafttreten dieses Vertrages verlieren frühere Bilanzkreisverträge zwischen dem BKV und dem ÜNB ihre Gültigkeit.

18.3. Haben die in diesem Vertrag genannten Bilanzkreise länger als 3 Monate keinen energetischen Umsatz, kann der Bilanzkreisvertrag von jeder Vertragspartei nach vorheriger Ankündigung unter Einhaltung einer Frist von einem Monat zum Ende eines Kalendermonats gekündigt werden. Der BKV kann der Kündigung unter Angabe von Gründen widersprechen.

19. Vertragsanpassung

Diesem Vertrag liegen die wirtschaftlichen, rechtlichen und wettbewerblichen Verhältnisse zum Zeitpunkt seines Abschlusses zugrunde. Ändern sich diese Verhältnisse durch gesetzliche Vorgaben, behördliche Maßnahmen oder durch Regelungen zwischen den Verbänden der Stromwirtschaft auf nationaler oder internationaler Ebene während der Vertragslaufzeit wesentlich, so können die Vertragsparteien bei der Bundesnetzagentur einen Antrag auf Anpassung des Vertrages stellen.

20. Außerordentliche Kündigung des Bilanzkreisvertrages

20.1. Eine fristlose Kündigung dieses Vertrages ist zulässig, wenn ein wichtiger Grund vorliegt, der dem ÜNB dessen Fortsetzung unzumutbar werden lässt.

20.2. Ein solcher Grund liegt insbesondere vor,

a. bei wiederholten von der Bundesnetzagentur festgestellten Pflichtverletzungen im Sinne der Ziffer 11.4. dieses Vertrages,

b. wenn nach Abschluss des Vertrags erkennbar wird, dass der Anspruch auf die Gegenleistung durch mangelnde Leistungsfähigkeit des BKV gefährdet ist und dadurch die Erfüllung der vertraglichen Verpflichtungen gegenüber dem ÜNB gefährdet ist, sofern die vorrangige Erhebung einer Sicherheitsleistung nicht möglich oder zumutbar ist.

c. bei Unterdeckungen des BKV über mehr als 33,5 zusammenhängende Stunden in nicht unerheblicher Größenordnung in Bezug auf seine wirtschaftliche Leistungsfähigkeit, sofern der BKV nicht innerhalb von 48 Stunden nach Anforderung eine Sicherheit nach Ziffer 14. dieses Vertrages leistet. Bei der fristlosen Kündigung sind die berechtigten Belange des BKV in angemessener Weise zu berücksichtigen.

20.3. Der ÜNB darf den Bilanzkreisvertrag auch fristlos kündigen, wenn der BKV seiner Verpflichtung zur Bestellung, Verstärkung oder Wiederauffüllung von Sicherheiten gemäß Ziffer 14. nicht innerhalb der vom ÜNB gesetzten angemessenen Frist nachkommt. Gleiches gilt, wenn die aufgelaufenen Forderungen des ÜNB die nachgewiesenen Sicherheiten aus diesem Vertrag übersteigen.

20.4. Der BKV wird im Fall einer vom ÜNB berechtigt ausgesprochenen außerordentlichen Kündigung den ÜNB von möglichen Ansprüchen Dritter freistellen.

21. Salvatorische Klausel

21.1 Sollten einzelne Bestimmungen dieses Vertrages rechtsunwirksam sein oder werden, so wird dadurch die Gültigkeit der übrigen Bestimmungen nicht berührt. Vielmehr verpflichten sich die Vertragsparteien, die rechtsunwirksamen Bestimmungen durch andere, im wirtschaftlichen, rechtlichen und technischen Ergebnis möglichst gleichwertige Bestimmung zu ersetzen.

21.2 Sollte der Vertrag ausfüllungsbedürftige Lücken enthalten, für die die Vertragsparteien bei ihrer Kenntnis bei Vertragsabschluss eine vernünftigerweise einvernehmliche Regelung vorgesehen hätten, verpflichten sich die Vertragsparteien zu einer entsprechenden Vertragsergänzung, wobei die beiderseitigen wirtschaftlichen Interessen angemessen zu berücksichtigen sind.

21.3. Vertragsergänzungen oder -änderungen nach den vorstehenden Absätzen sind in Anwendung von Ziffer 19. dieses Vertrages zum Vertragsbestandteil zu machen.

22. Rechtsnachfolge

22.1. Die Rechte und Pflichten aus dem Vertrag können mit Zustimmung der jeweils anderen Vertragspartei auf einen Dritten übertragen werden. Die Zustimmung darf nicht verweigert werden, wenn der Dritte die Gewähr dafür bietet, die Verpflichtungen aus dem Vertrag erfüllen zu können.

22.2. Eine Zustimmung ist ausnahmsweise nicht erforderlich bei der Übertragung von Rechten und Pflichten auf ein mit der jeweiligen Vertragspartei verbundenes Unternehmen i. S. d. §§ 15 ff. AktG. In den Fällen der Gesamtrechtsnachfolge, insbesondere nach Umwandlungsrecht, gelten anstelle des Vorstehenden die gesetzlichen Bestimmungen.

22.3. Die Vertragsparteien sind berechtigt, Dritte mit der Wahrnehmung einzelner Aufgaben aus diesem Vertrag zu beauftragen.

23. Schlussbestimmungen

23.1. Mündliche Nebenabreden sind nicht getroffen. Ändernde oder ergänzende Abreden zu diesem Vertrag sowie die Kündigung dieses Vertrages bedürfen der Schriftform. Dem steht die Übermittlung per Telefax gleich. Dies gilt auch für die Änderung dieser Klausel.

23.2. Es gilt ausschließlich das Recht der Bundesrepublik Deutschland. Der Gerichtsstand ist der Firmensitz des ÜNB.

23.3. Neben den in diesem Vertrag getroffenen Regelungen gelten grundsätzlich die den Stand der Technik widerspiegelnden Netz- und Systemregeln der deutschen Übertragungsnetzbetreiber (TransmissionCode) in der jeweils gültigen Fassung, soweit diese nicht gegen höherrangiges

Recht verstoßen bzw. nichts anderes in diesem Vertrag geregelt ist. Im Falle zukünftiger Änderungen kann jede Vertragspartei bei berechtigtem Interesse eine entsprechende Änderung des Bilanzkreisvertrages bei der Bundesnetzagentur beantragen.

24. Bestandteile des Vertrages

Bestandteile dieses Vertrages sind
Anlage 1: Auflistung der Bilanzkreise mit Energy Identification Code (EIC)
Anlage 2: Kontaktdaten von ÜNB und BKV
Anlage 3: Regelungen zum Fahrplanmanagement und Fahrplanformat
Anlage 4: Definition Kraftwerksausfall im Sinne des § 5 Abs. 4 StromNZV
Anlage 5: Unterbilanzkreise und Kettenzuordnung
Anlage 6: Zuordnung von Händlern und Lieferanten zum Bilanzkreis
Anlage 7: Mindestinhalte des Bilanzkreisabrechnungsdokuments (Rechnung/Gutschrift)

Ort	Datum	Ort	Datum
Unterschrift BKV		Unterschrift ÜNB	

2. Anlage 1 – Auflistung der Bilanzkreise mit Energy Identification Code (EIC)

Muster
Anlage 1 11

Auflistung der Bilanzkreise mit Energy Identification Code (EIC)

Der Bilanzkreisvertrag ist gültig für die Bilanzkreise mit dem nachfolgend aufgeführten Energy Identification Code (EIC):

Bilanzkreis EIC:	Bilanzkreiseinrichtung zum:	Bilanzkreisschließung zum:

Ort Datum Ort Datum

Unterschrift BKV Unterschrift ÜNB

3. Anlage 2 – Kontaktdaten

Muster

12 **Anlage 2**

Kontaktdaten von ÜNB und BKV

1. Kontaktdaten des ÜNB

1.1. Allgemeine Angaben des ÜNB		
Name		
Straße, Nr.		
PLZ/Ort		
Land		
Sitz des Unternehmens		
Handelsregistereintrag (Amtsgericht/Nr.)		
Internet		
Steuer-Nr.		
USt-IdNr.		
GLN bzw. BDEW Nr.		

1.2. Ansprechstellen des ÜNB			
Vertragsmanagement und allgemeine Fragen			
Anrede		Tel.	
Vorname		Fax	
Name		E-Mail	
		Mobil	
Fahrplanmanagement			
E-Mailadresse des Fahrplansystems:		mustermann1@ÜNB1.de	
– Vortagesplanung (Day Ahead Process)	Ansprechpartner; Zeiten für Erreichbarkeit	Tel. Fax E-Mail	
– Operative Betriebsführung (Intraday Process)	Ansprechpartner; Zeiten für Erreichbarkeit	Tel. Fax E-Mail	
– Tagesabschluss (Day After Process)	Ansprechpartner; Zeiten für Erreichbarkeit	Tel. Fax E-Mail	

– Allgemeine technische Fragen	Ansprechpartner; Zeiten für Erreichbarkeit	Tel. Fax E-Mail	
Bilanzkreisabrechnung			
E-Mail Edifact-Datenaustausch			
Fragen zum Edifact-Datenaustausch		Tel. Fax E-Mail	
Energiemengen		Tel. Fax E-Mail	
Rechnungen		Tel. Fax E-Mail	

1.3. Bankverbindung			
SWIFT/BIC		IBAN	
BLZ		Konto-nr.	
Name der Bank			

2. Kontaktdaten des BKV

2.1. Allgemeine Angaben des BKV			**ggf. abweichende Kontaktadresse**		
Name			Name		
Straße, Nr.			Straße, Nr.		
PLZ/Ort			PLZ/Ort		
Land			Land		
Sitz des Unternehmens					
Handelsregistereintrag (Amtsgericht/Nr.)					
Internet					
Steuer-Nr.					
USt-IdNr.					
GLN bzw. BDEW Nr.					

<table>
<tr><td colspan="4">2.2. Ansprechstellen des BKV</td></tr>
<tr><td colspan="4">Vertragsmanagement und allgemeine Fragen</td></tr>
<tr><td>Anrede</td><td></td><td>Tel.</td><td></td></tr>
<tr><td>Vorname</td><td></td><td>Fax</td><td></td></tr>
<tr><td>Name</td><td></td><td>E-Mail</td><td></td></tr>
<tr><td></td><td></td><td>Mobil</td><td></td></tr>
<tr><td colspan="4">Fahrplanmanagement</td></tr>
<tr><td colspan="2">E-Mailadresse für Rückmeldungen des ÜNB:</td><td colspan="2">mustermann1@BKV1.de
mustermann2@BKV1.de</td></tr>
<tr><td>– Vortagesplanung
(Day Ahead Process)</td><td>Ansprechpartner;
Zeiten für Erreichbarkeit</td><td>Tel.
Fax
E-Mail</td><td></td></tr>
<tr><td>– Operative Betriebsführung
(Intraday Process)</td><td>Ansprechpartner;
Zeiten für Erreichbarkeit</td><td>Tel.
Fax
E-Mail</td><td>ggf. nur 24h-Notfall-nummer, wenn keine normale durchgehende Erreichbarkeit gegeben</td></tr>
<tr><td>– Tagesabschluss
(Day After Process)</td><td>Ansprechpartner;
Zeiten für Erreichbarkeit</td><td>Tel.
Fax
E-Mail</td><td></td></tr>
<tr><td>– Allgemeine technische Fragen</td><td>Ansprechpartner;
Zeiten für Erreichbarkeit</td><td>Tel.
Fax
E-Mail</td><td></td></tr>
<tr><td colspan="4">Bilanzkreisabrechnung</td></tr>
<tr><td>E-Mail Edifact-Datenaustausch</td><td colspan="3"></td></tr>
<tr><td>Fragen zum Edifact-Datenaustausch</td><td></td><td>Tel.
Fax
E-Mail</td><td></td></tr>
<tr><td>Energiemengen</td><td></td><td>Tel.
Fax
E-Mail</td><td></td></tr>
<tr><td>Rechnungen</td><td></td><td>Tel.
Fax
E-Mail</td><td></td></tr>
</table>

2.3. Bankverbindung			
SWIFT/BIC		IBAN	
BLZ		Konto-nr.	
Name der Bank			

2.4. Rechnungsadresse			
Anrede		Tel.	
Vorname		Fax	
Name		E-Mail	
Straße, Nr.		Mobil	
PLZ/Ort			
Land			

4. Anlage 3 – Fahrplanmanagement und -format

Muster

13 **Anlage 3**

Regelungen zum Fahrplanmanagement und Fahrplanformat

1. Fahrpläne

1.1. Der BKV hat das Recht, beim ÜNB einen Fahrplan von und zu jedem anderen zugelassenen Bilanzkreis innerhalb der Regelzone des ÜNB sowie von und zu den Bilanzkreisen des BKV in anderen deutschen Regelzonen in den bzw. aus dem Bilanzkreis dieses Vertrages anzumelden. Der BKV stimmt seine Fahrpläne gegenüber anderen betroffenen Bilanzkreisen rechtzeitig vor der Fahrplananmeldung beim ÜNB mit diesen ab.
Der BKV hat das Recht, beim ÜNB einen Fahrplan von und zu einem ausländischen Netzbetreiber, mit dem der jeweilige ÜNB eine Fahrplanabwicklung anbietet, in die bzw. aus den Bilanzkreisen dieses Vertrages anzumelden. Bei Fahrplänen zu ausländischen Netzbetreibern sind die jeweiligen Bestimmungen, die beiderseits der Staatsgrenzen gelten, bei der Fahrplananmeldung und -abwicklung zu beachten. Zusätzlich sind die Regelungen unter Ziffer 8 dieses Vertrages zu berücksichtigen.

1.2. Die Fahrpläne sind, sofern nicht abweichende Bestimmungen für Fahrpläne von und zu ausländischen Netzbetreibern gelten, vom BKV bis 14:30 Uhr am Vortag an den ÜNB zu übermitteln. Die Übermittlung hat in dem vom ÜNB vorgegebenen Fahrplanformat gemäß Ziffer 2 dieser Anlage zu erfolgen. Eine Aktualisierung der Fahrpläne bis 14:30 Uhr des Vortages ist möglich. Für jeden Tag ist eine separate Fahrplandatei zu übermitteln. Die erstellten Fahrpläne müssen vollständig sein und eine ausgeglichene Viertelstunden-Leistungsbilanz des Bilanzkreises aufweisen. Fahrpläne können maximal einen Monat im Voraus übermittelt werden.

1.3. Der ÜNB stellt die vom BKV formal korrekt übermittelten Fahrpläne gemäß Ziffer 1.2. dieser Anlage in den Bilanzkreis des BKV ein. Der ÜNB wird, wenn inhaltliche Differenzen zwischen zwei korrespondierenden Fahrplänen festgestellt werden, die betroffenen Parteien informieren und zu neuer Übermittlung der geänderten Fahrpläne auffordern. Dies gilt auch, wenn der korrespondierende Fahrplan zunächst fehlt. Ist im Falle des Vorliegens zweier korrespondierender Fahrpläne keine Klärung der Differenzen möglich, bildet der Fahrplan des importierenden Bilanzkreises die Grundlage der betrieblichen Abwicklung und der Abrechnung. Fahrpläne, für die abschließend kein korrespondierender Fahrplan vorliegt, werden nicht berücksichtigt. Dies gilt auch, wenn der korrespondierende Fahrplan ausschließlich Nullwerte aufweist.
Hiervon ausgenommen sind:

a. Fahrpläne von und zu EEG-Bilanzkreisen des ÜNB, bei denen im Falle von Differenzen der Fahrplan des ÜNB Vorrang hat,
b. Fahrpläne von und zu Börsenbilanzkreisen, bei denen im Falle von Differenzen der Fahrplan der Börse Vorrang hat.

Die Regelungen gemäß Ziffer 12. dieses Vertrages bleiben unberührt.
Der ÜNB überprüft die betriebliche Durchführbarkeit der angemeldeten Fahrpläne in ihrer Gesamtheit, insbesondere ihre Auswirkungen auf die Netzsicherheit. Falls die Überprüfung einen kurzfristigen Engpass ausweist, gilt Ziffer 8.3. dieses Vertrages.
Erhält der BKV vom ÜNB für angemeldete Fahrpläne eine positive Rückmeldung in einem "Intermediate Confirmation Report", sind diese damit für beide Vertragsparteien verbindlich.
Dies gilt auch für Fahrplanänderungen gemäß Ziffer 1.4. und 1.5. dieser Anlage. Auf Anfrage (mittels eines Status-Request) erhält der BKV für seinen Bilanzkreis den aktuellen Status seiner Fahrpläne, die dem ÜNB vorliegen. Die Rückmeldungen auf einen Status-Request werden nur an eine bei dem ÜNB angegebene Kommunikationsadresse versandt.

1.4. Fahrpläne innerhalb der Regelzone des ÜNB und regelzonenübergreifende Fahrpläne zwischen deutschen Regelzonen können darüber hinaus nach 14:30 Uhr des Vortages mit einem Vorlauf von mindestens einer Viertelstunde zu jeder Viertelstunde eines Tages geändert werden. Der ÜNB hat das Recht, Änderungen von regelzonenübergreifenden Fahrplänen abzulehnen, wenn durch die Anwendung der geänderten Fahrpläne ein Engpass entstehen würde. Eine Ablehnung ist durch den ÜNB im Nachgang in Textform zu begründen. Fahrplanänderungen für den Folgetag werden zwischen 14:30 Uhr und 18:00 Uhr des Vortages durch den ÜNB lediglich entgegengenommen und deren Empfang bestätigt. Die Bearbeitung und Abstimmung der Fahrpläne erfolgt erst ab dem Startzeitpunkt der Intraday-Phase für den Folgetag um 18:00 Uhr des Vortages.
Für Fahrplanänderungen nach 14:30 Uhr des Vortages gelten zusätzlich folgende Einschränkungen:
a. EEG-Fahrpläne können durch den BKV nicht geändert werden.
b. Fahrpläne mit dem Ausland können nur zu Bedingungen geändert werden, die eine Einhaltung der Regelungen beiderseits der Staatsgrenzen sicherstellen.
c. Sofern abschließend korrespondierende Fahrpläne mit Differenzen vorliegen werden diese nicht berücksichtigt und die zuletzt gültige Fahrplanversion gilt weiter. Dies gilt auch, wenn der korrespondierende Fahrplan Nullwerte ausweist oder fehlt.

1.5. Ausschließlich bei regelzoneninternen Fahrplänen sind darüber hinaus nachträgliche Fahrplanänderungen bis 16:00 Uhr des auf den Erfüllungstag des Fahrplans folgenden Werktages möglich.
Werktage im Sinne dieses Vertrages sind die Tage von Montag bis Freitag ohne gesetzliche Feiertage, die in mindestens einem Bundesland als Feiertag ausgewiesen sind. Heiligabend (24.12.) und Silvester (31.12.) gelten als Feiertage.
Für nachträgliche Fahrplanänderungen gelten zusätzlich folgende Einschränkungen:
a. EEG-Fahrpläne können durch den BKV nicht geändert werden.
b. Sofern abschließend korrespondierende Fahrpläne mit Differenzen vorliegen werden diese nicht berücksichtigt und die zuletzt gültige Fahrplanversion gilt weiter. Dies gilt auch, wenn der korrespondierende Fahrplan Nullwerte ausweist oder fehlt.

1.6. Der BKV wird gemäß § 26 Abs. 3 StromNZV seine Bilanzkreise gem. Anlage 1 dieses Vertrages für Fahrplangeschäfte öffnen, die der Bereitstellung von Minutenreserve dienen.

1.7. Der ÜNB nimmt die Fahrpläne mittels File Transfer Protocol (FTP) über ISDN oder per E-Mail entgegen. In jedem Fall ist der Zeitpunkt des Eingangs der Fahrpläne beim ÜNB maßgeblich.

1.8. Bei Störungen der Fahrplanerstellungs- und Übermittlungssysteme aufseiten des BKV bzw. der Fahrplanempfangs- und Verarbeitungssysteme aufseiten des ÜNB werden sich die Vertragsparteien unverzüglich über die Möglichkeit situationsorientierter Sonderlösungen abstimmen.

1.9. Kommt der BKV seiner Verpflichtung nach Abgabe von verbindlichen und vollständigen Fahrplänen bis 14:30 Uhr des Vortages wiederholt nicht nach, kann der ÜNB nach eintägiger Vorankündigung die Möglichkeit der nachträglichen Änderung von Fahrplänen untersagen.

1.10. Der BKV sorgt bei Kraftwerkseinspeisungen aus einem Kraftwerksblock mit einer physikalischen elektrischen Maximalleistung ≥ 100 MW, die ganz oder teilweise einem Bilanzkreis dieses Vertrages zugeordnet sind, dafür, dass Kraftwerkseinsatzpläne für jeden dieser Kraftwerksblöcke beim ÜNB bis 14:30 Uhr des Vortages angemeldet werden. Nach dieser Übermittlung sind die Kraftwerkseinsatzpläne im Falle einer Änderung unverzüglich gegenüber dem ÜNB zu aktualisieren. Diese Fahrpläne dienen zur Überprüfung der Netzsicherheit und sind nicht abrechnungsrelevant.

1.11. Änderungen der operativen Fahrplanabwicklung werden von allen ÜNB in Deutschland ausschließlich einheitlich durchgeführt. Sie sind dem BKV mindestens 3 Monate vor ihrem Inkrafttreten bekanntzugeben.

2. **Fahrplanformat und Fahrplanabwicklung**
Für Fahrplanmeldungen gemäß den Regelungen des Bilanzkreisvertrages ist ausschließlich das ENTSO–E Scheduling System (ESS) anzuwenden. Die zur Umsetzung des einheitlichen ESS-Fahrplanformates der deutschen Übertragungsnetzbetreiber notwendigen Informationen sind auf der Homepage des BDEW „www.bdew.de" und auf der ENTSO-E Homepage „www.entsoe.eu." veröffentlicht. Ergänzend findet die von den ÜNB erstellte Prozessbeschreibung „Fahrplananmeldung in Deutschland", Version 2 vom 01.12.2010, Anwendung (auf der Homepage des ÜNB veröffentlicht).

3. **Wesentliche ESS-Meldungen vom ÜNB an den BKV:**
Acknowledgement Report:
Der Acknowledgement Report ist die Eingangsbetätigung des ÜNB auf eine versandte Fahrplandatei, d. h. erst nach Erhalt dieser Datei kann der BKV davon ausgehen, dass die Fahrplandatei bei dem ÜNB eingegangen und formal geprüft ist. Der BKV muss zwingend die Rückmeldung des ÜNB in dem Acknowledgement Report auswerten, da der Erhalt des Acknowledgement Report keine Aussage darüber ist, ob die eingesendete Fahrplandatei seitens des ÜNB akzeptiert wurde oder nicht.
Anomaly Report:
Information zu Inkonsistenzen einzelner Fahrpläne im Bezug zum jeweiligen Gegenfahrplan (fehlende Kongruenz).
Intermediate Confirmation Report:
Gültige und gegenbestätigte Fahrpläne, die zum jeweiligen Zeitpunkt die Grundlage für die operative Betriebsführung bilden und für die Bilanzkreisabrechnung herangezogen würden, wenn nachfolgend keine weiteren wirksamen Fahrplanänderungen mehr erfolgten.
Final Confirmation Report:
Bestätigung aller Fahrpläne nach der Deadline 16:00 Uhr am nächsten Werktag, die zur Bilanzkreisabrechnung herangezogen werden.

4. **Abfragemöglichkeiten des BKV beim ÜNB:**
Status Request:
Abfrage des Status aller Fahrplananmeldung des BKV beim ÜNB.

5. **Prognosefahrpläne:**
Sofern dem Bilanzkreis physikalische Einspeisungen oder Entnahmestellen zugeordnet sind, wird der BKV ergänzend die Fahrplananmeldung mit den nachfolgenden Prognosefahrplänen vornehmen:
Einspeisefahrpläne (FC-PROD) enthalten für jede Viertelstunde die Angabe der Summe der in den Bilanzkreis dieses Vertrages einzuspeisenden Leistungen. Diese Einspeisefahrpläne dienen dem ÜNB der Systemplanung und der Überprüfung des Bilanzkreissaldos für den BKV und sind nicht abrechnungsrelevant.
Verbrauchsfahrpläne (FC-CONS) stellen die Prognose für den gesamten Verbrauch eines Bilanzkreises für jede Viertelstunde dar. Diese Verbrauchsfahrpläne dienen der Systemplanung des ÜNB und der Überprüfung des Bilanzkreissaldos für den BKV und sind nicht abrechnungsrelevant.
Der Saldo aus abrechnungsrelevanten Fahrplänen sowie Prognosefahrplänen in einer Fahrplandatei muss für jede Viertelstunde immer null ergeben. Weiterhin ist es unzulässig, Einspeisefahrpläne und Verbrauchsfahrpläne zu saldieren.

5. Anlage 4 – Definition Kraftwerksausfall im Sinne des § 5 Abs. 4 StromNZV

Muster
Anlage 4 14

Definition „Kraftwerksausfall" im Sinne des § 5 Abs. 4 StromNZV

Definition Kraftwerksausfall
- stochastisches technisches Ereignis, welches die Einspeisung ganz oder teilweise unterbricht bzw. nicht mehr zulässt.
- Einspeisungen sind alle Kraftwerkseinspeisungen einschl. Lieferungen bzw. Bezüge über HGÜ-Verbindungen und aus Pumpspeichern, soweit diese nicht aufgrund des EEG erfolgen und vergütet werden.
- Die „ausgefallene Leistung" ist die Differenz zwischen geplanter oder tatsächlicher Einspeiseleistung ins Netz vor dem stochastischen technischen Ereignis und tatsächlicher Einspeiseleistung infolge des stochastischen technischen Ereignisses.

Beispiele:
- Totalausfall eines Kraftwerkes
- Teilausfall eines Kraftwerkes z. B. durch Ausfall einer nicht redundanten Teilanlage
- Totaler oder teilweiser Fehlstart von Kraftwerken
- Ausfall einer HGÜ-Verbindung sowie Ausfall anderer Kuppelstellen zu benachbarten Netzen im In- und Ausland, sofern dadurch Einspeisungen in den Bilanzkreisen betroffen sind.
- Ausfall eines Pumpspeicherkraftwerks

Hinweis: Primärenergie- oder Kühlwassermangel stellen in der Regel kein stochastisches technisches Ereignis dar.

---

6. Anlage 5 – Unterbilanzkreise und Kettenzuordnung

Muster

15 **Anlage 5**

Unterbilanzkreise und Kettenzuordnung

Unterbilanzkreis:
Bilanzkreis, der seine Abweichungen einem anderen Bilanzkreis zuordnet.
Hauptbilanzkreis:
Bilanzkreis, der die Abweichung eines Unterbilanzkreises aufnimmt.

EIC Unterbilanzkreis	EIC Hauptbilanzkreis	Beginn der Zuordnung	Ende der Zuordnung

Der Unterbilanzkreisverantwortliche stimmt zu, dass der in Ziffer 11.5. dieses Vertrages definierte Saldo des Bilanzkreises (Bilanzkreisabweichung) zur Abrechnung von Ausgleichsenergie auch dem Hauptbilanzkreis übergeben wird. Der Hauptbilanzkreisverantwortliche stimmt dieser Zuordnung ebenfalls zu.

Ort Datum	Ort Datum
Unterbilanzkreisverantwortlicher	Hauptbilanzkreisverantwortlicher

Sofern der Hauptbilanzkreis bereits in einer anderen vertraglichen Vereinbarung Unterbilanzkreis ist, ist die Zustimmung des BKV des Bilanzkreises notwendig, dem letztendlich die Abweichungen dieses Unterbilanzkreises abrechnungsrelevant zugeordnet werden.

EIC abrechnungsrelevanter Bilanzkreis ______________________

Ort Datum

Bilanzkreisverantwortlicher des abrechnungsrelevanten Bilanzkreises

Der ÜNB stimmt der vorstehenden Zuordnung zu.

Ort Datum

ÜNB

7. Anlage 6 – Zuordnung von Händlern und Lieferanten

Muster
Anlage 6 16

Zuordnung von Händlern und Lieferanten zum Bilanzkreis

Mit dieser Unterschrift erklärt der BKV gegenüber dem ÜNB, dass die nachstehend aufgelisteten Händler und/oder Lieferanten, die nicht selbst Bilanzkreisverantwortliche sind, einen Bilanzkreis des BKV dieses Vertrages zur Abwicklung von Fahrplangeschäften (Händler) bzw. zur Versorgung von Endkunden (Lieferanten) nutzen.

Bilanzkreis EIC	Zugeordnete Händler/Lieferanten	Beginn der Nutzung	Ende der Nutzung

Ort Datum

Bilanzkreisverantwortlicher

8. Anlage 7 – Mindestinhalte des Bilanzkreisabrechnungsdokuments

Muster

17 **Anlage 7**

Mindestinhalte des Bilanzkreisabrechnungsdokuments (Rechnung/Gutschrift)

Um den umsatzsteuerlichen Erfordernissen zu genügen, muss das Abrechnungsdokument die Pflichtangaben gemäß § 14 Abs. 4 UStG enthalten. Die Behandlung wesentlicher Angaben wird nachfolgend dargestellt.

Empfänger:
Empfänger von Abrechnungsunterlagen in Papierform ist ausschließlich der BKV des abzurechnenden Bilanzkreises oder (postalisch) der von diesem beauftragte Dienstleister.
Unter-Bilanzkreisverantwortliche erhalten keine Abrechnungsunterlagen in Papierform.

Gegenstand:
Das kaufmännische Rechnungs-/Gutschriftsdokument bezieht sich jeweils auf einen Abrechnungsmonat und auf jeweils nur einen abzurechnenden Bilanzkreis.

Mindestinhalte

a) Formalitäten

- vollständiger Name und vollständige Anschrift des leistenden Unternehmers (BIKO)
- vollständiger Name und vollständige Anschrift des Leistungsempfängers (BKV)
- USt-Identifikationsnummer oder sofern nicht vorhanden die Steuernummer des leistenden Unternehmens
- jedenfalls bei Gutschriften durch den BIKO: die USt-Identifikationsnummer oder soweit nicht vorhanden die Steuernummer des die Gutschrift erhaltenden Unternehmens (BKV) (kann auch bei Rechnungen enthalten sein)
- Ausstellungsdatum
- Bezeichnung des Beleges immer als „Rechnung"; Gutschriften werden durch negativen Rechnungsbetrag kenntlich gemacht
- Rechnungsnummer
- EU-Ausländer: Anwendung des reverse charge-Verfahrens (Nettoabrechnung) und Ausweis der USt-Identifikationsnummern oder soweit nicht vorhanden der Steuernummer von BIKO und BKV; Hinweis zum Übergang der Steuerschuldnerschaft
- Bei Drittland: Beachtung des jeweils lokalen USt-Rechts (Einzelfallbetrachtung)

b) Betreff/Zuordnungsangaben:

- „Bilanzkreisabrechnung" oder „Korrektur-Bilanzkreisabrechnung"
- Abrechnungsmonat im Format JJJJ/MM
- Bilanzkreis-EIC des abzurechnenden Bilanzkreises
- Allgemeiner Verweis auf die dem BKV gem. MaBiS elektronisch übermittelten Daten (keine Auflistung, keine Referenzierung auf Zeitreihen/Versionen)
- Die Reihenfolge und die Anordnung sind beliebig.

c) Monatssummen/-beträge für die Bilanzkreisabrechnung (BKA)

- Arbeit: MWh mit 6 Nachkommastellen
- 1000er-Trennpunkt bei Mengen und Geldbeträgen
- Kennzeichnung von Überdeckungen des Bilanzkreises mit dem Wort „Überdeckung"
- Kennzeichnung von Unterdeckungen des Bilanzkreises mit dem Wort „Unterdeckung"
- Geldbeträge in der gesetzlichen Währung: EUR (€)

- Ausweisung der Mengen Unterdeckung (MWh) und des Geldbetrages (netto) für Unterdeckung
- Ausweisung der Mengen Überdeckung (MWh) und des Geldbetrages (netto) für Überdeckung
- Ausweisung des Saldos der Mengen Unterdeckung minus Überdeckung (MWh)
- Ausweis der ggf. nach Steuersätzen aufgeschlüsselten Geldbeträge (netto) für Unterdeckung und Überdeckung sowie der Summe dieser beiden Geldbeträge (netto), soweit und solange dies entsprechend den gesetzlichen, insbesondere umsatzsteuerlichen Vorgaben und ggf. deren Interpretation durch die für einen jeden ÜNB (BIKO) zuständige Landesfinanzbehörde möglich ist. Ist eine solche Darstellung danach nicht zulässig, folgt die Darstellung den rechtlichen und dabei insbesondere den umsatzsteuerlichen Erfordernissen sowie deren Interpretation durch die vorgenannten Landesfinanzbehörden.
- Ausweis des MwSt-Satzes und Ausweis des MwSt-Betrages, der auf das Entgelt (Geldbetrag netto) entfällt
- Ausweis des Bruttogesamtbetrages
- Fälligkeits-/Wertstellungstermin

Monatssummen/-beträge für die Korrektur-Bilanzkreisabrechnung (KBKA)
- Arbeit: MWh mit 6 Nachkommastellen
- 1000er-Trennpunkt bei Mengen und Geldbeträgen
- Kennzeichnung von Überdeckungen des Bilanzkreises mit dem Wort „Überdeckung"
- Kennzeichnung von Unterdeckungen des Bilanzkreises mit dem Wort „Unterdeckung"
- Geldbeträge in der gesetzlichen Währung: EUR (€)
- Ausweisung der Mengen Unterdeckung (MWh) und des Geldbetrages (netto) für Unterdeckung für KBKA
- Ausweisung der Mengen Überdeckung (MWh) und des Geldbetrages (netto) für Überdeckung für KBKA
- Ausweisung des Saldos der Mengen Unterdeckung minus Überdeckung (MWh) für KBKA
- Ausweis der ggf. nach Steuersätzen aufgeschlüsselten Geldbeträge (netto) für Unterdeckung und Überdeckung sowie der Summe dieser beiden Geldbeträge (netto), soweit und solange dies entsprechend den gesetzlichen, insbesondere umsatzsteuerlichen Vorgaben und ggf. deren Interpretation durch die für einen jeden ÜNB (BIKO) zuständige Landesfinanzbehörde möglich ist. Ist eine solche Darstellung danach nicht zulässig, folgt die Darstellung den rechtlichen und dabei insbesondere den umsatzsteuerlichen Erfordernissen sowie deren Interpretation durch die vorgenannten Landesfinanzbehörden.
- Nennung der Rechnungsnummer der BKA und des Rechnungsdatums der BKA
- Ausweisung der Mengen Unterdeckung (MWh) und des Geldbetrages (netto) für Unterdeckung aus BKA-Beleg
- Ausweisung der Mengen Überdeckung (MWh) und des Geldbetrages (netto) für Überdeckung aus BKA-Beleg
- Ausweis des ggf. nach Steuersätzen aufgeschlüsselten Entgelts (Geldbetrag netto) entsprechend den gesetzlichen Vorgaben und ggf. deren Interpretation durch die für einen jeden ÜNB (BIKO) zuständigen Landesfinanzbehörden aus BKA-Beleg
- Ausweis des Differenzbetrages (netto) aus KBKA minus BKA (Diff-KBKA-BKA)
- Ausweis des MwSt.-Satzes und Ausweis des MwSt.-Betrages, der auf das Entgelt (Geldbetrag netto) für Diff-KBKA-BKA entfällt
- Ausweis des Bruttogesamtbetrages für Diff-KBKA-BKA
- Fälligkeits-/Wertstellungstermin

III. Erläuterung

18 Da der Bilanzkreisvertrag durch die Festlegung BK6-06-13[7] der BNetzA vorgegeben wird und eine Abweichung von den Regelungen nicht möglich ist, beschränkt sich die folgende Kommentierung, soweit erforderlich, auf die Erläuterung der Hintergründe zu den jeweiligen Regelungsinhalten im Bilanzkreisvertrag.

1. Vertragsgegenstand (Ziff. 2 des Vertrages)

19 Der Anwendungsbereich des Standard-Bilanzkreisvertrages erstreckt sich auf sämtliche Bilanzkreisverantwortliche, die einen Bilanzkreis beim jeweiligen Übertragungsnetzbetreiber unterhalten. Er findet auch auf solche Netzbetreiber Anwendung, die die Position der Bilanzkreisverantwortlichen (BKV) für Netzbilanzkreise (etwa Differenzbilanzkreis, Verlustenergiebilanzkreis, EEG-Bilanzkreis etc.) innehaben.

2. Voraussetzungen für die Nutzung von Bilanzkreisen (Ziff. 3 des Bilanzkreises)

20 Voraussetzung für die Nutzung von Bilanzkreisen ist es, die Vereinbarung der Netznutzung zwischen dem jeweils zuständigen Netzbetreiber und dem jeweiligen Netznutzer zu vereinbaren und die Zuordnung der Ein- oder Ausspeisestellen zum Bilanzkreis des Netzbetreibers sicherzustellen. Diese Vereinbarungen sind nicht Gegenstand des Standard-Bilanzkreisvertrags, sondern werden zwischen den Beteiligten im Rahmen eines Netznutzungsvertrages geregelt.

21 Verletzungen der vertraglichen Verpflichtungen durch den Bilanzkreisverantwortlichen lösen unter Umständen vertragliche Schadenersatzansprüche nach den allgemeinen Vorschriften aus.

3. Rechte, Pflichten und Leistungen der Übertragungsnetzbetreiber (Ziff. 4 des Vertrages)

22 Der Übertragungsnetzbetreiber trägt die Systemverantwortung in seiner Regelzone und ist dabei insbesondere für die Beschaffung und den Einsatz von Regelenergie verantwortlich.[8] Regelenergie ist diejenige Energie, die zum Ausgleich von Leistungsungleichgewichten in der jeweiligen Regelzone eingesetzt wird.[9] Im Kern dient Regel-

7 Vgl. BNetzA, Beschl. v. 20.6.2011 – BK6-06-013 –.
8 Vgl. BNetzA, Beschl. v. 20.6.2011 – BK6-06-013 – S. 6.
9 Vgl. § 2 Nr. 9 StromNZV.

energie – unabhängig davon, ob die sog. Reserven in Form von Primärregelung,[10] Sekundärregelung[11] oder Minutenreserve[12] eingesetzt werden – dazu, Verluste sowie Differenzen zwischen Ein- und Ausspeisungsmengen auszugleichen. Die BNetzA hat verbindliche Regelungen zur Beschaffung von Minutenreserve bzw. Sekundärregelung festgelegt.[13]

4. Rechte und Pflichten der Bilanzkreisverantwortlichen (Ziff. 5 des Vertrages)

In diesem Abschnitt sind die Kardinalpflichten des jeweiligen Bilanzkreisverantwortlichen ausdrücklich benannt. Ziff. 5.1 und 5.2 orientieren sich dabei inhaltlich streng an §§ 4, 5 StromNZV. Grundsätzlich ist der Bilanzkreisverantwortliche verpflichtet, seinen Bilanzkreis ausgeglichen zu bewirtschaften und alle zumutbaren Anstrengungen zu unternehmen, um Ausgleichsenergie geringstmöglich in Anspruch zu nehmen. Bei ungeplanten Kraftwerksausfällen i. S. v. § 5 Abs. 4 StromNZV stellt Ziff. 5.3 des Vertrages klar, dass in diesen Fällen die Verantwortlichkeit für einen Ausgleich bei den Übertragungsnetzbetreibern und nicht bei dem jeweiligen Bilanzkreisverantwortlichen liegt. Ein Ungleichgewicht von Einspeisungen und Entnahmen ist danach vom Übertragungsnetzbetreiber für vier Viertelstunden einschließlich der Viertelstunde, in der der Ausfall aufgetreten ist, auszugleichen. 23

Der Bilanzkreisverantwortliche wird in diesen Fällen für den genannten Zeitraum jedenfalls von seiner Verpflichtung, Bilanzabweichungen möglichst gering zu halten – also auch auszugleichen – befreit. Allerdings ist er für die Zeit nach Ablauf dieser vier Viertelstunden zum Ausgleich der ausgefallenen Leistung verpflichtet.[14] Mit Blick auf die besonderen Umstände eines Kraftwerksausfalls macht § 5 Abs. 4 StromNZV und in der Folge Ziff. 5.3 des Vertrages also ein an den Bilanzkreisverantwortlichen gerichtetes Zugeständnis dahingehend, dass dem Bilanzkreisverantwortlichen ein Zeitraum von vier Viertelstunden eingeräumt wird, um einen Ausgleich seines Bilanzkreises 24

10 Primärregelung bedeutet die im Sekundenbereich automatisch wirkende stabilisierende Wirkleistungsregelung der synchron betriebenen Verbundnetze durch Aktivbeitrag der Kraftwerke bei Frequenzänderungen und Passivbeitrag der von der Frequenz abhängigen Lasten, vgl. § 2 Nr. 8 StromNZV.

11 Sekundärregelung bedeutet die betriebsbezogene Beeinflussung von zu einem Versorgungssystem gehörigen Einheiten zur Einhaltung des gewollten Energieaustausches der jeweiligen Regelzonen mit den übrigen Verbundnetzen bei gleichzeitiger, integraler Stützung der Frequenz, vgl. § 2 Nr. 10 StromNZV.

12 Minutenreserve bedeutet die Regelleistung, mit deren Einsatz eine ausreichende Sekundärregelreserve innerhalb von 15 Minuten wiederhergestellt werden kann, vgl. § 2 Nr. 6 StromNZV.

13 Festlegung zu Verfahren zur Ausschreibung von Regelenergie in Gestalt der Minutenreserve, Beschl. v. 18.10.2011 – BK6-10-99 –; Festlegung zu Verfahren zur Ausschreibung von Regelenergie in Gestalt von Sekundärregelung, Beschl. v. 12.4.2011 – BK6-10-098 –.

14 Vgl. § 5 Abs. 4 S. 3 StromNZV.

herbeizuführen – entweder durch das Absenken von Entnahmen oder durch eine ausreichende Ersatzeinspeisung.[15]

25 Darüber hinaus ist der Bilanzkreisverantwortliche verpflichtet, alle den betreffenden Bilanzkreis nutzenden Händler und Lieferanten zu benennen. Dies erscheint – zumindest aus Sicht der BNetzA – erforderlich, um hierüber ein Mindestmaß an Transparenz zu schaffen, um etwa im Falle des Missbrauchs eines Bilanzkreises von behördlicher Seite auf die Übertragungsnetzbetreiber als zentrale Stellen zugehen zu können, um Auskunft über die Bilanzkreisnutzer zu erlangen.

5. Ansprechstellen (Ziff. 6 des Vertrages)

26 Sowohl Bilanzkreisverantwortlicher als auch Übertragungsnetzbetreiber haben für die Erreichbarkeit eigenverantwortlich Sorge zu tragen. Die BNetzA hat abweichend vom ursprünglichen Entwurf der Festlegung im weiteren Konsultationsverfahren von einer 24 h-Erreichbarkeit insbesondere des Bilanzkreisverantwortlichen abgesehen. Es obliegt vielmehr den Akteuren selbst, die Erreichbarkeit für eine vertragsgemäße Abwicklung zu organisieren.

6. Fahrpläne (Ziff. 7 des Vertrages)

27 Die Abwicklung elektrischer Energie zwischen Bilanzkreisen erfolgt in Gestalt von Fahrplänen. Dabei ist der Bilanzkreisverantwortliche berechtigt, Fahrpläne von und zu einem Bilanzkreis innerhalb einer Regelzone beim Übertragungsnetzbetreiber anzumelden. Konkretisierungen des Ablaufs und der Fristen für die Übermittlung von Fahrplänen finden sich in Anlage 3 zu diesem Vertrag.

28 § 5 StromNZV gibt den Rahmen für die Abwicklung elektrischer Energie in Form von Fahrplänen vor. In der Regel können Fahrpläne frühestens einen Monat im Voraus an den Übertragungsnetzbetreiber übermittelt werden. Spätester Zeitpunkt für die Übermittlung ist 14:30 Uhr des Vortages,[16] zu dem auch die bereits frühzeitig übermittelten Fahrpläne Verbindlichkeit erlangen.

29 Nachträgliche Fahrplanänderungen sind nur in Ausnahmefällen möglich. Fahrpläne innerhalb einer Regelzone und regelzonenübergreifende Fahrpläne können mit einem zeitlichen Vorlauf von mindestens einer Viertelstunde zu jeder Viertelstunde eines Tages geändert werden. Allerdings hat der Übertragungsnetzbetreiber das Recht, Änderungen von regelzonenübergreifenden Fahrplänen abzulehnen, wenn durch die Anwendung der geänderten Fahrpläne ein Engpass entstehen würde.[17]

---

15 Vgl. BNetzA, Beschl. v. 20.6.2011 – BK6-06-013 – S. 8.

16 Vgl. § 5 Abs. 1 S. 3 StromNZV.

17 Vgl. § 5 Abs. 2 StromNZV.

Nachträgliche Fahrplanänderungen regelzoneninterner Fahrpläne können bis 16 Uhr des auf den Erfüllungstag folgenden Werktags erfolgen.[18] 30

Für den Fall des ungeplanten Kraftwerksausfalls hat der BKV ebenfalls die Möglichkeit, seine Fahrpläne nachträglich anzupassen. Zum Ausgleich der ausgefallenen Leistung kann der Bilanzkreisverantwortliche abweichend von § 5 Abs. 2 S. 1 StromNZV seine Fahrpläne mit einer Vorlaufzeit von 15 Minuten zum Beginn einer jeden Viertelstunde ändern. 31

7. Datenbereitstellung zur Bilanzkreisabrechnung (Ziff. 9 des Vertrages)

Für alle zwischen Übertragungsnetzbetreiber und Bilanzkreisverantwortlichen im Zuge der Vorbereitung und Durchführung der Bilanzkreisabrechnung zu übermittelnden Daten verankert Ziff. 9 die gegenseitige Verpflichtung der Vertragsparteien auf die hierfür maßgebliche Festlegung BK6-07-002 (MaBiS).[19] Maßgeblich für die Bilanzkreisabrechnung sind also die von den Verteilnetzbetreibern erhobenen und an den Bilanzkreiskoordinator gemäß MaBiS übermittelten Daten. Die Festlegung MaBiS regelt das Verfahren zum Austausch und das Clearing der zur Durchführung der Bilanzkreisabrechnung zwischen Übertragungsnetzbetreiber (Bilanzkreiskoordinator) und nachgelagerten Verteilnetzbetreibern erforderlichen Daten. Die MaBiS enthält zudem weitere Pflichten für Verteilnetzbetreiber. Diese mussten z. B. einheitliche Zeitreihentypen, Geschäftsprozessbeschreibungen in EDIFACT sowie einen standardisierten Netznutzungsvertrag bzw. Lieferantenrahmenvertrag entwickeln. 32

8. Preise für Ausgleichenergie (Ziff. 10 des Vertrages)

Der dauerhafte Ausgleich von Stromeinspeisungen und -entnahmen ist eine wesentliche Voraussetzung für eine stabile und zuverlässige Stromversorgung. Der jeweilige Übertragungsnetzbetreiber beschafft zum Ausgleich der permanenten Leistungsungleichgewichte zwischen Erzeugung und Verbrauch (Ausregelung) Regelenergie im Regelenergiemarkt. Die Beschaffung von Regelenergie hat in einem transparenten, nichtdiskriminierenden und marktorientierten Verfahren zu erfolgen.[20] Sie erfolgt als Ausschreibungswettbewerb am Regelleistungsmarkt. Für die Abwicklung der Ausschreibungen haben die Übertragungsnetzbetreiber eine gemeinsame Internetplattform geschaffen.[21] 33

---

18 Vgl. § 5 Abs. 3 S. 1 StromNZV.
19 Vgl. Festlegung von Marktregeln für die Durchführung der Bilanzkreisabrechnung Strom v. 10.6.2009 – BK6-07-002 –.
20 Vgl. § 22 EnWG i. V. m. § 6 ff. StromNZV.
21 Vgl. http://www.regelleistung.net.

9. Ermittlung und Abrechnung der Bilanzabweichungen (Ziff. 11 des Vertrages)

34 Der jeweilige Übertragungsnetzbetreiber ermittelt die Abweichungen zwischen sämtlichen dem Bilanzkreis zugeordneten Einspeisungen und Entnahmen auf 15-Minuten-Basis. Die Abweichungen werden mit dem regelzonenübergreifenden einheitlichen Bilanzausgleichsenergiepreis (reBAP) saldiert und monatlich abgerechnet.

35 Übertragungsnetzbetreiber haben die Kosten für die Beschaffung und das Vorhalten von Regelenergie den Nutzern ihres Netzes in Rechnung zu stellen. Die einzelnen Übertragungsnetzbetreiber sind verpflichtet, innerhalb ihrer Regelzone auf 15-Minuten-Basis die Mehr- und Mindereinspeisungen aller Bilanzkreise zu saldieren.

10. Regelungen für Börsengeschäfte (Ziff. 12 des Vertrages)

36 Werden Börsengeschäfte über den Bilanzkreis abgewickelt, genießt bei Differenzen zwischen dem nach dem Bilanzkreisvertrag vereinbarten Fahrplan und dem Fahrplan eines Börsenbilanzkreises der durch die Börse angemeldete Fahrplan Vorrang.

37 Dem Bilanzkreisverantwortlichen obliegen weitere Pflichten: Er hat dem Vertragspartner rechtzeitig vor Aufnahme der Börsengeschäfte die Börse – also den Handelsplatz – mitzuteilen und sich mit der Mitteilung an die Börse einverstanden zu erklären, dass sein Bilanzkreis in der Regelzone des Übertragungsnetzbetreibers geführt wird.

11. Unterbilanzkreise (Ziff. 13 des Vertrages)

38 Ein Unterbilanzkreis[22] (regelmäßig auch als Subbilanzkreis bezeichnet) ist ein Bilanzkreis, dessen Bilanzabweichungen einem anderen Bilanzkreis zugeordnet sind. Der Ausgleich der Leistungsbilanz erfolgt dabei nicht über den Unterbilanzkreis, sondern über den sog. „führenden“ Bilanzkreis. Die Zuordnung zu einem anderen Bilanzkreis bedarf einer dreiseitigen Vereinbarung zwischen dem Übertragungsnetzbetreiber und den beiden Bilanzkreisverantwortlichen bzw. des Subbilanzkreisverantwortlichen. Möglich ist zudem eine Kettenzuordnung mehrerer nachgelagerter Unterbilanzkreise. Ungeachtet dessen erfolgt der Beginn wie auch die Beendigung der Zuordnung grundsätzlich nur monatsweise zum Monatsersten. Bei kurzfristigem Wegfall des führenden Bilanzkreises, etwa durch Insolvenz,[23] kann der Subbilanzkreis die Rolle des ursprünglich führenden Bilanzkreises einnehmen. Es gelten dann sämtliche für Bilanzkreisverträge maßgeblichen Regelungen.[24] Alternativ ermöglicht der Übertra-

22 Vgl. § 2 Nr. 11 StromNZV: Unterbilanzkreis ist ein Bilanzkreis, der nicht für den Ausgleich der Abweichungen gegenüber dem Betreiber von Übertragungsnetzen verantwortlich ist.

23 Beispielhaft kann auf die Insolvenz der Teldafax-Gruppe aus September 2011 und der Flexstrom AG aus April 2013 verwiesen werden.

24 Vgl. Schneider/Theobald/*de Wyl/Thole/Bartsch*, § 16 Rn 430, Fn 574.

gungsnetzbetreiber möglichst kurzfristig die Zuordnung des Unterbilanzkreises zu einem anderen Bilanzkreis zum nächsten Monatsbeginn.

Einzelheiten für die konkrete Abwicklung ergeben sich aus Anlage 5 zum Bilanz- 39 kreisvertrag.

12. Sicherheiten (Ziff. 14 des Vertrages)

Zur Minimierung der Ausfallrisiken kann der Übertragungsnetzbetreiber vom jewei- 40 ligen Bilanzkreisverantwortlichen eine Sicherheitsleistung verlangen. Die Voraussetzungen, unter denen der Übertragungsnetzbetreiber die Stellung von Sicherheiten fordern darf, sind in Ziff. 14 des Vertrages benannt. Ein die Erhebung von Sicherheiten rechtfertigender Fall i. S. d. § 26 Abs. 2 Nr. 6 StromNZV liegt nach Auffassung der BNetzA vor, wenn

- der Bilanzkreisverantwortliche innerhalb von 12 Kalendermonaten zweimal mit nicht unerheblichen Beträgen in Verzug geraten ist und auch auf ausdrückliche Aufforderung hin nicht gezahlt hat. Die betreffenden Beträge müssen aufgrund ihrer Höhe Anhaltspunkte dafür aufweisen, dass die wirtschaftliche Leistungsfähigkeit des Bilanzkreisverantwortlichen ernsthaft zu hinterfragen ist;
- Zwangsvollstreckungsmaßnahmen wegen offener Forderungen in erheblicher Größenordnung eingeleitet worden sind (Einleitung der Sicherungsvollstreckung bereits ausreichend für berechtigtes Sicherungsinteresse des Übertragungsnetzbetreibers);
- ein Antrag auf Eröffnung des Insolvenzverfahrens über das Vermögen des Bilanzkreisverantwortlichen vorliegt (**konkrete Gefährdungslage**);
- die Gefahr eines Ausfalls des Bilanzkreisverantwortlichen bereits indiziert ist und es gerechtfertigt erscheint, *„dem Sicherungsinteresse des ÜNB gegenüber dem Interesse des BKB an möglichst niedrigen Marktzutrittshürden den Vorzug zu geben“*[25] (**abstrakte Gefährdungslage**).

Allen Fallgruppen ist gemein, dass es einer eigenverantwortlichen Beurteilung des 41 Übertragungsnetzbetreibers obliegt, ob eine solche **begründete Besorgnis** gegeben ist, die das Verlangen der Stellung von Sicherheiten rechtfertigt.

Die BNetzA arbeitet derzeit an einer Aktualisierung des Bilanzkreisvertrags Strom 42 und hat dazu am 6.6.2014 ein Konsultationsverfahren eingeleitet. Hintergrund ist unter anderem, dass es durch Fahrplanmissbrauch vermehrt zu nicht zu vernachlässigenden finanziellen Schäden gekommen ist. Dabei sollen insbesondere untertätige Aktivitäten ein Risiko für den Systembetrieb dargestellt haben. Die BNetzA arbeitet derzeit an Regelungen, die einem Missbrauch entgegenwirken sollen. Es ist zu erwar-

25 Vgl. BNetzA, Beschl. v. 20.6.2011 – BK6-06-013 – S. 13 f.

ten, dass vor allem für nachträgliche Mengenänderungen höhere Anforderungen gestellt werden.

13. Störungen und Unterbrechungen (Ziff. 15 des Vertrages)

43 Die Regelung benennt die Fallgruppen, in denen der Übertragungsnetzbetreiber zum Eingriff in Energielieferungen und Netzbetrieb berechtigt ist. Nach Durchführung des Konsultationsverfahrens sah sich die BNetzA dazu veranlasst, eine klarstellende Regelung dergestalt aufzunehmen, dass grundsätzlich eine vorherige Information des BKV zu erfolgen hat und nur bei Gefahr in Verzug eine nachträgliche Information genügt.

44 Der Ausfall von Computerhardware und -software stellt nach Auffassung der BNetzA kein Fall von höherer Gewalt dar:

> *„in Arbeitsbereichen von so grundlegender Bedeutung […] erscheint es angebracht und zumutbar, Systeme so redundant und ausfallsicher auszulegen, dass derartige Systemausfälle nahezu ausgeschlossen sind.“*[26]

14. Vertragsdauer und Kündigung (Ziff. 18 des Vertrages)

45 Der Bilanzkreisvertrag läuft auf unbestimmte Zeit. Die Kündigungsfrist für den Bilanzkreisverantwortlichen beträgt drei Monate zum Ende eines Kalendermonats. Haben die Bilanzkreise, die diesem Bilanzkreisvertrag unterfallen, länger als drei Monate keinen energetischen Umsatz, kann der Bilanzkreisvertrag von jeder Partei nach vorheriger Ankündigung mit einer Frist von einem Monat zum Ende eines Kalendermonats gekündigt werden. Der Bilanzkreisverantwortliche hat die Möglichkeit, der Kündigung unter Angabe von Gründen zu widersprechen.

15. Vertragsanpassung (Ziff. 19 und 21 des Vertrages)

46 Eine inhaltliche Änderung des Bilanzkreisvertrages kann nur im Rahmen einer förmlichen Änderung der Festlegung durch die BNetzA erfolgen. Gleiches gilt für ausfüllungsbedürftige Regelungslücken oder der Ersatz für eine für unwirksam befundene Klausel. Die Anlagen zu diesem Vertrag unterfallen dabei ebenfalls diesem formellen Anpassungsprozedere. Denn bilateral ausgestaltete Bilanzkreisverträge würden das verfolgte Ziel der Vereinheitlichung und der Schaffung eines Standardvertrages zuwiderlaufen.

---

26 Vgl. BNetzA, Beschl. v. 20.6.2011 – BK6-06-013 – S. 15.

16. Außerordentliche Kündigung (Ziff. 20 des Vertrages)

Der Bilanzkreisvertrag räumt dem Übertragungsnetzbetreiber das Recht ein, den 47
Vertrag aus wichtigem Grund fristlos zu kündigen. Die in der Regelung aufgezählten Fälle sind nicht abschließend.

Hervorzuheben ist Kündigungsgrund 20.2 c), wonach ein wichtiger Grund bei 48
Unterdeckungen des Bilanzkreisverantwortlichen über mehr als 33,5 zusammenhängende Stunden in nicht unerheblicher Größenordnung in Bezug auf seine wirtschaftliche Leistungsfähigkeit vorliegt, sofern der Bilanzkreisverantwortliche nicht innerhalb von 48 Stunden nach Anforderung eine Sicherheit nach Ziff. 14 des Vertrages leistet. Verletzt der Bilanzkreisverantwortliche also seine sog. Prognosepflicht, hat der Übertragungsnetzbetreiber das Recht zur außerordentlichen Kündigung. Unter Berücksichtigung der wirtschaftlichen Bedeutung eines unausgeglichenen Bilanzkreises über einen längeren Zeitraum für den Übertragungsnetzbetreiber und den Interessen des Bilanzkreisverantwortlichen hat der Bilanzkreisverantwortliche die Möglichkeit, die Kündigung innerhalb von 48 Stunden durch Sicherheitsleistung abzuwenden, wenngleich der Zeitraum von 48 Stunden verschiedentlich als zu kurz beurteilt wurde.[27]

---

27 Vgl. BNetzA, Beschl. v. 20.6.2011 – BK6-06-013 – S. 16.

B. Lieferantenrahmenvertrag (LRV)

I. Einführung

1 Wie auch bei anderen Verträgen im vorliegenden Handbuch ist die Entstehung des Lieferantenrahmenvertrages der **Liberalisierung** der Energiewirtschaft geschuldet. Abgesehen von kartellrechtlichen Regelungen, die in der Praxis häufig nur beschränkt Beachtung fanden,[1] gab es in der Energiewirtschaft vor 1998 keine Verpflichtung des Netzbetreibers, seine Infrastruktur einem Dritten zur Verfügung zu stellen. Dieser Anspruch auf Netznutzung entstand im EnWG erstmals mit der Novelle aus dem Jahr 1998[2] und entwickelte sich im Rahmen der verschiedenen Schritte der Liberalisierung weiter. Aktuell sind Betreiber von Energieversorgungsnetzen und damit auch Betreiber von Elektrizitätsversorgungsnetzen dazu verpflichtet, **jedermann Netzzugang zu gewähren** (§ 20 Abs. 1 S. 1 EnWG). Das Wort „jedermann" macht deutlich, dass diese Verpflichtung sowohl gegenüber Drittlieferanten als auch gegenüber Letztverbrauchern besteht.[3]

2 Begehrt ein Letztverbraucher beim Netzbetreiber Netzzugang, so wird zwischen beiden Parteien ein „Netznutzungsvertrag" abgeschlossen.[4] Begehrt ein Lieferant Netzzugang, so wird mit diesem ein Lieferantenrahmenvertrag abgeschlossen, in dem neben den Bestimmungen zur Gewährung des Netzzugangs auch solche zu Datenaustausch u. a. enthalten sind (§ 20 Abs. 1a S. 2 EnWG). Zum Zustandekommen des Lieferantenrahmenvertrages ist einerseits geregelt, dass ein Lieferant gegen den Netzbetreiber einen **Anspruch auf Abschluss eines Lieferantenrahmenvertrages** hat (§ 25 Abs. 1 Strom NZV), andererseits ist auch der Lieferant selbst der Pflicht unterworfen, einen Vertrag mit demjenigen EVU abzuschließen, aus dessen Netz u. a. die Entnahme von Elektrizität erfolgen soll (§ 20 Abs. 1a S. 1 EnWG). Der gesetzliche Anspruch auf den Netzzugang muss daher durch den verpflichtenden Abschluss eines Vertrages ausgestaltet werden. Zumindest der Netzbetreiber unterliegt somit im Hinblick auf den Lieferantenrahmenvertrag einem **Kontrahierungszwang**.[5] Im Hinblick auf die Stellung des Lieferanten wird vertreten, dass dieser sich zumindest einer Obliegenheitsverletzung schuldig macht, wenn er den Abschluss eines Lieferantenrahmenvertrages verweigert.[6]

1 Vgl. § 19 Abs. 2 S. 1 Nr. 4 des Gesetzes gegen Wettbewerbsbeschränkungen (GWB) v. 26.8.1998 (BGBl. I S. 1750, 3245).
2 Vgl. Kap. 1 Rn 3.
3 Danner/Theobald/*Lüdtke-Handjery*, § 20 Abs. 1a EnWG Rn 1.
4 Vgl. nachstehend die Erläuterungen im Abschnitt C. – Netznutzungsvertrag.
5 Danner/Theobald/*Lüdtke-Handjery*, § 20 Abs. 1a EnWG Rn 3.
6 Stuhlmacher/Stappert/Schoon/Jansen/*Hermanns*, Kap. 3.A Rn 39.

Praxistipp

!

Unabhängig von dem etwaigen Bestehen einer Obliegenheitsverletzung des Lieferanten ist es in der Praxis für einen Netzbetreiber vielfach **nicht empfehlenswert**, die **Gewährung des Netzzugangs vom Abschluss eines Lieferantenrahmenvertrages abhängig** zu machen. Zum Prozedere des Vertragsabschlusses ist vorgesehen, dass der Netzzugangsberechtigte (hier: der Lieferant) spätestens durch Anmeldung der ersten Kundenentnahmestelle zur Netznutzung beim Netzbetreiber von diesem ein verbindliches Angebot eines Lieferantenrahmenvertrages abfordert. Der Netzbetreiber wiederum muss innerhalb einer Frist von sieben Arbeitstagen nach Eingang der Anforderung ein vollständiges und bindendes Angebot für einen Lieferantenrahmenvertrag abgeben (§ 23 Abs. 1 S. 1 und 2 StromNZV). In der Praxis läuft es tatsächlich vielfach wie vorstehend geschildert ab. Sobald ein Lieferant den ersten Liefervertrag mit einem Letztverbraucher in dem Netzgebiet eines betreffenden Netzbetreibers abgeschlossen hat, meldet er diese Lieferung beim Netzbetreiber an und bittet um Zusendung eines Lieferantenrahmenvertrages. Der dann zugesandte Lieferantenrahmenvertrag wird vom Lieferanten in den wenigsten Fällen anstandslos akzeptiert. Vielfach antwortet der Lieferant mit einem Schreiben an den Netzbetreiber, in dem **Anmerkungen, Vorbehalte und Änderungswünsche** zum Lieferantenrahmenvertrag geäußert werden. Bei dann ggf. entstehenden Vertragsverhandlungen ist vom Netzbetreiber zwingend zu beachten, dass er den Netzzugang diskriminierungsfrei zu gewähren hat. **Etwaige Vergünstigungen**, die in Verhandlungen einem Lieferanten gewährt werden, müssen daher **auch allen anderen Lieferanten** im Netzgebiet des betreffenden Netzbetreibers gewährt werden, wenn es keinen sachlichen Grund für eine Ungleichbehandlung gibt. Kommt es bei diesen Vertragsverhandlungen nicht zu einer Einigung (was vielfach der Fall ist), ist es ein probater Weg, dass der Lieferant dem Abschluss des Lieferantenrahmenvertrages unter Geltendmachung verschiedener Vorbehalte zustimmt. Sollte auch dieser Weg nicht zum Ziel führen, sollte der Netzbetreiber erwägen, sich vom Lieferanten die Zahlung der Netzentgelte zusichern zu lassen, den Netzzugang zu gewähren und den Lieferantenrahmenvertrag im Anschluss daran weiter zu verhandeln. **Lehnt der Lieferant allerdings die Zahlung der Netzentgelte ab, so hat der Netzbetreiber ein Recht auf Verweigerung des Netzzugangs.**[7]

Der Lieferantenrahmenvertrag gewährt **Zugang zum gesamten Elektrizitätsversorgungsnetz** (§ 20 Abs. 1a S. 3 EnWG). Der Lieferant muss daher zur Inanspruchnahme des Netzzugangs nur einen einzigen Lieferantenrahmenvertrag mit einem Netzbetreiber abschließen. Um diesen Zugang zum gesamten Elektrizitätsversorgungsnetz realisieren zu können, sind alle Betreiber von Elektrizitätsversorgungsnetzen verpflichtet, in dem hierzu erforderlichen Ausmaß zusammenzuarbeiten (§ 20 Abs. 1a S. 4 EnWG). Der Netzzugang setzt u. a. voraus, dass über einen Bilanzkreis ein Ausgleich zwischen Einspeisung und Entnahme stattfindet (§ 20 Abs. 1a S. 5 EnWG). 3

Im Lieferantenrahmenvertrag wird eine **Vielzahl von Netznutzungsverhältnissen** zusammengefasst. Der Lieferantenrahmenvertrag gewährt dem Lieferanten den Netzzugang für alle Kunden, die beim Abschluss des Lieferantenrahmenvertrages von ihm beliefert werden sollen oder die während der Laufzeit des Lieferantenrahmenvertrages weiter hinzukommen. Dieses Hinzukommen von Kunden oder deren Wegfall während der Laufzeit des Lieferantenrahmenvertrages beeinflusst dessen Bestand nicht. Der wechselnden Anzahl von Kunden des betreffenden Lieferanten 4

7 BerlK-EnR/*Säcker/Boesche*, § 20 EnWG Rn 9.

wird in der Praxis u. a. dadurch begegnet, dass eine dem Lieferantenrahmenvertrag beizufügende **Kundenliste monatlich aktualisiert** wird.

5 Die Bedingungen des Netzzugangs müssen angemessen, diskriminierungsfrei sowie transparent sein und dürfen nicht ungünstiger sein, als sie von dem Betreiber des betreffenden Elektrizitätsversorgungsnetzes in vergleichbaren Fällen für Leistungen innerhalb seines Unternehmens oder gegenüber verbundenen oder assoziierten Unternehmen angewendet und tatsächlich oder kalkulatorisch in Rechnung gestellt werden (§ 21 Abs. 1 EnWG).

6 Das Aushandeln von Lieferantenrahmenverträgen kann für beide Seiten mit einem hohen Zeit- und Arbeitsaufwand verbunden sein. Dieser resultiert daraus, dass im Strombereich noch kein einheitlich festgelegter Lieferantenrahmenvertrag vorhanden ist. Es steht zu hoffen, dass dieser Zustand durch das von der **BNetzA** (wie unten näher geschildert) eröffnete Konsultationsverfahren zur **Festlegung eines Lieferantenrahmenvertrages** weitgehend beendet wird.

! **Checkliste**

Zum **Inhalt** des Lieferantenrahmenvertrages ist vorgeschrieben, dass dieser **mindestens Regelungen zu folgenden Aspekten** enthalten muss:
- Vertragsgegenstand,
- Regelungen zur Netznutzung,
- Datenaustausch zwischen Netznutzern und Betreibern von Elektrizitätsversorgungsnetzen,
- Voraussetzung der Belieferung,
- An- und Abmeldung eines Kunden zu einem Bilanzkreises,
- Leistungsmessung oder Lastprofilverfahren,
- Abrechnung,
- Ansprechpartner und Erreichbarkeit,
- Haftungsbestimmungen,
- Voraussetzung für die Erhebung einer Sicherheitsleistung in begründeten Fällen,
- Kündigungsrechte.

---

7 Weitere Inhalte im Zusammenhang mit der Abwicklung von Lieferantenrahmenverträgen hat die BNetzA in der sog. **GPKE** geregelt.[8] Mit der GPKE werden zum einen **einheitliche Geschäftsprozesse** für die Abwicklung von anfallenden Kundenwechselvorgängen festgelegt, in denen die vom jeweiligen Marktteilnehmer vorzunehmenden Arbeitsschritte innerhalb des jeweiligen Geschäftsprozesses, die Bearbeitungsfrist, der Inhalt und der Empfänger einer Meldung geregelt werden. Zum anderen bestimmt die GPKE **einheitliche Formate** zur Automatisierung des bei Kundenwechselprozessen anfallenden Datenaustausches.

---

8 Festlegung einheitlicher Geschäftsprozesse und Datenformate zur Abwicklung der Belieferung von Kunden mit Elektrizität v. 11.7.2006 – BK6-06-009 –.

Ein Recht zur **Verweigerung des Netzzugangs** hat der Betreiber eines Elektrizitätsversorgungsnetzes nur dann und insoweit, als er nachweisen kann, dass ihm die Gewährung des Netzzugangs aus **betriebsbedingten oder sonstigen Gründen unter Berücksichtigung der Ziele des § 1 EnWG nicht möglich oder nicht zumutbar** ist. Dies ist in der Praxis nur in Ausnahmefällen so. Das Recht auf Netzzugang kann auf zivilprozessualem Weg z. B. im Wege einer Leistungsklage durchgesetzt werden. Darüber hinaus kann der Netzzugang im Wege der allgemeinen Missbrauchsaufsicht nach § 30 EnWG oder im Wege des „Besonderen Missbrauchsverfahrens" nach § 31 EnWG nach dem Ermessen der BNetzA oder auf Antrag eines Betroffenen durchgesetzt werden. Darüber hinaus kann zur Durchsetzung des Netzzugangs auch eine allgemeine Aufsichtsmaßnahme nach § 65 EnWG eingeleitet werden. Gegen die zuletzt aufgezählten behördlichen Maßnahmen kann sich der Netzbetreiber mit einer Beschwerde beim zuständigen Oberlandesgericht zur Wehr setzen.[9] Wie bereits vorstehend angesprochen hat die BNetzA ein Konsultationsverfahren zur Festlegung eines Netznutzungsvertrages/Lieferantenrahmenvertrages für den Strombereich eröffnet.[10] Die künftige Festlegung fußt u. a. darauf, dass der Netzzugang aufgrund möglichst einheitlicher Musterverträge erfolgen soll (§ 20 Abs. 1 S. 1 EnWG). Nach Auffassung der BNetzA ist die Gestaltung von Netznutzungs-/Lieferantenrahmenverträgen durch die Netzbetreiber bislang uneinheitlich. Dadurch entstünden Konflikte und die Abwicklung der Netznutzung würde insbesondere für Netznutzer, die in verschiedenen Netzgebieten tätig sind, erschwert. Um die Vertragsgestaltung und die Abwicklung der Netznutzung nunmehr zu harmonisieren, beabsichtigt die BNetzA einen einheitlichen Mustervertrag für die Netznutzung vorzulegen. Dieser Vertrag und verschiedene Anlagen werden im Rahmen des Verfahrens der BNetzA zur Konsultation gestellt.[11] Aufgrund der hohen Anzahl der Anmerkungen zu dem Mustervertrag ist das Konsultationsverfahren bislang noch nicht abgeschlossen. Unter Umständen dauert es noch bis zum Jahr 2015, bis die entsprechende Festlegung von der BNetzA erlassen wird. 8

9 Danner/Theobald/*Lüdtke-Handjery*, § 20 Abs. 1a EnWG Rn 34–37.
10 Einleitung des Verfahrens: 21.10.2013 – BK6-13-042 –.
11 Dazu unter http://www.bundesnetzagentur.de/cln_1412/DE/Service-Funktionen/Beschlusskammern/1BK-Geschaeftszeichen-Datenbank/BK6-GZ/2013/BK6-13-042/BK6-13-042_Verfahrenseinleitung.html;jsessionid=8260BD30D03C5BED6B0198326E8F4C6C?nn=265850.

II. Vertragsmuster

1. Lieferantenrahmenvertrag

Muster

9 **Lieferantenrahmenvertrag**

zur Netznutzung zum Zwecke der Belieferung
von Kunden im Netz der
Stadtwerke ... GmbH
mit elektrischer Energie

zwischen

der Stadtwerke ... GmbH
Straße, PLZ Ort
– im Folgenden „Netzbetreiber" –

und

Stromlieferant
Name/Firma
Straße, PLZ Ort
– im Folgenden „Lieferant" –

§ 1 Vertragsgegenstand

1. Der Netzbetreiber betreibt ein Verteilungsnetz für elektrische Energie, an das die elektrischen Anlagen der Kunden an der jeweiligen Entnahmestelle angeschlossen sind. Gegenstand dieses Vertrages ist die vertragliche Ausgestaltung des Netzzugangs gemäß § 20 Energiewirtschaftsgesetz (EnWG) zwischen Netzbetreibern und Lieferanten. Diesem Vertrag liegen in ihrer jeweiligen Fassung insbesondere das Energiewirtschaftsgesetz vom 7. Juli 2005 (EnWG), die Stromnetzzugangs- und die Stromnetzentgeltversordnung (StromNZV bzw. StromNEV), jeweils vom 25. Juli 2005, die Anreizregulierungsverordnung (ARegV) vom 29. Oktober 2007, die Stromgrundversorgungsverordnung (StromGVV) vom 26. Oktober 2006, die Niederspannungsanschlussverordnung (NAV) vom 1. November 2006 sowie die Verordnung über Rahmenbedingungen für den Messstellenbetrieb und die Messung im Bereich der leitungsgebundenen Elektrizitäts- und Gasversorgung (MessZV) vom 17. Oktober 2008 und die von der Bundesnetzagentur (BNetzA) getroffene „Festlegung einheitlicher Geschäftsprozesse und Datenformate zur Abwicklung der Belieferung von Kunden mit Elektrizität" vom 11. Juli 2006 (BK6-06-009; GPKE) und „Festlegung von Marktregeln für die Durchführung der Bilanzkreisabrechnung Strom" vom 10. Juni 2009 (BK6-07-002; MaBiS) zugrunde.
2. Der Netzbetreiber ermöglicht die Belieferung der Kunden, mit denen der Lieferant einen Vertrag zur Belieferung mit elektrischer Energie abgeschlossen hat (Letztverbraucher im Sinne des § 3 Nr. 25 EnWG), nach Maßgabe dieses Vertrages. Die Kunden sind in einer Zuordnungsliste aufgeführt. Diese Zuordnungsliste wird elektronisch geführt und aktualisiert. Die Führung und Aktualisierung der Zuordnungsliste erfolgt nach den Festlegungen in § 4.
3. Die Netznutzung bei Einspeisung von an das Netz des Netzbetreibers angeschlossenen Anlagen (z. B. EEG- und KWK-Anlagen, Brennstoffzellen, etc.) ist nicht Gegenstand dieses Vertrages. Hierzu bedarf es gesonderter Regelungen.

§ 2 Grundlagen des Netzzugangs

§ 20 Abs. 1a EnWG und § 3 StromNZV sehen zwei Modelle der Netznutzung vor:

1. „Netznutzung durch den Lieferanten“:
Liegt ein integrierter Stromlieferungsvertrag zur Versorgung eines Kunden vor (Stromlieferung plus Netznutzung = all-inklusive-Vertrag), hat der Lieferant gegenüber dem Netzbetreiber Anspruch auf die Leistung „Netznutzung“ einschließlich der Zurverfügungstellung des Netzes zum Zwecke der Belieferung des Kunden. Der Lieferant schuldet dem Netzbetreiber die anfallenden Netzentgelte.
2. „Netznutzung durch den Kunden“
Liegt ein reiner Stromlieferungsvertrag zur Versorgung eines Kunden vor, bedarf es einer besonderen Vereinbarung über die Leistung „Netznutzung“ zwischen Kunden und Netzbetreibern (Netznutzungsvertrag). Diese Kunden sind in der Zuordnungsliste gesondert gekennzeichnet und zahlen die Netzentgelte selbst unmittelbar an den Netzbetreiber.

§ 3 Voraussetzung der Belieferung

1. Voraussetzung für die Belieferung der Entnahmestellen ist das Bestehen eines Netzanschlussvertrages zwischen Anschlussnehmer und Netzbetreiber mit ausreichender Anschlusskapazität und eines Anschlussnutzungsverhältnisses beziehungsweise Anschlussnutzungsvertrages[1] zwischen Anschlussnutzer und Netzbetreiber. Der Lieferant ist nicht gehalten, einen Nachweis über das Bestehen der Verträge gegenüber dem Netzbetreiber zu erbringen. Im Fall der Netznutzung durch den Kunden nach § 2 Abs. 2 ist zusätzlich der Abschluss des Netznutzungsvertrages zwischen Kunde und Netzbetreiber erforderlich. Der Netzbetreiber stellt entsprechende Vertragsmuster auf seiner Internetseite [www.....de] zum Download zur Verfügung.[2]
2. Der Lieferant versichert, dass er – soweit er Haushaltskunden im Sinne des § 3 Nr. 22 EnWG beliefert – die Aufnahme der Tätigkeit der Regulierungsbehörde angezeigt hat.
3. Die Strombelieferung der Entnahmestellen ist in gesonderten Verträgen zwischen dem Lieferanten und seinem Kunden geregelt. Der Lieferant versichert bei der Anmeldung eines Kunden, dass ab Beginn der Zuordnung des Kunden zu einem Bilanzkreis ein solcher Stromlieferungsvertrag mit dem jeweiligen Kunden besteht. Dieser Vertrag muss entweder den gesamten Bedarf des Kunden an der Entnahmestelle oder den über eventuelle Fahrplanlieferungen hinausgehenden Bedarf des Kunden vollständig abdecken (offener Liefervertrag).
4. Die Netznutzung setzt voraus, dass die Entnahmestellen der Letztverbraucher in ein vertraglich begründetes Bilanzkreissystem einbezogen sind. Der Lieferant teilt dem Netzbetreiber den (Unter-)Bilanzkreis mit, dem die Entnahmestellen der Kunden in der Regelzone des Übertragungsnetzbetreibers zugeordnet werden sollen. Der Lieferant benennt den Bilanzkreisverantwortlichen und weist dessen Bilanzkreisverantwortlichkeit mit der Bestätigung der Datenzuordnungsermächtigung dem Netzbetreiber nach. Der Netzbetreiber bestätigt die Anmeldung der Entnahmestellen gegenüber dem Lieferanten. Der Nachweis der Bilanzkreisverantwortlichkeit wird vom Lieferanten auch erbracht, wenn der Lieferant selbst Bilanzkreisverantwortlicher ist. Im Falle, dass Lieferant und Bilanzkreisverantwortlicher dieselbe Rechtsperson ist, sind die Festlegungen des Beschlusses BK6-07-002 (MaBiS)[3] im Verhältnis Netzbetreiber und Bilanzkreisverantwortlicher sowie die Vorgaben der StromNZV zwingend zu beachten. Die **Anlage 6** (Modul „Standardisierte Zuordnungsvereinbarung“), welche seitens der BNetzA veröffentlicht wurde, wird von den Parteien als Vertragsbestandteil vereinbart.

§ 4 Lieferantenwechsel, Abwicklung der Netznutzung, An- und Abmeldung zum Bilanzkreis

1. Der Lieferant meldet dem Netzbetreiber alle Entnahmestellen seiner Kunden, die an das Verteilungsnetz des Netzbetreibers angeschlossen sind und den beabsichtigten Beginn der Netznutzung. Der Lieferant gibt dabei insbesondere an, ob der Kunde Haushaltskunde im Sinne des § 3 Nr. 22 EnWG ist.
2. Die Abwicklung der Belieferung von Entnahmestellen mit Elektrizität erfolgt nach der von der BNetzA getroffenen Festlegung BK6-06-009 (GPKE)[4] in ihrer jeweils gültigen Fassung oder

einer diese Festlegung ersetzenden oder ergänzenden Festlegung der BNetzA. Soweit die BNetzA in ihrer Festlegung Ausnahmen hinsichtlich des zu verwendenden Datenformats zulässt, kann bei Vorliegen der entsprechenden Voraussetzung hierüber eine schriftliche Zusatzvereinbarung getroffen werden. Der Netzbetreiber ist verpflichtet, diese Zusatzvereinbarung der BNetzA anzuzeigen. Bestimmungen dieses Vertrages, die der Abwicklung einer Belieferung von Entnahmestellen nach der vorgenannten Regelung in Satz 1 oder einer Zusatzvereinbarung nach Satz 2 entgegenstehen oder diese anders regeln, sind unwirksam.

3. Der Netzbetreiber bestätigt dem Lieferanten nach Maßgabe der Vorgaben der GPKE die dem jeweiligen Bilanzkreis neu zugeordneten (angemeldeten beziehungsweise abgemeldeten) Entnahmestellen eines Kunden. Die durch den Netzbetreiber bestätigten An- und Abmeldungen werden laufend in die Zuordnungsliste aufgenommen. Sofern der Lieferant und der Bilanzkreisverantwortliche nicht identisch sind, ist die Vorlage einer Zuordnungsermächtigung durch den Lieferanten notwendig. Die dem Lieferanten zugeordneten Entnahmestellen sind in der Zuordnungsliste ersichtlich und dienen der Information des Lieferanten und des Bilanzkreisverantwortlichen. Sie wird nach den Festlegungen des Beschlusses BK6-07-002 (MaBiS) an den Bilanzkreisverantwortlichen versendet. Mit der Bestätigung ist die Zuordnung und damit die Veränderung eines Bilanzkreises für den Netzbetreiber und den Lieferanten verbindlich. Alle Angaben, die die Bilanzkreiszuordnung betreffen, werden in die Zuordnungsliste aufgenommen. Eine Ablehnung der Zuordnung eines Kunden wird der Netzbetreiber begründen.
4. Die An- und Abmeldung muss gemäß § 14 StromNZV ordnungsgemäß und vollständig sein. Der Netzbetreiber darf eine nicht ordnungsgemäße oder nicht vollständige Meldung nur zurückweisen, wenn die Entnahmestelle anhand der gemeldeten Daten nicht eindeutig identifizierbar ist. In diesem Fall ist die Meldung für diese Entnahmestelle unwirksam.
5. Änderungen sonstiger wesentlicher Kundendaten sind wechselseitig unverzüglich mitzuteilen.

§ 5 Leistungsmessung oder Lastprofilverfahren

1. Bei Entnahmestellen in Niederspannung mit einem Strom-Jahresverbrauch von bis zu 100.000 kWh wird der Netzbetreiber auf eine fortlaufende registrierende ¼-h-Leistungsmessung (Lastgangzählung) verzichten, es sei denn, der Kunde oder der Lieferant beantragt den entgeltlichen Einbau einer solchen ¼-h-Leistungsmessung.
2. Bei Entnahmestellen in Niederspannung, die keine registrierende Leistungsmessung haben, erfolgt die Belieferung über Lastprofile (Standard-Lastprofilkunden). Die Art und die Anzahl der Profile legt der Netzbetreiber auf der Grundlage des analytischen/synthetischen[5] Verfahrens fest. Der Netzbetreiber bestimmt die verwendeten Lastprofile und stellt sie dem Lieferanten profilscharf und normiert als ¼h-Energiezeitreihe zur Verfügung. Dies betrifft auch die zum Ausrollen normierter Profile verwendeten Zusatzangaben (Kalender, Parameter, etc.). Der Lieferant deckt den gesamten Bedarf des Kunden auf der Basis dieser Lastprofile.
3. Bei Anwendung synthetischer Lastprofile erfolgt der Versand der normierten Lastprofile je Kundengruppe durch den Netzbetreiber vor dem Lieferjahr bzw. bei Änderungen mit mindestens drei Monaten Vorlauf vor dem betreffenden Liefermonat.
4. Bei Anwendung des analytischen Lastprofilverfahrens liefert der Netzbetreiber gemäß den in der Festlegung BK6-06-009 (GPKE) vorgegebenen Fristen die analytischen normierten Lastprofile je Kundengruppe.
5. Für Zählpunkte mit tagesparameterabhängigem Profil liefert der Netzbetreiber an den Lieferanten bis zum 10. Werktag des Monats für den Vormonat jeweils aggregiert nach Tagesparametermessstationen und Profilschar ein normiertes Profil sowie bei Referenzmessungen für tagesparameterabhängige Einspeiseprofile je Referenz ein normiertes Profil.
6. Der Netzbetreiber ordnet jeder Entnahmestelle das entsprechende Lastprofil zu und stellt für jede Entnahmestelle eine Jahresverbrauchsprognose auf, die in der Regel auf dem Vorjahresverbrauch basiert. Dem Lieferanten steht das Recht zu, unplausiblen Prognosen zu widerspre-

chen und dem Netzbetreiber eine eigene Prognose zu unterbreiten. Kommt keine Einigung zustande, legt der Netzbetreiber die Prognose über den Jahresverbrauch fest. Weitere Einzelheiten ergeben sich aus der **Anlage 2** (Regelung zur Anwendung von Lastprofilen). In begründeten Ausnahmefällen können Netzbetreiber und Lieferant gemeinsam die Jahresverbrauchsprognose auch unterjährig anpassen.

7. Der Netzbetreiber ist berechtigt, das Verfahren nach Abs. 2 Satz 2 oder die Lastprofile sowie die Zuordnung zu den einzelnen Entnahmestellen zu ändern, wenn dies erforderlich oder zweckmäßig ist. Der Netzbetreiber teilt dem Lieferanten die Änderung des Verfahrens unter Einhaltung einer Frist von drei Monaten und die Änderung bzw. Zuordnung der Lastprofile[6] unter Einhaltung einer Frist von einem Monat zum Ende des Monats in Textform mit.[7]
8. Bei Entnahmestellen mit einer Jahresverbrauchsprognose von mehr als 100.000 kWh erfolgt durch den Messstellenbetreiber/Messdienstleister eine fortlaufende registrierende ¼-h-Leistungsmessung (RLM/registrierende Lastgangmessung). Sofern der Netzbetreiber der Messstellenbetreiber ist, wird er auf Wunsch des Lieferanten und auf dessen Kosten auch unterhalb dieser Grenze eine RLM in der jeweiligen Entnahmestelle einbauen. Diese Messeinrichtung wird Eigentum des Netzbetreibers. Bei Zählpunkten mit registrierender Leistungsmessung liefert der Netzbetreiber gemäß den in der Festlegung BK6-06-009 (GPKE) vorgegebenen Fristen die Lastgangzeitreihe (LGZ) sowie die Einspeisegangzeitreihe (EGZ).

§ 6 Messeinrichtungen

1. Soweit keine anderweitige Vereinbarung im Sinne von § 21b EnWG getroffen worden ist, gelten die nachfolgenden Absätze 2 bis 7; in diesem Fall ist der Netzbetreiber der Messstellenbetreiber.[8] Wird eine abweichende Vereinbarung im Sinne von § 21b EnWG geschlossen, treffen Netzbetreiber und Lieferant hierzu eine gesonderte Regelung. Unabhängig davon, wer Messstellenbetreiber ist, finden die Abs. 9 bis 12 in jedem Fall Anwendung.
2. Der Netzbetreiber ist als Messstellenbetreiber für die Erfassung der vom jeweiligen Kunden entnommenen elektrischen Energie verantwortlich. Er kann einen Dritten mit der Erfüllung dieser Aufgabe beauftragen. Der Netzbetreiber stellt die für die Messung und bei Lastgangkunden die für die notwendige Zählerfernauslesung erforderlichen Geräte zur Verfügung und betreibt diese. Sie verbleiben in seinem Eigentum. Er ist für die Einhaltung der eichrechtlichen Bestimmungen verantwortlich.
3. Bei Lastgangkunden erfolgt die Übermittlung der Messdaten werktäglich. Soweit technisch möglich und vereinbart, erhält der Lieferant selbst täglich Zugang zur Abfrage der vom Netzbetreiber in der Datenverarbeitung aufbereiteten und einer Plausibilitätsprüfung unterzogenen Datenreihe des Kunden über das Internet. Der Netzbetreiber kann Kontrollablesungen vornehmen. Bezüglich der Einzelheiten der Ablesung werden im Übrigen die Bestimmungen des zwischen Netzbetreiber und dem Kunden jeweils abgeschlossenen Netzanschluss-, Anschlussnutzungs- bzw. Netznutzungsvertrages berücksichtigt.
4. Für die Fernauslesung muss beim Kunden ein hierfür geeigneter extern anwählbarer Telekommunikationsanschluss ohne zeitliche Beschränkung sowie ein 230 V-Anschluss zur Verfügung stehen. Kann aufgrund örtlicher Gegebenheiten an der jeweiligen Entnahmestelle kein extern anwählbarer Telekommunikationsanschluss eingerichtet werden, ist der Netzbetreiber berechtigt, eine Telekommunikationseinrichtung (z. B. ein GSM-Modem) beim Kunden einzurichten, welche die notwendigen technischen Anforderungen an die Datenverfügbarkeit gewährleistet. Der Netzbetreiber teilt dem Lieferanten auf Anfrage die diesbezüglichen technischen Bedingungen (Abstände der jeweiligen Anschlüsse, Anschlüsse zum Zählerplatz, etc.) mit. Die Nutzung dieser Anschlüsse ist für den Netzbetreiber kostenlos. Die Fernauslesung muss vor Aufnahme der Belieferung zur Verfügung stehen. Bei Nichtfertigstellung gehen Kosten des zusätzlichen Aufwandes zulasten des Lieferanten, es sei denn, der Netzbetreiber hat die Verzögerung zu vertreten. Verzögerungen durch den Kunden gehen zulasten des Lieferanten.

5. Für Kunden, die nach Lastprofilverfahren beliefert werden, werden die Messeinrichtungen vom Beauftragten des Netzbetreibers oder auf Verlangen des Netzbetreibers vom Kunden selbst in möglichst gleichen Zeitabständen, die zwölf Monate nicht wesentlich überschreiten dürfen, nach einem vom Netzbetreiber festzulegenden Turnus abgelesen.[9] Vereinbarungen gemäß § 40 Abs. 3 Satz 2 EnWG finden Berücksichtigung.
6. Außerhalb der turnusmäßigen Ablesung, insbesondere bei einem Lieferantenwechsel, bei Ein- oder Auszug des Kunden, bei Beendigung dieses Rahmenvertrages oder bei einer wesentlichen Änderung des Bedarfs, kann der Netzbetreiber Zwischenablesungen veranlassen, den Verbrauch im Wege der rechnerischen Abgrenzung ermitteln oder diesen auf der Grundlage der letzten Ablesung schätzen. Hierbei sind die tatsächlichen Verhältnisse angemessen zu berücksichtigen. Bei einer wesentlichen Änderung des Bedarfs kann der Netzbetreiber ebenfalls Zwischenablesungen veranlassen.
7. Neben dem Netzentgelt wird vom Netzbetreiber für jede Entnahmestelle je ein Entgelt für den Messstellenbetrieb, die Messung und ein Entgelt für die Abrechnung in Rechnung gestellt. Diese Entgelte beinhalten insbesondere Einbau, Betrieb und Wartung der Messeinrichtung und Erfassung, Weiterleitung und Verarbeitung von Daten, die für die turnusmäßige Abrechnung der Netznutzung relevant sind. Beauftragt der Lieferant den Netzbetreiber mit einer Ablesung in Fällen, die von Abs. 3 Satz 1 und 2 sowie von Abs. 5 nicht erfasst sind, ist diese Ablesung gesondert zu vergüten. Die Höhe des Entgeltes ist der **Anlage 1** (Preisblatt) zu entnehmen. Die ermittelten Zähldaten übermittelt der Netzbetreiber in dem in **Anlage 3** (Datenaustausch) beschriebenen Datenformat. Die vom Netzbetreiber ermittelten Zähldaten werden der Abrechnung der Netznutzung der Energielieferung des Lieferanten, der Bilanzierung beim Übertragungsnetzbetreiber sowie der Berechnung von Differenzmengen bei Lastprofilkunden zugrunde gelegt.
8. Der Lieferant kann zusätzlich eigene Mess- und Steuereinrichtungen in Abstimmung mit dem Netzbetreiber auf eigene Kosten einbauen lassen. Die Messdaten dieser Einrichtungen werden nicht zur Abrechnung herangezogen, soweit nicht in § 6 Abs. 11 Buchstabe (a) etwas anderes festgelegt ist.
9. Der Lieferant kann jederzeit eine Nachprüfung der Messeinrichtung verlangen. Stellt der Lieferant den Antrag auf Nachprüfung bei einem Dritten, so hat er den Netzbetreiber in seiner Rolle als Messstellenbetreiber zu benachrichtigen. Ergibt eine Überprüfung der Messeinrichtungen eine Überschreitung der Verkehrsfehlergrenzen oder werden Fehler in der Ermittlung des Rechnungsbetrages festgestellt, so ist der zu viel oder zu wenig berechnete Betrag vom Netzbetreiber zu erstatten oder vom Lieferanten nach zu entrichten.
10. Ist die Größe des Fehlers bei der Messeinrichtung eines Lastprofilkunden nicht einwandfrei festzustellen oder zeigt eine solche Messeinrichtung nicht oder nicht richtig an, so ermittelt der Netzbetreiber den Verbrauch für die Zeit seit der letzten fehlerfreien Ablesung aus dem Durchschnittsverbrauch des ihr vorhergehenden und des der Feststellung nachfolgenden Ablesezeitraumes oder aufgrund des vorjährigen Verbrauchs durch Schätzung. Die tatsächlichen Verhältnisse sind zu berücksichtigen.
11. Ist die Größe des Fehlers bei der Messeinrichtung eines Lastgangkunden mit registrierender Leistungsmessung nicht einwandfrei festzustellen oder zeigt eine solche Messeinrichtung nicht oder nicht richtig an, so erfolgt die Ermittlung von Ersatzwerten für fehlende oder unplausible Werte entsprechend dem „Metering Code 2011“ nach folgendem Schema:
    a) bei vorhandener Vergleichszählung, die den eichrechtlichen Bestimmungen entspricht, werden die vorhandenen Zählwerte für die Ersatzwertbildung verwendet
    b) bei nicht vorhandener Vergleichszählung werden für fehlende oder unplausible Zählwerte kleiner zwei Stunden ein Interpolations- und bei größer zwei Stunden ein Vergleichswertverfahren angewandt. Als Ausnahme werden bei eindeutig festgestellten Versorgungsunterbrechungen Null-Ersatzwerte als Zählwerte berücksichtigt.

12. Ansprüche nach den Absätzen 9 bis 11 sind auf den der Feststellung des Fehlers vorausgehenden Ablesezeitraum beschränkt, es sei denn, die Auswirkung des Fehlers kann über einen größeren Zeitraum festgestellt werden. In diesem Fall ist der Anspruch auf längstens drei Jahre beschränkt.
13. Soweit eine anderweitige Vereinbarung auf der Grundlage des § 21b EnWG getroffen worden ist, werden die vom Messstellenbetreiber dem Netzbetreiber zur Verfügung gestellten Zählwerte der Abwicklung und Abrechnung dieses Vertrages zugrunde gelegt. Wenn dem Netzbetreiber die Zählwerte nicht oder nicht ordnungsgemäß gemäß den Vorgaben der GPKE zur Verfügung stehen oder die zur Verfügung gestellten Werte unplausibel sind, finden die Absätze 9 bis 12 Anwendung.
14. In der Regel erfolgen Entnahme und Messung auf derselben Spannungsebene. Bei Abweichungen von diesem Grundsatz werden die bei der Messung nicht berücksichtigten Verluste mit einem pauschalen Auf- oder Abschlag auf die Verbrauchsmenge berücksichtigt.

§ 7 Datenaustausch, Datenverarbeitung

1. Die Vertragspartner werden die im Zusammenhang mit der Durchführung dieses Vertrages erhobenen oder zugänglich gemachten Daten zum Zweck der Datenverarbeitung unter Beachtung von § 6a EnWG sowie der datenschutzrechtlichen Bestimmungen verarbeiten und nutzen, soweit dies zur Durchführung des Vertrages notwendig ist. Die Vertragspartner sind berechtigt, insbesondere für die Erfassung, Bilanzierung und Abrechnung der Stromlieferungen, Verbrauchs-, Abrechnungs- und Vertragsdaten an Dritte in dem Umfang weiterzugeben, wie dies zur ordnungsgemäßen technischen und kommerziellen Abwicklung erforderlich ist. Diese Regelungen schließen eine Weitergabe an Behörden und Gerichte im Rahmen der gesetzlichen Vorgaben nicht aus.
2. Bei Lastprofilkunden gemäß § 5 Abs. 2 teilt der Netzbetreiber dem Lieferanten die für die Verbrauchsabrechnung mit dem Kunden erforderlichen Daten spätestens 28 Tage nach Sollablesetermin mit. Bei Lastgangkunden teilt der Netzbetreiber dem Lieferanten die Daten für die Verbrauchsabrechnung am 8. Werktag des auf den Liefermonat folgenden Monats mit. Der Netzbetreiber liefert, unter der Voraussetzung vorliegender Zuordnungsermächtigungen, die Lieferantensummenzeitreihen an den Lieferanten bis zum 10. Werktag nach Ablauf des Liefermonats pro Bilanzkreis und Bilanzierungsgebiet. Korrekturen der Lieferantensummenzeitreihen sind bis spätestens zum Ablauf des 29. Werktags nach dem Liefermonat an den Lieferanten zu übermitteln. Dabei sind jeweils nur die von Änderungen betroffenen Zeitreihen sowie Datensätze vollständiger Tage von 00:00 bis 24:00 Uhr zu übermitteln.
3. Der Netzbetreiber liefert im Falle von Einwänden auf Anforderung des Lieferanten Lieferanten-Clearinglisten spätestens einen Werktag nach Anforderung, frühestens jedoch am 11. Werktag nach dem betroffenen Liefermonat. Bei dauerhafter Bestellung der Lieferanten-Clearinglisten werden diese jeweils am 11. Werktag nach dem Liefermonat übermittelt, spätestens beginnend im Monat nach Anforderung. Im Falle einer dauerhaften Bestellung der Lieferanten-Clearinglisten treffen die Parteien hierüber eine gesonderte Vereinbarung. Korrekturen im Rahmen des Clearingprozesses sind zur Berücksichtigung in der ersten Bilanzkreisabrechnung nur bis zum 29. Werktag nach dem Liefermonat möglich. Unterlässt der Lieferant das Anfordern der Lieferanten-Clearingliste oder verlangt nach Versendung der Listen keine Korrektur, gelten die Werte als genehmigt. Der Netzbetreiber ist verpflichtet, die für die Bilanzierung bzw. für die Bilanzkreisabrechnung relevanten Daten an den Übertragungsnetzbetreiber in den im Beschluss BK6-07-002 (MaBiS) festgelegten Fristen zu übermitteln. Die technischen Einzelheiten sind in **Anlage 3** (Datenaustausch) geregelt.
4. Für die nach dem Beschluss BK6-07-002 (MaBiS) festgelegte zu erfolgende Marktkommunikation sind die Grundsätze für die Kommunikation nach BK6-06-009 (GPKE) entsprechend anzuwenden.[10]

5. Die Vertragspartner werden alles Erforderliche und Zumutbare tun, um den Übertragungsnetzbetreiber bei der Erfüllung seiner Verpflichtungen für die Bilanzkreisabrechnung zu unterstützen.

§ 8 Jahresmehr- und Jahresmindermengen

1. Differenzmengen zwischen der bei Standard-Lastprofilkunden gemessenen bzw. auf sonstige Weise ermittelten und über alle Kunden des Lieferanten saldierten elektrischen Arbeit und der sich aus dem prognostizierten Lastprofilen ergebenen Arbeit (Jahresmehr- und Jahresmindermenge) gelten als vom Netzbetreiber geliefert bzw. abgenommen. Bei Anwendung des analytischen Verfahrens koordiniert der Netzbetreiber lediglich den Ausgleich der systembedingt vom Lieferanten jeweils zu viel und zu wenig gelieferten Energie. Unterschreitet die Summe der in einem Zeitraum ermittelten elektrischen Arbeit die Summe der Arbeit, die den bilanzierten Lastprofilen zugrunde gelegt worden ist, ergibt sich ein positiver Differenzwert (ungewollte Mehrmenge). Im umgekehrten Fall liegt ein negativer Differenzwert (ungewollte Mindermenge) vor.
2. Ergibt sich ein positiver Differenzwert, so erfasst der Netzbetreiber für den Lieferanten diese ungewollte Mehrmenge zum Zweck der Vergütung an den Lieferanten. Bei einem negativen Differenzwert erfasst der Netzbetreiber die ungewollte Mindermenge, um sie dem Lieferanten in Rechnung zu stellen. Die entsprechenden Preisregelungen ergeben sich aus der **Anlage 1** (Preisblatt), dessen jeweilige Fassung auf der Internetseite des Netzbetreibers veröffentlicht ist.
3. Die Abrechnung der Jahresmehr- und Jahresmindermengen erfolgt nach Ablauf des jeweiligen Abrechnungsjahres[11] nach Eingang der letzten erforderlichen Zählwerte. Einzelheiten bezüglich der Ermittlung der Differenzmenge ergeben sich aus **Anlage 2** (Regelungen zur Anwendung von Lastprofilen).
4. Die stromsteuerfreie Abrechnung der Mehr-/Mindermengen im Verhältnis zwischen Netzbetreiber und dem Lieferanten erfolgt nur, wenn der eine Vertragspartner das Vorliegen einer Erlaubnis nach § 4 Stromsteuergesetz (StromStG) des zuständigen Hauptzollamts dem jeweils anderen Vertragspartner nachweist. Jede Änderung in Bezug auf die Erlaubnis, z. B. deren Widerruf durch das zuständige Hauptzollamt, ist dem jeweils anderen Vertragspartner unverzüglich schriftlich mitzuteilen.

§ 9 Entgelte

1. Der Lieferant zahlt dem Netzbetreiber für die Leistung nach § 1 sowie für andere Leistungen nach diesem Vertrag Entgelte nach den Preisregelungen gemäß **Anlage 1** (Preisblatt 1). Individualisierte Entgelte nach § 19 Abs. 2[12] und Abs. 3 StromNEV bedürfen besonderer Vereinbarung im Einzelfall; alle übrigen Bestimmungen dieses Vertrages finden auf die individuelle Entgeltregelung Anwendung.
2. Der Netzbetreiber informiert den Lieferanten über den Leistungsfaktor (induktiv ...; kapazitiv ...), der für den Energiebezug an den jeweiligen Entnahmestellen gilt.[13] Unterschreitet der Leistungsfaktor diesen Wert, so erfolgt eine gesonderte Verrechnung der bereitgestellten Blindarbeit in Blindkilowattstunden (kvarh) gemäß **Anlage 1** (Preisblatt).
3. Der Netzbetreiber ist berechtigt, die Netzentgelte anzupassen, soweit die geltenden Erlösobergrenzen beachtet werden. Über die Entgeltanpassung informiert der Netzbetreiber den Lieferanten unverzüglich in Textform.
4. Der Netzbetreiber wird unverzüglich auf seiner Internetseite bekannt geben, wenn ein Antrag auf Änderung zu genehmigender Netzentgelte gestellt worden ist.
5. Sofern Netzentgelte einer Genehmigung unterfallen, ist der Netzbetreiber berechtigt, die Netzentgelte anzupassen, wenn und soweit er eine nach Maßgabe der gesetzlichen Bestim-

mungen erforderlichen Genehmigung hierfür hat oder die Überschreitung der genehmigten Netzentgelte nach Maßgabe von § 23a Abs. 2 Satz 2 EnWG zulässig ist.

6. Ändern sich die Netzentgelte, so kann der Lieferant das Vertragsverhältnis mit zweiwöchiger Frist auf das Ende des der Änderung der Netzentgelte folgenden Kalendermonats kündigen. Lässt der Lieferant diese Kündigungsmöglichkeit ungenutzt verstreichen, gilt die mitgeteilte Netzentgeltanpassung als vereinbart.

7. Soweit von diesem Vertrag umfasste Entgelte oder Entgeltbestandteile nicht der Genehmigung durch die Regulierungsbehörde unterliegen oder bei der Ermittlung der Erlösobergrenzen berücksichtigt werden, gilt Folgendes: Sollten nach Vertragsabschluss erlassene Gesetze, Verordnungen oder behördliche Maßnahmen die Wirkung haben, dass sich die Fortleitung, die Übertragung, die Verteilung oder die Abgabe von Elektrizität für den Netzbetreiber verteuert oder verbilligt, so erhöhen oder verbilligen sich zum Ausgleich der angeführten Preis- und Kostensteigerungen oder -senkungen die betreffenden, von diesem Vertrag umfassten Entgelte entsprechend von dem Zeitpunkt an, an dem die Verteuerung oder Verbilligung in Kraft tritt oder für den Netzbetreiber Wirkung entfaltet. Dies gilt insbesondere für gesetzlich oder behördlich vorgeschriebene Maßnahmen des Netzbetreibers zur Förderung der Stromerzeugung aus Erneuerbaren Energien oder aus Kraft-Wärme-Kopplung. Die Sätze 1 bis 3 gelten entsprechend in den Fällen, in denen Gesetze, Verordnungen oder behördliche Maßnahmen, die bei Vertragsabschluss schon in Kraft getreten waren bzw. erlassen worden sind, während der Vertragslaufzeit die Belastungen des Netzbetreibers verändern.

8. Sollte der Netzbetreiber gegen Maßnahmen der zuständigen Regulierungsbehörde, insbesondere gegen Bescheide, die sich mittelbar oder unmittelbar auf die Entgelte gemäß § 17 StromNEV in der jeweils geltenden Fassung oder einer ihr nachfolgenden Regelung auswirken, Beschwerde einlegen und sollte infolge der gerichtlichen Entscheidung ein von der ursprünglichen Maßnahme der zuständigen Regulierungsbehörde abweichendes Entgelt im obigen Sinne festgelegt werden, ist das nachträglich geänderte Entgelt vom Zeitpunkt seines unter Umständen rückwirkenden Inkrafttretens an maßgeblich. Der Netzbetreiber hat etwaige Überzahlungen des Lieferanten zu erstatten, der Lieferant hat etwaige Unterzahlungen auszugleichen. Erstattungen und Nachzahlungen sind mit dem für den jeweiligen Zeitraum geltenden Zinssatz gemäß § 247 BGB zu verzinsen. Die Verpflichtung aus den beiden vorstehenden Sätzen gilt auch dann, wenn der Lieferantenrahmenvertrag oder einzelne Lieferungen, die unter Geltung des Lieferantenrahmenvertrages abgewickelt worden sind, zwischenzeitlich beendet worden sind.

9. Absatz 7 findet keine Anwendung, wenn es dem Netzbetreiber möglich ist, die sich aus einer rechtskräftigen Entscheidung nach Absatz 7 ergebende Über- oder Unterzahlungen beispielsweise im Rahmen des Regulierungskontos zu realisieren.

10. Der Netzbetreiber stellt die jeweiligen KWK-Aufschläge gemäß Kraft-Wärme-Kopplungsgesetz vom 19. März 2002 sowie die auf die Stromlieferung anfallenden Konzessionsabgaben dem Lieferanten mit dem Netzentgelt in Rechnung. Die Höhe der Konzessionsabgabe richtet sich nach dem jeweils mit der betreffenden Gemeinde vereinbarten Konzessionsabgabesatz gemäß Konzessionsabgabenverordnung. Weist der Lieferant dem Netzbetreiber eine Unterschreitung des Grenzpreises nach, z. B. durch das Testat eines Wirtschaftsprüfers oder vereidigten Buchprüfers, so erstattet der Netzbetreiber dem Lieferanten die zu viel gezahlte Konzessionsabgabe zurück. Soweit nach einer Entnahmestelle der Zuordnungsliste eine Weiterverteilung im Sinne des § 2 Abs. 8 der Konzessionsabgabenverordnung (KAV) erfolgt, ist der Lieferant verpflichtet, dies dem Netzbetreiber mitzuteilen und gegebenenfalls die erforderlichen Angaben zur Ermittlung der Höhe der auf die Entnahme entfallenden Konzessionsabgabe zur Verfügung zu stellen. Der Netzbetreiber stellt dem Lieferanten darüber hinaus die jeweilige § 19 Abs. 2 StromNEV-Umlage sowie etwaige andere Umlagen mit dem Netzentgelt in Rechnung.

11. Alle Entgelte unterliegen dem im Liefer- bzw. Leistungszeitpunkt jeweils gültigen gesetzlichen Umsatzsteuersatz.

§ 10 Abrechnung, Zahlung und Verzug

1. Der Netzbetreiber stellt für die Netzentgelte gemäß § 9 sowie für das Entgelt für Messstellenbetrieb (inklusive Messung) und Abrechnung bei Lastprofilkunden jährliche Rechnungen. Der Netzbetreiber ist berechtigt, bei Lastprofilkunden monatliche Abschlagszahlungen zu verlangen. Bei Lastgangkunden mit fortlaufend registrierender ¼-h-Leistungsmessung stellt der Netzbetreiber monatliche Rechnungen. Der Jahresleistungspreis wird dabei jeweils mit 1/12 abgerechnet. Erhöht sich während der Abrechnungsperiode die erreichte höchste Leistung, so wird der auf die Vormonate entfallende Mehrbetrag mit der nächsten monatlichen Abrechnung abgerechnet. Ändern sich die für die Berechnung der Abschlagszahlungen relevanten Parameter (z. B. Anzahl der Kunden, Leistungen durch den Netzbetreiber), können die Parteien auch unterjährig eine Anpassung der Abschlagszahlungen verlangen.
2. Abrechnungsperiode ist das Kalenderjahr. Sofern der Netzbetreiber das rollierende Abrechnungsverfahren anwendet, ist die Abrechnungsperiode der Zeitraum der vergangenen zwölf Monate seit der letzten Ablesung.
3. Sofern ein Lieferantenwechsel für eine leistungsgemessene Entnahmestelle zu einem anderen Zeitpunkt als dem Ende der Abrechnungsperiode des Netzbetreibers stattfindet, wird der Abrechnung der Netznutzung die maximale Monatshöchstleistung der letzten zwölf Monate zugrunde gelegt. Die Leistungspreisentgelte sowie die Abrechnungs-, gegebenenfalls Zähler- und Messentgelte werden entsprechend dem tatsächlichen Belieferungszeitraum zeitanteilig berechnet.
4. Sofern ein Lieferantenwechsel für eine Standardlastprofil-Entnahmestelle zu einem anderen Zeitpunkt als dem Ende der Abrechnungsperiode des Netzbetreibers erfolgt, werden der Grundpreis sowie die Abrechnungs- gegebenenfalls Zähler- und Messentgelte entsprechend dem tatsächlichen Belieferungszeitraum zeitanteilig berechnet.
5. Für die Ermittlung der Jahresbenutzungsstunden bei einem unterjährigen Lieferantenwechsel (vergleiche Absatz (3)) wird der Netzbetreiber die letzten zwölf Liefermonate zugrunde legen. Weist der Lieferant ein Preissystem mit Schwachlastregelung (HT-/NT-Zeiten) für den betreffenden Kunden nach und ist eine Zähleinrichtung zur Ermittlung der HT-/NT-Zeiten bei dem Kunden vorhanden, wird für die NT-Zeiten die Energieentnahme des jeweiligen Kunden gemäß § 2 Konzessionsabgabenverordnung mit dem verminderten Konzessionsabgabensatz für die Schwachlastregelung abgerechnet.
6. Rechnungen und Abschläge werden zu dem vom Netzbetreiber angegebenen Zeitpunkt, frühestens jedoch zwei Wochen nach Zugang der Zahlungsaufforderung fällig. Zahlt der Lieferant die Entgelte ganz oder teilweise nicht rechtzeitig, ist der Netzbetreiber berechtigt, Verzugszinsen in Höhe von acht Prozentpunkten über dem Basiszinssatz zu verlangen. Die Geltendmachung eines weitergehenden Verzugsschadens bleibt vorbehalten. Der Netzbetreiber ist berechtigt, Verzugskosten pauschal gemäß **Anlage 1** (Preisblatt) in Rechnung zu stellen. Dem Lieferanten bleibt es unbenommen, einen tatsächlich geringeren Verzugsschaden nachzuweisen..
7. Einwände gegen die Richtigkeit der Rechnung und Abschlagsberechnung berechtigen zum Zahlungsaufschub oder zur Zahlungsverweigerung nur, soweit die ernsthafte Möglichkeit eines offensichtlichen Fehlers besteht und wenn der Fehler vom Schuldner unverzüglich dargelegt wird. Etwaige Einwände gegen die Richtigkeit einer Rechnung oder Abschlagsberechnung sind nur binnen drei Jahren nach Rechnungszugang zulässig.
8. Gegen Ansprüche der Vertragspartner kann nur mit unbestrittenen oder rechtskräftig festgestellten Gegenansprüchen aufgerechnet werden.

§ 11 Störungen und Unterbrechungen der Netznutzung

1. Soweit der Netzbetreiber durch höhere Gewalt oder sonstige Umstände, deren Beseitigung ihm wirtschaftlich nicht zugemutet werden kann, gehindert ist, die Netznutzung und die damit verbundenen Dienstleistungen zu erbringen, ruhen die Verpflichtungen der Vertragspartner aus diesem Vertrag so lange, bis die Hindernisse beseitigt sind. Gleiches gilt im Falle von Störungsbeseitigungen, Wartungs-, Instandhaltungs- oder sonstigen betriebsnotwendigen Arbeiten. Der Netzbetreiber unternimmt alle zumutbaren Anstrengungen, die Störung unverzüglich zu beheben.
2. Der Netzbetreiber unterrichtet den Kunden rechtzeitig von einer beabsichtigten Unterbrechung der Netznutzung in geeigneter Weise, soweit es ihm möglich und zumutbar ist. Bei kurzen Unterbrechungen werden nur die Kunden unterrichtet, die zur Vermeidung von Schäden auf eine ununterbrochene Stromzufuhr angewiesen sind und dies dem Netzbetreiber unter Angabe von Gründen schriftlich mitgeteilt haben. Eine Unterrichtung kann ausnahmsweise unterbleiben, wenn dies nicht rechtzeitig möglich ist und der Netzbetreiber dies nicht zu vertreten hat oder die Unterrichtung die Beseitigung der Unterbrechung verzögern würde. In diesen Fällen teilt der Netzbetreiber dem Kunden auf Nachfrage den Grund der Unterbrechung nachträglich mit.
3. Der Netzbetreiber ist berechtigt, die Netznutzung sowie die damit verbundenen Dienstleistungen ohne vorherige Androhung zu unterbrechen und einen Anschluss vom Netz zu trennen, wenn die Unterbrechung erforderlich ist, um
   a) eine unmittelbare Gefahr für die Sicherheit von Personen oder Sachen von erheblichem Wert abzuwenden, den Gebrauch elektrischer Arbeit unter Umgehung, Beeinflussung oder vor Anbringung von Messeinrichtungen zu verhindern,
   b) zu gewährleisten, dass Störungen anderer Kunden oder störende Rückflüsse auf Einrichtungen des Netzbetreibers oder Dritter ausgeschlossen sind.

   Die Unterbrechung ist auch zulässig, wenn die Sicherheit oder Zuverlässigkeit des Elektrizitätsversorgungssystems gefährdet oder gestört ist und die Unterbrechung zur Beseitigung der Gefahr erforderlich ist. Gleiches gilt bei Zuwiderhandlungen des Anschlussnehmers oder -nutzers gemäß § 24 Abs. 2 NAV bzw. gegen entsprechende Regelungen des Netzanschluss-/Anschlussnutzungsvertrages oder wenn die Unterbrechung aufgrund einer vertraglichen Vereinbarung erfolgt.
4. Für den Fall der Unterbrechung von RLM-Entnahmestellen können der Lieferant und der Netzbetreiber eine gesonderte Vereinbarung über die Information des Lieferanten durch den Netzbetreiber treffen, soweit dafür ein besonderes Bedürfnis besteht.
5. Der Netzbetreiber teilt dem Lieferanten unverzüglich unter Angabe der Gründe mit, wenn er die Netznutzung verweigert bzw. unterbricht und die Kundenanlage vom Netz trennt. Dasselbe gilt für die Aufhebung der Trennung bzw. Unterbrechung.
6. Der Netzbetreiber unterbricht auf schriftliches Verlangen des Lieferanten die Netz- beziehungsweise Anschlussnutzung eines vom Lieferanten belieferten Kunden im Elektrizitätsnetz des Netzbetreibers nach Können und Vermögen, wenn der Lieferant
   a) gegenüber dem Netzbetreiber entsprechend § 294 ZPO glaubhaft versichert,
      (aa) dass diese Rechtsfolge zwischen dem Lieferanten und dem Kunden vertraglich vereinbart ist und
      (bb) dass die Voraussetzungen für eine Unterbrechung der Anschlussnutzung vorliegen und
      (cc) dass dem Kunden des Lieferanten keine Einwendungen oder Einreden zustehen, die die Voraussetzungen der Unterbrechung der Anschlussnutzung entfallen lassen.
   b) den Netzbetreiber schriftlich von sämtlichen Schadenersatzansprüchen freistellt, die sich aus einer unberechtigten Unterbrechung ergeben können.

Das weitere Vorgehen ist in einer gesonderten Anlage beschrieben.

7. Der Netzbetreiber hat die Netznutzung in den Fällen des § 11 Abs. 1 und § 11 Abs. 3 unverzüglich wieder zu ermöglichen, sobald die Gründe für die Unterbrechung entfallen sind und der Kunde oder in den Fällen des § 11 Abs. 5 der Lieferant die Aufwendungen für die Unterbrechung und Wiederherstellung der Netz- bzw. Anschlussnutzung erstattet hat.
8. Die Kosten für die Unterbrechung und die Aufhebung der Unterbrechung können pauschal berechnet werden, sie sind auf der Internetseite des Netzbetreibers abrufbar. Die jeweiligen Entgelte ergeben sich aus der **Anlage 1** (Preisblatt). Auf Verlangen des Lieferanten ist der Netzbetreiber verpflichtet, die Berechnungsgrundlage nachzuweisen. Die Möglichkeit des Lieferanten, geringere Kosten nachzuweisen, bleibt unberührt.
9. Der Netzbetreiber haftet nicht für die Schäden, die dem Lieferanten dadurch entstehen, dass die Unterbrechung oder die Wiederherstellung der Netznutzung aus Gründen, die der Netzbetreiber nicht zu vertreten hat, nicht möglich ist.

§ 12 Haftung

1. Die Vertragspartner haften einander für Schäden, die ihnen durch die Unterbrechung der Elektrizitätsversorgung oder durch Unregelmäßigkeiten in der Netznutzung entstehen, nach Maßgabe der **Anlage 4** (§ 25a Stromnetzzugangsverordnung (StromNZV) vom 25. Juli 2005 und § 18 Niederspannungsanschlussverordnung (NAV) vom 1. November 2006).
2. Im Übrigen haften die Vertragspartner nicht, es sei denn, es handelt sich um einen Schaden aus der schuldhaften Verletzung des Lebens, des Körpers und der Gesundheit oder der Schaden beruht auf einer vorsätzlichen oder grob fahrlässigen Pflichtverletzung des Netzbetreibers. Die Haftung ist ebenso wenig bei schuldhafter Verletzung wesentlicher Vertragspflichten ausgeschlossen, bei leichter Fahrlässigkeit jedoch der Höhe nach beschränkt auf die bei Vertragsschluss vorhersehbaren vertragstypischen Schäden. Wesentliche Vertragspflichten sind solche, deren Erfüllung den Vertrag prägen und auf die der Lieferant vertrauen darf. Schließlich ist die Haftung nicht ausgeschlossen, wenn und soweit der Netzbetreiber eine Beschaffenheitsgarantie abgegeben oder den Mangel arglistig verschwiegen hat.
3. Die Ersatzpflicht für Sachschäden nach dem Haftpflichtgesetz wird mit der Ausnahme der Regelung in Absatz 2 Satz 2 insgesamt ausgeschlossen. Die Ersatzpflicht bei Sachschäden nach § 2 Haftpflichtgesetz wird nur gegenüber juristischen Personen des öffentlichen Rechts, öffentlich-rechtlichen Sondervermögen und Kaufleuten im Rahmen eines zum Betrieb ihres Handelsgewerbes gehörenden Vertrages ausgeschlossen. Die Haftung nach dem Haftpflichtgesetz für Personenschäden bleibt unberührt.
4. Die in den vorstehenden Absätzen genannten Haftungsregelungen gelten auch in Bezug auf gesetzliche Vertreter, Erfüllungs- und Verrichtungsgehilfen des Netzbetreibers.

§ 13 Sicherheitsleistung

1. Der Netzbetreiber kann in begründeten Fällen für alle Ansprüche aus der Geschäftsbeziehung zum Lieferanten eine angemessene Sicherheitsleistung oder Vorauszahlung verlangen. Die Anforderung der Sicherheit bzw. Vorauszahlung ist gegenüber dem Lieferanten in Textform zu begründen.
2. Ein begründeter Fall wird insbesondere angenommen, wenn
   a) der Lieferant mit einer fälligen Zahlung in Verzug geraten ist und auch auf ausdrückliche Aufforderung nicht gezahlt hat,
   b) gegen den Lieferanten Zwangsvollstreckungsmaßnahmen wegen Geldforderungen (§§ 803–882a Zivilprozessordnung (ZPO)) eingeleitet sind,
   c) ein Antrag des Lieferanten auf Eröffnung des Insolvenzverfahrens über sein Vermögen vorliegt oder

d) ein Dritter einen Antrag auf Eröffnung des Insolvenzverfahrens über das Vermögen des Lieferanten stellt.

Darüber hinaus hat der Netzbetreiber das Recht, eine angemessene Sicherheitsleistung oder Leistung einer Vorauszahlung zu verlangen, wenn aufgrund einer über den Lieferanten eingeholten Auskunft einer allgemein im Geschäftsleben anerkannten Auskunftei oder aufgrund einer sonstigen Sachlage eine begründete Besorgnis besteht, dass er den Verpflichtungen aus diesem Vertrag nicht nachkommen wird und der Lieferant dies nicht innerhalb von fünf Werktagen durch einen geeigneten Nachweis seiner Bonität entkräftet. Hierzu können gegebenenfalls geeignete Bonitätsnachweise, wie z. B. durch Vorlage eines aktuellen Geschäftsberichts, eines Handelsregisterauszugs und erforderlichenfalls weitergehende bonitätsrelevante Informationen vorgelegt werden. Ist der Lieferant nicht in der Lage, einen entsprechenden Nachweis innerhalb der genannten Frist zu führen, so ist die Sicherheitsleistung innerhalb von weiteren fünf Werktagen zu leisten.

Soweit der Lieferant über ein Rating einer anerkannten Rating-Agentur verfügt, liegt eine begründete Besorgnis insbesondere dann vor, wenn sein Rating nicht mindestens

- im Langfristbereich nach Standard & Poor's BBB-,
- im Langfristbereich nach Fitch BBB-,
- im Langfristbereich nach Moody's Baa3,
- nach Creditreform (Bonitätsindex 2.0) Risikoklasse II (gemäß Creditreform RatingMap Stand Dezember 2011) beträgt.

Gleiches gilt, wenn der Lieferant bei einer anderen anerkannten Ratingagentur kein entsprechendes vergleichbares Rating aufweist. Liegen mehrere der vorgenannten Auskünfte vor, liegt eine begründete Besorgnis auch dann vor, wenn nur eine der genannten Bonitätsindikatoren eine begründete Besorgnis auslöst.

Die Daten und die wesentlichen Inhalte der Auskunft, auf denen die begründete Besorgnis beruht, sind dem Lieferanten durch den Netzbetreiber mit der Anforderung der Sicherheitsleistung vollständig offen zu legen.

3. Arten der Sicherheitsleistungen sind unbedingte unwiderrufliche Bankgarantien, unbedingte unwiderrufliche Unternehmensgarantien (z. B. „harte" Patronats- und Organschaftserklärungen), unbedingte unwiderrufliche, selbstschuldnerische Bürgschaften sowie Hinterlegungen von Geld oder festverzinslichen Wertpapieren. Die Auswahl der Art der Sicherheitsleistung obliegt dem Lieferanten. Außerdem kann der Netzbetreiber Barsicherheiten oder Forderungsabtretungen akzeptieren.
4. Der Lieferant ist berechtigt, die Sicherheitsleistung durch Vorauszahlungen abzuwenden.
5. Die Sicherheit ist innerhalb von fünf Werktagen nach ihrer Anforderung vom Lieferanten an den Netzbetreiber zu leisten. Im Fall der Ziffer 2 d) ist die Sicherheit innerhalb von 10 Werktagen zu leisten, wenn der Lieferant nicht innerhalb dieser Frist das Fehlen eines Eröffnungsgrundes im Sinne von §§ 17 Abs. 2, 19 Abs. 2 Insolvenzordnung (InsO) nachweist. Sollte die Sicherheitsleistung in Anspruch genommen werden, kann der Netzbetreiber den in Anspruch genommenen Teil der Sicherheitsleistung nachfordern. Die Leistung der Sicherheit nach Satz 3 hat durch den Lieferanten ebenfalls innerhalb der in Satz 1 genannten Frist zu erfolgen.
6. Als Anforderungen an die einzelnen Arten der Sicherheitsleistungen gelten:
   a) Banksicherheiten sind in Form einer unbedingten, unwiderruflichen und selbstschuldnerischen Bankbürgschaft bzw. Bankgarantie zu leisten. Das Kreditinstitut, welches die Sicherheitsleistung ausstellt, muss mindestens ein Standard & Poor's Langfrist-Rating von A- bzw. ein Moody's Langfrist-Rating von A3 aufweisen, oder dem deutschen Sparkassen- bzw. Genossenschaftssektor angehören.
   b) Für Unternehmensgarantien und Bürgschaften gilt, dass das Unternehmen, welches die Sicherheit leistet, mindestens ein Standard & Poor's Langfrist-Rating von BBB-, ein

Fitch-Rating von minimal BBB-, ein Moody's Langfrist-Rating von Baa3 oder einen Bonitätsindex von Creditreform (Bonitätsindex 2.0) von mindestens Risikoklasse II oder besser (gemäß Creditreform RatingMap Stand Dezember 2011) aufweisen muss. Weiterhin darf die Höhe der Unternehmensgarantie oder Bürgschaft 10 % des haftenden Eigenkapitals des Sicherheitengebers nicht übersteigen. Dieses ist durch den Lieferanten gegenüber dem Netzbetreiber mit der Beibringung der Sicherheitsleistung nachzuweisen.

c) Im Falle von Barsicherheiten sind diese durch Einzahlung auf ein vom Netzbetreiber benanntes Konto zu leisten. Sie werden zu dem von der Deutschen Bundesbank am ersten Bankentag des Rechnungsmonats bekanntgegebenen Basiszinssatz verzinst. Alternativ ist auch eine Guthabenverpfändung eines vom Lieferanten geführten Kontos zugunsten des Netzbetreibers möglich.

d) Die Bürgschaft oder Garantieerklärung ist auf erstes Anfordern zu zahlen und hat generell den Verzicht auf die Einreden der Vorausklage, der Anfechtbarkeit und der Aufrechenbarkeit, soweit es sich nicht um unstrittige oder rechtskräftig festgestellte Forderungen handelt, zu enthalten. Eine selbstschuldnerische Bürgschafts- oder Garantieerklärung muss mindestens für zwölf Kalendermonate gültig sein, maximal jedoch bis zum Ende der Vertragslaufzeit und die beiden der Vertragslaufzeit unmittelbar folgenden Monate.

7. Die Höhe der Sicherheitsleistung beträgt das Doppelte der durchschnittlichen Netzentgeltforderungen pro Monat der letzten zwölf Monate. Für einen Zeitraum der Netznutzung, der weniger als zwölf Monate beträgt, wird dieser Zeitraum der Berechnung der Sicherheitsleistung zugrunde gelegt.
8. Der Netzbetreiber kann eine geleistete Sicherheit in Anspruch nehmen, wenn er nach Verzugseintritt eine Zahlungserinnerung ausgesprochen hat und die mit der Zahlungserinnerung gesetzte angemessene Frist fruchtlos verstrichen ist.
9. Eine Sicherheitsleistung ist unverzüglich zurückzugeben, wenn die Voraussetzungen zu deren Erhebung entfallen sind. Der Netzbetreiber hat das Fortbestehen eines begründeten Falles jeweils mindestens halbjährlich zu überprüfen. Der Netzbetreiber prüft bei Fortbestehen, ob die Höhe der Sicherheitsleistung der in Ziffer 7 beschriebenen Höhe entspricht. Falls die vorgenannte Prüfung ergibt, dass der realisierbare Wert aller Sicherheitsleistungen den anzuwendenden Wert gemäß Ziffer 7 nicht nur unwesentlich übersteigt, hat der Netzbetreiber entsprechende Anteile der Sicherheitsleistung zurückzugeben. Sollten mehrere Sicherheiten geleistet worden sein, steht dem Netzbetreiber das Recht zu, eine der geleisteten Sicherheiten auszuwählen und zurückzugeben. Soweit der realisierbare Wert aller Sicherheitsleistungen den anzuwendenden Wert gemäß Ziffer 7 nicht nur unwesentlich unterschreitet, kann der Netzbetreiber eine Anpassung der Sicherheitsleistung verlangen. Der Lieferant kann eine Einstellung der Vorauszahlungsregelung frühestens nach einem halben Jahr fordern, sofern innerhalb der letzten zwölf Monate die Zahlungen fristgerecht eingegangen sind.

§ 14 Laufzeit und Kündigung

1. Dieser Lieferantenrahmenvertrag tritt mit Unterzeichnung am ... (Datum)/mit Unterzeichnung in Kraft und läuft auf unbestimmte Zeit. Er kann jeweils zum Ersten eines Monats unter Einhaltung einer Frist von zwei Monaten gekündigt werden. Der Vertrag kann von dem Netzbetreiber jedoch nur gekündigt werden, soweit eine Pflicht zum Netzzugang auf der Grundlage des EnWG, der StromNZV oder anderer Rechtsvorschriften nicht oder nicht mehr besteht oder gleichzeitig mit der Kündigung der Abschluss eines neuen Lieferantenrahmenvertrages angeboten wird, der den Anforderungen des EnWG, der StromNZV und anderer Rechtsvorschriften entspricht.
2. Dieser Vertrag kann fristlos aus wichtigem Grund gekündigt werden. Ein wichtiger Grund liegt insbesondere vor, wenn

a) gegen wesentliche Bestimmungen dieses Vertrages wiederholt trotz Abmahnung schwerwiegend verstoßen wird oder/und
b) der Lieferant seiner Verpflichtung zur Stellung einer Sicherheit oder zur Leistung einer Vorauszahlung nach § 13 nicht fristgerecht nachkommt.

3. Ist der Lieferant gleichzeitig Bilanzkreisverantwortlicher im Netz des Netzbetreibers und wird der Lieferantenrahmenvertrag gekündigt, endet auch die zwischen den Vertragsparteien vereinbarte **Anlage 6** (Modul „Standardisierte Zuordnungsvereinbarung“).

§ 15 Änderungen des Lieferantenrahmenvertrags

1. Der Netzbetreiber ist berechtigt, diesen Vertrag mit sofortiger Wirkung zu ändern, sofern eine Änderung erforderlich ist, um einschlägigen Gesetzen oder Rechtsverordnungen und/ oder rechtsverbindlichen Vorgaben nationaler oder internationaler Gerichte und Behörden, insbesondere Festlegungen der BNetzA und/oder allgemein anerkannten Regeln der Technik zu entsprechen. In diesem Fall hat der Netzbetreiber den Lieferanten unverzüglich hiervon in Kenntnis zu setzen. Ergeben sich für den Lieferanten durch die Änderung im Hinblick auf seinen Vertrag wesentliche wirtschaftliche Nachteile, so ist er berechtigt, seine Verträge zum Ende des Monats, der auf den Wirksamkeitszeitpunkt folgt, mit einer Kündigungsfrist von 15 Werktagen zu kündigen. Eine Entschädigung ist dabei ausgeschlossen.
2. Der Netzbetreiber ist berechtigt, diesen Vertrag in anderen als in Abs. 1 genannten Fällen für die Zukunft zu ändern. Der Netzbetreiber informiert den Lieferanten vorab, in der Regel zwei Monate vor dem Wirksamkeitszeitpunkt, über die geänderten Bedingungen dieses Vertrages in Textform und veröffentlicht die geänderten Bedingungen dieses Vertrages auf seiner Internetseite. In begründeten Fällen kann der Netzbetreiber von vorgenannter Frist abweichen. Die Änderung der Bedingungen dieses Vertrages gilt durch den Lieferanten als angenommen, sofern dieser nicht binnen 30 Werktagen ab Zugang der Information der Änderung widerspricht. Soweit ein Widerspruch erfolgt ist, gelten die bisherigen Geschäftsbedingungen dieses Vertrages. Für den Widerspruch ist Textform ausreichend. Der Netzbetreiber ist verpflichtet, den Lieferanten auf den Beginn der Widerspruchsfrist und auf die Wirkung des nicht ausgeübten Widerspruchs als Annahme der geänderten Bedingungen dieses Vertrages hinzuweisen. Änderungen der Entgelte erfolgen gemäß § 9.

§ 16 Schlussbestimmungen

1. Rechte und Pflichten aus diesem Vertrag können mit Zustimmung des jeweils anderen Vertragspartners auf einen Dritten übertragen werden. Die Zustimmung darf nicht verweigert werden, sofern die technische und wirtschaftliche Leistungsfähigkeit des eintretenden Dritten gewährleistet ist. Eine Zustimmung ist ausnahmsweise nicht erforderlich in den Fällen der rechtlichen Entflechtung des Netzbetriebs nach § 7 EnWG. Im Fall der Gesamtrechtsnachfolge oder der Rechtsnachfolge nach dem Umwandlungsgesetz gelten anstelle des Vorstehenden die gesetzlichen Bestimmungen.
2. Sollten Bestimmungen dieses Vertrages unwirksam oder undurchführbar sein oder werden, so bleibt der Vertrag im Übrigen davon unberührt. Die Vertragspartner verpflichten sich, die unwirksamen oder undurchführbaren Bestimmungen durch andere, ihrem wirtschaftlichen Ergebnis möglichst gleichkommende, zu ersetzen. Dies gilt entsprechend bei unbeabsichtigten Regelungslücken. Zur Schließung von Regelungslücken sowie zur Auslegung des Vertrages sind die einschlägigen Regelwerke „Transmission Code“ (sofern für diesen Vertrag einschlägig), „Distribution Code“ sowie „Metering Code“ ergänzend heranzuziehen. Regelungen dieses Vertrages haben jedoch Vorrang vor den Bestimmungen der genannten Regelwerke.
3. Sollten sich sonstige für das Vertragsverhältnis bestimmende Umstände wesentlich ändern und dadurch für eine der Vertragsparteien das Festhalten am Vertrag nicht mehr zumutbar

sein, so werden die Vertragsparteien den Vertrag baldmöglichst den geänderten Rahmenbedingungen anpassen.
4. Änderungen oder Ergänzungen des Vertrages bedürfen zu ihrer Wirksamkeit der Schriftform. Gleiches gilt für die Änderung der Schriftformklausel.
5. Gerichtsstand ist der Sitz des Netzbetreibers.
6. Jeder Vertragspartner erhält eine Ausfertigung des Vertrages.
7. Die jeweiligen Ansprechpartner der Vertragsparteien und deren Kontaktdaten sind in der **Anlage 5** (Ansprechpartner, Kontaktdaten, etc.) aufgeführt.
8. Für diesen Vertrag gilt das deutsche Recht. Die Anwendbarkeit des UN-Kaufrechts wird ausgeschlossen.

§ 17 Anlagen

Die in diesem Vertrag genannten **Anlagen 1–5** sind Bestandteile des Vertrages. Ist der Lieferant zugleich Bilanzkreisverantwortlicher im Netz des Netzbetreibers, wird nach Unterzeichnung durch die Parteien auch **Anlage 6** Bestandteil dieses Vertrages.

Ort	Datum	Ort	Datum
Netzbetreiber		Lieferant	

Anlagenverzeichnis

Anlage 1: Preisblatt

Anlage 2: Regelung zur Anwendung von Lastprofilen

Anlage 3: Datenaustausch

Anlage 4: § 25a Stromnetzzugangsverordnung (StromNZV) vom 25. Juli 2005
§ 18 Niederspannungsanschlussverordnung (NAV) vom 1. November 2006

Anlage 5: Ansprechpartner, Kontaktdaten, etc.

Anlage 6: Modul „Standardisierte Zuordnungsvereinbarung"

Anlage 7: Ergänzende Vereinbarung über die Nutzung und Steuerung einer unterbrechbaren Verbrauchseinrichtung in Niederspannung

1 Ein separater Anschlussnutzungsvertrag ist für Kunden im Mittelspannungsbereich und höher abzuschließen. Für Kundenentnahmestellen im Niederspannungsbereich mit „all-inklusive-Vertrag" entsteht ein gesetzliches Anschlussnutzungsverhältnis gemäß § 3 NAV.

2 Hier ist die Internetseite des Netzbetreibers anzugeben. Nach § 20 Abs. 1 EnWG sind Netzbetreiber verpflichtet, ihre Bedingungen, einschließlich Musterverträge und Entgelte, für den Netzzugang im Internet zu veröffentlichen.

3 Die MaBiS ist unter folgendem Link im Internet abrufbar: http://www.bundesnetzagentur.de/cln_1432/DE/Service-Funktionen/Beschlusskammern/1BK-Geschaeftszeichen-Datenbank/BK6-GZ/2007/2007_001bis100/BK6-07-002/BK6-07-002_Beschluss_BKV.html?nn=269602.

4 Die GPKE ist unter folgendem Link im Internet abrufbar: http://www.bundesnetzagentur.de/cln_1932/DE/Service-Funktionen/Beschlusskammern/1BK-Geschaeftszeichen-Datenbank/BK6-GZ/2006/2006_001bis100/BK6-06-009/BK6-06-009_Beschluss_BKV.html?nn=269610. Die GPKE gilt im Rahmen ihres Anwendungsbereiches. Ausnahmen können z. B. für Kunden in Mittelspannung und höheren Spannungsebenen bezüglich der Ersatzversorgung gelten.

5 Nicht zutreffende Alternative streichen.

6 Im Falle der Anwendung des synthetischen Lastprofilverfahrens gilt die Vorlauffrist gemäß § 5 Abs. 3.

7 Innerhalb der Drei-Monats-Frist sollte eine Abstimmung zwischen Netzbetreiber und Lieferant über die Handhabung und Überleitung zum neuen Verfahren erfolgen.

8 Zum Messstellenbetrieb gehört gemäß § 21b Abs. 2 Satz 1 EnWG auch die Messung und Übermittlung der Daten an die berechtigten Marktteilnehmer.

9 Die Anlage zum Beschluss BK6-06-009 (GPKE) Ziffer 5.0.3 sieht vor, dass der Lieferant den Ableseturnus bestimmen kann, wenn er mit seinem Kunden eine monatliche, vierteljährliche oder halbjährliche Abrechnung vereinbart hat. Dies hat der Lieferant dem Netzbetreiber rechtzeitig mitzuteilen.

10 Die Anlage zum Beschluss BK6-06-009 (GPKE) Ziff. 5.1.2 Nr. 4 sieht vor, dass für Entnahmestellen mit Fernauslesung und für analytische Lastprofilkunden die Übermittlung werktags unverzüglich, spätestens aber bis 12:00 Uhr, für den Vortag bzw. die Vortage erfolgt.
11 Dies richtet sich danach, ob der Netzbetreiber ein rollierendes oder stichtagsbezogenes Verfahren anwendet.
12 Individuelle Entgelte nach § 19 Abs. 2 EnWG bedürfen der Genehmigung durch die BNetzA.
13 Soweit kein Leistungsfaktor vereinbart ist, gilt für eine Übergangszeit der bisherige Leistungsfaktor.

2. Anlage 1 – Preisblatt

Muster

10 **Anlage 1**

Preisblatt
– individuell anzupassen –

3. Anlage 2 – Regelung zur Anwendung von Lastprofilen

Muster

11 **Anlage 2**

Regelung zur Anwendung von Lastprofilen
– individuell anzupassen –

4. Anlage 3 – Datenaustausch

Muster

12 **Anlage 3**

Datenaustausch
– individuell anzupassen –

5. Anlage 4 – § 25a StromNZV, § 18 NAV

Muster
Anlage 4 13

§ 25a Stromnetzzugangsverordnung (StromNZV) vom 25. Juli 2005 lautet:
§ 18 der Niederspannungsanschlussverordnung gilt entsprechend.

§ 18 Niederspannungsanschlussverordnung (NAV) vom 1. November 2006 lautet:

(1) Soweit der Netzbetreiber für Schäden, die ein Anschlussnutzer durch Unterbrechung oder durch Unregelmäßigkeiten in der Anschlussnutzung erleidet, aus Vertrag, Anschlussnutzungsverhältnis oder unerlaubter Handlung haftet und dabei Verschulden des Unternehmens oder eines Erfüllungs- oder Verrichtungsgehilfen vorausgesetzt wird, wird

1. hinsichtlich eines Vermögensschadens widerleglich vermutet, dass Vorsatz oder grobe Fahrlässigkeit vorliegt,
2. hinsichtlich der Beschädigung einer Sache widerleglich vermutet, dass Vorsatz oder Fahrlässigkeit vorliegt

Bei Vermögensschäden nach Satz 1 Nr. 1 ist die Haftung für sonstige Fahrlässigkeit ausgeschlossen.

(2) Bei weder vorsätzlich noch grob fahrlässig verursachten Sachschäden ist die Haftung des Netzbetreibers gegenüber seinen Anschlussnutzern auf jeweils 5.000 Euro begrenzt. Die Haftung für nicht vorsätzlich verursachte Sachschäden ist je Schadensereignis insgesamt begrenzt auf

1. 2,5 Millionen Euro bei bis zu 25.000 an das eigene Netz angeschlossenen Anschlussnutzern;
2. 10 Millionen Euro bei 25.001 bis zu 100.000 an das eigene Netz angeschlossenen Anschlussnutzern;
3. 20 Millionen Euro bei 100.001 bis zu 200.000 an das eigene Netz angeschlossenen Anschlussnutzern;
4. 30 Millionen Euro bei 200.001 bis zu einer Million an das eigene Netz angeschlossenen Anschlussnutzern,
5. 40 Millionen Euro bei mehr als einer Million an das eigene Netz angeschlossenen Anschlussnutzern;

In diese Höchstgrenzen werden auch Schäden von Anschlussnutzern in vorgelagerten Spannungsebenen einbezogen, wenn die Haftung ihnen gegenüber im Einzelfall entsprechend Satz 1 begrenzt ist.

(3) Die Absätze 1 und 2 sind auch auf Ansprüche von Anschlussnutzern anzuwenden, die diese gegen einen dritten Netzbetreiber im Sinne des § 3 Nr. 27 des Energiewirtschaftsgesetzes aus unerlaubter Handlung geltend machen. Die Haftung dritter Netzbetreiber im Sinne des § 3 Nr. 27 des Energiewirtschaftsgesetzes ist je Schadensereignis insgesamt begrenzt auf das Dreifache des Höchstbetrages, für den sie nach Absatz 2 Satz 2 eigenen Anschlussnutzern gegenüber haften. Hat der dritte Netzbetreiber im Sinne des § 3 Nr. 27 des Energiewirtschaftsgesetzes keine eigenen an das Netz angeschlossenen Anschlussnutzer im Sinne dieser Verordnung, so ist die Haftung insgesamt auf 200 Millionen Euro begrenzt. In den Höchstbetrag nach den Sätzen 2 und 3 können auch Schadensersatzansprüche von nicht unter diese Verordnung fallenden Kunden einbezogen werden, die diese gegen das dritte Unternehmen aus unerlaubter Handlung geltend machen, wenn deren Ansprüche im Einzelfall entsprechend Absatz 2 Satz 1 begrenzt sind. Der Netzbetreiber ist verpflichtet, seinen Anschlussnutzern auf Verlangen über die mit der Schadensverursachung durch einen dritten Netzbetreiber im Sinne des § 3 Nr. 27 des Energiewirtschaftsgesetzes zusammenhängenden Tatsachen insoweit Auskunft zu geben,

als sie ihm bekannt sind oder von ihm in zumutbarer Weise aufgeklärt werden können und ihre Kenntnis zur Geltendmachung des Schadensersatzes erforderlich ist.

(4) Bei grob fahrlässig verursachten Vermögensschäden ist die Haftung des Netzbetreibers, an dessen Netz der Anschlussnutzer angeschlossen ist oder eines dritten Netzbetreibers, gegen den der Anschlussnutzer Ansprüche geltend macht, gegenüber seinen Anschlussnutzern auf jeweils 5.000 Euro sowie je Schadensereignis insgesamt auf 20 vom Hundert der in Absatz 2 Satz 2 sowie Absatz 3 Satz 2 und 3 genannten Höchstbeträge begrenzt. Absatz 2 Satz 3 sowie Absatz 3 Satz 1, 4 und 5 gelten entsprechend.

(5) Übersteigt die Summe der Einzelschäden die jeweilige Höchstgrenze, so wird der Schadensersatz in dem Verhältnis gekürzt, in dem die Summe aller Schadensersatzansprüche zur Höchstgrenze steht. Sind nach Absatz 2 Satz 3 oder nach Absatz 3 Satz 4, jeweils auch in Verbindung mit Absatz 4, Schäden von nicht unter diese Verordnung fallenden Kunden in die Höchstgrenze einbezogen worden, so sind sie auch bei der Kürzung nach Satz 1 entsprechend einzubeziehen. Bei Ansprüchen nach Absatz 3 darf die Schadensersatzquote nicht höher sein als die Quote der Kunden des dritten Netzbetreibers.

(6) Die Ersatzpflicht entfällt für Schäden unter 30 Euro, die weder vorsätzlich noch grob fahrlässig verursacht worden sind.

(7) Der geschädigte Anschlussnutzer hat den Schaden unverzüglich dem Netzbetreiber oder, wenn dieses feststeht, dem ersatzpflichtigen Unternehmen mitzuteilen.

6. Anlage 5 – Kontaktdaten

Muster
Anlage 5 14

Ansprechpartner, Kontaktdaten, etc.

a) Netzbetreiber:

Firma	
Straße	
Postleitzahl, Ort	

Ansprechpartner des Netzbetreibers:

Lieferantenrahmenverträge Strom

Ansprechpartner	**Telefon- und Faxnummer**	**E-Mail-Adresse**
Name:	Telefon:	E-Mail:
	Fax:	
Name:	Telefon:	E-Mail:
	Fax:	

Energiedatenmanagement

Ansprechpartner	**Telefon- und Faxnummer**	**E-Mail-Adresse**
Name:	Telefon:	E-Mail:
	Fax:	
Name:	Telefon:	E-Mail:
	Fax:	

Netzabrechnung

Ansprechpartner	Telefon- und Faxnummer	E-Mail-Adresse
Name:	Telefon:	E-Mail:
	Fax:	
Name:	Telefon:	E-Mail:
	Fax:	

Netznutzungsanmeldungen, -abmeldungen und Änderungsmeldungen

Ansprechpartner	Telefon- und Faxnummer	E-Mail-Adresse
Name:	Telefon:	E-Mail:
	Fax:	
Name:	Telefon:	E-Mail:
	Fax:	

Alle Ansprechpartner sind innerhalb der üblichen Bürozeiten erreichbar.

b) Lieferant:

Firma	
Straße	
Postleitzahl, Ort	
VDEW-Codenummer	
EIC-Code	

Sofern der Lieferant nicht selbst Bilanzkreisverantwortlicher ist, ist eine schriftliche Zuordnungsermächtigung des Bilanzkreisverantwortlichen beizubringen.

E-Mail-Adressen zur Information über

Netznutzungsan-, -ab- und Änderungsmeldungen	
¼-h-Lastgangdaten, falls abweichend	

Kontoverbindung

Kontoinhaber/in	
IBAN	
Kreditinstitut	
BIC	

Ansprechpartner des Lieferanten

Vertragsangelegenheiten

Ansprechpartner	**Telefon- und Faxnummer**	**E-Mail-Adresse**
Name:	Telefon:	E-Mail:
	Fax:	
Name:	Telefon:	E-Mail:
	Fax:	

Abrechnung und Energiedatenmanagement

Ansprechpartner	**Telefon- und Faxnummer**	**E-Mail-Adresse**
Name:	Telefon:	E-Mail:
	Fax:	
Name:	Telefon:	E-Mail:
	Fax:	

Bilanzkreisverantwortlicher

<table>
<tr><th>Ansprechpartner</th><th>Telefon- und Faxnummer</th><th>E-Mail-Adresse</th></tr>
<tr><td>Name:</td><td>Telefon:</td><td>E-Mail:</td></tr>
<tr><td rowspan="4"></td><td></td><td rowspan="4"></td></tr>
<tr><td>Fax:</td></tr>
<tr><td></td></tr>
<tr></tr>
<tr><td>Name:</td><td>Telefon:</td><td>E-Mail:</td></tr>
<tr><td rowspan="3"></td><td></td><td rowspan="3"></td></tr>
<tr><td>Fax:</td></tr>
<tr><td></td></tr>
</table>

Stadtwerke ... GmbH, Straße, PLZ, Ort

Gläubiger-Identifikationsnummer: DExxXXXxxxxxxxxxxx
Mandatsreferenz: wird separat mitgeteilt

SEPA-Lastschrift-Mandat
Wir ermächtigen die Stadtwerke ... GmbH, die Zahlungen von unserem Konto einzuziehen. Zugleich weisen wir unser Kreditinstitut an, die von der Stadtwerke ... GmbH auf unser Konto gezogenen Lastschriften einzulösen.

Hinweis: Wir können innerhalb von acht Wochen, beginnend mit dem Belastungsdatum, die Erstattung des belasteten Betrages verlangen. Es gelten dabei die mit meinem Kreditinstitut vereinbarten Bedingungen.

____
Name der Firma (Kontoinhaber)

____
Straße und Hausnummer

____
Postleitzahl und Ort

DE_ _|_ _ _ _|_ _ _ _|_ _ _ _|_ _ _ _|_ _
IBAN

____________________	_ _ _ _ _ _ _ _|_ _ _
Kreditinstitut	BIC
X ____________________	____________________
Datum, Ort	Unterschrift des Kontoinhabers

7. Anlage 6 – „Standardisierte Zuordnungsvereinbarung“

Muster

15 **Anlage 6**

Zuordnungsvereinbarung

zwischen

der Stadtwerke ... GmbH
Straße, PLZ Ort
– im Folgenden „Verteilnetzbetreiber“ (VNB) –

und

Name/Firma
Straße, PLZ Ort
– im Folgenden „Bilanzkreisverantwortlicher“ (BKV) –

– gemeinsam als „Vertragsparteien“ –

Bezeichnet

1. **Gegenstand der Vereinbarung**
Diese Vereinbarung regelt die Rechte und Pflichten der Parteien bei der Durchführung der Bilanzkreisabrechnung Strom. Ist der BKV im Netz des VNB zugleich auch Netznutzer bzw. Lieferant, so findet diese Vereinbarung in Form eines Moduls zum Netznutzungsvertrag bzw. Lieferantenrahmenvertrag Verwendung.

2. **Zuordnungsermächtigung**
Der BKV gestattet dem VNB die Zuordnung von Einspeise- und Entnahmestellen Dritter zu einem Bilanzkreis des BKV nach Maßgabe der beigefügten Zuordnungsermächtigung (Anlage 1 zu diesem Vertrag).

3. **Mitwirkung am Datenclearing gemäß MaBiS**

3.1. Die Vertragsparteien verpflichten sich, an der Bilanzkreisabrechnung mitzuwirken nach Maßgabe der Festlegung BK6-07-002 (MaBiS) der Bundesnetzagentur, den zur weiteren Ausgestaltung verbändeübergreifend und unter Begleitung durch die Bundesnetzagentur erarbeiteten Spezifikationen in jeweils aktueller Fassung sowie unter Beachtung der von der Bundesnetzagentur hierzu veröffentlichten Mitteilungen.

3.2. Hinsichtlich des Clearings der vom VNB bereitzustellenden bilanzierungswirksamen Daten gilt insbesondere: Legt eine der Vertragsparteien konkrete Anhaltspunkte dar, die Anlass zur Prüfung und gegebenenfalls Korrektur von Daten oder zur Übermittlung einer veränderten Prüfungsmitteilung in Bezug auf Daten geben, so hat die jeweils andere Vertragspartei unverzüglich die erforderlichen Schritte im Rahmen des Clearings zu ergreifen.

4. **Klärung und Korrektur fehlerhafter Bilanzierungsdaten**

4.1. Beide Vertragsparteien haben das Recht, Einwände gegen die zur Durchführung der Bilanzkreisabrechnung übermittelten VNB-Daten zu erheben und entsprechende Änderungen zu verlangen. Dabei ist insbesondere die Bindungswirkung der Datenlage nach Ziffer 1.1 der Anlage 1 der MaBiS zu beachten, die Ausgangspunkt für den finanziellen Ausgleich von weiterhin bestehenden Einwänden ist.

4.2. Sind die Daten spätestens bis zum Ende des 7. Monats nach dem Liefermonat korrigierbar, so erfolgt die Berücksichtigung im Rahmen der Korrektur-Bilanzkreisabrechnung. Ein finanzieller Ausgleich zwischen den Parteien findet nicht statt.

4.3. Nach Ende des 7. Monats nach dem Liefermonat erfolgt der Ausgleich für fehlerhafte VNB-Daten, deren Korrektur im Rahmen der Korrektur-Bilanzkreisabrechnung keine Berücksichtigung mehr finden konnte, in finanzieller Form.

4.3.1. Der VNB bildet hierzu unverzüglich eine Abweichungszeitreihe zwischen der in die Korrektur-Bilanzkreisabrechnung eingegangenen Zeitreihe (Zeitreihe mit Datenstatus „Abgerechnete Daten KBKA") und der korrigierten Zeitreihe und übermittelt diese zur Prüfung an den BKV. Der BKV wird innerhalb von 15 Werktagen (WT) eine positive oder negative Rückmeldung auf die Abweichungszeitreihe geben. Über die Details der operativen Abwicklung werden sich die Vertragsparteien rechtzeitig vorher verständigen.

4.3.2. Basis für die Höhe des finanziellen Ausgleichs zwischen VNB und BKV ist der ¼-h-Ausgleichsenergiepreis des Bilanzkoordinators (BIKO) und der ¼-h-Energiewert dieser Abweichungszeitreihe. Der VNB sendet die Rechnungen bzw. Gutschriften innerhalb von 15 WT nach Erhalt der positiven Rückmeldung des BKV an den BKV. Rechnungen werden frühestens zwei Wochen nach Zugang fällig. Gutschriften sind abweichend vom vorstehenden Satz spätestens zwei Wochen nach dem Ausstellungsdatum der Gutschrift auszuzahlen. Maßgeblich für die Einhaltung der Frist ist der Eingang des Geldbetrages auf dem Konto der Vertragspartei.

4.4. Die Geltendmachung eines weiteren Schadensersatzes bleibt unberührt.

5. Laufzeit und Kündigung

5.1. Diese Vereinbarung tritt am TT/MM/JJJJ in Kraft und läuft auf unbestimmte Zeit. Eine separat geschlossene Zuordnungsvereinbarung tritt zu diesem Zeitpunkt außer Kraft.
Im Fall der Verwendung als Modul zum Netznutzungsvertrag/Lieferantenrahmenvertrag tritt diese Vereinbarung zeitgleich mit dem Netznutzungsvertrag/Lieferantenrahmenvertrag, jedoch frühestens zum TT/MM/JJJJ, in Kraft. Wird der Lieferantenrahmenvertrag gekündigt, endet auch die Laufzeit des Moduls Zuordnungsvereinbarung.

5.2. Diese Vereinbarung kann ungeachtet der vorstehenden Ziffer auch von beiden Parteien gesondert schriftlich gekündigt werden. Die Kündigung ist jeweils zum Ersten eines Monats unter Einhaltung einer Kündigungsfrist von zwei Monaten möglich.

5.3. Ansprüche zwischen den Vertragsparteien, die während der Laufzeit dieses Vertrages entstanden sind, bleiben von der Beendigung dieses Vertrages unberührt.

6. Schlussbestimmungen

6.1. Rechte und Pflichten aus dieser Vereinbarung können mit Zustimmung der jeweils anderen Partei auf einen Dritten übertragen werden. Die Zustimmung darf nicht verweigert werden, sofern die technische und wirtschaftliche Leistungsfähigkeit des eintretenden Dritten gewährleistet ist. Eine Zustimmung ist ausnahmsweise nicht erforderlich bei der Übertragung von Rechten und Pflichten auf ein mit der jeweiligen Vertragspartei verbundenes Unternehmen i. S. d. §§ 15 ff. AktG. In den Fällen der Gesamtrechtsnachfolge, insbesondere nach Umwandlungsrecht, gelten anstelle des Vorstehenden die gesetzlichen Bestimmungen.

6.2. Sollten einzelne Bestimmungen des Moduls Zuordnungsvereinbarung unwirksam oder undurchführbar sein oder werden, so bleibt die Vereinbarung im Übrigen davon unberührt. Die Parteien verpflichten sich, die unwirksamen oder undurchführbaren Bestimmungen durch andere, ihrem wirtschaftlichen Erfolg möglichst gleichkommende zu ersetzen.

6.3. Die in Ziffer 3.1 genannte Festlegung in ihrer jeweils gültigen Fassung und die dazu veröffentlichten Mitteilungen gehen etwa entgegenstehenden Regelungen dieser Vereinbarung vor.

6.4. Die Parteien werden die im Zusammenhang mit der Durchführung dieser Vereinbarung erhobenen, übermittelten oder zugänglich gemachten personenbezogenen Daten vertraulich behandeln. Dies gilt namentlich hinsichtlich der Beachtung von § 9 EnWG und der datenschutzrechtlichen Bestimmungen. Die Parteien sind berechtigt, Verbrauchs-, Abrechnungs- und Vertragsdaten an Dritte in dem Umfang weiterzugeben, wie dies zur ordnungsgemäßen technischen und kommerziellen Abwicklung der jeweiligen Pflichten erforderlich ist. Diese Regelungen schließen eine Weitergabe an Behörden und Gerichte im Rahmen der gesetzlichen Vorgaben nicht aus.

6.5. Mit Wirksamwerden dieser Vereinbarung werden bis zu diesem Zeitpunkt zwischen den Parteien in diesen Marktrollen bestehende Vereinbarungen über die Abwicklung der Bilanzkreisabrechnung unwirksam.

6.6. Änderungen oder Ergänzungen der Vereinbarung bedürfen zu ihrer Wirksamkeit der Schriftform. Gleiches gilt für die Änderung dieser Schriftformklausel.

6.7. Der Gerichtsstand ist der Sitz des VNB.

6.8. Jede Partei erhält eine Ausfertigung dieser Vereinbarung.

6.9. Änderungen der Anlage 2 werden sich die Parteien unverzüglich mitteilen.

6.10. Die Anlagen sind Bestandteile dieser Vereinbarung.

Anlage 1: Zuordnungsermächtigung (Muster)
Anlage 2: Datenblatt

Ort Datum	Ort Datum
BKV (Unterschrift/Stempel)	VNB (Unterschrift/Stempel)

Anlage 1: Zuordnungsermächtigung (Muster)

	Lieferant/Einspeiser
Firma	
Marktpartner-ID	
Straße/Nummer	
PLZ/Ort	

	Verteilnetzbetreiber
Firma	
Marktpartner-ID	
Straße/Nummer	
PLZ/Ort	

	Bilanzkreisverantwortlicher
Firma	
Marktpartner-ID	
Straße/Nummer	
PLZ/Ort	
Ansprechstelle	
Telefon	
Telefax	
E-Mail	

Regelzone (EIC)	
Bilanzkreis (EIC) (ggf. Bilanzkonto, falls vom BIKO angeboten)	
Beschränkung auf Bilanzierungsgebiete (EIC)	NEIN oder JA, wenn JA EIC(s) angeben
Zulässige Zeitreihentypen	ALLE oder Zeitreihentypen (gem. aktueller Version der EDI@Energy Codeliste der Zeitreihentypen) angeben. Sind hier einzelne Zeitreihentypen angegeben, gelten alle nicht genannten Zeitreihentypen als ausgeschlossen.

Beginn zum		00:00 Uhr (nur zum Monatsersten)
Änderung zum		00:00 Uhr (nur zum Monatsersten)
Ende zum		24:00 Uhr (nur zum Monatsletzten)

Der Bilanzkreisverantwortliche gestattet gemäß vorstehenden Angaben die Zuordnung von Zählpunkten des Lieferanten/Einspeisers zu seinem Bilanzkreis.

Ort, Datum, Unternehmensstempel und Unterschrift des Bilanzkreisverantwortlichen

Anlage 2: Datenblatt VNB

Vereinbarungsfragen:

Ansprechpartner	Telefon- und Faxnummer	E-Mail-Adresse
Name:	Telefon:	E-Mail:
	Telefax:	
Anschrift: (soweit abweichend von Seite 1)		

Datenklärung:

Ansprechpartner	Telefon- und Faxnummer	E-Mail-Adresse
Name:	Telefon:	E-Mail:
	Telefax:	
Anschrift: (soweit abweichend von Seite 1)		

EDIFACT-Nachrichtendateiaustausch findet gem. EDI@ENERGY-Kommunikationsrichtlinie statt.

Marktpartner-ID VNB: ____________________

Datenblatt BKV

Vereinbarungsfragen:

Ansprechpartner	Telefon- und Faxnummer	E-Mail-Adresse
Name:	Telefon:	E-Mail:
	Telefax:	
Anschrift: (soweit abweichend von Seite 1)		

Datenklärung:

Ansprechpartner	Telefon- und Faxnummer	E-Mail-Adresse
Name:	Telefon:	E-Mail:
	Telefax:	
Anschrift: (soweit abweichend von Seite 1)		

EDIFACT-Nachrichtendateiaustausch findet gem. EDI@ENERGY-Kommunikationsrichtlinie statt.

Marktpartner-ID VNB: ______________________________

Bilanzkreise des BKV (soweit nicht in Anlage 1 genannt): ______________________________

____

8. Anlage 7 – Unterbrechbare Verbrauchseinrichtung

Muster
Anlage 7 16

Ergänzende Vereinbarung über die Nutzung und Steuerung einer unterbrechbaren Verbrauchseinrichtung in Niederspannung

§ 1 Gegenstand der ergänzenden Vereinbarung
Die nachstehende Vereinbarung regelt ausschließlich die Möglichkeiten der Nutzung und Steuerung von unterbrechbaren Verbrauchseinrichtungen im Sinne des § 14a EnWG. Der Netzbetreiber gewährt dem Netznutzer für die Netznutzung durch eine unterbrechbare Verbrauchseinrichtung im Sinne des § 2 ein reduziertes Netzentgelt nach Maßgabe der Regelung in § 5, sofern die Regelungen in den folgenden §§ 2–7 eingehalten werden.

§ 2 Unterbrechbare Verbrauchseinrichtung/technische Anschlusssituation
Unterbrechbare Verbrauchseinrichtungen im Sinne dieser Zusatzvereinbarung sind solche Anlagen zur Entnahme von Elektrizität aus dem Niederspannungsverteilnetz des Netzbetreibers, die über einen separaten Zählpunkt an das Elektrizitätsnetz angeschlossen sind und die von dem Netzbetreiber oder einem Dritten (auf Geheiß des Netzbetreibers) nach den Regelungen des § 4 unterbrochen werden können.

§ 3 Voraussetzung der Netznutzung durch eine unterbrechbare Verbrauchseinrichtung
1. Für die Nutzung einer unterbrechbaren Verbrauchseinrichtung im Sinne dieses Vertrages ist ein separater Zählpunkt erforderlich.
2. Die Kosten für die Erstellung des separaten Zählpunktes trägt der Netznutzer.

§ 4 Voraussetzungen und Durchführung von Versorgungsunterbrechungen
1. Der Netzbetreiber hat die Möglichkeit, die unterbrechbare Verbrauchseinrichtung über geeignete technische Einrichtungen zu den im Weiteren festgelegten Bedingungen zeitweilig zu unterbrechen. Der Netzbetreiber unterbricht die Versorgung solcher Kunden, die ihn im Rahmen dieser ergänzenden Vereinbarung zum Netznutzungsvertrag dazu ermächtigt haben, grundsätzlich diskriminierungsfrei. Eine Unterbrechung kann zu den in Abs. 3 aufgeführten Zeiten/in dem in Abs. 3 beschriebenen Umfang[1] durchgeführt werden.
2. Der Lieferant verpflichtet sich, die im Folgenden festgelegten Modalitäten gegenüber denjenigen Kunden vertraglich durchzusetzen, mit denen er einen Versorgungsvertrag schließt, in dem der Lieferant ein reduziertes Netzentgelt für unterbrechbare Verbrauchseinrichtungen an den Letztverbraucher weiterreicht. Der Lieferant verpflichtet sich für den Fall, dass die nachstehenden Modalitäten nicht gegenüber dem Letztverbraucher umgesetzt werden und aufgrund dessen der Netzbetreiber vom Letztverbraucher in Anspruch genommen werden sollte, dass der Lieferant den Netzbetreiber von etwaigen Ansprüchen freistellt.
3. Der Netzbetreiber ist berechtigt, in der Zeit von
   a) 07:30–09:00 Uhr
   b) 11:30–13:30 Uhr und
   c) 18:00–20:30 Uhr

   die Versorgung insgesamt X Stunden zu unterbrechen.

   Alternativ:
   Die Versorgung kann innerhalb von 24 Stunden insgesamt bis zu X Stunden unterbrochen werden.

Die einzelnen Unterbrechungsphasen werden nicht länger als eine oder zwei Stunde(n) dauern. Die Betriebszeit zwischen zwei Unterbrechungszeiten ist nicht kürzer als die jeweils vorangegangene Unterbrechungszeit.
Die Versorgung wird nur werktags unterbrochen.

4. Der Netzbetreiber kündigt die Unterbrechungen nicht an. Die Versorgungsunterbrechung erfolgt, ohne dass der Kunde hiervon gemäß § 6 Strom GVV benachrichtigt wird.
5. Die Regelungen gemäß § 17 NAV bleiben hiervon unberührt.

§ 5 Entgelte für die Netznutzung durch eine unterbrechbare Verbrauchseinrichtung

1. Der Netznutzer zahlt dem Netzbetreiber für die Leistung nach § 1 sowie für andere Leistungen nach diesem Vertrag ein reduziertes Netzentgelt nach den Preisregelungen gemäß Preisblatt.
2. Für die Änderung/Anpassung der Netzentgelte gelten die Vorschriften des Lieferantenrahmenvertrages.

§ 6 Anmeldung

Der Lieferant meldet die Aufnahme der Belieferung eines Letztverbrauchers, der über eine unterbrechbare Verbrauchseinrichtung im Sinne dieser Vereinbarung mit Elektrizität versorgt werden soll, entsprechend den gesetzlichen und behördlichen Vorgaben rechtzeitig beim Netzbetreiber an. Der Lieferant sichert dem Netzbetreiber zu, dass die Vorgaben nach § 4 mit dem Letztverbraucher im Stromversorgungsvertrag vereinbart werden.

§ 7 Schlussbestimmungen

1. Sollten sich die gesetzlichen oder behördlichen Vorgaben für die Nutzung unterbrechbarer Verbrauchseinrichtungen ändern, werden sich die Parteien bemühen, die vorliegende Vereinbarung an die geänderten Rahmenbedingungen anzupassen. Sollte dies nicht gelingen, steht den Parteien ein außerordentliches Kündigungsrecht im Sinne des Lieferantenrahmenvertrages zu. Vorstehende Regelung gilt insbesondere für den Fall, dass eine Rechtsverordnung gemäß §§ 14a, 21i EnWG ergeht.
2. Rechte und Pflichten aus dieser Vereinbarung können mit Zustimmung des jeweils anderen Vertragspartners auf einen Dritten übertragen werden. Die Zustimmung darf nicht verweigert werden, sofern die technische und wirtschaftliche Leistungsfähigkeit des eintretenden Dritten gewährleistet ist. Im Fall der Gesamtrechtsnachfolge oder der Rechtsnachfolge nach dem Umwandlungsgesetz oder in sonstigen Fällen der rechtlichen Entflechtung des Netzbetriebs nach § 7 EnWG gehen die Rechte und Pflichten des Vertrages ohne Zustimmung über.

1 Je nach ausgewählter Alternative die nicht verwendete bitte streichen.

III. Erläuterungen

1. Überblick

Wie bereits unter I. erläutert, hat die BNetzA aktuell ein Konsultationsverfahren eröffnet, dessen Ziel die Festlegung eines verbindlichen Lieferantenrahmenvertrages zur Stromversorgung ist. Sobald die **Festlegung rechtsverbindlich und vollziehbar** geworden ist, dürfen Netzbetreiber **nur noch den von der BNetzA vorgegebenen Lieferantenrahmenvertrag verwenden**. Verhandlungen zwischen Netzbetreibern und Lieferanten über Inhalt und Auslegung eines Lieferantenrahmenvertrages werden dann weitgehend der Vergangenheit angehören. Lediglich soweit Inhalte in Anlagen zum Lieferantenrahmenvertrag nicht von der BNetzA vorgegeben werden, bleibt noch Raum für unterschiedliche Ansichten von Netzbetreiber und Lieferant und Ergänzungen. 17

2. Allgemeines

Zum Umgang mit den Inhalten des Lieferantenrahmenvertrages haben sich in der Praxis relativ einheitliche Verhaltensweisen herausgebildet. So unterzeichnet in vielen Fällen der Lieferant den Lieferantenrahmenvertrag, den er vom Netzbetreiber erhalten hat. Unabhängig von der Unterzeichnung macht der Lieferant verschiedene **Anmerkungen und Vorbehalte, die aber ausdrücklich nicht zu einer Änderung des Vertragsinhaltes führen sollen**. 18

Sofern sich solche Vorbehalte auf **geltendes Recht** wie das EnWG, Rechtsverordnungen oder bestandskräftige/vollziehbare Festlegungen der BNetzA beziehen, steht einer Akzeptanz solcher Vorbehalte durch den Netzbetreiber grundsätzlich nichts entgegen. Geltendes Recht geht einem privatrechtlichen Vertrag wie dem Lieferantenrahmenvertrag vor. Auch die Möglichkeit einer späteren Überprüfung des Lieferantenrahmenvertrages **durch ein Gericht** steht einem Lieferanten zu. Daneben beziehen sich die von Lieferanten geltend gemachten Vorbehalte aber auch auf die Inhalte von noch laufenden Konsultationsverfahren oder auf **„Mitteilungen“** der BNetzA. Weder den Inhalten eines laufenden Konsultationsverfahrens noch denen einer Mitteilung der BNetzA kommt rechtliche Verbindlichkeit zu. Zwar ist eine Ablehnung hierauf bezogener Vorbehalte häufig nicht sinnvoll, da es sich bei einem Vorbehalt um eine einseitige Willenserklärung handelt. Derartige Vorbehalte müssen allerdings auch nicht akzeptiert werden.[12] 19

Teilweise soll nach den Anmerkungen von Lieferanten zu Lieferantenrahmenverträgen eine gerichtliche oder behördliche Entscheidung zu einer Bestimmung eines Lieferantenrahmenvertrages dazu führen, dass die Aufhebung der betreffenden Ver- 20

12 Vgl. zur Akzeptanz von Vorbehalten durch Netzbetreiber allgemein Danner/Theobald/*Hartmann*, § 20 EnWG Rn 56; Britz/Hellermann/Hermes/*Britz*, § 20 EnWG Rn 90.

tragsklausel auf den **Zeitpunkt des Abschlusses** des Lieferantenrahmenvertrages zurückwirkt. Einer solchen Rückwirkung sollte der Netzbetreiber nicht pauschal, sondern – wenn überhaupt – nur zustimmen, wenn das Gericht bzw. die Behörde eine derartige Rückwirkung angeordnet haben.

21 In bestimmten Fällen erklären Lieferanten die von ihnen geäußerten **Anmerkungen zum Vertragsinhalt** und fordern teilweise zu einer (weiteren) Gegenzeichnung des Lieferantenrahmenvertrages durch den Netzbetreiber auf. Weder eine Änderung des Vertragsinhaltes ohne Gegenzeichnung noch die Vornahme einer Gegenzeichnung sollte ein Netzbetreiber ohne detaillierte Prüfung der betreffenden Vorbehalte und Anmerkungen akzeptieren bzw. vornehmen. Ist der Netzbetreiber mit den Anmerkungen des Lieferanten nicht vollständig einverstanden, muss in Verhandlungen eingetreten werden.

3. Die Regelungen im Einzelnen

a) § 3 Voraussetzung der Belieferung

22 Hier wird in Ziff. 1 das Bestehen eines Netzanschlussvertrages und eines Anschlussnutzungsvertrages/Anschlussnutzungsverhältnisses zur Voraussetzung für die Belieferung von Entnahmestellen gemacht. In diesem Zusammenhang ist darauf hinzuweisen, dass im Bereich der Niederspannung nach § 3 Abs. 2 NAV ein Anschlussnutzungsverhältnis dadurch zustande kommt, dass bei Vorliegen der dort weiter genannten Voraussetzungen über den Netzanschluss Elektrizität aus dem Verteilernetz entnommen wird. Für den Bereich der Mittel- und Hochspannung gilt dies nicht. Hier ist ein Anschlussnutzungsvertrag zwischen den Parteien abzuschließen.

23 In Anmerkungen von Lieferanten wird verschiedentlich darauf hingewiesen, dass fehlende Anschlussnutzungsverträge einen Netzbetreiber keinesfalls zur Netzzugangs- oder Netznutzungsverweigerung berechtigen. Dem steht entgegen, dass ein EVU, welches lediglich in seiner Marktrolle als Netzbetreiber Kontakt zu einem Letztverbraucher hat, gegenüber diesem ggf. unbegrenzt haftet, wenn es an einem Anschlussnutzungsverhältnis/Anschlussnutzungsvertrag fehlt. Dementsprechend wird die Auffassung vertreten, dass ein Netzbetreiber im Lieferantenrahmenvertrag berechtigterweise regeln darf, dass eine Belieferung von Kunden nur möglich ist, wenn deren Verhältnis zum Netzbetreiber geregelt ist. Es sei eindeutig, dass ein **Netzzugang ohne Abschluss von Netzanschluss- und Anschlussnutzungsvertrag verweigert** werden dürfe.[13]

24 In Ziff. 4 wird als weitere Voraussetzung für die Netznutzung genannt, dass die Entnahmestellen der Letztverbraucher in ein vertraglich begründetes **Bilanzkreissystem** einbezogen sind. Hierzu wird die Auffassung vertreten, dass die Einrichtung

13 Danner/Theobald/*Hartmann*, § 17 EnWG Rn 81 und 82; a. A. BerlK-EnR/*Säcker/Boesche*, § 20 EnWG Rn 80.

eines Bilanzkreises keine notwendige Voraussetzung für das Bestehen eines Netzzugangsanspruchs ist.[14] Dem steht jedoch entgegen, dass die BNetzA in Fällen, in denen ein Übertragungsnetzbetreiber einem Lieferanten den Bilanzkreisvertrag gekündigt hat, es für zulässig hielt, dass auch der betreffende Lieferantenrahmenvertrag mit dem Lieferanten gekündigt wurde.

b) § 4 Lieferantenwechsel, Abwicklung der Netznutzung, An- und Abmeldung zum Bilanzkreis

Wie bereits ausgeführt handelt es sich bei dem Lieferantenrahmenvertag um eine Art Sammelvertrag, in dem die Belieferung einer Vielzahl von Kunden geregelt wird. Dies bedingt, dass es während der Laufzeit eines Lieferantenrahmenvertrages zu **Wechselprozessen** kommt. Die hierbei abzuwickelnden, einheitlichen Vorgänge und die zu verwendenden Datenformate sind – wie bereits unter Punkt I. angesprochen – von der BNetzA in der GPKE geregelt.[15] 25

Wie in § 3 Ziff. 4 des Lieferantenrahmenvertrages geregelt wird, setzt die Netznutzung innerhalb dieses Vertrages voraus, dass die Entnahmestellen der Letztverbraucher in ein vertraglich begründetes Bilanzkreissystem einbezogen sind. Sofern der Lieferant, der die Belieferung eines Letztverbrauchers beim Netzbetreiber anmeldet, nicht selbst der betreffende Bilanzkreisverantwortliche ist, muss dieser Lieferant dem Netzbetreiber eine **Zuordnungsermächtigung** vorlegen. Einzelheiten des Bilanzkreissystems und der hiermit verbundenen Zuordnung hat die BNetzA in der **MaBiS** geregelt.[16] 26

Die erfolgreiche Anmeldung eines Letztverbrauchers durch den Lieferanten beim Netzbetreiber setzt weiter voraus, dass dieser Letztverbraucher auch **eindeutig identifizierbar** ist. Hierzu trifft § 14 Abs. 3 StromNZV nähere Regelungen, nach denen eine Kombination von jeweils drei genannten Daten für den Netzbetreiber ausreichen muss, um die Identifikation zu ermöglichen. Nur wenn der Lieferant keine der in § 14 Abs. 3 StromNZV aufgeführten Datenkombinationen vollständig mitteilen kann, darf der Netzbetreiber die Anmeldung des betreffenden Letztverbrauchers zurückwei- 27

14 BerlK-EnR/*Säcker/Boesche*, § 20 EnWG Rn 95 m. w. N.

15 Festlegung einheitlicher Geschäftsprozesse und Datenformate zur Abwicklung der Belieferung von Kunden mit Elektrizität v. 11.7.2006 – BK6-06-009 –, abrufbar unter http://www.bundesnetzagentur.de/DE/Service-Funktionen/Beschlusskammern/1BK-Geschaeftszeichen-Datenbank/BK6-GZ/2006/2006_001bis100/BK6-06-009/BK6-06-009_Entscheidungvom11072006Id6853pdf.pdf?__blob=publicationFile&v=2; vgl. hierzu auch Danner/Theobald/*Hartmann*, § 20 EnWG Rn 61.

16 Festlegung „Marktregeln für die Durchführung der Bilanzkreisabrechnung Strom", Beschl. v. 10.6.2009 – BK6-07-002 –, abrufbar unter http://www.bundesnetzagentur.de/DE/Service-Funktionen/Beschlusskammern/1BK-Geschaeftszeichen-Datenbank/BK6-GZ/2007/2007_001bis100/BK6-07-002/BK6-07-002_Beschluss10062009_bf.pdf?__blob=publicationFile&v=4; vgl. auch BerlK-EnR/*Säcker/Boesche*, § 20 EnWG Rn 95.

sen, falls die Entnahmestelle damit nicht eindeutig identifizierbar ist. Diese letzte Einschränkung macht deutlich, dass dem Netzbetreiber bei der Zurückweisung der Anmeldung eines Letztverbrauchers ein Ermessen zusteht. Auch wenn die in § 14 Abs. 3 StromNZV genannten Datenkombinationen nicht vollständig vom Lieferanten mitgeteilt werden, muss der Netzbetreiber die Anmeldung akzeptieren, wenn die Entnahmestelle dennoch eindeutig identifizierbar ist. Leicht erkennbare Schreibfehler oder Ähnliches sollen damit nicht dazu führen, dass es an einer Identifizierbarkeit nach § 14 Abs. 3 StromNZV mangelt.

c) § 5 Leistungsmessung oder Lastprofilverfahren

28 Hier wird geregelt, inwieweit einem Letztverbraucher ein **Standardlastprofil** zugeordnet oder inwieweit der Kunde mit einer **registrierenden Lastgangmessung** ausgestattet wird.[17] Zur Berechtigung des Netzbetreibers zur Änderung von Lastprofilen, deren Zuordnung oder dem Lastprofilverfahren in Ziff. 7 wird von Lieferanten angemerkt, dass die Einhaltung einer **Frist von einem Monat** zum Ende eines Monats bezüglich einer Änderung der Lastprofile an sich (Verwendung eines neuen Systems von Lastprofilen) nicht ausreiche. Die Frist gelte nur für den Fall, dass einer bestimmten Entnahmestelle ein anderes Lastprofil zugeordnet werde, nicht aber dafür, dass der Netzbetreiber auf ein anderes System von Lastprofilen (z. B. von einer Verwendung der VDEW-Lastprofile zu einer Verwendung eigener Lastprofile) umstelle.

29 § 5 Ziff. 7 des Lieferantenrahmenvertrages differenziert nicht zwischen diesen beiden Arten einer Änderung der Zuordnung eines oder mehrerer Lastprofile. Dies ist auch nicht zwingend. Der als Anlage 3 zur KoV VII festgelegte Lieferantenrahmenvertrag im Gasbereich sieht allerdings für eine Änderung von Standardlastprofilen eine Frist von zwei Monaten zum Ende eines Kalendermonates vor. Auch vor diesem Hintergrund spricht nichts dagegen, wenn ein Netzbetreiber im Strombereich **freiwillig** bei dem angesprochenen grundlegenden Wechsel der verwendeten Standardlastprofile eine Vorankündigungsfrist von zwei Monaten zusichert, sofern dies mit seinen betrieblichen Abläufen vereinbar ist.

30 Im Hinblick auf die Zuordnung eines Lastprofils zu einer Entnahmestelle nach Ziff. 6 wird von Lieferanten verschiedentlich angemerkt, dass bei Zweifeln an der Zuordnung eine einvernehmliche Lösung angestrebt werde. Dagegen ist grundsätzlich nichts einzuwenden. Allerdings muss festgehalten werden, dass das **„Letztentscheidungsrecht“** dem **Netzbetreiber** zusteht (vgl. § 5 Ziff. 6 S. 3 Lieferantenrahmenvertrag).

17 Vgl. § 12 StromNZV sowie die Ausführungen in Abschnitt G. – Stromsonderkundenverträge Rn 4–8.

d) Messeinrichtungen

Der Messstellenbetrieb kann auf Wunsch des betroffenen Anschlussnutzers anstelle des Netzbetreibers von einem Dritten durchgeführt werden (§ 21b Abs. 2 S. 1 EnWG). Dies gilt unter bestimmten Umständen auch für den Anschlussnehmer (§ 21b Abs. 5 EnWG). Details für die Vorgehensweise bei der Durchführung von **Messstellenbetrieb und Messung durch einen Dritten** werden in der **MessZV** geregelt.[18] 31

Da bei Einschaltung eines Dritten für Messstellenbetrieb und Messung umfangreiche Regelungen zu treffen sind, bietet es sich nicht an, (weitere) Festlegungen hierzu in den Lieferantenrahmenvertrag aufzunehmen. § 6 Abs. 1 S. 2 sieht daher vor, dass für diesen Fall eine gesonderte Regelung getroffen wird. 32

Im Übrigen sind die Bestimmungen zur Messung teilweise der StromNZV nachgebildet. So entspricht Ziff. 5 S. 1 dem Sinne nach § 18a Abs. 1 StromNZV, die Regelung in Ziff. 5 S. 2 findet sich ähnlich in § 18b StromNZV. Die in Ziff. 6 S. 1 angesprochene Schätzung ist ebenso in § 18a Abs. 2 StromNZV geregelt. Die Bestimmungen in Ziff. 9 zur Nachprüfung der Messeinrichtung finden sich teilweise in § 20 Abs. 1 der StromNZV wieder. 33

e) § 7 Datenaustausch, Datenverarbeitung

Abs. 1 stellt für die Verarbeitung und Nutzung von Daten grundsätzlich darauf ab, ob diese Vorgänge zur Durchführung des Vertrages notwendig sind. Damit ist die Regelung konform mit § 28 BDSG.[19] Danach ist das Erheben, Speichern, Verändern oder Übermitteln personenbezogener Daten oder ihre Nutzung als Mittel für die Erfüllung eigener Geschäftszwecke u. a. dann zulässig, wenn es für die Begründung, Durchführung oder Beendigung eines rechtsgeschäftlichen Schuldverhältnisses mit dem Betroffenen (hier: dem Lieferanten) erforderlich ist. 34

Zu Abs. 5 wird vereinzelt angemerkt, dass der Lieferant (lediglich) dazu bereit ist, die gesetzlichen Verpflichtungen gegenüber dem Übertragungsnetzbetreiber zu erfüllen. Einer weitergehenden Verpflichtung wird widersprochen. Sofern dies – wie in den vorliegenden Fällen geschehen – lediglich als Anmerkung zum Lieferantenrahmenvertrag formuliert wird und der Vertrag dennoch unterzeichnet an den Netzbetreiber gesendet wird, muss der Netzbetreiber auf eine derartige Einschränkung nicht reagieren. 35

---

18 Verordnung über Rahmenbedingen für den Messstellenbetrieb und die Messung im Bereich der leitungsgebundenen Elektrizitäts- und Gasversorgung (Messzugangsverordnung – MessZV) v. 17.10.2008 (BGBl. I S. 2006).

19 Bundesdatenschutzgesetz (BDSG) v. 20.12.1990 (BGBl. I S. 66).

f) § 8 Jahresmehr- und Jahresmindermengen

36 Im Zusammenhang mit der **Abrechnung der Jahresmehr- und Jahresmindermengen** nach Abs. 3 wird von Lieferanten teilweise gefordert, dass eine **Frist** einzuhalten ist, innerhalb derer nach Ablauf des jeweiligen Abrechnungsjahres die Abrechnung der Jahresmehr- und Jahresmindermengen erfolgt. Ob ein Netzbetreiber über den Wortlaut des Vertrages hinaus die Einhaltung einer solchen Frist zusichert, ist eine **unternehmerische Entscheidung**. Sie sollte davon abhängig gemacht werden, ob die Einhaltung der Fristen basierend auf den unternehmensinternen Prozessabläufen sicher möglich ist. Wird gegenüber einem Lieferanten die Einhaltung einer Frist zugesichert, so muss diese aus Gründen der Diskriminierungsfreiheit auch gegenüber allen anderen Lieferanten gewährt werden. Die StromNZV sieht eine solche Frist nicht vor (vgl. § 13 Abs. 3 S. 3 StromNZV).

37 Im Hinblick auf den Preis für die Jahresmehr- oder Jahresmindermengen fordern Lieferanten vereinzelt, dass die **Ermittlung dieses Preises offengelegt** wird. Sofern dies geschieht, dürfte auch dies eine unternehmerisch begründete, **freiwillige** Entscheidung sein. Denn der Verordnungsgeber hat dem Netzbetreiber eine entsprechende Informationspflicht nicht auferlegt (vgl. § 13 Abs. 3 StromNZV). Als zweckmäßig für die Ermittlung des Preises wird teilweise eine Kombination der Preise auf dem Spotmarkt der EEX und den Preisen für Ausgleichsenergie angesehen.[20]

g) § 9 Entgelte

38 In Abs. 1 wird klargestellt, dass die übrigen Bestimmungen dieses Vertrages auf die individuelle Entgeltregelung Anwendung finden, wenn eine besondere Vereinbarung im Einzelfall zu individualisierten Netzentgelten getroffen wird (z. B. Entgelte nach § 19 Abs. 2 Strom NEV).

39 Eine Anpassung der Netzentgelte nach Abs. 3 kommt insbesondere in Betracht, wenn die für den betreffenden Netzbetreiber geltenden Erlösobergrenzen geändert werden. Zu einer solchen Änderung der Erlösobergrenzen während der laufenden Regulierungsperiode kann es kommen, wenn der Netzbetreiber z. B. einen **Erweiterungsfaktor** oder eine **Investitionsmaßnahme** genehmigt erhält. Weitere Änderungen der Erlösobergrenze während der laufenden Regulierungsperiode sind möglich, z. B. bei Änderungen des Produktivitätsfaktors oder wenn die **Mengen**, die der Netzbetreiber bei der Berechnung des spezifischen Netzentgeltes angenommen hat, den tatsächlich aus dem Netz entnommenen Mengen nicht entsprechen.

40 Abs. 5 stellt eine Auffangregelung dar. Da für Netzentgelte aktuell und mittelfristig eine Erlösobergrenze festgelegt wird, unterfallen diese Netzentgelte keiner gesonderten Genehmigung.

---

20 Danner/Theobald/*Lüdtke-Handjery*, § 13 StromNZV Rn 15.

Abs. 6 gibt dem Lieferanten die Möglichkeit zur Kündigung des Lieferantenrahmenvertrages bei einer Änderung der Netzentgelte. Da das Netz ein natürliches Monopol darstellt und der von dem Lieferanten belieferte Kunde an das betreffende Netz angeschlossen ist, wird eine Kündigung des Lieferantenrahmenvertrages **keine endgültige Lösung der Vertragsparteien voneinander** bewirken. Auch künftig wird der Lieferant darauf angewiesen sein, das Netz des Netzbetreibers zur Belieferung von Letztverbrauchern zu nutzen. Eine Kündigung des Lieferantenrahmenvertrages wird daher eher Verhandlungen über eine Anpassung des Vertrages insbesondere der Netzentgelte zur Folge haben. 41

Abs. 8 enthält eine sog. **Nachberechnungsklausel**. Hauptanwendungsfall einer Nachberechnungsklausel ist die Situation, in der ein Netzbetreiber die Entscheidung der Regulierungsbehörde über die Festlegung der Erlösobergrenze vor Gericht erfolgreich angreift. Die vor dem Urteilsspruch vereinnahmten Netzentgelte sind damit entweder zu hoch oder zu niedrig. Somit müssen entweder der Lieferant oder der Netzbetreiber eine **Nachzahlung an die jeweils andere Vertragspartei** leisten. Die Nachberechnungsklausel stellt sicher, dass derartige Nachzahlungen zu erfolgen haben. 42

Der frühere Streit zur Zulässigkeit einer Nachberechnungsklausel ist inzwischen entschieden. Das OLG Düsseldorf hat die Zulässigkeit einer Nachberechnungsklausel im Rahmen von Beschwerden, die gegen den Beschluss der BNetzA[21] eingelegt worden sind, bestätigt.[22] 43

Von Lieferanten wird teilweise die Zusicherung verlangt, dass die Vertragspartner bezogen auf die Anwendung einer Nachberechnungsklausel endgültige Festlegungen bzw. die zuständigen regulierungsbehördlichen oder gerichtlichen Entscheidungen zu beachten haben. Bezogen auf eine vollziehbare Festlegung der BNetzA ist ein solches Zugeständnis richtig. Andere Äußerungen der BNetzA wie **Mitteilungen oder Leitfäden** haben **keine rechtsverbindliche Wirkung**. Hier sollte der Netzbetreiber die Einhaltung der Bestimmungen der betreffenden Dokumente allenfalls zusichern, wenn er diese eingehend geprüft hat und im Rahmen der Diskriminierungsfreiheit auch bereit ist, anderen Lieferanten in seinem Netzbereich ein solches Zugeständnis zu gewähren. Die hier weiter genannten **regulierungsbehördlichen und gerichtlichen Entscheidungen** sind regelmäßig **zwischen anderen Parteien** ergangen. Sie haben damit grundsätzlich keine Auswirkung auf das Rechtsverhältnis zwischen dem Netzbetreiber und dem betreffenden Lieferanten. Eine Zusicherung der Beachtung derartiger Entscheidungen sollte daher allenfalls nach eingehender Prüfung gegeben werden. 44

---

21 BNetzA, Beschl. v. 12.7.2006 – BK6-06-036 –.
22 OLG Düsseldorf, Beschl. v. 30.6.2006 – VI-3Kart zu 95/06 (V) –.

45 Nicht zu beanstanden ist es in der Regel, wenn Lieferanten die Nachberechnungsklausel unter dem Vorbehalt der regulierungsbehördlichen oder gerichtlichen Überprüfung stellen (vgl. hierzu die Anmerkungen unter Rn 18 f.)

46 Abs. 9 bestimmt, dass die Anwendung der Nachberechnungsklausel nach Abs. 8 nachrangig ist, wenn es dem Netzbetreiber möglich ist, die sich aus einer rechtskräftigen Entscheidung ergebenden Über- oder Unterzahlungen im Rahmen eines **Regulierungskontos** zu realisieren. Ob eine derartige Regelung notwendig ist, ist umstritten. Teilweise wird davon ausgegangen, dass ihr Vorhandensein Voraussetzung für die Zulässigkeit einer Nachberechnungsklausel ist,[23] teilweise wird mit Bezug auf die vorgenannte Entscheidung des OLG Düsseldorf vom 30.6.2006 die Auffassung vertreten, dass eine Nachberechnungsklausel auch zulässig ist, wenn diese einer Verrechnung der Über- oder Unterzahlungen über das Regulierungskonto/die periodenübergreifende Saldierung nicht nachrangig ist.

47 Es wird vertreten, dass ein Netzbetreiber im Lieferantenrahmenvertrag berechtigterweise regeln darf, dass eine Belieferung von Kunden nur möglich ist, wenn deren Verhältnis zum Netzbetreiber geregelt ist. Es sei eindeutig, dass ein Netzzugang ohne Abschluss von Netzanschluss- und Anschlussnutzungsvertrag verweigert werden dürfe.[24]

h) § 10 Zahlung und Verzug

48 In Abs. 1 wird dem Netzbetreiber das Recht zugestanden, bei Lastprofilkunden **monatliche Abschlagszahlungen** der Netzentgelte zu verlangen. Teilweise treten Lieferanten selbst mit dem Verlangen an Netzbetreiber heran, derartige Zahlungen vorzunehmen. Es steht im unternehmerischen Ermessen eines Netzbetreibers, einer derartigen Bitte nachzukommen. Auch hier muss der Netzbetreiber diskriminierungsfrei handeln. Gibt er dem Verlangen eines Lieferanten nach, so muss er auch bei allen anderen Lieferanten, die eine monatliche Abschlagszahlung begehren, darauf eingehen.

49 In Abs. 3 wird bestimmt, dass bei einem **unterjährigen Lieferantenwechsel** für die Ermittlung des **Leistungspreises** die maximale Monatshöchstleistung der letzten zwölf Monate zugrunde gelegt wird. Alternativ könnte geregelt werden, dass die maximale Monatshöchstleistung aus dem Zeitraum zu berücksichtigen ist, in dem der betreffende Lieferant die Entnahmestelle beliefert hat. Würde eine solche Regelung gewählt, so würde sich das Jahresleistungsentgelt auf der Basis eines Zeitraumes bemessen, der kürzer als zwölf Monate sein kann. Dies kann vielfach dazu führen, dass das Leistungsentgelt niedriger als in dem Fall ist, in dem seiner Berechnung ein

---

23 Danner/Theobald/*Hartmann*, § 20 EnWG Rn 73.

24 Danner/Theobald/*Hartmann*, § 17 EnWG Rn 81 und 82; a. A. BerlK-EnR/*Säcker/Boesche*, § 20 EnWG Rn 80.

Zeitraum von zwölf Monaten zugrunde gelegt wird. Wird dagegen (wie im vorliegenden Lieferantenrahmenvertrag vorgesehen) für die Berechnung des Leistungspreises auf die letzten zwölf Monate abgestellt, kann es sein, dass für den Lieferanten nachteilige Effekte auftreten. Beides ist bei der Verwendung der Klausel zu bedenken und abzuwägen. Zu Abs. 7 wird von Lieferanten verschiedentlich eingewandt, dass die Voraussetzungen, unter denen der Lieferant zum Zahlungsaufschub oder zur Zahlungsverweigerung berechtigt ist (**ernsthafte Möglichkeit eines offensichtlichen Fehlers**), zu eng gefasst seien. Dieser Passus ist allerdings § 17 Abs. 1 StromGVV nachgebildet. Der Umstand, dass eine derartige Regelung vom Verordnungsgeber gegenüber grundversorgten Kunden für zulässig gehalten wird, zeigt aber, dass sie auch einem Lieferanten gegenüber nicht unbillig ist.

Ähnliches gilt für die Regelung zur Aufrechnung in Abs. 8, die wortgleich mit § 17 50
Abs. 3 StromGVV ist.

i) § 11 Störungen und Unterbrechungen der Netznutzung

§ 11 ist in weiten Bereichen den betreffenden Regelungen der NAV nachgebildet. 51

So entspricht Ziff. 1 S. 1 dem § 16 Abs. 1 NAV. Die in Ziff. 1 S. 2 enthaltene Regelung 52
zu betriebsnotwendigen Arbeiten ist in § 17 Abs. 1 S. 1 NAV nachgebildet.

Die Regelungen in Ziff. 2 des Vertrages finden sich in § 17 Abs. 2 NAV wieder, Abs. 3 53
des Vertrages bezieht sich auf § 24 Abs. 1 NAV. Die Regelungen in Abs. 3 S. 2 bezogen auf die Sicherheit und Zuverlässigkeit des Elektrizitätsversorgungssystems wiederum fußt auf § 13 Abs. 2 EnWG i. V. m. § 13 Abs. 1 EnWG.

Die Abs. 6, 7 und 8 finden sich wieder in den Regelungen von § 24 Abs. 3 und 5 54
NAV.

j) § 12 Haftung

Die Beschränkung der Haftung des Netzbetreibers für Schäden, die durch Unterbre- 55
chung der Elektrizitätsversorgung oder durch Unregelmäßigkeiten in den Netzen entstehen, ergibt sich **zwingend** durch den Verweis auf § 25a StromNZV.

Abs. 2 bezieht sich auf Schäden, die nicht durch die Unterbrechung der Elektri- 56
zitätsversorgung oder durch Unregelmäßigkeiten in der Netznutzung entstehen. Der **Anwendungsbereich** von Abs. 2 wird daher **gering** sein. Denkbar sind z. B. Fälle, in denen ein Vertreter des Lieferanten eine Betriebsstätte des Netzbetreibers besucht und hierbei einen Schaden erleidet. In den Fällen nach Abs. 2 haftet der Netzbetreiber unbeschränkt, soweit der Schaden auf einer schuldhaften Verletzung des Lebens, des Körpers oder der Gesundheit beruht. Bei der Verletzung sonstiger Vertragspflichten haftet der Netzbetreiber nur bei Vorsatz oder Fahrlässigkeit. Eine Haftung für leichte Fahrlässigkeit greift, wenn es sich um eine schuldhafte Verletzung wesentlicher Vertragspflichten handelt und insoweit, als die Haftung der Höhe nach auf die bei Vertragsschluss vorhersehbaren vertragstypischen Schäden beschränkt ist.

k) § 13 Sicherheitsleistungen

57 Die Bestimmungen in § 13 **entsprechen** denjenigen im **Lieferantenrahmenvertrag Gas**. Der Lieferantenrahmenvertrag Gas ist Anlage der jeweiligen KoV. Die KoV ist zwischen den Verbänden der Branchen und mit der BNetzA abgestimmt. Eventuelle Einwendungen von Lieferanten gegen die Bestimmungen in § 13 des Vertrages sollten daher unter Bezug auf den in der KoV gefundenen Konsens zurückgewiesen werden.

l) § 14 Laufzeit und Kündigung

58 Bestimmungen zu Laufzeit und Kündigung des Lieferantenrahmenvertrages sind immer im Zusammenhang mit der Eigenschaft des Netzes als natürliches Monopol zu sehen. Da ein Lieferant selbst regelmäßig keine eigene Infrastruktur errichten wird, ist er auf die Nutzung der Infrastruktur des Netzbetreibers angewiesen, wenn er Letztverbraucher beliefern will, die an das Netz des Netzbetreibers angeschlossen sind. Dementsprechend läuft der Lieferantenrahmenvertrag auf **unbestimmte Zeit**.

59 Eine ordentliche Kündigung durch den Netzbetreiber kann grundsätzlich nur erfolgen, soweit eine **Pflicht zur Gewährung des Netzzuganges** auf der Grundlage des EnWG oder anderer Rechtsvorschriften **nicht mehr besteht**. Dem Netzbetreiber steht die Verweigerung des Zugangs zum Netz zu, soweit er nachweist, dass ihm die Gewährung aus betriebsbedingten oder sonstigen Gründen unter Berücksichtigung der Ziele des § 1 nicht möglich oder nicht zumutbar ist. Die Ablehnung der Gewährung des Netzzugangs ist in Textform zu begründen und der Regulierungsbehörde unverzüglich mitzuteilen (vgl. § 20 Abs. 2 S. 1 und 2 EnWG).

60 Als Gründe für eine derartige Unmöglichkeit der Zugangsgewährung werden technische Aspekte oder Kapazitätsmängel aufgeführt.[25] Umstände, die eine Unzumutbarkeit der Gewährung des Netzzugangs begründen, können u. a. in einer **fehlenden Zahlungsbereitschaft** oder in der Zahlungsunfähigkeit des Lieferanten liegen.

61 Bezogen auf eine fristlose Kündigung wird von Lieferanten teilweise gefordert, dass eine solche mindestens 24 Stunden vorher angekündigt wird. Wie in anderen Fällen ist es eine unternehmerische Entscheidung, ob der Netzbetreiber einem solchen Begehren nachkommt. Tut er dies, muss er auch hier alle in seinem Netz tätigen Lieferanten diskriminierungsfrei behandeln.

m) § 15 Änderungen des Lieferantenrahmenvertrags

62 Abs. 1 der Regelung betrifft Änderungen von für den Lieferantenrahmenvertrag relevanten Regelwerken o. ä., die **von hoher Hand** erfolgen oder anderweitig nicht vom Netzbetreiber beeinflussbar sind. Da der Netzbetreiber in diesen Fällen von außen wirkenden Zwängen unterworfen ist, billigt der Lieferantenrahmenvertrag ihm an

25 Britz/Hellermann/Hermes/*Arndt*, § 20 EnWG Rn 201, 202 ff.

dieser Stelle ein **einseitiges Vertragsänderungsrecht** zu. Die Interessen des Lieferanten werden dadurch gewahrt, dass dem Lieferanten bei einer Vertragsänderung ein Kündigungsrecht zugesprochen wird, wenn er aufgrund der Änderung wesentliche wirtschaftliche Nachteile erleidet. Auch hier ist allerdings zu bedenken, dass der Schutz für den Lieferanten eingeschränkt ist. Möchte dieser auch weiterhin Letztverbraucher beliefern, die an das Netz des Netzbetreibers angeschlossen sind, ist er auf die fortbestehende Nutzung des Netzes des Netzbetreibers angewiesen.

Abs. 2 der Regelung betrifft **gewillkürte Vertragsänderungen** durch den Netzbe- 63
treiber. Auch diese sind einseitig möglich. Dem Lieferanten steht ein **Widerspruchsrecht** zu, bei dessen Ausübung die bisherigen Bedingungen des Lieferantenrahmenvertrages weiter gelten. Übt der Lieferant das Widerspruchsrecht nicht binnen **30 Werktagen** ab Zugang der Information der Änderung des Lieferantenrahmenvertrages aus, so gelten die neuen Bedingungen des Vertrages als durch den Lieferanten genehmigt.

n) § 16 Schlussbestimmungen

Abs. 1 enthält eine branchenübliche **Rechtsnachfolgeklausel**, nach der die Übertra- 64
gung der Rechte und Pflichten aus dem Lieferantenrahmenvertrag auf einen Dritte u. a. dann zulässig ist, wenn dieser die technische und wirtschaftliche Leistungsfähigkeit für die Erfüllung des Lieferantenrahmenvertrages besitzt.

Abs. 2 enthält eine sog. **salvatorische Klausel**, die bestimmt, dass die Unwirk- 65
samkeit oder Undurchführbarkeit einzelner Regelungen des Vertrages nicht dazu führt, dass der Vertrag insgesamt als unwirksam anzusehen ist.

Abs. 3 enthält eine **Wirtschaftsklausel**, die es den Parteien ermöglicht, Anpas- 66
sungen des Vertrages bei tiefgreifenden Änderungen von Rahmenbedingungen (wie bei einer Währungsreform) vorzunehmen.

o) § 17 Anlagen

Wir weisen darauf hin, dass die Anlagen 1 bis 3 und 5 individuell vom Netzbetreiber 67
auszufüllen sind.

Sofern die Anlage 7 als Vereinbarung über die Nutzung und Steuerung einer 68
unterbrechbaren Verbrauchseinrichtung genutzt wird, sollte auch hier geprüft werden, ob die Anlage ggf. den unternehmensinternen vorliegenden Verhältnissen des Netzbetreibers angepasst werden muss.

C. Netznutzungsvertrag (NNV)

I. Einführung

1 Der Netznutzungsvertrag ist auf die entgeltliche Zurverfügungstellung des Netzes für den Transport von Energie durch den Netzbetreiber gerichtet. Der Netzzugang[1] ist durch den Netzbetreiber diskriminierungsfrei zu sachlich gerechtfertigten Bedingungen zu gewähren (vgl. § 20 Abs. 1 EnWG), soweit kein Ablehnungsgrund nach § 20 Abs. 2 EnWG greift.[2] Hierfür darf der Netzbetreiber Netzentgelte erheben. Der Netzbetreiber hat neben dem Grundsatz der Diskriminierungsfreiheit auch die der Angemessenheit und Transparenz zu beachten, was sich u. a. in der Vorschrift des § 20 Abs. 1 S. 5 EnWG niederschlägt, wonach die Netzzugangsregelung massengeschäftstauglich sein soll.[3] Auch muss ein Netzbetreiber gem. § 20 Abs. 1 S. 1 EnWG die Netzzugangsbedingungen und die Netzentgelte, Letztere unmittelbar nach ihrer Ermittlung, spätestens zum 15.10. eines Jahres für das Folgejahr, im Internet veröffentlichen.

2 Basis der Vertragsbeziehung ist § 20 Abs. 1a S. 1 EnWG, der deutlich macht, dass ein Netzbetreiber den Abschluss eines Netznutzungsvertrages verlangen kann. Ergänzend formuliert § 24 Abs. 1 S. 1 StromNZV, dass jeder Netznutzer[4] einen Anspruch auf Abschluss eines Netznutzungsvertrages (in allen Spannungsstufen) hat. Der Anspruch auf Netzzugang setzt voraus, dass Netzanschluss,[5] Anschlussnutzung[6] sowie die Sicherstellung des Bilanzausgleiches bei den betreffenden Netznutzern geregelt sind. Außerdem muss der Netznutzer einen Stromliefervertrag (ohne Netznutzung) mit einem oder mehreren Stromlieferanten abgeschlossen haben.

3 Neben § 24 StromNZV hat die Bundesregierung mit Zustimmung des Bundesrates aufgrund der Ermächtigung in § 24 S. 1 Nr. 1 EnWG den in § 20 Abs. 1a EnWG vorgegebenen Grundsatz des Netzzugangs mittels der §§ 23 bis 26 StromNZV näher ausgestaltet. Zudem hat die Bundesregierung von der Ermächtigung in § 24 EnWG zur

1 In zivilrechtlicher Sicht handelt es sich bei dem Netzzugang um ein Mitbenutzungsrecht an einer der Energieversorgung dienenden Elektrizitätsleitung, ohne das der Zugangsberechtigte Mitbesitzer an der Leitung wird (vgl. Schöne/*Höch/Göge*, Kap. 5 Rn 18).

2 Hierfür ist die Unmöglichkeit oder Unzumutbarkeit der Gewährung des Netzzugangs aus betriebsbedingten oder sonstigen Gründen unter Berücksichtigung der Ziele des § 1 EnWG erforderlich.

3 Schneider/Theobald/*de Wyl/Thole/Bartsch*, § 16 Rn 228.

4 Nach der Legaldefinition in § 3 Nr. 28 EnWG handelt es sich bei Netznutzern um natürliche oder juristische Personen, die Energie in ein Elektrizitätsnetz einspeisen oder daraus beziehen. Adressaten des Netzanschlussanspruchs sind Letztverbraucher, Lieferanten, Erzeuger sowie nachgelagerte Netzbetreiber (so auch BerlK-EnR/*Säcker/Boesche*, § 20 EnWG Rn 17 ff. und 85). Anders als im Gasbereich (dort in der KOV VI) ist im Strombereich kein einheitlicher Netzkopplungsvertrag festgelegt worden.

5 Vgl. hierzu das Kap. 2.D – Anschlussverträge.

6 Vgl. hierzu das Kap. 2.E – Anschlussnutzungsvertrag.

Festlegung von Bedingungen für den Netzzugang einschließlich der Bestimmung der Netzentgelte Gebrauch gemacht, indem sie die StromNEV[7] erlassen hat.

Darüber hinaus ist die Regulierungsbehörde ermächtigt worden, die Inhalte der Verträge nach §§24 bis 26 StromNZV durch Festlegungen auszugestalten gem. §27 Abs. 1 Nr. 15 StromNZV i. V. m. §29 EnWG. Hiervon hat die BNetzA Gebrauch gemacht, indem sie u. a. die GPKE[8] und die MaBiS[9] erließ.[10] Diese Festlegungen dienen der Standardisierung der Abläufe rund um den Netzzugang, zu der die Netzbetreiber verpflichtet sind.[11] Während §20 EnWG die Verpflichtung zur Zusammenarbeit der Betreiber von Energieversorgungsnetzen normiert, die für einen effizienten Netzzugang erforderlich ist, gestaltet §16 StromNZV diese Verpflichtung aus. Netzbetreiber haben danach einheitliche Bedingungen für den Netzzugang zu schaffen, um die Transaktionskosten des Zugangs zum Netz so gering wie möglich zu halten. 4

Diesem Gedanken folgend hat die BNetzA aus Gründen der Harmonisierung von Vertragsgestaltung und Netznutzungsabwicklung am 21.10.2013 ein Verfahren zur Festlegung eines Netznutzungsvertrages Strom eingeleitet, um einen Muster-Netznutzungsvertrag/Lieferantenrahmenvertrag verbindlich festzulegen (BK6-13-042). Das Konsultationsverfahren endete mit Frist vom 6.12.2013. Eine Festlegung ist bis zum Redaktionsschluss noch nicht veröffentlicht worden. 5

Die detaillierten Vorgaben in Gesetz und Rechtsverordnungen sind Ausdruck des Prinzips des geregelten Netzzugangs, nachdem die Geschäftsbedingungen und die Entgelte des Netzzugangs eben nicht durch die Marktbeteiligten bestimmt werden.[12] 6

Aufgrund des umfangreichen regulatorischen Rechtsrahmens verbleibt den Vertragsparteien wenig eigenverantwortlicher Verhandlungsspielraum. Jedoch findet 7

---

7 Verordnung über die Entgelte für den Zugang zu Elektrizitätsversorgungsnetzen v. 25.7.2005, BGBl. I S. 2225.

8 Festlegung „Einheitlicher Geschäftsprozesse und Datenformate zur Abwicklung der Belieferung von Kunden mit Elektrizität" v. 11.7.2006 – BK6-06/009 –.

9 Festlegung „Marktregeln für die Durchführung der Bilanzkreisabrechnung Strom" v. 10.6.2009, Anlage zum Beschluss BK6-07-002.

10 Beide Festlegungen sind Verwaltungsakte, die gegenüber allen Beteiligten verbindlich sind.

11 Nach §20 Abs. 1 S. 3 EnWG i. V. m. §16 StromNZV.

12 Mit Inkrafttreten der Energierechtsnovelle 2005 am 13.7.2005 (Zweites Gesetz zur Neuregelung des Energiewirtschaftsrechts v. 7.7.2005) erfolgte auf Grundlage der Richtlinie 2003/54/EG des Europäischen Parlaments und Rates v. 26.6.2003 über gemeinsame Vorschriften für den Elektrizitätsbinnenmarkt und zur Aufhebung der Richtlinie 96/92/EG, ABl. Nr. L 176 S. 37, der Übergang vom verhandelten zum regulierten Netzzugang. Zuvor war den Mitgliedstaaten in der Richtlinie 96/92/EG des Europäischen Parlaments und des Rates v. 19.12.1996 betreffend gemeinsame Vorschriften für den Elektrizitätsbinnenmarkt vom 30.1.1997, ABl. Nr. L 27 S. 20 ff., die Wahl zwischen einem Netzzugang auf Vertragsbasis, dem geregelten Netzzugang und dem sog. Alleinabnehmersystem gewährt. Im Rahmen der Umsetzung dieser Richtlinie in dem Gesetz zur Neuregelung des Energiewirtschaftsrechts v. 24.4.1998 (BGBl. I Nr. 23 S. 730) entschied sich der deutsche Gesetzgeber noch für den verhandelten Netzzugang.

§ 307 BGB zur inhaltlichen Überprüfung der gesamten vertraglichen Bestimmungen Anwendung.[13] Dabei ist zu berücksichtigen, dass es sich bei dem Netznutzungsvertrag um ein Dauerschuldverhältnis i. S. v. § 314 Abs. 1 BGB handelt.[14] Dieser ist als typengemischter Vertrag sui generis mit Elementen des Kauf-, Dienst-, Werk-, Miet- und Geschäftsbesorgungsvertrages einzuordnen.[15]

8 Der Netznutzungsvertrag wird gem. § 20 Abs. 1a EnWG mit demjenigen EVU abgeschlossen, aus dessen Netz die Entnahme bzw. in dessen Netz die Einspeisung von Elektrizität erfolgen soll. Abhängig vom jeweiligen Stromliefervertrag wird ein Netznutzungsvertrag entsprechend vom Netzbetreiber entweder mit einem Lieferanten[16] oder einem Letztverbraucher abgeschlossen.

9 Im erstgenannten Fall schließt der Letztverbraucher mit dem Stromlieferanten einen integrierten Stromliefervertrag, einen sog. „all inclusive"-Vertrag, ab.[17] Der Lieferant wiederum vereinbart mit dem Netzbetreiber den Netzzugang für eine Vielzahl von Letztverbrauchern mittels eines Netznutzungsvertrages in Form eines Lieferantenrahmenvertrages. Nach der Legaldefinition in § 20 Abs. 1a S. 2 EnWG zeichnet sich der Lieferantenrahmenvertrag dadurch aus, dass er sich nicht auf bestimmte Entnahmestellen beziehen muss. Damit stellt ein Lieferantenrahmenvertrag einen Spezialfall des Netznutzungsvertrages dar.[18] Der Abschluss eines „all inclusive"-Vertrages schließt den Abschluss eines eigenständigen Netznutzungsvertrages mit dem Netzbetreiber aus.

10 Im zweitgenannten Fall wird die Netznutzung zwischen Netzbetreiber und Letztverbraucher vereinbart. Diese Konstellation tritt in der Praxis häufig auf, wenn der Letztverbraucher ein Unternehmen mit hohem Stromverbrauch ist, das seinen Strom von einer Vielzahl Lieferanten bezieht. Dann wäre es wenig sinnvoll, wenn jeder Lieferant gesondert die Netznutzung mit dem Netzbetreiber kontrahieren würde.

11 Handelt es sich bei dem Letztverbraucher, der einen Netznutzungsvertrag abschließt, ausnahmsweise um einen Verbraucher i. S. d. § 13 BGB,[19] so muss der Netzbetreiber diesem ein Widerrufsrecht einräumen, soweit der Netznutzungsvertrag

---

13 Die Inhaltskontrolle vertraglicher Regelungen scheidet nach § 307 Abs. 3 BGB aus, soweit die Regulierungsbehörden Vertragsinhalte verbindlich vorgeben (vgl. § 27 Abs. 1 Nr. 15 StromNZV).

14 Danner/Theobald/*Hartmann*, § 20 EnWG Rn 26.

15 *Theobald/Theobald*, 3. Teil Rn 269.

16 Hierunter ist gem. § 2 Nr. 5 StromNZV ein Unternehmer zu verstehen, dessen Geschäftstätigkeit auf den Vertrieb von Elektrizität gerichtet ist.

17 Im Rahmen des „all inclusive"-Vertrages ist der Lieferant Schuldner der Netznutzungsentgelte, die er als Teil eines Gesamtpreises dem Kunden in Rechnung stellt.

18 Vgl. hierzu das Kap. 2.B – Lieferantenrahmenvertrag.

19 Unter einem Verbraucher ist gem. § 13 BGB jede natürliche Person zu verstehen, die ein Rechtsgeschäft zu Zwecken abschließt, die überwiegend weder ihrer gewerblichen noch ihrer selbständigen beruflichen Tätigkeit zugerechnet werden können.

im Fernabsatz oder außerhalb von Geschäftsräumen zustande gekommen ist (vgl. §§ 312g, 356 Abs. 2 Ziff. 2 BGB).[20]

Praxistipp

Gerade für Großkunden kann es sinnvoll sein, den eigenen Energiebezug frei zu gestalten. Um den Lieferanten flexibel wechseln bzw. Energie von mehreren Lieferanten erhalten zu können, kann es sich empfehlen, einen Netznutzungsvertrag separat von dem Liefervertrag abzuschließen.

---

20 Mehr hierzu finden Sie unter Rn 20 sowie die weitergehenden Ausführungen unter Rn 35 ff.

II. Vertragsmuster

1. Netznutzungsvertrag

Muster

12 **Netznutzungsvertrag**

zum Zwecke der Belieferung
von Entnahmestellen im Netz des Verteilnetzbetreibers (VNB)
mit elektrischer Energie

zwischen

der Stadtwerke [...] GmbH
Straße, PLZ Ort
– im Folgenden „Netzbetreiber" –

und

Name/Firma
Straße, PLZ Ort
– im Folgenden „Netznutzer" –
genannt.

Es wird folgender Netznutzungsvertrag geschlossen:

Kundennummer: ____________________
Entnahmestelle: ____________________

Entnahmestelle[1]

Spannung	☐ Hochspannung ... kV ☐ aus Hochspannung ... kV ☐ Mittelspannung ... kV ☐ aus Mittelspannung ... kV ☐ Niederspannung 0,4 kV
Messung	☐ mittelspannungsseitig ☐ niederspannungsseitig ☐ Zählpunktbezeichnung/Zähler-Nr.: z. Z. ... ☐ Messspannung Zähler ... Volt ☐ Nennstrom Wandler: ... A
Lastprofilzuordnung	☐ Lastprofil (analytisch/synthetisch) gemäß Zuordnung des Netzbetreibers ☐ Lastgangmessung

Die Netznutzung beginnt am ...

§ 1 Vertragsgegenstand

1. Der Netzbetreiber betreibt ein Verteilungsnetz für elektrische Energie, an das die elektrischen Anlagen der Kunden an der jeweiligen Entnahmestelle angeschlossen sind. Gegenstand dieses Vertrages ist die vertragliche Ausgestaltung des Netzzugangs gemäß § 20 Energiewirtschaftsgesetz (EnWG) zwischen Netzbetreiber und Netznutzer. Diesem Vertrag liegen in ihrer jeweiligen Fassung insbesondere das Energiewirtschaftsgesetz vom 7. Juli 2005 (EnWG), die Stromnetzzugangs- und die Stromnetzentgeltverordnung (StromNZV bzw. StromNEV), jeweils vom 25. Juli

2005, die Anreizregulierungsverordnung (ARegV) vom 29. Oktober 2007, die Stromgrundversorgungsverordnung (StromGVV) vom 26. Oktober 2006, die Niederspannungsanschlussverordnung (NAV) vom 1. November 2006 sowie die Verordnung über Rahmenbedingungen für den Messstellenbetrieb und die Messung im Bereich der leitungsgebundenen Elektrizitäts- und Gasversorgung (MessZV) vom 17. Oktober 2008 und die von der Bundesnetzagentur (BNetzA) getroffene „Festlegung einheitlicher Geschäftsprozesse und Datenformate zur Abwicklung der Belieferung von Kunden mit Elektrizität" vom 11. Juli 2006 (BK6-06-009; GPKE) und „Festlegung von Marktregeln für die Durchführung der Bilanzkreisabrechnung Strom" vom 10. Juni 2009 (BK6-07-002; MaBiS) sowie die anliegenden ergänzenden Bedingungen der Stadtwerke ... GmbH zugrunde.

2. Die Entnahmestellen, für die die Netznutzung in Anspruch genommen wird, sind auf dem Deckblatt bzw. in **Anlage 1** (Entnahmestellen des Netznutzers) aufgeführt. Der Netzbetreiber ermöglicht die Belieferung der Entnahmestellen nach Maßgabe dieses Vertrages.
3. Die Netznutzung bei Einspeisungen von an das Netz des Netzbetreibers angeschlossenen Anlagen (z. B. EEG- und KWK-Anlage, Brennstoffzellen, etc.) ist nicht Gegenstand dieses Vertrages. Hierzu bedarf es gesonderter Regelungen.

§ 2 Voraussetzung der Netznutzung

1. Voraussetzung für die Netznutzung ist das Bestehen eines Netzanschlussvertrages zwischen Anschlussnehmer und Netzbetreiber mit ausreichender Anschlusskapazität und eines Anschlussnutzungsvertrages zwischen Anschlussnutzer und Netzbetreiber.
2. Die Strombelieferung der Entnahmestellen ist in gesonderten Verträgen zwischen einem Lieferanten und dem Netznutzer zu regeln. Der Netznutzer versichert bei seiner Anmeldung für die Netznutzung, dass ab Beginn seiner Zuordnung zu einem Bilanzkreis ein solcher Stromlieferungsvertrag besteht. Dieser Vertrag muss entweder den gesamten Bedarf des Netznutzers an der Entnahmestelle oder den über eventuelle Fahrplanlieferungen hinausgehenden Bedarf des Netznutzers vollständig abdecken (offener Liefervertrag).
3. Die Netznutzung setzt voraus, dass die Entnahmestellen(n) des Netznutzers in ein vertraglich begründetes Bilanzkreissystem einbezogen ist (sind). Der Netznutzer teilt dem Netzbetreiber den (Unter-) Bilanzkreis mit, dem die Entnahmestellen des Kunden in der Regelzone des Übertragungsnetzbetreibers zugeordnet werden sollen. Der Netznutzer benennt den Bilanzkreisverantwortlichen und weist dessen Bilanzkreisverantwortlichkeit mit Bestätigung der Datenzuordnungsermächtigung auf Verlangen des Netzbetreibers nach.

§ 3 Abwicklung der Netznutzung, An- und Abmeldung zum Bilanzkreis

1. Der Netznutzer meldet dem Netzbetreiber alle Entnahmestellen, die in diesen Vertrag einbezogen werden sollen und den beabsichtigten Beginn der Netznutzung.
2. Die Einzelheiten für die Abwicklung der Netznutzung sind in **Anlage 3** (Abwicklung der Netznutzung) geregelt.
3. Änderungen sonstiger wesentlicher Kundendaten sind wechselseitig unverzüglich mitzuteilen.
4. Sofern der Netznutzer einen Anspruch auf Ersatzbelieferung nach § 38 Abs. 1 EnWG geltend machen kann, ordnet der Netzbetreiber die Entnahmestellen des Netznutzers dem Bilanzkreis des Grundversorgers, der die Ersatzversorgung übernimmt, zu, wenn die Voraussetzungen für die Ersatzversorgung gegeben sind.
5. Der Netznutzer kann sich zur Abwicklung der Netznutzung eines Dritten, insbesondere des Lieferanten, bedienen, der berechtigt ist, mit Wirkung für und gegen den Netznutzer Erklärungen abzugeben und Erklärungen des Netzbetreibers zu empfangen. Dies gilt insbesondere hinsichtlich der Aufgaben nach den **Anlagen 3 und 4** (Abwicklung der Netznutzung und Datenaustausch). Der Netznutzer teilt dem Netzbetreiber mit, wenn er seinem Lieferanten diese

Aufgaben überträgt. Die Verantwortlichkeit des Netznutzers für die Erfüllung dieser Pflichten bleibt unberührt.

§ 4 Leistungsmessung oder Lastprofilverfahren

1. Bei Entnahmestellen in Niederspannung mit einem Strom-Jahresverbrauch von bis zu 100.000 kWh wird der Netzbetreiber auf eine fortlaufende registrierende ¼-h-Leistungsmessung (Lastgangzählung) verzichten, es sei denn, der Kunde oder der Lieferant beantragt den entgeltlichen Einbau einer solchen ¼-h-Leistungsmessung.
2. Bei Entnahmestellen, die keine registrierende Leistungsmessung haben, erfolgt die Belieferung über Lastprofile (Standard-Lastprofilkunden). Die Art und die Anzahl dieser Profile legt der Netzbetreiber auf der Grundlage des analytischen/synthetischen[2] Verfahrens fest. Der Netzbetreiber bestimmt die verwendeten Lastprofile. Der Lieferant deckt den gesamten Bedarf des Kunden auf der Basis dieser Lastprofile.
3. Der Netzbetreiber ordnet jeder Entnahmestelle das entsprechende Lastprofil zu und stellt für jede Entnahmestelle eine Jahresverbrauchsprognose auf, die in der Regel auf dem Vorjahresverbrauch basiert. Dem Netznutzer steht das Recht zu, unplausiblen Prognosen zu widersprechen und dem Netzbetreiber eine eigene Prognose zu unterbreiten. Kommt keine Einigung zustande, legt der Netzbetreiber die Prognose über den Jahresverbrauch fest. Weitere Einzelheiten ergeben sich aus **Anlage 5** (Regelungen zur Ermittlung und Handhabung von Lastprofilen). In begründeten Ausnahmefällen können Netzbetreiber und Netznutzer gemeinsam die Jahresverbrauchsprognose auch unterjährig anpassen.
4. Der Netzbetreiber ist berechtigt, das Verfahren nach Abs. 2 Satz 2 oder die Lastprofile sowie die Zuordnung zu den einzelnen Entnahmestellen zu ändern, wenn dies erforderlich oder zweckmäßig ist. Der Netzbetreiber teilt dem Netznutzer die Änderung des Verfahrens unter Einhaltung einer Frist von drei Monaten und die Änderung bzw. Zuordnung der Lastprofile unter Einhaltung einer Frist von einem Monat zum Ende eines Monats in Textform mit.[3]
5. Bei Entnahmestellen mit einer Jahresverbrauchsprognose von mehr als 100.000 kWh erfolgt durch den Messstellenbetreiber/Messdienstleister eine fortlaufende registrierende ¼-h-Leistungsmessung (RLM/registrierende Lastgangmessung). Sofern der Netzbetreiber der Messstellenbetreiber ist, wird er auf Wunsch des Netznutzers und auf dessen Kosten auch unterhalb dieser Grenze eine RLM in der jeweiligen Entnahmestelle einbauen. Diese Messeinrichtung wird Eigentum des Netzbetreibers.

§ 5 Messeinrichtungen

1. Soweit keine anderweitige Vereinbarung im Sinne von § 21b EnWG getroffen worden ist, gelten die nachfolgenden Absätze 2 bis 7; in diesem Fall ist der Netzbetreiber der Messstellenbetreiber.[4] Wird eine abweichende Vereinbarung im Sinne von § 21b EnWG geschlossen, treffen Netzbetreiber und Netznutzer hierzu eine gesonderte Regelung. Unabhängig davon, wer Messstellenbetreiber ist, finden die Absätze 9 bis 12 in jedem Fall Anwendung.
2. Der Netzbetreiber ist als Messstellenbetreiber für die Erfassung der vom jeweiligen Kunden entnommenen elektrischen Energie verantwortlich. Er kann einen Dritten mit der Erfüllung dieser Aufgabe beauftragen. Der Netzbetreiber stellt die für die Messung und bei Lastgangkunden die für die notwendige Zählerfernauslesung erforderlichen Geräte zur Verfügung und betreibt diese. Sie verbleiben in seinem Eigentum. Er ist für die Einhaltung der eichrechtlichen Bestimmungen verantwortlich.
3. Die Übermittlung der Messdaten erfolgt jeweils am nächsten Werktag bis ... Uhr ***[Uhrzeit ergänzen]***. Bei vereinbarter monatlicher oder wöchentlicher Datenübermittlung zahlt der Netznutzer ein geringes Messentgelt gemäß der **Anlage 2** (Preisblatt). Der Netzbetreiber kann Kontrollablesungen vornehmen.

Die Einzelheiten der Ablesung richten sich im Übrigen nach den Bestimmungen des zwischen Netzbetreiber und Kunden jeweils abgeschlossenen Netzanschluss- bzw. Anschlussnutzungsvertrags.

4. Für die Fernauslesung muss beim Netznutzer ein hierfür geeigneter extern anwählbarer Telekommunikationsanschluss ohne zeitliche Beschränkung sowie ein 230 V-Anschluss zur Verfügung stehen. Kann aufgrund örtlicher Gegebenheiten an der jeweiligen Entnahmestelle kein extern anwählbarer Telekommunikationsanschluss eingerichtet werden, ist der Netzbetreiber berechtigt, eine Telekommunikationseinrichtung (z. B. ein GSM-Modem) beim Kunden einzurichten, welche die notwendigen technischen Anforderungen an die Datenverfügbarkeit gewährleistet. Der Netzbetreiber teilt dem Netznutzer auf Anfrage die diesbezüglichen technischen Bedingungen (Abstände der jeweiligen Anschlüsse, Anschlüsse zum Zählerplatz, etc.) mit. Die Nutzung dieser Anschlüsse ist für den Netzbetreiber kostenlos. Die Fernauslesung muss vor Aufnahme der Belieferung zur Verfügung stehen. Bei Nichtfertigstellung gehen Kosten des zusätzlichen Aufwandes zulasten des Netznutzers, es sei denn, der Netzbetreiber hat die Verzögerung zu vertreten.
5. Für Kunden, die nach Lastprofilverfahren beliefert werden, werden die Messeinrichtungen von Beauftragten des Netzbetreibers oder auf Verlangen des Netzbetreibers vom Kunden selbst in möglichst gleichen Zeitabständen, die zwölf Monate nicht wesentlich überschreiten dürfen, nach einem vom Netzbetreiber festzulegenden Turnus abgelesen. Vereinbarungen gemäß § 40 Abs. 3 Satz 2 EnWG finden Berücksichtigung.
6. Außerhalb der turnusmäßigen Ablesung kann der Netzbetreiber Zwischenablesungen veranlassen, den Verbrauch im Wege der rechnerischen Abgrenzung ermitteln oder diesen auf der Grundlage der letzten Ablesung schätzen. Hierbei sind die tatsächlichen Verhältnisse angemessen zu berücksichtigen. Bei einer wesentlichen Änderung des Bedarfs kann der Netzbetreiber ebenfalls Zwischenablesungen veranlassen.
7. Neben dem Netzentgelt wird vom Netzbetreiber für jede Entnahmestelle je ein Entgelt für den Messstellenbetrieb, die Messung und ein Entgelt für die Abrechnung in Rechnung gestellt. Diese Entgelte beinhalten insbesondere Einbau, Betrieb und Wartung der Messeinrichtung und Erfassung, Weiterleitung und Verarbeitung von Daten, die für die turnusmäßige Abrechnung der Netznutzung relevant sind. Beauftragt der Netznutzer den Netzbetreiber mit einer Ablesung in Fällen, die von Abs. 3 Satz 1 und 2 sowie von Abs. 5 nicht erfasst sind, ist diese Ablesung gesondert zu vergüten. Die Höhe des Entgeltes ist der **Anlage 2** (Preisblatt) zu entnehmen. Die ermittelten Zähldaten übermittelt der Netzbetreiber in dem in **Anlage 4** (Datenaustausch) beschriebenen Datenformat. Die vom Netzbetreiber ermittelten Zähldaten werden der Abrechnung der Netznutzung der Energielieferung des Lieferanten, der Bilanzierung beim Übertragungsnetzbetreiber sowie der Berechnung von Differenzmengen bei Lastprofilkunden zugrunde gelegt.
8. Der Netznutzer kann zusätzlich eigene Mess- und Steuereinrichtungen in Abstimmung mit dem Netzbetreiber auf eigene Kosten einbauen lassen. Die Messdaten dieser Einrichtungen werden nicht zur Abrechnung herangezogen, soweit nicht in § 5 Abs. 11 Buchstabe (a) etwas anderes festgelegt ist.
9. Der Netznutzer kann jederzeit eine Nachprüfung der Messeinrichtung verlangen. Stellt der Netznutzer den Antrag auf Nachprüfung bei einem Dritten, so hat er den Netzbetreiber in seiner Rolle als Messstellenbetreiber zu benachrichtigen. Ergibt eine Überprüfung der Messeinrichtungen eine Überschreitung der Verkehrsfehlergrenzen oder werden Fehler in der Ermittlung des Rechnungsbetrages festgestellt, so ist der zu viel oder zu wenig berechnete Betrag vom Netzbetreiber zu erstatten oder vom Netznutzer nach zu entrichten.
10. Ist die Größe des Fehlers bei der Messeinrichtung eines Lastprofilkunden nicht einwandfrei festzustellen oder zeigt eine solche Messeinrichtung nicht oder nicht richtig an, so ermittelt

der Netzbetreiber den Verbrauch für die Zeit seit der letzten fehlerfreien Ablesung aus dem Durchschnittsverbrauch des ihr vorhergehenden und des der Feststellung nachfolgenden Ablesezeitraums oder aufgrund des vorjährigen Verbrauchs durch Schätzung. Die tatsächlichen Verhältnisse sind zu berücksichtigen.

11. Ist die Größe des Fehlers bei der Messeinrichtung eines Lastgangkunden mit registrierender Leistungsmessung nicht einwandfrei festzustellen oder zeigt eine solche Messeinrichtung nicht oder nicht richtig an, so erfolgt die Ermittlung von Ersatzwerten für fehlende oder unplausible Werte entsprechend dem „Metering Code 2011" nach folgendem Schema:
    a) bei vorhandener Vergleichszählung, die den eichrechtlichen Bestimmungen entspricht, werden die vorhandenen Zählwerte für die Ersatzwertbildung verwendet.
    b) bei nicht vorhandener Vergleichszählung werden für fehlende oder unplausible Zählwerte kleiner zwei Stunden ein Interpolations- und bei größer zwei Stunden ein Vergleichswertverfahren angewandt. Als Ausnahme werden bei eindeutig festgestellten Versorgungsunterbrechungen Null-Ersatzwerte als Zählwerte berücksichtigt.
12. Ansprüche nach den Absätzen 9 bis 11 sind auf den der Feststellung des Fehlers vorausgehenden Ablesezeitraum beschränkt, es sei denn, die Auswirkung des Fehlers kann über einen größeren Zeitraum festgestellt werden. In diesem Fall ist der Anspruch auf längstens drei Jahre beschränkt.
13. Soweit eine anderweitige Vereinbarung auf der Grundlage des § 21b EnWG getroffen worden ist, werden die vom Messstellenbetreiber dem Netzbetreiber zur Verfügung gestellten Zählwerte der Abwicklung und Abrechnung dieses Vertrages zugrunde gelegt. Wenn dem Netzbetreiber die Zählwerte nicht oder nicht ordnungsgemäß gemäß den Vorgaben der GPKE zur Verfügung stehen oder die zur Verfügung gestellten Werte unplausibel sind, finden die Absätze 9 bis 12 Anwendung.
14. In der Regel erfolgen Entnahme und Messung auf derselben Spannungsebene. Bei Abweichungen von diesem Grundsatz werden die bei der Messung nicht berücksichtigten Verluste mit einem pauschalen Auf- oder Abschlag auf die Verbrauchsmenge berücksichtigt.

§ 6 Datenaustausch, Datenverarbeitung

1. Die Vertragspartner werden die im Zusammenhang mit der Durchführung dieses Vertrages erhobenen oder zugänglich gemachten Daten zum Zweck der Datenverarbeitung unter Beachtung von § 6a EnWG sowie der datenschutzrechtlichen Bestimmungen verarbeiten und nutzen, soweit dies zur Durchführung des Vertrages notwendig ist. Die Vertragspartner sind berechtigt, insbesondere für die Erfassung, Bilanzierung und Abrechnung der Stromlieferungen, Verbrauchs-, Abrechnungs- und Vertragsdaten an Dritte in dem Umfang weiterzugeben, wie dies zur ordnungsgemäßen technischen und kommerziellen Abwicklung erforderlich ist. Der Netznutzer erklärt hierzu sein Einverständnis. Diese Regelungen schließen eine Weitergabe an Behörden und Gerichte im Rahmen der gesetzlichen Vorgaben nicht aus.
2. Der Netzbetreiber übermittelt die für die Verbrauchsabrechnung und Bilanzierung relevanten Leistungswerte und Energiemengen innerhalb der vertraglich vereinbarten Fristen an den Netznutzer. Der Netznutzer ist verpflichtet, die übermittelten Werte unverzüglich zu prüfen und dafür Sorge zu tragen, dass der Bilanzkreisverantwortliche seinerseits die erforderliche Prüfung fristgerecht durchführt. Wenn Einwände bestehen, hat der Netznutzer dem Netzbetreiber dies spätestens bis zum 29. Werktag nach dem Liefermonat anzuzeigen. Unterlässt der Netznutzer die Anzeige, gelten die Leistungswerte für die Bilanzkreisabrechnung als genehmigt. Der Netzbetreiber ist verpflichtet, die für die Bilanzierung bzw. für die Bilanzkreisabrechnung relevanten Daten an den Übertragungsnetzbetreiber in den im Beschluss BK6-07-002 (MaBiS) festgelegten Fristen zu übermitteln.

3. Die Vertragspartner werden alles Erforderliche und Zumutbare tun, um den Übertragungsnetzbetreiber bei der Erfüllung seiner Verpflichtungen für die Bilanzkreisabrechnung zu unterstützen.

§ 7 Jahresmehr- und Jahresmindermengen[5]

1. Differenzmengen zwischen der bei Standard-Lastprofilkunden[6] gemessenen beziehungsweise auf sonstige Weise ermittelten und über alle Kunden des Lieferanten saldierten elektrischen Arbeit und der sich aus dem prognostizierten Lastprofilen ergebenen Arbeit (Jahresmehr- und Jahresmindermenge) gelten als vom Netzbetreiber geliefert bzw. abgenommen. Unterschreitet die Summe der in einem Zeitraum ermittelten elektrischen Arbeit die Summe der Arbeit, die den bilanzierten Lastprofilen zugrunde gelegt worden ist, ergibt sich ein positiver Differenzwert (ungewollte Mehrmenge). Im umgekehrten Fall liegt ein negativer Differenzwert (ungewollte Mindermenge) vor.
2. Ergibt sich ein positiver Differenzwert, so erfasst der Netzbetreiber für den Netznutzer diese ungewollte Mehrmenge zum Zweck der Vergütung an den Netznutzer. Bei einem negativen Differenzwert erfasst der Netzbetreiber die ungewollte Mindermenge, um sie dem Netznutzer in Rechnung zu stellen. Die entsprechenden Preisregelungen ergeben sich aus der **Anlage 2** (Preisblatt), dessen jeweilige Fassung auf der Internetseite des Netzbetreibers veröffentlicht ist.
3. Die Abrechnung der Jahresmehr- und Jahresmindermengen erfolgt nach Ablauf des jeweiligen Abrechnungsjahres[7] nach Eingang der letzten erforderlichen Zählwerte. Einzelheiten bezüglich der Ermittlung der Differenzmenge ergeben sich aus **Anlage 5** (Regelungen zur Anwendung von Lastprofilen).

§ 8 Entgelte

1. Der Netznutzer zahlt dem Netzbetreiber für die Leistung nach § 1 sowie für andere Leistungen nach diesem Vertrag Entgelte nach den Preisregelungen gemäß **Anlage 2** (Preisblatt). Individualisierte Entgelte nach § 19 Abs. 2[8] und Abs. 3 StromNEV bedürfen besonderer Vereinbarung im Einzelfall; alle übrigen Bestimmungen dieses Vertrages finden auf die individuelle Entgeltregelung Anwendung.
2. Der Netzbetreiber informiert den Netznutzer über den Leistungsfaktor (induktiv ...; kapazitiv ...), der für den Energiebezug an den jeweiligen Entnahmestellen gilt.[9] Unterschreitet der Leistungsfaktor diesen Wert, so erfolgt eine gesonderte Verrechnung der bereitgestellten Blindarbeit in Blindkilowattstunden (kvarh) gemäß **Anlage 2** (Preisblatt).
3. Der Netzbetreiber ist berechtigt, die Netzentgelte anzupassen, soweit die geltenden Erlösobergrenzen beachtet werden. Über die Entgeltanpassung informiert der Netzbetreiber den Netznutzer unverzüglich in Textform.
4. Der Netzbetreiber wird unverzüglich auf seiner Internetseite bekannt geben, wenn ein Antrag auf Änderung zu genehmigender Netzentgelte gestellt worden ist.
5. Sofern Netzentgelte einer Genehmigung unterfallen, ist der Netzbetreiber berechtigt, die Netzentgelte anzupassen, wenn und soweit er eine nach Maßgabe der gesetzlichen Bestimmungen erforderliche Genehmigung hierfür hat oder die Überschreitung der genehmigten Netzentgelte nach Maßgabe von § 23a Abs. 2 Satz 2 EnWG zulässig ist.
6. Ändern sich die Netzentgelte, so kann der Netznutzer das Vertragsverhältnis mit zweiwöchiger Frist auf das Ende des der Änderung der Netzentgelte folgenden Kalendermonats kündigen. Lässt der Netznutzer diese Kündigungsmöglichkeit ungenutzt verstreichen, gilt die mitgeteilte Netzentgeltanpassung als vereinbart.
7. Soweit von diesem Vertrag umfasste Entgelte oder Entgeltbestandteile nicht der Genehmigung durch die Regulierungsbehörde unterliegen oder bei der Ermittlung der Erlösobergrenzen berücksichtigt werden, gilt Folgendes:

Sollten nach Vertragsabschluss erlassene Gesetze, Verordnungen oder behördliche Maßnahmen die Wirkung haben, dass sich die Fortleitung, die Übertragung, die Verteilung oder die Abgabe von Elektrizität für den Netzbetreiber verteuert oder verbilligt, so erhöhen oder verbilligen sich zum Ausgleich der angeführten Preis- und Kostensteigerungen oder -senkungen die betreffenden, von diesem Vertrag umfassten Entgelte entsprechend von dem Zeitpunkt an, an dem die Verteuerung oder Verbilligung in Kraft tritt oder für den Netzbetreiber Wirkung entfaltet. Dies gilt insbesondere für gesetzlich oder behördlich vorgeschriebene Maßnahmen des Netzbetreibers zur Förderung der Stromerzeugung aus Erneuerbaren Energien oder aus Kraft-Wärme-Kopplung. Die Sätze 1 bis 3 gelten entsprechend in den Fällen, in denen Gesetze, Verordnungen oder behördliche Maßnahmen, die bei Vertragsabschluss schon in Kraft getreten waren bzw. erlassen worden sind, während der Vertragslaufzeit die Belastungen des Netzbetreibers verändern.

8. Sollte der Netzbetreiber gegen Maßnahmen der zuständigen Regulierungsbehörde, insbesondere gegen Bescheide, die sich mittelbar oder unmittelbar auf die Entgelte gemäß § 17 StromNEV in der jeweils geltenden Fassung oder einer ihr nachfolgenden Regelung auswirken, Beschwerde einlegen und sollte infolge der gerichtlichen Entscheidung ein von der ursprünglichen Maßnahme der zuständigen Regulierungsbehörde abweichendes Entgelt im obigen Sinne festgelegt werden, ist das nachträglich geänderte Entgelt vom Zeitpunkt seines unter Umständen rückwirkenden Inkrafttretens an maßgeblich. Der Netzbetreiber hat etwaige Überzahlungen des Netznutzers zu erstatten, der Netznutzer hat etwaige Unterzahlungen auszugleichen. Erstattungen und Nachzahlungen sind mit dem für den jeweiligen Zeitraum geltenden Zinssatz gemäß § 247 BGB zu verzinsen. Die Verpflichtung aus den beiden vorstehenden Sätzen gilt auch dann, wenn der Netznutzungsvertrag oder einzelne Lieferungen, die unter Geltung des Netznutzungsvertrages abgewickelt worden sind, zwischenzeitlich beendet worden sind.
9. Absatz 7 findet keine Anwendung, wenn es dem Netzbetreiber möglich ist, die sich aus einer rechtskräftigen Entscheidung nach Absatz 7 ergebende Über- oder Unterzahlungen beispielsweise im Rahmen des Regulierungskontos zu realisieren.
10. Der Netzbetreiber stellt die jeweiligen KWK-Aufschläge gemäß Kraft-Wärme-Kopplungsgesetz vom 19. März 2002 sowie die auf die Stromlieferung anfallenden Konzessionsabgaben dem Netznutzer mit dem Netzentgelt in Rechnung. Die Höhe der Konzessionsabgabe richtet sich nach dem jeweils mit der betreffenden Gemeinde vereinbarten Konzessionsabgabesatz gemäß Konzessionsabgabenverordnung. Weist der Netznutzer dem Netzbetreiber eine Unterschreitung des Grenzpreises nach, z. B. durch das Testat eines Wirtschaftsprüfers oder vereidigten Buchprüfers, so erstattet der Netzbetreiber dem Netznutzer die zu viel gezahlte Konzessionsabgabe zurück. Soweit nach einer Entnahmestelle der Zuordnungsliste eine Weiterverteilung im Sinne des § 2 Abs. 8 der Konzessionsabgabenverordnung (KAV) erfolgt, ist der Netznutzer verpflichtet, dies dem Netzbetreiber mitzuteilen und gegebenenfalls die erforderlichen Angaben zur Ermittlung der Höhe der auf die Entnahme entfallenden Konzessionsabgabe zur Verfügung zu stellen.
    Der Netzbetreiber stellt dem Netznutzer darüber hinaus die jeweilige § 19 Abs. 2 StromNEV-Umlage sowie etwaige andere Umlagen mit dem Netzentgelt in Rechnung.
11. Alle Entgelte unterliegen dem im Liefer- bzw. Leistungszeitpunkt jeweils gültigen gesetzlichen Umsatzsteuersatz.

§ 9 Abrechnung, Zahlung und Verzug

1. Der Netzbetreiber stellt für die Netzentgelte gemäß § 8 sowie für das Entgelt für Messstellenbetrieb (inklusive Messung) und Abrechnung bei Lastprofilkunden jährliche Rechnungen. Der Netzbetreiber ist berechtigt, bei Lastprofilkunden monatliche Abschlagszahlungen zu verlangen. Bei Lastgangkunden mit fortlaufend registrierender ¼-h-Leistungsmessung stellt der Netzbetreiber monatliche Rechnungen. Der Jahresleistungspreis wird dabei jeweils mit 1/12

abgerechnet. Erhöht sich während der Abrechnungsperiode die erreichte höchste Leistung, so wird der auf die Vormonate entfallende Mehrbetrag mit der nächsten monatlichen Abrechnung abgerechnet. Ändern sich die für die Berechnung der Abschlagszahlungen relevanten Parameter (z. B. Anzahl der Kunden, Leistungen durch den Netzbetreiber), können die Parteien auch unterjährig eine Anpassung der Abschlagszahlungen verlangen.

2. Abrechnungsperiode ist das Kalenderjahr. Sofern der Netzbetreiber das rollierende Abrechnungsverfahren anwendet, ist die Abrechnungsperiode der Zeitraum der vergangenen zwölf Monate seit der letzten Ablesung.
3. Sofern ein Lieferantenwechsel für eine leistungsgemessene Entnahmestelle zu einem anderen Zeitpunkt als dem Ende der Abrechnungsperiode des Netzbetreibers stattfindet, wird der Abrechnung der Netznutzung die maximale Monatshöchstleistung der letzten zwölf Monate zugrunde gelegt. Die Leistungspreisentgelte sowie die Abrechnungs-, gegebenenfalls Zähler- und Messentgelte werden entsprechend dem tatsächlichen Belieferungszeitraum zeitanteilig berechnet.
4. Sofern ein Lieferantenwechsel für eine Standardlastprofil-Entnahmestelle zu einem anderen Zeitpunkt als dem Ende der Abrechnungsperiode des Netzbetreibers erfolgt, werden der Grundpreis sowie die Abrechnungs- gegebenenfalls Zähler- und Messentgelte entsprechend dem tatsächlichen Belieferungszeitraum zeitanteilig berechnet.
5. Für die Ermittlung der Jahresbenutzungsstunden bei einem unterjährigen Lieferantenwechsel (vergleiche Absatz (3)) wird der Netzbetreiber die letzten zwölf Liefermonate zugrunde legen. Weist der Netznutzer ein Preissystem mit Schwachlastregelung (HT-/NT-Zeiten) nach und ist eine Zähleinrichtung zur Ermittlung der HT-/NT-Zeiten vorhanden, wird für die NT-Zeiten die Energieentnahme gemäß § 2 Konzessionsabgabenverordnung mit dem verminderten Konzessionsabgabensatz für die Schwachlastregelung abgerechnet.
6. Rechnungen und Abschläge werden zu dem vom Netzbetreiber angegebenen Zeitpunkt, frühestens jedoch zwei Wochen nach Zugang der Zahlungsaufforderung fällig. Zahlt der Netznutzer die Entgelte ganz oder teilweise nicht rechtzeitig, ist der Netzbetreiber berechtigt, Verzugszinsen in Höhe von acht Prozentpunkten über dem Basiszinssatz zu verlangen. Die Geltendmachung eines weitergehenden Verzugsschadens bleibt vorbehalten. Der Netzbetreiber ist berechtigt, Verzugskosten pauschal gemäß **Anlage 2** (Preisblatt) in Rechnung zu stellen. Dem Netznutzer bleibt es unbenommen, einen tatsächlich geringeren Verzugsschaden nachzuweisen.
7. Einwände gegen die Richtigkeit der Rechnung und Abschlagsberechnung berechtigen zum Zahlungsaufschub oder zur Zahlungsverweigerung nur, soweit die ernsthafte Möglichkeit eines offensichtlichen Fehlers besteht und wenn der Fehler vom Schuldner unverzüglich dargelegt wird. Etwaige Einwände gegen die Richtigkeit einer Rechnung oder Abschlagsberechnung sind nur binnen drei Jahren nach Rechnungszugang zulässig.
8. Gegen Ansprüche der Vertragspartner kann nur mit unbestrittenen oder rechtskräftig festgestellten Gegenansprüchen aufgerechnet werden.

§ 10 Störungen und Unterbrechungen der Netznutzung

1. Soweit der Netzbetreiber durch höhere Gewalt oder sonstige Umstände, deren Beseitigung ihm wirtschaftlich nicht zugemutet werden kann, gehindert ist, die Netznutzung und die damit verbundenen Dienstleistungen zu erbringen, ruhen die Verpflichtungen der Vertragspartner aus diesem Vertrag so lange, bis die Hindernisse beseitigt sind. Gleiches gilt im Falle von Störungsbeseitigungen, Wartungs-, Instandhaltungs- oder sonstigen betriebsnotwendigen Arbeiten. Der Netzbetreiber unternimmt alle zumutbaren Anstrengungen, die Störung unverzüglich zu beheben.
2. Der Netzbetreiber unterrichtet den Netznutzer rechtzeitig von einer beabsichtigten Unterbrechung der Netznutzung in geeigneter Weise, soweit es ihm möglich und zumutbar ist. Bei kur-

zen Unterbrechungen ist er zur Unterrichtung des Netznutzers nur verpflichtet, soweit dieser zur Vermeidung von Schäden auf eine ununterbrochene Stromzufuhr angewiesen ist und dies dem Netzbetreiber unter Angabe von Gründen schriftlich mitgeteilt hat.
Eine Unterrichtung kann ausnahmsweise unterbleiben, wenn dies nicht rechtzeitig möglich ist und der Netzbetreiber dies nicht zu vertreten hat oder die Unterrichtung die Beseitigung der Unterbrechung verzögern würde. In diesen Fällen teilt der Netzbetreiber dem Kunden auf Nachfrage den Grund der Unterbrechung nachträglich mit.

3. Der Netzbetreiber ist berechtigt, die Netznutzung sowie die damit verbundenen Dienstleistungen ohne vorherige Androhung zu unterbrechen und einen Anschluss vom Netz zu trennen, wenn die Unterbrechung erforderlich ist, um
   a) eine unmittelbare Gefahr für die Sicherheit von Personen oder Sachen von erheblichem Wert abzuwenden,
   b) den Gebrauch elektrischer Arbeit unter Umgehung, Beeinflussung oder vor Anbringung von Messeinrichtungen zu verhindern,
   c) zu gewährleisten, dass Störungen anderer Kunden oder störende Rückflüsse auf Einrichtungen des Netzbetreibers oder Dritter ausgeschlossen sind.

   Die Unterbrechung ist auch zulässig, wenn die Sicherheit oder Zuverlässigkeit des Elektrizitätsversorgungssystems gefährdet oder gestört ist und die Unterbrechung zur Beseitigung der Gefahr erforderlich ist. Gleiches gilt bei Zuwiderhandlungen des Anschlussnehmers oder -nutzers gemäß § 24 Abs. 2 NAV bzw. gegen entsprechende Regelungen des Netzanschluss-/Anschlussnutzungsvertrages oder wenn die Unterbrechung aufgrund einer vertraglichen Vereinbarung erfolgt.
4. Der Netzbetreiber teilt dem Netznutzer unverzüglich unter Angabe der Gründe mit, wenn er die Netznutzung verweigert bzw. unterbricht und die Kundenanlage vom Netz trennt. Dasselbe gilt für die Aufhebung der Trennung bzw. Unterbrechung.
5. Bei anderen Zuwiderhandlungen, insbesondere bei Nichterfüllung einer Zahlungsverpflichtung trotz Mahnung, ist der Netzbetreiber berechtigt, den Netzanschluss und die Anschlussnutzung vier Wochen nach Androhung zu unterbrechen. Dies gilt nicht, wenn die Folgen der Unterbrechung außer Verhältnis zur Schwere der Zuwiderhandlung stehen oder der Anschlussnehmer oder -nutzer darlegt, dass hinreichende Aussicht besteht, dass er seinen Verpflichtungen nachkommt.
6. Der Netzbetreiber hat die Netznutzung in den Fällen des § 10 Abs. 1 und § 10 Abs. 3 unverzüglich wieder zu ermöglichen, sobald die Gründe für die Unterbrechung entfallen sind und der Netznutzer die Aufwendungen für die Unterbrechung und Wiederherstellung der Netz- bzw. Anschlussnutzung erstattet hat.
7. Die Kosten für die Unterbrechung und die Aufhebung der Unterbrechung können pauschal berechnet werden, sie sind auf der Internetseite des Netzbetreibers abrufbar. Die jeweiligen Entgelte ergeben sich aus der **Anlage 2** (Preisblatt). Auf Verlangen des Netznutzers ist der Netzbetreiber verpflichtet, die Berechnungsgrundlage nachzuweisen. Die Möglichkeit des Netznutzers, geringere Kosten nachzuweisen, bleibt unberührt.
8. Der Netzbetreiber haftet nicht für die Schäden, die dem Netznutzer dadurch entstehen, dass die Unterbrechung oder die Wiederherstellung der Netznutzung aus Gründen, die der Netzbetreiber nicht zu vertreten hat, nicht möglich ist.

§ 11 Haftung

1. Die Vertragspartner haften einander für Schäden, die ihnen durch die Unterbrechung der Elektrizitätsversorgung oder durch Unregelmäßigkeiten in der Netznutzung entstehen, nach Maßgabe der **Anlage 6** (§ 25a Stromnetzzugangsverordnung (StromNZV) vom 25. Juli 2005 und § 18 Niederspannungsanschlussverordnung (NAV) vom 1. November 2006).

2. Im Übrigen haftet der Netzbetreiber nicht, es sei denn, es handelt sich um einen Schaden aus der schuldhaften Verletzung des Lebens, des Körpers und der Gesundheit oder der Schaden beruht auf einer vorsätzlichen oder grob fahrlässigen Pflichtverletzung des Netzbetreibers. Die Haftung ist ebenso wenig bei schuldhafter Verletzung wesentlicher Vertragspflichten ausgeschlossen, bei leichter Fahrlässigkeit jedoch der Höhe nach beschränkt auf die bei Vertragsschluss vorhersehbaren vertragstypischen Schäden. Wesentliche Vertragspflichten sind solche, deren Erfüllung den Vertrag prägen und auf die der Netznutzer vertrauen darf. Schließlich ist die Haftung nicht ausgeschlossen, wenn und soweit der Netzbetreiber eine Beschaffenheitsgarantie abgegeben oder den Mangel arglistig verschwiegen hat.
3. Die Ersatzpflicht für Sachschäden nach dem Haftpflichtgesetz wird mit der Ausnahme der Regelung in Absatz 2 Satz 2 insgesamt ausgeschlossen. Die Ersatzpflicht bei Sachschäden nach § 2 Haftpflichtgesetz wird nur gegenüber juristischen Personen des öffentlichen Rechts, öffentlich-rechtlichen Sondervermögen und Kaufleuten im Rahmen eines zum Betrieb ihres Handelsgewerbes gehörenden Vertrages ausgeschlossen. Die Haftung nach dem Haftpflichtgesetz für Personenschäden bleibt unberührt.
4. Die in den vorstehenden Absätzen genannten Haftungsregelungen gelten auch in Bezug auf gesetzliche Vertreter, Erfüllungs- und Verrichtungsgehilfen des Netzbetreibers.

§ 12 Sicherheitsleistung

1. Der Netzbetreiber kann in begründeten Fällen für alle Zahlungsansprüche aus der Geschäftsbeziehung zum Netznutzer eine angemessene Sicherheitsleistung oder Vorauszahlung verlangen. Die Anforderung der Sicherheit bzw. Vorauszahlung ist gegenüber dem Netznutzer in Textform zu begründen.
2. Ein begründeter Fall wird insbesondere angenommen, wenn
   a) der Netznutzer mit einer fälligen Zahlung in Verzug geraten ist und auch auf ausdrückliche Aufforderung nicht gezahlt hat,
   b) gegen den Netznutzer Zwangsvollstreckungsmaßnahmen wegen Geldforderungen (§§ 803–882a Zivilprozessordnung (ZPO)) eingeleitet sind,
   c) ein Antrag des Netznutzers auf Eröffnung des Insolvenzverfahrens über sein Vermögen vorliegt oder
   d) ein Dritter einen Antrag auf Eröffnung des Insolvenzverfahrens über das Vermögen des Netznutzers stellt.

   Darüber hinaus hat der Netzbetreiber das Recht, eine angemessene Sicherheitsleistung oder Leistung einer Vorauszahlung zu verlangen, wenn aufgrund einer über den Netznutzer eingeholten Auskunft einer allgemein im Geschäftsleben anerkannten Auskunftei oder aufgrund einer sonstigen Sachlage eine begründete Besorgnis besteht, dass er den Verpflichtungen aus diesem Vertrag nicht nachkommen wird und der Netznutzer dies nicht innerhalb von fünf Werktagen durch einen geeigneten Nachweis seiner Bonität entkräftet. Hierzu können gegebenenfalls geeignete Bonitätsnachweise, wie z. B. durch Vorlage eines aktuellen Geschäftsberichts, eines Handelsregisterauszugs und erforderlichenfalls weitergehende bonitätsrelevante Informationen vorgelegt werden. Ist der Netznutzer nicht in der Lage, einen entsprechenden Nachweis innerhalb der genannten Frist zu führen, so ist die Sicherheitsleistung innerhalb von weiteren fünf Werktagen zu leisten.

   Soweit der Netznutzer über ein Rating einer anerkannten Rating-Agentur verfügt, liegt eine begründete Besorgnis insbesondere dann vor, wenn sein Rating nicht mindestens
   - im Langfristbereich nach Standard & Poor's BBB-,
   - im Langfristbereich nach Fitch BBB-,
   - im Langfristbereich nach Moody's Baa3,
   - nach Creditreform (Bonitätsindex 2.0) Risikoklasse II (gemäß Creditreform RatingMap Stand Dezember 2011) beträgt.

Gleiches gilt, wenn der Netznutzer bei einer anderen anerkannten Ratingagentur kein entsprechendes vergleichbares Rating aufweist. Liegen mehrere der vorgenannten Auskünfte vor, liegt eine begründete Besorgnis auch dann vor, wenn nur eine der genannten Bonitätsindikatoren eine begründete Besorgnis auslöst.
Die Daten und die wesentlichen Inhalte der Auskunft, auf denen die begründete Besorgnis beruht, sind dem Netznutzer durch den Netzbetreiber mit der Anforderung der Sicherheitsleistung vollständig offen zu legen.

3. Arten der Sicherheitsleistungen sind unbedingte unwiderrufliche Bankgarantien, unbedingte unwiderrufliche Unternehmensgarantien (z. B. harte Patronats- und Organschaftserklärungen), unbedingte unwiderrufliche, selbstschuldnerische Bürgschaften sowie Hinterlegungen von Geld oder festverzinslichen Wertpapieren. Die Auswahl der Art der Sicherheitsleistung obliegt dem Netznutzer. Außerdem kann der Netzbetreiber Barsicherheiten oder Forderungsabtretungen akzeptieren.
4. Der Netznutzer ist berechtigt, die Sicherheitsleistung durch Vorauszahlungen abzuwenden.
5. Die Sicherheit ist innerhalb von fünf Werktagen nach ihrer Anforderung vom Netznutzer an den Netzbetreiber zu leisten. Im Fall der Ziffer 2 d) ist die Sicherheit innerhalb von zehn Werktagen zu leisten, wenn der Netznutzer nicht innerhalb dieser Frist das Fehlen eines Eröffnungsgrundes im Sinne von §§ 17 Abs. 2, 19 Abs. 2 Insolvenzordnung (InsO) nachweist. Sollte die Sicherheitsleistung in Anspruch genommen werden, kann der Netzbetreiber den in Anspruch genommenen Teil der Sicherheitsleistung nachfordern. Die Leistung der Sicherheit nach Satz 3 hat durch den Netznutzer ebenfalls innerhalb der in Satz 1 genannten Frist zu erfolgen.
6. Als Anforderungen an die einzelnen Arten der Sicherheitsleistungen gelten:
   a) Banksicherheiten sind in Form einer unbedingten, unwiderruflichen und selbstschuldnerischen Bankbürgschaft bzw. Bankgarantie zu leisten. Das Kreditinstitut, welches die Sicherheitsleistung ausstellt, muss mindestens ein Standard & Poor's Langfrist-Rating von A- bzw. ein Moody's Langfrist-Rating von A3 aufweisen, oder dem deutschen Sparkassen- bzw. Genossenschaftssektor angehören.
   b) Für Unternehmensgarantien und Bürgschaften gilt, dass das Unternehmen, welches die Sicherheit leistet, mindestens ein Standard & Poor's Langfrist-Rating von BBB-, ein Fitch-Rating von minimal BBB-, ein Moody's Langfrist-Rating von Baa3 oder einen Bonitätsindex von Creditreform (Bonitätsindex 2.0) von mindestens Risikoklasse II oder besser (gemäß Creditreform RatingMap Stand Dezember 2011) aufweisen muss. Weiterhin darf die Höhe der Unternehmensgarantie oder Bürgschaft 10 % des haftenden Eigenkapitals des Sicherheitengebers nicht übersteigen. Dieses ist durch den Netznutzer gegenüber dem Netzbetreiber mit der Beibringung der Sicherheitsleistung nachzuweisen.
   c) Im Falle von Barsicherheiten sind diese durch Einzahlung auf ein vom Netzbetreiber benanntes Konto zu leisten. Sie werden zu dem von der Deutschen Bundesbank am ersten Bankentag des Rechnungsmonats bekanntgegebenen Basiszinssatz verzinst. Alternativ ist auch eine Guthabenverpfändung eines vom Netznutzer geführten Kontos zugunsten des Netzbetreibers möglich.
   d) Die Bürgschaft oder Garantieerklärung ist auf erstes Anfordern zu zahlen und hat generell den Verzicht auf die Einreden der Vorausklage, der Anfechtbarkeit und der Aufrechenbarkeit, soweit es sich nicht um unstrittige oder rechtskräftig festgestellte Forderungen handelt, zu enthalten. Eine selbstschuldnerische Bürgschafts- oder Garantieerklärung muss mindestens für zwölf Kalendermonate gültig sein, maximal jedoch bis zum Ende der Vertragslaufzeit und die beiden der Vertragslaufzeit unmittelbar folgenden Monate.
7. Die Höhe der Sicherheitsleistung beträgt das Doppelte der durchschnittlichen Netzentgeltforderungen pro Monat der letzten zwölf Monate. Für einen Zeitraum der Netznutzung, der we-

niger als zwölf Monate beträgt, wird dieser Zeitraum der Berechnung der Sicherheitsleistung zugrunde gelegt.

8. Der Netzbetreiber kann eine geleistete Sicherheit in Anspruch nehmen, wenn er nach Verzugseintritt eine Zahlungserinnerung ausgesprochen hat und die mit der Zahlungserinnerung gesetzte angemessene Frist fruchtlos verstrichen ist.
9. Eine Sicherheitsleistung ist unverzüglich zurückzugeben, wenn die Voraussetzungen zu deren Erhebung entfallen sind. Der Netzbetreiber hat das Fortbestehen eines begründeten Falles jeweils mindestens halbjährlich zu überprüfen. Der Netzbetreiber prüft bei Fortbestehen, ob die Höhe der Sicherheitsleistung der in Ziffer 7 beschriebenen Höhe entspricht. Falls die vorgenannte Prüfung ergibt, dass der realisierbare Wert aller Sicherheitsleistungen den anzuwendenden Wert gemäß Ziffer 7 nicht nur unwesentlich übersteigt, hat der Netzbetreiber entsprechende Anteile der Sicherheitsleistung zurückzugeben. Sollten mehrere Sicherheiten geleistet worden sein, steht dem Netzbetreiber das Recht zu, eine der geleisteten Sicherheiten auszuwählen und zurückzugeben. Soweit der realisierbare Wert aller Sicherheitsleistungen den anzuwendenden Wert gemäß Ziffer 7 nicht nur unwesentlich unterschreitet, kann der Netzbetreiber eine Anpassung der Sicherheitsleistung verlangen. Der Netznutzer kann eine Einstellung der Vorauszahlungsregelung frühestens nach einem halben Jahr fordern, sofern innerhalb der letzten zwölf Monate die Zahlungen fristgerecht eingegangen sind.

§ 13 Laufzeit und Kündigung

1. Der Netznutzungsvertrag tritt mit dem auf dem Deckblatt genannten Datum in Kraft und läuft auf unbestimmte Zeit. Er kann mit einer Frist von drei Monaten auf das Ende eines Kalendermonats schriftlich gekündigt werden. § 8 Abs. 6 bleibt unberührt. Der Vertrag kann von dem Netzbetreiber jedoch nur gekündigt werden, soweit eine Pflicht zum Netzzugang auf der Grundlage des EnWG, der StromNZV oder anderer Rechtsvorschriften nicht oder nicht mehr besteht oder gleichzeitig mit der Kündigung der Abschluss eines neuen Netznutzungsvertrags angeboten wird, der den Anforderungen des EnWG, der StromNZV und anderer Rechtsvorschriften entspricht.
2. Unabhängig von Abs. 1 Satz 2 kann dieser Vertrag fristlos aus wichtigem Grund gekündigt werden. Ein wichtiger Grund ist insbesondere gegeben
   a) wenn gegen wesentliche Bestimmungen dieses Vertrages wiederholt trotz Abmahnung schwerwiegend verstoßen wird
   b) der Netznutzer seiner Verpflichtung zur Stellung einer Sicherheit oder zur Leistung einer Vorauszahlung nach § 12 nicht fristgerecht nachkommt.
3. Dieser Vertrag endet in Bezug auf einzelne Entnahmestellen, sofern der Netzbetreiber aufgrund von Änderungen des Netzgebietes (z. B. infolge einer Eigentumsübertragung oder anderweitigen Netzüberlassung nach § 46 EnWG) den Netzzugang für diese Entnahmestellen nicht mehr gewähren kann. Der Netzbetreiber wird den Netznutzer hierüber in Textform unterrichten.

§ 14 Schlussbestimmungen

1. Rechte und Pflichten aus diesem Vertrag können mit Zustimmung des jeweils anderen Vertragspartners auf einen Dritten übertragen werden. Die Zustimmung darf nicht verweigert werden, sofern die technische und wirtschaftliche Leistungsfähigkeit des eintretenden Dritten gewährleistet ist. Eine Zustimmung ist ausnahmsweise nicht erforderlich in den Fällen der rechtlichen Entflechtung des Netzbetriebs nach § 7 EnWG. Im Fall der Gesamtrechtsnachfolge oder der Rechtsnachfolge nach dem Umwandlungsgesetz gelten anstelle des Vorstehenden die gesetzlichen Bestimmungen.
2. Sollten Bestimmungen dieses Vertrages unwirksam oder undurchführbar sein oder werden, so bleibt der Vertrag im Übrigen davon unberührt. Die Vertragspartner verpflichten sich, die unwirksamen oder undurchführbaren Bestimmungen durch andere, ihrem wirtschaftlichen Ergeb-

nis möglichst gleichkommende, zu ersetzen. Dies gilt entsprechend bei unbeabsichtigten Regelungslücken. Zur Schließung von Regelungslücken sowie zur Auslegung des Vertrages sind die einschlägigen Regelwerke „Transmission Code" (sofern für diesen Vertrag einschlägig), „Distribution Code" sowie „Metering Code" ergänzend heranzuziehen. Ausdrückliche Regelungen dieses Vertrages haben jedoch Vorrang vor den Bestimmungen der genannten Regelwerke.

3. Sollten sich sonstige für das Vertragsverhältnis bestimmende Umstände wesentlich ändern und dadurch für eine der Vertragsparteien das Festhalten am Vertrag nicht mehr zumutbar sein, so werden die Vertragsparteien den Vertrag baldmöglichst den geänderten Rahmenbedingungen anpassen.
4. Änderungen oder Ergänzungen des Vertrages bedürfen zu ihrer Wirksamkeit der Schriftform. Gleiches gilt für die Änderung der Schriftformklausel.
5. Gerichtsstand ist der Sitz des Netzbetreibers.
6. Jeder Vertragspartner erhält eine Ausfertigung des Vertrages.
7. Die jeweiligen Ansprechpartner der Vertragsparteien und deren Kontaktdaten sind in der **Anlage 7** (Kontaktdaten) aufgeführt.[10]

§ 15 Anlagen

Die in diesem Vertrag genannten Anlagen sind Bestandteile des Vertrages.

Ort	Datum	Ort	Datum
Stadtwerke ... GmbH		Netznutzer	

Anlagenverzeichnis

Anlage 1: Entnahmestellen des Netznutzers
Anlage 2: Preisblatt
Anlage 3: Abwicklung der Netznutzung
Anlage 4: Datenaustausch
Anlage 5: Regelungen zur Ermittlung und Handhabung von Lastprofilen
Anlage 6: § 25a Stromnetzzugangsverordnung (StromNZV) vom 25. Juli 2005
§ 18 Niederspannungsverordnung (NAV) vom 1. November 2006
Anlage 7: Kontaktdaten
Anlage 8: Ergänzende Bedingungen zum NNV

1 Sollen mehrere Entnahmestellen in den Netznutzungsvertrag einbezogen werden, werden die Entnahmestellen in der Anlage „Entnahmestellen des Netznutzers" aufgeführt.
2 Nicht zutreffende Alternative streichen.
3 Innerhalb der Drei-Monats-Frist sollte eine Abstimmung zwischen Netzbetreiber und Netznutzer über die Handhabung und Überleitung zum neuen Verfahren erfolgen.
4 Zum Messstellenbetrieb gehört gemäß § 21b Abs. 2 Satz 1 EnWG auch die Messung und Übermittlung der Daten an die berechtigten Marktteilnehmer.
5 Gilt für das synthetische Verfahren; beim analytischen Verfahren nur, wenn Differenzen zwischen Jahresablesung und Prognose auftreten. Systembedingt gleichen sich beim analytischen Verfahren die Mengendifferenzen aller im Netzgebiete tätigen Lieferanten untereinander aus, weil die Lastprofilkundenlastganglinie vollständig auf alle Lieferanten aufgeteilt wird. Die übrigen Regelungen dieses Vertrages gelten für beide Verfahren.
6 Entnahmestellen, die nach Lastprofilen abgerechnet werden.
7 Dies richtet sich danach, ob der Netzbetreiber ein rollierendes oder stichtagsbezogenes Verfahren anwendet.
8 Individuelle Entgelte nach § 19 Abs. 2 EnWG bedürfen der Genehmigung durch die BNetzA.
9 Soweit kein Leistungsfaktor vereinbart ist, gilt für eine Übergangszeit der bisherige Leistungsfaktor.
10 Die Ansprechpartner und deren Erreichbarkeit sind nach § 25 Abs. 2 Nr. 8 StromNZV notwendiger Vertragsbestandteil.

2. Anlage 1 – Entnahmestellen des Netznutzers

Muster
Anlage 1 13

Entnahmestellen des Netznutzers
– individuell anzupassen –

3. Anlage 2 – Preisblatt

Muster
Anlage 2 14

Preisblatt
– individuell anzupassen –

4. Anlage 3 – Abwicklung der Netznutzung

Muster
Anlage 3 15

Abwicklung der Netznutzung
– individuell anzupassen –

5. Anlage 4 – Datenaustausch

Muster
16 **Anlage 4**

Datenaustausch
– individuell anzupassen –

6. Anlage 5 – Regelungen zur Ermittlung und Handhabung von Lastprofilen

Muster
17 **Anlage 5**

Regelungen zur Ermittlung und Handhabung von Lastprofilen
– individuell anzupassen –

7. Anlage 6 – § 25a StromNZV, § 18 NAV

Muster
Anlage 6 18

§ 25a Stromnetzzugangsverordnung (StromNZV) vom 25. Juli 2005 lautet:
§ 18 der Niederspannungsanschlussverordnung gilt entsprechend.

§ 18 Niederspannungsanschlussverordnung (NAV) vom 1. November 2006 lautet:

(1) Soweit der Netzbetreiber für Schäden, die ein Anschlussnutzer durch Unterbrechung oder durch Unregelmäßigkeiten in der Anschlussnutzung erleidet, aus Vertrag, Anschlussnutzungsverhältnis oder unerlaubter Handlung haftet und dabei Verschulden des Unternehmens oder eines Erfüllungs- oder Verrichtungsgehilfen vorausgesetzt wird, wird
1. hinsichtlich eines Vermögensschadens widerleglich vermutet, dass Vorsatz oder grobe Fahrlässigkeit vorliegt,
2. hinsichtlich der Beschädigung einer Sache widerleglich vermutet, dass Vorsatz oder Fahrlässigkeit vorliegt.

Bei Vermögensschäden nach Satz 1 Nr. 1 ist die Haftung für sonstige Fahrlässigkeit ausgeschlossen.

(2) Bei weder vorsätzlich noch grob fahrlässig verursachten Sachschäden ist die Haftung des Netzbetreibers gegenüber seinen Anschlussnutzern auf jeweils 5.000 Euro begrenzt. Die Haftung für nicht vorsätzlich verursachte Sachschäden ist je Schadensereignis insgesamt begrenzt auf
1. 2,5 Millionen Euro bei bis zu 25.000 an das eigene Netz angeschlossenen Anschlussnutzern;
2. 10 Millionen Euro bei 25.001 bis zu 100.000 an das eigene Netz angeschlossenen Anschlussnutzern;
3. 20 Millionen Euro bei 100.001 bis zu 200.000 an das eigene Netz angeschlossenen Anschlussnutzern;
4. 30 Millionen Euro bei 200.001 bis zu einer Million an das eigene Netz angeschlossenen Anschlussnutzern;
5. 40 Millionen Euro bei mehr als einer Million an das eigene Netz angeschlossenen Anschlussnutzern;

In diese Höchstgrenzen werden auch Schäden von Anschlussnutzern in vorgelagerten Spannungsebenen einbezogen, wenn die Haftung ihnen gegenüber im Einzelfall entsprechend Satz 1 begrenzt ist.

(3) Die Absätze 1 und 2 sind auch auf Ansprüche von Anschlussnutzern anzuwenden, die diese gegen einen dritten Netzbetreiber im Sinne des § 3 Nr. 27 des Energiewirtschaftsgesetzes aus unerlaubter Handlung geltend machen. Die Haftung dritter Netzbetreiber im Sinne des § 3 Nr. 27 des Energiewirtschaftsgesetzes ist je Schadensereignis insgesamt begrenzt auf das Dreifache des Höchstbetrages, für den sie nach Absatz 2 Satz 2 eigenen Anschlussnutzern gegenüber haften. Hat der dritte Netzbetreiber im Sinne des § 3 Nr. 27 des Energiewirtschaftsgesetzes keine eigenen an das Netz angeschlossenen Anschlussnutzer im Sinne dieser Verordnung, so ist die Haftung insgesamt auf 200 Millionen Euro begrenzt. In den Höchstbetrag nach den Sätzen 2 und 3 können auch Schadensersatzansprüche von nicht unter diese Verordnung fallenden Kunden einbezogen werden, die diese gegen das dritte Unternehmen aus unerlaubter Handlung geltend machen, wenn deren Ansprüche im Einzelfall entsprechend Absatz 2 Satz 1 begrenzt sind. Der Netzbetreiber ist verpflichtet, seinen Anschlussnutzern auf Verlangen über die mit der Schadensverursachung durch einen dritten Netzbetreiber im Sinne des § 3 Nr. 27 des Energiewirtschaftsgesetzes zusammenhängenden Tatsachen insoweit Auskunft zu geben,

als sie ihm bekannt sind oder von ihm in zumutbarer Weise aufgeklärt werden können und ihre Kenntnis zur Geltendmachung des Schadensersatzes erforderlich ist.

(4) Bei grob fahrlässig verursachten Vermögensschäden ist die Haftung des Netzbetreibers, an dessen Netz der Anschlussnutzer angeschlossen ist oder eines dritten Netzbetreibers, gegen den der Anschlussnutzer Ansprüche geltend macht, gegenüber seinen Anschlussnutzern auf jeweils 5.000 Euro sowie je Schadensereignis insgesamt auf 20 vom Hundert der in Absatz 2 Satz 2 sowie Absatz 3 Satz 2 und 3 genannten Höchstbeträge begrenzt. Absatz 2 Satz 3 sowie Absatz 3 Satz 1, 4 und 5 gelten entsprechend.

(5) Übersteigt die Summe der Einzelschäden die jeweilige Höchstgrenze, so wird der Schadensersatz in dem Verhältnis gekürzt, in dem die Summe aller Schadensersatzansprüche zur Höchstgrenze steht. Sind nach Absatz 2 Satz 3 oder nach Absatz 3 Satz 4, jeweils auch in Verbindung mit Absatz 4, Schäden von nicht unter diese Verordnung fallenden Kunden in die Höchstgrenze einbezogen worden, so sind sie auch bei der Kürzung nach Satz 1 entsprechend einzubeziehen. Bei Ansprüchen nach Absatz 3 darf die Schadensersatzquote nicht höher sein als die Quote der Kunden des dritten Netzbetreibers.

(6) Die Ersatzpflicht entfällt für Schäden unter 30 Euro, die weder vorsätzlich noch grob fahrlässig verursacht worden sind.

(7) Der geschädigte Anschlussnutzer hat den Schaden unverzüglich dem Netzbetreiber oder, wenn dieses feststeht, dem ersatzpflichtigen Unternehmen mitzuteilen.

8. Anlage 7 – Kontaktdaten

Muster
Anlage 7 19

Ansprechpartner, Kontaktdaten, etc.

a) Netzbetreiber:

Firma	
Straße	
Postleitzahl, Ort	

Ansprechpartner des Netzbetreibers:

Netznutzungsverträge Strom

Ansprechpartner	**Telefon- und Faxnummer**	**E-Mail-Adresse**
Name:	Telefon:	E-Mail:
	Fax:	
Name:	Telefon:	E-Mail:
	Fax:	

Energiedatenmanagement

Ansprechpartner	**Telefon- und Faxnummer**	**E-Mail-Adresse**
Name:	Telefon:	E-Mail:
	Fax:	
Name:	Telefon:	E-Mail:
	Fax:	

Netzabrechnung

Ansprechpartner	Telefon- und Faxnummer	E-Mail-Adresse
Name:	Telefon:	E-Mail:
	Fax:	
Name:	Telefon:	E-Mail:
	Fax:	

Netznutzungsanmeldungen, -abmeldungen und Änderungsmeldungen

Ansprechpartner	Telefon- und Faxnummer	E-Mail-Adresse
Name:	Telefon:	E-Mail:
	Fax:	
Name:	Telefon:	E-Mail:
	Fax:	

Alle Ansprechpartner sind innerhalb der üblichen Bürozeiten erreichbar.

b) Netznutzer:

Firma	
Straße	
Postleitzahl, Ort	
VDEW-Codenummer	
EIC-Code:	

Es ist eine schriftliche Zuordnungsermächtigung des Bilanzkreisverantwortlichen beizubringen.

E-Mail-Adressen zur Information über

Netznutzungsan-, -ab- und Änderungsmeldungen	
¼-h-Lastgangdaten, falls abweichend	

Kontoverbindung

Kontoinhaber/in	
IBAN	
Kreditinstitut	
BIC	

Ansprechpartner des Netznutzers (soweit abweichend von oben und vorhanden)

Vertragsangelegenheiten

Ansprechpartner	**Telefon- und Faxnummer**	**E-Mail-Adresse**
Name:	Telefon:	E-Mail:
	Fax:	
Name:	Telefon:	E-Mail:
	Fax:	

Abrechnung und Energiedatenmanagement

Ansprechpartner	**Telefon- und Faxnummer**	**E-Mail-Adresse**
Name:	Telefon:	E-Mail:
	Fax:	
Name:	Telefon:	E-Mail:
	Fax:	

Bilanzkreisverantwortlicher

Ansprechpartner	Telefon- und Faxnummer	E-Mail-Adresse
Name:	Telefon:	E-Mail:
	Fax:	
Name:	Telefon:	E-Mail:
	Fax:	

Stadtwerke ... GmbH, Straße, PLZ, Ort

Gläubiger-Identifikationsnummer: DExxXXXxxxxxxxxxxx
Mandatsreferenz: wird separat mitgeteilt

SEPA-Lastschrift-Mandat
Wir ermächtigen die Stadtwerke ... GmbH, die Zahlungen von unserem Konto einzuziehen. Zugleich weisen wir unser Kreditinstitut an, die von der Stadtwerke ... GmbH auf mein Konto gezogenen Lastschriften einzulösen.

Hinweis: Wir können innerhalb von acht Wochen, beginnend mit dem Belastungsdatum, die Erstattung des belasteten Betrages verlangen. Es gelten dabei die mit meinem Kreditinstitut vereinbarten Bedingungen.

____
Vorname und Name des Kontoinhabers

____
Straße und Hausnummer (falls Kontoinhaber von Auftraggeber abweicht)

____
Postleitzahl und Ort (falls Kontoinhaber von Auftraggeber abweicht)

DE__|____|____|____|____|__
IBAN

______________ ________|___
Kreditinstitut BIC

Hinweis (Falls Kontoinhaber von Auftraggeber abweicht):
Für den Fall, dass der Kontoinhaber von dem Auftraggeber abweicht, gilt das vorab erteilte SEPA-Lastschriftmandat für diesen Auftrag über die Netznutzung zwischen der Stadtwerke ... GmbH und dem Auftraggeber.

*X*______________________________
Datum, Ort Unterschrift des Kontoinhabers

9. Anlage 8 – Ergänzende Bedingungen zum NNV

Muster
20 **Anlage 8**

Ergänzende Bedingungen
der Stadtwerke ... GmbH

zu dem Netznutzungsvertrag zum Zwecke der Belieferung
von Entnahmestellen im Netz des Verteilnetzbetreibers (VNB)
mit elektrischer Energie

für den Fall des Abschlusses des Vertrages mit einem Verbraucher i. S. d. § 13 BGB
im Wege des Fernabsatzes gem. § 312c BGB oder außerhalb von
Geschäftsräumen gem. § 312b BGB

Widerrufsbelehrung
Widerrufsrecht
Sie haben das Recht, binnen vierzehn Tagen ohne Angabe von Gründen diesen Vertrag zu widerrufen.
Die Widerrufsfrist beträgt vierzehn Tage ab dem Tag des Vertragsschlusses.
Um Ihr Widerrufsrecht auszuüben, müssen Sie uns (Stadtwerke ..., Anschrift, Telefonnummer, Faxnummer, E-Mail-Adresse) mittels einer eindeutigen Erklärung (z. B. ein mit der Post versandter Brief, Telefax oder E-Mail) über Ihren Entschluss, diesen Vertrag zu widerrufen, informieren. Sie können dafür das beigefügte Muster-Widerrufsformular verwenden, das jedoch nicht vorgeschrieben ist. [optional: Sie können das Muster-Widerrufsformular oder eine andere eindeutige Erklärung auch auf unserer Webseite [Internet-Adresse einfügen] elektronisch ausfüllen und übermitteln. Machen Sie von dieser Möglichkeit Gebrauch, so werden wir Ihnen unverzüglich (z. B. per E-Mail) eine Bestätigung über den Eingang eines solchen Widerrufs übermitteln.]
Zur Wahrung der Widerrufsfrist reicht es aus, dass Sie die Mitteilung über die Ausübung des Widerrufsrechts vor Ablauf der Widerrufsfrist absenden.

Folgen des Widerrufs
Wenn Sie diesen Vertrag widerrufen, haben wir Ihnen alle Zahlungen, die wir von Ihnen erhalten haben, einschließlich der Lieferkosten (mit Ausnahme der zusätzlichen Kosten, die sich daraus ergeben, dass Sie eine andere Art der Lieferung als die von uns angebotene, günstigste Standardlieferung gewählt haben), unverzüglich und spätestens binnen vierzehn Tagen ab dem Tag zurückzuzahlen, an dem die Mitteilung über Ihren Widerruf dieses Vertrags bei uns eingegangen ist.
Für diese Rückzahlung verwenden wir dasselbe Zahlungsmittel, das Sie bei der ursprünglichen Transaktion eingesetzt haben, es sei denn, mit Ihnen wurde ausdrücklich etwas anderes vereinbart; in keinem Fall werden Ihnen wegen dieser Rückzahlung Entgelte berechnet.
Haben Sie verlangt, dass die Dienstleistungen oder Lieferung von Wasser/Gas/Strom/Fernwärme [Unzutreffendes streichen] während der Widerrufsfrist beginnen soll, so haben Sie uns einen angemessenen Betrag zu zahlen, der dem Anteil der bis zu dem Zeitpunkt, zu dem Sie uns von der Ausübung des Widerrufsrechts hinsichtlich dieses Vertrags unterrichten, bereits erbrachten Dienstleistungen im Vergleich zum Gesamtumfang der im Vertrag vorgesehenen Dienstleistungen entspricht.

Widerrufsformular

Wenn Sie den Vertrag widerrufen wollen, dann füllen Sie bitte dieses Formular aus und senden Sie es zurück.

An
Stadtwerke ... GmbH
Straße, Nr.
PLZ Ort
[ggf. die Telefaxnummer und E-Mail-Adresse]

Hiermit widerrufe(n) ich/wir (*) den von mir/uns (*) abgeschlossenen Vertrag über den Kauf der folgenden Waren (*)/die Erbringung der folgenden Dienstleistung (*):

Bestellt am (*)/erhalten am (*)

Name des/der Verbraucher(s)

Anschrift des/der Verbraucher(s)

Datum Unterschrift des/der Verbraucher(s) (nur bei Mitteilungen auf Papier)

(*) Unzutreffendes streichen.

III. Erläuterung

21 Der Netznutzungsvertrag setzt insbesondere Vorgaben aus EnWG, StromNZV, StromNEV und den Festlegungen der BNetzA (GPKE und MaBiS) um.

22 Erster Anhaltspunkt zur Gestaltung eines Netznutzungsvertrages ist § 24 Abs. 2 StromNZV. Dieser enthält zur Konkretisierung der Vertragsinhalte eine Liste von Mindestregelungen für Netznutzungsverträge:
- Vertragsgegenstand;
- Voraussetzung der Netznutzung;
- Leistungsmessung und Lastprofilverfahren;
- Zuordnung von Einspeise- oder Entnahmestellen zu Bilanzkreisen;
- Abrechnung;
- Datenverarbeitung;
- Haftungsbestimmungen;
- Voraussetzungen für die Erhebung einer Sicherheitsleistung in begründeten Fällen;
- Kündigungsrechte.

23 Begehrt ein Netzzugangspetent den Abschluss eines Netznutzungsvertrages, hat ihm der Netzbetreiber diesen gem. § 23 Abs. 1 S. 2 StromNZV innerhalb von sieben Arbeitstagen zu unterbreiten. Die Aufforderung des Netzzugangspetenten ist in der Anmeldung der ersten Kundenentnahmestelle zur Netznutzung zu sehen.[21] Im Folgenden werden die Regelungen dargestellt, die für die Netznutzung von besonderer Bedeutung sind.

1. § 4 Leistungsmessung oder Lastprofilverfahren

24 Im Hinblick auf die Leistungsmessung ist zwischen Netznutzern mit einem Jahresverbrauch von mehr als 100.000 kWh an einer Entnahmestelle (sog. RLM-Kunden) und solchen, die diese Grenze nicht überschreiten (Standard-Lastprofilkunden), zu unterscheiden.[22]

2. § 5 Messeinrichtungen

25 Das Messwesen ist in §§ 21b bis 21i EnWG geregelt worden. § 21i EnWG ermächtigt die Bundesregierung zu detaillierteren Vorgaben. Aufgrund von § 21b Abs. 4 EnWG wurde

21 Bartsch/Röhling/Salje/Scholz/*Sieberg*, Kap. 50 Rn 51.
22 Zur Frage, ob und inwieweit auch bei SLP-Kunden eine registrierte Lastgangmessung zur Anwendung kommt, verweisen wir auf Kap. 2.G Rn 4 ff. – Sonderkundenverträge.

die MessZV[23] erlassen, die die Voraussetzungen und Bedingungen des Messstellenbetriebs und der Messung von Energie regelt.

Grundsätzlich übernimmt der Netzbetreiber die Funktion als Messstellenbetrei- 26
ber. Als solcher ist er verantwortlich für den Einbau, die Wartung und den Betrieb der Messeinrichtungen sowie für die Messung der gelieferten Energie. Der Anschlussnehmer kann aber auch einen Dritten mit den Tätigkeiten Einbau, Wartung und Betrieb der Messeinrichtung betrauen. Dies erfolgt aufgrund einer separaten Vereinbarung. Sollte sich der Anschlussnehmer für den Netzbetreiber als Messstellenbetreiber entscheiden, so ist dieser nicht verpflichtet, die Aufgabe in persona zu übernehmen. Er kann sie auch an einen Dritten übertragen.

3. § 8 Entgelte

Eine der wichtigsten Regelungen des Netznutzungsvertrages ist die zu den Netzent- 27
gelten. § 21 EnWG normiert, dass Entgelte für den Netzzugang angemessen, diskriminierungsfrei, transparent und nicht ungünstiger sein dürfen, als sie von den Betreibern der Energieversorgungsnetze in vergleichbaren Fällen für Leistungen innerhalb ihres Unternehmens oder gegenüber verbundenen oder assoziierten Unternehmen angewendet und tatsächlich oder kalkulatorisch in Rechnung gestellt werden. Diesem Grundsatz entspricht die Abwicklung auf Grundlage der regulierten Entgelte. Dadurch werden die Netzentgelte in der durch die Regulierungsbehörden gebildeten Höhe erhoben. Mit dem Netzentgelt werden alle im Rahmen des Netzzugangs zu erbringenden Tätigkeiten des Netzbetreibers sowie der vorgelagerten Netzbetreiber abgegolten. Ergänzungen hierzu finden sich in § 21a EnWG, der StromNEV und der aufgrund von § 21a Abs. 1 EnWG entstandenen ARegV.[24]

4. § 11 Haftung

Bei Unterbrechungen der Energieversorgung oder Unregelmäßigkeiten der Netznut- 28
zung gilt § 18 NAV gem. § 25a StromNZV im Verhältnis Netzbetreiber/Netznutzer entsprechend, ohne dass es einer weiteren Regelung bedarf. Die Haftungsbegrenzung ist in jeder Netznutzungskonstellation zugunsten des Netzbetreibers anwendbar, unabhängig von der Spannungsebene und dem Vertragspartner (dem Stromkunden im Rahmen eines Netznutzungsvertrages oder dem Lieferanten im Rahmen eines Lieferantenrahmenvertrages).[25] § 18 NAV begrenzt die vertragliche und deliktische

23 Verordnung über Rahmenbedingungen für den Messstellenbetrieb und die Messung im Bereich der leistungsgebundenen Elektrizitäts- und Gasversorgung v. 17.10.2008, BGBl. I S. 2006.

24 Verordnung über die Anreizregulierung der Energieversorgungsnetze v. 29.10.2007, BGBl. I S. 2529.

25 Danner/Theobald/*Hartmann*, § 20 EnWG Rn 69.

Haftung des Netzbetreibers auf Vorsatz und grobe Fahrlässigkeit sowie der Höhe nach. Sollten sich im Rahmen eines Netznutzungsvertrages zwei Netzbetreiber gegenüberstehen, ist eine solche einseitige Haftungsbegrenzung zugunsten des vorgelagerten Netzbetreibers an § 307 BGB zu messen.

29 Ausgenommen der Störungen der Netznutzung wird die Haftung des Netzbetreibers für leichte Fahrlässigkeit regelmäßig ausgeschlossen; dies gilt nicht bei Verletzung wesentlicher Vertragspflichten oder bei Geltendmachung der gesetzlichen Schadenersatzansprüche wegen Nichterfüllung aufgrund Verzuges oder vom Netzbetreiber zu vertretender Unmöglichkeit.[26]

5. § 12 Sicherheitsleistung

30 § 23 Abs. 2 S. 2 StromNZV gibt vor, dass in begründeten Fällen vom Netznutzer eine Sicherheitsleistung verlangt werden kann. Der in dem Vertrag verankerte Katalog von Regelbeispielen entspricht den Vorgaben der KOV VI Anlage 3 Lieferantenrahmenvertrag Gas.

! **Praxistipp**
Es ist zu empfehlen, sich vertraglich die Möglichkeit einräumen zu lassen, im Einzelfall eine Sicherheitsleistung verlangen zu können, um Auseinandersetzungen im Falle der Insolvenz vorzubeugen.

---

6. § 13 Laufzeit und Kündigung

31 Üblicherweise werden Netznutzungsverträge mit unbestimmter Laufzeit abgeschlossen. Beiden Vertragsparteien wird das Recht eingeräumt, den Vertrag mit einer Frist von drei Monaten zum Ende eines Kalendermonats schriftlich zu kündigen. Hierbei ist zu beachten, dass gem. § 20 EnWG grundsätzlich jedermann der Netzzugang zu gewähren ist. Eine Einschränkung kann nur vorgenommen werden, wenn ein Grund zur Verweigerung des Netzzugangs greift oder der Netzbetreiber aufgrund der individuellen Situation des Netzzugangspetenten dieser nicht der gesetzlichen Verpflichtung zum Netzzugang unterliegt.

32 Zusätzlich steht es dem Netzbetreiber gem. § 23 Abs. 2 S. 1 StromNZV frei, den Netznutzungsvertrag aus wichtigem Grund fristlos zu kündigen. Diese Regelung greift § 314 Abs. 1 BGB auf, nach der die Kündigung von Dauerschuldverhältnissen aus wichtigem Grund für beide Vertragsparteien möglich ist, wenn dem kündigenden Teil unter Berücksichtigung aller Umstände des Einzelfalls und unter Abwägung der beiderseitigen Interessen die Fortsetzung des Vertragsverhältnisses bis zur vereinbarten Beendigung oder bis zum Ablauf einer Kündigungsfrist nicht zugemutet werden kann.

---

26 *Theobald/Theobald*, Teil 3 Rn 273.

Ein wichtiger Grund zur fristlosen Kündigung eines Netznutzungsvertrages ist gegeben, wenn der Netznutzer wesentliche Vertragspflichten grob verletzt oder die Voraussetzungen der Netznutzung nicht mehr vorliegen.[27] 33

Bekleidet der bisherige Netzbetreiber nicht mehr diese Funktion, endet der Vertrag automatisch ohne eine Kündigung, da er nicht mehr in der Lage ist, dem Vertragspartner den Netzzugang einzuräumen. 34

7. Widerruf

Seit dem 13.6.2014 gilt das neue **Widerrufsrecht** für Verbraucher (vgl. § 13 BGB), die Verträge im Fernabsatz (vgl. § 312c BGB) und außerhalb von Geschäftsräumen (vgl. § 312b BGB) abschließen (vgl. § 312g BGB). Dagegen sind Kunden, die einen Netznutzungsvertrag im Kundenzentrum des EVU abschließen, nicht widerrufsberechtigt. Ihnen kann ein Vertrag ohne Einräumung eines Widerrufsrechts angeboten werden. Dem EVU steht jedoch frei, dem Kunden auch in diesen Fällen ein Widerrufsrecht einzuräumen. Dann gelten die gesetzlichen Regelungen hierzu kraft vertraglicher Vereinbarung. 35

Die Einführung des neuen Widerrufsrechts bedeutet für den Abschluss des Netznutzungsvertrages, der z. B. über das Internet erfolgt, dass die Informationen über das Widerrufsrecht neugefasst werden müssen. 36

Dies betrifft die 14-tägige Widerrufsfrist, die bereits mit Vertragsschluss beginnt und nicht erst, sobald der Verbraucher die Ware erhalten hat (vgl. § 355 Abs. 2 Ziff. 2 BGB). Der Widerruf ist formfrei. Er kann auch mündlich oder telefonisch erfolgen. Er muss nicht begründet werden. Allerdings muss aus der Erklärung der Entschluss des Verbrauchers zum Widerruf des Vertrages eindeutig hervorgehen. Zur Wahrung der 14-tägigen Frist genügt die rechtzeitige Absendung des Widerrufs. 37

Grundsätzlich hat ein Widerruf zur Folge, dass der Verbraucher den Wert der empfangenen Leistung gegenüber dem Lieferanten ersetzen muss. Erklärt der Verbraucher aber seinen Widerruf im Hinblick auf die Erbringung einer Dienstleistung, schuldet er dem Netzbetreiber Wertersatz für die bis zum Widerruf erbrachte Leistung nur, wenn er ausdrücklich von dem Unternehmer verlangt hat, dass dieser mit der Leistung vor Ablauf der Widerrufsfrist beginnt (vgl. § 357 Abs. 8 BGB). 38

Falls die **Widerrufsbelehrung** fehlerhaft ist oder gänzlich fehlt, verlängert sich die Widerrufsfrist auf zwölf Monate und 14 Tage – unabhängig davon, ob die Belieferung bereits aufgenommen wurde. Ist die Willenserklärung in diesem Zeitraum nicht widerrufen worden, erlischt das Widerrufsrecht. Wird die Belehrung innerhalb dieses verlängerten Zeitraums nachgeholt, so gilt die Widerrufsfrist von 14 Tagen ab diesem Zeitpunkt. 39

27 Danner/Theobald/*Hartmann*, § 20 EnWG Rn 65.

40 Der Unternehmer ist verpflichtet, den Verbraucher zumindest in Textform über sein Widerrufrecht und die Folgen eines Widerrufs zu belehren. Dies kann geschehen, indem der Unternehmer auf das gesetzliche Muster einer Widerrufsbelehrung zurückgreift (vgl. Anlage 1 zu Art. 246a § 1 Abs. 2 S. 2 EGBGB).

Praxistipp
Aus Gründen der Rechtssicherheit ist zu empfehlen, das gesetzliche Muster einer Widerrufsbelehrung zu verwenden.

---

41 Außerdem hat der Unternehmer darüber zu informieren, dass dem Kunden für eine **Widerrufserklärung** ein Muster zur Verfügung steht, entweder in dem Vertrag oder auf der Website des Unternehmens. Der Gesetzgeber hat ein Muster-Widerrufsformular veröffentlicht, dessen Verwendung nicht zwingend ist. Vielmehr kann auch ein anderes Muster mit eindeutiger Widerrufserklärung infrage kommen.

42 Gründe der Praktikabilität sprechen für die Einstellung des Musterformulars ins Internet. Macht der Unternehmer von der Möglichkeit der Veröffentlichung des Musterformulars im Internet Gebrauch und wird ein entsprechender Widerruf von einem Kunden erklärt, muss der Unternehmer den Zugang des Widerrufs unverzüglich in Textform bestätigen. Hierfür reicht eine Bestätigungs-E-Mail aus.

43 Die Informationspflicht des Unternehmers bezieht sich ebenfalls auf die oben genannte Sonderregelung zum Wertersatz (§ 357 Abs. 8 BGB) und auf die wesentlichen Vertragsinhalte (vgl. § 312d Abs. 1 BGB i. V. m. Art. 246a § 1 EGBGB und Art. 246c § 1 EGBGB). Hierzu zählen beispielsweise Kündigungs- und Haftungsmodalitäten genauso wie der Gesamtpreis der Leistung einschließlich aller damit verbundenen Preisbestandteile und sonstigen Kosten.

D. Anschlussverträge (NAV)

I. Einführung

Der Netzanschluss ermöglicht aufgrund der Leitungsgebundenheit der Versorgung mit Strom als technische Anbindung einer Verbrauchsstelle an das notwendige Stromversorgungsnetz erst die tatsächliche Teilnahme an der allgemeinen Energieversorgung. Das Netzanschlussverhältnis umfasst dabei nicht nur die **Herstellung des Anschlusses der elektrischen Anlage** an das jeweilige Netz, sondern auch den **Betrieb des Netzanschlusses.** So hat der Netzbetreiber als Eigentümer der Netzanschlüsse sowohl für deren wirtschaftliche Nutzbarkeit zu sorgen, als auch z. B. deren Unterhaltung, Instandhaltung und Änderung sicherzustellen. Im Gegenzug kann der Netzbetreiber in Bezug auf den Netzanschluss die im Rahmen einer wirtschaftlichen Betriebsführung entstehenden Herstellungs- oder Änderungskosten grundsätzlich vom Anschlussnehmer ersetzt verlangen. 1

Als Vertragspartner des Netzanschlussvertrags stehen sich der in vielen Fällen anschlussverpflichtete Betreiber von Stromversorgungsnetzen auf der einen Seite und auf der anderen Seite „jedermann", also der potenzielle **Netzkunde,** gegenüber. 2

Checkliste – Netzkunde !
- **Letztverbraucher,**
- **Netzbetreiber** und
- **Betreiber von Erzeugungs- und Speicheranlagen,** aber auch
- **Eigentümer und Erbbauberechtigte** des Gebäudes oder Grundstücks, die an das allgemeine Versorgungsnetz in Niederspannung angeschlossen sind, aber selbst nicht als Letztverbraucher Energie verbrauchen.

Der Anschlusspflicht haben dabei im Grundsatz alle Netzbetreiber Folge zu leisten, soweit nicht spezielle Ausnahmetatbestände greifen. Nach herrschender Auffassung dient der als Kontrahierungszwang zu qualifizierende **Anspruch auf Netzanschluss** der Sicherstellung eines freien Wettbewerbs, der in erster Linie eine Wettbewerbsverzerrung durch Versagung des Netzanschlusses verhindern soll.[1] 3

Der die technisch-physikalische Verbindung mit dem Versorgungsnetz regelnde Netzanschlussvertrag stellt dabei die – auf privat-rechtlicher Ebene zu realisierende – Rechtsfolge des gesetzlich begründeten grundsätzlichen Anspruchs auf Netzanschluss dar (§§ 17–19 EnWG), der notwendigerweise den Anspruch auf Netzzugang ergänzt: Während der Netzzugangsanspruch nämlich die Nutzung des Netzes für den Transport von Energie regelt, stellt der Anspruch auf Netzanschluss die Erreichbar- 4

---

1 Vgl. Baur/Salje/Schmidt-Preuß/*Salje*, Kap. 67 Rn 8; Britz/Hellermann/Hermes/*Stötzel*, § 17 Rn 7 ff.; Danner/Theobald/*Hartmann*, § 17 EnWG Rn 22.

keit des Adressaten der Belieferung mit Energie bzw. die Verbindung des Einspeisers mit dem Netz sicher.[2]

5 Im Hinblick auf die den Netzanschlussverträgen zugrunde liegenden **gesetzlich normierten Pflichten** der Netzbetreiber sind die sog. allgemeine und die besondere Anschlusspflicht voneinander zu unterscheiden. Die **allgemeine Anschlusspflicht** bezieht sich auf Letztverbraucher in Niederspannung und wird im Regelfall durch die Vorschrift des § 18 EnWG in Verbindung mit den flankierenden Regelungen der Verordnung über Allgemeine Bedingungen für den Netzanschluss und dessen Nutzung für die Elektrizitätsversorgung in Niederspannung (Niederspannungsanschlussverordnung – NAV, v. 3.9.2010, BGBl. I S. 1261) bestimmt. Die allgemeine Anschlusspflicht greift nicht, wenn der Anschluss oder die Anschlussnutzung für den Betreiber des Energieversorgungsnetzes aus wirtschaftlichen Gründen nicht zumutbar ist (§ 18 Abs. 1 S. 2 EnWG).

6 Demgegenüber beinhaltet die **besondere Anschlusspflicht** einen Anspruch auf Netzanschluss aufseiten derjenigen Anschlussnehmer, die an Netze mit einer höheren Spannungsebene angeschlossen werden möchten (§ 17 Abs. 1 EnWG).

! **Praxistipp**
Zwar gelten die Regelungen der **NAV** bei einer höheren Spannungsebene nicht unmittelbar. Es ist jedoch sinnvoll und branchenüblich, diese **entsprechend anzuwenden.**

---

7 Da die in § 17 Abs. 1 EnWG normierte besondere Anschlusspflicht allumfassend, also unabhängig von der Art des Versorgungsnetzes und ohne die explizite Nennung einer Spannungsebene formuliert ist, gilt diese innerhalb und außerhalb der allgemeinen Versorgungsnetze. Eine Ausnahme von der Anschlusspflicht besteht jedoch für die geschlossenen Verteilernetze.[3] Zu beachten ist auch, dass sich der Anschlussnehmer auch im Niederspannungsbereich auf die besondere Anschlusspflicht i. S. d. § 17 Abs. 1 EnWG berufen kann. Dies ist dann möglich, wenn eine vertragliche Regelung von der Konzeption des § 18 EnWG bzw. der NAV abweicht. Auch in Bezug auf Netzanschlüsse in Niederspannung sind – wie etwa im Bereich der Belieferung von Haushaltskunden – neben Verträgen über die Regelung des allgemeinen Netzanschlusses folglich (über § 17 EnWG) „Sonderverträge" möglich.[4]

8 Der Netzbetreiber darf den Anschluss an sein Netz nur dann rechtmäßig verweigern, wenn er nachweisen (und in einem möglichen Gerichtsverfahren auch darlegen

---

2 Vgl. Danner/Theobald/*Hartmann*, § 17 EnWG Rn 22.

3 Nach § 110 EnWG wird ein Energieversorgungsnetz, das der Versorgung von Kunden in einem geografisch begrenzten Industrie- und Gewerbegebiet oder in einem Gebiet, in dem die Leistungen gemeinsam genutzt werden, auf Antrag des Netzbetreibers bei Vorliegen bestimmter weiterer Voraussetzungen von der Regulierungsbehörde als geschlossenes Verteilernetz eingestuft, vgl. § 110 Abs. 2 EnWG.

4 Vgl. Danner/Theobald/*Hartmann*, § 17 EnWG Rn 30.

und beweisen) kann, dass ihm in Bezug auf das konkrete Netzanschlussverhältnis die Gewährung des Anschlusses aus betriebsbedingten, sonstigen wirtschaftlichen oder technischen Gründen in Ansehung des Gesetzeszwecks des EnWG (§ 1 EnWG) nicht möglich bzw. unzumutbar ist, vgl. § 17 Abs. 2 EnWG.

Achtung !
Die **Gründe der Anschlussverweigerung** (z. B. das ernsthafte Risiko des Forderungsausfalls, erhebliche Rückstände aus vorheriger Geschäftsbeziehung) müssen vom Netzbetreiber dabei konkret und detailliert **in Textform (§ 126b BGB)** gegenüber dem Anschlusspetenten aufgeführt werden.

Praxistipp – Verweigerung des Netzanschlusses !
Der Verweigerung des Netzanschlusses durch den Netzbetreiber aufgrund wirtschaftlicher Unmöglichkeit kommt in der Praxis eine recht große Bedeutung zu. Bei der Frage, ob er sich auf eine solche **wirtschaftliche Unmöglichkeit** berufen kann, muss der Netzbetreiber zunächst prüfen, ob der konkrete Netzanschluss bzw. alle übrigen infrage kommenden Varianten eines Anschlusses wirtschaftlich zumutbar sind. Ist das nicht der Fall, entfällt die Anschlusspflicht. Sind mehrere wirtschaftlich zumutbare Anschlussmöglichkeiten vorhanden, müsste der Netzbetreiber im Rahmen eines zweiten Prüfungsschritts den effizientesten der wirtschaftlich zumutbaren Anschlusspunkte ermitteln. Notwendig ist eine objektivierte gesamtwirtschaftliche Betrachtung, die alle beteiligten Netzbetreiber einbezieht.
Ist trotz der theoretischen Option eines Netzausbaus ein Netzanschluss aufgrund technisch-physikalischer Umstände faktisch nicht möglich, handelt es sich um einen Fall der **technischen Unmöglichkeit**. Die Darlegung der technischen Unmöglichkeit erfolgt wie im Falle der wirtschaftlichen Unmöglichkeit ebenfalls im Rahmen einer zweischrittigen Prüfung: Zunächst ist zu hinterfragen, ob eine Erforderlichkeit der in Rede stehenden Maßnahme in Bezug auf den Anschluss gegeben ist. Sodann ist darzustellen, dass diese in technischer Hinsicht nicht realisierbar ist.

Grundsätzlich beinhaltet der Netzanschlussvertrag insbesondere die **Beschreibung der Entnahmestelle** (Zählpunktbezeichnung und Eigentumsgrenze), wobei seine Ausgestaltung abhängig ist von der **Spannungsebene** und der **Art der Zählung** (Lastgang- oder Standardlastprofilzählung). Für den Bereich der Niederspannung geben die Regelungen des § 4 NAV die erforderlichen **Mindestinhalte eines Netzanschlussvertrags** vor. 9

Regelmäßig wird der Netzbetreiber die wirtschaftlichen und/oder technischen Anschlussbedingungen im Massengeschäft einseitig festsetzen.[5] Der Anschlussnehmer kann diese im Wege der **Billigkeitskontrolle** i. S. d. § 315 BGB überprüfen lassen. 10

Korrespondierend zu dem energierechtlichen Gebot der **Diskriminierungsfreiheit** ist der Netzbetreiber in der Niederspannung gem. § 4 NAV verpflichtet, die Allgemeinen Bedingungen des Netzanschlussverhältnisses jedem Neukunden bei Entste- 11

5 Z. B. bei der allgemeinen Anschlusspflicht nach § 18 EnWG in Form von ergänzenden Bedingungen zur NAV oder bei der besonderen Anschlusspflicht nach § 17 EnWG in Form von standardisierten Verträgen oder AGB.

hung des Netzanschlussverhältnisses und auf Verlangen auch den übrigen Kunden unentgeltlich zu übergeben. Er muss diese zudem auf seiner Internetseite veröffentlichen.

12 Ebenjenes gilt bei Anschluss an das Netz in der Niederspannung für die ergänzenden Bedingungen, deren Änderungen zu ihrer Wirksamkeit zusätzlich der öffentlichen Bekanntgabe und der Mitteilung an die Regulierungsbehörde bedürfen (§ 4 Abs. 3 NAV).

Praxistipp

Zu beachten ist, dass die Dokumentation der Netzanschlussverhältnisse – nicht der Vertragsschluss selbst – dem **Textformerfordernis gem. § 126b BGB** unterliegt. Dementsprechend genügt etwa im Hinblick auf die seitens des EVU dem Kunden beizubringende Bestätigung des Abschlusses des Netzanschlussvertrags eine nicht unterschriebene E-Mail oder die Übersendung der Bestätigung mittels Telefax.

II. Vertragsmuster

1. Netzanschlussvertrag Niederspannung

Muster

Netzanschlussvertrag 13
über den Anschluss von elektrischen Anlagen an das Niederspannungsnetz der
Stadtwerke ... GmbH

zwischen

Anschlussnehmer

☐ Herr ☐ Frau ☐ Firma

Name Vorname

Geburtsdatum (nur für Privatkunden, Verbraucher i. S. v. § 13 BGB)

Straße, Hausnummer

Postleitzahl Ort

Telefonnummer

E-Mail-Adresse

Registernummer (nur für Firmenkunden, Unternehmer i. S. v. § 14 BGB)

Kundennummer

und

Netzbetreiber

Stadtwerke ... GmbH
Straße und Hausnummer
PLZ und Ort
Amtsgericht ...
HRB ...

Netzanschluss

über folgenden Netzanschluss

Straße, Hausnummer

Postleitzahl Ort

Gemarkung/Flur/Flurstück

Bezeichnung des Zählers

1. Vertragsgegenstand

1.1. Dieser Netzanschlussvertrag regelt den Anschluss der elektrischen Anlage an das Elektrizitätsversorgungsnetz und den weiteren Betrieb des Anschlusses nach Maßgabe der „Verordnung über Allgemeine Bedingungen für den Netzanschluss und dessen Nutzung für die Elektrizitätsversorgung in Niederspannung (Niederspannungsanschlussverordnung – NAV) vom 1. November 2006 – BGBl. 2006, Teil I Nr. 50, S. 2477 ff. – und der ergänzenden Bedingungen der Stadtwerke ... GmbH zur NAV. Die spezifischen Daten des Netzanschlusses sind in dem als Anlage beigefügten Angebot über die Herstellung bzw. Veränderung eines Netzanschlusses geregelt.

1.2. Dieser Vertrag umfasst weder die Belieferung des Anschlussnehmers mit Elektrizität (Stromliefervertrag), den Zugang zu den Elektrizitätsversorgungsnetzen im Sinne des § 20 EnWG (Netznutzungsvertrag) noch die Nutzung des Anschlusses zur Entnahme von Strom (Anschlussnutzungsvertrag). Hierüber sind gesonderte Verträge zu schließen.

2. **Herstellung/Veränderung des Netzanschlusses**
Die Stadtwerke ... GmbH
(Zutreffendes bitte ankreuzen)

- ☐ stellt den Netzanschluss gegen Erstattung der Netzanschlusskosten sowie des Baukostenzuschusses nach § 11 NAV her und hält ihn für die Dauer dieses Vertrages dem Anschlussnehmer vor.
  Die vorzuhaltende Leistung beträgt ... kWh.
- ☐ verändert den Netzanschluss bzw. erweitert die vorgehaltene Netzanschlussleistung und hält den Netzanschluss für die Dauer dieses Vertrages dem Anschlussnehmer vor.

Die zukünftig vorzuhaltende Leistung beträgt ... kWh.

3. **Netzanschlusskosten, Baukostenzuschuss**
(Zutreffendes bitte ankreuzen)

3.1. Das Entgelt für die Herstellung/Veränderung des oben genannten Netzanschlusses

- ☐ beträgt ... € brutto (... € netto) und ist vom Anschlussnehmer an den Netzbetreiber zu entrichten.
- ☐ wurde bereits gezahlt.

3.2 Der für den oben genannten Anschluss vom Anschlussnehmer an den Netzbetreiber zu entrichtende Baukostenzuschuss

- ☐ beträgt ... € brutto (... € netto) und ist vom Anschlussnehmer an den Netzbetreiber zu entrichten.
- ☐ wurde bereits gezahlt.

4. **Auftrag für die Herstellung des Netzanschlusses**
Der Eingang dieses vom Anschlussnehmer unterzeichneten Dokumentes gilt gleichzeitig als Auftragserteilung für die Herstellung bzw. Veränderung des Netzanschlusses.

5. **Zustimmung des Grundstückseigentümers, Mitteilung über Eigentumswechsel**

5.1. Ist der Anschlussnehmer nicht Grundstückseigentümer oder Erbbauberechtigter, ist er verpflichtet, eine schriftliche Zustimmung des Grundstückseigentümers zur Herstellung oder Änderung des Netzanschlusses unter Anerkennung der für den Anschlussnehmer und den Grundstückseigentümer damit verbundenen Verpflichtungen beizubringen. Hierzu ist der von der Stadtwerke ... GmbH zur Verfügung gestellte Vordruck zu verwenden.

5.2. Der Anschlussnehmer ist verpflichtet, dem Netzbetreiber jede Änderung der Eigentumsverhältnisse an der elektrischen Anlage und/oder am angeschlossenen Objekt unverzüglich mitzuteilen.

6. **Allgemeine und ergänzende Bedingungen**
Die Niederspannungsanschlussverordnung (NAV), die ergänzenden Bedingungen der Stadtwerke ... GmbH zur NAV sowie die Technischen Anschlussbedingungen der Stadtwerke ... GmbH sind Bestandteil dieses Vertrages und im Internet unter www.....de veröffentlicht. Die NAV sowie die ergänzenden Bedingungen der Stadtwerke ... GmbH zu NAV sind darüber hinaus als Anlage beigefügt.

7. **Inkrafttreten**
Der Vertrag tritt mit der Unterzeichnung in Kraft und wird auf unbestimmte Zeit geschlossen. Er kann von den Vertragsparteien gemäß den Vorgaben des § 25 Abs. 1 NAV gekündigt werden.

Ort Datum	Ort Datum
Stadtwerke ... GmbH	Unterschrift des Anschlussnehmers

Anlagenverzeichnis[6]

Anlage 1: Angebot über die Herstellung bzw. Veränderung des Netzanschlusses der Stadtwerke ... GmbH

Anlage 2: Niederspannungsanschlussverordnung (NAV)

Anlage 3: Ergänzende Bedingungen der Stadtwerke ... GmbH zur NAV

Anlage 4: Informationsblatt zum Thema „Energieeffizienz"

[**Hinweis:** Gemäß § 4 Abs. 2 EDL – G sind Energieunternehmen verpflichtet, Informationen über Energiedienstleistungen, Energieeffizienzmaßnahmen etc., anzubieten. Sinnvoll wäre insoweit diese Informationen auf einem Informationsblatt darzustellen bzw. die Information als deutlichen Hinweis in die allgemeinen Vertragsbedingungen einzufügen (ggf. hervorgehoben durch einen Rahmen).]

6 Die Anlagen 1 und 4 sind unternehmensintern individuell auszufüllen, für Anlage 3 s. Rn 15. Die NAV – Anlage 2 – ist online abrufbar unter http://www.gesetze-im-internet.de.

2. Netzanschlussvertrag Mittelspannung/Hochspannung

Muster

14 **Netzanschlussvertrag Strom**

– Mittelspannung/Hochspannung –

zwischen

Anschlussnehmer

☐ Herr ☐ Frau ☐ Firma

____

Name Vorname

____

Geburtsdatum (nur für Privatkunden, Verbraucher i. S. v. § 13 BGB)

____

Straße, Hausnummer

____

Postleitzahl Ort

____

Telefonnummer

____

E-Mail-Adresse

____

Registernummer (nur für Firmenkunden, Unternehmer i. S. v. § 14 BGB)

____

Kundennummer

und

Netzbetreiber

Stadtwerke ... GmbH
Straße und Hausnummer
PLZ und Ort
Amtsgericht ...
HRB ...

– im Folgenden Netzbetreiber –

schließen folgenden Netzanschlussvertrag:

1. Vertragsgegenstand

1.1. Gegenstand dieses Vertrages ist die Herstellung, der Betrieb und die Unterhaltung sowie gegebenenfalls die Erneuerung, die Änderung, die Abtrennung und die Beseitigung des Netzanschlusses.

1.2. Dieser Vertrag umfasst weder die Belieferung des Anschlussnehmers mit Elektrizität (Stromliefervertrag), den Zugang zu den Elektrizitätsversorgungsnetzen im Sinne des § 20 EnWG (Netznutzungsvertrag) noch die Nutzung des Anschlusses zur Entnahme von Strom (Anschlussnutzungsvertrag). Hierüber sind gesonderte Verträge zu schließen.

2. Netzanschluss

2.1. Der Netzanschluss besteht aus der Verbindung des Verteilernetzes des Netzbetreibers mit der Anlage des Anschlussnehmers. Die Übergabestelle/Eigentumsgrenze ergibt sich aus dem beiliegenden Lageplan (Anlage 1) sowie dem Übersichtsschaltplan (Anlage 2).

2.2. Der Anschluss wird bis zur Übergabestelle vom Netzbetreiber unterhalten. Die elektrische Anlage nach der Übergabestelle – abgesehen von den Messeinrichtungen des Netzbetreibers bzw.

Messstellenbetreibers – steht im Eigentum des Anschlussnehmers und ist von diesem auf seine Kosten zu unterhalten.

2.3. Der Netzanschluss befindet sich
Ort, Straße (Trafostation wie im beigelegten Lageplan eingezeichnet).

2.4. Die Stromart ist Drehstrom mit einer Spannung von etwa ... Volt und einer Frequenz von etwa 50 Hz. Der Netzbetreiber ist berechtigt, Stromart und Spannung zu ändern, falls dies aus wirtschaftlichen oder technischen Gründen erforderlich ist.

2.5. Die Netzanschlusskapazität beträgt ... kVA.

2.6. Überschreitet die höchste im Kalenderjahr registrierte Leistung die Netzanschlusskapazität nach Ziffer 2.5, so ist der Netzbetreiber berechtigt, eine Verstärkung des Netzanschlusses auf Kosten des Anschlussnehmers und die Zahlung eines zusätzlichen Baukostenzuschusses zu verlangen.

3. Netzanschlusskosten, Baukostenzuschuss, weitere Leistungen

3.1. Das Entgelt für die Herstellung/Änderung des in Ziffer 2.1 bezeichneten Netzanschlusses (bitte ankreuzen)

☐ ist dem beiliegenden Angebot (Anlage 3) zu entnehmen.

☐ wurde bereits gezahlt.

3.2. Der Netzbetreiber erhebt von dem Anschlussnehmer einen Baukostenzuschuss zur Deckung der Kosten für die Erstellung oder Verstärkung der örtlichen Verteileranlagen des Mittelspannungsnetzes und der Anlagen der vorgelagerten Netz-/Umspannebene, soweit sich diese Anlagen ganz oder teilweise dem Versorgungsbereich zuordnen lassen, in dem der Anschluss erfolgt.

Der für oben genannten Anschluss vom Anschlussnehmer an den Netzbetreiber zu entrichtende Baukostenzuschuss (bitte ankreuzen)

☐ ist dem beiliegenden Angebot (Anlage 3) zu entnehmen.

☐ wurde bereits gezahlt.

Dem Baukostenzuschuss liegt eine Leistungsanforderung von ... kVA (entspricht ... kW bei cos j = 0,9) zugrunde.

3.3. Der Anschlussnehmer zahlt einen weiteren Baukostenzuschuss gemäß Ziffer 3.2, wenn er seine Leistungsanforderung über das der ursprünglichen Berechnung zugrunde liegende Maß hinaus erhöht.

3.4. Vom Anschlussnehmer verlangte, von dem beiliegenden Angebot nicht erfasste Leistungen sind, sofern nichts anderes vereinbart wird, nach Aufwand gesondert zu vergüten. Ziffer 9 findet insofern keine Anwendung.

4. Eigentum am Anschlussgrundstück

der Anschlussnehmer (bitte ankreuzen)

☐ ist Grundstückseigentümer oder Erbbauberechtiger.

☐ ist nicht Grundstückseigentümer oder Erbbauberechtiger. Er verpflichtet sich, eine schriftliche Zustimmung des Grundstückseigentümers zur Herstellung und Änderung des Netzanschlusses unter Anerkennung der für den Anschlussnehmer und den Grundstückseigentümer damit verbundenen Verpflichtungen beizubringen. Hierzu ist das entsprechende Formular des Netzbetreibers (Anlage 5) zu verwenden.

Der Anschlussnehmer teilt dem Netzbetreiber unverzüglich mit, wenn das Eigentum an dem Grundstück oder an dem angeschlossenen Objekt wechselt.

5. Mess- und Steuereinrichtung

5.1. Zur Messung der entnommenen elektrischen Energie werden vom Netzbetreiber, soweit dieser auch Messstellenbetreiber ist, Messeinrichtungen entsprechend den Angaben in Anlage 4 eingebaut. Die Messung erfolgt ... kV-seitig.

5.2. Die Kosten des Einbaus und eventuell erforderlich werdender Änderungen der Mess- und Steuereinrichtungen trägt gegenüber dem Netzbetreiber, soweit dieser Messstellenbetreiber ist, der Anschlussnehmer, soweit sie nicht vom Anschlussnutzer getragen werden.

6. Haftung

6.1. Für Schäden, die der Anschlussnehmer bei der Errichtung, der Änderung und/oder dem Betrieb des Netzanschlusses oder einer Transformatorenanlage durch den Netzbetreiber erleidet, haftet der Netzbetreiber aus Vertrag oder unerlaubter Handlung

- im Falle einer Verletzung des Lebens, des Körpers oder der Gesundheit nach den gesetzlichen Vorschriften,
- im Falle der Beschädigung einer Sache oder eines Vermögensschadens nur für Vorsatz und grobe Fahrlässigkeit, wobei bei grober Fahrlässigkeit die Haftung des Netzbetreibers auf 5.000,00 € begrenzt ist,
- im Falle der schuldhaften Verletzung von wesentlichen Vertragspflichten. Wird eine wesentliche Vertragspflicht vom Netzbetreiber weder vorsätzlich noch grob fahrlässig verursacht, haftet er nur für Schäden, die er bei Abschluss des Netzanschlussvertrages als mögliche Folge der Vertragsverletzung vorausgesehen hat oder hätte voraussehen müssen.

6.2. Der geschädigte Anschlussnehmer hat den Schaden unverzüglich dem Netzbetreiber mitzuteilen.

6.3. Die Haftung aus dem Produkthaftungsgesetz und aus anderen gesetzlichen Vorschriften bleibt unberührt.

7. Zutrittsrecht

7.1. Der Anschlussnehmer hat nach vorheriger Benachrichtigung den mit einem Ausweis versehenen Beauftragten des Netzbetreibers oder des Messstellenbetreibers jederzeit während der üblichen Geschäftszeiten den Zutritt zum Grundstück und zu seinen Räumen zu gestatten, soweit dies für die Prüfung der technischen Einrichtungen und Messeinrichtungen, zur Ablesung der Messeinrichtungen oder zur Unterbrechung des Anschlusses und der Anschlussnutzung erforderlich ist.

7.2. Den Beauftragten des Netzbetreibers ist darüber hinaus zum Zwecke der Prüfung der technischen Einrichtungen auch außerhalb der üblichen Geschäftszeiten der ungehinderte Zugang (räumlich und zeitlich) zur Trafostation zu gewähren, wenn dies zur Abwendung einer unmittelbaren Gefahr für die Sicherheit von Personen oder Anlagen oder um zu gewährleisten, dass Störungen anderer Kunden oder störende Rückwirkungen auf Einrichtungen des Netzbetreibers oder Dritter ausgeschlossen sind, erforderlich ist.

8. Vertragsbeginn/Kündigung

8.1. Dieser Netzanschlussvertrag tritt mit der Unterzeichnung in Kraft und kann mit einer Frist von einem Monat auf das Ende eines Kalendermonats gekündigt werden. Eine Kündigung durch den Netzbetreiber ist nur möglich, soweit eine Pflicht zum Netzanschluss nach § 17 Abs. 2 EnWG nicht besteht. Die in Ziffer 2.5 genannte Netzanschlusskapazität steht erst zur Verfügung, wenn die Messeinrichtung installiert und der Netzanschluss in Betrieb gesetzt worden ist. Die Inbetriebsetzung kann von der Bezahlung der Netzanschlusskosten und des Baukostenzuschusses abhängig gemacht werden.

8.2. Dieser Netzanschlussvertrag ersetzt alle etwaigen bisherigen Verträge bezüglich des in Ziffer 2.1 bezeichneten Netzanschlusses.

9. Anwendung der NAV/Technischen Anschlussbedingungen

Soweit in diesem Vertrag nichts anderes geregelt ist, gelten die Verordnung über Allgemeine Bedingungen für den Netzanschluss und dessen Nutzung für die Elektrizitätsversorgung in

Niederspannung (Niederspannungsanschlussverordnung – NAV) vom 1. November 2006 (BGBl 2006, Teil I Nr. 50, S. 2477) und die ergänzenden Bedingungen des Netzbetreibers zur NAV in ihren jeweiligen Fassungen entsprechend sowie die „Technischen Anschlussbedingungen für den Anschluss an das Mittelspannungsnetz“ bzw. die „Technischen Anschlussbedingungen für den Anschluss an das Hochspannungsnetz“ (TAB Mittelspannung bzw. Hochspannung) in ihrer jeweiligen Fassung. Die NAV (Anlage 6), die ergänzenden Bedingungen zur NAV (Anlage 7) sowie die TAB Mittelspannung bzw. Hochspannung (Anlage 8) liegen diesem Vertrag in ihren aktuellen Fassungen bei.

10. Rechtsnachfolge

10.1. Der Anschlussnehmer ist berechtigt, die Rechte und Pflichten aus diesem Vertrag als Gesamtheit mit Zustimmung des Netzbetreibers auf einen Dritten zu übertragen. Die Zustimmung darf nicht verweigert werden, sofern die technische oder wirtschaftliche Leistungsfähigkeit des eintretenden Dritten gewährleistet ist.

10.2. Tritt an die Stelle des bisherigen Netzbetreibers ein anderes Unternehmen in die sich aus dem Vertragsverhältnis ergebenden Rechte und Pflichten ein, so bedarf es hierfür nicht der Zustimmung des Anschlussnehmers. Der Wechsel des Netzbetreibers wird öffentlich bekannt gemacht und auf der Internetseite des Netzbetreibers veröffentlicht.

11. Schlussbestimmungen

11.1. Sollten einzelne Bestimmungen des Vertrages unwirksam oder undurchführbar sein oder werden, so bleibt der Vertrag im Übrigen unberührt. Die Vertragspartner verpflichten sich, die unwirksamen oder undurchführbaren Bestimmungen durch andere, ihnen im wirtschaftlichen Ergebnis möglichst gleich kommende Regelungen zu ersetzen. Dies gilt entsprechend bei unbeabsichtigten Regelungslücken. Zur Schließung von Regelungslücken sind nachrangig zu Ziffer 9 die einschlägigen Regelwerke „Transmission Code“, „Metering Code“ und „Distribution Code“ ergänzend heranzuziehen.

11.2. Sollten sich sonstige für das Vertragsverhältnis bestimmende Umstände wesentlich ändern und sollte dadurch für eine der Vertragsparteien das Festhalten am Vertrag nicht mehr zumutbar sein, so werden die Vertragsparteien den Vertrag an die geänderten Bedingungen anpassen.

Ort Datum	Ort Datum
Stadtwerke ... GmbH	Unterschrift des Anschlussnehmers

Anlagenverzeichnis[7]

Anlage 1: Lageplan
Anlage 2: Übersichtsschaltplan
Anlage 3: Angebot über die Herstellung bzw. die Veränderung des Netzanschlusses der Stadtwerke ... GmbH
Anlage 4: Beschreibung des Netzanschlusses und der Mess- und Steuereinrichtungen
Anlage 5: Muster Zustimmungserklärung des Grundstückseigentümers
Anlage 6: Niederspannungsanschlussverordnung (NAV)
Anlage 7: Ergänzende Bedingungen zur NAV

7 Die Anlagen 1–4 und 8, 9 sind unternehmensintern individuell anzufüllen, für Anlage 5 s. Rn 16, für Anlage 7 s. Rn 15. Die NAV – Anlage 6 – ist online abrufbar unter http://www.gesetze-im-internet.de.

Anlage 8: Technische Anschlussbedingungen für den Anschluss an das Mittelspannungsnetz bzw. Technische Anschlussbedingungen für den Anschluss an das Hochspannungsnetz (TAB Mittelspannung bzw. Hochspannung)

Anlage 9: Informationsblatt zum Thema „Energieeffizienz"

[**Hinweis:** Gemäß § 4 Abs. 2 EDL – G sind Energieunternehmen verpflichtet, Informationen über Energiedienstleistungen, Energieeffizienzmaßnahmen etc., anzubieten. Sinnvoll wäre insoweit diese Informationen auf einem Informationsblatt darzustellen bzw. die Information als deutlichen Hinweis in die allgemeinen Vertragsbedingungen einzufügen (ggf. hervorgehoben durch einen Rahmen).]

3. Anlage 3 bzw. 7 – Ergänzende Bedingungen zur NAV

Muster
Anlage 3 Niederspannung bzw. Anlage 7 Mittel-/Hochspannung 15

Ergänzende Bedingungen
der Stadtwerke ... GmbH (Netzbetreiber)

zu der „Verordnung über Allgemeine Bedingungen für den Netzanschluss und dessen Nutzung für die Elektrizitätsversorgung in Niederspannung (Niederspannungsanschlussverordnung – NAV)“ vom 1. November 2006 – BGBl. 2006, Teil I Nr. 50, S. 2477 ff. –
– gültig ab dem ... –

1. **Netzanschluss (§§ 5–9 NAV)**

1.1 Die Herstellung sowie Veränderungen des Netzanschlusses sind vom Anschlussnehmer unter Verwendung der vom Netzbetreiber zur Verfügung gestellten Vordrucke zu beantragen.

1.2 Der Netzbetreiber kann verlangen, dass jedes Grundstück, das eine selbstständige wirtschaftliche Einheit bildet, und jedes Gebäude, dem eine eigene Hausnummer zugeteilt ist, über einen eigenen Netzanschluss an das Versorgungsnetz angeschlossen wird.

1.3 Der Anschlussnehmer erstattet dem Netzbetreiber die Kosten für die Herstellung des Netzanschlusses nach den im Preisblatt des Netzbetreibers veröffentlichten Pauschalsätzen.
Darüber hinaus erstattet der Anschlussnehmer dem Netzbetreiber die Kosten für Veränderungen des Netzanschlusses, die durch eine Änderung oder Erweiterung der Kundenlage erforderlich oder aus anderen Gründen vom Anschlussnehmer veranlasst werden, nach tatsächlichem Aufwand.

1.4 Der Anschlussnehmer ist berechtigt, auf dem Privatgrundstück Erdarbeiten unter Einhaltung der Vorgaben des Netzbetreibers in Eigenleistung und auf eigene Verantwortung zu erbringen. Die Eigenleistungen für den selbst geschachteten und wieder verfüllten Graben werden zugunsten des Anschlussnehmers kostenmindernd berücksichtigt.

1.5 Der Netzbetreiber ist berechtigt, den Netzanschluss abzutrennen, wenn das Netzanschlussverhältnis beendet wird.

2. **Baukostenzuschuss (§ 11 NAV)**

2.1 Der Netzbetreiber erhebt von dem Anschlussnehmer einen angemessenen Baukostenzuschuss zur teilweisen Deckung der bei wirtschaftlich effizienter Betriebsführung notwendigen Kosten für die Erstellung oder Verstärkung der örtlichen Verteilanlagen des Niederspannungsnetzes einschließlich Transformatorenstationen, soweit sich diese Anlagen ganz oder teilweise dem Versorgungsbereich zuordnen lassen, in dem der Anschluss erfolgt.

2.2 Der Baukostenzuschuss beträgt 50 % der ansetzbaren Kosten.

2.3 Der Anschlussnehmer zahlt einen weiteren Baukostenzuschuss, wenn er seine Leistungsanforderung erheblich über das der ursprünglichen Berechnung zugrunde liegende Maß hinaus erhöht und dadurch eine Veränderung am Netzanschluss erforderlich wird.
Die Höhe des weiteren Baukostenzuschusses bemisst sich nach Ziffer 2.1 und 2.2

3. **Fälligkeit**
Die Netzanschlusskosten sowie der Baukostenzuschuss werden bei Fertigstellung des Netzanschlusses fällig.

4. **Abschlagszahlungen, Vorauszahlungen (§§ 9 Abs. 2, 11 Abs. 6 NAV)**
Werden von einem Anschlussnehmer mehrere Netzanschlüsse beauftragt, erhebt der Netzbetreiber auf die Netzanschlusskosten und die Baukostenzuschüsse angemessene Abschlagszahlungen.

Bei größeren Objekten kann der Netzbetreiber Abschlagszahlungen auf den Baukostenzuschuss entsprechend dem Baufortschritt der öffentlichen Verteilanlagen verlangen.
Ein eventuell gegebener Vorauszahlungsanspruch gemäß §§ 9 Abs. 2, 11 Abs. 6 NAV bleibt unberührt.

5. Inbetriebsetzung der elektrischen Anlage (§ 14 NAV)

5.1 Der Netzbetreiber oder dessen Beauftragte schließen die elektrische Anlage an das Niederspannungsnetz an (Inbetriebsetzung). Die Inbetriebsetzung der elektrischen Anlage ist von dem Installationsunternehmen, das die Arbeiten an der elektrischen Anlage ausgeführt hat, unter Verwendung der von dem Netzbetreiber zur Verfügung gestellten Vordrucke zu beantragen.

5.2 Der Anschlussnehmer erstattet dem Netzbetreiber die Inbetriebsetzungskosten nach den im Preisblatt veröffentlichten Pauschalsätzen.
Ist eine beantragte Inbetriebsetzung der elektrischen Anlage aufgrund festgestellter Mängel an der Anlage nicht möglich, so werden hierfür die im Preisblatt des Netzbetreibers veröffentlichten Pauschalsätze berechnet. Dies gilt auch für sonstige vergebliche Inbetriebsetzungsversuche, soweit der Kunde diese zu vertreten hat.

5.3 Die Inbetriebsetzung der elektrischen Anlage kann von der Bezahlung der Netzanschlusskosten und des Baukostenzuschusses abhängig gemacht werden.

6. Technische Anschlussbedingungen (§ 20 NAV)

Die technischen Anforderungen des Netzbetreibers an den Netzanschluss und andere Anlagenteile sowie an den Betrieb der elektrischen Anlage einschließlich Eigenanlagen sind in den Technischen Anschlussbedingungen für den Anschluss an das Niederspannungsnetz des Netzbetreibers festgelegt. Der vollständige Wortlaut der Technischen Anschlussbedingungen ist im Internet unter www.... veröffentlicht. Er kann ferner bei dem Netzbetreiber eingesehen werden und wird auf Verlangen unentgeltlich auch in Papierform zur Verfügung gestellt.

7. Zahlungsverzug, Unterbrechung und Wiederherstellung des Anschlusses und der Anschlussnutzung (§§ 23, 24 NDAV)

Die Kosten aufgrund eines Zahlungsverzuges, einer Unterbrechung des Anschlusses und der Anschlussnutzung sowie der Wiederherstellung des Anschlusses und der Anschlussnutzung sind vom Anschlussnehmer und/oder Anschlussnutzer nach den im Preisblatt des Netzbetreibers veröffentlichten Pauschalsätzen zu erstatten.
Dem Netzbetreiber bleibt der Nachweis vorbehalten, dass ihm ein Schaden entstanden ist, der die in diesem im Preisblatt veröffentlichten Sätze übersteigt. Dem Kunden bleibt der Nachweis vorbehalten, dass dem Netzbetreiber überhaupt kein oder nur ein wesentlich geringerer Schaden entstanden ist, als dies in den im Preisblatt des Netzbetreibers veröffentlichen Sätzen angegeben ist.

8. Umsatzsteuer

Die Berechnung der vom Kunden zu zahlenden Beträge erfolgt zu den aufgeführten Nettopreisen. Die jeweils gesetzlich festgelegte Umsatzsteuer wird zusätzlich berechnet.
Die unter Ziffer 7 aufgeführten Kosten aufgrund eines Zahlungsverzuges sowie die Kosten der Unterbrechung des Anschlusses und der Anschlussnutzung unterliegen nicht der Umsatzsteuer.

9. Widerrufsbelehrung

Widerrufsrecht

Sie haben das Recht, binnen vierzehn Tagen ohne Angabe von Gründen diesen Vertrag zu widerrufen.
Die Widerrufsfrist beträgt vierzehn Tage ab dem Tag des Vertragsabschlusses.

Um Ihr Widerrufsrecht auszuüben, müssen Sie uns (Stadtwerke ..., Anschrift, Telefonnummer, Faxnummer, E-Mail-Adresse) mittels einer eindeutigen Erklärung (z. B. ein mit der Post versandter Brief, Telefax oder E-Mail) über Ihren Entschluss, diesen Vertrag zu widerrufen, informieren. Sie können dafür das beigefügte Muster-Widerrufsformular verwenden, das jedoch nicht vorgeschrieben ist. [optional: Sie können das Muster-Widerrufsformular oder eine andere eindeutige Erklärung auch auf unserer Webseite [Internet-Adresse einfügen] elektronisch ausfüllen und übermitteln. Machen Sie von dieser Möglichkeit Gebrauch, so werden wir Ihnen unverzüglich (z. B. per E-Mail) eine Bestätigung über den Eingang eines solchen Widerrufs übermitteln.]
Zur Wahrung der Widerrufsfrist reicht es aus, dass Sie die Mitteilung über die Ausübung des Widerrufsrechts vor Ablauf der Widerrufsfrist absenden.

Folgen des Widerrufs
Wenn Sie diesen Vertrag widerrufen, haben wir Ihnen alle Zahlungen, die wir von Ihnen erhalten haben, einschließlich der Lieferkosten (mit Ausnahme der zusätzlichen Kosten, die sich daraus ergeben, dass Sie eine andere Art der Lieferung als die von uns angebotene, günstigste Standardlieferung gewählt haben), unverzüglich und spätestens binnen vierzehn Tagen ab dem Tag zurückzuzahlen, an dem die Mitteilung über Ihren Widerruf dieses Vertrags bei uns eingegangen ist.
Für diese Rückzahlung verwenden wir dasselbe Zahlungsmittel, das Sie bei der ursprünglichen Transaktion eingesetzt haben, es sei denn, mit Ihnen wurde ausdrücklich etwas anderes vereinbart; in keinem Fall werden Ihnen wegen dieser Rückzahlung Entgelte berechnet.
Haben Sie verlangt, dass die Dienstleistungen oder Lieferung von Wasser/Gas/Strom/Fernwärme [Unzutreffendes streichen] während der Widerrufsfrist beginnen soll, so haben Sie uns einen angemessenen Betrag zu zahlen, der dem Anteil der bis zu dem Zeitpunkt, zu dem Sie uns von der Ausübung des Widerrufsrechts hinsichtlich dieses Vertrags unterrichten, bereits erbrachten Dienstleistungen im Vergleich zum Gesamtumfang der im Vertrag vorgesehenen Dienstleistungen entspricht.

Widerrufsformular

Wenn Sie den Vertrag widerrufen wollen, dann füllen Sie bitte dieses Formular aus und senden Sie es zurück.

An
Stadtwerke ... GmbH
Straße, Nr.
PLZ Ort
[ggf. die Telefaxnummer und E-Mail-Adresse]

Hiermit widerrufe(n) ich/wir (*) den von mir/uns (*) abgeschlossenen Vertrag über den Kauf der folgenden Waren (*)/die Erbringung der folgenden Dienstleistung (*):

Bestellt am (*)/erhalten am (*)

Name des/der Verbraucher(s)

Anschrift des/der Verbraucher(s)

Datum Unterschrift des/der Verbraucher(s) (nur bei Mitteilungen auf Papier)

(*) Unzutreffendes streichen.

4. Zustimmungserklärung des Grundstückseigentümers zur Herstellung oder Änderung des Netzanschlusses

---

Muster

Zustimmungserklärung des Grundstückseigentümers zur Herstellung oder Änderung des Netzanschlusses gemäß § 2 Abs. 3 NAV bzw. § 2 Abs. 3 NDAV 16

☐ Stromnetzanschluss ☐ Gasnetzanschluss
(Zutreffendes bitte ankreuzen)

Sehr geehrte Kundin, sehr geehrter Kunde,

Anschlussnehmer, die nicht Grundstückseigentümer oder Erbbauberechtigte sind, haben gemäß § 2 Abs. 3 der „Verordnung über Allgemeine Bedingungen für den Netzanschluss und dessen Nutzung für die Elektrizitätsversorgung in Niederspannung (Niederspannungsanschlussverordnung – NAV)" – BGBl. 2006, Teil I, S. 2477 ff. – bzw. § 2 Abs. 3 der „Verordnung über Allgemeine Bedingungen für den Netzanschluss und dessen Nutzung für die Gasversorgung in Niederdruck (Niederdruckanschlussverordnung – NDAV)" – BGBl. 2006, Teil I, S. 2485 ff. – die schriftliche Zustimmung des Grundstückeigentümers zur Herstellung und Änderung des Netzanschlusses unter Anerkennung der für den Anschlussnehmer und den Grundstückseigentümer zur damit verbunden Verpflichtungen beizubringen. Diese Zustimmungserklärung ist erforderlich, um bei einem Auseinanderfallen in der Person des Anschlussnehmers und des Grundstückseigentümers/Erbbauberechtigten dem Netzbetreiber die Ausübung seiner Rechte und Pflichten insbesondere bei der Herstellung, Änderung und Aufrechterhaltung des weiteren Betriebs des Netzanschlusses auch gegenüber dem Grundstückseigentümer/Erbbauberechtigten zu ermöglichen. Mit der Zustimmung wird der Grundstückseigentümer nicht Schuldner der aus dem Netzanschlussverhältnis resultierenden Kosten.

Dies vorausgeschickt, stimmt

____
Frau/Herr/Firma

____
Straße, Hausnummer

____
Postleitzahl, Ort

als Eigentümer des Grundstücks

____
Straße, Hausnummer

____
Postleitzahl, Ort

____
Gemarkung

____
Flurstück

Flurnummer

der Herstellung bzw. Änderung des Netzanschlusses für den Anschlussnehmer

---

Frau/Herr/Firma

Straße, Hausnummer

Postleitzahl, Ort

auf dem oben genannten Grundstück zu und erkennt die für den Anschlussnehmer und den Grundstückseigentümer/Erbbauberechtigten damit verbundenen Verpflichtungen, insbesondere gemäß §§ 5, 6, 8, 10 und 12 NAV bzw. NDAV, an. Die NAV bzw. NDAV gilt für die Stromversorgung in Mittelspannung bzw. die Gasversorgung in Mitteldruck insoweit entsprechend. Sämtliche Verordnungen liegen zur Einsicht und Mitnahme in den Geschäftsräumen der Stadtwerke ... GmbH, Straße und Hausnummer, PLZ und Ort, aus. Sie sind außerdem im Internet unter www.....de veröffentlicht.

Ort, Datum

Unterschrift des Grundstückseigentümers

---

5. Bestätigungsschreiben zum Anschlussnehmerwechsel

Muster

Bestätigung des Netzbetreibers 17
gemäß § 2 Abs. 5 Satz 1 NAV
über den Wechsel des Anschlussnehmers

Sehr geehrte Kundin, sehr geehrter Kunde,

der bisherige Anschlussnehmer des im Folgenden bezeichneten Netzanschlusses ... hat uns am ... mitgeteilt, dass Sie das Eigentum an der betreffenden Kundenanlage erworben haben. Hiermit bestätigen wir Ihnen gemäß § 2 Abs. 4 der beiliegenden „Verordnung über Allgemeine Bedingungen für den Netzanschluss und dessen Nutzung für die Elektrizitätsversorgung in Niederspannung (Niederspannungsanschlussverordnung – NAV)" vom 1. November 2006, BGBl. 2006, Teil I, S. 2477 ff. – das Zustandekommen eines entsprechenden Netzanschlussverhältnisses auf der Grundlage der anliegenden Bestimmungen der NAV sowie der ebenfalls anliegenden ergänzenden Bedingungen der Stadtwerke ... GmbH zur NAV.
Wir machen darauf aufmerksam, dass die Stadtwerke ... GmbH als Netzbetreiber für Schäden, die ein Anschlussnutzer durch Unterbrechung oder durch Unregelmäßigkeiten in der Anschlussnutzung erleidet, nur in den Grenzen des § 18 NAV haftet.
Folgende Angaben legen wir gemäß § 4 Abs. 1 NAV dem Netzanschlussverhältnis zugrunde:

Kunde

☐ Herr ☐ Frau ☐ Firma

___

Name Vorname

___

Geburtsdatum (nur für Privatkunden, Verbraucher i. S. v. § 13 BGB)

___

Straße, Hausnummer

___

Postleitzahl Ort

___

Telefonnummer

___

E-Mail-Adresse

___

Registernummer (nur für Firmenkunden, Unternehmer i. S. v. § 14 BGB)

___

Kundennummer

Anlagedaten

___

Anlagenadresse

___

Bezeichnung des Zählers oder

___

Aufstellungsort des Zählers

Angaben zum örtlichen Netzbetreiber

Stadtwerke ... GmbH
Straße und Hausnummer
PLZ und Ort
Amtsgericht ...
HRB ...

Anlagen

– Niederspannungsanschlussverordnung (NAV)
– Ergänzende Bedingungen zur NAV

Mit freundlichen Grüßen

Stadtwerke ... GmbH

6. Bestätigungsschreiben zur Anschlussnutzung

Muster

18 **Bestätigung des Netzbetreibers gemäß § 3 Abs. 3 Satz 2 NAV über die Aufnahme der Anschlussnutzung**

Sehr geehrte Kundin, sehr geehrter Kunde,

Sie haben die Nutzung des im Folgenden bezeichneten Netzanschlusses zur Entnahme von Elektrizität aufgenommen. Hiermit bestätigen wir Ihnen gemäß § 3 Abs. 3 S. 2 der „Verordnung über Allgemeine Bedingungen für den Netzanschluss und dessen Nutzung für die Elektrizitätsversorgung in Niederspannung (Niederspannungsanschlussverordnung – NAV)" vom 1. November 2006, BGBl. 2006, Teil I, S. 2477 ff. – das Zustandekommen eines entsprechenden Anschlussnutzungsverhältnisses auf der Grundlage der anliegenden Bestimmungen der NAV sowie der ebenfalls anliegenden ergänzenden Bedingungen der Stadtwerke ... GmbH zur NAV.
Wir machen darauf aufmerksam, dass die Stadtwerke ... GmbH als Netzbetreiber für Schäden, die ein Anschlussnutzer durch Unterbrechung oder durch Unregelmäßigkeiten in der Anschlussnutzung erleidet, in den Grenzen des § 18 NAV haftet.
Folgende Angaben legen wir gemäß § 4 Abs. 1 NAV dem Anschlussnutzungsverhältnis zugrunde:

Kunde

☐ Herr ☐ Frau ☐ Firma

Name Vorname

Geburtsdatum (nur für Privatkunden, Verbraucher i. S. v. § 13 BGB)

Straße, Hausnummer

Postleitzahl Ort

Telefonnummer

E-Mail-Adresse

Registernummer (nur für Firmenkunden, Unternehmer i. S. v. § 14 BGB)

Kundennummer

Anlagedaten

Anlagenadresse

Bezeichnung des Zählers oder

Aufstellungsort des Zählers

Angaben zum örtlichen Netzbetreiber

Stadtwerke ... GmbH
Straße und Hausnummer
PLZ und Ort
Amtsgericht ...
HRB ...

Anlagen

- Niederspannungsanschlussverordnung (NAV)
- Ergänzende Bedingungen zur NAV

Mit freundlichen Grüßen
Stadtwerke ... GmbH

III. Erläuterung

1. Netzanschlussvertrag über den Anschluss an das Netz in der Niederspannung

a) Aufbau des Vertrags

Der Aufbau des Netzanschlussvertrags orientiert sich zumeist an der grundsätzlichen regulatorischen Konzeptionierung des Regelwerks der NAV. 19

b) Die Vertragsparteien

Anschlussnehmer sind in Bezug auf diesen Vertrag natürliche oder juristische Personen, die als Letztverbraucher den Strom für ihren eigenen Verbrauch beziehen. Eingeschlossen sind darüber hinaus jedoch auch Eigentümer und Erbbauberechtigte von Gebäuden oder Grundstücken, die an das allgemeine Versorgungsnetz in Niederspannung angeschlossen sind, selbst aber nicht als Letztverbraucher fungieren. Der Netzanschluss für EEG-Anlagen wird durch diesen Vertrag nicht abgedeckt (§ 1 Abs. 4 S. 4 NAV).[8] 20

Netzbetreiber im Sinne dieses Vertrags sind nach der Konzeption des § 18 Abs. 1 EnWG die Verteilnetzbetreiber der allgemeinen Versorgung (§ 1 Abs. 4 NAV i. V. m. § 3 Nr. 17 EnWG), deren Netze für die Ebene der Niederspannung ausgelegt sind. Üblicherweise werden dies die Konzessionsvertragspartner der Gemeinde sein. 21

Die **Bezeichnung der Parteien einschließlich der Nennung der persönlichen bzw. unternehmensbezogenen Daten** und die **Identifizierung des konkreten Netzanschlusses** gehören zu den unter § 4 Abs. 1 Nr. 1–4 NAV aufgeführten für den Vertragsschluss notwendigen Daten. 22

Das Netzanschlussverhältnis kommt im Bereich der Niederspannung nach Maßgabe des § 2 NAV im Wege des schriftlich abzuschließenden Vertrags, des Eigentumserwerbs an der Kundenanlage bzw. der Bestätigung des Vertragsschlusses gegenüber dem Anschlussnehmer zustande. 23

c) Die Regelungen im Einzelnen

aa) Ziff. 1 Vertragsgegenstand

Ziff. 1.1 beschreibt gemäß der Vorgabe des § 2 Abs. 1 NAV den Gegenstand des Netzanschlussvertrags, der ausschließlich den Anschluss der elektrischen Anlage über den Netzanschluss und dessen weiteren Betrieb (Unterhaltung, Erneuerung, Änderung, Abtrennung und Beseitigung, § 8 NAV) umfasst. 24

Im Bereich der Niederspannung wird das Netzanschlussverhältnis unmittelbar durch die Regelungen der NAV und die diese ergänzenden Bedingungen des Netzbetreibers bestimmt. Auf die Anwendbarkeit der NAV sowie das Vorhandensein der 25

8 Für erneuerbare Energien siehe Kap. 5.

ergänzenden Bedingungen der Netzbetreiber wird an dieser Stelle gem. § 2 Abs. 5 S. 2 NAV explizit hingewiesen.

26 Die in **Ziff. 1.2** vorgenommene Klarstellung nimmt Bezug auf die im Zuge der Entflechtungsvorgaben des europäischen Rechts erfolgte Trennung in den hier vertragsgegenständlichen Anschlussbereich einerseits (Verhältnis des Kunden zum Netzbetreiber) und in den Lieferbereich andererseits (Verhältnis des Kunden zum Energielieferanten).[9] Klargestellt wird darüber hinaus, dass das Recht zur Nutzung des Netzanschlusses zur Entnahme von Strom im Verhältnis des Anschlussnutzers zum Netzbetreiber gem. § 3 und § 4 NAV eines gesonderten sog. Anschlussnutzungsvertrags bedarf.[10]

bb) Ziff. 2 Herstellung/Veränderung des Netzanschlusses

27 Die Klausel dient zunächst der Sachverhaltsabgrenzung bzgl. der Herstellung des Netzanschlusses (erste anzukreuzende Alternative) von der Änderung eines bereits bestehenden Netzanschlusses (zweite anzukreuzende Alternative).

28 Nach Maßgabe der Regelungen des § 6 NAV trifft den Netzbetreiber die Pflicht zur Herstellung bzw. Änderung und zum weiteren Betrieb des Netzanschlusses. Dies geschieht entgeltlich i. S. d. § 9 NAV. Zusätzlich zu der Entgeltregelung enthält die Klausel auch den Hinweis auf die Geltendmachung des Baukostenzuschusses gem. § 11 NAV. Hiernach macht der Netzbetreiber neben den Netzanschlusskosten i. S. d. § 9 NAV von der in § 11 NAV geregelten Möglichkeit zur Erhebung eines angemessenen Baukostenzuschusses für die Erstellung/Verstärkung der örtlichen Verteileranlagen Gebrauch.

29 Seitens des Anschlussnehmers ist zudem die (in Bezug auf die Änderung des Netzabschlusses angepasste) vorzuhaltende Netzanschlussleistung in kWh anzugeben. Diese gehört zu den unter § 4 Abs. 1 Nr. 1–4 NAV aufgeführten, für den Vertragsschluss notwendigen Daten.

cc) Ziff. 3 Netzanschlusskosten, Baukostenzuschuss

30 Die in **Ziff. 3.1** enthaltene Klausel dient korrespondierend zu Ziff. 2 des Vertrags der konkreten Bezifferung der vom Anschlussnehmer zu erstattenden Netzanschlusskosten für die Herstellung oder Veränderung des Netzanschlusses (erste anzukreuzende Alternative) bzw. stellt klar, dass eine solche Zahlungsverpflichtung bereits erfüllt wurde (zweite anzukreuzende Alternative).

31 Die in **Ziff. 3.2** enthaltene Klausel konkretisiert Ziff. 2 des Vertrags bzgl. des Baukostenzuschusses und beziffert den konkret vom Anschlussnehmer an den Netzbe-

9 Vgl. Baur/Salje/Schmidt-Preuß/*Salje*, Kap. 67 Rn 27.

10 Vgl. hierzu Kap. 2.E – Anschlussnutzungsverträge.

treiber zu entrichtenden Betrag (erste anzukreuzende Alternative) bzw. stellt klar, dass diese Zahlungsverpflichtung bereits erfüllt wurde (zweite anzukreuzende Alternative).

dd) Ziff. 4 Auftrag für die Herstellung des Netzanschlusses

Die Formulierung des in dieser Klausel enthaltenen Auftrags trägt der Regelung 32 des §6 Abs. 1 S. 2 NAV Rechnung, nach dem der Anschlussnehmer die Herstellung des Netzanschlusses schriftlich beauftragen soll. Durch die Fiktion des im Wege des Vertragsschlusses „miterteilten“ Auftrags wird zugleich sichergestellt, dass der Abschluss des Netzanschlussverhältnisses (§ 2 Abs. 2 S. 1 NAV) dem Schriftformerfordernis genügt. Klarstellend enthält das Vertragsdokument in **Anlage 1** die explizite Formulierung eines entsprechenden Angebotsschreibens über die Herstellung bzw. Veränderung des Netzanschlusses.

ee) Ziff. 5 Zustimmung des Grundstückseigentümers, Mitteilung über Eigentumswechsel

Ziff. 5.1 dient dem Hinweis auf die gem. §2 Abs. 3 NAV notwendige Zustimmung 33 des Grundstückseigentümers zur Herstellung/Änderung des Netzanschlusses. Die Zustimmung und eine damit verbundene Anerkennung der mit dieser für den Anschlussnehmer und den Grundstückseigentümer verbundenen Verpflichtungen haben Anschlussnehmer, die nicht Grundstückseigentümer oder Erbbauberechtigte sind, beizubringen. In diesem Zusammenhang ist darauf hinzuweisen, dass nur der Grundstückseigentümer zustimmungsberechtigt ist, eine Zustimmung also insbesondere nicht durch den Erbbauberechtigten erfolgen kann. §2 Abs. 3 NAV privilegiert den Erbbauberechtigten nur insofern, als dieser für die Herstellung oder Änderung des Netzanschlusses nicht die Zustimmung des Grundstückseigentümers beizubringen hat.

Der in Ziff. 5.1 in Bezug genommene Vordruck[11] sollte dem potenziellen Anschluss- 34 nehmer spätestens mit Aushändigung des Vertragsexemplars zur Verfügung gestellt werden.

Ziff. 5.2 enthält die in §2 Abs. 4 S. 3 NAV geregelte gesetzliche Verpflichtung des 35 in dem Vertrag bezeichneten Anschlussnehmers, den Eigentumsübergang und die Person des neuen Anschlussnehmers gegenüber dem Netzbetreiber unverzüglich und in Textform (§ 126b BGB) anzuzeigen.

---

11 Vgl. hierzu Ziff. 6 „Zustimmungserklärung des Grundstückseigentümers zur Herstellung der Änderung des Netzanschlusses“.

ff) Ziff. 6 Allgemeine und ergänzende Bedingungen

36 Die Klausel erklärt die Allgemeinen und ergänzenden Bedingungen des Netzbetreibers einschließlich seiner TAB (§ 20 NAV) i. S. d. § 4 Abs. 2 und 3 NAV explizit zum Vertragsinhalt, die dem Vertragsdokument als **Anlage 2 und Anlage 3** beigefügt sind. Hiermit wird sichergestellt, dass die einseitig ausgestalteten Bedingungen wirksam in das Vertragsverhältnis einbezogen werden. Zudem erfolgt der Hinweis auf die gem. § 4 Abs. 2 S. 2 NAV auf der Internetseite des Netzbetreibers zu veröffentlichenden Allgemeinen Bedingungen, die der Vollständigkeit halber auch in Bezug auf die ergänzenden Bedingungen einschließlich der TAB erfolgen sollte.

gg) Ziff. 7 Inkrafttreten

37 Der Netzanschlussvertrag tritt als Wirksamkeitsvoraussetzung zum Netzanschlussverhältnis gemäß der gesetzlichen Regelung des § 2 NAV mit Vertragsunterzeichnung für die Dauer eines unbestimmten Zeitraums in Kraft. Hingewiesen wird in der Klausel auf die in § 25 Abs. 1 NAV enthaltene beidseitige Kündigungsmöglichkeit, nach der das Netzanschlussverhältnis mit einer einmonatigen Frist auf das Ende eines jeden Kalendermonats gekündigt werden kann. Aufseiten des Netzbetreibers besteht ein solches Kündigungsrecht jedoch nur, soweit eine Netzanschlusspflicht i. S. d. § 18 Abs. 1 S. 2 EnWG nicht gegeben ist.

hh) Anlagen

38 Wie bereits im Zusammenhang mit den maßgeblichen Klauseln des Vertrags dargestellt, sind dem Vertragsdokument als Anlagen das **Angebot über die Herstellung bzw. Veränderung des Netzanschlusses**, die **Allgemeinen Bedingungen** (in Form des Verordnungstextes der NAV) und die **ergänzenden Bedingungen einschließlich der TAB** beizufügen.

39 Zudem trifft die Netzbetreiber als Energieunternehmen i. S. d. § 2 Nr. 13 EDL-G gem. § 4 Abs. 2 EDL-G die Verpflichtung, **Informationen über Energiedienstleistungen, Energieeffizienzmaßnahmen etc.** anzubieten.

! **Praxistipp**
Sinnvoll wäre insoweit die **Darstellung der Informationen** auf einem gesonderten Blatt oder die Einfügung eines deutlichen, ggf. grafisch abgesetzten Hinweises in den Allgemeinen Vertragsbedingungen.

---

2. Netzanschlussvertrag über den Anschluss an das Netz in der Mittel-/ Hochspannung

a) Aufbau des Vertrags

Der Aufbau des Netzanschlussvertrags orientiert sich in den Grundzügen ebenfalls an der regulatorischen Konzeptionierung des Regelwerks der NAV, welche in entsprechender Anwendung auch auf den Bereich der Mittel- und Hochspannung übertragbar ist. 40

b) Die Vertragsparteien

Anschlussnehmer sind in Bezug auf diesen Vertrag alle infrage kommenden Netzkunden (Letztverbraucher, Betreiber von Erzeugungs- und Speicheranlagen und Netzbetreiber). 41

Netzbetreiber im Sinne dieses Vertrags sind nach der Konzeption des § 17 EnWG die Verteilnetzbetreiber der allgemeinen Versorgung, soweit diese kein geschlossenes Verteilernetz i. S. d. § 110 EnWG betreiben. Betreiber einer Direktleitung, die lediglich einen einzelnen Netznutzer mit einem Energieerzeugungsstandort oder dem Netz verbindet, unterfallen nicht dem Netzbetreiberbegriff im Sinne dieses Vertrags. 42

Die **Bezeichnung der Parteien einschließlich der Nennung der persönlichen bzw. unternehmensbezogenen Daten** sind angelehnt an die unter § 4 Abs. 1 Nr. 1–4 NAV aufgeführten, für einen Vertragsschluss notwendigen Daten. 43

Das Netzanschlussverhältnis kommt im Bereich der Mittel- und Hochspannung nach Maßgabe des entsprechend anzuwendenden § 2 NAV im Wege des schriftlich abzuschließenden Vertrags, des Eigentumserwerbs an der Kundenanlage bzw. der Bestätigung des Vertragsschlusses gegenüber dem Anschlussnehmer zustande. 44

c) Die Regelungen im Einzelnen

aa) Ziff. 1 Vertragsgegenstand

Ziff. 1.1 beschreibt in entsprechender Anwendung der §§ 2 Abs. 1 und 8 NAV den Gegenstand des Netzanschlussvertrags, der ausschließlich den Anschluss der elektrischen Anlage über den Netzanschluss und dessen weiteren Betrieb umfasst. 45

Die in **Ziff. 1.2** vorgenommene Klarstellung nimmt Bezug auf die im Zuge der Entflechtungsvorgaben des europäischen Rechts erfolgte Trennung in den hier vertragsgegenständlichen Anschlussbereich einerseits (Verhältnis des Kunden zum Netzbetreiber) und in den Lieferbereich andererseits (Verhältnis des Kunden zum Energielieferanten).[12] Klargestellt wird darüber hinaus, dass auch das Recht zur Nutzung des Netzanschlusses zur Entnahme von Strom im Verhältnis des Anschluss- 46

12 Vgl. Baur/Salje/Schmidt-Preuß/*Salje*, Kap. 67 Rn 27.

nutzers zum Netzbetreiber entsprechend der Regelungen der §3 und §4 NAV eines gesonderten sog. Anschlussnutzungsvertrags bedarf.[13]

bb) Ziff. 2 Netzanschluss

47 Die in **Ziff. 2.1** enthaltene Klausel dient der Beschreibung des Netzanschlusses unter Konkretisierung der Eigentumsgrenze, die mittels anzufügenden Lageplans und dem Übersichtsplan (**Anlage 1** und **Anlage 2**) identifiziert und vertraglich festgelegt wird (Eigentumsgrenze/Übergabestelle).

48 **Ziff. 2.2** enthält in Anlehnung an die Konzeption der §6 und §§19 ff. NAV einerseits die bis zur Übergabestelle reichende Pflicht des Netzbetreibers zur Unterhaltung des Netzanschlusses. Andererseits trifft die auf eigene Kosten zu erfüllende Unterhaltungspflicht den Anschlussnehmer hinter der Übergabestelle in Bezug auf seine Kundenanlage. Ausgenommen hiervon sind die im Eigentum des Messstellenbetreibers bzw. des Netzbetreibers stehenden Einrichtungen für Messungen.

49 **Ziff. 2.3** enthält in entsprechender Anwendung des §10 Abs. 1 S. 1 NAV die Bestimmung der Belegenheit der Transformatorenanlage. Nach der gesetzlichen Konzeption kann die Belegenheit seitens des Netzbetreibers festgelegt werden, sofern für den Netzanschluss eines Grundstücks eine besondere Transformatorenanlage erforderlich ist. Der Anschlussnehmer hat dem Netzbetreiber hiernach unentgeltlich für die Dauer des Netzanschlussverhältnisses einen geeigneten Platz zur Verfügung zu stellen.

50 **Ziff. 2.4** legt die für das Netzanschlussverhältnis bereitzustellende Stromart (Drehstrom), eine ungefähre Bezifferung der diesbezüglichen Spannung und die Frequenz von etwa 50 Hz fest. Im Hinblick auf die Stromart und die Frequenz entspricht S. 1 der Klausel damit dem Regelungsgehalt des §7 Abs. 1 S. 1 NAV. Abweichend hierzu bleibt dem Netzbetreiber in S. 2 der Klausel das Recht vorbehalten, aus wirtschaftlichen oder technischen Gründen eine Änderung von Stromart und Spannung vorzunehmen.

51 In **Ziff. 2.5** erfolgt die vertragliche Vereinbarung der Netzanschlusskapazität als maximale Scheinleistung (Bezifferung der kVA), die dem Kunden an dem Netzanschlusspunkt für den Bezug von Strom zugesichert wird.

52 **Ziff. 2.6** enthält eine spezielle Kostenregelung für den Fall, dass die höchste im Kalenderjahr registrierte Anschlusskapazität die in Ziff. 2.5 vereinbarte überschreitet. Trifft dies zu, hat der Netzbetreiber das Recht, eine Verstärkung des Netzanschlusses auf Kosten des Anschlussnehmers und die Zahlung eines zusätzlichen Baukostenzuschusses zu verlangen. Die Klausel ist damit angelehnt an den Regelungsgehalt des §11 Abs. 1 und 4 NAV, nach dessen Konzeption ein weiterer Baukostenzuschuss bei

---

13 Vgl. hierzu Kap. 2.E – Anschlussnutzungsverträge.

erheblicher Überschreitung der Leistungsanforderung des Anschlussnehmers verlangt werden kann.

Praxistipp
Die „Erheblichkeit" einer Überschreitung der Leistungsanforderung sollte von den Parteien im Rahmen des Anschlussvertrags vertraglich festgelegt werden.

cc) Ziff. 3 Netzanschlusskosten, Baukostenzuschuss, weitere Leistungen

Die in **Ziff. 3.1** enthaltene Klausel zur entgeltlichen Herstellung/Änderung des Netzanschlusses entspricht der entsprechend anzuwendenden Regelung des § 9 NAV. Sie enthält über den Verweis auf das dem Vertrag als **Anlage 3** beizufügende Angebot die konkreten vom Anschlussnehmer zu erstattenden Netzanschlusskosten für die Herstellung oder Veränderung des Netzanschlusses (erste anzukreuzende Alternative) bzw. stellt klar, dass eine solche Zahlungsverpflichtung bereits erfüllt wurde (zweite anzukreuzende Alternative). 53

In **Ziff. 3.2** enthält die Klausel zusätzlich zu der Entgeltregelung die Geltendmachung des Baukostenzuschusses in entsprechender Anwendung des § 11 NAV. Hiernach macht der Netzbetreiber neben den Netzanschlusskosten i. S. d. § 9 NAV von der in § 11 NAV geregelten Möglichkeit zur Erhebung eines angemessenen Baukostenzuschusses für die Erstellung/Verstärkung der örtlichen Verteileranlagen Gebrauch. Sie enthält über den Verweis auf das dem Vertrag als **Anlage 3** beizufügende Angebot den konkreten vom Anschlussnehmer zu entrichtenden Baukostenzuschuss zur Deckung der Kosten für die Erstellung/Verstärkung der örtlichen Verteileranlagen des Netzes und der Anlagen der vorgelagerten Netz-/Umspannebene (erste anzukreuzende Alternative) bzw. stellt klar, dass eine solche Zahlungsverpflichtung bereits erfüllt wurde (zweite anzukreuzende Alternative) und legt diesem in entsprechender Anwendung des § 11 Abs. 3 NAV eine bestimmte Leistungsanforderung zugrunde. 54

Die in **Ziff. 3.3** entspricht dem sinngemäß anzuwendenden § 11 Abs. 4 NAV, nach dem der Netzbetreiber einen zusätzlichen Baukostenzuschuss verlangen kann, wenn die Leistungsanforderungen des Anschlussnehmers die ursprünglich zugrunde gelegten (Ziff. 3.2) überschreiten. 55

Ziff. 3.4 enthält abweichend von den Vorgaben der NAV, den ergänzenden Bedingungen und den Technischen Bedingungen des Netzbetreibers eine gesonderte Vergütungsvereinbarung für vom Anschlussnehmer verlangte und nicht im Angebot (**Anlage 3**) aufgeführte Leistungen. Die Vergütung erfolgt gesondert und aufwandsbezogen und ermöglicht eine beidseitige Flexibilität im Hinblick auf mögliche Zusatzleistungen. 56

Praxistipp – mögliche Zusatzleistungen
- Wartungsleistungen
- Abrechnungsdienste

dd) Ziff. 4 Eigentum am Anschlussgrundstück

57 Die in **Ziff. 4.1** enthaltene Klausel verpflichtet den Anschlussnehmer gemäß dem entsprechend anzuwendenden § 2 Abs. 3 NAV, die erforderliche Zustimmung des Grundstückseigentümers zur Herstellung/Änderung des Netzanschlusses beizubringen. Die Zustimmung und eine damit verbundene Anerkennung der mit dieser für den Anschlussnehmer und den Grundstückseigentümer verbundenen Verpflichtungen haben Anschlussnehmer beizubringen, die nicht Grundstückseigentümer oder Erbbauberechtigte sind. Die schriftliche Zustimmung ist dem Netzbetreiber durch das in Bezug genommene Formular, das dem Vertrag in **Anlage 5** beigefügt ist, zu übermitteln. Zudem enthält die Klausel entsprechend § 2 Abs. 4 S. 3 NAV die Verpflichtung des Anschlussnehmers, den Eigentumsübergang bzgl. des Grundstücks oder des angeschlossenen Objekts gegenüber dem Netzbetreiber unverzüglich mitzuteilen. In Abweichung zu der gesetzlichen Regelung enthält diese Klausel kein Textformerfordernis i. S. d. § 126b BGB.

ee) Ziff. 5 Mess- und Steuereinrichtung

58 Die in **Ziff. 5.1** enthaltene Klausel entspricht dem sinngemäß anwendbaren § 22 Abs. 2 S. 1 NAV, nach dem der Netzbetreiber den Anbringungsort der Mess- und Steuereinrichtungen – hier mittels beigefügter Beschreibung des Netzanschlusses und der Mess- und Steuereinrichtungen (**Anlage 4**) – bestimmt.

59 Die in **Ziff. 5.2** enthaltene Kostenregelung zum Einbau und etwaig erforderlichen Änderungen der Mess- und Steuereinrichtungen überwälzt in Anlehnung an § 22 Abs. 2 S. 6 NAV dem Anschlussnehmer die Kostentragungspflicht für deren Verlegung. Diese den Netzbetreiber begünstigende Kostenregelung gilt jedoch nur, soweit der Netzbetreiber Messstellenbetreiber ist und soweit die Kosten nicht vom Anschlussnutzer getragen werden.

ff) Ziff. 6 Haftung

60 Die in **Ziff. 6.1** enthaltene Haftungsklausel übernimmt die in § 18 NAV geregelte Haftung des Netzbetreibers, beschränkt diese aber zusätzlich für Bau und Betrieb. Insbesondere wird die widerlegbare Vermutung für Vorsatz und grobe Fahrlässigkeit seitens des Netzbetreibers in Bezug auf die von diesem verursachten Sach- und Vermögensschäden nicht übernommen. Der Netzbetreiber haftet ausschließlich aus Vertrag oder unerlaubter Handlung (im Gegensatz zu § 18 Abs. 1 S. 1 NAV nicht aus dem Anschlussnutzungsverhältnis) für Vorsatz und grobe Fahrlässigkeit. Für letzteren Fall sieht die Klausel eine Haftungsgrenze i. H. v. 5.000 € vor. Aus Vertrag oder unerlaubter Handlung haftet der Netzbetreiber zudem bei der schuldhaften Verletzung wesentlicher Vertragspflichten für Vorsatz und grobe Fahrlässigkeit. Die Haftung für einfache Fahrlässigkeit wird in diesem Falle an die objektive Vorhersehbarkeit zum Zeitpunkt des Vertragsschlusses geknüpft. Im Falle der Verletzung des Lebens, des Körpers und

der Gesundheit gelten die gesetzlichen Haftungsregelungen. Dies gilt nach **Ziff. 6.3** auch für die Haftung gemäß Produkthaftungsgesetz und gemäß anderen gesetzlichen Vorschriften.

Die Klausel in **Ziff. 6.2** legt dem Anschlussnehmer die unverzügliche Meldung 61
des Schadens gegenüber dem Netzbetreiber auf.

gg) Ziff. 7 Zutrittsrecht

Ziff. 7.1 erweitert die entsprechend heranzuziehende Regelung des § 21 NAV über das 62
Zutrittsrecht zugunsten des Netzbetreibers in dessen zeitlicher Komponente. Dieses ist „jederzeit während üblicher Geschäftszeiten" zu gewähren.

In Bezug auf die Trafostation gewährt **Ziff. 7.2** zur Abwendung einer unmittelba- 63
ren Gefahr darüber hinaus zugunsten des Netzbetreibers auch außerhalb der üblichen Geschäftszeiten einen uneingeschränkten Zugang zum Zwecke der Prüfung der technischen Einrichtungen.

Praxistipp !
In der Praxis dürfte dies etwa mit der Übergabe eines Schlüssels oder der Einrichtung eines 24 h-Notdienstes zu realisieren sein.

---

hh) Ziff. 8 Vertragsbeginn/Kündigung

Der in der Klausel der **Ziff. 8.1** geregelte Vertragsbeginn entspricht der entsprechend 64
heranzuziehenden Regelung des § 2 NAV, nach der der Vertrag mit Unterzeichnung in Kraft tritt. Die in der Klausel geregelte beidseitige Kündigungsmöglichkeit (vgl. den entsprechend heranzuziehenden § 25 Abs. 1 NAV), nach der das Netzanschlussverhältnis mit einer einmonatigen Frist auf das Ende eines jeden Kalendermonats gekündigt werden kann, besteht aufseiten des Netzbetreibers jedoch nur, soweit eine Netzanschlusspflicht i. S. d. § 17 Abs. 2 EnWG nicht gegeben ist.

Die in **Ziff. 8.2** enthaltene klarstellende Klausel ersetzt alle etwaigen bisherigen 65
Verträge bzgl. des konkret in diesem Netzanschlussvertrag bezeichneten Netzanschlusses.

ii) Ziff. 9 Anwendung der NAV/TAB

Die Klausel erklärt die Allgemeinen und ergänzenden Bedingungen des Netzbetrei- 66
bers (**Anlage 6 und Anlage 7**) einschließlich seiner für die jeweilige Spannungsebene maßgeblichen TAB (**Anlage 8**) in entsprechender Anwendung des § 4 Abs. 2 und 3 NAV explizit zum Vertragsinhalt. Diese Anlagen sind dem Vertragsdokument beigefügt. Hiermit wird sichergestellt, dass die einseitig ausgestalteten Bedingungen wirksam in das Vertragsverhältnis einbezogen werden. In Abweichung zu § 4 Abs. 2 S. 2 NAV müssen diese jedoch nicht publiziert werden.

jj) Ziff. 10 Rechtsnachfolge

67 Die Klauseln in **Ziff. 10.1** und **Ziff. 10.2** treffen Regelungen zur Rechtsnachfolge. In Bezug auf den Anschlussnehmer bedarf die Übertragung des Rechtsverhältnisses auf Dritte der Zustimmung, die bei Gewährleistung der technischen/wirtschaftlichen Leistungsfähigkeit nicht versagt werden darf. Die Klausel über den Wechsel des Netzbetreibers einschließlich der Pflicht zur öffentlichen Bekanntmachung und Publikation im Internet entspricht der sinngemäß heranzuziehenden Regelung des § 25 Abs. 2 NAV.

! **Praxistipp**
Wir empfehlen, **beide Klauseln** vor dem Hintergrund des Gebots der Diskriminierungsfreiheit und der Transparenz **in den Vertrag aufzunehmen**.

---

kk) Ziff. 11 Schlussbestimmungen

68 **Ziff. 11.1** enthält eine Salvatorische Klausel und die Verpflichtung der Parteien, unwirksame Regelungen oder unbeabsichtigte Regelungslücken wirksam zu ersetzen. Nachrangig zu den Allgemeinen, ergänzenden und technischen Bedingungen werden zur Schließung von Regelungslücken die einschlägigen Regelwerke „Transmission Code", „Metering Code" und „Distribution Code" ergänzend herangezogen. Damit wird dem maßgeblichen Grundsatz der Subsidiarität der Regelwerke entsprochen.

69 Mit **Ziff. 11.2** verpflichten sich die Parteien zur Vertragsanpassung nach den allgemeinen zivilrechtlichen Regelungen zur Störung der Geschäftsgrundlage (§ 313 BGB).

ll) Anlagen

70 Wie bereits im Zusammenhang mit den maßgeblichen Klauseln des Vertrags dargestellt, sind dem Vertragsdokument als Anlagen die unter **Ziff. 1–8** aufgeführten Dokumente beizufügen.

71 Zudem trifft die Netzbetreiber als Energieunternehmen i. S. d. § 2 Nr. 13 EDL-G gem. § 4 Abs. 2 EDL-G die Verpflichtung, **Informationen über Energiedienstleistungen, Energieeffizienzmaßnahmen etc.** anzubieten. Sinnvoll wäre insoweit die Darstellung der Informationen auf einem gesonderten Blatt oder die Einfügung eines deutlichen, ggf. grafisch abgesetzten Hinweises in den Allgemeinen Vertragsbedingungen.

3. Ergänzende Bedingungen zur NAV

72 Die NAV regelt die allgemeinen Bedingungen, zu denen Netzbetreiber nach § 18 Abs. 1 EnWG **jedermann** an ihr Niederspannungsnetz anzuschließen und den Anschluss zur Entnahme von Elektrizität zur Verfügung zu stellen haben. Die Regeln der NAV sind

zwingend, abweichende Vereinbarungen können nicht getroffen werden. Für EVU besteht aber die Möglichkeit,[14] in unternehmensspezifischen ergänzenden Bedingungen zur NAV Einzelheiten des Netzanschlussverhältnisses bzw. des Anschlussnutzungsverhältnisses in AGB-mäßiger Form zu regeln. Inhalte solcher ergänzenden Bedingungen können sein:

- administrative Abwicklung der Begründung von Netzanschluss- bzw. Anschlussnutzungsverträgen;
- Vorgaben zur Wahl der Stromart (§ 7 NAV);
- Kostentragung auf Grundlage pauschalierter Sätze;
- Zahlungsabwicklung;
- TAB nach § 20 NAV;
- Inbetriebsetzung elektrischer Anlagen.

Der vorliegende Formularvordruck für ergänzende Bedingungen zur NAV bildet die 73 **typischen Regelungsinhalte** ab. Abweichungen können sich unter Umständen ergeben, sofern die Vertragsparteien eine Abbildung spezifischer Besonderheiten wünschen, z. B. bzgl. der technischen Anschluss- oder Zahlungsbedingungen, der Inbetriebsetzung elektrischer Anlagen oder der Kostentragungsregelungen. Diese wären dann in Sinne einer individualvertraglichen Abrede zu gestalten.

Im Rahmen der Erstellung von ergänzenden Bedingungen ist es, wie auch bei 74 den ergänzenden Bedingungen zur GVV, möglich, die Kosten (Pauschalen) in den ergänzenden Bedingungen selbst oder in einem separaten Preisblatt auszuweisen. Die Entscheidung für die eine oder andere Vorgehensweise kann von unternehmensspezifischen Usancen abhängig gemacht werden. Für die Erstellung eines separaten Preisblattes spricht der Umstand, dass bei einer Preisänderung lediglich das Preisblatt öffentlich bekanntgegeben werden muss.

Die Regelungen in Ziff. 1 ergänzen die §§ 5 bis 9 NAV, die Fragen des Netzanschlus- 75 ses regeln. Die Ergänzungen betreffen sowohl die Anschlusssituation als solche als auch die Tragung von mit dem Netzanschluss verbundene Kosten.

In Ziff. 2 ist eine Formulierung vorgesehen, mittels derer von der Möglichkeit des 76 § 11 NAV zur Erhebung eines Baukostenzuschusses Gebrauch gemacht werden kann. In Ziff. 2.2 ist als Höhe des Baukostenzuschusses ein Satz von 50 % der ansetzbaren Kosten vorgeschlagen. Es handelt sich hierbei um den gem. § 11 Abs. 1 S. 2 NAV höchsten zulässigen Satz. Die Erhebung eines geringeren Zuschusses ist möglich. Ziff. 3 und 4 des Musters sehen Regelungen zur Fälligkeit von Netzanschlusskosten sowie des Baukostenzuschusses vor.

Ziff. 5 des Musters enthält Regelungen zur Inbetriebsetzung der elektrischen 77 Anlage in Bezug auf Zuständigkeit, Formvorschriften und Kostentragung.

---

14 Vgl. § 4 Abs. 3 NAV.

78 Ziff. 6 enthält einen Verweis auf die TAB des Verteilnetzbetreibers. Da die TAB gem. § 4 Abs. 3 NAV zu den ergänzenden Bedingungen zur NAV gehören, ist ein solcher eindeutiger Verweis auf die TAB geboten. Eine darüber hinaus gehende vollumfängliche Einbeziehung der TAB in die ergänzenden Bedingungen zur NAV ist möglich, aber nicht zwingend notwendig.

79 Die in Ziff. 7 vorgesehenen Bedingungen dienen der Regelung der finanziellen Folgen bei Zahlungsverzug, Unterbrechung und Wiederherstellung des Anschlusses und der Anschlussnutzung unter Verweis auf in das Preisblatt des Verteilnetzbetreibers aufzunehmende Pauschalsätze sowie der Möglichkeit der Parteien, einen von den Pauschalsätzen abweichenden Schaden nachzuweisen. Die Regelung in Ziff. 8 betrifft den Umfang der anfallenden Umsatzsteuer.

80 Die ergänzenden Bedingungen zur NAV sollten jedem Neukunden bei Entstehen des Netzanschlussverhältnisses oder des Anschlussnutzungsverhältnisses ausgehändigt werden. Anders als in den Regelungen zu den ergänzenden Bedingungen zur GVV in § 2 Abs. 4 S. 2 StromGVV ist dies in §§ 2 Abs. 5 S. 2, 3 Abs. 3 S. 3 NAV für die ergänzenden Bedingungen zur NAV nicht vorgeschrieben. Aus Gründen der Verbraucherfreundlichkeit, des Transparenzgebotes und insbesondere der Rechtssicherheit sollte jedoch eine Aushändigung der ergänzenden Bedingungen zur NAV erfolgen. Für die ergänzenden Bedingungen zur NAV gelten die Regelungen des BGB über die wirksame Einbeziehung von AGB in einen Vertrag. Im Streitfall ist eine Aushändigung von AGB zum Zeitpunkt des Vertragsschlusses stets ein stärkeres Indiz für die wirksame Einbeziehung derselben in den Vertrag, als dies für eine sonstige Zurkenntnisbringung wäre.[15]

81 Darüber hinaus sollten die ergänzenden Bedingungen allen übrigen Kunden auf Verlangen ausgehändigt, öffentlich bekanntgegeben und auf der Internetseite des Netzbetreibers veröffentlicht werden.

! **Praxistipp**

Im Hinblick auf Änderungen der ergänzenden Bedingungen einschließlich der TAB ist zu beachten, dass diese jeweils zum Monatsbeginn und erst nach öffentlicher Bekanntgabe wirksam werden. Die neuen TAB müssen zusätzlich der Regulierungsbehörde mitgeteilt werden. Diese Mitteilungspflicht gilt nicht für die übrigen ergänzenden Bedingungen. Schließlich sind Änderungen der ergänzenden Bedingungen am Tage der öffentlichen Bekanntmachung auf der Internetseite des Netzbetreibers zu veröffentlichen.

---

4. Bestätigungsschreiben zur Anschlussnutzung

82 Die Anschlussnutzung ist vom Netzanschluss zu unterscheiden. Während das **Netzanschlussverhältnis vertraglich zu regeln** ist (§ 2 Abs. 2 NAV), wird das Anschluss-

15 Vgl. dazu auch LG Wuppertal, Urt. v. 10.3.2010 – 8 S 91/09 –.

nutzungsverhältnis unter den Voraussetzungen des § 3 Abs. 2 NAV kraft Verordnung zum Zeitpunkt der Aufnahme der Anschlussnutzung durch den Netzanschlussnehmer begründet. Nach § 3 Abs. 2 NAV kommt das Anschlussnutzungsverhältnis dadurch zustande, dass über den Netzanschluss Elektrizität aus dem Verteilnetz entnommen wird und ein Bezugsvertrag abgeschlossen wurde bzw. ein Fall der Ersatzversorgung vorliegt und dem Anschlussnutzer oder dessen Lieferanten ein Recht auf Netzzugang zusteht. Damit handelt es sich bei dem Anschlussnutzungsverhältnis um ein verordnungsrechtliches Schuldverhältnis, welches bei Vorliegen der oben genannten Voraussetzungen entsteht. Einer gesonderten vertraglichen Vereinbarung bedarf es nicht.

Sobald der Anschlussnutzer mit der Aufnahme der Anschlussnutzung zur Ent- 83
nahme von Elektrizität beginnt, hat er dies dem Netzbetreiber gem. § 3 Abs. 3 S. 1 NAV mitzuteilen. Dieser hat dem Anschlussnutzer die **Mitteilung** zu bestätigen. Zur Bestätigung dieser Mitteilung kann das vorliegende Muster-Bestätigungsschreiben verwendet werden. Es enthält die Mindestinhalte gem. § 3 Abs. 3 S. 3 NAV, nämlich Hinweise auf die Geltung der NAV und der ergänzenden Bedingungen zur NAV sowie auf die Grenzen der Haftung des Netzbetreibers gem. § 18 NAV. Die Zusammenfassung der für den Vertragsschluss notwendigen Daten ist in § 4 Abs. 1 NAV als Soll-Erfordernis für das Bestätigungsschreiben genannt. Die Informationen ermöglichen dem Anschlussnutzer die Kontrolle der Richtigkeit der Daten, auf die der Netzbetreiber das Anschlussnutzungsverhältnis fußt. Im Fall einer Kündigung des Vertrags oder eines Lieferantenwechsels ist die Zusammenstellung der Daten für beide Parteien dienlich.

Das **Bestätigungsschreiben** sollte nach Erhalt der Mitteilung des Anschluss- 84
nutzers bzw. bei anderweitiger Kenntnisnahme über die Aufnahme der Nutzung des Netzanschlusses zur Entnahme von Elektrizität an den Anschlussnutzer unter Beifügung der NAV sowie der ergänzenden Bedingungen zur NAV versandt werden.

5. Bestätigungsschreiben zum Anschlussnehmerwechsel

Im Falle eines Anschlussnehmerwechsels in Bezug auf einen Netzanschluss, der 85
insbesondere bei Eigentumsübergang an der Kundenanlage erfolgen kann, hat der bisherige Anschlussnehmer den Netzbetreiber unverzüglich in **Textform** über den Eigentumsübergang und über die Person des neuen Anschlussnehmers zu unterrichten (§ 2 Abs. 4 S. 3 NAV). Daraufhin hat der Netzbetreiber dem neuen Anschlussnehmer mit einem **Bestätigungsschreiben** den Vertragsschluss zu bestätigen (§ 2 Abs. 5 S. 1 NAV). Darin ist auf die allgemeinen Bedingungen (NAV) einschließlich der ergänzenden Bedingungen des Netzbetreibers hinzuweisen.

Zur Bestätigung dieser Mitteilung kann das vorliegende Muster-Bestätigungs- 86
schreiben verwendet werden. Das Bestätigungsschreiben enthält die Mindestinhalte gem. § 2 Abs. 5 S. 2 NAV, nämlich Hinweise auf die Geltung der NAV und der ergänzenden Bedingungen des Netzbetreibers zur NAV. Der Hinweis auf die Grenzen der Haftung des Netzbetreibers gem. § 18 NAV ist hier im Kontext des Netzanschluss-

verhältnisses, anders als im Bestätigungsschreiben zur Anschlussnutzung, nicht zwingend. Vor dem Hintergrund der Verantwortung des Anschlussnehmers für die Anschlussnutzung (vgl. beispielsweise § 8 Abs. 1 S. 5 NAV) wird der Hinweis dennoch empfohlen.

87 Die Zusammenfassung der für den Vertragsschluss notwendigen Daten ist in § 4 Abs. 1 NAV als Soll-Erfordernis für das Bestätigungsschreiben genannt. Die Informationen ermöglichen dem Anschlussnutzer die Kontrolle der Richtigkeit der Daten, auf die der Netzbetreiber das Anschlussnutzungsverhältnis fußt. Im Fall einer Kündigung des Vertrags oder eines Lieferantenwechsels ist die Zusammenstellung der Daten für beide Parteien dienlich.

88 Das Bestätigungsschreiben sollte nach Erhalt der Mitteilung des bisherigen Anschlussnehmers unter Beifügung der NAV sowie der ergänzenden Bedingungen zur NAV unverzüglich an den neuen Anschlussnehmer versandt werden.

6. Zustimmungserklärung des Grundstückseigentümers zur Herstellung oder Änderung des Netzanschlusses

89 Nach § 2 Abs. 3 NAV haben Anschlussnehmer, die nicht Grundstückseigentümer oder Erbbauberechtigte sind, die **schriftliche Zustimmung des Grundstückseigentümers** zur Herstellung und Änderung des Netzanschlusses unter Anerkennung der für den Anschlussnehmer und den Grundstückseigentümer damit verbundenen Verpflichtungen beizubringen. In diesem Zusammenhang ist darauf hinzuweisen, dass nur der Grundstückseigentümer zustimmungsberechtigt ist, eine Zustimmung also insbesondere nicht durch den Erbbauberechtigten erfolgen kann.

90 § 2 Abs. 3 NAV privilegiert den Erbbauberechtigten nur insofern, als dieser für die Herstellung oder Änderung des Netzanschlusses nicht die Zustimmung des Grundstückseigentümers beizubringen hat.

91 Das Muster kann von einem EVU, welches sowohl ein Gas- als auch ein Stromverteilnetz betreibt, einheitlich verwendet werden. Durch Streichung der nicht zutreffenden Versorgungsart kann das Formular aber auch bei einspartigen Unternehmen zur Anwendung kommen.

! **Achtung**
Eine **Verwendung des Musters auch für den Wasser- oder Fernwärmebereich ist hingegen nicht möglich**, da in § 10 Abs. 8 AVBWasserV bzw. AVBFernwärmeV wie auch in den alten AVBEltV und AVBGasV keine Privilegierung des Erbbauberechtigten enthalten ist. Damit gelten unterschiedliche Zustimmungserfordernisse, aufgrund derer von der Erstellung eines einheitlichen spartenübergreifenden Formulars abgesehen werden sollte.

---

92 Das Formular für die Zustimmungserklärung des Grundstückseigentümers sollte Anschlussnehmern im Rahmen der Beantragung der Herstellung oder Änderung eines Netzanschlusses ausgehändigt werden.

E. Anschlussnutzungsvertrag (ANV)

I. Einführung

Während die Notwendigkeit einer gesonderten vertraglichen Ausgestaltung des Anschlussnutzungsverhältnisses neben dem Netzanschlussvertrag und dem Netznutzungsvertrag umstritten war, ist das Bedürfnis des Netzbetreibers nach einer entsprechenden Regelung nunmehr allgemein anerkannt und sowohl durch das EnWG sowie durch die dieses flankierende NAV (§§ 16 ff.) gesetzlich geregelt worden. Während der Netzanschlussvertrag ganz konkret die technische Form der Anbindung an das Netz des Verteilernetzbetreibers vertraglich fixiert und Fragen der Wartung sowie Kostentragungsregelungen zulasten des Kunden festlegt, regelt der Anschlussnutzungsvertrag die **rechtliche Zulässigkeit der Nutzung des jeweiligen Anschlusses zum Zwecke der Energieentnahme.** Hintergrund ist der Umstand, dass der Netzbetreiber infolge der entflechtungsrechtlichen Trennung des Netzbetriebs vom Vertriebsbereich keinen einheitlichen Versorgungsvertrag mit dem Kunden mehr vereinbaren kann. So verstieße eine integrierte vertragliche Ausgestaltung der Anschlussnutzung im Rahmen des Energielieferungsvertrags per se gegen die maßgeblichen Entflechtungsvorschriften des EnWG. Zudem führte die Kündigung des Energieliefervertrags zum Erlöschen des gegenseitigen Rechte- und Pflichtenkatalogs. Im Falle der Belieferung des Kunden durch ein Drittunternehmen wäre der Netzbetreiber im Verhältnis zu demjenigen Anschlussnutzer, der nicht zugleich auch Anschlussnehmer ist (z. B. im Fall von Pacht- oder Mietverhältnissen), ohne die vertragliche Fixierung des Anschlussnutzungsverhältnisses folglich rechtlos gestellt. Infolge dessen kann der Netzbetreiber das Bestehen eines Anschlussnutzungsvertrags berechtigterweise im Lieferantenrahmenvertrag zur **Voraussetzung für eine Belieferung der entsprechenden Entnahmestellen** machen. Fehlt es jedoch an einem Anschlussnutzungsvertrag, ist der Netzbetreiber zur Sperrung des Kunden berechtigt.[1] 1

Dass die Anschlussnutzung ausdrücklich nur in § 18 EnWG und für die niedere Spannungsebene in der NAV genannt ist, ist im Hinblick auf deren Übertragbarkeit auf den Bereich der Mittelhoch-/Hochspannungsebene unschädlich, da diese Regelungen insoweit auch bzgl. der Anschlussnutzung in höheren Spannungsebenen einen Leitbildcharakter aufweisen. 2

Praxistipp !

Bei der Erstellung eines Vertrags für den Bereich der Mittelspannung oder einer höheren Spannungsebene ist dringend darauf zu achten, dass der Netzbetreiber nicht lediglich die ihm günstigen Elemente der NAV, sondern das Regelwerk möglichst weitgehend übernimmt. Weicht eine Partei lediglich in eine Richtung ab, so besteht die Gefahr, dass der Vertrag als nicht mehr angemessen qualifiziert wird.

---

1 Vgl. Danner/Theobald/*Hartmann*, § 17 EnWG Rn 81 f.

3 Während das Zustandekommen des Netzanschlussverhältnisses gem. §2 NAV durch Vertrag, Eigentumserwerb an der Kundenanlage und Bestätigung des Vertragsschlusses seitens des Netzbetreibers geschieht, entsteht das Anschlussnutzungsverhältnis gem. §3 NAV im Bereich der Niederspannung bereits mit der faktischen Entnahme der Energie aus dem Verteilernetz. Es ist in der Folge jedoch unterrichtend bzw. bestätigend zu konkretisieren.[2] Die Dokumentation des Anschlussnutzungsverhältnisses – nicht der Vertragsschluss selbst – unterliegt dabei dem Textformerfordernis gem. §126b BGB.

Praxistipp
Die Bestätigung des Abschlusses des Anschlussnutzungsvertrags mittels **E-Mail** oder die Übersendung der Bestätigung mittels **Telefax ist hierfür ausreichend.**

---

4 Da für die **höheren Spannungsebenen** ein Anschlussnutzungsverhältnis nicht bereits mit Entnahme entsteht, ist hier ein **förmlicher Vertragsschluss** im Hinblick auf die Haftungsbegrenzung zugunsten des Netzbetreibers zwingend notwendig. Dies gilt insbesondere für Altfälle vor 2006. So erfassten die Altverträge nach dem Regime der AVB Strom neben dem Liefer- sowohl das Netzanschluss- als auch das Anschlussnutzungsverhältnis. Dies bedeutete im Hinblick auf die höheren Spannungsebenen, dass bei Beendigung des alten Liefervertrags zugleich aber auch der Anschlussnutzungsvertrag entfiel. Wurde zwischenzeitlich (nach 2006) ein neuer Liefervertrag geschlossen, so sollten die Netzbetreiber ihre Vertragsverhältnisse darauf hin überprüfen, ob nicht durch die Vertragsumstellung eine Haftungslücke entstanden ist.

5 Diese Lücke sollte – gerade in Ansehung des wirtschaftlichen Risikos des Anschlussnutzungsverhältnisses in den höheren Spannungsebenen im Zusammenhang z.B. mit Industriekunden – durch den Abschluss eines Anschlussnutzungsvertrages ausgeschlossen werden.

Achtung
Die NAV gilt unmittelbar nur für den Bereich der Niederspannung. In allen **höheren Spannungsebenen** kommt ein Vertragsverhältnis des Netzbetreibers mit dem Anschlussnutzer daher nicht von Gesetzes wegen zustande, sondern **muss explizit vereinbart werden**. Unterlässt der Netzbetreiber dies, so läuft er Gefahr, sich etwa durch die Nichtvereinbarung einer **Haftungsbeschränkung** rechtlos zu stellen.

Achtung
Die gem. §4 NAV geltenden Publikationspflichten hinsichtlich der Allgemeinen und ergänzenden Bedingungen der Netzbetreiber gelten nicht nur für das Netzanschluss-, sondern **auch in Bezug auf das Anschlussnutzungsverhältnis**.

---

2 Vgl. Baur/Salje/Schmidt-Preuß/*Salje*, Kap. 67 Rn 31.

II. Vertragsmuster

Muster

Anschlussnutzungsvertrag Strom 6
– Mittelspannung/Hochspannung –

Anschlussnehmer

☐ Herr ☐ Frau ☐ Firma

____
Name Vorname

____
Geburtsdatum (nur für Privatkunden, Verbraucher i. S. v. § 13 BGB)

____
Straße, Hausnummer

____
Postleitzahl Ort

____
Telefonnummer

____
E-Mail-Adresse

____
Registernummer (nur für Firmenkunden, Unternehmer i. S. v. § 14 BGB)

____
Kundennummer

– im Folgenden Anschlussnutzer –

und

Netzbetreiber

Stadtwerke ... GmbH
Straße und Hausnummer
PLZ und Ort
Amtsgericht ...
HRB ...

– im Folgenden Netzbetreiber –

über folgende Verbrauchsstelle/Entnahmestelle

____
Zählpunktbezeichnung

____
Zählernummer

schließen folgenden Anschlussnutzungsvertrag:

1. **Gegenstand des Vertrages**

1.1. Der Anschlussnutzungsvertrag regelt die gegenseitigen Rechte und Pflichten zwischen Netzbetreiber und Anschlussnutzer betreffend die Nutzung des Anschlusses an der oben genannten Verbrauchsstelle/Entnahmestelle zur Entnahme von Elektrizität durch den Anschlussnutzer.

1.2. Dieser Vertrag umfasst weder die Belieferung des Anschlussnutzers mit Elektrizität (Stromliefervertrag), den Zugang zu den Elektrizitätsversorgungsnetzen im Sinne des § 20 EnWG (Netznutzungsvertrag) noch den Anschluss an das Netz des Netzbetreibers (Netzanschlussvertrag). Hierüber sind gesonderte Verträge zu schließen.

2. **Voraussetzungen der Anschlussnutzung**

Der Netzbetreiber gestattet dem Anschlussnutzer die Entnahme von Elektrizität unter der Voraussetzung, dass

- der Anschlussnutzer einen Vertrag über den Bezug von Elektrizität mit einem Lieferanten geschlossen hat, der entweder den gesamten Bedarf oder den über eventuelle Fahrplanlieferungen hinaus gehenden Bedarf vollständig abdeckt (offener Liefervertrag),
- zwischen Netzbetreiber und Lieferant ein Vertrag über die Belieferung des Anschlussnutzers durch das Elektrizitätsversorgungsnetz des Netzbetreibers (Lieferanten-Rahmenvertrag) oder eine anderweitige Netznutzungsregelung mit dem Anschlussnutzer abgeschlossen ist,
- und eine Netzanschlussregelung gemäß Ziffer 4.1 besteht.

3. Ersatzbelieferung

3.1. Endet die Zuordnung eines Anschlussnutzers zu einem Bilanzkreis, ohne dass er einem neuen Bilanzkreis zugeordnet wird oder erfolgt aus sonstigen Gründen keine Belieferung des Anschlussnutzers durch den Lieferanten, unterrichtet der Netzbetreiber den Anschlussnutzer hierüber unverzüglich.

3.2. Nutzt der Anschlussnutzer einen Anschluss, ohne dass die über diesen Anschluss bezogene Energie einer Lieferung oder einem bestimmten Liefervertrag zugeordnet werden kann, gilt die Energie entsprechend § 38 EnWG als vom örtlichen Grundversorger – vorbehaltlich dessen Zustimmung – zu dessen allgemeinen Bedingungen geliefert (Ersatzversorger). Der Ersatzversorger ist berechtigt, für diese Energielieferung gesonderte Preise zu veröffentlichen und für die Energielieferung in Rechnung zu stellen.

3.3. Der Ersatzversorger kann die Ersatzversorgung des Anschlussnehmers verweigern, insbesondere dann, wenn diese für ihn aus wirtschaftlichen Gründen nicht zumutbar ist oder eine Ausnahme von der Versorgungspflicht entsprechend § 37 EnWG besteht. Verweigert der Ersatzversorger die Belieferung, ist der Netzbetreiber berechtigt, die Entnahmestelle zu sperren.

4. Netzanschluss und Leistungsbereitstellung

4.1. Der Netzanschluss und die Leistungsbereitstellung an der netzseitigen Übergabestelle sind im Netzanschlussvertrag mit dem Anschlussnehmer geregelt. Die Übergabestelle/Eigentumsgrenze ergibt sich aus dem beiliegenden Lageplan (Anlage 1) sowie dem Übersichtsschaltplan (Anlage 2).

4.2. Die Stromart ist Drehstrom mit einer Spannung von etwa ... Volt und einer Frequenz von etwa 50 Hz. Der Netzbetreiber ist berechtigt, Stromart und Spannung zu ändern, falls dies aus wirtschaftlichen oder technischen Gründen erforderlich ist.

4.3. Bei mehreren Anschlussnutzern darf die Summe der in Anspruch genommenen Leistung aller Anschlussnutzer an einem Anschlusspunkt nicht höher sein als die im Netzanschlussvertrag vereinbarte maximale Leistung (Netzanschlusskapazität). Danach beträgt die Netzanschlusskapazität ... kVA. Ein Anspruch auf eine höhere Netzanschlusskapazität besteht nicht. Die Anschlussnutzer dürfen die mit dem Anschlussnehmer vereinbarte Netzanschlusskapazität des Netzanschlusses nicht überschreiten.

4.4. Zur Messung der entnommenen elektrischen Energie werden vom Netzbetreiber, soweit dieser auch Messstellenbetreiber ist, Messeinrichtungen entsprechend den Angaben in Anlage 3 eingebaut. Die Messung erfolgt ... kV-seitig.

4.5. Der Anschlussnutzer ist verpflichtet, dem Netzbetreiber den Wegfall seiner in Anspruch genommenen Netzanschlusskapazität an der vertraglichen Übergabestelle unverzüglich schriftlich mitzuteilen.

4.6. Die Kosten des Einbaus einer Messeinrichtung nach 4.4 des Vertrages und eventuell erforderlich werdender Änderungen der Mess- und Steuereinrichtungen trägt gegenüber dem Netzbetreiber, soweit dieser Messstellenbetreiber ist, der Anschlussnutzer, soweit sie nicht vom Anschlussnehmer getragen werden.

5. Zutrittsrecht

5.1. Der Anschlussnehmer hat nach vorheriger Benachrichtigung den mit einem Ausweis versehenen Beauftragten des Netzbetreibers oder des Messstellenbetreibers jederzeit während der üblichen Geschäftszeiten den Zutritt zum Grundstück und zu seinen Räumen zu gestatten, soweit dies für die Prüfung der technischen Einrichtungen und Messeinrichtungen, zur Ablesung der Messeinrichtungen oder zur Unterbrechung des Anschlusses und der Anschlussnutzung erforderlich ist.

5.2. Den Beauftragten des Netzbetreibers ist darüber hinaus zum Zwecke der Prüfung der technischen Einrichtungen auch außerhalb der üblichen Geschäftszeiten der ungehinderte Zugang (räumlich und zeitlich) zur Trafostation zu gewähren, wenn dies zur Abwendung einer unmittelbaren Gefahr für die Sicherheit von Personen oder Anlagen oder um zu gewährleisten, dass Störungen anderer Kunden oder störende Rückwirkungen auf Einrichtungen des Netzbetreibers oder Dritter ausgeschlossen sind, erforderlich ist.

6. Rechtsnachfolge

6.1. Der Anschlussnehmer ist berechtigt, die Rechte und Pflichten aus diesem Vertrag als Gesamtheit mit Zustimmung des Netzbetreibers auf einen Dritten zu übertragen. Die Zustimmung darf nicht verweigert werden, sofern die technische oder wirtschaftliche Leistungsfähigkeit des eintretenden Dritten gewährleistet ist.

6.2. Tritt an die Stelle des bisherigen Netzbetreibers ein anderes Unternehmen in die sich aus dem Vertragsverhältnis ergebenden Rechte und Pflichten ein, so bedarf es hierfür nicht der Zustimmung des Anschlussnutzers. Der Wechsel des Netzbetreibers wird öffentlich bekannt gemacht und auf der Internetseite des Netzbetreibers veröffentlicht.

7. Anwendung der NAV/Technischen Anschlussbedingungen, Haftung

7.1. Soweit in diesem Vertrag nichts anderes geregelt ist, gelten die Verordnung über Allgemeine Bedingungen für den Netzanschluss und dessen Nutzung für die Elektrizitätsversorgung in Niederspannung (Niederspannungsanschlussverordnung – NAV) vom 1. November 2006 (BGBl. 2006, Teil I Nr. 50, S. 2477) und die ergänzenden Bedingungen des Netzbetreibers zur NAV in ihrer jeweiligen Fassung entsprechend sowie die „Technischen Anschlussbedingungen für den Anschluss an das Mittelspannungsnetz" bzw. die „Technischen Anschlussbedingungen für den Anschluss an das Hochspannungsnetz" (TAB Mittelspannung bzw. TAB Hochspannung) in ihrer jeweiligen Fassung. Die NAV (Anlage 4), die ergänzenden Bedingungen zur NAV (Anlage 5) sowie die TAB Mittelspannung bzw. Hochspannung (Anlage 6) liegen diesem Vertrag in ihren aktuellen Fassungen bei.

7.2. Insbesondere haftet der Netzbetreiber für Schäden, die der Anschlussnutzer durch Unterbrechung oder durch Unregelmäßigkeiten in der Anschlussnutzung erleidet, nur in den Grenzen des § 18 NAV.

8. Schlussbestimmungen

8.1. Sollten einzelne Bestimmungen des Vertrages unwirksam oder undurchführbar sein oder werden, so bleibt der Vertrag im Übrigen unberührt. Die Vertragspartner verpflichten sich, die unwirksamen oder undurchführbaren Bestimmungen durch andere, ihnen im wirtschaftlichen Ergebnis möglich gleich kommende Regelungen zu ersetzen. Dies gilt entsprechend bei unbeabsichtigten Regelungslücken. Zur Schließung von Regelungslücken sind nachrangig zu Ziffer 7.1 die einschlägigen Regelwerke „Transmission Code", „Metering Code" und „Distribution Code" ergänzend heranzuziehen.

8.2. Sollten sich sonstige für das Vertragsverhältnis bestimmende Umstände wesentlich ändern und sollte dadurch für eine der Vertragsparteien das Festhalten am Vertrag nicht mehr zumutbar sein, so werden die Vertragsparteien den Vertrag an die geänderten Bedingungen anpassen.

Ort Datum	Ort Datum
Stadtwerke ... GmbH	Unterschrift des Anschlussnehmers

Anlagenverzeichnis[3]

Anlage 1: Lageplan

Anlage 2: Übersichtsplan

Anlage 3: Beschreibung des Netzanschlusses und der Mess- und Steuereinrichtungen

Anlage 4: Niederspannungsanschlussverordnung (NAV)

Anlage 5: Ergänzende Bedingungen zur NAV

Anlage 6: Technische Anschlussbedingungen für den Anschluss an das Mittelspannungsnetz bzw. Technische Anschlussbedingungen für den Anschluss an das Hochspannungsnetz (TAB Mittelspannung bzw. Hochspannung)

Anlage 7: Informationsblatt zum Thema „Energieeffizienz"

[**Hinweis:** Gemäß § 4 Abs. 2 EDL – G sind Energieunternehmen verpflichtet, Informationen über Energiedienstleistungen, Energieeffizienzmaßnahmen, etc. anzubieten. Sinnvoll wäre insoweit diese Informationen auf einem Informationsblatt darzustellen bzw. die Information als deutlichen Hinweis in die allgemeinen Vertragsbedingungen einzufügen (ggf. hervorgehoben durch einen Rahmen).]

---

3 Die Anlagen 1–3 und 6 sind unternehmensintern, individuell anzufüllen, für Anlage 5 s. Kap. 2.D Rn 15. Die NAV – Anlage 4 – ist online abrufbar unter http://www.gesetze-im-internet.de.

III. Erläuterung

1. Aufbau des Vertrags

Der Aufbau des Vertrages richtet sich im Wesentlichen nach der **Struktur des Regelwerks der NAV**. Dies ist sinnvoll, da bei einer nur selektiven Übernahme einzelner Regelungen der NAV die Unangemessenheit des Vertragswerks und damit seine rechtliche Angreifbarkeit droht. 7

2. Die Vertragsparteien

Anschlussnutzer sind in Bezug auf diesen Vertrag alle infrage kommenden Netzkunden (Letztverbraucher, Betreiber von Erzeugungs- und Speicheranlagen und Netzbetreiber). 8

Netzbetreiber im Sinne dieses Vertrags sind nach der Konzeption des § 17 EnWG alle Netzbetreiber, soweit diese kein geschlossenes Verteilernetz i. S. d. § 110 EnWG betreiben. Betreiber einer Direktleitung, die lediglich einen einzelnen Netznutzer mit einem Energieerzeugungsstandort oder dem Netz verbindet, unterfallen nicht dem Netzbetreiberbegriff im Sinne dieses Vertrags. 9

Die **Bezeichnung der Parteien einschließlich der Nennung der persönlichen bzw. unternehmensbezogenen Daten** sind angelehnt an die unter § 4 Abs. 1 Nr. 1–4 NAV aufgeführten, für einen Vertragsschluss notwendigen Daten. 10

3. Die Regelungen im Einzelnen

a) Ziff. 1 Vertragsgegenstand

Ziff. 1.1 beschreibt gemäß der Vorgabe des § 3 Abs. 1 NAV den Gegenstand des Anschlussnutzungsvertrags. 11

Die in **Ziff. 1.2** vorgenommene Klarstellung nimmt Bezug auf die im Zuge der Entflechtungsvorgaben des europäischen Rechts erfolgte Trennung in den hier vertragsgegenständlichen Anschlussbereich einerseits (Verhältnis des Kunden zum Netzbetreiber) und in den Lieferbereich andererseits (Verhältnis des Kunden zum Energielieferanten).[4] Klargestellt wird darüber hinaus, dass es im Verhältnis des Anschlussnutzers zum EVU gem. § 3 und § 4 Abs. 1 und 2 NAV eines gesonderten Vertrags bedarf.[5] 12

4 Vgl. Baur/Salje/Schmidt-Preuß/*Salje*, Kap. 67 Rn 27.

5 Vgl. hierzu Kap. 2.C – Netznutzungsvertrag.

b) Ziff. 2 Voraussetzungen der Anschlussnutzung

13 Entsprechend der Grundnorm des § 17 EnWG sind der Anschluss an ein Energieversorgungsnetz und der Abschluss eines Netzanschluss- und Anschlussnutzungsvertrags tatsächliche und rechtliche Voraussetzung für den Netzzugang. Der Lieferant ist mittelbar betroffen, da der Netzbetreiber berechtigterweise im Lieferantenrahmenvertrag regeln wird, dass eine Belieferung von Kunden nur möglich ist, wenn deren Verhältnis zum Netzbetreiber – sei es direkt oder indirekt über entsprechende Vereinbarungen mit dem Lieferanten – geregelt ist. Dass ein Netzzugang ohne Abschluss von Netzanschluss- und Anschlussnutzungsvertrag der Verträge zum Netzanschluss netzbetreiberseitig verweigert werden darf, ist bereits eindeutig der oben zitierten Gesetzesbegründung zu entnehmen, wonach der Anschluss „tatsächliche und rechtliche Voraussetzung für einen Netzzugang" ist.[6]

c) Ziff. 3 Ersatzbelieferung

14 **Ziff. 3.1** nimmt die Mitteilungsverpflichtung des Netzbetreibers bei der Unterbrechung der Anschlussnutzung gem. § 17 Abs. 2 NAV in Bezug.

15 **Ziff. 3.2** verweist für den Fall der Grundversorgung auf die Regelung in § 38 Abs. 1 EnWG und weist in diesem Zusammenhang auf die dann entsprechend zur Anwendung gelangenden allgemeinen Bedingungen des Grundversorgers hin (§ 38 Abs. 1 S. 2 EnWG).

16 **Ziff. 3.3** nimmt insbesondere das Verweigerungsrecht des Ersatzversorgers entsprechend der Regelung des § 37 Abs. 1 EnWG in Bezug. Relevant wird dieses nur, soweit der örtliche Grundversorger eine Ersatzversorgung überhaupt anbietet.

d) Ziff. 4 Netzanschluss und Leistungsbereitstellung

17 Die in **Ziff. 4.1** enthaltene Klausel dient der Beschreibung des Netzanschlusses unter Konkretisierung der Eigentumsgrenze, die mittels anzufügendem Lageplan und der Messstreckenübersicht (**Anlage 1** und **Anlage 2**) identifiziert wird.

18 **Ziff. 4.2** legt die für das Netzanschlussverhältnis bereitzustellenden technischen Parameter fest, die eine höhere als die Niederspannungsstufe betreffen. Entsprechend des heranzuziehenden Regelungsgehalts des § 7 Abs. 2 NAV bleibt dem Netzbetreiber in S. 2 der Klausel das Recht vorbehalten, aus wirtschaftlichen oder technischen Gründen eine Änderung dieser Parameter vorzunehmen.

19 In **Ziff. 4.3** erfolgt die vertragliche Vereinbarung der im Rahmen des Netzanschlussvertrags vereinbarten Netzanschlusskapazität in kVA, die dem Kunden dort an dem Netzanschlusspunkt zugesichert wird. Ein Anspruch auf eine höhere Kapazität wird dabei ausgeschlossen und eine Überschreitung untersagt.

6 Vgl. Danner/Theobald/*Hartmann*, 2009, § 17 EnWG Rn 81.

Die in **Ziff. 4.4** enthaltene Klausel entspricht dem sinngemäß anwendbaren § 22 Abs. 2 S. 1 NAV, nach dem der Netzbetreiber, sofern dieser auch Messstellenbetreiber ist, den Anbringungsort der Messeinrichtungen – hier mittels beigefügter Beschreibung des Netzanschlusses und der Messeinrichtungen (**Anlage 4**) – bestimmt. 20

Die in **Ziff. 4.5** enthaltene Klausel regelt die besondere Mitteilungspflicht des Anschlussnutzers im Zusammenhang mit dem Wegfall seiner in Anspruch genommenen Kapazitäten, über den er den Netzbetreiber unverzüglich und schriftlich zu informieren hat. 21

e) Ziff. 5 Zutrittsrecht

Ziff. 5.1 erweitert die entsprechend heranzuziehende Regelung des § 21 NAV über das Zutrittsrecht zugunsten des Netzbetreibers in dessen zeitlicher Komponente. Dieses ist „jederzeit während üblicher Geschäftszeiten" zu gewähren. 22

In Bezug auf die Trafostation gewährt **Ziff. 7.2** zur Abwendung einer unmittelbaren Gefahr darüber hinaus zugunsten des Netzbetreibers auch außerhalb der üblichen Geschäftszeiten einen uneingeschränkten Zugang zum Zwecke der Prüfung der technischen Einrichtungen. 23

Praxistipp
In der Praxis dürfte dies etwa mit der Übergabe eines Schlüssels oder der Einrichtung eines 24 h-Notdienstes zu realisieren sein.

---

f) Ziff. 6 Rechtsnachfolge

Die Klauseln in **Ziff. 6.1** und **Ziff. 6.2** treffen Regelungen zur Rechtsnachfolge. In Bezug auf den Anschlussnutzer bedarf die Übertragung des Rechtsverhältnisses auf Dritte der Zustimmung, die bei Gewährleistung der technischen/wirtschaftlichen Leistungsfähigkeit nicht versagt werden darf. Die Klausel über den Wechsel des Netzbetreibers einschließlich der Pflicht zur öffentlichen Bekanntmachung und Publikation im Internet entspricht der sinngemäß heranzuziehenden Regelung des § 25 Abs. 2 NAV. 24

Praxistipp
Wir empfehlen, beide Klauseln vor dem Hintergrund des **Gebots der Diskriminierungsfreiheit und der Transparenz** in den Vertrag aufzunehmen.

---

g) Ziff. 7 Anwendung der NAV/TAB, Haftung

Die in **Ziff. 7.1** enthaltene Klausel erklärt die Allgemeinen und ergänzenden Bedingungen des Netzbetreibers (**Anlage 4 und Anlage 5**) einschließlich seiner für die jeweilige Spannungsebene maßgeblichen TAB (**Anlage 6**) in entsprechender Anwen- 25 dung des §4 Abs. 2 und 3 NAV explizit zum Vertragsinhalt. Diese sind dem Vertragsdokument in der Anlage beigefügt. Hiermit wird sichergestellt, dass die einseitig ausgestalteten Bedingungen wirksam in das Vertragsverhältnis einbezogen werden. In Abweichung zu §4 Abs. 2 S. 2 NAV müssen diese jedoch nicht publiziert werden.

26 Die Haftungsregelung in **Ziff. 7.2** referenziert, ohne eine hiervon abweichende Regelung aufzustellen, auf die entsprechend anwendbare gesetzliche Regelung des §18 NAV.

h) Ziff. 8 Schlussbestimmungen

27 **Ziff. 8.1** enthält eine Salvatorische Klausel und die Verpflichtung der Parteien, unwirksame Regelungen oder unbeabsichtigte Regelungslücken wirksam zu ersetzen.

28 Mit **Ziff. 8.2** verpflichten sich die Parteien zur Vertragsanpassung nach den allgemeinen zivilrechtlichen Regelungen zur Störung der Geschäftsgrundlage (§313 BGB).

i) Anlagen

29 Wie bereits im Zusammenhang mit den maßgeblichen Klauseln des Vertrags dargestellt, sind dem Vertragsdokument als Anlagen die unter **Ziff. 1–6** aufgeführten Dokumente beizufügen.

F. Grundversorgungsvertrag (GVV)

I. Einführung

Die Belieferung eines Kunden mit Strom zum Eigengebrauch (Letztverbraucher) geschieht in der Regel auf Basis eines **Energieliefervertrags**. Dieser kann die Gestalt eines **Grundversorgungsvertrags** (vgl. §§ 36 ff. EnWG) oder eines Sonderkundenvertrags (vgl. § 41 EnWG) aufweisen. Gemein ist beiden ihre Rechtsnatur als **schuldrechtlicher Vertrag**, auf den die Vorgaben des Kaufrechts (§§ 433 ff. BGB) entsprechend anzuwenden sind. Darüber hinaus stellen beide Vertragstypen aufgrund ihrer wiederkehrenden Leistungspflicht **Dauerschuldverhältnisse** i. S. d. § 314 BGB dar. 1

Die §§ 36 ff. EnWG enthalten keine Vorgaben für die inhaltliche Ausgestaltung eines Grundversorgungsvertrags. Dennoch sind EVU in der Wahl der Vertragsklauseln nicht völlig frei. Das Bundesministerium für Wirtschaft und Technologie (BMWi) hat auf Grundlage der Verordnungsermächtigung in § 39 EnWG die **allgemeinen Bedingungen**, zu denen die Grundversorgung angeboten werden muss, in der **StromGVV**[1] konkretisiert. Nach § 1 Abs. 1 S. 2 StromGVV werden die Regelungen dieser Verordnung **Bestandteil des jeweiligen Grundversorgungsvertrags** und Grundlage der weiteren relevanten Vereinbarungen zwischen dem Haushaltskunden (vgl. § 1 Abs. 2 StromGVV) und dem Grundversorger. Auch wenn die Regelungen der StromGVV für eine Vielzahl von Verträgen zur Anwendung kommen, handelt es sich hierbei de jure nicht um AGB, sondern um objektives, der privatautonomen Vertragsgestaltung entzogenes Recht. Daher unterliegen diese Regelungen **nicht der Inhaltskontrolle** gem. §§ 305 ff. BGB. 2

Allein Haushaltskunden[2] haben im Hinblick auf die Versorgung mit Strom einen gesetzlichen Anspruch, die Grundversorgung zu wählen (§ 36 Abs. 1 EnWG). Von der auf europarechtlicher Ebene in Art. 3 Abs. 3 S. 1 EltRL[3] vorgesehenen Möglichkeit, im Zusammenhang mit der Stromversorgung diesen Anspruch auch für Kleinunternehmer[4] vorzusehen, hat der deutsche Gesetzgeber keinen Gebrauch gemacht. Vielmehr 3

1 Verordnung über Allgemeine Bedingungen für die Grundversorgung von Haushaltskunden und die Ersatzversorgung mit Elektrizität aus dem Niederspannungsnetz (Stromgrundversorgungsverordnung – StromGVV), BGBl. I S. 2391 v. 26.10.2006.

2 Unter Haushaltskunden sind gem. § 3 Nr. 22 EnWG Letztverbraucher zu verstehen, die Energie überwiegend für den Eigengebrauch im Haushalt oder für den einen Jahresverbrauch von 10.000 kWh nicht übersteigenden Eigenverbrauch für berufliche, landwirtschaftliche oder gewerbliche Zwecke kaufen.

3 RL 2009/72/EG des Europäischen Parlaments und Rates vom 13.7.2009 über gemeinsame Vorschriften für den Elektrizitätsbinnenmarkt und zur Aufhebung der RL 2003/54/EG (Elektrizitätsbinnenmarktrichtlinie – EltRL), ABl. EU Nr. L 211 v. 14.8.2009, S. 55 ff.

4 Kleinunternehmen sind gem. Art. 3 Abs. 3 S. 1 EltRL solche, die weniger als 50 Personen beschäftigen und einen Jahresumsatz oder eine Jahresbilanzsumme von höchstens 10 Mio. € haben.

qualifiziert er Kunden, die Energie überwiegend für den Eigenverbrauch im Haushalt nutzen und solche mit gewerblich, landwirtschaftlich oder beruflich bedingtem Energiebedarf von nicht mehr als 10.000 kWh pro Jahr als Haushaltskunden und damit als **Grundversorgungsberechtigte**.

4 Hintergrund des Verhältnisses zwischen Haushaltskunden und grundversorgendem EVU ist die in der EltRL verankerte Verpflichtung der Mitgliedstaaten, dafür Sorge zu tragen, dass Haushaltskunden mit Elektrizität einer bestimmten Qualität zu **leicht vergleichbaren, transparenten und angemessenen Preisen** versorgt werden.

5 **Jedem Haushaltskunden steht es frei, einen Grundversorgungs- oder einen Sonderkundenvertrag abzuschließen.** Hat sich der Haushaltskunde zu dem Abschluss eines Grundversorgungsvertrags für Strom entschieden, ist es ihm verwehrt, zusätzlich mit demselben oder einem anderen EVU einen weiteren Energieliefervertrag für leitungsgebundene Versorgung für dieselbe Energieart abzuschließen. Insoweit sieht §4 S.1 StromGVV eine **Verpflichtung zur Gesamtbedarfsdeckung** vor.

! **Praxistipp**
Der Wechsel von Grundversorgungsvertrag zu Sonderkundenvertrag und vice versa bleibt dem Haushaltskunden – unter Beachtung der Kündigungsfristen – unbenommen.

---

6 Nicht-Haushaltskunden haben keinen gesetzlichen Anspruch auf Aufnahme in die Grundversorgung. **Dem Grundversorger steht es gleichwohl frei, Nicht-Haushaltskunden freiwillig in die Grundversorgung aufzunehmen.** Entscheidet sich ein Grundversorger dagegen, so bleibt dem Kunden als einzige Option der Abschluss eines – wirtschaftlich ohnehin meist attraktiveren – Sonderkundenvertrags.

7 Für jedes Netzgebiet der allgemeinen Versorgung wird ein EVU als Grundversorger bestimmt, das jeden Haushaltskunden unter Einschränkung der Privatautonomie zu allgemeinen Bedingungen und allgemeinen Preisen nach Maßgabe der StromGVV mit Energie zu versorgen hat (Kontrahierungszwang[5]). Als **Grundversorger** wird **das**jenige EVU festgelegt, das die **meisten Haushaltskunden in einem Netzgebiet der allgemeinen Versorgung** beliefert (§36 Abs.2 S.1 EnWG). Die entsprechende Festlegung erfolgt durch den zuständigen Netzbetreiber alle drei Jahre zum 1.7. (erstmals zum 1.7.2006). Das Ergebnis ist im September desselben Jahres im Internet zu veröffentlichen und der nach Landesrecht zuständigen Behörde mitzuteilen. Falls gegen die Festlegung nicht erfolgreich Einwände erhoben werden, ist das ermittelte EVU beginnend mit dem 1.1. des Folgejahres für die folgenden drei Kalenderjahre zur Grundversorgung verpflichtet.

5 Zur Legitimation des Kontrahierungszwangs vgl. statt vieler Danner/Theobald/*Eder*, §36 EnWG Rn 6 ff.

Achtung
Die Pflicht zur Grundversorgung entfällt nur, wenn diese aus wirtschaftlichen Gründen nicht zumutbar ist oder der betroffene Haushaltskunde eine Eigenanlage zur Energieerzeugung (ausgenommen Notstromaggregate) betreibt bzw. sich von einem Dritten versorgen lässt (§ 37 Abs. 1 EnWG).

Der Grundversorgungsvertrag kommt entweder durch ausdrückliches Angebot und – meist schriftliche oder textförmliche – Annahme **oder im Wege eines faktischen Vertragsschlusses** mittels Realofferte des EVU durch Bereitstellung von Energie an der Anschlussstelle des Kunden sowie durch Entnahme der Energie durch den Kunden zustande. Von der Grundversorgung abzugrenzen sind Konstellationen, in denen ein Energiebezug über das Energieversorgungsnetz der allgemeinen Versorgung in Niederspannung keiner Lieferung bzw. keinem Liefervertrag zugeordnet werden kann. 8

Zwar gilt auch in solchen Fällen die Energie gem. § 38 Abs. 1 EnWG als von dem Grundversorger geliefert, allerdings nicht in einem Grundversorgungs-, sondern in einem **Ersatzversorgungsverhältnis. Die Ersatzversorgung dauert längstens drei Monate.** Spätestens nach Ablauf dieses Zeitraums hat der Letztverbraucher einen Energieliefervertrag seiner Wahl abzuschließen oder ist – soweit es sich um einen Haushaltskunden handelt – durch den Versorger in die Grundversorgung aufzunehmen. 9

Die Feststellung, ob ein Haushaltskunde über das Institut der Ersatzversorgung oder das der Grundversorgung beliefert wird, ist im Einzelfall anhand des Erklärungswerts des Bezugsverhaltens des Kunden durch den Grundversorger zu ermitteln. 10

Im Rahmen der Grund- oder Ersatzversorgung sind von der StromGVV abweichende Vereinbarungen nichtig und somit unbeachtlich.[6] Dem Grundversorger verbleibt bei der vertraglichen Ausgestaltung der Grundversorgung nur ein geringer Gestaltungsspielraum. Wenn Vertragsklauseln die StromGVV lediglich ergänzen, d. h. ihnen weder widersprechen, noch über den Regelungsgehalt der Verordnung hinausgehen, können sie rechtmäßig vereinbart werden. Da alle Grundversorgungskunden in einem Grundversorgungsgebiet nach den gleichen Bedingungen zu beliefern sind, sind solche **ergänzenden Bedingungen** mit allen Grundversorgungskunden gleichermaßen bzw. nur in begründeten Ausnahmefällen abweichend zu vereinbaren. Damit handelt es sich bei diesen ergänzenden Bedingungen – anders als bei den sich aus der StromGVV ergebenden allgemeinen Bedingungen – um **AGB, die der Inhaltskontrolle nach §§ 305 ff. BGB unterliegen.** Solche ergänzenden Bedingungen hat der Grundversorger gem. § 2 Abs. 4 StromGVV ebenso öffentlich bekanntzumachen und im Internet zu veröffentlichen wie auch die allgemeinen Bedingungen und Preise. Auf Verlangen des Kunden ist die StromGVV dem Kunden unentgeltlich auszuhändigen. 11

6 Vgl. Schneider/Theobald/*de Wyl*, § 14 Rn 93.

II. Vertragsmuster

1. Grundversorgungsvertrag

Muster

12 **Grundversorgungsvertrag Strom**

zwischen

Kunde

☐ Herr ☐ Frau ☐ Firma

Firma

gegebenenfalls Registergericht

gegebenenfalls Registernummer

oder

Name Vorname

Straße, Hausnummer

Postleitzahl Ort

Telefonnummer

Faxnummer

E-Mail-Adresse

Verbrauchsstelle
(nur ausfüllen, wenn abweichend von Adresse des Auftraggebers)

Straße, Hausnummer

Postleitzahl Ort

Zählernummer

Aufstellungsort des Zählers

und

Stadtwerke ... GmbH
Straße, Nr.
PLZ Ort

Amtsgericht: ...
HRB: ...
SEPA-Gläubiger-ID: ...

Die Versorgung erfolgt auf der Grundlage der anliegenden „Verordnung über Allgemeine Bedingungen für die Grundversorgung von Haushaltskunden und die Ersatzversorgung mit Elektrizität aus dem Niederspannungsnetz (Stromgrundversorgungsverordnung – StromGVV)" vom 26. Oktober 2006 – BGBl. 2006, Teil I, S. 2391 ff., sowie der ebenfalls anliegenden ergänzenden Bedingungen der Stadtwerke ... GmbH zur StromGVV und zu den jeweils veröffentlichten Allgemeinen Preisen für die Grundversorgung. Ein Preisblatt mit den aktuellen Preisen liegt bei und ist darüber hinaus auf unserer Homepage unter www.....de zu finden.

Verbraucherschutz und außergerichtliche Streitbeilegung
Der Kunde kann sich mit Fragen zu Energieliefervertragsverhältnissen wenden an:

Bundesnetzagentur für Elektrizität, Gas, Telekommunikation, Post und Eisenbahn
Verbraucherservice Energie
Postfach 8001
53105 Bonn
Telefon: 030 22480-500 Montag–Freitag von 09:00–12:00 Uhr
Telefax: 030 22480-323
E-Mail: verbraucherservice-energie@bnetza.de
Internet: www.bundesnetzagentur.de

Zur Beilegung von Streitigkeiten zwischen der Stadtwerke ... GmbH und dem Kunden über den Gegenstand dieses Vertrages kann der Kunde, soweit die Stadtwerke ... GmbH die zugrundeliegende Beschwerde des Kunden nicht innerhalb einer Frist von vier Wochen ab Zugang bei der Stadtwerke ... GmbH beantwortet oder der Beschwerde abgeholfen hat, zur außergerichtlichen Streitbeilegung die

Schlichtungsstelle Energie e. V.
Friedrichstr. 133
10117 Berlin
Telefon: 030 2757240-0
Telefax: 030 2757240-69
E-Mail: info@schlichtungsstelle-energie.de
Internet: www.schlichtungsstelle-energie.de
anrufen.

Das Recht des Kunden oder der Stadtwerke ... GmbH, die Gerichte anzurufen oder ein anderes Verfahren nach dem Energiewirtschaftsgesetz zu beantragen, bleibt unberührt. Sofern wegen eines Anspruchs, der durch ein Schlichtungsverfahren betroffen ist, ein Mahnverfahren eingeleitet wurde, soll der das Mahnverfahren betreibende Beteiligte auf Veranlassung der Schlichtungsstelle das Ruhen des Mahnverfahrens bewirken.

Die Stadtwerke ... GmbH macht darauf aufmerksam, dass sie als Grundversorger bei einer Unterbrechung oder bei Unregelmäßigkeiten in der Elektrizitätsversorgung von der Leistungspflicht befreit ist, soweit es sich um Folgen einer Störung des Netzbetriebs einschließlich des Netzanschlusses handelt.

Ansprüche wegen solcher Versorgungsstörungen können gegen den Netzbetreiber geltend gemacht werden.

Der Netzbetreiber ist die ... GmbH.

Firma des Netzbetreibers
Straße, Nr.
PLZ Ort

Amtsgericht: ...
HRB: ...

____
Ort Datum

X______________________________
Unterschrift des Kunden/der Kunden

____
Ort Datum

____
Stadtwerke ... GmbH

Anlagenverzeichnis[7]
Anlage 1: Allgemeine Bedingungen für die Grundversorgung (StromGVV)
Anlage 2: Ergänzende Bedingungen zur StromGVV
Anlage 3: Preisblatt

7 Anlage 3 ist unternehmensintern individuell auszufüllen, für Anlage 2 s. Rn 13. Die StromGVV – Anlage 1 – ist online abrufbar unter http://www.gesetze-im-internet.de.

Zahlungsweise

☐ **SEPA-Lastschriftmandat** – Ich ermächtige die Stadtwerke ... GmbH, fällige Zahlungen von meinem Konto mittels Lastschrift einzuziehen:

____

Vorname und Name des Kontoinhabers

____

Straße, Hausnummer (falls Kontoinhaber von Auftraggeber abweicht)

____

Postleitzahl, Ort (falls Kontoinhaber von Auftraggeber abweicht)

DE__|____|____|____|____|__
IBAN

______________________ ________|___
Kreditinstitut BIC

Zugleich weise ich mein Kreditinstitut an, die von der Stadtwerke ... GmbH auf mein Konto gezogenen Lastschriften einzulösen.

Hinweis: Ich kann innerhalb von acht Wochen, beginnend mit dem Belastungsdatum, die Erstattung des belasteten Betrags verlangen. Es gelten dabei die mit meinem Kreditinstitut vereinbarten Bedingungen.

Die Mandatsreferenz wird separat mitgeteilt.

*X*____

Datum, Ort Unterschrift des Kontoinhabers

Hinweis (Falls Kontoinhaber von Auftraggeber abweicht):
Für den Fall, dass der Kontoinhaber von dem Auftraggeber abweicht, gilt das vorab erteilte SEPA-Lastschriftmandat für diesen Auftrag über die Lieferung von Strom zwischen der Stadtwerke ... GmbH und dem Auftraggeber.

☐ **Überweisung** – Ich überweise die fälligen Zahlungen.

☐ **Barzahlung** – Ich zahle die fälligen Zahlungen in bar.

2. Anlage 2 – Ergänzende Bedingungen zur StromGVV

Muster

13 **Anlage 2**

Ergänzende Bedingungen
der Stadtwerke ... GmbH

zu der „Verordnung über Allgemeine Bedingungen für die Grundversorgung von Haushaltskunden und die Ersatzversorgung mit Elektrizität aus dem Niederspannungsnetz (Stromgrundversorgungsverordnung – StromGVV)" vom 26. Oktober 2006 – BGBl. 2006, Teil I Nr. 50, S. 2391 ff. –

– gültig ab dem ... –

1. **Abrechnung, Abschlagszahlungen (§§ 12, 13 StromGVV)**
Der Elektrizitätsverbrauch des Kunden wird in der Regel einmal jährlich festgestellt und abgerechnet (Abrechnungsjahr). Die Stadtwerke ... GmbH ist berechtigt, in kürzeren Zeitabständen Rechnungen zu legen.
Auf Wunsch des Kunden rechnet die Stadtwerke ... GmbH den Stromverbrauch monatlich, vierteljährlich oder halbjährlich ab (unterjährige Abrechnung). Hierfür gelten nachfolgende Bedingungen:
Eine unterjährige Abrechnung kann immer nur mit Beginn eines Monats aufgenommen werden. Der Wunsch nach einer unterjährigen Abrechnung ist der Stadtwerke ... GmbH vom Kunden in Textform spätestens vier Wochen vor dem gewünschten Anfangsdatum mitzuteilen. In der Mitteilung sind anzugeben:
– die Angaben zum Kunden (soweit zutreffend jeweils Firma, Registergericht, Registernummer, Familienname, Vorname, Geburtstag, Adresse, Kundennummer),
– die Zählernummer,
– die Angaben zum Messstellenbetreiber und gegebenenfalls zum Messdienstleister (Firma, Registergericht, Registernummer, Adresse), soweit es sich hierbei nicht um die Stadtwerke ... GmbH handelt,
– der Zeitraum, das Anfangsdatum sowie die Art der gewünschten unterjährigen Abrechnung (monatlich, vierteljährlich, halbjährlich).

Die Stadtwerke ... GmbH wird die Mitteilung des Kunden und das Anfangsdatum der unterjährigen Abrechnung innerhalb einer Frist von zwei Wochen nach Eingang der Mitteilung des Kunden in Textform bestätigen.
Die unterjährige Abrechnung kann vom Kunden mit einer Frist von einem Monat auf das Ende eines Kalendermonats in Textform gekündigt werden. Die Kündigung ist erstmals nach Ablauf eines Jahres zulässig. Hierauf wird die Stadtwerke ... GmbH den Kunden in der Bestätigung gemäß vorstehendem Absatz gesondert hinweisen.
Die Stadtwerke ... GmbH berechnet für die Erstellung und die Versendung der monatlichen, vierteljährlichen oder halbjährlichen Rechnung
... € (netto) ... € (brutto) je Rechnung[1].

[Alternativ (dann ist der vorige Satz zu streichen): Die Stadtwerke ... GmbH belastet dem Kunden die ihr für die unterjährige Abrechnung entstehenden Kosten nach tatsächlichem Aufwand.]
Auf den voraussichtlichen Rechnungsbetrag werden im laufenden Abrechnungszeitraum Abschlagszahlungen berechnet, wenn der Verbrauch für mehrere Monate abgerechnet wird.
Ein eventuell gegebener Vorauszahlungsanspruch nach § 14 StromGVV bleibt unberührt.

2. Zahlungsweisen (§ 16 StromGVV)

Der Kunde kann seine Zahlungen

a) durch Überweisung,
b) durch Lastschrifteinzugsverfahren oder
c) durch Barzahlung

an die Stadtwerke ... GmbH leisten.

3. Zahlungsverzug (§ 17 StromGVV)

Die Stadtwerke ... GmbH berechnet bei Zahlungsverzug gemäß § 17 Abs. 2 StromGVV

a) für jede erneute schriftliche Zahlungsaufforderung (Mahnung) ... €
b) für jede Einziehung rückständiger Zahlungen durch einen Beauftragten ... €

Der Stadtwerke ... GmbH bleibt der Nachweis vorbehalten, dass ihr im Fall des Zahlungsverzuges des Kunden ein höherer Schaden entstanden ist, der die in diesem im Preisblatt veröffentlichten Sätze übersteigt. Dem Kunden bleibt der Nachweis vorbehalten, dass der Stadtwerke ... GmbH überhaupt kein oder nur ein wesentlich geringerer Schaden entstanden ist, als dies in den im Preisblatt der Stadtwerke ... GmbH veröffentlichten Sätzen angegeben ist.

4. Kosten der Unterbrechung und/oder Wiederherstellung der Versorgung (§ 19 StromGVV)

Veranlassen die Stadtwerke ... GmbH eine Unterbrechung nach § 19 StromGVV, sind vom Kunden die vom Messstellen- oder Netzbetreiber festgelegten Kosten für die Unterbrechung und/oder Wiederherstellung der Versorgung zu zahlen.

5. Umsatzsteuer

Die Berechnung der vom Kunden zu zahlenden Beträge erfolgt zu den aufgeführten Nettopreisen. Die jeweils gesetzlich festgelegte Umsatzsteuer wird zusätzlich berechnet.
Die Kosten aufgrund eines Zahlungsverzuges nach Ziffer 3 sowie Kosten der Unterbrechung der Versorgung nach Ziffer 4 unterliegen nicht der Umsatzsteuer.

6. Widerrufsbelehrung

Widerrufsrecht

Sie haben das Recht, binnen vierzehn Tagen ohne Angabe von Gründen diesen Vertrag zu widerrufen.
Die Widerrufsfrist beträgt vierzehn Tage ab dem Tag des Vertragsschlusses.
Um Ihr Widerrufsrecht auszuüben, müssen Sie uns (Stadtwerke ..., Anschrift, Telefonnummer, Faxnummer, E-Mail-Adresse) mittels einer eindeutigen Erklärung (z. B. ein mit der Post versandter Brief, Telefax oder E-Mail) über Ihren Entschluss, diesen Vertrag zu widerrufen, informieren. Sie können dafür das beigefügte Muster-Widerrufsformular verwenden, das jedoch nicht vorgeschrieben ist. [optional: Sie können das Muster-Widerrufsformular oder eine andere eindeutige Erklärung auch auf unserer Webseite [Internet-Adresse einfügen] elektronisch ausfüllen und übermitteln. Machen Sie von dieser Möglichkeit Gebrauch, so werden wir Ihnen unverzüglich (z. B. per E-Mail) eine Bestätigung über den Eingang eines solchen Widerrufs übermitteln.]
Zur Wahrung der Widerrufsfrist reicht es aus, dass Sie die Mitteilung über die Ausübung des Widerrufsrechts vor Ablauf der Widerrufsfrist absenden.

Folgen des Widerrufs

Wenn Sie diesen Vertrag widerrufen, haben wir Ihnen alle Zahlungen, die wir von Ihnen erhalten haben, einschließlich der Lieferkosten (mit Ausnahme der zusätzlichen Kosten, die sich daraus ergeben, dass Sie eine andere Art der Lieferung als die von uns angebotene, günstigste Standardlieferung gewählt haben), unverzüglich und spätestens binnen vierzehn Tagen ab dem Tag zurückzuzahlen, an dem die Mitteilung über Ihren Widerruf dieses Vertrags bei uns eingegangen ist.

Für diese Rückzahlung verwenden wir dasselbe Zahlungsmittel, das Sie bei der ursprünglichen Transaktion eingesetzt haben, es sei denn, mit Ihnen wurde ausdrücklich etwas anderes vereinbart; in keinem Fall werden Ihnen wegen dieser Rückzahlung Entgelte berechnet.
Haben Sie verlangt, dass die Dienstleistungen oder Lieferung von Wasser/Gas/Strom/Fernwärme [Unzutreffendes streichen] während der Widerrufsfrist beginnen soll, so haben Sie uns einen angemessenen Betrag zu zahlen, der dem Anteil der bis zu dem Zeitpunkt, zu dem Sie uns von der Ausübung des Widerrufsrechts hinsichtlich dieses Vertrags unterrichten, bereits erbrachten Dienstleistungen im Vergleich zum Gesamtumfang der im Vertrag vorgesehenen Dienstleistungen entspricht.

1 Hier können auch gestaffelte Beträge aufgeführt werden, je nachdem, ob die Abrechnung monatlich, vierteljährlich oder halbjährlich erfolgt.

Widerrufsformular

Wenn Sie den Vertrag widerrufen wollen, dann füllen Sie bitte dieses Formular aus und senden Sie es zurück.

An
Stadtwerke ... GmbH
Straße, Nr.
PLZ Ort
[ggf. die Telefaxnummer und E-Mail-Adresse]

Hiermit widerrufe(n) ich/wir (*) den von mir/uns (*) abgeschlossenen Vertrag über den Kauf der folgenden Waren (*)/die Erbringung der folgenden Dienstleistung (*):

Bestellt am (*)/erhalten am (*)

Name des/der Verbraucher(s)

Anschrift des/der Verbraucher(s)

Datum Unterschrift des/der Verbraucher(s) (nur bei Mitteilungen auf Papier)

(*) Unzutreffendes streichen.

3. Bestätigungsschreiben zum Grundversorgungsvertrag

Muster

14 **Bestätigung des Grundversorgungsvertrages gemäß § 2 Abs. 1 Satz 2 StromGVV**

Sehr geehrte Kundin, sehr geehrter Kunde,

wir freuen uns, dass Sie sich entschlossen haben, Ihren Strom von der Stadtwerke ... GmbH im Rahmen der Grundversorgung zu beziehen. Hiermit bestätigen wir Ihnen den Abschluss eines Grundversorgungsvertrages gemäß § 2 Abs. 1 Satz 2 der „Verordnung über Allgemeine Bedingungen für die Grundversorgung von Haushaltskunden und die Ersatzversorgung mit Elektrizität aus dem Niederspannungsnetz (Stromgrundversorgungsverordnung – StromGVV)“ vom 26. Oktober 2006 – BGBl. 2006, Teil I, S. 2391 ff., auf der Grundlage der anliegenden Allgemeinen Bedingungen für die Stromgrundversorgung (StromGVV) sowie der ebenfalls anliegenden ergänzenden Bedingungen der Stadtwerke ... GmbH zur StromGVV. Die Versorgung erfolgt im Übrigen zu den jeweils veröffentlichten Allgemeinen Preisen für die Grundversorgung. Ein Preisblatt mit den aktuellen Preisen liegt bei und ist darüber hinaus auf unserer Homepage unter www.....de zu finden.
Wir machen darauf aufmerksam, dass die Stadtwerke ... GmbH als Grundversorger bei einer Unterbrechung oder Unregelmäßigkeiten in der Elektrizitätsversorgung von der Leistungspflicht befreit ist, soweit es sich um Folgen einer Störung des Netzbetriebs einschließlich des Netzanschlusses handelt. Ansprüche wegen solcher Versorgungsstörungen können gegen den Netzbetreiber geltend gemacht werden.

Folgende Angaben legen wir gemäß § 2 Abs. 3 StromGVV dem Grundversorgungsvertrag zugrunde:

Kunde

___

Frau/Herr/Firma

___

Kundennummer

___

Straße, Hausnummer

___

Postleitzahl Ort

___

Telefonnummer

___

Faxnummer

___

E-Mail-Adresse

___

gegebenenfalls Registergericht

___

gegebenenfalls Registernummer

Soweit die vorstehenden Angaben unvollständig oder unrichtig sein sollten, bitten wir Sie, uns die fehlenden und/oder berichtigten Angaben mitzuteilen.

Anlagedaten

___

Anlagenadresse

___

Bezeichnung des Zählers oder

___

Aufstellungsort des Zählers

Angaben zum örtlichen Netzbetreiber
... GmbH
Straße und Hausnummer
PLZ und Ort
Amtsgericht ...
HRB ...

Anlagenverzeichnis
Anlage 1: Stromgrundversorgungsverordnung (StromGVV)
Anlage 2: Ergänzende Bedingungen zur StromGVV
Anlage 3: Preisblatt

Als Kunde können Sie sich mit Fragen zu Energielieferverhältnissen wenden an:

Bundesnetzagentur für Elektrizität, Gas, Telekommunikation, Post und Eisenbahn
Verbraucherservice Energie
Postfach 8001
53105 Bonn
Telefon: 030 22480-500 Montag–Freitag von 09:00–12:00 Uhr
Telefax: 030 22480-323
E-Mail: verbraucherservice-energie@bnetza.de
Internet: www.bundesnetzagentur.de

Zur Beilegung von Streitigkeiten zwischen der Stadtwerke ... GmbH und Ihnen über den Gegenstand dieses Vertrages können Sie als Kunde, soweit die Stadtwerke ... GmbH Ihre zugrundeliegende Beschwerde nicht innerhalb einer Frist von vier Wochen ab Zugang bei der Stadtwerke ... GmbH beantwortet oder der Beschwerde abgeholfen hat, zur außergerichtlichen Streitbeilegung die

Schlichtungsstelle Energie e. V.
Friedrichstr. 133
10117 Berlin
Telefon: 030 2757240-0
Telefax: 030 2757240-69
E-Mail: info@schlichtungsstelle-energie.de
Internet: www.schlichtungsstelle-energie.de

anrufen.

Das Recht des Kunden oder der Stadtwerke ... GmbH, die Gerichte anzurufen oder ein anderes Verfahren nach dem Energiewirtschaftsgesetz zu beantragen, bleibt unberührt. Sofern wegen eines Anspruchs, der durch ein Schlichtungsverfahren betroffen ist, ein Mahnverfahren eingeleitet wurde, soll der das Mahnverfahren betreibende Beteiligte auf Veranlassung der Schlichtungsstelle das Ruhen des Mahnverfahrens bewirken.

Mit freundlichen Grüßen

Stadtwerke ... GmbH

4. Bestätigungsschreiben zur Ersatzversorgung

Muster

Bestätigung über die 15
Aufnahme der Ersatzversorgung
gemäß § 3 Abs. 2 StromGVV

Sehr geehrte Kundin, sehr geehrter Kunde,

Sie beziehen seit dem ... ***[Datum des Beginns der Ersatzversorgung einfügen]*** Strom von der Stadtwerke ... GmbH. Wir bestätigen Ihnen hiermit den Beginn der Ersatzversorgung mit Strom gemäß § 3 Abs. 2 der „Verordnung über Allgemeine Bedingungen für die Grundversorgung von Haushaltskunden und die Ersatzversorgung mit Elektrizität aus dem Niederspannungsnetz (Stromgrundversorgungsverordnung – StromGVV)" vom 26. Oktober 2006 – BGBl. 2006, Teil I, S. 2391 ff., auf der Grundlage der anliegenden Allgemeinen Bedingungen für die Stromgrundversorgung (StromGVV) sowie der ebenfalls anliegenden ergänzenden Bedingungen der Stadtwerke ... GmbH zur StromGVV. Die Versorgung erfolgt im Übrigen zu dem jeweils veröffentlichten Ersatzversorgungstarif. Ein Preisblatt mit den aktuellen Preisen liegt bei und ist darüber hinaus auf unserer Website www.....de ***[URL der Homepage oder der relevanten Webpage einfügen]*** zu finden.
Die Ersatzversorgung hat am ... ***[Datum des Beginns der Ersatzversorgung einfügen]*** begonnen und endet gemäß § 38 Abs. 2, S. 1 EnWG spätestens drei Monate nach Beginn der Ersatzversorgung, also am ... ***[Ende der Ersatzversorgung einfügen]***. Ab dem Ende der Ersatzversorgung ist zur Fortsetzung des Elektrizitätsbezuges der Abschluss eines Bezugsvertrages erforderlich.
Im Übrigen weisen wir Sie darauf hin, dass Sie gemäß § 2 Abs. 2 StromGVV verpflichtet sind, der Stadtwerke ... GmbH als örtlichem Grundversorger die Entnahme von Elektrizität unverzüglich in Textform mitzuteilen.
Wir würden uns freuen, Sie über die Ersatzversorgung hinaus mit Elektrizität beliefern zu dürfen. Informationen zu unseren attraktiven Angeboten finden Sie im Internet unter www.....de ***[URL der Homepage oder der relevanten Webpage einfügen]***. Darüber hinaus informieren wir Sie gerne in unseren Geschäftsräumen oder telefonisch über unsere Versorgungsangebote.

Wir legen Ihrer Versorgung folgende Angaben zugrunde:

Kunde

___

Frau/Herr/Firma

___

Kundennummer

___

Straße, Hausnummer

___

Postleitzahl Ort

___

Telefonnummer

___

Faxnummer

E-Mail-Adresse

gegebenenfalls Registergericht

gegebenenfalls Registernummer

Soweit die vorstehenden Angaben unvollständig oder unrichtig sein sollten, bitten wir Sie, uns die fehlenden und/oder berichtigten Angaben mitzuteilen.

Anlagedaten

Anlagenadresse

Bezeichnung des Zählers oder

Aufstellungsort des Zählers

Angaben zum örtlichen Netzbetreiber
... GmbH
Straße und Hausnummer
PLZ und Ort
Amtsgericht ...
HRB ...

Anlagenverzeichnis
Anlage 1: Stromgrundversorgungsverordnung (StromGVV)
Anlage 2: Ergänzende Bedingungen zur StromGVV
Anlage 3: Preisblatt

Als Kunde können Sie sich mit Fragen zu Energieliefervertragsverhältnissen wenden an:

Bundesnetzagentur für Elektrizität, Gas, Telekommunikation, Post und Eisenbahn
Verbraucherservice Energie
Postfach 8001
53105 Bonn
Telefon: 030 22480-500 Montag–Freitag von 09:00–12:00 Uhr
Telefax: 030 22480-323
E-Mail: verbraucherservice-energie@bnetza.de
Internet: www.bundesnetzagentur.de

Zur Beilegung von Streitigkeiten zwischen der Stadtwerke ... GmbH und Ihnen über den Gegenstand dieses Vertrages können Sie als Kunde, soweit die Stadtwerke ... GmbH Ihre zugrundeliegende Beschwerde nicht innerhalb einer Frist von vier Wochen ab Zugang bei der Stadtwerke ... GmbH beantwortet oder der Beschwerde abgeholfen hat, zur außergerichtlichen Streitbeilegung die

Schlichtungsstelle Energie e. V.
Friedrichstr. 133
10117 Berlin
Telefon: 030 2757240-0
Telefax: 030 2757240-69
E-Mail: info@schlichtungsstelle-energie.de
Internet: www.schlichtungsstelle-energie.de

anrufen.

Das Recht des Kunden oder der Stadtwerke ... GmbH, die Gerichte anzurufen oder ein anderes Verfahren nach dem Energiewirtschaftsgesetz zu beantragen, bleibt unberührt. Sofern wegen eines Anspruchs, der durch ein Schlichtungsverfahren betroffen ist, ein Mahnverfahren eingeleitet wurde, soll der das Mahnverfahren betreibende Beteiligte auf Veranlassung der Schlichtungsstelle das Ruhen des Mahnverfahrens bewirken.

Mit freundlichen Grüßen

Stadtwerke ... GmbH

III. Erläuterung

1. Grundversorgungsvertrag

16 Der Grundversorgungsvertrag ist nach §36 Abs. 1 EnWG an den Vorgaben der StromGVV auszurichten. Ausgangspunkt ist §2 Abs. 1 StromGVV, wonach der Vertrag in **Textform**, d. h. in Schriftform (z. B. Brief oder Fax), abgeschlossen werden muss, falls nicht ausnahmsweise ein faktischer Vertragsschluss vorliegt. §2 Abs. 3 StromGVV gibt eine Liste der **Mindestinhalte eines Grundversorgungsvertrags** vor. Diese enthält

- Angaben zum Kunden, zum Grundversorger, zum Netzbetreiber und zu den allgemeinen Preisen, sowie
- Hinweise auf die allgemeinen Bedingungen, auf die ergänzenden Bedingungen, auf die Möglichkeit des Kunden, Ansprüche gegen den Netzbetreiber wegen Versorgungsstörungen geltend zu machen und auf dessen Recht, eine Schlichtungsstelle wie auch den Verbraucherservice der BNetzA zu kontaktieren.

17 Die Hinweise zur **Schlichtungsstelle**[8] und dem **Verbraucherservice der BNetzA** hat der Grundversorger ebenfalls auf seiner **Internetseite** zu veröffentlichen.

18 Der Abschluss eines Grundversorgungsvertrags darf gem. §2 Abs. 5 StromGVV letztlich nicht davon abhängig gemacht werden, dass Zahlungsrückstände eines vorherigen Anschlussnehmers beglichen werden. Damit soll die Versorgung des einzelnen Anschlussnehmers mit elektrischer Energie als elementares Grundbedürfnis für ein normales Leben in der modernen Gesellschaft gewährleistet werden und weiterhin deutlich gemacht werden, dass eine Haftung für Zahlungsrückstände aus Vertriebsverträgen nicht mit dem Übergang der davon zu trennenden Anschlussnutzung ebenfalls übergeht.

19 Der Hauptleistungspflicht des Grundversorgers, den Haushaltskunden mit elektrischer Energie zu versorgen, steht die Hauptleistungspflicht des Kunden zur **Zahlung des Entgelts** gegenüber. Seit dem 1.2.2014 muss im Rahmen jedes Vertragsverhältnisses (nicht nur im Grundversorgungsvertrag) die Einzugsermächtigung in ein **SEPA-fähiges Lastschriftmandat** umgewandelt worden sein. Die entsprechenden neuen Vorgaben entstammen der „EU-Verordnung (EU) Nr. 260/2012 zur Festlegung der technischen Vorschriften und der Geschäftsanforderungen für Überweisungen und Lastschriften in Euro und zur Änderung der Verordnung (EG) Nr. 924/2009" (kurz: SEPA-Verordnung). Bei der SEPA-Basislastschrift, die im Wesentlichen der bisherigen Einzugsermächtigung entspricht, sind statt der Kontonummer die sog. IBAN („International Bank Account Number") und statt der Bankleitzahl der sog. BIC („Bank Identifier Code") zu verwenden. Des Weiteren sind – wie in unserem Muster vorge-

---

8 Zuständig ist die Schlichtungsstelle Energie e. V. mit Sitz in Berlin. Sie wurde am 25.10.2011 vom BMWi als zentrale Schlichtungsstelle gem. §111b EnWG anerkannt.

geben – seitens des EVU als Zahlungsempfängerin dem Kunden **zwingend folgende Informationen mitzuteilen:**

- **Gläubigeridentifikationsnummer**: Jedem Verwender des SEPA-Lastschriftverfahrens wird eine europaweit einheitliche Gläubigeridentifikationsnummer zugeteilt. In Deutschland übernimmt die Deutsche Bundesbank die Ausgabe dieser Identifikationsnummern.
- **Mandatsreferenz**: Die Mandatsreferenz im SEPA-Lastschriftverfahren wird vom Lastschriftgläubiger (hier: dem Grundversorger) je erhaltenem Lastschriftmandat (hier das Mandat des Stromkunden an den Grundversorger) vergeben und ermöglicht eine eindeutige Zuordnung einer Buchung zu einer erteilten Lastschrifteinzugsermächtigung. Die Mandatsreferenz darf bis zu 35 alphanumerische Zeichen lang sein.

Praxistipp !
Die Mandatsreferenz sollte dem Kunden zeitnah nach Vertragsschluss, jedenfalls vor dem ersten Lastschrifteinzug, schriftlich oder in Textform mitgeteilt werden.

Seit dem 13.6.2014 gilt das neue **Widerrufsrecht** für Verbraucher, die Verträge im Fernabsatz (vgl. § 312c BGB) und außerhalb von Geschäftsräumen (vgl. § 312b BGB) abschließen (vgl. § 312g BGB). Dagegen sind Kunden, die einen Grundversorgungsvertrag im Kundenzentrum des EVU abschließen, nicht widerrufsberechtigt. Ihnen kann ein Vertrag ohne Einräumung eines Widerrufsrechts angeboten werden. Dem Energieversorger steht jedoch frei, dem Kunden auch in diesen Fällen ein Widerrufsrecht einzuräumen. Dann gelten die gesetzlichen Regelungen hierzu kraft vertraglicher Vereinbarung. 20

Die Einführung des neuen Widerrufsrechts bedeutet für den Abschluss des Grundversorgungsvertrags, der über das Internet erfolgt, dass die Informationen über das Widerrufsrecht neugefasst werden müssen. 21

Dies betrifft die 14-tägige Widerrufsfrist, die bereits mit Vertragsschluss beginnt und nicht erst, sobald der Verbraucher die Ware erhalten hat (vgl. § 355 Abs. 2 Ziff. 2 BGB). Der Widerruf ist formfrei. Er kann auch mündlich oder telefonisch erfolgen und muss nicht begründet werden. Allerdings muss aus der Erklärung der Entschluss des Verbrauchers zum Widerruf des Vertrags eindeutig hervorgehen. Zur Wahrung der 14-tägigen Frist genügt die rechtzeitige Absendung des Widerrufs. 22

Grundsätzlich hat ein Widerruf zur Folge, dass der Verbraucher den Wert der empfangenen Leistung gegenüber dem Lieferanten ersetzen muss. Erklärt der Verbraucher aber seinen Widerruf im Rahmen eines Energie- und Wasserliefervertrags, schuldet er dem Grundversorger Wertersatz für die bis zum Widerruf erbrachte Leistung nur, wenn er ausdrücklich von dem Unternehmer verlangt hat, dass dieser mit der Leistung vor Ablauf der Widerrufsfrist beginnt (vgl. § 357 Abs. 8 BGB). 23

Praxistipp
Um davor gefeit zu sein, dass der Kunde trotz Widerrufs keinen Wertersatz leisten muss, sollte – soweit vertraglich möglich – erst 14 Tage nach Vertragsabschluss, also dem Zugang der Vertragsbestätigung, mit der Lieferung der Elektrizität begonnen werden.

24 Falls die **Widerrufsbelehrung** fehlerhaft ist oder gänzlich fehlt, verlängert sich die Widerrufsfrist auf zwölf Monate und 14 Tage – unabhängig davon, ob die Belieferung bereits aufgenommen wurde. Ist die Willenserklärung in diesem Zeitraum nicht widerrufen worden, erlischt das Widerrufsrecht. Wird die Belehrung innerhalb dieses verlängerten Zeitraums nachgeholt, so gilt die Widerrufsfrist von 14 Tagen ab diesem Zeitpunkt.

25 Der Unternehmer ist verpflichtet, den Verbraucher zumindest in Textform über sein Widerrufrecht und die Folgen eines Widerrufs zu belehren. Dies kann geschehen, indem der Unternehmer auf das gesetzliche Muster einer Widerrufsbelehrung zurückgreift (vgl. Anlage 1 zu Art. 246a § 1 Abs. 2 S. 2 EGBGB).

Praxistipp
Aus Gründen der Rechtssicherheit ist zu empfehlen, das gesetzliche Muster einer Widerrufsbelehrung im Grundversorgungsvertrag zu verwenden.

26 Außerdem hat der Unternehmer darüber zu informieren, dass dem Kunden für eine **Widerrufserklärung** ein Muster zur Verfügung steht, entweder in dem Grundversorgungsvertrag oder auf der Website des Unternehmens. Der Gesetzgeber hat ein Muster-Widerrufsformular veröffentlicht, dessen Verwendung nicht zwingend ist. Vielmehr kann auch ein anderes Muster mit eindeutiger Widerrufserklärung infrage kommen.

27 Gründe der Praktikabilität sprechen für die Einstellung des Musterformulars ins Internet. Macht der Unternehmer hiervon in der Weise Gebrauch, dass der Verbraucher das Formular direkt im Internet ausfüllen und übermitteln kann, und wird ein entsprechender Widerruf von einem Kunden erklärt, muss der Unternehmer den Zugang des Widerrufs unverzüglich in Textform bestätigen. Hierfür reicht eine Bestätigungs-E-Mail aus.

28 Die Informationspflicht des Unternehmers bezieht sich ebenfalls auf die oben genannte Sonderregelung zum Wertersatz (§ 357 Abs. 8 BGB) und auf die wesentlichen Vertragsinhalte (vgl. § 312d Abs. 1 BGB i. V. m. Art. 246a § 1 EGBGB und Art. 246c § 1 EGBGB). Hierzu zählen beispielsweise Kündigungs- und Haftungsmodalitäten genauso wie der Gesamtpreis der Leistung einschließlich aller damit verbundener Preisbestandteile und sonstiger Kosten.

2. Bestätigungsschreiben zur Aufnahme in die Grundversorgung

29 Soweit das Grundversorgungsverhältnis durch faktischen Vertragsschluss zustande kommt (das Angebot erfolgt in Form der Bereitstellung, die Annahme durch die Ent-

nahme der Energie), muss der Kunde dem Grundversorger die Entnahme der Energie gem. §2 Abs. 2 StromGVV unverzüglich in Textform mitteilen. Wie in unserem Muster vorgegeben, hat der Grundversorger anschließend gem. §2 Abs. 1 S. 2 StromGVV den Vertragsschluss schriftlich zu bestätigen, um über die Konditionen des Vertragsverhältnisses zu informieren.

Praxistipp !
Dem Bestätigungsschreiben zur Aufnahme in die Grundversorgung sollten das Preisblatt, die StromGVV und die ergänzenden Bedingungen als Anlagen beigefügt werden.

Die Mindestinhalte für ein Bestätigungsschreiben ergeben sich aus §2 Abs. 3 StromGVV. Danach sind Angaben zum Kunden, zum Grundversorger, zum Netzbetreiber und zu den allgemeinen Preisen verpflichtend anzugeben. Hervorzuheben sind wiederum die Hinweispflichten nach §2 Abs. 3 S. 2 StromGVV bzgl. der allgemeinen Bedingungen einschließlich der ergänzenden Bedingungen sowie der Möglichkeit des Kunden, Ansprüche gegen den Netzbetreiber wegen Versorgungsstörungen geltend zu machen und eine Schlichtungsstelle wie auch den Verbraucherservice der BNetzA zu kontaktieren. Der letztgenannte Hinweis ist gem. §2 Abs. 3 S. 4 StromGVV zusätzlich auf der Internetseite des Grundversorgers zu veröffentlichen. 30

Ein Widerrufsrecht steht dem Kunden in diesem Fall nicht zu, da der Anwendungsbereich des §312g BGB nicht eröffnet ist. Nach §312g BGB steht Verbrauchern i. S. d. §13 BGB im Falle des Vertragsschlusses im Fernabsatz oder außerhalb von Geschäftsräumen (mit der Ausnahme bestimmter in §312g Abs. 2 und 3 BGB enumerativ aufgelisteter Vertragstypen) ein Widerrufsrecht zu. Die Konstellation des faktischen Vertragsschlusses kann jedoch weder unter den Tatbestand des Fernabsatzes noch unter den Tatbestand des Vertragsschlusses außerhalb von Geschäftsräumen – für den z. B. eine körperliche Anwesenheit beider Vertragsparteien erforderlich ist – subsumiert werden. Folgerichtig ist ein Hinweis darauf in das Bestätigungsschreiben nicht aufzunehmen. 31

3. Bestätigungsschreiben zur Aufnahme in die Ersatzversorgung

Falls der Bezug von Energie einer Lieferung bzw. einem Liefervertrag nicht zugeordnet werden kann, gilt die Energie gem. §38 Abs. 1 S. 1 EnWG als von dem Unternehmen geliefert, das nach §36 Abs. 1 EnWG als Grundversorger zur Lieferung berechtigt und verpflichtet ist. Dieser Versorgungstyp wird als **Ersatzversorgung** bezeichnet. 32

Ausgangspunkt des Ersatzversorgungsverhältnisses ist die Entnahme der Energie. Erlangt der Grundversorger hiervon Kenntnis, hat er gem. §3 Abs. 2 S. 1 StromGVV dem Kunden **unverzüglich nach Kenntnisnahme den Zeitpunkt des Beginns und des Endes der Ersatzversorgung in Textform mitzuteilen.** Ebenfalls mitzuteilen ist, dass spätestens nach dem Ende der Ersatzversorgung (maximal drei Monate nach Beginn der Ersatzversorgung) zur Fortsetzung des Elektrizitätsbezugs der Abschluss 33 eines Bezugsvertrags durch den Kunden erforderlich ist und dass der Kunde gem. § 2 Abs. 2 StromGVV verpflichtet ist, dem Grundversorger die Entnahme von Elektrizität unverzüglich in Textform mitzuteilen.

34 Das Bestätigungsschreiben zur Aufnahme in die Ersatzversorgung erfolgt gem. § 3 Abs. 1 StromGVV **grundsätzlich zu denselben Konditionen wie die Grundversorgung.** Entsprechend treffen den Grundversorger die Angabe- und Hinweispflichten nach § 2 Abs. 3 StromGVV. Danach sind Angaben zum Kunden, zum Grundversorger, zum Netzbetreiber und zu den allgemeinen Preisen zu machen genauso wie Hinweise zu den allgemeinen Bedingungen einschließlich der ergänzenden Bedingungen sowie der Möglichkeit des Kunden, Ansprüche gegen den Netzbetreiber wegen Versorgungsstörungen geltend zu machen und eine Schlichtungsstelle wie auch den Verbraucherservice der BNetzA zu kontaktieren. **Der Grundversorger ist berechtigt, für die Energielieferung im Wege der Ersatzversorgung gesondert allgemeine Preise zu veröffentlichen** und für die Lieferung in Rechnung zu stellen. Außerdem gelten die Kündigungsrechte der §§ 20 Abs. 1 und 21 StromGVV gem. § 3 Abs. 1 StromGVV im Ersatzversorgungsverhältnis nicht.

35 Ein Widerrufsrecht steht dem Kunden in diesem Fall nicht zu, da der Anwendungsbereich des § 312g BGB nicht eröffnet ist. Laut § 312g BGB steht Verbrauchern i. S. d. § 13 BGB im Falle des Vertragsschlusses im Fernabsatz oder außerhalb von Geschäftsräumen (mit der Ausnahme bestimmter in § 312g Abs. 2 und 3 BGB enumerativ aufgelisteter Vertragstypen) ein Widerrufsrecht zu. Die Konstellation des faktischen Vertragsschlusses kann jedoch weder unter den Tatbestand des Fernabsatzes noch unter den Tatbestand des Vertragsschlusses außerhalb von Geschäftsräumen – für den z. B. eine körperliche Anwesenheit beider Vertragsparteien erforderlich ist – subsumiert werden. Folgerichtig ist ein Hinweis darauf in das Bestätigungsschreiben nicht aufzunehmen.

4. Ergänzende Bedingungen zur StromGVV

36 Einem Grundversorger verbleiben **nur wenige Möglichkeiten**, die von der StromGVV vorgegebenen Mindestinhalte nach den eigenen Interessen zu ergänzen. Diese sog. ergänzenden Bedingungen dürfen weder den Regelungen nach den §§ 2 bis 23 StromGVV widersprechen noch über ihren Regelungsgehalt hinausgehen; anderenfalls wären diese Klauseln nichtig.

Beispiel
Klauseln in ergänzenden Bedingungen, die eine von § 20 Abs. 1 S. 1 StromGVV (Frist von zwei Wochen) abweichende Kündigungsfrist für den Kunden – bspw. von einem Monat – vorsehen, sind nichtig.

37 So wie die allgemeinen Bedingungen sind auch die ergänzenden Regelungen gem. § 2 Abs. 4 StromGVV öffentlich bekanntzumachen und **im Internet zu veröffentlichen.**

Ändern sich die ergänzenden Bedingungen, werden sie jeweils zum Monatsbeginn und erst nach öffentlicher Bekanntgabe wirksam. **Der Kunde muss bei Änderungen der ergänzenden Bedingungen durch briefliche Mitteilung und Veröffentlichung im Internet über die Änderung informiert werden.** Die öffentliche Bekanntgabe muss **mindestens sechs Wochen** vor der beabsichtigten Änderung erfolgen. 38

Klassischerweise sehen die ergänzenden Bedingungen unternehmensindividuelle Regelungen mit Hinblick auf die Abrechnung, insbesondere die Zahlungsmodalitäten, vor. Laut § 16 Abs. 2 StromGVV hat der Grundversorger in den ergänzenden Bedingungen **mindestens zwei mögliche Zahlungsweisen anzugeben.** Zu berücksichtigen ist dabei, dass nach der Rechtsprechung[9] jedenfalls die Barzahlungsmöglichkeit eingeräumt werden muss, sodass der Grundversorger, will er nicht auf eine von zwei anderen Zahlungsmöglichkeiten (typischerweise Lastschrifteinzug und Giroüberweisung) verzichten, im Ergebnis drei Zahlungsweisen zu ermöglichen hat. 39

Achtung !

In der Grundversorgung ist dem Kunden jedenfalls die Möglichkeit der Barzahlung (auch durch Barüberweisung) einzuräumen.

Von Bedeutung ist außerdem, dass gem. § 40 Abs. 3 EnWG alle Energielieferanten verpflichtet sind, den Energieverbrauch **nach ihrer Wahl monatlich oder in anderen Zeitabschnitten**, die jedoch zwölf Monate nicht wesentlich überschreiten dürfen, abzurechnen. Sofern der Letztverbraucher dies wünscht, ist der Lieferant aber außerdem verpflichtet, eine monatliche, vierteljährliche oder halbjährliche Abrechnung zu vereinbaren. So gibt § 12 Abs. 1 StromGVV vor, dass der Elektrizitätsverbrauch nach Maßgabe des § 40 Abs. 3 EnWG abgerechnet wird. 40

---

9 BGH, Urt. v. 5.6.2013 – VIII ZR 131/12 –.

G. Sonderkundenverträge

I. Einführung

1 Stromsonderkundenverträge sind Energielieferungsverträge privatrechtlicher Art, die zwar gesetzlich nicht speziell typisiert sind, auf die jedoch größtenteils die Regelungen des Allgemeinen Schuldrechts Anwendung finden. Sie haben regelmäßig eine fortlaufende Lieferbeziehung zu Letztverbrauchern zum Gegenstand und sind damit als **Dauerschuldverhältnis** (§ 314 BGB) zu qualifizieren. **Letztverbraucher** sind gem. § 3 Nr. 25 EnWG natürliche oder juristische Personen, die Energie für den eigenen Verbrauch kaufen, wobei zwischen Haushalts-[1] und Gewerbekunden[2] zu unterscheiden ist.[3]

2 Neben Sonderkundenverträgen gibt es Grundversorgungsverträge. Auch sie haben die fortlaufende Belieferung von Haushaltskunden mit Strom zum Gegenstand.[4] Die Abgrenzung zwischen beiden Vertragsarten ist jedoch nicht immer eindeutig. Für die Beurteilung, ob es sich bei einem Vertrag um einen Sonderkunden- oder einen Grundversorgungsvertrag handelt, kommt es nach ständiger Rechtsprechung des BGH[5] u. a. darauf an, ob das EVU die Versorgung – aus der Sicht eines durchschnittlichen Abnehmers – im Rahmen einer Versorgungspflicht nach den in §§ 36 ff. EnWG genannten Vorschriften oder unabhängig davon im Rahmen der **allgemeinen Vertragsfreiheit** anbietet. So sind Verträge, deren Regelungen von den Vorschriften der StromGVV abweichen und z. B. Festpreisregelungen oder Bonusleistungen enthalten, wohl als Sonderkundenverträge einzustufen. **Gewerbekunden**, die einen jährlichen Stromverbrauch von über 10.000 kWh aufweisen, sind keine Haushaltskunden im Sinne des EnWG und haben auch keinen Anspruch auf die Grundversorgung. Derartige Gewerbekunden können nach Ablauf eines Sonderkundenvertrags für die Zeit-

1 Haushaltskunden sind Letztverbraucher, die Energie überwiegend für den Eigenverbrauch im Haushalt oder für einen den Jahresverbrauch von 10.000 kWh nicht übersteigenden Eigenverbrauch für berufliche, landwirtschaftliche oder gewerbliche Zwecke kaufen (vgl. § 3 Nr. 22 EnWG).

2 Gewerbekunden werden in energierechtlichen Normen nicht legaldefiniert. Man wird darunter Letztverbraucher verstehen können, die Energie nicht im Haushalt verbrauchen. Darunter fallen sowohl Letztverbraucher mit einem Jahresverbrauch von 10.000 kWh nicht übersteigenden Verbrauch für berufliche, landwirtschaftliche oder sonstige gewerbliche Zwecke („Kleingewerbe") sowie Letztverbraucher, die Energie für die vorgenannten Zwecke verbrauchen und einen Jahresverbrauch von mehr als 10.000 kWh haben.

3 Den „Gegenpart" zu Letztverbrauchern bilden Großhändler. Sie kaufen Energie nicht für den eigenen Verbrauch, sondern zum Zwecke des Weiterverkaufs (vgl. § 3 Nr. 21 EnWG). Energielieferungsverträge mit Großhändlern sind nicht Gegenstand der folgenden Ausführungen.

4 Vgl. die Erläuterung in Kap. 2.F – Grundversorgungsverträge.

5 Vgl. statt Vieler BGH, Urt. v. 15.7.2007 – VIII ZR 225/07 –.

dauer von drei Monaten in die Ersatzversorgung[6] fallen, gehen jedoch im Anschluss daran nicht in die Grundversorgung über. Es steht einem EVU allerdings frei, auch Gewerbekunden mit einem Stromverbrauch von über 10.000 kWh/Jahr einen Grundversorgungsvertrag anzubieten.

3 Während EVU bei der Gestaltung von Sonderkundenverträgen hinsichtlich des Vertragsinhaltes weitestgehend frei sind, basieren die Regelungen in (Strom-)Grundversorgungsverhältnissen auf zwingenden verordnungsrechtlichen Vorschriften der StromGVV. Ferner unterscheiden sich Sonder- und Grundversorgungsverträge darin, dass EVU nicht verpflichtet sind, Sonderkundenverträge anzubieten und abzuschließen. Demgegenüber haben EVU, die gleichzeitig Grundversorger sind, die Pflicht, im Wege der Daseinsvorsorge entsprechende Grundversorgungsverträge abzuschließen (sog. **Kontrahierungszwang**).

4 Sonderkundenverträge gibt es in verschiedenen Varianten, je nach avisierter Kundengruppe. Neben der Unterscheidung von Haushalts- und Gewerbekunden kann zwischen **Standardlastprofilkunden** (**SLP**-Kunden) und solchen Kunden differenziert werden, die eine **registrierende Lastgangmessung** haben (**RLM**-Kunden). Bei Haushalts- und kleineren Gewerbekunden sind der Verbrauch und das Abnahmeverhalten anhand statistischer Erfahrungswerte und Wetterprognosen verhältnismäßig gut kalkulierbar. Dementsprechend werden einzelne Kundengruppen bestimmten Standardlastprofilen zugeordnet. Auf Basis des kalkulierten und einem Standardlastprofil zugrunde gelegten Abnahmeverhaltens werden vom Kunden in der Regel unterjährige Abschläge gezahlt und der Verbrauch am Ende eines Belieferungszeitraums (zumeist jährlich) nach entsprechender Ablesung schlussabgerechnet. Die Anwendung von Standardlastprofilen ist grundsätzlich für Letztverbraucher angedacht, die eine jährliche Entnahme von bis zu 100.000 kWh haben (§ 12 Abs. 1 StromNZV).

5 Demgegenüber gibt es letztverbrauchende Kunden, die eine höhere Abnahme haben bzw. deren Abnahme aus Sicht eines EVU nur schwer zu prognostizieren ist, sodass sie keinem Standardlastprofil zugeordnet werden können. Solche Kunden werden in der Regel mit einer **registrierenden Lastgangmessung** ausgestattet. Aus einem Umkehrschluss zu § 12 Abs. 1 StromNZV folgt, dass grundsätzlich solche Kunden mit einer registrierenden Lastgangmessung auszustatten sind, die über eine jährliche Entnahme von über 100.000 kWh verfügen. Unterhalb dieser Grenze darf eine registrierende Lastgangmessung wegen der damit verbundenen Kostentragungspflicht grundsätzlich nur dann verwendet werden, wenn dies im Einzelfall zwischen Netznutzer und Netzbetreiber vereinbart wird (§ 12 Abs. 1 S. 2 StromNZV). Demgegen-

6 Als Ersatzversorgung i. S. v. § 38 EnWG gilt die Belieferung von Energie, die Letztverbraucher aus dem Netz der allgemeinen Versorgung beziehen, ohne dass der Bezug einer Lieferung oder einem bestimmten Liefervertrag zugeordnet werden kann. Eine Zuordnung kann beispielsweise immer dann nicht vorgenommen werden, wenn der Liefervertrag durch Zeitablauf oder Kündigung beendet worden ist und noch kein neuer Liefervertrag abgeschlossen worden ist.

über ist es nicht zwingend, bei Kunden oberhalb der vorab genannten Grenze eine registrierende Lastgangmessung zu installieren. Es steht dem Netzbetreiber insoweit frei, auch bei Kunden mit einem entsprechend höheren Abnahmeverhalten Standardlastprofile zu verwenden.

6 Bei RLM-Kunden wird der Verbrauch alle 15 Minuten gemessen und monatsscharf abgerechnet. Allein vor diesem Hintergrund ergeben sich nicht unerhebliche Unterschiede in der Ausgestaltung der sonderkundenvertraglichen Regelungen für SLP- und RLM-Kunden.

7 Der **Vertragsschluss** erfolgt bei Sonderkundenverträgen grundsätzlich mit Unterzeichnung durch beide Vertragsparteien. Bei standardisierten Auftragsformularen gilt das z. B. zum Download bereitgestellte oder in Geschäftsräumen ausliegende Formular jedoch lediglich als sog. **invitatio ad offerendum**. Das Ausfüllen und Unterzeichnen des Auftragsformulars durch den Kunden stellt dabei das Angebot zum Vertragsabschluss dar. Die Annahme erfolgt dann durch das EVU. Nicht selten steht die Annahme unter dem Vorbehalt einer positiven Bonitätsprüfung des Kunden. Im Gegensatz zum Grundversorgungsvertrag (vgl. § 2 Abs. 2 S. 1 StromGVV) ist ein faktischer Vertragsschluss bei Sonderkundenverträgen durch die bloße Entnahme von Strom aus dem Stromnetz der allgemeinen Versorgung nicht möglich.

8 Oftmals werden bei Sonderkundenverträgen die Regelungen der StromGVV mit einbezogen, was im Einzelfall zu den oben bereits erwähnten Abgrenzungsschwierigkeiten führen kann. Die Bestimmungen der StromGVV gelten allerdings in der Regel nur, soweit nichts Anderes oder Gegenteiliges im Vertrag vereinbart ist.

9 Soweit Sonderkundenverträge für eine **Vielzahl von Letztverbrauchern** angeboten werden (was – mit Ausnahme vielleicht von Individualsonderkundenverträgen – regelmäßig der Fall sein dürfte), handelt es sich bei den vertraglichen Regelungen in der Regel um sog. **Allgemeine Geschäftsbedingungen** i. S. v. § 305 Abs. 1 S. 1 BGB. Allgemeine Geschäftsbedingungen sind alle für eine Vielzahl von Verträgen vorformulierten Vertragsbedingungen, die eine Vertragspartei (der Verwender) der anderen Vertragspartei bei Abschluss eines Vertrags stellt. In diesem Fall sieht der Gesetzgeber die andere Vertragspartei als besonders schutzwürdig an, sodass der Verwender von Allgemeinen Geschäftsbedingungen eine Reihe von zusätzlichen gesetzlichen Anforderungen bei der Klauselgestaltung zu beachten hat. Zu erwähnen sind hierbei insbesondere die speziellen Vorgaben nach §§ 307 ff. BGB zur inhaltlichen Ausgestaltung von Allgemeinen Geschäftsbedingungen. Danach sind z. B. bei Dauerschuldverhältnissen eine Erstlaufzeit von mehr als zwei Jahren, eine auf eine stillschweigende Verlängerung folgende Anschlusslaufzeit von mehr als einem Jahr und eine Kündigungsfrist von mehr als drei Monaten vor Ablauf der vorgesehenen Vertragslaufzeit nicht zulässig. Abzugrenzen sind Allgemeine Geschäftsbedingungen von individualvertraglichen, also zwischen den Vertragsparteien im Vorfeld des Vertragsschlusses im Einzelnen ausgehandelten Regelungen. Solche Regelungen sind nicht (mehr) als vom Klauselverwender – dem EVU – einseitig vorgegeben anzusehen und stellen somit keine Allgemeinen Geschäftsbedingungen dar. Da die andere Ver-

tragspartei in diesem Fall nicht mehr als besonders schutzwürdig angesehen wird, unterfallen individualvertraglich ausgehandelte Regelungen von vornherein nicht der Inhaltskontrolle gemäß §§ 307 ff. BGB.

An die Ausgestaltung von Sonderkundenverträgen für **Haushaltskunden** 10
werden aber noch weitere gesetzliche Anforderungen geknüpft. Solche sind u. a. in § 41 EnWG enthalten. Danach müssen Haushaltskundenverträge insbesondere folgende Pflichtangaben enthalten:

- die Vertragsdauer, die Preisanpassung, die Kündigungstermine und Kündigungsfristen sowie das Rücktrittsrecht des Kunden;
- die zu erbringenden Leistungen einschließlich angebotener Wartungsdienste;
- die Zahlungsweise;
- Haftungs- und Entschädigungsregelungen bei Nichteinhaltung vertraglich vereinbarter Leistungen;
- einen Hinweis auf den unentgeltlichen und zügigen Lieferantenwechsel;
- die Art und Weise, wie aktuelle Informationen über die geltenden Tarife und Wartungsentgelte erhältlich sind;
- Informationen über die Rechte der Haushaltskunden im Hinblick auf Streitbeilegungsverfahren, einschließlich der für Verbraucherbeschwerden nach § 111b EnWG eingerichteten Schlichtungsstelle und deren Anschrift sowie die Kontaktdaten des Verbraucherservices der BNetzA für den Bereich Elektrizität und Gas.

Unabhängig von der zwingenden Anwendung bei Sonderkundenverträgen mit Haus- 11
haltskunden werden die vorstehenden Regelungen nicht selten auch in Sonderkundenverträgen mit Gewerbekunden mit einem Abnahmeverhalten von mehr als 10.000 kWh mit aufgenommen.

Weitere rechtliche Vorgaben könnten zudem in Zukunft aus einer vom BMWi 12
beabsichtigten Änderung der StromGVV resultieren.[7] Das EnWG beinhaltet zudem in § 41 Abs. 5 EnWG eine Ermächtigungsgrundlage für den Erlass einer sog. Sonderkundenvertragsverordnung. Vor dem Hintergrund der jüngsten Rechtsprechung des BGH zur Wirksamkeit von Preisanpassungsklauseln[8] in Sonderkundenverträgen, seiner Abkehr von der sog. **Leitbildrechtsprechung**[9] und der damit verbundenen Rechtsunsicherheit bei der Gestaltung von Preisanpassungsklauseln wäre der Erlass einer solchen Verordnung sicherlich positiv zu bewerten, nicht zuletzt, um allein in diesem Punkt ein höheres Maß an Rechtssicherheit zu schaffen.

---

7 Vorschlag des BMWi zur Änderung der StromGVV aus November 2013.

8 Vgl. nachfolgende Erläuterung zu Preisanpassungsklauseln, Rn 82, 83 ff.

9 Vgl. BGH, Urt. v. 31.7.2013 – VIII ZR 162/09 –. Mit dieser Entscheidung hat der BGH seine bis dahin gefestigte Rechtsprechung aufgegeben, nach der eine Preisanpassungsklausel in Allgemeinen Geschäftsbedingungen, die § 5 Abs. 2 und 3 GasGVV bzw. deren Vorgängernorm § 4 AVBGasV nachgebildet ist, einer Inhaltskontrolle standhielt.

13 Weitere Pflichtinformationen und -angaben in Sonderkundenverträgen resultieren u. a. aus § 4 Abs. 1 **Energiedienstleistungsgesetz** (EDL-G).[10] Hiernach haben EVU ihre Kunden mindestens jährlich über die Wirksamkeit von Energieeffizienzmaßnahmen und für sie verfügbare Angebote, die durch Energiedienstleister, Anbieter von Energieaudits und Anbieter von Energieeffizienzmaßnahmen mit wettbewerbsorientierter Preisgestaltung durchgeführt werden, zu unterrichten.

14 Sonderkundenverträge schließen in der Regel als sog. **All-inclusive-Verträge** die Netznutzung, also den Transport des Stroms durch das Stromnetz bis hin zur Entnahmestelle, durch das EVU in seiner Funktion als Stromlieferant mit ein. Dies hat zur Folge, dass Sonderkundenverträge häufig auch Regelungen zur Leistungspflicht und zum rechtmäßigen Anspruchsgegner im Falle von netzbedingten Störungen und Unterbrechungen enthalten.

15 Möglich ist allerdings auch, dass Letztverbraucher selbst separate Netznutzungsverträge mit dem Netzbetreiber abschließen. Dies wird von großen, gewerblichen SLP-Kunden sowie RLM-Kunden genutzt. In diesem Fall ist der Stromliefervertrag ein reiner „Liefervertrag". Hauptleistungspflichten des Netznutzungsvertrags sind seitens des Netzbetreibers die Gewährung des Netzzugangs und der Netznutzung, und seitens des Letztverbrauchers in seiner Rolle als Netznutzer die Zahlung eines entsprechenden Netzentgeltes für die Netznutzung. Der Liefervertrag ohne Netznutzung begründet dann eine Holschuld des Kunden, da es seine vertragliche Pflicht ist, die tatsächliche Lieferung des Stroms über die verschiedenen Netzebenen sicherzustellen. Solche reinen Lieferverträge ohne Netznutzung könnten auch bei Haushaltskunden eine neue Vertriebsform darstellen. In letzter Zeit drängen Vertriebsgesellschaften auf den Markt, die gegenüber ihren Kunden reine Lieferverträge anbieten. In dem separat abzuschließenden Netznutzungsvertrag zwischen Kunden und Netzbetreiber sind dann entsprechend die netzseitigen Kosten (insbesondere Netzentgelte und Konzessionsabgaben) enthalten.

10 Gesetz über Energiedienstleistungen und andere Energieeffizienzmaßnahmen v. 4.11.2010, BGBl. I S. 1483.

II. Vertragsmuster

1. Stromsonderkundenvertrag Haushaltskunden

Muster

Auftrag über die Lieferung von Strom 16
Produktname (Haushaltskunden)

Bitte zurücksenden an:

Stadtwerke ... GmbH
Straße, Nr.
PLZ Ort

Bei Fragen:

Raum für Öffnungszeiten und Telefonnummern sowie E-Mail-Adressen

Auftraggeber/Kunde

☐ Herr ☐ Frau ☐ Firma

Name Vorname

Geburtsdatum (nur für Privatkunden; Verbraucher i. S. v. § 13 BGB)

Straße, Hausnummer

Postleitzahl Ort

Telefonnummer

E-Mail-Adresse

Registernummer (nur für Firmenkunden; Unternehmer i. S. v. § 14 BGB)

Registergericht (nur für Firmenkunden; Unternehmer i. S. v. § 14 BGB)

Verbrauchsstelle
(nur ausfüllen, wenn abweichend von Adresse des Auftraggebers)

Straße, Hausnummer

Postleitzahl Ort

Bisherige Stromversorgung
Ich beziehe bisher für die Verbrauchsstelle:
□ Keinen Strom
□ Strom von der Stadtwerke ... GmbH

____
Abrechnungsnummer

□ Strom von einem anderen Versorger:

____
Name des bisherigen Versorgers

____
Kundennummer beim bisherigen Versorger

Gewünschter Lieferbeginn
(bitte ankreuzen und ggf. eintragen)
□ Nächstmöglicher Termin
□ Datum des Lieferbeginns: ___________________

Branche
□ Stromlieferung erfolgt überwiegend für Haushaltszwecke

____
Branche (soweit nicht überwiegend für Haushaltszwecke)

Stromzähler und Verbrauch
(soweit Angaben zur Hand)

____
Stromzählernummer Zählerstand am Tag der Auftragserteilung

____
Voraussichtlicher Jahresverbrauch oder Vorjahresverbrauch in kWh

Produktname, Preise, Lieferzeit

Grundpreis Euro/Monat	... € netto	... € brutto
Arbeitspreis Ct/kWh	... € netto	... € brutto

Der Vertrag hat eine Grundlaufzeit von einem Jahr. Danach endet der Vertrag, ohne dass es einer Kündigung durch eine der Vertragsparteien bedarf.

Zahlungsweise

☐ **SEPA-Lastschriftmandat** – Ich ermächtige die Stadtwerke ... GmbH, fällige Zahlungen von meinem Konto mittels Lastschrift einzuziehen:

____

Vorname und Name des Kontoinhabers

____

Straße, Hausnummer (falls Kontoinhaber von Auftraggeber abweicht)

____

Postleitzahl, Ort (falls Kontoinhaber von Auftraggeber abweicht)

DE_ _ | _ _ _ _ | _ _ _ _ | _ _ _ _ | _ _ _ _ | _ _
IBAN

____________________ _ _ _ _ _ _ _ _ | _ _ _

Kreditinstitut BIC

Zugleich weise ich mein Kreditinstitut an, die von der Stadtwerke ... GmbH auf mein Konto gezogenen Lastschriften einzulösen.

Hinweis: Ich kann innerhalb von acht Wochen, beginnend mit dem Belastungsdatum, die Erstattung des belasteten Betrags verlangen. Es gelten dabei die mit meinem Kreditinstitut vereinbarten Bedingungen.
Die Mandatsreferenz wird separat durch die Stadtwerke ... GmbH mitgeteilt.

X ____

Datum, Ort Unterschrift des Kontoinhabers

Hinweis (falls Kontoinhaber vom Auftraggeber abweicht):
Für den Fall, dass der Kontoinhaber von dem Auftraggeber abweicht, gilt das vorab erteilte SEPA-Lastschriftmandat für diesen Auftrag über die Lieferung von Strom zwischen der Stadtwerke ... GmbH und dem Auftraggeber.

☐ Ich überweise die fälligen Zahlungen.

Information

☐ Ich bin einverstanden, dass mich die Stadtwerke ... GmbH zu ihren unternehmenseigenen Produkten und Dienstleistungen, die die Stadtwerke ... GmbH im Zusammenhang mit Energie anbietet, oder zum Zwecke der Markt- oder Meinungsforschung per
- ☐ E-Mail
- ☐ Telefon
- ☐ Kurznachricht (SMS/MMS)
- ☐ Fax

anspricht. Dieser Ansprache sowie der Verarbeitung oder Nutzung meiner personenbezogenen Daten kann ich jederzeit gegenüber der Stadtwerke GmbH... widersprechen.
[**Ausfüllhinweis:** Bitte beachten Sie als Verwender dieses Formulars: Der vorstehende Absatz ist nur dann erforderlich, wenn Sie tatsächlich Daten zu diesen Zwecken (z. B. Informationen über Produkte und Dienstleistungen der Stadtwerke ... GmbH im Zusammenhang mit Energie oder Markt- und Meinungsforschung) erheben, verarbeiten oder nutzen. Andernfalls ist dieser Informationsblock ganz oder teilweise (bspw. „Markt- und Meinungsforschung" oder ein Kommunikationsmittel aus dem Vertragsmuster) zu streichen.]

Einwilligungserklärung Datenschutz
Mit meiner Unterschrift erkläre ich mich damit einverstanden, dass die anhand dieses Stromlieferungsvertrages erhobenen Daten zum Zwecke der ... erhoben, verarbeitet oder genutzt werden können.
[**Ausfüllhinweis** für den Verwender dieses Formulars: Bitte beschreiben Sie hier die jeweils spezifischen Zwecke, zu denen die Daten verarbeitet werden, z. B. zu Zwecken der Information über Produkte und Dienstleistungen der Stadtwerke ... GmbH im Zusammenhang mit Energie oder zur Markt- und Meinungsforschung. Bitte stellen Sie auch dar, an welche Dritten Daten weitergegeben werden, z. B. an einen IT-Dienstleister, der die IT-Systeme für Sie betreibt oder an ein mit Ihnen verbundenes Unternehmen.
Die Darstellung der Zwecke und Empfänger muss konkret die bei Ihnen bestehenden Datenverarbeitung- und Nutzungsvorgänge wiedergeben.]
Ich wurde darauf hingewiesen, dass die Erhebung, Verarbeitung und Nutzung meiner Daten auf freiwilliger Basis erfolgt. Ferner, dass ich meine Einwilligung ohne für mich nachteilige Folgen verweigern bzw. jederzeit mit Wirkung für die Zukunft widerrufen kann. Meine Widerrufserklärung werde ich richten an ...
[**Ausfüllhinweis** für den Verwender dieses Formulars: Bitte fügen Sie hier ihre postalische Adresse ein.]
Falls Sie mit der Datenerhebung, -verarbeitung oder -nutzung nicht einverstanden sein sollten, streichen Sie bitte diese Einwilligung zur Datenerhebung.

Auftragserteilung
Ich beauftrage die Stadtwerke ... GmbH, zu den vorab genannten Bedingungen sowie den Allgemeinen Vertragsbedingungen für Stromlieferung in Niederspannung (Haushaltskunden) der Stadtwerke ... GmbH in der Fassung vom ... die oben genannte Verbrauchsstelle mit Strom zu beliefern. Die in Ziffer 5 der Allgemeinen Vertragsbedingungen für Stromlieferungen in Niederspannung (Haushaltskunden) enthaltene Widerrufsbelehrung habe ich zur Kenntnis genommen. Gleichzeitig bevollmächtige ich die Stadtwerke ... GmbH, den für die Verbrauchsstelle eventuell bestehenden Stromliefervertrag zu kündigen und die für die Stromlieferung erforderlichen Verträge mit dem zuständigen Netzbetreiber zu schließen. Der Lieferantenwechsel erfolgt zügig und ist für mich kostenlos.

X ______________________________

Datum Unterschrift des Auftraggebers/Kunden

Allgemeine Vertragsbedingungen für Stromlieferungen in Niederspannung (Haushaltskunden)

1. Vertragsabschluss

1.1. Der Vertrag wird zu dem in der Auftragsbestätigung (Annahme) von der Stadtwerke ... GmbH genannten Datum wirksam, spätestens aber nach Durchführung des Lieferantenwechsels nach § 20a EnWG mit Lieferbeginn. Der Lieferantenwechsel darf drei Wochen, gerechnet ab dem Zeitpunkt des Zugangs der Anmeldung zur Netznutzung durch die Stadtwerke ... GmbH bei dem Netzbetreiber, an dessen Netz die Entnahmestelle angeschlossen ist, nicht überschreiten.

1.2. Der Zählerstand zum Zeitpunkt des Lieferbeginns wird rechnerisch ermittelt, sofern keine abgelesenen Daten vorliegen.

1.3. Der Kunde zeigt der Stadtwerke ... GmbH einen Umzug spätestens zwei Wochen vor dem Umzugstermin schriftlich an. Im Falle eines Umzugs des Kunden innerhalb des Netzgebietes der Stadtwerke ... GmbH [oder Name des Netzbetreibers], bietet die Stadtwerke ... GmbH an, den Vertrag auf Verlangen des Kunden auf die neue Lieferanschrift zu übertragen. Im Falle des Wegzugs des Kunden aus dem Netzgebiet können beide Parteien den Vertrag mit einer Frist von zwei Wochen kündigen.

2. Preise und Preisanpassung

2.1. Der Vertragspreis setzt sich aus einem verbrauchsunabhängigen Netto-Grundpreis und einem verbrauchsabhängigen Netto-Arbeitspreis zusammen.

2.2. Die Bruttopreise enthalten zusätzlich die Umsatzsteuer in der jeweils gesetzlichen Höhe (derzeit 19 %).

2.3. Die Stadtwerke ... GmbH wird die Netto-Preise während der Vertragslaufzeit nicht ändern.

2.4. Aktuelle Informationen über die geltenden Tarife der Stadtwerke ... GmbH sowie die in Ziffer 2.2 genannten Preisbestandteile sind auf unserer Homepage www.....de zu finden.

3. Abrechnung

3.1. Die Abrechnung erfolgt grundsätzlich einmal im Jahr. Der Kunde ist jedoch berechtigt, abweichend von Satz 1 eine monatliche, viertel- oder halbjährliche Abrechnung zu verlangen.

3.2. Wird der Verbrauch für mehrere Monate abgerechnet, so kann die Stadtwerke ... GmbH für die nach der letzten Abrechnung verbrauchte Elektrizität eine Abschlagszahlung verlangen. Diese ist anteilig für den Zeitraum der Abschlagszahlungen entsprechend dem Verbrauch im zuletzt abgerechneten Zeitraum zu berechnen. Ist eine solche Berechnung nicht möglich, so bemisst sich die Abschlagszahlung nach dem durchschnittlichen Verbrauch vergleichbarer Kunden.

4. Verbraucherschutz und außergerichtliche Streitbeilegung

4.1. Der Kunde kann sich mit Fragen zu Energieliefervertragsverhältnissen wenden an:
Bundesnetzagentur für Elektrizität, Gas, Telekommunikation, Post und Eisenbahn
Verbraucherservice Energie
Postfach 8001
53105 Bonn
Tel.: 030 22480-500 (Mo.–Fr. 9:00–12:00 Uhr)
Fax: 030 22480-323
E-Mail: verbraucherservice-energie@bnetza.de

4.2. Zur außergerichtlichen Beilegung von Streitigkeiten zwischen der Stadtwerke ... GmbH und dem Kunden über den Gegenstand dieses Vertrages kann der Kunde, soweit die Stadtwerke ... GmbH die zugrundeliegende Beschwerde des Kunden nicht innerhalb einer Frist von vier Wochen ab Zugang bei der Stadtwerke ... GmbH beantwortet oder der Beschwerde abgeholfen hat, sich an folgende Stelle wenden:

Schlichtungsstelle Energie e. V.
Friedrichstr. 133
10117 Berlin
Tel.: 030 2757240-0
Fax: 030 2757240-69
E-Mail: info@schlichtungsstelle-energie.de
Internet: www.schlichtungsstelle-energie.de

5. **Widerrufsbelehrung (gilt nur für Privatkunden, die Verbraucher im Sinne des § 13 BGB sind)**

Widerrufsrecht

Sie haben das Recht, binnen vierzehn Tagen ohne Angabe von Gründen diesen Vertrag zu widerrufen.
Die Widerrufsfrist beträgt vierzehn Tage ab dem Tag des Vertragsabschlusses.
Um Ihr Widerrufsrecht auszuüben, müssen Sie uns ***[Name, Straße und Hausnummer, Postleitzahl und Ort, Telefonnummer, Telefaxnummer und E-Mail-Adresse]*** mittels einer eindeutigen Erklärung (z. B. ein mit der Post versandter Brief, Telefax oder E-Mail) über Ihren Entschluss, diesen Vertrag zu widerrufen, informieren. Sie können dafür das beigefügte Muster-Widerrufsformular verwenden, das jedoch nicht vorgeschrieben ist. Sie können dafür auch das Muster-Widerrufsformular auf unserer Webseite ***[Internet-Adresse einfügen]*** elektronisch ausfüllen oder eine andere eindeutige Erklärung verwenden und an uns übermitteln. Machen Sie von dieser Möglichkeit Gebrauch, so werden wir Ihnen unverzüglich (z. B. per E-Mail) eine Bestätigung über den Eingang eines solchen Widerrufs übermitteln.
Zur Wahrung der Widerrufsfrist reicht es aus, dass Sie die Mitteilung über die Ausübung des Widerrufsrechts vor Ablauf der Widerrufsfrist absenden.

Widerrufsfolgen

Wenn Sie den Vertrag widerrufen, haben wir Ihnen alle Zahlungen, die wir von Ihnen erhalten haben, einschließlich der Lieferkosten (mit Ausnahme der zusätzlichen Kosten, die sich daraus ergeben, dass Sie eine andere Art der Lieferung als die von uns angebotene, günstigste Standardlieferung gewählt haben), unverzüglich und spätestens binnen vierzehn Tagen ab dem Tag zurückzuzahlen, an dem die Mitteilung über Ihren Widerruf dieses Vertrags bei uns eingegangen ist. Für diese Rückzahlung verwenden wir dasselbe Zahlungsmittel, das Sie bei der ursprünglichen Transaktion eingesetzt haben, es sei denn, mit Ihnen wurde ausdrücklich etwas anderes vereinbart; in keinem Fall werden Ihnen wegen dieser Rückzahlung Entgelte berechnet.
Haben Sie verlangt, dass die Dienstleistungen oder die Lieferung von Strom während der Widerrufsfrist beginnen soll, so haben Sie uns einen angemessenen Betrag zu zahlen, der dem Anteil der bis zu dem Zeitpunkt, zu dem Sie uns von der Ausübung des Widerrufsrechts hinsichtlich dieses Vertrages unterrichten, bereits erbrachten Dienstleistungen im Vergleich zum Gesamtumfang der im Vertrag vorgesehenen Dienstleistungen entspricht.

Ende der Widerrufsbelehrung

6. **Bonitätsauskunft**

[**Ausfüllhinweis:** Achtung: Der folgende Hinweis darf nur verwendet werden, wenn die Stadtwerke ... GmbH Mitglied der SCHUFA ist. Andernfalls könnte der Hinweis wettbewerbsrechtlich als irreführend eingestuft werden. Sollte die Stadtwerke GmbH nicht in Vorleistung gehen, so muss der Kunde in die Bonitätsauskunft ausdrücklich schriftlich einwilligen.]
Sofern die Stadtwerke ... GmbH in Vorleistung tritt, zum Beispiel bei einem Kauf auf Rechnung, ist die Stadtwerke ... GmbH berechtigt, eine Bonitätsauskunft auf der Basis mathematisch-statistischer Verfahren über den Kunden bei der SCHUFA Holding AG; Kormoranweg 5, 65201 Wiesbaden (SCHUFA) einzuholen. Zu diesem Zweck übermittelt die Stadtwerke ... GmbH die zu

einer Bonitätsprüfung benötigten personenbezogenen Daten an die SCHUFA und verwendet die erhaltenen Informationen über die statistische Wahrscheinlichkeit eines Zahlungsausfalls für eine abgewogene Entscheidung über die Begründung, Durchführung oder Beendigung des Vertragsverhältnisses.
Die Bonitätsauskunft kann Wahrscheinlichkeitswerte (Score-Werte) beinhalten, die auf Basis wissenschaftlich anerkannter mathematisch-statistischer Verfahren berechnet werden und in deren Berechnung unter anderem Anschriftendaten einfließen. Die schutzwürdigen Belange des Kunden werden gemäß den gesetzlichen Bestimmungen berücksichtigt.
Der Kunde kann bei der SCHUFA Auskunft über die ihn betreffenden Daten verlangen. Weitere Informationen über das SCHUFA-Auskunftsverfahren findet der Kunde auf der Homepage der SCHUFA unter www.schufa.de.

7. **Rechtsnachfolge**
Die Stadtwerke ... GmbH ist berechtigt, die Rechte und Pflichten aus diesem Vertrag als Gesamtheit auf einen Rechtsnachfolger zu übertragen. Der Kunde ist in diesem Fall berechtigt, den Vertrag mit Wirkung zu dem Übertragungszeitpunkt zu kündigen, der dem Kunden vorab rechtzeitig in Textform mitgeteilt wird.

8. **Verschiedenes**
8.1. Soweit in diesem Vertrag nichts anderes geregelt ist, gelten für die Lieferung der elektrischen Energie im Übrigen die Verordnung über Allgemeine Bedingungen für die Grundversorgung von Haushaltskunden und die Ersatzversorgung mit Elektrizität aus dem Niederspannungsnetz (Stromgrundversorgungsverordnung – StromGVV – Bundesgesetzblatt Jahrgang 2006 Teil I Nr. 50 vom 07.11.2006, Seite 2391) und die ergänzenden Bedingungen der Stadtwerke ... GmbH zur StromGVV, jeweils in ihrer aktuellen Fassung. Die bei Vertragsabschluss aktuellen Fassungen liegen bei.
8.2. Sollten sich die diesem Vertrag zugrundeliegenden Regelwerke, einschlägigen Rechtsvorschriften (z. B. das EnWG sowie die hierzu ergangenen einschlägigen Verordnungen), einschlägige Rechtsprechung und/oder behördliche Praxis (insbesondere Festlegungen der Bundesnetzagentur oder der zuständigen Regulierungsbehörde) nach Vertragsabschluss ändern, ist die Stadtwerke ... GmbH mit Ausnahme der in Ziffer 2.3 enthaltenen Regelung berechtigt, den Vertrag und diese Vertragsbedingungen zum 1. eines Monats anzupassen, soweit die Anpassung dem Kunden zumutbar ist. Die Stadtwerke ... GmbH wird dem Kunden eine solche Anpassung sechs Wochen vor deren Inkrafttreten brieflich mitteilen. In diesem Fall ist der Kunde berechtigt, das Vertragsverhältnis ohne Einhaltung einer Frist zum Inkrafttreten der Änderungen zu kündigen. Die Kündigung bedarf der Textform. Macht der Kunde von dem Kündigungsrecht keinen Gebrauch, gilt die Anpassung als genehmigt. Auf sein Kündigungsrecht sowie die vorgenannte Folge wird der Kunde in der Mitteilung hingewiesen.
8.3. Die Stadtwerke ... GmbH ist als Lieferant bei einer Unterbrechung oder Unregelmäßigkeit in der Elektrizitätsversorgung von der Leistungspflicht befreit, soweit es sich um Folgen einer Störung des Netzbetriebs einschließlich des Netzanschlusses handelt. Ansprüche wegen solcher Versorgungsstörungen können gegen den Netzbetreiber geltend gemacht werden. Netzbetreiber ist die Stadtwerke ... GmbH/ABC GmbH ***[mit vollständigen Geschäftsangaben, wie Handelsregisternummer und Registergericht]***.

Anlagenverzeichnis[11]

Anlage 1: Stromgrundversorgungsverordnung (StromGVV)

Anlage 2: Ergänzende Bedingungen zur StromGVV

Anlage 3: Informationsblatt zum Thema „Energieeffizienz“

[**Hinweis**: Gemäß § 4 Abs. 2 EDL – G sind Energieversorgungsunternehmen verpflichtet, Informationen über Energiedienstleistungen, Energieeffizienzmaßnahmen etc., anzubieten. Sinnvoll wäre insoweit, diese Informationen auf einem Informationsblatt darzustellen bzw. die Information als deutlichen Hinweis in die allgemeinen Vertragsbedingungen einzufügen (ggf. hervorgehoben durch einen Rahmen).]

Anlage 4: Widerrufsformular

11 Anlage 3 ist unternehmensintern individuell auszufüllen, für Anlage 2 s. Kap. 2.F Rn 13. Die StromGVV – Anlage 1 – ist online abrufbar unter http://www.gesetze-im-internet.de.

Anlage 4 **Widerrufsformular**

Wenn Sie den Vertrag widerrufen wollen, dann füllen Sie bitte dieses Formular aus und senden es zurück.

An die
Stadtwerke ... GmbH
Straße, Nr.
PLZ Ort
[ggf. die Telefaxnummer und E-Mail-Adresse]

Hiermit widerrufe(n) ich/wir (*) den von mir/uns (*) abgeschlossenen Vertrag über den Kauf der folgenden Waren (*)/die Erbringung der folgenden Dienstleistung (*):

Bestellt am (*)/erhalten am (*)

Name des/der Verbraucher(s)

Anschrift des/der Verbraucher(s)

Datum Unterschrift des/der Verbraucher(s) (nur bei Mitteilungen auf Papier)

(*) Unzutreffendes streichen.

2. Stromsonderkundenvertrag Gewerbekunden

Muster

17 **Auftrag über die Lieferung von Strom**
Produktname (Gewerbekunden)

Bitte zurücksenden an:

Stadtwerke ... GmbH
Straße, Nr.
PLZ Ort

Bei Fragen:

Raum für Öffnungszeiten und Telefonnummern sowie E-Mail-Adressen

Auftraggeber/Kunde

☐ Herr ☐ Frau ☐ Firma

Name Vorname

Straße, Hausnummer

Postleitzahl Ort

Telefonnummer

E-Mail-Adresse

Registernummer

Registergericht

Verbrauchsstelle
(nur ausfüllen, wenn abweichend von Adresse des Auftraggebers)

Straße, Hausnummer

Postleitzahl Ort

Bisherige Stromversorgung
Ich beziehe bisher für die Verbrauchsstelle:
☐ Keinen Strom
☐ Strom von der Stadtwerke ... GmbH

Abrechnungsnummer

☐ Strom von einem anderen Versorger:

Name des bisherigen Versorgers

Kundennummer beim bisherigen Versorger

Gewünschter Lieferbeginn/Branche
(bitte ankreuzen und ggf. eintragen)

☐ Nächstmöglicher Termin
☐ Datum des Lieferbeginns:

Branche

Stromzähler und Verbrauch
(soweit Angaben zur Hand)

Stromzählernummer Zählerstand am Tag der Auftragserteilung

Voraussichtlicher Jahresverbrauch oder Vorjahresverbrauch in kWh

Produktname, Preise, Lieferzeit

Grundpreis Euro/Monat	... € netto	... € brutto
Arbeitspreis Ct/kWh	... € netto	... € brutto

Der Vertrag hat eine Grundlaufzeit von einem Jahr. Danach endet der Vertrag, ohne dass es einer Kündigung durch eine der Vertragsparteien bedarf.

Zahlungsweise
SEPA-Lastschriftmandat – Wir ermächtigen die Stadtwerke ... GmbH, Zahlungen von unserem Konto mittels Lastschrift einzuziehen:

____

Vorname und Name des Kontoinhabers/Firma

____

Straße, Hausnummer (falls Kontoinhaber von Auftraggeber abweicht)

____

Postleitzahl, Ort (falls Kontoinhaber von Auftraggeber abweicht)

DE _ _ | _ _ _ _ | _ _ _ _ | _ _ _ _ | _ _ _ _ | _ _
IBAN

______________________	_ _ _ _ _ _ _ _ | _ _ _
Kreditinstitut	BIC

Zugleich weisen wir unser Kreditinstitut an, die von der Stadtwerke ... GmbH auf unser Konto gezogenen Lastschriften einzulösen.

Hinweis: Wir können innerhalb von acht Wochen, beginnend mit dem Belastungsdatum, die Erstattung des belasteten Betrags verlangen. Es gelten dabei die mit unserem Kreditinstitut vereinbarten Bedingungen.

Die Mandatsreferenz wird separat durch die Stadtwerke ... GmbH mitgeteilt.

X ____

Datum, Ort	Unterschrift des Kontoinhabers

Hinweis (falls Kontoinhaber vom Auftraggeber abweicht):
Für den Fall, dass der Kontoinhaber von dem Auftraggeber abweicht, gilt das vorab erteilte SEPA-Lastschriftmandat für diesen Auftrag über die Lieferung von Strom zwischen der Stadtwerke ... GmbH und dem Auftraggeber.

Information

- ☐ Ich bin einverstanden, dass mich die Stadtwerke ... GmbH zu ihren unternehmenseigenen Produkten und Dienstleistungen, die die Stadtwerke ... GmbH im Zusammenhang mit Energie anbietet, oder zum Zwecke der Markt- oder Meinungsforschung per
  - ☐ E-Mail
  - ☐ Telefon
  - ☐ Kurznachricht (SMS/MMS)
  - ☐ Fax

  anspricht. Dieser Ansprache sowie der Verarbeitung oder Nutzung meiner personenbezogenen Daten kann ich jederzeit gegenüber der Stadtwerke ... GmbH widersprechen.
  [**Ausfüllhinweis:** Bitte beachten Sie als Verwender dieses Formulars: Der vorstehende Absatz ist nur dann erforderlich, wenn Sie tatsächlich Daten zu diesen Zwecken (z. B. Informationen über Produkte und Dienstleistungen der Stadtwerke ... GmbH im Zusammenhang mit Energie oder Markt- und Meinungsforschung) erheben, verarbeiten oder nutzen. Andernfalls ist dieser Informationsblock ganz oder teilweise (bspw. „Markt- und Meinungsforschung" oder ein Kommunikationsmittel aus dem Vertragsmuster) zu streichen.]

Einwilligungserklärung Datenschutz

Mit meiner Unterschrift erkläre ich mich damit einverstanden, dass die anhand dieses Stromlieferungsvertrages erhobenen Daten zum Zwecke der ... erhoben, verarbeitet oder genutzt werden können.

[**Ausfüllhinweis** für den Verwender dieses Formulars: Bitte beschreiben Sie hier die jeweils spezifischen Zwecke, zu denen die Daten verarbeitet werden, z. B. zu Zwecken der Information über Produkte und Dienstleistungen der Stadtwerke ... GmbH im Zusammenhang mit Energie oder zur Markt- und Meinungsforschung. Bitte stellen Sie auch dar, an welche Dritte Daten weitergegeben werden, z. B. an einen IT-Dienstleister, der die IT-Systeme für Sie betreibt oder an ein mit Ihnen verbundenes Unternehmen.

Die Darstellung der Zwecke und Empfänger muss konkret die bei Ihnen bestehenden Datenverarbeitung- und Nutzungsvorgänge wiedergeben.]

Ich wurde darauf hingewiesen, dass die Erhebung, Verarbeitung und Nutzung meiner Daten auf freiwilliger Basis erfolgt. Ferner, dass ich meine Einwilligung ohne für mich nachteilige Folgen verweigern bzw. jederzeit mit Wirkung für die Zukunft widerrufen kann. Meine Widerrufserklärung werde ich richten an ...

[**Ausfüllhinweis** für den Verwender dieses Formulars: Bitte fügen Sie hier ihre postalische Adresse ein.]

Falls Sie mit der Datenerhebung, -verarbeitung oder -nutzung nicht einverstanden sein sollten, streichen Sie bitte diese Einwilligung zur Datenerhebung.

Auftragserteilung

Ich beauftrage die Stadtwerke ... GmbH, zu den vorab genannten Bedingungen sowie den Allgemeinen Vertragsbedingungen für Stromlieferungen in Niederspannung (Gewerbekunden) der Stadtwerke ... GmbH in der Fassung vom ... die oben genannte Verbrauchsstelle mit Strom zu beliefern. Gleichzeitig bevollmächtige ich die Stadtwerke ... GmbH, den für die Verbrauchsstelle eventuell bestehenden Stromliefervertrag zu kündigen und die für die Stromlieferung erforderlichen Verträge mit dem zuständigen Netzbetreiber zu schließen. Der Lieferantenwechsel erfolgt zügig und ist für mich kostenlos.

x ____

Datum Unterschrift des Auftraggebers/Kunden

Allgemeine Vertragsbedingungen für Stromlieferungen in Niederspannung (Gewerbekunden)

1. Vertragsabschluss

1.1. Der Vertrag wird zu dem in der Auftragsbestätigung (Annahme) von der Stadtwerke ... GmbH genannten Datum wirksam, spätestens aber nach Durchführung des Lieferantenwechsels nach § 20a EnWG mit Lieferbeginn. Der Lieferantenwechsel darf drei Wochen, gerechnet ab dem Zeitpunkt des Zugangs der Anmeldung zur Netznutzung durch die Stadtwerke ... GmbH bei dem Netzbetreiber, an dessen Netz die Entnahmestelle angeschlossen ist, nicht überschreiten.

1.2. Der Zählerstand zum Zeitpunkt des Lieferbeginns wird rechnerisch ermittelt, sofern keine abgelesenen Daten vorliegen.

1.3. Der Kunde zeigt der Stadtwerke ... GmbH einen Umzug spätestens zwei Wochen vor dem Umzugstermin schriftlich an. Im Falle eines Umzugs des Kunden innerhalb des Netzgebietes der Stadtwerke ... GmbH [oder Name des Netzbetreibers] bietet die Stadtwerke ... GmbH an, den Vertrag auf Verlangen des Kunden auf die neue Lieferanschrift zu übertragen. Im Falle des Wegzugs des Kunden aus dem Netzgebiet können beide Parteien den Vertrag mit einer Frist von zwei Wochen kündigen.

2. Preise und Preisanpassung

2.1. Der Vertragspreis setzt sich aus einem verbrauchsunabhängigen Netto-Grundpreis und einem verbrauchsabhängigen Netto-Arbeitspreis zusammen.

2.2. Die Bruttopreise enthalten zusätzlich die Umsatzsteuer in der jeweils gesetzlichen Höhe (derzeit 19 %).

2.3. Die Stadtwerke ... GmbH wird die Netto-Preise während der Vertragslaufzeit nicht erhöhen.

2.4. Aktuelle Informationen über die geltenden Tarife der Stadtwerke ... GmbH sowie die in Ziffer 2.2 genannten Preisbestandteile sind auf unserer Homepage www.....de zu finden.

3. Abrechnung

3.1. Die Abrechnung erfolgt grundsätzlich einmal im Jahr. Der Kunde ist jedoch berechtigt, abweichend von Satz 1 eine monatliche, viertel- oder halbjährliche Abrechnung zu verlangen.

3.2. Wird der Verbrauch für mehrere Monate abgerechnet, so kann die Stadtwerke ... GmbH für die nach der letzten Abrechnung verbrauchte Elektrizität eine Abschlagszahlung verlangen. Diese ist anteilig für den Zeitraum der Abschlagszahlungen entsprechend dem Verbrauch im zuletzt abgerechneten Zeitraum zu berechnen. Ist eine solche Berechnung nicht möglich, so bemisst sich die Abschlagszahlung nach dem durchschnittlichen Verbrauch vergleichbarer Kunden.

4. Bonitätsauskunft

[**Ausfüllhinweis:** Achtung: Der folgende Hinweis darf nur verwendet werden, wenn die Stadtwerke ... GmbH Mitglied des Creditreform e. V. ist. Andernfalls könnte der Hinweis wettbewerbsrechtlich als irreführend eingestuft werden. Sollte die Stadtwerke GmbH nicht in Vorleistung gehen, so muss der Kunde in die Bonitätsauskunft ausdrücklich schriftlich einwilligen.]

Sofern die Stadtwerke ... GmbH in Vorleistung tritt, zum Beispiel bei einem Kauf auf Rechnung, ist die Stadtwerke ... GmbH berechtigt, eine Bonitätsauskunft auf der Basis mathematisch-statistischer Verfahren über den Kunden bei dem Verband der Vereine Creditreform e. V., Hellersbergstr. 12, 41460 Neuss (Creditreform) ***[Optional: Nennung einer anderen Wirtschaftsauskunftei]*** einzuholen. Zu diesem Zweck übermittelt die Stadtwerke ... GmbH die zu einer Bonitätsprüfung benötigten personenbezogenen Daten an die Creditreform und verwendet die erhaltenen Informationen über die statistische Wahrscheinlichkeit eines Zahlungsausfalls für eine abgewogene Entscheidung über die Begründung, Durchführung oder Beendigung des Vertragsverhältnisses.

Die Bonitätsauskunft kann Wahrscheinlichkeitswerte (Score-Werte) beinhalten, die auf Basis wissenschaftlich anerkannter mathematisch-statistischer Verfahren berechnet werden und in

deren Berechnung unter anderem Anschriftendaten einfließen. Die schutzwürdigen Belange des Kunden werden gemäß den gesetzlichen Bestimmungen berücksichtigt.
Der Kunde kann bei der Creditreform Auskunft über die ihn betreffenden Daten verlangen. Weitere Informationen über das Creditreform-Auskunftsverfahren findet der Kunde auf der Homepage der Creditreform unter www.creditreform.de.
Das Recht nach Ziffer 5.2 Satz 2 bleibt unberührt.

5. **[Optional: Sicherheitsleistung/Kündigung]**

5.1. Die Stadtwerke ... GmbH kann in begründeten Fällen für alle Ansprüche aus der Geschäftsbeziehung zum Kunden eine angemessene Sicherheitsleistung oder Vorauszahlung verlangen.

5.2. Ein begründeter Fall wird insbesondere angenommen, wenn

5.2.1. der Kunde mit einer fälligen Zahlung in Verzug ist und auch auf ausdrückliche Aufforderung nicht gezahlt hat,

5.2.2. gegen den Kunden Zwangsvollstreckungsmaßnahmen wegen Geldforderungen (§§ 803–882a Zivilprozessordnung (ZPO)) eingeleitet sind,

5.2.3. ein nicht offensichtlich unbegründeter Antrag auf Eröffnung des Insolvenzverfahrens über das Vermögen des Kunden vorliegt.

Über die Bonitätsauskünfte nach Ziffer 4 hinaus hat die Stadtwerke ... GmbH das Recht, eine angemessene Sicherheitsleistung oder Leistung einer Vorauszahlung zu verlangen, wenn aufgrund einer über den Kunden eingeholten Auskunft begründete Besorgnis besteht, dass er den Verpflichtungen aus diesem Vertrag nicht nachkommen wird und der Kunde dies nicht innerhalb von fünf Werktagen durch einen geeigneten Nachweis seiner Bonität entkräftet. Die Daten und die wesentlichen Inhalte der Auskunft, auf denen die begründete Besorgnis beruht, sind dem Kunden durch die Stadtwerke ... GmbH mit der Anforderung der Sicherheitsleistung vollständig offen zu legen.

5.3. Arten der Sicherheitsleistung sind unbedingte, unwiderrufliche Bankgarantien, unbedingte, unwiderrufliche Unternehmensgarantien (z. B. Patronats- und Organschaftserklärungen) und unbedingte, unwiderrufliche, selbstschuldnerische Bürgschaften. Die Auswahl der Art der Sicherheitsleistung obliegt dem Kunden. Außerdem kann die Stadtwerke ... GmbH Barsicherheiten akzeptieren.

5.4. Der Kunde ist berechtigt, die Sicherheitsleistung durch Vorauszahlungen abzuwenden.

5.5. Die Sicherheit ist innerhalb von zehn Werktagen nach Ihrer Anforderung vom Kunden an die Stadtwerke ... GmbH zu leisten. Sollte die Sicherheitsleistung in Anspruch genommen werden, kann die Stadtwerke ... GmbH den in Anspruch genommenen Teil der Sicherheitsleistung nachfordern. Die Leistung der Sicherheit nach Satz 2 hat durch den Kunden ebenfalls innerhalb der in Satz 1 genannten Frist zu erfolgen.

5.6. Als Anforderungen an die einzelnen Arten der Sicherheitsleistung gelten:

5.6.1. Banksicherheiten sind in Form einer unbedingten, unwiderruflichen und selbstschuldnerischen Bankbürgschaft bzw. Bankgarantie zu leisten. Das Kreditinstitut, welches die Sicherheitsleistung ausstellt, muss mindestens ein Standard & Poor's Langfrist-Rating von A- bzw. ein Moody's Langfrist-Rating von A3 aufweisen oder dem deutschen Sparkassen- bzw. Genossenschaftssektor angehören.

5.6.2. Für Unternehmensgarantien und Bürgschaften gilt, dass das Unternehmen, welches die Sicherheit leistet, mindestens ein Standard & Poor's Langfrist-Rating von BBB-, ein Moody's Langfristrating von Baa3 oder einen Bonitätsindex von Creditreform von nicht schlechter als 250 Punkte aufweisen muss. Weiterhin darf die Höhe der Unternehmensgarantie oder Bürgschaft 10 % des haftenden Eigenkapitals nicht übersteigen. Diese ist durch den Kunden gegenüber der Stadtwerke ... GmbH mit der Beibringung einer Sicherheitsleistung nachzuweisen.

5.6.3. Im Falle von Barsicherheiten sind diese durch Einzahlung auf ein von der Stadtwerke ... GmbH benanntes Konto zu leisten. Sie werden zu dem von der Deutschen Bundesbank am ersten Bankentag des Rechnungsmonats bekanntgegebenen Basiszinssatz verzinst. Alternativ ist auch eine Guthabenverpfändung eines vom Kunden geführten Kontos zugunsten der Stadtwerke ... GmbH möglich.

5.6.4. Die Bürgschaft oder Garantieerklärung ist auf erstes Anfordern zu zahlen und hat generell den Verzicht auf die Einreden der Vorausklage, der Anfechtbarkeit und der Aufrechenbarkeit, soweit es sich nicht um unstrittige oder rechtskräftig festgestellte Forderungen handelt, zu erhalten. Eine selbstschuldnerische Bürgschafts- oder Garantieerklärung muss mindestens für zwölf Kalendermonate gültig sein, maximal jedoch bis zum Ende der Vertragslaufzeit und die beiden der Vertragslaufzeit unmittelbar folgenden Monate.

5.7. Die Höhe der Sicherheitsleistung beträgt das Doppelte der durchschnittlichen Entgeltforderungen pro Monat der letzten zwölf Monate. Für einen Zeitraum der Belieferungen, der weniger als zwölf Monate beträgt, wird dieser Zeitraum der Berechnung der Sicherheitsleistung zugrunde gelegt.

5.8. Die Stadtwerke ... GmbH kann eine geleistete Sicherheit in Anspruch nehmen, wenn sie nach Verzugseintritt eine Zahlungserinnerung ausgesprochen hat und die mit der Zahlungserinnerung gesetzte Frist fruchtlos verstrichen ist.

5.9. Eine Sicherheit ist zurückzugeben, wenn die Voraussetzungen zu deren Erhebung entfallen sind. Die Stadtwerke ... GmbH hat das Fortbestehen eines begründeten Falles im Sinne von Ziffer 5.2 erstmalig nach einem Jahr, danach jeweils halbjährig zu überprüfen. Falls die vorgenannte Prüfung ergibt, dass der realisierbare Wert aller Sicherheitsleistungen das Doppelte der durchschnittlichen Entgeltforderungen pro Monat der letzten zwölf Monate nicht nur vorübergehend übersteigt, hat die Stadtwerke ... GmbH entsprechende Anteile der Sicherheitsleistung zurückzugeben. Sollten mehrere Sicherheiten geleistet worden sein, steht dem Kunden das Recht zu, eine der geleisteten Sicherheiten auszuwählen und zurückzufordern. Soweit der realisierbare Wert aller Sicherheitsleistungen das Doppelte der durchschnittlichen Entgeltforderungen pro Monat der letzten zwölf Monate nicht nur vorübergehend unterschreitet, kann die Stadtwerke ... GmbH eine Anpassung der Sicherheitsleistung verlangen. Der Kunde kann eine Einstellung der Vorauszahlungsregelung frühestens nach einem Jahr fordern, sofern in diesem Zeitraum die Zahlungen fristgerecht eingegangen sind.

5.10. Die Stadtwerke ... GmbH ist berechtigt, diesen Vertrag fristlos zu kündigen, wenn der Kunde seiner Verpflichtung zur Stellung einer Sicherheit oder zur Leistung einer Vorauszahlung nicht fristgerecht nachkommt.

6. Rechtsnachfolge

Die Stadtwerke ... GmbH ist berechtigt, die Rechte und Pflichten aus diesem Vertrag als Gesamtheit auf einen Rechtsnachfolger zu übertragen. Der Kunde ist in diesem Fall berechtigt, den Vertrag mit Wirkung zu dem Übertragungszeitpunkt zu kündigen, der dem Kunden vorab rechtzeitig in Textform mitgeteilt wird.

7. Verschiedenes

7.1. Soweit in diesem Vertrag nichts anderes geregelt ist, gelten für die Lieferung der elektrischen Energie im Übrigen die Verordnung über Allgemeine Bedingungen für die Grundversorgung von Haushaltskunden und die Ersatzversorgung mit Elektrizität aus dem Niederspannungsnetz (Stromgrundversorgungs-verordnung – StromGVV – Bundesgesetzblatt Jahrgang 2006 Teil I Nr. 50 vom 07.11.2006, Seite 2396) und die ergänzenden Bedingungen der Stadtwerke ... GmbH zur StromGVV, jeweils in ihrer geltenden Fassung. Die StromGVV sowie die ergänzenden Bedingungen liegen diesem Vertrag jeweils in ihrer im Zeitpunkt des Vertragsschlusses geltenden Fassung bei.

7.2. Sollten sich die diesem Vertrag zugrundeliegenden Regelwerke, einschlägigen Rechtsvorschriften (z. B. das EnWG sowie die hierzu ergangenen einschlägigen Verordnungen), die einschlägige Rechtsprechung und/oder behördliche Praxis (insbesondere Festlegungen der Bundesnetzagentur oder der zuständigen Regulierungsbehörde) nach Vertragsabschluss ändern, ist die Stadtwerke ... GmbH mit Ausnahme der in Ziffer 2.3 enthaltenen Regelung berechtigt, den Vertrag und diese Vertragsbedingungen zum 1. eines Monats anzupassen, soweit die Anpassung dem Kunden zumutbar ist. Die Stadtwerke ... GmbH wird dem Kunden eine solche Anpassung sechs Wochen vor deren Inkrafttreten brieflich mitteilen. In diesem Fall ist der Kunde berechtigt, das Vertragsverhältnis ohne Einhaltung einer Frist zum Inkrafttreten der Änderungen zu kündigen. Die Kündigung bedarf der Textform. Macht der Kunde von dem Kündigungsrecht keinen Gebrauch, gilt die Anpassung als genehmigt. Auf sein Kündigungsrecht sowie die vorgenannte Folge wird der Kunde in der Mitteilung hingewiesen.

7.3. Die Stadtwerke ... GmbH ist als Lieferant bei einer Unterbrechung oder Unregelmäßigkeit in der Elektrizitätsversorgung von der Leistungspflicht befreit, soweit es sich um Folgen einer Störung des Netzbetriebs einschließlich des Netzanschlusses handelt. Ansprüche wegen solcher Versorgungsstörungen können gegen den Netzbetreiber geltend gemacht werden. Netzbetreiber ist zurzeit die Stadtwerke ... GmbH/ABC GmbH ***[mit vollständigen Geschäftsangaben, wie Handelsregisternummer und Registergericht]***.

Anlagenverzeichnis[12]

Anlage 1: Stromgrundversorgungsverordnung (StromGVV)

Anlage 2: Ergänzende Bedingungen zur StromGVV

Anlage 3: Informationsblatt zum Thema „Energieeffizienz"

[**Hinweis:** Gemäß § 4 Abs. 2 EDL-G sind Energieversorgungsunternehmen verpflichtet, Informationen über Energiedienstleistungen, Energieeffizienzmaßnahmen etc., anzubieten. Sinnvoll wäre insoweit, diese Informationen auf einem Informationsblatt darzustellen bzw. die Information als deutlichen Hinweis in die allgemeinen Vertragsbedingungen einzufügen (ggf. hervorgehoben durch einen Rahmen).]

---

12 Anlage 3 ist unternehmensintern individuell auszufüllen, für Anlage 2 s. Kap. 2.F Rn 13. Die StromGVV – Anlage 1 – ist online abrufbar unter http://www.gesetze-im-internet.de.

3. Stromsonderkundenvertrag Gewerbekunden individuell

Muster

18 **Stromsonderkundenvertrag**

zwischen

[Name/Firma]
[Adresse]

[Verbrauchsstelle]
[Zählpunktbezeichnung]

– Kunde –

und

Stadtwerke ... GmbH
[Adresse]

– Stadtwerke ... GmbH -

1. Vertragsgegenstand

1.1. Die Stadtwerke ... GmbH liefert dem Kunden elektrische Energie nach Maßgabe dieses Vertrages. Die elektrische Energie wird in der Niederspannungs-/Mittelspannungsebene übergeben. Die Messung erfolgt in der Niederspannungs-/Mittelspannungsebene.

1.2. Die Belieferung erfolgt an die o. g. Verbrauchsstelle.

1.3. Der Kunde verpflichtet sich, seinen gesamten Strombedarf bei der Stadtwerke ... GmbH zu decken.

2. Voraussetzungen der Belieferung

Die Belieferung des Kunden mit elektrischer Energie setzt voraus, dass für die o. g. Verbrauchsstelle ein Anschlussnutzungsvertrag und ein Netzanschlussvertrag mit dem jeweiligen Netzbetreiber bestehen. Ist dies nicht der Fall, ruht die Lieferverpflichtung der Stadtwerke ... GmbH.

3. Preise

3.1. Der Vertragspreis setzt sich aus einem verbrauchsunabhängigen Netto-Grundpreis und einem verbrauchsabhängigen Netto-Arbeitspreis zusammen. Das derzeit gültige Preisblatt liegt als Anlage bei. [**Optional**: und steht darüber hinaus auf der Homepage der Stadtwerke ... GmbH zum Download bereit.]

3.2. Die Bruttopreise enthalten zusätzlich die Umsatzsteuer in der jeweils gesetzlichen Höhe (derzeit 19 %).

3.3. Die Stadtwerke ... GmbH wird die Netto-Preise während der Vertragslaufzeit nicht ändern.

3.4. Aktuelle Informationen über die geltenden Tarife der Stadtwerke ... GmbH sind auf unserer Homepage www.....de zu finden.

4. Abrechnung

4.1. Die Lieferungen elektrischer Energie werden monatlich abgerechnet. Die Rechnungsstellung erfolgt in dem auf die Lieferung folgenden Kalendermonat.

4.2. Die Stadtwerke ... GmbH ist berechtigt, für den nach der letzten Abrechnung verbrauchten Strom eine Abschlagszahlung zu verlangen. Diese ist anteilig für den Zeitraum der Abschlagszahlungen entsprechend dem Verbrauch im zuletzt abgerechneten Zeitraum zu berechnen. Ist eine solche Berechnung nicht möglich, so bemisst sich die Abschlagszahlung nach dem durchschnittlichen Verbrauch vergleichbarer Kunden.

5. Bonitätsauskunft

[**Ausfüllhinweis**: Achtung: Der folgende Hinweis darf nur verwendet werden, wenn die Stadtwerke ... GmbH Mitglied der Creditreform sind. Andernfalls könnte der Hinweis wettbewerbsrechtlich als irreführend eingestuft werden. Sollte die Stadtwerke ... GmbH nicht in Vorleistung gehen, so muss der Kunde in die Bonitätsauskunft ausdrücklich schriftlich einwilligen.]

Sofern die Stadtwerke ... GmbH in Vorleistung tritt, zum Beispiel bei einem Kauf auf Rechnung, ist die Stadtwerke ... GmbH berechtigt, eine Bonitätsauskunft auf der Basis mathematisch-statistischer Verfahren über den Kunden durch den Verband der Vereine Creditreform e. V., Hellersbergstr. 12, 41460 Neuss [***Optional:*** Nennung einer anderen Wirtschaftsauskunftei], einzuholen. Zu diesem Zweck übermittelt die Stadtwerke ... GmbH die zu einer Bonitätsprüfung benötigten unternehmensbezogenen Daten an die Creditreform und verwendet die erhaltenen Informationen über die statistische Wahrscheinlichkeit eines Zahlungsausfalls für eine abgewogene Entscheidung über die Begründung, Durchführung oder Beendigung des Vertragsverhältnisses.
Die Bonitätsauskunft kann Wahrscheinlichkeitswerte (Score-Werte) beinhalten, die auf Basis wissenschaftlich anerkannter mathematisch-statistischer Verfahren berechnet werden und in deren Berechnung unter anderem Anschriftendaten einfließen. Die schutzwürdigen Belange des Kunden werden gemäß den gesetzlichen Bestimmungen berücksichtigt.
Der Kunde kann bei der Creditreform Auskunft über die ihn betreffenden Daten verlangen. Weitere Informationen über das Creditreform-Auskunftsverfahren findet der Kunde auf der Homepage der Creditreform unter www.creditreform.de.
Auf Grundlage einer anfänglichen Bonitätsprüfung entscheidet die Stadtwerke ... GmbH im eigenen Ermessen darüber, ob sie das Angebot des Kunden annehmen wird. Das Recht nach Ziffer 8.2 Satz 2 bleibt unberührt.

6. **Datenschutzhinweis**
Die unternehmensbezogenen Daten des Kunden erheben, verarbeiten und nutzen wir für ...
[**Ausfüllhinweis**: Bitte beschreiben Sie hier die Zwecke, zu denen die Daten verarbeitet werden, z. B. zu Zwecken der postalischen Information oder zur Markt- und Meinungsforschung. Bitte stellen Sie auch dar, an welche Dritte Daten weitergegeben werden, z. B. an einen IT – Dienstleister, der die IT – Systeme für Sie betreibt. Die Darstellung der Zwecke und Empfänger muss konkret die bei Ihnen bestehenden Datenverarbeitungsvorgänge wiedergeben. Sofern Sie hierzu Unterstützung benötigen, sprechen Sie Ihren Datenschutzbeauftragten oder auch gerne uns an.]
Der Verarbeitung oder Nutzung der Daten des Kunden für Information und zur Markt- und Meinungsforschung kann der Kunde jederzeit widersprechen.
[**Ausfüllhinweis**: Bitte stellen Sie hier dar, dass eine Verwendung der persönlichen Daten zu Informationszwecken nur stattfindet, sofern eingewilligt wurde.
Bitte beachten Sie: Der vorstehende Satz ist nur dann erforderlich, wenn Sie tatsächlich Daten zu diesen Zwecken (Information oder Markt- und Meinungsforschung) erheben, verarbeiten oder nutzen. Andernfalls ist dieser Satz aus dem Vertragsmuster zu streichen!]

7. **Laufzeit**
7.1. Der Vertrag beginnt am ... und hat eine Laufzeit von ... Danach endet der Vertrag, ohne dass es einer Kündigung durch eine der Vertragsparteien bedarf.
7.2. Der Kunde zeigt der Stadtwerke ... GmbH einen Umzug spätestens zwei Wochen vor dem Umzugstermin schriftlich an. Im Falle eines Umzugs des Kunden innerhalb des Netzgebiets bietet die Stadtwerke ... GmbH an, den Vertrag auf Verlangen des Kunden auf die neue Lieferanschrift zu übertragen. Macht der Kunde dieses Verlangen nicht geltend, endet der Vertrag ohne Weiteres mit dem Umzugstermin. Im Falle des Wegzugs des Kunden aus dem Netzgebiet können beide Parteien den Vertrag mit einer Frist von zwei Wochen kündigen.

8. **[Optional: Sicherheitsleistung/Kündigung]**
8.1. Die Stadtwerke ... GmbH kann in begründeten Fällen für alle Ansprüche aus der Geschäftsbeziehung zum Kunden eine angemessene Sicherheitsleistung oder Vorauszahlung verlangen.
8.2. Ein begründeter Fall wird insbesondere angenommen, wenn

a) der Kunde mit einer fälligen Zahlung in Verzug ist und auch auf ausdrückliche Aufforderung nicht gezahlt hat,
b) gegen den Kunden Zwangsvollstreckungsmaßnahmen wegen Geldforderungen (§§ 803–882a Zivilprozessordnung (ZPO)) eingeleitet sind,
c) ein nicht offensichtlich unbegründeter Antrag auf Eröffnung des Insolvenzverfahrens über das Vermögen des Kunden vorliegt.

Über die Bonitätsauskünfte nach Ziffer 5 hinaus hat die Stadtwerke ... GmbH das Recht, eine angemessene Sicherheitsleistung oder Leistung einer Vorauszahlung zu verlangen, wenn aufgrund einer über den Kunden eingeholten Auskunft begründete Besorgnis besteht, dass er den Verpflichtungen aus diesem Vertrag nicht nachkommen wird und der Kunde dies nicht innerhalb von fünf Werktagen durch einen geeigneten Nachweis seiner Bonität entkräftet. Die Daten und die wesentlichen Inhalte der Auskunft, auf denen die begründete Besorgnis beruht, sind dem Kunden durch die Stadtwerke ... GmbH mit der Anforderung der Sicherheitsleistung vollständig offen zu legen.

8.3. Arten der Sicherheitsleistung sind unbedingte, unwiderrufliche Bankgarantien, unbedingte, unwiderrufliche Unternehmensgarantien (z. B. Patronats- und Organschaftserklärungen) und unbedingte, unwiderrufliche, selbstschuldnerische Bürgschaften. Die Auswahl der Art der Sicherheitsleistung obliegt dem Kunden. Außerdem kann die Stadtwerke ... GmbH Barsicherheiten akzeptieren.

8.4. Der Kunde ist berechtigt, die Sicherheitsleistung durch Vorauszahlungen abzuwenden.

8.5. Die Sicherheit ist innerhalb von zehn Werktagen nach ihrer Anforderung vom Kunden an die Stadtwerke ... GmbH zu leisten. Sollte die Sicherheitsleistung in Anspruch genommen werden, kann die Stadtwerke ... GmbH den in Anspruch genommenen Teil der Sicherheitsleistung nachfordern. Die Leistung der Sicherheit nach Satz 2 hat durch den Kunden ebenfalls innerhalb der in Satz 1 genannten Frist zu erfolgen.

8.6. Als Anforderungen an die einzelnen Arten der Sicherheitsleistung gelten:

a) Banksicherheiten sind in Form einer unbedingten, unwiderruflichen und selbstschuldnerischen Bankbürgschaft bzw. Bankgarantie zu leisten. Das Kreditinstitut, welches die Sicherheitsleistung ausstellt, muss mindestens ein Standard & Poor's Langfrist-Rating von A- bzw. ein Moody's Langfrist-Rating von A3 aufweisen, oder dem deutschen Sparkassen- bzw. Genossenschaftssektor angehören.
b) Für Unternehmensgarantien und Bürgschaften gilt, dass das Unternehmen, welches die Sicherheit leistet, mindestens ein Standard & Poor's Langfrist-Rating von BBB-, ein Moody's Langfrist-Rating von Baa3 oder einen Bonitätsindex von Creditreform nicht schlechter als 250 Punkte aufweisen muss. Weiterhin darf die Höhe der Unternehmensgarantie oder Bürgschaft 10 % des haftenden Eigenkapitals nicht übersteigen. Dieses ist durch den Kunden gegenüber der Stadtwerke ... GmbH mit der Beibringung der Sicherheitsleistung nachzuweisen.
c) Im Falle von Barsicherheiten sind diese durch Einzahlung auf ein von der Stadtwerke ... GmbH benanntes Konto zu leisten. Sie werden zu dem von der Deutschen Bundesbank am ersten Bankentag des Rechnungsmonats bekanntgegebenen Basiszinssatz verzinst. Alternativ ist auch eine Guthabenverpfändung eines vom Kunden geführten Kontos zugunsten der Stadtwerke ... GmbH möglich.
d) Die Bürgschaft oder Garantieerklärung ist auf erstes Anfordern zu zahlen und hat generell den Verzicht auf die Einreden der Vorausklage, der Anfechtbarkeit und der Aufrechenbarkeit, soweit es sich nicht um unstrittige oder rechtskräftig festgestellte Forderungen handelt, zu enthalten. Eine selbstschuldnerische Bürgschafts- oder Garantieerklärung muss mindestens für zwölf Kalendermonate gültig sein, maximal jedoch bis zum Ende der Vertragslaufzeit und die beiden der Vertragslaufzeit unmittelbar folgenden Monate.

8.7. Die Höhe der Sicherheitsleistung beträgt das Doppelte der durchschnittlichen Entgeltforderungen pro Monat der letzten zwölf Monate. Für einen Zeitraum der Belieferungen, der weniger als zwölf Monate beträgt, wird dieser Zeitraum der Berechnung der Sicherheitsleistung zugrunde gelegt.

8.8. Die Stadtwerke ... GmbH kann eine geleistete Sicherheit in Anspruch nehmen, wenn sie nach Verzugseintritt eine Zahlungserinnerung ausgesprochen hat und die mit der Zahlungserinnerung gesetzte Frist fruchtlos verstrichen ist.

8.9. Eine Sicherheit ist zurückzugeben, wenn die Voraussetzungen zu deren Erhebung entfallen sind. Die Stadtwerke ... GmbH hat das Fortbestehen eines begründeten Falles im Sinne von Ziffer 8.2 erstmalig nach einem Jahr, danach jeweils halbjährig zu überprüfen. Falls die vorgenannte Prüfung ergibt, dass der realisierbare Wert aller Sicherheitsleistungen das Doppelte der durchschnittlichen Entgeltforderungen pro Monat der letzten zwölf Monate nicht nur vorübergehend übersteigt, hat die Stadtwerke ... GmbH entsprechende Anteile der Sicherheitsleistung zurückzugeben. Sollten mehrere Sicherheiten geleistet worden sein, steht dem Kunden das Recht zu, eine der geleisteten Sicherheiten auszuwählen und zurückzufordern. Soweit der realisierbare Wert aller Sicherheitsleistungen das Doppelte der durchschnittlichen Entgeltforderungen pro Monat der letzten zwölf Monate nicht nur vorübergehend unterschreitet, kann die Stadtwerke ... GmbH eine Anpassung der Sicherheitsleistung verlangen. Der Kunde kann eine Einstellung der Vorauszahlungsregelung frühestens nach einem Jahr fordern, sofern in diesem Zeitraum die Zahlungen fristgerecht eingegangen sind.

8.10. Die Stadtwerke ... GmbH ist berechtigt, diesen Vertrag fristlos zu kündigen, wenn der Kunde seiner Verpflichtung zur Stellung einer Sicherheit oder zur Leistung einer Vorauszahlung nicht fristgerecht nachkommt.

9. Verschiedenes

9.1. Soweit in diesem Vertrag nichts anderes geregelt ist, gelten für die Lieferung der elektrischen Energie im Übrigen die Verordnung über Allgemeine Bedingungen für die Grundversorgung von Haushaltskunden und die Ersatzversorgung mit Elektrizität aus dem Niederspannungsnetz (Stromgrundversorgungsverordnung – StromGVV – Bundesgesetzblatt Jahrgang 2006 Teil I Nr. 50 vom 7. November 2006, Seite 2391) und die Ergänzenden Bedingungen der Stadtwerke ... GmbH zur StromGVV, jeweils in ihren geltenden Fassungen. Die StromGVV sowie die Ergänzenden Bedingungen in ihren im Zeitpunkt des Vertragsschlusses geltenden Fassungen liegen dem Vertrag als Anlage bei.

9.2. Sollten sich die diesem Vertrag zugrundeliegenden Regelwerke, einschlägigen Rechtsvorschriften (z. B. das EnWG sowie die hierzu ergangenen einschlägigen Verordnungen), die einschlägige Rechtsprechung und/oder behördliche Praxis (insbesondere Festlegungen der Bundesnetzagentur oder der zuständigen Regulierungsbehörde) nach Vertragsabschluss ändern, ist die Stadtwerke ... GmbH mit Ausnahme der in Ziffer 3.3 enthaltenen Regelung berechtigt, den Vertrag zum 1. eines Monats anzupassen, soweit die Anpassung dem Kunden zumutbar ist. Die Stadtwerke ... GmbH wird dem Kunden eine solche Anpassung sechs Wochen vor deren Inkrafttreten brieflich mitteilen. In diesem Fall ist der Kunde berechtigt, das Vertragsverhältnis ohne Einhaltung einer Frist zum Inkrafttreten der Änderungen zu kündigen. Die Kündigung bedarf der Textform. Macht der Kunde von dem Kündigungsrecht keinen Gebrauch, gilt die Änderung als genehmigt. Auf sein Kündigungsrecht sowie die vorgenannte Folge wird der Kunde in der Mitteilung hingewiesen.

9.3. Die Stadtwerke ... GmbH ist als Lieferant bei einer Unterbrechung oder Unregelmäßigkeiten in der Elektrizitätsversorgung von der Leistungspflicht befreit, soweit es sich um Folgen einer Störung des Netzbetriebs einschließlich des Netzanschlusses handelt. Ansprüche wegen solcher Versorgungsstörungen können gegen den Netzbetreiber geltend gemacht werden. Netzbetreiber ist zurzeit die Stadtwerke ... GmbH/ABC GmbH **[mit vollständigen Geschäftsangaben, wie Handelsregisternummer und Registergericht]**.

9.4. Sollten einzelne Bestimmungen des Vertrages unwirksam oder undurchführbar sein oder werden, so bleibt der Vertrag im Übrigen unberührt. Die Vertragsparteien verpflichten sich, die unwirksamen oder undurchführbaren Bestimmungen durch andere, ihnen im wirtschaftlichen Ergebnis möglichst gleichkommende Regelungen zu ersetzen. Dies gilt entsprechend bei unbeabsichtigten Regelungslücken.

9.5. Sollten sich sonstige für das Vertragsverhältnis bestimmende Umstände wesentlich ändern und sollte dadurch für eine der Vertragsparteien das Festhalten am Vertrag nicht mehr zumutbar sein, so werden die Vertragsparteien den Vertrag an die geänderten Bedingungen anpassen.

9.6. Die Stadtwerke ... GmbH ist berechtigt, die Rechte und Pflichten aus diesem Vertrag als Gesamtheit auf einen Rechtsnachfolger zu übertragen. Der Kunde ist für diesen Fall berechtigt, den Vertrag mit Wirkung zum Übertragungszeitpunkt zu kündigen, der dem Kunden vorab rechtzeitig in Textform mitgeteilt wird.

Ort Datum	Ort Datum
Kunde	Stadtwerke ... GmbH

Anlagenverzeichnis[13]

Anlage 1: Preisblatt

Anlage 2: Stromgrundversorgungsverordnung (StromGVV)

Anlage 3: Ergänzende Bedingungen zur StromGVV

Anlage 4: Informationsblatt zum Thema „Energieeffizienz"

[**Hinweis:** Gemäß § 4 Abs. 2 EDL-G sind Energieunternehmen verpflichtet, Informationen über Energiedienstleistungen, Energieeffizienzmaßnahmen etc., anzubieten. Sinnvoll wäre insoweit, diese Informationen auf einem Informationsblatt dazustellen bzw. die Information als deutlichen Hinweis in die allgemeinen Vertragsbedingungen einzufügen (ggf. hervorgehoben durch einen Rahmen).]

13 Die Anlagen 1 und 4 sind unternehmensintern individuell auszufüllen, für Anlage 3 s. Kap. 2.F Rn 13. Die StromGVV – Anlage 1 – ist online abrufbar unter http://www.gesetze-im-internet.de.

Stadtwerke ... GmbH, Straße, PLZ, Ort

Gläubiger-Identifikationsnummer: DExxXXXxxxxxxxxxxx
Mandatsreferenz: wird separat durch die Stadtwerke ... GmbH mitgeteilt

SEPA-Lastschrift-Mandat
Wir ermächtigen die Stadtwerke ... GmbH, die Zahlungen von unserem Konto einzuziehen. Zugleich weisen wir unser Kreditinstitut an, die von der Stadtwerke ... GmbH auf unser Konto gezogenen Lastschriften einzulösen.

Hinweis: Wir können innerhalb von acht Wochen, beginnend mit dem Belastungsdatum, die Erstattung des belasteten Betrages verlangen. Es gelten dabei die mit meinem Kreditinstitut vereinbarten Bedingungen.

____
Name der Firma (Kontoinhaber)

____
Straße und Hausnummer (falls Kontoinhaber vom Auftraggeber abweicht)

____
Postleitzahl und Ort (falls Kontoinhaber vom Auftraggeber abweicht)

DE _ _ | _ _ _ _ | _ _ _ _ | _ _ _ _ | _ _ _ _ | _ _
IBAN

______________________________ _ _ _ _ _ _ _ _ | _ _ _
Kreditinstitut BIC

X ______________________________
Datum, Ort Unterschrift des Kontoinhabers

Hinweis (Falls Kontoinhaber von Auftraggeber abweicht):
Für den Fall, dass der Kontoinhaber von dem Auftraggeber abweicht, gilt das vorab erteilte SEPA-Lastschrittmandat für diesen Auftrag über die Lieferung von Strom zwischen der Stadtwerke ... GmbH und dem Auftraggeber.

4. Stromsonderkundenvertrag HT/NT

Muster

19 **Auftrag über die Lieferung von Strom**
Produktname (HT/NT)

Bitte zurücksenden an:
Stadtwerke ... GmbH
Straße, Nr.
PLZ Ort

Bei Fragen:

Raum für Öffnungszeiten und Telefonnummern sowie E-Mail-Adressen

Auftraggeber/Kunde

☐ Herr ☐ Frau ☐ Firma

Name Vorname

Geburtsdatum (nur für Privatkunden; Verbraucher i. S. v. § 13 BGB)

Straße, Hausnummer

Postleitzahl Ort

Telefonnummer

E-Mail-Adresse

Registernummer (nur für Firmenkunden; Unternehmer i. S. v. § 14 BGB)

Registergericht (nur für Firmenkunden; Unternehmer i. S. v. § 14 BGB)

Verbrauchsstelle
(nur ausfüllen, wenn abweichend von Adresse des Auftraggebers)

Straße, Hausnummer

Postleitzahl Ort

Bisherige Stromversorgung
Ich beziehe bisher für die Verbrauchsstelle:

☐ Keinen Strom
☐ Strom von der Stadtwerke ... GmbH

Abrechnungsnummer

☐ Strom von einem anderen Versorger:

____

Name des bisherigen Versorgers

____

Kundennummer beim bisherigen Versorger

Gewünschter Lieferbeginn
(bitte ankreuzen und ggf. eintragen)

☐ Nächstmöglicher Termin
☐ Datum des Lieferbeginns:

Branche
☐ Stromlieferung erfolgt überwiegend für Haushaltszwecke

____

Branche (soweit nicht überwiegend für Haushaltszwecke)

Stromzähler und Verbrauch
(soweit Angaben zur Hand)

____

Stromzählernummer Zählerstand am Tag der Auftragserteilung

____

Voraussichtlicher Jahresverbrauch oder Vorjahresverbrauch in kWh

Produktname, Preise, Lieferzeit

Grundpreis Euro/Monat	... € netto	... € brutto
Arbeitspreis Ct/kWh	... € netto	... € brutto

Der Vertrag hat eine Grundlaufzeit von einem Jahr. Danach endet der Vertrag, ohne dass es einer Kündigung durch eine der Vertragsparteien bedarf.

Zahlungsweise

☐ **SEPA-Lastschriftmandat** – Ich ermächtige die Stadtwerke ... GmbH, fällige Zahlungen von meinem Konto mittels Lastschrift einzuziehen:

____

Vorname und Name des Kontoinhabers

____

Straße, Hausnummer (falls Kontoinhaber vom Auftraggeber abweicht)

____

Postleitzahl, Ort (falls Kontoinhaber vom Auftraggeber abweicht)

DE _ _ | _ _ _ _ | _ _ _ _ | _ _ _ _ | _ _ _ _ | _ _
IBAN

______________________ _ _ _ _ _ _ _ _ | _ _ _
Kreditinstitut BIC

Zugleich weise ich mein Kreditinstitut an, die von der Stadtwerke ... GmbH auf mein Konto gezogenen Lastschriften einzulösen.

Hinweis: Ich kann innerhalb von acht Wochen, beginnend mit dem Belastungsdatum, die Erstattung des belasteten Betrags verlangen. Es gelten dabei die mit meinem Kreditinstitut vereinbarten Bedingungen.

Die Mandatsreferenz wird separat durch die Stadtwerke ... GmbH mitgeteilt.

X ______________________________________
Datum Unterschrift des Kontoinhabers

Hinweis (Falls Kontoinhaber vom Auftraggeber abweicht):
Für den Fall, dass der Kontoinhaber von dem Auftraggeber abweicht, gilt das vorab erteilte SEPA-Lastschriftmandat für diesen Auftrag über die Lieferung von Strom zwischen der Stadtwerke ... GmbH und dem Auftraggeber.

☐ Ich überweise die fälligen Zahlungen.

Information

☐ Ich bin einverstanden, dass mich die Stadtwerke ... GmbH zu ihren unternehmenseigenen Produkten und Dienstleistungen, die die Stadtwerke ... GmbH im Zusammenhang mit Energie anbietet, oder zum Zwecke der Markt- oder Meinungsforschung per
- ☐ E-Mail
- ☐ Telefon
- ☐ Kurznachricht (SMS/MMS)
- ☐ Fax

anspricht. Dieser Ansprache sowie der Verarbeitung oder Nutzung meiner personenbezogenen Daten kann ich jederzeit gegenüber der Stadtwerke GmbH... widersprechen.
[**Ausfüllhinweis**: Bitte beachten Sie als Verwender dieses Formulars: Der vorstehende Absatz ist nur dann erforderlich, wenn Sie tatsächlich Daten zu diesen Zwecken (z. B. Informationen über Produkte und Dienstleistungen der Stadtwerke ... GmbH im Zusammenhang mit Energie oder Markt- und Meinungsforschung) erheben, verarbeiten oder nutzen. Andernfalls ist dieser Informationsblock ganz oder teilweise (bspw. „Markt- und Meinungsforschung" oder ein Kommunikationsmittel aus dem Vertragsmuster) zu streichen.]

Einwilligungserklärung Datenschutz
Mit meiner Unterschrift erkläre ich mich damit einverstanden, dass die anhand dieses Stromlieferungsvertrages erhobenen Daten zum Zwecke der ... erhoben, verarbeitet oder genutzt werden können.
[**Ausfüllhinweis** für den Verwender dieses Formulars: Bitte beschreiben Sie hier die jeweils spezifischen Zwecke, zu denen die Daten verarbeitet werden, z. B. zu Zwecken der Information über Produkte und Dienstleistungen der Stadtwerke ... GmbH im Zusammenhang mit Energie oder zur Markt- und Meinungsforschung. Bitte stellen Sie auch dar, an welche Dritten Daten weitergegeben werden, z. B. an einen IT-Dienstleister, der die IT-Systeme für Sie betreibt oder an ein mit Ihnen verbundenes Unternehmen.
Die Darstellung der Zwecke und Empfänger muss konkret die bei Ihnen bestehenden Datenverarbeitung- und Nutzungsvorgänge wiedergeben. Sofern Sie hierzu Unterstützung benötigen, sprechen Sie uns gerne an.]
Ich wurde darauf hingewiesen, dass die Erhebung, Verarbeitung und Nutzung meiner Daten auf freiwilliger Basis erfolgt. Ferner, dass ich meine Einwilligung ohne für mich nachteilige Folgen verweigern bzw. jederzeit mit Wirkung für die Zukunft widerrufen kann. Meine Widerrufserklärung werde ich richten an ...
[**Ausfüllhinweis** für den Verwender dieses Formulars: Bitte fügen Sie hier ihre postalische Adresse ein.]
Falls Sie mit der Datenerhebung, -verarbeitung oder -nutzung nicht einverstanden sein sollten, streichen Sie bitte diese Einwilligung zur Datenerhebung.

Verwendungszweck
Dem Kunden wird elektrische Energie in Niederspannung für den Betrieb von Wärmespeichern **[ggf. anzupassen]** geliefert. Die Verwendung der nach diesem Vertrag gelieferten elektrischen Energie für andere Zwecke ist ausgeschlossen.

Auftragserteilung
Ich beauftrage die Stadtwerke ... GmbH, zu den vorab genannten Bedingungen sowie den Allgemeinen Vertragsbedingungen für Stromlieferung in Niederspannung (Haushaltskunden) der Stadtwerke ... GmbH in der Fassung vom ... die oben genannte Verbrauchsstelle mit Strom zu beliefern. Die in Ziffer 5 der Allgemeinen Vertragsbedingungen für Stromlieferungen in Niederspannung (Haushaltskunden) enthaltene Widerrufsbelehrung habe ich zur Kenntnis genommen. Gleichzeitig bevollmächtige ich die Stadtwerke ... GmbH, den für die Verbrauchsstelle eventuell bestehenden Stromliefervertrag zu kündigen und die für die Stromlieferung erforderlichen Verträge mit dem zuständigen Netzbetreiber zu schließen. Der Lieferantenwechsel erfolgt zügig und ist für mich kostenlos.

X
Datum Unterschrift des Auftraggebers/Kunden

Allgemeine Vertragsbedingungen für Stromlieferungen in Niederspannung (Haushaltskunden)

1. **Vertragsabschluss**

1.1. Der Vertrag wird zu dem in der Auftragsbestätigung (Annahme) von der Stadtwerke ... GmbH genannten Datum wirksam, spätestens aber nach Durchführung des Lieferantenwechsels nach § 20a EnWG mit Lieferbeginn. Der Lieferantenwechsel darf drei Wochen, gerechnet ab dem Zeitpunkt des Zugangs der Anmeldung zur Netznutzung durch die Stadtwerke ... GmbH bei dem Netzbetreiber, an dessen Netz die Entnahmestelle angeschlossen ist, nicht überschreiten.

1.2. Der Zählerstand zum Zeitpunkt des Lieferbeginns wird rechnerisch ermittelt, sofern keine abgelesenen Daten vorliegen.

1.3. Der Kunde zeigt der Stadtwerke ... GmbH einen Umzug spätestens zwei Wochen vor dem Umzugstermin schriftlich an. Im Falle eines Umzugs des Kunden innerhalb des Netzgebietes der Stadtwerke ... GmbH [oder Name des Netzbetreibers], bietet die Stadtwerke ... GmbH an, den Vertrag auf Verlangen des Kunden auf die neue Lieferanschrift zu übertragen. Im Falle des Wegzugs des Kunden aus dem Netzgebiet können beide Parteien den Vertrag mit einer Frist von zwei Wochen kündigen.

2. **Preise und Preisanpassung**

2.1. Der Vertragspreis setzt sich aus einem verbrauchsunabhängigen Netto-Grundpreis und einem verbrauchsabhängigen Netto-Arbeitspreis zusammen.

2.2. Die Bruttopreise enthalten zusätzlich die Umsatzsteuer in der jeweils gesetzlichen Höhe (derzeit 19 %).

2.3. Die Stadtwerke ... GmbH wird die Netto-Preise während der Vertragslaufzeit nicht ändern.

2.4. Aktuelle Informationen über die geltenden Tarife der Stadtwerke ... GmbH sowie die in Ziffer 2.2 genannten Preisbestandteile sind auf unserer Homepage www.....de zu finden.

3. **Abrechnung**

3.1. Die Abrechnung erfolgt grundsätzlich einmal im Jahr. Der Kunde ist jedoch berechtigt, abweichend von Satz 1 eine monatliche, viertel- oder halbjährliche Abrechnung zu verlangen.

3.2. Wird der Verbrauch für mehrere Monate abgerechnet, so kann die Stadtwerke ... GmbH für die nach der letzten Abrechnung verbrauchte Elektrizität eine Abschlagszahlung verlangen. Diese ist anteilig für den Zeitraum der Abschlagszahlungen entsprechend dem Verbrauch im zuletzt abgerechneten Zeitraum zu berechnen. Ist eine solche Berechnung nicht möglich, so bemisst sich die Abschlagszahlung nach dem durchschnittlichen Verbrauch vergleichbarer Kunden.

4. **Verbraucherschutz und außergerichtliche Streitbeilegung**

4.1. Der Kunde kann sich mit Fragen zu Energieliefervertragsverhältnissen wenden an:
Bundesnetzagentur für Elektrizität, Gas, Telekommunikation, Post und Eisenbahn
Verbraucherservice Energie
Postfach 8001
53105 Bonn
Tel.: 030 22480-500 (Mo. – Fr. 9:00–12:00 Uhr)
Fax: 030 22480-323
E-Mail: verbraucherservice-energie@bnetza.de

4.2. Zur außergerichtlichen Beilegung von Streitigkeiten zwischen der Stadtwerke ... GmbH und dem Kunden über den Gegenstand dieses Vertrages kann der Kunde, soweit die Stadtwerke ... GmbH die zugrundeliegende Beschwerde des Kunden nicht innerhalb einer Frist von vier Wochen ab Zugang bei der Stadtwerke ... GmbH beantwortet oder der Beschwerde abgeholfen hat, sich an folgende Stelle wenden:
Schlichtungsstelle Energie e. V.
Friedrichstr. 133

10117 Berlin
Tel.: 030 2757240-0
Fax: 030 2757240-69
E-Mail: info@schlichtungsstelle-energie.de
Internet: www.schlichtungsstelle-energie.de

5. **Widerrufsbelehrung (gilt nur für Privatkunden, die Verbraucher im Sinne des § 13 BGB sind)**

Widerrufsrecht

Sie haben das Recht, binnen vierzehn Tagen ohne Angabe von Gründen diesen Vertrag zu widerrufen.

Die Widerrufsfrist beträgt vierzehn Tage ab dem Tag des Vertragsabschlusses.

Um Ihr Widerrufsrecht auszuüben, müssen Sie uns ***[Name, Straße und Hausnummer, Postleitzahl und Ort, Telefonnummer, Telefaxnummer und E-Mail-Adresse]*** mittels einer eindeutigen Erklärung (z. B. ein mit der Post versandter Brief, Telefax oder E-Mail) über Ihren Entschluss, diesen Vertrag zu widerrufen, informieren. Sie können dafür das beigefügte Muster-Widerrufsformular verwenden, das jedoch nicht vorgeschrieben ist. Sie können dafür auch das Muster-Widerrufsformular auf unserer Webseite ***[Internet-Adresse einfügen]*** elektronisch ausfüllen oder eine andere eindeutige Erklärung verwenden und an uns übermitteln. Machen Sie von dieser Möglichkeit Gebrauch, so werden wir Ihnen unverzüglich (z. B. per E-Mail) eine Bestätigung über den Eingang eines solchen Widerrufs übermitteln.

Zur Wahrung der Widerrufsfrist reicht es aus, dass Sie die Mitteilung über die Ausübung des Widerrufsrechts vor Ablauf der Widerrufsfrist absenden.

Widerrufsfolgen

Wenn Sie den Vertrag widerrufen, haben wir Ihnen alle Zahlungen, die wir von Ihnen erhalten haben, einschließlich der Lieferkosten (mit Ausnahme der zusätzlichen Kosten, die sich daraus ergeben, dass Sie eine andere Art der Lieferung als die von uns angebotene, günstigste Standardlieferung gewählt haben), unverzüglich und spätestens binnen vierzehn Tagen ab dem Tag zurückzuzahlen, an dem die Mitteilung über Ihren Widerruf dieses Vertrags bei uns eingegangen ist. Für diese Rückzahlung verwenden wir dasselbe Zahlungsmittel, das Sie bei der ursprünglichen Transaktion eingesetzt haben, es sei denn, mit Ihnen wurde ausdrücklich etwas anderes vereinbart; in keinem Fall werden Ihnen wegen dieser Rückzahlung Entgelte berechnet.

Haben Sie verlangt, dass die Dienstleistungen oder die Lieferung von Strom während der Widerrufsfrist beginnen soll, so haben Sie uns einen angemessenen Betrag zu zahlen, der dem Anteil der bis zu dem Zeitpunkt, zu dem Sie uns von der Ausübung des Widerrufsrechts hinsichtlich dieses Vertrages unterrichten, bereits erbrachten Dienstleistungen im Vergleich zum Gesamtumfang der im Vertrag vorgesehenen Dienstleistungen entspricht.

Ende der Widerrufsbelehrung

6. **Rechtsnachfolge**

Die Stadtwerke ... GmbH ist berechtigt, die Rechte und Pflichten aus diesem Vertrag als Gesamtheit auf einen Rechtsnachfolger zu übertragen. Der Kunde ist in diesem Fall berechtigt, den Vertrag mit Wirkung zu dem Übertragungszeitpunkt zu kündigen, der dem Kunden vorab rechtzeitig in Textform mitgeteilt wird.

7. **Bonitätsauskunft**

[**Ausfüllhinweis**: Achtung: Der folgende Hinweis darf nur verwendet werden, wenn die Stadtwerke ... GmbH Mitglied der SCHUFA ist. Andernfalls könnte der Hinweis wettbewerbsrechtlich als irreführend eingestuft werden. Sollte die Stadtwerke GmbH nicht in Vorleistung gehen, so muss der Kunde in die Bonitätsauskunft ausdrücklich schriftlich einwilligen.]

Sofern die Stadtwerke ... GmbH in Vorleistung tritt, zum Beispiel bei einem Kauf auf Rechnung, ist die Stadtwerke ... GmbH berechtigt, eine Bonitätsauskunft auf der Basis mathematisch-statistischer Verfahren über den Kunden bei der SCHUFA Holding AG; Kormoranweg 5, 65201 Wiesbaden (SCHUFA) einzuholen. Zu diesem Zweck übermittelt die Stadtwerke ... GmbH die zu einer Bonitätsprüfung benötigten personenbezogenen Daten an die SCHUFA und verwendet die erhaltenen Informationen über die statistische Wahrscheinlichkeit eines Zahlungsausfalls für eine abgewogene Entscheidung über die Begründung, Durchführung oder Beendigung des Vertragsverhältnisses.
Die Bonitätsauskunft kann Wahrscheinlichkeitswerte (Score-Werte) beinhalten, die auf Basis wissenschaftlich anerkannter mathematisch-statistischer Verfahren berechnet werden und in deren Berechnung unter anderem Anschriftendaten einfließen. Die schutzwürdigen Belange des Kunden werden gemäß den gesetzlichen Bestimmungen berücksichtigt.
Der Kunde kann bei der SCHUFA Auskunft über die ihn betreffenden Daten verlangen. Weitere Informationen über das SCHUFA-Auskunftsverfahren findet der Kunde auf der Homepage der SCHUFA unter www.schufa.de.

8. Verschiedenes

8.1. Soweit in diesem Vertrag nichts anderes geregelt ist, gelten für die Lieferung der elektrischen Energie im Übrigen die Verordnung über Allgemeine Bedingungen für die Grundversorgung von Haushaltskunden und die Ersatzversorgung mit Elektrizität aus dem Niederspannungsnetz (Stromgrundversorgungs-verordnung – StromGVV – Bundesgesetzblatt Jahrgang 2006 Teil I Nr. 50 vom 07.11.2006, Seite 2391) und die ergänzenden Bedingungen der Stadtwerke ... GmbH zur StromGVV, jeweils in ihrer aktuellen Fassung. Die bei Vertragsschluss aktuellen Fassungen liegen bei.

8.2. Sollten sich die diesem Vertrag zugrundeliegenden Regelwerke, einschlägigen Rechtsvorschriften (z. B. das EnWG sowie die hierzu ergangenen einschlägigen Verordnungen), einschlägige Rechtsprechung und/oder behördliche Praxis (insbesondere Festlegungen der Bundesnetzagentur oder der zuständigen Regulierungsbehörde) nach Vertragsabschluss ändern, ist die Stadtwerke ... GmbH mit Ausnahme der in Ziffer 2.3 enthaltenen Regelung berechtigt, den Vertrag und diese Vertragsbedingungen zum 1. eines Monats anzupassen, soweit die Anpassung dem Kunden zumutbar ist. Die Stadtwerke ... GmbH wird dem Kunden eine solche Anpassung sechs Wochen vor deren Inkrafttreten brieflich mitteilen. In diesem Fall ist der Kunde berechtigt, das Vertragsverhältnis ohne Einhaltung einer Frist zum Inkrafttreten der Änderungen zu kündigen. Die Kündigung bedarf der Textform. Macht der Kunde von dem Kündigungsrecht keinen Gebrauch, gilt die Anpassung als genehmigt. Auf sein Kündigungsrecht sowie die vorgenannte Folge wird der Kunde in der Mitteilung hingewiesen.

8.3. Die Stadtwerke ... GmbH ist als Lieferant bei einer Unterbrechung oder Unregelmäßigkeit in der Elektrizitätsversorgung von der Leistungspflicht befreit, soweit es sich um Folgen einer Störung des Netzbetriebs einschließlich des Netzanschlusses handelt. Ansprüche wegen solcher Versorgungsstörungen können gegen den Netzbetreiber geltend gemacht werden. Netzbetreiber ist die Stadtwerke ... GmbH/ABC GmbH ***[mit vollständigen Geschäftsangaben, wie Handelsregisternummer und Registergericht]***.

Anlagenverzeichnis[14]

Anlage 1: Stromgrundversorgungsverordnung (StromGVV)

Anlage 2: Ergänzende Bedingungen zur Strom GVV

Anlage 3: Informationsblatt zum Thema „Energieeffizienz"

[**Hinweis:** Gemäß § 4 Abs. 2 EDL – G sind Energieversorgungsunternehmen verpflichtet, Informationen über Energiedienstleitungen, Energieeffizienzmaßnahmen etc., anzubieten. Sinnvoll wäre insoweit, diese Informationen auf einem Informationsblatt darzustellen bzw. die Information als deutlichen Hinweis in die allgemeinen Vertragsbedingungen einzufügen (ggf. hervorgehoben durch einen Rahmen).]

Anlage 4: Widerrufsformular

14 Anlage 3 ist unternehmensintern individuell auszufüllen, für Anlage 2 s. Kap. 2.F Rn 13. Die StromGVV – Anlage 1 – ist online abrufbar unter http://www.gesetze-im-internet.de.

Anlage 4 **Widerrufsformular**

Wenn Sie den Vertrag widerrufen wollen, dann füllen Sie bitte dieses Formular aus und senden es zurück.

An die
Stadtwerke ... GmbH
Straße, Nr.
PLZ Ort
[ggf. die Telefaxnummer und E-Mail-Adresse]

Hiermit widerrufe(n) ich/wir (*) den von mir/uns (*) abgeschlossenen Vertrag über den Kauf der folgenden Waren (*)/die Erbringung der folgenden Dienstleistung (*):

Bestellt am (*)/erhalten am (*)

Name des/der Verbraucher(s)

Anschrift des/der Verbraucher(s)

Datum Unterschrift des/der Verbraucher(s) (nur bei Mitteilungen auf Papier)

(*) Unzutreffendes streichen.

III. Erläuterung

1. Stromsonderkundenvertrag Haushaltskunden

a) Überblick

20 Entsprechend der grundsätzlichen Einordnung von Letztverbrauchern als Haushalts- oder Gewerbekunden haben sich Sonderkundenverträge entwickelt, die speziell auf die Bedürfnisse und Anforderungen der jeweiligen Kundengruppe zugeschnitten sind. Vor der Liberalisierung des Energiemarktes war es im Bereich der Sonderkundenverträge zumeist so, dass EVU solche Verträge überwiegend mit (Gewerbe-) Kunden, die ein besonderes Abnahmeverhalten aufwiesen bzw. einen hohen Energiebedarf hatten, abschlossen. Im Zuge der Liberalisierung und der damit einhergehenden Möglichkeit der Kunden, ihren Stromanbieter frei zu wählen, vergleichen auch zunehmend Haushaltskunden, die i. d. R. ein relativ konstantes Abnahmeverhalten und einen verhältnismäßig geringen Verbrauch haben, einzelne Stromanbieter, um in der Folge einen Sonderkundenvertrag zu den aus ihrer Sicht attraktivsten Konditionen abzuschließen. Zu diesen Konditionen und damit zu den zentralen Entscheidungskriterien gehören u. a. Anreizsysteme (wie z. B. Neukunden- oder Wechselboni, Preisgarantien oder – aus Gründen der Flexibilität – kurze Kündigungsfristen). Demzufolge ist es für EVU wichtig, Verträge anzubieten, die speziell auf das „klassische“ Haushaltskundensegment zugeschnitten sind und die die Kundenwünsche berücksichtigen.

21 Im Gegensatz zu (Groß-)Gewerbekunden wird der Vertragsinhalt mit Haushaltskunden in aller Regel nicht individuell ausgehandelt. Vielmehr kommen sog. Normsonderkundenverträge zum Zuge, die vielfach die Regelungen der StromGVV mit einbeziehen. Die Regelungen der StromGVV werden dabei entweder direkt in den Vertrag auf- oder durch einen entsprechenden Verweis in Bezug genommen.

b) Aufbau des Vertrags

22 Der Vertrag besteht aus einem Auftragsformular, das vom Kunden auszufüllen und an das EVU zurückzusenden ist, und den Allgemeinen Vertragsbedingungen, die einseitig vom EVU vorgegeben werden und somit regelmäßig als Allgemeine Geschäftsbedingungen i. S. d. §§ 305 ff. BGB zu qualifizieren sein dürften.[15]

23 Zusammen mit den vertraglichen Anlagen bilden das Auftragsformular und die Allgemeinen Vertragsbedingungen nach Unterzeichnung ein einheitliches Dokument. Der Vertrag kommt zustande, indem das EVU dem Kunden ein Auftragsbestätigungsschreiben zusendet, welches sich auf das vom Kunden zugegangene Auftragsformular bezieht.

---

15 S. hierzu auch Abgrenzung Grundversorgungs-/Sonderkundenverträge unter Kap. 2.F Rn 1 ff. – Grundversorgungsvertrag.

! Praxistipp

Es sollte darauf geachtet werden, dass der Vertrag in zweifacher Ausfertigung zur Verfügung gestellt wird. Ein Exemplar muss der Kunde im Original unterschrieben an das EVU zurücksenden. Das andere Exemplar ist zum Verbleib beim Kunden bestimmt. Die Allgemeinen Vertragsbedingungen und vertraglichen Anlagen (z. B. der Text der StromGVV), die dem Kunden bei Vertragsschluss bekannt sein müssen, sollen beim Kunden verbleiben und müssen daher nicht – da sie nicht an das EVU zurückgesandt werden müssen – in doppelter Ausfertigung dem Kunden zur Verfügung gestellt werden.

c) Auftragsformular

aa) Auftraggeber/Kunde

24 Das Auftragsformular des Haushaltskundenvertrags kann sowohl für „eigentliche" Haushaltskunden (**Privathaushalte**), aber auch für Gewerbekunden verwendet werden, die die Voraussetzungen des § 3 Nr. 22 EnWG erfüllen (Verbrauch von weniger als 10.000 kWh/a, „**Kleingewerbe**"). Privathaushalte sind Verbraucher i. S. v. § 13 BGB, Kleingewerbetreibende zählen hingegen zur Gruppe der Unternehmer nach § 14 BGB. Im Auftragsformular des Haushaltskundenvertrags finden sich Pflichtangaben, die sowohl für Verbraucher als auch für Unternehmer gelten. Je nachdem, ob der Kunde Verbraucher i. S. v. § 13 BGB oder Unternehmer i. S. v. § 14 BGB ist, hat er die entsprechenden, jeweils auf ihn zutreffenden Angaben im Auftragsformular zu machen.

! Praxistipp

Zur Abgrenzung: Das Auftragsformular Gewerbekunden kann für alle Gewerbekunden verwendet werden. Dazu gehören auch solche, die im Jahr weniger als 10.000 kWh verbrauchen (Kleingewerbe) und damit nach der Definition des EnWG Haushaltskunden sind. Beim Kleingewerbekunden haben EVU also die Wahl, ob das Formular Haushaltskunden oder das Formular Gewerbekunden verwendet wird. Für Gewerbekunden, die im Jahr mehr als 10.000 kWh verbrauchen und damit keine Haushaltskunden im Sinne des EnWG sind, sollten die EVU ausschließlich das Formular Gewerbekunden verwenden. Da dieses Formular insgesamt nur für Gewerbekunden und damit für Unternehmer Anwendung findet, enthält es – im Gegensatz zum Auftragsformular Haushaltskunden – keine Verbraucherschutzregelungen.

25 So haben Verbraucher im Auftragsformular ihr Geburtsdatum anzugeben, auch wenn es grundsätzlich kein zwingender Bestandteil der Kundenangabe bei Vertragsschluss ist (vgl. § 2 Abs. 3 S. 1 Nr. 1 StromGVV). Es sollte dennoch mit in das Dokument aufgenommen werden, da bei einer **Bonitätsabfrage** über den Kunden – z. B. bei der SCHUFA oder einer anderen Wirtschaftsauskunftei – nicht selten das Geburtsdatum zur Identifikation der entsprechenden Person angegeben werden muss. Demgegenüber haben Unternehmer entsprechende Angaben zur Firma, Registernummer und zum Registergericht zu machen.

bb) Produktname, Preise, Lieferzeit

Bei der Gestaltung des Produktnamens sind EVU grundsätzlich frei. Hier sollte auf eine markante Abgrenzung zu Konkurrenzunternehmen geachtet werden. 26

Vorsicht ist jedoch im Zusammenhang mit der Produktbezeichnung bei sog. **relativen Fixpreisverträgen**[16] geboten, bei denen diejenigen Kostenbestandteile, auf die das EVU Einfluss hat (wie Kosten für Beschaffung und Vertrieb), über die Vertragslaufzeit nicht verändert werden dürfen, wohingegen „hoheitlich motivierte Kostenbestandteile" (wie Steuern, Abgaben oder Umlagen), auf deren Entwicklung das EVU keinen Einfluss hat, über die Vertragslaufzeit variabel und damit veränderbar sind. Die „hoheitlich motivierten" und damit variablen Preisbestandteile machen einen nicht unerheblichen Anteil des Bruttopreises aus, sodass aus wettbewerblicher Sicht und aus Gründen der Irreführung bei der Produktbeschreibung darauf zu achten ist, dass das Produkt nicht „fix", „garant" o. ä. genannt wird, ohne dabei gegenüber den Kunden den tatsächlichen Preismechanismus mit fixem und variablem Teil transparent, verständlich und nachvollziehbar zu erläutern.[17] 27

In dem Vertragsmuster ist eine vertragliche Laufzeit von einem Jahr vorgesehen. Diese Laufzeit stellt u. E. einen angemessenen Kompromiss dar. Einerseits sollte das EVU die Laufzeit nicht zu knapp wählen, da ansonsten der administrative Aufwand im Verhältnis zu dem zu erwartenden Ertrag unverhältnismäßig sein kann. Andererseits sollte die Vertragslaufzeit auch nicht zu lange gewählt werden, da eine Preisanpassung während der Vertragslaufzeit nicht möglich ist. Hinsichtlich der maximal möglichen Laufzeit ist das EVU an die Vorgaben des § 309 Nr. 9 BGB gebunden. Dieser lässt eine vertraglich vereinbarte Erstlaufzeit von höchstens zwei Jahren sowie sich daran anschließende Verlängerungen von maximal einem Jahr zu. 28

Achtung !

Der Vertrag endet nach Ablauf der vertraglichen Laufzeit, ohne dass es einer Kündigung durch eine der Vertragsparteien bedarf. Vor dem Hintergrund, dass die Vertragsmuster eine Festpreisregelung enthalten, ist eine automatische Verlängerung der Vertragslaufzeit nicht ratsam. Eine automatische Verlängerung hätte zur Folge, dass der Vertrag zu den bisherigen Festpreiskonditionen weiter gelten würde. Dem EVU wäre somit die Möglichkeit genommen, die Preise an die gegebenenfalls geänderte Kostensituation anzupassen. Sollte eine automatische Verlängerung der Vertragslaufzeit dennoch gewünscht sein, empfiehlt es sich, eine Preisanpassungsklausel in den Vertrag mit aufzunehmen, die die gesetzlichen Vorgaben und richterlichen Wirksamkeitsvoraussetzungen erfüllt.[18]

---

16 S. unten Rn 40.

17 Vgl. dazu OLG Hamm, Urt. v. 8.11.2011 – I-4 U 58/11 – sowie zuletzt OLG Bamberg, Urt. v. 26.2.2014 – 3 U 164/13 –.

18 Vgl. hierzu Rn 41 ff.

Achtung
Für den Fall, dass ein Neukundenbonus gewährt wird, ist darauf zu achten, dass die Voraussetzungen und Bedingungen für die Auszahlung des Bonus klar und verständlich formuliert sind. Dies gilt insbesondere für den Fall, dass ein Bonus nur dann gewährt werden soll, wenn der Vertrag nach Ablauf der vertraglichen Erstlaufzeit verlängert wird bzw. die Vertragsparteien einen Anschlussvertrag schließen. Unklarheiten im Zusammenhang mit den Auszahlungsvoraussetzungen gehen tendenziell zulasten des EVU.[19]

cc) Zahlungsweise

29 Haushaltskunden außerhalb der Grundversorgung sind zwei unterschiedliche Zahlungsweisen anzubieten (§ 41 Abs. 1 S. 2 Nr. 3 i. V. m. Abs. 2 S. 1 EnWG). Im Regelfall bieten EVU hier die Möglichkeit zur Teilnahme am SEPA-Basis-Lastschriftverfahren (dies entspricht der zum 1.8.2014 abgelösten nationalen Einzugsermächtigung) oder die der Überweisung – im Regelfall der Überweisung von einem Zahlungskonto des Kunden – an. Hierbei muss jedoch nach der Rechtsprechung des BGH[20] darauf geachtet werden, dass auch Kunden ohne Konto die Möglichkeit haben müssen, Abschläge und finale Rechnungsbeträge zu zahlen. Insofern dürfen EVU die Möglichkeit zur Zahlung durch (Bar-)Überweisung in ihren Geschäftsbedingungen nicht ausschließen. Einkommensschwache Verbraucher ohne eigenes Konto hätten ansonsten nach Ansicht des BGH keine Chance, ihre Stromrechnung zu zahlen, da die monatliche Lastschrift ein Konto voraussetze. Aus diesem Grund bietet das Vertragsmuster – neben der Einzugsermächtigung – dem Kunden die Möglichkeit, fällige Beträge zu überweisen. Mit der Formulierung *„Ich überweise die fälligen Zahlungen."* wird klargestellt, dass dem Kunden grundsätzlich beide Arten der Überweisung – sowohl die Überweisung von einem Konto als auch die Barüberweisung – zur Verfügung stehen.

dd) Gewünschter Lieferbeginn/Branche/Bisherige Stromversorgung

30 Das EVU beliefert den Kunden zu dem in der Auftragsbestätigung genannten Datum und nach Durchführung eines etwaig erforderlichen Lieferantenwechsels nach § 20a EnWG. Der Lieferantenwechsel, d. h. die Abmeldung des bisherigen und die Anmeldung des neuen Energielieferanten beim Netzbetreiber,[21] darf drei Wochen, gerechnet ab dem Zugang der Anmeldung zur Netznutzung durch den neuen Energielieferanten beim Netzbetreiber, nicht überschreiten. Der Tag der Aufnahme der Belieferung wird dem Kunden in dem **Auftragsbestätigungsschreiben** mitgeteilt.

---

19 Vgl. auch BGH, Urt. v. 17.4.2013 – VIII ZR 225/12 –.

20 Vgl. zuletzt BGH, Urt. v. 5.6.2013 – VIII ZR 131/12 –.

21 In der Regel ist das der Betreiber eines Netzes der allgemeinen Versorgung i. S. v. § 3 Nr. 17 EnWG, an dessen Netz der Letztverbraucher angeschlossen ist.

ee) Information

Mit dieser Klausel ist es dem EVU möglich, produktspezifische Werbung an den 31 Kunden zu adressieren. Hierbei ist zu beachten, dass es sich nach der Rechtsprechung des BGH[22] um eine sog. **Opt in**-Klausel handeln muss, bei der der Kunde ein oder mehrere Kreuze setzt. Ein Auftragsformular, das vorsieht, dass dem Kunden z. B. Werbung zugesendet wird und bei dem der Kunde ankreuzen muss, wenn er keine Werbung erhalten möchte (sog. **Opt out**-Klausel), ist laut BGH ebenso unzulässig wie das unaufgeforderte Zusenden von Werbung an den Kunden.

ff) Einwilligungserklärung Datenschutz

Laut §4 BDSG ist die Erhebung, Verarbeitung und Nutzung personenbezogener 32 Daten nur zulässig, soweit ein Gesetz dies erlaubt oder der Betroffene eingewilligt hat. Mangels spezialgesetzlicher Regelungen im EnWG oder in anderen einschlägigen, energierechtlichen Gesetzen und Verordnungen ist grundsätzlich die vorherige Einwilligung des Kunden zur Verwendung seiner Daten einzuholen. Hierbei ist darauf zu achten, dass der Verwendungszweck so detailliert wie möglich dargestellt wird. Dies gilt insbesondere im Zusammenhang mit der Datenverwendung zum Zwecke der Werbung oder Markt- und Meinungsforschung. Sollte der Kunde diesen Absatz streichen, können Daten zu den konkret benannten Zwecken nicht mehr verwendet werden. Davon unberührt und von der Einwilligungsbefugnis des Kunden ausgenommen sind allerdings die Erhebung, Verarbeitung und Nutzung solcher Daten, die zur Durchführung des Vertrags notwendig sind (z. B. im Rahmen der Kommunikation und des Datenaustauschs mit Netzbetreibern im Fall des Lieferantenwechsels). Hierfür ist keine vorherige vertragliche Einwilligung des Kunden erforderlich, da das EVU hierzu bereits per Gesetz berechtigt ist. So ist gemäß §28 Abs. 1 Nr. 1 BDSG das Erheben, Speichern, Verändern oder Übermitteln personenbezogener Daten oder ihre Nutzung als Mittel für die Erfüllung eigener Geschäftszwecke zulässig, wenn es für die Begründung, Durchführung oder Beendigung eines Lieferverhältnisses mit dem Betroffenen erforderlich ist. Die vom Kunden erhaltenen Daten können somit zur Vertragsdurchführung im Falle einer Streichung weiterhin verwendet werden.

Die Einwilligung zur Datenerhebung ist gem. §4a Abs. 1 S. 4 BDSG zwingend 33 drucktechnisch hervorzuheben. Die Hervorhebung kann beispielweise durch Fettdruck, farbliche Hinterlegung oder durch einen Rahmen geschehen. Ein Formverstoß würde in entsprechender Anwendung der §§ 125, 126 BGB die Einwilligung unwirksam machen und zur Unzulässigkeit einer darauf basierenden Datenverarbeitung und -verwendung führen.

22 Vgl. BGH, Urt. v. 18.7.2012 – VIII ZR 337/11 –.

d) Allgemeine Vertragsbedingungen

aa) Ziff. 1 Vertragsschluss

(1) Ziff. 1.1 Wirksamkeit und Lieferantenwechsel

34 Nach den allgemeinen zivilrechtlichen Regeln der §§ 145 ff. BGB wird der Stromliefervertrag durch übereinstimmende Willenserklärungen der Vertragsparteien geschlossen und zum vertraglich vereinbarten Zeitpunkt wirksam.

35 Vor Aufnahme der Belieferung eines Kunden durch einen neuen Energielieferanten ist regelmäßig ein Lieferantenwechsel gem. § 20a EnWG erforderlich.[23] Hierbei ist die „Anfrage" des Kunden gegenüber dem neuen Energielieferanten und der Wunsch, von diesem mit Strom beliefert zu werden, i. d. R. als rechtlich verbindliches Angebot i. S. d. § 145 BGB zu sehen. Die Annahme dieses Angebots erfolgt dann durch den neuen Lieferanten. Dabei teilt der neue Lieferant dem Kunden mit, zu welchem Zeitpunkt er die Belieferung aufnehmen wird. § 20a Abs. 1 EnWG schreibt in diesem Zusammenhang vor, dass der neue Lieferant dem Letztverbraucher unverzüglich in Textform zu bestätigen hat, ob und zu welchem Termin er die gewünschte Belieferung des Kunden aufnehmen kann. Diese Mitteilung soll dem Kunden bei Bedarf eine zeitnahe Anfrage bei einem anderen Lieferanten ermöglichen, sollte die Lieferung gar nicht oder nur zu einem späteren Zeitpunkt als dem Wunschtermin realisierbar sein.

(2) Ziff. 1.2 Zählerstandermittlung und Ziff. 1.3 Umzugsklausel

36 Für den Fall, dass im Zuge der Neubelieferung eines Kunden die Zählerstände dem EVU nicht vorliegen, soll diesem über Ziff. 1.2 die Möglichkeit eröffnet werden, den Zählerstand rechnerisch zu ermitteln. Dies erfolgt in der Regel über eine Hochrechnung auf Grundlage der angewendeten Standardlastprofile.

37 Ziff. 1.3 lässt dem EVU die Wahl, ob es Kunden auch „out-of-Area" beliefern möchte. Mit „out-of-Area"-Belieferung ist die Belieferung von Kunden gemeint, die nicht im Netzgebiet des mit dem EVU assoziierten bzw. gesellschaftsrechtlich verbundenen Netzbetreibers liegen. Hierdurch soll dem EVU die Möglichkeit eingeräumt werden, von einer Belieferung des Kunden abzusehen, wenn und soweit dessen Abnahmestelle – z. B. aufgrund eines Umzugs – künftig in einem Netzgebiet eines anderen EVU liegt, in dem der Vertrieb des bisherigen Versorgers nicht aktiv ist.

bb) Ziff. 2 Preise und Preisanpassung

(1) Grundsätzliche Möglichkeiten der Preisanpassung

38 EVU haben im Wege des einseitigen Leistungsbestimmungsrechts die Möglichkeit, während der Vertragslaufzeit auftretende Kosten- und damit verbundene Preisände-

23 Einen Lieferantenwechsel stellt es jedoch nicht dar, wenn die Lieferstelle erstmalig beliefert wird, die Aufnahme der Belieferung also beispielsweise nach Errichtung eines Gebäudes erfolgt.

rungen an ihre Kunden weiterzugeben. Bei der Ausgestaltung sog. **Preisänderungsklauseln** in Sonderkundenverträgen sind die EVU grundsätzlich frei (Grundsatz der Vertragsfreiheit). Allerdings haben sie dabei bestimmte gesetzliche Vorgaben und die von der Rechtsprechung näher ausgestalteten Zulässigkeitsvoraussetzungen zu berücksichtigen.

Der Umgang mit Preisveränderungen während der Vertragslaufzeit und damit ein- 39
hergehend die Ausgestaltung der vertraglichen Regelungen kann sehr unterschiedlich ausfallen: EVU können während der Vertragslaufzeit vollständig auf eine Anpassung des vertraglichen Ausgangspreises verzichten und sog. **absolute Fixpreisverträge** abschließen.[24] Ein absoluter Fixpreis bietet – bezogen auf die Preisentwicklung während der Vertragslaufzeit – den Vorteil der vollständigen Preistransparenz und -klarheit, da er über die Vertragslaufzeit unveränderlich bleibt. In Ermangelung eines vertraglich vereinbarten, einseitigen Preisanpassungsrechts seitens des EVU sind solche Fixpreisabreden mit Blick auf deren Transparenz und Verständlichkeit derzeit am rechtssichersten anzusehen. Die von den Autoren verwendeten Vertragsmuster unter Abschnitt II. beinhalten aus diesem Grund solche Festpreisabreden.

Weiterhin besteht aus Sicht eines EVU die Möglichkeit, nur auf u. a. staatlich 40
bzw. hoheitlich bedingte Preisveränderungen zu reagieren und nur in diesen Fällen Preisanpassungen durchzuführen (sog. **relative Fixpreisverträge**[25]). Hierüber soll den EVU die Möglichkeit eingeräumt werden, nur solche Preisänderungen an ihre Kunden weiterzugeben, auf die das EVU keinerlei Einfluss hat (z. B. Steuern, Abgaben, Umlagen oder Netzentgelte des vorgelagerten Netzbetreibers). Demgegenüber können Veränderungen bei Kostenbestandteilen, auf die das EVU selbst Einfluss hat (z. B. Kosten im Zusammenhang mit der Beschaffung und dem Vertrieb), während der Vertragslaufzeit nicht an den Kunden weitergegeben werden.

Schließlich können EVU in ihren Sonderkundenverträgen sog. **allgemeine Preis-** 41
anpassungsklauseln verwenden, mit denen sämtliche Änderungen der der Preiskalkulation zugrundeliegenden Kostenbestandteile an den Kunden weitergegeben werden können. Hierzu hat der BGH jedoch in mehreren Entscheidungen (zuletzt mit Urteil vom 31.7.2013[26]) eine Reihe von Wirksamkeitsanforderungen aufgestellt, die bei der Gestaltung einer solchen allgemeinen Preisanpassungsklausel einzuhalten sind. Für den Fall ihrer Nichtberücksichtigung besteht die Gefahr, dass entsprechende Preisanpassungsklauseln von einem Gericht für unwirksam erklärt werden. In der Vergangenheit wurde eine Vielzahl von Preisanpassungsklauseln verworfen und für unwirksam erklärt, weil sie nach Ansicht der Richter die Verbraucher unangemessen benachteiligten bzw. nicht verständlich abgefasst und damit intransparent waren. Dies galt bis Mitte 2013 nicht für allgemeine Preisanpassungsklauseln, durch die das

24 Erläuterungen finden Sie unter Rn 51 ff.
25 Vgl. zur Unterscheidung auch oben Rn 27.
26 Az.: VIII ZR 162/09.

in § 4 AVBEltV bzw. in der Nachfolgenorm § 5 StromGVV enthaltene Preisanpassungsrecht unverändert in einen Sonderkundenvertrag übernommen wurde (sog. Leitbildrechtsprechung). Allerdings hat der BGH in seinem Urteil vom 31.7.2013 entschieden, dass auch solche Klauseln, die das verordnungsrechtliche Preisanpassungsrecht aus der AVBGasV (deren Regelungen insoweit den Regelungen der AVBEltV entsprechen) unverändert übernehmen, nicht den Anforderungen an die tatbestandliche Konkretisierung eines einseitigen Leistungsbestimmungsrechts genügen, und hat damit seine bisherige Leitbildrechtsprechung aufgegeben.[27]

42 Bei der Frage nach der (wirksamen) Ausgestaltung von Preisanpassungsklauseln in Sonderkundenverträgen herrscht insoweit eine erhebliche Verunsicherung innerhalb der Energiebranche. Eine „Branchenlösung" ist derzeit nicht in Sicht. Es kursiert eine Vielzahl neuer Preisanpassungsklauseln, die auf unterschiedliche Art und Weise versuchen, sämtliche von der Rechtsprechung aufgestellten Wirksamkeitskriterien zu berücksichtigen. Es ist jedoch wahrscheinlich, dass auch zukünftig Preisanpassungsklauseln Gegenstand weiterer Gerichtsverfahren sein werden.

43 Vor dem Hintergrund dieser unsicheren Rechtslage wird im Rahmen dieses Kapitelabschnitts davon abgesehen, eine entsprechende Musterformulierung für eine allgemeine Preisanpassungsklausel in die Vertragsmuster mit aufzunehmen. Sollte sich ein EVU dennoch dazu entscheiden, eine allgemeine Preisanpassungsklausel in ihren Sonderkundenverträgen verwenden zu wollen, empfiehlt es sich, auf branchenübliche Muster zurückzugreifen, wie das Muster des BDEW. Wichtig ist, dass die Klausel im Anschluss an das BGH-Urteil vom 31.7.2013 entwickelt wurde. Das Muster des Branchenverbands BDEW lautet:

Formulierungsvorschlag des BDEW

„(1) Im Strompreis sind die folgenden Kosten enthalten: Beschaffungs- und Vertriebskosten, die Umsatzsteuer, die Stromsteuer (Regelsatz), die an den Netzbetreiber zu entrichtenden Entgelte, die Kosten der Abrechnung, die Konzessionsabgaben.

(2) Preisänderungen durch das Energieversorgungsunternehmen erfolgen im Wege der einseitigen Leistungsbestimmung in Ausübung billigen Ermessens nach § 315 BGB. Der Kunde kann dies nach § 315 Abs. 3 BGB zivilgerichtlich überprüfen lassen. Bei der einseitigen Leistungsbestimmung durch

---

27 Insbesondere bemängelt der BGH in diesem Zusammenhang, dass Anlass, Voraussetzung und Umfang einer Preisanpassung dem Letztverbraucher bei Vertragsschluss nicht hinreichend bekannt waren (BGH, Urt. v. 31.7.2013 – VIII ZR 162/09 –). Die von EVU verwendeten Klauseln müssen vielmehr transparent darstellen, aus welchen Gründen und nach welchem Modus die Strompreise während der Vertragslaufzeit angepasst werden. Die Entscheidung des BGH folgte auf die Entscheidung des EuGH vom 21.3.2013, Rechtssache C-92/11. Die Verbraucherzentrale Nordrhein-Westfalen e. V. hatte gegen ein EVU aus abgetretenem Recht von 25 Kunden auf Rückzahlung von Gaspreisentgelten geklagt, die die Kunden auf Gaspreiserhöhungen der Beklagten geleistet hatten. Nach Durchlaufen des Instanzenzugs setzte der BGH das Verfahren aus und legte dem EuGH die Frage vor, ob die vom EVU verwendeten Klauseln mit den europarechtlichen Transparenzanforderungen der Art. 3 und 5 der Klausel-Richtlinie 93/13/EWG sowie Art. 3 Abs. 3 der Gas-Richtlinie (2003/55/EG) vereinbar sei.

das Energieversorgungsunternehmen sind ausschließlich Änderungen der Kosten zu berücksichtigen, die für die Preisermittlung nach Absatz 1 maßgeblich sind. Das Energieversorgungsunternehmen ist bei Kostensteigerungen berechtigt, bei Kostensenkungen verpflichtet, eine Preisänderung durchzuführen. Bei der Preisermittlung ist das Energieversorgungsunternehmen verpflichtet, Kostensteigerungen nur unter Ansatz gegenläufiger Kostensenkungen zu berücksichtigen und eine Saldierung von Kostensteigerungen und Kostensenkungen vorzunehmen.

(3) Das Energieversorgungsunternehmen nimmt mindestens alle zwölf Monate eine Überprüfung der Kostenentwicklung vor. Das Energieversorgungsunternehmen hat den Umfang und den Zeitpunkt einer Preisänderung so zu bestimmen, dass Kostensenkungen nach denselben betriebswirtschaftlichen Maßstäben Rechnung getragen wird wie Kostenerhöhungen. Insbesondere darf das Energieversorgungsunternehmen Kostensenkungen nicht später weitergeben als Kostensteigerungen.

(4) Änderungen der Preise werden erst nach brieflicher Mitteilung an die Kunden wirksam, die mindestens sechs Wochen vor der beabsichtigten Änderung erfolgen muss. Das Energieversorgungsunternehmen wird zu den beabsichtigten Änderungen zeitgleich mit der brieflichen Mitteilung an den Kunden die Änderung auf seiner Internetseite veröffentlichen.

(5) Ändert das Energieversorgungsunternehmen die Preise, so hat der Kunde das Recht, den Vertrag ohne Einhaltung einer Kündigungsfrist zu kündigen. Hierauf wird das Energieversorgungsunternehmen den Kunden in der brieflichen Mitteilung über die bevorstehende Änderung ausdrücklich hinweisen. Die Kündigung bedarf der Textform. Das Energieversorgungsunternehmen hat die Kündigung unverzüglich nach Eingang in Textform zu bestätigen. Das Recht zur ordentlichen Kündigung bleibt unberührt.

(6) Abweichend von vorstehenden Ziffern 2 bis 5 werden Änderungen der Umsatzsteuer gemäß Umsatzsteuergesetz ohne Ankündigung und ohne außerordentliche Kündigungsmöglichkeit an den Kunden weitergegeben.

(7) Ziffern 2 bis 5 gelten auch, soweit künftig neue Steuern, Abgaben oder sonstige staatlich veranlasste, die Beschaffung, Gewinnung, Speicherung, Netznutzung (Fernleitung und Verteilung) oder den Verbrauch von Strom betreffende Mehrbelastungen oder Entlastungen wirksam werden.“

---

(2) Erläuterungen zum Formulierungsvorschlag des BDEW

Abs. 1 führt zunächst die zum Zeitpunkt des Vertragsschlusses im Preis enthaltenen Kostenbestandteile auf, um klarzustellen, dass – vorbehaltlich der Einführung neuer Steuern, Abgaben oder sonstiger staatlich veranlasster Maßnahmen (vgl. Abs. 7) – ausschließlich Veränderungen dieser Kostenbestandteile zu einer Preisänderung führen können. 44

Um im Zusammenhang mit der Ausübung des einseitigen Preisanpassungsrechts zu verdeutlichen, dass das EVU ausschließlich im Rahmen des ihm gem. § 315 BGB eingeräumten Ermessens und unter Wahrung des Grundsatzes der Billigkeit handelt, wird in **Abs. 2** klargestellt, dass eine einseitige Leistungsbestimmung ausschließlich in Ausübung des billigen Ermessens nach § 315 BGB erfolgt. Ferner wird der Kunde auf sein Recht, die Preisanpassung und damit die Ermessensausübung des EVU gerichtlich überprüfen zu lassen, hingewiesen. Der Pflicht des EVU, nur im Fall tatsächlich veränderter Kosten eine Preiserhöhung durchzuführen, wird dadurch entsprochen, dass das EVU nach Abs. 2 eine konkrete Kostensteigerung nur bis zu derjenigen Höhe weitergeben darf, wie sie nicht durch Kostensenkungen an anderer Stelle kompen- 45 siert werden kann. Keinesfalls darf die Marge in Richtung eines zusätzlichen Gewinns ausgeweitet werden (Aufrechterhaltung des Äquivalenzinteresses).

46 Die Regelung klärt den Kunden darüber auf, dass aufgrund der Bindung der Preise an das billige Ermessen mit dem Recht eines EVU, Kostensteigerungen an seine Kunden weiterzugeben, die Pflicht einhergeht, Kostensenkungen in gleicher Weise zu berücksichtigen und diese nach denselben Maßstäben an die Kunden weiterzugeben wie Kostensteigerungen.

47 Mit der Festschreibung einer mindestens einmal alle zwölf Monate erfolgenden Prüfung der Kostenentwicklung in **Abs. 3** wird sichergestellt, dass Preissenkungen zu keinen ungünstigeren Zeitpunkten an die Kunden weitergegeben werden als Preissteigerungen. Die Periode von zwölf Monaten für einen Überprüfungszeitraum ist allerdings nicht verbindlich. Auch kürzere Überprüfungsintervalle sind denkbar. Wichtig ist nur, dass ein fester Überprüfungszeitpunkt oder mehrere feste Überprüfungszeitpunkte im Vertrag festgeschrieben werden. Wenn ein EVU z. B. eine (sich nach einer Saldierung ergebende) Kostensteigerung bereits sechs Monate nach der letzten Preisänderung an den Kunden weitergibt, ist es zukünftig daran gebunden, etwaige nachfolgende Kostensenkungen ebenfalls innerhalb von sechs Monaten an den Kunden weiterzugeben. Ansonsten würde das dem EVU zustehende Ermessen einseitig zulasten des Kunden verkürzt.

48 Etwaige Informations- und Mitteilungspflichten gegenüber den Kunden im Rahmen einer anstehenden Preisanpassung sind unter **Abs. 4 und 5** geregelt. So muss der Kunde mit angemessener Frist im Voraus (6 Wochen) über die Änderung der Entgelte und über sein Recht, den Vertrag zu kündigen, wenn er diese Änderung nicht hinnehmen will, brieflich unterrichtet werden. Die briefliche Mitteilung wird dabei in Anlehnung an die Regelung in § 5 Abs. 2 Satz 2 StromGVV gewählt. Parallel dazu erfolgt eine Veröffentlichung der beabsichtigten Änderungen auf der Internetseite des EVU.

49 In **Abs. 6** wird separat die Weitergabe der Umsatzsteuer geregelt. Da für Änderungen der Umsatzsteuer eine spezialgesetzliche Regelung im Umsatzsteuergesetz (§ 29 Abs. 1 UStG) existiert, die die Weitergabe von Änderungen im laufenden Vertragsverhältnis ausdrücklich gestattet, kann die automatische Weitergabe außerhalb des allgemeinen vertraglichen Preisanpassungsmechanismus erfolgen. Dies hat den Vorteil, dass dem Kunden im Fall einer Änderung der Umsatzsteuer kein Sonderkündigungsrecht zusteht.

50 **Abs. 7** soll sicherstellen, dass auch neue, zum Zeitpunkt des Vertragsschlusses noch nicht bekannte oder absehbare Steuern, Abgaben oder sonstige staatlich veranlasste Mehrbelastungen oder Entlastungen über die Preisanpassungsklausel im laufenden Vertragsverhältnis entsprechende Berücksichtigung finden. Durch den Verweis auf die Absätze 2 bis 5 wird klargestellt, dass auch in diesem Fall der Kunde im Vorfeld über die bevorstehenden Änderungen informiert und auf sein Sonderkündigungsrecht hingewiesen werden muss, und somit das vertragliche „Preisanpassungsprocedere“ zur Anwendung kommt.

(3) Erläuterungen zu der von den Autoren verwendeten absoluten Festpreisregelung

Zunächst wird in Ziff. 2.1 aus Gründen der Transparenz klargestellt, dass sich der Vertragspreis aus einem verbrauchsunabhängigen Grund- und einem verbrauchsabhängigen Arbeitspreis zusammensetzt. 51

Im Vertrag werden die staatlich und hoheitlich veranlassten Abgaben, Steuern und Umlagen, die entsprechend in den Nettopreis mit einfließen, nicht genannt. Denn der Mustervertrag beinhaltet eine Festpreisregelung. Änderungen der staatlich und hoheitlich veranlassten Abgaben u. a. führen daher nicht zu einer Änderung des Festpreises. Davon ausgenommen sind Änderungen der Umsatzsteuer. 52

Ziff. 2.3 bestimmt, dass während der gesamten Vertragslaufzeit keine Preisanpassung durch das EVU erfolgen wird. Dies hat das EVU insbesondere bei seiner Wahl der Vertragslaufzeit[28] entsprechend zu berücksichtigen. Im Rahmen eines Anschlussvertrags, der dem Kunden rechtzeitig vor Ablauf der Vertragslaufzeit angeboten werden kann, kann das EVU auf die veränderte Kostensituation reagieren, und dem Kunden die weitere Versorgung zu dann geänderten Preisen anbieten. 53

Ziff. 2.4 gibt weiterführende Hinweise, wie bzw. wo sich der Kunde über die aktuellen Tarife und Preisbestandteile des EVU informieren kann. 54

cc) Ziff. 3 Abrechnung

(1) Ziff. 3.1 Abrechnungsperiode

Grundsätzlich richtet sich die Abrechnung nach den Vorgaben des § 40 Abs. 3 S. 1 EnWG. Danach ist der Lieferant verpflichtet, den Energieverbrauch nach seiner Wahl monatlich oder in anderen Zeitabschnitten, die jedoch zwölf Monate nicht wesentlich überschreiten dürfen, abzurechnen. Die hier erarbeitete Klausel und der darin grundsätzlich vorgesehene Abrechnungszeitraum von einem Jahr entsprechen diesem Grundsatz. EVU sind jedoch nach § 40 Abs. 3 S. 2 EnWG verpflichtet, ihren Kunden abweichend hiervon auch kürzere Abrechnungszeiträume anzubieten (z. B. eine monatliche, vierteljährliche oder halbjährliche Abrechnung). Um auch dieser Pflicht vollumfänglich nachzukommen, enthält die Regelung in Ziff. 3.1 das Recht des Kunden, eine monatliche, viertel- oder halbjährliche Abrechnung zu verlangen. 55

(2) Ziff. 3.2 Abschlagszahlungen

Die Regelung in Ziff. 3.2 normiert das Recht des EVU, von seinem Kunden Abschlagszahlungen zu verlangen, wenn und soweit der Verbrauch für mehrere Monate abgerechnet wird. Berechnungsgrundlage für die einzelnen Abschläge ist dabei der Verbrauch im zuletzt abgerechneten Zeitraum. Sollte dies nicht möglich sein (z. B. für ein neu angeschlossenes Haus ohne historische Verbrauchswerte), bemisst sich die 56

28 Vgl. hierzu auch Rn 28.

Höhe der einzelnen Abschläge anteilig am durchschnittlichen Verbrauch vergleichbarer Kunden.

dd) Ziff. 4 Verbraucherschutz und außergerichtliche Streitbeilegung

57 Nach § 41 Abs. 1 S. 1 Nr. 7 EnWG sind EVU verpflichtet, auf die Möglichkeit eines Schlichtungsverfahrens gem. § 111b EnWG hinzuweisen. Ein Schlichtungsverfahren – beispielsweise zur Klärung der Frage, ob eine Preisanpassung dem Grunde oder der Höhe nach wirksam durchgeführt wurde – kann allerdings nur von Haushaltskunden im Sinne des EnWG initiiert werden.

ee) Ziff. 5 Widerrufsbelehrung

58 Die Widerrufsbelehrung in Ziff. 5 ist zwingend in Verträge mit Verbrauchern gem. § 13 BGB aufzunehmen. Der Text der Widerrufsbelehrung richtet sich nach den gesetzlichen Vorgaben gem. Anlage 1 zu Art. 246a § 1 Abs. 2 S. 2 EGBGB.

ff) Sicherheiten

59 Im Haushaltskundenbereich ist die Verwendung von umfangreichen Sicherheitenregelungen eher unüblich. Über die Einbeziehung der Regelungen der StromGVV wird EVU das Recht eingeräumt, **Vorauszahlungen** vom Kunden zu verlangen, wenn nach den Umständen des Einzelfalls Grund zu der Annahme besteht, dass der Kunde seinen Zahlungsverpflichtungen nicht oder nicht rechtzeitig nachkommt (vgl. § 14 StromGVV). Über § 15 StromGVV ist das EVU ferner berechtigt, vom Kunden in angemessener Höhe Sicherheiten zu verlangen, wenn der Kunde nicht in der Lage bzw. nicht bereit ist, Vorauszahlung nach § 14 StromGVV zu leisten.

gg) Ziff. 6 Bonitätsauskunft

60 Diese Regelung gibt dem EVU die Möglichkeit, vor Vertragsschluss die Bonität seiner potenziellen Neukunden zu prüfen. Im Fall einer negativen Bonitätsauskunft hat das EVU die Möglichkeit, von einem Vertragsschluss Abstand zu nehmen. Im Gegensatz zur Grundversorgung besteht im Sonderkundenvertragsbereich grundsätzlich keine Versorgungspflicht und damit keine Pflicht zum Vertragsabschluss.

! **Achtung**

Der Hinweis auf die SCHUFA Holding AG darf nur verwendet werden, wenn der Verwender dieser Klausel Mitglied der SCHUFA ist. Anderenfalls könnte der Hinweis wettbewerbsrechtlich als irreführend eingestuft werden.

---

hh) Ziff. 8 Verschiedenes

Über den Verweis auf die Geltung der StromGVV wird das Vertragswerk „schlank" gehalten. Im Übrigen wird auf diese Weise sichergestellt, dass einzelne Regelungsbereiche wie beispielsweise Zutrittsrechte, Messung und Ablesung nicht „vergessen" werden. Die StromGVV stellt somit eine Art Auffangregelwerk für den Sonderkundenvertrag dar. Von der StromGVV abweichende Regelungen im Vertrag sind gegenüber denen der StromGVV vorrangig. 61

Ziff. 8.2 gewährt dem EVU ein einseitiges Anpassungsrecht hinsichtlich der Vertragsbedingungen. Ist das EVU gehalten, z. B. aufgrund einer Änderung der dem Vertragswerk zugrundeliegenden Gesetze, Verordnungen oder behördlichen Festlegungen den Vertrag anzupassen, kann es dies tun, ohne den Vertrag kündigen und einen neuen Vertrag mit dem Kunden abschließen zu müssen. Allerdings wird dem Kunden in diesem Fall ein sofortiges Kündigungsrecht eingeräumt. Dies entspricht der Regelung des § 41 Abs. 3 S. 2 EnWG, wonach dem Letztverbraucher ein fristloses Kündigungsrecht zusteht, wenn das EVU die Vertragsbedingungen einseitig ändert. Ausgenommen von dem Vertragsanpassungsrecht sind im Rahmen eines Fixpreisvertrags natürlich die vertraglich vereinbarten (Fest-)Preisabreden.[29] 62

Die Aufnahme der Ziff. 8.3 ist vor dem Hintergrund einer rechtlichen Entflechtung von Netz- und Vertriebsbereich und damit einhergehend mit der „spartenbezogenen" Betrachtung von Liefer- und Vertriebsaktivitäten einerseits sowie Netzbetreiberaufgaben andererseits zu sehen. Dadurch wird bezweckt, dass sich der Kunde bei Störungen oder Unregelmäßigkeiten, die in den Verantwortungsbereich des Netzbereichs fallen, an den richtigen Adressaten – nämlich den zuständigen Netzbetreiber – wendet. 63

Achtung !

Dies gilt nur dann, wenn das EVU Vertrieb und Netz aufgrund entsprechender Vorgaben aus dem EnWG rechtlich entflochten hat. Bei nicht rechtlich entflochtenen Unternehmen ist die Trennung der Adressaten von untergeordneter Bedeutung. Hier wendet sich der Kunde sowohl in netz- als auch in lieferbezogenen Angelegenheiten an ein und dasselbe (integrierte) Unternehmen.

---

e) Duplikat des Auftragsformulars und der AVB

Das unterschriebene Auftragsformular erhält das EVU vom Kunden zurück. Ein Duplikat des Auftragsformulars verbleibt beim Kunden. Ebenso sollte der Kunde gem. § 305 Abs. 2 Nr. 2 BGB vor Vertragsschluss einen Ausdruck der allgemeinen Vertragsbedingungen und Vertragsanlagen erhalten, damit diese dem Kunden zugänglich gemacht und wirksam in das Vertragsverhältnis einbezogen werden können. 64

---

29 Vgl. Ziff. 2.3 des Festpreisvertrages.

f) Anlagen

aa) Verordnungstext

65 Da im Rahmen von Ziff. 8.1 die Regelungen der StromGVV in das Vertragsverhältnis mit einbezogen werden, ist als Anlage zum Vertrag ein entsprechender Verordnungstext anzufügen. Dieser muss die zum Zeitpunkt des Vertragsabschlusses gültige Fassung haben. Das gilt im Übrigen auch für etwaige Ergänzende Bedingungen. Aufgrund des dynamischen Verweises, dass die StromGVV **„in ihrer jeweils gültigen Fassung“** Anwendung findet, ist bei Verordnungsänderungen kein erneutes Zusenden der StromGVV an den Kunden erforderlich.

! **Praxistipp Energieeffizienz**

Laut § 4 Abs. 2 EDL-G sind EVU verpflichtet, Informationen über Energiedienstleistungen, Energieeffizienzmaßnahmen etc. anzubieten. Die Unterrichtung der Endkunden hat mindestens jährlich in geeigneter Form stattzufinden. Sinnvoll wäre insoweit, diese Informationen auf einem Informationsblatt darzustellen bzw. sie als deutlichen Hinweis in die allgemeinen Vertragsbedingungen mit aufzunehmen (ggf. hervorgehoben durch einen Rahmen). Alternativ kann die Information auch im Zusammenhang mit der Abrechnung erfolgen.

---

bb) Widerrufserklärung

66 Die als Anlage beigefügte Widerrufserklärung beruht auf dem gesetzlichen Muster gemäß Anlage 2 zu Art. 246a § 1 Abs. 2 S. 1 Nr. 1 u. § 2 Abs. 2 Nr. 2 EGBGB. Mithilfe der (vorformulierten) Widerrufserklärung können Kunden, die Verbraucher i. S. v. § 13 BGB sind, von ihrem Widerrufsrecht Gebrauch machen und ihren Widerruf erklären. Die Kunden sind jedoch nicht verpflichtet, im Falle des Widerrufs das gesetzliche Muster für die Widerrufserklärung zu verwenden; auch eine andere entsprechend eindeutige Erklärung (z. B. per Brief, E-Mail oder Telefax) ist möglich. Die Kunden müssen jedoch über das Widerrufsformular bzw. die Möglichkeit, ein solches verwenden zu können, informiert werden. Die Autoren raten dazu, Kunden das Muster einer Widerrufserklärung spätestens mit der Auftragsbestätigung zur Verfügung zu stellen. Das entsprechende Muster für eine Widerrufserklärung ist am Ende des Mustervertrages „Stromsonderkundenvertrag Haushaltskunden“ abgedruckt. Die Widerrufserklärung kann auch auf der Internetseite des EVU den Kunden zur Verfügung gestellt werden. So kann der Verbraucher alternativ auch auf diesem Wege durch Ausfüllen und Versenden des digitalen Formulars seinen Widerruf ausüben. Den Eingang des Widerrufs hat das EVU unverzüglich zu bestätigen (z. B. per Brief, Telefax etc.).

2. Stromsonderkundenvertrag Gewerbekunden

a) Überblick und Aufbau des Vertrags

67 Oftmals sind auch Gewerbekunden daran interessiert, über einen Sonderkundenvertrag Strom zu günstigeren Konditionen zu beziehen. Da Gewerbekunden regelmäßig

als Unternehmer i. S. d. § 14 BGB zu qualifizieren sind,[30] müssen Energielieferanten im Rahmen solcher Vertragsverhältnisse mit Gewerbekunden weniger strenge und verbraucherschützende Vorgaben (Widerrufsbelehrung, Hinweis auf die Schlichtungsstelle, etc.) beachten als in Verträgen mit Haushaltskunden, die Verbraucher i. S. d. § 13 BGB sind. Dieser Umstand wurde im „Stromsonderkundenvertrag Gewerbekunden" berücksichtigt. Der Vertrag kann grundsätzlich für alle Gewerbekunden (solche mit einem Verbrauch von weniger als 10.000 kWh/a und solche mit einem Verbrauch von mehr als 10.000 kWh/a) verwendet werden.

Der Stromsonderkundenvertrag für Gewerbekunden ähnelt in Aufbau und Struk- 68
tur sehr dem Stromsonderkundenvertrag für Haushaltskunden. Dies ist aus Gründen eines möglichst einheitlichen und effizienten Vertragsmanagements auch sinnvoll. Ist das EVU sich nicht sicher, ob der Kunde als Verbraucher oder Unternehmen einzustufen ist, sollte im Zweifel das Haushaltskundenformular verwendet werden. So ist sichergestellt, dass dem Kunden, sollte es sich hierbei um einen Verbraucher i. S. d. § 13 BGB handeln, sämtliche verbraucherschützenden Rechte zustehen und er in jedem Fall ordnungsgemäß hierüber belehrt wurde. Sollte sich herausstellen, dass der Kunde als Gewerbekunde und Unternehmer i. S. d. § 14 BGB einzustufen ist, ist eine entsprechend erfolgte Belehrung unschädlich.

Im Folgenden werden (nur) die Absätze und Regelungen des Auftragsformulars 69
für Gewerbekunden erläutert, die sich von den entsprechenden Regelungen des Stromsonderkundenvertrags für Haushaltskunden unterscheiden.

b) Auftragsformular

aa) Auftraggeber/Kunde

Das Auftragsformular enthält zum Zwecke der Identifizierung, der genauen Zuord- 70
nung und ggf. zur Einholung einer Bonitätsauskunft über den Kunden die Zeilen Registernummer und Registergericht. Diese Angaben bilden somit das Pendant zu der Angabe des Geburtsdatums im Sonderkundenvertrag für Haushaltskunden.

bb) Zahlungsweise

Einem Nicht-Haushaltskunden muss seitens des EVU lediglich eine Zahlungsmög- 71
lichkeit angeboten werden. Alternativ zu dem im Muster verwendeten **SEPA-Basislastschriftverfahren** kann auch das **SEPA-Firmenlastschriftverfahren** angeboten werden.

---

30 Vgl. Einordnung unter Rn 24.

c) Allgemeine Vertragsbedingungen

aa) Ziff. 4 Bonitätsauskunft

72 Grundsätzlich ist es aus Sicht eines EVU ratsam, vor Aufnahme der Belieferung bzw. vor Abschluss eines Vertrags, aber auch regelmäßig während der Vertragslaufzeit, die Bonität eines Kunden zu überprüfen. So kann ein EVU angemessen auf eine entsprechende Bonitätsveränderung reagieren – z. B. durch Anfordern einer Vorauszahlung oder Sicherheit –, bzw. kann im Fall einer negativen Bonitätsauskunft ganz von einem Vertragsschluss absehen.

bb) Optional: Ziff. 5 Sicherheitsleistung/Kündigung

73 Das Vertragsmuster enthält eine – im Vergleich zu § 15 StromGVV – deutlich umfangreichere **Sicherheitenklausel.** Diese ist an die entsprechende Regelung in der **Kooperationsvereinbarung** zwischen den Betreibern von in Deutschland gelegenen Gasversorgungsnetzen („**KoV**" – bei Redaktionsschluss gültige Version: KoV VI vom 28.6.2013, in Kraft getreten am 1.10.2013) angelehnt.

74 Bei Sondervertragskunden, die RLM-Kunden sind und tendenziell eine höhere Abnahme aufweisen, kann es mit Blick auf die Bonität und deren Entwicklung sinnvoll sein, bereits bei Vertragsschluss bzw. bei nachträglich auftretenden Umständen während der Vertragslaufzeit rechtzeitig eine Sicherheitsleistung anzufordern. Sinn und Zweck ist es, das Kundenausfallrisiko für das EVU, das mit der Stromlieferung im Regelfall in Vorleistung tritt, so gering wie möglich zu halten.

! **Praxistipp**
Da im Vorfeld des Vertragsabschlusses bei der Aufforderung, eine Sicherheit zu stellen, die Gefahr besteht, dass der Kunde vom Vertragsabschluss Abstand nimmt und sich für einen anderen Lieferanten entscheidet, sollte die Übernahme der Klausel bzw. deren Anwendung im Einzelfall abgewogen werden. Gleiches gilt natürlich auch für das Anfordern einer Sicherheit während der Vertragslaufzeit und des damit zusammenhängenden Risikos, den Kunden nach Ablauf des Vertrags „zu verlieren". Insofern wird die Klausel optional zur Verfügung gestellt.

---

3. Stromsonderkundenvertrag Gewerbekunden individuell

a) Überblick

75 Der Stromsonderkundenvertrag „Gewerbekunden individuell" richtet sich an Kunden mit einem Jahresverbrauch von über 100.000 kWh und damit grundsätzlich an Kunden, die mit einer registrierenden Lastgangmessung ausgestattet sind (RLM-Kunden[31]). Die vorab genannte Grenze ist jedoch nicht zwingend. Grundsätzlich ist es einem jeden EVU überlassen, ab welcher Verbrauchsmenge es solche „Individual-

31 Nähere Ausführungen zum RLM-Kunden-Begriff s. Rn 4 f.

sonderkundenverträge" anbietet. Denkbar ist es auch, SLP-Kunden[32] diese Verträge anzubieten. Welchen Kunden- und Verbrauchsgruppen letztendlich der „Stromsonderkundenvertrag Gewerbekunden individuell" angeboten werden soll, bleibt somit eine unternehmerische Entscheidung. Ausgenommen ist lediglich eine Verwendung für Verbraucher, da der Vertrag nicht die hier notwendigen Schutzregelungen enthält.

b) Aufbau des Vertrags

Bei RLM-Kunden ist es nicht unüblich, dass im Rahmen von Vertragsverhandlungen eine Vielzahl der Vertragsmodalitäten individuell ausgehandelt wird. Gleichwohl kann es sich bei einzelnen Klauseln weiterhin um Allgemeine Geschäftsbedingungen handeln, wenn und soweit diese Klauseln seitens des EVU für eine Vielzahl von Verträgen vorformuliert worden sind und sie im Einzelfall nicht Gegenstand der Verhandlungen zwischen den vertragsschließenden Parteien waren (vgl. § 305 Abs. 1 S. 1 BGB). Derartige Verträge werden von Energielieferanten häufig nicht für das Massenkundengeschäft, beispielsweise als Eingabemaske im Internet, sondern für (größere) Industriekunden vorgehalten, bei denen unternehmensindividuelle Spezifika zu beachten sind. Der Fließtext im vorliegenden Vertragsmuster hebt – im Gegensatz zu den Sonderkundenverträgen für Haushalts- und Gewerbekunden, die aus einem Auftragsformular und Allgemeinen Vertragsbedingungen bestehen – den individuellen Charakter des Vertrags hervor. Gleichwohl bleibt es jeweils im Einzelfall zu prüfen, ob und inwieweit es sich bei den vertraglichen Regelungen entweder um individualvertragliche Abreden oder aber um Allgemeine Geschäftsbedingungen handelt. 76

c) Regelungsgegenstand der einzelnen Vertragsklauseln

aa) Ziff. 1 Vertragsgegenstand

Unter Ziff. 1 werden wesentliche Pflichten der Vertragsparteien festgehalten. Im Zusammenhang mit der Lieferpflicht des Energielieferanten können hier insbesondere Liefermenge sowie Möglichkeiten einer Unterbrechung festgeschrieben werden. 77

Wichtig für EVU ist die **Gesamtbezugsverpflichtung** des Kunden in Ziff. 1.3. Nicht selten beschaffen EVU die geplanten und im Vertrag festgeschriebenen Abnahmemengen am Energiegroßhandelsmarkt im Rahmen von sog. **Back-to-Back-Geschäften.** Würde der Kunde auch bei anderen Energielieferanten Strom beziehen, könnte es vorkommen, dass der Kunde weniger Strom abnimmt, als im Vertrag festgeschrieben. Eine bereits vom Energielieferanten eingekaufte Strommenge müsste u. U. zu schlechteren Konditionen wieder am Energiegroßhandelsmarkt abgesetzt werden. Ein solches wirtschaftliches Risiko aufseiten des Energielieferanten wird durch die Vereinbarung einer Gesamtbezugsverpflichtung reduziert. 78

32 Nähere Ausführungen zum SLP-Kunden-Begriff s. Rn 4.

bb) Ziff. 2 Voraussetzung der Belieferung

79 Das Bestehen eines separaten Anschlussnutzungs- und Netzanschlussvertrags ist zwingende Voraussetzung für die Belieferung durch das EVU. Im Gegensatz zu den Sonderkundenvertragsmustern für Haushalts- und Gewerbekunden, denen eine Belieferung **in Niederspannung** zugrunde liegt, ist der Sonderkundenvertrag „Gewerbekunden individuell" grundsätzlich auch geeignet, Kunden **in Mittelspannung** zu versorgen. Im Gegensatz zur Versorgung in Niederspannung, wo ein Anschlussnutzungsverhältnis bereits durch Entnahme von Strom über den Netzanschluss zustande kommt (vgl. § 3 Abs. 2 NAV), fehlt es an einer entsprechenden Regelung im Mittelspannungsbereich. Aus diesem Grund wird im Rahmen des Sonderkundenvertrags „Gewerbekunden individuell" das Bestehen eines Netzanschluss- und Anschlussnutzungsvertrags ausdrücklich erwähnt und vertraglich vorausgesetzt.

cc) Ziff. 3 Preise und Preisanpassung

80 Soweit ein RLM-Sonderkundenvertrag zwischen den Vertragsparteien individuell verhandelt wird und die Verhandlungen sich auch auf die preislichen Regelungen erstrecken, sprechen in einem solchen Fall vertretbare Gründe dafür, dass es sich (auch) bei den Regelungen zu Preisen und zur Preisanpassung um sog. vertragliche **Preishauptabreden** handelt, die als Individualabreden gem. § 305 Abs. 1 S. 3 bzw. § 305b BGB Vorrang vor Allgemeinen Geschäftsbedingungen haben und somit einer AGB-rechtlichen Inhaltskontrolle nach den Maßstäben der §§ 307 ff. BGB von vornherein entzogen sind. Hierbei kommt es stets darauf an, ob die jeweils betroffene Klausel ausgehandelt wurde und nicht darauf, ob überhaupt einzelne Klauseln eines Vertrags zur Disposition standen. Mithin ist für jede Klausel im Einzelfall gesondert zu prüfen, ob es sich um eine individuell vereinbarte (verhandelte) Regelung oder aber um Allgemeine Geschäftsbedingungen handelt.[33]

81 Die Darlegungs- und Beweislast, dass im konkreten Einzelfall eine Klausel zwischen den Vertragsparteien ausgehandelt wurde, obliegt dem Verwender und somit dem EVU.

! Achtung
Je nach Einordung einer Klausel entweder als Allgemeine Geschäftsbedingung oder als vertraglich individuell vereinbarte Hauptabrede stellt sich bei einem EVU die Frage, ob und inwieweit ggf. auch bei einem „Sonderkundenvertrag Gewerbekunden individuell" eine Preisanpassungsklausel aufgenommen werden soll oder nicht. Je nachdem, welche „Qualität" eine solche Klausel hat, gelten

---

33 Eine Vertragsbedingung gilt als ausgehandelt i. S. v. § 305 Abs. 1 S. 3 BGB, wenn ihr Inhalt nicht nur vom Verwender, sondern ebenso von der anderen Vertragspartei in deren rechtsgeschäftlichen Gestaltungswillen aufgenommen worden ist, und somit Ausdruck der rechtsgeschäftlichen Selbstbestimmung und Selbstverantwortung beider Vertragsparteien ist (vgl. BGH, Urt. v. 27.3.1991 – IV ZR 90/90 – NJW 1991, 1678 f.).

unterschiedlich strenge Prüfungsmaßstäbe und Wirksamkeitsvoraussetzungen. Die Autoren haben davon abgesehen, in diesem Vertragsformularhandbuch dem „Sonderkundenvertrag Gewerbekunden individuell" eine Preisanpassungsklausel beizufügen. Gleichwohl möchten die Autoren den EVU eine Preisanpassungsklausel vorstellen, die Grundlage individueller Vertragsgespräche mit Gewerbe- oder Industriekunden sein kann.

(1) Preisanpassungsklausel

Klauselmuster

82 (1) Der Vertragspreis setzt sich aus einem verbrauchsunabhängigen Grundpreis und einem verbrauchsabhängigen Arbeitspreis zusammen. Das derzeit gültige Preisblatt liegt als Anlage bei.

(2) Der Netto-Grundpreis enthält die Kosten für [...]. Der Netto-Arbeitspreis enthält die Kosten für [...]. Zusätzlich enthält der Netto-Arbeitspreis die Stromsteuer (derzeit 2,05 ct/kWh) und Konzessionsabgabe sowie die EEG- und KWK-Umlage, die sog. Offshore-Umlage, die Umlage nach § 19 StromNEV sowie die Umlage für abschaltbare Lasten nach § 18 AbLaV, jeweils in der im Zeitpunkt des Vertragsschlusses geltenden Höhe. Die Bruttopreise enthalten zusätzlich die Umsatzsteuer in der jeweils gesetzlichen Höhe (derzeit 19 %).

(3) Die Stadtwerke ... GmbH nimmt mindestens alle 12 Monate eine Überprüfung der Kostenentwicklung vor. Bei Kostensteigerungen ist die Stadtwerke ... GmbH berechtigt und bei Kostensenkungen verpflichtet, die vereinbarten Preise (Grund- bzw. Arbeitspreis) nach billigem Ermessen im Wege der einseitigen Leistungsbestimmung nach § 315 BGB anzupassen, wenn dies aufgrund einer veränderten Kostensituation erforderlich wird, um das bei Vertragsschluss vereinbarte Verhältnis von Leistung und Gegenleistung (Äquivalenzinteresse) aufrechtzuerhalten. Der Kunde kann dies nach § 315 Abs. 3 BGB zivilgerichtlich überprüfen lassen. Bei der Preisermittlung ist die Stadtwerke ... GmbH verpflichtet, Kostensteigerungen nur unter Ansatz gegenläufiger Kostensenkungen zu berücksichtigen und eine Saldierung von Kostensteigerungen und Kostensenkungen vorzunehmen. Preisanpassungen sind dabei so durchzuführen, dass Kostensenkungen nicht nach für den Kunden ungünstigeren Maßstäben Rechnung getragen wird als Kostensteigerungen.

(4) Änderungen der Preise nach Abs. 3 werden jeweils zum Monatsbeginn und erst nach brieflicher Mitteilung wirksam, die mindestens sechs Wochen vor der beabsichtigten Änderung erfolgen muss. Die Stadtwerke ... GmbH ist verpflichtet, die beabsichtigten Änderungen der Preise zeitgleich mit der brieflichen Mitteilung an den Kunden auf ihrer Internetseite zu veröffentlichen. Der Kunde ist berechtigt, den Vertrag ohne Einhaltung einer Frist zum Zeitpunkt des Wirksamwerdens der Änderungen zu kündigen. Hierauf wird die Stadtwerke ... GmbH den Kunden in der brieflichen Mitteilung über die bevorstehende Änderung ausdrücklich hinweisen. Die Kündigung bedarf der Textform. Die Stadtwerke ... GmbH soll eine Kündigung des Kunden unverzüglich nach Eingang in Textform bestätigen.

(5) Abweichend von vorstehenden Abs. 3 und 4 werden Änderungen der Umsatzsteuer gemäß Umsatzsteuergesetz ohne Ankündigung und ohne außerordentliche Kündigungsmöglichkeit an den Kunden weitergegeben.

(6) Die Abs. 3 bis 5 gelten auch, soweit nach Vertragsschluss die Einführung, Änderung oder der Wegfall neuer Steuern, Abgaben, Umlagen oder sonstige hoheitliche Belastungen den Bezug, die Fortleitung, die Übertragung, die Verteilung oder die Abgabe von Strom für die Stadtwerke ... GmbH verteuern oder verbilligen und die Mehrbelastungen oder Entlastungen für die Stadtwerke ... GmbH wirksam werden.

(7) Aktuelle Informationen über die geltenden Tarife der Stadtwerke ... GmbH sind auf unserer Homepage www.[...].de zu finden.

(2) Erläuterung der Preisanpassungsklausel

(a) Abs. 1 bis Abs. 2 Kostenbestandteile

Neben der Zusammensetzung des Energiepreises aus einem Grund- und einem 83 Arbeitspreis (Abs. 1) werden in Abs. 2 die einzelnen Kostenbestandteile genannt, aus denen der Grund- und Arbeitspreis besteht. Dies ist wichtig, damit dem Kunden bei Vertragsschluss die Bestandteile und deren Zusammensetzung als Gesamtenergiebezugspreis bekannt sind, und damit der Kunde weiß, auf welche Kostenbestandteile und deren Entwicklung sich eine Preisanpassung beziehen kann.

(b) Abs. 3 Preisänderungsklausel

Mit der Preisänderungsklausel können Veränderungen bei den in Abs. 2 aufgeführ- 84 ten Preisbestandteilen vom EVU gemäß den vertraglichen Voraussetzungen an den Kunden weitergegeben werden. Es handelt sich somit um ein einseitiges Leistungsbestimmungsrecht zugunsten des EVU. Bei der Ausgestaltung der Klausel wurden die gesetzlichen Prämissen und Wirksamkeitskriterien, die im Laufe der vergangenen Jahre durch den BGH aufgestellt und weiterentwickelt wurden, berücksichtigt. Dazu zählt u. a. der Hinweis, dass das EVU bei Kostensenkungen verpflichtet und nicht bloß – wie im Fall von Kostensteigerungen – berechtigt ist, diese an den Kunden weiterzugeben. Ferner zählt dazu der Umstand, dass das EVU bei Preisanpassungen darauf zu achten hat, dass keine Ausweitung des bei Vertragsschluss zwischen Leistung und Gegenleistung feststehenden Äquivalenzinteresses erfolgt. Vor einer möglichen Weiterbelastung an den Kunden muss darüber hinaus geprüft werden, ob Kostensteigerungen nicht mit gegenläufigen Kostensenkungen saldiert werden können. Zudem wird ausdrücklich auf die Einhaltung und Berücksichtigung der in § 315 BGB enthaltenen Billigkeitsgrundsätze hingewiesen, die im Fall einer Preisanpassung zwingend zu beachten sind. Aus Gründen der Klarstellung und Transparenz erfolgt ferner der Hinweis, dass der Kunde gemäß § 315 Abs. 3 BGB das Recht hat, Preisanpassungen und das der Anpassung zugrundeliegende Ermessen des EVU gerichtlich überprüfen zu lassen.[34]

(c) Abs. 4 Zeitpunkt der Wirksamkeit der Preisänderung

In Abs. 4 werden der Modus einer Preisanpassung und die damit einhergehenden 85 Mitteilungs- und Informationspflichten des EVU beschrieben. So wird der Kunde rechtzeitig über eine bevorstehende Preisänderung mittels brieflicher Mitteilung informiert. Die Informationspflicht und der Zeitraum der Vorankündigung (6 Wochen vor Wirksamwerden der Preisanpassung) sind an die verordnungsrechtlichen Regelungen in § 5 Abs. 2 StromGVV angelehnt. Im Falle einer Preisänderung steht dem

34 BGH, Urt. v. 31.7.2013 – VIII ZR 162/09 –.

Kunden ein Sonderkündigungsrecht zu, auf welches er in dem Preisänderungsschreiben hingewiesen werden muss.[35]

(d) Abs. 5 und 6 Klarstellungen und Erweiterung der Anwendbarkeit

86 In Abs. 5 wird klargestellt, dass eine – aufgrund einer Änderung der Umsatzsteuer erforderlich werdende – Preisanpassung jederzeit möglich ist und weder vom EVU angekündigt werden muss noch dadurch ein Sonderkündigungsrecht des Kunden begründet wird. Diese umsatzsteuerliche Ausnahme folgt aus einer spezialgesetzlichen Regelung in § 29 Abs. 1 UStG.

87 Abs. 6 dient schließlich der Klarstellung, dass die Bestimmungen zur Preisanpassung entsprechend anzuwenden sind, wenn und soweit nach Vertragsschluss die Einführung, Änderung oder der Wegfall neuer Steuern, Abgaben, Umlagen oder sonstiger hoheitlicher Belastungen den Bezug, die Fortleitung, die Übertragung, die Verteilung oder die Abgabe von Strom für die EVU verteuern oder verbilligen. Auch in diesem Fall hat das EVU – in entsprechender Anwendung des Abs. 5 – seine Kunden vorab über die anstehenden Änderungen zu informieren (brieflich und auf der Homepage) und in seiner brieflichen Mitteilung auf das dem Kunden zustehende Sonderkündigungsrecht hinzuweisen.

dd) Ziff. 4 Abrechnung

88 RLM-Kunden werden aufgrund ihrer hohen Verbrauchsmenge nicht selten monatsscharf abgerechnet. So ist auch im Vertragsmuster vorgesehen, dass RLM-Kunden eine monatliche Abrechnung über den tatsächlichen Verbrauch des Vormonats erhalten. Dadurch wird auch dem Gedanken des § 40 Abs. 3 S. 2 EnWG entsprochen, wonach Letztverbraucher als kürzestes Abrechnungsintervall eine monatliche Abrechnung verlangen können.

35 Soweit der Kunde berechtigt ist, im Falle einer Preisänderung den Vertrag zum Zeitpunkt des Wirksamwerdens der Änderung zu kündigen, gibt es in erster Linie im Zusammenhang mit Verträgen mit Haushaltskunden vereinzelte Stimmen in der Literatur, wonach die Kündigung mit sofortiger Wirkung und nicht erst zum Zeitpunkt des Wirksamwerdens der Änderung erfolgen soll. Nach dem Wortlaut des § 41 Abs. 3 S. 2 EnWG kann der Kunde bei Änderungen der Vertragsbedingungen ohne Einhaltung einer Frist kündigen. Dies könnte für eine Kündigung mit sofortiger Wirkung sprechen. Dagegen spricht jedoch der Wortlaut des § 5 StromGVV, der bei einer Preisänderung dem Kunden das Recht einräumt, den Vertrag ohne Einhaltung einer Frist zum Zeitpunkt des Wirksamwerdens der Änderungen zu kündigen. Sinn und Zweck des Sonderkündigungsrechts sprechen daher hier dafür, dass zum Zeitpunkt des Wirksamwerdens der Änderungen der Vertrag zu kündigen ist und nicht vorher. Nichtsdestotrotz soll auch der Gewerbekunde durch das Sonderkündigungsrecht davor geschützt werden, an den Vertrag gebunden zu sein, obwohl sich die Bedingungen des Vertrags einseitig geändert haben. Dies ist erst nach Wirksamwerden der neuen Preise der Fall.

ee) Ziff. 6 Datenschutzhinweis

Bitte beachten Sie, dass bei der Beschreibung des Verwendungszweckes für die Erhebung von Daten die Verwendung der Daten für die eigentliche Durchführung des Vertrages nicht genannt wird. Hierfür darf das EVU die Daten auch ohne gesonderte Einwilligung des Kunden verwenden.[36] 89

ff) Ziff. 7 Laufzeit

Die Laufzeit des Vertrags ist zwischen dem EVU und dem Kunden individuell abzustimmen. Hierbei gilt es jedoch zu beachten, dass der maximalen Laufzeit gewisse Grenzen gesetzt sind. Zwar handelt es sich bei dem „Gewerbekundenvertrag individuell" um einen Vertrag, der zwischen zwei Unternehmern im Sinne von § 14 BGB abgeschlossen wird, sodass die Regelung betreffend die Laufzeit aus § 309 Nr. 9 BGB nicht unmittelbar Anwendung findet. Im unternehmerischen Rechtsverkehr sind Vertragslaufzeiten, Verlängerungsklauseln und Kündigungsfristen jedoch an § 307 BGB zu messen. § 309 Nr. 9 BGB ist betont verbraucherbezogen und hat keinen auf den Geschäftsverkehr mit Unternehmern ausstrahlenden Gerechtigkeitsgehalt. Allerdings greift die Rechtsprechung den Rechtsgedanken der Regelung aus § 309 Nr. 9 BGB auf und verfährt zunehmend strenger.[37] Eine lange vertragliche Bindung kann nur durch besondere Umstände aufseiten des Kunden gerechtfertigt werden, d. h. der Kunde muss in den Vertragsverhandlungen eigenständig eine lange Laufzeit, zum Beispiel über 5 Jahre, wollen. 90

4. Stromsonderkundenvertrag HT/NT

a) Vorab

Im Folgenden werden (nur) die Regelungen und Absätze des Stromsonderkundenvertrags HT/NT kommentiert, die sich von den entsprechenden Absätzen im Auftragsformular und den Allgemeinen Vertragsbedingungen des Stromsonderkundenvertrags für Haushaltskunden unterscheiden. 91

Mit HT ist Haupttarif und mit NT Nebentarif gemeint. Im Nebentarif – auch Schwachlasttarif oder Niedertarif genannt – wird der Stromverbrauch berechnet, der in den Nebenzeiten erfolgt. Nebenzeiten sind abends, nachts und meist auch an Sonn- und Feiertagen. Die restliche Zeit wird als Hauptzeit bezeichnet. 92

Zu Schwachlastzeiten kann es für Energieversorger wirtschaftlich interessant sein, ihre Kunden zum Stromverbrauch über verhältnismäßig niedrige Stromtarife zu animieren. Denn auch nachts oder an Sonn- und Feiertagen produzieren Kraftwerke Strommengen, da diese nicht ohne Weiteres vollständig heruntergefahren werden 93

36 Vgl. dazu Rn 32.

37 Vgl. BGH, Urt. v. 8.4.1997 – X ZR 62/95 –.

können. Die Nachfrage in diesen Zeiten ist hingegen zumeist gering, sodass „Überschussmengen“ produziert werden.

b) Auftragsformular

aa) Preise

94 Der Arbeits- und ggf. der Grundpreis sind für die jeweiligen Hochlast- und Schwachlastzeitfenster getrennt auszuweisen.

bb) Verwendungszweck

95 Unter dem Verwendungszweck wird die vertragliche Verwendung der gelieferten Elektrizität bestimmt. Der Verwendungszweck ist vor Vertragsschluss durch das EVU anzupassen. Das Vertragsmuster kann beispielsweise für die Belieferung von **Nachtspeicheröfen**, aber auch für die Belieferung von **Wärmepumpen** verwendet werden.

96 Durch die Festlegung des Verwendungszecks soll sichergestellt werden, dass der Kunde die „billigen“ Strommengen nur für bestimmte Zwecke nutzt und den sonstigen Strombedarf zum Haupttarif bezieht.

Kapitel 3
Gas

A. Bilanzkreisvertrag (BKV)

I. Einführung

Wie im Strombereich ist das Bilanzkreissystem zentraler Punkt bei der vertraglichen Gestaltung des Netzzugangs zur Belieferung mit Gas. Die Regelungen aus dem Strombereich lassen sich nicht vollständig auf den Gasbereich übertragen. Vielmehr sind die physikalischen Unterschiede zwischen Strom und Gas sowie die jeweiligen bestehenden Netzstrukturen zu berücksichtigen. In einigen Bereichen unterscheiden sich die rechtlichen Vorgaben hingegen nur marginal (etwa im Messwessen, vgl. § 43 ff. GasNZV). 1

Der rechtliche Rahmen für die vertragliche Gestaltung des Netzzugangs zu den Energieversorgungsnetzen ergibt sich aus den allgemeinen Regelungen der §§ 20–24 EnWG. Besonderheiten für den Zugang zu Gasversorgungsnetzen sind in den §§ 25–28a EnWG normiert. Die wesentlichen Konkretisierungen der gesetzlichen Vorgaben für die Gestaltung des **Netzzugangs** finden sich in der Gasnetzzugangsverordnung (GasNZV). Darin werden an verschiedenen Stellen Verträge bzw. Vereinbarungen genannt, die für den Gasnetzzugang in Form des „netzübergreifenden **Entry-Exit-Systems**“[1] maßgeblich sind. Denn das bis dahin geltende **Kontraktpfadmodell** wurde mit dem EnWG 2005 abgelöst (vgl. insbesondere § 20 Abs. 1b EnWG 2005). Kennzeichnend für das Entry-Exit-System ist, dass der Netzzugang ohne Festlegung eines festen transaktionsabhängigen Transportpfads ermöglicht wird. **Transportkunden** können losgelöst von einem Transportpfad ihre gebuchten Ein- und Ausspeisekapazitäten nutzen. Da Verträge über eine vereinbarte festgelegte Strecke nicht (mehr) erforderlich sind, erhält der Letztverbraucher nicht das vom Lieferanten eingespeiste Gas, sondern lediglich die entsprechende Gasmenge mit dem vereinbarten Energiegehalt.[2] Der tatsächliche Gastransport wird auf Basis eines **Bilanzkreisvertrages** geregelt. Das Entry-Exit-System gilt dabei allerdings nur für den Transport innerhalb eines Marktgebietes. Für marktgebietsüberschreitende Transporte sind weitere Aus- und Einspeiseverträge zu schließen.[3] 2

Betreiber von Gasversorgungsnetzen sind verpflichtet, zur Abwicklung des Zugangs zu den Gasversorgungsnetzen untereinander in dem Ausmaß verbindlich zusammenzuarbeiten, das erforderlich ist, damit der Transportkunde zur Abwick- 3

1 Regelmäßig auch als „Zweivertragsmodell“ bezeichnet.
2 Vgl. § 8 Abs. 1 GasNZV.
3 Vgl. § 52 KoV VI.

lung eines Transports auch über mehrere, durch Netzkopplungspunkte miteinander verbundene Netze nur einen Einspeise- und einen Ausspeisevertrag abschließen muss, es sei denn, diese Zusammenarbeit ist technisch nicht möglich oder wirtschaftlich nicht zumutbar. Dazu haben Betreiber von Gasversorgungsnetzen gemeinsame Vertragsstandards für den Netzzugang zu entwickeln und unter Berücksichtigung von technischen Einschränkungen und wirtschaftlicher Zumutbarkeit alle Kooperationsmöglichkeiten mit anderen Netzbetreibern auszuschöpfen mit dem Ziel, die Zahl der Netze oder Teilnetze sowie der Bilanzzonen möglichst gering zu halten.[4] Zu der vom Gesetzgeber nicht konkretisierten Ausgestaltung des Netzzugangs haben Netzbetreiber die „Vereinbarung über die Kooperation gem. § 20 Abs. 1b EnWG zwischen den Betreibern von in Deutschland gelegenen Gasversorgungsnetzen" (**KoV**) geschlossen. Die KoV beinhaltet dabei elementare Vorgaben zur Ausgestaltung des Gasnetzzugangs, die mit Blick auf die Praxis gemeinsam mit den Festlegungen der Bundesnetzagentur (BNetzA) die Basis für den deutschen Gasmarkt bildet.[5]

4 Bei der vertraglichen Ausgestaltung des Netzzugangs für die Belieferung mit Gas dienen also **Bilanzkreise** der kaufmännischen Abwicklung des Gastransports.[6] Ein Bilanzkreis ist die Zusammenfassung von Einspeise- und Ausspeisepunkten, die dem Zweck dient, Einspeisemengen und Ausspeisemengen zu saldieren und die Abwicklung von Handelstransaktionen zu ermöglichen.[7] Ein Bilanzkreis umfasst also eine Vielzahl von Ein- und Ausspeisepunkten innerhalb eines **Marktgebiets**. Ein Marktgebiet ist die Verknüpfung verschiedener Netze über sog. **Netzkopplungspunkte** zur Herstellung eines netzübergreifenden Verbundes mit dem Ziel der Einbindung möglichst vieler Ein- und Ausspeisepunkte. Seit dem Jahre 2006 hat sich die Anzahl von ursprünglich 28 auf nunmehr zwei Marktgebiete[8] in Deutschland reduziert. Fernleitungsnetzbetreiber sind damit der gesetzlichen Vorgabe nachgekommen, die Anzahl der Marktgebiete auf höchstens zwei Marktgebiete (H-Gas) und höchstens ein Marktgebiet (L-Gas) zum 1.4.2011 zu reduzieren.

5 Fernleitungsnetzbetreiber haben für jedes Marktgebiet einen **Marktgebietsverantwortlichen** zu benennen. Der Marktgebietsverantwortliche erbringt diejenigen Leistungen, die zur Verwirklichung einer effizienten Abwicklung des Gasnetzzugangs in einem Marktgebiet durch eine Person zu erbringen sind.[9]

6 Jedem **Transportkunden** obliegt es, einen eigenen Bilanzkreis je Marktgebiet zu bilden oder dafür Sorge zu tragen, dass ihre Ein- und Ausspeisepunkte einem bereits bestehenden Bilanzkreis im jeweiligen Marktgebiet zugeordnet werden. Für jeden

4 Vgl. § 20 Abs. 1b EnWG.
5 PricewaterhouseCoopers/*Breisig/Küper/Rümler*, Abschnitt 9.3.7, S. 421.
6 PricewaterhouseCoopers/*Breisig/Küper/Rümler*, Abschnitt 9.3.2, S. 415.
7 Vgl. § 2 Nr. 4 GasNZV.
8 Gaspool und NetConnect Germany.
9 Vgl. § 2 Nr. 11 GasNZV.

Bilanzkreis ist ein **Bilanzkreisverantwortlicher** zu benennen, der für die Abwicklung des Bilanzkreises verantwortlich ist,[10] vgl. § 2 Nr. 5 GasNZV. Der Bilanzkreisverantwortliche ist verpflichtet, einen ausgeglichenen Bilanzkreis (**Bilanzkonto**) zu organisieren. Dazu nominiert er die Einspeisemengen beim Bilanzkreisnetzbetreiber.

Marktteilnehmer
- Marktgebietsverantwortlicher
- Bilanzkreisverantwortlicher
- Ein-/Ausspeisenetzbetreiber
- Transportkunde

Marktgebietsverantwortliche haben Bilanzkreisverantwortlichen **standardisierte Bilanzkreisverträge** anzubieten. Der Bilanzkreisvertrag regelt die Einrichtung eines Bilanzkreises sowie die Erfassung, den Ausgleich und die Abrechnung von Abweichungen zwischen allokierten Gasmengen.[11] Gegenstand des Bilanzkreisvertrages sind der Ausgleich und die Abrechnung von Differenzen zwischen den diesem Bilanzkreis zugeordneten ein- und ausgespeisten Gasmengen, die Übertragung von Gasmengen über einen **virtuellen Ein- und Ausspeisepunkt,**[12] die Abrechnung der Regelenergieumlage sowie die Abwicklung der dazu notwendigen Kommunikationsprozesse, vgl. § 1 Anlage 4 KoV VI. Der Bilanzkreisvertrag wird in der Regel zwischen dem Bilanzkreisverantwortlichen (ggf. in Vertretung der betroffenen Transportkunden) und dem Marktgebietsverantwortlichen abgeschlossen.[13] 7

wesentliche Inhalte Bilanzkreisvertrag Gas
- Tagesbilanzierung,
- Informationspflichten,
- Ermittlung, Ausgleich und Abrechnung von Differenzmengen,
- Ausgeglichenheit des Bilanzkreises,
- stündliches Anreizsystem,
- Regel- und Ausgleichsenergieumlage,
- Konvertierungsentgelt,
- Sicherheitsleistung.

Innerhalb eines Bilanzkreises erfolgt die Saldierung von Ein- und Ausspeisungen. 8
Dadurch werden Abweichungen von Ein- und Ausspeisungen erfasst und können im

10 Vgl. PricewaterhouseCoopers/*Breisig/Küper/Rümler*, Abschnitt 9.3.7, S. 421.
11 Vgl. § 1 Abs. 2 GasNZV.
12 Vgl. § 2 Nr. 15 GasNZV: „Virtueller Handelspunkt" ist ein Punkt im Marktgebiet, an dem Gas zwischen Bilanzkreisen übertragen werden kann, der jedoch keinem physischen Ein- oder Ausspeisepunkt im Marktgebiet entspricht.
13 Vgl. *Theobald/Theobald*, S. 274.

Nachgang abgerechnet werden.[14] Auch können verschiedene Bilanzkreise innerhalb eines Marktgebietes zu Abrechnungszwecken zusammengefasst werden. Bei dieser Vorgehensweise bedarf es allerdings einer Vereinbarung, dass aus den Differenzmengen aller beteiligten Bilanzkreise ein konsolidierter Saldo ermittelt wird.[15]

9 Im Rahmen eines bestehenden Bilanzkreises kann der Bilanzkreisverantwortliche **Sub-Bilanzkonten** bilden. Das Sub-Bilanzkonto ist ein Konto, das einem Bilanzkreis zugeordnet ist und die Zuordnung von Ein- und Ausspeisemengen zu Transportkunden und/oder die übersichtliche Darstellung von Teilmengen ermöglicht.[16] Bei einer Sub-Bilanzkontoführung bildet der Transportkunde bzw. Händler keinen eigenen Bilanzkreis, sondern schließt sich einem Bilanzkreis eines Dritten an, in dem auch die Abrechnung der Ausgleichsdifferenzmengen erfolgt. Die Bildung von Sub-Bilanzkonten ermöglicht die Differenzierung einzelner Kundengruppen innerhalb eines Bilanzkreises sowie eine Anonymisierung des jeweiligen Transportkunden bzw. Händlers. Bei der Verwendung von Sub-Bilanzkreisen trägt der Transportkunde bzw. der Händler üblicherweise keine Ausgleichs- und Regelenergierisiken. Darüber hinaus müssen sie keine Prognose für Nominierungsvorgaben abgeben. Die Kosten für die Bilanzkreisführung trägt zudem der Bilanzkreisverantwortliche.[17] Die Belieferung auf Sub-Bilanzbasis ist insbesondere unter kleineren Gasversorgern ein gern verwendetes Modell.

10 Für die Bilanzierung von **Biogas** gelten besondere Rahmenbedingungen. Zum einen finden sich Regelungen in Teil 6 der GasNZV (§§ 31–37). Ziel dieser Regelungen ist es, die Einspeisung des in Deutschland bestehenden Biogaspotenzials von 6 Mrd. m^3 jährlich bis 2020 und 10 Mrd. m^3 jährlich bis zum Jahr 2030 in das Erdgasnetz zu ermöglichen.[18] Zum anderen sieht das EEG ein System der **Massebilanzierung** vor.[19]

11 Diese beiden Systeme sind voneinander unabhängig und dienen unterschiedlichen Zwecken: Die Bilanzierung nach GasNZV dient der Systemstabilität des Gasnetzes durch Erfassung der Gasmengen und deren Ausgleich, während die Massenbilanzierung dem Nachweis der Herkunft von Biomethan dient, denn Massenbilanzsysteme sind Dokumentationssysteme, in denen eine nachweisbare bilanzielle Weiterreichung der jeweiligen Gasmengen stattfindet, unabhängig von ihrer physischen Identität.[20]

---

14 Vgl. PricewaterhouseCoopers/*Breisig/Küper/Rümler*, Abschnitt 9.3.7, S. 421.

15 Vgl. Anlage 5 KoV VI: Vereinbarung über die Verbindung von Bilanzkreisen nach § 5 Ziff. 3 der Geschäftsbedingungen des Bilanzkreisvertrages.

16 Vgl. § 6 Anlage 4 KoV VI.

17 Vgl. Schneider/Theobald/*de Wyl/Thole/Bartsch*, § 16 Rn. 522.

18 Vgl. § 31 GasNZV.

19 Vgl. § 27c I Nr. 2 EEG 2012; findet sich nunmehr unter § 47 Abs. 6 Nr. 2 EEG 2014.

20 Vgl. Frenz/Müggenborg/*Ekardt/Hennig*, § 27c Rn. 13 ff.

II. Vertragsmuster

Muster

Geschäftsbedingungen für den Bilanzkreisvertrag 12

§ 1 Gegenstand des Vertrages

1. Gegenstand des Vertrages ist der Ausgleich und die Abrechnung von Differenzen zwischen den ein- und ausgespeisten Gasmengen, die dem im jeweiligen Vertrag geregelten Bilanzkreis zugeordnet werden, die Übertragung von Gasmengen zwischen Bilanzkreisen über den Virtuellen Handelspunkt (VHP), die Abrechnung der Regelenergieumlage sowie die Abwicklung der dazu notwendigen Kommunikationsprozesse.
2. Der Bilanzkreisverantwortliche ist verpflichtet, den Bilanzkreis nach Maßgabe dieses Vertrages zu bewirtschaften. Der Marktgebietsverantwortliche ist zur Bereitstellung von Daten und zur Abrechnung des Bilanzkreises nach Maßgabe dieses Vertrages verpflichtet.

§ 2 Vertragsbestandteile

1. Die ergänzenden Geschäftsbedingungen des Marktgebietsverantwortlichen in der zum Zeitpunkt des Abschlusses dieses Vertrages gültigen Fassung sind wesentlicher Bestandteil dieses Vertrages.
2. Im Falle von Widersprüchen zwischen den Bestimmungen des Vertrages und den ergänzenden Geschäftsbedingungen des Marktgebietsverantwortlichen haben die Bestimmungen dieses Vertrages Vorrang vor den ergänzenden Geschäftsbedingungen.

§ 3 Online-Vertragsschluss und Implementierungsfrist

1. Der Abschluss eines Vertrages muss zum Zwecke der systemtechnischen Implementierung des Vertrages spätestens 10 Werktage vor Beginn der Nutzung des Bilanzkreises erfolgen (Implementierungsfrist). Innerhalb der Implementierungsfrist können bereits Ein- und Ausspeisepunkte (im Folgenden zusammenfassend „Punkte" genannt) dem Bilanzkreis zugeordnet werden. Das Erfordernis zur Durchführung des Kommunikationstests des Marktgebietsverantwortlichen bleibt hiervon unberührt. Die von der Bundesnetzagentur getroffene Festlegung GeLi Gas bleibt unberührt.
2. Der Marktgebietsverantwortliche muss in einem qualitätsübergreifenden Marktgebiet den Abschluss sowohl von H- als auch von L-Gas-Bilanzkreisverträgen anbieten.
3. Soweit Nominierungen nach § 17 abgegeben werden sollen, muss der Bilanzkreisverantwortliche sicherstellen, dass alle dafür erforderlichen Kommunikationsprozesse, ggf. auch mit den Ein- bzw. Ausspeisenetzbetreibern, eingerichtet sind.
4. Der Bilanzkreisverantwortliche gibt mit der Eingabe und Bestätigung der hierzu seitens des Marktgebietsverantwortlichen angeforderten Daten ein verbindliches Angebot zum Abschluss eines Vertrages ab. Die Annahme des Angebotes erfolgt unmittelbar durch eine elektronische Vertragsbestätigung. Der Abschluss des jeweiligen Vertrages erfolgt über die Online-Plattform des Marktgebietsverantwortlichen.

§ 4 Sub-Bilanzkonten

1. Im Rahmen eines bestehenden Bilanzkreises kann der Bilanzkreisverantwortliche Sub-Bilanzkonten bilden. Das Sub-Bilanzkonto ist ein Konto, das einem Bilanzkreis zugeordnet ist und die Zuordnung von Ein- und Ausspeisemengen zu Transportkunden und/oder die übersichtliche Darstellung von Teilmengen ermöglicht.
2. Der Bilanzkreisverantwortliche meldet die Bildung von Sub-Bilanzkonten unter Angabe der Bilanzkreisnummer bei dem Marktgebietsverantwortlichen an. Unter Mitteilung einer Sub-

Bilanzkontonummer bestätigt der Marktgebietsverantwortliche dem Bilanzkreisverantwortlichen die Bildung eines Sub-Bilanzkontos.

3. Sub-Bilanzkonten können mit einer Frist von 3 Monaten zum Ende eines Kalendermonats schriftlich per Brief oder per Fax geschlossen werden. Der Marktgebietsverantwortliche kann eine entsprechende Möglichkeit zur Schließung von Sub-Bilanzkonten auch im Portal anbieten.

§ 5 Verbindung von Bilanzkreisen

1. Innerhalb eines Marktgebietes können ein oder mehrere Bilanzkreisverantwortliche ihre Bilanzkreise verbinden und gegenüber dem Marktgebietsverantwortlichen erklären, dass entstehende Forderungen oder Verbindlichkeiten aus dem Vertrag des Marktgebietsverantwortlichen nur noch gegenüber einem dieser Bilanzkreisverantwortlichen (Bilanzkreisverantwortlicher des Rechnungsbilanzkreises als benannter Bilanzkreisverantwortlicher) abgerechnet werden. Diese Erklärung bewirkt, dass die Bilanzkreisabrechnungen wie folgt zusammengeführt werden:
   a) Die täglichen Differenzen zwischen ein- und ausgespeisten Gasmengen eines jeden dieser Bilanzkreise werden miteinander in dem benannten Bilanzkreis saldiert und nur noch gegenüber dem benannten Bilanzkreisverantwortlichen abgerechnet.
   b) Die Abrechnung der jeweiligen Regel- und Ausgleichsenergieumlage gemäß § 25 erfolgt, indem die Umlage jedes dieser Bilanzkreise ausschließlich gegenüber dem benannten Bilanzkreisverantwortlichen abgerechnet wird.
   c) Die Abrechnung des stündlichen Anreizsystems gemäß § 24 erfolgt, indem die stündlichen Abweichungen der einzelnen Bilanzkreise ermittelt, miteinander saldiert und gegenüber dem benannten Bilanzkreisverantwortlichen abgerechnet werden. Dabei wird die Summe aller anzuwendenden Toleranzen aus den einzelnen Bilanzkreisen auf das ermittelte Saldo angewendet.
2. Soweit der Marktgebietsverantwortliche seine Forderung gegenüber dem benannten Bilanzkreisverantwortlichen nicht innerhalb von 2 Wochen nach Eintritt des Zahlungsverzugs realisieren kann, sind die anderen Bilanzkreisverantwortlichen in Höhe der auf ihren jeweiligen Bilanzkreis anfallenden Forderungen zur Zahlung verpflichtet.
3. Die weiteren Einzelheiten werden in einem gesonderten Vertrag (Vereinbarung über die Verbindung von Bilanzkreisen) mit einer Mindestlaufzeit von einem Kalendermonat zwischen dem Marktgebietsverantwortlichen und den betroffenen Bilanzkreisverantwortlichen geregelt. Eine Verbindung von qualitativ unterschiedlichen Bilanzkreisen nach § 8 Ziffer 1 erfolgt ebenso in diesem gesonderten Vertrag (Vereinbarung über die Verbindung von Bilanzkreisen). Der Vertrag ist vor Beginn des jeweiligen Kalendermonats abzuschließen. Abweichend hiervon gilt für Biogas-Bilanzkreise eine Mindestlaufzeit von einem Jahr.

§ 6 Qualitätsübergreifende Bilanzierung und Konvertierung

Alle von einem Bilanzkreisverantwortlichen in ein Marktgebiet eingebrachten Gasmengen werden qualitätsübergreifend bilanziert. Ergibt sich tagesscharf für einen Bilanzkreisverantwortlichen eine Überspeisung in der einen und eine Unterspeisung in der anderen Gasqualität, so wird die kleinere der beiden Mengen vom Marktgebietsverantwortlichen bilanziell konvertiert. Hierfür ist ein Konvertierungsentgelt gemäß § 7 zu entrichten. Das Konvertierungssystem dient der Erleichterung des qualitätsübergreifenden Gashandels. Eine Nutzung des Konvertierungssystems zum Zwecke der Herbeiführung von Regelenergiebedarf ist nicht gestattet.

§ 7 Konvertierungsentgelt und Konvertierungsumlage

1. Der Marktgebietsverantwortliche erhebt von dem Bilanzkreisverantwortlichen, soweit für diesen innerhalb des Marktgebietes qualitätsübergreifend Gasmengen bilanziert werden, ein Konvertierungsentgelt in ct pro kWh qualitätsübergreifend bilanzierte Gasmenge. Zu diesem

Zweck werden alle in einem qualitätsübergreifenden Marktgebiet auf den Bilanzkreisverantwortlichen entfallenden H- und L-Gasmengen für die Berechnung des zu zahlenden Konvertierungsentgelts gemäß § 8 berücksichtigt. Darüber hinaus erhebt der Marktgebietsverantwortliche vom Bilanzkreisverantwortlichen eine nach § 11 bestimmte Konvertierungsumlage, wenn erwartet wird, dass die Kosten der Konvertierung die aus dem Konvertierungsentgelt erzielbaren Erlöse übersteigen bzw. wenn Residualkosten aus vorhergehenden Geltungszeiträumen vorliegen.

2. Das Konvertierungsentgelt und die Konvertierungsumlage sind so bemessen, dass die beim Marktgebietsverantwortlichen prognostizierten effizienten Kosten für die Konvertierung möglichst ergebnisneutral gedeckt werden. Weder beim Marktgebietsverantwortlichen noch bei Netzbetreibern verbleiben dauerhaft Kosten oder Erlöse aus dem System. Stehen mehrere Maßnahmen zur Konvertierung zur Verfügung, so wählt der Marktgebietsverantwortliche zur Minimierung der Konvertierungskosten die kostengünstigste Maßnahme aus.
3. Konvertierungsentgelt und Konvertierungsumlage werden vom Marktgebietsverantwortlichen auf Grundlage der durch ein geeignetes Prognoseverfahren ermittelten voraussichtlichen Konvertierungskosten im Geltungszeitraum festgesetzt. Für die Mengenprognose werden die voraussichtlich im Geltungszeitraum zukünftig anfallenden Konvertierungsmengen vom Marktgebietsverantwortlichen auf Basis der bisherigen tatsächlichen Konvertierungsmengen und unter Einbeziehung vorliegender Erkenntnisse hinsichtlich der künftigen vorhersehbaren Mengenentwicklung berücksichtigt. Insbesondere sind das Ausmaß der Marktverschiebung sowie die Rahmenbedingungen für den Einsatz technischer und kommerzieller Konvertierungsmaßnahmen und deren Kosten zu berücksichtigen.

§ 8 Ermittlung der abzurechnenden Konvertierungsmenge

1. Bilanzkreisverantwortliche, die innerhalb eines Marktgebietes sowohl H- als auch L-Gas bilanzieren, sind verpflichtet, ihre qualitativ unterschiedlichen Bilanzkreise miteinander zu verbinden. Bilanzkreisverantwortliche haben dafür Sorge zu tragen, dass die ihrem Bilanzkreis zugehörigen Transportkunden alle in dem Marktgebiet transportierten H- und L-Gas-Mengen qualitätsübergreifend bilanzieren.
2. Zur Bestimmung der auf einen Bilanzkreisverantwortlichen entfallenden Konvertierungsmengen werden die täglich bilanzierten Einspeisemengen und Ausspeisemengen getrennt nach H- und L-Gas je Bilanzkreis saldiert. Ausspeise- und Einspeisepunkte werden je Gasqualität getrennten Bilanzkreisen zugeordnet. Für die Saldierung wird ein verbindender Rechnungsbilanzkreis eingerichtet und einer Gasqualität zugeordnet. Die Salden aller mit dem Rechnungsbilanzkreis verbundenen Bilanzkreise einschließlich des Rechnungsbilanzkreises selbst werden getrennt je Gasqualität addiert. Hierbei werden im Rechnungsbilanzkreis nur die täglich bilanzierten Ein- und Ausspeisemengen berücksichtigt. Ergibt sich dabei eine Überdeckung in der einen und eine Unterdeckung in der anderen Gasqualität, erhebt der Marktgebietsverantwortliche von dem Bilanzkreisverantwortlichen auf den kleineren Betrag der beiden Mengen ein Konvertierungsentgelt in ct pro kWh. Die Abrechnung des Konvertierungsentgelts erfolgt auf der Grundlage der endgültigen, auch für die Bilanzkreisabrechnung zugrunde gelegten Bilanzwerte.
3. Die Regelung gemäß Ziffer 1 Satz 2 bezieht sich nur auf die Ein- und Ausspeisepunkte des Transportkunden, die einem Bilanzkreis des betroffenen Bilanzkreisverantwortlichen zugeordnet sind.

§ 9 Berechnung des Konvertierungsentgelts

1. Das Konvertierungsentgelt ist so zu bemessen, dass die durch das Konvertierungsentgeltsystem entstehenden Kosten gedeckt werden können. Es ist jedoch der Höhe nach begrenzt (Obergrenze). Die Obergrenze beträgt für den ersten Geltungszeitraum des Konvertierungsentgelts

NCG 0,181 ct pro kWh [Gaspool 0,176 ct pro kWh]. Die Obergrenze der Folgezeiträume errechnet sich ausgehend von dem ersten Obergrenzenbetrag auf der Grundlage des Absenkungsverfahrens gemäß § 10.

2. Der Marktgebietsverantwortliche ist berechtigt, ein unterschiedlich hohes Entgelt je nach qualitativer Konvertierungsrichtung (H- nach L-Gas bzw. L- nach H-Gas) festzulegen, um angemessene Anreize für ein die physikalische Netzsteuerung des Marktgebiets erleichterndes Transportverhalten der Marktbeteiligten zu setzen.
3. Will der Marktgebietsverantwortliche das Konvertierungsentgelt für einen Geltungszeitraum oberhalb der Höhe des Konvertierungsentgelts des unmittelbar vorangegangenen Geltungszeitraums festlegen, so hat er dies gegenüber der Beschlusskammer 7 der Bundesnetzagentur rechtzeitig vorab gesondert zu begründen.

§ 10 Absenkung des Konvertierungsentgelts

1. Das Konvertierungsentgelt ist in regelmäßigen Abständen abzusenken. Die Absenkung erfolgt durch eine mindestens jährliche Absenkung der Obergrenze nach § 9 Ziffer 1.
2. Die Absenkung erfolgt innerhalb von vier Jahren. Dabei ist die Obergrenze grundsätzlich pro Geltungsjahr des Konvertierungsentgelts um einen zusätzlichen Absenkungsfaktor von insgesamt 25 Prozentpunkten bezogen auf die erstmalige Obergrenze zu reduzieren, sodass die Obergrenze grundsätzlich nach vier Jahren vollständig auf Null abgesenkt ist. Der Marktgebietsverantwortliche darf einen Absenkungsfaktor von größer oder kleiner 25 Prozentpunkten zugrunde legen, wenn dies unter Berücksichtigung der Ergebnisse eines jährlichen Monitorings, der Entwicklung der zur Verfügung stehenden technischen Konvertierungsanlagen, einer möglichen Marktraumumstellung und der Marktentwicklung nachweislich erforderlich ist und die Beschlusskammer 7 der Bundesnetzagentur der vorgesehenen Änderung des Absenkungsfaktors nicht widerspricht.

§ 11 Konvertierungsumlage

1. Die Konvertierungsumlage wird in ct pro kWh auf alle täglich in einen Bilanzkreis eingebrachten physischen Einspeisemengen erhoben. Maßgeblich für die Ermittlung der physischen Einspeisung ist die tägliche Allokation in der Form, die sie ggf. nach einer Renominierung erhalten hat. Virtuelle Einspeisungen in einen Bilanzkreis aufgrund von Handelsgeschäften sind von der Konvertierungsumlage ausgenommen. Auf physische Einspeisungen, für die beschränkt zuordenbare Kapazitäten genutzt werden, wird die Umlage nur dann erhoben, wenn die Ausspeisung an einem Ausspeisepunkt einer anderen Gasqualität erfolgt.
2. Die Konvertierungsumlage dient neben dem Konvertierungsentgelt dazu, die effizienten Kosten der Konvertierung zu decken. In die Bemessung der Konvertierungsumlage fließen zum einen die für den Geltungszeitraum prognostizierten Kosten der Konvertierung ein, soweit diese nicht durch das Konvertierungsentgelt gedeckt werden. Zum anderen werden die nach § 13 ermittelten Differenzbeträge korrigierend in den nächsten Prognosen der Konvertierungsumlage berücksichtigt. Die Differenzbeträge führen zu einer gleichmäßigen Erhöhung oder Absenkung der Konvertierungsumlage in den folgenden zwei bis vier Geltungszeiträumen.
3. Werden Kapazitäten in einen Bilanzkreis mit Status „beschränkt zuordenbar" eingebracht, sind die zugehörigen allokierten Einspeisemengen von der Konvertierungsumlage befreit.

§ 12 Geltungsrahmen für Konvertierungsentgelt und Konvertierungsumlage

1. Das Konvertierungsentgelt und die Konvertierungsumlage werden jeweils für einen Zeitraum von sechs Monaten, stets zum 1. April und 1. Oktober eines Kalenderjahres beginnend, von dem Marktgebietsverantwortlichen festgesetzt und veröffentlicht. Die Veröffentlichung erfolgt spätestens sechs Wochen vor Beginn des jeweiligen Geltungszeitraums.
2. Innerhalb des Geltungszeitraums darf der Marktgebietsverantwortliche nur ausnahmsweise nach vorheriger Zustimmung der Beschlusskammer 7 der Bundesnetzagentur das Konvertie-

rungsentgelt erhöhen und dabei auch die Obergrenze überschreiten, wenn dies unvorhersehbare Umstände zwingend erforderlich machen.

3. Der Marktgebietsverantwortliche übermittelt dem Bilanzkreisverantwortlichen alle Informationen, die zur Prüfung der Abrechnung der Konvertierung erforderlich sind. Die Übermittlung der Abrechnungsinformationen erfolgt in einem für die elektronische Bearbeitung durch Standardsoftware nutzbaren Format.

§ 13 Kosten-Erlös-Abgleich

1. Nach Ende des Geltungszeitraums führt der Marktgebietsverantwortliche einen Abgleich durch, um festzustellen, ob Differenzen zwischen den im vorangegangenen Geltungszeitraum aus dem Konvertierungsentgeltsystem erzielten Erlösen und den tatsächlich im vorangegangenen Geltungszeitraum angefallenen Kosten der Konvertierung entstanden sind. Hierzu ermittelt der Marktgebietsverantwortliche zunächst in einem angemessenen, verursachungsgerechten Verfahren tagesscharf die während des Geltungszeitraums tatsächlich entstandenen Konvertierungskosten und die aus dem Konvertierungsentgelt im vorangegangenen Geltungszeitraum erzielten Erlöse. Sodann ermittelt der Marktgebietsverantwortliche die Differenz zwischen den tatsächlichen Kosten und den erzielten Erlösen. Die sich daraus ergebende Differenz ist in den folgenden zwei bis vier Geltungszeiträumen kostenerhöhend oder -mindernd in der Konvertierungsumlage gemäß § 11 in Ansatz zu bringen. Übersteigen die Erlöse die bereits auf dem Umlagekonto befindlichen Kosten zuzüglich etwaiger für den nächsten Geltungszeitraum prognostizierter Residualkosten, so werden die Erlöse in dem nächsten Geltungszeitraum kostenmindernd auf das Konvertierungsentgelt angerechnet.
2. Zur Ermittlung der Differenz zwischen Konvertierungskosten und -erlösen hat der Marktgebietsverantwortliche für das Marktgebiet ein gesondertes Konto zu führen (Konvertierungskonto). Auf dieses Konto werden u. a. gebucht:
   - Erlöse aus Konvertierungsentgelten,
   - Erlöse aus der Konvertierungsumlage,
   - Kosten und Erlöse aus der Durchführung von Konvertierungsmaßnahmen,
   - Zinserträge und -aufwendungen.

§ 14 Zuordnung von Punkten zu Bilanzkreisen

1. Voraussetzung für die Bilanzierung von Gasmengen an physischen Ein- oder Ausspeisepunkten ist die Zuordnung dieser Punkte zu Bilanzkreisen oder Sub-Bilanzkonten. Die Zuordnungen von Ein- und Ausspeisepunkten erfolgen immer gegenüber dem Ein- bzw. Ausspeisenetzbetreiber durch den Transportkunden auf Grundlage des zwischen diesen abgeschlossenen Ein- bzw. Ausspeisevertrages unter Angabe der Bilanzkreis- bzw. Sub-Bilanzkontonummer.
2. Physische Ein- oder Ausspeisepunkte dürfen nur ihrer Gasqualität entsprechend (H- oder L-Gas) den Bilanzkreisen bzw. Sub-Bilanzkonten derselben Gasqualität (H- oder L-Gas) zugeordnet werden.
3. Für die Bilanzierung von Gasmengen am VHP ist eine gesonderte Erklärung zur Zuordnung nicht erforderlich. Der VHP gilt bereits mit Abschluss dieses Vertrages als in den Bilanzkreis zugeordnet. Bilanzkreise für beschränkt zuordenbare Kapazitäten enthalten nicht den VHP.
4. Die zuzuordnenden Punkte müssen in demselben Marktgebiet liegen, in dem der Bilanzkreis eingerichtet ist. In einen Bilanzkreis können Punkte eines oder mehrerer Transportkunden zugeordnet werden. Ein- und Ausspeisepunkte gemäß § 20 Ziffer 4 lit. a) können in mehrere Bilanzkreise eingebracht werden.

§ 15 Deklarationsmitteilung und Deklarationsclearing

1. Der Marktgebietsverantwortliche erstellt aus den monatlichen Deklarationslisten der Netzbetreiber für den Folgemonat eine Deklarationsmitteilung je Ausspeisenetzbetreiber und je Bilanzkreis bzw. je Sub-Bilanzkonto. Er versendet diese einzeln bis zum 18. Werktag des Fristen-

monats an den Bilanzkreisverantwortlichen. Diese Deklarationsmitteilung hat, mit Ausnahme der Möglichkeit der Durchführung eines Deklarationsdatenclearings, für einen Zeitraum vom 1. Kalendertag, 06:00 Uhr, eines Monats bis zum 1. Kalendertag, 06:00 Uhr, des Folgemonats Gültigkeit.

2. Die untermonatliche Erstellung und der Versand einer Deklarationsliste bzw. -mitteilung sind aus folgenden 4 Gründen möglich und notwendig:
   a) Bei RLM-Entnahmestellen ist gemäß GeLi Gas ein Lieferende bzw. Lieferbeginn jederzeit möglich;
   b) Bei Biogaseinspeisungen, Einspeisepunkten aus Speichern, inländischen Produktionsanlagen (ohne Biogas) oder Konvertierungsanlagen ist ebenfalls ein Einspeisebeginn jederzeit möglich;
   c) An buchbaren Marktgebietsübergangs- und Grenzübergangspunkten sowie sonstigen buchbaren Punkten können täglich neue Buchungen und Zuordnungen zu neuen Bilanzkreisen/Sub-Bilanzkonten hinzukommen;
   d) Deklarationsclearing.

   In allen 4 Fällen ist durch den Netzbetreiber unverzüglich die Deklaration anzupassen. Der Netzbetreiber versendet nur die geänderten Deklarationen der geänderten Bilanzkreise/Sub-Bilanzkonten an den Marktgebietsverantwortlichen.

   Der Netzbetreiber versendet untermonatliche Deklarationslisten an den Marktgebietsverantwortlichen bis spätestens:
   aa) am Tag D-2 bis 18:00 Uhr bei Deklarationen für SLP-Ausspeisestellen,
   bb) am Tag D-1 bis 21:00 Uhr bei Deklarationen für ENTRY Biogas physisch, ENTRY Wasserstoff physisch, RLM-Ausspeisestellen und ENTRYSO/EXITSO.

   Der Deklarationszeitraum umfasst entweder den Tag D bis zum Ablauf des aktuellen Monats oder den Nutzungszeitraum, sofern dieser vor Ablauf des aktuellen Monats endet. Der Marktgebietsverantwortliche erstellt aus den untermonatlichen Deklarationslisten der Netzbetreiber eine Deklarationsmitteilung je Ausspeisenetzbetreiber und je Bilanzkreis bzw. je Sub-Bilanzkonto und leitet die Deklarationsmitteilung unmittelbar am Tag D-1 bis 23:00 Uhr in den Fällen lit. bb) und lit. cc) bzw. am Tag D-2 bis 23:00 Uhr im Falle von lit. aa) an den Bilanzkreisverantwortlichen weiter.

3. Der Marktgebietsverantwortliche führt auf einem dem Bilanzkreisverantwortlichen zugänglichen Portal eine aktuelle Gesamtübersicht aller Deklarationsmitteilungen je Bilanzkreis mit allen zugehörigen Sub-Bilanzkonten und Zeitreihentypen.

4. Der Marktgebietsverantwortliche prüft die monatlichen und untermonatlichen Deklarationslisten der Netzbetreiber auf Zulässigkeit der Bilanzkreise bzw. Sub-Bilanzkonten. Eine Kontrolle der zugeordneten Zeitreihentypen wird durch den Marktgebietsverantwortlichen nicht vorgenommen. Sofern die Deklarationsliste eine ungültige Bilanzkreis- bzw. Sub-Bilanzkontonummer (Zahlendreher, Schreibfehler, nicht vorhandene Bilanzkreise/Sub-Bilanzkonten) enthält, teilt der Marktgebietsverantwortliche dieses unverzüglich jedoch bis spätestens 1 Werktag nach Eingang der Deklarationsliste dem jeweiligen Netzbetreiber mit. Sofern der Netzbetreiber eine geänderte Deklarationsliste versendet, prüft der Marktgebietsverantwortliche dann die geänderte Deklarationsliste des Netzbetreibers erneut und sendet dem Bilanzkreisverantwortlichen
   a) im Falle einer monatlichen Deklaration spätestens 1 Werktag
   b) bzw. für die untermonatliche Deklaration am selben Tag bis 23:00 Uhr

   nach Eingang der korrigierten Deklarationsliste die korrigierte Deklarationsmitteilung nur mit den geänderten Bilanzkreisen bzw. Sub-Bilanzkonten zur Prüfung zu.

5. Der Bilanzkreisverantwortliche ist verpflichtet, die Deklarationsmitteilung des Marktgebietsverantwortlichen zu prüfen und dem Netzbetreiber unverzüglich alle Fehler mitzuteilen. Fehler können insbesondere sein:
   - Fehlende Bilanzkreise/Sub-Bilanzkonten,
   - Bilanzkreise/Sub-Bilanzkonten, die der Bilanzkreisverantwortliche nicht besitzt,
   - Fehlende oder falsche Zeitreihentypen je Bilanzkreis/Sub-Bilanzkonto,
   - Fehlende Deklarationen eines Netzbetreibers,
   - Unzutreffendes Beginn- oder Enddatum.
6. Die Mitteilung an den Netzbetreiber über die fehlerhafte Deklaration erfolgt durch den Bilanzkreisverantwortlichen per E-Mail unter detaillierter Angabe der betroffenen Bilanzkreise/Sub-Bilanzkonten und einer Begründung.
7. Eine Änderung der Deklarationsliste für SLP-Zeitreihen ist nur für künftige Zeiträume möglich. Für ENTRYSO-, EXITSO-, ENTRY Biogas physisch-, ENTRY Wasserstoff physisch- und RLM-Zeitreihen kann die Deklaration auch für zurückliegende Tage des betroffenen Liefermonats innerhalb der Fristen des Allokationsclearings der entsprechenden Zeitreihen geändert werden. In den Fällen der untermonatlichen Deklarationskorrektur müssen der betroffene Bilanzkreisverantwortliche bzw. die betroffenen Bilanzkreisverantwortlichen zustimmen.

§ 16 Mengenzuordnung (Allokation) und Allokationsclearing

1. Der Marktgebietsverantwortliche empfängt bilanzkreisrelevante richtungsscharfe Ein- und Ausspeisenominierungen für den VHP. Für diese Nominierungen gilt allokiert wie nominiert. Eine Ersatzwert- oder Brennwertkorrektur findet nicht statt. Es werden nur bestätigte Nominierungen oder Renominierungen allokiert.
2. Der Marktgebietsverantwortliche sendet die stündlichen Allokationen der Zeitreihentypen ENTRY VHP ERDGAS und EXIT VHP ERDGAS je Bilanzkreis und ENTRY Wasserstoff physisch je Bilanzkreis und Bilanzkreispaar als Geschäftsnachricht im jeweils geltenden ALOCAT-Format am Tag D+1 bis 13:00 Uhr an den Bilanzkreisverantwortlichen.
3. Der Marktgebietsverantwortliche übersendet die aggregierten und gemessenen Lastgänge des Liefertages D der Zeitreihentypen ENTRYSO, EXITSO, ENTRY Biogas physisch, ENTRY Wasserstoff physisch, RLMoT, RLMmT und RLMNEV getrennt je Zeitreihentyp, je Bilanzkreis/Sub-Bilanzkonto, je Netzbetreiber am Tag D+1 bis spätestens 13:00 Uhr an den Bilanzkreisverantwortlichen als Geschäftsnachricht in dem jeweils geltenden ALOCAT-Format. Aus den übersendeten, gemessenen Lastgängen des Zeitreihentyps RLMmT errechnet der Marktgebietsverantwortliche den Tageswert je Bilanzkreis/Sub-Bilanzkonto und Netzbetreiber und verteilt diesen gleichmäßig und ganzzahlig auf die Stunden des Gastages als Tagesband. Diese Daten werden im ALOCAT-Format bis spätestens 19:00 Uhr an den Bilanzkreisverantwortlichen versendet.
4. Der Bilanzkreisverantwortliche erhält vom Marktgebietsverantwortlichen bis spätestens M+14 Werktage die nach Abschluss der Ersatzwertkorrektur korrigierten Bilanzkreise/Sub-Bilanzkonten der auf Basis von Messwerten allokierten Zeitreihentypen i. S. d. Arbeitsblattes G 685 der Deutschen Vereinigung des Gas- und Wasserfachs e. V. (DVGW Arbeitsblatt). Bei RLM-Ausspeisepunkten, die einem Biogas-Bilanzkreis zugeordnet sind, werden die an D+1 versendeten Allokationsdaten für die Allokation von M+14 Werktage ggf. um Ersatzwerte und K-Zahl korrigiert. Zudem wird bei diesen Ausspeisepunkten der volumetrisch gemessene Lastgang mit dem Abrechnungsbrennwert umgewertet.
   Für den Zeitreihentyp RLMmT werden vom Marktgebietsverantwortlichen sowohl der strukturierte Lastgang als auch das errechnete Tagesband an den Bilanzkreisverantwortlichen übermittelt. Die Korrektur ist entsprechend in den Datenmeldungen gekennzeichnet.
5. Der Ausspeisenetzbetreiber ermittelt einmal untertägig für jeden Bilanzkreis bzw. jedes Sub-Bilanzkonto die bis 12:00 Uhr an Ausspeisepunkten zu leistungsgemessenen Letztverbrauchern ausgespeisten Stundenmengen in kWh auf Basis vorläufiger Messwerte (sog. „Ist-

Entnahmen“). Die Mengenmeldung erfolgt vom Ausspeisenetzbetreiber aggregiert nach Großverbrauchern ohne Tagesband und aggregiert nach Großverbrauchern mit Tagesband sowie aggregiert nach RLM-Ausspeisepunkten, die einem Nominierungsersatzverfahren unterliegen, als Geschäftsnachricht in dem jeweils geltenden ALOCAT-Format. Der Ausspeisenetzbetreiber ordnet diesen Stundenlastgang vorläufig dem jeweiligen Bilanzkreis bzw. Sub-Bilanzkonto zu und teilt diese unverzüglich, spätestens bis 18:00 Uhr dem Marktgebietsverantwortlichen mit. Der Marktgebietsverantwortliche teilt diese Information dem Bilanzkreisverantwortlichen bis 19:00 Uhr mit. Weitere Anforderungen an die Übermittlung von ausgespeisten Stundenmengen durch die Ausspeisenetzbetreiber bleiben von dieser Regelung unberührt.

6. Der Ausspeisenetzbetreiber ermittelt am Tag D-1 für die SLP-Entnahmestellen die zu allokierenden Mengen für den Liefertag D (beim synthetischen SLP-Verfahren auf Basis der Prognosetemperatur, beim analytischen SLP-Verfahren auf Basis Tageswerte D-2) und übermittelt diese am Tag D-1 bis 12:00 Uhr an den Marktgebietsverantwortlichen. Die Übermittlung erfolgt jeweils aggregiert für die von bei dem Netzbetreiber deklarierten aktiven Bilanzkreise/Sub-Bilanzkonten. Die Daten, die der Ausspeisenetzbetreiber dem Marktgebietsverantwortlichen meldet, werden durch den Marktgebietsverantwortlichen an die Bilanzkreisverantwortlichen je Bilanzkreis/Sub-Bilanzkonto ausspeisenetzscharf bis spätestens 13:00 Uhr zur Verfügung gestellt, sodass der Bilanzkreisverantwortliche diese Mengen als Einspeisung nominieren kann. Wenn um 12:00 Uhr keine oder unvollständige SLP-Allokationsdaten des Ausspeisenetzbetreibers vorliegen, bildet der Marktgebietsverantwortliche in beiden Fällen für alle Stunden des Tages D+1 Ersatzwerte. Als Ersatzwert wird der Vortageswert angenommen, sofern nicht bereits mehrtägige Allokationswerte auf Basis einer mehrtägigen Temperaturprognose vom Ausspeisenetzbetreiber an den Marktgebietsverantwortlichen gesendet wurden. Liegt kein Vortageswert vor, wird der stündliche Ersatzwert 0 kWh gebildet. Ersatzwerte, die ggf. gebildet werden, werden bis 13:00 Uhr dem Bilanzkreisverantwortlichen zur Verfügung gestellt.
7. Der Marktgebietsverantwortliche ermittelt den Bilanzkreisstatus (inkl. Zeitreihen) für jeden Bilanzkreis auf Basis der nach diesem § 16 zur Verfügung gestellten Daten und teilt diesen D+1 dem Bilanzkreisverantwortlichen bis spätestens 16:30 Uhr sowie – soweit sich Änderungen ergeben haben – M+15 Werktage sowie zur Rechnungslegung, wenn sich nach M+15 Werktage weitere Änderungen ergeben haben, mit. Der Bilanzkreisverantwortliche ist verpflichtet, den vom Marktgebietsverantwortlichen M+15 Werktage versendeten Bilanzkreissaldo zu prüfen. Bei SLP-Ausspeisepunkten entsprechen die jeweils D-1 mitgeteilten Allokationen den endgültigen Allokationen, eine Brennwertkorrektur oder Korrektur von Ersatzwerten findet nicht statt.
8. Der Allokationsclearingprozess wird angestoßen, sobald einer der Marktteilnehmer (Marktgebietsverantwortlicher, Bilanzkreisverantwortlicher/Transportkunde oder Netzbetreiber) nach dem Versand der finalen Allokation, beim SLP-Zeitreihentyp ist dies der Tag D-1, 12:00 Uhr, und beim RLM-Zeitreihentyp M+14 Werktage, feststellt, dass sich Abweichungen ergeben haben.
   a) Im Falle der Zeitreihentypen RLMmT, RLMoT, RLMNEV, ENTRYSO, EXITSO, ENTRY Biogas physisch und ENTRY Wasserstoff physisch wird eine Mindestdifferenz von 500 kWh bezogen auf die Monatsmenge des Bilanzkreises/Sub-Bilanzkontos für das Allokationsclearing angesetzt. Abweichungen <500 kWh werden nicht gecleart.
   b) Der Zeitraum für die Durchführung des Allokationsclearings der Zeitreihentypen gemäß lit. a) beginnt M+14 Werktage und endet M+2 Monate minus 10 Werktage, damit der Marktgebietsverantwortliche innerhalb von 10 Werktagen die Ergebnisse des Clearingprozesses verarbeiten und die Bilanzkreisabrechnung erstellen kann. Für den Fall, dass der Bilanzkreisverantwortliche erst am letzten Tag der Clearingfrist das Clearing gegenüber dem Netzbetreiber angestoßen hat, kann der Netzbetreiber die Bearbeitung des Clearingfalles ablehnen, wenn ihm die Bearbeitung und Zusendung einer CLEARING-ALOCAT an den Marktgebietsverantwortlichen bis zum Ablauf der Frist M+2 Monate mi-

nus 10 Werktage nicht mehr zumutbar ist. Der Bilanzkreisverantwortliche ist verpflichtet, die Allokationen nach der Zusendung durch den Marktgebietsverantwortlichen ab M+14 Werktage unverzüglich zu prüfen. Erfolgt innerhalb des genannten Zeitraums (M+2 Monate-10 WT) keine Beanstandung der Allokationswerte durch den Bilanzkreisverantwortlichen, so gelten die Allokationswerte als einvernehmliche Grundlage für die spätere Abrechnung durch den Marktgebietsverantwortlichen. Nach dem Zeitpunkt M+2 Monate minus 10 Werktage finden keine Clearingprozesse mehr statt.

c) Der Allokationsclearingprozess der Zeitreihentypen gemäß lit. a) beginnt, indem ausschließlich der Bilanzkreisverantwortliche auf Antrag vom Marktgebietsverantwortlichen eine Clearingnummer erhält, unabhängig davon, wer das Allokationsclearingverfahren angestoßen hat. Der Marktgebietsverantwortliche übersendet die Details des Clearingvorgangs – bis auf die Clearingnummer – wie Bilanzkreis-/Sub-Bilanzkontonummer, Zeitraum und Zeitreihentyp an den Netzbetreiber. Der Bilanzkreisverantwortliche übersendet die Details des Clearingvorgangs wie Bilanzkreis/Sub-Bilanzkontonummer, Zeitraum und Zeitreihentyp zusammen mit der Clearingnummer und Menge an den Netzbetreiber. Jede Clearingnummer darf nur für den zu clearenden Zeitraum z. B. einzelne Tage („Tagesclearingnummer") und nur einmal für einen Bilanzkreis/Sub-Bilanzkonto und Zeitreihentyp sowie Netzbetreiber verwendet werden. Der MGV kann neben der Tagesclearingnummer auch das Clearing eines ganzen Liefermonats in Form einer Monatsclearingnummer anbieten. Bei der Tagesclearingnummer muss der korrigierte Allokationslastgang eines einzelnen Tages neu geschickt werden. Bei der Monatsclearingnummer müssen die Allokationslastgänge des gesamten Liefermonats neu geschickt werden. Sowohl die Monats- als auch die Tagesclearingnummer verfällt entweder nach der Benutzung oder nach Ablauf des Clearingzeitraums. Nach erfolgter Abstimmung und den notwendigen Zustimmungen der vom Allokationsclearing betroffenen Marktpartner übermittelt der Netzbetreiber dem Marktgebietsverantwortlichen eine CLEARING-ALOCAT, in der die vom Bilanzkreisverantwortlichen ihm mitgeteilte Clearingnummer enthalten ist. Die CLEARING-ALOCAT wird nach Zugang beim Marktgebietsverantwortlichen von diesem an den Bilanzkreisverantwortlichen übersendet. Dadurch ist gewährleistet, dass das Allokationsclearing zwischen allen Marktpartnern abgeschlossen ist. Allokationen von RLM-Kunden, die vor dem 12. Werktag versendet werden, enthalten keine Clearingnummer.

d) Der Marktgebietsverantwortliche ist nicht verpflichtet, weitere Prüfschritte mithilfe der Clearingnummer durchzuführen. Für den Fall, dass ein Allokationsclearing unter Missachtung der Grenzwerte eingeleitet wurde, hat der Marktgebietsverantwortliche das Recht, das Allokationsclearing wieder rückgängig zu machen, auch wenn die Bilanzkreisabrechnung bereits erfolgt ist.

e) Im Falle von SLP-Entnahmestellen findet ein Allokationsclearing nur statt, sobald die Summe der SLP-Allokationen des Tages D (versendet am Tag D-1) um mehr bzw. gleich 100 % der Vortagesmenge oder weniger bzw. gleich 50 % der Vortagesmenge ausmachen und mindestens um 25.000 kWh von der Allokation am Tag D-1 abweichen. Erfolgt erstmals eine SLP-Deklaration für einen Bilanzkreis bzw. ein Sub-Bilanzkonto und keine Allokation durch den Netzbetreiber, kann der Marktgebietsverantwortliche keine Ersatzwerte auf Vortagsbasis bilden und es erfolgt eine Nullallokation. Für diese Daten kann ohne Prüfung auf Grenzwerte immer ein Clearing erfolgen.

f) Das Allokationsclearingfenster für SLP-Entnahmestellen beginnt am Tag D-1, ab 13:00 Uhr, und endet M+2 Monate minus 10 Werktage, damit der Marktgebietsverantwortliche innerhalb von 10 Werktagen die Ergebnisse des Clearingprozesses verarbeiten und die Bilanzkreisabrechnung erstellen kann. Für den Fall, dass der Bilanzkreisverantwortliche erst am letzten Tag der Clearingfrist das Clearing gegenüber dem Netzbetreiber angestoßen hat, kann der Netzbetreiber die Bearbeitung des Clearingfalles ablehnen, wenn ihm die Bearbeitung und Zusendung einer CLEARING-ALOCAT an den Marktgebietsverantwortlichen bis zum Ablauf der Frist M+2 Monate minus 10 Werktage nicht mehr zumutbar ist. Der Bilanzkreisverantwortliche ist verpflichtet, die Allokationen nach der Zusendung durch den Marktgebietsverantwortlichen ab D-1 13:00 Uhr unverzüglich zu prüfen. Erfolgt innerhalb des vorgenannten Zeitraums (M+2 Monate-10 WT) keine Beanstandung der Allokationswerte durch den Bilanzkreisverantwortlichen, so gelten die Allokationswerte als einvernehmliche Grundlage für die spätere Abrechnung durch den Marktgebietsverantwortlichen. Nach dem Zeitpunkt M+2 Monate minus 10 Werktage finden keine Clearingprozesse mehr statt.

g) Sofern die Kriterien für ein SLP-Allokationsclearing erfüllt sind, kann der Bilanzkreisverantwortliche die Mengen des Tages D-1 nominieren. Der Bilanzkreisverantwortliche kann verlangen, dass diese Menge als Clearingmenge vom Ausspeisenetzbetreiber und Marktgebietsverantwortlichen akzeptiert wird.

h) Ein SLP-Allokationsclearingprozess beginnt, indem ausschließlich der Bilanzkreisverantwortliche auf Antrag vom Marktgebietsverantwortlichen eine Clearingnummer erhält, unabhängig davon, wer das Allokationsclearingverfahren angestoßen hat. Der Marktgebietsverantwortliche übersendet die Details des Clearingvorgangs – bis auf die Clearingnummer – wie Bilanzkreis-/Sub-Bilanzkontonummer, Datum und Zeitreihentyp an den Netzbetreiber. Der Bilanzkreisverantwortliche übersendet die Details des Clearingvorgangs wie Bilanzkreis/Sub-Bilanzkontonummer, Datum und Zeitreihentyp zusammen mit der Clearingnummer und Menge an den Netzbetreiber. Jede Clearingnummer darf nur für einen Tag und nur einmal für einen Bilanzkreis/Sub-Bilanzkonto und Zeitreihentyp sowie Netzbetreiber verwendet werden. Der Netzbetreiber prüft unverzüglich die Allokation. Sofern die Allokation fehlerhaft war, erstellt der Netzbetreiber eine neue Allokation auf Basis der Vortagesmenge bzw. abgestimmten Mengen und übersendet diese als CLEARING-ALOCAT an den Marktgebietsverantwortlichen. Die CLEARING-ALOCAT wird nach Zugang beim Marktgebietsverantwortlichen von diesem an den Bilanzkreisverantwortlichen übersendet. Der Marktgebietsverantwortliche verwendet diese CLEARING-ALOCAT als Grundlage für die Bilanzkreisabrechnung.

i) Sofern der Netzbetreiber feststellt, dass die originäre SLP-Allokation in Ordnung war, meldet er dies unverzüglich dem Bilanzkreisverantwortlichen. Der Netzbetreiber weist dem Bilanzkreisverantwortlichen die Richtigkeit der Allokation nach. Der Bilanzkreisverantwortliche trägt somit das Risiko für die Bilanzkreisabweichung.

j) Im Übrigen findet lit. d) entsprechende Anwendung auf SLP-Entnahmestellen.

k) Der Marktgebietsverantwortliche führt auf einem dem Bilanzkreisverantwortlichen zugänglichen Portal eine tagesaktuelle Gesamtübersicht aller Allokationsnachrichten je Bilanzkreis mit allen zugehörigen Sub-Bilanzkonten und Zeitreihentypen. Die Ergebnisse von Clearingprozessen sind dabei zu berücksichtigen. Die Gesamtübersicht repräsentiert nach dem Clearingprozess den Stand der Bilanzkreisabrechnung.

Für den Fall, dass der Bilanzkreis/Sub-Bilanzkonto zuvor noch nicht deklariert wurde, erfolgt dies bis spätestens 2 Werktage vor Versand der Clearingallokation unter Beachtung von § 15 Ziffer 7.

Der Teilnahme am Clearingprozess kann nur in begründeten Fällen widersprochen werden.

9. Der Marktgebietsverantwortliche teilt dem Bilanzkreisverantwortlichen an M+15 Werktage ohne Gewähr den vorläufigen Rechnungsbetrag im Portal mit. Das Risiko für die Bilanzkreisabweichung verbleibt beim Bilanzkreisverantwortlichen.

§ 17 Nominierungen an physischen Ein- und Ausspeisepunkten

1. Nominierungen an physischen Ein- und Ausspeisepunkten sind vom Transportkunden oder einem von dem Transportkunden beauftragten Dritten im Rahmen des Ein- und Ausspeisevertrages in den dort geregelten Fällen gegenüber dem Ein-/Ausspeisenetzbetreiber abzugeben.
2. Der Bilanzkreisverantwortliche ist soweit er gemäß Ziffer 1 von den Transportkunden beauftragt wurde berechtigt, für mehrere Transportkunden zusammengefasste Nominierungen abzugeben, sofern alle Kapazitäten in einen Bilanzkreis eingebracht wurden.

§ 18 Übertragung von Gasmengen zwischen Bilanzkreisen

1. Der Bilanzkreisverantwortliche kann am VHP Gasmengen innerhalb des Marktgebietes von einem H-Gas-Bilanzkreis ausschließlich in einen anderen H-Gas-Bilanzkreis und von einem L-Gas-Bilanzkreis ausschließlich in einen anderen L-Gas-Bilanzkreis über den VHP übertragen. Die Übertragung von Gasmengen zwischen Bilanzkreisen am VHP erfordert keine Transportkapazitäten. Der Marktgebietsverantwortliche kann die Übertragung von Gasmengen auch zwischen Sub-Bilanzkonten in ergänzenden Geschäftsbedingungen vorsehen.
2. Der Bilanzkreisverantwortliche hat die zu übertragenden Gasmengen am VHP auf Stundenbasis gegenüber dem Marktgebietsverantwortlichen zu nominieren. Nominierungen können vom Bilanzkreisverantwortlichen im Format Edig@s (ftp) und/oder über eine webbasierte Eingabemaske abgegeben werden. Die Allokation der übertragenen Gasmengen am VHP erfolgt auf der Basis nominierter Werte.
3. a) Der Bilanzkreisverantwortliche ist verpflichtet, für die Übertragung von Gasmengen über den VHP das von dem Marktgebietsverantwortlichen im Internet veröffentlichte Entgelt in ct/MWh zu zahlen. Die Höhe des VHP-Entgelts wird einen Monat vor Beginn des Geltungszeitraums auf seiner Internetseite veröffentlicht.
   b) Das VHP-Entgelt gilt für die Dauer von zwölf Monaten. Beginn des Geltungszeitraumes ist der 1. Oktober eines Kalenderjahres.
   c) Das Entgelt wird jeweils sowohl dem Bilanzkreisverantwortlichen des abgebenden als auch dem Bilanzkreisverantwortlichen des aufnehmenden Bilanzkreises in Rechnung gestellt.
   d) Das VHP-Entgelt wird bei jeder nominierten Übertragung von Gasmengen zwischen zwei Bilanzkreisen am VHP erhoben. Übertragungen von Gasmengen zwischen Unterbilanzkreisen und Sub-Bilanzkonten sind eingeschlossen, sofern diese Übertragungen am VHP separat nominiert wurden.
   e) Für die Ausgestaltung des VHP-Entgelts gelten folgende Anforderungen:
      aa) Es werden ausschließlich variable VHP-Entgelte, ohne Staffelung, auf Grundlage der am VHP nominierten Gasmenge erhoben.
      bb) Die Obergrenze für die VHP-Entgelte beträgt 0,8 ct/MWh.
      cc) Der Marktgebietsverantwortliche bestimmt das VHP-Entgelt unter Berücksichtigung der VHP-Kosten sowie unter Einhaltung der festgesetzten Obergrenze gemäß lit. e) bb) ex-ante für den jeweiligen Zeitraum. Das VHP-Entgelt wird als Quotient aus den prognostizierten VHP-Kosten und der prognostizierten Handelsmenge ermittelt.
      dd) Residualkosten oder Residualerlöse, die sich aus Differenzen zwischen Kosten und Erlösen ergeben, hat der Marktgebietsverantwortliche zum nächsten Geltungszeitraum durch eine entsprechende Anpassung seiner Prognose zu berücksichtigen.
   f) Clearinghäuser sind von der Zahlung von VHP-Entgelten freigestellt, soweit in dem jeweiligen Handelsgeschäft sonst eine doppelte Erhebung der VHP-Entgelte stattfinden würde.

§ 19 Nominierungen am VHP

1. Die Übertragung von Gasmengen erfolgt für jede Stunde eines Tages durch 2 gegengleiche Nominierungen für den VHP durch die Bilanzkreisverantwortlichen der an der Übertragung beteiligten Bilanzkreise der gleichen Gasqualität.
2. Dabei nominiert der Bilanzkreisverantwortliche des abgebenden Bilanzkreises die zu übertragenden stündlichen Gasmengen am VHP als Ausspeisung und der Bilanzkreisverantwortliche des aufnehmenden Bilanzkreises die gleichen Stundenmengen am VHP als Einspeisung.
3. Der Bilanzkreisverantwortliche meldet dem Marktgebietsverantwortlichen täglich die zu übertragenden Stundenmengen für den Folgetag an. Diese Anmeldung muss am Vortag bis 14:00 Uhr eintreffen. Nominierungen können für mehrere Tage im Vorhinein abgegeben werden.
4. Die Nominierungen müssen unter anderem folgende Daten enthalten:
   - Bilanzkreisnummern des abgebenden und aufnehmenden Bilanzkreises;
   - Kennung des VHP;
   - die zwischen den Bilanzkreisen zu übertragenden Stundenmengen als ganzzahlige Werte in kWh oder wenn vom Marktgebietsverantwortlichen angeboten, eine durch 24 teilbare Tagesmenge.
5. Der Bilanzkreisverantwortliche kann seine bereits nominierten Gasmengen bei dem Marktgebietsverantwortlichen nur für einen zukünftigen Zeitraum durch eine Renominierung ändern. Dabei gilt eine Vorlaufzeit von 2 vollen Stunden ab der nächsten vollen Stunde, bevor geänderte Werte wirksam werden. Der Bilanzkreisverantwortliche hat die Möglichkeit, für jede Stunde des Gastages zu renominieren. Der Renominierungs-Annahmeschluss für die letzte Stunde des aktuellen Gastages ist 03:00 Uhr. Sobald für den abgebenden und/oder aufnehmenden Bilanzkreis eine Renominierung durch einen Bilanzkreisverantwortlichen eingeht, erfolgt ein Matching der Renominierungen entsprechend Ziffer 8.
6. Bei einer per Edig@s via ftp/isdn oder AS2 übersandten Nominierung bzw. Renominierung, oder einer per E-Mail übersandten Nominierung oder Renominierung, wenn der Marktgebietsverantwortliche dies anbietet, erhält der Bilanzkreisverantwortliche automatisch eine Empfangsbestätigung via ftp/isdn, AS2 oder E-Mail. Falls diese Empfangsbestätigung ausbleibt, ist der Bilanzkreisverantwortliche verpflichtet, das VHP-Dispatching im Falle einer Day-ahead Nominierung spätestens bis 14:15 Uhr am Gastag D-1 bzw. im Falle einer Day-ahead Renominierung nach 14:15 Uhr oder einer Intraday Renominierung unverzüglich davon zu unterrichten, dass er keine Empfangsbestätigung erhalten hat. In einem solchen Fall haben sich das VHP-Dispatching und der Bilanzkreisverantwortliche über das weitere Vorgehen zu verständigen.
7. Es werden die übereinstimmenden Nominierungen allokiert.
8. Die eingehenden Nominierungen werden durch den Marktgebietsverantwortlichen gegenüber den Bilanzkreisverantwortlichen bestätigt. Im Fall von nicht übereinstimmenden Nominierungen des aufnehmenden und des abgebenden Bilanzkreisverantwortlichen wird jeweils der geringere der beiden nominierten Stundenwerte durch den Marktgebietsverantwortlichen bestätigt (Matching). Sofern das jeweilige Paar der Bilanzkreisnummern bzw. Sub-Bilanzkontonummern beim Matching nicht übereinstimmt bzw. auf einer der beiden Seiten nicht bekannt ist, wird die Nominierung bzw. Renominierung für den Gastag auf Null gesetzt. Nominierungen werden frühestens mit einer Frist von 2 vollen Stunden ab der nächsten vollen Stunde nach Eingang der Nominierung wirksam. Stellt sich bei dem Matching heraus, dass die jeweiligen Nominierungen oder Renominierungen bzw. die Bilanzkreisnummern nicht miteinander übereinstimmen („Mismatch"), bemüht sich der Marktgebietsverantwortliche, den Bilanzkreisverantwortlichen den Mismatch mitzuteilen.
9. In Bezug auf den Wechsel von MEZ zu MESZ (gewöhnlich Ende März eines jeden Kalenderjahres) müssen vom Bilanzkreisverantwortlichen 23 aufeinander folgende Stundenwerte oder wenn vom Marktgebietsverantwortlichen angeboten, eine durch 23 teilbare Tagesmenge no-

miniert werden. In Bezug auf den Wechsel von MESZ und MEZ (gewöhnlich Ende Oktober eines jeden Kalenderjahres) müssen vom Bilanzkreisverantwortlichen 25 aufeinander folgende Stundenwerte oder wenn vom Marktgebietsverantwortlichen angeboten, eine durch 25 teilbare Tagesmenge nominiert werden.

10. Für Nominierungen und Renominierungen gelten die anwendbaren Regelungen der Common Business Practice CBP 2003-002/02 „Harmonisation of the Nomination and Matching Process" in der jeweils gültigen Fassung; abzurufen auf der Internetseite des Marktgebietsverantwortlichen.
11. Das VHP-Dispatching des Marktgebietsverantwortlichen und der Bilanzkreisverantwortliche müssen an jedem Gastag des Gaswirtschaftsjahres 24 Stunden über die zwischen ihnen vereinbarten Kommunikationssysteme erreichbar sein. Der Marktgebietsverantwortliche kann zum Zwecke der Sicherstellung der technischen Kommunikation einen Kommunikationstest zu jeder Zeit während der Vertragslaufzeit des jeweiligen Bilanzkreisvertrags durchführen.

§ 20 Tagesbilanzierung

1. Die Bilanzierungsperiode für sämtliche Mengen ist der Gastag. Der Bilanzkreisverantwortliche ist verpflichtet, innerhalb dieser Bilanzierungsperiode für eine ausgeglichene Bilanz zu sorgen.
2. Die Differenz der während der Bilanzierungsperiode ein- und ausgespeisten bilanzrelevanten Gasmengen wird durch den Marktgebietsverantwortlichen am Ende der Bilanzierungsperiode als Ausgleichsenergie abgerechnet. Der Marktgebietsverantwortliche erhebt oder zahlt hierfür Ausgleichsenergieentgelte gemäß § 22.
3. Neben das Tagesbilanzierungssystem tritt ein stündliches Anreizsystem gemäß § 24, in dem alle physischen und virtuellen Ein- und Ausspeisepunkte stundenscharf betrachtet werden.
4. Bilanzrelevante Gasmengen ergeben sich aus den folgenden Daten:
   a) Nominierte Mengen werden grundsätzlich für folgende Punkte in die Bilanz eingestellt:
      - Ein- und Ausspeisepunkte an der Grenze zwischen Marktgebieten,
      - Ein- und Ausspeisepunkte an Grenzkopplungspunkten,
      - Einspeisepunkte aus inländischen Produktionsanlagen,
      - virtuelle Ein- und Ausspeisepunkte (VHP),
      - Ein- und Ausspeisepunkte an Speichern.

      Für diese Punkte gilt für alle Transportkunden und Bilanzkreisverantwortlichen der Grundsatz „allokiert wie nominiert", soweit diese Punkte von den Netzbetreibern auf Basis von Nominierungen durch Transportkunden gesteuert werden. Erfolgt die Steuerung durch die Transportkunden selbst, sind die Messwerte bilanzrelevant.
   b) Für alle RLM-Entnahmestellen werden ausschließlich gemessene Mengen („Ist-Entnahmen") in die Bilanz eingestellt.
   c) Standardlastprofile werden für alle die Ausspeisepunkte in die Bilanz eingestellt, für die die Netzbetreiber nach § 24 Gasnetzzugangsverordnung (GasNZV) verpflichtet sind, Standardlastprofile zu entwickeln und zuzuweisen („SLP-Entnahmestellen"). Bei SLP-Entnahmestellen sind die Tagesmengen der Standardlastprofile gemäß folgender Systematik bilanzrelevant:
      - Beim synthetischen Standardlastprofilverfahren ist die Tagesmenge des Lastprofils relevant, die sich bei Zugrundelegung der Prognosetemperatur am Vortag ergibt.
      - Bei der Ermittlung der bilanzrelevanten Mengen im analytischen Standardlastprofilverfahren erfolgt ein Zeitversatz um 48 Stunden: Bilanzrelevant am Tag D ist die Ausspeisemenge des Vorvortages (D2) des Lastprofils, das sich aus Zugrundelegung der Ist-Temperatur des Vorvortages (D2) ergibt.

Der Marktgebietsverantwortliche ist zum Zwecke der Bilanzierung berechtigt und verpflichtet, eigene SLP anzuwenden, sofern der Ausspeisenetzbetreiber ihm keine SLP zur Verfügung gestellt hat. Dies hat der Marktgebietsverantwortliche dem Bilanzkreisverantwortlichen vorab mitzuteilen.

5. Gasmengen, die zum Zwecke der Erbringung von Regelenergie tatsächlich bereitgestellt werden, gelten als an den Marktgebietsverantwortlichen übergeben oder übernommen und werden in der Tagesbilanzierung und im stündlichen Anreizsystem (§ 24) nicht berücksichtigt.

§ 21 Informationspflichten

1. Der Marktgebietsverantwortliche leitet die durch den Ausspeisenetzbetreiber ermittelten und zugeordneten Mengenwerte aggregiert für Entnahmestellen mit registrierender Leistungsmessung („RLM“) untertägig an den Bilanzkreisverantwortlichen weiter, damit dieser Ungleichgewichte in seinem Bilanzkreis durch geeignete Maßnahmen vermeiden oder ausgleichen kann.
2. Der Marktgebietsverantwortliche saldiert die durch den Ein- bzw. Ausspeisenetzbetreiber ermittelten und vorläufig zugeordneten Mengen mit den dem Bilanzkreis bzw. Sub-Bilanzkonto vorläufig zugeordneten Einspeisemengen und teilt dem Bilanzkreisverantwortlichen unverzüglich den Saldo mit. Entsprechendes gilt für die endgültig zugeordneten Mengen. Die endgültig zugeordneten Mengen sind ebenfalls nicht nachträglich um den Brennwert zu korrigieren.

§ 22 Ermittlung, Ausgleich und Abrechnung von Differenzmengen

1. Zur Bestimmung der täglichen Differenzmengen pro Bilanzkreis werden die täglichen Einspeisemengen und die täglichen Ausspeisemengen fortlaufend in einem Gaskonto pro Bilanzkreis saldiert, soweit sie dem Bilanzkreis zugeordnet wurden. Ein Abtausch von Differenzmengen zwischen Bilanzkreisen nach Ende der Bilanzierungsperiode („ex post-balancing“) ist grundsätzlich nicht zulässig.
2. Der Marktgebietsverantwortliche hat an den Bilanzkreisverantwortlichen ein Entgelt in Höhe des zweitgeringsten Verkaufspreises der Referenzpreise multipliziert mit 0,9 zu zahlen, soweit die Einspeisemengen die Ausspeisemengen überschreiten (nachfolgend „negative Ausgleichsenergie“). Der Bilanzkreisverantwortliche hat an den Marktgebietsverantwortlichen ein Entgelt in Höhe des zweithöchsten Kaufpreises der Referenzpreise multipliziert mit 1,2 zu zahlen, soweit die Ausspeisemengen die Einspeisemengen überschreiten (nachfolgend „positive Ausgleichsenergie“). Toleranzen werden nicht gewährt. Die Referenzpreise werden gemäß Ziffer 3 bestimmt. Sofern an einem oder mehreren Handelsplätzen keine separaten Verkaufs- und Kaufpreise veröffentlicht werden, gilt der Tagesdurchschnittspreis des jeweiligen Handelsplatzes sowohl als Verkaufs- als auch als Kaufpreis.
3. Als Referenzpreise gelten für den jeweiligen Gastag die Preise in ct/kWh an folgenden Handelsplätzen:
   - Title Transfer Facility in den Niederlanden („TTF“)
     - Verkaufspreis und Kaufpreis ist der unter www.apxgroup.com veröffentlichte APX TTF-Hi DAM All-Day Index,
   - Virtueller Handelspunkt des Marktgebietes „GASPOOL“
     - Verkaufspreis und Kaufpreis ist der Tagesreferenzpreis Erdgas GASPOOL, der an dem Gastag unmittelbar vorangehenden Börsentag für den Gastag unter www.eex.com/Marktinformation/Erdgas veröffentlicht ist.
   - Zeebrugge Hub in Belgien („Zeebrugge“):
     - Verkaufspreis und Kaufpreis ist der unter www.apxgroup.com veröffentlichte APX ZTP Day-Ahead Index,
   - NetConnect Germany Virtueller Handelspunkt („NCG VP“):

- Verkaufspreis und Kaufpreis ist der Tagesreferenzpreis Erdgas NCG, der an dem Gastag unmittelbar vorangehenden Börsentag für den Gastag unter www.eex.com/Marktinformation/Erdgas veröffentlicht ist.

Maßgeblich für den gesamten Gastag ist der sich für den Kalendertag, an dem der Gastag beginnt, ergebende Gaspreis. Für jeden Gastag rechnet der Marktgebietsverantwortliche die Referenzpreise in Gaspreise in ct/kWh um. Hierfür wird der gemäß Veröffentlichung auf der Internetseite der Europäischen Zentralbank www.ecb.int unter statistics/exchange rates/euro foreign exchange reference rates veröffentlichte Umrechnungsfaktor von Pfund nach € sowie der Faktor von Therm of kWh in Höhe von 29,3071 kWh/Therm verwendet. Für den Fall, dass zur Bildung der Ausgleichsenergieentgelte tagesaktuelle Referenzpreise nicht verfügbar sind, ist der Marktgebietsverantwortliche berechtigt und verpflichtet, für den fehlenden Referenzpreis bzw. die fehlenden Referenzpreise den jeweils zuletzt veröffentlichten Wert heranzuziehen.

Der Marktgebietsverantwortliche ist nach vorheriger Abstimmung mit der Bundesnetzagentur berechtigt, die Referenzpreise eines oder mehrerer Handelsplätze vorübergehend nicht mehr für die Berechnung der Ausgleichsenergiepreise heranzuziehen, wenn der Marktgebietsverantwortliche aufgrund konkreter Umstände feststellt, dass die von ihr herangezogenen Preisinformationen keine hinreichende Aussagekraft haben. Der Marktgebietsverantwortliche ist berechtigt, nach vorheriger Abstimmung mit der Bundesnetzagentur Referenzpreise weiterer liquider Handelsplätze heranzuziehen. Gleiches gilt, wenn die Marktgebietsverantwortlichen andere Veröffentlichungen der oben angegebenen Handelsplätze heranziehen wollen.

4. Der Marktgebietsverantwortliche hat die Ausgleichsenergiepreise täglich und zumindest für die vergangenen 12 Monate auf seiner Internetseite zu veröffentlichen.

§ 23 Ausgeglichenheit des Bilanzkreises

Der Bilanzkreisverantwortliche ist verpflichtet, dass innerhalb seines Bilanzkreises die gesamte Gasmenge in kWh, die im Bilanzkreis übertragen wird, möglichst der gesamten Gasmenge in kWh entspricht, die dem Bilanzkreis entnommen wird. Der Bilanzkreisverantwortliche muss alle zumutbaren Anstrengungen unternehmen, um prognostizierbare Abweichungen zu vermeiden.

§ 24 Stündliches Anreizsystem

1. Im Rahmen des stündlichen Anreizsystems saldiert der Marktgebietsverantwortliche für jede Stunde innerhalb des Gastags die in dieser Stunde gemäß Ziffer 2 lit. a) bis c) relevanten Einspeisungen in den Bilanzkreis mit den relevanten Ausspeisungen aus dem Bilanzkreis. Eine gesonderte Betrachtung von Ein- oder Ausspeisemengen an einzelnen Punkten findet nicht statt. Für eine nach der Saldierung und Anwendung der ggf. gewährten Toleranzen verbleibende Über- oder Unterspeisung (Stundenabweichung) hat der Bilanzkreisverantwortliche an den Marktgebietsverantwortlichen einen Strukturierungsbeitrag in Euro je MWh zu entrichten. Ein Ausgleich der Stundenabweichung erfolgt nicht.
2. Für das stündliche Anreizsystem werden folgende Fallgruppen unterschieden:
   a) Punkte mit besonderer Bedeutung für die Netzstabilität sowie VHP:
   Für folgende Ein- und Ausspeisepunkte ist die stundenscharf allokierte Menge relevant:
   - Ein- und Ausspeisepunkte an der Grenze zwischen Marktgebieten,
   - Ein- und Ausspeisepunkte an Grenzkopplungspunkten,
   - Einspeisepunkte aus inländischen Produktionsanlagen,
   - virtuelle Ein- und Ausspeisepunkte (VHP),
   - Ein- und Ausspeisepunkte aus Speichern sowie
   - Ausspeisungen an RLM-Entnahmestellen zu Großverbrauchern:

- Ausspeisungen an RLM-Entnahmestellen mit einer Ausspeisekapazitätsbuchung oder Vorhalteleistung von mehr als 300 MWh/h unterfallen grundsätzlich der Fallgruppe a). Der Bilanzkreisverantwortliche kann auf Veranlassung des Transportkunden gegenüber dem Marktgebietsverantwortlichen erklären, dass eine oder mehrere solcher RLM-Entnahmestellen seines Bilanzkreises der Fallgruppe a) nicht angehören sollen. In diesem Fall folgen die betroffenen RLM-Entnahmestellen in dem stündlichen Anreizsystem den Regelungen der Fallgruppe b). Die Erklärung des Bilanzkreisverantwortlichen ist für den Marktgebietsverantwortlichen verbindlich, es sei denn dieser weist unverzüglich in Textform nach, dass eine Zuordnung der Entnahmestellen zu der Fallgruppe b) zu einer unzumutbaren Beeinträchtigung der Systemstabilität führen würde. Von ihrem Wahlrecht können Transportkunden jeweils nur 1 Monat vor Beginn der Umlageperiode gemäß § 25 oder im Rahmen eines Lieferantenwechsels Gebrauch machen.
- Ausspeisungen an RLM-Entnahmestellen mit einer Ausspeisekapazitätsbuchung oder Vorhalteleistung von weniger als 300 MWh/h gehören der Fallgruppe a) an, wenn der Bilanzkreisverantwortliche dies auf Veranlassung des Transportkunden gegenüber dem Marktgebietsverantwortlichen ausdrücklich erklärt hat. Von diesem Wahlrecht können Transportkunden jeweils nur 1 Monat vor Beginn der Umlageperiode gemäß § 25 oder im Rahmen eines Lieferantenwechsels Gebrauch machen.

Bezogen auf die vorgenannten Großverbraucher wird für eine nach der Saldierung verbleibende Über- oder Unterspeisung (Stundenabweichung) eine Toleranz von +/– 2 % bezogen auf die an diesem Punkt ausgespeiste, gemessene stündliche Menge gewährt. Dies gilt jedoch nicht für Mengen, die einem Nominierungsersatzverfahren unterliegen. In Bezug auf alle anderen Punkte dieser Fallgruppe erhält der Bilanzkreisverantwortliche bezogen auf die Stundenabweichung keine Toleranz.

b) Sonstige RLM-Entnahmestellen

Für die sonstigen RLM-Entnahmestellen, die keine Großverbraucher im Sinne von lit. a) sind, fällt der Strukturierungsbeitrag für die außerhalb einer Toleranz in Höhe von +/– 15 % bezogen auf die nachfolgend ermittelten stündlichen Werte an: Für diese Entnahmestellen ist für die stündliche Betrachtung der stündliche Anteil der gleichmäßig über den ganzen Gastag verteilten täglichen Ist-Entnahmemenge relevant („Tagesband“). Dies gilt jedoch nicht für Mengen, die einem Nominierungsersatzverfahren unterliegen.

c) SLP-Entnahmestellen

Für SLP-Entnahmestellen ist der stündliche Anteil der gleichmäßig über den ganzen Gastag verteilten Tagesmenge des jeweiligen Standardlastprofils für das stündliche Anreizsystem relevant („Tagesband“). Bezogen auf diese Mengen erhält der Bilanzkreisverantwortliche keine Toleranz bei der Ermittlung der für den Strukturierungsbeitrag relevanten Stundenabweichung.

3. Ergibt das stündliche Anreizsystem eine Über- oder Unterspeisung unter Berücksichtigung einer ggf. bestehenden Toleranz gemäß Ziffer 2 lit. a) und b), so hat der Bilanzkreisverantwortliche an den Marktgebietsverantwortlichen einen Strukturierungsbeitrag in Euro je MWh zu entrichten.

a) Konstante Strukturierungsbeiträge

Die Höhe des Strukturierungsbeitrags beträgt 15 % des Mittelwertes der beiden Ausgleichsenergiepreise (positive und negative Ausgleichsenergie), die für die aktuelle Bilanzierungsperiode für den Ausgleich von Über- und Unterspeisungen von Bilanzkreisen angewendet werden.

b) Variable Strukturierungsbeiträge
Abweichend hiervon kann der Marktgebietsverantwortliche für die verschiedenen Stunden einer Bilanzierungsperiode diskriminierungsfrei unterschiedliche Strukturierungsbeiträge vorsehen. Diese müssen zwischen 5 % und 25 % des Mittelwertes der beiden Ausgleichsenergiepreise für den aktuellen Gastag liegen.
Der Marktgebietsverantwortliche kann für die Überspeisung von Bilanzkreisen einen Strukturierungsbeitrag von unter 15 % vorsehen, wenn in einer bestimmten Stunde eine Überspeisung den Gesamtregelenergiebedarf des Marktgebietes zu reduzieren vermag. In der gleichen Stunde hat der Marktgebietsverantwortliche dann für Unterspeisungen einen Strukturierungsbeitrag von über 15 % vorzusehen. Entsprechendes kann der Marktgebietsverantwortliche für Stunden anwenden, in denen eine Unterspeisung den Gesamtregelenergiebedarf des Marktgebietes zu verringern vermag. Macht der Marktgebietsverantwortliche von dieser Möglichkeit Gebrauch, muss der Tagesmittelwert der für die unterschiedlichen Stunden geltenden Strukturierungsbeiträge 15 % des Mittelwerts der beiden Ausgleichsenergiepreise betragen.
Soweit der Marktgebietsverantwortliche variable Strukturierungsbeiträge erhebt, hat der Marktgebietsverantwortliche die für die verschiedenen Stunden eines Gastags anzuwendenden Prozentsätze der Strukturierungsbeiträge getrennt nach Über- und Unterspeisungen in maschinenlesbarer Form auf ihrer Internetseite zu veröffentlichen und zu begründen. Die Veröffentlichung hat mindestens 10 Werktage im Voraus zu erfolgen. Der Marktgebietsverantwortliche wendet die variablen Strukturierungsbeiträge für mindestens einen Monat unverändert an. Die Frist beginnt mit der Veröffentlichung auf der Internetseite.

4. Die Regelungen zum Strukturierungsbeitrag in Ziffern 1 bis 3 lassen die Tagesbilanzierung unberührt.

§ 25 Regel- und Ausgleichsenergieumlage

1. Die aus der Beschaffung der Regelenergie entstehenden Kosten oder Erlöse, Erlöse aus Strukturierungsbeiträgen sowie die Kosten oder Erlöse aus der abgerechneten Ausgleichsenergie werden nach Maßgabe der nachfolgenden Ziffern auf den Bilanzkreisverantwortlichen umgelegt (Regel- und Ausgleichsenergieumlage).
2. Für die Regel- und Ausgleichsenergieumlage errichtet der Marktgebietsverantwortliche für sein Marktgebiet ein Umlagekonto für Kosten und Erlöse für Regel- und Ausgleichsenergie. Auf dieses Konto werden u. a. gebucht:
   - Erlöse aus positiver Ausgleichsenergie für den notwendigen Ausgleich von Unterspeisung,
   - Kosten für negative Ausgleichsenergie für den Ausgleich von Überspeisung,
   - Erlöse aus Strukturierungsbeiträgen,
   - Kosten und Erlöse aus der Beschaffung oder Veräußerung von externer Regelenergie.
3. Der Stand des Umlagekontos wird für die Abrechnungsperiode des Umlagekontos (Umlageperiode) prognostiziert. Wird erwartet, dass die zu verbuchenden Erlöse geringer sein werden als die zu verbuchenden Kosten, erhebt der Marktgebietsverantwortliche eine Regelenergieumlage in einer zuvor veröffentlichten, für die Dauer der Umlageperiode unveränderlichen Höhe. Die Umlageperiode erstreckt sich jeweils auf den Zeitraum eines Gaswirtschaftsjahres. Sie kann abweichend hiervon auch auf 6 Monate verkürzt werden, wobei die Umlageperiode stets zum 1. April oder 1. Oktober eines Kalenderjahres beginnt.
4. Fehlbeträge und Überschüsse des Umlagekontos werden korrigierend in der nächsten Prognose berücksichtigt und führen zu einer entsprechenden Erhöhung oder Senkung der Umlage.

5. Die Regel- und Ausgleichsenergieumlage haben jene Bilanzkreisverantwortlichen zu tragen, die SLP-Entnahmestellen und RLM-Entnahmestellen mit Tagesband, im Sinne von § 24 Ziffer 2 lit. b), beliefern.
   Die Regel- und Ausgleichsenergieumlage wird auf der Grundlage der bilanzrelevanten Ausspeisungen dieser Entnahmestellen in Euro pro ausgespeister MWh erhoben.
   Bei Standardlastprofilen bleibt die Abrechnung der Jahres-Mehr- und Mindermenge für die Berechnung der Umlage unberücksichtigt. Der Marktgebietsverantwortliche kann angemessene monatliche Abschläge auf die Regel- und Ausgleichsenergieumlage verlangen.
6. Wird in einer Umlageperiode ein Überschuss erwirtschaftet, der einen prognostizierten Fehlbetrag für die nächste Umlageperiode übersteigt, ist die Differenz zwischen Überschuss und prognostiziertem Fehlbetrag zu Beginn der folgenden Umlageperiode anteilig zunächst an die Bilanzkreisverantwortlichen bis maximal in Höhe der von ihnen in der abrechnungsrelevanten Umlageperiode geleisteten Regel- und Ausgleichsenergieumlage ausgeschüttet. Sollten darüber hinaus Überschüsse bestehen, werden diese auf die bilanzrelevanten ausgespeisten Transportmengen aller Bilanzkreisverantwortlichen verrechnet.
7. Der Marktgebietsverantwortliche veröffentlicht die folgenden Informationen in einem für die elektronische Weiterverarbeitung durch Standardsoftware nutzbaren Format im Internet:
   – Informationen zu Umfang und Preis der eingesetzten Regelenergie, für externe Regelenergie unterschieden nach Dienstleistungen zur untertägigen Strukturierung und der Beschaffung oder Veräußerung von Gasmengen. Diese Informationen sind möglichst am Folgetag des Einsatzes der Regelenergie und mindestens für die letzten 12 Monate zu veröffentlichen. Außerdem ist zu veröffentlichen, welcher Anteil der externen Regelenergie aufgrund lokaler oder räumlich begrenzter Ungleichgewichte eingesetzt wurde;
   – monatlich den Saldo des Kontos für die Regel- und Ausgleichsenergieumlage zum Schluss des Vormonats.

§ 26 Sonstige Bilanzierungsregelungen

1. Der Marktgebietsverantwortliche legt für die Ermittlung der Ausgleichsenergieentgelte nach § 22 und die Berechnung des Strukturierungsbeitrages nach § 24 Ziffer 3 die jeweils an M+10 Werktagen veröffentlichten Referenzpreise zugrunde. Nach diesem Zeitpunkt werden Änderungen der Referenzpreise bei der Bildung von Ausgleichsenergieentgelten und Strukturierungsbeiträgen nicht mehr berücksichtigt. Hätte ein geänderter Referenzpreis zu einem anderen Ausgleichsenergieentgelt geführt und weist der Bilanzkreisverantwortliche eine unzumutbare Härte nach, wird dem Bilanzkreisverantwortlichen die Differenz zwischen der tatsächlichen Bilanzkreisabrechnung und der Bilanzkreisabrechnung bei Zugrundelegung des geänderten Ausgleichsenergieentgeltes gutgeschrieben oder in Rechnung gestellt. Eine unzumutbare Härte liegt für den Bilanzkreisverantwortlichen insbesondere dann vor, wenn die Abweichung zwischen dem an M+10 Werktagen veröffentlichten Ausgleichsenergieentgelt und dem hypothetischen Ausgleichsenergieentgelt unter Zugrundelegung des geänderten Referenzpreises 2 % überschreitet.
2. Der Preis der Ausgleichsenergie wird mit 4 Nachkommastellen berechnet und kaufmännisch gerundet.
3. Die Abrechnung des Bilanzkreises erfolgt spätestens 2 Monate nach dem jeweils abzurechnenden Monat.
4. Für RLM-Entnahmestellen mit einer Ausspeisekapazitätsbuchung oder Vorhalteleistung von genau 300 MWh/h gilt § 24 Ziffer 2 lit. a) entsprechend.
5. § 20 Ziffer 4 lit. a) gilt entsprechend für den Mini-MüT.
6. Der Marktgebietsverantwortliche veröffentlicht die Regel- und Ausgleichsenergieumlage gemäß § 25 Ziffer 3 zum 15. Februar und zum 15. August des Jahres.

§ 27 Regelungen zum börslichen Handel mit gasqualitätsspezifischen Produkten

1. Ausschließlich im Falle eines börslichen Handelsgeschäftes von gasqualitätsspezifischen Produkten, d. h. getrennt nach Gasqualität (H-Gas oder L-Gas), sind der abgebende und aufnehmende Bilanzkreisverantwortliche (Handelsteilnehmer) dazu verpflichtet, einen physischen Effekt im entsprechenden Netzgebiet der gehandelten Gasmenge über sein Bilanzkreiskonstrukt zu bewirken bzw. durch einen Dritten bewirken zu lassen. Von dieser Verpflichtung ist der Marktgebietsverantwortliche im Rahmen der Beschaffung externer Regelenergie ausgenommen.
2. Im Rahmen eines Handelsgeschäftes gemäß Ziffer 1 ist ein Ausgleich des Handelsgeschäftes im Bilanzkreiskonstrukt des Handelsteilnehmers durch Nutzung bilanzieller Konvertierung unzulässig. Ein Ausgleich des Handelsgeschäftes am Virtuellen Handelspunkt des Marktgebiets ist nur dann zulässig, wenn die Erfüllung des physischen Effekts durch einen Dritten gewährleistet wird.
3. Der Marktgebietsverantwortliche ist berechtigt, im Rahmen von Handelsgeschäften gemäß Ziffer 1 jegliche Handelsdaten zwecks Prüfung der Einhaltung der Verpflichtung des Handelsteilnehmers von der Börse anzufordern.
4. Hat der Marktgebietsverantwortliche auf Basis der ihm vorliegenden Daten berechtigte Zweifel, dass der physische Effekt gemäß Ziffer 1 nicht eingetreten ist, so ist der Handelsteilnehmer verpflichtet, dem Marktgebietsverantwortlichen auf Anfrage diesen physischen Effekt nachzuweisen.
5. Der gasqualitätsunabhängige Börsenhandel bleibt unberührt.

§ 28 Sicherheitsleistung

1. Der Marktgebietsverantwortliche kann in begründeten Fällen für alle Zahlungsansprüche aus der Geschäftsbeziehung zum Bilanzkreisverantwortlichen eine angemessene Sicherheitsleistung oder Vorauszahlung verlangen. Die Anforderung der Sicherheit bzw. Vorauszahlung ist gegenüber dem Bilanzkreisverantwortlichen in Textform zu begründen.
2. Ein begründeter Fall wird insbesondere angenommen, wenn
   a) der Bilanzkreisverantwortliche mit einer fälligen Zahlung in Verzug geraten ist und auch auf ausdrückliche Aufforderung nicht gezahlt hat,
   b) gegen den Bilanzkreisverantwortlichen Zwangsvollstreckungsmaßnahmen wegen Geldforderungen (§§ 803–882a Zivilprozessordnung (ZPO)) eingeleitet sind,
   c) ein Antrag des Bilanzkreisverantwortlichen auf Eröffnung des Insolvenzverfahrens über sein Vermögen vorliegt oder
   d) ein Dritter einen Antrag auf Eröffnung des Insolvenzverfahrens über das Vermögen des Bilanzkreisverantwortlichen stellt.

   Darüber hinaus hat der Marktgebietsverantwortliche das Recht, eine angemessene Sicherheitsleistung oder Leistung einer Vorauszahlung zu verlangen, wenn aufgrund einer über den Bilanzkreisverantwortlichen eingeholten Auskunft einer allgemein im Geschäftsleben anerkannten Auskunftei oder aufgrund einer sonstigen Sachlage eine begründete Besorgnis besteht, dass er den Verpflichtungen aus diesem Vertrag nicht nachkommen wird und der Bilanzkreisverantwortliche dies nicht innerhalb von 5 Werktagen durch einen geeigneten Nachweis seiner Bonität entkräftet. Hierzu können gegebenenfalls geeignete Bonitätsnachweise, wie z. B. durch Vorlage eines aktuellen Geschäftsberichts, eines Handelsregisterauszugs und erforderlichenfalls weitergehende bonitätsrelevante Informationen vorgelegt werden. Ist der Bilanzkreisverantwortliche nicht in der Lage, einen entsprechenden Nachweis innerhalb der genannten Frist zu führen, so ist die Sicherheitsleistung innerhalb von weiteren 5 Werktagen zu leisten.

Soweit der Bilanzkreisverantwortliche über ein Rating einer anerkannten Rating-Agentur verfügt, liegt eine begründete Besorgnis insbesondere dann vor, wenn sein Rating nicht mindestens

- im Langfristbereich nach Standard & Poor's BBB-,
- im Langfristbereich nach Fitch BBB-,
- im Langfristbereich nach Moody's Baa3,
- nach Creditreform (Bonitätsindex 2.0) Risikoklasse II (gemäß Creditreform RatingMap Stand Dezember 2011) beträgt.

Gleiches gilt, wenn der Bilanzkreisverantwortliche bei einer anderen anerkannten Ratingagentur kein entsprechendes vergleichbares Rating aufweist. Liegen mehrere der vorgenannten Auskünfte vor, liegt eine begründete Besorgnis auch dann vor, wenn nur eine der genannten Bonitätsindikatoren eine begründete Besorgnis auslöst.
Die Daten und die wesentlichen Inhalte der Auskunft, auf denen die begründete Besorgnis beruht, sind dem Bilanzkreisverantwortlichen durch den Marktgebietsverantwortlichen mit der Anforderung der Sicherheitsleistung vollständig offen zu legen.

3. Arten der Sicherheitsleistungen sind unbedingte unwiderrufliche Bankgarantien, unbedingte unwiderrufliche Unternehmensgarantien (z. B. harte Patronats- und Organschaftserklärungen), unbedingte unwiderrufliche, selbstschuldnerische Bürgschaften sowie Hinterlegungen von Geld oder festverzinslichen Wertpapieren. Die Auswahl der Art der Sicherheitsleistung obliegt dem Bilanzkreisverantwortlichen. Außerdem kann der Marktgebietsverantwortliche Barsicherheiten oder Forderungsabtretungen akzeptieren.
4. Der Bilanzkreisverantwortliche ist berechtigt, die Sicherheitsleistung durch Vorauszahlungen abzuwenden.
5. Die Sicherheit ist innerhalb von 5 Werktagen nach ihrer Anforderung vom Bilanzkreisverantwortlichen an den Marktgebietsverantwortlichen zu leisten. Im Fall der Ziffer 2 d) ist die Sicherheit innerhalb von 10 Werktagen zu leisten, wenn der Bilanzkreisverantwortliche nicht innerhalb dieser Frist das Fehlen eines Eröffnungsgrundes im Sinne von §§ 17 Abs. 2, 19 Abs. 2 Insolvenzordnung (InsO) nachweist. Sollte die Sicherheitsleistung in Anspruch genommen werden, kann der Marktgebietsverantwortliche den in Anspruch genommenen Teil der Sicherheitsleistung nachfordern. Die Leistung der Sicherheit nach Satz 3 hat durch den Bilanzkreisverantwortlichen ebenfalls innerhalb der in Satz 1 genannten Frist zu erfolgen.
6. Als Anforderungen an die einzelnen Arten der Sicherheitsleistungen gelten:
   a) Banksicherheiten sind in Form einer unbedingten, unwiderruflichen und selbstschuldnerischen Bankbürgschaft bzw. Bankgarantie zu leisten. Das Kreditinstitut, welches die Sicherheitsleistung ausstellt, muss mindestens ein Standard & Poor's Langfrist-Rating von A- bzw. ein Moody's Langfrist-Rating von A3 aufweisen, oder dem deutschen Sparkassen- bzw. Genossenschaftssektor angehören.
   b) Für Unternehmensgarantien und Bürgschaften gilt, dass das Unternehmen, welches die Sicherheit leistet, mindestens ein Standard & Poor's Langfrist-Rating von BBB-, ein Fitch-Rating von minimal BBB-, ein Moody's Langfrist-Rating von Baa3 oder einen Bonitätsindex von Creditreform (Bonitätsindex 2.0) von mindestens Risikoklasse II oder besser (gemäß Creditreform RatingMap Stand Dezember 2011) aufweisen muss. Weiterhin darf die Höhe der Unternehmensgarantie oder Bürgschaft 10 % des haftenden Eigenkapitals des Sicherheitengebers nicht übersteigen. Dieses ist durch den Bilanzkreisverantwortlichen gegenüber dem Marktgebietsverantwortlichen mit der Beibringung der Sicherheitsleistung nachzuweisen.
   c) Im Falle von Barsicherheiten sind diese durch Einzahlung auf ein vom Marktgebietsverantwortlichen benanntes Konto zu leisten. Sie werden zu dem von der Deutschen Bundesbank am ersten Bankentag des Rechnungsmonats bekanntgegebenen Basiszinssatz

verzinst. Alternativ ist auch eine Guthabenverpfändung eines vom Bilanzkreisverantwortlichen geführten Kontos zugunsten des Marktgebietsverantwortlichen möglich.

d) Die Bürgschaft oder Garantieerklärung ist auf erstes Anfordern zu zahlen und hat generell den Verzicht auf die Einreden der Vorausklage, der Anfechtbarkeit und der Aufrechenbarkeit, soweit es sich nicht um unstrittige oder rechtskräftig festgestellte Forderungen handelt, zu enthalten. Eine selbstschuldnerische Bürgschafts- oder Garantieerklärung muss mindestens für 12 Kalendermonate gültig sein, maximal jedoch bis zum Ende der Vertragslaufzeit und die beiden der Vertragslaufzeit unmittelbar folgenden Monate.

7. Die Höhe der Sicherheitsleistung beläuft sich auf den höheren der jeweils folgenden Werte:
   a) die maximale monatliche Forderungshöhe aus den Bilanzkreisabrechnungen der letzten 12 Monate gegenüber dem betreffenden Bilanzkreisverantwortlichen zuzüglich einer durchschnittlichen Monatsabrechnung aus den letzten 12 Monaten gegenüber dem betreffenden Bilanzkreisverantwortlichen. Für den Fall, dass zumindest ein, aber noch keine 12 Monate abgerechnet sind, wird die Höhe der Sicherheitsleistung entsprechend aus den (der) bisher erfolgten Bilanzkreisabrechnung(en) ermittelt;
   b) die voraussichtliche Forderungshöhe aufgrund der abzurechnenden Menge seit der letzten Abrechnung bis zum Zeitpunkt der Anforderung der Sicherheitsleistung. Für den Fall, dass eine erfolgreiche Korrektur der Allokationsdaten bis M+12 Werktagen bzw. ein Clearing bis zum Zeitpunkt M + 2 Monate – 10 Werktage stattgefunden hat, ist die Sicherheitsleistung anteilig unverzüglich zurück zu erstatten.

   Für neu abgeschlossene Bilanzkreisverträge hat der Marktgebietsverantwortliche das Recht, unter den Voraussetzungen der Ziffer 2, wie dem Vorliegen einer begründeten Besorgnis, eine Sicherheitsleistung in Höhe von 100.000,– € zu verlangen. Nach Ablauf des ersten Liefermonats hat der Marktgebietsverantwortliche eine Berechnung der Höhe der Sicherheitsleistung entsprechend Ziffer 7 b) vorzunehmen.
8. Der Marktgebietsverantwortliche kann eine geleistete Sicherheit in Anspruch nehmen, wenn er nach Verzugseintritt eine Zahlungserinnerung ausgesprochen hat und die mit der Zahlungserinnerung gesetzte angemessene Frist fruchtlos verstrichen ist.
9. Eine Sicherheitsleistung ist unverzüglich zurückzugeben, wenn die Voraussetzungen zu deren Erhebung entfallen sind. Der Marktgebietsverantwortliche hat das Fortbestehen eines begründeten Falles jeweils mindestens halbjährlich zu überprüfen. Der Marktgebietsverantwortliche prüft bei Fortbestehen, ob die Höhe der Sicherheitsleistung der in Ziffer 7 beschriebenen Höhe entspricht. Falls die vorgenannte Prüfung ergibt, dass der realisierbare Wert aller Sicherheitsleistungen den anzuwendenden Wert gemäß Ziffer 7 nicht nur unwesentlich übersteigt, hat der Marktgebietsverantwortliche entsprechende Anteile der Sicherheitsleistung zurückzugeben. Sollten mehrere Sicherheiten geleistet worden sein, steht dem Marktgebietsverantwortlichen das Recht zu, eine der geleisteten Sicherheiten auszuwählen und zurückzugeben. Soweit der realisierbare Wert aller Sicherheitsleistungen den anzuwendenden Wert gemäß Ziffer 7 nicht nur unwesentlich unterschreitet, kann der Marktgebietsverantwortliche eine Anpassung der Sicherheitsleistung verlangen. Der Bilanzkreisverantwortliche kann eine Einstellung der Vorauszahlungsregelung frühestens nach einem halben Jahr fordern, sofern innerhalb der letzten 12 Monate die Zahlungen fristgerecht eingegangen sind.

§ 29 Änderungen des Vertrages

1. Der Marktgebietsverantwortliche ist berechtigt, die Geschäftsbedingungen dieses Vertrages mit sofortiger Wirkung zu ändern, sofern eine Änderung erforderlich ist, um einschlägigen Gesetzen oder Rechtsverordnungen, und/oder rechtsverbindlichen Vorgaben nationaler oder internationaler Gerichte und Behörden, insbesondere Festlegungen und dazu ergangenen Mitteilungen der Bundesnetzagentur, und/oder allgemein anerkannten Regeln der Technik zu entsprechen. In diesem Fall hat der Marktgebietsverantwortliche den Bilanzkreisverantwortlichen

unverzüglich hiervon in Kenntnis zu setzen. Ergeben sich für den Bilanzkreisverantwortlichen durch die Änderung im Hinblick auf seinen Vertrag wesentliche wirtschaftliche Nachteile, so ist der Bilanzkreisverantwortliche berechtigt, seine Verträge zum Ende des Monats, der auf den Wirksamkeitszeitpunkt folgt, mit einer Kündigungsfrist von 15 Werktagen zu kündigen. Eine Entschädigung ist dabei ausgeschlossen. Diese Regelung gilt entsprechend für Änderungen, die bei weiterer Zusammenlegung von Marktgebieten erforderlich sind.

2. Der Marktgebietsverantwortliche ist berechtigt, die Geschäftsbedingungen dieses Vertrages in anderen Fällen als Ziffer 1 für die Zukunft zu ändern. Der Marktgebietsverantwortliche informiert den Bilanzkreisverantwortlichen vorab, 2 Monate vor dem Wirksamkeitszeitpunkt, über die geänderten Geschäftsbedingungen dieses Vertrages in Textform und veröffentlicht die geänderten Geschäftsbedingungen dieses Vertrages auf seiner Internetseite. In begründeten Fällen kann der Marktgebietsverantwortliche von der in Satz 2 genannten Frist abweichen. Die Änderung der Geschäftsbedingungen dieses Vertrages gilt durch den Bilanzkreisverantwortlichen als angenommen, sofern dieser nicht binnen 30 Werktagen ab Zugang der Information der Änderung widerspricht. Soweit ein Widerspruch erfolgt ist, gelten die bisherigen Geschäftsbedingungen dieses Vertrages. Für den Widerspruch ist die Textform ausreichend. Der Marktgebietsverantwortliche ist verpflichtet, den Bilanzkreisverantwortlichen auf den Beginn der Widerspruchsfrist und auf die Wirkung des nicht ausgeübten Widerspruchs als Annahme der geänderten Geschäftsbedingungen dieses Vertrages hinzuweisen.
3. Änderungen der Entgelte erfolgen gemäß § 29.

§ 30 Änderungen der Entgelte

1. Für Leistungen nach diesem Vertrag zahlt der Bilanzkreisverantwortliche an den Marktgebietsverantwortlichen die auf Grundlage dieses Vertrages bestimmten Entgelte. Entgelte im Sinne des Satzes 1 sind die Regel- und Ausgleichsenergieumlage, Strukturierungsbeitrag, Konvertierungsentgelt, Konvertierungsumlage, VHP-Entgelt und Ausgleichsenergieentgelte. Diese sind auf der Internetseite des Marktgebietsverantwortlichen veröffentlicht.
2. Eine Erhöhung und/oder Absenkung der Entgelte ist nur möglich, sofern eine Änderung vorgesehen oder erforderlich ist, um einschlägigen Gesetzen oder Rechtsverordnungen, und/oder rechtsverbindlichen Vorgaben nationaler oder internationaler Gerichte und Behörden, insbesondere Festlegungen und dazu ergangenen Mitteilungen der Bundesnetzagentur, und/oder allgemein anerkannten Regeln der Technik zu entsprechen.
3. Der Marktgebietsverantwortliche wird die Änderungen auf seiner Internetseite veröffentlichen und den Bilanzkreisverantwortlichen über die geänderte Veröffentlichung mindestens 1 Monat vor deren Inkrafttreten per E-Mail informieren. Im Falle der Unterschreitung der vorgenannten Frist bei der Veröffentlichung auf seiner Internetseite tritt die Wirksamkeit der Änderung erst mit Wirkung zum Monatsersten des jeweils folgenden Monats ein.
4. Im Falle einer Änderung der Preise nach Ziffer 1 ist der Bilanzkreisverantwortliche berechtigt, den mit dem Marktgebietsverantwortlichen abgeschlossenen Vertrag bis zu 2 Wochen auf den Zeitpunkt des Wirksamwerdens der Änderung schriftlich zu kündigen.

§ 31 Rechnungsstellung und Zahlung

1. Rechnungsstellung und eventuelle Abschlagszahlungen ergeben sich aus den veröffentlichten ergänzenden Geschäftsbedingungen des Marktgebietsverantwortlichen.
2. Die ernsthafte Möglichkeit eines offensichtlichen Fehlers in der Rechnung berechtigt den Bilanzkreisverantwortlichen zum Zahlungsaufschub oder zur Zahlungsverweigerung.
3. Der Marktgebietsverantwortliche ist berechtigt, einen Verzugsschaden pauschal in Rechnung zu stellen. Es bleibt dem Bilanzkreisverantwortlichen unbenommen, einen tatsächlich geringeren Verzugsschaden nachzuweisen.

4. Einwendungen gegen die Richtigkeit der Rechnung sind unverzüglich, in jedem Fall jedoch spätestens binnen 4 Wochen nach Rechnungserhalt vorzubringen. Einwendungen, die vom Bilanzkreisverantwortlichen ohne Verschulden nicht erkannt werden können, können auch nach Ablauf der oben genannten Frist unverzüglich vorgebracht werden, nachdem die einwendende Partei Kenntnis von dem Einwendungsgrund erlangt hat oder spätestens am Ende des folgenden Gaswirtschaftsjahres.

§ 32 Ansprechpartner

Die Kontaktdaten der Ansprechpartner beim Marktgebietsverantwortlichen für Fragen zum Vertrag und deren Erreichbarkeit sind auf der Internetseite des Marktgebietsverantwortlichen veröffentlicht.

§ 33 Salvatorische Klausel

1. Sollten einzelne Bestimmungen dieses Vertrages oder seiner Anlagen unwirksam oder undurchführbar sein oder werden, so bleiben der Vertrag und die Anlagen im Übrigen davon unberührt.
2. Die Parteien verpflichten sich, die unwirksamen oder undurchführbaren Bestimmungen in einem geeigneten Verfahren durch andere, ihrem wirtschaftlichen Erfolg möglichst gleichkommende Bestimmungen zu ersetzen. Dies gilt entsprechend bei Regelungslücken.

§ 34 Laufzeit

Dieser Vertrag läuft auf unbestimmte Zeit. 1 Jahr nach Ablauf des Monats, in dem die letzte Einbringung oder Nominierung von Ein- oder Ausspeisepunkten in den Bilanzkreis oder der Nominierung von virtuellen Ein- oder Ausspeisepunkten in den Bilanzkreis stattgefunden hat, kann der Marktgebietsverantwortliche dem Bilanzkreisverantwortlichen die Beendigung des Vertrages mit einer Frist von einem Monat schriftlich mitteilen. Der Bilanzkreisverantwortliche kann der Beendigung des Vertrages schriftlich widersprechen. Ab dem Zeitpunkt des Widerspruchs gelten Satz 2 und 3 entsprechend.

§ 35 Steuern

1. Werden im Rahmen des jeweiligen Vertrages vom Marktgebietsverantwortlichen an einen Bilanzkreisverantwortlichen, der nicht Lieferer im Sinne des § 38 Abs. 3 Energiesteuergesetz (EnergieStG) ist, Gasmengen geliefert, hat der Bilanzkreisverantwortliche die darauf entfallenden Entgelte zuzüglich Energiesteuer in der jeweiligen gesetzlichen Höhe zu zahlen.
   Erfolgt die Lieferung von Gasmengen an einen Bilanzkreisverantwortlichen, der angemeldeter Lieferer im Sinne des § 38 Abs. 3 EnergieStG ist, ist der Bilanzkreisverantwortliche verpflichtet, das Vorliegen der Voraussetzungen des § 38 Abs. 3 EnergieStG dem Marktgebietsverantwortlichen gegenüber durch Vorlage einer von der zuständigen Zollverwaltung ausgestellten aktuellen Anmeldebestätigung im Sinne von § 78 Abs. 4 Energiesteuer – Durchführungsverordnung (EnergieStV), nach der der Bilanzkreisverantwortliche als angemeldeter Lieferer zum unversteuerten Bezug von Gasmengen berechtigt ist, nachzuweisen. Der Nachweis über das Vorliegen der Voraussetzungen des § 38 Abs. 3 EnergieStG ist dem Marktgebietsverantwortlichen spätestens 1 Woche vor der Lieferung zur Verfügung zu stellen. Wird ein geeigneter Nachweis über das Vorliegen der Voraussetzungen des § 38 Abs. 3 EnergieStG nicht innerhalb des vorgeschriebenen Zeitraums vorgelegt, hat der Marktgebietsverantwortliche das Recht, dem Bilanzkreisverantwortlichen die auf die Lieferung der Gasmengen entfallenden Entgelte zuzüglich Energiesteuer in der jeweiligen gesetzlichen Höhe in Rechnung zu stellen.
   Der Bilanzkreisverantwortliche ist verpflichtet, den Marktgebietsverantwortlichen umgehend schriftlich zu informieren, wenn der Bilanzkreisverantwortliche nicht bzw. nicht mehr Lieferer im Sinne des § 38 Abs. 3 EnergieStG ist. Bei Adressänderungen, Umfirmierungen, Änderungen der Rechtsform ist die Vorlage einer aktuellen Liefererbestätigung der Zollverwaltung erforder-

lich. Kommt der Bilanzkreisverantwortliche dieser Hinweispflicht nicht oder nicht rechtzeitig nach, ist er verpflichtet, die daraus für den Marktgebietsverantwortlichen entstehende Energiesteuer an diesen zu erstatten.

2. Sollten Steuern oder andere öffentlich-rechtliche Abgaben auf die Entgelte gemäß dem jeweiligen Vertrag, einschließlich von Steuern oder anderen öffentlich-rechtlichen Abgaben auf Dienstleistungen, die die Grundlage für diese Entgelte bilden, eingeführt, abgeschafft oder geändert werden, nimmt der Marktgebietsverantwortliche eine dementsprechende Anhebung oder Absenkung der Entgelte in dem jeweiligen Vertrag mit Wirkung zu dem Zeitpunkt vor, an welchem die Einführung, Abschaffung oder Änderung der Steuern oder anderen öffentlich-rechtlichen Abgaben in Kraft tritt. Dies gilt entsprechend bei der Einführung oder Abschaffung oder Änderung anderer Entgelte durch oder aufgrund nationaler oder europäischer Rechtsvorschriften, Verwaltungsakte oder anderer Anordnungen von Behörden.
3. Sämtliche Entgelte entsprechend des jeweiligen Vertrages sind ohne darauf entfallende Steuern aufgeführt. Der Bilanzkreisverantwortliche hat diese Steuern zusätzlich zu diesen Entgelten zu entrichten.
4. Die Entgelte gemäß dem jeweiligen Vertrag und diesem Paragraphen sowie jegliche Zuschläge hierzu bilden das Entgelt im Sinne des Umsatzsteuergesetzes und verstehen sich ohne Umsatzsteuer (USt). Zusätzlich zu diesem Entgelt hat der Bilanzkreisverantwortliche an den Marktgebietsverantwortlichen die Umsatzsteuer in der jeweiligen gesetzlichen Höhe zu entrichten.

§ 36 Höhere Gewalt

1. Soweit ein Vertragspartner in Folge Höherer Gewalt gemäß Ziffer 2 an der Erfüllung seiner Pflichten gehindert ist, wird er von diesen Pflichten befreit. Der andere Vertragspartner wird soweit und solange von seinen Gegenleistungspflichten befreit, wie der Vertragspartner aufgrund von Höherer Gewalt an der Erfüllung seiner Pflichten gehindert ist.
2. Höhere Gewalt ist ein von außen kommendes, nicht voraussehbares und auch durch Anwendung vernünftigerweise zu erwartender Sorgfalt und technisch und wirtschaftlich zumutbarer Mittel nicht abwendbares oder nicht rechtzeitig abwendbares Ereignis. Hierzu zählen insbesondere Naturkatastrophen, terroristische Angriffe, Stromausfall, Ausfall von Telekommunikationsverbindungen, Streik und Aussperrung, soweit die Aussperrung rechtmäßig ist, oder gesetzliche Bestimmungen oder Maßnahmen der Regierung oder von Gerichten oder Behörden (unabhängig von ihrer Rechtmäßigkeit).
3. Der betroffene Vertragspartner hat den anderen Vertragspartner unverzüglich zu benachrichtigen und über die Gründe der Höheren Gewalt und die voraussichtliche Dauer zu informieren. Er wird sich bemühen, mit allen technisch möglichen und wirtschaftlich zumutbaren Mitteln dafür zu sorgen, dass er seine Pflichten schnellstmöglich wieder erfüllen kann.
4. Nutzt ein Vertragspartner Dienstleistungen Dritter zur Erfüllung seiner vertraglichen Verpflichtungen, so gilt ein Ereignis, das für den Dritten höhere Gewalt oder einen sonstigen Umstand i. S. d. Ziffer 2 darstellen würde, auch zugunsten dieses Vertragspartners als höhere Gewalt.

§ 37 Haftung

1. Die Vertragspartner haften einander für Schäden aus der Verletzung des Lebens, des Körpers oder der Gesundheit, es sei denn, der Vertragspartner selbst, dessen gesetzliche Vertreter, Erfüllungs- oder Verrichtungsgehilfen haben weder vorsätzlich noch fahrlässig gehandelt.
2. Im Fall der Verletzung wesentlicher Vertragspflichten haften die Vertragspartner einander für Sach- und Vermögensschäden, es sei denn, der Vertragspartner selbst, dessen gesetzliche Vertreter, Erfüllungs- oder Verrichtungsgehilfen haben weder vorsätzlich noch fahrlässig gehandelt; die Haftung der Vertragspartner im Fall leicht fahrlässig verursachter Sach- und Vermögensschäden ist auf den vertragstypisch, vorhersehbaren Schaden begrenzt.

a) Unter wesentlichen Vertragspflichten werden hier die Verpflichtungen verstanden, deren Erfüllung die ordnungsgemäße Durchführung des Vertrages überhaupt erst ermöglicht und auf deren Einhaltung der Vertragspartner regelmäßig vertraut und vertrauen darf.
b) Vertragstypische, vorhersehbare Schäden sind solche, die der Vertragspartner bei Vertragsschluss als mögliche Folge einer Vertragsverletzung vorausgesehen hat oder unter Berücksichtigung der Umstände, die ihm bekannt waren oder die er hätte kennen müssen, bei Anwendung verkehrsüblicher Sorgfalt hätte voraussehen müssen.
c) Typischerweise ist bei Geschäften der fraglichen Art von einem Schaden in Höhe von EUR 2,5 Mio. bei Sachschäden und EUR 1,0 Mio. bei Vermögensschäden auszugehen.

3. Die Vertragspartner haften einander für Sach- und Vermögensschäden bei nicht wesentlichen Vertragspflichten, es sei denn, der Vertragspartner selbst, dessen gesetzliche Vertreter, Erfüllungs- oder Verrichtungsgehilfen haben weder vorsätzlich noch grob fahrlässig gehandelt.
   a) Die Haftung der Vertragspartner selbst und für ihre gesetzlichen Vertreter, leitende Erfüllungsgehilfen und Verrichtungsgehilfen ist im Fall grob fahrlässig verursachter Sach- und Vermögensschäden auf den vertragstypisch, vorhersehbaren Schaden begrenzt.
   b) Die Haftung der Vertragspartner für sog. einfache Erfüllungsgehilfen ist im Fall grob fahrlässig verursachter Sachschäden auf EUR 1,5 Mio. und Vermögensschäden auf EUR 0,5 Mio. begrenzt.
4. §§ 16, 16 a EnWG bleiben unberührt. Maßnahmen nach §§ 16 Abs. 2 und 16 a EnWG sind insbesondere auch solche, die zur Sicherstellung der Versorgung von Haushaltskunden mit Erdgas gemäß § 53 a EnWG ergriffen werden.
5. Eine Haftung der Vertragspartner nach zwingenden Vorschriften des Haftpflichtgesetzes und anderen Rechtsvorschriften bleibt unberührt.
6. Die Ziffern 1 bis 5 gelten auch zugunsten der gesetzlichen Vertreter, Arbeitnehmer sowie der Erfüllungs- oder Verrichtungsgehilfen der Vertragspartner, soweit diese für den jeweiligen Vertragspartner Anwendung finden.

§ 38 Leistungsaussetzung und Kündigung

1. Der Marktgebietsverantwortliche ist berechtigt, vertragliche Leistungen auszusetzen oder anzupassen, soweit diese infolge der Anwendung der §§ 16 und 16 a EnWG durch den Netzbetreiber von dem Marktgebietsverantwortlichen nicht mehr ausgeführt werden können. Im Falle einer Aussetzung oder Anpassung von vertraglichen Leistungen haben die Vertragspartner ihre jeweiligen Verpflichtungen unverzüglich wieder aufzunehmen, sobald die Gründe für die Aussetzung oder Anpassung entfallen sind.
2. Der Vertrag kann mit einer Frist von 3 Monaten auf das Ende eines Kalendermonats schriftlich per Brief oder per Fax gekündigt werden. Der Vertrag kann von dem Marktgebietsverantwortlichen jedoch nur gekündigt werden, soweit eine Pflicht zum Netzzugang auf der Grundlage des EnWG, der GasNZV oder anderer Rechtsvorschriften nicht oder nicht mehr besteht oder gleichzeitig mit der Kündigung der Abschluss eines neuen Bilanzkreisvertrages angeboten wird, der den Anforderungen des EnWG, der GasNZV und anderer Rechtsvorschriften entspricht.
3. Dieser Vertrag kann fristlos aus wichtigem Grund gekündigt werden.
   Ein wichtiger Grund liegt insbesondere vor, wenn
   a) gegen wesentliche Bestimmungen dieses Vertrages wiederholt trotz Abmahnung schwerwiegend verstoßen wird oder
   b) der Bilanzkreisverantwortliche seiner Verpflichtung zur Stellung einer Sicherheit oder zur Leistung einer Vorauszahlung nach § 27 nicht fristgerecht oder nicht vollständig nachkommt oder
   c) ein Antrag auf Eröffnung des Insolvenzverfahrens über das Vermögen des Bilanzkreisverantwortlichen vorliegt und der Insolvenzverwalter trotz Aufforderung keine Fortfüh-

rung i. S. d. § 103 InsO erklärt und im Falle eines Antrages durch einen Dritten der Bilanzkreisverantwortliche bzw. der Insolvenzverwalter nicht innerhalb von 5 Werktagen das Fehlen eines Eröffnungsgrundes im Sinne von §§ 17 Abs. 2, 19 Abs. 2 InsO nachweist.

§ 39 Datenweitergabe und Datenverarbeitung

Der Marktgebietsverantwortliche ist berechtigt, Verbrauchs-, Abrechnungs- und Vertragsdaten an Netzbetreiber weiterzugeben, soweit und solange dies zur ordnungsgemäßen Abwicklung des jeweiligen Vertrages erforderlich ist. Der Bilanzkreisverantwortliche erklärt sein Einverständnis zur automatisierten Datenverarbeitung durch den Marktgebietsverantwortlichen oder ein von dem Marktgebietsverantwortlichen beauftragtes Unternehmen nach den Vorschriften der Datenschutzgesetze. Der Bilanzkreisverantwortliche teilt dem Marktgebietsverantwortlichen seine jeweiligen Ansprechpartner zur Veröffentlichung auf dem für Netzbetreiber und Bilanzkreisverantwortliche zugänglichen Portal oder zum Versand mittels Deklarationsmitteilung unter Einhaltung der Datenschutzgesetze mit. Die Veröffentlichung sowie der Versand durch den Marktgebietsverantwortlichen erfolgen verpflichtend ab dem 1. Januar 2014.

§ 40 Vertraulichkeit

1. Die Vertragspartner haben den Inhalt eines Vertrages und alle Informationen, die sie im Zusammenhang mit dem Vertrag erhalten haben (im Folgenden „vertrauliche Informationen" genannt) vorbehaltlich der Bestimmungen in Ziffer 2 sowie § 38 vertraulich zu behandeln und nicht offen zu legen oder Dritten zugänglich zu machen, es sei denn, der betroffene Vertragspartner hat dies zuvor schriftlich genehmigt. Die Vertragspartner verpflichten sich, die vertraulichen Informationen ausschließlich zum Zweck der Durchführung des jeweiligen Vertrages zu verwenden.
2. Jeder Vertragspartner hat das Recht, vertrauliche Informationen, die er vom anderen Vertragspartner erhalten hat, ohne deren schriftliche Genehmigung offenzulegen
   a) gegenüber einem verbundenen Unternehmen, sofern dieses in gleicher Weise zur Vertraulichkeit verpflichtet ist,
   b) gegenüber seinen Vertretern, Beratern, Banken und Versicherungsgesellschaften, wenn und soweit die Offenlegung für die ordnungsgemäße Erfüllung der vertraglichen Verpflichtungen erforderlich ist und diese Personen oder Gesellschaften sich ihrerseits zuvor zur vertraulichen Behandlung der Informationen verpflichtet haben oder von Berufs wegen gesetzlich zur Verschwiegenheit verpflichtet sind; oder
   c) in dem Umfang, wie diese vertraulichen Informationen – dem diese Informationen empfangenden Vertragspartner zu dem Zeitpunkt, zu dem er sie von dem anderen Vertragspartner erhalten hat, berechtigterweise bereits bekannt sind, bereits öffentlich zugänglich sind oder der Öffentlichkeit in anderer Weise als durch Tun oder Unterlassen des empfangenden Vertragspartners zugänglich werden; oder von einem Vertragspartner aufgrund einer gesetzlichen Bestimmung oder einer gerichtlichen oder behördlichen Anordnung oder einer Anfrage der Regulierungsbehörde offen gelegt werden müssen; in diesem Fall hat der offen legende Vertragspartner den anderen Vertragspartner unverzüglich hierüber zu informieren.
3. Die Pflicht zur Einhaltung der Vertraulichkeit endet 2 Jahre nach dem Ende des jeweiligen Vertrages.
4. § 6a EnWG bleibt unberührt.

§ 41 Wirtschaftlichkeitsklausel

1. Sollten während der Laufzeit eines Vertrages unvorhergesehene Umstände eintreten, die erhebliche wirtschaftliche, technische oder rechtliche Auswirkungen auf den Vertrag haben, für die aber im Vertrag und den ergänzenden Geschäftsbedingungen keine Regelungen getroffen oder die bei Vertragsabschluss nicht bedacht wurden und sollte infolgedessen irgendeine vertragliche Bestimmung dadurch für einen Vertragspartner unzumutbar werden, kann der be-

troffene Vertragspartner von dem anderen eine entsprechende Anpassung der vertraglichen Bestimmungen verlangen, die den geänderten Umständen, unter Berücksichtigung aller wirtschaftlichen, technischen und rechtlichen Auswirkungen auf den anderen Vertragspartner, Rechnung trägt.

2. Der Vertragspartner, der sich auf solche Umstände beruft, hat die erforderlichen Tatsachen darzulegen und zu beweisen.
3. Der Anspruch auf Änderung der vertraglichen Bestimmungen besteht ab dem Zeitpunkt, an dem der fordernde Vertragspartner das erste Mal Änderungen der vertraglichen Bestimmungen aufgrund geänderter Umstände fordert, es sei denn, dass eine frühere Geltendmachung des fordernden Vertragspartners vernünftiger Weise nicht zuzumuten war.

§ 42 Rechtsnachfolge

1. Die vollständige oder teilweise Übertragung von vertraglichen Rechten und/oder Pflichten bedarf der vorherigen Zustimmung durch den anderen Vertragspartner. Die Zustimmung darf nur aus wichtigem Grund verweigert werden.
2. Die Übertragung gemäß Ziffer 1 auf ein verbundenes Unternehmen i. S. d. § 15 Aktiengesetz (AktG) bedarf nicht der vorherigen Zustimmung, sondern lediglich einer schriftlichen Mitteilung an den anderen Vertragspartner.

§ 43 Gerichtsstand und anwendbares Recht

1. Es gilt die ordentliche Gerichtsbarkeit.
2. Gerichtsstand ist der Sitz des Marktgebietsverantwortlichen.
3. Es gilt deutsches Recht unter Ausschluss des zwischenstaatlichen Kollisionsrechts, soweit dieses nicht zwingendes Recht ist. UN-Kaufrecht ist ausgeschlossen.

§ 44 Anlagenverzeichnis

Die folgenden Anlagen sind Bestandteil dieses Vertrages:
Anlage 1 Begriffsbestimmungen
Ggf. Anlage 2 Zusätzliche Regelungen zur Bilanzierung von Biogas im Marktgebiet

Anlage 1

Begriffsbestimmungen

1. Ausspeisenetzbetreiber
   Netzbetreiber, mit dem der Transportkunde nach § 3 Abs. 1 Satz 1 GasNZV einen Ausspeisevertrag, auch in Form eines Lieferantenrahmenvertrages, abschließt.
2. Ausspeisepunkt
   Ein Punkt innerhalb eines Marktgebietes, an dem Gas durch einen Transportkunden aus einem Netz eines Netzbetreibers zur Belieferung von Letztverbrauchern oder zum Zwecke der Einspeicherung entnommen werden kann bzw. an Marktgebietsgrenzen oder Grenzübergängen übertragen werden kann. Als Ausspeisepunkt gilt im Fernleitungsnetz auch die Zusammenfassung mehrerer Ausspeisepunkte zu einer Zone gemäß § 11 Abs. 2 GasNZV.
3. Bilanzierungsperiode
   Die Bilanzierungsperiode für sämtliche Gasmengen, ausgenommen Biogasmengen in einem Biogas-Bilanzkreis, ist der Gastag.
4. Bilanzkreisnummer
   Eindeutige Nummer, die von dem Marktgebietsverantwortlichen an einen Bilanzkreisverantwortlichen für einen Bilanzkreis vergeben wird und insbesondere der Identifizierung der Nominierungen oder Renominierungen von Gasmengen dient.
5. Einspeisenetzbetreiber
   Netzbetreiber, mit dem der Transportkunde nach § 3 Abs. 1 Satz 1 GasNZV einen Einspeisevertrag abschließt.
6. Einspeisepunkt
   Ein Punkt innerhalb eines Marktgebietes, an dem Gas durch einen Transportkunden von Grenzübergängen, Marktgebietsgrenzen, inländischen Quellen und Produktionsanlagen, LNG-Anlagen, Biogasanlagen oder aus Speichern an einen Netzbetreiber in dessen Netz übergeben werden kann. Als Einspeisepunkt gilt im Fernleitungsnetz auch die Zusammenfassung mehrerer Einspeisepunkte zu einer Zone gemäß § 11 Abs. 2 GasNZV.
7. Externe Regelenergie
   Die in § 27 Abs. 2 GasNZV beschriebene Regelenergie.
8. GABi Gas
   Festlegung der Bundesnetzagentur in Sachen Ausgleichsleistungen Gas (Az. BK7-08-002) vom 28. Mai 2008.
9. Gaswirtschaftsjahr
   Der Zeitraum vom 1. Oktober, 06:00 Uhr, eines Kalenderjahres bis zum 1. Oktober, 06:00 Uhr, des folgenden Kalenderjahres.
10. GeLi Gas
    Festlegung einheitlicher Geschäftsprozesse und Datenformate der Bundesnetzagentur (Az. BK7-06-067) vom 20. August 2007 oder einer diese Festlegung ersetzende oder ergänzende Festlegung der Bundesnetzagentur.
11. Mini-MüT
    Die Übertragung von Gasmengen des jeweiligen Transportkunden zwischen Bilanzkreisen unterschiedlicher Marktgebiete im Ausspeisenetz.
12. *Monat* M
    Monat M ist der Liefermonat.
13. Sub-Bilanzkonto
    Das Sub-Bilanzkonto ist ein Konto, das einem Bilanzkreis zugeordnet ist und die Zuordnung von Ein- und Ausspeisemengen zu Transportkunden und/oder die übersichtliche Darstellung von Teilmengen ermöglicht.

14. Tag D
    Tag D ist der Liefertag.
15. Virtueller Ausspeisepunkt
    Ein nicht zu buchender Ausspeisepunkt eines Bilanzkreises, über den Gas in einen anderen Bilanzkreis übertragen werden kann.
16. Virtueller Einspeisepunkt
    Ein nicht zu buchender Einspeisepunkt eines Bilanzkreises, über den Gas aus einem anderen Bilanzkreis übertragen werden kann.
17. Vorhalteleistung
    Die an einem Ein- oder Ausspeisepunkt eines Verteilernetzes mit Netzpartizipationsmodell festgelegte, maximal mögliche Leistungsinanspruchnahme im Auslegungszustand des Netzes.
18. Werktage
    Abweichend von der Definition in § 2 Nr. 16 GasNZV sind im Folgenden unter Werktagen für die Fristenregelung alle Tage zu verstehen, die kein Sonnabend, Sonntag oder gesetzlicher Feiertag sind. Wenn in einem Bundesland ein Tag als Feiertag ausgewiesen wird, gilt dieser Tag bundesweit als Feiertag. Der 24. Dezember und der 31. Dezember eines jeden Jahres gelten als Feiertage.

Anlage 2 zu den „Geschäftsbedingungen für den Bilanzkreisvertrag“

Zusätzliche Regelungen zur Bilanzierung von Biogas im Marktgebiet

§ 1 Gegenstand des Vertrages

Gegenstand dieser Vereinbarung ist der erweiterte Bilanzausgleich für die Ein- und Ausspeisung von Biogas nach § 35 GasNZV.

§ 2 Vertragsbestandteile

1. Voraussetzung für den Abschluss des Biogas-Bilanzkreisvertrages ist der Abschluss eines allgemeinen Bilanzkreisvertrages im entsprechenden Marktgebiet, dessen Bestimmungen durch die im Folgenden aufgeführten zusätzlichen Regelungen für die Bilanzierung von Biogas ergänzt werden.
2. Mit dem Abschluss dieser Vereinbarung auf Grundlage der vorliegenden zusätzlichen Regelungen zur Bilanzierung von Biogas finden die folgenden Bestimmungen des allgemeinen Bilanzkreisvertrages keine Anwendung:
   - § 8 Ziffer 2 (Ermittlung der abzurechnenden Konvertierungsmenge),
   - § 20 Ziffern 1, 2, 3, 5 (Tagesbilanzierung),
   - § 22 Ziffer 1 (Differenzmengen),
   - § 24 (Stündliches Anreizsystem),
   - § 26 Ziffern 2, 3, 4 (Sonstige Bilanzierungsregeln).

   Dies gilt auch, soweit in anderen Bestimmungen des allgemeinen Bilanzkreisvertrages auf diese Regelungen Bezug genommen wird.
3. Abweichend von § 27 Ziffer 7 des allgemeinen Bilanzkreisvertrages wird die Höhe der Sicherheitsleistungen bei Biogas-Bilanzkreisverträgen wie folgt berechnet: Für neu abgeschlossene Biogas-Bilanzkreisverträge und den Fall, dass noch kein Bilanzierungszeitraum abgerechnet ist, beträgt die Höhe der Sicherheitsleistung 10.000,-€. Wenn schon ein Bilanzierungszeitraum abgerechnet wurde, ergibt sich die Höhe der Sicherheitsleistung aus der zweifachen Forderungshöhe aus den Bilanzkreisabrechnungen des letzten abgerechneten Biogas-Bilanzierungszeitraums gegenüber dem betreffenden Bilanzkreisverantwortlichen. Der Marktgebietsverantwortliche kann die Höhe der Sicherheitsleistung auf die voraussichtliche Forderungshöhe aufgrund der abzurechnenden Menge seit der letzten Abrechnung bis zum Zeitpunkt der Anforderung der Sicherheitsleistung anpassen.
4. Die übrigen Bestimmungen des allgemeinen Bilanzkreisvertrages gelten auch für die Biogas-Bilanzierung, mit der Maßgabe, dass sich die darin enthaltenen Regelungen mit dem Abschluss dieser Vereinbarung ausschließlich auf die Bilanzierung von Biogas beziehen.
5. Sollten einzelne der folgenden Regelungen den Bestimmungen des allgemeinen Bilanzkreisvertrages oder dessen ergänzenden Geschäftsbedingungen widersprechen, so haben die Regelungen für die Biogas-Bilanzierung Vorrang.

§ 3 Online Vertragsabschluss

1. Der Abschluss dieser Vereinbarung erfolgt elektronisch, zusätzlich zu dem allgemeinen Bilanzkreisvertrag, nach Maßgabe der dort in § 3 geregelten Vorgaben zum Vertragsabschluss.
2. Bereits bei Abschluss des Bilanzkreisvertrages ist anzugeben, ob es sich um einen Biogas-Bilanzkreisvertrag handelt. Eine Einbeziehung dieser Anlage in einen bereits bestehenden allgemeinen Bilanzkreisvertrag ist ausgeschlossen.

§ 4 Bilanzierung von Biogas

1. Die zusätzlichen Regelungen zur Bilanzierung von Biogas gelten nur, wenn es sich bei dem eingespeisten Gas um auf Erdgasqualität aufbereitetes Biogas nach § 3 Nr. 10c EnWG handelt.
2. Der Bilanzierungszeitraum für in den Biogas-Bilanzkreis ein- und ausgespeiste Biogasmengen beträgt 12 Monate. Der Marktgebietsverantwortliche und der Bilanzkreisverantwortliche

können hiervon abweichend einen ersten Bilanzierungszeitraum von weniger als 12 Monaten vereinbaren (Rumpfbilanzierungszeitraum).

3. Entspricht nicht die gesamte in den Biogas-Bilanzkreis eingespeiste Gasmenge den Anforderungen der Ziffer 1, finden die zusätzlichen Regelungen zur Biogas-Bilanzierung ab dem Zeitpunkt, zu dem der Marktgebietsverantwortliche Kenntnis davon erhält, dass nicht ausschließlich Biogas eingespeist wurde, bis zum Ende des Bilanzierungszeitraums keine Anwendung mehr. In diesem Fall gelten fortan uneingeschränkt die Bestimmungen des allgemeinen Bilanzkreisvertrages (siehe § 2 Ziffer 1).
4. Erlangt der Bilanzkreisverantwortliche Kenntnis darüber, dass die Einspeisemengen nicht mehr den Anforderungen der Ziffer 1 entsprechen, wird er unverzüglich nach Kenntniserlangung den Marktgebietsverantwortlichen darüber informieren.
5. Biogas kann in einem Biogas-Bilanzkreis nur dann bilanziert werden, wenn:
   - es sich bei den in den Bilanzkreis eingebrachten Einspeisepunkten ausschließlich um Einspeisepunkte von Biogasanlagen handelt,
   - bei aus anderen Marktgebieten eingespeistem Gas durch den Bilanzkreisverantwortlichen sichergestellt wird, dass dieses Gas aus Biogas-Bilanzkreisen stammt,
   - jeder zur Verrechnung verbundene Bilanzkreis ein Biogas-Bilanzkreis ist,
   - das vom VHP bezogene Gas aus einem anderen Biogas-Bilanzkreis übertragen wird und
   - das aus einer Speicheranlage eingespeiste Gas aus einem Biogas-Bilanzkreis stammt, aus dem in die Speicheranlage ausgespeist wurde.
6. Lastgänge von RLM-Ausspeisepunkten, die einem Biogas-Bilanzkreis bzw. Biogas-Bilanzkonto (§ 7) zugeordnet sind, werden täglich mit einem Bilanzierungsbrennwert umgewertet. Nach Abschluss des Monats werden diese Lastgänge auf eventuelle Ersatzwertkorrekturen oder Korrekturen der K-Zahl geprüft und dann mit dem Abrechnungsbrennwert umgewertet. Eine Mehr-/Mindermengenabrechnung für diese Ausspeisepunkte entfällt.

§ 5 Biogas-Bilanzkreise

1. Zur Bildung eines Biogas-Bilanzkreises hat der Bilanzkreisverantwortliche Einspeisepunkte, die der physischen Einspeisung von Biogas über den Netzanschluss in das Netz dienen, in einen Biogas-Bilanzkreis einzubringen. Auf Verlangen des Marktgebietsverantwortlichen muss der Bilanzkreisverantwortliche in geeigneter Weise (z. B. Nachweis gemäß dem Erneuerbare-Energien-Gesetz, Wirtschaftsprüfertestat) nachweisen, dass es sich bei dem physisch eingespeisten Gas um Biogas handelt. Abweichend von Satz 1 kann der Bilanzkreisverantwortliche auch andere physische Einspeisepunkte (z. B. Marktgebietsübergangspunkte, Speicher) oder den virtuellen Einspeisepunkt zur Bildung eines Biogas-Bilanzkreises einbringen, wenn er nachweist, dass das eingespeiste Gas Biogas ist. Der Nachweis gilt grundsätzlich als erbracht, wenn das Gas aus einem Biogas-Bilanzkreis übertragen wird.
2. Mehrere Biogas-Unterbilanzkreise können über einen Rechnungsbilanzkreis miteinander verbunden werden. Die miteinander verbundenen Biogas-Unterbilanzkreise müssen einen am gleichen Datum endenden Bilanzierungszeitraum aufweisen; das Datum für den Beginn des Bilanzierungszeitraums kann unterschiedlich sein.
3. Der Bilanzkreisverantwortliche bleibt berechtigt, Biogas-Einspeisepunkte in einen Bilanzkreis des Marktgebietsverantwortlichen gemäß § 14 des allgemeinen Bilanzkreisvertrages einzubringen. In diesem Fall hat der Bilanzkreisverantwortliche keinen Anspruch auf den erweiterten Biogas-Bilanzausgleich. Eine separate Abrechnung der Biogasmengen ist in diesem Fall nicht möglich.

§ 6 Erweiterter Bilanzausgleich für Biogas-Bilanzkreise

1. Der Marktgebietsverantwortliche gewährt dem Bilanzkreisverantwortlichen einen erweiterten Bilanzausgleich für Biogas-Bilanzkreise in Höhe von 25 % bezogen auf die physisch ein-

gespeiste Biogasmenge innerhalb des jeweiligen Bilanzierungszeitraumes. Der Flexibilitätsrahmen bezieht sich auf die kumulierte Abweichung der eingespeisten von der ausgespeisten Menge innerhalb des Bilanzierungszeitraumes.

2. Vor Beginn eines jeden Bilanzierungszeitraumes nennt der Bilanzkreisverantwortliche dem Marktgebietsverantwortlichen unverbindlich die voraussichtlichen Ein- und Ausspeisemengen sowie deren zeitliche Verteilung für den Bilanzierungszeitraum.

3. Die kumulierten Ein- und Ausspeisungen werden innerhalb des Bilanzierungszeitraums unter Berücksichtigung der Vorzeichen fortlaufend durch den Marktgebietsverantwortlichen auf täglicher Basis saldiert. Dieser Saldo des Biogas-Bilanzkreises darf zu keinem Zeitpunkt außerhalb des Flexibilitätsrahmens liegen. Für die Ermittlung des Flexibilitätsrahmens werden alle physischen Einspeisemengen der Biogaseinspeisepunkte (Biogasanlagen) im Biogas-Bilanzkreis ermittelt, d. h. diejenigen Mengen, die über direkt in den jeweiligen Biogas-Bilanzkreis eingebrachte physische Biogas-Einspeisepunkte eingespeist wurden. Am VHP oder zwischen Marktgebieten (über MüT) übertragene Mengen bleiben unberücksichtigt. Der Marktgebietsverantwortliche ermittelt durch Addition aller physischen Einspeisemengen der Biogaseinspeisepunkte je Biogas-Bilanzkreis die insgesamt physisch eingespeiste Jahresmenge. +/- 25 % der physisch eingespeisten Jahresmenge ergeben die absolute Flexibilität in kWh. Der Marktgebietsverantwortliche verwendet die am Ende des Bilanzierungszeitraums vorliegende Bilanzkreisverbindung zur Berechnung der absoluten Flexibilitäten und zur Abrechnung der Bilanzkreise. Mögliche ex-post Übertragungen von Flexibilitäten sind zu beachten (Ziffer 4). Darüber hinausgehende tägliche Abweichungen werden mit den jeweiligen täglichen Ausgleichsenergiepreisen (Verkaufs-/Kaufpreis) nach Maßgabe des § 22 Ziffer 2 und 3 des allgemeinen Bilanzkreisvertrages am Ende des Bilanzierungszeitraumes abgerechnet. Im Fall der Abrechnung einer darüber hinausgehenden täglichen Abweichung wird jeweils der gekürzte Saldo weitergeführt. Daneben ist einvernehmlich eine vorläufige monatliche Abrechnung möglich, z. B. auf Basis der nach Ziffer 2 gemeldeten voraussichtlichen Einspeisejahresmenge im Bilanzierungszeitraum.

4. Der Bilanzkreisverantwortliche ist berechtigt, die auf Basis der physisch eingespeisten Jahresmenge ermittelte absolute Flexibilität seines Biogas-Bilanzkreises bzw. von anderen Biogas-Bilanzkreisen übertragene Flexibilitäten nach Ende des Bilanzierungszeitraumes in andere Biogas-Bilanzkreise innerhalb eines Marktgebietes oder zu Biogas-Bilanzkreisen in einem anderen Marktgebiet ex-post ganz oder teilweise zu übertragen, wenn der Bilanzierungszeitraum der Biogas-Bilanzkreise zum gleichen Zeitpunkt endet. Bei der Bildung von Biogas-Unterbilanzkreisen findet die Übertragung von Flexibilität über den gemeinsamen Rechnungsbilanzkreis statt (§ 5 Ziffer 2).
   Nach Ablauf des Bilanzierungszeitraums und anschließender finaler Ermittlung der Mengen der Biogas-Bilanzkreise teilt der Marktgebietsverantwortliche dem Bilanzkreisverantwortlichen die absolute Flexibilität der relevanten Biogas-Bilanzkreise mit.
   Dies zugrunde gelegt, teilen sowohl der die Flexibilität abgebende als auch der die Flexibilität aufnehmende Bilanzkreisverantwortliche dem Marktgebietsverantwortlichen innerhalb von 20 Werktagen nach Vorliegen der Abrechnungsdaten für die maßgeblichen Biogas-Bilanzkreise die Übertragung der Flexibilität und deren Höhe je Biogas-Bilanzkreis mit. Die Übertragung von Flexibilitäten zwischen Biogas-Bilanzkreisen bzw. Biogas-Rechnungsbilanzkreisen (vgl. Ziffer 4 Abs. 1 Satz 2) erfolgt dabei nach folgenden Vorgaben:
   - Der Marktgebietsverantwortliche richtet dem Bilanzkreisverantwortlichen für jeden Biogas-Bilanzkreis zur Übertragung der Flexibilität ein Flexibilitätskonto ein. Der Kontostand bei Eröffnung des Flexibilitätskontos entspricht dem von dem Marktgebietsverantwortlichen zuvor auf Basis der physisch eingespeisten Jahresmenge ermittelten absoluten Flexibilität. Je nach übertragener Flexibilität aktualisiert der Marktgebietsver-

antwortliche täglich den Kontostand und damit die Höhe der am Folgetag übertragbaren Flexibilität (Tagesstartwert).

- Der Bilanzkreisverantwortliche kann innerhalb von 20 Werktagen täglich Flexibilität maximal in Höhe des an dem jeweiligen Tag ermittelten Tagesstartwertes übertragen. Die Höhe der übertragenden Flexibilität darf maximal dem Tagesstartwert des Flexibilitätskontos des abgebenden Biogas-Bilanzkreises entsprechen und darf nicht darüber hinaus erhöht werden. Aus dem Saldo der täglich abgegebenen und aufgenommenen Flexibilitäten ergibt sich der Tagesstartwert des jeweiligen Flexibilitätskontos der beteiligen Biogas-Bilanzkreise für den nächsten Tag.
- Der Marktgebietsverantwortliche teilt dem Bilanzkreisverantwortlichen innerhalb der 20 Werktage, in denen Flexibilitäten übertragen werden können, den Tagesstartwert für den Folgetag jeweils täglich bis spätestens 21:00 Uhr mit. Der Bilanzkreisverantwortliche sendet darauf basierend eine Nachricht mit den Übertragungsmengen je abgebenden und aufnehmenden Biogas-Bilanzkreis täglich bis 17:00 Uhr. Der Marktgebietsverantwortliche prüft täglich ab 17:00 Uhr diese Nachrichten und erteilt dem Bilanzkreisverantwortlichen eine Empfangs- und Übertragungsbestätigung bis 20:00 Uhr. Am Ende der 20 Werktage teilt der Marktgebietsverantwortliche dem Bilanzkreisverantwortlichen den finalen Stand der Flexibilität mit.

Der Marktgebietsverantwortliche prüft die Einhaltung der o. g. Voraussetzungen für die Übertragung von Flexibilitäten. Werden die Voraussetzungen nicht erfüllt, ist der Marktgebietsverantwortliche, nach Mitteilung an die/den Bilanzkreisverantwortlichen, berechtigt, die Übertragung abzulehnen. Das gilt insbesondere in dem Fall, dass die Summe der nominierten zu übertragenden Flexibilitäten den Tagesstartwert des abgebenden Flexibilitätskontos übersteigt. Eine Ablehnung führt jedoch nicht zur vollständigen Beendigung des Übertragungsprozesses. Der Bilanzkreisverantwortliche kann innerhalb der 20 Werktage bei Einhaltung der o. g. Voraussetzungen die abgelehnte Übertragung am Folgetag wiederholen.
Der Marktgebietsverantwortliche prüft überdies täglich die Mitteilungen des/der Bilanzkreisverantwortlichen auf Übereinstimmung der gemeldeten Übertragungswerte. Sollten die gemeldeten Übertragungswerte nicht übereinstimmen, ist der Marktgebietsverantwortliche, nach Mitteilung an die/den Bilanzkreisverantwortlichen berechtigt, eine Kürzung auf den geringeren Wert vorzunehmen („Matching"-Prozess); stimmen die Mitteilungen des abgebenden und des aufnehmenden Bilanzkreisverantwortlichen im Übrigen nicht überein, setzt der Marktgebietsverantwortliche die abgehenden Nominierungen auf „Null", woraufhin die zu übertragende Flexibilität neu berechnet werden muss. Am VHP führt der jeweilige Marktgebietsverantwortliche die Prüfung eigenständig durch; bei der Übertragung zwischen Marktgebieten muss der Prozess in Abstimmung mit dem/den benachbarten Marktgebietsverantwortlichen erfolgen.

5. Der Bilanzkreisverantwortliche zahlt an den Marktgebietsverantwortlichen für den erweiterten Bilanzausgleich das Entgelt gemäß § 35 Abs. 8 GasNZV für die Nutzung des tatsächlich in Anspruch genommenen Flexibilitätsrahmens. Der für den Bilanzierungszeitraum in Anspruch genommene Flexibilitätsrahmen bemisst sich nach der betragsmäßig höchsten täglichen Abweichung der kumulierten Ein- und Ausspeisungen innerhalb des unter Ziffer 3 genannten Flexibilitätsrahmens von +/– 25 %. Die Übertragung von Flexibilität nach Ziffer 4 ist zu beachten. Die Abrechnung erfolgt am Ende des jeweiligen Bilanzierungszeitraumes.
6. Der Bilanzkreisverantwortliche hat sicherzustellen, dass die kumulierten Ein- und Ausspeisemengen am Ende des Bilanzierungszeitraums ausgeglichen sind. Verbleibt nach Ablauf des Bilanzierungszeitraums dennoch ein Saldo zwischen Ein- und Ausspeisung, gleicht der Marktgebietsverantwortliche diesen, ggf. nach Abzug eines übertragenen positiven Saldos gemäß Ziffer 7, aus. Der Marktgebietsverantwortliche hat an den Bilanzkreisverantwortlichen ein Ent-

gelt in Höhe des durchschnittlichen Ausgleichsenergiepreises des Bilanzierungszeitraums zu zahlen, soweit die Einspeisemengen die Ausspeisemengen, ggf. nach Abzug eines übertragenen positiven Saldos gemäß Ziffer 7, überschreiten (nachfolgend „negative Ausgleichsenergie"). Der Bilanzkreisverantwortliche hat an den Marktgebietsverantwortlichen ein Entgelt in Höhe des durchschnittlichen Ausgleichsenergiepreises des Bilanzierungszeitraums zu zahlen, soweit die Ausspeisemengen die Einspeisemengen überschreiten (nachfolgend „positive Ausgleichsenergie").

7. Im Rahmen der Biogas-Bilanzierung ist ein Übertrag eines positiven Saldos bis in Höhe des bestehenden Flexibilitätsrahmens auf den nächsten Bilanzierungszeitraum möglich. Die Übertragung erfolgt automatisch, wenn der Bilanzkreisverantwortliche dem nicht rechtzeitig vor Ablauf des Bilanzierungszeitraums widerspricht. Dieser Saldo wird bei der Ermittlung des in dem nächsten Bilanzierungszeitraum in Anspruch genommenen Flexibilitätsrahmens nach Ziffer 3 nicht berücksichtigt, sondern am Ende des nächsten Bilanzierungszeitraums mit dem dann festgestellten Saldo verrechnet.
8. Der Marktgebietsverantwortliche ist nicht zum Einsatz von Biogas hinsichtlich des nach Ziffern 3 und 6 vorzunehmenden Ausgleichs verpflichtet.

§ 7 Biogas-Sub-Bilanzkonten

Im Rahmen eines bestehenden Biogas-Bilanzkreises kann der Bilanzkreisverantwortliche Biogas-Sub-Bilanzkonten bilden.

§ 8 Konvertierung von Biogas

1. Abweichend von § 8 Ziffer 2 der Bestimmungen des allgemeinen Bilanzkreisvertrages gilt für Biogas-Bilanzkreise Folgendes: Zur Bestimmung der auf einen Bilanzkreisverantwortlichen entfallenden Konvertierungsmengen werden die während des Biogas-Bilanzierungszeitraums bilanzierten Einspeisemengen und Ausspeisemengen getrennt nach H- und L-Gas je Bilanzkreis saldiert. Ausspeise- und Einspeisepunkte werden je Gasqualität getrennten Bilanzkreisen zugeordnet. Für die Saldierung wird ein verbindender Rechnungsbilanzkreis eingerichtet und einer Gasqualität zugeordnet. Die Salden aller mit dem Rechnungsbilanzkreis verbundenen Bilanzkreise einschließlich des Rechnungsbilanzkreises selbst werden getrennt je Gasqualität addiert. Hierbei werden im Rechnungsbilanzkreis nur die bilanzierten Ein- und Ausspeisemengen berücksichtigt. Ergibt sich dabei eine Überdeckung in der einen und eine Unterdeckung in der anderen Gasqualität, erhebt der Marktgebietsverantwortliche von dem Bilanzkreisverantwortlichen auf den kleineren Betrag der beiden Mengen ein Konvertierungsentgelt in ct pro kWh. Die Abrechnung des Konvertierungsentgelts erfolgt auf der Grundlage der endgültigen, auch für die Bilanzkreisabrechnung zugrunde gelegten Bilanzwerte.
2. Ergänzend zu § 9 Ziffer 1 bis 3 der Bestimmungen des allgemeinen Bilanzkreisvertrages gilt für Biogas-Bilanzkreise Folgendes: Bei der Abrechnung der Konvertierung ist das zeitgewichtete Mittel der während des Biogas-Bilanzierungszeitraums geltenden Konvertierungsentgelte heranzuziehen.

III. Erläuterung

Der Bilanzkreisvertrag wird als Vertragsstandard in Anlage 4 KoV VI vorgegeben. Eine Abweichung von diesen Regelungen ist nur in den ausdrücklich in § 2 Abs. 3 lit. d) Hauptteil KoV VI aufgeführten Grenzen im Rahmen von **ergänzende Geschäftsbedingungen** erlaubt. Zusätzliche Abweichungen sind nur in denjenigen Regelungsbereichen eröffnet, in denen der Standardbilanzkreisvertrag eine Regelung in ergänzenden Geschäftsbedingungen ermöglicht (beispielsweise § 18 Abs. 1 S. 3 und § 31 Nr. 1 Anlage 4 KoV VI). Weitere Änderungen bzw. Ergänzungen zum Standardbilanzkreisvertag sind nicht zulässig. 13

Gegenstand ergänzender Geschäftsbedingungen
- Form des Vertragsschlusses bei der Verbindung von Bilanzkreisen,
- Übertragung von Gasmengen zwischen Sub-Bilanzkonten,
- Bilanzierung von beschränkt zuordenbaren Kapazitäten,
- Entgelt- und Zahlungsbedingungen,
- Vertrag über die quotale Aufteilung bei Rechnungsbilanzkreisen,
- Preisblatt,
- Zulassungsbedingungen für den Online-Vertragsabschluss bzw. die Portalnutzung.

Da der Bilanzkreisvertrag mit Ausnahme der aufgelisteten Bereiche als Standardvertrag vorgegeben wird, beschränken sich die Erläuterungen auf die wesentlichen künftigen Änderungen zu den jeweiligen Regelungsinhalten durch die KoV VII und VIII (**KoV VII** und **KoV VIII**). Der Entwurf der KoV VII liegt zum Zeitpunkt der Bearbeitung bereits vor, sodass auf dessen Grundlage ein Ausblick auf sich abzeichnende wesentliche Änderungen gegeben wird.[21] Darüber hinaus erfolgt ebenfalls ein Ausblick auf die KoV VIII vor dem Hintergrund, dass die Europäische Kommission den ersten EU-weiten Netzkodex („Network Code Balancing") über Mechanismen für die Kapazitätszuweisung in Gasfernleitungsnetzen verabschiedet hat.[22] Unabhängig von noch offenen Detailfragen ist davon auszugehen, dass die (wesentlichen) Neuerungen voraussichtlich in der KoV VIII umgesetzt und zum 1.10.2015 in Kraft treten werden. 14

Aufgrund der geplanten Änderungen für die KoV VII und VIII wird auch der hier besprochene Bilanzkreisvertrag Änderungen erfahren.[23] 15

21 Änderungsfassung der KoV zwischen den Betreibern von in Deutschland gelegenen Gasversorgungsnetzen v. 30.6.2014 mit Inkrafttreten am 1.10.2014.

22 Vgl. VO (EU) Nr. 984/2013 der Kommission v. 14.10.2013 zur Festlegung eines Netzkodex über Mechanismen für die Kapazitätszuweisung in Fernleitungsnetzen und zur Ergänzung der VO (EG) Nr. 715/2009 des Europäischen Parlaments und des Rates.

23 Ein Überblick über die wesentlichen Änderungen findet sich u. a. im Energie-Info „KoV Gas VII" des BDEW v. 30.6.2014.

Achtung!
- Da die Vertragspartner der KoV verpflichtet sind, die jeweiligen Standardverträge in der aktuell geltenden Fassung zu verwenden, ergibt sich daraus beim Bilanzkreisvertrag Gas Anpassungsbedarf **auch für bereits bestehende Vertragsverhältnisse.**
- Netzbetreiber können und sollten in diesen Fällen von **vertraglich vereinbarten Anpassungsrechten** Gebrauch machen. Auf diesem Wege können sie weiterhin eine diskriminierungsfreie Behandlung aller Transportkunden sowie die Anwendung der jeweils aktuell geltenden Regelungen gewährleisten.

1. Marktgebietszuordnung/Sub-Bilanzkonten (§ 4 KoV VII)

16 Durch die KoV VII wird sich voraussichtlich folgende Änderung bei den **Sub-Bilanzkonten** ergeben:

17 Falls Ein- und Ausspeisepunkte bei einem durch den Netzbetreiber veranlassten Marktgebietswechsel interimsweise bilanziell im bisherigen Marktgebiet verbleiben sollen, müssen diese in einem gesonderten Bilanzkreis/Sub-Bilanzkonto, welcher/welches ausschließlich diese Ein- und Ausspeisepunkte enthält, geführt werden.

2. Sicherheitsleistung und Vorauszahlung (§ 28 f. KoV VII)

18 Die Vorschriften zur **Sicherheitsleistung** werden durch die KoV VII wahrscheinlich ebenfalls geändert. Vorgesehen ist nunmehr, dass der Marktgebietsverantwortliche in begründeten Fällen für alle Zahlungsansprüche aus dem Bilanzkreisvertrag eine angemessene Sicherheitsleistung oder eine **Vorauszahlung** verlangen kann. Die Regelungen zur Vorauszahlung sollen zudem in einer eigenständigen Regelung erfasst werden.

3. Änderungen des Vertrages (§ 30 KoV VII)

19 Der Marktgebietsverantwortliche soll berechtigt sein, den Bilanzkreisvertrag für die Zukunft zu ändern, sofern ein berechtigtes Interesse an Veränderungen der vertraglichen Ausgestaltung der Bilanzierung besteht. Ein berechtigtes Interesse soll insbesondere dann vorliegen, wenn die Änderungen auf der Erstellung standardisierter Bilanzkreisverträge gem. § 3 Abs. 2 GasNZV beruhen. Der Bilanzkreisverantwortliche soll anstelle eines Widerspruchsrechts nunmehr das Recht zur Kündigung erhalten. Kündigt er danach nicht innerhalb von 30 Werktagen ab Zugang der Information der Änderung der Geschäftsbedingungen, gelten die Änderungen als angenommen.

4. Steuern (§ 36 KoV VII)

20 Hinsichtlich der steuerlichen Behandlung von Mehr- und Mindermengenabrechnungen gibt es voraussichtlich Neuerungen aufgrund eines Rundschreibens des

Bundesministeriums für Finanzen (BMF) vom 1.7.2014.[24] Es betrifft die Frage, wie **Mehr- und Mindermengenabrechnungen** u. a. im Gasbereich umsatzsteuerlich behandelt werden. Das Rundschreiben stellt klar, dass es sich beim Ausgleich von Mehr- und Mindermengen entweder um eine **Lieferung** vom Ausspeisenetzbetreiber an den Transportkunden oder um eine Lieferung vom Transportkunden an den Ausspeisenetzbetreiber handelt. Das Rundschreiben stellt weiter klar, dass das **Reverse-Charge-Verfahren** auf diese Lieferverhältnisse grundsätzlich anwendbar ist.[25]

Sind die Voraussetzungen für das **Reverse-Charge-Verfahren** gegeben (vgl. 21
§ 3g Abs. 1 UStG), ist die Anwendung des Verfahrens zwingend. Der im Rahmen des **Mehr- und Mindermengenverfahrens** Belieferte legt dann – als Nachweis für die Anwendung des **Reverse-Charge-Verfahrens** – die Bescheinigung für **Wiederverkäufer** von Erdgas (USt 1 TH) nach § 13b Abs. 2 Nr. 5 lit. b und Abs. 5 UStG vor. Der Belieferte muss die Bescheinigung erstmalig spätestens eine Woche vor der Lieferung vorlegen. Er ist zudem verpflichtet, diese Bescheinigung jährlich wiederkehrend dem jeweils anderen Vertragspartner unaufgefordert vorzulegen. Erfolgt die Abrechnung gem. § 14 Abs. 2 S. 2 UStG im **Gutschriftsverfahren**, muss die Abrechnung die Angabe „Gutschrift" enthalten (§ 14 Abs. 4 Nr. 10 UStG).

Hinweis !
Die Regelung ist nach Auffassung des BMF in allen noch offenen Fällen anzuwenden. Bei im Rahmen der **Mehr- oder Mindermengenabrechnung** Gas vor dem 1.1.2015 ausgeführten Lieferungen wird es nicht beanstandet, wenn zwischen Ausspeisenetzbetreiber und Transportkunden bzw. Marktgebietsverantwortlichen und Ausspeisenetzbetreiber entweder von **sonstigen Leistungen** oder von Leistungen des Bilanzkreisverantwortlichen ausgegangen wird.

Die Neuerungen der **KoV VII** sollen am 1.10.2014 in Kraft treten. Zudem ist bereits 22
jetzt absehbar, dass die **KoV VIII** nicht lange auf sich warten lassen wird: Die BNetzA hat am 3.4.2014 ein Festlegungsverfahren zur Neugestaltung des Grundmodells für Ausgleichsleistungen und Bilanzierungsregel im Gassektor („GABi Gas 2.0") eingeleitet.[26] Eine Neugestaltung der **GABi Gas** ist aufgrund des Bestrebens der EU-Kommission, den grenzüberschreitenden Gastransport und -handel zu stärken und dadurch

24 Das Rundschreiben steht für eine Übergangszeit auf den Internetseiten des BMF (http://www.bundesfinanzministerium.de) unter der Rubrik Themen – Steuern – Steuerarten – Umsatzsteuer – Umsatzsteuer-Anwendungserlass zum Herunterladen bereit und soll im Bundessteuerblatt I veröffentlicht werden; abrufbar unter http://www.bundesfinanzministerium.de/Content/DE/Downloads/BMF_Schreiben/Steuerarten/Umsatzsteuer/Umsatzsteuer-Anwendungserlass/2014-07-01-UStl-Behandlung-Abrechnung-Mehr-Mindermengen-Gas.html.

25 Die Beziehung zwischen Markgebiets- und Bilanzkreisverantwortlichem dagegen beurteilt das BMF nicht als Lieferverhältnis. Die Leistung des Bilanzkreisverantwortlichen in Form der Bilanzkreisabrechnung sei eine „sonstige Leistung".

26 Festlegungsverfahren der BNetzA zur Bilanzierung Gas (Umsetzung Netzkodex Gasbilanzierung), eingeleitet am 3.4.2014 – BK7-14-020 –.

den EU-Binnenmarkt weiter zu harmonisieren, erforderlich. Die Festlegung soll der Umsetzung des von der EU-Kommission verabschiedeten **Netzkodex Gasbilanzierung** dienen. Allein durch den **Netzkodex Gasbilanzierung** ist schon jetzt mit wesentlichen Änderungen und weitreichenden Folgen für sämtliche Marktteilnehmer zu rechnen. Es bleibt abzuwarten, welche weiteren europäischen Entwicklungen in naher Zukunft eine Anpassung der jeweiligen aktuell geltenden KoV erfordern.

B. Lieferantenrahmenvertrag (LRV)

I. Einführung

Der Lieferantenrahmenvertrag Gas regelt im gegenwärtig geltenden Gasnetzzugangsmodell den **Gastransport vom virtuellen Handelspunkt bis zum Ausspeisepunkt**[1] und stellt insoweit eine wesentliche Säule des Netzzugangs gem. § 20 Abs. 1 EnWG dar. Ebenso wie im Strombereich kann der Netzbetreiber die Regelungen betreffend die Netznutzung durch eine Vielzahl von Letztverbrauchern pro Transportkunde in einem (Lieferanten-) Rahmenvertrag zusammenfassen. 1

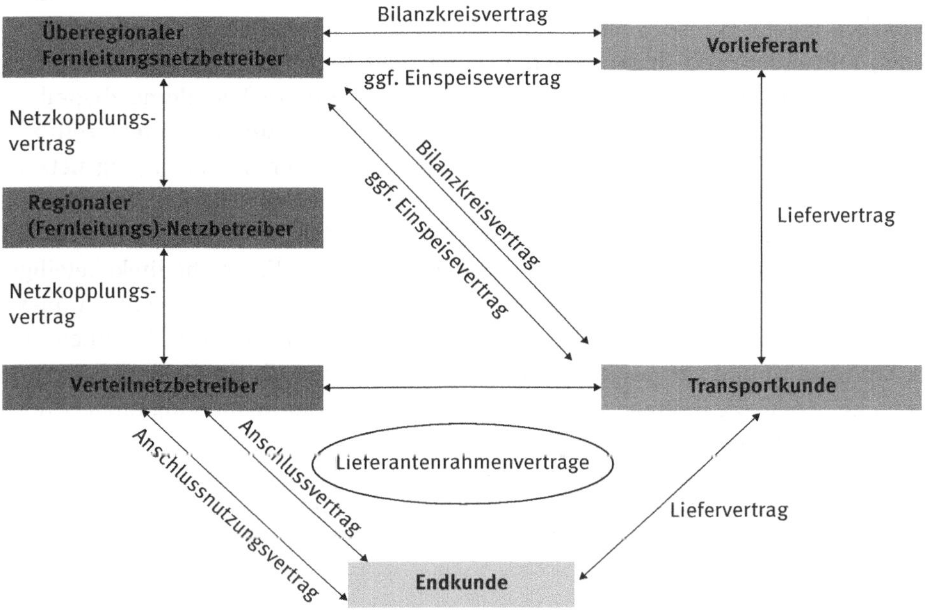

Abb. 1: Übersicht der relevanten Vertragsverhältnisse für den Gasnetzzugang

Im Kapitel 2.B wurde bereits auf den Lieferantenrahmenvertrag Strom und die in diesem Zusammenhang geltenden Rahmenbedingungen eingegangen. Die dort gemachten Ausführungen gelten dem Grunde nach auch für Lieferantenrahmenverträge im Bereich Gas, wobei doch einige (insbesondere gaswirtschaftliche) Besonderheiten zu beachten sind. Deren Darstellung widmet sich das folgende Kapitel. 2

1 *Breuer* u. a., RdE 2006, 264, 266.

3 Anders als im Strom-[2] wurde im Gasbereich ein **einheitlicher Vertragsstandard** entwickelt. Auslöser für diese Entwicklung ist § 20 Abs. 1b S. 7 EnWG, dort heißt es insoweit:

„Sie [Anmerkung: die Netzbetreiber] haben gemeinsame Vertragsstandards für den Netzzugang zu entwickeln und unter Berücksichtigung von technischen Einschränkungen und wirtschaftlicher Zumutbarkeit alle Kooperationsmöglichkeiten mit anderen Netzbetreibern auszuschöpfen, mit dem Ziel, die Zahl der Netze oder Teilnetze sowie der Bilanzzonen möglichst gering zu halten."

4 Diese Verpflichtung konkretisiert § 8 Abs. 6 GasNZV.[3] Danach haben die Ausspeisenetzbetreiber als Vertragspartner zur Abwicklung netzübergreifender Transporte eine Kooperationsvereinbarung abzuschließen, in der sie alle Einzelheiten ihrer Zusammenarbeit regeln, die notwendig sind, um einen transparenten, diskriminierungsfreien, effizienten und massengeschäftstauglichen Netzzugang zu angemessenen Bedingungen zu gewähren.[4] Entsprechend haben die Fern- wie Verteilernetzbetreiber gemeinsam mit den Verbänden BDEW, VKU und GEODE die **Kooperationsvereinbarung** zwischen den Betreibern von in Deutschland gelegenen Gasversorgungsnetzen (**KoV**) entwickelt und passen diese kontinuierlich der Fortentwicklung des Gasnetzzugangsmodells an.[5] Die weiteren Marktteilnehmer (insbesondere die Transportkunden[6]) sind an den Verhandlungen betreffend die Inhalte der KoV nicht direkt beteiligt worden, konnten jedoch vor der jeweiligen Verabschiedung einer Neufassung Anmerkungen und Hinweise zu den Inhalten abgeben, die im Rahmen der Überarbeitung der KoV geprüft und ggf. berücksichtigt wurden. Gleiches gilt für die Regulierungsbehörden, wobei die BNetzA in der Vergangenheit vor jeder Neufassung umfassende Hinweise und Anmerkungen an die Verbände unterbreitet hat.

5 Auch weiterhin ist es die Kooperationsvereinbarung, die elementare Aspekte zur Ausgestaltung des Gasnetzzugangs beinhaltet und in der Praxis gemeinsam mit den entsprechenden Festlegungen der BNetzA das Grundgerüst zur Gestaltung des deutschen Gasmarkts darstellt.[7]

---

2 Vgl. hierzu oben Kap. 2.B Rn 5 ff. – Lieferantenrahmenvertrag.

3 Verordnung über den Zugang zu Gasversorgungsnetzen (Gasnetzzugangsverordnung – GasNZV) v. 3.9.2010 (BGBl. I S. 1261).

4 Vgl. auch die Präambel der Kooperationsvereinbarung zwischen den Betreibern von in Deutschland gelegenen Gasversorgungsnetzen, abrufbar unter http://www.bdew.de/internet.nsf/id/C8D4102AA5347BE0C12578300046BCE6/$file/13-06-28_KoV%20VI_Gesamt_final.pdf.

5 Notwendig werden entsprechende Anpassungen durch gesetzliche Änderungen (etwa der GasNZV), aber auch durch behördliche Vorgaben. Ebenso werden sich zukünftig die Planungen betreffend die Vereinheitlichung der europäischen Networkkodizes auswirken.

6 Transportkunde ist der gaswirtschaftliche Begriff für den Energielieferanten.

7 PricewaterhouseCoopers/*Breisig/Küper/Rümmler*, Abschnitt 9.3.2.

Zuletzt wurde die KoV im Sommer 2013 überarbeitet und schließlich am 28.6.2013 als Änderungsfassung (KoV VI), die zum 1.10.2013 in Kraft getreten ist, verabschiedet. Eine weitere Aktualisierung (KOV VII) wird – nach Redaktionsschluss – für Herbst 2014 erwartet. 6

Die Gasnetzbetreiber haben sich durch den Beitritt zur KoV verpflichtet, in Bezug auf die Regelungen eines Lieferantenrahmenvertrags den als Anlage 3 zur KoV VI angehängten Mustervertrag anzuwenden, vgl. hierzu das unten dargestellte Vertragswerk. Insoweit bildet die Anlage 3 die Ausformung der Vorgaben in § 3 Abs. 4 GasNZV: 7

> *„(4) Betreiber von örtlichen Gasverteilernetzen haben Transportkunden Ausspeiseverträge in Form von standardisierten Lieferantenrahmenverträgen anzubieten. Der Lieferantenrahmenvertrag berechtigt Transportkunden in einem Marktgebiet zur Nutzung der Netze ab dem Virtuellen Handelspunkt und zur Ausspeisung von Gas an Ausspeisepunkten der örtlichen Gasverteilernetze."*

Auch im Gas werden durch § 20 Abs. 1b EnWG und § 3 Abs. 4 GasNEV[8] bestimmte, nicht abschließende **Vertragsinhalte vorgegeben**, die durch Festlegungen und Genehmigungen der Regulierungsbehörden konkretisiert wurden. Insbesondere gilt dies für die konkretisierenden Festlegungen **GeLi Gas**[9] zur Ausgestaltung der Geschäftsprozesse zur Kundenbelieferung und **GaBi Gas**[10] zum Bilanzierungssystem. Gegenstände des Lieferantenrahmenvertrags (nach der KoV VI) sind dabei insbesondere Vorgaben betreffend 8

- den Datenaustausch (basierend insbesondere auf GeLi Gas),
- den Messstellenbetrieb bzw. zur Messung,
- Standardlastprofilkunden und Kunden, die mit einer registrierenden Leistungsmessung ausgestattet sind,
- die Unterbrechung von Letztverbrauchern,
- den Ausgleich von Mehr- und Mindermengen,
- Vorgaben zu Entgelten, Zahlungsbedingungen,
- Haftung sowie
- Sicherheitsleistungen.

---

8 Verordnung über die Entgelte für den Zugang zu Gasversorgungsnetzen (Gasnetzentgeltverordnung – GasNEV) v. 25.7.2005 (BGBl. I S. 2197).

9 Geschäftsprozesse/Datenformate für den Lieferantenwechsel im Gassektor (GeLi Gas); Beschl. BK7-06-067 der BNetzA v. 20.8.2007, abrufbar unter http://www.bundesnetzagentur.de/cln_1931/DE/Service-Funktionen/Beschlusskammern/1BK-Geschaeftszeichen-Datenbank/BK7-GZ/2006/2006_001bis100/BK7-06-067_BKV/BK7-06-067_Gleichbehandlungszusage_BKV.html?nn=269610.

10 Festlegung Bilanzierung und Ausgleichleistungen Gas (GABI Gas); Beschl. BK7-08-002 der BNetzA v. 10.6.2009, abrufbar unter http://www.bundesnetzagentur.de/cln_1931/DE/Service-Funktionen/Beschlusskammern/1BK-Geschaeftszeichen-Datenbank/BK7-GZ/2008/2008_001bis100/BK7-08-002_BKV/BK708002Basepage.html.

9 Abweichungen von den Regelungen des Lieferantenrahmenvertrags sind nur insoweit zulässig, als sie im Vertrag selbst zugelassen werden (vgl. § 2 Ziff. 3 lit. c KoV VI). Zulässige Abweichungen können neben dem standardisierten Lieferantenrahmenvertrag als **Ergänzende Geschäftsbedingungen** (Anlage 2) vereinbart werden, vgl. auch § 2 Ziff. 3 KoV VI. Sie dienen der Ergänzung und Konkretisierung einzelner im Lieferantenrahmenvertrag bereits angelegter, jedoch nicht abschließend ausgestalteter Regelungen. Die Aufzählung der KoV VI enthält folgende Regelungsmöglichkeiten:

> *„3. Ergänzende Geschäftsbedingungen zu den in Ziffer 2 standardisierten Geschäftsbedingungen sind nur zu den für den jeweiligen Vertrag nachstehend aufgelisteten Themen zulässig, soweit sie erforderlich sind, um die standardisierten Geschäftsbedingungen zu ergänzen und den standardisierten Geschäftsbedingungen der jeweiligen Verträge nicht widersprechen. Ergänzende Geschäftsbedingungen werden gesondert von den standardisierten Geschäftsbedingungen ausgewiesen.*
> *(...)*
> *c) **Lieferantenrahmenvertrag**, abzuschließen zwischen Verteilernetzbetreiber mit Netzpartizipationsmodell und Lieferant als Transportkunde (Anlage 3)*
> – *Regelungen zur EDI-Vereinbarung (§ 4 Ziffer 5; ggf. Anlage 3)*
> – *Vereinbarung zur Unterbrechung der Netznutzung auf Anweisung des Transportkunden (§ 7 Ziffer 1 c) aa))*
> – *Entgelt- und Zahlungsbedingungen (§ 9 Ziffer 10) sowie zur Abwicklung von Vorauszahlungen (§ 13)*
> – *Abrechnungsverfahren bei Ausspeisepunkten mit registrierender Lastgangmessung (§ 10) – Konkretisierung des Abrechnungszeitraums, Berechnung des Leistungs- und Arbeitsentgeltes, Umgang mit Abrechnung außerhalb des regelmäßigen Abrechnungszeitraums*
> – *Abrechnungsverfahren bei Ausspeisepunkten ohne registrierende Lastgangmessung (§ 10)*
> – *Technische Einzelheiten zum Datenaustausch sowie Ansprechpartner und Erreichbarkeit (Anlage 1)*
> – *Konkretisierung Standardlastprofilverfahren und Verfahren zur Mehr-/Mindermengenabrechnung (Anlage 4)*
> – *Preisblätter (Anlage 5);“*

10 Um die Rechte und Pflichten der vertragsschließenden Parteien möglichst abschließend zu regeln, ist es ratsam, **Ergänzende Geschäftsbedingungen** in die Lieferantenrahmenverträge aufzunehmen. Anderenfalls bleiben wichtige Bereiche wie Entgelt- und Zahlungsbedingungen nur rudimentär geregelt. Wir haben insofern unserer Darstellung des Vertragswerks ein Muster möglicher ergänzender Geschäftsbedingungen beigefügt.

11 Ergänzend zur Kooperationsvereinbarung haben die Verbände noch sieben **Leitfäden mit Best-Practice-Hinweisen** veröffentlicht.[11] Bei Einhaltung der Vorgaben der Leitfäden wird vermutet, dass die Kooperationsvereinbarung in ausreichendem Maße berücksichtigt wurde, § 3 Ziff. 1 der KoV VI. Im Falle einer Auseinandersetzung

11 Abrufbar unter http://www.bdew.de/internet.nsf/id/DE_Kooperationsvereinbaru-Gas.

zwischen Netzbetreiber und Transportkunden könnte sich der Netzbetreiber auf die Einhaltung der Vorgaben aus der KoV berufen. Allerdings stellen diese Vorgaben keine Regelungen in Gesetzesqualität dar, sodass in einem Gerichtsprozess stets eine Überprüfung des Verhaltens vorgenommen werden könnte. Dennoch empfiehlt sich die Einhaltung der Leitfäden, da sie von den Beteiligten regelmäßig anerkannt werden und deren Verwendung als branchenüblich bezeichnet werden kann.

II. Vertragsmuster

1. Lieferantenrahmenvertrag KoV VI

Muster

12 **Anlage 3: Lieferantenrahmenvertrag**

zur Ausspeisung von Gas in Verteilernetzen
mit Netzpartizipationsmodell

zwischen

Netzbetreiber
Straße Netzbetreiber
PLZ + Ort Netzbetreiber
(Netzbetreiber)

und

Transportkunde
Straße Transportkunde
PLZ+Ort Transportkunde
(Transportkunde)

– einzeln oder zusammen „Vertragspartner" genannt –

§ 1 Vertragsgegenstand

1. Der Netzbetreiber betreibt ein Verteilernetz für Gas, an das die Anlagen der Letztverbraucher angeschlossen sind. Dieser Vertrag regelt die Rechte und Pflichten der Vertragspartner im Hinblick auf den Zugang zu den Energieversorgungsnetzen auf der Grundlage des Energiewirtschaftsgesetzes (EnWG) sowie der auf dieser Basis erlassenen Rechtsverordnungen und behördlichen Festlegungen in jeweils aktueller Fassung zum Zwecke der Belieferung von Letztverbrauchern.
2. Dieser Vertrag berechtigt den Transportkunden in einem Marktgebiet zur Nutzung der Netze ab dem virtuellen Handelspunkt und zur Ausspeisung von Gas an Ausspeisepunkten des Verteilernetzes des Netzbetreibers, welches gegen Entgelt zur Verfügung gestellt wird. Sofern ein Verteilernetz in mehreren Marktgebieten liegt, gilt diese Berechtigung für alle Ausspeisepunkte des Verteilernetzes des Netzbetreibers, unabhängig davon, welchem Marktgebiet sie zugeordnet sind.
3. Die Abwicklung der Belieferung von Ausspeisepunkten mit Gas erfolgt nach der von der Bundesnetzagentur getroffenen Festlegung einheitlicher Geschäftsprozesse und Datenformate vom 20. August 2007 (Az. BK7-06-067) oder einer diese Festlegung ersetzenden oder ergänzenden Festlegung der Bundesnetzagentur (GeLi Gas). Unter Ausspeisepunkten im Sinne dieses Vertrages können somit auch Entnahmestellen mit einer oder mehreren Messeinrichtungen, über die Energie aus einem Gasversorgungsnetz physisch entnommen werden kann, verstanden werden.
4. Der Transportkunde und der Netzbetreiber benennen ihre Ansprechpartner und deren jeweilige Erreichbarkeit. Sie sind in Anlage 1 aufgeführt. Änderungen der Anlage 1 werden unverzüglich per E-Mail, soweit keine elektronische Lösung (Nachrichtenaustausch) vom Netzbetreiber angeboten wird, ausgetauscht. Die Änderungen sind zu kennzeichnen[1].
5. Die ergänzenden Geschäftsbedingungen des Netzbetreibers in der zum Zeitpunkt des Abschlusses dieses Lieferantenrahmenvertrages gültigen Fassung sind wesentlicher Bestandteil

dieses Vertrages (Anlage 2). Im Falle von Abweichungen und/oder Widersprüchen zwischen den Bestimmungen des Lieferantenrahmenvertrages und den ergänzenden Geschäftsbedingungen des Netzbetreibers haben die Bestimmungen dieses Lieferantenrahmenvertrages Vorrang vor den ergänzenden Geschäftsbedingungen.

6. Die Gasbelieferung der Letztverbraucher ist in gesonderten Verträgen zwischen dem Transportkunden und den Letztverbrauchern geregelt und ist nicht Gegenstand dieses Vertrages.
7. Die Einspeisung von Gas ist nicht Gegenstand dieses Vertrages und wird in gesonderten Verträgen geregelt.
8. § 6 Ziffer 4 Abs. 5, § 6 Ziffer 5 und § 8 Ziffer 1 Satz 3 finden ab dem 1. Januar 2013 Anwendung.

§ 2 Voraussetzungen

1. Die Registrierung des Transportkunden gemäß § 6 Abs. 1 Gasnetzzugangsverordnung (GasNZV) erfolgt über die Angabe unter Anlage 1 bei Abschluss dieses Lieferantenrahmenvertrages. Änderungen der Anschrift mit Angabe des Änderungszeitpunktes in der Zukunft, die nicht eine Rechtsnachfolge betreffen, teilt der Transportkunde unverzüglich in Textform dem Netzbetreiber mit.
2. Der Transportkunde muss dem Netzbetreiber eindeutig einen gültigen Bilanzkreis bzw. ein gültiges Sub-Bilanzkonto mitteilen, dem der Ausspeisepunkt zugeordnet werden soll. Der Netzbetreiber übernimmt die vom Transportkunden übermittelten Daten (Bilanzkreisnummer bzw. Sub-Bilanzkontonummer) gemäß den Vorgaben der GeLi Gas. Jeder Ausspeisepunkt muss jederzeit einem gültigen Bilanzkreis zugeordnet sein.
   Die Vertragspartner teilen einander Änderungen von bilanzierungsrelevanten Daten nach den Fristen der GeLi Gas mit. Die initiale Meldung von neuen hinzukommenden Bilanzkreisnummern/Sub-Bilanzkontonummern nach Anlage 1 durch den Transportkunden an den Netzbetreiber hat bis zum 10. Werktag vor Anmeldung zum Lieferbeginn im Sinne der GeLi Gas bzw. bis zum 10. Werktag vor Anmeldung der Änderung der Bilanzkreiszuordnung auf eine neue hinzukommende Bilanzkreisnummer/Sub-Bilanzkontonummer im Rahmen des Prozesses Stammdatenänderung zu erfolgen. Für die Zuordnung von Ausspeisepunkten zu diesen Bilanzkreisnummern/Sub-Bilanzkontonummern gelten die in der GeLi Gas hierfür vorgesehenen Fristen.
   Der Transportkunde ist zudem verpflichtet, dem Netzbetreiber mitzuteilen, wenn die Vollmacht des Bilanzkreisverantwortlichen endet. Die betroffenen Ausspeisepunkte müssen dann einem anderen Bilanzkreis gemäß den Prozessen der GeLi Gas zugeordnet werden. Soweit eine Zuordnung zu einer neuen hinzukommenden Bilanzkreisnummer/Sub-Bilanzkontonummer erfolgen soll, ist diese bis zum 10. Werktag vor Anmeldung der Änderung der Bilanzkreiszuordnung im Rahmen des Prozesses Stammdatenänderung mitzuteilen.
3. Der Transportkunde sichert zu, dass er von dem Bilanzkreisverantwortlichen für die unter Ziffer 2 benannten Bilanzkreise/Sub-Bilanzkontonummern bevollmächtigt ist, in dessen Namen Ausspeisepunkte in diese Bilanzkreise oder Sub-Bilanzkonten zuzuordnen. Sofern der Transportkunde nicht selbst Bilanzkreisverantwortlicher ist, behält sich der Netzbetreiber vor, in begründeten Einzelfällen die Vorlage der Vollmacht zu verlangen. Hierzu genügt in der Regel die Übersendung einer Kopie der Vollmachtsurkunde im Rahmen eines elektronischen Dokuments. Der Transportkunde stellt den Netzbetreiber von Haftungsansprüchen Dritter frei, die daraus resultieren, dass zugesicherte Vollmachten des Bilanzkreisverantwortlichen tatsächlich nicht oder nicht rechtswirksam vorliegen.
4. Die vom Transportkunden angemeldeten Ausspeisepunkte werden nach GeLi Gas vom Netzbetreiber diesem Transportkunden zugeordnet und werden Bestandteil dieses Vertrages.
5. Liegt zwischen dem Letztverbraucher und dem Lieferanten ein Gaslieferungsvertrag inklusive Netznutzung zur Versorgung des Letztverbrauchers vor, ist der Lieferant Transportkunde und der Leistungsempfänger der Netznutzung. In diesem Fall wird die Netznutzungsrechnung auf den Transportkunden ausgestellt. Im Wechselprozess nach GeLi Gas teilt der Transportkunde

bei der Anmeldung die Art des Belieferungsverhältnisses (Belieferung inklusive oder exklusive Netznutzung) verbindlich mit.

6. Liegt zwischen dem Letztverbraucher und dem Lieferanten ein reiner Gaslieferungsvertrag (ohne Netznutzung) zur Belieferung eines Letztverbrauchers vor, bedarf es einer gesonderten Vereinbarung über die Leistung „Netznutzung" zwischen dem Letztverbraucher („Netznutzer") und dem Netzbetreiber (Netznutzungsvertrag). Sofern der Letztverbraucher den Lieferanten vollständig mit der Abwicklung der Netznutzung beauftragt, kennzeichnet der Lieferant bei der Anmeldung der Netznutzung beim Netzbetreiber die Ausspeisepunkte dieses Letztverbrauchers nach GeLi Gas. Diese Letztverbraucher zahlen die Netzentgelte selbst unmittelbar an den Netzbetreiber.

§ 3 Gasbeschaffenheit und Druckspezifikation

1. Gas im Sinne dieses Vertrages sind die Gase der 2. Gasfamilie nach dem Arbeitsblatt G 260 der Deutschen Vereinigung des Gas- und Wasserfachs e. V. (DVGW Arbeitsblatt – „Technische Regeln des DVGW e. V. für die Gasbeschaffenheit") in der jeweils gültigen Fassung.
2. Die für die jeweiligen Ausspeisepunkte geltenden und auf der Internetseite des Netzbetreibers veröffentlichten technischen Anforderungen zur Gasbeschaffenheit und zur Druckspezifikation sind Bestandteil dieses Vertrages. Jeder Vertragspartner kann verlangen, dass eine unparteiische Stelle die Untersuchung der Übereinstimmung der Gasbeschaffenheit mit den Anforderungen des Netzbetreibers gemäß Satz 1 vornimmt. Falls sich die Vertragspartner innerhalb eines Monats nach Zugang des Verlangens beim anderen Vertragspartner nicht über die unparteiische Stelle einigen können, wird die Untersuchung vom Engler-Bunte-Institut der Universität Karlsruhe durchgeführt. Die Kosten der Untersuchung trägt bei Bestätigung der Übereinstimmung derjenige Vertragspartner, der das Verlangen gestellt hat. Falls keine Übereinstimmung vorliegt, ist der Netzbetreiber zur Zahlung verpflichtet.
3. Der Netzbetreiber ist zu einer Änderung der Gasbeschaffenheit innerhalb der Grenzen des DVGW Arbeitsblattes G 260 in der jeweils gültigen Fassung mit einer Vorankündigungsfrist von 3 Jahren zum Beginn eines Gaswirtschaftsjahres ohne Zustimmung des Transportkunden berechtigt. Jede Änderung der Gasbeschaffenheit oder der Druckspezifikation ist auf die hiervon betroffenen Ausspeisepunkte beschränkt. Sofern der Netzbetreiber eine entsprechende Änderung angekündigt hat und während der laufenden Vorankündigungsfrist ein neuer Lieferantenrahmenvertrag zu laufen beginnt, gilt die bereits laufende Vorankündigungsfrist auch für diesen Vertrag. § 15 bleibt unberührt.
4. Entsprechen die vom Netzbetreiber an den Ausspeisepunkten übergebenen Gasmengen nicht den Anforderungen im Hinblick auf die Gasbeschaffenheit oder der Druckspezifikation gemäß Ziffer 2 (im Folgenden „Off-Spec-Gas" genannt) ist der Transportkunde berechtigt, die Übernahme des Off-Spec-Gases ganz oder teilweise nicht zu akzeptieren. Der Netzbetreiber hat in diesem Fall unverzüglich die Bereitstellung des Off-Spec-Gases an diesem Ausspeisepunkt entsprechend zu reduzieren. Sämtliche Rechte des Transportkunden gegenüber dem Netzbetreiber bleiben unberührt. Jeder Vertragspartner hat den anderen Vertragspartner unverzüglich zu informieren, wenn er Kenntnis davon erhält, dass Off-Spec-Gas an einem Ausspeisepunkt übergeben wird oder eine Übergabe von Off-Spec-Gas zu erwarten ist.

§ 4 Datenaustausch und Vertraulichkeit

1. Der Datenaustausch nach GeLi Gas erfolgt in den von der Bundesnetzagentur vorgegebenen Nachrichtenformaten und Fristen.
2. Die Vertragsparteien werden die im Zusammenhang mit der Durchführung dieses Vertrages erhobenen, übermittelten oder zugänglich gemachten personenbezogenen Daten vertraulich behandeln. Dies gilt namentlich hinsichtlich der Beachtung von § 6a EnWG und der datenschutzrechtlichen Bestimmungen der Bundesrepublik Deutschland. Die Vertragsparteien sind

berechtigt, Verbrauchs-, Abrechnungs- und Vertragsdaten (insbesondere für die Erfassung, Bilanzierung und Abrechnung der Gaslieferungen sowie der Netznutzung) an Dritte in dem Umfang weiterzugeben, wie dies zur ordnungsgemäßen technischen und kommerziellen Abwicklung der jeweiligen Pflichten erforderlich ist.

3. Bei einer Geschäftsdatenanfrage nach GeLi Gas sichert der Transportkunde die Bevollmächtigung durch den Anschlussnutzer für diese zu. Der Transportkunde stellt den Netzbetreiber von Haftungsansprüchen Dritter frei, die daraus resultieren, dass zugesicherte Vollmachten tatsächlich nicht oder nicht rechtswirksam vorliegen. Der Netzbetreiber behält sich vor, in begründeten Einzelfällen die Vorlage der Vollmacht zu verlangen.
4. Für Letztverbraucher mit registrierender Lastgangmessung und einem in der Regel nicht planbaren, extrem hohen und extrem schwankenden Gasverbrauch kann der Netzbetreiber vorherige technische Ausspeisemeldungen und die Einhaltung der technischen Grenzen gemäß § 8 Abs. 5 GasNZV verlangen, soweit dies für die Systemintegrität des Netzes erforderlich ist und gesondert vereinbart wurde. In diesem Fall informiert der Netzbetreiber den Transportkunden in der Regel 1 Monat vorab in Textform über das Bestehen der Verpflichtung zu einer vorherigen technischen Ausspeisemeldung.
[Regelung Ziffer 5 optional[2]]
5. *Die „Vereinbarung über den elektronischen Datenaustausch (EDI-Vereinbarung)" entsprechend dem Artikel 2 der Empfehlung 94/820/EG der Kommission vom 19. Oktober 1994 über die rechtlichen Aspekte des elektronischen Datenaustausches (ABL.EG Nr. L 338, Seite 98) ist als Anlage 3 beigefügt und wesentlicher Bestandteil dieses Lieferantenrahmenvertrages. Der Abschluss dieser Vereinbarung dient der Erfüllung der Voraussetzung des § 14 Abs. 3 Nr. 2 Umsatzsteuergesetz (UStG).*

§ 5 Registrierende Lastgangmessung und Standardlastprofilverfahren

1. Sofern in der Anlage 4 keine abweichenden Grenzwerte nach § 24 Abs. 2 GasNZV festgelegt wurden, wendet der Netzbetreiber für die Allokation der Ausspeisemengen von Letztverbrauchern mit einer stündlichen Ausspeiseleistung bis zu 500 kW und einer Jahresenergiemenge bis zu 1.500.000 kWh Standardlastprofile an. In allen anderen Fällen erfolgt eine registrierende Lastgangmessung. Der Netzbetreiber bestimmt, welches Standardlastprofilverfahren und welche Standardlastprofile zur Anwendung kommen. Weitere Einzelheiten ergeben sich aus der Regelung zur Anwendung von Standardlastprofilen gemäß Anlage 4. § 6 Ziffer 9 bleibt unberührt.
2. Der Netzbetreiber ordnet jedem SLP-Ausspeisepunkt gemäß Anlage 4 das entsprechende Standardlastprofil zu. Der Netzbetreiber legt bei Anwendung des analytischen Lastprofilverfahrens für jeden SLP-Ausspeisepunkt eine Prognose über den Jahresverbrauch fest. Bei Anwendung des synthetischen Standardlastprofilverfahrens meldet der Netzbetreiber dem Transportkunden den Kundenwert zur Ermittlung der Jahresverbrauchsprognose. Der Kundenwert bzw. die Jahresverbrauchsprognose wird dem Transportkunden bei der Bestätigung zur Anmeldung der Netznutzung mitgeteilt. Aktualisierungen werden jeweils nach der jährlichen Turnusablesung durchgeführt, die nach Vorgabe des Netzbetreibers erfolgt. Anpassungen werden dem Transportkunden gemäß GeLi Gas vom Netzbetreiber mitgeteilt. Der Transportkunde kann unplausiblen Lastprofilzuordnungen und/oder unplausiblen Kundenwerten bzw. Jahresverbrauchsprognosen widersprechen und dem Netzbetreiber eine andere Lastprofilzuordnung und/oder einen eigenen Kundenwert bzw. eine eigene Jahresverbrauchsprognose unterbreiten. Kommt keine Einigung zustande, legt der Netzbetreiber die Lastprofilzuordnung und/oder den Kundenwert bzw. die Jahresverbrauchsprognose endgültig fest. In begründeten Ausnahmefällen kann die Jahresverbrauchsprognose bzw. der Kundenwert sowie die Zuordnung des entsprechenden Standardlastprofils vom Transportkunden und dem Netzbetreiber gemeinsam auch unterjährlich angepasst werden.

3. Der Netzbetreiber ist berechtigt, das Standardlastprofilverfahren mit einer Frist von 3 Monaten zum Ende eines Kalendermonats zu ändern und teilt dies dem Transportkunden in Textform mit. Der Netzbetreiber ist berechtigt, die Standardlastprofile sowie deren Zuordnung zu den einzelnen Ausspeisepunkten zu ändern, soweit dies erforderlich oder zweckmäßig ist. Die Änderung der Standardlastprofile teilt der Netzbetreiber dem Transportkunden mit einer Frist von 2 Monaten zum Ende eines Kalendermonats, die Änderung der konstanten Optimierungsfaktoren bzw. Änderung der Berechnungssystematik bei einer Anwendung des analytischen Lastprofilverfahrens mit einer Frist von 1 Monat zum Ende eines Kalendermonats in Textform/ im vereinbarten Datenaustauschformat mit. Eine Änderung der Zuordnung der Standardlastprofile zu den einzelnen Ausspeisepunkten teilt der Netzbetreiber dem Transportkunden unter Einhaltung der Fristen nach GeLi Gas in elektronischer Form mit.

§ 6 Messstellenbetrieb und Messung

1. Die vom Netzbetreiber bzw. einem Dritten im Sinne von § 21 b EnWG ermittelten Messwerte werden der Abrechnung der Netznutzung, der Energielieferung des Transportkunden, der Bilanzierung beim Marktgebietsverantwortlichen sowie der Berechnung von Differenzmengen bei Letztverbrauchern zugrunde gelegt.
2. Soweit keine anderweitige Vereinbarung zwischen dem Anschlussnutzer und einem Dritten im Sinne von § 21 b EnWG getroffen worden ist, gelten die nachfolgenden Regelungen; in diesem Fall ist der Netzbetreiber der Messstellenbetreiber und Messdienstleister.
   Der Netzbetreiber bestimmt nach § 8 Messzugangsverordnung (MessZV) Art, Zahl und Größe der Mess- und Steuereinrichtung. Die Bestimmung muss unter Berücksichtigung energiewirtschaftlicher Belange in einem angemessenen Verhältnis zur Höhe des Verbrauchs und zum Verbrauchsverhalten stehen. Der Netzbetreiber stellt die für die Messung und bei RLM-Letztverbrauchern die für die notwendige Zählerfernauslesung erforderlichen Mess- und Steuereinrichtungen zur Verfügung und betreibt diese.
3. Für die Fernauslesung muss beim Letztverbraucher ein hierfür geeigneter extern anwählbarer Telekommunikationsanschluss ohne zeitliche Beschränkung sowie ein 230 V-Anschluss zur Verfügung stehen. Der Netzbetreiber kann statt der Nutzung des Telekommunikationsanschlusses ein GSM-Modem einsetzen. Der Netzbetreiber teilt dem Letztverbraucher auf Anfrage die diesbezüglichen technischen Bedingungen (Abstände der jeweiligen Anschlüsse, Anschlüsse zum Zählerplatz etc.) mit. Die Fernauslesung muss vor Aufnahme der Belieferung einer RLM-Messstelle bzw. vor einem Umbau von einer SLP- auf eine RLM-Messstelle zur Verfügung stehen. Die Einrichtung und Nutzung von Telefon- und Stromanschluss sind für den Netzbetreiber kostenlos. Verzögerungen, die der Netzbetreiber zu vertreten hat, gehen nicht zulasten des Transportkunden oder des Letztverbrauchers. Verzögerungen durch den Letztverbraucher gehen nicht zulasten des Netzbetreibers.
4. Der Netzbetreiber übermittelt unverzüglich jedoch täglich bis spätestens 13:00 Uhr an den Transportkunden die täglich ausgelesenen und im Stundentakt erfassten Lastgänge des Vortages an RLM-Ausspeisepunkten im Format MSCONS. Die Energiemenge der Lastgänge wird mit dem Bilanzierungsbrennwert errechnet.
   Nach Ablauf des Liefermonats werden alle Lastgänge gemäß DVGW Arbeitsblatt G 685 plausibilisiert und es werden ggf. Ersatzwerte gebildet. Es erfolgt eine Umwertung der Lastgänge mit dem Abrechnungsbrennwert. Spätestens am M+10 Werktage übermittelt der Netzbetreiber dem Transportkunden den Lastgang an RLM-Ausspeisepunkten des Liefermonats.
   Für den Fall, dass der Netzbetreiber gemäß DVGW Arbeitsblatt G 685 Ersatzwerte gebildet hat, übermittelt er ebenfalls bis M+10 Werktage den Lastgang zusätzlich umgewertet mit dem Bilanzierungsbrennwert.
   In der MSCONS werden der zugrunde gelegte Brennwert und die Z-Zahl mitgeteilt.

Bei RLM-Ausspeispunkten, die einem Biogas-Bilanzkreis zugeordnet sind, gelten anstelle dieses Prozesses die Vorgaben der Ziffer 5.

5. Für RLM-Ausspeisepunkte, die einem Biogas-Bilanzkreis zugeordnet sind, erfolgt am Tag M+12 Werktage eine Korrektur des Lastgangs mit dem Abrechnungsbrennwert gemäß DVGW-Arbeitsblatt G 685. Sofern eine Korrektur der K-Zahl nach dem DVGW-Arbeitsblatt G 486 notwendig ist, wird diese ebenfalls berücksichtigt. Der Netzbetreiber übermittelt die komplette Monatszeitreihe in dem jeweils geltenden ALOCAT-Format am Tag M+12 Werktage an den Marktgebietsverantwortlichen.
6. Für Letztverbraucher, die nach Lastprofilverfahren beliefert werden, werden die Messeinrichtungen vom Netzbetreiber, dessen Beauftragten oder auf Verlangen des Netzbetreibers vom Letztverbraucher selbst in möglichst gleichen Zeitabständen, die 12 Monate nicht wesentlich überschreiten dürfen, nach einem vom Netzbetreiber festzulegenden Zeitpunkt und Turnus abgelesen. Liegt eine Vereinbarung nach § 40 Abs. 3 Satz 2 EnWG vor, sind die sich daraus ergebenden Vorgaben zum Ableseturnus für den Transportkunden zu beachten.
   Außerhalb der turnusmäßigen Ablesung, insbesondere bei einem Lieferantenwechsel, bei Ein- oder Auszug des Letztverbrauchers, bei Beendigung dieses Vertrags oder bei einer wesentlichen Änderung des Bedarfs, hat der Netzbetreiber nach Maßgabe der GeLi Gas Zwischenablesungen zu veranlassen. Sollte dies nicht möglich sein, kann er den Verbrauch im Wege der rechnerischen Abgrenzung ermitteln oder diesen auf der Grundlage der letzten Ablesung schätzen. Hierbei sind die tatsächlichen Verhältnisse angemessen zu berücksichtigen.
7. Beauftragt der Transportkunde den Netzbetreiber mit einer zusätzlichen Ablesung, ist diese gesondert zu vergüten.
8. Ergibt eine Überprüfung der Messeinrichtungen eine Überschreitung der Verkehrsfehlergrenzen, so ist der zu viel oder zu wenig berechnete Betrag zu erstatten oder nach zu entrichten.
   Ist die Größe des Fehlers bei der Messeinrichtung eines SLP-Letztverbrauchers nicht einwandfrei festzustellen oder zeigt eine solche Messeinrichtung nicht oder nicht richtig an, so ermittelt der Netzbetreiber den Verbrauch für die Zeit seit der letzten fehlerfreien Ablesung aus dem Durchschnittsverbrauch des ihr vorhergehenden und des der Feststellung nachfolgenden Ablesezeitraums oder aufgrund des vorjährigen Verbrauchs durch Schätzung. Die tatsächlichen Verhältnisse sind angemessen zu berücksichtigen.
   Ist die Größe des Fehlers bei der Messeinrichtung eines RLM-Letztverbrauchers nicht einwandfrei festzustellen, oder zeigt eine solche Messeinrichtung nicht an, so erfolgt die Ermittlung von Ersatzwerten für fehlende oder unplausible Werte entsprechend dem DVGW Arbeitsblatt G 685 in der jeweils gültigen Fassung.
   Ansprüche nach Abs. 1 Satz 1 sind auf den der Feststellung des Fehlers vorausgehenden Ablesezeitraum beschränkt, es sei denn, die Auswirkung des Fehlers kann über einen größeren Zeitraum festgestellt werden. In diesem Fall ist der Anspruch auf längstens 3 Jahre beschränkt.
9. Soweit eine anderweitige Vereinbarung nach § 21 b Abs. 2 oder 3 EnWG getroffen worden ist, werden die vom Messdienstleister dem Netzbetreiber zur Verfügung gestellten und durch den Netzbetreiber aufbereiteten Messwerte der Abwicklung und Abrechnung dieses Vertrages zugrunde gelegt. Wenn dem Netzbetreiber die Messwerte nicht oder nicht ordnungsgemäß zur Verfügung stehen oder die zur Verfügung gestellten Werte unplausibel sind, findet Ziffer 8 Abs. 2, 3 und 4 Anwendung.
10. Voraussetzungen für eine registrierende Lastgangmessung bei einer jährlichen Entnahme von weniger als 1.500.000 kWh und einer maximalen stündlichen Ausspeiseleistung von weniger als 500 kWh/h gemäß § 24 Abs. 1 GasNZV bzw. bei Unterschreitung der von dem Netzbetreiber nach § 24 Abs. 2 GasNZV festgelegten Grenzen sind ein schriftliches Verlangen von Anschlussnutzer und Transportkunde.

Die Kosten des Umbaus einer Standardlastprofilzählung in eine registrierende Lastgangmessung in den zuvor beschriebenen Fällen trägt, soweit nicht abweichend geregelt, der Transportkunde.
Nach dem Umbau und der Inbetriebnahme der registrierenden Lastgangmessung werden – unabhängig von der tatsächlichen Leistungsinanspruchnahme und Jahresenergiemengen – die Preise für registrierende Lastgangmessung gemäß veröffentlichten Preisblättern des Netzbetreibers angewendet.

§ 7 Unterbrechung der Netznutzung

1. Eine Unterbrechung der Netznutzung ist in den folgenden Fällen zulässig:
   a) geplante/vorhersehbare Unterbrechungen
      aa) zur Vornahme betriebsnotwendiger Instandhaltungsarbeiten (Wartung, Inspektion, Instandsetzung)
      bb) zur Vornahme von Maßnahmen zum Neubau, zur Änderung und zur Erweiterung der Anlagen
   b) unvorhersehbare Unterbrechungen
      aa) zur Vermeidung eines drohenden Netzzusammenbruchs
      bb) bei Störungen aufgrund höherer Gewalt
      cc) aufgrund nicht planbarer Instandsetzungsmaßnahmen
      dd) um eine unmittelbare Gefahr für die Sicherheit von Personen oder Sachen von erheblichem Wert abzuwenden
   c) vertraglich vereinbarte bzw. sonstige Unterbrechungen
      aa) bei Unterbrechung der Anschlussnutzung (Sperrung) auf Anweisung des Transportkunden, soweit dieser hierzu berechtigt ist, nach den Regeln einer gesondert abgeschlossenen Vereinbarung zwischen Transportkunde und Netzbetreiber
      bb) im Fall von vertraglich vereinbarter unterbrechbarer Anschlussnutzung
      cc) um den Gebrauch von Energie unter Umgehung, Beeinflussung oder vor Anbringung von Messeinrichtungen zu verhindern
      dd) um zu gewährleisten, dass Störungen anderer Anschlussnehmer oder -nutzer oder störende Rückflüsse auf Einrichtungen des Netzbetreibers oder Dritter ausgeschlossen sind
      ee) bei Zuwiderhandlungen des Anschlussnehmers oder -nutzers gemäß § 24 Abs. 2 Niederdruckanschlussverordnung (NDAV) bzw. gegen entsprechende Regelungen des Netzanschluss-/Anschlussnutzungsvertrages.
2. Der Netzbetreiber hat jede Unterbrechung gemäß Ziffer 1 a) und b) unverzüglich zu beheben.
3. Im Fall geplanter/vorhersehbarer Unterbrechungen von RLM-Ausspeisepunkten gemäß Ziffer 1 a) wird der Netzbetreiber den Transportkunden rechtzeitig vor Durchführung der Maßnahmen in geeigneter Weise über deren voraussichtlichen Beginn und voraussichtliche Dauer sowie den Grund unterrichten.
4. Im Fall unvorhersehbarer Unterbrechungen von RLM-Ausspeisepunkten nach Ziffer 1 b) wird der Netzbetreiber den Transportkunden unverzüglich – sobald ihm dieses ohne Verzögerung der Beseitigung der Unterbrechung möglich ist – über die Unterbrechung, den Grund und die voraussichtliche Dauer unterrichten.
5. Im Fall von Unterbrechungen von RLM-Ausspeisepunkten nach Ziffer 1 c) cc) bis ee) wird der Netzbetreiber den Transportkunden über die Unterbrechung und den Grund unterrichten.
6. Zur Erfüllung der Pflichten aus Ziffer 3 bis 5 wird der Netzbetreiber spätestens zum 1. Oktober 2012 die hierzu erforderlichen Abwicklungsprozesse aufbauen. In der Übergangszeit wird der Netzbetreiber sich bemühen, dem Transportkunden die verfügbaren Informationen zur Verfügung zu stellen.

7. Soweit der Netzbetreiber aufgrund einer zulässigen Unterbrechung nach Ziffer 1 nicht in der Lage ist, seine Pflichten aus diesem Vertrag zu erfüllen, ist der Netzbetreiber von diesen Pflichten befreit. Die Befreiung nach Satz 1 umfasst jedoch nicht die Informationspflichten des Netzbetreibers gegenüber dem Transportkunden.
8. Die Regelungen der Ziffer 7 gelten entsprechend, soweit andere Netzbetreiber im Marktgebiet Maßnahmen nach Ziffer 1 a) oder b) durchführen und der Netzbetreiber aufgrund dieser Maßnahmen ganz oder teilweise nicht in der Lage ist, seine Pflichten aus dem Vertrag zu erfüllen. Die Regelungen der Ziffern 3 bis 6 gelten entsprechend, soweit dem Netzbetreiber die zur Erfüllung der Informationsverpflichtung notwendigen Informationen vorliegen.

§ 8 Ausgleich von Mehr-/Mindermengen

1. Der Netzbetreiber ermittelt nach der endgültigen Ermittlung der abrechnungsrelevanten Messwerte und Daten die Mehr-/Mindermengen. Für alle Ausspeisepunkte wird der gemäß DVGW Arbeitsblatt G 685 ermittelte Verbrauch der SLP- und RLM-Ausspeisepunkte im Abrechnungszeitraum dem endgültig für die Allokation in den Bilanzkreis des Bilanzkreisverantwortlichen zugrundeliegenden Wert gegenübergestellt. Für RLM-Ausspeisepunkte, die einem Biogas-Bilanzkreis zugeordnet sind, entfällt die Mehr-/Mindermengenabrechnung.
2. Mehrmengen entstehen innerhalb des Abrechnungszeitraumes als Differenzmenge, sofern die am Ausspeisepunkt ausgespeiste Gasmenge niedriger ist als die Gasmenge, die vom Ausspeisenetzbetreiber in den Bilanzkreis/Sub-Bilanzkonto allokiert wurde. Mindermengen entstehen innerhalb des Abrechnungszeitraumes als Differenzmenge, sofern die am Ausspeisepunkt ausgespeiste Gasmenge höher ist als die Gasmenge, die vom Ausspeisenetzbetreiber in den Bilanzkreis/Sub-Bilanzkonto allokiert wurde. Mehrmengen vergütet der Netzbetreiber dem Transportkunden; Mindermengen stellt der Netzbetreiber dem Transportkunden in Rechnung.
3. Die Mehr-/Mindermengen für SLP-Letztverbraucher werden mit den jeweiligen mittleren Ausgleichsenergiepreisen für den Abrechnungszeitraum vom Netzbetreiber gegenüber dem Transportkunden abgerechnet. Die Abrechnung der Mehr-/Mindermengen erfolgt nach dem in Anlage 4 beschriebenen Verfahren.
4. Die Mehr-/Mindermengen für RLM-Letztverbraucher je Ausspeisepunkt – insbesondere aufgrund von Differenzen zwischen Bilanzierungsbrennwerten und abrechnungsrelevanten Brennwerten – werden monatlich je Ausspeisepunkt ermittelt und mit den mittleren monatlichen Ausgleichsenergiepreisen vom Netzbetreiber gegenüber dem Transportkunden abgerechnet. Diese Preise sind das ungewichtete arithmetische Mittel der für die Gastage des jeweiligen Monats geltenden positiven und negativen Ausgleichsenergiepreise. Der monatliche durchschnittliche Ausgleichsenergiepreis wird vom Marktgebietsverantwortlichen ermittelt und veröffentlicht und wird gleichermaßen für die Abrechnung von Mehr- als auch von Mindermengen herangezogen.
5. Die energiesteuerfreie Abrechnung der Mehr-/Mindermengen im Verhältnis zwischen Netzbetreiber und dem Transportkunden erfolgt nur, wenn dem einen Vertragspartner eine Anmeldung nach § 38 Abs. 3 Energiesteuergesetz (EnergieStG) des zuständigen Hauptzollamtes dem jeweils anderen Vertragspartner vorliegt. Jede Änderung in Bezug auf die Anmeldung, z. B. deren Widerruf durch das zuständige Hauptzollamt, ist dem jeweils anderen Vertragspartner unverzüglich schriftlich mitzuteilen.

§ 9 Entgelte

1. Der Transportkunde zahlt für die Leistungen des Netzbetreibers die Entgelte nach Maßgabe der auf der Internetseite des Netzbetreibers veröffentlichten Preisblätter gemäß Anlage 5. Die in den Preisblättern enthaltenen Netzentgelte werden auf Grundlage der festgelegten Erlösobergrenze entsprechend den Vorschriften des Teils 2 Abschnitt 2 und 3 der Gasnetzentgeltverord-

nung (GasNEV) gebildet. In diesen sind die Kosten für die Inanspruchnahme der vorgelagerten Netzebenen enthalten.

2. Der Netzbetreiber ist bei einer Festlegung der Erlösobergrenzen gemäß § 17 Abs. 1 Anreizregulierungsverordnung (ARegV) und bei einer Anpassung der Erlösobergrenzen gemäß § 17 Abs. 2 ARegV i. V. m. § 4 Abs. 3 bis 5 ARegV sowie nach § 5 Abs. 3 ARegV i. V. m. § 17 ARegV berechtigt, die Netzentgelte anzupassen, soweit sich daraus eine Erhöhung der Netzentgelte ergibt. Der Netzbetreiber ist zur Anpassung der Netzentgelte verpflichtet, soweit sich daraus eine Absenkung der Netzentgelte ergibt. Der Netzbetreiber wird in derartigen Fällen die Netzentgelte jeweils gemäß § 17 ARegV i. V. m. den Vorschriften des Teils 2, Abschnitte 2 und 3 GasNEV und § 5 Abs. 3 ARegV anpassen. Über die angepassten Netzentgelte (Preisblätter) wird der Netzbetreiber den Transportkunden unverzüglich in Textform informieren.
3. Eine Anpassung der Netzentgelte darf erst zum 1. Januar des folgenden Kalenderjahres vorgenommen werden. Der Netzbetreiber ist sowohl im Fall einer Erhöhung als auch einer Absenkung berechtigt, auftretende Differenzen über sein eigenes Regulierungskonto (§ 5 ARegV) abzuwickeln.
4. Im Falle von erhöhten Entgelten steht dem Transportkunden das Recht zu, den Vertrag mit einer Frist von 10 Werktagen zum Wirksamkeitszeitpunkt der Änderung schriftlich zu kündigen. Sofern die Information nach Ziffer 2 Satz 4 dem Transportkunden nicht mindestens 20 Werktage vor dem Wirksamkeitszeitpunkt der Änderung zugeht, ist der Transportkunde abweichend von Satz 1 berechtigt, innerhalb von 10 Werktagen nach Zugang der Information nach Ziffer 2 Satz 4 mit einer Frist von 5 Werktagen, frühestens zum Wirksamkeitszeitpunkt der Änderung, den Vertrag schriftlich zu kündigen.
5. Sollten Steuern oder andere öffentlich-rechtliche Abgaben auf die Entgelte gemäß dem jeweiligen Vertrag, einschließlich von Steuern oder anderen öffentlich-rechtlichen Abgaben auf Dienstleistungen, die die Grundlage für diese Entgelte bilden, eingeführt, abgeschafft oder geändert werden, nimmt der Netzbetreiber eine dementsprechende Anhebung oder Absenkung der Entgelte in dem jeweiligen Vertrag mit Wirkung zu dem Zeitpunkt vor, an welchem die Einführung, Abschaffung oder Änderung der Steuern oder anderen öffentlich-rechtlichen Abgaben in Kraft tritt, soweit diese nicht von der Erlösobergrenze erfasst sind.
6. In den Fällen einer Anpassung der Erlösobergrenze aufgrund eines Härtefalles gemäß § 4 Abs. 4 Satz 1 Nr. 2 ARegV ist der Netzbetreiber berechtigt, die Netzentgelte gemäß dem Beschluss der Bundesnetzagentur oder jeweils zum 1. Januar des folgenden Kalenderjahres anzupassen.
7. Darüber hinaus ist der Netzbetreiber zur Änderung der Entgelte gemäß Ziffer 1 berechtigt bzw. verpflichtet, soweit sich eine solche Änderung aus gesetzlichen und/oder behördlichen und/oder gerichtlichen Entscheidungen ergibt.
8. Der Transportkunde entrichtet ein Entgelt gemäß Konzessionsabgabenverordnung (KAV) nach Maßgabe der auf der Internetseite des Netzbetreibers veröffentlichten Preisblätter *gemäß Anlage 5* an den Netzbetreiber für jeden Ausspeisepunkt, der in den Geltungsbereich dieses Lieferantenrahmenvertrages fällt. Die in den Preisblättern angegebene Höhe der Konzessionsabgabe richtet sich nach dem jeweils zwischen dem Konzessionsnehmer und der betreffenden Gemeinde vereinbarten Konzessionsabgabensatz gemäß KAV in der jeweils gültigen Fassung.
9. Erhebt der Transportkunde den Anspruch auf eine niedrigere Konzessionsabgabe oder auf Befreiung von der Konzessionsabgabe für einen von ihm im Netzbereich des Netzbetreibers belieferten Letztverbraucher, wird er dem Netzbetreiber hierüber einen schriftlichen Nachweis in für die Konzessionsabgabenabrechnung geeigneter Form, z. B. durch Wirtschaftsprüfertestat, zur Verfügung stellen. Diesen Nachweis wird der Transportkunde dem Netzbetreiber spätestens bis 15 Monate nach dem Ende eines Kalenderjahres für dieses Kalenderjahr einreichen.
10. Im Übrigen kann der Netzbetreiber in ergänzenden Geschäftsbedingungen Regelungen zu Entgelt- und Zahlungsbedingungen treffen, die er auf seiner Internetseite veröffentlicht. Geson-

derte Entgelte nach § 20 Abs. 2 GasNEV bedürfen einer besonderen Vereinbarung. Die Anwendung von Regelungen zu gesonderten Entgelten kann der Netzbetreiber in den ergänzenden Geschäftsbedingungen treffen.

11. Für Ausspeisepunkte hat der Transportkunde das ausgewiesene Entgelt für Messstellenbetrieb/Messung gemäß Ziffer 1 ab dem Zeitpunkt und solange zu zahlen, ab dem und solange der Netzbetreiber Messstellenbetreiber/Messdienstleister gemäß § 21 b EnWG an dem jeweiligen Ausspeisepunkt ist. Der Netzbetreiber wird im Fall, dass ihm der Messstellenbetrieb/die Messdienstleistung zufällt oder er nicht mehr Messstellenbetreiber/Messdienstleister des Ausspeisepunktes sein wird, insbesondere infolge eines Wechsels des Messstellenbetreibers/Messdienstleisters gemäß § 21 b Abs. 2 EnWG, den Transportkunden unverzüglich darüber informieren.

§ 10 Abrechnung, Zahlung und Verzug

1. Grundsätzlich rechnet der Netzbetreiber die Netzentgelte inklusive Abrechnung und, sofern er Messstellenbetreiber/Messdienstleister ist, das Entgelt für Messstellenbetrieb und Messung jährlich nach GeLi Gas ab. Abweichend davon wird im Falle von RLM-Letztverbrauchern monatlich nach GeLi Gas abgerechnet. Der Netzbetreiber ist berechtigt, im Falle von SLP-Letztverbrauchern nach seiner Wahl monatliche oder zweimonatliche Abschlagszahlungen vom Transportkunden zu verlangen. Ändern sich die für die Berechnung der Abschlagszahlungen relevanten Parameter (z. B. Preise, Jahresverbrauchsmengen) kann der Netzbetreiber auch unterjährig eine Anpassung der Abschlagszahlungen verlangen.
   Die monatliche Abrechnung der RLM-Ausspeisepunkte erfolgt auf der Grundlage der gemessenen, monatlichen Verbrauchsmenge und grundsätzlich der höchsten im Abrechnungszeitraum erreichten Maximalleistung. Der Netzbetreiber legt den Abrechnungszeitraum fest und veröffentlicht ihn in seinen ergänzenden Geschäftsbedingungen. Sofern im betreffenden Abrechnungsmonat eine höhere als die bisher erreichte Maximalleistung auftritt, erfolgt in diesem Abrechnungsmonat oder am Ende des Abrechnungszeitraums eine Nachberechnung der Differenz zwischen der bisher berechneten und neuen Maximalleistung für die vorausgegangenen Monate des aktuellen Abrechnungszeitraums.
2. Die Abrechnung der Mehr- und Mindermengen erfolgt nach den Regelungen in Anlage 4.
3. Weitere Einzelheiten über die Abrechnung der Entgelte kann der Netzbetreiber in ergänzenden Geschäftsbedingungen regeln.
4. Rechnungen und Abschlagsrechnungen bzw. Abschlagspläne werden zu dem vom Netzbetreiber angegebenen Zeitpunkt, frühestens jedoch 2 Wochen nach Zugang der Zahlungsaufforderung fällig. Die ernsthafte Möglichkeit eines offensichtlichen Fehlers in der Rechnung berechtigt den Transportkunden zum Zahlungsaufschub oder zur Zahlungsverweigerung. Der Netzbetreiber ist berechtigt, einen Verzugsschaden pauschal in Rechnung zu stellen. Es bleibt dem Transportkunden unbenommen, einen tatsächlich geringeren Verzugsschaden nachzuweisen.
5. Werden Fehler in der Ermittlung von Rechnungsbeträgen oder der Rechnung zugrundeliegenden Daten festgestellt, so ist die Überzahlung vom Netzbetreiber zurückzuzahlen oder der Fehlbetrag vom Transportkunden nachzuentrichten. Die Rechnungskorrektur ist längstens 3 Jahre ab Zugang der zu korrigierenden Rechnung zulässig.
6. Gegen Ansprüche der Vertragspartner kann nur mit unbestrittenen oder rechtskräftig festgestellten Gegenansprüchen aufgerechnet werden.

§ 11 Steuern

1. Werden im Rahmen des jeweiligen Vertrages vom Netzbetreiber an einen Transportkunden, der nicht Lieferer im Sinne des § 38 Abs. 3 EnergieStG ist, Gasmengen geliefert, hat der Transport-

kunde die darauf entfallenden Entgelte zuzüglich Energiesteuer in der jeweiligen gesetzlichen Höhe zu zahlen.

Eine solche Lieferung liegt insbesondere immer dann vor, wenn zusätzlich zu den vom Transportkunden dem Netzbetreiber zum Transport übergebenen Gasmengen am Ausspeisepunkt weitere Gasmengen vom Netzbetreiber an den Transportkunden abgegeben werden.

Erfolgt die Lieferung von Gasmengen an einen Transportkunden, der angemeldeter Lieferer im Sinne des § 38 Abs. 3 EnergieStG ist, ist der Transportkunde verpflichtet, das Vorliegen der Voraussetzungen des § 38 Abs. 3 EnergieStG dem Netzbetreiber gegenüber durch Vorlage einer von der zuständigen Zollverwaltung ausgestellten aktuellen Anmeldebestätigung im Sinne von § 78 Abs. 4 Energiesteuer – Durchführungsverordnung (EnergieStV), nach der der Transportkunde als angemeldeter Lieferer zum unversteuerten Bezug von Gasmengen berechtigt ist, nachzuweisen. Der Nachweis über das Vorliegen der Voraussetzungen des § 38 Abs. 3 EnergieStG ist dem jeweiligen Netzbetreiber spätestens 1 Woche vor der Lieferung zur Verfügung zu stellen. Wird ein geeigneter Nachweis über das Vorliegen der Voraussetzungen des § 38 Abs. 3 EnergieStG nicht innerhalb des vorgeschriebenen Zeitraums vorgelegt, hat der Netzbetreiber das Recht, dem Transportkunden die auf die Lieferung der Gasmengen entfallenden Entgelte zuzüglich Energiesteuer in der jeweiligen gesetzlichen Höhe in Rechnung zu stellen.

Der Transportkunde ist verpflichtet, den Netzbetreiber umgehend schriftlich zu informieren, wenn der Transportkunde nicht bzw. nicht mehr Lieferer im Sinne des § 38 Abs. 3 EnergieStG ist. Bei Adressänderungen, Umfirmierungen, Änderungen der Rechtsform ist die Vorlage einer aktuellen Lieferbestätigung der Zollverwaltung erforderlich. Kommt der Transportkunde dieser Hinweispflicht nicht oder nicht rechtzeitig nach, ist er verpflichtet, die daraus für den Netzbetreiber entstehende Energiesteuer an diesen zu erstatten.

2. Sämtliche Entgelte entsprechend des jeweiligen Vertrages sind ohne darauf entfallende Steuern aufgeführt. Der Transportkunde hat diese Steuern zusätzlich zu diesen Entgelten zu entrichten.
3. Die Entgelte gemäß dem jeweiligen Vertrag und diesem Paragraphen sowie jegliche Zuschläge hierzu bilden das Entgelt im Sinne des Umsatzsteuergesetzes und verstehen sich ohne Umsatzsteuer (USt). Zusätzlich zu diesem Entgelt hat der Transportkunde an den Netzbetreiber die Umsatzsteuer in der jeweiligen gesetzlichen Höhe zu entrichten.

§ 12 Haftung

1. Der Netzbetreiber haftet für Schäden, die dem Transportkunden durch die Unterbrechung oder durch Unregelmäßigkeiten in der Netznutzung entstehen, nach Maßgabe des § 5 GasNZV i. V. m. § 18 NDAV – dieses gilt für Vertragsverhältnisse in Nieder-, Mittel- und Hochdrucknetzen. Der Wortlaut des § 18 NDAV ist als Anlage 6 beigefügt.
2. Im Übrigen haften die Vertragspartner einander für Schäden aus der Verletzung des Lebens, des Körpers oder der Gesundheit, es sei denn, der Vertragspartner selbst, dessen gesetzliche Vertreter, Erfüllungs- oder Verrichtungsgehilfen haben weder vorsätzlich noch fahrlässig gehandelt.
3. Im Fall der Verletzung wesentlicher Vertragspflichten haften die Vertragspartner einander für Sach- und Vermögensschäden, es sei denn, der Vertragspartner selbst, dessen gesetzliche Vertreter, Erfüllungs- oder Verrichtungsgehilfen haben weder vorsätzlich noch fahrlässig gehandelt; die Haftung der Vertragspartner im Fall leicht fahrlässig verursachter Sach- und Vermögensschäden ist auf den vertragstypisch, vorhersehbaren Schaden begrenzt.
   a) Unter wesentlichen Vertragspflichten werden hier die Verpflichtungen verstanden, deren Erfüllung die ordnungsgemäße Durchführung des Vertrages überhaupt erst ermöglicht und auf deren Einhaltung der Vertragspartner regelmäßig vertraut und vertrauen darf.

b) Vertragstypische, vorhersehbare Schäden sind solche, die der Vertragspartner bei Vertragsschluss als mögliche Folge einer Vertragsverletzung vorausgesehen hat oder unter Berücksichtigung der Umstände, die ihm bekannt waren oder die er hätte kennen müssen, bei Anwendung verkehrsüblicher Sorgfalt hätte voraussehen müssen.
c) Typischerweise ist bei Geschäften der fraglichen Art von einem Schaden in Höhe von EUR 2,5 Mio. bei Sachschäden und EUR 1,0 Mio. bei Vermögensschäden auszugehen.

4. Die Vertragspartner haften einander für Sach- und Vermögensschäden bei nicht wesentlichen Vertragspflichten, es sei denn, der Vertragspartner selbst, dessen gesetzliche Vertreter, Erfüllungs- oder Verrichtungsgehilfen haben weder vorsätzlich noch grob fahrlässig gehandelt.
   a) Die Haftung der Vertragspartner selbst und für ihre gesetzlichen Vertreter, leitende Erfüllungsgehilfen und Verrichtungsgehilfen ist im Fall grob fahrlässig verursachter Sach- und Vermögensschäden auf den vertragstypisch, vorhersehbaren Schaden begrenzt.
   b) Die Haftung der Vertragspartner für sog. einfache Erfüllungsgehilfen ist im Fall grob fahrlässig verursachter Sachschäden auf EUR 1,5 Mio. und Vermögensschäden auf EUR 0,5 Mio. begrenzt.
5. §§ 16, 16 a EnWG bleiben unberührt. Maßnahmen nach § 16 a EnWG i. V. m. § 16 Abs. 2 EnWG sind insbesondere auch solche, die zur Sicherstellung der Versorgung von Haushaltskunden mit Erdgas gemäß § 53 a EnWG ergriffen werden.
6. Eine Haftung der Vertragspartner nach zwingenden Vorschriften des Haftpflichtgesetzes und anderen Rechtsvorschriften bleibt unberührt.
7. Die Ziffern 1 bis 6 gelten auch zugunsten der gesetzlichen Vertreter, Arbeitnehmer sowie der Erfüllungs- oder Verrichtungsgehilfen der Vertragspartner, soweit diese für den jeweiligen Vertragspartner Anwendung finden.

§ 13 Sicherheitsleistung

1. Der Netzbetreiber kann in begründeten Fällen für alle Zahlungsansprüche aus der Geschäftsbeziehung zum Transportkunden eine angemessene Sicherheitsleistung oder Vorauszahlung verlangen. Die Anforderung der Sicherheit bzw. Vorauszahlung ist gegenüber dem Transportkunden in Textform zu begründen.
2. Ein begründeter Fall wird insbesondere angenommen, wenn
   a) der Transportkunde mit einer fälligen Zahlung in Verzug geraten ist und auch auf ausdrückliche Aufforderung nicht gezahlt hat,
   b) gegen den Transportkunden Zwangsvollstreckungsmaßnahmen wegen Geldforderungen (§§ 803–882a Zivilprozessordnung (ZPO)) eingeleitet sind,
   c) ein Antrag des Transportkunden auf Eröffnung des Insolvenzverfahrens über sein Vermögen vorliegt oder
   d) ein Dritter einen Antrag auf Eröffnung des Insolvenzverfahrens über das Vermögen des Transportkunden stellt.

   Darüber hinaus hat der Netzbetreiber das Recht, eine angemessene Sicherheitsleistung oder Leistung einer Vorauszahlung zu verlangen, wenn aufgrund einer über den Transportkunden eingeholten Auskunft einer allgemein im Geschäftsleben anerkannten Auskunftei oder aufgrund einer sonstigen Sachlage eine begründete Besorgnis besteht, dass er den Verpflichtungen aus diesem Vertrag nicht nachkommen wird und der Transportkunde dies nicht innerhalb von 5 Werktagen durch einen geeigneten Nachweis seiner Bonität entkräftet. Hierzu können gegebenenfalls geeignete Bonitätsnachweise, wie z. B. durch Vorlage eines aktuellen Geschäftsberichts, eines Handelsregisterauszugs und erforderlichenfalls weitergehende bonitätsrelevante Informationen vorgelegt werden. Ist der Transportkunde nicht in der Lage, einen entsprechenden Nachweis innerhalb der genannten Frist zu führen, so ist die Sicherheitsleistung innerhalb von weiteren 5 Werktagen zu leisten.

Soweit der Transportkunde über ein Rating einer anerkannten Rating-Agentur verfügt, liegt eine begründete Besorgnis insbesondere dann vor, wenn sein Rating nicht mindestens
- im Langfristbereich nach Standard & Poor's BBB-,
- im Langfristbereich nach Fitch BBB-,
- im Langfristbereich nach Moody's Baa3,
- nach Creditreform (Bonitätsindex 2.0) Risikoklasse II (gemäß Creditreform RatingMap Stand Dezember 2011) beträgt.

Gleiches gilt, wenn der Transportkunde bei einer anderen anerkannten Ratingagentur kein entsprechendes vergleichbares Rating aufweist. Liegen mehrere der vorgenannten Auskünfte vor, liegt eine begründete Besorgnis auch dann vor, wenn nur eine der genannten Bonitätsindikatoren eine begründete Besorgnis auslöst.
Die Daten und die wesentlichen Inhalte der Auskunft, auf denen die begründete Besorgnis beruht, sind dem Transportkunden durch den Netzbetreiber vollständig offen zu legen.

3. Arten der Sicherheitsleistungen sind unbedingte, unwiderrufliche Bankgarantien, unbedingte, unwiderrufliche Unternehmensgarantien (z. B. harte Patronats- und Organschaftserklärungen), unbedingte, unwiderrufliche, selbstschuldnerische Bürgschaften sowie Hinterlegungen von Geld oder festverzinslichen Wertpapieren. Die Auswahl der Art der Sicherheitsleistung obliegt dem Transportkunden. Außerdem kann der Netzbetreiber Barsicherheiten oder Forderungsabtretungen akzeptieren.
4. Der Transportkunde ist berechtigt, die Sicherheitsleistung durch Vorauszahlungen abzuwenden.
5. Die Sicherheit ist innerhalb von 5 Werktagen nach ihrer Anforderung vom Transportkunden an den Netzbetreiber zu leisten. Im Fall der Ziffer 2 d) ist die Sicherheit innerhalb von 10 Werktagen zu leisten, wenn der Transportkunde nicht innerhalb dieser Frist das Fehlen eines Eröffnungsgrundes im Sinne von §§ 17 Abs. 2, 19 Abs. 2 Insolvenzordnung (InsO) nachweist. Sollte die Sicherheitsleistung in Anspruch genommen werden, kann der Netzbetreiber den in Anspruch genommenen Teil der Sicherheitsleistung nachfordern. Die Leistung der Sicherheit nach Satz 3 hat durch den Transportkunden ebenfalls innerhalb der in Satz 1 genannten Frist zu erfolgen.
6. Als Anforderungen an die einzelnen Arten der Sicherheitsleistungen gelten:
   a) Banksicherheiten sind in Form einer unbedingten, unwiderruflichen und selbstschuldnerischen Bankbürgschaft bzw. Bankgarantie zu leisten. Das Kreditinstitut, welches die Sicherheitsleistung ausstellt, muss mindestens ein Standard & Poor's Langfrist-Rating von A- bzw. ein Moody's Langfrist-Rating von A3 aufweisen, oder dem deutschen Sparkassen- bzw. Genossenschaftssektor angehören.
   b) Für Unternehmensgarantien und Bürgschaften gilt, dass das Unternehmen, welches die Sicherheit leistet, mindestens ein Standard & Poor's Langfrist-Rating von BBB-, ein Fitch-Rating von minimal BBB-, ein Moody's Langfrist-Rating von Baa3 oder einen Bonitätsindex von Creditreform (Bonitätsindex 2.0) von mindestens Risikoklasse II oder besser (gemäß Creditreform RatingMap Stand Dezember 2011) aufweisen muss. Weiterhin darf die Höhe der Unternehmensgarantie oder Bürgschaft 10 % des haftenden Eigenkapitals des Sicherheitengebers nicht übersteigen. Dieses ist durch den Transportkunden gegenüber dem Netzbetreiber mit der Beibringung der Sicherheitsleistung nachzuweisen.
   c) Im Falle von Barsicherheiten sind diese durch Einzahlung auf ein vom Netzbetreiber benanntes Konto zu leisten. Sie werden zu dem von der Deutschen Bundesbank am ersten Bankentag des Rechnungsmonats bekanntgegebenen Basiszinssatz verzinst. Alternativ ist auch eine Guthabenverpfändung eines vom Transportkunden geführten Kontos zugunsten des Netzbetreibers möglich.

d) Die Bürgschaft oder Garantieerklärung ist auf erstes Anfordern zu zahlen und hat generell den Verzicht auf die Einreden der Vorausklage, der Anfechtbarkeit und der Aufrechenbarkeit, soweit es sich nicht um unstrittige oder rechtskräftig festgestellte Forderungen handelt, zu enthalten. Eine selbstschuldnerische Bürgschafts- oder Garantieerklärung muss mindestens für 12 Kalendermonate gültig sein, maximal jedoch bis zum Ende der Vertragslaufzeit und die beiden der Vertragslaufzeit unmittelbar folgenden Monate.

7. Die Höhe der Sicherheitsleistung beträgt das Doppelte der durchschnittlichen Netzentgeltforderungen pro Monat der letzten 12 Monate. Für einen Zeitraum der Netznutzung, der weniger als 12 Monate beträgt, wird dieser Zeitraum der Berechnung der Sicherheitsleistung zugrunde gelegt.
8. Der Netzbetreiber kann eine geleistete Sicherheit in Anspruch nehmen, wenn er nach Verzugseintritt eine Zahlungserinnerung ausgesprochen hat und die mit der Zahlungserinnerung gesetzte angemessene Frist fruchtlos verstrichen ist.
9. Eine Sicherheitsleistung ist unverzüglich zurückzugeben, wenn die Voraussetzungen zu deren Erhebung entfallen sind. Der Netzbetreiber hat das Fortbestehen eines begründeten Falles jeweils mindestens halbjährlich zu überprüfen. Der Netzbetreiber prüft bei Fortbestehen, ob die Höhe der Sicherheitsleistung der in Ziffer 7 beschriebenen Höhe entspricht. Falls die vorgenannte Prüfung ergibt, dass der realisierbare Wert aller Sicherheitsleistungen den anzuwendenden Wert gemäß Ziffer 7 nicht nur unwesentlich übersteigt, hat der Netzbetreiber entsprechende Anteile der Sicherheitsleistung zurückzugeben. Sollten mehrere Sicherheiten geleistet worden sein, steht dem Netzbetreiber das Recht zu, eine der geleisteten Sicherheiten auszuwählen und zurückzugeben. Soweit der realisierbare Wert aller Sicherheitsleistungen den anzuwendenden Wert gemäß Ziffer 7 nicht nur unwesentlich unterschreitet, kann der Netzbetreiber eine Anpassung der Sicherheitsleistung verlangen. Der Transportkunde kann eine Einstellung der Vorauszahlungsregelung frühestens nach einem halben Jahr fordern, sofern innerhalb der letzten 12 Monate die Zahlungen fristgerecht eingegangen sind.

§ 14 Vertragslaufzeit, Vertragskündigung und Netzübernahme

1. Dieser Lieferantenrahmenvertrag tritt *mit Unterzeichnung/zum (Datum)* in Kraft und läuft auf unbestimmte Zeit. Er kann mit einer Frist von 3 Monaten auf das Ende eines Kalendermonats gekündigt werden. Der Vertrag kann von dem Netzbetreiber jedoch nur gekündigt werden, soweit eine Pflicht zum Netzzugang auf der Grundlage des EnWG, der GasNZV oder anderer Rechtsvorschriften nicht oder nicht mehr besteht oder gleichzeitig mit der Kündigung der Abschluss eines neuen Lieferantenrahmenvertrages angeboten wird, der den Anforderungen des EnWG, der GasNZV und anderer Rechtsvorschriften entspricht.
2. Dieser Vertrag kann fristlos aus wichtigem Grund gekündigt werden.
Ein wichtiger Grund liegt insbesondere vor, wenn
   a) gegen wesentliche Bestimmungen dieses Vertrages wiederholt trotz Abmahnung schwerwiegend verstoßen wird oder
   b) der Transportkunde seiner Verpflichtung zur Stellung einer Sicherheit oder zur Leistung einer Vorauszahlung nach § 13 nicht fristgerecht oder nicht vollständig nachkommt oder
   c) ein Antrag auf Eröffnung des Insolvenzverfahrens über das Vermögen des Transportkunden vorliegt und der Insolvenzverwalter trotz Aufforderung keine Fortführung i. S. d. § 103 InsO erklärt und im Falle eines Antrages durch einen Dritten der Transportkunde bzw. der Insolvenzverwalter nicht innerhalb von 5 Werktagen das Fehlen eines Eröffnungsgrundes im Sinne von §§ 17 Abs. 2, 19 Abs. 2 InsO nachweist oder
   d) die Zuordnung sämtlicher Ausspeisepunkte des Transportkunden zu einem Bilanzkreis entgegen § 2 Ziffer 2 Abs. 1 Satz 3 nicht mehr sichergestellt ist.
3. *Optional: Sofern eine EDI-Vereinbarung Bestandteil dieses Lieferantenrahmenvertrages ist, besteht diese auch nach einer Kündigung des Lieferantenrahmenvertrages so lange fort, bis der*

Abrechnungsprozess der Netzentgelte endgültig abgewickelt ist. Nach Begleichung sämtlicher Forderungen endet die EDI-Vereinbarung automatisch.

4. Dieser Vertrag endet in Bezug auf einzelne Ausspeisepunkte, sofern der Netzbetreiber aufgrund von Änderungen des Netzgebietes (z. B. Eigentumsübertragung oder anderweitige Netzüberlassung nach § 46 EnWG) den Netzzugang für diese Ausspeisepunkte nicht mehr gewähren kann. Der Netzbetreiber wird den Transportkunden hierüber und über den übernehmenden Netzbetreiber in Textform unterrichten.
5. Übernimmt der Netzbetreiber ein zusätzliches Netzgebiet, erstreckt sich dieser Vertrag auch auf die Ausspeisepunkte des Transportkunden in dem übernommenen Netzgebiet. Der übernehmende Netzbetreiber informiert unter Angabe der betroffenen Gemeindegebiete den Transportkunden in Textform über die Netzübernahme.

§ 15 Änderungen des Lieferantenrahmenvertrages

1. Der Netzbetreiber ist berechtigt, diesen Vertrag mit sofortiger Wirkung zu ändern, sofern eine Änderung erforderlich ist, um einschlägigen Gesetzen oder Rechtsverordnungen und/oder rechtsverbindlichen Vorgaben nationaler oder internationaler Gerichte und Behörden, insbesondere Festlegungen und dazu ergangene Mitteilungen der Bundesnetzagentur, und/oder allgemein anerkannten Regeln der Technik zu entsprechen. In diesem Fall hat der Netzbetreiber den Transportkunden unverzüglich hiervon in Kenntnis zu setzen. Ergeben sich für den Transportkunden durch die Änderung im Hinblick auf seinen Vertrag wesentliche wirtschaftliche Nachteile, so ist der Transportkunde berechtigt, seine Verträge zum Ende des Monats, der auf den Wirksamkeitszeitpunkt folgt, mit einer Kündigungsfrist von 15 Werktagen zu kündigen. Eine Entschädigung ist dabei ausgeschlossen. Diese Regelung gilt entsprechend für Änderungen, die bei weiterer Zusammenlegung von Marktgebieten erforderlich sind.
2. Der Netzbetreiber ist berechtigt, diesen Vertrag in anderen Fällen als Ziffer 1 für die Zukunft zu ändern. Der Netzbetreiber informiert den Transportkunden vorab, 2 Monate vor dem Wirksamkeitszeitpunkt, über die geänderten Bedingungen dieses Vertrages in Textform und veröffentlicht die geänderten Bedingungen dieses Vertrages auf seiner Internetseite. In begründeten Fällen kann der Netzbetreiber hiervon abweichen. Die Änderung der Bedingungen dieses Vertrages gilt durch den Transportkunden als angenommen, sofern dieser nicht binnen 30 Werktagen ab Zugang der Information der Änderung widerspricht. Soweit ein Widerspruch erfolgt ist, gelten die bisherigen Geschäftsbedingungen dieses Vertrages. Für den Widerspruch ist die Textform ausreichend. Der Netzbetreiber ist verpflichtet, den Transportkunden auf den Beginn der Widerspruchsfrist und auf die Wirkung des nicht ausgeübten Widerspruchs als Annahme der geänderten Bedingungen dieses Vertrages hinzuweisen.
3. Änderungen der Entgelte erfolgen gemäß § 9.

§ 16 Schlussbestimmungen

1. Rechte und Pflichten aus diesem Vertrag können mit Zustimmung des jeweils anderen Vertragspartners auf einen Dritten übertragen werden. Die Zustimmung darf nicht verweigert werden, sofern die technische und wirtschaftliche Leistungsfähigkeit des eintretenden Dritten gewährleistet ist. Die Zustimmung gilt als erteilt, wenn der andere Vertragspartner nicht innerhalb von 6 Wochen nach der schriftlichen Mitteilung über die Übertragung der Rechte und Pflichten schriftlich widersprochen hat. Im Fall der Gesamtrechtsnachfolge oder der Rechtsnachfolge nach dem Umwandlungsgesetz oder in sonstigen Fällen der rechtlichen Entflechtung des Netzbetriebs nach § 7 EnWG gehen die Rechte und Pflichten des Vertrages ohne Zustimmung über. Die vollständige Übertragung auf ein verbundenes Unternehmen i. S. d. § 15 Aktiengesetz (AktG) bedarf nicht der vorherigen Zustimmung, sondern lediglich einer Mitteilung in Textform an den anderen Vertragspartner.

2. Sollten einzelne Bestimmungen dieses Vertrages oder seiner Anlagen unwirksam oder undurchführbar sein oder werden, so bleiben der Vertrag und die Anlagen im Übrigen davon unberührt. Die Vertragspartner verpflichten sich, die unwirksamen oder undurchführbaren Bestimmungen in einem geeigneten Verfahren durch andere, ihrem wirtschaftlichen Erfolg möglichst gleichkommende Bestimmungen zu ersetzen. Dies gilt entsprechend bei Regelungslücken.
3. Mit Vertragsbeginn werden alle bis zu diesem Zeitpunkt zwischen den Vertragsparteien bestehenden Lieferantenrahmenverträge unwirksam.
4. Eine Kündigung des Vertrages ist nur wirksam, wenn sie schriftlich erfolgt. Dies gilt auch für einen Verzicht auf die Einhaltung der Schriftform. Für alle sonstigen Änderungen gilt § 15.
5. Gerichtsstand ist der Sitz des Netzbetreibers.

§ 17 Anlagenverzeichnis

Die folgenden Anlagen sind Bestandteil dieses Vertrages:

Anlage 1	Technische Einzelheiten zum Datenaustausch sowie Ansprechpartner und Erreichbarkeit
Anlage 2	*Ergänzende Geschäftsbedingungen*
Ggf. Anlage 3	*EDI-Vereinbarung*[3]
Anlage 4	Standardlastprofilverfahren und Verfahren zur Mehr-/Mindermengenabrechnung
Anlage 5	*Preisblätter für den Netzzugang*
Anlage 6	§ 18 NDAV
Anlage 7	Begriffsbestimmungen

Ort	Datum	Ort	Datum
Transportkunde		Netzbetreiber	

1 Zusätzlich als Bestandteil des Lieferantenrahmenvertrages oder als gesonderte Vereinbarung Abschluss einer EDI-Vereinbarung für den Geschäftsprozess Netznutzungsabrechnung mithilfe des elektronischen Datenaustausches für die Berechtigung des Lieferanten zum Vorsteuerabzug, wenn nicht qualifiziert elektronische Signatur genutzt wird, siehe dazu auch Mustervereinbarung über den elektronischen Datenaustausch des BDEW.

2 § 4 Ziffer 5 sowie die Anlage 3 kommen nur zum Tragen, sofern die EDI-Vereinbarung nicht gesondert abgeschlossen wird oder entbehrlich ist.

3 § 4 Ziffer 5 sowie die Anlage 3 kommen nur zum Tragen, sofern die EDI-Vereinbarung nicht gesondert abgeschlossen wird oder entbehrlich ist.

2. Anlage 1 – Technische Einzelheiten zum Datenaustausch sowie Ansprechpartner und Erreichbarkeit

Muster

13 **Anlage 1**

Technische Einzelheiten zum Datenaustausch sowie Ansprechpartner und Erreichbarkeit

– Beispiel für Inhalt Anlage 1 – ggf. netzbetreiber-individuell zu ändern/ergänzen, insbesondere Angaben des Transportkunden gemäß § 4 der Anlage 1 können auch durch gesondertes Datenblatt des Transportkunden mitgeteilt werden –

§ 1 Kommunikationsparameter Netzbetreiber

Die für die betreffenden Geschäftsprozesse nach § 1 Ziffer 4 des Lieferantenrahmenvertrages relevanten Daten sind ausschließlich über die nachfolgend genannte E-Mail-Adresse sowie den in angegebenen Fristen an den Netzbetreiber zu übermitteln:

XXX

Bitte geben Sie das Format orthografisch identisch in der Betreffzeile der E-Mail als Identifikation des E-Mailinhalts beim Versand an. Beispiel: Für MSCONS-Formate ist im Betreff der E-Mail der Begriff „MSCONS" anzugeben. Etwaige zusätzliche Textmeldungen in entsprechenden E-Mails finden aufgrund der automatisierten Bearbeitung keine Berücksichtigung. Für individuelle Anfragen gelten die in dieser Anlage kommunizierten E-Mail-Adressen.

§ 2 Kommunikationsparameter Transportkunde

Der Transportkunde teilt dem Netzbetreiber seine Kommunikationsparameter *gemäß dieser Anlage bzw. mit einem gesonderten Kommunikationsdatenblatt* mit. Dazu gehören insbesondere die E-Mail-Adresse(n), an die der Netzbetreiber die für die betreffenden Geschäftsprozesse relevanten Daten senden soll sowie die Angabe der Bilanzkreisnummer(n) bzw. Sub-Bilanzkontonummer(n), die Bankverbindung und Ansprechpartner für Lieferantenrahmenverträge, Energiedatenmanagement, Netzabrechnung und Datenaustauschformaten.

§ 3 Angaben und Ansprechpartner Netzbetreiber

Netzbetreiber
Straße Netzbetreiber
PLZ + Ort Netzbetreiber
DVGW/ILN–Codenummer: XXX (Marktfunktion Verteilernetzbetreiber)

Lieferantenrahmenverträge

Ansprechpartner	**Telefonnummer**	**E-Mail-Adresse**
Telefax		

Energiedatenmanagement (Zählerstände, Lastgänge, Befundprüfungen)

Ansprechpartner	**Telefonnummer**	**E-Mail-Adresse**

Telefax		

Netzabrechnung

Ansprechpartner	Telefonnummer	E-Mail-Adresse
Telefax		

Klärfälle/Fragen zum Lieferantenwechsel

Ansprechpartner	Telefonnummer	E-Mail-Adresse
Telefax		

Ansprechpartner für MSCONS, UTILMD, REQDOC, INVOIC, REMADV, CONTRL und APERAK sowie für die Zertifikate für den verschlüsselten Datenaustausch

Ansprechpartner	Telefonnummer	E-Mail-Adresse
Telefax		

Alle Ansprechpartner sind innerhalb der üblichen Bürozeiten erreichbar.

§ 4 Angaben und Ansprechpartner Transportkunden

Name/Firma: ______________________

Straße (Anschrift): ______________________

PLZ Ort (Anschrift): ______________________

DVGW/ILN–Codenummer: ______________________

Bilanzkreisverantwortliche(r): ______________________

Bilanzkreisnummer(n) bzw.
Sub-Bilanzkontonummer(n): ______________________

Bankverbindung des Transportkunden: ______________________

IBAN: ______________________

Kreditinstitut: ______________________

BIC: ______________________

Lieferantenrahmenverträge

Ansprechpartner	**Telefonnummer**	**E-Mail-Adresse**
Telefax		

Energiedatenmanagement

Ansprechpartner	**Telefonnummer**	**E-Mail-Adresse**
Telefax		

Netzabrechnung

Ansprechpartner	**Telefonnummer**	**E-Mail-Adresse**
Telefax		

Ansprechpartner für das Nachrichtenformat MSCONS, UTILMD, INVOIC, REMADV, CONTRL und APERAK sowie für die Zertifikate für den verschlüsselten Datenaustausch

Ansprechpartner	**Telefonnummer**	**E-Mail-Adresse**
Telefax		

3. Anlage 2 – Ergänzende Bedingungen zum LRV

Muster
Anlage 2 14

Ergänzende Geschäftsbedingungen zum Lieferantenrahmenvertrag

Bei den nachfolgenden Regelungen handelt es sich um ergänzende Geschäftsbedingungen zum Lieferantenrahmenvertrag im Sinne des § 1 Ziffer 5 der Anlage 3 (Lieferantenrahmenvertrag) der „Kooperationsvereinbarung zwischen den Betreibern von in Deutschland gelegenen Gasversorgungsnetzen" (Stand: 28. Juni 2013, nachfolgend KoV VI). Durch sie werden einzelne Regelungen des Lieferantenrahmenvertrags konkretisiert bzw. ergänzt. Die ergänzenden Geschäftsbedingungen gelten für alle mit dem Netzbetreiber abgeschlossenen Lieferantenrahmenverträge zur Belieferung von Letztverbrauchern, die unmittelbar an das örtliche Verteilnetz des Netzbetreibers angeschlossen sind.
Es wird klargestellt, dass die Regelungen der KoV VI und die Vorgaben der in § 3 Ziffer 1 KoV VI genannten Leitfäden auch im Verhältnis zwischen Netzbetreiber und Transportkunde zur Anwendung kommen, soweit dies für einen wirksamen Zugang zum Verteilnetz des Netzbetreibers und für die Durchführung dieses Lieferantenrahmenvertrages erforderlich ist.

Ziffer 1 (zu § 7 Ziffer 1 lit. c) aa) des Lieferantenrahmenvertrages)
Im Zusammenhang mit einer Unterbrechung der Anschlussnutzung (Sperrung) nach § 7 Ziffer 1 lit. c) aa) des Lieferantenrahmenvertrages vereinbaren die Vertragsparteien Folgendes:

1. Der Netzbetreiber nimmt eine Unterbrechung der Anschlussnutzung eines Anschlussnutzers – gegebenenfalls nur bezogen auf einzelne Entnahmestellen – auf Verlangen des Transportkunden vor. Voraussetzung für eine Unterbrechung der Anschlussnutzung durch den Netzbetreiber ist, dass diese Rechtsfolge zwischen dem Transportkunden und dem Anschlussnutzer vertraglich vereinbart ist, der Transportkunde die Voraussetzung der Unterbrechung der Anschlussnutzung gegenüber dem Netzbetreiber glaubhaft im Sinne des § 294 ZPO versichert hat und der Transportkunde den Netzbetreiber von sämtlichen Schadensersatzansprüchen freistellt, die sich aus einer unberechtigten Unterbrechung ergeben können. Der Transportkunde hat auch glaubhaft zu versichern, dass dem Kunden keine Einwendungen oder Einreden zustehen, welche die Voraussetzungen der Unterbrechung der Anschlussnutzung entfallen lassen. Die Unterbrechung der Anschlussnutzung darf nicht unverhältnismäßig sein.
2. Der Netzbetreiber wird im Namen des Transportkunden dem Kunden den Beginn der Unterbrechung drei Werktage im Voraus ankündigen.
3. Der die Unterbrechung verlangende Transportkunde hat sämtliche mit der Unterbrechung und der Wiederaufnahme der Anschlussnutzung in Verbindung stehenden Kosten gemäß dem zum Zeitpunkt der Unterbrechung/Wiederherstellung aktuellen Preisblatt des Netzbetreibers zu tragen.
4. Die Unterbrechung wird beim Netzbetreiber seitens des Transportkunden beantragt. Der Netzbetreiber prüft nicht, ob die Voraussetzungen für eine Einstellung der Netznutzung tatsächlich vorliegen. Er prüft lediglich, ob die Unterbrechungsvoraussetzungen hinreichend glaubhaft versichert wurden. Hierfür sind vom Transportkunden insbesondere folgende Angaben zu übermitteln.
   - Name des Anschlussnutzers, Adresse der zu sperrenden Entnahmestelle und Zählpunktbezeichnung sowie Zählernummer;
   - Grund der Beauftragung zur Unterbrechung:
     - bei Zahlungsrückständen: Dauer der Nichtzahlung, offener Rechnungsbetrag und Angaben zu erfolgten Mahnungen und/oder Unterbrechungsandrohungen;

- bei sonstigen Vertragspflichtverletzungen: Art, Dauer und Schwere der Vertragspflichtverletzung

5. Der Netzbetreiber informiert den Transportkunden unverzüglich in Textform über das beabsichtigte Datum und die ungefähre Uhrzeit der Unterbrechung. Fällt der Grund für die Unterbrechung vor der Ausführung der Unterbrechung weg, hat der Transportkunde den Auftrag zur Unterbrechung unverzüglich in Textform beim Netzbetreiber zu stornieren. Bei einem Widerruf des Auftrags zur Unterbrechung vor Rückmeldung des vom Netzbetreiber festgelegten Termins zu Unterbrechung fällt kein Entgelt für die Unterbrechung an. Bei später eingehenden Stornierungen übernimmt der Transportkunde die Kosten für die Unterbrechung gemäß gültigem und im Internet veröffentlichten Preisblatt.
6. Auf Wunsch des Transportkunden wird der Netzbetreiber die Unterbrechung in Anwesenheit eines Beauftragten des Transportkunden vornehmen, um eine gütliche Einigung zwischen dem Transportkunden und dem Anschlussnutzer zu ermöglichen.
7. Ist zur Durchführung der Unterbrechung eine Handlung an der beim Anschlussnutzer installierten Messeinrichtung notwendig und wird der Messstellenbetrieb von einem dritten Messstellenbetreiber durchgeführt, wird der Netzbetreiber von diesem dritten Messstellenbetreiber gemäß den Vorgaben der Messzugangsverordnung (MessZV) (in ihrer jeweils gültigen Fassung) und den Regelungen des zwischen dem Netzbetreiber und dem dritten Messstellenbetreiber bestehenden Messstellenrahmenvertrags die Vornahme der notwendigen Handlung verlangen.
8. Eine vom dritten Messstellenbetreiber oder seinen Beauftragten verursachte Verhinderung oder Verzögerung des vom Transportkunden gewünschten Unterbrechungstermins hat der Netzbetreiber nicht zu vertreten.
9. Ist eine Unterbrechung aus rechtlichen oder tatsächlichen Gründen nicht möglich, wird der Netzbetreiber den Transportkunden hierüber unverzüglich in Textform informieren und mit ihm eventuell weitere Schritte abstimmen. Die Kosten für eine berechtigterweise nicht durchgeführte Unterbrechung trägt der Transportkunde.
10. Über das Ergebnis des Termins zur Unterbrechung informiert der Netzbetreiber den Transportkunden unverzüglich in Textform.
11. Ist der Netzbetreiber z. B. aufgrund einer gerichtlichen Verfügung zu einer Wiederherstellung der Anschlussnutzung (Entsperrung) verpflichtet, so ist er auch ohne Rücksprache mit dem Transportkunden hierzu berechtigt. Die Kosten der Wiederherstellung gemäß dem zum Zeitpunkt der Wiederherstellung aktuellen Preisblatt trägt der Transportkunde.
12. Der Netzbetreiber hebt die Unterbrechung der Anschlussnutzung nach schriftlicher Mitteilung des Transportkunden mit allen Angaben, die der Identifizierung der Entnahmestelle dienen (Name des Anschlussnutzers, Adresse der betroffenen Entnahmestelle, Zählernummer, Zählpunkt), im Regelfall spätestens zwei Werktage nach Eingang der Mitteilung auf.

Ziffer 2 (zu § 9 Ziffer 10 des Lieferantenrahmenvertrages)
Es gelten die unter www.....de veröffentlichten Entgelt- und Zahlungsbedingungen des Netzbetreibers in ihrer jeweils gültigen Fassung. Derzeit enthalten die Entgelt- und Zahlungsbedingungen folgende Regelungen:

1. **Allgemeines**
   Der Transportkunde zahlt für die Nutzung des örtlichen Verteilnetzes des Netzbetreibers zur Ausspeisung von Gas die Entgelte, wie sie sich aus dem Lieferantenrahmenvertrag bzw. dem jeweiligen unter www.....de veröffentlichten Preisblatt des Netzbetreibers ergeben. Für die Abrechnung dieser Entgelte kommen ergänzend zum Lieferantenrahmenvertrag die nachfolgenden Bestimmungen zur Anwendung.

Abrechnungsperiode ist [bitte wählen: das Kalenderjahr; das Gaswirtschaftsjahr; ein Jahr mit individuellem Beginn je Entnahmestelle (rollierende Abrechnung)] (nachfolgend: reguläre Abrechnungsperiode.)
Beginnt bzw. endet das betreffende Lieferverhältnis zwischen dem Transportkunden und dessen Kunden (nachfolgend Lieferverhältnis) nicht mit dem Beginn bzw. Ende einer regulären Abrechnungsperiode, so gilt der Beginn bzw. das Ende des Lieferverhältnisses auch als Beginn bzw. Ende der betreffenden Abrechnungsperiode (nachfolgend: abweichende Abrechnungsperiode). Eine abweichende Abrechnungsperiode kann einer regulären Abrechnungsperiode vorangehen oder ihr folgen. Eine abweichende Abrechnungsperiode kann einer weiteren abweichenden Abrechnungsperiode vorangehen oder die einzige Abrechnungsperiode sein.

2. Netzentgelte

2.1. Leistungsgemessene Kunden (RLM-Kunden)

Das Netzentgelt für die Belieferung leistungsgemessener Kunden setzt sich zusammen aus einem (Jahres-)Leistungsentgelt, einem (Jahres-)Arbeitsentgelt sowie den Entgelten nach Ziffer 2.3 [andere Netzentgeltbestandteile möglich, gegebenenfalls anzupassen].

2.1.1. (Jahres-)Leistungsentgelt

Die Höhe des (Jahres-)Leistungsentgeltes bemisst sich nach der am Ausspeisepunkt tatsächlich in Anspruch genommenen Jahreshöchstleistung. Entsprechend dieser Jahreshöchstleistung wird der Ausspeisepunkt eine Zone/Stufe nach dem jeweiligen Preisblatt zugeordnet.

2.1.1.1. Bestimmung der Jahreshöchstleistung bei regulärer Abrechnungsperiode

Als Jahreshöchstleistung gilt der höchste Wert der in der regulären Abrechnungsperiode aufgetretenen Stundenmengen in kWh/h je Ausspeisepunkt.

2.1.1.2. Bestimmung der Jahreshöchstleistung bei abweichender Abrechnungsperiode

2.1.1.2.1. Einordnung in eine Zone/Stufe

Im Falle einer abweichenden Abrechnungsperiode [bitte zwischen Variante a) oder b) wählen][1]

a) gilt als Jahreshöchstleistung der höchste Wert der in der abweichenden Abrechnungsperiode aufgetretenen Stundenmengen in kWh/h je Ausspeisepunkt.

b) gilt als Jahreshöchstleistung der höchste Wert der in den zwölf Monaten vor Ende der abweichenden Abrechnungsperiode aufgetretenen Stundenmengen in kWh/h je Ausspeisepunkt. Wurde der betreffende Kunde noch nicht über den Zeitraum von zwölf Monaten vor Ende der abweichenden Abrechnungsperiode mit Gas beliefert, so gilt als Jahreshöchstleistung der höchste Wert der im Zeitraum zwischen dem Beginn der Belieferung des Kunden mit Gas und dem Ende der abweichenden Abrechnungsperiode aufgetretenen Stundenmengen in kWh/h je Ausspeisepunkt.

2.1.1.2.2. Berechnung des (Jahres-)Leistungsentgeltes

Das Leistungsentgelt ergibt sich unter Berücksichtigung der Dauer der abweichenden Abrechnungsperiode im Verhältnis zu einer regulären Abrechnungsperiode (zeitanteilige Berechnung).

2.1.2. (Jahres-)Arbeitsentgelt

Die Höhe des (Jahres-)Arbeitsentgeltes bemisst sich nach der tatsächlich am Ausspeisepunkt bezogenen Arbeit/Verbrauchsmenge in kWh. Entsprechend dieser Arbeit/Verbrauchsmenge wird der Ausspeisepunkt in eine Zone/Stufe nach dem jeweiligen Preisblatt eingeordnet. Diese Arbeit/Verbrauchsmenge ist für den maßgeblichen Zeitraum zu ermitteln.

2.1.2.1. Bestimmung der bezogenen Arbeit/Verbrauchsmenge bei regulärer Abrechnungsperiode

Im Falle einer regulären Abrechnungsperiode ist die reguläre Abrechnungsperiode der für die Einordnung in eine Zone/Stufe maßgebliche Zeitraum.

2.1.2.2. **Bestimmung der bezogenen Arbeit/Verbrauchsmenge bei abweichender Abrechnungsperiode**

2.1.2.2.1. **Einordnung in eine Zone/Stufe**

Im Falle einer abweichenden Abrechnungsperiode [bitte zwischen Variante a) oder b) wählen][2]

a) ist die abweichende Abrechnungsperiode der für die Einordnung in eine Zone/Stufe maßgebliche Zeitraum.

b) sind die letzten zwölf Monate vor Ende der abweichenden Abrechnungsperiode der für die Einordnung in eine Zone/Stufe maßgebliche Zeitraum. Wurde der betreffende Kunde noch nicht über den Zeitraum von zwölf Monaten vor Ende der abweichenden Abrechnungsperiode mit Gas beliefert, so wird der Ausspeisepunkt in eine Zone/Stufe eingeordnet, die sich aus der Hochrechnung der tatsächlich am Ausspeisepunkt bezogenen Arbeit/Verbrauchsmenge auf eine reguläre Abrechnungsperiode ergibt.[3]

c) wird der Ausspeisepunkt in eine Zone/Stufe eingeordnet, die sich aus der Hochrechnung der tatsächlich am Ausspeisepunkt bezogenen Arbeit auf eine reguläre Abrechnungsperiode ergibt.[4]

2.1.2.2.2. **Berechnung des Arbeitsentgeltes**

[bitte zwischen Variante a) oder b) wählen]

a) Entsprechend der Einordnung nach Ziffer 2.1.2.2.1 wird ein spezifischer Preis in ct/kWh berechnet. Das Arbeitsentgelt ergibt sich durch Multiplikation dieses spezifischen Preises mit der in der abweichenden Abrechnungsperiode tatsächlich bezogenen Arbeit/Verbrauchsmenge.

b) Das Arbeitsentgelt ergibt sich durch Multiplikation der in der abweichenden Abrechnungsperiode tatsächlich bezogenen Arbeit/Verbrauchsmenge mit dem Arbeitspreis der jeweiligen Zone/Stufe. Der sich aus der jeweiligen Zone/Stufe ergebende Grundpreis/Sockelbetrag wird zeitanteilig berechnet [bitte streichen, sofern gemäß Preisblatt im Grundpreis/Sockelbetrag Arbeit/Verbrauchsmenge abgegolten wird].

2.2. **Nicht-leistungsgemessene Kunden (SLP-Kunden)**

Das Netzentgelt für die Belieferung nicht-leistungsgemessener Kunden setzt sich zusammen aus einem monatlichen/jährlichen Grundpreis (nachfolgend Grundpreis), einem (Jahres-)Arbeitsentgelt sowie den Entgelten nach Ziffer 2.3.

2.2.1. **Grundpreis**

Die Höhe des Grundpreises bemisst sich nach der Einordnung des Ausspeisepunktes in eine Zone/Stufe des Preisblattes. Relevant für die Einordnung ist die tatsächlich am Ausspeisepunkt in Anspruch genommene Arbeit/Verbrauchsmenge in kWh. Diese Arbeit ist für den maßgeblichen Zeitraum zu ermitteln.

2.2.1.1. **Bestimmung des Grundpreises bei regulärer Abrechnungsperiode**

Im Falle einer regulären Abrechnungsperiode ist die reguläre Abrechnungsperiode der für die Einordnung in eine Zone/Stufe maßgebliche Zeitraum.

2.2.1.2. **Bestimmung des Grundpreises bei abweichender Abrechnungsperiode**

2.2.1.2.1. **Einordnung in eine Zone/Stufe**

Im Falle einer abweichenden Abrechnungsperiode [bitte zwischen Variante a) oder b) wählen]

a) ist die abweichende Abrechnungsperiode der für die Einordnung in eine Zone/Stufe maßgebliche Zeitraum.

b) sind die letzten zwölf Monate vor Ende der abweichenden Abrechnungsperiode der für die Einordnung in eine Zone/Stufe maßgebliche Zeitraum. Wurde der betreffende Kunde noch nicht über den Zeitraum von zwölf Monaten vor Ende der abweichenden Abrechnungsperiode mit Gas beliefert, so wird der Ausspeisepunkt in eine Zone/Stufe eingeordnet, die sich aus der Hochrechnung der tatsächlich am Ausspeisepunkt bezogenen Arbeit/Verbrauchsmenge auf eine reguläre Abrechnungsperiode ergibt.[5]

c) wird der Ausspeisepunkt in eine Zone/Stufe eingeordnet, die sich aus der Hochrechnung der tatsächlich am Ausspeisepunkt bezogenen Arbeit auf eine reguläre Abrechnungsperiode ergibt.

2.2.1.2.2. **Berechnung des Grundpreises**

[bitte zwischen Variante a) oder b) wählen]

a) Der Grundpreis ergibt sich unter Berücksichtigung der Dauer der abweichenden Abrechnungsperiode im Verhältnis zu einer regulären Abrechnungsperiode (zeitanteilige Berechnung).

b) Der Grundpreis wird über das spezifische Arbeitsentgelt verrechnet.[6]

2.2.2. **(Jahres-)Arbeitsentgelt**

Die Höhe des (Jahres-)Arbeitsentgeltes bemisst sich entsprechend den Regelungen in Ziffer 2.1.2.

2.3. **Entgelt für Messung, Messstellenbetrieb und Abrechnung**

Die Höhe der Entgelte für Messung (§ 3 Nr. 26c) EnWG), Messstellenbetrieb (§ 3 Nr. 26b) EnWG) und Abrechnung am Ausspeisepunkt ist im Preisblatt separat ausgewiesen. Die Entgelte für Messung und Messstellenbetrieb rechnet der Netzbetreiber nur ab, soweit er Messstellenbetreiber bzw. Messdienstleister ist.

Im Falle einer abweichenden Abrechnungsperiode

[bitte zwischen Variante a) oder b) wählen]

a) wird das Entgelt für Messung, Messstellenbetrieb (sofern diese Dienstleistungen nicht von einem Dritten ausgeführt werden) und Abrechnung zeitanteilig berechnet.

b) wird das Entgelt für den Messstellenbetrieb (sofern diese Dienstleistung nicht von einem Dritten ausgeführt wird) zeitanteilig berechnet.

[Gegebenenfalls Aufnahme weitere Entgelt- und Zahlungsbedingungen möglich]

Ziffer 3 (zu § 10 Ziffer 1 des Lieferantenrahmenvertrages)

1. Abrechnung leistungsgemessener Kunden (RLM-Kunden)

[bitte zwischen Variante a) und b) wählen]

a) Der Transportkunde zahlt vom Netzbetreiber festzusetzende monatliche Abschläge.

b) Der Transportkunde zahlt monatlich vom Netzbetreiber in Rechnung gestellte vorläufige Entgelte, die sich nach den gemessenen Werten für die tatsächlich bezogene Arbeit/Verbrauchsmenge, die tatsächlich in Anspruch genommene Jahreshöchstleistung, welche nach den Vorgaben dieser ergänzenden Bedingungen zur Ziffer 2 zu berechnen ist, sowie nach anteiligen Beträgen für die Leistungen nach Ziffer 2.3 (i. S. dieser ergänzenden Bedingungen zur Ziffer 2) richten. Wird die bisher vorläufig abgerechnete Jahreshöchstleistung aus den Vormonaten im Abrechnungsmonat überschritten, wird die Differenz zwischen der bisher berechneten und neuen Maximalleistung für die vorangegangenen Monate des aktuellen Abrechnungszeitraums im betreffenden Abrechnungsmonat nachberechnet.

Die Endabrechnung für einen Ausspeisepunkt erfolgt nach Ablauf der regulären oder abweichenden Abrechnungsperiode.

2. **Abrechnung nicht-leistungsgemessener Kunden (SLP-Kunden)**
Der Transportkunde zahlt vom Netzbetreiber festzusetzende monatliche/zweimonatliche [nicht Zutreffendes bitte streichen] Abschläge. Die Endabrechnung für einen Ausspeisepunkt erfolgt nach Ablauf der regulären oder abweichenden Abrechnungsperiode.

3. **Änderung der Netzentgelte**
Ändern sich innerhalb einer regulären oder abweichenden Abrechnungsperiode die Netzentgelte gemäß § 9 des Lieferantenrahmenvertrages in Verbindung mit dem Preisblatt, so werden das Leistungsentgelt bzw. der Grundpreis und die Entgelte nach Ziffer 2.3 (i. S. dieser ergänzenden Bedingungen zur Ziffer 2) zeitanteilig nach dem alten bzw. neuen Preisblatt berechnet. Bezogen auf das Arbeitsentgelt ist für die Einordnung in eine Zone/Stufe die in der regulären Abrechnungsperiode am Ausspeisepunkt tatsächlich bezogene Arbeit/Verbrauchsmenge maßgeblich. Im Falle einer abweichenden Abrechnungsperiode gelten die Ziffern 2.1.1.2, 2.2.1.2 und 2.3 (i. S. dieser ergänzenden Bedingungen zur Ziffer 2) entsprechend. Die Aufteilung der am Ausspeisepunkt tatsächlich bezogenen Arbeit erfolgt ohne Zwischenablesung im Wege der rechnerischen Abgrenzung. Die Abgrenzung erfolgt auf Basis von [bitte zwischen Variante a), b) und c) wählen]:
a) Gradtagszahlen
b) Standardlastprofilen
c) ...
Die im Wege der Abgrenzung ermittelte Arbeit wird entsprechend der Regelung in Ziffer 2 (zu § 9 Ziffer 10 des Lieferantenrahmenvertrages), Ziffer 2.1.2.2 und 2.2.2 verrechnet.

4. **Konzessionsabgabe**
Für die Befreiung von der Konzessionsabgabe und entsprechende Rückzahlungen muss der Transportkunde dem Netzbetreiber für den betreffenden Ausspeisepunkt einen schriftlichen Nachweis zur Verfügung stellen, dass der Grenzpreis unterschritten ist. Der Nachweis muss spätestens bis 15 Monate nach dem Ende des Kalenderjahres vorliegen, das für die Berechnung des Grenzpreises jeweils maßgeblich ist. Der Nachweis kann etwa durch ein Wirtschaftsprüfertestat erbracht werden. Bezieht ein vom Transportkunde belieferter Kunde in einem Kalenderjahr mehr als 5.000.000 kWh, so erstattet der Netzbetreiber dem Transportkunden sämtliche für dieses Kalenderjahr und die Belieferung dieses Kunden erhobenen Konzessionsabgaben.

5. **Umsatzsteuer**
Zu sämtlichen genannten Entgelten und Vergütungen tritt die Umsatzsteuer in der zum Zeitpunkt der Lieferung bzw. Leistungserbringung jeweiligen gesetzlich festgelegten Höhe.

Ziffer 4 (zu § 13 Ziffer 4 des Lieferantenrahmenvertrages)
Die Vorauszahlung ist in Höhe des vom Netzbetreiber vorgegebenen Betrages für den jeweiligen Monat bis spätestens zum dritten Werktag dieses Monats zu leisten. Die Höhe der Vorauszahlung richtet sich nach der durchschnittlichen Netzentgeltforderung pro Monat der letzten 12 Monate. Für einen Zeitraum der Netznutzung, der weniger als 12 Monate beträgt, wird dieser Zeitraum der Berechnung der Vorauszahlung zugrunde gelegt. Macht der Kunde glaubhaft, dass sein Verbrauch erheblich geringer ist, so ist dies angemessen zu berücksichtigen. Die Vorauszahlung ist bei der nächsten Rechnungserteilung zu verrechnen.

---

1 Wird die Lösung nach Variante lit. a) gewählt, so bemisst sich das Jahresleistungsentgelt auf der Basis eines Zeitraumes, der kürzer als die reguläre Abrechnungsperiode (zwölf Monate) ist. Dies führt in der Regel dazu, dass der Netzbetreiber ein geringeres Jahresleistungsentgelt erhält, als wenn der betreffende Transportkunde eine Netznutzung über zwölf Monate oder mehr vorgenommen hätte. Wird die Lösung nach Variante lit. b) gewählt, tritt dieser Effekt nicht auf. Dies bitten wir bei der Entscheidung für Variante lit. a) oder lit. b) zu bedenken.

2 Wird die Lösung nach Variante lit. a) gewählt, so bemisst sich das Jahresarbeitsentgelt auf der Basis eines Zeitraumes, der kürzer als die reguläre Abrechnungsperiode (zwölf Monate) ist. Dies führt dazu, dass der Transportkunde in eine ungünstigere Zone/Stufe eingeordnet wird, als wenn der betreffende Transportkunde eine Netznutzung über zwölf Monate oder mehr vorgenommen hätte. Diese in der Praxis häufig vorkommende Variante birgt aufgrund des Diskriminierungspotentials das Risiko, dass die Vorgehensweise von den Landeskartellbehörden als unzulässig angesehen wird. Dies sollte bei der unternehmerischen Entscheidung zur Wahl der Variante berücksichtigt werden. Wird die Lösung nach Variante lit. b) gewählt, tritt dieser Effekt nicht auf. Dieser Effekt zuungunsten des Transportkunden wird ggf. von dem Effekt zugunsten des Transportkunden nach Fußnote 1 ausgeglichen. Ob und in welchem Maße ein solcher Ausgleich erfolgt, ist eine Frage des Einzelfalls. Dies bitten wir bei der Entscheidung für Variante lit. a) oder lit. b) zu bedenken.
3 Ggf. ausführen:
Die Hochrechnung erfolgt auf Basis von Gradtagszahlen.
Die Hochrechnung erfolgt auf Basis von Standardlastprofilen.
Die Hochrechnung erfolgt auf Basis von ....
4 Siehe Fußnote 3.
5 Siehe Fußnote 3.
6 Die Wahl dieser Variante setzt voraus, dass unter 2.1.2.2.2 Variante lit. a) gewählt wurde oder eine vergleichbare Regelung unter 2.2.2 beschrieben wird.

4. Anlage 4 – Standardlastprofilverfahren und Verfahren zur Mehr-/Mindermengenabrechnung

Muster

15 **Anlage 4**

Standardlastprofilverfahren und Verfahren zur Mehr-/Mindermengenabrechnung

– Netzbetreiber-individuell zu erstellen –

Angabe des Standardlastprofilverfahrens (analytisch oder synthetisch) erforderlich
Der Netzbetreiber verwendet für die Abwicklung des Transportes an Letztverbraucher bis zu einer maximalen stündlichen Ausspeiseleistung von 500 Kilowattstunden/Stunde und bis zu einer maximalen jährlichen Entnahme von 1,5 Millionen Kilowattstunden das vereinfachte Verfahren (Standardlastprofile). *[bzw. die von dem Netzbetreiber nach § 24 Abs. 2 GasNZV festgelegten Grenzen einfügen]*
Für den Heizgas-Letztverbraucher kommen folgende Standardlastprofile zur Anwendung:
Für den Kochgas-Letztverbraucher kommen folgende Standardlastprofile zur Anwendung:
Für Gewerbebetriebe kommen die folgenden Standardlastprofile zur Anwendung:
Die Lastprofile können der Veröffentlichung unter www....de entnommen werden.
Maßgeblich für die zur Anwendung des Standardlastprofils notwendige Temperaturprognose von ... Uhr ist/sind die Wetterstation(en):

Angewendetes Mehr-/Mindermengenverfahren (Variante 1)

1. Verfahren: Stichtagsverfahren
   Die Ablesung der Messeinrichtung findet jährlich zum Stichtag statt. Dabei darf die Ablesung gemäß DVGW Arbeitsblatt G 685 6 Wochen vor und 4 Wochen nach dem Stichtag stattfinden. Ablesungen, die nicht am Stichtag stattfinden, werden auf den Stichtag hochgerechnet. Für die Bestimmung der Mehr-Mindermengen werden auf die in dem Zeitraum zwischen den Stichtagen ermittelten Netznutzungsmengen den in den Bilanzkreis/das Sub-Bilanzkonto allokierten Mengen für den analogen Zeitraum gegenübergestellt. Lieferantenwechsel werden monatsscharf in der Allokation und tagesscharf in der Mengenabgrenzung berücksichtigt. Davon abweichend werden Ein- und Auszüge entsprechend GeLi Gas behandelt.
2. Abrechnungsart:
3. Abrechnungszeitraum:
4. Preis:
5. Gewichtungsverfahren:
6. Zeitpunkt der Rechnungserstellung: jährlich, bis spätestens 3 Monate nach Abrechnungszeitraum
7. Erstellung der Mehr-/Mindermengenabrechnung gemeinsam mit der Netznutzungsabrechnung:
8. Übermittlung der Rechnung:

Angewendetes Mehr-/Mindermengenverfahren (Variante 2)

1. Verfahren: Abgrenzungsverfahren
   Unabhängig vom Ableseturnus der Ausspeisepunkte und vom Prozess und Turnus der Netznutzungsabrechnung werden die Mehr-/Mindermengen einmal jährlich zu einem Stichtag errechnet. Dabei werden die Verbrauchsmengen aller SLP-Zählpunkte auf einen bestimmten Stichtag abgegrenzt und den in den Bilanzkreis/das Sub-Bilanzkonto allokierten Mengen für den analogen Zeitraum gegenübergestellt. Lieferantenwechsel werden tagesscharf in der Allokation und in der Mengenabgrenzung berücksichtigt. Nach einem Jahr wird die Abgrenzung überprüft und die Mehr-/Mindermengenabrechnung korrigiert.

2. Abrechnungsart:
3. Abrechnungszeitraum:
4. Preis:
5. Gewichtungsverfahren:
6. Zeitpunkt der Rechnungserstellung: jährlich, bis spätestens zum 31. März
7. Erstellung der Mehr-/Mindermengenabrechnung gemeinsam mit der Netznutzungsabrechnung:
8. Übermittlung der Rechnung:

Angewendetes Mehr-/Mindermengenverfahren (Variante 3)

1. Verfahren: Monatsverfahren
   Die Ablesung der Zähler findet rollierend statt. Die Verbrauchsmengen werden vom Netzbetreiber auf einzelne Monate aufgeteilt. Für die Mehr-Mindermengen werden die Verbrauchsmengen – abgegrenzt auf den Abrechnungsmonat – den in den Bilanzkreis/das Sub-Bilanzkonto allokierten Mengen für den analogen Zeitraum gegenübergestellt. Lieferantenwechsel werden tagesscharf in der Allokation und in der Mengenabgrenzung berücksichtigt.
2. Abrechnungsart:
3. Abrechnungszeitraum:
4. Preis:
5. Gewichtungsverfahren:
6. Zeitpunkt der Rechnungserstellung: monatlich, jeweils im darauffolgenden Jahr
7. Erstellung der Mehr-/Mindermengenabrechnung gemeinsam mit der Netznutzungsabrechnung: nein
8. Übermittlung der Rechnung:

Angewendetes Mehr-/Mindermengenverfahren (Variante 4)

1. Verfahren: rollierendes Abrechnungsverfahren
   Die Ablesung der Zähler findet rollierend statt. Für die Bestimmung der Mehr-Mindermengen werden die für den Ablesezeitraum ermittelten Netznutzungsmengen des einzelnen Kunden den in den Bilanzkreis/das Sub-Bilanzkonto einzelkundenscharf allokierten Mengen für den analogen Zeitraum gegenübergestellt. Lieferantenwechsel werden tagesscharf in der Allokation und in der Mengenabgrenzung berücksichtigt.
2. Abrechnungsart:
3. Abrechnungszeitraum:
4. Preis:
5. Gewichtungsverfahren:
6. Zeitpunkt der Rechnungserstellung: rollierend, innerhalb der Fristen der GeLi Gas
7. Erstellung der Mehr-/Mindermengenabrechnung gemeinsam mit der Netznutzungsabrechnung:
8. Übermittlung der Rechnung:

5. Anlage 5 – Preisblätter

Muster

16 **Anlage 5**

Preisblätter

– An dieser Stelle sind die individuellen Preisblätter des Netzbetreibers zu ergänzen. –

6. Anlage 6 – § 18 NDAV

Muster
Anlage 6 17

§ 18 NDAV

§ 18 Haftung bei Störungen der Anschlussnutzung

(1) Soweit der Netzbetreiber für Schäden, die ein Anschlussnutzer durch Unterbrechung oder durch Unregelmäßigkeiten in der Anschlussnutzung erleidet, aus Vertrag, Anschlussnutzungsverhältnis oder unerlaubter Handlung haftet und dabei Verschulden des Unternehmens oder eines Erfüllungs- oder Verrichtungsgehilfen vorausgesetzt wird, wird

1. hinsichtlich eines Vermögensschadens widerleglich vermutet, dass Vorsatz oder grobe Fahrlässigkeit vorliegt,
2. hinsichtlich der Beschädigung einer Sache widerleglich vermutet, dass Vorsatz oder Fahrlässigkeit vorliegt.

Bei Vermögensschäden nach Satz 1 Nr. 1 ist die Haftung für sonstige Fahrlässigkeit ausgeschlossen.

(2) Bei weder vorsätzlich noch grob fahrlässig verursachten Sachschäden ist die Haftung des Netzbetreibers gegenüber seinen Anschlussnutzern auf jeweils 5.000 Euro begrenzt. Die Haftung für nicht vorsätzlich verursachte Sachschäden ist je Schadensereignis insgesamt begrenzt auf

1. 2,5 Millionen Euro bei bis zu 25.000 an das eigene Netz angeschlossenen Anschlussnutzern;
2. 10 Millionen Euro bei 25.001 bis 100.000 an das eigene Netz angeschlossenen Anschlussnutzern;
3. 20 Millionen Euro bei 100.001 bis 200.000 an das eigene Netz angeschlossenen Anschlussnutzern;
4. 30 Millionen Euro bei 200.001 bis einer Million an das eigene Netz angeschlossenen Anschlussnutzern;
5. 40 Millionen Euro bei mehr als einer Million an das eigene Netz angeschlossenen Anschlussnutzern.

In diese Höchstgrenzen werden auch Schäden von Anschlussnutzern in Mittel- und Hochdruck einbezogen, wenn die Haftung ihnen gegenüber im Einzelfall entsprechend Satz 1 begrenzt ist.

(3) Die Absätze 1 und 2 sind auch auf Ansprüche von Anschlussnutzern anzuwenden, die diese gegen einen dritten Netzbetreiber im Sinne des § 3 Nr. 27 des Energiewirtschaftsgesetzes aus unerlaubter Handlung geltend machen. Die Haftung dritter Netzbetreiber im Sinne des § 3 Nr. 27 des Energiewirtschaftsgesetzes ist je Schadensereignis insgesamt begrenzt auf das Dreifache des Höchstbetrages, für den sie nach Absatz 2 Satz 2 eigenen Anschlussnutzern gegenüber haften. Hat der dritte Netzbetreiber im Sinne des § 3 Nr. 27 des Energiewirtschaftsgesetzes keine eigenen an das Netz angeschlossenen Anschlussnutzer im Sinne dieser Verordnung, so ist die Haftung insgesamt auf 200 Millionen Euro begrenzt. In den Höchstbetrag nach den Sätzen 2 und 3 können auch Schadensersatzansprüche von nicht unter diese Verordnung fallenden Kunden einbezogen werden, die diese gegen das dritte Unternehmen aus unerlaubter Handlung geltend machen, wenn deren Ansprüche im Einzelfall entsprechend Absatz 2 Satz 1 begrenzt sind. Der Netzbetreiber ist verpflichtet, seinen Anschlussnutzern auf Verlangen über die mit der Schadensverursachung durch einen dritten Netzbetreiber im Sinne des § 3 Nr. 27 des Energiewirtschaftsgesetzes zusammenhängenden Tatsachen insoweit Auskunft zu geben, als sie ihm bekannt sind oder von ihm in zumutbarer Weise aufgeklärt werden können und ihre Kenntnis zur Geltendmachung des Schadensersatzes erforderlich ist.

(4) Bei grob fahrlässig verursachten Vermögensschäden ist die Haftung des Netzbetreibers, an dessen Netz der Anschlussnutzer angeschlossen ist, oder eines dritten Netzbetreibers, gegen den der Anschlussnutzer Ansprüche geltend macht, gegenüber seinen Anschlussnutzern auf jeweils 5.000 Euro sowie je Schadensereignis insgesamt auf 20 vom Hundert der in Absatz 2 Satz 2 sowie Absatz 3

Satz 2 und 3 genannten Höchstbeträge begrenzt. Absatz 2 Satz 3 sowie Absatz 3 Satz 1, 4 und 5 gelten entsprechend.

(5) Übersteigt die Summe der Einzelschäden die jeweilige Höchstgrenze, so wird der Schadensersatz in dem Verhältnis gekürzt, in dem die Summe aller Schadensersatzansprüche zur Höchstgrenze steht. Sind nach Absatz 2 Satz 3 oder nach Absatz 3 Satz 4, jeweils auch in Verbindung mit Absatz 4, Schäden von nicht unter diese Verordnung fallenden Kunden in die Höchstgrenze einbezogen worden, so sind sie auch bei der Kürzung nach Satz 1 entsprechend einzubeziehen. Bei Ansprüchen nach Absatz 3 darf die Schadensersatzquote nicht höher sein als die Quote der Kunden des dritten Netzbetreibers.

(6) Die Ersatzpflicht entfällt für Schäden unter 30 Euro, die weder vorsätzlich noch grob fahrlässig verursacht worden sind.

(7) Der geschädigte Anschlussnutzer hat den Schaden unverzüglich dem Netzbetreiber oder, wenn dieses feststeht, dem ersatzpflichtigen Unternehmen mitzuteilen.

7. Anlage 7 – Begriffsbestimmung

Muster
Anlage 7 18

Begriffsbestimmung

1. Anschlussnutzer
   nach § 1 Abs. 3 NDAV, gilt entsprechend für das Mittel- und Hochdrucknetz.
2. Ausspeisenetzbetreiber
   Netzbetreiber, mit dem der Transportkunde nach § 3 Abs. 1 S. 1 GasNZV einen Ausspeisevertrag, auch in Form eines Lieferantenrahmenvertrages, abschließt.
3. Ausspeisepunkt
   Ein Punkt innerhalb eines Marktgebietes, an dem Gas durch einen Transportkunden aus einem Netz eines Netzbetreibers zur Belieferung von Letztverbrauchern oder zum Zwecke der Einspeicherung entnommen werden kann bzw. an Marktgebietsgrenzen oder Grenzübergängen übertragen werden kann. Als Ausspeisepunkt gilt im Fernleitungsnetz auch die Zusammenfassung mehrerer Ausspeisepunkte zu einer Zone gemäß § 11 Abs. 2 GasNZV.
4. Bilanzierungsbrennwert
   Der Bilanzierungsbrennwert stellt die Vorausschätzung eines Abrechnungsbrennwertes je Brennwertgebiet dar. Er unterliegt der monatlichen Überprüfung, soweit erforderlich. Das Brennwertgebiet ist ein Netzgebiet, in dem ein einheitlicher Abrechnungsbrennwert angewendet wird.
5. Bilanzkreisnummer
   Eindeutige Nummer, die von dem Marktgebietsverantwortlichen an einen Bilanzkreisverantwortlichen für einen Bilanzkreis vergeben wird und insbesondere der Identifizierung der Nominierungen oder Renominierungen von Gasmengen dient.
6. Gaswirtschaftsjahr
   Der Zeitraum vom 1. Oktober, 06:00 Uhr, eines Kalenderjahres bis zum 1. Oktober, 06:00 Uhr, des folgenden Kalenderjahres.
7. GeLi Gas
   Festlegung einheitlicher Geschäftsprozesse und Datenformate der BNetzA (Az. BK7-06-067) vom 20. August 2007 oder einer diese Festlegung ersetzende oder ergänzende Festlegung der BNetzA.
8. *Monat* M
   Monat M ist der Liefermonat.
9. Sub-Bilanzkonto
   Das Sub-Bilanzkonto ist ein Konto, das einem Bilanzkreis zugeordnet ist und die Zuordnung von Ein- und Ausspeisemengen zu Transportkunden und/oder die übersichtliche Darstellung von Teilmengen ermöglicht.
10. Werktage
    Abweichend von der Definition in § 2 Nr. 16 GasNZV sind im Folgenden unter Werktagen für die Fristenregelung alle Tage zu verstehen, die kein Sonnabend, Sonntag oder gesetzlicher Feiertag sind. Wenn in einem Bundesland ein Tag als Feiertag ausgewiesen wird, gilt dieser Tag bundesweit als Feiertag. Der 24. Dezember und der 31. Dezember eines jeden Jahres gelten als Feiertage.

III. Erläuterung

1. Hauptvertrag

19 Der Hauptvertrag ist durch die KoV VI vorgegeben. Es werden daher im Folgenden nur die wesentlichen Regelungsinhalte und Zusammenhänge dargestellt.

a) § 1 Vertragsgegenstand

20 Neben der Darstellung der rechtlichen Grundlagen (**Ziff. 1**) des Vertragswerks erläutert **Ziff. 2**, dass durch den Lieferantenrahmenvertrag der Transportkunde berechtigt wird, das für die Belieferung von Letztverbrauchern benötigte Gas vom virtuellen Handelspunkt zum Ausspeisepunkt befördern zu lassen. Die tatsächliche Belieferung ist hiervon allerdings nicht umfasst, sondern allein die Netznutzung. Der Transportkunde schließt also daneben einen Liefervertrag mit dem Letztverbraucher ab. **Ziff. 3** stellt klar, dass die Festlegung der BNetzA zum Lieferantenwechsel, **GeLi Gas**, anzuwenden ist. Die Festlegung ist als Allgemeinverfügung i. S. d. § 35 S. 2 VwVfG zwingend zu beachten.

b) § 2 Voraussetzungen

21 Unter Verweis auf die verordnungsrechtliche Anordnung in § 6 Abs. 1 GasNEV stellt § 2 Ziff. 1 klar, dass Transportkunden bei dem Netzbetreiber anzumelden (**Registrierung**) sind.

22 Als weitere wichtige Voraussetzung für die Durchführung einer Belieferung ist zudem für Transportkunden der Abschluss eines **Bilanzkreisvertrags**[12] (zur Erfassung und Bilanzierung der Gasmengen) erforderlich. Dieser Vertrag ist als Teil des Gesamtvertragswerks zur Umsetzung des Gasnetzzugangs von derartiger Bedeutung, dass in Ermangelung einer Zuordnung von Ausspeisestellen in **(Sub-) Bilanzkreise** Energiebelieferungen nicht durchgeführt werden können. Dies führt in der Folge dazu, dass Transportkunden, deren Bilanzkreisvertrag gekündigt wird, regelmäßig vom Netzbetreiber auch der Lieferantenrahmenvertrag gekündigt werden kann, § 14 Ziff. 2.

! **Praxistipp**

Für Netzbetreiber ist eine Zuordnung von Ausspeisestellen und deren Energiemengen zu einem Bilanzkreis dann nicht zulässig, wenn die Ermächtigung nicht besteht. Insoweit empfiehlt es sich, der Pflege der Bestandsliste besondere Aufmerksamkeit zu schenken.

---

12 Vgl. hierzu Kap. 3.A – Bilanzkreisvertrag.

Die **Ziff. 5 und 6** stellen die möglichen Varianten der Netznutzung dar: all inclusive-Belieferung mit Netznutzung durch den Lieferanten (Variante A) und Trennung von Netznutzung und Lieferung mit Netznutzung durch den Letztverbraucher (Variante B). Letztere Form der Netznutzung kommt regelmäßig bei Großverbrauchern, insbesondere Industriekunden, vor. Erstere stellt hingegen den Standardfall der Abwicklung im Haushaltskundenbereich dar. 23

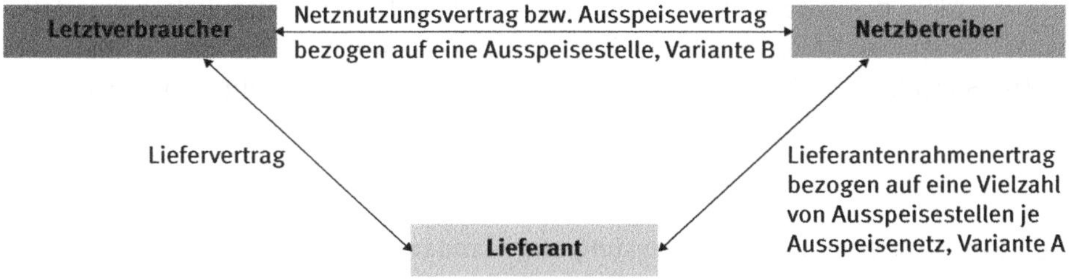

Abb. 2: Darstellung des Netznutzungsverhältnisses in Abgrenzung zum Lieferantenrahmenverhältnis

c) § 3 Gasbeschaffenheit und Druckspezifikation

Die Parteien vereinbaren die **Gasbeschaffenheit** anhand eines technischen Standards, **Ziff. 1**. Konkret handelt es sich um die gängigen Regelwerke des „Deutschen Vereins des Gas- und Wasserfaches e. V.“ (**DVGW**), die allgemein anerkannt sind und die gaswirtschaftliche Sorgfalt abbilden. Es handelt sich um das Arbeitsblatt G 260, welches kostenpflichtig über den DVGW bezogen werden kann. 24

Praxistipp !

Die Einhaltung der Gasbeschaffenheit und deren **Kontrolle** stellt eine nicht zu unterschätzende Aufgabe dar, da Schadensersatzansprüche von Letztverbrauchern aufgrund von Beschädigungen etwa an Heizungsanlagen nicht selten vorkommen. Sollte dem Letztverbraucher der Nachweis gelingen, dass der Schaden auf die nicht eingehaltene, aber zugesicherte Gasbeschaffenheit zurückzuführen ist, drohen dem Netzbetreiber Schadensersatzansprüche.

Hinzuweisen ist ebenso auf **Ziff. 3**. Danach kann der Netzbetreiber die Gasbeschaffenheit mit dreijähriger Vorlauffrist ändern, um sich den Marktentwicklungen anzupassen. Sollte der Transportkunde mit der Änderung einverstanden sein, kann eine frühere Umstellung vereinbart werden. 25

d) § 4 Datenaustausch und Vertraulichkeit

Der Datenaustausch erfolgt grundsätzlich nach den Vorgaben der **GeLi Gas**, so schon § 1. Eine hiervon abweichende Vereinbarung wäre durch die Anordnung der KoV nicht zulässig, da privatrechtlich keine Abweichung von der GeLi Gas möglich ist, Ziff. 1. 26

27 Es gelten insbesondere die
- Meldeprozesse,
- Datenformate und
- Fristen

der GeLi Gas.

28 Unter Berücksichtigung der Vorgaben der informatorischen Entflechtung gem. § 6a EnWG werden die verarbeiteten und übermittelten Daten vertraulich behandelt, **Ziff. 2**. Hier spielen insbesondere auch datenschutzrechtliche Aspekte eine Rolle.

29 **Ziff. 5** ermöglicht die optionale Vereinbarung und Nutzung einer EDI-Vereinbarung.

e) § 5 Registrierende Lastgangmessung und Standardlastprofilverfahren

30 Grundsätzlich können Letztverbraucher vor dem Hintergrund der Ermittlung der Messwerte in zwei Kategorien eingeteilt werden:
- Letztverbraucher mit registrierender Lastgangmessung und
- Letztverbraucher, für die das prognostische Standardlastprofilverfahren angewendet wird.

31 In erstere Gruppe sind regelmäßig industrielle Großverbraucher einzuordnen, deren Verbrauch mittels einer sog. **registrierenden Lastgangmessung (RLM)** viertelstundengenau erfasst und über die Zählerfernauslesung an den Netzbetreiber übermittelt wird.

32 **Standardlastprofile (SLP)** dienen der rechnerischen Ermittlung von Verbrauchswerten von Letztverbrauchern, für die eine stundengenaue Ermittlung der Verbrauchswerte über Messungen seitens der Netzbetreiber wirtschaftlich nicht zumutbar ist. Sie sind gem. § 24 GasNZV für Kunden mit einer maximalen stündlichen Ausspeiseleistung von 500 kW und einer maximalen jährlichen Entnahme von 1,5 Mio. kWh anstelle der registrierenden Leistungsmessung anzuwenden.[13]

33 Ziff. 2 bestimmt, dass für die SLP-Kunden jeweils konkret ein SLP-Profil zugeordnet wird. Denn es macht für die Allokation einen Unterschied, ob z. B. ein Singlehaushalt oder eine Großfamilie zugrunde gelegt wird.

! **Praxistipp**

Netzbetreiber können erwägen, ob die Anpassung ihrer Standardlastprofile angezeigt ist, insbesondere wenn das Netzgebiet atypische Gegebenheiten aufweist oder Erfahrungen aus Abrechnungen der Vergangenheit hierzu Anlass bieten.

---

13 Von den vorgegebenen Grenzen kann unter gewissen Voraussetzungen gemäß GasNZV abgewichen werden.

f) § 6 Messstellenbetrieb und Messung

Ziff. 1 stellt zunächst klar, dass die erfassten Messwerte die Grundlage der Netznutzungsabrechnung bilden. Originär **zuständig ist hierzu der Netzbetreiber**, sofern nicht ein Dritter als Messdienstleister eingesetzt wird. 34

Ziff. 2 weist darauf hin, dass die Regelungen der folgenden Ziffern nur für den Fall einschlägig sind, dass der Netzbetreiber auch Messstellenbetreiber ist und der Letztverbraucher nicht einen Dritten mit dem Messstellenbetrieb beauftragt. Macht der Dritte von seinem Recht aus § 21b Abs. 2 S. 1 EnWG Gebrauch, sollte der Netzbetreiber mit dem Lieferanten ggf. noch zu regelnde Sachverhalte in einer gesonderten Vereinbarung festhalten. 35

Ziff. 3 regelt technische Anforderungen an eine **Zählerfernauslesung.**[14] Die **Ziff. 4 und 5** nehmen die Fristigkeiten aus der **Marktkommunikation** auf und regeln die Inhalte der Datenmeldungen, die Fristen sowie die Datenformate. Verwiesen wird auch in diesem Zusammenhang auf verschiedene DVGW-Arbeitsblätter. 36

Hinzuweisen ist auf die Möglichkeit für Transportkunden, auch mehrmals unterjährig für SLP-Kunden eine **Ablesung** durchführen zu lassen; diese ist bzw. kann allerdings kostenpflichtig sein, **Ziff. 7**. 37

Praxistipp !

Eine derartige Zwischenablesung kann sich im Falle des Ein- und Auszugs des Kunden, bei Beendigung dieses Lieferanterahmenvertrags oder einer wesentlichen Änderung des Bedarfs anbieten. Ebenso kann vor dem Hintergrund steigender Insolvenzrisiken in spezifischen Wohngebieten daran gedacht werden, ob im Falle der Umstellung auf eine Vorauszahlung, eine monatliche (Spitz-) Abrechnung angezeigt ist.

Ziff. 8 enthält Vorgaben zur Auflösung von „**Verkehrsfehlergrenzen**“, also Situationen, in denen falsche Messwerte erfasst werden und sich die Abweichung außerhalb eines festgelegten Toleranzbereichs befindet. Vergleichbare Regelungen finden sich in § 18 Abs. 2 GasGVV und § 48 GasNZV. Geregelt werden insbesondere zeitliche **Ausschlussfristen** (Beschränkung auf den letzten Ablesezeitraum) für die Geltendmachung der Fehler. 38

Sofern bisher als SLP-Kunden erfasste Letztverbraucher zukünftig eine RLM-Messwerterfassung erhalten, der Letztverbraucher aber die Verbrauchsgrenzen i. S. d. § 24 GasNZV nicht erfüllt, zahlt im Zweifel der Transportkunde die Einbaukosten. 39

g) § 7 Unterbrechung der Netznutzung

Ziff. 1 bildet die Regelung des § 17 Abs. 1 NDAV für die Netznutzung nach. Im Falle der höheren Gewalt oder sonstiger Umstände, deren Beseitigung dem Netzbetreiber 40

---

14 Diese wird für RLM-Kunden verwendet.

wirtschaftlich nicht zugemutet werden kann, ruhen seine vertraglichen Verpflichtungen und auch die Entgeltzahlungsverpflichtung des Transportkunden für diesen Zeitraum entfällt. Diese Regelung wird ausgeweitet auf Fälle der Störungsbeseitigung, der Wartung sowie Instandhaltung und anderer betriebsnotwendiger Arbeiten des Netzbetreibers. In allen Fällen ist der Netzbetreiber jedoch verpflichtet, schnellstmöglich seine Leistungen wieder zu erbringen, **Ziff. 2.**

41 Hervorzuheben ist der Fall der **Ziff. 1 lit. c, aa)**

> *„1. Eine Unterbrechung der Netznutzung ist in den folgenden Fällen zulässig:*
> *(...)*
> *c) vertraglich vereinbarte bzw. sonstige Unterbrechungen*
> *aa) bei Unterbrechung der Anschlussnutzung (Sperrung) auf Anweisung des Transportkunden, soweit dieser hierzu berechtigt ist, nach den Regeln einer gesondert abgeschlossenen Vereinbarung zwischen Transportkunde und Netzbetreiber*
> *(...)“*

42 Diese Fallgruppe erfasst den häufig anzutreffenden Fall, in dem der Letztverbraucher seine Vertriebsrechnungen nicht zahlt und der Transportkunde den Letztverbraucher sperren lässt. Die Regelung steht im Zusammenhang mit § 24 NDAV, der die vergleichbare Situation der Anschlusssperrung im Anschlussnutzungsvertrag in Niederdruck regelt.

43 Die folgenden Ziffern enthalten insbesondere **Informationspflichten** des Netzbetreibers, da gerade RLM-Kunden ihre Produktionsprozesse ggf. kurzfristig anpassen müssen, um Schäden zu verhindern.

h) § 8 Ausgleich von Mehr-/Mindermengen

44 § 8 enthält die Regelungen zu der in der Praxis wichtigen Mehr- und Mindermengenabrechnung.[15] Hier ergeben sich oftmals erhebliche **Nachberechnungsbeträge**.

45 Die Abrechnung der Mehr-/Mindermengen beinhaltet die Erfassung und Berechnung der **Differenz zwischen der allokierten Menge und der tatsächlichen Ausspeisung** beim Letztverbraucher. Diese Abweichungen entstehen bei SLP-Kunden durch die systemimmanente **Prognoseungenauigkeit**, die nicht vollständig durch die Vielzahl von Kunden ausgeglichen wird. **Mehrmengen** entstehen, sofern die tatsächlich (am Zählpunkt) ausgespeiste Gasmenge niedriger als die vom Ausspeisenetzbetreiber allokierte Menge (Allokation) ist. Der umgekehrte Fall der **Mindermengen** liegt vor, wenn die tatsächlich ausgespeiste Gasmenge höher als die Allokation ist (§ 25 Abs. 1 GasNZV). Grundsätzlich werden die ermittelten Mehr- und Mindermengen zwischen dem **Netzbetreiber und dem Transportkunden** abgerechnet. Der Netzbetreiber verrechnet wiederum die erhaltenen/gezahlten Mehr-/Mindermengen mit

15 Das konkrete Abrechnungsmodell wird in Anlage 4 festgelegt.

dem Marktgebietsverantwortlichen. Als Mehr-/Mindermengenpreis wir der durchschnittliche Ausgleichsenergiepreis für den jeweiligen Zeitraum angesetzt.[16]

Der Netzbetreiber ist für die Ermittlung und Abrechnung der Mehr-/Mindermengen zuständig. 46

In den Ziff. 3 und 4 finden sich – unterschieden nach SLP- und RLM-Kundengruppen – die Berechnungsschlüssel für die Nachberechnung bzw. einen Verweis auf die Anlage 4. 47

Eine **energiesteuerfreie Abrechnung der Mehr- und Mindermengen** erfolgt nach **Ziff. 5** nur, wenn eine Erlaubnis nach § 38 Abs. 3 EnergieStG des zuständigen Hauptzollamts dem anderen Vertragspartner nachgewiesen wird. Außerdem enthält der Absatz die Verpflichtung, einen Widerruf oder sonstige Änderungen der Erlaubnis sofort dem andern Vertragspartner schriftlich mitzuteilen. Diese Regelung wurde aufgenommen, um Rechtssicherheit im Rahmen der Abrechnung zu erreichen und spätere Konflikte und Rückabwicklungen zu vermeiden. 48

i) § 9 Entgelte

Das Netzentgelt stellt die vertragliche Gegenleistung für die Gewährung des Netzzugangs und damit der Netznutzung dar. 49

Ziff. 1 verweist in Bezug auf die Höhe auf das Preisblatt, welches als **Anlage 5** dem Vertrag beigefügt werden sollte. **Ziff. 2** enthält den praxisrelevanten Fall der Anpassung der Erlösobergrenze bzw. der Netzentgelte. Die Weitergabe der **geänderten Entgelte** ist insbesondere vor dem Hintergrund der sich grundsätzlich jährlich ändernden Netzentgelte notwendig. Die Anpassungen werden zu Beginn des Kalenderjahres vorgenommen, **Ziff. 3.** Der Transportkunde kann, sofern er mit der Entgeltänderung nicht einverstanden ist, den Vertrag binnen zehn Tagen **kündigen**, **Ziff. 4.** 50

Daneben steht ihm grundsätzlich auch ein **gerichtliches Entgeltkontrollverfahren** nach § 315 BGB offen. 51

Nach **Ziff. 5** werden die netzseitigen Umlagen im Falle einer Anpassung entsprechend der geänderten Entgelthöhe weiterberechnet. Dies bedeutet, dass der Netzbetreiber die Möglichkeit hat, **Abgaben, Umlagen, Steuern und sonstige Entgeltbestandteile** auch in veränderter Höhe während der Vertragslaufzeit weiterzugeben. Dies gilt jedoch ausdrücklich auch für **Verringerungen** der Entgeltbestandteile und nicht nur für Erhöhungen. 52

16 PricewaterhouseCoopers/*Mussaeus/Küper/Odenthal*, Abschnitt 9.3.9.

j) § 10 Abrechnung, Zahlung und Verzug

53 In **Ziff. 1** werden die grundsätzlichen Abrechnungsmodalitäten unter Verweis auf die Vorgaben der GeLi Gas geregelt. **SLP**-Kunden werden jährlich abgerechnet.[17] Aus unserer Erfahrung bieten sich **monatliche Abschlagszahlungen** eher an. Daneben hat der Netzbetreiber die Möglichkeit, eine unterjährige Anpassung bei veränderten Bedingungen zwischen Netzbetreiber und Transportkunden zu verlangen.

54 **RLM**-Kunden werden verbrauchsscharf abgerechnet. Hier erfasst der Netzbetreiber direkt die tatsächlichen Verbrauchswerte und rechnet **monatlich** ab. Zu den Möglichkeiten der ergänzenden Bedingungen zu den Abrechnungsmodalitäten vgl. im Folgenden unten.

55 Wichtig ist die Höchstfrist zur Geltendmachung von **Abrechnungsfehlern** in **Ziff. 5.** Maximal drei Jahre ab Zugang der zu korrigierenden Rechnung können Einwände erhoben werden.

k) § 11 Steuern

56 In **Ziff. 1** ist der Fall der Energiesteuerprivilegierung nach § 38 Abs. 3 EnergieStG erfasst.

57 Zentral ist die Nachweispflicht des Transportkunden:

> *„(...)*
> *Erfolgt die Lieferung von Gasmengen an einen Transportkunden, der angemeldeter Lieferer im Sinne des § 38 Abs. 3 EnergieStG ist, ist der **Transportkunde verpflichtet**, das **Vorliegen der Voraussetzungen** des § 38 Abs. 3 EnergieStG **dem Netzbetreiber** gegenüber durch Vorlage einer von der zuständigen Zollverwaltung ausgestellten aktuellen Anmeldebestätigung im Sinne von § 78 Abs. 4 Energiesteuer – Durchführungsverordnung (EnergieStV), nach der der Transportkunde als angemeldeter Lieferer zum unversteuerten Bezug von Gasmengen berechtigt ist, **nachzuweisen**.*
> *(...)“*

58 Ebenso muss der Transportkunde Änderungen unverzüglich mitteilen.

l) § 12 Haftung

59 Die **Haftungsbeschränkung** des § 18 NDAV gilt aufgrund des Verweises in § 5 GasNZV ebenfalls für den Lieferantenrahmenvertrag, **Ziff. 1.** Dies gilt unabhängig von der Druckstufe. Darüber hinaus enthalten die **Ziff. 2 bis 4** weitere Haftungsbeschränkungen.

---

17 Eine Abweichung kann sich vor dem Hintergrund der Insolvenzrisiken für bestimmte Transportkunden im Zusammenhang mit der Forderung einer Vorauszahlung anbieten.

Die Eingriffe von Fernleitungsnetzbetreibern zur Sicherung der **Systemstabilität**, §§ 16 und 16a EnWG, bleiben unberührt. Hier sieht das EnWG ruhende Vertragspflichten im Fall von berechtigten/rechtmäßigen Eingriffen vor. 60

Nach **Ziff. 7** gelten die Beschränkungen ebenfalls für gesetzliche Vertreter sowie für Erfüllungs- und Verrichtungsgehilfen des Netzbetreibers. 61

m) § 13 Sicherheitsleistung

Im Falle von Vertrags- und insbesondere **Zahlungsstörungen** des Transportkunden stellt der Lieferantenrahmenvertrag Eskalationsstufen zur Verfügung, die von der Anforderung einer Sicherheitsleistung bzw. Vorauszahlung bis hin zur Vertragskündigung (in § 14) reichen. Die Mechanismen bilden einen Regelungszusammenhang und werden durch den (rechtlich nicht verbindlichen) „Leitfaden Sicherheitsleistungen und Vorauszahlungen im deutschen Gasmarkt“[18] detailliert beschrieben. 62

Insgesamt wurde mit **Ziff. 2** eine ausgeglichene Regelung zwischen den Vertragsparteien angestrebt, die zum einen das Ausfallrisiko des Netzbetreibers reduzieren soll, zum anderen die Sicherheitsleistung auf Fälle beschränkt, die bereits ein **Liquiditätsproblem des Transportkunden** vermuten lassen. 63

Praxistipp **!**

Für die Forderung einer angemessenen Sicherheitsleistung/Vorauszahlung muss der Netzbetreiber den Netznutzer – darüber hinaus – ausdrücklich zur Zahlung aufgefordert, d. h. gemahnt haben. Die in der Mahnung genannte Frist muss fruchtlos verstrichen sein.

Die Mahnung muss den säumigen Netznutzer unter Angabe einer konkret bestimmten Nachfrist zur Zahlung der konkretisierten offenen Position auffordern und den ausstehenden Betrag beziffern. Sie sollte darauf hinweisen, dass im Fall des fruchtlosen Fristablaufs eine Sicherheitsleistung bzw. Vorauszahlung verlangt werden kann. Nicht ausreichend sind unverbindliche Zahlungserinnerungen bzw. bloße Bitten um alsbaldige Zahlung. 64

Formulierungsvorschlag

„Mit Rechnung vom 1.10.2014 (Rechnungsnummer ...) haben wir die Zahlung eines Geldbetrags in Höhe von 10.000 € geltend gemacht und Ihnen hierfür eine Zahlungsfrist bis zum Ablauf des 31.10.2014 gesetzt. Diese Zahlungsfrist haben Sie nicht beachtet. Deshalb fordern wir Sie nochmals zur Zahlung des vorgenannten Betrags auf. Hierfür setzen wir Ihnen eine Nachfrist bis zum Ablauf des 5.11.2014. Im Falle des fruchtlosen Fristablaufs sind wir dazu berechtigt, eine angemessene Sicherheitsleistung oder Vorauszahlung zu verlangen.“

---

18 Abrufbar unter http://www.bdew.de/internet.nsf/id/C8D4102AA5347BE0C12578300046BCE6/$file/13-06-21_KoV%20VI-%20LF%20Sicherheitsleistungen%20und%20Vorauszahlungen%20Gas_final.pdf.

65 Daneben bietet der Vertrag folgende Möglichkeit,

> *„(...) eine angemessene Sicherheitsleistung oder Leistung einer Vorauszahlung zu verlangen, wenn aufgrund einer über den Transportkunden* ***eingeholten Auskunft einer allgemein im Geschäftsleben anerkannten Auskunftei oder aufgrund einer sonstigen Sachlage eine begründete Besorgnis besteht, dass er den Verpflichtungen aus diesem Vertrag nicht nachkommen wird*** *(...).“*

66 Diese auf den ersten Blick für den Netzbetreiber vorteilhafte Regelung stößt in der konkreten Anwendung auf Schwierigkeiten. Soweit die Sicherheitsleistung bzw. Vorauszahlung auch im Rahmen von § 13 Ziff. 2 S. 2 schriftlich angefordert und begründet werden sollte, besteht das Risiko, dass der Netzbetreiber Wissen über die Bonität des Transportkunden preisgibt, welches ihm im Falle eines späteren **Insolvenzverfahrens** entgegengehalten werden könnte. Denn wenn der Transportkunde bei Leistung der Sicherheit (oder weiterer Zahlungen) bereits zahlungsunfähig war, der Netzbetreiber aber die Zahlungsunfähigkeit begründenden Umstände kannte und der Netzbetreiber nachweislich Hinweise auf diese Umstände hatte, steht im Insolvenzfalle die **Anfechtung der betroffenen Zahlungen** zu befürchten.

67 Um ein einheitliches Verständnis der Vertragsparteien über die Art und damit die Qualität der Sicherheitsleistung zu erreichen, sind in den **Abs. 3 und 5** die verschiedenen Möglichkeiten ausgeführt. Nach **Ziff. 4** kann der Lieferant auch die Forderung einer Sicherheitsleistung abwenden, indem er eine Vorauszahlung leistet. Ebenso wird die Ermittlung der Höhe der Sicherheitsleistung in **Ziff. 7** festgelegt. Nach **Ziff. 8** kann der Netzbetreiber die Sicherheit nur unter der Voraussetzung, dass sich der Lieferant in Verzug befindet, der Netzbetreiber ihn nochmals unter Fristsetzung an die Zahlung erinnert hat und diese Frist erfolglos verstrichen ist, verwenden. Es besteht darüber hinaus die Pflicht des Netzbetreibers, die Sicherheit unter den in **Ziff. 9** genannten Bedingungen wieder zurückzugewähren.

n) § 14 Laufzeit und Kündigung

68 Der Vertrag sieht in **Ziff. 1** grundsätzlich eine unbegrenzte Laufzeit vor, die mit einem ordentlichen Kündigungsrecht innerhalb einer Frist von drei Monaten verbunden ist. Hierbei ist jedoch zu beachten, dass die Möglichkeit einer ordentlichen Kündigung für den Netzbetreiber stark eingeschränkt ist. Es besteht grundsätzlich die gesetzliche Verpflichtung, den Netzzugang zu ermöglichen.

69 § 20 Abs. 2 S. 1 EnWG sieht in diesem Kontext zwar unter engen Voraussetzungen die Möglichkeit der **Verweigerung des Netzzugangs** vor, faktisch läuft die Ablehnung aber vielfach leer. Netzbetreiber laufen im Falle der Netzzugangsverweigerung, ohne dass hierfür ein ausreichender Grund gegeben ist, Gefahr, dass gegen Sie ein **Missbrauchsverfahren** durch eine Regulierungsbehörde angestrengt wird.

Unterliegt der Netzbetreiber jedoch aufgrund der individuellen Situation nicht der gesetzlichen Verpflichtung zum Netzzugang, steht ihm das Kündigungsrecht zu. Maßstab ist der unbestimmte Rechtsbegriff der wirtschaftlichen Unzumutbarkeit. 70

Neben der ordentlichen Kündigung besteht die Möglichkeit der fristlosen Kündigung. In **Ziff. 2** sind einige wichtige Gründe aufgeführt, die zu einer fristlosen Kündigung führen können. Die Auflistung ist jedoch nicht abschließend. Grundsätzlich muss die konkrete Situation im Einzelfall begutachtet werden, um zu beurteilen, ob ein wichtiger Grund vorliegt. Hierbei ist zu beachten, dass an einen die fristlose Kündigung auslösenden Grund hohe Anforderungen zu stellen sind, da sich die Kündigung grundsätzlich als **„Ultima Ratio"** darstellt. 71

Besonderes Augenmerk ist auf die Regelung des § 14 Ziff. 2 lit. c zu legen. Der Insolvenzantrag des Netznutzers (an sich[19]) stellt vor dem Hintergrund eines Urteils des BGH keinen zulässigen Kündigungsgrund für den Lieferantenrahmenvertrag dar. Dies gilt selbst dann, wenn der Lieferantenrahmenvertrag für diesen Fall ein Kündigungsrecht explizit vorsieht. 72

Hinweis !

Der BGH sieht sog. **insolvenzbedingte Lösungsklauseln** in Verträgen über die fortlaufende Lieferung von Energie als unwirksam an, wenn sie im Voraus die Anwendung des Insolvenzverwalter-Wahlrechts nach § 103 InsO ausschließen. Eine insolvenzbedingte Lösungsklausel liegt vor, wenn eine der Parteien für den Fall der Zahlungseinstellung, des Insolvenzantrags oder der Insolvenzeröffnung das Recht eingeräumt wird, sich (z. B. durch Kündigung) vom Vertrag zu lösen oder wenn der Vertrag unter der auflösenden Bedingung des Eintritts dieser insolvenzbezogenen Umstände steht, d. h. der Insolvenzantrag automatisch zur Vertragsbeendigung führt (BGH, Urt. v. 15.11.2012 – IX ZR 169/11 –).

Der Lieferantenrahmenvertrag nach KoV VI trägt dieser Rechtsprechung durch § 14 Ziff. 2 S. 2 lit. c Rechnung, indem er die Kündigung im Falle eines Insolvenzantrags erst nach der Aufforderung des Insolvenzverwalters zur Wahlrechtsausübung nach § 103 InsO zulässt. Damit bleibt dem Insolvenzverwalter die Möglichkeit erhalten, bestehende Lieferantenrahmenverträge im Interesse des Masseschutzes und der Gläubigergleichbehandlung auszuführen. 73

o) § 15 Änderungen des Lieferantenrahmenvertrags

Nach **Ziff. 1** kann der Netzbetreiber bei einer Änderung der für den Lieferantenrahmenvertrag erheblichen Gesetze, Verordnungen, behördlichen Maßnahmen oder Rechtsprechung sowie bei einer Veränderung der allgemein anerkannten Regeln der Technik den Vertrag anpassen. Diese Regelung soll Änderungen erleichtern und eine Alternative zur Kündigung bieten. Um jedoch ein ausgeglichenes Verhältnis zwischen den Vertragsparteien zu erreichen, steht in diesem Falle dem Transportkunden ein 74

19 Ggf. aber die zugrunde liegenden Zahlungsausfälle.

Sonderkündigungsrecht unter der Voraussetzung zu, dass die Änderungen einen wesentlichen wirtschaftlichen Nachteil darstellen.

75 Durch **Ziff. 2** kann der Netzbetreiber den Vertrag unter weiteren Voraussetzungen der Ziff. 1 anpassen. Hierfür ist eine Information gegenüber dem Transportkunden innerhalb von zwei Monaten vor Wirksamwerden der geänderten Bedingungen notwendig, ebenso eine Veröffentlichung im Internet.

76 Die **Ziff. 1 und 2** gelten nicht für eine Anpassung der Entgelte. Dieser Komplex ist abschließend in § 9 des Vertrags geregelt.

p) § 16 Schlussbestimmungen

77 Abschließend werden allgemeine vertragsrechtliche Schlussbestimmungen aufgenommen, **Ziff. 1**. Diese betreffen die Übertragung des Vertragsverhältnisses auf einen Dritten. Das kann beispielsweise in Entflechtungsfällen zur Anwendung kommen. Sollten Regelungen undurchführbar sein, bleibt vor dem Hintergrund des § 139 BGB der Vertrag im Übrigen unberührt.

78 Die Gerichtsstandsvereinbarung nach **Ziff. 5** stellt vor dem Hintergrund der Zulässigkeit einer solchen sog. Prorogation für Kaufleute kein Problem dar. Netzbetreiber wie Transportkunden werden regelmäßig Kaufleute sein.

q) § 17 Anlagen

79 Die Anlagen sind dem Vertrag vom Netzbetreiber beizulegen und werden so Vertragsbestandteil.

2. Ergänzende Bedingungen (Anlage 2)

a) Ziff. 4 (zu § 7 Ziff. 1 lit. c, aa) des Lieferantenrahmenvertrags)

80 In Ziff. 7 des Lieferantenrahmenvertrags Gas sind Vorgaben zur **Unterbrechung des Letztverbrauchers** geregelt.

81 Grundsätzlich sind die Regelungen der Ziff. 7 des Lieferantenrahmenvertrags an die Vorgaben der §§ 17, 24 NDAV angelehnt, die in dem Verhältnis Transportkunde zu Netzbetreiber keine Wirkung entfalten.

82 Der in den ergänzenden Bedingungen zu regelnde Fall des § 7 Ziff. 1 lit. c, aa)[20] des Lieferantenrahmenvertrags erfasst die „Unterbrechung der Anschlussnutzung (Sperrung) auf Anweisung des Transportkunden". Anlass wird dabei in der Regel ein Vertragsverstoß im Verhältnis zwischen Letztverbraucher und Transportkunde i. S. d. § 19 GasGVV oder i. S. einer entsprechenden Vereinbarung in einem Sonderkundenvertrag sein. Die Unterbrechung entspricht insoweit dem Fall des § 24 Abs. 3 der NDAV.

20 Nur zu dieser Fallgruppe sind ergänzende Regelungen möglich.

Aus Sicht der Netzbetreiber gilt es abzusichern, dass der Transportkunde dem Netzbetreiber die Erfüllung der für die Unterbrechung erforderlichen Voraussetzungen nachweist bzw. glaubhaft macht (**Ziff. 1**). Der Netzbetreiber kann nicht überprüfen, ob die Voraussetzungen tatsächlich vorliegen, er fungiert insoweit als „verlängerter Arm" des Transportkunden. Die durch eine Unterbrechung entstehenden Kosten hat der Transportkunde zu tragen (**Ziff. 3**). Daher sollten die entsprechenden Preise vom Netzbetreiber auf dem Preisblatt ausgewiesen werden. Die dem Netzbetreiber vom Transportkunden zu übermittelnden Daten sind in **Ziff. 4** aufgeführt. 83

Praxistipp !

Teilweise dürfte es sich um personenbezogene Daten handeln, die dem Datenschutzrecht unterfallen. Insoweit empfiehlt sich für den Transportkunden im Gasliefervertrag mit dem Letztverbraucher zu vereinbaren, dass entsprechende Daten an den Netzbetreiber übermittelt werden dürfen.

Ziff. 7 regelt darüber hinaus den Fall, dass nicht der Netzbetreiber als Messstellenbetreiber auftritt, sondern ein Dritter. 84

b) Ziff. 5 (zu § 9 Ziff. 10 des Lieferantenrahmenvertrags)

Es empfiehlt sich, „Regelungen zu Entgelt- und Zahlungsbedingungen"[21] in die ergänzenden Geschäftsbedingungen aufzunehmen. 85

Die vorgeschlagenen Formulierungen unterscheiden zwischen **RLM- bzw. SLP-Kunden** (**Ziff. 2.1 bzw. 2.2**) sowie jeweils zwischen einem **Leistungsentgelt/Grundpreis** und einem **(Jahres-) Arbeitspreis**. Das dargestellte Entgeltmodell wird derzeit von vielen Netzbetreibern umgesetzt und kann als marktüblich bezeichnet werden. 86

In der Praxis werden daneben Entgeltzonen in Abhängigkeit der Verbrauchswerte hinsichtlich der Leistungskomponente und hinsichtlich des Arbeitspreises angewendet. 87

In den vorgeschlagenen Ergänzenden Bedingungen finden sich zudem Regelungen für den Fall, dass die Belieferung während einer bereits angebrochenen Abrechnungsperiode beginnt oder vor Abschluss dieser endet. In diesen Fällen ist fraglich, wie mit der Jahreshöchstlast umzugehen ist und in welche Zone der Verbrauch (im Sinne des Arbeitspreises) einzuordnen ist. Daher findet sich in dem Formulierungsvorschlag eine Regelung für den Fall, dass der Transportkunde den/die Letztverbraucher kontinuierlich während der gesamten Abrechnungsperiode beliefert (im Sinne eines Grundfalls) und für den Fall, dass der Transportkunde den/die Letztverbraucher nur für einen Teil des Zeitraums versorgt. 88

---

21 Sofern Netzbetreiber in ihren Versorgungsgebieten Letztverbraucher angeschlossen haben, die die Möglichkeit haben, Sonderentgelte nach § 20 GasNEV zu nutzen, sollten zusätzlich entsprechende Regelungen aufgenommen werden. Diese Fälle bedürfen einer individuellen Ausgestaltung.

89 Allgemein können weitere Entgeltbestandteile aufgenommen und geregelt werden. Im Einzelfall ist zu prüfen, ob die beabsichtigten Entgeltbestandteile dem Grunde und der Höhe nach berechtigt sind.

Beispiel
Hier sei insbesondere auf die Möglichkeit zur Erhebung eines Entgelts für die stündliche Übermittlung von RLM-Messdaten gem. § 54 KoV VI verwiesen.
Allgemein kann festgehalten werden, dass die Weitergabe der hoheitlich angeordneten Abgaben und Umlagen weniger risikobehaftet ist als die Erhebung von zusätzlichen Dienstleistungsentgelten. Für den Transportkunden sieht § 315 BGB einen gerichtlich überprüfbaren Kontrollmaßstab vor.

---

90 In Ziff. **2.1.1.2.** ist eine Entscheidung darüber zu treffen, wie im Falle einer Abrechnung einer **abweichenden Abrechnungsperiode**[22] im Rahmen eines Zonen- bzw. Stufenmodells die Jahreshöchstlast zu berechnen ist. Wird die Lösung nach Variante **lit. a** gewählt, so bemisst sich das Jahresleistungsentgelt auf der Basis eines Zeitraums, der kürzer als die reguläre Abrechnungsperiode (zwölf Monate) ist. Dies führt in der Regel dazu, dass der Netzbetreiber ein geringeres Jahresleistungsentgelt erhält, als wenn der betreffende Transportkunde eine Netznutzung über zwölf Monate oder länger in Anspruch genommen hätte. Wird die Lösung nach Variante **lit. b** gewählt, tritt dieser Effekt nicht auf.

91 Der Fall einer abweichenden Abrechnungsperiode wird auch im Rahmen der Entgeltkomponente (Jahres-) Arbeitspreis eine Einordnung in ein Zonen/Stufenmodell angewendet, **Ziff. 2.1.2.2.1.**

92 Wird die Lösung nach Variante **lit. a** gewählt, so bemisst sich das Jahresarbeitsentgelt auf der Basis eines Zeitraums, der kürzer als die reguläre Abrechnungsperiode (zwölf Monate) ist. Dies kann dazu führen, dass der Transportkunde in eine aus seiner Sicht ungünstigere Zone/Stufe eingeordnet wird, als wenn er eine Netznutzung über zwölf Monate oder mehr vorgenommen hätte. Wird die Lösung nach Variante **lit. b** gewählt, tritt dieser Effekt nicht auf. Die Varianten nach lit. b und c sollten zudem noch um folgende Angabe ergänzt werden:

Klauselmuster
„Die Hochrechnung erfolgt auf Basis von Gradtagszahlen."
oder
„Die Hochrechnung erfolgt auf Basis von ..."

---

22 Gemeint ist ein Abweichen zwischen der vorgeschriebenen Abrechnungsperiode, beispielsweise Gaswirtschaftsjahr und dem Zeitraum, in dem der Transportkunde den jeweiligen Letztverbraucher beliefert hat. Beispiel: Abrechnungsperiode ist das Gaswirtschaftsjahr vom 1.10.2013 bis zum 30.9.2014. Der Transportkunde beliefert einen Kunden jedoch ausschließlich vom 1.10.2013 bis zum 31.5.2014.

Nach der **Einordnung in eine Zone/Stufe** durch die Regelung in **Ziff. 2.1.2.2.1.** folgt 93
in einem zweiten Schritt der **anzuwendende Berechnungsmodus** für das Arbeitsentgelt in **Ziff. 2.1.2.2.2.**

Ab **Ziff. 2.2.** werden entsprechende Regelungen für SLP-Kunden vorgegeben, 94
wobei die Regelungen dem gleichen Modell entsprechen, welches eine Kombination aus Grund- und Arbeitspreis darstellt. Jeweils wird der Fall der abweichenden Abrechnungsperiode im Anschluss an eine allgemeine Regelung dargestellt und dabei jeweils der Grund- und Arbeitspreis behandelt. Nach der Einordnung in eine Stufe/Zone folgt eine Regelung für die Berechnung. In **Ziff. 2.2.1.2.1.** ist zwischen den **lit. a bis c** zu wählen; außerdem sollten die Varianten nach lit. b und c noch wie folgt ergänzt werden:

Klauselmuster
„Die Hochrechnung erfolgt auf Basis von Gradtagszahlen."
oder
„Die Hochrechnung erfolgt auf Basis von ..."

In **Ziffer 2.2.1.2.2.** kann erneut zwischen zwei Varianten gewählt werden, allerdings 95
setzt die Wahl der lit. b voraus, dass unter **Ziffer 2.1.2.2.2 Variante lit. a** gewählt wurde oder eine vergleichbare Regelung unter **Ziff. 2.2.2** beschrieben wird. Unter **Ziff. 2.2.2.** empfiehlt es sich für die Berechnung des (Jahres-) Arbeitsentgelts, dieselben Regelungen wie für RLM Kunden anzuordnen.

Nach **Ziff. 2.3** könnten weitere Entgeltbestandteile aufgenommen werden. Dies 96
gilt sowohl für RLM- wie auch für SLP-Kunden. In Betracht käme in diesem Zusammenhang ein besonderes Entgelt für die stündliche Übermittlung von RLM-Werten gem. § 54 KoV VI. Seit der KoV VI sind Netzbetreiber verpflichtet, *„dem Transportkunden auf Anfrage die im Stundentakt erfassten und ausgelesenen Lastgänge an RLM-Ausspeisepunkten zu Letztverbrauchern unverzüglich zu übermitteln."*

Die KoV VI nimmt hier Bezug auf die Vorgaben der GeLi Gas, verbietet jedoch 97
nicht, hierfür ein gesondertes Entgelt zu erheben.

Praxistipp
Soweit Netzbetreiber eine Vielzahl von RLM-Kunden in ihrem Netz angeschlossen haben und der hierdurch entstehende Aufwand groß ist, erscheint die Erhebung eines Entgelts für die stündliche Übermittlung erwägenswert, wobei dann der Aspekt der diskriminierungsfreien Behandlung beachtet werden muss.

---

c) Ziff. 6 (zu § 10 Ziff. 1 des Lieferantenrahmenvertrags)

Betreffend die Abrechnung der RLM-Kunden kann in **Ziff. 1** danach unterschie- 98
den werden, ob monatlich eine „scharfe" Abrechnung erfolgen soll oder zunächst

Abschläge auf eine spätere Endabrechnung, vergleichbar der Jahresabrechnung bei SLP-Kunden, erfolgen sollen.

99 Wichtig ist im Falle der monatlich „scharfen" Abrechnung insbesondere die Erfassung der Jahreshöchstleistung. Diese wird nicht zwingend im ersten Monat der Abrechnung liegen, sondern kann auch zu einem späteren Zeitpunkt im Rahmen der Abrechnungsperiode (etwa im Wintermonat) auftreten.

100 In Ziff. 2 kann für SLP-Kunden zwischen einer einmonatigen und einer zweimonatigen Abschlagszahlung unterschieden werden.

101 In **Ziff. 3** werden Vorgaben für den Fall aufgenommen, dass sich die Netzentgelte innerhalb einer Abrechnungsperiode ändern. Dieses Szenario ist nicht ungewöhnlich, da Netzentgelte auf Basis von Kalenderjahren ermittelt werden, wohingegen Abrechnungsperioden hiervon abweichen können, beispielsweise auf das Gaswirtschaftsjahr bezogen sein können.

102 **Ziff. 4** sichert den Netzbetreiber ab, dass der Transportkunde ihm gegenüber in der Nachweispflicht ist, dass für die Berechnung der niedrigen Konzessionsabgabe die näher bezeichneten Informationen binnen eines festgelegten Zeitraums beigebracht werden müssen. Als Nachweis eignet sich ein Wirtschaftsprüfertestat, allerdings sollte dies für den Transportkunden nicht verpflichtend sein.

d) Ziff. 7 (zu § 13 Ziff. 4 des Lieferantenrahmenvertrags)

103 Durch die Regelung werden Konkretisierungen betreffend die Stellung einer Vorauszahlung vorgenommen. Die Vorgaben zur Sicherheitsleistung sind nicht eins zu eins übertragbar. In diesem Zusammenhang sei verwiesen auf den „Leitfaden Sicherheitsleistungen und Vorauszahlungen im deutschen Gasmarkt",[23] der von den Verbänden bereitgestellt wurde und Best-Practice-Hinweise enthält. Dieser Leitfaden enthält Erläuterung zu den Vorgaben des Vertragswerks in Bezug auf die §§ 13 und 14. Insbesondere die angefügten Prozessschaubilder sind für Netzbetreiber hilfreich, um zu prüfen, ob im eigenen Unternehmen die erforderlichen Prozesse vorhanden sind.

104 Vor dem Hintergrund der sich in der jüngsten Vergangenheit ereigneten Insolvenzen von Transportkunden (beispielhaft sei verwiesen auf die Flexgas GmbH) schützen die aufgenommenen Hinweise allerdings nicht vollständig, da sich durch die vertragsimmanente Vorleistungspflicht des Netzbetreibers und die vorgegebenen Abrechnungsfristen erfahrungsgemäß auch bei strikter Transportkundenüberwachung Zahlungsausfälle ergeben können. Dennoch eignen sich die Inhalte des Leitfadens als Ausgangspunkt für die Einführung bzw. Verbesserung des unternehmensindividuellen Forderungsmanagements.

23 Abrufbar unter http://www.bdew.de/internet.nsf/id/C8D4102AA5347BE0C12578300046BCE6/$file/13-06-21_KoV%20VI-%20LF%20Sicherheitsleistungen%20und%20Vorauszahlungen%20Gas_final.pdf.

3. Weitere Anlagen zum Lieferantenrahmenvertrag Gas

Das als Anlage 3 zur KoV VI angefügte Vertragswerk enthält neben dem Hauptvertrag eine Reihe weiterer Anlagen, die netzbetreiberindividuell auszufüllen sind. Als Anlage 3 ist eine EDI-Vereinbarung optional möglich,[24] sollte der Netzbetreiber diese nicht nutzen wollen (in diesem Fall läuft §4 Ziff. 4 des Lieferantenrahmenvertrags leer), sollte die Aufzählung der Anlagen angepasst werden. 105

In der Anlage 4 können vier Varianten des Abrechnungsmodells für die Mehr- und Mindermengenabrechnung ausgewählt werden. Die nicht gewählten Varianten sollten aus dem Vertrag gelöscht werden. 106

24 Vgl. hierzu oben beim Lieferantenrahmenvertrag Strom – Kap. 2.B.

C. Netzkopplungsvertrag (NKV)

I. Einführung

1 Neben den vorab dargestellten Vertragsarten/-mustern[1] im Verhältnis Netzbetreiber – Transportkunde ist als Teil des erforderlichen Vertragswerks, welches für die Belieferung von Endkunden notwendig ist, netzbetreiberseitig auch ein[2] Netzkopplungsvertrag zwischen den vorgelagerten und nachgelagerten Netzbetreibern erforderlich. Der Netzkopplungsvertrag regelt dabei die Anschlusssituation an Netzkopplungspunkten,[3] insbesondere, welche technischen Bedingungen zur Übergabe und Übernahme von Gas aus einem Netz in ein anderes Netz maßgeblich sind.[4]

2 Der nachfolgenden Grafik ist zu entnehmen, dass es sich um einen allein die Netzbetreiber betreffenden Vertrag handelt:

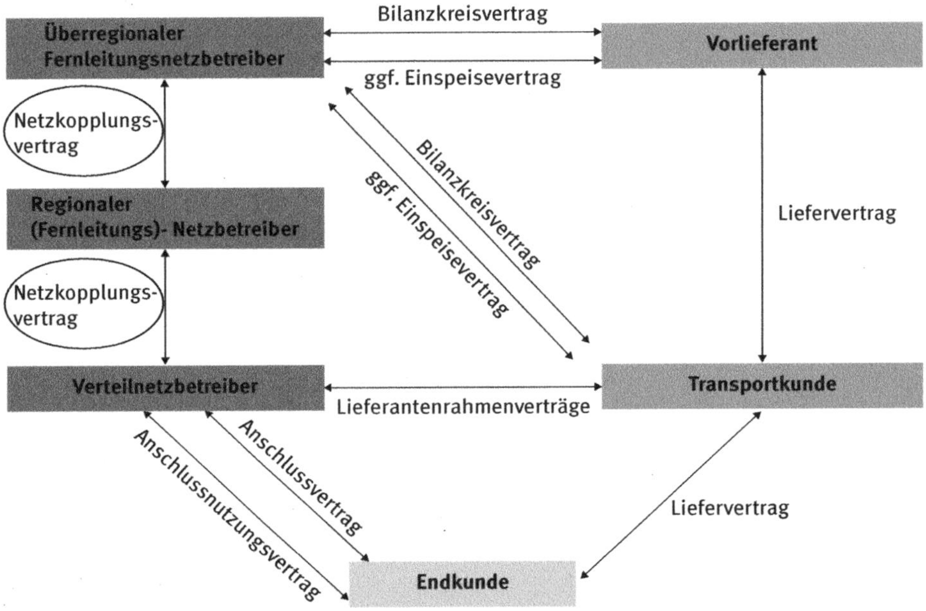

Abb. 1: Übersicht der relevanten Vertragsverhältnisse für den Gasnetzzugang

1 Vgl. hierzu Kap. 3.A – Bilanzkreisvertrag und 3.B – Lieferantenrahmenvertrag.
2 Sofern Netzbetreiber mit unterschiedlichen weiteren Netzbetreibern über Netzkopplungspunkte miteinander verbunden sind, kann der Abschluss mehrerer Verträge erforderlich werden.
3 Technisch handelt es sich insbesondere um die Gasübernahmestation und die Druck- und Messregelanlage.
4 PricewaterhouseCoopers/*Breisig/Küper/Rümler*, Abschnitt 9.3.10.

Den Regelfall bildet dabei der Netzkopplungsvertrag zwischen einem Fernleitungsnetzbetreiber und einem Ausspeisenetzbetreiber[5] ohne Zwischenschaltung eines weiteren Netzbetreibers. Auch mehrstufige Netzebenen sind denkbar bzw. im deutschen Gasnetz vorhanden.[6] **Fernleitungsnetzbetreiber**[7] sind 3

> *„Betreiber von Netzen, die Grenz- oder Marktgebietsübergangspunkte aufweisen, die insbesondere die Einbindung großer europäischer Importleitungen in das deutsche Fernleitungsnetz gewährleisten, oder natürliche oder juristische Personen oder rechtlich unselbstständige Organisationseinheiten eines Energieversorgungsunternehmens, die die Aufgabe der Fernleitung von Erdgas wahrnehmen und verantwortlich sind für den Betrieb, die Wartung sowie erforderlichenfalls den Ausbau eines Netzes,*
> *a) das der Anbindung der inländischen Produktion oder von LNG-Anlagen an das deutsche Fernleitungsnetz dient, sofern es sich hierbei nicht um ein vorgelagertes Rohrleitungsnetz im Sinne von Nummer 39 handelt, oder*
> *b) das an Grenz- oder Marktgebietsübergangspunkten Buchungspunkte oder -zonen aufweist, für die Transportkunden Kapazitäten buchen können ...“*

Vergleichbar mit den vorab dargestellten Übertragungsnetzbetreibern[8] stellt das Fernleitungsnetz den Transport von Erdgas über große Entfernungen sicher. 4

Im Gegenzug hierzu ist unter dem Begriff des **Ausspeisenetzbetreibers** derjenige Netzbetreiber zu verstehen, aus dessen Netz Gas – unabhängig von der Druckstufe – an einen Letztverbraucher ausgespeist wird. In KoV VI[9] wurde eine Definition des Ausspeisenetzbetreibers in § 4 Ziff. 3 aufgenommen: 5

> *„Netzbetreiber, mit dem der Transportkunde nach § 3 Abs. 1 Satz 1 GasNZV einen Ausspeisevertrag, auch in Form eines Lieferantenrahmenvertrages, abschließt.“*

Diese Definition erscheint im Zusammenhang des Netzkopplungsvertrags zunächst nicht passend, dennoch hat sich der Begriff im gesamten Gasnetzzugangsmodell durchgesetzt und wird insoweit auch im Rahmen der Netzkopplungsverträge verwendet. 6

Der **Mindestinhalt** des Netzkopplungsvertrags ist in § 7 Abs. 1 GasNZV aufgeführt, wobei die Verordnung eine Ergänzung weiterer Aspekte nicht ausschließt: 7

> *„(1) (...) Netzkopplungsverträge müssen mindestens Regelungen zu Folgendem enthalten:*
> *1. die notwendigen Informationspflichten der Netzbetreiber untereinander zur Abwicklung von Transporten;*

5 Vgl. zum Begriffsverständnis § 4 Ziff. 3 KoV VI.

6 Die ursprüngliche weitere Netzform der „regionalen Fernleitung“ ging im Rahmen der EnWG-Novelle 2011 auf.

7 Vgl. zum Begriffsverständnis die §§ 3 Nr. 5 und 37 EnWG.

8 Vgl. oben Kap. 2.C – Netznutzungsvertrag.

9 Zum 1.10.2014 tritt eine neue Fassung der KOV in Kraft (KOV VII), die zum Zeitpunkt des Redaktionsschlusses noch nicht berücksichtigt wurde.

2. *die technischen Kriterien des Netzkopplungspunkts, insbesondere Druck, Gasbeschaffenheit und technische Leistung des Netzkopplungspunkts;*
3. *den Datenaustausch zwischen den Netzbetreibern;*
4. *die Messung und die Bereitstellung der Messergebnisse;*
5. *die Nominierung oder alternative Verfahren;*
6. *die Bedingungen für die Einstellung oder Reduzierung der Gasbereitstellung oder Gasübernahme.“*

8 In der Praxis kommt insbesondere den Regelungen der vorstehenden Ziff. 2 und 4 besondere Bedeutung zu. In Zeiten eingeschränkter Kapazitätszuordnung oder Gasengpässen bildet darüber hinaus auch die Ziff. 6 einen Schwerpunkt der Ausgestaltung. Die Kapazitätszuordnung stellt im geltenden Gasnetzzugangsmodell (Zwei-Vertrags-Modell) eine wesentliche Funktionsvoraussetzung für die Abwicklung der Gasbelieferung durch die Transportkunden dar. Zur Ermöglichung der Gasausspeisung können (Ausspeise-)Netzbetreiber bei den ihnen vorgelagerten Fernleitungsnetzbetreibern Ein- und Ausspeisekapazitäten bestellen/buchen. Unter der **Kapazität** versteht die KoV in § 4 Nr. 17:

„Maximale stündliche Flussrate an einem Ein- oder Ausspeisepunkt, die in kWh/h ausgedrückt wird.“

9 Im Rahmen der sog. internen Bestellung beantragt der nachgelagerte Netzbetreiber jährlich die von ihm benötigte Kapazität je Netzkopplungspunkt.[10]

! **Praxistipp**

Ausspeisenetzbetreiber sollten sehr genau prüfen, ob die bestellte Kapazität mit denjenigen Zusagen übereinstimmt, die sie insbesondere Industriekunden als Netzanschlusskunden gemacht haben. Es stellt ein gegenwärtig häufig auftretendes Problem dar, dass nachgelagerte Netzbetreiber einen höheren Bedarf an Kapazität haben, Fernleitungsnetzbetreiber aber nur die Zusagen aus dem vergangenen Jahr aufrechterhalten. Daneben besteht oftmals nur die Möglichkeit, sog. befristete bzw. unterbrechbare Kapazität zu erhalten. Unterbrechbare Kapazitäten können allerdings vom Fernleitungsnetzbetreiber im Falle eines Gasengpasses eingekürzt werden.

---

10 Anders als im Zusammenhang mit den Lieferantenrahmenverträgen bzw. den Ein- und Ausspeiseverträgen sieht die KoV VI aber auch weiterhin kein in sich geschlossenes und als Anlage zur KoV beigefügtes Muster für einen Netzkopplungsvertrag vor. Vielmehr sind angrenzende Netzbetreiber angehalten, den Vertrag in weiten Teilen – insbesondere hinsichtlich der technischen Details – zu verhandeln. Die **KoV VI** selbst enthält in Teil 3, Abschnitt 2 (§§ 26–31) lediglich rudimentäre Vorgaben in Bezug auf die Netzkopplung, insbesondere

10 Die KoV VI enthält in den §§ 11 ff. umfangreiche Vorgaben zum Bestellvorgang und die Reaktionsmöglichkeiten des Fernleitungsnetzbetreibers.

- zum Betrieb von MSR-Anlagen und zur technischen Leistung,
- zum Datenaustausch,
- zu Betretungs- und Kontrollrechten,
- zur Messung sowie
- zur Reduzierung oder Einstellung der Gasübergabe.

Flankiert werden diese Vorgaben durch weitere, in den §§ 54–65 KoV VI enthaltene Allgemeine Vertragsregelungen (z. B. zu höherer Gewalt (§ 57), Haftung (§ 58), Rechtsnachfolge (§ 59) und Schiedsgerichtsbarkeit (§ 60)). 11

Beispiel
Inhalte eines Netzkopplungsvertrages können u. a. folgende Themenkreise betreffen:
- die jeweils geltenden technischen Rahmenbedingungen, insbesondere
- Lage des Netzkopplungspunktes,
- Vorgaben betreffend der (Übergabe-)Drücke,
- Anschlussleistung/Sicherung von Kapazitäten,
- technische Leistung des Netzkopplungspunkts bzw. Summen-/Anschlussleistung am Netzkopplungspunkt,
- Vorgaben hinsichtlich der Gasbeschaffenheit,
- Odorierung von Gas,
- Verantwortlichkeit für Messung und Messstellenbetrieb inklusive Regelung des Eigentums an der MSR-Anlage,
- Regelungen zu Investitionspflichten.

Besonderes Augenmerk ist auf § 26 Ziff. 2 KoV VI zu legen. Danach findet der Abschnitt 2 der KoV VI über die Netzkopplung zwischen vor- und nachgelagerten Netzbetreibern keine Anwendung, sofern Netzbetreiber bereits bis zum 30.9.2011 Regelungen die Netzkopplung betreffend vereinbart haben. Im Umkehrschluss bedeutet das: Sollten bis zu diesem Zeitpunkt keine entsprechenden Vereinbarungen getroffen worden sein oder enthalten diese keine Regelungen zu den in §§ 26 ff. KoV VI normierten Inhalten, werden die Regelungen des Abschnitts 2 der KoV VI wirksam. 12

Achtung
Sofern Netzbetreiber in der Vergangenheit einen Netzkopplungsvertrag geschlossen haben und dieser nun aktualisiert werden soll, empfiehlt es sich, sehr genau zu prüfen, ob Übergabedrücke (insbesondere der minimale Übergabedruck) und Leistungszusagen weiterhin gewährt werden. Da Fernleitungsnetzbetreiber oftmals nur begrenzt Kapazitätsbestellungen entsprechen, sollten die Zusammenhänge zwischen Kapazität und Leistung geprüft werden.

Ein entsprechend individuelles Vertragsmuster wird regelmäßig durch die Fernleitungsnetzbetreiber zur Verfügung gestellt und ist daher im Folgenden nicht beigefügt. Im Folgenden soll insoweit auf (die) wesentlichen Aspekte der durch die KoV VI vorgegebenen Vertragsinhalte eingegangen werden. 13

II. Erläuterung

1. Die Regelungen im Einzelnen

a) § 27 KoV VI – Betrieb der MSR-Anlagen und technische Leistung

14 In Ziff. 1 wird auf die **technischen Standards** verwiesen. Im Rahmen des Betriebes der MSR-Anlage sollte die Befolgung der Vorgaben des DVGW vereinbart werden, insbesondere die Inhalte der DVGW-Arbeitsblätter
- G 491,
- G 492,
- G 495 und
- G 488,
- zusätzlich G 2000 und G 689, soweit sich in diesen Gasanlagen Messstellen befinden.

15 Es ist nicht ungewöhnlich, dass weitere Arbeitsblätter – in Abhängigkeit der individuellen Verhältnisse am jeweiligen Netzkopplungspunkt – einbezogen werden.

b) § 28 KoV VI – Datenaustausch

16 Nach den Vorgaben der KoV VI gibt es ein umfangreiches Informationsrecht/eine Informationspflicht zwischen den Parteien des Netzkopplungsvertrags. Dazu wird auf das DVGW Arbeitsblatt G 2000 verwiesen und das Format Edig@s für Mengenanmeldungen i. S. d. Ziff. 2 für anwendbar erklärt. Es handelt sich dabei um ein mittlerweile etabliertes Datenformat, mit dem Netzbetreiber die Marktkommunikation im Gasnetzzugangsmodell abbilden.

17 Empfehlenswert erscheint die Festlegung von Ansprechpartnern einschließlich Kommunikationsmöglichkeiten in einer Anlage zum Netzkopplungsvertrag.

! **Achtung**
Durch die zuletzt in das EnWG aufgenommenen verschärften Anforderungen an die Wahrung der **Systemstabilität** (§§ 16, 16a EnWG) sollten die Kommunikationswege darauf abgestimmt werden, ob diese auch im Falle der sog. Kaskadierung[11] genutzt werden können. Es bietet sich an, die Vorgaben des Datenaustausches und der Erreichbarkeit auch vor diesem Hintergrund abzustimmen.

---

18 Zudem sind uns Netzkopplungsverträge bekannt, in denen **Messprotokollmuster** vorgegeben sind.

11 U. a. Abschaltung von Gaskunden im Zusammenspiel von Netzbetreibern mehrerer Druckstufen als Ultima Ratio zur Wahrung der Systemstabilität, § 16 Abs. 2 EnWG.

Praxistipp
Dies könnte insoweit dienlich sein, als aus dem Muster hervorgeht, welche Daten standardmäßig ausgetauscht werden sollen. Nicht zuletzt vor dem Hintergrund der elektronischen Verarbeitung müssen die Messprotokolle von dem eigenen EDV-System zu verarbeiten sein.

c) § 29 KoV VI – Betretungs- und Kontrollrechte

Beide Parteien sind nach den Vorgaben der KoV VI berechtigt, die Grundstücke, auf 19
denen sich die MSR-Anlage befindet, zu betreten. Diese Rechte sollten in den Anlagen eindeutig an die bestehenden Gegebenheiten des spezifischen Netzkopplungspunktes angepasst werden.

Beispiel für spezifische Gegebenheiten des Netzkopplungspunktes
Genaue Angaben
- zum Grundstück,
- zu den Räumlichkeiten und
- zu Anlagenteilen.

Damit einher geht die genaue, schematische Festlegung von Eigentums- und Überwa- 20
chungsgrenzen.

Praxistipp
Oftmals sind sich die Parteien des Netzkopplungsvertrags nicht einig über „jederzeitige Betretensrechte". Daher kann es sich anbieten, im Detail festzulegen, zu welchen Zeiten und unter welchen vorherigen Anmeldefristen ein Betreten erfolgen kann, damit der alltägliche Betrieb nicht gestört wird. Ausgenommen werden hiervon regelmäßig Situationen, in denen ein kurzfristiges Tätigwerden (Gefahr in Verzug) notwendig ist.

d) § 30 KoV VI – Messung

Die Ermittlung der Messwerte stellt eine der wesentlichsten Aufgaben des verantwort- 21
lichen Netzbetreibers dar. Denn die ermittelten Messergebnisse stellen im Weiteren die Grundlage für die sich anschließende **Marktkommunikation** und schließlich für die **Entgeltabrechnung** gegenüber den Transportkunden dar. Die Inhalte und Datenformate sind durch eine Reihe von Festlegungen der BNetzA vorgegeben. Aufgrund der Weiterentwicklung des Gasnetzzugangsmodells finden regelmäßige, meist halbjährliche Anpassungen statt, über die die BNetzA auf ihrer Internetseite informiert.

Die KoV VI sieht auch weiterhin die Möglichkeit einer bilateralen Vereinbarung 22
zu der Frage vor, **welche Partei für die Messung am Netzkopplungspunkt verantwortlich ist.** In Ziff. 1 heißt es:

> *„Die Netzbetreiber am Netzkopplungspunkt legen im Rahmen der gesonderten Vereinbarung bzw. mittels eines Datenblatts fest, welcher Netzbetreiber für Messung und Messstellenbetrieb verant-*

wortlich ist und wie die Erfassung und Verarbeitung der Messergebnisse der an dem Netzkopplungspunkt übergebenen Gasmengen erfolgt. Hierzu werden sich die Netzbetreiber am Netzkopplungspunkt insbesondere über Art, Umfang und technische Ausführung der Zurverfügungstellung und Dokumentation von Daten zur Netzsteuerung und -überwachung sowie von Abrechnungsdaten verständigen. Beide Netzbetreiber haben jederzeit das Recht, die Messwerte am Netzkopplungspunkt auszulesen."

23 Dieser Punkt wäre entsprechend im Netzkopplungsvertrag bzw. in den ergänzenden Bedingungen (als Anlage) zu konkretisieren. Insoweit kann es ratsam sein, die bisherige Handhabung fortzuführen.

24 Ansonsten sind uns verschiedene Ausgestaltungen bekannt, bei denen Eigentum am Netzkopplungspunkt und Verantwortlichkeit für die Erhebung der Messergebnisse durchaus auseinanderfallen können.

25 Weiterhin räumt die KoV VI jedem Netzbetreiber das Recht ein, die Messwerte am Netzkopplungspunkt auszulesen. Es besteht darüber hinaus auch die Möglichkeit, eigene MSR-Anlagen einzurichten. Dabei werden die hierzu erforderlichen Kosten verursachungsgerecht der errichtenden Partei auferlegt.

e) § 31 KoV VI – Reduzierung oder Einstellung der Gasübernahme

26 Zur Ausformung der Vorgabe aus § 7 Abs. 1 S. 3 Nr. 6 GasNZV normiert § 31 Ziff. 2 KoV VI, unter welchen Bedingungen eine Reduzierung der Gasübergabe/-übernahme stattfinden kann:

„[…] um eine unmittelbare Gefahr für die Sicherheit von Personen oder Sachen von erheblichem Wert abzuwenden oder zu gewährleisten, dass sonstige Störungen Dritter oder störende Rückwirkungen auf eigene Einrichtungen oder Einrichtungen Dritter ausgeschlossen sind […]."

f) § 58 KoV VI – Haftung

27 Die Haftungsregelung nach Ziff. 1 enthält eine § 18 NDAV entsprechende Beschränkung der Haftung für Sach- und Vermögensschäden, die der Transportkunde infolge einer Unterbrechung oder sonstigen Unregelmäßigkeiten bei der Übernahme oder Übergabe von Gas erleidet. Diese wurde übernommen, da ansonsten ein schwer kalkulierbares **monetäres Risiko** aus dem Netzbetrieb resultieren würde.

g) Anlagen zum Netzkopplungsvertrag

28 Der Netzkopplungsvertrag wird eine Mehrzahl von Anlagen enthalten. Nach § 26 Ziff. 3 KoV V sind mindestens Anlagen
- zur Lage der Netzkopplungspunkte/Bildung von Ausspeisezonen und
- zu den technischen Rahmenbedingungen

dem Netzkopplungsvertrag anzufügen.

Zusätzlich empfiehlt es sich, folgende Anlagen anzufügen 29
- zu Kontaktadressen der Vertragspartner,
- ein Mustermessstellenprotokoll sowie
- ein Muster zur Verarbeitung von Messergebnissen.

2. Anlage 1 – Beschreibung der Netzkopplungspunkte/Ausspeisezone

Zunächst sollte darauf geachtet werden, dass die einzelnen **Netzkopplungspunkte** 30 **bzw. Ausspeisezonen** vollständig und richtig bezeichnet sind. Auch die anzufügenden **Lage- und Stationszeichnungen** sind auf ihre inhaltliche Richtigkeit zu überprüfen. Dem kommt insbesondere vor dem Hintergrund der eigentumsrechtlichen Zuordnung eine zentrale Bedeutung zu.

Kern der Anlage 1 sind – neben der Festlegung etwaiger Ausspeisezonen – die 31 Festlegungen zum Übergabedruck, zur **Kapazität**[12] und zur **zugesicherten Leistung**. Diese sind für die Vertragsverhandlung und -durchführung von maßgeblicher Bedeutung. Vor dem Abschluss von Verträgen sollten alle vorgegebenen technischen Daten und deren Wechselwirkungen kritisch hinterfragt werden. Sind diese Werte einmal vereinbart, kann der vorgelagerte Netzbetreiber beispielsweise den Übergabedruck auf den vereinbarten minimalen Übergabedruck absenken. Sollte die Gasübernahmestation jedoch einen höheren minimalen Übergabedruck benötigen, kann der Fernleitungsnetzbetreiber nicht gezwungen werden, einen höheren Druck zu gewähren.

Von Bedeutung ist in diesem Zusammenhang auch, dass die Einhaltung dieser 32 Drücke und der weiteren technischen Rahmenbedingungen verbindlich festgeschrieben werden. Bloße Absichtserklärungen, wie *„die Einhaltung dieses Druckes wird auch in Zukunft angestrebt"*, erzeugen keinerlei Rechtsverbindlichkeit.

Gleiches gilt für etwaige Rechte zur Druckabsenkung. In diesem Zusammenhang 33 sollte an die in § 31 KoV VI genannten Gründe für eine Reduzierung des Drucks angeknüpft werden. Anderweitige Anknüpfungspunkte scheinen zunächst einmal nicht plausibel und sollten zumindest kritisch hinterfragt werden.

> *„§ 31 Reduzierung oder Einstellung der Gasübergabe/-übernahme*
> *1. (...)*
> *2. Die Netzbetreiber am Netzkopplungspunkt sind berechtigt, die Gasübergabe bzw. -übernahme jederzeit, wenn erforderlich ohne Vorankündigung, zu reduzieren oder einzustellen, um eine **unmittelbare Gefahr für die Sicherheit von Personen oder Sachen von erheblichem Wert abzuwenden** oder zu gewährleisten, dass **sonstige Störungen Dritter** oder **störende Rückwirkungen auf eigene Einrichtungen oder Einrichtungen Dritter** ausgeschlossen sind. Die Netzbetreiber am Netzkopplungspunkt nehmen die Gasübergabe bzw. -übernahme unverzüglich wieder auf, sobald die Gründe für ihre Reduzierung oder Einstellung entfallen sind."*

12 Regelmäßig bestimmt durch den internen Bestellprozess gem. §§ 11 ff. KoV VI.

3. Anlage 2 – Richtlinien zum Netzkopplungsvertrag/technische Rahmenbedingungen

34 Die Anlage 2 des Netzkopplungsvertrags wird in der Regel Einzelheiten in Zusammenhang mit dem **Betrieb von Gasübernahmestationen** regeln. Diese Regelungen werden häufig an Vereinbarungen aus der Vergangenheit anknüpfen, sodass Altregelungen mit der neuen Anlage 2 verglichen werden sollten. Auch in Fällen, in denen bislang kein Netzkopplungsvertrag geschlossen wurde, haben angrenzende Netzbetreiber oftmals für ausgewählte Punkte technische Rahmenbedingungen vereinbart. Im Übrigen sind Regelungen zur Kostentragung (beispielsweise für Wartung, Instandhaltung und Betrieb) im Einzelfall zu prüfen.

! **Praxistipp**
Soweit ein Netzbetreiber Eigentümer des Netzkopplungspunkts und der installierten Gasübernahmestation ist, dürften einseitig belastende Kostentragungsregelungen für den Ausbau des Netzkopplungspunktes schwer zu vermitteln sein. Dies könnte sich dann anders darstellen, soweit die Kosten in die Netzentgeltkalkulation einbezogen werden können.

D. Anschlussverträge (NAV)

I. Einführung

Der Netzanschluss ermöglicht aufgrund der Leitungsgebundenheit der Versorgung mit Gas als technische Anbindung einer Verbrauchsstelle an das notwendige Gasversorgungsnetz erst die tatsächliche Teilnahme an der allgemeinen Energieversorgung. Das Netzanschlussverhältnis umfasst dabei nicht nur die **Herstellung des Anschlusses der Gasanlage** an das jeweilige Netz, sondern auch den **Betrieb des Netzanschlusses.** So hat der Netzbetreiber als Eigentümer der Netzanschlüsse sowohl für deren wirtschaftliche Nutzbarkeit zu sorgen, als auch z. B. deren Unterhaltung, Instandhaltung und Änderung sicherzustellen. Im Gegenzug kann der Netzbetreiber in Bezug auf den Netzanschluss die im Rahmen einer wirtschaftlichen Betriebsführung entstehenden Herstellungs- oder Änderungskosten grundsätzlich vom Anschlussnehmer ersetzt verlangen. 1

Als Vertragspartner des Netzanschlussvertrags stehen sich der in vielen Fällen anschlussverpflichtete Betreiber von Gasversorgungsnetzen auf der einen Seite und auf der anderen Seite „jedermann", also der potenzielle **Netzkunde,** gegenüber. 2

Checkliste – Netzkunde !
- **Letztverbraucher,**
- **Netzbetreiber** und
- **Betreiber von Erzeugungs- und Speicheranlagen,** aber auch
- **Eigentümer und Erbbauberechtigte** des Gebäudes oder Grundstücks, die an das allgemeine Versorgungsnetz in Niederdruck angeschlossen sind, aber selbst nicht als Letztverbraucher Energie verbrauchen.

Der Anschlusspflicht haben dabei im Grundsatz alle Netzbetreiber Folge zu leisten, soweit nicht spezielle Ausnahmetatbestände greifen. Nach herrschender Auffassung dient der als Kontrahierungszwang zu qualifizierende **Anspruch auf Netzanschluss** der Sicherstellung eines freien Wettbewerbs, der in erster Linie eine Wettbewerbsverzerrung durch Versagung des Netzanschlusses verhindern soll.[1] 3

Der die technisch-physikalische Verbindung mit dem Gasnetz regelnde Netzanschlussvertrag stellt dabei die – auf privat-rechtlicher Ebene zu realisierende – Rechtsfolge des gesetzlich begründeten grundsätzlichen Anspruchs auf Netzanschluss dar (§§ 17–19 EnWG), der notwendigerweise den Anspruch auf Netzzugang ergänzt: Während der Netzzugangsanspruch nämlich die Nutzung des Netzes für den Transport von Energie regelt, stellt der Anspruch auf Netzanschluss die Erreichbar- 4

---

1 Vgl. Baur/Salje/Schmidt-Preuß/*Salje*, Kap. 67 Rn 8; Britz/Hellermann/Hermes/*Stötzel*, § 17 Rn 7 ff.; Danner/Theobald/*Hartmann*, § 17 EnWG Rn 22.

keit des Adressaten der Belieferung mit Energie bzw. die Verbindung des Einspeisers mit dem Netz sicher.[2]

5 Im Hinblick auf die den Netzanschlussverträgen zugrunde liegenden **gesetzlich normierten Pflichten** der Netzbetreiber sind die sog. allgemeine und besondere Anschlusspflicht voneinander zu unterscheiden. Die **„allgemeine Anschlusspflicht“** bezieht sich auf Letztverbraucher in Niederdruck und wird im Regelfall durch die Vorschrift des § 18 EnWG in Verbindung mit den flankierenden Regelungen der NDAV bestimmt.

6 Demgegenüber beinhaltet die **„besondere Anschlusspflicht“** einen Anspruch auf Netzanschluss aufseiten derjenigen Anschlussnehmer, die an Netze mit einer höheren Druckstufe angeschlossen werden möchten (§ 17 Abs. 1 EnWG).

! **Praxistipp**
Zwar gelten die Regelungen der **NDAV** bei einer höheren Druckebene nicht unmittelbar. Es ist jedoch sinnvoll und branchenüblich, diese **entsprechend anzuwenden**.

---

7 Da die in § 17 Abs. 1 EnWG normierte besondere Anschlusspflicht allumfassend, also unabhängig von der Art des Versorgungsnetzes und ohne die explizite Nennung einer Druckstufe formuliert ist, gilt diese innerhalb und außerhalb der allgemeinen Versorgungsnetze. Eine Ausnahme von der Anschlusspflicht besteht jedoch für die geschlossenen Verteilernetze.[3] Zu beachten ist auch, dass sich der Anschlussnehmer auch im Niederdruckbereich auf die besondere Anschlusspflicht i. S. d. § 17 Abs. 1 EnWG berufen kann. Dies ist dann möglich, wenn eine vertragliche Regelung von der Konzeption des § 18 EnWG bzw. der NDAV abweicht. Auch in Bezug auf Netzanschlüsse in Niederdruck sind – wie etwa im Bereich der Belieferung von Haushaltskunden – neben Verträgen über die Regelung des allgemeinen Netzanschlusses folglich (über § 17 EnWG) „Sonderverträge“ möglich.[4]

8 Der Netzbetreiber darf den Anschluss an sein Netz nur dann rechtmäßig verweigern, wenn er nachweisen (und in einem möglichen Gerichtsverfahren auch darlegen und beweisen) kann, dass ihm in Bezug auf das konkrete Netzanschlussverhältnis die Gewährung des Anschlusses aus betriebsbedingten, sonstigen wirtschaftlichen oder technischen Gründen in Ansehung des Gesetzeszwecks des EnWG (§ 1 EnWG) nicht möglich bzw. unzumutbar ist, vgl. § 17 Abs. 2 EnWG.

---

2 Vgl. Danner/Theobald/*Hartmann*, § 17 EnWG Rn 22.

3 Laut § 110 EnWG wird ein Energieversorgungsnetz, das der Versorgung von Kunden in einem geografisch begrenzten Industrie- und Gewerbegebiet oder in einem Gebiet, in dem die Leistungen gemeinsam genutzt werden, auf Antrag des Netzbetreibers bei Vorliegen bestimmter weiterer Voraussetzungen von der Regulierungsbehörde als geschlossenes Verteilernetz eingestuft, vgl. § 110 Abs. 2 EnWG.

4 Vgl. Danner/Theobald/*Hartmann*, § 17 EnWG Rn 30.

Achtung
Die **Gründe der Anschlussverweigerung** (z. B. das ernsthafte Risiko des Forderungsausfalls, erhebliche Rückstände aus vorheriger Geschäftsbeziehung) müssen vom Netzbetreiber dabei konkret und detailliert **in Textform (§ 126b BGB)** gegenüber dem Anschlusspetenten aufgeführt werden.

Praxistipp – Verweigerung des Netzanschlusses
Der Verweigerung des Netzanschlusses durch den Netzbetreiber aufgrund wirtschaftlicher Unmöglichkeit kommt in der Praxis eine recht große Bedeutung zu. Bei der Frage, ob er sich auf eine solche **wirtschaftliche Unmöglichkeit** berufen kann, muss der Netzbetreiber zunächst prüfen, ob der konkrete Netzanschluss bzw. alle übrigen infrage kommenden Varianten eines Anschlusses wirtschaftlich zumutbar sind. Ist das nicht der Fall, entfällt die Anschlusspflicht. Sind mehrere wirtschaftlich unzumutbare Anschlussmöglichkeiten vorhanden, müsste der Netzbetreiber im Rahmen eines zweiten Prüfungsschrittes den effizientesten der wirtschaftlich zumutbaren Anschlusspunkte ermitteln. Notwendig ist eine objektivierte gesamtwirtschaftliche Betrachtung, die alle beteiligten Netzbetreiber einbezieht.
Ist trotz der theoretischen Option eines Netzausbaus ein Netzanschluss aufgrund technisch-physikalischer Umstände faktisch nicht möglich, handelt es sich um einen Fall der **technischen Unmöglichkeit.** Die Darlegung der technischen Unmöglichkeit erfolgt wie im Falle der wirtschaftlichen Unmöglichkeit ebenfalls im Rahmen einer zweischrittigen Prüfung: Zunächst ist zu hinterfragen, ob eine Erforderlichkeit der in Rede stehenden Maßnahme in Bezug auf den Anschluss gegeben ist. Sodann ist darzustellen, dass diese in technischer Hinsicht nicht realisierbar ist.

Grundsätzlich beinhaltet der Netzanschlussvertrag insbesondere die **Beschreibung** 9 **der Entnahmestelle** (Zählpunktbezeichnung und Eigentumsgrenze), wobei seine Ausgestaltung abhängig ist von der **Druckstufe** und der **Art der Zählung** (Lastgang- oder Standardlastprofilzählung). Für den Bereich des Niederdrucks geben die Regelungen des § 4 NDAV die erforderlichen **Mindestinhalte eines Netzanschlussvertrags** vor.

Regelmäßig wird der Netzbetreiber die wirtschaftlichen und/oder technischen 10 Anschlussbedingungen im Massengeschäft einseitig festsetzen.[5] Der Anschlussnehmer kann diese im Wege der **Billigkeitskontrolle** i. S. d. § 315 BGB überprüfen lassen.

Korrespondierend zu dem energierechtlichen Gebot der **Diskriminierungsfreiheit** 11 ist der Netzbetreiber im Niederdruck gem. § 4 NDAV verpflichtet, die Allgemeinen Bedingungen des Netzanschlussverhältnisses jedem Neukunden bei Entstehung des Netzanschlussverhältnisses und auf Verlangen auch den übrigen Kunden unentgeltlich zu übergeben. Er muss diese zudem auf seiner Internetseite veröffentlichen.

Ebenjenes gilt bei Anschluss an das Netz im Niederdruck für die ergänzenden 12 Bedingungen, deren Änderungen zu ihrer Wirksamkeit zusätzlich der öffentlichen

5 Z. B. bei der allgemeinen Anschlusspflicht nach § 18 EnWG in Form von ergänzenden Bedingungen zur NDAV oder bei der besonderen Anschlusspflicht nach § 17 EnWG in Form von standardisierten Verträgen oder AGB.

Bekanntgabe und der Mitteilung an die Regulierungsbehörde bedürfen (§4 Abs. 3 NDAV).

! **Praxistipp**
Zu beachten ist, dass die Dokumentation der Netzanschlussverhältnisse – nicht der Vertragsschluss selbst – dem **Textformerfordernis gem. §126b BGB** unterliegt. Dementsprechend genügt etwa im Hinblick auf die seitens des EVU dem Kunden beizubringende Bestätigung des Abschlusses des Netzanschlussvertrags eine nicht unterschriebene E-Mail oder die Übersendung der Bestätigung mittels Telefax.

II. Vertragsmuster

1. Netzanschlussvertrag Niederdruck

Muster

Netzanschlussvertrag 13

über den Anschluss von Gasanlagen an das Niederdrucknetz der
Stadtwerke ... GmbH

zwischen

Anschlussnehmer

☐ Herr ☐ Frau ☐ Firma

___

Name Vorname

___

Geburtsdatum (nur für Privatkunden, Verbraucher i. S. v. § 13 BGB)

___

Straße, Hausnummer

___

Postleitzahl Ort

___

Telefonnummer

___

E-Mail-Adresse

___

Registernummer (nur für Firmenkunden, Unternehmer i. S. v. § 14 BGB)

___

Kundennummer

und

Netzbetreiber

Stadtwerke ... GmbH
Straße und Hausnummer
PLZ und Ort
Amtsgericht ...
HRB ...

Netzanschluss

über folgenden Netzanschluss

___

Straße, Hausnummer

___

Postleitzahl Ort

___

Gemarkung/Flur/Flurstück

___

Bezeichnung des Zählers

1. Vertragsgegenstand

1.1. Dieser Netzanschlussvertrag regelt den Anschluss der Gasanlage an das Gasversorgungsnetz und dessen weiteren Betrieb nach Maßgabe der „Verordnung über Allgemeine Bedingungen für den Netzanschluss und dessen Nutzung für die Gasversorgung in Niederdruck" (Niederdruckanschlussverordnung – NDAV) vom 1. November 2006 – BGBl. 2006, Teil I Nr. 50, S. 2485 ff. – und der ergänzenden Bedingungen der Stadtwerke ... GmbH zur NDAV. Die spezifischen Daten des Netzanschlusses sind in dem als Anlage beigefügten Angebot über die Herstellung bzw. Veränderung eines Netzanschlusses geregelt.

1.2. Dieser Vertrag umfasst weder die Belieferung des Anschlussnehmers mit Gas (Gasliefervertrag), den Zugang zu den Gasversorgungsnetzen im Sinne des § 20 EnWG (Netznutzungsvertrag) noch die Nutzung des Anschlusses zur Entnahme von Gas (Anschlussnutzungsvertrag). Hierüber sind gesonderte Verträge zu schließen.

2. **Herstellung/Veränderung des Netzanschlusses**
Die Stadtwerke ... GmbH
(Zutreffendes bitte ankreuzen)
- ☐ stellt den Netzanschluss gegen Erstattung der Netzanschlusskosten sowie des Baukostenzuschusses nach § 11 NDAV her und hält ihn für die Dauer dieses Vertrages dem Anschlussnehmer vor.
Die vorzuhaltende Leistung beträgt ... kWh.
- ☐ verändert den Netzanschluss bzw. erweitert die vorgehaltene Netzanschlussleistung und hält den Netzanschluss für die Dauer dieses Vertrages dem Anschlussnehmer vor.
Die zukünftig vorzuhaltende Leistung beträgt ... kWh.

3. **Netzanschlusskosten, Baukostenzuschuss**
(Zutreffendes bitte ankreuzen)

3.1. Das Entgelt für die Herstellung/Veränderung des oben genannten Netzanschlusses
- ☐ beträgt ... € brutto (... € netto) und ist vom Anschlussnehmer an den Netzbetreiber zu entrichten.
- ☐ wurde bereits gezahlt.

3.2 Der für den oben genannten Anschluss vom Anschlussnehmer an den Netzbetreiber zu entrichtende Baukostenzuschuss
- ☐ beträgt ... € brutto (... € netto) und ist vom Anschlussnehmer an den Netzbetreiber zu entrichten.
- ☐ wurde bereits gezahlt.

4. **Auftrag für die Herstellung des Netzanschlusses**
Der Eingang dieses vom Anschlussnehmer unterzeichneten Dokumentes gilt gleichzeitig als Auftragserteilung für die Herstellung bzw. Veränderung des Netzanschlusses.

5. **Zustimmung des Grundstückseigentümers, Mitteilung über Eigentumswechsel**

5.1. Ist der Anschlussnehmer nicht Grundstückseigentümer oder Erbbauberechtigter, ist er verpflichtet, eine schriftliche Zustimmung des Grundstückseigentümers zur Herstellung oder Änderung des Netzanschlusses unter Anerkennung der für den Anschlussnehmer und den Grundstückseigentümer damit verbundenen Verpflichtungen beizubringen. Hierzu ist der von der Stadtwerke ... GmbH zur Verfügung gestellte Vordruck zu verwenden.

5.2. Der Anschlussnehmer ist verpflichtet, dem Netzbetreiber jede Änderung der Eigentumsverhältnisse an der Gasanlage und/oder am angeschlossenen Objekt unverzüglich mitzuteilen.

6. **Allgemeine und ergänzende Bedingungen**
Die Niederdruckanschlussverordnung (NDAV), die ergänzenden Bedingungen der Stadtwerke ... GmbH zur NDAV sowie die Technischen Anschlussbedingungen der Stadtwerke ... GmbH sind Bestandteil dieses Vertrages und im Internet unter www.....de veröffentlicht. Die NDAV sowie die ergänzenden Bedingungen der Stadtwerke ... GmbH zu NDAV sind darüber hinaus als Anlage beigefügt.

7. **Inkrafttreten**
Der Vertrag tritt mit der Unterzeichnung in Kraft und wird auf unbestimmte Zeit geschlossen. Er kann von den Vertragsparteien gemäß den Vorgaben des § 25 Abs. 1 NDAV gekündigt werden.

Ort Datum	Ort Datum
Stadtwerke ... GmbH	Unterschrift des Anschlussnehmers

Anlagenverzeichnis[6]

Anlage 1: Angebot über die Herstellung bzw. Veränderung des Netzanschlusses der Stadtwerke ... GmbH

Anlage 2: Niederdruckanschlussverordnung (NDAV)

Anlage 3: Ergänzende Bedingungen zur NDAV

Anlage 4: Informationsblatt zum Thema „Energieeffizienz"

[**Hinweis:** Gemäß § 4 Abs. 2 EDL – G sind Energieunternehmen verpflichtet, Informationen über Energiedienstleistungen, Energieeffizienzmaßnahmen etc., anzubieten. Sinnvoll wäre insoweit diese Informationen auf einem Informationsblatt darzustellen bzw. die Information als deutlichen Hinweis in die allgemeinen Vertragsbedingungen einzufügen (ggf. hervorgehoben durch einen Rahmen).]

6 Die Anlagen 1 und 4 sind unternehmensintern individuell auszufüllen, für Anlage 3 s. Rn 15. Die NDAV – Anlage 2 – ist online abrufbar unter http://www.gesetze-im-internet.de.

2. Netzanschlussvertrag Mitteldruck/Hochdruck

Muster

14 **Netzanschlussvertrag Gas**
(Mitteldruck/Hochdruck)

zwischen

Anschlussnehmer

□ Herr □ Frau □ Firma

Name Vorname

Geburtsdatum (nur für Privatkunden, Verbraucher i. S. v. § 13 BGB)

Straße, Hausnummer

Postleitzahl Ort

Telefonnummer

E-Mail-Adresse

Registernummer (nur für Firmenkunden, Unternehmer i. S. v. § 14 BGB)

Kundennummer

und

Netzbetreiber

Stadtwerke ... GmbH
Straße und Hausnummer
PLZ und Ort
Amtsgericht ...
HRB ...

– im Folgenden Netzbetreiber –

schließen folgenden Netzanschlussvertrag:

1. **Vertragsgegenstand**

1.1. Gegenstand dieses Vertrages ist die Herstellung, der Betrieb und die Unterhaltung sowie gegebenenfalls die Erneuerung, die Änderung, die Abtrennung und die Beseitigung des Netzanschlusses.

1.2. Dieser Vertrag umfasst weder die Belieferung des Anschlussnehmers mit Gas (Gasliefervertrag), den Zugang zu den Gasversorgungsnetzen im Sinne des § 20 EnWG (Netznutzungsvertrag) noch die Nutzung des Anschlusses zur Entnahme von Gas (Anschlussnutzungsvertrag). Hierüber sind gesonderte Verträge zu schließen.

2. **Netzanschluss**

2.1. Der Netzanschluss besteht aus der Verbindung des Verteilernetzes des Netzbetreibers mit der Anlage des Anschlussnehmers. Die Übergabestelle/Eigentumsgrenze ergibt sich aus dem beiliegenden Lageplan (Anlage 1) sowie der Regel- und Messstreckenübersicht (Anlage 2).

2.2. Der Anschluss wird bis zur Übergabestelle vom Netzbetreiber unterhalten. Die Kundenanlage nach der Übergabestelle – abgesehen von den Messeinrichtungen des Netzbetreibers bzw.

Messstellenbetreibers – steht im Eigentum des Anschlussnehmers und ist von diesem auf seine Kosten zu unterhalten.

2.3. Der Netzanschluss befindet sich
Ort, Straße (Druckregelanlage wie im beigelegten Lageplan eingezeichnet).

2.4. Der Netzbetreiber stellt Erdgas mit einem mittleren Brennwert im Normalzustand von ca. H_0 ... kWh/m³ mit den nach den anerkannten Regeln der Technik zulässigen Schwankungsbreiten sowie einem Ruhedruck von ... mbar zur Verfügung. Der Netzbetreiber ist berechtigt, Brennwert und Ruhedruck zu ändern, falls dies aus wirtschaftlichen oder technischen Gründen erforderlich ist.

2.5. Die Netzanschlusskapazität beträgt ... kW.

2.6. Überschreitet die höchste im Kalenderjahr registrierte Leistung die Netzanschlusskapazität nach Ziffer 2.5, so ist der Netzbetreiber berechtigt, eine Verstärkung des Netzanschlusses auf Kosten des Anschlussnehmers und die Zahlung eines zusätzlichen Baukostenzuschusses zu verlangen.

3. Netzanschlusskosten, Baukostenzuschuss, weitere Leistungen

3.1. Das Entgelt für die Herstellung/Änderung des in Ziffer 2.1 bezeichneten Netzanschlusses (bitte ankreuzen)

☐ ist dem beiliegenden Angebot (Anlage 3) zu entnehmen.

☐ wurde bereits gezahlt.

3.2. Der Netzbetreiber erhebt von dem Anschlussnehmer einen Baukostenzuschuss zur Deckung der Kosten für die Erstellung oder Verstärkung der örtlichen Verteileranlagen und der Anlagen der vorgelagerten Netzebene, soweit sich diese Anlagen ganz oder teilweise dem Versorgungsbereich zuordnen lassen, in dem der Anschluss erfolgt.

Der für oben genannten Anschluss vom Anschlussnehmer an den Netzbetreiber zu entrichtende Baukostenzuschuss (bitte ankreuzen)

☐ ist dem beiliegenden Angebot (Anlage 3) zu entnehmen.

☐ wurde bereits gezahlt.

Dem Baukostenzuschuss liegt eine Leistungsanforderung von ... kW zugrunde.

3.3. Der Anschlussnehmer zahlt einen weiteren Baukostenzuschuss gemäß Ziffer 3.2, wenn er seine Leistungsanforderung über das der ursprünglichen Berechnung zugrunde liegende Maß hinaus erhöht.

3.4. Vom Anschlussnehmer verlangte, von dem beiliegenden Angebot nicht erfasste Leistungen sind, sofern nichts anderes vereinbart wird, nach Aufwand gesondert zu vergüten. Ziffer 9 findet insofern keine Anwendung.

4. Eigentum am Anschlussgrundstück

der Anschlussnehmer (bitte ankreuzen)

☐ ist Grundstückseigentümer oder Erbbauberechtigter.

☐ ist nicht Grundstückseigentümer oder Erbbauberechtigter. Er verpflichtet sich, eine schriftliche Zustimmung des Grundstückseigentümers zur Herstellung und Änderung des Netzanschlusses unter Anerkennung der für den Anschlussnehmer und den Grundstückseigentümer damit verbundenen Verpflichtungen beizubringen. Hierzu ist das entsprechende Formular des Netzbetreibers (Anlage 5) zu verwenden.

Der Anschlussnehmer teilt dem Netzbetreiber unverzüglich mit, wenn das Eigentum an dem Grundstück oder an dem angeschlossenen Objekt wechselt.

5. Mess- und Steuereinrichtung

5.1. Zur Messung des entnommenen Erdgases werden vom Netzbetreiber, soweit dieser auch Messstellenbetreiber ist, Messeinrichtungen entsprechend den Angaben in Anlage 4 eingebaut. Die Messung erfolgt mittel-/niederdruckseitig.

5.2. Die Kosten des Einbaus und eventuell erforderlich werdender Änderungen der Mess- und Steuereinrichtungen trägt gegenüber dem Netzbetreiber, soweit dieser Messstellenbetreiber ist, der Anschlussnehmer, soweit sie nicht vom Anschlussnutzer getragen werden.

6. Haftung

6.1. Für Schäden, die der Anschlussnehmer bei der Errichtung, der Änderung und/oder dem Betrieb des Netzanschlusses oder einer Druckregelanlage durch den Netzbetreiber erleidet, haftet der Netzbetreiber aus Vertrag oder unerlaubter Handlung

- im Falle einer Verletzung des Lebens, des Körpers oder der Gesundheit nach den gesetzlichen Vorschriften,
- im Falle der Beschädigung einer Sache oder eines Vermögensschadens nur für Vorsatz und grobe Fahrlässigkeit, wobei bei grober Fahrlässigkeit die Haftung des Netzbetreibers auf 5.000 € begrenzt ist,
- im Falle der schuldhaften Verletzung von wesentlichen Vertragspflichten. Wird eine wesentliche Vertragspflicht vom Netzbetreiber weder vorsätzlich noch grob fahrlässig verursacht, haftet er nur für Schäden, die er bei Abschluss des Netzanschlussvertrages als mögliche Folge der Vertragsverletzung vorausgesehen hat oder hätte voraussehen müssen.

6.2. Der geschädigte Anschlussnehmer hat den Schaden unverzüglich dem Netzbetreiber mitzuteilen.

6.3. Die Haftung aus dem Produkthaftungsgesetz und aus anderen gesetzlichen Vorschriften bleibt unberührt.

7. Zutrittsrecht

7.1. Der Anschlussnehmer hat nach vorheriger Benachrichtigung den mit einem Ausweis versehenen Beauftragten des Netzbetreibers oder des Messstellenbetreibers jederzeit während der üblichen Geschäftszeiten den Zutritt zum Grundstück und zu seinen Räumen zu gestatten, soweit dies für die Prüfung der technischen Einrichtungen und Messeinrichtungen, zur Ablesung der Messeinrichtungen oder zur Unterbrechung des Anschlusses und der Anschlussnutzung erforderlich ist.

7.2. Den Beauftragten des Netzbetreibers ist darüber hinaus zum Zwecke der Prüfung der technischen Einrichtungen auch außerhalb der üblichen Geschäftszeiten der ungehinderte Zugang (räumlich und zeitlich) zur Druckregelanlage zu gewähren, wenn dies zur Abwendung einer unmittelbaren Gefahr für die Sicherheit von Personen oder Anlagen oder um zu gewährleisten, dass Störungen anderer Kunden oder störende Rückwirkungen auf Einrichtungen des Netzbetreibers oder Dritter ausgeschlossen sind, erforderlich ist.

8. Vertragsbeginn/Kündigung

8.1. Dieser Netzanschlussvertrag tritt mit der Unterzeichnung in Kraft und kann mit einer Frist von einem Monat auf das Ende eines Kalendermonats gekündigt werden. Eine Kündigung durch den Netzbetreiber ist nur möglich, soweit eine Pflicht zum Netzanschluss nach § 17 Abs. 2 EnWG nicht besteht. Die in Ziffer 2.5 genannte Netzanschlusskapazität steht erst zur Verfügung, wenn die Messeinrichtung installiert und der Netzanschluss in Betrieb gesetzt worden ist. Die Inbetriebsetzung kann von der Bezahlung der Netzanschlusskosten und des Baukostenzuschusses abhängig gemacht werden.

8.2. Dieser Netzanschlussvertrag ersetzt alle etwaigen bisherigen Verträge bezüglich des in Ziffer 2.1 bezeichneten Netzanschlusses.

9. Anwendung der NDAV/Technischen Anschlussbedingungen

Soweit in diesem Vertrag nichts anderes geregelt ist, gelten die Verordnung über Allgemeine Bedingungen für den Netzanschluss und dessen Nutzung für die Gasversorgung in Niederdruck

(Niederdruckanschlussverordnung – NDAV) vom 1. November 2006 (BGBl. 2006, Teil I Nr. 50, S. 2485) und die ergänzenden Bedingungen des Netzbetreibers zur NDAV in ihren jeweiligen Fassungen entsprechend sowie die „Technischen Anschlussbedingungen Mitteldruck" bzw. die „Technischen Anschlussbedingungen Hochdruck" (TAB Mitteldruck bzw. Hochdruck) in ihrer jeweiligen Fassung. Die NDAV (Anlage 6), die ergänzenden Bedingungen zur NDAV (Anlage 7) sowie die TAB Mitteldruck bzw. Hochdruck (Anlage 8) liegen diesem Vertrag in ihren aktuellen Fassungen bei.

10. Rechtsnachfolge

10.1. Der Anschlussnehmer ist berechtigt, die Rechte und Pflichten aus diesem Vertrag als Gesamtheit mit Zustimmung des Netzbetreibers auf einen Dritten zu übertragen. Die Zustimmung darf nicht verweigert werden, sofern die technische oder wirtschaftliche Leistungsfähigkeit des eintretenden Dritten gewährleistet ist.

10.2. Tritt an die Stelle des bisherigen Netzbetreibers ein anderes Unternehmen in die sich aus dem Vertragsverhältnis ergebenden Rechte und Pflichten ein, so bedarf es hierfür nicht der Zustimmung des Anschlussnehmers. Der Wechsel des Netzbetreibers wird öffentlich bekannt gemacht und auf der Internetseite des Netzbetreibers veröffentlicht.

11. Schlussbestimmungen

11.1. Sollten einzelne Bestimmungen des Vertrages unwirksam oder undurchführbar sein oder werden, so bleibt der Vertrag im Übrigen unberührt. Die Vertragspartner verpflichten sich, die unwirksamen oder undurchführbaren Bestimmungen durch andere, ihnen im wirtschaftlichen Ergebnis möglichst gleich kommende Regelungen zu ersetzen. Dies gilt entsprechend bei unbeabsichtigten Regelungslücken.

11.2. Sollten sich sonstige für das Vertragsverhältnis bestimmende Umstände wesentlich ändern und sollte dadurch für eine der Vertragsparteien das Festhalten am Vertrag nicht mehr zumutbar sein, so werden die Vertragsparteien den Vertrag an die geänderten Bedingungen anpassen.

Ort	Datum	Ort	Datum
Stadtwerke ... GmbH		Unterschrift des Anschlussnehmers	

Anlagenverzeichnis[7]

Anlage 1: Lageplan
Anlage 2: Regel- und Messstreckenübersicht
Anlage 3: Angebot über die Herstellung bzw. Veränderung des Netzanschlusses der Stadtwerke ... GmbH
Anlage 4: Beschreibung des Netzanschlusses und der Mess- und Steuereinrichtungen
Anlage 5: Muster Zustimmungserklärung des Grundstückseigentümers
Anlage 6: Niederdruckanschlussverordnung (NDAV)
Anlage 7: Ergänzende Bedingungen zur NDAV
Anlage 8: Technische Anschlussbedingungen Mitteldruck bzw. Technische Anschlussbedingungen Hochdruck (TAB Mitteldruck bzw. Hochdruck)

7 Die Anlagen 1–4 und 8, 9 sind unternehmensintern individuell anzufüllen, für Anlage 5 s. Rn 16, für Anlage 7 s. Rn 15. Die NDAV – Anlage 6 – ist online abrufbar unter http://www.gesetze-im-internet.de.

Anlage 9: Informationsblatt zum Thema „Energieeffizienz“

[**Hinweis:** Gemäß § 4 Abs. 2 EDL – G sind Energieunternehmen verpflichtet, Informationen über Energiedienstleistungen, Energieeffizienzmaßnahmen etc., anzubieten. Sinnvoll wäre insoweit diese Informationen auf einem Informationsblatt darzustellen bzw. die Information als deutlichen Hinweis in die allgemeinen Vertragsbedingungen einzufügen (ggf. hervorgehoben durch einen Rahmen).]

3. Anlage 3 bzw. 7 – Ergänzende Bedingungen zur NDAV

Muster
Anlage 3 Niederdruck bzw. Anlage 7 Mittel-/Hochdruck 15

Ergänzende Bedingungen
der Stadtwerke ... GmbH (Netzbetreiber)

zu der „Verordnung über Allgemeine Bedingungen für den Netzanschluss und dessen Nutzung für die Gasversorgung in Niederdruck (Niederdruckanschlussverordnung – NDAV)" vom 1. November 2006 – BGBl. 2006, Teil I Nr. 50, S. 2485 ff. –

– gültig ab dem ... –

1. **Netzanschluss (§§ 5–9 NDAV)**

1.1. Die Herstellung sowie Veränderungen des Netzanschlusses sind vom Anschlussnehmer unter Verwendung der vom Netzbetreiber zur Verfügung gestellten Vordrucke zu beantragen.

1.2. Der Netzbetreiber kann verlangen, dass jedes Grundstück, das eine selbstständige wirtschaftliche Einheit bildet, und jedes Gebäude, dem eine eigene Hausnummer zugeteilt ist, über einen eigenen Netzanschluss an das Versorgungsnetz angeschlossen wird.

1.3. Der Anschlussnehmer erstattet dem Netzbetreiber die Kosten für die Herstellung des Netzanschlusses nach den im Preisblatt des Netzbetreibers veröffentlichten Pauschalsätzen.
Darüber hinaus erstattet der Anschlussnehmer dem Netzbetreiber die Kosten für Veränderungen des Netzanschlusses, die durch eine Änderung oder Erweiterung der Kundenanlage erforderlich oder aus anderen Gründen vom Anschlussnehmer veranlasst werden, nach tatsächlichem Aufwand.

1.4. Der Anschlussnehmer ist berechtigt, auf dem Privatgrundstück Erdarbeiten unter Einhaltung der Vorgaben des Netzbetreibers in Eigenleistung und auf eigene Verantwortung zu erbringen. Die Eigenleistungen für den selbst geschachteten und wieder verfüllten Graben werden zugunsten des Anschlussnehmers kostenmindernd berücksichtigt.

1.5. Der Netzbetreiber ist berechtigt, den Netzanschluss abzutrennen, wenn das Netzanschlussverhältnis beendet wird.

2. **Baukostenzuschuss (§ 11 NDAV)**

2.1. Der Netzbetreiber erhebt von dem Anschlussnehmer einen angemessenen Baukostenzuschuss zur teilweisen Deckung der bei wirtschaftlich effizienter Betriebsführung notwendigen Kosten für die Erstellung oder Verstärkung der örtlichen Verteileranlagen, soweit sich diese Anlagen ganz oder teilweise dem Versorgungsbereich zuordnen lassen, in dem der Anschluss erfolgt.

2.2. Der Baukostenzuschuss beträgt 50 % der ansetzbaren Kosten.

2.3. Der Anschlussnehmer zahlt einen weiteren Baukostenzuschuss, wenn er seine Leistungsanforderung erheblich über das der ursprünglichen Berechnung zugrunde liegende Maß hinaus erhöht und dadurch eine Veränderung am Netzanschluss erforderlich wird.
Die Höhe des weiteren Baukostenzuschusses bemisst sich nach Ziffer 2.1 und 2.2.

3. **Fälligkeit**
Die Netzanschlusskosten sowie der Baukostenzuschuss werden bei Fertigstellung des Netzanschlusses fällig.

4. **Abschlagszahlungen, Vorauszahlungen (§§ 9, Abs. 2, 11 Abs. 5 NDAV)**
Werden von einem Anschlussnehmer mehrere Netzanschlüsse beauftragt, erhebt der Netzbetreiber auf die Netzanschlusskosten und die Baukostenzuschüsse angemessene Abschlagszahlungen.

Bei größeren Objekten kann der Netzbetreiber Abschlagszahlungen auf den Baukostenzuschuss entsprechend dem Baufortschritt der örtlichen Verteilanlagen verlangen.
Ein eventuell gegebener Vorauszahlungsanspruch gemäß §§ 9, Abs. 2, 11 Abs. 5 NDAV bleibt unberührt.

5. Inbetriebsetzung der Gasanlage (§ 14 NDAV)

5.1. Der Netzbetreiber oder dessen Beauftragte schließen die Gasanlage an das Niederdrucknetz an (Inbetriebsetzung). Die Inbetriebsetzung der Gasanlage ist von dem Installationsunternehmen, das die Arbeiten an der Gasanlage ausgeführt hat, unter Verwendung der vom Netzbetreiber zur Verfügung gestellten Vordrucke zu beantragen.

5.2. Der Anschlussnehmer erstattet dem Netzbetreiber die Inbetriebsetzungskosten nach den im Preisblatt veröffentlichten Pauschalsätzen.
Ist eine beantragte Inbetriebsetzung der Gasanlage aufgrund festgestellter Mängel an der Anlage nicht möglich, so werden hierfür die im Preisblatt des Netzbetreibers veröffentlichten Pauschalsätze berechnet. Dies gilt auch für sonstige vergebliche Inbetriebsetzungsversuche, soweit der Kunde diese zu vertreten hat.

5.3. Die Inbetriebsetzung der Gasanlage kann von der Bezahlung der Netzanschlusskosten und des Baukostenzuschusses abhängig gemacht werden.

6. Technische Anschlussbedingungen (§ 20 NDAV)

Die technischen Anforderungen des Netzbetreibers an den Netzanschluss und andere Anlagenteile sowie an den Betrieb der Gasanlage einschließlich Eigenanlagen sind in den Technischen Anschlussbedingungen Niederdruck des Netzbetreibers festgelegt. Der vollständige Wortlaut der Technischen Anschlussbedingungen ist im Internet unter www. ... veröffentlicht. Er kann ferner beim Netzbetreiber eingesehen werden und wird auf Verlangen unentgeltlich auch in Papierform zur Verfügung gestellt.

7. Zahlungsverzug, Unterbrechung und Wiederherstellung des Anschlusses und der Anschlussnutzung (§§ 23, 24 NDAV)

Die Kosten aufgrund eines Zahlungsverzuges, einer Unterbrechung des Anschlusses und der Anschlussnutzung sowie der Wiederherstellung des Anschlusses und der Anschlussnutzung sind vom Anschlussnehmer und/oder Anschlussnutzer nach den im Preisblatt des Netzbetreibers veröffentlichten Pauschalsätzen zu erstatten.
Dem Netzbetreiber bleibt der Nachweis vorbehalten, dass ihm ein Schaden entstanden ist, der die in diesem im Preisblatt veröffentlichten Sätze übersteigt. Dem Kunden bleibt der Nachweis vorbehalten, dass dem Netzbetreiber überhaupt kein oder nur ein wesentlich geringerer Schaden entstanden ist, als dies in den im Preisblatt des Netzbetreibers veröffentlichten Sätzen angegeben ist.

8. Umsatzsteuer

Die Berechnung der vom Kunden zu zahlenden Beträge erfolgt zu den aufgeführten Nettopreisen. Die jeweils gesetzlich festgelegte Umsatzsteuer wird zusätzlich berechnet.
Die unter Ziffer 7 aufgeführten Kosten aufgrund eines Zahlungsverzuges sowie die Kosten der Unterbrechung des Anschlusses und der Anschlussnutzung unterliegen nicht der Umsatzsteuer.

9. Widerrufsbelehrung

Widerrufsrecht

Sie haben das Recht, binnen vierzehn Tagen ohne Angabe von Gründen diesen Vertrag zu widerrufen.
Die Widerrufsfrist beträgt vierzehn Tage ab dem Tag des Vertragsabschlusses.

Um Ihr Widerrufsrecht auszuüben, müssen Sie uns (Stadtwerke ..., Anschrift, Telefonnummer, Faxnummer, E-Mail-Adresse) mittels einer eindeutigen Erklärung (z. B. ein mit der Post versandter Brief, Telefax oder E-Mail) über Ihren Entschluss, diesen Vertrag zu widerrufen, informieren. Sie können dafür das beigefügte Muster-Widerrufsformular verwenden, das jedoch nicht vorgeschrieben ist. [optional: Sie können das Muster-Widerrufsformular oder eine andere eindeutige Erklärung auch auf unserer Webseite [Internet-Adresse einfügen] elektronisch ausfüllen und übermitteln. Machen Sie von dieser Möglichkeit Gebrauch, so werden wir Ihnen unverzüglich (z. B. per E-Mail) eine Bestätigung über den Eingang eines solchen Widerrufs übermitteln.]
Zur Wahrung der Widerrufsfrist reicht es aus, dass Sie die Mitteilung über die Ausübung des Widerrufsrechts vor Ablauf der Widerrufsfrist absenden.

Folgen des Widerrufs
Wenn Sie diesen Vertrag widerrufen, haben wir Ihnen alle Zahlungen, die wir von Ihnen erhalten haben, einschließlich der Lieferkosten (mit Ausnahme der zusätzlichen Kosten, die sich daraus ergeben, dass Sie eine andere Art der Lieferung als die von uns angebotene, günstigste Standardlieferung gewählt haben), unverzüglich und spätestens binnen vierzehn Tagen ab dem Tag zurückzuzahlen, an dem die Mitteilung über Ihren Widerruf dieses Vertrags bei uns eingegangen ist.
Für diese Rückzahlung verwenden wir dasselbe Zahlungsmittel, das Sie bei der ursprünglichen Transaktion eingesetzt haben, es sei denn, mit Ihnen wurde ausdrücklich etwas anderes vereinbart; in keinem Fall werden Ihnen wegen dieser Rückzahlung Entgelte berechnet.
Haben Sie verlangt, dass die Dienstleistungen oder Lieferung von Wasser/Gas/Strom/Fernwärme [Unzutreffendes streichen] während der Widerrufsfrist beginnen soll, so haben Sie uns einen angemessenen Betrag zu zahlen, der dem Anteil der bis zu dem Zeitpunkt, zu dem Sie uns von der Ausübung des Widerrufsrechts hinsichtlich dieses Vertrags unterrichten, bereits erbrachten Dienstleistungen im Vergleich zum Gesamtumfang der im Vertrag vorgesehenen Dienstleistungen entspricht.

Widerrufsformular

Wenn Sie den Vertrag widerrufen wollen, dann füllen Sie bitte dieses Formular aus und senden Sie es zurück.

An
Stadtwerke ... GmbH
Straße, Nr.
PLZ Ort
[ggf. die Telefaxnummer und E-Mail-Adresse]

Hiermit widerrufe(n) ich/wir (*) den von mir/uns (*) abgeschlossenen Vertrag über den Kauf der folgenden Waren (*)/die Erbringung der folgenden Dienstleistung (*):

Bestellt am (*)/erhalten am (*)

Name des/der Verbraucher(s)

Anschrift des/der Verbraucher(s)

Datum Unterschrift des/der Verbraucher(s) (nur bei Mitteilungen auf Papier)

(*) Unzutreffendes streichen.

4. Zustimmungserklärung des Grundstückseigentümers zur Herstellung oder Änderung des Netzanschlusses

Muster

Zustimmungserklärung des Grundstückseigentümers zur Herstellung oder Änderung des Netzanschlusses gemäß § 2 Abs. 3 NAV bzw. § 2 Abs. 3 NDAV 16

☐ Stromnetzanschluss ☐ Gasnetzanschluss
(Zutreffendes bitte ankreuzen)

Sehr geehrte Kundin, sehr geehrter Kunde

Anschlussnehmer, die nicht Grundstückseigentümer oder Erbbauberechtigte sind, haben gemäß § 2 Abs. 3 der „Verordnung über Allgemeine Bedingungen für den Netzanschluss und dessen Nutzung für die Elektrizitätsversorgung in Niederspannung (Niederspannungsanschlussverordnung – NAV)" – BGBl. 2006, Teil I, S. 2477 ff. – bzw. § 2 Abs. 3 der „Verordnung über Allgemeine Bedingungen für den Netzanschluss und dessen Nutzung für die Gasversorgung in Niederdruck (Niederdruckanschlussverordnung – NDAV)" – BGBl. 2006, Teil I, S. 2485 ff. – die schriftliche Zustimmung des Grundstückeigentümers zur Herstellung und Änderung des Netzanschlusses unter Anerkennung der für den Anschlussnehmer und den Grundstückseigentümer zur damit verbunden Verpflichtungen beizubringen. Diese Zustimmungserklärung ist erforderlich, um bei einem Auseinanderfallen in der Person des Anschlussnehmers und des Grundstückseigentümers/Erbbauberichtigten dem Netzbetreiber die Ausübung seiner Rechte und Pflichten insbesondere bei der Herstellung, Änderung und Aufrechterhaltung des weiteren Betriebs des Netzanschlusses auch gegenüber dem Grundstückseigentümer/Erbbauberechtigten zu ermöglichen. Mit der Zustimmung wird der Grundstückseigentümer nicht Schuldner der aus dem Netzanschlussverhältnis resultierenden Kosten.

Dies vorausgeschickt, stimmt

____

Frau/Herr/Firma

____

Straße, Hausnummer

____

Postleitzahl, Ort

als Eigentümer des Grundstücks

____

Straße, Hausnummer

____

Postleitzahl, Ort

____

Gemarkung

____

Flurstück

Flurnummer

der Herstellung bzw. Änderung des Netzanschlusses für den Anschlussnehmer

Frau/Herr/Firma

Straße, Hausnummer

Postleitzahl, Ort

auf dem oben genannten Grundstück zu und erkennt die für den Anschlussnehmer und den Grundstückseigentümer/Erbbauberechtigten damit verbundenen Verpflichtungen, insbesondere gemäß §§ 5, 6, 8, 10 und 12 NAV bzw. NDAV, an. Die NAV bzw. NDAV gilt für die Stromversorgung in Mittelspannung bzw. die Gasversorgung in Mitteldruck insoweit entsprechend. Sämtliche Verordnungen liegen zur Einsicht und Mitnahme in den Geschäftsräumen der Stadtwerke ... GmbH, Straße und Hausnummer, PLZ und Ort, aus. Sie sind außerdem im Internet unter www.....de veröffentlicht.
Ort, Datum

Unterschrift des Grundstückseigentümers

5. Bestätigungsschreiben zum Anschlussnehmerwechsel

Muster

Bestätigung des Netzbetreibers 17
gemäß § 2 Abs. 5 Satz 1 NDAV
über den Wechsel des Anschlussnehmers

Sehr geehrte Kundin, sehr geehrter Kunde,

der bisherige Anschlussnehmer des im Folgenden bezeichneten Netzanschlusses ... hat uns am ... mitgeteilt, dass Sie das Eigentum an der betreffenden Kundenanlage erworben haben. Hiermit bestätigen wir Ihnen gemäß § 2 Abs. 4 der beiliegenden „Verordnung über Allgemeine Bedingungen für den Netzanschluss und dessen Nutzung für die Gasversorgung in Niederdruck (Niederdruckanschlussverordnung – NDAV)“ vom 1. November 2006, BGBl. 2006, Teil I, S. 2477, 2485 ff. – das Zustandekommen eines entsprechenden Netzanschlussverhältnisses auf der Grundlage der anliegenden Bestimmungen der NDAV sowie der ebenfalls anliegenden Ergänzenden Bedingungen der Stadtwerke ... GmbH zur NDAV.
Wir machen darauf aufmerksam, dass die Stadtwerke ... GmbH als Netzbetreiber für Schäden, die ein Anschlussnutzer durch Unterbrechung oder durch Unregelmäßigkeiten in der Anschlussnutzung erleidet, nur in den Grenzen des § 18 NDAV haftet.
Folgende Angaben legen wir gemäß § 4 Abs. 1 NDAV dem Netzanschlussverhältnis zugrunde:

Kunde

☐ Herr ☐ Frau ☐ Firma

Name Vorname

Geburtsdatum (nur für Privatkunden, Verbraucher i. S. v. § 13 BGB)

Straße, Hausnummer

Postleitzahl Ort

Telefonnummer

E-Mail-Adresse

Registernummer (nur für Firmenkunden, Unternehmer i. S. v. § 14 BGB)

Kundennummer

Anlagedaten

Anlagenadresse

Bezeichnung des Zählers oder

Aufstellungsort des Zählers

Am Netzanschluss vorgehaltene Leistung

Angaben zum örtlichen Netzbetreiber

Stadtwerke ... GmbH
Straße, Hausnummer
PLZ, Ort
Amtsgericht ...
HRB ...

Anlagen
- Niederdruckanschlussverordnung (NDAV)
- Ergänzende Bedingungen zur NDAV

Mit freundlichen Grüßen

Stadtwerke ... GmbH

6. Bestätigungsschreiben zur Anschlussnutzung

Muster

18 **Bestätigung des Netzbetreibers gemäß § 3 Abs. 3 Satz 2 NDAV über die Aufnahme der Anschlussnutzung**

Sehr geehrte Kundin, sehr geehrter Kunde,

Sie haben die Nutzung des im Folgenden bezeichneten Netzanschlusses zur Entnahme von Gas aufgenommen. Hiermit bestätigen wir Ihnen gemäß § 3 Abs. 3 S. 2 der „Verordnung über Allgemeine Bedingungen für den Netzanschluss und dessen Nutzung für die Gasversorgung in Niederdruck (Niederdruckanschlussverordnung – NDAV)" vom 1. November 2006, BGBl. 2006, Teil I, S. 2477, 2485 ff. – das Zustandekommen eines entsprechenden Anschlussnutzungsverhältnisses auf der Grundlage der anliegenden Bestimmungen der NDAV sowie der ebenfalls anliegenden ergänzenden Bedingungen der Stadtwerke ... GmbH zur NDAV.
Wir machen darauf aufmerksam, dass die Stadtwerke ... GmbH als Netzbetreiber für Schäden, die ein Anschlussnutzer durch Unterbrechung oder durch Unregelmäßigkeiten in der Anschlussnutzung erleidet, in den Grenzen des § 18 NDAV haftet.
Folgende Angaben legen wir gemäß § 4 Abs. 1 NDAV dem Anschlussnutzungsverhältnis zugrunde:

Kunde

☐ Herr ☐ Frau ☐ Firma

____

Name Vorname

____

Geburtsdatum (nur für Privatkunden, Verbraucher i. S. v. § 13 BGB)

____

Straße, Hausnummer

____

Postleitzahl Ort

____

Telefonnummer

____

E-Mail-Adresse

____

Registernummer (nur für Firmenkunden, Unternehmer i. S. v. § 14 BGB)

____

Kundennummer

Anlagedaten

____

Anlagenadresse

____

Bezeichnung des Zählers oder

____

Aufstellungsort des Zählers

Angaben zum örtlichen Netzbetreiber

Stadtwerke ... GmbH
Straße, Hausnummer
PLZ, Ort
Amtsgericht
HRB

Anlagen

- Niederdruckanschlussverordnung (NDAV)
- Ergänzende Bedingungen zur NDAV

Mit freundlichen Grüßen

Stadtwerke ... GmbH

III. Erläuterung

1. Netzanschlussvertrag über den Anschluss an das Netz im Niederdruck

a) Aufbau des Vertrags

Der Aufbau des Netzanschlussvertrags orientiert sich zumeist an der grundsätzlichen 19
regulatorischen Konzeptionierung des gesetzlichen Regelwerks der NDAV.

b) Die Vertragsparteien

Anschlussnehmer sind in Bezug auf diesen Vertrag natürliche oder juristische Per- 20
sonen, die als Letztverbraucher das Gas für ihren eigenen Verbrauch beziehen. Eingeschlossen sind darüber hinaus jedoch auch Eigentümer und Erbbauberechtigte von Gebäuden oder Grundstücken, die an das allgemeine Versorgungsnetz in Niederdruck angeschlossen sind, selbst aber nicht als Letztverbraucher fungieren.

Netzbetreiber im Sinne dieses Vertrags sind nach der Konzeption des § 18 Abs. 1 21
EnWG die Verteilnetzbetreiber der allgemeinen Versorgung (§ 1 Abs. 4 NDAV i. V. m. § 3 Nr. 17 EnWG), deren Netze für die Ebene Niederdruck ausgelegt sind. Üblicherweise werden dies die Konzessionsvertragspartner der Gemeinde sein.

Die **Bezeichnung der Parteien einschließlich der Nennung der persönlichen** 22
bzw. unternehmensbezogenen Daten und die **Identifizierung des konkreten Netzanschlusses** gehören zu den unter § 4 Abs. 1 Nr. 1–4 NDAV aufgeführten für den Vertragsschluss notwendigen Daten.

Das Netzanschlussverhältnis kommt im Bereich des Niederdrucks nach Maßgabe 23
des § 2 NDAV im Wege des schriftlich abzuschließenden Vertrags, des Eigentumserwerbs an der Kundenanlage bzw. der Bestätigung des Vertragsschlusses gegenüber dem Anschlussnehmer zustande.

c) Die Regelungen im Einzelnen

aa) Ziff. 1 Vertragsgegenstand

Ziff. 1.1 beschreibt gemäß der Vorgabe des § 2 Abs. 1 NDAV den Gegenstand des Netz- 24
anschlussvertrags, der ausschließlich den Anschluss der Gasanlage über den Netzanschluss und dessen weiteren Betrieb (Unterhaltung, Erneuerung, Änderung, Abtrennung und Beseitigung, § 8 NDAV) umfasst.

Im Bereich des Niederdrucks wird das Netzanschlussverhältnis unmittelbar 25
durch die Regelungen der NDAV und die diese ergänzenden Bedingungen des Netzbetreibers bestimmt. Auf die Anwendbarkeit der NDAV sowie das Vorhandensein der ergänzenden Bedingungen der Netzbetreiber wird an dieser Stelle gem. § 2 Abs. 5 S. 2 NDAV explizit hingewiesen.

Die in **Ziff. 1.2** vorgenommene Klarstellung nimmt Bezug auf die im Zuge der 26
Entflechtungsvorgaben des europäischen Rechts erfolgte Trennung in den hier vertragsgegenständlichen Anschlussbereich einerseits (Verhältnis des Kunden zum

Netzbetreiber) und in den Lieferbereich andererseits (Verhältnis des Kunden zum Energielieferanten).[8] Klargestellt wird darüber hinaus, dass das Recht zur Nutzung des Netzanschlusses zur Entnahme von Gas im Verhältnis des Anschlussnutzers zum Netzbetreiber gem. § 3 und § 4 NDAV eines gesonderten sog. Anschlussnutzungsvertrags bedarf.[9]

bb) Ziff. 2 Herstellung/Veränderung des Netzanschlusses

27 Die Klausel dient zunächst der Sachverhaltsabgrenzung bzgl. der Herstellung des Netzanschlusses (erste anzukreuzende Alternative) von der Änderung eines bereits bestehenden Netzanschlusses (zweite anzukreuzende Alternative).

28 Nach Maßgabe der Regelungen des § 6 NDAV trifft den Netzbetreiber die Pflicht zur Herstellung bzw. Änderung und zum weiteren Betrieb des Netzanschlusses. Dies geschieht entgeltlich i. S. d. § 9 NDAV. Zusätzlich zu der Entgeltregelung enthält die Klausel auch den Hinweis auf die Geltendmachung des Baukostenzuschusses gem. § 11 NDAV. Hiernach macht der Netzbetreiber neben den Netzanschlusskosten i. S. d. § 9 NDAV von der in § 11 NDAV geregelten Möglichkeit zur Erhebung eines angemessenen Baukostenzuschusses für die Erstellung/Verstärkung der örtlichen Verteileranlagen Gebrauch.

29 Seitens des Anschlussnehmers ist zudem die (in Bezug auf die Änderung des Netzabschlusses angepasste) vorzuhaltende Netzanschlussleistung in kWh anzugeben. Diese gehört zu den unter § 4 Abs. 1 Nr. 1–4 NDAV aufgeführten für den Vertragsschluss notwendigen Daten.

cc) Ziff. 3 Netzanschlusskosten, Baukostenzuschuss

30 Die in **Ziff. 3.1** enthaltene Klausel dient korrespondierend zu Ziff. 2 des Vertrages der konkreten Bezifferung der vom Anschlussnehmer zu erstattenden Netzanschlusskosten für die Herstellung oder Veränderung des Netzanschlusses (erste anzukreuzende Alternative) bzw. stellt klar, dass eine solche Zahlungsverpflichtung bereits erfüllt wurde (zweite anzukreuzende Alternative).

31 Die in **Ziff. 3.2** enthaltene Klausel konkretisiert Ziff. 2 des Vertrags bzgl. des Baukostenzuschusses und beziffert den konkret vom Anschlussnehmer an den Netzbetreiber zu entrichtenden Betrag (erste anzukreuzende Alternative) bzw. stellt klar, dass diese Zahlungsverpflichtung bereits erfüllt wurde (zweite anzukreuzende Alternative).

8 Vgl. Baur/Salje/Schmidt-Preuß/*Salje*, Kap. 67 Rn 27.

9 Vgl. hierzu Kap. 3.E – Anschlussnutzungsvertrag.

dd) Ziff. 4 Auftrag für die Herstellung des Netzanschlusses

Die Formulierung des in dieser Klausel enthaltenen Auftrags trägt der Regelung des §6 Abs. 1 S. 2 NDAV Rechnung, nach dem der Anschlussnehmer die Herstellung des Netzanschlusses schriftlich beauftragen soll. Durch die Fiktion des im Wege des Vertragsschlusses „miterteilten" Auftrags wird zugleich sichergestellt, dass der Abschluss des Netzanschlussverhältnisses (§2 Abs. 2 S. 1 NDAV) dem Schriftformerfordernis genügt. Klarstellend enthält das Vertragsdokument in **Anlage 1** die explizite Formulierung eines entsprechenden Angebotsschreibens über die Herstellung bzw. Veränderung des Netzanschlusses. 32

ee) Ziff. 5 Zustimmung des Grundstückseigentümers, Mitteilung über Eigentumswechsel

Ziff. 5.1 dient dem Hinweis auf die gem. §2 Abs. 3 NDAV notwendige Zustimmung des Grundstückseigentümers zur Herstellung/Änderung des Netzanschlusses. Die Zustimmung und eine damit verbundene Anerkennung der mit dieser für den Anschlussnehmer und den Grundstückseigentümer verbundenen Verpflichtungen haben Anschlussnehmer, die nicht Grundstückseigentümer oder Erbbauberechtigte sind, beizubringen. In diesem Zusammenhang ist darauf hinzuweisen, dass nur der Grundstückseigentümer zustimmungsberechtigt ist, eine Zustimmung also insbesondere nicht durch den Erbbauberechtigten erfolgen kann. §2 Abs. 3 NDAV privilegiert den Erbbauberechtigten nur insofern, als dieser für die Herstellung oder Änderung des Netzanschlusses nicht die Zustimmung des Grundstückseigentümers beizubringen hat. 33

Der in Ziff. 5.1 in Bezug genommene Vordruck[10] sollte dem potenziellen Anschlussnehmer spätestens mit Aushändigung des Vertragsexemplars zur Verfügung gestellt werden. 34

Ziff. 5.2 enthält die in §2 Abs. 4 S. 3 NDAV geregelte gesetzliche Verpflichtung des in dem Vertrag bezeichneten Anschlussnehmers, den Eigentumsübergang und die Person des neuen Anschlussnehmers gegenüber dem Netzbetreiber unverzüglich und in Textform (§126b BGB) anzuzeigen. 35

ff) Ziff. 6 Allgemeine und ergänzende Bedingungen

Die Klausel erklärt die Allgemeinen und ergänzenden Bedingungen des Netzbetreibers einschließlich seiner TAB (§20 NDAV) i. S. d. §4 Abs. 2 und 3 NDAV explizit zum Vertragsinhalt, die dem Vertragsdokument als **Anlage 2 und Anlage 3** beigefügt sind. Hiermit wird sichergestellt, dass die einseitig ausgestalteten Bedingungen wirksam 36

10 Vgl. hierzu Ziff. 6 „Zustimmungserklärung des Grundstückseigentümers zur Herstellung der Änderung des Netzanschlusses".

in das Vertragsverhältnis einbezogen werden. Zudem erfolgt der Hinweis auf die gem. § 4 Abs. 2 S. 2 NDAV auf der Internetseite des Netzbetreibers zu veröffentlichenden Allgemeinen Bedingungen, die der Vollständigkeit halber auch in Bezug auf die ergänzenden Bedingungen einschließlich der TAB erfolgen sollte.

gg) Ziff. 7 Inkrafttreten

37 Der Netzanschlussvertrag tritt als Wirksamkeitsvoraussetzung zum Netzanschlussverhältnis gemäß der gesetzlichen Regelung des § 2 NDAV mit Vertragsunterzeichnung für die Dauer eines unbestimmten Zeitraums in Kraft. Hingewiesen wird in der Klausel auf die in § 25 Abs. 1 NDAV enthaltene beidseitige Kündigungsmöglichkeit, nach der das Netzanschlussverhältnis mit einer einmonatigen Frist auf das Ende eines jeden Kalendermonats gekündigt werden kann. Aufseiten des Netzbetreibers besteht ein solches Kündigungsrecht jedoch nur, soweit eine Netzanschlusspflicht i. S. d. § 18 Abs. 1 S. 2 EnWG nicht gegeben ist.

hh) Anlagen

38 Wie bereits im Zusammenhang mit den maßgeblichen Klauseln des Vertrags dargestellt, sind als dem Vertragsdokument als Anlagen das **Angebot über die Herstellung bzw. Veränderung des Netzanschlusses**, die **Allgemeinen Bedingungen** (in Form des Verordnungstextes der NDAV) und die **ergänzenden Bedingungen einschließlich der TAB** beizufügen.

39 Zudem trifft die Netzbetreiber als Energieunternehmen i. S. d. § 2 Nr. 13 EDL-G gem. § 4 Abs. 2 EDL-G die Verpflichtung, **Informationen über Energiedienstleistungen, Energieeffizienzmaßnahmen etc.** anzubieten.

! **Praxistipp**
Sinnvoll wäre insoweit die **Darstellung der Informationen** auf einem gesonderten Blatt oder die Einfügung eines deutlichen, ggf. grafisch abgesetzten Hinweises in den Allgemeinen Vertragsbedingungen.

---

2. Netzanschlussvertrag über den Anschluss an das Netz im Mittel-/Hochdruck

a) Aufbau des Vertrags

40 Der Aufbau des Netzanschlussvertrags orientiert sich in den Grundzügen ebenfalls an der regulatorischen Konzeptionierung des Regelwerks der NDAV, welche in entsprechender Anwendung auch auf den Bereich des Mittel- und Hochdrucks übertragbar ist.

b) Die Vertragsparteien

Anschlussnehmer sind in Bezug auf diesen Vertrag alle infrage kommenden Netzkunden (Letztverbraucher, Betreiber von Förderungs- und Speicheranlagen und Netzbetreiber). 41

Netzbetreiber im Sinne dieses Vertrags sind nach der Konzeption des § 17 EnWG die Verteilnetzbetreiber der allgemeinen Versorgung, soweit diese kein geschlossenes Verteilernetz i. S. d. § 110 EnWG betreiben. Betreiber einer Direktleitung, die lediglich einen einzelnen Netznutzer mit einem Energieerzeugungsstandort oder dem Netz verbindet, unterfallen nicht dem Netzbetreiberbegriff im Sinne dieses Vertrags. 42

Die **Bezeichnung der Parteien einschließlich der Nennung der persönlichen bzw. unternehmensbezogenen Daten** sind angelehnt an die unter § 4 Abs. 1 Nr. 1–4 NDAV aufgeführten für einen Vertragsschluss notwendigen Daten. 43

Das Netzanschlussverhältnis kommt im Bereich des Mittel- und Hochdrucks nach Maßgabe des entsprechend anzuwendenden § 2 NDAV im Wege des schriftlich abzuschließenden Vertrags, des Eigentumserwerbs an der Kundenanlage bzw. der Bestätigung des Vertragsschlusses gegenüber dem Anschlussnehmer zustande. 44

c) Die Regelungen im Einzelnen

aa) Ziff. 1 Vertragsgegenstand

Ziff. 1.1 beschreibt in entsprechender Anwendung der § 2 Abs. 1 und § 8 NDAV den Gegenstand des Netzanschlussvertrags, der ausschließlich den Anschluss der Gasanlage über den Netzanschluss und dessen weiteren Betrieb umfasst. 45

Die in **Ziff. 1.2** vorgenommene Klarstellung nimmt Bezug auf die im Zuge der Entflechtungsvorgaben des europäischen Rechts erfolgte Trennung in den hier vertragsgegenständlichen Anschlussbereich einerseits (Verhältnis des Kunden zum Netzbetreiber) und in den Lieferbereich andererseits (Verhältnis des Kunden zum Energielieferanten).[11] Klargestellt wird darüber hinaus, dass auch das Recht zur Nutzung des Netzanschlusses zur Entnahme von Gas im Verhältnis des Anschlussnutzers zum Netzbetreiber entsprechend der Regelungen der § 3 und § 4 NDAV eines gesonderten sog. Anschlussnutzungsvertrags bedarf.[12] 46

bb) Ziff. 2 Netzanschluss

Die in **Ziff. 2.1** enthaltene Klausel dient der Beschreibung des Netzanschlusses unter Konkretisierung der Eigentumsgrenze, die mittels anzufügenden Lageplans und der Messstreckenübersicht (**Anlage 1** und **Anlage 2**) identifiziert und vertraglich festgelegt wird (Eigentumsgrenze/Übergabestelle). 47

---

11 Vgl. Baur/Salje/Schmidt-Preuß/*Salje*, Kap. 67 Rn 27.

12 Vgl. hierzu Kap. 3.E – Anschlussnutzungsvertrag.

48 **Ziff. 2.2** enthält in Anlehnung an die Konzeption der § 6 und §§ 19 ff. NDAV einerseits die bis zur Übergabestelle reichende Pflicht des Netzbetreibers zur Unterhaltung des Netzanschlusses. Andererseits trifft die auf eigene Kosten zu erfüllende Unterhaltungspflicht den Anschlussnehmer hinter der Übergabestelle in Bezug auf seine Kundenanlage. Ausgenommen hiervon sind die im Eigentum des Messstellenbetreibers bzw. des Netzbetreibers stehenden Einrichtungen für Messungen.

49 **Ziff. 2.3** enthält in entsprechender Anwendung des § 10 Abs. 1 S. 1 NDAV die Bestimmung der Belegenheit der Druckregelanlage. Nach der gesetzlichen Konzeption kann die Belegenheit seitens des Netzbetreibers festgelegt werden, sofern für den Netzanschluss eines Grundstücks eine besondere Druckregelanlage erforderlich ist. Der Anschlussnehmer hat dem Netzbetreiber hiernach unentgeltlich für die Dauer des Netzanschlussverhältnisses einen geeigneten Platz zur Verfügung zu stellen.

50 **Ziff. 2.4** legt den für das Netzanschlussverhältnis bereitzustellenden mittleren Brennwert im Normalzustand mit den zulässigen Schwankungsbreiten sowie einen Ruhedruck fest. Im Hinblick auf den Brennwert und den Ruhedruck entspricht S. 1 der Klausel damit dem Regelungsgehalt des § 7 Abs. 1 S. 1 NDAV. Abweichend hierzu bleibt dem Netzbetreiber in S. 2 der Klausel das Recht vorbehalten, aus wirtschaftlichen oder technischen Gründen eine Änderung des Brennwerts und des Ruhedrucks vorzunehmen.

51 In **Ziff. 2.5** erfolgt die vertragliche Vereinbarung der Netzanschlusskapazität in kW, die dem Kunden an dem Netzanschlusspunkt für den Bezug von Gas zugesichert wird.

52 **Ziff. 2.6** enthält eine spezielle Kostenregelung für den Fall, dass die höchste im Kalenderjahr registrierte Anschlusskapazität die in Ziff. 2.5 vereinbarte überschreitet. Trifft dies zu, hat der Netzbetreiber das Recht, eine Verstärkung des Netzanschlusses auf Kosten des Anschlussnehmers und die Zahlung eines zusätzlichen Baukostenzuschusses zu verlangen. Die Klausel ist damit angelehnt an den Regelungsgehalt des § 11 Abs. 1 und 4 NDAV, nach dessen Konzeption ein weiterer Baukostenzuschuss bei erheblicher Überschreitung der Leistungsanforderung des Anschlussnehmers verlangt werden kann.

! **Praxistipp**

Die „Erheblichkeit" einer Überschreitung der Leistungsanforderung sollte von den Parteien im Rahmen des Anschlussvertrags vertraglich festgelegt werden.

---

cc) Ziff. 3 Netzanschlusskosten, Baukostenzuschuss, weitere Leistungen

53 Die in **Ziff. 3.1** enthaltene Klausel zur entgeltlichen Herstellung/Änderung des Netzanschlusses entspricht der entsprechend anzuwendenden Regelung des § 9 NDAV. Sie enthält über den Verweis auf das dem Vertrag als **Anlage 3** beizufügende Angebot die konkreten vom Anschlussnehmer zu erstattenden Netzanschlusskosten für die Herstellung oder Veränderung des Netzanschlusses (erste anzukreuzende Alternative)

bzw. stellt klar, dass eine solche Zahlungsverpflichtung bereits erfüllt wurde (zweite anzukreuzende Alternative).

In **Ziff. 3.2** enthält die Klausel zusätzlich zu der Entgeltregelung die Geltendmachung des Baukostenzuschusses in entsprechender Anwendung des § 11 NDAV. Hiernach macht der Netzbetreiber neben den Netzanschlusskosten i. S. d. § 9 NDAV von der in § 11 NDAV geregelten Möglichkeit zur Erhebung eines angemessenen Baukostenzuschusses für die Erstellung/Verstärkung der örtlichen Verteileranlagen Gebrauch. Sie enthält über den Verweis auf das dem Vertrag als **Anlage 3** beizufügende Angebot den konkreten vom Anschlussnehmer zu entrichtenden Baukostenzuschuss zur Deckung der Kosten für die Erstellung/Verstärkung der örtlichen Verteileranlagen des Netzes und der Anlagen der vorgelagerten Netz-/Umspannebene (erste anzukreuzende Alternative) bzw. stellt klar, dass eine solche Zahlungsverpflichtung bereits erfüllt wurde (zweite anzukreuzende Alternative) und legt diesem in entsprechender Anwendung des § 11 Abs. 3 NDAV eine bestimmte Leistungsanforderung zugrunde. 54

Die **Ziff. 3.3** entspricht dem sinngemäß anzuwendenden § 11 Abs. 4 NDAV, nach dem der Netzbetreiber einen zusätzlichen Baukostenzuschuss verlangen kann, wenn die Leistungsanforderungen des Anschlussnehmers die ursprünglich zugrunde gelegten (Ziff. 3.2) überschreiten. 55

Ziff. 3.4 enthält abweichend von den Vorgaben der NDAV, den ergänzenden Bedingungen und den Technischen Bedingungen des Netzbetreibers eine gesonderte Vergütungsvereinbarung für vom Anschlussnehmer verlangte und nicht im Angebot (**Anlage 3**) aufgeführte Leistungen. Die Vergütung erfolgt gesondert und aufwandsbezogen und ermöglicht eine beidseitige Flexibilität im Hinblick auf mögliche Zusatzleistungen. 56

Praxistipp – mögliche Zusatzleistungen !
- Wartungsleistungen
- Abrechnungsdienste

---

dd) Ziff. 4 Eigentum am Anschlussgrundstück

Die in **Ziff. 4.1** enthaltene Klausel verpflichtet den Anschlussnehmer gemäß dem entsprechend anzuwendenden § 2 Abs. 3 NDAV, die erforderliche Zustimmung des Grundstückseigentümers zur Herstellung/Änderung des Netzanschlusses beizubringen. Die Zustimmung und eine damit verbundene Anerkennung der mit dieser für den Anschlussnehmer und den Grundstückseigentümer verbundenen Verpflichtungen haben Anschlussnehmer beizubringen, die nicht Grundstückseigentümer oder Erbbauberechtigte sind. Die schriftliche Zustimmung ist dem Netzbetreiber durch das in Bezug genommene Formular, das dem Vertrag in **Anlage 5** beigefügt ist, zu übermitteln. Zudem enthält die Klausel entsprechend § 2 Abs. 4 S. 3 NDAV die Verpflichtung des Anschlussnehmers, den Eigentumsübergang bzgl. des Grundstücks oder des angeschlossenen Objekts gegenüber dem Netzbetreiber unverzüglich mitzuteilen. In 57

Abweichung zu der gesetzlichen Regelung enthält diese Klausel kein Textformerfordernis i. S. d. § 126b BGB.

ee) Ziff. 5 Mess- und Steuereinrichtung

58 Die in **Ziff. 5.1** enthaltene Klausel entspricht dem sinngemäß anwendbaren § 22 Abs. 2 S. 1 NDAV, nach dem der Netzbetreiber den Anbringungsort der Messeinrichtungen – hier mittels beigefügter Beschreibung des Netzanschlusses und der Messeinrichtungen (**Anlage 4**) – bestimmt.

59 Die in **Ziff. 5.2** enthaltene Kostenregelung zum Einbau und etwaiger erforderlicher Änderungen der Messeinrichtungen überwälzt in Anlehnung an § 22 Abs. 2 S. 6 NDAV dem Anschlussnehmer die Kostentragungspflicht für deren Verlegung. Diese den Netzbetreiber begünstigende Kostenregelung gilt jedoch nur, soweit der Netzbetreiber Messstellenbetreiber ist und soweit die Kosten nicht vom Anschlussnutzer getragen werden.

ff) Ziff. 6 Haftung

60 Die in **Ziff. 6.1** enthaltene Haftungsklausel übernimmt die in § 18 NDAV geregelte Haftung des Netzbetreibers, beschränkt diese aber zusätzlich für Bau und Betrieb. Insbesondere wird die widerlegbare Vermutung für Vorsatz und grobe Fahrlässigkeit seitens des Netzbetreibers in Bezug auf die von diesem verursachten Sach- und Vermögensschäden nicht übernommen. Der Netzbetreiber haftet ausschließlich aus Vertrag oder unerlaubter Handlung (im Gegensatz zu § 18 Abs. 1 S. 1 NDAV nicht aus dem Anschlussnutzungsverhältnis) für Vorsatz und grobe Fahrlässigkeit. Für letzteren Fall sieht die Klausel eine Haftungsgrenze i. H. v. 5.000 € vor. Aus Vertrag oder unerlaubter Handlung haftet der Netzbetreiber zudem bei der schuldhaften Verletzung wesentlicher Vertragspflichten für Vorsatz und grobe Fahrlässigkeit. Die Haftung für einfache Fahrlässigkeit wird in diesem Falle an die objektive Vorhersehbarkeit zum Zeitpunkt des Vertragsschlusses geknüpft. Im Falle der Verletzung des Lebens, des Körpers und der Gesundheit gelten die gesetzlichen Haftungsregelungen. Dies gilt nach **Ziff. 6.3** auch für die Haftung gemäß Produkthaftungsgesetz und gemäß anderen gesetzlichen Vorschriften.

61 Die Klausel in **Ziff. 6.2** legt dem Anschlussnehmer die unverzügliche Meldung des Schadens gegenüber dem Netzbetreiber auf.

gg) Ziff. 7 Zutrittsrecht

62 **Ziff. 7.1** erweitert die entsprechend heranzuziehende Regelung des § 21 NDAV über das Zutrittsrecht zugunsten des Netzbetreibers in dessen zeitlicher Komponente. Dieses ist „jederzeit während üblicher Geschäftszeiten" zu gewähren.

In Bezug auf die Druckregelanlage gewährt **Ziff. 7.2** zur Abwendung einer unmittelbaren Gefahr darüber hinaus zugunsten des Netzbetreibers auch außerhalb der üblichen Geschäftszeiten einen uneingeschränkten Zugang zum Zwecke der Prüfung der technischen Einrichtungen. 63

hh) Ziff. 8 Vertragsbeginn/Kündigung

Der in der Klausel der **Ziff. 8.1** geregelte Vertragsbeginn entspricht der sinngemäß heranzuziehenden Regelung des § 2 NDAV, nach der der Vertrag mit Unterzeichnung in Kraft tritt. Die in der Klausel geregelte beidseitige Kündigungsmöglichkeit (vgl. den entsprechend heranzuziehenden § 25 Abs. 1 NDAV), nach der das Netzanschlussverhältnis mit einer einmonatigen Frist auf das Ende eines jeden Kalendermonats gekündigt werden kann, besteht aufseiten des Netzbetreibers jedoch nur, soweit eine Netzanschlusspflicht i. S. d. § 17 Abs. 2 EnWG nicht gegeben ist. 64

Die in **Ziff. 8.2** enthaltene klarstellende Klausel ersetzt alle etwaigen bisherigen Verträge bzgl. des konkret in diesem Netzanschlussvertrag bezeichneten Netzanschlusses. 65

ii) Ziff. 9 Anwendung der NDAV/TAB

Die Klausel erklärt die Allgemeinen und ergänzenden Bedingungen des Netzbetreibers (**Anlage 6 und Anlage 7**) einschließlich seiner für die jeweilige Druckstufe maßgeblichen TAB (**Anlage 8**) in entsprechender Anwendung des § 4 Abs. 2 und 3 NDAV explizit zum Vertragsinhalt. Diese Anlagen sind dem Vertragsdokument beigefügt. Hiermit wird sichergestellt, dass die einseitig ausgestalteten Bedingungen wirksam in das Vertragsverhältnis einbezogen werden. In Abweichung zu § 4 Abs. 2 S. 2 NDAV müssen diese jedoch nicht publiziert werden. 66

jj) Ziff. 10 Rechtsnachfolge

Die Klauseln in **Ziff. 10.1** und **Ziff. 10.2** treffen Regelungen zur Rechtsnachfolge. In Bezug auf den Anschlussnehmer bedarf die Übertragung des Rechtsverhältnisses auf Dritte der Zustimmung, die bei Gewährleistung der technischen/wirtschaftlichen Leistungsfähigkeit nicht versagt werden darf. Die Klausel über den Wechsel des Netzbetreibers einschließlich der Pflicht zur öffentlichen Bekanntmachung und Publikation im Internet entspricht der sinngemäß heranzuziehenden Regelung des § 25 Abs. 2 NDAV. 67

Praxistipp

Wir empfehlen, **beide Klauseln** vor dem Hintergrund des Gebots der Diskriminierungsfreiheit und der Transparenz **in den Vertrag aufzunehmen**. !

---

kk) Ziff. 11 Schlussbestimmungen

68 **Ziff. 11.1** enthält eine Salvatorische Klausel und die Verpflichtung der Parteien, unwirksame Regelungen oder unbeabsichtigte Regelungslücken wirksam zu ersetzen.

69 Mit **Ziff. 11.2** verpflichten sich die Parteien zur Vertragsanpassung nach den allgemeinen zivilrechtlichen Regelungen zur Störung der Geschäftsgrundlage (§ 313 BGB).

ll) Anlagen

70 Wie bereits im Zusammenhang mit den maßgeblichen Klauseln des Vertrags dargestellt, sind dem Vertragsdokument als Anlagen die unter **Ziff. 1–8** aufgeführten Dokumente beizufügen.

71 Zudem trifft die Netzbetreiber als Energieunternehmen i. S. d. § 2 Nr. 13 EDL-G gem. § 4 Abs. 2 EDL-G die Verpflichtung, **Informationen über Energiedienstleistungen, Energieeffizienzmaßnahmen etc.** anzubieten. Sinnvoll wäre insoweit die Darstellung der Informationen auf einem gesonderten Blatt oder die Einfügung eines deutlichen, ggf. grafisch abgesetzten Hinweises in den Allgemeinen Vertragsbedingungen.

3. Ergänzende Bedingungen zur NDAV

72 Die NDAV regelt die allgemeinen Bedingungen, zu denen Netzbetreiber nach § 18 Abs. 1 EnWG jedermann an ihr Niederdrucknetz anzuschließen und den Anschluss zur Entnahme von Gas zur Verfügung zu stellen haben. Die Regeln der NDAV sind zwingend, abweichende Vereinbarungen können nicht getroffen werden. Für EVU besteht aber die Möglichkeit,[13] in unternehmensspezifischen ergänzenden Bedingungen zur NDAV Einzelheiten des Netzanschlussverhältnisses bzw. des Anschlussnutzungsverhältnisses in AGB-mäßiger Form zu regeln. Inhalte solcher ergänzenden Bedingungen können sein:

- administrative Abwicklung der Begründung von Netzanschluss- bzw. Anschlussnutzungsverträgen;
- Vorgaben zur Wahl der Gasart (§ 7 NDAV);
- Kostentragung auf Grundlage pauschalierter Sätze;
- Zahlungsabwicklung;
- TAB nach § 20 NDAV;
- Inbetriebsetzung elektrischer Anlagen.

73 Der vorliegende Formularvordruck für ergänzende Bedingungen zur NDAV bildet die **typischen Regelungsinhalte** ab. Abweichungen können sich unter Umständen

13 Vgl. § 4 Abs. 3 NDAV.

ergeben, sofern die Vertragsparteien eine Abbildung spezifischer Besonderheiten, z. B. bzgl. der technischen Anschluss- oder Zahlungsbedingungen, der Inbetriebsetzung elektrischer Anlagen oder der Kostentragungsregelungen wünschen. Diese wären dann im Sinne einer individualvertraglichen Abrede zu gestalten.

Im Rahmen der Erstellung von ergänzenden Bedingungen ist es, wie auch bei 74
den ergänzenden Bedingungen zur GVV, möglich, die Kosten (Pauschalen) in den ergänzenden Bedingungen selbst oder in einem separaten Preisblatt auszuweisen. Die Entscheidung für die eine oder andere Vorgehensweise kann von unternehmensspezifischen Usancen abhängig gemacht werden. Für die Erstellung eines separaten Preisblattes spricht der Umstand, dass bei einer Preisänderung lediglich das Preisblatt öffentlich bekanntgegeben werden muss.

Die Regelungen in Ziff. 1 ergänzen die §§ 5 bis 9 NDAV, die Fragen des Netz- 75
anschlusses regeln. Die Ergänzungen betreffen sowohl die Anschlusssituation als solche als auch die Tragung von mit dem Netzanschluss verbundenen Kosten.

In Ziff. 2 ist eine Formulierung vorgesehen, mittels derer von der Möglichkeit 76
des § 11 NDAV zur Erhebung eines Baukostenzuschusses Gebrauch gemacht werden kann. In Ziff. 2.2 ist als Höhe des Baukostenzuschusses ein Satz von 50 % der ansetzbaren Kosten vorgeschlagen. Es handelt sich hierbei um den gem. § 11 Abs. 1 S. 2 NDAV höchsten zulässigen Satz. Die Erhebung eines geringeren Zuschusses ist möglich. Ziff. 3 und 4 des Musters sehen Regelungen zur Fälligkeit von Netzanschlusskosten sowie des Baukostenzuschusses vor.

Ziff. 5 des Musters enthält Regelungen zur Inbetriebsetzung der Gasanlage in 77
Bezug auf Zuständigkeit, Formvorschriften und Kostentragung.

Ziff. 6 enthält einen Verweis auf die TAB des Verteilnetzbetreibers. Da die TAB 78
gem. § 4 Abs. 3 NDAV zu den ergänzenden Bedingungen zur NDAV gehören, ist ein solcher eindeutiger Verweis auf die TAB geboten. Eine darüber hinaus gehende vollumfängliche Einbeziehung der TAB in die ergänzenden Bedingungen zur NDAV ist möglich, aber nicht zwingend notwendig.

Die in Ziff. 7 vorgesehenen Bedingungen dienen der Regelung der finanziellen 79
Folgen bei Zahlungsverzug, Unterbrechung und Wiederherstellung des Anschlusses und der Anschlussnutzung unter Verweis auf in das Preisblatt des Verteilnetzbetreibers aufzunehmende Pauschalsätze sowie der Möglichkeit der Parteien, einen von den Pauschalsätzen abweichenden Schaden nachzuweisen. Die Regelung in Ziff. 8 betrifft den Umfang der anfallenden Umsatzsteuer.

Die ergänzenden Bedingungen zur NDAV sollten jedem Neukunden bei Entste- 80
hen des Netzanschlussverhältnisses oder des Anschlussnutzungsverhältnisses ausgehändigt werden. Anders als in den Regelungen zu den ergänzenden Bedingungen zur GVV in § 2 Abs. 4 S. 2 GasGVV ist dies in §§ 2 Abs. 5 S. 2, 3, Abs. 3 S. 3 NDAV für die ergänzenden Bedingungen zur NDAV nicht vorgeschrieben. Aus Gründen der Verbraucherfreundlichkeit, des Transparenzgebotes und insbesondere der Rechtssicherheit sollte jedoch eine Aushändigung der ergänzenden Bedingungen zur NDAV erfolgen. Für die ergänzenden Bedingungen zur NDAV gelten die Regelungen des BGB

über die wirksame Einbeziehung von AGB in einen Vertrag. Im Streitfall ist eine Aushändigung von AGB zum Zeitpunkt des Vertragsschlusses stets ein stärkeres Indiz für die wirksame Einbeziehung derselben in den Vertrag, als dies für eine sonstige Zurkenntnisbringung wäre.[14]

81 Darüber hinaus sollten die ergänzenden Bedingungen allen übrigen Kunden auf Verlangen ausgehändigt, öffentlich bekanntgegeben und auf der Internetseite des Netzbetreibers veröffentlicht werden.

! **Praxistipp**
Im Hinblick auf Änderungen der ergänzenden Bedingungen einschließlich der TAB ist zu beachten, dass diese jeweils zum Monatsbeginn und erst nach öffentlicher Bekanntgabe wirksam werden. Die neuen TAB müssen zusätzlich dazu der Regulierungsbehörde mitgeteilt werden. Diese Mitteilungspflicht gilt nicht für die übrigen ergänzenden Bedingungen. Schließlich sind Änderungen der ergänzenden Bedingungen am Tage der öffentlichen Bekanntmachung auf der Internetseite des Netzbetreibers zu veröffentlichen.

---

4. Bestätigungsschreiben zur Anschlussnutzung

82 Die Anschlussnutzung ist vom Netzanschluss zu unterscheiden. Während das **Netzanschlussverhältnis vertraglich zu regeln** ist (§ 2 Abs. 2 NDAV), wird das Anschlussnutzungsverhältnis unter den Voraussetzungen des § 3 Abs. 2 NDAV kraft Verordnung zum Zeitpunkt der Aufnahme der Anschlussnutzung durch den Netzanschlussnehmer begründet. Laut § 3 Abs. 2 NDAV kommt das Anschlussnutzungsverhältnis dadurch zustande, dass über den Netzanschluss Elektrizität aus dem Verteilnetz entnommen wird und ein Bezugsvertrag abgeschlossen wurde bzw. ein Fall der Ersatzversorgung vorliegt und dem Anschlussnutzer oder dessen Lieferanten ein Recht auf Netzzugang zusteht. Damit handelt es sich bei dem Anschlussnutzungsverhältnis um ein verordnungsrechtliches Schuldverhältnis, welches bei Vorliegen der oben genannten Voraussetzungen entsteht. Einer gesonderten vertraglichen Vereinbarung bedarf es nicht.

83 Sobald der Anschlussnutzer mit der Aufnahme der Anschlussnutzung zur Entnahme von Gas beginnt, hat er dies dem Netzbetreiber gem. § 3 Abs. 3 S. 1 NDAV mitzuteilen. Dieser hat dem Anschlussnutzer die **Mitteilung** zu bestätigen. Zur Bestätigung dieser Mitteilung kann das vorliegende Muster-Bestätigungsschreiben verwendet werden. Es enthält die Mindestinhalte gem. § 3 Abs. 3 S. 3 NDAV, nämlich Hinweise auf die Geltung der NDAV und der ergänzenden Bedingungen zur NDAV sowie auf die Grenzen der Haftung des Netzbetreibers gem. § 18 NDAV. Die Zusammenfassung der für den Vertragsschluss notwendigen Daten ist in § 4 Abs. 1 NDAV als Soll-Erfordernis für das Bestätigungsschreiben genannt. Die Informationen ermöglichen dem

---

14 Vgl. zur NAV auch LG Wuppertal, Urt. v. 10.3.2010 – 8 S 91/09 –.

Anschlussnutzer die Kontrolle der Richtigkeit der Daten, auf die der Netzbetreiber das Anschlussnutzungsverhältnis fußt. Im Falle einer Kündigung des Vertrags oder eines Lieferantenwechsels ist die Zusammenstellung der Daten für beide Parteien dienlich.

Das **Bestätigungsschreiben** sollte nach Erhalt der Mitteilung des Anschluss- 84 nutzers bzw. bei anderweitiger Kenntnisnahme über die Aufnahme der Nutzung des Netzanschlusses zur Entnahme von Gas an den Anschlussnutzer unter Beifügung der NDAV sowie der ergänzenden Bedingungen zur NDAV versandt werden.

5. Bestätigungsschreiben zum Anschlussnehmerwechsel

Im Falle eines Anschlussnehmerwechsels in Bezug auf einen Netzanschluss, der 85 insbesondere bei Eigentumsübergang an der Kundenanlage erfolgen kann, hat der bisherige Anschlussnehmer den Netzbetreiber unverzüglich in **Textform** über den Eigentumsübergang und über die Person des neuen Anschlussnehmers zu unterrichten (§ 2 Abs. 4 S. 3 NDAV). Daraufhin hat der Netzbetreiber dem neuen Anschlussnehmer mit einem **Bestätigungsschreiben** den Vertragsschluss zu bestätigen (§ 2 Abs. 5 S. 1 NDAV). Darin ist auf die allgemeinen Bedingungen (NDAV) einschließlich der ergänzenden Bedingungen des Netzbetreibers hinzuweisen.

Zur Bestätigung dieser Mitteilung kann das vorliegende Muster-Bestätigungs- 86 schreiben verwendet werden. Das Bestätigungsschreiben enthält die Mindestinhalte gem. § 2 Abs. 5 S. 2 NDAV, nämlich Hinweise auf die Geltung der NDAV und der ergänzenden Bedingungen des Netzbetreibers zur NDAV. Der Hinweis auf die Grenzen der Haftung des Netzbetreibers gem. § 18 NDAV ist hier im Kontext des Netzanschlussverhältnisses, anders als im Bestätigungsschreiben zur Anschlussnutzung, nicht zwingend. Vor dem Hintergrund der Verantwortung des Anschlussnehmers für die Anschlussnutzung (vgl. beispielsweise § 8 Abs. 1 S. 5 NDAV) wird der Hinweis dennoch empfohlen.

Die Zusammenfassung der für den Vertragsschluss notwendigen Daten ist in 87 **§ 4 Abs. 1 NDAV als Soll-Erfordernis für das Bestätigungsschreiben** genannt. Die Informationen ermöglichen dem Anschlussnutzer die Kontrolle der Richtigkeit der Daten, auf die der Netzbetreiber das Anschlussnutzungsverhältnis fußt. Im Falle einer Kündigung des Vertrags oder eines Lieferantenwechsels ist die Zusammenstellung der Daten für beide Parteien dienlich.

Das Bestätigungsschreiben sollte nach Erhalt der Mitteilung des bisherigen 88 Anschlussnehmers unter Beifügung der NDAV sowie der ergänzenden Bedingungen zur NDAV unverzüglich an den neuen Anschlussnehmer versandt werden.

6. Zustimmungserklärung des Grundstückseigentümers zur Herstellung oder Änderung des Netzanschlusses

Nach § 2 Abs. 3 NDAV haben Anschlussnehmer, die nicht Grundstückseigentümer 89 oder Erbbauberechtigte sind, die **schriftliche Zustimmung des Grundstückseigen-**

tümers zur Herstellung und Änderung des Netzanschlusses unter Anerkennung der für den Anschlussnehmer und den Grundstückseigentümer damit verbundenen Verpflichtungen beizubringen. In diesem Zusammenhang ist darauf hinzuweisen, dass nur der Grundstückseigentümer zustimmungsberechtigt ist, eine Zustimmung also insbesondere nicht durch den Erbbauberechtigten erfolgen kann.

90 § 2 Abs. 3 NDAV privilegiert den Erbbauberechtigten nur insofern, als dieser für die Herstellung oder Änderung des Netzanschlusses nicht die Zustimmung des Grundstückseigentümers beizubringen hat.

91 Das Muster kann von einem EVU, welches sowohl ein Gas- als auch ein Stromverteilnetz betreibt, einheitlich verwendet werden. Durch Streichung der nicht zutreffenden Versorgungsart kann das Formular aber auch bei einspartigen Unternehmen zur Anwendung kommen.

! **Achtung**

Eine **Verwendung des Musters auch für den Wasser- oder Fernwärmebereich ist hingegen nicht möglich**, da in § 10 Abs. 8 AVBWasserV bzw. AVBFernwärmeV wie auch in den alten AVBEltV und AVBGasV keine Privilegierung des Erbbauberechtigten enthalten ist. Damit gelten unterschiedliche Zustimmungserfordernisse, aufgrund derer von der Erstellung eines einheitlichen spartenübergreifenden Formulars abgesehen werden sollte.

---

92 Das Formular für die Zustimmungserklärung des Grundstückseigentümers sollte Anschlussnehmern im Rahmen der Beantragung der Herstellung oder Änderung eines Netzanschlusses ausgehändigt werden.

E. Anschlussnutzungsvertrag (ANV)

I. Einführung

Während die Notwendigkeit einer gesonderten vertraglichen Ausgestaltung des Anschlussnutzungsverhältnisses neben dem Netzanschlussvertrag und dem Netznutzungsvertrag umstritten war, ist das Bedürfnis des Netzbetreibers nach einer entsprechenden Regelung nunmehr allgemein anerkannt und sowohl durch das EnWG sowie durch die dieses flankierende NDAV (§§ 16 ff.) gesetzlich geregelt worden. Während der Netzanschlussvertrag ganz konkret die technische Form der Anbindung an das Netz des Verteilernetzbetreibers vertraglich fixiert und Fragen der Wartung sowie Kostentragungsregelungen zulasten des Kunden festlegt, regelt der Anschlussnutzungsvertrag die **rechtliche Zulässigkeit der Nutzung des jeweiligen Anschlusses zum Zwecke der Energieentnahme**. Hintergrund ist der Umstand, dass der Netzbetreiber infolge der entflechtungsrechtlichen Trennung des Netzbetriebs vom Vertriebsbereich keinen einheitlichen Versorgungsvertrag mit dem Kunden mehr vereinbaren kann. So verstieße eine integrierte vertragliche Ausgestaltung der Anschlussnutzung im Rahmen des Energielieferungsvertrags per se gegen die maßgeblichen Entflechtungsvorschriften des EnWG. Zudem führte die Kündigung des Energieliefervertrags zum Erlöschen des gegenseitigen Rechte- und Pflichtenkatalogs. Im Falle der Belieferung des Kunden durch ein Drittunternehmen wäre der Netzbetreiber im Verhältnis zu demjenigen Anschlussnutzer, der nicht zugleich auch Anschlussnehmer ist (z. B. im Fall von Pacht- oder Mietverhältnissen), ohne die vertragliche Fixierung des Anschlussnutzungsverhältnisses folglich rechtlos gestellt. Infolge dessen kann der Netzbetreiber das Bestehen eines Anschlussnutzungsvertrags berechtigterweise im Lieferantenrahmenvertrag zur **Voraussetzung für eine Belieferung der entsprechenden Entnahmestellen** machen. Fehlt es jedoch an einem Anschlussnutzungsvertrag, ist der Netzbetreiber zur Sperrung des Kunden berechtigt.[1] 1

Dass die Anschlussnutzung ausdrücklich nur in § 18 EnWG und für die niedere Druckstufe in der NDAV genannt ist, ist im Hinblick auf deren Übertragbarkeit auf den Bereich des Mittel- bzw. Hochdrucks unschädlich, da diese Regelungen insoweit auch bzgl. der Anschlussnutzung in höheren Druckstufen einen Leitbildcharakter aufweisen. 2

Praxistipp !

Bei der Erstellung eines Vertrags für den Bereich des Mittel- bzw. Hochdrucks oder einer höheren Druckebene ist dringend darauf zu achten, dass der Netzbetreiber nicht lediglich die ihm günstigen Elemente der NDAV, sondern das Regelwerk möglichst weitgehend übernimmt. Weicht eine Partei

---

1 Vgl. Danner/Theobald/*Hartmann*, § 17 EnWG Rn 81 f.

lediglich in eine Richtung ab, so besteht die Gefahr, dass der Vertrag als nicht mehr angemessen qualifiziert wird.

3 Während das Zustandekommen des Netzanschlussverhältnisses gem. § 2 NDAV durch Vertrag, Eigentumserwerb an der Kundenanlage und Bestätigung des Vertragsschlusses seitens des Netzbetreibers geschieht, entsteht das Anschlussnutzungsverhältnis gem. § 3 NDAV im Bereich des Niederdrucks bereits mit der faktischen Entnahme der Energie aus dem Verteilernetz. Es ist in der Folge jedoch unterrichtend bzw. bestätigend zu konkretisieren.[2] Die Dokumentation des Anschlussnutzungsverhältnisses – nicht der Vertragsschluss selbst – unterliegt dabei dem Textformerfordernis gem. § 126b BGB.

! **Praxistipp**
Die Bestätigung des Abschlusses des Anschlussnutzungsvertrags mittels E-Mail oder die Übersendung der Bestätigung mittels **Telefax ist hierfür ausreichend**.

4 Da für die **höheren Druckstufen** ein Anschlussnutzungsverhältnis nicht bereits mit Entnahme entsteht, ist hier ein **förmlicher Vertragsschluss** im Hinblick auf die Haftungsbegrenzung zugunsten des Netzbetreibers zwingend notwendig. Dies gilt insbesondere für Altfälle vor 2006. So erfassten die Altverträge nach dem Regime der AVB Gas neben dem Liefer- sowohl das Netzanschluss- als auch das Anschlussnutzungsverhältnis. Dies bedeutete im Hinblick auf die höheren Druckstufen, dass bei Beendigung des alten Liefervertrags zugleich aber auch der Anschlussnutzungsvertrag entfiel. Wurde zwischenzeitlich (nach 2006) ein neuer Liefervertrag abgeschlossen, so sollten die Netzbetreiber ihre Vertragsverhältnisse darauf hin überprüfen, ob nicht durch die Vertragsumstellung eine Haftungslücke entstanden ist. Diese Lücke sollte – gerade in Ansehung des wirtschaftlichen Risikos des Anschlussnutzungsverhältnisses in den höheren Druckstufen im Zusammenhang z. B. mit Industriekunden – durch den Abschluss eines Anschlussnutzungsvertrags ausgeschlossen werden.

! **Achtung**
Die NDAV gilt unmittelbar nur für den Bereich des Niederdrucks. In allen **höheren Druckebenen** kommt ein Vertragsverhältnis des Netzbetreibers mit dem Anschlussnutzer daher nicht von Gesetzes wegen zustande, sondern **muss explizit vereinbart werden**. Unterlässt der Netzbetreiber dies, so läuft er Gefahr, sich etwa durch die Nichtvereinbarung einer **Haftungsbeschränkung** rechtlos zu stellen.

! **Achtung**
Die **gem. § 4 NDAV geltenden Publikationspflichten** hinsichtlich der Allgemeinen und ergänzenden Bedingungen der Netzbetreiber gelten nicht nur für das Netzanschluss-, sondern **auch in Bezug auf das Anschlussnutzungsverhältnis**.

2 Vgl. Baur/Salje/Schmidt-Preuß/*Salje*, Kap. 67 Rn 31.

II. Vertragsmuster

Muster

Anschlussnutzungsvertrag Gas 5
– Mitteldruck/Hochdruck–

Anschlussnutzer

☐ Herr ☐ Frau ☐ Firma

____
Name Vorname

____
Geburtsdatum (nur für Privatkunden, Verbraucher i. S. v. §13 BGB)

____
Straße, Hausnummer

____
Postleitzahl Ort

____
Telefonnummer

____
E-Mail-Adresse

____
Registernummer (nur für Firmenkunden, Unternehmer i. S. v. §14 BGB)

____
Kundennummer

– im Folgenden Anschlussnutzer –

und

Netzbetreiber

Stadtwerke ... GmbH
Straße und Hausnummer
PLZ und Ort
Amtsgericht ...
HRB ...

– im Folgenden Netzbetreiber –

über folgende Verbrauchsstelle/Entnahmestelle

____
Zählpunktbezeichnung

____
Zählernummer

schließen folgenden Anschlussnutzungsvertrag:

1. Gegenstand des Vertrages

1.1. Der Anschlussnutzungsvertrag regelt die gegenseitigen Rechte und Pflichten zwischen Netzbetreiber und Anschlussnutzer betreffend die Nutzung des Anschlusses an der oben genannten Entnahmestelle zur Entnahme von Erdgas durch den Anschlussnutzer.

1.2. Dieser Vertrag umfasst weder die Belieferung des Anschlussnutzers mit Erdgas (Gasliefervertrag), den Zugang zu den Erdgasversorgungsnetzen im Sinne des § 20 EnWG (Netznutzungsvertrag) noch den Anschluss an das Netz des Netzbetreibers (Netzanschlussvertrag). Hierüber sind gesonderte Verträge zu schließen.

2. Voraussetzungen der Anschlussnutzung

Der Netzbetreiber gestattet dem Anschlussnutzer die Entnahme von Erdgas unter der Voraussetzung, dass

- der Anschlussnutzer einen Vertrag über den Bezug von Erdgas mit einem Lieferanten geschlossen hat, der entweder den gesamten Bedarf oder den über eventuelle Fahrplanlieferungen hinaus gehenden Bedarf vollständig abdeckt (offener Liefervertrag),
- zwischen Netzbetreiber und Lieferant ein Vertrag über die Belieferung des Anschlussnutzers durch das Erdgasversorgungsnetz des Netzbetreibers (Lieferanten-Rahmenvertrag) oder eine anderweitige Netznutzungsregelung mit dem Anschlussnutzer abgeschlossen ist,
- und eine Netzanschlussregelung gemäß Ziffer 4.1 besteht.

3. Ersatzbelieferung

3.1. Endet die Zuordnung eines Anschlussnutzers zu einem Bilanzkreis, ohne dass er einem neuen Bilanzkreis zugeordnet wird oder erfolgt aus sonstigen Gründen keine Belieferung des Anschlussnutzers durch den Lieferanten, unterrichtet der Netzbetreiber den Anschlussnutzer hierüber unverzüglich.

3.2. Nutzt der Anschlussnutzer einen Anschluss, ohne dass die über diesen Anschluss bezogene Energie einer Lieferung oder einem bestimmten Liefervertrag zugeordnet werden kann, gilt die Energie entsprechend § 38 EnWG als vom örtlichen Grundversorger – vorbehaltlich dessen Zustimmung – zu dessen allgemeinen Bedingungen geliefert (Ersatzversorger). Der Ersatzversorger ist berechtigt, für diese Energielieferung gesonderte Preise zu veröffentlichen und für die Energielieferung in Rechnung zu stellen.

3.3. Der Ersatzversorger kann die Ersatzversorgung des Anschlussnehmers verweigern, insbesondere dann, wenn diese für ihn aus wirtschaftlichen Gründen nicht zumutbar ist oder eine Ausnahme von der Versorgungspflicht entsprechend § 37 EnWG besteht. Verweigert der Ersatzversorger die Belieferung, ist der Netzbetreiber berechtigt, die Entnahmestelle zu sperren.

4. Netzanschluss und Leistungsbereitstellung

4.1. Der Netzanschluss und die Leistungsbereitstellung an der netzseitigen Übergabestelle sind im Netzanschlussvertrag mit dem Anschlussnehmer geregelt. Die Übergabestelle/Eigentumsgrenze ergibt sich aus dem beiliegenden Lageplan (Anlage 1) sowie der Regel- und Messstreckenübersicht (Anlage 2).

4.2. Der Netzbetreiber stellt Erdgas mit einem mittleren Brennwert im Normalzustand von ca. H_0 ... kWh/m³ mit den nach den anerkannten Regeln der Technik zulässigen Schwankungsbreiten sowie einem Ruhedruck von ... mbar zur Verfügung. Der Netzbetreiber ist berechtigt, Brennwert und Ruhedruck zu ändern, falls dies aus wirtschaftlichen oder technischen Gründen erforderlich ist.

4.3. Bei mehreren Anschlussnutzern darf die Summe der in Anspruch genommenen Leistung aller Anschlussnutzer an einem Anschlusspunkt nicht höher sein als die im Netzanschlussvertrag vereinbarte maximale Leistung (Netzanschlusskapazität). Danach beträgt die Netzanschlusskapazität ... kW. Ein Anspruch auf eine höhere Netzanschlusskapazität besteht nicht. Die Anschlussnutzer dürfen die mit dem Anschlussnehmer vereinbarte Netzanschlusskapazität des Netzanschlusses nicht überschreiten.

4.4. Zur Messung des entnommenen Erdgases werden vom Netzbetreiber, soweit dieser auch Messstellenbetreiber ist, Messeinrichtungen entsprechend den Angaben in Anlage 3 eingebaut. Die Messung erfolgt mittel-/niederdruckseitig.

4.5. Der Anschlussnutzer ist verpflichtet, dem Netzbetreiber den Wegfall seiner in Anspruch genommenen Netzanschlusskapazität an der vertraglichen Übergabestelle unverzüglich schriftlich mitzuteilen.

4.6. Die Kosten des Einbaus einer Messeinrichtung nach 4.4 des Vertrages und eventuell erforderlich werdender Änderungen der Mess- und Steuereinrichtungen trägt gegenüber dem Netzbetreiber, soweit dieser Messstellenbetreiber ist, der Anschlussnutzer, soweit sie nicht vom Anschlussnehmer getragen werden.

5. Zutrittsrecht

5.1. Der Anschlussnutzer hat nach vorheriger Benachrichtigung den mit einem Ausweis versehenen Beauftragten des Netzbetreibers oder des Messstellenbetreibers jederzeit während der üblichen Geschäftszeiten den Zutritt zum Grundstück und zu seinen Räumen zu gestatten, soweit dies für die Prüfung der technischen Einrichtungen und Messeinrichtungen, zur Ablesung der Messeinrichtungen oder zur Unterbrechung des Anschlusses und der Anschlussnutzung erforderlich ist.

5.2. Den Beauftragten des Netzbetreibers ist darüber hinaus zum Zwecke der Prüfung der technischen Einrichtungen auch außerhalb der üblichen Geschäftszeiten der ungehinderte Zugang (räumlich und zeitlich) zur Druckregelanlage zu gewähren, wenn dies zur Abwendung einer unmittelbaren Gefahr für die Sicherheit von Personen oder Anlagen oder um zu gewährleisten, dass Störungen anderer Kunden oder störende Rückwirkungen auf Einrichtungen des Netzbetreibers oder Dritter ausgeschlossen sind, erforderlich ist.

6. Rechtsnachfolge

6.1. Der Anschlussnutzer ist berechtigt, die Rechte und Pflichten aus diesem Vertrag als Gesamtheit mit Zustimmung des Netzbetreibers auf einen Dritten zu übertragen. Die Zustimmung darf nicht verweigert werden, sofern die technische oder wirtschaftliche Leistungsfähigkeit des eintretenden Dritten gewährleistet ist.

6.2. Tritt an die Stelle des bisherigen Netzbetreibers ein anderes Unternehmen in die sich aus dem Vertragsverhältnis ergebenden Rechte und Pflichten ein, so bedarf es hierfür nicht der Zustimmung des Anschlussnutzers. Der Wechsel des Netzbetreibers wird öffentlich bekannt gemacht und auf der Internetseite des Netzbetreibers veröffentlicht.

7. Anwendung der NDAV/Technische Anschlussbedingungen, Haftung

7.1. Soweit in diesem Vertrag nichts anderes geregelt ist, gelten die Verordnung über Allgemeine Bedingungen für den Netzanschluss und dessen Nutzung für die Gasversorgung in Niederdruck (Niederdruckanschlussverordnung – NDAV) vom 1. November 2006 (BGBl 2006, Teil I Nr. 50, Seite 2485) und die ergänzenden Bedingungen des Netzbetreibers zur NDAV in ihren jeweiligen Fassungen entsprechend sowie die „Technischen Anschlussbedingungen Mitteldruck" bzw. die „Technischen Anschlussbedingungen Hochdruck" (TAB Mitteldruck bzw. Hochdruck) in ihrer jeweiligen Fassung. Die NDAV (Anlage 4) und die ergänzenden Bedingungen zur NDAV (Anlage 5) sowie die TAB Mitteldruck bzw. Hochdruck (Anlage 6) liegen diesem Vertrag in ihren aktuellen Fassungen bei.

7.2. Insbesondere haftet der Netzbetreiber für Schäden, die der Anschlussnutzer durch Unterbrechung oder durch Unregelmäßigkeiten in der Anschlussnutzung erleidet, nur in den Grenzen des § 18 NDAV.

8. Schlussbestimmungen

8.1. Sollten einzelne Bestimmungen des Vertrages unwirksam oder undurchführbar sein oder werden, so bleibt der Vertrag im Übrigen unberührt. Die Vertragspartner verpflichten sich, die unwirksamen oder undurchführbaren Bestimmungen durch andere, ihnen im wirtschaftlichen Ergebnis möglichst gleich kommende Regelungen zu ersetzen. Dies gilt entsprechend bei unbeabsichtigten Regelungslücken.

8.2. Sollten sich sonstige für das Vertragsverhältnis bestimmende Umstände wesentlich ändern und sollte dadurch für eine der Vertragsparteien das Festhalten am Vertrag nicht mehr zumutbar sein, so werden die Vertragsparteien den Vertrag an die geänderten Bedingungen anpassen.

Ort	Datum	Ort	Datum
Stadtwerke ... GmbH		Unterschrift des Anschlussnehmers	

Anlagenverzeichnis[3]

Anlage 1: Lageplan

Anlage 2: Regel- und Messstreckenübersicht

Anlage 3: Beschreibung des Netzanschlusses und der Messeinrichtungen

Anlage 4: Niederdruckanschlussverordnung (NDAV)

Anlage 5: Ergänzende Bedingungen zur NDAV

Anlage 6: Technische Anschlussbedingungen Mitteldruck bzw. Technische Anschlussbedingungen Hochdruck (TAB Mitteldruck bzw. Hochdruck)

Anlage 7: Informationsblatt zum Thema „Energieeffizienz"

[**Hinweis:** Gemäß § 4 Abs. 2 EDL – G sind Energieunternehmen verpflichtet, Informationen über Energiedienstleistungen, Energieeffizienzmaßnahmen, etc. anzubieten. Sinnvoll wäre insoweit diese Informationen auf einem Informationsblatt darzustellen bzw. die Information als deutlichen Hinweis in die allgemeinen Vertragsbedingungen einzufügen (ggf. hervorgehoben durch einen Rahmen).]

---

3 Die Anlagen 1–3 und 6, 7 sind unternehmensintern, individuell anzufüllen, für Anlage 5 s. Kap. 3.D Rn 15. Die NDAV – Anlage 4 – ist online abrufbar unter http://www.gesetze-im-internet.de.

III. Erläuterung

1. Aufbau des Vertrags

Der Aufbau des Vertrages richtet sich im Wesentlichen nach der **Struktur des Regelwerks der NDAV**. Dies ist sinnvoll, da bei einer nur selektiven Übernahme einzelner Regelungen der NDAV die Unangemessenheit des Vertragswerks und damit seine rechtliche Angreifbarkeit droht. 6

2. Die Vertragsparteien

Anschlussnutzer sind in Bezug auf diesen Vertrag alle infrage kommenden Netzkunden. 7

Netzbetreiber im Sinne dieses Vertrags sind nach der Konzeption des § 17 EnWG alle Netzbetreiber, soweit diese kein geschlossenes Verteilernetz i. S. d. § 110 EnWG betreiben. Betreiber einer Direktleitung, die lediglich einen einzelnen Netznutzer mit einem Energieerzeugungsstandort oder dem Netz verbindet, unterfallen nicht dem Netzbetreiberbegriff im Sinne dieses Vertrags. 8

Die **Bezeichnung der Parteien einschließlich der Nennung der persönlichen bzw. unternehmensbezogenen Daten** sind angelehnt an die unter § 4 Abs. 1 Nr. 1–4 NDAV aufgeführten, für einen Vertragsschluss notwendigen Daten. 9

3. Die Regelungen im Einzelnen

a) Ziff. 1 Vertragsgegenstand

Ziff. 1.1 beschreibt gemäß der Vorgabe des § 3 Abs. 1 NDAV den Gegenstand des Anschlussnutzungsvertrags. 10

Die in **Ziff. 1.2** vorgenommene Klarstellung nimmt Bezug auf die im Zuge der Entflechtungsvorgaben des europäischen Rechts erfolgte Trennung in den hier vertragsgegenständlichen Anschlussbereich einerseits (Verhältnis des Kunden zum Netzbetreiber) und in den Lieferbereich andererseits (Verhältnis des Kunden zum Energielieferanten).[4] Klargestellt wird darüber hinaus, dass die Herstellung und u. a. der Betrieb des Netzanschlusses im Verhältnis des Anschlussnutzers zum EVU gem. § 3 und § 4 Abs. 1 und 2 NDAV eines gesonderten Vertrags bedürfen.[5] 11

b) Ziff. 2 Voraussetzungen der Anschlussnutzung

Entsprechend der Grundnorm des § 17 EnWG sind der Anschluss an ein Energieversorgungsnetz und der Abschluss eines Netzanschluss- und Anschlussnutzungsver- 12

---

4 Vgl. Baur/Salje/Schmidt-Preuß/*Salje*, Kap. 67 Rn 27.

5 Vgl. hierzu Kap. 3.D – Anschlussverträge.

trags tatsächliche und rechtliche Voraussetzung für den Netzzugang. Der Lieferant ist mittelbar betroffen, da der Netzbetreiber berechtigterweise im Lieferantenrahmenvertrag regeln wird, dass eine Belieferung von Kunden nur möglich ist, wenn deren Verhältnis zum Netzbetreiber – sei es direkt oder indirekt über entsprechende Vereinbarungen mit dem Lieferanten – geregelt ist. Dass ein Netzzugang ohne Abschluss von Netzanschluss- und Anschlussnutzungsvertrag der Verträge zum Netzanschluss netzbetreiberseitig verweigert werden darf, ist bereits eindeutig der oben zitierten Gesetzesbegründung zu entnehmen, wonach der Anschluss „tatsächliche und rechtliche Voraussetzung für einen Netzzugang" ist.[6]

c) Ziff. 3 Ersatzbelieferung

13 **Ziff. 3.1** nimmt die Mitteilungsverpflichtung des Netzbetreibers bei der Unterbrechung der Anschlussnutzung gem. § 17 Abs. 2 NDAV in Bezug.

14 **Ziff. 3.2** verweist für den Fall der Grundversorgung auf die Regelung in § 38 Abs. 1 EnWG und weist in diesem Zusammenhang auf die dann entsprechend zur Anwendung gelangenden allgemeinen Bedingungen des Grundversorgers hin (§ 38 Abs. 1 S. 2 EnWG).

15 **Ziff. 3.3** nimmt insbesondere das Verweigerungsrecht des Ersatzversorgers entsprechend der Regelung des § 37 Abs. 1 EnWG in Bezug. Relevant wird dieses nur, soweit der örtliche Grundversorger eine Ersatzversorgung überhaupt anbietet.

d) Ziff. 4 Netzanschluss und Leistungsbereitstellung

16 Die in **Ziff. 4.1** enthaltene Klausel dient der Beschreibung des Netzanschlusses unter Konkretisierung der Eigentumsgrenze, die mittels anzufügenden Lageplans und der Messstreckenübersicht (**Anlage 1** und **Anlage 2**) identifiziert wird.

17 **Ziff. 4.2** legt die für das Netzanschlussverhältnis bereitzustellenden technischen Parameter fest, die eine höhere als die Niederdruckstufe betreffen. Entsprechend des heranzuziehenden Regelungsgehalts des § 7 Abs. 2 NDAV bleibt dem Netzbetreiber in S. 2 der Klausel das Recht vorbehalten, aus wirtschaftlichen oder technischen Gründen eine Änderung dieser Parameter vorzunehmen.

18 In **Ziff. 4.3** erfolgt die vertragliche Bestätigung der im Rahmen des Netzanschlussvertrags vereinbarten Netzanschlusskapazität, die dem Kunden dort an dem Netzanschlusspunkt zugesichert wird. Ein Anspruch auf eine höhere Kapazität wird dabei ausgeschlossen und eine Überschreitung untersagt.

19 Die in **Ziff. 4.4** enthaltene Klausel entspricht dem sinngemäß anwendbaren § 22 Abs. 2 S. 1 NDAV, nach dem der Netzbetreiber, sofern dieser auch Messstellenbetreiber

6 Vgl. Danner/Theobald/*Hartmann*, § 17 EnWG Rn 81.

ist, den Anbringungsort der Messeinrichtungen – hier mittels beigefügter Beschreibung des Netzanschlusses und der Messeinrichtungen (**Anlage 4**) – bestimmt.

Die in **Ziff. 4.5** enthaltene Klausel regelt die besondere Mitteilungspflicht des Anschlussnutzers im Zusammenhang mit dem Wegfall seiner in Anspruch genommenen Kapazitäten, über den er den Netzbetreiber unverzüglich und schriftlich zu informieren hat. 20

e) Ziff. 5 Zutrittsrecht

Ziff. 5.1 erweitert die entsprechend heranzuziehende Regelung des § 21 NDAV über 21
das Zutrittsrecht zugunsten des Netzbetreibers in dessen zeitlicher Komponente. Dieses ist „jederzeit während üblicher Geschäftszeiten" zu gewähren.

In Bezug auf die Druckregelanlage gewährt **Ziff. 7.2** zur Abwendung einer unmit- 22
telbaren Gefahr darüber hinaus zugunsten des Netzbetreibers auch außerhalb der üblichen Geschäftszeiten einen uneingeschränkten Zugang zum Zwecke der Prüfung der technischen Einrichtungen.

Praxistipp **!**
In der Praxis dürfte dies etwa mit der Übergabe eines Schlüssels oder der Einrichtung eines 24 h-Notdienstes zu realisieren sein.

---

f) Ziff. 6 Rechtsnachfolge

Die Klauseln in **Ziff. 6.1** und **Ziff. 6.2** treffen Regelungen zur Rechtsnachfolge. In 23
Bezug auf den Anschlussnutzer bedarf die Übertragung des Rechtsverhältnisses auf Dritte der Zustimmung, die bei Gewährleistung der technischen/wirtschaftlichen Leistungsfähigkeit nicht versagt werden darf. Die Klausel über den Wechsel des Netzbetreibers einschließlich der Pflicht zur öffentlichen Bekanntmachung und Publikation im Internet entspricht der sinngemäß heranzuziehenden Regelung des § 25 Abs. 2 NDAV.

Praxistipp **!**
Wir empfehlen, beide Klauseln vor dem Hintergrund des **Gebots der Diskriminierungsfreiheit und der Transparenz** in den Vertrag aufzunehmen.

---

g) Ziff. 7 Anwendung der NDAV/TAB, Haftung

Die in **Ziff. 7.1** enthaltene Klausel erklärt die Allgemeinen und ergänzenden Bedingun- 24
gen des Netzbetreibers (**Anlage 4 und Anlage 5)** einschließlich seiner für die jeweilige Druckstufe maßgeblichen TAB (**Anlage 6**) in entsprechender Anwendung des § 4 Abs. 2 und 3 NDAV explizit zum Vertragsinhalt. Diese sind dem Vertragsdokument in der Anlage beigefügt. Hiermit wird sichergestellt, dass die einseitig ausgestalteten

Bedingungen wirksam in das Vertragsverhältnis einbezogen werden. In Abweichung zu § 4 Abs. 2 S. 2 NDAV müssen diese jedoch nicht publiziert werden.

25 Die Haftungsregelung in **Ziff. 7.2** referenziert, ohne eine hiervon abweichende Regelung aufzustellen, auf die entsprechend anwendbare gesetzliche Regelung des § 18 NDAV.

h) Ziff. 8 Schlussbestimmungen

26 **Ziff. 8.1** enthält eine Salvatorische Klausel und die Verpflichtung der Parteien, unwirksame Regelungen oder unbeabsichtigte Regelungslücken wirksam zu ersetzen.

27 Mit **Ziff. 8.2** verpflichten sich die Parteien zur Vertragsanpassung nach den allgemeinen zivilrechtlichen Regelungen zur Störung der Geschäftsgrundlage (§ 313 BGB).

i) Anlagen

28 Wie bereits im Zusammenhang mit den maßgeblichen Klauseln des Vertrags dargestellt, sind dem Vertragsdokument als Anlagen die unter **Ziff. 1–6** aufgeführten Dokumente beizufügen.

F. Grundversorgungsvertrag (GVV)

I. Einführung

Die Belieferung eines Kunden mit Gas zum Eigengebrauch (Letztverbraucher) geschieht in der Regel auf Basis eines **Energieliefervertrags**. Dieser kann die Gestalt eines **Grundversorgungsvertrags** (vgl. §§ 36 ff. EnWG) oder eines Sonderkundenvertrags (vgl. § 41 EnWG) aufweisen. Gemein ist beiden ihre Rechtsnatur als **schuldrechtlicher Vertrag**, auf den die Vorgaben des Kaufrechts (§§ 433 ff. BGB) entsprechend anzuwenden sind. Darüber hinaus stellen beide Vertragstypen aufgrund ihrer wiederkehrenden Leistungspflicht **Dauerschuldverhältnisse** i. S. d. § 314 BGB dar. 1

Die §§ 36 ff. EnWG enthalten keine Vorgaben für die inhaltliche Ausgestaltung eines Grundversorgungsvertrags. Dennoch sind EVU in der Wahl der Vertragsklauseln nicht frei. Das BMWi hat auf Grundlage der Verordnungsermächtigung in § 39 EnWG die **allgemeinen Bedingungen**, zu denen die Grundversorgung angeboten werden muss, in der **GasGVV**[1] konkretisiert. Nach § 1 Abs. 1 S. 2 GasGVV werden die Regelungen der GasGVV **Bestandteil des jeweiligen Grundversorgungsvertrags** und Grundlage der weiteren relevanten Vereinbarungen zwischen dem Haushaltskunden (vgl. § 1 Abs. 2 GasGVV) und dem Grundversorger. Auch wenn die Regelungen der GasGVV für eine Vielzahl von Verträgen zur Anwendung kommen, handelt es sich hierbei de jure nicht um AGB, sondern um objektives, der privatautonomen Vertragsgestaltung entzogenes Recht. Daher unterliegen diese Regelungen **nicht der Inhaltskontrolle** gem. §§ 305 ff. BGB. 2

Allein Haushaltskunden[2] haben im Hinblick auf die Versorgung mit Gas einen gesetzlichen Anspruch, die Grundversorgung zu wählen (§ 36 Abs. 1 EnWG). 3

Für die Gasversorgung ist in Art. 3 Abs. 3 S. 1 GasRL[3] eine Verpflichtung der Mitgliedstaaten vorgesehen, für einen angemessenen Schutz schutzbedürftiger Kunden Sorge zu tragen. Dieser Verpflichtung ist die Bundesrepublik Deutschland mit der Erstreckung des **gesetzlichen Anspruchs auf Grundversorgung** für Haushaltskunden auch bei der Gasversorgung nachgekommen. 4

Jedem Haushaltskunden steht es frei, einen Grundversorgungs- oder einen Sonderkundenvertrag abzuschließen. Hat sich der Haushaltskunde zu dem Abschluss 5

---

1 Verordnung über Allgemeine Bedingungen für die Grundversorgung von Haushaltskunden und die Ersatzversorgung mit Gas aus dem Niederdrucknetz (Gasgrundversorgungsverordnung – GasGVV), BGBl. I S. 2391 v. 26.10.2006.

2 Unter Haushaltskunden sind gem. § 3 Nr. 22 EnWG Letztverbraucher zu verstehen, die Energie überwiegend für den Eigengebrauch im Haushalt oder für den einen Jahresverbrauch von 10.000 kWh nicht übersteigenden Eigenverbrauch für berufliche, landwirtschaftliche oder gewerbliche Zwecke kaufen.

3 Richtlinie 22009/73/EG des Europäischen Parlaments und des Rates v. 13.7.2009 über gemeinsame Vorschriften für den Erdgasbinnenmarkt und zur Aufhebung der Richtlinie 2003/55/EG.

eines Grundversorgungsvertrags für Gas entschieden, ist es ihm verwehrt, zusätzlich mit demselben oder einem anderen EVU einen weiteren Energieliefervertrag für leitungsgebundene Versorgung für dieselbe Energieart abzuschließen. Insoweit sieht § 4 S. 1 GasGVV eine **Verpflichtung zur Gesamtbedarfsdeckung** vor.

Praxistipp
Der Wechsel von Grundversorgungsvertrag zu Sonderkundenvertrag und vice versa bleibt dem Haushaltskunden – unter Beachtung der Kündigungsfristen – unbenommen.

6 Nicht-Haushaltskunden haben keinen gesetzlichen Anspruch auf Aufnahme in die Grundversorgung. **Dem Grundversorger steht es gleichwohl frei, Nicht-Haushaltskunden freiwillig in die Grundversorgung aufzunehmen.** Entscheidet sich ein Grundversorger dagegen, so bleibt dem Kunden als einzige Option der Abschluss eines – wirtschaftlich ohnehin meist attraktiveren – Sonderkundenvertrags.

7 Für jedes Netzgebiet der allgemeinen Versorgung wird ein EVU als Grundversorger bestimmt, das jeden Haushaltskunden unter Einschränkung der Privatautonomie zu allgemeinen Bedingungen und allgemeinen Preisen nach Maßgabe der GasGVV mit Energie zu versorgen hat (Kontrahierungszwang[4]). **Als Grundversorger wird dasjenige EVU festgelegt, das die meisten Haushaltskunden in einem Netzgebiet der allgemeinen Versorgung beliefert (§ 36 Abs. 2 S. 1 EnWG).** Die entsprechende Festlegung erfolgt durch den zuständigen Netzbetreiber alle drei Jahre zum 1.7. (erstmals zum 1.7.2006). Das Ergebnis ist im September desselben Jahres im Internet zu veröffentlichen und der nach Landesrecht zuständigen Behörde mitzuteilen. Falls gegen die Festlegung nicht erfolgreich Einwände erhoben werden, ist das ermittelte EVU beginnend mit dem 1.1. des Folgejahres für die folgenden drei Kalenderjahre zur Grundversorgung verpflichtet.

Achtung
Die Pflicht zur Grundversorgung entfällt nur, wenn diese aus wirtschaftlichen Gründen nicht zumutbar ist oder der betroffene Haushaltskunde eine Eigenanlage zur Energieerzeugung (ausgenommen Notstromaggregate) betreibt bzw. sich von einem Dritten versorgen lässt (§ 37 Abs. 1 EnWG).

8 Der Grundversorgungsvertrag kommt entweder durch ausdrückliches Angebot und – meist schriftliche oder textförmliche – Annahme **oder im Wege eines faktischen Vertragsschlusses** mittels Realofferte des EVU durch Bereitstellung von Energie an der Anschlussstelle des Kunden sowie durch Entnahme der Energie durch den Kunden zustande. Von der Grundversorgung abzugrenzen sind Konstellationen, in denen ein

4 Zur Legitimation des Kontrahierungszwangs vgl. statt vieler Danner/Theobald/*Eder*, § 36 EnWG Rn 6 ff.

Energiebezug über das Energieversorgungsnetz der allgemeinen Versorgung in Niederdruck keiner Lieferung bzw. keinem Liefervertrag zugeordnet werden kann.

Zwar gilt auch in solchen Fällen die Energie gem. § 38 Abs. 1 EnWG als von dem Grundversorger geliefert, allerdings nicht in einem Grundversorgungs-, sondern in einem Ersatzversorgungsverhältnis. **Die Ersatzversorgung dauert längstens drei Monate.** Spätestens nach Ablauf dieses Zeitraums hat der Letztverbraucher einen Energieliefervertrag seiner Wahl abzuschließen oder ist – soweit es sich um einen Haushaltskunden handelt – durch den Versorger in die Grundversorgung aufzunehmen. 9

Die Feststellung, ob ein Haushaltskunde über das Institut der Ersatzversorgung oder das der Grundversorgung beliefert wird, ist im Einzelfall anhand des Erklärungswerts des Bezugsverhaltens des Kunden zu ermitteln. 10

Im Rahmen der Grund- oder Ersatzversorgung sind von der GasGVV abweichende Vereinbarungen nichtig und somit unbeachtlich.[5] Dem Grundversorger verbleibt bei der vertraglichen Ausgestaltung der Grundversorgung nur ein geringer Gestaltungsspielraum. Wenn Vertragsklauseln die GasGVV lediglich ergänzen, d. h. ihnen weder widersprechen noch über den Regelungsgehalt der Verordnung hinausgehen, können sie rechtmäßig vereinbart werden. Da alle Grundversorgungskunden in einem Grundversorgungsgebiet nach den gleichen Bedingungen zu beliefern sind, sind solche **ergänzenden Bedingungen** mit allen Grundversorgungskunden gleichermaßen bzw. nur in begründeten Ausnahmefällen abweichend zu vereinbaren. Damit handelt es sich bei diesen ergänzenden Bedingungen – anders als bei den sich aus der GasGVV ergebenden allgemeinen Bedingungen – um **AGB, die der Inhaltskontrolle nach §§ 305 ff. BGB unterliegen.** Solche ergänzenden Bedingungen hat der Grundversorger gem. § 2 Abs. 4 GasGVV ebenso öffentlich bekanntzumachen und im Internet zu veröffentlichen wie auch die allgemeinen Bedingungen und Preise. Auf Verlangen des Kunden ist die GasGVV dem Kunden unentgeltlich auszuhändigen. 11

5 Vgl. Schneider/Theobald/*de Wyl*, § 14 Rn 93.

II. Vertragsmuster

1. Grundversorgungsvertrag

Muster

12 **Grundversorgungsvertrag Gas**

zwischen

Kunde

☐ Herr ☐ Frau ☐ Firma

Firma

gegebenenfalls Registergericht

gegebenenfalls Registernummer

oder

Name Vorname

Straße, Hausnummer

Postleitzahl Ort

Telefonnummer

Faxnummer

E-Mail-Adresse

Verbrauchsstelle
(nur ausfüllen, wenn abweichend von Adresse des Auftraggebers)

Straße, Hausnummer

Postleitzahl Ort

Zählernummer

Installierte Leistung in kW

Gasart

Brennwert

Druck

Unterschiedliche Nutzenergie kWh Gas/kWh Strom

und

Stadtwerke ... GmbH
Straße, Nr.
PLZ Ort
Amtsgericht: ...
HRB: ...
SEPA-Gläubiger-ID: ...

Die Versorgung erfolgt auf der Grundlage der anliegenden „Verordnung über Allgemeine Bedingungen für die Grundversorgung von Haushaltskunden und die Ersatzversorgung mit Gas aus dem Niederdrucknetz (Gasgrundversorgungsverordnung – GasGVV)" vom 26. Oktober 2006 – BGBl. 2006, Teil I, S. 2396 ff., sowie der ebenfalls anliegenden ergänzenden Bedingungen der Stadtwerke ... GmbH zur GasGVV und zu den jeweils veröffentlichten Allgemeinen Preisen für die Grundversorgung. Ein Preisblatt mit den aktuellen Preisen liegt bei und ist darüber hinaus auf unserer Website unter www.....de zu finden.

Verbraucherschutz und außergerichtliche Streitbeilegung
Der Kunde kann sich mit Fragen zu Energieliefervertragsverhältnissen wenden an:

Bundesnetzagentur für Elektrizität, Gas, Telekommunikation, Post und Eisenbahn
Verbraucherservice Energie
Postfach 8001
53105 Bonn
Telefon: 030 22480-500 Montag–Freitag von 09:00–12:00 Uhr
Telefax: 030 22480-323
E-Mail: verbraucherservice-energie@bnetza.de
Internet: www.bundesnetzagentur.de

Zur Beilegung von Streitigkeiten zwischen der Stadtwerke ... GmbH und dem Kunden über den Gegenstand dieses Vertrages kann der Kunde, soweit die Stadtwerke ... GmbH die zugrundeliegende Beschwerde des Kunden nicht innerhalb einer Frist von vier Wochen ab Zugang bei der Stadtwerke ... GmbH beantwortet oder der Beschwerde abgeholfen hat, zur außergerichtlichen Streitbeilegung die

Schlichtungsstelle Energie e. V.
Friedrichstr. 133
10117 Berlin
Telefon: 030 2757240-0
Telefax: 030 2757240-69
E-Mail: info@schlichtungsstelle-energie.de
Internet: www.schlichtungsstelle-energie.de

anrufen.

Das Recht des Kunden oder der Stadtwerke ... GmbH, die Gerichte anzurufen oder ein anderes Verfahren nach dem Energiewirtschaftsgesetz zu beantragen, bleibt unberührt. Sofern wegen eines Anspruchs, der durch ein Schlichtungsverfahren betroffen ist, ein Mahnverfahren eingeleitet wurde, soll der das Mahnverfahren betreibende Beteiligte auf Veranlassung der Schlichtungsstelle das Ruhen des Mahnverfahrens bewirken.
Die Stadtwerke ... GmbH macht darauf aufmerksam, dass sie als Grundversorger bei einer Unterbrechung oder bei Unregelmäßigkeiten in der Gasversorgung von der Leistungspflicht befreit ist, soweit es sich um Folgen einer Störung des Netzbetriebs einschließlich des Netzanschlusses handelt. Ansprüche wegen solcher Versorgungsstörungen können gegen den Netzbetreiber geltend gemacht werden.

Der Netzbetreiber ist die ... GmbH.

Firma des Netzbetreibers
Straße, Nr.
PLZ Ort

Amtsgericht: ...
HRB: ...

____

Ort Datum

X__________________________________

Unterschrift des Kunden/der Kunden

____

Ort Datum

____

Stadtwerke ... GmbH

Anlagenverzeichnis[6]
Anlage 1: Allgemeine Bedingungen für die Gasgrundversorgung (GasGVV)
Anlage 2: Ergänzende Bedingungen zur GasGVV
Anlage 3: Preisblatt

6 Die Anlage 3 ist unternehmensintern individuell auszufüllen, für Anlage 2 s. Rn 13. Die GasGVV – Anlage 1 – ist abrufbar unter http://www.gesetze-im-internet.de.

Zahlungsweise

☐ **SEPA-Lastschriftmandat** – Ich ermächtige die Stadtwerke ... GmbH, fällige Zahlungen von meinem Konto mittels Lastschrift einzuziehen:

____

Vorname und Name des Kontoinhabers

____

Straße, Hausnummer (falls Kontoinhaber von Auftraggeber abweicht)

____

Postleitzahl, Ort (falls Kontoinhaber von Auftraggeber abweicht)

DE _ _ | _ _ _ _ | _ _ _ _ | _ _ _ _ | _ _ _ _ | _ _
IBAN

____

Kreditinstitut

_ _ _ _ _ _ _ _ | _ _ _
BIC

Zugleich weise ich mein Kreditinstitut an, die von der Stadtwerke ... GmbH auf mein Konto gezogenen Lastschriften einzulösen.

Hinweis: Ich kann innerhalb von acht Wochen, beginnend mit dem Belastungsdatum, die Erstattung des belasteten Betrags verlangen. Es gelten dabei die mit meinem Kreditinstitut vereinbarten Bedingungen.

Die Mandatsreferenz wird separat mitgeteilt.

x ____

Datum Unterschrift des Kontoinhabers

Hinweis (Falls Kontoinhaber von Auftraggeber abweicht):
Für den Fall, dass der Kontoinhaber von dem Auftraggeber abweicht, gilt das vorab erteilte SEPA-Lastschriftmandat für diesen Auftrag über die Lieferung von Strom zwischen der Stadtwerke ... GmbH und dem Auftraggeber.

☐ Überweisung – Ich überweise die fälligen Zahlungen.

☐ **Barzahlung** – Ich zahle die fälligen Zahlungen in bar.

2. Anlage 2 – Ergänzende Bedingungen zur GasGVV

Muster

13 **Anlage 2**

Ergänzende Bedingungen
der Stadtwerke ... GmbH

zu der „Verordnung über Allgemeine Bedingungen für die Grundversorgung von Haushaltskunden und die Ersatzversorgung mit Gas aus dem Niederdrucknetz (Gasgrundversorgungsverordnung – GasGVV)" vom 26. Oktober 2006 – BGBl. 2006, Teil I Nr. 50, S. 2391 ff. –

– gültig ab dem ... –

1. **Abrechnung, Abschlagszahlungen (§§ 12, 13 GasGVV)**
Der Gasverbrauch des Kunden wird in der Regel einmal jährlich festgestellt und abgerechnet (Abrechnungsjahr). Die Stadtwerke ... GmbH ist berechtigt, in kürzeren Zeitabständen Rechnungen zu legen.
Auf Wunsch des Kunden rechnet die Stadtwerke ... GmbH den Gasverbrauch monatlich, vierteljährlich oder halbjährlich ab (unterjährige Abrechnung). Hierfür gelten nachfolgende Bedingungen:
Eine unterjährige Abrechnung kann immer nur mit Beginn eines Monats aufgenommen werden. Der Wunsch nach einer unterjährigen Abrechnung ist der Stadtwerke ... GmbH vom Kunden in Textform spätestens vier Wochen vor dem gewünschten Anfangsdatum mitzuteilen. In der Mitteilung sind anzugeben:
   - die Angaben zum Kunden (soweit jeweils zutreffend Firma, Registergericht, Registernummer, Familienname, Vorname, Geburtstag, Adresse, Kundennummer),
   - die Zählernummer,
   - die Angaben zum Messstellenbetreiber und gegebenenfalls zum Messdienstleister (Firma, Registergericht, Registernummer, Adresse), soweit es sich hierbei nicht um die Stadtwerke ... GmbH handelt,
   - der Zeitraum, das Anfangsdatum sowie die Art der gewünschten unterjährigen Abrechnung (monatlich, vierteljährlich, halbjährlich).

   Die Stadtwerke ... GmbH wird die Mitteilung des Kunden und das Anfangsdatum der unterjährigen Abrechnung innerhalb einer Frist von zwei Wochen nach Eingang der Mitteilung des Kunden in Textform bestätigen. Die unterjährige Abrechnung kann vom Kunden mit einer Frist von einem Monat auf das Ende eines Kalendermonats in Textform gekündigt werden. Die Kündigung ist erstmals nach Ablauf eines Jahres zulässig. Hierauf wird die Stadtwerke ... GmbH den Kunden in der Bestätigung gemäß vorstehendem Absatz gesondert hinweisen.
Die Stadtwerke ... GmbH berechnet für die Erstellung und die Versendung der monatlichen, vierteljährlichen oder halbjährlichen Rechnung
... € (netto) ... € (brutto) je Rechnung.[1]
[Alternativ (dann ist der vorige Satz zu streichen): Die Stadtwerke ... GmbH belastet dem Kunden die ihr für die unterjährige Abrechnung entstehenden Kosten nach tatsächlichem Aufwand.**]**
Auf den voraussichtlichen Rechnungsbetrag werden im laufenden Abrechnungszeitraum Abschlagszahlungen berechnet, wenn der Verbrauch für mehrere Monate abgerechnet wird.
Ein eventuell gegebener Vorauszahlungsanspruch nach § 14 GasGVV bleibt unberührt.

2. **Zahlungsweisen (§ 16 GasGVV)**
Der Kunde kann seine Zahlungen

a) durch Überweisung,
b) durch Lastschrifteinzugsverfahren oder
c) durch Barzahlung

an die Stadtwerke ... GmbH leisten.

3. Zahlungsverzug (§ 17 GasGVV)

Die Stadtwerke ... GmbH berechnet bei Zahlungsverzug gemäß § 17 Abs. 2 GasGVV

a) für jede erneute schriftliche Zahlungsaufforderung (Mahnung) ... €
b) für jede Einziehung rückständiger Zahlungen durch einen Beauftragten ... €

Der Stadtwerke ... GmbH bleibt der Nachweis vorbehalten, dass ihr im Fall des Zahlungsverzuges des Kunden ein höherer Schaden entstanden ist, der die in diesem im Preisblatt veröffentlichten Sätze übersteigt. Dem Kunden bleibt der Nachweis vorbehalten, dass der Stadtwerke ... GmbH überhaupt kein oder nur ein wesentlich geringerer Schaden entstanden ist, als dies in den im Preisblatt der Stadtwerke ... GmbH veröffentlichten Sätzen angegeben ist.

4. Kosten der Unterbrechung und/oder Wiederherstellung der Versorgung (§ 19 GasGVV)

Veranlassen die Stadtwerke ... GmbH eine Unterbrechung nach § 19 GasGVV, sind vom Kunden die vom Messstellen- oder Netzbetreiber festgelegten Kosten für die Unterbrechung und/oder Wiederherstellung der Versorgung zu zahlen.

5. Umsatzsteuer

Die Berechnung der vom Kunden zu zahlenden Beträge erfolgt zu den aufgeführten Nettopreisen. Die jeweils gesetzlich festgelegte Umsatzsteuer wird zusätzlich berechnet.
Die Kosten aufgrund eines Zahlungsverzuges nach Ziffer 3 sowie Kosten der Unterbrechung der Versorgung nach Ziffer 4 unterliegen nicht der Umsatzsteuer.

6. Widerrufsbelehrung

Widerrufsrecht

Sie haben das Recht, binnen vierzehn Tagen ohne Angabe von Gründen diesen Vertrag zu widerrufen.
Die Widerrufsfrist beträgt vierzehn Tage ab dem Tag des Vertragsschlusses.
Um Ihr Widerrufsrecht auszuüben, müssen Sie uns (Stadtwerke ..., Anschrift, Telefonnummer, Faxnummer, E-Mail-Adresse) mittels einer eindeutigen Erklärung (z. B. ein mit der Post versandter Brief, Telefax oder E-Mail) über Ihren Entschluss, diesen Vertrag zu widerrufen, informieren. Sie können dafür das beigefügte Muster-Widerrufsformular verwenden, das jedoch nicht vorgeschrieben ist. [optional: Sie können das Muster-Widerrufsformular oder eine andere eindeutige Erklärung auch auf unserer Webseite [Internet-Adresse einfügen] elektronisch ausfüllen und übermitteln. Machen Sie von dieser Möglichkeit Gebrauch, so werden wir Ihnen unverzüglich (z. B. per E-Mail) eine Bestätigung über den Eingang eines solchen Widerrufs übermitteln.]
Zur Wahrung der Widerrufsfrist reicht es aus, dass Sie die Mitteilung über die Ausübung des Widerrufsrechts vor Ablauf der Widerrufsfrist absenden.

Folgen des Widerrufs

Wenn Sie diesen Vertrag widerrufen, haben wir Ihnen alle Zahlungen, die wir von Ihnen erhalten haben, einschließlich der Lieferkosten (mit Ausnahme der zusätzlichen Kosten, die sich daraus ergeben, dass Sie eine andere Art der Lieferung als die von uns angebotene, günstigste Standardlieferung gewählt haben), unverzüglich und spätestens binnen vierzehn Tagen ab dem Tag zurückzuzahlen, an dem die Mitteilung über Ihren Widerruf dieses Vertrags bei uns eingegangen ist.

Für diese Rückzahlung verwenden wir dasselbe Zahlungsmittel, das Sie bei der ursprünglichen Transaktion eingesetzt haben, es sei denn, mit Ihnen wurde ausdrücklich etwas anderes vereinbart; in keinem Fall werden Ihnen wegen dieser Rückzahlung Entgelte berechnet.
Haben Sie verlangt, dass die Dienstleistungen oder Lieferung von Wasser/Gas/Strom/Fernwärme [Unzutreffendes streichen] während der Widerrufsfrist beginnen soll, so haben Sie uns einen angemessenen Betrag zu zahlen, der dem Anteil der bis zu dem Zeitpunkt, zu dem Sie uns von der Ausübung des Widerrufsrechts hinsichtlich dieses Vertrags unterrichten, bereits erbrachten Dienstleistungen im Vergleich zum Gesamtumfang der im Vertrag vorgesehenen Dienstleistungen entspricht.

1 Hier können auch gestaffelte Beträge aufgeführt werden, je nachdem, ob die Abrechnung monatlich, vierteljährlich oder halbjährlich erfolgt.

Widerrufsformular

Wenn Sie den Vertrag widerrufen wollen, dann füllen Sie bitte dieses Formular aus und senden Sie es zurück.

An
Stadtwerke ... GmbH
Straße, Nr.
PLZ Ort
[ggf. die Telefaxnummer und E-Mail-Adresse]

Hiermit widerrufe(n) ich/wir (*) den von mir/uns (*) abgeschlossenen Vertrag über den Kauf der folgenden Waren (*)/die Erbringung der folgenden Dienstleistung (*):

Bestellt am (*)/erhalten am (*)

Name des/der Verbraucher(s)

Anschrift des/der Verbraucher(s)

Datum   Unterschrift des/der Verbraucher(s) (nur bei Mitteilungen auf Papier)

(*) Unzutreffendes streichen.

3. Bestätigungsschreiben zum Grundversorgungsvertrag

Muster

14 **Bestätigung des Grundversorgungsvertrages gemäß § 2 Abs. 1 Satz 2 GasGVV**

Sehr geehrte Kundin, sehr geehrter Kunde,
wir freuen uns, dass Sie sich entschlossen haben, Ihr Gas von der Stadtwerke ... GmbH im Rahmen der Grundversorgung zu beziehen. Hiermit bestätigen wir Ihnen den Abschluss eines Grundversorgungsvertrages gemäß § 2 Abs. 1 Satz 2 der „Verordnung über Allgemeine Bedingungen für die Grundversorgung von Haushaltskunden und die Ersatzversorgung mit Gas aus dem Niederdrucknetz (Gasgrundversorgungsverordnung – GasGVV)" vom 26. Oktober 2006 – BGBl. 2006, Teil I, S. 2396 ff., auf der Grundlage der anliegenden Allgemeinen Bedingungen für die Grundversorgung (GasGVV) sowie der ebenfalls anliegenden ergänzenden Bedingungen der Stadtwerke ... GmbH zur GasGVV. Die Versorgung erfolgt im Übrigen zu den jeweils veröffentlichten Allgemeinen Preisen für die Grundversorgung. Ein Preisblatt mit den aktuellen Preisen liegt bei und ist darüber hinaus auf unserer Homepage unter www.....de zu finden.
Wir machen darauf aufmerksam, dass die Stadtwerke ... GmbH als Grundversorger bei einer Unterbrechung oder bei Unregelmäßigkeiten in der Gasversorgung von der Leistungspflicht befreit ist, soweit es sich um Folgen einer Störung des Netzbetriebs einschließlich des Netzanschlusses handelt. Ansprüche wegen solcher Versorgungsstörungen können gegen den Netzbetreiber geltend gemacht werden.
Folgende Angaben legen wir gemäß § 2 Abs. 3 GasGVV dem Grundversorgungsvertrag zugrunde:

Kunde

___

Frau/Herr/Firma

___

Kundennummer

___

Straße, Hausnummer

___

Postleitzahl Ort

___

Telefonnummer

___

Faxnummer

___

E-Mail-Adresse

___

gegebenenfalls Registergericht

___

gegebenenfalls Registernummer

Soweit die vorstehenden Angaben unvollständig oder unrichtig sein sollten, bitten wir Sie, uns die fehlenden und/oder berichtigten Angaben mitzuteilen.

Anlagedaten

Anlagenadresse

Bezeichnung des Zählers oder

Aufstellungsort des Zählers

Gasart

Brennwert

Druck

Unterschiedliche Nutzenenergie kWh Gas/kWh Strom

Angaben zum örtlichen Netzbetreiber

... GmbH
Straße und Hausnummer
PLZ und Ort
Amtsgericht ...
HRB ...

Anlagenverzeichnis
Anlage 1: Gasgrundversorgungsverordnung (GasGVV)
Anlage 2: Ergänzende Bedingungen zur GasGVV
Anlage 3: Preisblatt

Als Kunde können Sie sich mit Fragen zu Energieliefervertragsverhältnissen wenden an:

Bundesnetzagentur für Elektrizität, Gas, Telekommunikation, Post und Eisenbahn
Verbraucherservice Energie
Postfach 8001
53105 Bonn
Telefon: 030 22480-500 Montag – Freitag von 09:00 – 12:00 Uhr
Telefax: 030 22480-323
E-Mail: verbraucherservice-energie@bnetza.de
Internet: www.bundesnetzagentur.de

Zur Beilegung von Streitigkeiten zwischen der Stadtwerke ... GmbH und Ihnen über den Gegenstand dieses Vertrages können Sie als Kunde, soweit die Stadtwerke ... GmbH Ihre zugrundeliegende Beschwerde nicht innerhalb einer Frist von vier Wochen ab Zugang bei der Stadtwerke ... GmbH beantwortet oder der Beschwerde abgeholfen hat, zur außergerichtlichen Streitbeilegung die

Schlichtungsstelle Energie e. V.
Friedrichstr. 133
10117 Berlin
Telefon: 030 2757240-0
Telefax: 030 2757240-69
E-Mail: info@schlichtungsstelle-energie.de
Internet: www.schlichtungsstelle-energie.de

anrufen.

Das Recht des Kunden oder der Stadtwerke ... GmbH, die Gerichte anzurufen oder ein anderes Verfahren nach dem Energiewirtschaftsgesetz zu beantragen, bleibt unberührt. Sofern wegen eines Anspruchs, der durch ein Schlichtungsverfahren betroffen ist, ein Mahnverfahren eingeleitet wurde, soll der das Mahnverfahren betreibende Beteiligte auf Veranlassung der Schlichtungsstelle das Ruhen des Mahnverfahrens bewirken.

Mit freundlichen Grüßen

Stadtwerke ... GmbH

4. Bestätigungsschreiben zur Ersatzversorgung

Muster

Bestätigung über die Aufnahme der Ersatzversorgung gemäß § 3 Abs. 2 GasGVV 15

Sehr geehrte Kundin, sehr geehrter Kunde,
Sie beziehen seit dem ... *[Datum des Beginns der Ersatzversorgung einfügen]* Gas von der Stadtwerke ... GmbH. Wir bestätigen Ihnen hiermit den Beginn der Ersatzversorgung mit Gas gemäß § 3 Abs. 2 der „Verordnung über Allgemeine Bedingungen für die Grundversorgung von Haushaltskunden und die Ersatzversorgung mit Gas aus dem Niederdrucknetz (Gasgrundversorgungsverordnung – GasGVV)" vom 26. Oktober 2006 – BGBl. 2006, Teil I, Nr. 50, S. 2396 ff., auf der Grundlage der anliegenden Allgemeinen Bedingungen für die Grundversorgung (GasGVV) sowie der ebenfalls anliegenden ergänzenden Bedingungen der Stadtwerke ... GmbH zur GasGVV. Die Versorgung erfolgt im Übrigen zu dem jeweils veröffentlichten Ersatzversorgungstarif. Ein Preisblatt mit den aktuellen Preisen liegt bei und ist darüber hinaus unserer Website unter www.....de *[URL der Homepage oder der relevanten Webpage einfügen]* zu finden.
Die Ersatzversorgung hat am ... *[Datum des Beginns der Ersatzversorgung einfügen]* begonnen und endet gemäß § 38 Abs. 2, S. 1 EnWG spätestens drei Monate nach Beginn der Ersatzversorgung, also am ... *[Ende der Ersatzversorgung einfügen]*. Ab dem Ende der Ersatzversorgung ist zur Fortsetzung des Gasbezuges der Abschluss eines Bezugsvertrages erforderlich.
Im Übrigen weisen wir Sie darauf hin, dass Sie gemäß § 2 Abs. 2 GasGVV verpflichtet sind, der Stadtwerke ... GmbH als örtlichem Grundversorger die Entnahme von Gas unverzüglich in Textform mitzuteilen.
Wir würden uns freuen, Sie über die Ersatzversorgung hinaus mit Gas beliefern zu dürfen. Informationen zu unseren attraktiven Angeboten finden Sie im Internet unter www.....de *[URL der Homepage oder der relevanten Webpage einfügen]*. Darüber hinaus informieren wir Sie gerne in unseren Geschäftsräumen oder telefonisch über unsere Versorgungsangebote.
Wir legen Ihrer Versorgung folgende Angaben zugrunde:

Kunde

____
Frau/Herr/Firma

____
Kundennummer

____
Straße, Hausnummer

____
Postleitzahl Ort

____
Telefonnummer

____
Faxnummer

____
E-Mail-Adresse

---

gegebenenfalls Registergericht

---

gegebenenfalls Registernummer

Soweit die vorstehenden Angaben unvollständig oder unrichtig sein sollten, bitten wir Sie, uns die fehlenden und/oder berichtigten Angaben mitzuteilen.

Anlagedaten

Anlagenadresse

Bezeichnung des Zählers oder

Aufstellungsort des Zählers

Gasart

Brennwert

Druck

Angaben zum örtlichen Netzbetreiber

... GmbH
Straße und Hausnummer
PLZ und Ort
Amtsgericht ...
HRB ...

Anlagenverzeichnis
Anlage 1: Gasgrundversorgungsverordnung (GasGVV)
Anlage 2: Ergänzende Bedingungen zur GasGVV
Anlage 3: Preisblatt

Als Kunde können Sie sich mit Fragen zu Energieliefervertragsverhältnissen wenden an:

Bundesnetzagentur für Elektrizität, Gas, Telekommunikation, Post und Eisenbahn
Verbraucherservice Energie
Postfach 8001
53105 Bonn
Telefon: 030 22480-500 Montag–Freitag von 09:00–12:00 Uhr
Telefax: 030 22480-323
E-Mail: verbraucherservice-energie@bnetza.de
Internet: www.bundesnetzagentur.de

Zur Beilegung von Streitigkeiten zwischen der Stadtwerke ... GmbH und Ihnen über den Gegenstand dieses Vertrages können Sie als Kunde, soweit die Stadtwerke ... GmbH Ihre zugrundeliegende Beschwerde nicht innerhalb einer Frist von vier Wochen ab Zugang bei der Stadtwerke ... GmbH beantwortet oder der Beschwerde abgeholfen hat, zur außergerichtlichen Streitbeilegung die

Schlichtungsstelle Energie e. V.
Friedrichstr. 133
10117 Berlin
Telefon: 030 2757240-0
Telefax: 030 2757240-69
E-Mail: info@schlichtungsstelle-energie.de
Internet: www.schlichtungsstelle-energie.de

anrufen.

Das Recht des Kunden oder der Stadtwerke ... GmbH, die Gerichte anzurufen oder ein anderes Verfahren nach dem Energiewirtschaftsgesetz zu beantragen, bleibt unberührt. Sofern wegen eines Anspruchs, der durch ein Schlichtungsverfahren betroffen ist, ein Mahnverfahren eingeleitet wurde, soll der das Mahnverfahren betreibende Beteiligte auf Veranlassung der Schlichtungsstelle das Ruhen des Mahnverfahrens bewirken.

Mit freundlichen Grüßen

Stadtwerke ... GmbH

III. Erläuterung

1. Grundversorgungsvertrag

16 Der Grundversorgungsvertrag ist nach § 36 Abs. 1 EnWG an den Vorgaben der GasGVV auszurichten. Ausgangspunkt ist § 2 Abs. 1 GasGVV, wonach der Vertrag in **Textform**, d. h. in Schriftform (z. B. Brief, Fax), abgeschlossen werden muss, falls nicht ausnahmsweise ein faktischer Vertragsschluss vorliegt. § 2 Abs. 3 GasGVV gibt eine Liste der **Mindestinhalte eines Grundversorgungsvertrags** vor. Diese enthält

- Angaben zum Kunden, zum Grundversorger, zum Netzbetreiber und zu den allgemeinen Preisen,
- Angaben über Gasart, Brennwert und Druck, sowie
- Hinweise auf die allgemeinen Bedingungen, auf die ergänzenden Bedingungen, auf die Möglichkeit des Kunden, Ansprüche gegen den Netzbetreiber wegen Versorgungsstörungen geltend zu machen und auf dessen Recht, eine Schlichtungsstelle wie auch den Verbraucherservice der BNetzA zu kontaktieren.

17 Die Hinweise zur **Schlichtungsstelle**[7] und dem **Verbraucherservice der BNetzA** hat der Grundversorger ebenfalls auf seiner **Internetseite** zu veröffentlichen.

18 Der Abschluss eines Grundversorgungsvertrags darf gem. § 2 Abs. 5 GasGVV letztlich nicht davon abhängig gemacht werden, dass Zahlungsrückstände eines vorherigen Anschlussnehmers beglichen werden. Damit soll die Versorgung des einzelnen Anschlussnehmers mit leitungsgebundenem Erdgas als einer der in Deutschland stark verbreiteten Brennstoffbereitstellung für die Wärmeversorgung gewährleistet werden. Weiterhin soll deutlich gemacht werden, dass eine Haftung für Zahlungsrückstände aus Vertriebsverträgen nicht mit dem Übergang der davon zu trennenden Anschlussnutzung ebenfalls übergeht.

19 Laut § 5 Abs. 1 S. 2 GasGVV ergibt sich der **Brennwert** des gelieferten Erdgases (mit der sich aus den Erzeugungs- oder Bezugsverhältnissen ergebenden Schwankungsbreite) sowie der für die Belieferung des Kunden maßgebende **Ruhedruck** des Gases aus den ergänzenden Bestimmungen des Netzbetreibers zu den allgemeinen Netzanschlussbedingungen der Anlage, über die der Kunde Gas entnimmt. Obwohl die Angaben darüber gem. § 2 Abs. 3 Nr. 3 GasGVV im Rahmen des Vertriebsverhältnisses zu machen sind, liegt der Einfluss auf diese Faktoren bei dem Netzbetreiber. Aus der Wechselwirkung zwischen §§ 2 und 5 GasGVV ergibt sich, dass Fragen der Umstellung der Gasqualität von L-Gas auf H-Gas (vgl. § 19a EnWG) im Netzanschlussverhältnis zu regeln sind, im Vertriebsverhältnis allerdings zur Kenntnis gebracht werden müssen.[8]

---

7 Zuständig ist die Schlichtungsstelle Energie e. V. mit Sitz in Berlin. Sie wurde am 25.10.2011 vom BMWi als zentrale Schlichtungsstelle gem. § 111b EnWG anerkannt.

8 Der Brennwert von Erdgas kann nach dem DVGW-Arbeitsblatt G 260 „Gasbeschaffenheit" zwischen 8,4 kWh/m^3 und 13,1 kWh/m^3 schwanken. Der tatsächliche Brennwert für H-Gas („high calorific

Der Hauptleistungspflicht des Grundversorgers, den Haushaltskunden mit Erdgas zu versorgen, steht die Hauptleistungspflicht des Kunden zur **Zahlung des Entgelts** gegenüber. Seit dem 1.2.2014 muss im Rahmen jedes Vertragsverhältnisses (nicht nur im Grundversorgungsvertrag) die Einzugsermächtigung in ein **SEPA-fähiges Lastschriftmandat** umgewandelt worden sein. Die entsprechenden neuen Vorgaben entstammen der „EU-Verordnung (EU) Nr. 260/2012 zur Festlegung der technischen Vorschriften und der Geschäftsanforderungen für Überweisungen und Lastschriften in Euro und zur Änderung der Verordnung (EG) Nr. 924/2009“ (kurz: SEPA-Verordnung). Bei der SEPA-Basislastschrift, die im Wesentlichen der bisherigen Einzugsermächtigung entspricht, sind statt der Kontonummer die sog. IBAN („International Bank Account Number“) und statt der Bankleitzahl der sog. BIC („Bank Identifier Code“) zu verwenden. Des Weiteren sind – wie in unserem Muster vorgegeben – seitens des EVU als Zahlungsempfängerin dem Kunden **zwingend folgende Informationen mitzuteilen:** 20

- **Gläubigeridentifikationsnummer:** Jedem Verwender des SEPA-Lastschriftverfahrens wird eine europaweit einheitliche Gläubigeridentifikationsnummer zugeteilt. In Deutschland übernimmt die Deutsche Bundesbank die Ausgabe dieser Identifikationsnummern.
- **Mandatsreferenz:** Die Mandatsreferenz im SEPA-Lastschriftverfahren wird vom Lastschriftgläubiger (hier: dem Grundversorger) je erhaltenem Lastschriftmandat (hier das Mandat des Gaskunden an den Grundversorger) vergeben und ermöglicht eine eindeutige Zuordnung einer Buchung zu einer erteilten Lastschrifteinzugsermächtigung. Die Mandatsreferenz darf bis zu 35 alphanumerische Zeichen lang sein.

Praxistipp !

Die Mandatsreferenz sollte dem Kunden zeitnah nach Vertragsschluss, jedenfalls vor dem ersten Lastschrifteinzug, schriftlich oder in Textform mitgeteilt werden.

Seit dem 13.6.2014 gilt das neue **Widerrufsrecht** für Verbraucher, die Verträge im Fernabsatz (vgl. § 312c BGB) und außerhalb von Geschäftsräumen (vgl. § 312b BGB) abschließen (vgl. § 312g BGB). Dagegen sind Kunden, die einen Grundversorgungsvertrag im Kundenzentrum des EVU abschließen, nicht widerrufsberechtigt. Ihnen kann ein Vertrag ohne Einräumung eines Widerrufsrechts angeboten werden. Dem Energieversorger steht jedoch frei, dem Kunden auch in diesen Fällen ein Widerrufsrecht einzuräumen. Dann gelten die gesetzlichen Regelungen hierzu kraft vertraglicher Vereinbarung. 21

---

gas“) liegt üblicherweise zwischen 11 und 13 kWh/m³, derjenige für L-Gas („low calorific gas“) bei zwischen 9 bis ca. 10,5 kWh/m³. Die Unterscheidung zwischen H-Gas und L-Gas erfolgt jedoch mittels des Wobbe-Indexes (Verhältnis zwischen Norm-Brennwert und Dichte).

22 Die Einführung des neuen Widerrufsrechts bedeutet für den Abschluss des Grundversorgungsvertrags, der über das Internet erfolgt, dass die Informationen über das Widerrufsrecht neugefasst werden müssen.

23 Dies betrifft die 14-tägige Widerrufsfrist, die bereits mit Vertragsschluss beginnt und nicht erst, sobald der Verbraucher die Ware erhalten hat (vgl. § 355 Abs. 2 Ziff. 2 BGB). Der Widerruf ist formfrei. Er kann auch mündlich oder telefonisch erfolgen und muss nicht begründet werden. Allerdings muss aus der Erklärung der Entschluss des Verbrauchers zum Widerruf des Vertrags eindeutig hervorgehen. Zur Wahrung der 14-tägigen Frist genügt die rechtzeitige Absendung des Widerrufs.

24 Grundsätzlich hat ein Widerruf zur Folge, dass der Verbraucher den Wert der empfangenen Leistung gegenüber dem Lieferanten ersetzen muss. Erklärt der Verbraucher aber seinen Widerruf im Rahmen eines Energie- und Wasserliefervertrags, schuldet er dem Grundversorger Wertersatz für die bis zum Widerruf erbrachte Leistung nur, wenn er ausdrücklich von dem Unternehmer verlangt hat, dass dieser mit der Leistung vor Ablauf der Widerrufsfrist beginnt (vgl. § 357 Abs. 8 BGB).

! **Praxistipp**
Um davor gefeit zu sein, dass der Kunde trotz Widerrufs keinen Wertersatz leisten muss, sollte – soweit vertraglich möglich – erst 14 Tage nach Vertragsabschluss, also dem Zugang der Vertragsbestätigung, mit der Lieferung der Elektrizität begonnen werden.

---

25 Falls die **Widerrufsbelehrung** fehlerhaft ist oder gänzlich fehlt, verlängert sich die Widerrufsfrist auf zwölf Monate und 14 Tage – unabhängig davon, ob die Belieferung bereits aufgenommen wurde. Ist die Willenserklärung in diesem Zeitraum nicht widerrufen worden, erlischt das Widerrufsrecht. Wird die Belehrung innerhalb dieses verlängerten Zeitraums nachgeholt, so gilt die Widerrufsfrist von 14 Tagen ab diesem Zeitpunkt.

26 Der Unternehmer ist verpflichtet, den Verbraucher zumindest in Textform über sein Widerrufrecht und die Folgen eines Widerrufs zu belehren. Dies kann geschehen, indem der Unternehmer auf das gesetzliche Muster einer Widerrufsbelehrung zurückgreift (vgl. Anlage 1 zu Art. 246a § 1 Abs. 2 S. 2 EGBGB).

! **Praxistipp**
Aus Gründen der Rechtssicherheit ist zu empfehlen, das gesetzliche Muster einer Widerrufsbelehrung im Grundversorgungsvertrag zu verwenden.

---

27 Außerdem hat der Unternehmer darüber zu informieren, dass dem Kunden für eine **Widerrufserklärung** ein Muster zur Verfügung steht, entweder in dem Grundversorgungsvertrag oder auf der Website des Unternehmens. Der Gesetzgeber hat ein Muster-Widerrufsformular veröffentlicht, dessen Verwendung nicht zwingend ist. Vielmehr kann auch ein anderes Muster mit eindeutiger Widerrufserklärung infrage kommen.

Gründe der Praktikabilität sprechen für die Einstellung des Musterformulars ins Internet. Macht der Unternehmer hiervon in der Weise Gebrauch, dass der Verbraucher das Formular direkt im Internet ausfüllen und übermitteln kann, und wird ein entsprechender Widerruf von einem Kunden erklärt, muss der Unternehmer den Zugang des Widerrufs unverzüglich in Textform bestätigen. Hierfür reicht eine Bestätigungs-E-Mail aus. 28

Die Informationspflicht des Unternehmers bezieht sich ebenfalls auf die oben genannte Sonderregelung zum Wertersatz (§ 357 Abs. 8 BGB) und auf die wesentlichen Vertragsinhalte (vgl. § 312d Abs. 1 BGB i. V. m. Art. 246a § 1 EGBGB und Art. 246c § 1 EGBGB). Hierzu zählen beispielsweise Kündigungs- und Haftungsmodalitäten genauso wie der Gesamtpreis der Leistung einschließlich aller damit verbundener Preisbestandteile und sonstiger Kosten. 29

2. Bestätigungsschreiben zur Aufnahme in die Grundversorgung

Soweit das Grundversorgungsverhältnis durch faktischen Vertragsschluss zustande kommt (das Angebot erfolgt in Form der Bereitstellung, die Annahme durch die Entnahme der Energie), muss der Kunde dem Grundversorger die Entnahme der Energie gem. § 2 Abs. 2 GasGVV unverzüglich in Textform mitteilen. Wie in unserem Muster vorgegeben, hat der Grundversorger anschließend gem. § 2 Abs. 1 S. 2 GasGVV den Vertragsschluss schriftlich zu bestätigen, um über die Konditionen des Vertragsverhältnisses zu informieren. 30

Praxistipp !

Dem Bestätigungsschreiben zur Aufnahme in die Grundversorgung sollten das Preisblatt, die GasGVV und die ergänzenden Bedingungen als Anlagen beigefügt werden.

Die Mindestinhalte für ein Bestätigungsschreiben ergeben sich aus § 2 Abs. 3 GasGVV. Danach sind Angaben zum Kunden, zum Grundversorger, zum Netzbetreiber und zu den allgemeinen Preisen verpflichtend anzugeben. Hervorzuheben sind wiederum die Hinweispflichten nach § 2 Abs. 3 S. 2 GasGVV bzgl. der allgemeinen Bedingungen einschließlich der ergänzenden Bedingungen sowie der Möglichkeit des Kunden, Ansprüche gegen den Netzbetreiber wegen Versorgungsstörungen geltend zu machen und eine Schlichtungsstelle wie auch den Verbraucherservice der BNetzA zu kontaktieren. Der letztgenannte Hinweis ist gem. § 2 Abs. 3 S. 4 GasGVV zusätzlich auf der Internetseite des Grundversorgers zu veröffentlichen. 31

Ein Widerrufsrecht steht dem Kunden in diesem Fall nicht zu, da der Anwendungsbereich des § 312g BGB nicht eröffnet ist. Laut § 312g BGB steht Verbrauchern i. S. d. § 13 BGB im Falle des Vertragsschlusses im Fernabsatz oder außerhalb von Geschäftsräumen (mit der Ausnahme bestimmter in § 312g Abs. 2 und 3 BGB enumerativ aufgelisteter Vertragstypen) ein Widerrufsrecht zu. Die Konstellation des faktischen Vertragsschlusses kann jedoch weder unter den Tatbestand des Fernabsatzes 32 noch unter den Tatbestand des Vertragsschlusses außerhalb von Geschäftsräumen – für den z. B. eine körperliche Anwesenheit beider Vertragsparteien erforderlich ist – subsumiert werden. Folgerichtig ist ein Hinweis darauf in das Bestätigungsschreiben nicht aufzunehmen.

3. Bestätigungsschreiben zur Aufnahme in die Ersatzversorgung

33 Falls der Bezug von Energie einer Lieferung bzw. einem Liefervertrag nicht zugeordnet werden kann, gilt die Energie gem. §38 Abs. 1 S. 1 EnWG als von dem Unternehmen geliefert, das nach §36 Abs. 1 EnWG als Grundversorger zur Lieferung berechtigt und verpflichtet ist. Dieser Versorgungstyp wird als Ersatzversorgung bezeichnet.

34 Ausgangspunkt des Ersatzversorgungsverhältnisses ist die Entnahme der Energie. Erlangt der Grundversorger hiervon Kenntnis, hat er gem. §3 Abs. 2 S. 1 GasGVV dem Kunden **unverzüglich nach Kenntnisnahme, den Zeitpunkt des Beginns und des Endes der Ersatzversorgung in Textform mitzuteilen.** Ebenfalls mitzuteilen ist, dass spätestens nach dem Ende der Ersatzversorgung (maximal drei Monate nach Beginn der Ersatzversorgung) zur Fortsetzung des Elektrizitätsbezugs der Abschluss eines Bezugsvertrags durch den Kunden erforderlich ist und dass der Kunde gem. §2 Abs. 2 GasGVV verpflichtet ist, dem Grundversorger die Entnahme von Elektrizität unverzüglich in Textform mitzuteilen.

35 Das Bestätigungsschreiben zur Aufnahme in die Ersatzversorgung erfolgt gem. §3 Abs. 1 GasGVV **grundsätzlich zu denselben Konditionen wie die Grundversorgung.** Entsprechend treffen den Grundversorger die Angabe- und Hinweispflichten nach §2 Abs. 3 GasGVV. Danach sind Angaben zum Kunden, zum Grundversorger, zum Netzbetreiber und zu den allgemeinen Preisen zu machen genauso wie Hinweise zu den allgemeinen Bedingungen einschließlich der ergänzenden Bedingungen sowie der Möglichkeit des Kunden, Ansprüche gegen den Netzbetreiber wegen Versorgungsstörungen geltend zu machen und eine Schlichtungsstelle wie auch den Verbraucherservice der BNetzA zu kontaktieren. **Der Grundversorger ist berechtigt, für die Energielieferung im Wege der Ersatzversorgung gesondert allgemeine Preise zu veröffentlichen** und für die Lieferung in Rechnung zu stellen. Außerdem gelten die Kündigungsrechte der §§20 Abs. 1 und 21 GasGVV gem. §3 Abs. 1 GasGVV im Ersatzversorgungsverhältnis nicht.

36 Ein Widerrufsrecht steht dem Kunden in diesem Fall nicht zu, da der Anwendungsbereich des §312g BGB nicht eröffnet ist. Laut §312g BGB steht Verbrauchern i. S. d. §13 BGB im Falle des Vertragsschlusses im Fernabsatz oder außerhalb von Geschäftsräumen (mit der Ausnahme bestimmter in §312g Abs. 2 und 3 BGB enumerativ aufgelisteter Vertragstypen) ein Widerrufsrecht zu. Die Konstellation des faktischen Vertragsschlusses kann jedoch weder unter den Tatbestand des Fernabsatzes noch unter den Tatbestand des Vertragsschlusses außerhalb von Geschäftsräumen – für den z. B. eine körperliche Anwesenheit beider Vertragsparteien erforderlich ist –

subsumiert werden. Folgerichtig ist ein Hinweis darauf in das Bestätigungsschreiben nicht aufzunehmen.

4. Ergänzende Bedingungen zur GasGVV

Einem Grundversorger verbleiben **nur wenige Möglichkeiten**, die von der GasGVV vorgegebenen Mindestinhalte nach den eigenen Interessen zu ergänzen. Diese sog. ergänzenden Bedingungen dürfen weder den Regelungen nach den §§ 2 bis 23 GasGVV widersprechen noch über ihren Regelungsgehalt hinausgehen; anderenfalls wären diese Klauseln nichtig. 37

Beispiel
Klauseln in ergänzenden Bedingungen, die eine von § 20 Abs. 1 S. 1 GasGVV (Frist von zwei Wochen) abweichende Kündigungsfrist für den Kunden – z. B. von einem Monat – vorsehen, sind nichtig.

So wie die allgemeinen Bedingungen sind auch die ergänzenden Regelungen gem. § 2 Abs. 4 GasGVV öffentlich bekanntzumachen und **im Internet zu veröffentlichen.** 38

Ändern sich die ergänzenden Bedingungen, werden sie jeweils zum Monatsbeginn und erst nach öffentlicher Bekanntgabe wirksam. **Der Kunde muss bei Änderungen der ergänzenden Bedingungen durch briefliche Mitteilung und Veröffentlichung im Internet über die Änderung informiert werden.** Die öffentliche Bekanntgabe muss **mindestens sechs Wochen** vor der beabsichtigten Änderung erfolgen. 39

Klassischerweise sehen die ergänzenden Bedingungen unternehmensindividuelle Regelungen mit Hinblick auf die Abrechnung, insbesondere die Zahlungsmodalitäten, vor. Laut § 16 Abs. 2 GasGVV hat der Grundversorger in den ergänzenden Bedingungen **mindestens zwei mögliche Zahlungsweisen anzugeben.** Zu berücksichtigen ist dabei, dass nach der Rechtsprechung[9] jedenfalls die Barzahlungsmöglichkeit eingeräumt werden muss, sodass der Grundversorger, will er nicht auf eine von zwei anderen Zahlungsmöglichkeiten (typischerweise Lastschrifteinzug und Giroüberweisung) verzichten, im Ergebnis drei Zahlungsweisen zu ermöglichen hat. 40

Achtung
In der Grundversorgung ist dem Kunden jedenfalls die Möglichkeit der Barzahlung (auch durch Barüberweisung) einzuräumen.

Von Bedeutung ist außerdem, dass gem. § 40 Abs. 3 EnWG alle Energielieferanten verpflichtet sind, den Energieverbrauch **nach ihrer Wahl monatlich oder in anderen Zeitabschnitten**, die jedoch zwölf Monate nicht wesentlich überschreiten dürfen, 41

9 BGH, Urt. v. 5.6.2013 – VIII ZR 131/12 –.

abzurechnen. Sofern der Letztverbraucher dies wünscht, ist der Lieferant aber außerdem verpflichtet, eine monatliche, vierteljährliche oder halbjährliche Abrechnung zu vereinbaren. So gibt § 12 Abs. 1 GasGVV vor, dass der Gasverbrauch nach Maßgabe des § 40 Abs. 3 EnWG abgerechnet wird.

G. Sonderkundenverträge

I. Einführung

Gassonderkundenverträge sind Energielieferungsverträge privatrechtlicher Art, die zwar gesetzlich nicht speziell typisiert sind, auf die jedoch größtenteils die Regelungen des Allgemeinen Schuldrechts Anwendung finden. Sie haben regelmäßig eine fortlaufende Lieferbeziehung zu Letztverbrauchern zum Gegenstand und sind damit als **Dauerschuldverhältnis** (§ 314 BGB) zu qualifizieren. **Letztverbraucher** sind gem. § 3 Nr. 25 EnWG natürliche oder juristische Personen, die Energie für den eigenen Verbrauch kaufen, wobei zwischen Haushalts-[1] und Gewerbekunden[2] zu unterscheiden ist.[3] 1

Neben Sonderkundenverträgen gibt es Grundversorgungsverträge. Auch sie haben die fortlaufende Belieferung von Haushaltskunden mit Gas zum Gegenstand.[4] Die Abgrenzung zwischen beiden Vertragsarten ist jedoch nicht immer eindeutig. Für die Beurteilung, ob es sich bei einem Vertrag um einen Sonderkunden- oder einen Grundversorgungsvertrag handelt, kommt es nach ständiger Rechtsprechung des BGH[5] u. a. darauf an, ob das EVU die Versorgung – aus der Sicht eines durchschnittlichen Abnehmers – im Rahmen einer Versorgungspflicht nach den in §§ 36 ff. EnWG genannten Vorschriften oder unabhängig davon im Rahmen der **allgemeinen Vertragsfreiheit** anbietet. So sind Verträge, deren Regelungen von den Vorschriften der GasGVV abweichen (z. B. durch variable Preise, Festpreise, Bonusleistungen etc.) als Sonderkundenverträge einzustufen. **Gewerbekunden**, die einen jährlichen Gasverbrauch von über 10.000 kWh aufweisen sind keine Haushaltskunden im Sinne des EnWG und haben keinen Anspruch auf die Grundversorgung. Derartige Gewerbekunden können nach Ablauf eines Sonderkundenvertrags für die Zeitdauer von drei 2

1 Haushaltskunden sind Letztverbraucher, die Energie überwiegend für den Eigenverbrauch im Haushalt oder für einen den Jahresverbrauch von 10.000 kWh nicht übersteigenden Eigenverbrauch für berufliche, landwirtschaftliche oder gewerbliche Zwecke kaufen (vgl. § 3 Nr. 22 EnWG).

2 Gewerbekunden werden in energierechtlichen Normen nicht legaldefiniert. Man wird darunter Letztverbraucher verstehen können, die Energie nicht im Haushalt verbrauchen. Darunter fallen sowohl Letztverbraucher mit einem einen Jahresverbrauch von 10.000 kWh nicht übersteigenden Verbrauch für berufliche, landwirtschaftliche oder sonstige gewerbliche Zwecke („Kleingewerbe") sowie Letztverbraucher, die Energie für die vorgenannten Zwecke verbrauchen und einen Jahresverbrauch von mehr als 10.000 kWh haben.

3 Den „Gegenpart" zu Letztverbrauchern bilden Großhändler. Sie kaufen Energie nicht für den eigenen Verbrauch, sondern zum Zwecke des Weiterverkaufs (vgl. § 3 Nr. 21 EnWG). Energielieferungsverträge mit Großhändlern sind nicht Gegenstand der folgenden Ausführungen.

4 Vgl. die Erläuterung in Kap. 3.F – Grundversorgungsvertrag.

5 Vgl. statt vieler BGH, Urt. v. 15.7.2007 – VIII ZR 225/07 –.

Monaten in die Ersatzversorgung[6] fallen, gehen jedoch im Anschluss daran nicht in die Grundversorgung über. Es steht einem EVU allerdings frei, auch Gewerbekunden mit einem Gasverbrauch von über 10.000 kWh/Jahr einen Grundversorgungsvertrag anzubieten.

3 Während EVU bei der Gestaltung von Sonderkundenverträgen hinsichtlich des Vertragsinhaltes weitestgehend frei sind, basieren die Regelungen in Gasgrundversorgungsverhältnissen auf zwingenden verordnungsrechtlichen Vorschriften der GasGVV. Ferner unterscheiden sich Sonder- und Grundversorgungsverträge darin, dass EVU nicht verpflichtet sind, Sonderkundenverträge anzubieten und abzuschließen. Demgegenüber haben EVU, die gleichzeitig Grundversorger sind, die Pflicht, im Wege der Daseinsvorsorge entsprechende Grundversorgungsverträge abzuschließen (sog. **Kontrahierungszwang**).

4 Sonderkundenverträge gibt es in verschiedenen Varianten, je nach avisierter Kundengruppe. Neben der Unterscheidung von Haushalts- und Gewerbekunden kann zwischen **Standardlastprofilkunden** (**SLP**-Kunden) und solchen Kunden differenziert werden, die eine **registrierende Lastgangmessung** haben (**RLM**-Kunden). Bei Haushalts- und kleineren Gewerbekunden sind der Verbrauch und das Abnahmeverhalten anhand statistischer Erfahrungswerte und Wetterprognosen verhältnismäßig gut kalkulierbar. Dementsprechend werden einzelne Kundengruppen bestimmten Standardlastprofilen zugeordnet. Auf Basis des einem Standardlastprofil zugrunde liegenden Abnahmeverhaltens werden vom Kunden in der Regel unterjährige Abschläge gezahlt und der Verbrauch am Ende eines Belieferungszeitraums (zumeist jährlich) nach entsprechender Ablesung schlussabgerechnet. Die Anwendung von Standardlastprofilen ist grundsätzlich für Letztverbraucher angedacht, die eine stündliche Ausspeiseleistung von bis zu 500 kWh/h und eine jährliche Entnahme von bis zu 1.500.000 kWh haben (§ 24 Abs. 1 GasNZV).

5 Demgegenüber gibt es letztverbrauchende Kunden, die eine höhere Abnahme haben bzw. deren Abnahme aus Sicht eines EVU nur schwer zu prognostizieren ist, sodass sie keinem Standardlastprofil zugeordnet werden können. Solche Kunden werden in der Regel mit einer **registrierenden Lastgangmessung** ausgestattet. Aus einem Umkehrschluss zu § 24 Abs. 1 GasNZV folgt, dass grundsätzlich solche Kunden mit einer registrierenden Lastgangmessung auszustatten sind, die eine über 500 kWh/h hinausgehende stündliche Ausspeiseleistung und eine jährliche Entnahme von mehr als 1.500.000 kWh aufweisen. Unterhalb dieser Grenze darf eine registrierende Lastgangmessung wegen der damit verbundenen Kostentragungspflicht grund-

6 Als Ersatzversorgung i. S. v. § 38 EnWG gilt die Belieferung von Energie, die Letztverbraucher aus dem Netz der allgemeinen Versorgung beziehen, ohne dass der Bezug einer Lieferung oder einem bestimmten Liefervertrag zugeordnet werden kann. Eine Zuordnung kann beispielsweise immer dann nicht vorgenommen werden, wenn der Liefervertrag durch Zeitablauf oder Kündigung beendet worden ist und noch kein neuer Liefervertrag abgeschlossen worden ist.

sätzlich nur dann verwendet werden, wenn dies im Einzelfall zwischen Netznutzer und Netzbetreiber vereinbart wird (§ 24 Abs. 2 GasNZV). Demgegenüber ist es nicht zwingend, bei Kunden oberhalb dieser Grenze eine registrierende Lastgangmessung zu installieren. Es steht dem Netzbetreiber insoweit frei, auch bei Kunden mit einem entsprechend höheren Abnahmeverhalten Standardlastprofile zu verwenden.

Bei RLM-Kunden wird der Gasverbrauch in der Regel stündlich gemessen und 6 monatsscharf abgerechnet. Vor diesem Hintergrund ergeben sich nicht unerhebliche Unterschiede in der Ausgestaltung der sonderkundenvertraglichen Regelungen für SLP- und RLM-Kunden.

Der **Vertragsschluss** erfolgt bei Sonderkundenverträgen grundsätzlich mit 7 Unterzeichnung durch beide Vertragsparteien. Bei standardisierten Auftragsformularen gilt das z. B. zum Download bereitgestellte oder in Geschäftsräumen ausliegende Formular jedoch lediglich als sog. **invitatio ad offerendum**. Das Ausfüllen und Unterzeichnen des Auftragsformulars durch den Kunden stellt dabei das Angebot zum Vertragsabschluss dar. Die Annahme erfolgt dann durch das EVU. Nicht selten steht die Annahme unter dem Vorbehalt einer positiven Bonitätsprüfung des Kunden. Im Gegensatz zum Grundversorgungsvertrag (vgl. § 2 Abs. 2 S. 1 GasGVV) ist ein faktischer Vertragsschluss bei Sonderkundenverträgen durch die bloße Entnahme von Erdgas aus dem Gasversorgungsnetz der allgemeinen Versorgung nicht möglich.

Oftmals werden bei Sonderkundenverträgen die Regelungen der GasGVV mit ein- 8 bezogen, was im Einzelfall zu den oben bereits erwähnten Abgrenzungsschwierigkeiten führen kann. Die Bestimmungen der GasGVV gelten allerdings in der Regel nur, soweit nichts Anderes oder Gegenteiliges im Vertrag vereinbart ist.

Soweit Sonderkundenverträge für eine **Vielzahl von Letztverbrauchern** ange- 9 boten werden (was – mit Ausnahme vielleicht von Individualsonderkundenverträgen – regelmäßig der Fall sein dürfte), handelt es sich bei den vertraglichen Regelungen in der Regel um sog. **Allgemeine Geschäftsbedingungen** i. S. v. § 305 Abs. 1 S. 1 BGB. Allgemeine Geschäftsbedingungen sind alle für eine Vielzahl von Verträgen vorformulierten Vertragsbedingungen, die eine Vertragspartei (der Verwender) der anderen Vertragspartei bei Abschluss eines Vertrags stellt. In diesem Fall sieht der Gesetzgeber die andere Vertragspartei als besonders schutzwürdig an, so dass der Verwender von Allgemeinen Geschäftsbedingungen eine Reihe von zusätzlichen gesetzlichen Anforderungen bei der Klauselgestaltung zu beachten hat. Zu erwähnen sind hierbei insbesondere die speziellen Vorgaben nach §§ 307 ff. BGB zur inhaltlichen Ausgestaltung von Allgemeinen Geschäftsbedingungen. Danach sind z. B. bei Dauerschuldverhältnissen eine Erstlaufzeit von mehr als zwei Jahren, eine auf eine stillschweigende Verlängerung folgende Anschlusslaufzeit von mehr als einem Jahr und eine Kündigungsfrist von mehr als drei Monaten vor Ablauf der vorgesehenen Vertragslaufzeit nicht zulässig. Abzugrenzen sind Allgemeine Geschäftsbedingungen von individualvertraglichen, also zwischen den Vertragsparteien im Vorfeld des Vertragsschlusses im Einzelnen ausgehandelten Regelungen. Solche Regelungen sind nicht (mehr) als vom Klauselverwender – dem EVU – einseitig vorgegeben anzusehen und stellen somit keine Allgemeinen Geschäftsbedingungen dar. Da die andere Vertragspartei in diesem Fall nicht mehr als besonders schutzwürdig angesehen wird, unterfallen individualvertraglich ausgehandelte Regelungen von vornherein nicht der Inhaltskontrolle gemäß §§ 307 ff. BGB.

10 An die Ausgestaltung von Sonderkundenverträgen für **Haushaltskunden** werden aber noch weitere gesetzliche Anforderungen geknüpft. Solche sind u. a. in § 41 EnWG enthalten. Danach müssen Haushaltskundenverträge insbesondere folgende Pflichtangaben enthalten:

- die Vertragsdauer, die Preisanpassung, die Kündigungstermine und Kündigungsfristen sowie das Rücktrittsrecht des Kunden;
- die zu erbringenden Leistungen einschließlich angebotener Wartungsdienste;
- die Zahlungsweise;
- Haftungs- und Entschädigungsregelungen bei Nichteinhaltung vertraglich vereinbarter Leistungen;
- einen Hinweis auf den unentgeltlichen und zügigen Lieferantenwechsel;
- die Art und Weise, wie aktuelle Informationen über die geltenden Tarife und Wartungsentgelte erhältlich sind;
- Informationen über die Rechte der Haushaltskunden im Hinblick auf Streitbeilegungsverfahren, einschließlich der für Verbraucherbeschwerden nach § 111b EnWG eingerichteten Schlichtungsstelle und deren Anschrift sowie die Kontaktdaten des Verbraucherservices der BNetzA für den Bereich Elektrizität und Gas.

11 Unabhängig von der zwingenden Anwendung bei Sonderkundenverträgen mit Haushaltskunden werden die vorstehenden Regelungen nicht selten auch in Sonderkundenverträgen mit Gewerbekunden mit einem Abnahmeverhalten von mehr als 10.000 kWh aufgenommen.

12 **Weitere rechtliche Vorgaben** könnten zudem in Zukunft aus einer vom BMWi beabsichtigten Änderung der StromGVV resultieren.[7] Auch wenn die beabsichtigten Änderungen zunächst Regelungen in der StromGVV betreffen, dürften sich diese aufgrund der im Wesentlichen deckungsgleichen Inhalte in gleicher oder ähnlicher Form in der GasGVV wiederfinden. Das EnWG beinhaltet zudem in § 41 Abs. 5 EnWG eine Ermächtigungsgrundlage für den Erlass einer sog. Sonderkundenvertragsverordnung. Vor dem Hintergrund der jüngsten Rechtsprechung des BGH zur Wirksamkeit von Preisanpassungsklauseln[8] in Sonderkundenverträgen, seiner Abkehr von der sog. **Leitbildrechtsprechung**[9] und der damit verbundenen Rechtsunsicherheit bei der Gestaltung von Preisanpassungsklauseln wäre der Erlass einer solchen Verord-

7 Vorschlag des BMWi zur Änderung der StromGVV aus November 2013.

8 Vgl. nachfolgende Erläuterung zu Preisanpassungsklauseln, Rn 81, 82 ff.

9 Vgl. BGH, Urt. v. 31.7.2013 – VIII ZR 162/09 –. Mit dieser Entscheidung hat der BGH seine bis dahin gefestigte Rechtsprechung aufgegeben, nach der eine Preisanpassungsklausel in Allgemeinen Genung sicherlich positiv zu bewerten, nicht zuletzt, um allein in diesem Punkt ein höheres Maß an Rechtssicherheit zu schaffen.

Weitere Pflichtinformationen und -angaben in Sonderkundenverträgen resultie- 13
ren u. a. aus § 4 Abs. 1 **Energiedienstleistungsgesetz** (EDL-G)[10]. Hiernach haben EVU ihre Kunden mindestens jährlich über die Wirksamkeit von Energieeffizienzmaßnahmen und für sie verfügbare Angebote, die durch Energiedienstleister, Anbieter von Energieaudits und Anbieter von Energieeffizienzmaßnahmen mit wettbewerbsorientierter Preisgestaltung durchgeführt werden, zu unterrichten.

Sonderkundenverträge schließen in der Regel als sog. **All-inclusive-Verträge** 14
die Netznutzung, also den Transport des Erdgases durch das Erdgasnetz bis hin zur Entnahmestelle, durch das EVU in seiner Funktion als Gaslieferant ein. Dies hat zur Folge, dass Sonderkundenverträge häufig auch Regelungen zur Leistungspflicht und zum rechtmäßigen Anspruchsgegner im Falle von netzbedingten Störungen und Unterbrechungen enthalten.

Möglich ist allerdings auch, dass Letztverbraucher selbst separate Ausspeisever- 15
träge mit dem Netzbetreiber abschließen. Dies wird von großen, gewerblichen SLP-Kunden sowie RLM-Kunden genutzt. In diesem Fall ist der Gasliefervertrag ein reiner „Liefervertrag". Hauptleistungspflichten des Ausspeisevertrags sind seitens des Netzbetreibers die Gewährung des Netzzugangs und der Netznutzung, und seitens des Letztverbrauchers in seiner Rolle als Netznutzer die Zahlung eines entsprechenden Netzentgeltes für die Netznutzung. Der Liefervertrag ohne Netznutzung begründet dann eine Holschuld des Kunden, da es seine vertragliche Pflicht ist, die tatsächliche Lieferung des Gases über die verschiedenen Netzebenen sicherzustellen. Solche reinen Lieferverträge ohne Netznutzung könnten auch bei Haushaltskunden eine neue Vertriebsform darstellen. In letzter Zeit drängen Vertriebsgesellschaften auf den Markt, die insbesondere bei der Belieferung mit Elektrizität, aber auch bei der Belieferung mit Gas gegenüber ihren Kunden reine Lieferverträge anbieten. In dem separat abzuschließenden Ausspeisevertrag zwischen Kunden und Netzbetreiber sind dann entsprechend die netzseitigen Kosten (insbesondere Netzentgelte und Konzessionsabgaben) enthalten.

schäftsbedingungen, die § 5 Abs. 2 und 3 GasGVV bzw. deren Vorgängernorm § 4 AVBGasV nachgebildet ist, einer Inhaltskontrolle standhielt.

10 Gesetz über Energiedienstleistungen und andere Energieeffizienzmaßnahmen v. 4.11.2010, BGBl. I S. 1483.

II. Vertragsmuster

1. Gassonderkundenvertrag Haushaltskunden

Muster

16 **Auftrag über die Lieferung von Gas**
Produktname (Haushaltskunden)

Bitte zurücksenden an:

Stadtwerke ... GmbH
Straße, Nr.
PLZ Ort

Bei Fragen:

Raum für Öffnungszeiten und Telefonnummern sowie E-Mail-Adressen

Auftraggeber/Kunde

☐ Herr ☐ Frau ☐ Firma

Name Vorname

Geburtsdatum (nur für Privatkunden; Verbraucher i. S. v. § 13 BGB)

Straße, Hausnummer

Postleitzahl Ort

Telefonnummer

E-Mail-Adresse

Registernummer (nur für Firmenkunden; Unternehmer i. S. v. § 14 BGB)

Registergericht (nur für Firmenkunden; Unternehmer i. S. v. § 14 BGB)

Verbrauchsstelle
(nur ausfüllen, wenn abweichend von Adresse des Auftraggebers)

Straße, Hausnummer

Postleitzahl Ort

Bisherige Gasversorgung
Ich beziehe bisher für die Verbrauchsstelle:
- ☐ Kein Gas
- ☐ Gas von der Stadtwerke ... GmbH

Abrechnungsnummer

- ☐ Gas von einem anderen Versorger:

Name des bisherigen Versorgers

Kundennummer beim bisherigen Versorger

Gewünschter Lieferbeginn
(bitte ankreuzen und ggf. eintragen)
- ☐ Nächstmöglicher Termin
- ☐ Datum des Lieferbeginns:

Branche
- ☐ Gaslieferung erfolgt überwiegend für Haushaltszwecke

Branche (soweit nicht überwiegend für Haushaltszwecke)

Gaszähler und Verbrauch
(soweit Angaben zur Hand)

Gaszählernummer Zählerstand am Tag der Auftragserteilung

Voraussichtlicher Jahresverbrauch oder Vorjahresverbrauch in kWh

Produktname, Preise, Lieferzeit

Grundpreis Euro/Monat	... € netto	... € brutto
Arbeitspreis Ct/kWh	... € netto	... € brutto

Der Vertrag hat eine Grundlaufzeit von einem Jahr. Danach endet der Vertrag, ohne dass es einer Kündigung durch eine der Vertragsparteien bedarf.

Zahlungsweise

☐ **SEPA-Lastschriftmandat** – Ich ermächtige die Stadtwerke ... GmbH, fällige Zahlungen von meinem Konto mittels Lastschrift einzuziehen:

____

Vorname und Name des Kontoinhabers

____

Straße, Hausnummer (falls Kontoinhaber von Auftraggeber abweicht)

____

Postleitzahl, Ort (falls Kontoinhaber von Auftraggeber abweicht)

DE__|____|____|____|____|__
IBAN

______________ ________|___
Kreditinstitut BIC

Zugleich weise ich mein Kreditinstitut an, die von der Stadtwerke ... GmbH auf mein Konto gezogenen Lastschriften einzulösen.

Hinweis: Ich kann innerhalb von acht Wochen, beginnend mit dem Belastungsdatum, die Erstattung des belasteten Betrags verlangen. Es gelten dabei die mit meinem Kreditinstitut vereinbarten Bedingungen.

Die Mandatsreferenz wird separat durch die Stadtwerke ... GmbH mitgeteilt.

*X*______________________________

Datum Unterschrift des Kontoinhabers

Hinweis (Falls Kontoinhaber vom Auftraggeber abweicht):
Für den Fall, dass der Kontoinhaber von dem Auftraggeber abweicht, gilt das vorab erteilte SEPA-Lastschriftmandat für diesen Auftrag über die Lieferung von Gas zwischen der Stadtwerke ... GmbH und dem Auftraggeber.

☐ Ich überweise die fälligen Zahlungen.

Information

☐ Ich bin einverstanden, dass mich die Stadtwerke ... GmbH zu ihren unternehmenseigenen Produkten und Dienstleistungen, die die Stadtwerke ... GmbH im Zusammenhang mit Energie anbietet, oder zum Zwecke der Markt- oder Meinungsforschung per
- ☐ E-Mail
- ☐ Telefon
- ☐ Kurznachricht (SMS/MMS)
- ☐ Fax

anspricht. Dieser Ansprache sowie der Verarbeitung oder Nutzung meiner personenbezogenen Daten kann ich jederzeit gegenüber der Stadtwerke ... GmbH widersprechen.

[**Ausfüllhinweis**: Bitte beachten Sie als Verwender dieses Formulars: Der vorstehende Absatz ist nur dann erforderlich, wenn Sie tatsächlich Daten zu diesen Zwecken (z. B. Informationen über Produkte und Dienstleistungen der Stadtwerke ... GmbH im Zusammenhang mit Energie oder Markt- und Meinungsforschung) erheben, verarbeiten oder nutzen. Andernfalls ist dieser Informationsblock ganz oder teilweise (bspw. „Markt- und Meinungsforschung" oder ein Kommunikationsmittel aus dem Vertragsmuster) zu streichen.]

Einwilligungserklärung Datenschutz
Mit meiner Unterschrift erkläre ich mich damit einverstanden, dass die anhand dieses Gaslieferungsvertrages erhobenen Daten zum Zwecke der ... erhoben, verarbeitet oder genutzt werden können.
[**Ausfüllhinweis** für den Verwender dieses Formulars: Bitte beschreiben Sie hier die jeweils spezifischen Zwecke, zu denen die Daten verarbeitet werden, z. B. zu Zwecken der Information über Produkte und Dienstleistungen der Stadtwerke ... GmbH im Zusammenhang mit Energie oder zur Markt- und Meinungsforschung. Bitte stellen Sie auch dar, an welche Dritten Daten weitergegeben werden, z. B. an einen IT-Dienstleister, der die IT-Systeme für Sie betreibt oder an ein mit Ihnen verbundenes Unternehmen.
Die Darstellung der Zwecke und Empfänger muss konkret die bei Ihnen bestehenden Datenverarbeitung- und Nutzungsvorgänge wiedergeben. Sofern Sie hierzu Unterstützung benötigen, sprechen Sie uns gerne an.]
Ich wurde darauf hingewiesen, dass die Erhebung, Verarbeitung und Nutzung meiner Daten auf freiwilliger Basis erfolgt. Ferner, dass ich meine Einwilligung ohne für mich nachteilige Folgen verweigern bzw. jederzeit mit Wirkung für die Zukunft widerrufen kann. Meine Widerrufserklärung werde ich richten an ...
[**Ausfüllhinweis** für den Verwender dieses Formulars: Bitte fügen Sie hier ihre postalische Adresse ein.]
Falls Sie mit der Datenerhebung, -verarbeitung oder -nutzung nicht einverstanden sein sollten, streichen Sie bitte diese Einwilligung zur Datenerhebung.

Auftragserteilung
Ich beauftrage die Stadtwerke ... GmbH, zu den vorab genannten Bedingungen sowie den Allgemeinen Vertragsbedingungen für Gaslieferungen in Niederdruck (Haushaltskunden) der Stadtwerke ... GmbH in der Fassung vom ... die oben genannte Verbrauchsstelle mit Gas zu beliefern. Die in Ziffer 6 der Allgemeinen Vertragsbedingungen für Gaslieferungen in Niederdruck (Haushaltskunden) enthaltene Widerrufsbelehrung habe ich zur Kenntnis genommen. Gleichzeitig bevollmächtige ich die Stadtwerke ... GmbH, den für die Verbrauchsstelle eventuell bestehenden Gasliefervertrag zu kündigen und die für die Gaslieferung erforderlichen Verträge mit dem zuständigen Netzbetreiber zu schließen. Der Lieferantenwechsel erfolgt zügig und ist für mich kostenlos.

X ______________________________
Datum Unterschrift des Auftraggebers/Kunden

Allgemeine Vertragsbedingungen für Gaslieferungen in Niederdruck (Haushaltskunden)

1. **Vertragsabschluss**

1.1. Der Vertrag wird zu dem in der Auftragsbestätigung (Annahme) von der Stadtwerke ... GmbH genannten Datum wirksam, spätestens aber nach Durchführung des Lieferantenwechsels nach § 20a EnWG mit Lieferbeginn. Der Lieferantenwechsel darf drei Wochen, gerechnet ab dem Zeitpunkt des Zugangs der Anmeldung zur Netznutzung durch die Stadtwerke ... GmbH bei dem Netzbetreiber, an dessen Netz die Entnahmestelle angeschlossen ist, nicht überschreiten.

1.2. Der Zählerstand zum Zeitpunkt des Lieferbeginns wird rechnerisch ermittelt, sofern keine abgelesenen Daten vorliegen.

1.3. Der Kunde zeigt der Stadtwerke ... GmbH einen Umzug spätestens zwei Wochen vor dem Umzugstermin schriftlich an. Im Falle eines Umzugs des Kunden innerhalb des Netzgebietes der Stadtwerke ... GmbH [oder Name des Netzbetreibers] bietet die Stadtwerke ... GmbH an, den Vertrag auf Verlangen des Kunden auf die neue Lieferanschrift zu übertragen. Im Falle des Wegzugs des Kunden aus dem Netzgebiet können beide Parteien den Vertrag mit einer Frist von zwei Wochen kündigen.

2. **Preise und Preisanpassung**

2.1. Der Vertragspreis setzt sich aus einem verbrauchsunabhängigen Netto-Grundpreis und einem verbrauchsabhängigen Netto-Arbeitspreis zusammen.

2.2. Die Bruttopreise enthalten zusätzlich die Umsatzsteuer in der jeweils gesetzlichen Höhe (derzeit 19 %).

2.3. Die Stadtwerke ... GmbH wird die Netto-Preise während der Vertragslaufzeit nicht ***ändern***.

2.4. Aktuelle Informationen über die geltenden Tarife der Stadtwerke ... GmbH sowie die in Ziffer 2.2 genannten Preisbestandteile sind auf unserer Homepage www.....de zu finden.

3. **Abrechnung**

3.1. Die Abrechnung erfolgt grundsätzlich einmal im Jahr. Der Kunde ist jedoch berechtigt, abweichend von Satz 1 eine monatliche, viertel- oder halbjährliche Abrechnung zu verlangen.

3.2. Wird der Verbrauch für mehrere Monate abgerechnet, so kann die Stadtwerke ... GmbH für die nach der letzten Abrechnung verbrauchten Gaslieferungen eine Abschlagszahlung verlangen. Diese ist anteilig für den Zeitraum der Abschlagszahlungen entsprechend dem Verbrauch im zuletzt abgerechneten Zeitraum zu berechnen. Ist eine solche Berechnung nicht möglich, so bemisst sich die Abschlagszahlung nach dem durchschnittlichen Verbrauch vergleichbarer Kunden.

3.3. Das dem Kunden gelieferte Gas wird in Kubikmeter (m^3) gemessen und mittels eines Umrechnungsfaktors in die entsprechende Energiemenge (kWh) umgerechnet. Der maßgebliche Umrechnungsfaktor kann der Abrechnung entnommen werden.

4. **Verbraucherschutz und außergerichtliche Streitbeilegung**

4.1. Der Kunde kann sich mit Fragen zu Energieliefervertragsverhältnissen wenden an:
Bundesnetzagentur für Elektrizität, Gas, Telekommunikation, Post und Eisenbahn
Verbraucherservice Energie
Postfach 8001
53105 Bonn
Tel.: 030 22480-500 (Mo. – Fr. 9:00–12:00 Uhr)
Fax: 030 22480-323
E-Mail: verbraucherservice-energie@bnetza.de

4.2. Zur außergerichtlichen Beilegung von Streitigkeiten zwischen der Stadtwerke ... GmbH und dem Kunden über den Gegenstand dieses Vertrages kann der Kunde, soweit die Stadtwerke ... GmbH die zugrundeliegende Beschwerde des Kunden nicht innerhalb einer Frist von vier

Wochen ab Zugang bei der Stadtwerke ... GmbH beantwortet oder der Beschwerde abgeholfen hat, sich an folgende Stelle wenden:
Schlichtungsstelle Energie e. V.
Friedrichstr. 133
10117 Berlin
Tel.: 030 2757240-0
Fax: 030 2757240-69
E-Mail: info@schlichtungsstelle-energie.de
Internet: www.schlichtungsstelle-energie.de

5. **Widerrufsbelehrung (gilt nur für Privatkunden, die Verbraucher im Sinne des § 13 BGB sind)**
Widerrufsrecht
Sie haben das Recht, binnen vierzehn Tagen ohne Angabe von Gründen diesen Vertrag zu widerrufen.
Die Widerrufsfrist beträgt vierzehn Tage ab dem Tag des Vertragsabschlusses.
Um Ihr Widerrufsrecht auszuüben, müssen Sie uns ***[Name, Straße und Hausnummer, Postleitzahl und Ort, Telefonnummer, Telefaxnummer und E-Mail-Adresse]*** mittels einer eindeutigen Erklärung (z. B. ein mit der Post versandter Brief, Telefax oder E-Mail) über Ihren Entschluss, diesen Vertrag zu widerrufen, informieren. Sie können dafür das beigefügte Muster-Widerrufsformular verwenden, das jedoch nicht vorgeschrieben ist. Sie können dafür auch das Muster-Widerrufsformular auf unserer Webseite ***[Internet-Adresse einfügen]*** elektronisch ausfüllen oder eine andere eindeutige Erklärung verwenden und an uns übermitteln. Machen Sie von dieser Möglichkeit Gebrauch, so werden wir Ihnen unverzüglich (z. B. per E-Mail) eine Bestätigung über den Eingang eines solchen Widerrufs übermitteln.
Zur Wahrung der Widerrufsfrist reicht es aus, dass Sie die Mitteilung über die Ausübung des Widerrufsrechts vor Ablauf der Widerrufsfrist absenden.

Widerrufsfolgen
Wenn Sie den Vertrag widerrufen, haben wir Ihnen alle Zahlungen, die wir von Ihnen erhalten haben, einschließlich der Lieferkosten (mit Ausnahme der zusätzlichen Kosten, die sich daraus ergeben, dass Sie eine andere Art der Lieferung als die von uns angebotene, günstigste Standardlieferung gewählt haben), unverzüglich und spätestens binnen vierzehn Tagen ab dem Tag zurückzuzahlen, an dem die Mitteilung über Ihren Widerruf dieses Vertrags bei uns eingegangen ist. Für diese Rückzahlung verwenden wir dasselbe Zahlungsmittel, das Sie bei der ursprünglichen Transaktion eingesetzt haben, es sei denn, mit Ihnen wurde ausdrücklich etwas anderes vereinbart; in keinem Fall werden Ihnen wegen dieser Rückzahlung Entgelte berechnet.
Haben Sie verlangt, dass die Dienstleistungen oder die Lieferung von Gas während der Widerrufsfrist beginnen soll, so haben Sie uns einen angemessenen Betrag zu zahlen, der dem Anteil der bis zu dem Zeitpunkt, zu dem Sie uns von der Ausübung des Widerrufsrechts hinsichtlich dieses Vertrages unterrichten, bereits erbrachten Dienstleistungen im Vergleich zum Gesamtumfang der im Vertrag vorgesehenen Dienstleistungen entspricht.
Ende der Widerrufsbelehrung

6. **Bonitätsauskunft**
[**Ausfüllhinweis**: Achtung: Der folgende Hinweis darf nur verwendet werden, wenn die Stadtwerke ... GmbH Mitglied der SCHUFA ist. Andernfalls könnte der Hinweis wettbewerbsrechtlich als irreführend eingestuft werden. Sollte die Stadtwerke GmbH nicht in Vorleistung gehen, so muss der Kunde in die Bonitätsauskunft ausdrücklich schriftlich einwilligen.]
Sofern die Stadtwerke ... GmbH in Vorleistung tritt, zum Beispiel bei einem Kauf auf Rechnung, ist die Stadtwerke ... GmbH berechtigt, eine Bonitätsauskunft auf der Basis mathematisch-

statistischer Verfahren über den Kunden bei der SCHUFA Holding AG; Kormoranweg 5, 65201 Wiesbaden (SCHUFA) einzuholen. Zu diesem Zweck übermittelt die Stadtwerke ... GmbH die zu einer Bonitätsprüfung benötigten personenbezogenen Daten an die SCHUFA und verwendet die erhaltenen Informationen über die statistische Wahrscheinlichkeit eines Zahlungsausfalls für eine abgewogene Entscheidung über die Begründung, Durchführung oder Beendigung des Vertragsverhältnisses.
Die Bonitätsauskunft kann Wahrscheinlichkeitswerte (Score-Werte) beinhalten, die auf Basis wissenschaftlich anerkannter mathematisch-statistischer Verfahren berechnet werden und in deren Berechnung unter anderem Anschriftendaten einfließen. Die schutzwürdigen Belange des Kunden werden gemäß den gesetzlichen Bestimmungen berücksichtigt.
Der Kunde kann bei der SCHUFA-Auskunft über die ihn betreffenden Daten verlangen. Weitere Informationen über das SCHUFA-Auskunftsverfahren findet der Kunde auf der Homepage der SCHUFA unter www.schufa.de.

7. Rechtsnachfolge

Die Stadtwerke ... GmbH ist berechtigt, die Rechte und Pflichten aus diesem Vertrag als Gesamtheit auf einen Rechtsnachfolger zu übertragen. Der Kunde ist in diesem Fall berechtigt, den Vertrag mit Wirkung zu dem Übertragungszeitpunkt zu kündigen, der dem Kunden vorab rechtzeitig in Textform mitgeteilt wird.

8. Verschiedenes

8.1. Soweit in diesem Vertrag nichts anderes geregelt ist, gelten für die Lieferung des Gases im Übrigen die Verordnung über Allgemeine Bedingungen für die Grundversorgung von Haushaltskunden und die Ersatzversorgung mit Gas aus dem Niederdrucknetz (Gasgrundversorgungsverordnung – GasGVV – Bundesgesetzblatt Jahrgang 2006 Teil I Nr. 50 vom 07.11.2006, Seite 2396) und die ergänzenden Bedingungen der Stadtwerke ... GmbH zur GasGVV, jeweils in ihrer aktuellen Fassung. Die bei Vertragsschluss aktuellen Fassungen liegen bei.

8.2. Sollten sich die diesem Vertrag zugrundeliegenden Regelwerke, einschlägigen Rechtsvorschriften (z. B. das EnWG sowie die hierzu ergangenen einschlägigen Verordnungen), einschlägige Rechtsprechung und/oder behördliche Praxis (insbesondere Festlegungen der Bundesnetzagentur oder der zuständigen Regulierungsbehörde) nach Vertragsabschluss ändern, ist die Stadtwerke ... GmbH mit Ausnahme der in Ziffer 2.3 enthaltenen Regelung berechtigt, den Vertrag und diese Vertragsbedingungen zum 1. eines Monats anzupassen, soweit die Anpassung dem Kunden zumutbar ist. Die Stadtwerke ... GmbH wird dem Kunden eine solche Anpassung sechs Wochen vor deren Inkrafttreten brieflich mitteilen. In diesem Fall ist der Kunde berechtigt, das Vertragsverhältnis ohne Einhaltung einer Frist zum Inkrafttreten der Änderungen zu kündigen. Die Kündigung bedarf der Textform. Macht der Kunde von dem Kündigungsrecht keinen Gebrauch, gilt die Anpassung als genehmigt. Auf sein Kündigungsrecht sowie die vorgenannte Folge wird der Kunde in der Mitteilung hingewiesen.

8.3. Die Stadtwerke ... GmbH ist als Lieferant bei einer Unterbrechung oder Unregelmäßigkeit in der Gasversorgung von der Leistungspflicht befreit, soweit es sich um Folgen einer Störung des Netzbetriebs einschließlich des Netzanschlusses handelt. Ansprüche wegen solcher Versorgungsstörungen können gegen den Netzbetreiber geltend gemacht werden. Netzbetreiber ist die Stadtwerke ... GmbH/ABC GmbH ***[mit vollständigen Geschäftsangaben, wie Handelsregisternummer und Registergericht]***.

8.4. Hinweis gemäß Energiesteuer-Durchführungsverordnung – EnergieStV:
„Steuerbegünstigtes Energieerzeugnis! Darf nicht als Kraftstoff verwendet werden, es sei denn, eine solche Verwendung ist nach dem Energiesteuergesetz oder der Energiesteuer-Durchführungsverordnung zulässig. Jede andere Verwendung als Kraftstoff hat steuer- und

strafrechtliche Folgen! In Zweifelsfällen wenden Sie sich bitte an Ihr zuständiges Hauptzollamt."

Anlagenverzeichnis[11]
Anlage 1: Gasgrundversorgungsverordnung (GasGVV)
Anlage 2: Ergänzende Bedingungen zur GasGVV
Anlage 3: Informationsblatt zum Thema „Energieeffizienz"
[**Hinweis:** Gemäß § 4 Abs. 2 EDL – G sind Energieversorgungsunternehmen verpflichtet, Informationen über Energiedienstleistungen, Energieeffizienzmaßnahmen etc., anzubieten. Sinnvoll wäre insoweit, diese Informationen auf einem Informationsblatt darzustellen bzw. die Information als deutlichen Hinweis in die allgemeinen Vertragsbedingungen einzufügen (ggf. hervorgehoben durch einen Rahmen).]
Anlage 4: Widerrufsformular

11 Die Anlage 3 ist unternehmensintern individuell auszufüllen, für Anlage 2 s. Kap. 3.F Rn 13. Die GasGVV – Anlage 1 – ist online abrufbar unter http://www.gesetze-im-internet.de.

Anlage 4 **Widerrufsformular**

Wenn Sie den Vertrag widerrufen wollen, dann füllen Sie bitte dieses Formular aus und senden es zurück.

An die
Stadtwerke ... GmbH
Straße, Nr.
PLZ Ort
[ggf. die Telefaxnummer und E-Mail-Adresse]

Hiermit widerrufe(n) ich/wir (*) den von mir/uns (*) abgeschlossenen Vertrag über den Kauf der folgenden Waren (*)/die Erbringung der folgenden Dienstleistung (*):

Bestellt am (*)/erhalten am (*)

Name des/der Verbraucher(s)

Anschrift des/der Verbraucher(s)

Datum Unterschrift des/der Verbraucher(s) (nur bei Mitteilungen auf Papier)

(*) Unzutreffendes streichen.

2. Gassonderkundenvertrag Gewerbekunden

Muster

Auftrag über die Lieferung von Gas 17
Produktname (Gewerbekunden)

Bitte zurücksenden an:

Stadtwerke ... GmbH
Straße, Nr.
PLZ Ort

Bei Fragen:

Raum für Öffnungszeiten und Telefonnummern sowie E-Mail-Adressen

Auftraggeber/Kunde

☐ Herr ☐ Frau ☐ Firma

Name Vorname

Straße, Hausnummer

Postleitzahl Ort

Telefonnummer

E-Mail-Adresse

Registernummer

Registergericht

Verbrauchsstelle
(nur ausfüllen, wenn abweichend von Adresse des Auftraggebers)

Straße, Hausnummer

Postleitzahl Ort

Bisherige Gasversorgung
Ich beziehe bisher für die Verbrauchsstelle:

☐ Kein Gas
☐ Gas von der Stadtwerke ... GmbH

Abrechnungsnummer

☐ Gas von einem anderen Versorger:

Name des bisherigen Versorgers

Kundennummer beim bisherigen Versorger

Gewünschter Lieferbeginn/Branche
(bitte ankreuzen und ggf. eintragen)

☐ Nächstmöglicher Termin
☐ Datum des Lieferbeginns:

Branche

Gaszähler und Verbrauch
(soweit Angaben zur Hand)

Gaszählernummer Zählerstand am Tag der Auftragserteilung

Voraussichtlicher Jahresverbrauch oder Vorjahresverbrauch in kWh

Produktname, Preise, Lieferzeit

Grundpreis Euro/Monat	... € netto	... € brutto
Arbeitspreis Ct/kWh	... € netto	... € brutto

Der Vertrag hat eine Grundlaufzeit von einem Jahr. Danach endet der Vertrag, ohne dass es einer Kündigung durch eine der Vertragsparteien bedarf.

Zahlungsweise
SEPA-Lastschriftmandat – Wir ermächtigen die Stadtwerke ... GmbH, Zahlungen von unserem Konto mittels Lastschrift einzuziehen:

____
Vorname und Name des Kontoinhabers/Firma

____
Straße, Hausnummer (falls Kontoinhaber von Auftraggeber abweicht)

____
Postleitzahl, Ort (falls Kontoinhaber von Auftraggeber abweicht)

DE _ _ | _ _ _ _ | _ _ _ _ | _ _ _ _ | _ _ _ _ | _ _
IBAN

______________________ _ _ _ _ _ _ _ _ | _ _ _
Kreditinstitut BIC

Zugleich weisen wir unser Kreditinstitut an, die von der Stadtwerke ... GmbH auf unser Konto gezogenen Lastschriften einzulösen.

Hinweis: Wir können innerhalb von acht Wochen, beginnend mit dem Belastungsdatum, die Erstattung des belasteten Betrags verlangen. Es gelten dabei die mit unserem Kreditinstitut vereinbarten Bedingungen.

Die Mandatsreferenz wird separat durch die Stadtwerke ... GmbH mitgeteilt.

X ____
Datum Unterschrift des Kontoinhabers

Hinweis (Falls Kontoinhaber vom Auftraggeber abweicht):
Für den Fall, dass der Kontoinhaber von dem Auftraggeber abweicht, gilt das vorab erteilte SEPA-Lastschriftmandat für diesen Auftrag über die Lieferung von Gas zwischen der Stadtwerke ... GmbH und dem Auftraggeber.

Information

- ☐ Ich bin einverstanden, dass mich die Stadtwerke ... GmbH zu ihren unternehmenseigenen Produkten und Dienstleistungen, die die Stadtwerke ... GmbH im Zusammenhang mit Energie anbietet, oder zum Zwecke der Markt- oder Meinungsforschung per
  - ☐ E-Mail
  - ☐ Telefon
  - ☐ Kurznachricht (SMS/MMS)
  - ☐ Fax

  anspricht. Dieser Ansprache sowie der Verarbeitung oder Nutzung meiner personenbezogenen Daten kann ich jederzeit gegenüber der Stadtwerke ... GmbH widersprechen.

[**Ausfüllhinweis**: Bitte beachten Sie als Verwender dieses Formulars: Der vorstehende Absatz ist nur dann erforderlich, wenn Sie tatsächlich Daten zu diesen Zwecken (z. B. Informationen über Produkte und Dienstleistungen der Stadtwerke ... GmbH im Zusammenhang mit Energie oder Markt- und Meinungsforschung) erheben, verarbeiten oder nutzen. Andernfalls ist dieser Informationsblock ganz oder teilweise (bspw. „Markt- und Meinungsforschung" oder ein Kommunikationsmittel aus dem Vertragsmuster) zu streichen.]

Einwilligungserklärung Datenschutz
Mit meiner Unterschrift erkläre ich mich damit einverstanden, dass die anhand dieses Gaslieferungsvertrages erhobenen Daten zum Zwecke der ... erhoben, verarbeitet oder genutzt werden können.
[**Ausfüllhinweis** für den Verwender dieses Formulars: Bitte beschreiben Sie hier die jeweils spezifischen Zwecke, zu denen die Daten verarbeitet werden, z. B. zu Zwecken der Information über Produkte und Dienstleistungen der Stadtwerke ... GmbH im Zusammenhang mit Energie oder zur Markt- und Meinungsforschung. Bitte stellen Sie auch dar, an welche Dritte Daten weitergegeben werden, z. B. an einen IT-Dienstleister, der die IT-Systeme für Sie betreibt oder an ein mit Ihnen verbundenes Unternehmen.
Die Darstellung der Zwecke und Empfänger muss konkret die bei Ihnen bestehenden Datenverarbeitung- und Nutzungsvorgänge wiedergeben. Sofern Sie hierzu Unterstützung benötigen, sprechen Sie uns gerne an.]
Ich wurde darauf hingewiesen, dass die Erhebung, Verarbeitung und Nutzung meiner Daten auf freiwilliger Basis erfolgt. Ferner, dass ich meine Einwilligung ohne für mich nachteilige Folgen verweigern bzw. jederzeit mit Wirkung für die Zukunft widerrufen kann. Meine Widerrufserklärung werde ich richten an ...
[**Ausfüllhinweis** für den Verwender dieses Formulars: Bitte fügen Sie hier ihre postalische Adresse ein.]
Falls Sie mit der Datenerhebung, -verarbeitung oder -nutzung nicht einverstanden sein sollten, streichen Sie bitte diese Einwilligung zur Datenerhebung.

Auftragserteilung
Ich beauftrage die Stadtwerke ... GmbH, zu den vorab genannten Bedingungen sowie den Allgemeinen Vertragsbedingungen für Gaslieferungen in Niederdruck (Gewerbekunden) der Stadtwerke ... GmbH in der Fassung vom ... die oben genannte Verbrauchsstelle mit Gas zu beliefern. Gleichzeitig bevollmächtige ich die Stadtwerke ... GmbH, den für die Verbrauchsstelle eventuell bestehenden Gasliefervertrag zu kündigen und die für die Gaslieferung erforderlichen Verträge mit dem zuständigen Netzbetreiber zu schließen. Der Lieferantenwechsel erfolgt zügig und ist für mich kostenlos.

X ____
Datum   Unterschrift des Auftraggebers/Kunden

Allgemeine Vertragsbedingungen für Gaslieferungen in Niederdruck (Gewerbekunden)

1. Vertragsabschluss

1.1. Der Vertrag wird zu dem in der Auftragsbestätigung (Annahme) von der Stadtwerke ... GmbH genannten Datum wirksam, spätestens aber nach Durchführung des Lieferantenwechsels nach § 20a EnWG mit Lieferbeginn. Der Lieferantenwechsel darf drei Wochen, gerechnet ab dem Zeitpunkt des Zugangs der Anmeldung zur Netznutzung durch die Stadtwerke ... GmbH bei dem Netzbetreiber, an dessen Netz die Entnahmestelle angeschlossen ist, nicht überschreiten.

1.2. Der Zählerstand zum Zeitpunkt des Lieferbeginns wird rechnerisch ermittelt, sofern keine abgelesenen Daten vorliegen.

1.3. Der Kunde zeigt der Stadtwerke ... GmbH einen Umzug spätestens zwei Wochen vor dem Umzugstermin schriftlich an. Im Falle eines Umzugs des Kunden innerhalb des Netzgebietes der Stadtwerke ... GmbH [oder Name des Netzbetreibers] bietet die Stadtwerke ... GmbH an, den Vertrag auf Verlangen des Kunden auf die neue Lieferanschrift zu übertragen. Im Falle des Wegzugs des Kunden aus dem Netzgebiet können beide Parteien den Vertrag mit einer Frist von zwei Wochen kündigen.

2. Preise und Preisanpassung

2.1. Der Vertragspreis setzt sich aus einem verbrauchsunabhängigen Netto-Grundpreis und einem verbrauchsabhängigen Netto-Arbeitspreis zusammen.

2.2. Die Bruttopreise enthalten zusätzlich die Umsatzsteuer in der jeweils gesetzlichen Höhe (derzeit 19 %).

2.3. Die Stadtwerke ... GmbH wird die Netto-Preise während der Vertragslaufzeit nicht ***ändern***.

2.4. Aktuelle Informationen über die geltenden Tarife der Stadtwerke ... GmbH sowie die in Ziffer 2.2 genannten Preisbestandteile sind auf unserer Homepage www.....de zu finden.

3. Abrechnung

3.1. Die Abrechnung erfolgt grundsätzlich einmal im Jahr. Der Kunde ist jedoch berechtigt, abweichend von Satz 1 eine monatliche, viertel- oder halbjährliche Abrechnung zu verlangen.

3.2. Wird der Verbrauch für mehrere Monate abgerechnet, so kann die Stadtwerke ... GmbH für die nach der letzten Abrechnung verbrauchten Gaslieferungen eine Abschlagszahlung verlangen. Diese ist anteilig für den Zeitraum der Abschlagszahlungen entsprechend dem Verbrauch im zuletzt abgerechneten Zeitraum zu berechnen. Ist eine solche Berechnung nicht möglich, so bemisst sich die Abschlagszahlung nach dem durchschnittlichen Verbrauch vergleichbarer Kunden.

3.3. Das dem Kunden gelieferte Gas wird in Kubikmeter (m^3) gemessen und mittels eines Umrechnungsfaktors in die entsprechende Energiemenge (kWh) umgerechnet. Der maßgebliche Umrechnungsfaktor kann der Abrechnung entnommen werden.

4. Bonitätsauskunft

[**Ausfüllhinweis**: Achtung: Der folgende Hinweis darf nur verwendet werden, wenn die Stadtwerke ... GmbH Mitglied des Creditreform e. V. ist. Andernfalls könnte der Hinweis wettbewerbsrechtlich als irreführend eingestuft werden. Sollte die Stadtwerke GmbH nicht in Vorleistung gehen, so muss der Kunde in die Bonitätsauskunft ausdrücklich schriftlich einwilligen.]
Sofern die Stadtwerke ... GmbH in Vorleistung tritt, zum Beispiel bei einem Kauf auf Rechnung, ist die Stadtwerke ... GmbH berechtigt, eine Bonitätsauskunft auf der Basis mathematisch-statistischer Verfahren über den Kunden bei dem Verband der Vereine Creditreform e. V., Hellersbergstr. 12, 41460 Neuss (Creditreform) ***[Optional: Nennung einer anderen Wirtschaftsauskunftei]*** einzuholen. Zu diesem Zweck übermittelt die Stadtwerke ... GmbH die zu einer Bonitätsprüfung benötigten personenbezogenen Daten an die Creditreform und verwendet die erhaltenen Informationen über die statistische Wahrscheinlichkeit eines Zahlungsausfalls

für eine abgewogene Entscheidung über die Begründung, Durchführung oder Beendigung des Vertragsverhältnisses.
Die Bonitätsauskunft kann Wahrscheinlichkeitswerte (Score-Werte) beinhalten, die auf Basis wissenschaftlich anerkannter mathematisch-statistischer Verfahren berechnet werden und in deren Berechnung unter anderem Anschriftendaten einfließen. Die schutzwürdigen Belange des Kunden werden gemäß den gesetzlichen Bestimmungen berücksichtigt.
Der Kunde kann bei der Creditreform Auskunft über die ihn betreffenden Daten verlangen. Weitere Informationen über das Creditreform-Auskunftsverfahren findet der Kunde auf der Homepage der Creditreform unter www.creditreform.de.
Das Recht nach Ziffer 5.2 Satz 2 bleibt unberührt.

5. [Optional: Sicherheitsleistung/Kündigung

5.1. Die Stadtwerke ... GmbH kann in begründeten Fällen für alle Ansprüche aus der Geschäftsbeziehung zum Kunden eine angemessene Sicherheitsleistung oder Vorauszahlung verlangen.

5.2. Ein begründeter Fall wird insbesondere angenommen, wenn

5.2.1. der Kunde mit einer fälligen Zahlung in Verzug ist und auch auf ausdrückliche Aufforderung nicht gezahlt hat,

5.2.2. gegen den Kunden Zwangsvollstreckungsmaßnahmen wegen Geldforderungen (§§ 803–882a Zivilprozessordnung (ZPO)) eingeleitet sind,

5.2.3. ein nicht offensichtlich unbegründeter Antrag auf Eröffnung des Insolvenzverfahrens über das Vermögen des Kunden vorliegt.
Über die Bonitätsauskünfte nach Ziffer 4 hinaus hat die Stadtwerke ... GmbH das Recht, eine angemessene Sicherheitsleistung oder Leistung einer Vorauszahlung zu verlangen, wenn aufgrund einer über den Kunden eingeholten Auskunft begründete Besorgnis besteht, dass er den Verpflichtungen aus diesem Vertrag nicht nachkommen wird und der Kunde dies nicht innerhalb von fünf Werktagen durch einen geeigneten Nachweis seiner Bonität entkräftet. Die Daten und die wesentlichen Inhalte der Auskunft, auf denen die begründete Besorgnis beruht, sind dem Kunden durch die Stadtwerke ... GmbH mit der Anforderung der Sicherheitsleistung vollständig offen zu legen.

5.3. Arten der Sicherheitsleistung sind unbedingte, unwiderrufliche Bankgarantien, unbedingte, unwiderrufliche Unternehmensgarantien (z. B. Patronats- und Organschaftserklärungen) und unbedingte, unwiderrufliche, selbstschuldnerische Bürgschaften. Die Auswahl der Art der Sicherheitsleistung obliegt dem Kunden. Außerdem kann die Stadtwerke ... GmbH Barsicherheiten akzeptieren.

5.4. Der Kunde ist berechtigt, die Sicherheitsleistung durch Vorauszahlungen abzuwenden.

5.5. Die Sicherheit ist innerhalb von zehn Werktagen nach Ihrer Anforderung vom Kunden an die Stadtwerke ... GmbH zu leisten. Sollte die Sicherheitsleistung in Anspruch genommen werden, kann die Stadtwerke ... GmbH den in Anspruch genommenen Teil der Sicherheitsleistung nachfordern. Die Leistung der Sicherheit nach Satz 2 hat durch den Kunden ebenfalls innerhalb der in Satz 1 genannten Frist zu erfolgen.

5.6. Als Anforderungen an die einzelnen Arten der Sicherheitsleistung gelten:

5.6.1. Banksicherheiten sind in Form einer unbedingten, unwiderruflichen und selbstschuldnerischen Bankbürgschaft bzw. Bankgarantie zu leisten. Das Kreditinstitut, welches die Sicherheitsleistung ausstellt, muss mindestens ein Standard & Poor's Langfrist-Rating von A- bzw. ein Moody's Langfrist-Rating von A3 aufweisen oder dem deutschen Sparkassen- bzw. Genossenschaftssektor angehören.

5.6.2. Für Unternehmensgarantien und Bürgschaften gilt, dass das Unternehmen, welches die Sicherheit leistet, mindestens ein Standard & Poor's Langfrist-Rating von BBB-, ein Moody's Langfristrating von Baa3 oder einen Bonitätsindex von Creditreform von nicht schlechter als 250 Punkte aufweisen muss. Weiterhin darf die Höhe der Unternehmensgarantie oder Bürgschaft 10 % des haftenden Eigenkapitals nicht übersteigen. Diese ist durch den Kunden gegenüber der Stadtwerke ... GmbH mit der Beibringung einer Sicherheitsleistung nachzuweisen.

5.6.3. Im Falle von Barsicherheiten sind diese durch Einzahlung auf ein von der Stadtwerke ... GmbH benanntes Konto zu leisten. Sie werden zu dem von der Deutschen Bundesbank am ersten Bankentag des Rechnungsmonats bekanntgegebenen Basiszinssatz verzinst. Alternativ ist auch eine Guthabenverpfändung eines vom Kunden geführten Kontos zugunsten der Stadtwerke ... GmbH möglich.

5.6.4. Die Bürgschaft oder Garantieerklärung ist auf erstes Anfordern zu zahlen und hat generell den Verzicht auf die Einreden der Vorausklage, der Anfechtbarkeit und der Aufrechenbarkeit, soweit es sich nicht um unstrittige oder rechtskräftig festgestellte Forderungen handelt, zu erhalten. Eine selbstschuldnerische Bürgschafts- oder Garantieerklärung muss mindestens für zwölf Kalendermonate gültig sein, maximal jedoch bis zum Ende der Vertragslaufzeit und die beiden der Vertragslaufzeit unmittelbar folgenden Monate.

5.7. Die Höhe der Sicherheitsleistung beträgt das Doppelte der durchschnittlichen Entgeltforderungen pro Monat der letzten zwölf Monate. Für einen Zeitraum der Belieferungen, der weniger als zwölf Monate beträgt, wird dieser Zeitraum der Berechnung der Sicherheitsleistung zugrunde gelegt.

5.8. Die Stadtwerke ... GmbH kann eine geleistete Sicherheit in Anspruch nehmen, wenn sie nach Verzugseintritt eine Zahlungserinnerung ausgesprochen hat und die mit der Zahlungserinnerung gesetzte Frist fruchtlos verstrichen ist.

5.9. Eine Sicherheit ist zurückzugeben, wenn die Voraussetzungen zu deren Erhebung entfallen sind. Die Stadtwerke ... GmbH hat das Fortbestehen eines begründeten Falles im Sinne von Ziffer 5.2 erstmalig nach einem Jahr, danach jeweils halbjährig zu überprüfen. Falls die vorgenannte Prüfung ergibt, dass der realisierbare Wert aller Sicherheitsleistungen das Doppelte der durchschnittlichen Entgeltforderungen pro Monat der letzten zwölf Monate nicht nur vorübergehend übersteigt, hat die Stadtwerke ... GmbH entsprechende Anteile der Sicherheitsleistung zurückzugeben. Sollten mehrere Sicherheiten geleistet worden sein, steht dem Kunden das Recht zu, eine der geleisteten Sicherheiten auszuwählen und zurückzufordern. Soweit der realisierbare Wert aller Sicherheitsleistungen das Doppelte der durchschnittlichen Entgeltforderungen pro Monat der letzten zwölf Monate nicht nur vorübergehend unterschreitet, kann die Stadtwerke ... GmbH eine Anpassung der Sicherheitsleistung verlangen. Der Kunde kann eine Einstellung der Vorauszahlungsregelung frühestens nach einem Jahr fordern, sofern in diesem Zeitraum die Zahlungen fristgerecht eingegangen sind.

5.10. Die Stadtwerke ... GmbH ist berechtigt, diesen Vertrag fristlos zu kündigen, wenn der Kunde seiner Verpflichtung zur Stellung einer Sicherheit oder zur Leistung einer Vorauszahlung nicht fristgerecht nachkommt.

6. Rechtsnachfolge

Die Stadtwerke ... GmbH ist berechtigt, die Rechte und Pflichten aus diesem Vertrag als Gesamtheit auf einen Rechtsnachfolger zu übertragen. Der Kunde ist in diesem Fall berechtigt, den Vertrag mit Wirkung zu dem Übertragungszeitpunkt zu kündigen, der dem Kunden vorab rechtzeitig in Textform mitgeteilt wird.

7. Verschiedenes

7.1. Soweit in diesem Vertrag nichts anderes geregelt ist, gelten für die Lieferung des Gases im Übrigen die Verordnung über Allgemeine Bedingungen für die Grundversorgung von Haushaltskunden und die Ersatzversorgung mit Gas aus dem Niederdrucknetz (Gasgrundversorgungsverordnung – GasGVV – Bundesgesetzblatt Jahrgang 2006 Teil I Nr. 50 vom 07.11.2006, Seite 2396) und die ergänzenden Bedingungen der Stadtwerke ... GmbH zur GasGVV, jeweils in ihrer geltenden Fassung. Die GasGVV sowie die ergänzenden Bedingungen liegen diesem Vertrag jeweils in ihrer im Zeitpunkt des Vertragsschlusses geltenden Fassung bei.

7.2. Sollten sich die diesem Vertrag zugrundeliegenden Regelwerke, einschlägigen Rechtsvorschriften (z. B. das EnWG sowie die hierzu ergangenen einschlägigen Verordnungen), die einschlägige Rechtsprechung und/oder behördliche Praxis (insbesondere Festlegungen der Bundesnetzagentur oder der zuständigen Regulierungsbehörde) nach Vertragsabschluss ändern, ist die Stadtwerke ... GmbH mit Ausnahme der in Ziffer 2.3 enthaltenen Regelung berechtigt, den Vertrag und diese Vertragsbedingungen zum 1. eines Monats anzupassen, soweit die Anpassung dem Kunden zumutbar ist. Die Stadtwerke ... GmbH wird dem Kunden eine solche Anpassung sechs Wochen vor deren Inkrafttreten brieflich mitteilen. In diesem Fall ist der Kunde berechtigt, das Vertragsverhältnis ohne Einhaltung einer Frist zum Inkrafttreten der Änderungen zu kündigen. Die Kündigung bedarf der Textform. Macht der Kunde von dem Kündigungsrecht keinen Gebrauch, gilt die Anpassung als genehmigt. Auf sein Kündigungsrecht sowie die vorgenannte Folge wird der Kunde in der Mitteilung hingewiesen.

7.3. Die Stadtwerke ... GmbH ist als Lieferant bei einer Unterbrechung oder Unregelmäßigkeit in der Gasversorgung von der Leistungspflicht befreit, soweit es sich um Folgen einer Störung des Netzbetriebs einschließlich des Netzanschlusses handelt. Ansprüche wegen solcher Versorgungsstörungen können gegen den Netzbetreiber geltend gemacht werden. Netzbetreiber ist zurzeit die Stadtwerke ... GmbH/ABC GmbH ***[mit vollständigen Geschäftsangaben, wie Handelsregisternummer und Registergericht]***.

7.4. **Hinweis gemäß Energiesteuer-Durchführungsverordnung – EnergieStV:**
„Steuerbegünstigtes Energieerzeugnis! Darf nicht als Kraftstoff verwendet werden, es sei denn, eine solche Verwendung ist nach dem Energiesteuergesetz oder der Energiesteuer-Durchführungsverordnung zulässig. Jede andere Verwendung als Kraftstoff hat steuer- und strafrechtliche Folgen! In Zweifelsfällen wenden Sie sich bitte an Ihr zuständiges Hauptzollamt.“

Anlagenverzeichnis[12]
Anlage 1: Gasgrundversorgungsverordnung (GasGVV)
Anlage 2: Ergänzende Bedingungen zur GasGVV
Anlage 3: Informationsblatt zum Thema „Energieeffizienz“
[**Hinweis:** Gemäß § 4 Abs. 2 EDL-G sind Energieversorgungsunternehmen verpflichtet, Informationen über Energiedienstleistungen, Energieeffizienzmaßnahmen etc., anzubieten. Sinnvoll wäre insoweit, diese Informationen auf einem Informationsblatt darzustellen bzw. die Information als deutlichen Hinweis in die allgemeinen Vertragsbedingungen einzufügen (ggf. hervorgehoben durch einen Rahmen).]

---

12 Die Anlage 3 ist unternehmensintern individuell auszufüllen, für Anlage 2 s. Kap. 3.F Rn 13. Die GasGVV – Anlage 1 – ist online abrufbar unter http://www.gesetze-im-internet.de.

3. Gassonderkundenvertrag Gewerbekunden individuell

Muster

Gassonderkundenvertrag 18

zwischen

[Name/Firma]
[Adresse]

[Verbrauchsstelle]
[Zählpunktbezeichnung]

– Kunde –

und

Stadtwerke ... GmbH
[Adresse]

– Stadtwerke ... GmbH –

1. Vertragsgegenstand

1.1. Die Stadtwerke ... GmbH liefert dem Kunden Erdgas nach Maßgabe dieses Vertrages bis zu einer Tagesleistung von ... kWh und einer jährlichen Bezugsmenge von ... kWh.

1.2. Die Belieferung erfolgt an die o. g. Verbrauchsstelle.

1.3. Der Kunde verpflichtet sich, seinen gesamten Erdgasbedarf bei der Stadtwerke ... GmbH zu decken.

2. Voraussetzungen der Belieferung

Die Belieferung des Kunden mit Erdgas setzt voraus, dass für die o. g. Verbrauchsstelle ein Anschlussnutzungsvertrag und ein Netzanschlussvertrag mit dem jeweiligen Netzbetreiber bestehen. Ist dies nicht der Fall, ruht die Lieferverpflichtung der Stadtwerke ... GmbH.

3. Preise

3.1. Der Vertragspreis setzt sich aus einem verbrauchsunabhängigen Netto-Grundpreis und einem verbrauchsabhängigen Netto-Arbeitspreis zusammen. Das derzeit gültige Preisblatt liegt als Anlage bei. [**Optional**: und steht darüber hinaus auf der Homepage der Stadtwerke ... GmbH zum Download bereit.]

3.2. Die Bruttopreise enthalten zusätzlich die Umsatzsteuer in der jeweils gesetzlichen Höhe (derzeit 19 %).

3.3. Die Stadtwerke ... GmbH wird die Netto-Preise während der Vertragslaufzeit nicht ***ändern***.

3.4. Aktuelle Informationen über die geltenden Tarife der Stadtwerke ... GmbH sind auf unserer Homepage www.....de zu finden.

4. Abrechnung

4.1. Die Lieferungen von Erdgas werden monatlich abgerechnet. Die Rechnungsstellung erfolgt in dem auf die Lieferung folgenden Kalendermonat.

4.2. Die Stadtwerke ... GmbH ist berechtigt, für das nach der letzten Abrechnung verbrauchte Erdgas eine Abschlagszahlung zu verlangen. Diese ist anteilig für den Zeitraum der Abschlagszahlungen entsprechend dem Verbrauch im zuletzt abgerechneten Zeitraum zu berechnen. Ist eine solche Berechnung nicht möglich, so bemisst sich die Abschlagszahlung nach dem durchschnittlichen Verbrauch vergleichbarer Kunden.

4.3. Das dem Kunden gelieferte Gas wird in Kubikmeter (m^3) gemessen und mittels eines Umrechnungsfaktors in die entsprechende Energiemenge (kWh) umgerechnet. Der maßgebliche Umrechnungsfaktor kann der Abrechnung entnommen werden.

5. Bonitätsauskunft

[**Ausfüllhinweis:** Achtung: Der folgende Hinweis darf nur verwendet werden, wenn die Stadtwerke ... GmbH Mitglied der Creditreform ist. Andernfalls könnte der Hinweis wettbewerbs-

rechtlich als irreführend eingestuft werden. Sollte die Stadtwerke ... GmbH nicht in Vorleistung gehen, so muss der Kunde in die Bonitätsauskunft ausdrücklich schriftlich einwilligen.]
Sofern die Stadtwerke ... GmbH in Vorleistung tritt, zum Beispiel bei einem Kauf auf Rechnung, ist die Stadtwerke ... GmbH berechtigt, eine Bonitätsauskunft auf der Basis mathematisch-statistischer Verfahren über den Kunden durch den Verband der Vereine Creditreform e.V., Hellersbergstr. 12, 41460 Neuss ***[Optional**: Nennung einer anderen Wirtschaftsauskunftei]*, einzuholen. Zu diesem Zweck übermittelt die Stadtwerke ... GmbH die zu einer Bonitätsprüfung benötigten unternehmensbezogenen Daten an die Creditreform und verwendet die erhaltenen Informationen über die statistische Wahrscheinlichkeit eines Zahlungsausfalls für eine abgewogene Entscheidung über die Begründung, Durchführung oder Beendigung des Vertragsverhältnisses.
Die Bonitätsauskunft kann Wahrscheinlichkeitswerte (Score-Werte) beinhalten, die auf Basis wissenschaftlich anerkannter mathematisch-statistischer Verfahren berechnet werden und in deren Berechnung unter anderem Anschriftendaten einfließen. Die schutzwürdigen Belange des Kunden werden gemäß den gesetzlichen Bestimmungen berücksichtigt.
Der Kunde kann bei der Creditreform Auskunft über die ihn betreffenden Daten verlangen. Weitere Informationen über das Creditreform-Auskunftsverfahren findet der Kunde auf der Homepage der Creditreform unter www.creditreform.de.
Auf Grundlage einer anfänglichen Bonitätsprüfung entscheidet die Stadtwerke ... GmbH im eigenen Ermessen darüber, ob sie das Angebot des Kunden annehmen wird. Das Recht nach Ziffer 8.2 Satz 2 bleibt unberührt.

6. **Datenschutzhinweis**
Die unternehmensbezogenen Daten des Kunden erheben, verarbeiten und nutzen wir für ...
[Ausfüllhinweis: Bitte beschreiben Sie hier die Zwecke, zu denen die Daten verarbeitet werden, z. B. zu Zwecken der postalischen Information oder zur Markt- und Meinungsforschung. Bitte stellen Sie auch dar, an welche Dritte Daten weitergegeben werden, z. B. an einen IT – Dienstleister, der die IT – Systeme für Sie betreibt. Die Darstellung der Zwecke und Empfänger muss konkret die bei Ihnen bestehenden Datenverarbeitungsvorgänge wiedergeben.]
Der Verarbeitung oder Nutzung der Daten des Kunden für Information und zur Markt- und Meinungsforschung kann der Kunde jederzeit widersprechen.
[Ausfüllhinweis: Bitte stellen Sie hier dar, dass eine Verwendung der persönlichen Daten zu Informationszwecken nur stattfindet, sofern eingewilligt wurde.
Bitte beachten Sie: Der vorstehende Satz ist nur dann erforderlich, wenn Sie tatsächlich Daten zu diesen Zwecken (Information oder Markt- und Meinungsforschung) erheben, verarbeiten oder nutzen. Andernfalls ist dieser Satz aus dem Vertragsmuster zu streichen!]

7. **Laufzeit**
7.1. Der Vertrag beginnt am ... und hat eine Laufzeit von ... Danach endet der Vertrag, ohne dass es einer Kündigung durch eine der Vertragsparteien bedarf.
7.2. Der Kunde zeigt der Stadtwerke ... GmbH einen Umzug spätestens zwei Wochen vor dem Umzugstermin schriftlich an. Im Falle eines Umzugs des Kunden innerhalb des Netzgebiets bietet die Stadtwerke ... GmbH an, den Vertrag auf Verlangen des Kunden auf die neue Lieferanschrift zu übertragen. Macht der Kunde dieses Verlangen nicht geltend, endet der Vertrag ohne weiteres mit dem Umzugstermin. Im Falle des Wegzugs des Kunden aus dem Netzgebiet können beide Parteien den Vertrag mit einer Frist von zwei Wochen kündigen.

8. **[Optional: Sicherheitsleistung/Kündigung]**
8.1. Die Stadtwerke ... GmbH kann in begründeten Fällen für alle Ansprüche aus der Geschäftsbeziehung zum Kunden eine angemessene Sicherheitsleistung oder Vorauszahlung verlangen.
8.2. Ein begründeter Fall wird insbesondere angenommen, wenn

a) der Kunde mit einer fälligen Zahlung in Verzug ist und auch auf ausdrückliche Aufforderung nicht gezahlt hat,
b) gegen den Kunden Zwangsvollstreckungsmaßnahmen wegen Geldforderungen (§§ 803–882a Zivilprozessordnung (ZPO)) eingeleitet sind,
c) ein nicht offensichtlich unbegründeter Antrag auf Eröffnung des Insolvenzverfahrens über das Vermögen des Kunden vorliegt.

Über die Bonitätsauskünfte nach Ziffer 5 hinaus hat die Stadtwerke ... GmbH das Recht, eine angemessene Sicherheitsleistung oder Leistung einer Vorauszahlung zu verlangen, wenn aufgrund einer über den Kunden eingeholten Auskunft begründete Besorgnis besteht, dass er den Verpflichtungen aus diesem Vertrag nicht nachkommen wird und der Kunde dies nicht innerhalb von fünf Werktagen durch einen geeigneten Nachweis seiner Bonität entkräftet. Die Daten und die wesentlichen Inhalte der Auskunft, auf denen die begründete Besorgnis beruht, sind dem Kunden durch die Stadtwerke ... GmbH mit der Anforderung der Sicherheitsleistung vollständig offen zu legen.

8.3. Arten der Sicherheitsleistung sind unbedingte, unwiderrufliche Bankgarantien, unbedingte, unwiderrufliche Unternehmensgarantien (z. B. Patronats- und Organschaftserklärungen) und unbedingte, unwiderrufliche, selbstschuldnerische Bürgschaften. Die Auswahl der Art der Sicherheitsleistung obliegt dem Kunden. Außerdem kann die Stadtwerke ... GmbH Barsicherheiten akzeptieren.

8.4. Der Kunde ist berechtigt, die Sicherheitsleistung durch Vorauszahlungen abzuwenden.

8.5. Die Sicherheit ist innerhalb von zehn Werktagen nach ihrer Anforderung vom Kunden an die Stadtwerke ... GmbH zu leisten. Sollte die Sicherheitsleistung in Anspruch genommen werden, kann die Stadtwerke ... GmbH den in Anspruch genommenen Teil der Sicherheitsleistung nachfordern. Die Leistung der Sicherheit nach Satz 2 hat durch den Kunden ebenfalls innerhalb der in Satz 1 genannten Frist zu erfolgen.

8.6. Als Anforderungen an die einzelnen Arten der Sicherheitsleistung gelten:
a) Banksicherheiten sind in Form einer unbedingten, unwiderruflichen und selbstschuldnerischen Bankbürgschaft bzw. Bankgarantie zu leisten. Das Kreditinstitut, welches die Sicherheitsleistung ausstellt, muss mindestens ein Standard & Poor's Langfrist-Rating von A- bzw. ein Moody's Langfrist-Rating von A3 aufweisen, oder dem deutschen Sparkassen- bzw. Genossenschaftssektor angehören.
b) Für Unternehmensgarantien und Bürgschaften gilt, dass das Unternehmen, welches die Sicherheit leistet, mindestens ein Standard & Poor's Langfrist-Rating von BBB-, ein Moody's Langfrist-Rating von Baa3 oder einen Bonitätsindex von Creditreform nicht schlechter als 250 Punkte aufweisen muss. Weiterhin darf die Höhe der Unternehmensgarantie oder Bürgschaft 10 % des haftenden Eigenkapitals nicht übersteigen. Dieses ist durch den Kunden gegenüber der Stadtwerke ... GmbH mit der Beibringung der Sicherheitsleistung nachzuweisen.
c) Im Falle von Barsicherheiten sind diese durch Einzahlung auf ein von der Stadtwerke ... GmbH benanntes Konto zu leisten. Sie werden zu dem von der Deutschen Bundesbank am ersten Bankentag des Rechnungsmonats bekanntgegebenen Basiszinssatz verzinst. Alternativ ist auch eine Guthabenverpfändung eines vom Kunden geführten Kontos zugunsten der Stadtwerke ... GmbH möglich.
d) Die Bürgschaft oder Garantieerklärung ist auf erstes Anfordern zu zahlen und hat generell den Verzicht auf die Einreden der Vorausklage, der Anfechtbarkeit und der Aufrechenbarkeit, soweit es sich nicht um unstrittige oder rechtskräftig festgestellte Forderungen handelt, zu enthalten. Eine selbstschuldnerische Bürgschafts- oder Garantieerklärung muss mindestens für zwölf Kalendermonate gültig sein, maximal jedoch bis zum Ende der Vertragslaufzeit und die beiden der Vertragslaufzeit unmittelbar folgenden Monate.

8.7. Die Höhe der Sicherheitsleistung beträgt das Doppelte der durchschnittlichen Entgeltforderungen pro Monat der letzten zwölf Monate. Für einen Zeitraum der Belieferungen, der weniger als zwölf Monate beträgt, wird dieser Zeitraum der Berechnung der Sicherheitsleistung zugrunde gelegt.

8.8. Die Stadtwerke ... GmbH kann eine geleistete Sicherheit in Anspruch nehmen, wenn sie nach Verzugseintritt eine Zahlungserinnerung ausgesprochen hat und die mit der Zahlungserinnerung gesetzte Frist fruchtlos verstrichen ist.

8.9. Eine Sicherheit ist zurückzugeben, wenn die Voraussetzungen zu deren Erhebung entfallen sind. Die Stadtwerke ... GmbH hat das Fortbestehen eines begründeten Falles im Sinne von Ziffer 8.2 erstmalig nach einem Jahr, danach jeweils halbjährig zu überprüfen. Falls die vorgenannte Prüfung ergibt, dass der realisierbare Wert aller Sicherheitsleistungen das Doppelte der durchschnittlichen Entgeltforderungen pro Monat der letzten zwölf Monate nicht nur vorübergehend übersteigt, hat die Stadtwerke ... GmbH entsprechende Anteile der Sicherheitsleistung zurückzugeben. Sollten mehrere Sicherheiten geleistet worden sein, steht dem Kunden das Recht zu, eine der geleisteten Sicherheiten auszuwählen und zurückzufordern. Soweit der realisierbare Wert aller Sicherheitsleistungen das Doppelte der durchschnittlichen Entgeltforderungen pro Monat der letzten zwölf Monate nicht nur vorübergehend unterschreitet, kann die Stadtwerke ... GmbH eine Anpassung der Sicherheitsleistung verlangen. Der Kunde kann eine Einstellung der Vorauszahlungsregelung frühestens nach einem Jahr fordern, sofern in diesem Zeitraum die Zahlungen fristgerecht eingegangen sind.

8.10. Die Stadtwerke ... GmbH ist berechtigt, diesen Vertrag fristlos zu kündigen, wenn der Kunde seiner Verpflichtung zur Stellung einer Sicherheit oder zur Leistung einer Vorauszahlung nicht fristgerecht nachkommt.

9. Verschiedenes

9.1. Soweit in diesem Vertrag nichts anderes geregelt ist, gelten für die Lieferung des Gases im Übrigen die Verordnung über Allgemeine Bedingungen für die Grundversorgung von Haushaltskunden und die Ersatzversorgung mit Gas aus dem Niederdrucknetz (Gasgrundversorgungsverordnung – GasGVV – Bundesgesetzblatt Jahrgang 2006 Teil I Nr. 50 vom 7.11.2006, Seite 2396) und die Ergänzenden Bedingungen der Stadtwerke ... GmbH zur GasGVV, jeweils in ihren geltenden Fassungen. Die GasGVV sowie die Ergänzenden Bedingungen in ihren im Zeitpunkt des Vertragsschlusses geltenden Fassungen liegen dem Vertrag als Anlage bei.

9.2. Sollten sich die diesem Vertrag zugrundeliegenden Regelwerke, einschlägigen Rechtsvorschriften (z. B. das EnWG sowie die hierzu ergangenen einschlägigen Verordnungen), die einschlägige Rechtsprechung und/oder behördliche Praxis (insbesondere Festlegungen der Bundesnetzagentur oder der zuständigen Regulierungsbehörde) nach Vertragsabschluss ändern, ist die Stadtwerke ... GmbH mit Ausnahme der in Ziffer 3.3 enthaltenen Regelung berechtigt, den Vertrag zum 1. eines Monats anzupassen, soweit die Anpassung dem Kunden zumutbar ist. Die Stadtwerke ... GmbH wird dem Kunden eine solche Anpassung sechs Wochen vor deren Inkrafttreten brieflich mitteilen. In diesem Fall ist der Kunde berechtigt, das Vertragsverhältnis ohne Einhaltung einer Frist zum Inkrafttreten der Änderungen zu kündigen. Die Kündigung bedarf der Textform. Macht der Kunde von dem Kündigungsrecht keinen Gebrauch, gilt die Änderung als genehmigt. Auf sein Kündigungsrecht sowie die vorgenannte Folge wird der Kunde in der Mitteilung hingewiesen.

9.3. Die Stadtwerke ... GmbH ist als Lieferant bei einer Unterbrechung oder Unregelmäßigkeiten in der Gasversorgung von der Leistungspflicht befreit, soweit es sich um Folgen einer Störung des Netzbetriebs einschließlich des Netzanschlusses handelt. Ansprüche wegen solcher Versorgungsstörungen können gegen den Netzbetreiber geltend gemacht werden. Netzbetreiber ist zurzeit die Stadtwerke ... GmbH/ABC GmbH **[mit vollständigen Geschäftsangaben, wie Handelsregisternummer und Registergericht]**.

9.4. Sollten einzelne Bestimmungen des Vertrages unwirksam oder undurchführbar sein oder werden, so bleibt der Vertrag im Übrigen unberührt. Die Vertragsparteien verpflichten sich, die unwirksamen oder undurchführbaren Bestimmungen durch andere, ihnen im wirtschaftlichen Ergebnis möglichst gleichkommende Regelungen zu ersetzen. Dies gilt entsprechend bei unbeabsichtigten Regelungslücken.

9.5. Sollten sich sonstige für das Vertragsverhältnis bestimmende Umstände wesentlich ändern und sollte dadurch für eine der Vertragsparteien das Festhalten am Vertrag nicht mehr zumutbar sein, so werden die Vertragsparteien den Vertrag an die geänderten Bedingungen anpassen.

9.6. Die Stadtwerke ... GmbH ist berechtigt, die Rechte und Pflichten aus diesem Vertrag als Gesamtheit auf einen Rechtsnachfolger zu übertragen. Der Kunde ist für diesen Fall berechtigt, den Vertrag mit Wirkung zum Übertragungszeitpunkt zu kündigen, der dem Kunden vorab rechtzeitig in Textform mitgeteilt wird.

9.7. **Hinweis gemäß Energiesteuer-Durchführungsverordnung – EnergieStV:**
„Steuerbegünstigtes Energieerzeugnis! Darf nicht als Kraftstoff verwendet werden, es sei denn, eine solche Verwendung ist nach dem Energiesteuergesetz oder der Energiesteuer-Durchführungsverordnung zulässig. Jede andere Verwendung als Kraftstoff hat steuer- und strafrechtliche Folgen! In Zweifelsfällen wenden Sie sich bitte an Ihr zuständiges Hauptzollamt."

Ort	Datum	Ort	Datum
Kunde		Stadtwerke ... GmbH	

Anlagenverzeichnis[13]
Anlage 1: Preisblatt
Anlage 2: Gasgrundversorgungsverordnung (GasGVV)
Anlage 3: Ergänzende Bedingungen zur GasGVV
Anlage 4: Informationsblatt zum Thema „Energieeffizienz"

[**Hinweis:** Gemäß § 4 Abs. 2 EDL-G sind Energieunternehmen verpflichtet, Informationen über Energiedienstleistungen, Energieeffizienzmaßnahmen etc., anzubieten. Sinnvoll wäre insoweit, diese Informationen auf einem Informationsblatt dazustellen bzw. die Information als deutlichen Hinweis in die allgemeinen Vertragsbedingungen einzufügen (ggf. hervorgehoben durch einen Rahmen).]

13 Die Anlagen 1 und 3 sind unternehmensintern individuell auszufüllen, für Anlage 3 s. Kap. 3.F Rn 13. Die GasGVV – Anlage 2 – ist online abrufbar unter http://www.gesetze-im-internet.de.

Stadtwerke ... GmbH, Straße, PLZ, Ort

Gläubiger-Identifikationsnummer: DExxXXXxxxxxxxxxxx
Mandatsreferenz: wird separat durch die Stadtwerke ... GmbH mitgeteilt

SEPA-Lastschrift-Mandat
Wir ermächtigen die Stadtwerke ... GmbH, die Zahlungen von unserem Konto einzuziehen. Zugleich weisen wir unser Kreditinstitut an, die von der Stadtwerke ... GmbH auf unser Konto gezogenen Lastschriften einzulösen.

Hinweis: Wir können innerhalb von acht Wochen, beginnend mit dem Belastungsdatum, die Erstattung des belasteten Betrages verlangen. Es gelten dabei die mit meinem Kreditinstitut vereinbarten Bedingungen.

Name der Firma (Kontoinhaber)

Straße und Hausnummer (falls Kontoinhaber vom Auftraggeber abweicht)

Postleitzahl und Ort (falls Kontoinhaber vom Auftraggeber abweicht)

DE__|____|____|____|____|__
IBAN

________________ ________|___
Kreditinstitut BIC

*X*________________________________

Datum, Ort Unterschrift des Kontoinhabers

Hinweis (Falls Kontoinhaber von Auftraggeber abweicht):
Für den Fall, dass der Kontoinhaber von dem Auftraggeber abweicht, gilt das vorab erteilte SEPA-Lastschriftmandat für diesen Auftrag über die Lieferung von Gas zwischen der Stadtwerke ... GmbH und dem Auftraggeber.

III. Erläuterung

1. Gassonderkundenvertrag Haushaltskunden

a) Überblick

Entsprechend der grundsätzlichen Einordnung von Letztverbrauchern als Haushalts- oder Gewerbekunden haben sich Sonderkundenverträge entwickelt, die speziell auf die Bedürfnisse und Anforderungen der jeweiligen Kundengruppe zugeschnitten sind. Vor der Liberalisierung des Energiemarktes war es im Bereich der Sonderkundenverträge zumeist so, dass EVU solche Verträge überwiegend mit (Gewerbe-) Kunden, die ein besonderes Abnahmeverhalten aufwiesen bzw. einen hohen Energiebedarf hatten, abschlossen. Im Zuge der Liberalisierung und der damit einhergehenden Möglichkeit der Kunden, ihren Gasanbieter frei zu wählen, vergleichen auch zunehmend Haushaltskunden, die i. d. R. ein relativ konstantes Abnahmeverhalten und einen verhältnismäßig geringen Verbrauch haben, einzelne Gasanbieter, um in der Folge einen Sonderkundenvertrag zu den aus ihrer Sicht attraktivsten Konditionen abzuschließen. Zu diesen Konditionen und damit zu den zentralen Entscheidungskriterien gehören u. a. Anreizsysteme (wie Neukunden- oder Wechselboni, Preisgarantien oder – aus Gründen der Flexibilität – kurze Kündigungsfristen). Demzufolge ist es für EVU wichtig, Verträge anzubieten, die speziell auf das „klassische" Haushaltskundensegment zugeschnitten sind und die die Kundenwünsche berücksichtigen. 19

Im Gegensatz zu (Groß-)Gewerbekunden wird der Vertragsinhalt mit Haushaltskunden in aller Regel nicht individuell ausgehandelt. Vielmehr kommen sog. Normsonderkundenverträge zum Zuge, die vielfach die Regelungen der GasGVV einbeziehen. Die Regelungen der GasGVV werden dabei entweder direkt in den Vertrag auf- oder durch einen entsprechenden Verweis in Bezug genommen. 20

b) Aufbau des Vertrags

Der Vertrag besteht aus einem Auftragsformular, das vom Kunden auszufüllen und an das EVU zurückzusenden ist, und den Allgemeinen Vertragsbedingungen, die einseitig vom EVU vorgegeben werden und somit regelmäßig als Allgemeine Geschäftsbedingungen i. S. d. §§ 305 ff. BGB zu qualifizieren sein dürften.[14] 21

Zusammen mit den vertraglichen Anlagen bilden das Auftragsformular und die Allgemeinen Vertragsbedingungen nach Unterzeichnung ein einheitliches Dokument. Der Vertrag kommt zustande, indem das EVU dem Kunden ein Auftragsbestätigungsschreiben zusendet, welches sich auf das vom Kunden zugegangene Auftragsformular bezieht. 22

14 S. hierzu auch Abgrenzung Grundversorgungs-/Sonderkundenverträge unter Kap. 3.F Rn 1 ff. – Grundversorgungsvertrag.

Praxistipp
Es sollte darauf geachtet werden, dass der Vertrag in zweifacher Ausfertigung zur Verfügung gestellt wird. Ein Exemplar muss der Kunde im Original unterschrieben an das EVU zurücksenden. Das andere Exemplar ist zum Verbleib beim Kunden bestimmt. Die Allgemeinen Vertragsbedingungen und vertraglichen Anlagen (z. B. der Text der GasGVV), die dem Kunden bei Vertragsschluss bekannt sein müssen, sollen beim Kunden verbleiben und müssen daher nicht – da sie nicht an das EVU zurückgesandt werden müssen – in doppelter Ausfertigung dem Kunden zur Verfügung gestellt werden.

c) Auftragsformular

aa) Auftraggeber/Kunde

23 Das Auftragsformular des Haushaltskundenvertrags kann sowohl für „eigentliche" Haushaltskunden (**Privathaushalte**), aber auch für Gewerbekunden verwendet werden, die die Voraussetzungen des § 3 Nr. 22 EnWG erfüllen (Verbrauch von weniger als 10.000 kWh/a, „**Kleingewerbe**"). Privathaushalte sind Verbraucher i. S. v. § 13 BGB, Kleingewerbetreibende zählen hingegen zur Gruppe der Unternehmer nach § 14 BGB. Im Auftragsformular des Haushaltskundenvertrags finden sich Pflichtangaben, die sowohl für Verbraucher als auch für Unternehmer gelten. Je nachdem, ob der Kunde Verbraucher i. S. v. § 13 BGB oder Unternehmer i. S. v. § 14 BGB ist, hat er die entsprechenden, jeweils auf ihn zutreffenden Angaben im Auftragsformular zu machen.

Praxistipp
Zur Abgrenzung: Das Auftragsformular Gewerbekunden kann für alle Gewerbekunden verwendet werden. Dazu gehören auch solche, die im Jahr weniger als 10.000 kWh verbrauchen (Kleingewerbe) und damit nach der Definition des EnWG Haushaltskunden sind. Beim Kleingewerbekunden haben EVU also die Wahl, das Formular Haushaltskunden oder das Formular Gewerbekunden zu verwenden. Für Gewerbekunden, die im Jahr mehr als 10.000 kWh verbrauchen und damit keine Haushaltskunden im Sinne des EnWG sind, sollten die EVU ausschließlich das Formular Gewerbekunden verwenden. Da dieses Formular insgesamt nur für Gewerbekunden und damit für Unternehmer Anwendung findet, enthält es – im Gegensatz zum Auftragsformular Haushaltskunden – keine Verbraucherschutzregelungen.

24 So haben Verbraucher im Auftragsformular ihr Geburtsdatum anzugeben, auch wenn es grundsätzlich kein zwingender Bestandteil der Kundenangabe bei Vertragsschluss ist (vgl. § 2 Abs. 3 S. 1 Nr. 1 GasGVV). Es sollte mit in das Dokument aufgenommen werden, da bei einer **Bonitätsabfrage** über den Kunden – z. B. bei der SCHUFA oder einer anderen Wirtschaftsauskunftei – nicht selten das Geburtsdatum zur Identifikation der entsprechenden Person angegeben werden muss. Demgegenüber haben Unternehmer entsprechende Angaben zur Firma, Registernummer und zum Registergericht zu machen.

bb) Produktname, Preise, Lieferzeit

Bei der Gestaltung des Produktnamens sind EVU grundsätzlich frei. Hier sollte auf eine markante Abgrenzung zu Konkurrenzunternehmen geachtet werden. 25

Vorsicht ist jedoch im Zusammenhang mit der Produktbezeichnung bei sog. **relativen Fixpreisverträgen**[15] geboten, bei denen diejenigen Kostenbestandteile, auf die das EVU Einfluss hat (wie Kosten für Beschaffung und Vertrieb), über die Vertragslaufzeit nicht verändert werden dürfen, wohingegen „hoheitlich motivierte Kostenbestandteile" (wie Steuern, Abgaben oder Umlagen), auf deren Entwicklung das EVU keinen Einfluss hat, über die Vertragslaufzeit variabel und damit veränderbar sind. Die „hoheitlich motivierten" und damit variablen Preisbestandteile machen einen nicht unerheblichen Anteil des Bruttopreises aus, sodass aus wettbewerblicher Sicht und aus Gründen der Irreführung bei der Produktbeschreibung darauf zu achten ist, dass das Produkt nicht „fix", „garant" o.ä. genannt wird, ohne dabei gegenüber den Kunden den tatsächlichen Preismechanismus mit fixem und variablem Teil transparent, verständlich und nachvollziehbar zu erläutern.[16] 26

In dem Vertragsmuster ist eine vertragliche Laufzeit von einem Jahr vorgesehen. Diese Laufzeit stellt einen angemessenen Kompromiss dar. Einerseits sollte das EVU die Laufzeit nicht zu knapp wählen, da ansonsten der administrative Aufwand im Verhältnis zu dem zu erwartenden Ertrag unverhältnismäßig sein kann. Anderseits sollte die Vertragslaufzeit nicht zu lange gewählt werden, da eine Preisanpassung während der Vertragslaufzeit nicht möglich ist. Hinsichtlich der maximal möglichen Laufzeit ist das EVU an die Vorgaben des § 309 Nr. 9 BGB gebunden. Dieser lässt eine vertraglich vereinbarte Erstlaufzeit von höchstens zwei Jahren sowie eine sich daran anschließende Vertragslaufzeit von maximal einem Jahr zu. 27

Achtung !

Der Vertrag endet nach Ablauf der vertraglichen Laufzeit, ohne dass es einer Kündigung durch eine der Vertragsparteien bedarf. Vor dem Hintergrund, dass die Vertragsmuster eine Festpreisregelung enthalten, ist eine automatische Verlängerung der Vertragslaufzeit nicht ratsam. Eine automatische Verlängerung hätte zur Folge, dass der Vertrag zu den bisherigen Festpreiskonditionen weiter gelten würde. Dem EVU wäre somit die Möglichkeit genommen, die Preise an die gegebenenfalls geänderte Kostensituation anzupassen. Sollte eine automatische Verlängerung der Vertragslaufzeit dennoch gewünscht sein, empfiehlt es sich, eine Preisanpassungsklausel in den Vertrag mit aufzunehmen, die die gesetzlichen Vorgaben und richterlichen Wirksamkeitsvoraussetzungen erfüllt.[17]

---

15 S. unten Rn 39.

16 Vgl. dazu OLG Hamm, Urt. v. 8.11.2011 – I-4 U 58/11 – sowie zuletzt OLG Bamberg, Urt. v. 26.2.2014 – 3 U 164/13 –.

17 Vgl. hierzu Rn 41 ff.

Achtung
Für den Fall, dass ein Neukundenbonus gewährt wird, ist darauf zu achten, dass die Voraussetzungen und Bedingungen für die Auszahlung des Bonus klar und verständlich formuliert sind. Dies gilt insbesondere für den Fall, dass ein Bonus nur dann gewährt werden soll, wenn der Vertrag nach Ablauf der Erstlaufzeit verlängert wird bzw. die Vertragsparteien einen Anschlussvertrag schließen. Unklarheiten im Zusammenhang mit den Auszahlungsvoraussetzungen gehen tendenziell zulasten des EVU.[18]

cc) Zahlungsweise

28 Haushaltskunden außerhalb der Grundversorgung sind zwei unterschiedliche Zahlungsweisen anzubieten (§ 41 Abs. 1 S. 2 Nr. 3 i. V. m. Abs. 2 S. 1 EnWG). Im Regelfall bieten EVU hier die Möglichkeit zur Teilnahme am SEPA-Basis-Lastschriftverfahren (dies entspricht der zum 1.8.2014 abgelösten nationalen Einzugsermächtigung) oder die der Überweisung – im Regelfall der Überweisung von einem Zahlungskonto des Kunden – an. Hierbei muss jedoch nach der Rechtsprechung des BGH[19] darauf geachtet werden, dass auch Kunden ohne Konto die Möglichkeit haben müssen, Abschläge und finale Rechnungsbeträge zu zahlen. Insofern dürfen EVU die Möglichkeit zur Zahlung durch (Bar-) Überweisung in ihren Geschäftsbedingungen nicht ausschließen. Einkommensschwache Verbraucher ohne eigenes Konto hätten ansonsten nach Ansicht des BGH keine Chance, ihre Gasrechnung zu zahlen, da die monatliche Lastschrift ein Konto voraussetze. Aus diesem Grund bietet das Vertragsmuster – neben der Einzugsermächtigung – dem Kunden die Möglichkeit, fällige Beträge zu überweisen. Mit der Formulierung *„Ich überweise die fälligen Zahlungen."* wird klargestellt, dass dem Kunden grundsätzlich beide Arten der Überweisung – sowohl die Überweisung von einem Konto als auch die Barüberweisung – zur Verfügung stehen.

dd) Gewünschter Lieferbeginn/Branche/Bisherige Gasversorgung

29 Das EVU beliefert den Kunden zu dem in der Auftragsbestätigung genannten Datum und nach Durchführung eines etwaig erforderlichen Lieferantenwechsels nach § 20a EnWG. Der Lieferantenwechsel, d. h. die Abmeldung des bisherigen und die Anmeldung des neuen Energielieferanten beim Netzbetreiber[20], darf drei Wochen, gerechnet ab dem Zugang der Anmeldung zur Netznutzung durch den neuen Energielieferanten beim Netzbetreiber, nicht überschreiten. Der Tag der Aufnahme der Belieferung wird dem Kunden in dem **Auftragsbestätigungsschreiben** mitgeteilt.

---

18 Vgl. auch BGH, Urt. v. 17.4.2013 – VIII ZR 225/12 –.
19 Vgl. zuletzt BGH, Urt. v. 5.6.2013 – VIII ZR 131/12 –.
20 In der Regel ist das der Betreiber eines Netzes der allgemeinen Versorgung i. S. v. § 3 Nr. 17 EnWG, an dessen Netz der Letztverbraucher angeschlossen ist.

ee) Information

Mit dieser Klausel ist es dem EVU möglich, produktspezifische Werbung an den Kunden zu adressieren. Hierbei ist zu beachten, dass es sich nach der Rechtsprechung des BGH[21] um eine sog. **Opt in**-Klausel handeln muss, bei der der Kunde ein oder mehrere Kreuze setzt. Ein Auftragsformular, das vorsieht, dass dem Kunden z. B. Werbung zugesendet wird und bei dem der Kunde ankreuzen muss, wenn er keine Werbung erhalten möchte (sog. **Opt out**-Klausel), ist laut BGH ebenso unzulässig wie das unaufgeforderte Zusenden von Werbung an den Kunden. 30

ff) Einwilligungserklärung Datenschutz

Laut §4 BDSG ist die Erhebung, Verarbeitung und Nutzung personenbezogener Daten nur zulässig, soweit ein Gesetz dies erlaubt oder der Betroffene eingewilligt hat. Mangels spezialgesetzlicher Regelungen im EnWG oder in anderen einschlägigen, energierechtlichen Gesetzen und Verordnungen ist grundsätzlich die vorherige Einwilligung des Kunden zur Verwendung seiner Daten einzuholen. Hierbei ist darauf zu achten, dass der Verwendungszweck so detailliert wie möglich dargestellt wird. Dies gilt insbesondere im Zusammenhang mit der Datenverwendung zum Zwecke der Werbung oder Markt- und Meinungsforschung. Sollte der Kunde diesen Absatz streichen, können Daten zu diesen konkret benannten Zwecken nicht mehr verwendet werden. Davon unberührt und von der Einwilligungsbefugnis des Kunden ausgenommen sind allerdings die Erhebung, Verarbeitung und Nutzung solcher Daten, die zur Durchführung des Vertrags notwendig sind (z. B. im Rahmen der Kommunikation und des Datenaustauschs mit Netzbetreibern im Fall des Lieferantenwechsels). Hierfür ist keine vorherige vertragliche Einwilligung des Kunden erforderlich, da das EVU hierzu bereits per Gesetz berechtigt ist. So ist gemäß §28 Abs. 1 Nr. 1 BDSG das Erheben, Speichern, Verändern oder Übermitteln personenbezogener Daten oder ihre Nutzung als Mittel für die Erfüllung eigener Geschäftszwecke zulässig, wenn es für die Begründung, Durchführung oder Beendigung eines Lieferverhältnisses mit dem Betroffenen erforderlich ist. Die vom Kunden erhaltenen Daten können somit zur Vertragsdurchführung im Falle einer Streichung weiterhin verwendet werden. 31

Die Einwilligung zur Datenerhebung ist gem. §4a Abs. 1 S. 4 BDSG zwingend drucktechnisch hervorzuheben. Die Hervorhebung kann beispielsweise durch Fettdruck, farbliche Hinterlegung oder durch einen Rahmen geschehen. Ein Formverstoß würde in entsprechender Anwendung der §§ 125, 126 BGB die Einwilligung unwirksam machen und zur Unzulässigkeit einer darauf basierenden Datenverarbeitung und -verwendung führen. 32

21 Vgl. BGH, Urt. v. 18.7.2012 – VIII ZR 337/11 –.

d) Allgemeine Vertragsbedingungen

aa) Ziff. 1 Vertragsschluss

(1) Ziff. 1.1 Wirksamkeit und Lieferantenwechsel

33 Nach den allgemeinen zivilrechtlichen Regeln der §§ 145 ff. BGB wird der Gasliefervertrag durch übereinstimmende Willenserklärungen der Vertragsparteien geschlossen und zum vertraglich vereinbarten Zeitpunkt wirksam.

34 Vor Aufnahme der Belieferung eines Kunden durch einen neuen Energielieferanten ist regelmäßig ein Lieferantenwechsel gem. § 20a EnWG erforderlich.[22] Hierbei ist die „Anfrage" des Kunden gegenüber dem neuen Energielieferanten und der Wunsch, von diesem mit Gas beliefert zu werden, i. d. R. als rechtlich verbindliches Angebot i. S. d. § 145 BGB zu sehen. Die Annahme dieses Angebots erfolgt dann durch den neuen Lieferanten. Dabei teilt der neue Lieferant dem Kunden mit, zu welchem Zeitpunkt er die Belieferung aufnehmen wird. § 20a Abs. 1 EnWG schreibt in diesem Zusammenhang vor, dass der neue Lieferant dem Letztverbraucher unverzüglich in Textform zu bestätigen hat, ob und zu welchem Termin er die gewünschte Belieferung des Kunden aufnehmen kann. Diese Mitteilung soll dem Kunden bei Bedarf eine zeitnahe Anfrage bei einem anderen Lieferanten ermöglichen, sollte die Lieferung gar nicht oder nur zu einem späteren Zeitpunkt als dem Wunschtermin realisierbar sein.

(2) Ziff. 1.2 Zählerstandermittlung und Ziff. 1.3 Umzugsklausel

35 Für den Fall, dass im Zuge der Neubelieferung eines Kunden die Zählerstände dem Energieversorger nicht vorliegen, soll diesem über Ziff. 1.2 die Möglichkeit eröffnet werden, den Zählerstand rechnerisch zu ermitteln. Dies erfolgt in der Regel über eine Hochrechnung auf Grundlage der angewendeten Standardlastprofile.

36 Ziff. 1.3 lässt dem EVU die Wahl, ob es Kunden auch „out-of-Area" beliefern möchte. Mit „out-of-Area"-Belieferung ist die Belieferung von Kunden gemeint, die nicht im Netzgebiet des mit dem EVU assoziierten bzw. gesellschaftsrechtlich verbundenen Netzbetreibers liegen. Hierdurch soll dem EVU die Möglichkeit eingeräumt werden, von einer Belieferung des Kunden abzusehen, wenn und soweit dessen Abnahmestelle – z. B. aufgrund eines Umzugs – künftig in einem Netzgebiet eines anderen EVU liegt, in dem der Vertrieb des bisherigen Versorgers nicht aktiv ist.

bb) Ziff. 2 Preise und Preisanpassung

(1) Grundsätzliche Möglichkeiten der Preisanpassung

37 EVU haben im Wege des einseitigen Leistungsbestimmungsrechts die Möglichkeit, während der Vertragslaufzeit auftretende Kosten- und damit verbundene Preisände-

22 Einen Lieferantenwechsel stellt es jedoch nicht dar, wenn die Lieferstelle erstmalig beliefert wird, die Aufnahme der Belieferung also beispielsweise nach Errichtung eines Gebäudes erfolgt.

rungen an ihre Kunden weiterzugeben. Bei der Ausgestaltung sog. **Preisänderungsklauseln** in Sonderkundenverträgen sind die EVU grundsätzlich frei (Grundsatz der Vertragsfreiheit). Allerdings haben sie dabei bestimmte gesetzliche Vorgaben und die von der Rechtsprechung näher ausgestalteten Zulässigkeitsvoraussetzungen zu berücksichtigen.

Der Umgang mit Preisveränderungen während der Vertragslaufzeit und damit ein- 38
hergehend die Ausgestaltung der vertraglichen Regelungen kann sehr unterschiedlich ausfallen: EVU können während der Vertragslaufzeit vollständig auf eine Anpassung des vertraglichen Ausgangspreises verzichten und sog. **absolute Fixpreisverträge** abschließen.[23] Ein absoluter Fixpreis bietet – bezogen auf die Preisentwicklung während der Vertragslaufzeit – den Vorteil der vollständigen Preistransparenz und -klarheit, da er über die Vertragslaufzeit unveränderlich bleibt. In Ermangelung eines vertraglich vereinbarten, einseitigen Preisanpassungsrechts seitens des EVU sind solche Fixpreisabreden mit Blick auf deren Transparenz und Verständlichkeit derzeit als am rechtssichersten anzusehen. Die von den Autoren verwendeten Vertragsmuster unter Abschnitt II. beinhalten aus diesem Grund solche Festpreisabreden.

Weiterhin besteht aus Sicht eines EVU die Möglichkeit, nur auf u. a. staatlich 39
bzw. hoheitlich bedingte Preisveränderungen zu reagieren und nur in diesen Fällen Preisanpassungen durchzuführen (sog. **relative Fixpreisverträge**[24]). Hierüber soll den EVU die Möglichkeit eingeräumt werden, nur solche Preisänderungen an ihre Kunden weiterzugeben, auf die das EVU keinerlei Einfluss hat (z. B. Steuern, Abgaben, Umlagen oder Netzentgelte des vorgelagerten Netzbetreibers). Demgegenüber können Veränderungen bei Kostenbestandteilen, auf die das EVU selbst Einfluss hat (z. B. Kosten im Zusammenhang mit der Beschaffung und dem Vertrieb), während der Vertragslaufzeit nicht an den Kunden weitergegeben werden.

Schließlich können EVU in ihren Sonderkundenverträgen sog. **allgemeine** 40
Preisanpassungsklauseln verwenden, mit denen sämtliche der der Preiskalkulation zugrundeliegenden Kostenbestandteile an den Kunden weitergegeben werden können. Hierzu hat der BGH jedoch in mehreren Entscheidungen (zuletzt mit Urteil vom 31.7.2013[25]) eine Reihe von Wirksamkeitsanforderungen aufgestellt, die bei der Gestaltung einer solchen allgemeinen Preisanpassungsklausel einzuhalten sind. Für den Fall ihrer Nichtberücksichtigung besteht die Gefahr, dass entsprechende Preisanpassungsklauseln von einem Gericht für unwirksam erklärt werden. In der Vergangenheit wurde eine Vielzahl von Preisanpassungsklauseln verworfen und für unwirksam erklärt, weil sie nach Ansicht der Richter die Verbraucher unangemessen benachteiligten bzw. nicht verständlich abgefasst und damit intransparent waren. Dies galt bis Mitte 2013 nicht für allgemeine Preisanpassungsklauseln, durch die das

23 Erläuterungen finden Sie unter Rn 50 ff.
24 Vgl. zur Unterscheidung auch oben Rn 26.
25 Az.: VIII ZR 162/09.

in § 4 AVBGasV bzw. in der Nachfolgenorm § 5 GasGVV enthaltene Preisanpassungsrecht unverändert in einen Sonderkundenvertrag übernommen wurde (sog. Leitbildrechtsprechung). Allerdings hat der BGH in seinem Urteil vom 31.7.2013 entschieden, dass auch solche Klauseln, die das verordnungsrechtliche Preisanpassungsrecht aus der AVBGasV unverändert übernehmen, nicht den Anforderungen an die tatbestandliche Konkretisierung eines einseitigen Leistungsbestimmungsrechts genügen, und hat damit seine bisherige Leitbildrechtsprechung aufgegeben.[26]

41 Bei der Frage nach der (wirksamen) Ausgestaltung von Preisanpassungsklauseln in Sonderkundenverträgen herrscht insoweit eine erhebliche Verunsicherung innerhalb der Energiebranche. Eine „Branchenlösung" ist derzeit nicht in Sicht. Es existiert mittlerweile eine Vielzahl neuer Preisanpassungsklauseln, die auf unterschiedliche Art und Weise versuchen, sämtliche von der Rechtsprechung aufgestellten Wirksamkeitskriterien zu berücksichtigen. Es ist jedoch wahrscheinlich, dass auch zukünftig Preisanpassungsklauseln Gegenstand weiterer Gerichtsverfahren sein werden.

42 Vor dem Hintergrund dieser unsicheren Rechtslage wird im Rahmen dieses Kapitelabschnitts davon abgesehen, eine entsprechende Musterformulierung für eine allgemeine Preisanpassungsklausel in die Vertragsmuster aufzunehmen. Sollte sich ein EVU dennoch dazu entscheiden, eine allgemeine Preisanpassungsklausel in ihren Sonderkundenverträgen verwenden zu wollen, empfiehlt es sich, auf branchenübliche Muster zurückzugreifen, wie das Muster des BDEW. Wichtig ist, dass die Klausel im Anschluss an das BGH-Urteil vom 31.7.2013 entwickelt wurde. Das Muster des Branchenverbands BDEW lautet:

Formulierungsvorschlag des BDEW

„(1) Im Gaspreis sind die folgenden Kosten enthalten: Beschaffungs- und Vertriebskosten, die Umsatzsteuer, die Energiesteuer (Regelsatz), die an den Netzbetreiber zu entrichtenden Entgelte, die Kosten der Abrechnung, die Konzessionsabgaben.

(2) Preisänderungen durch das Energieversorgungsunternehmen erfolgen im Wege der einseitigen Leistungsbestimmung in Ausübung billigen Ermessens nach § 315 BGB. Der Kunde kann dies nach § 315 Abs. 3 BGB zivilgerichtlich überprüfen lassen. Bei der einseitigen Leistungsbestimmung durch das Energieversorgungsunternehmen sind ausschließlich Änderungen der Kosten zu berücksichti-

---

26 Insbesondere bemängelt der BGH in diesem Zusammenhang, dass Anlass, Voraussetzung und Umfang einer Preisanpassung dem Letztverbraucher bei Vertragsschluss nicht hinreichend bekannt waren (BGH, Urt. v. 31.7.2013, Az.: VIII ZR 162/09). Die von EVU verwendeten Klauseln müssen vielmehr transparent darstellen, aus welchen Gründen und nach welchem Modus die Gaspreise während der Vertragslaufzeit angepasst werden. Die Entscheidung des BGH folgte auf die Entscheidung des EuGH vom 21.3.2013, Rechtssache C-92/11. Die Verbraucherzentrale Nordrhein-Westfalen e. V. hatte gegen ein EVU aus abgetretenem Recht von 25 Kunden auf Rückzahlung von Gaspreisentgelten geklagt, die die Kunden auf Gaspreiserhöhungen der Beklagten geleistet hatten. Nach Durchlaufen des Instanzenzugs setzte der BGH das Verfahren aus und legte dem EuGH die Frage vor, ob die vom EVU verwendeten Klauseln mit den europarechtlichen Transparenzanforderungen der Art. 3 und 5 der Klausel-Richtlinie 93/13/EWG sowie Art. 3 Abs. 3 der Gas-Richtlinie (2003/55/EG) vereinbar sei.

gen, die für die Preisermittlung nach Absatz 1 maßgeblich sind. Das Energieversorgungsunternehmen ist bei Kostensteigerungen berechtigt, bei Kostensenkungen verpflichtet, eine Preisänderung durchzuführen. Bei der Preisermittlung ist das Energieversorgungsunternehmen verpflichtet, Kostensteigerungen nur unter Ansatz gegenläufiger Kostensenkungen zu berücksichtigen und eine Saldierung von Kostensteigerungen und Kostensenkungen vorzunehmen.

(3) Das Energieversorgungsunternehmen nimmt mindestens alle zwölf Monate eine Überprüfung der Kostenentwicklung vor. Das Energieversorgungsunternehmen hat den Umfang und den Zeitpunkt einer Preisänderung so zu bestimmen, dass Kostensenkungen nach denselben betriebswirtschaftlichen Maßstäben Rechnung getragen wird wie Kostenerhöhungen. Insbesondere darf das Energieversorgungsunternehmen Kostensenkungen nicht später weitergeben als Kostensteigerungen.

(4) Änderungen der Preise werden erst nach brieflicher Mitteilung an die Kunden wirksam, die mindestens sechs Wochen vor der beabsichtigten Änderung erfolgen muss. Das Energieversorgungsunternehmen wird zu den beabsichtigten Änderungen zeitgleich mit der brieflichen Mitteilung an den Kunden die Änderung auf seiner Internetseite veröffentlichen.

(5) Ändert das Energieversorgungsunternehmen die Preise, so hat der Kunde das Recht, den Vertrag ohne Einhaltung einer Kündigungsfrist zu kündigen. Hierauf wird das Energieversorgungsunternehmen den Kunden in der brieflichen Mitteilung über die bevorstehende Änderung ausdrücklich hinweisen. Die Kündigung bedarf der Textform. Das Energieversorgungsunternehmen hat die Kündigung unverzüglich nach Eingang in Textform zu bestätigen. Das Recht zur ordentlichen Kündigung bleibt unberührt.

(6) Abweichend von vorstehenden Ziffern 2 bis 5 werden Änderungen der Umsatzsteuer gemäß Umsatzsteuergesetz ohne Ankündigung und ohne außerordentliche Kündigungsmöglichkeit an den Kunden weitergegeben.

(7) Ziffern 2 bis 5 gelten auch, soweit künftig neue Steuern, Abgaben oder sonstige staatlich veranlasste, die Beschaffung, Gewinnung, Speicherung, Netznutzung (Fernleitung und Verteilung) oder den Verbrauch von Gas betreffende Mehrbelastungen oder Entlastungen wirksam werden."

---

(2) Erläuterungen zum Formulierungsvorschlag des BDEW

Abs. 1 führt zunächst die zum Zeitpunkt des Vertragsschlusses im Preis enthaltenen Kostenbestandteile auf, um klarzustellen, dass – vorbehaltlich der Einführung neuer Steuern, Abgaben oder sonstiger staatlich veranlasster Maßnahmen (vgl. Abs. 7) – ausschließlich Veränderungen dieser Kostenbestandteile zu einer Preisänderung führen können. 43

Um im Zusammenhang mit der Ausübung des einseitigen Preisanpassungsrechts zu verdeutlichen, dass das EVU ausschließlich im Rahmen des ihm gem. § 315 BGB eingeräumten Ermessens und unter Wahrung des Grundsatzes der Billigkeit handelt, wird in **Abs. 2** klargestellt, dass eine einseitige Leistungsbestimmung ausschließlich in Ausübung des billigen Ermessens nach § 315 BGB erfolgt. Ferner wird der Kunde auf sein Recht, die Preisanpassung und damit die Ermessensausübung des EVU gerichtlich überprüfen zu lassen, hingewiesen. Der Pflicht des EVU, nur im Fall tatsächlich veränderter Kosten eine Preiserhöhung durchzuführen, wird dadurch entsprochen, dass das EVU nach Abs. 2 eine konkrete Kostensteigerung nur bis zu derjenigen Höhe weitergeben darf, wie sie nicht durch Kostensenkungen an anderer Stelle kompen- 44 siert werden kann. Keinesfalls darf die Marge in Richtung eines zusätzlichen Gewinns ausgeweitet werden (Aufrechterhaltung des Äquivalenzinteresses).

45 Die Regelung klärt den Kunden darüber auf, dass aufgrund der Bindung der Preise an das billige Ermessen mit dem Recht eines EVU, Kostensteigerungen an seine Kunden weiterzugeben, die Pflicht einhergeht, Kostensenkungen in gleicher Weise zu berücksichtigen und diese nach denselben Maßstäben an die Kunden weiterzugeben wie Kostensteigerungen.

46 Mit der Festschreibung einer mindestens einmal alle zwölf Monate erfolgenden Prüfung der Kostenentwicklung in **Abs. 3** wird sichergestellt, dass Preissenkungen zu keinen ungünstigeren Zeitpunkten an die Kunden weitergegeben werden als Preissteigerungen. Die Periode von zwölf Monaten für einen Überprüfungszeitraum ist allerdings nicht verbindlich. Auch kürzere Überprüfungsintervalle sind denkbar. Wichtig ist nur, dass ein fester Überprüfungszeitpunkt oder mehrere feste Überprüfungszeitpunkte im Vertrag festgeschrieben werden. Wenn ein EVU z. B. eine (sich nach einer Saldierung ergebende) Kostensteigerung bereits sechs Monate nach der letzten Preisänderung an den Kunden weitergibt, ist es zukünftig daran gebunden, etwaige nachfolgende Kostensenkungen ebenfalls innerhalb von sechs Monaten an den Kunden weiterzugeben. Ansonsten würde das dem EVU zustehende Ermessen einseitig zulasten des Kunden verkürzt.

47 Etwaige Informations- und Mitteilungspflichten gegenüber den Kunden im Rahmen einer anstehenden Preisanpassung sind unter **Abs. 4 und 5** geregelt. So muss der Kunde mit angemessener Frist im Voraus (6 Wochen) über die Änderung der Entgelte und über sein Recht, den Vertrag zu kündigen, wenn er diese Änderung nicht hinnehmen will, brieflich unterrichtet werden. Die briefliche Mitteilung wird dabei in Anlehnung an die Regelung in § 5 Abs. 2 Satz 2 GasGVV gewählt. Parallel dazu erfolgt eine Veröffentlichung der beabsichtigten Änderungen auf der Internetseite des EVU.

48 In **Abs. 6** wird separat die Weitergabe der Umsatzsteuer geregelt. Da für Änderungen der Umsatzsteuer eine spezialgesetzliche Regelung im Umsatzsteuergesetz (§ 29 Abs. 1 UStG) existiert, die die Weitergabe von Änderungen im laufenden Vertragsverhältnis ausdrücklich gestattet, kann die automatische Weitergabe außerhalb des allgemeinen vertraglichen Preisanpassungsmechanismus erfolgen. Dies hat den Vorteil, dass dem Kunden im Fall einer Änderung der Umsatzsteuer kein Sonderkündigungsrecht zusteht.

49 **Abs. 7** soll sicherstellen, dass auch neue, zum Zeitpunkt des Vertragsschlusses noch nicht bekannte oder absehbare Steuern, Abgaben oder sonstige staatlich veranlasste Mehrbelastungen oder Entlastungen über die Preisanpassungsklausel im laufenden Vertragsverhältnis entsprechende Berücksichtigung finden. Durch den Verweis auf die Absätze 2 bis 5 wird klargestellt, dass auch in diesem Fall der Kunde im Vorfeld über die bevorstehenden Änderungen informiert und auf sein Sonderkündigungsrecht hingewiesen werden muss, und somit das vertragliche „Preisanpassungsprocedere" zur Anwendung kommt.

(3) Erläuterungen zu der von den Autoren verwendeten absoluten Festpreisregelung

Zunächst wird in Ziff. 2.1 aus Gründen der Transparenz klargestellt, dass sich der Vertragspreis aus einem verbrauchsunabhängigen Grund- und einem verbrauchsabhängigen Arbeitspreis zusammensetzt. 50

Im Vertrag werden die staatlich und hoheitlich veranlassten Abgaben, Steuern und Umlagen, die entsprechend in den Nettopreis einfließen, nicht genannt. Denn der Mustervertrag beinhaltet eine Festpreisregelung. Änderungen der staatlich und hoheitlich veranlassten Abgaben u. a. führen daher nicht zu einer Änderung des Festpreises. Davon ausgenommen sind Änderungen der Umsatzsteuer. 51

Ziff. 2.3 bestimmt, dass während der gesamten Vertragslaufzeit keine Preisanpassung durch das EVU erfolgen wird. Dies hat das EVU insbesondere bei seiner Wahl der Vertragslaufzeit[27] entsprechend zu berücksichtigen. Im Rahmen eines Anschlussvertrags, der dem Kunden rechtzeitig vor Ablauf der Vertragslaufzeit angeboten werden kann, kann das EVU auf die veränderte Kostensituation reagieren, und dem Kunden die weitere Versorgung zu dann geänderten Preisen anbieten. 52

Ziff. 2.4 gibt weiterführende Hinweise, wie bzw. wo sich der Kunde über die aktuellen Tarife und Preisbestandteile des EVU informieren kann. 53

cc) Ziff. 3 Abrechnung

(1) Ziff. 3.1 Abrechnungsperiode

Grundsätzlich richtet sich die Abrechnung nach den Vorgaben des § 40 Abs. 3 S. 1 EnWG. Danach ist der Lieferant verpflichtet, den Energieverbrauch nach seiner Wahl monatlich oder in anderen Zeitabschnitten, die jedoch zwölf Monate nicht wesentlich überschreiten dürfen, abzurechnen. Die hier erarbeitete Klausel und der darin grundsätzlich vorgesehene Abrechnungszeitraum von einem Jahr entsprechen diesem Grundsatz. EVU sind jedoch nach § 40 Abs. 3 S. 2 EnWG verpflichtet, ihren Kunden abweichend hiervon auch kürzere Abrechnungszeiträume anzubieten (z. B. eine monatliche, vierteljährliche oder halbjährliche Abrechnung). Um auch dieser Pflicht vollumfänglich nachzukommen, enthält die Regelung in Ziffer 3.1 das Recht des Kunden, eine monatliche, viertel- oder halbjährliche Abrechnung zu verlangen. 54

(2) Ziff. 3.2 Abschlagszahlungen

Die Regelung in Ziff. 3.2 normiert das Recht des EVU, von seinem Kunden Abschlagszahlungen zu verlangen, wenn und soweit der Verbrauch für mehrere Monate abgerechnet wird. Berechnungsgrundlage für die einzelnen Abschläge ist dabei der Verbrauch im zuletzt abgerechneten Zeitraum. Sollte dies nicht möglich sein (z. B. für ein neu angeschlossenes Haus ohne historische Verbrauchswerte), bemisst sich die 55

27 Vgl. hierzu auch Rn 27.

Höhe der einzelnen Abschläge anteilig am durchschnittlichen Verbrauch vergleichbarer Kunden.

dd) Ziff. 4 Verbraucherschutz und außergerichtliche Streitbeilegung

56 Nach § 41 Abs. 1 S. 1 Nr. 7 EnWG sind EVU verpflichtet, auf die Möglichkeit eines Schlichtungsverfahrens gem. § 111b EnWG hinzuweisen. Ein Schlichtungsverfahren – beispielsweise zur Klärung der Frage, ob eine Preisanpassung dem Grunde oder der Höhe nach wirksam durchgeführt wurde – kann allerdings nur von Haushaltskunden im Sinne des EnWG initiiert werden.

ee) Ziff. 5 Widerrufsbelehrung

57 Die Widerrufsbelehrung in Ziff. 5 ist zwingend in Verträge mit Verbrauchern gem. § 13 BGB aufzunehmen. Der Text der Widerrufsbelehrung richtet sich nach den gesetzlichen Vorgaben gem. Anlage 1 zu Art. 246a § 1 Abs. 2 S. 2 EGBGB.

ff) Sicherheiten

58 Im Haushaltskundenbereich ist die Verwendung von umfangreichen Sicherheitenregelungen eher unüblich. Über die Einbeziehung der Regelungen der GasGVV wird EVU das Recht eingeräumt, **Vorauszahlungen** vom Kunden zu verlangen, wenn nach den Umständen des Einzelfalls Grund zu der Annahme besteht, dass der Kunde seinen Zahlungsverpflichtungen nicht oder nicht rechtzeitig nachkommt (vgl. § 14 GasGVV). Über § 15 GasGVV ist das EVU ferner berechtigt, vom Kunden in angemessener Höhe Sicherheiten zu verlangen, wenn der Kunde nicht in der Lage bzw. nicht bereit ist, Vorauszahlung nach § 14 GasGVV zu leisten.

gg) Ziff. 6 Bonitätsauskunft

59 Diese Regelung gibt dem EVU die Möglichkeit, vor Vertragsschluss die Bonität seiner potenziellen Neukunden zu prüfen. Im Fall einer negativen Bonitätsauskunft hat das EVU die Möglichkeit, von einem Vertragsschluss Abstand zu nehmen. Im Gegensatz zur Grundversorgung besteht im Sonderkundenvertragsbereich grundsätzlich keine Versorgungspflicht und damit keine Pflicht zum Vertragsabschluss.

! Achtung
Der Hinweis auf die SCHUFA Holding AG darf nur verwendet werden, wenn der Verwender dieser Klausel Mitglied der SCHUFA ist. Anderenfalls könnte der Hinweis wettbewerbsrechtlich als irreführend eingestuft werden.

---

hh) Ziff. 8 Verschiedenes

Über den Verweis auf die Geltung der GasGVV wird das Vertragswerk „schlank" gehalten. Im Übrigen wird auf diese Weise sichergestellt, dass einzelne Regelungsbereiche wie beispielsweise Zutrittsrechte, Messung und Ablesung nicht „vergessen" werden. Die GasGVV stellt somit eine Art Auffangregelwerk für den Sonderkundenvertrag dar. Von der GasGVV abweichende Regelungen im Vertrag sind gegenüber denen der GasGVV vorrangig. 60

Ziff. 8.2 gewährt dem EVU ein einseitiges Anpassungsrecht hinsichtlich der Vertragsbedingungen. Ist das EVU gehalten, z. B. aufgrund einer Änderung der dem Vertragswerk zugrundeliegenden Gesetze, Verordnungen oder behördlichen Festlegungen den Vertrag anzupassen, kann es dies tun, ohne den Vertrag kündigen und einen neuen Vertrag mit dem Kunden abschließen zu müssen. Allerdings wird dem Kunden in diesem Fall ein sofortiges Kündigungsrecht eingeräumt. Dies entspricht der Regelung des § 41 Abs. 3 S. 2 EnWG, wonach dem Letztverbraucher ein fristloses Kündigungsrecht zusteht, wenn das EVU die Vertragsbedingungen einseitig ändert. Ausgenommen von dem Vertragsanpassungsrecht ist im Rahmen eines Fixpreisvertrags natürlich die vertraglich vereinbarte (Fest-)Preisregelung.[28] 61

Die Aufnahme der Ziff. 8.3 ist vor dem Hintergrund einer rechtlichen Entflechtung von Netz- und Vertriebsbereich und damit einhergehend mit der „spartenbezogenen" Betrachtung von Liefer- und Vertriebsaktivitäten einerseits sowie Netzbetreiberaufgaben andererseits zu sehen. Dadurch wird bezweckt, dass sich der Kunde bei Störungen oder Unregelmäßigkeiten, die in den Verantwortungsbereich des Netzbereichs fallen, an den richtigen Adressaten – nämlich den zuständigen Netzbetreiber – wendet. 62

Achtung !

Dies gilt nur dann, wenn das EVU Vertrieb und Netz aufgrund entsprechender Vorgaben aus dem EnWG rechtlich entflochten hat. Bei nicht rechtlich entflochtenen Unternehmen ist die Trennung der Adressaten von untergeordneter Bedeutung. Hier wendet sich der Kunde sowohl in netz- als auch in lieferbezogenen Angelegenheiten an ein und dasselbe (integrierte) Unternehmen.

---

e) Duplikat des Auftragsformulars und der AVB

Das unterschriebene Auftragsformular erhält das EVU vom Kunden zurück. Ein Duplikat des Auftragsformulars verbleibt beim Kunden. Ebenso sollte der Kunde gem. § 305 Abs. 2 Nr. 2 BGB vor Vertragsschluss einen Ausdruck der allgemeinen Vertragsbedingungen und Vertragsanlagen erhalten, damit diese dem Kunden zugänglich gemacht und wirksam in das Vertragsverhältnis einbezogen werden können. 63

28 Vgl. Ziff. 2.3 des Festpreisvertrages.

f) Anlagen

aa) Verordnungstext

64 Da im Rahmen von Ziff. 8.1 die Regelungen der GasGVV in das Vertragsverhältnis einbezogen werden, ist als Anlage zum Vertrag ein entsprechender Verordnungstext anzufügen. Dieser muss die zum Zeitpunkt des Vertragsabschlusses gültige Fassung haben. Das gilt im Übrigen auch für etwaige Ergänzende Bedingungen. Aufgrund des dynamischen Verweises, dass die GasGVV **„in ihrer jeweils gültigen Fassung“** Anwendung findet, ist bei Verordnungsänderungen kein erneutes Zusenden der GasGVV an den Kunden erforderlich.

! **Praxistipp Energieeffizienz**

Laut § 4 Abs. 2 EDL-G sind EVU verpflichtet, Informationen über Energiedienstleistungen, Energieeffizienzmaßnahmen etc. anzubieten. Die Unterrichtung der Endkunden hat mindestens jährlich in geeigneter Form stattzufinden. Sinnvoll wäre insoweit, diese Informationen auf einem Informationsblatt darzustellen bzw. sie als deutlichen Hinweis in die allgemeinen Vertragsbedingungen mit aufzunehmen (ggf. hervorgehoben durch einen Rahmen). Alternativ kann die Information auch im Zusammenhang mit der Abrechnung erfolgen.

---

bb) Widerrufserklärung

65 Die als Anlage beigefügte Widerrufserklärung beruht auf dem gesetzlichen Muster gemäß Anlage 2 zu Art. 246a § 1 Abs. 2 S. 1 Nr. 1 u. § 2 Abs. 2 Nr. 2 EGBGB. Mit Hilfe der (vorformulierten) Widerrufserklärung können Kunden, die Verbraucher i. S. v. § 13 BGB sind, von ihrem Widerrufsrecht Gebrauch machen und ihren Widerruf erklären. Die Kunden sind jedoch nicht verpflichtet, im Falle des Widerrufs das gesetzliche Muster für die Widerrufserklärung zu verwenden; auch eine andere entsprechend eindeutige Erklärung (z. B. per Brief, Email oder Telefax) ist möglich. Die Kunden müssen jedoch über das Widerrufsformular bzw. die Möglichkeit, ein solches verwenden zu können, informiert werden. Die Autoren raten dazu, Kunden das Muster einer Widerrufserklärung spätestens mit der Auftragsbestätigung zur Verfügung zu stellen. Das entsprechende Muster für eine Widerrufserklärung ist am Ende des Mustervertrages „Gassonderkundenvertrag Haushaltskunden“ abgedruckt. Die Widerrufserklärung kann auch auf der Internetseite des EVU den Kunden zur Verfügung gestellt werden. So kann der Verbraucher alternativ auf diesem Wege durch Ausfüllen und Versenden des digitalen Formulars seinen Widerruf ausüben. Den Eingang des Widerrufs hat das EVU unverzüglich zu bestätigen (z. B. per Brief, Telefax etc.).

2. Gassonderkundenvertrag Gewerbekunden

a) Überblick und Aufbau des Vertrags

66 Oftmals sind auch Gewerbekunden daran interessiert, über einen Sonderkundenvertrag Gas zu günstigeren Konditionen zu beziehen. Da Gewerbekunden regelmäßig als

Unternehmer i. S. d. § 14 BGB zu qualifizieren sind,[29] müssen Energielieferanten im Rahmen solcher Vertragsverhältnisse mit Gewerbekunden weniger strenge und verbraucherschützende Vorgaben (Widerrufsbelehrung, Hinweis auf die Schlichtungsstelle, etc.) beachten als in Verträgen mit Haushaltskunden, die Verbraucher i. S. d. § 13 BGB sind. Dieser Umstand wurde im „Gassonderkundenvertrag Gewerbekunden" berücksichtigt. Der Vertrag kann grundsätzlich für alle Gewerbekunden (solche mit einem Verbrauch von weniger als 10.000 kWh/a und solche mit einem Verbrauch von mehr als 10.000 kWh/a) verwendet werden.

Der Gassonderkundenvertrag für Gewerbekunden ähnelt in Aufbau und Struktur 67 sehr dem Gassonderkundenvertrag für Haushaltskunden. Dies ist aus Gründen eines möglichst einheitlichen und effizienten Vertragsmanagements sinnvoll. Ist das EVU sich nicht sicher, ob der Kunde als Verbraucher oder Unternehmer einzustufen ist, sollte im Zweifel das Haushaltskundenformular verwendet werden. So ist sichergestellt, dass dem Kunden, sollte es sich hierbei um einen Verbraucher i. S. d. § 13 BGB handeln, sämtliche verbraucherschützenden Rechte zustehen und er in jedem Fall ordnungsgemäß hierüber belehrt wurde. Sollte sich herausstellen, dass der Kunde als Gewerbekunde und Unternehmer i. S. d. § 14 BGB einzustufen ist, ist eine entsprechend erfolgte Belehrung unschädlich.

Im Folgenden werden (nur) die Absätze und Regelungen des Auftragsformulars 68 für Gewerbekunden erläutert, die sich von den entsprechenden Regelungen des Gassonderkundenvertrags für Haushaltskunden unterscheiden.

b) Auftragsformular

aa) Auftraggeber/Kunde

Das Auftragsformular enthält zum Zwecke der Identifizierung, der genauen Zuord- 69 nung und ggf. zur Einholung einer Bonitätsauskunft über den Kunden die Zeilen Registernummer und Registergericht. Diese Angaben bilden somit das Pendant zu der Angabe des Geburtsdatums im Sonderkundenvertrag für Haushaltskunden.

bb) Zahlungsweise

Einem Nicht-Haushaltskunden muss seitens des EVU lediglich eine Zahlungsmöglich- 70 keit angeboten werden. Alternativ zu dem im Muster verwendeten **SEPA-Basislastschriftverfahren** kann das **SEPA-Firmenlastschriftverfahren** angeboten werden.

---

29 Vgl. Einordnung unter Rn 23.

c) Allgemeine Vertragsbedingungen

aa) Ziff. 4 Bonitätsauskunft

71 Grundsätzlich ist es aus Sicht eines EVU ratsam, vor Aufnahme der Belieferung bzw. vor Abschluss eines Vertrags, aber auch regelmäßig während der Vertragslaufzeit, die Bonität eines Kunden zu überprüfen. So kann ein EVU angemessen auf eine entsprechende Bonitätsveränderung reagieren – z. B. durch Anfordern einer Vorauszahlung oder Sicherheit –, bzw. kann im Fall einer negativen Bonitätsauskunft ganz von einem Vertragsschluss absehen.

bb) Optional: Ziff. 5 Sicherheitsleistung/Kündigung

72 Das Vertragsmuster enthält eine – im Vergleich zu § 15 GasGVV – deutlich umfangreichere **Sicherheitenklausel**. Diese ist an die KoV VI angelehnt.

73 Bei Sondervertragskunden, die RLM-Kunden sind und tendenziell eine höhere Abnahme aufweisen, kann es mit Blick auf die Bonität und deren Entwicklung sinnvoll sein, bereits bei Vertragsschluss bzw. bei nachträglich auftretenden Umständen während der Vertragslaufzeit rechtzeitig eine Sicherheitsleistung anzufordern. Sinn und Zweck ist es, das Kundenausfallrisiko für das EVU, das mit der Gaslieferung im Regelfall in Vorleistung tritt, so gering wie möglich zu halten.

! **Praxistipp**

Da im Vorfeld des Vertragsabschlusses bei der Aufforderung, eine Sicherheit zu stellen, die Gefahr besteht, dass der Kunde vom Vertragsabschluss Abstand nimmt und sich für einen anderen Lieferanten entscheidet, sollte die Übernahme der Klausel bzw. deren Anwendung im Einzelfall abgewogen werden. Gleiches gilt natürlich auch für das Anfordern einer Sicherheit während der Vertragslaufzeit und dem damit zusammenhängenden Risiko, den Kunden nach Ablauf des Vertrags „zu verlieren". Insofern wird die Klausel optional zur Verfügung gestellt.

---

3. Gassonderkundenvertrag Gewerbekunden individuell

a) Überblick

74 Der Gassonderkundenvertrag „Gewerbekunden individuell" richtet sich an Kunden mit einem Jahresverbrauch von über 1.500.000 kWh und damit grundsätzlich an Kunden, die mit einer registrierenden Lastgangmessung ausgestattet sind (RLM-Kunden[30]). Die vorab genannte Grenze ist jedoch nicht zwingend. Grundsätzlich ist es einem jeden EVU überlassen, ab welcher Verbrauchsmenge es solche „Individualsonderkundenverträge" anbietet. Denkbar ist es auch, SLP-Kunden[31] diese Verträge anzubieten. Welchen Kunden- und Verbrauchsgruppen letztendlich der Gassonder-

30 Nähere Ausführungen zum RLM-Kunden-Begriff s. Rn 4 f.

31 Nähere Ausführungen zum SLP-Kunden-Begriff s. Rn 4.

kundenvertrag „Gewerbekunden individuell“ angeboten werden soll, bleibt somit eine unternehmerische Entscheidung. Ausgenommen ist lediglich eine Verwendung für Verbraucher, da der Vertrag nicht die hier notwendigen Schutzregelungen enthält.

b) Aufbau des Vertrags

Bei RLM-Kunden ist es nicht unüblich, dass im Rahmen von Vertragsverhandlungen 75
eine Vielzahl der Vertragsmodalitäten individuell ausgehandelt wird. Gleichwohl kann es sich bei einzelnen Klauseln weiterhin um Allgemeine Geschäftsbedingungen handeln, wenn und soweit diese Klauseln seitens des EVU für eine Vielzahl von Verträgen vorformuliert worden sind und sie im Einzelfall nicht Gegenstand der Verhandlungen zwischen den vertragsschließenden Parteien waren (vgl. § 305 Abs. 1 S. 1 BGB). Derartige Verträge werden von Energielieferanten häufig nicht für das Massenkundengeschäft, beispielsweise als Eingabemaske im Internet, sondern für (größere) Industriekunden vorgehalten, bei denen unternehmensindividuelle Spezifika zu beachten sind (z. B. im Fall der Lieferung von Prozessgas etc.). Der Fließtext im vorliegenden Vertragsmuster hebt – im Gegensatz zu den Sonderkundenverträgen für Haushalts- und Gewerbekunden, die aus einem Auftragsformular und Allgemeinen Vertragsbedingungen bestehen – den individuellen Charakter des Vertrags hervor. Gleichwohl bleibt es jeweils im Einzelfall zu prüfen, ob und inwieweit es sich bei den vertraglichen Regelungen entweder um individualvertragliche Abreden oder aber um Allgemeine Geschäftsbedingungen handelt.

c) Regelungsgegenstand der einzelnen Vertragsklauseln

aa) Ziff. 1 Vertragsgegenstand

Unter Ziff. 1 werden wesentliche Pflichten der Vertragsparteien festgehalten. Im 76
Zusammenhang mit der Lieferpflicht des Energielieferanten können hier insbesondere Druck, Güte des Gases und Liefermenge sowie Möglichkeiten einer Unterbrechung durch die EVU werden.

Wichtig für EVU ist die **Gesamtbezugsverpflichtung** des Kunden in Ziff. 1.3. 77
Nicht selten beschaffen EVU die geplanten und im Vertrag festgeschriebenen Abnahmemengen am Energiegroßhandelsmarkt im Rahmen von sog. **Back-to-Back-Geschäften.** Würde der Kunde auch bei anderen Energielieferanten Gas beziehen, könnte es vorkommen, dass der Kunde weniger Gas abnimmt, als im Vertrag festgeschrieben. Eine bereits vom Energielieferanten eingekaufte Gasmenge müsste u. U. zu schlechteren Konditionen wieder am Energiegroßhandelsmarkt abgesetzt werden. Ein solches wirtschaftliches Risiko aufseiten des Energielieferanten wird durch die Vereinbarung einer Gesamtbezugsverpflichtung reduziert.

bb) Ziff. 2 Voraussetzung der Belieferung

78 Das Bestehen eines separaten Anschlussnutzungs- und Netzanschlussvertrags ist zwingende Voraussetzung für die Belieferung durch das EVU. Im Gegensatz zu den Sonderkundenvertragsmustern für Haushalts- und Gewerbekunden, denen eine Belieferung **in Niederdruck** zugrunde liegt, ist der Sonderkundenvertrag „Gewerbekunden individuell" grundsätzlich auch geeignet, Kunden **in Mitteldruck** zu versorgen. Im Gegensatz zur Versorgung in Niederdruck, wo ein Anschlussnutzungsverhältnis bereits durch Entnahme von Gas über den Netzanschluss zustande kommt (vgl. § 3 Abs. 2 NDAV), fehlt es an einer entsprechenden Regelung im Mitteldruckbereich. Aus diesem Grund wird im Rahmen des Sonderkundenvertrags „Gewerbekunden individuell" das Bestehen eines Netzanschluss- und Anschlussnutzungsvertrags ausdrücklich erwähnt und vertraglich vorausgesetzt.

cc) Ziff. 3 Preise und Preisanpassung

79 Soweit ein RLM-Sonderkundenvertrag zwischen den Vertragsparteien individuell verhandelt wird und die Verhandlungen sich auch auf die preislichen Regelungen erstrecken, sprechen in einem solchen Fall vertretbare Gründe dafür, dass es sich (auch) bei den Regelungen zu Preisen und zur Preisanpassung um sog. vertragliche **Preishauptabreden** handelt, die als Individualabreden gem. § 305 Abs. 1 S. 3 bzw. § 305b BGB Vorrang vor Allgemeinen Geschäftsbedingungen haben und somit einer AGB-rechtlichen Inhaltskontrolle nach den Maßstäben der §§ 307 ff. BGB von vornherein entzogen sind. Hierbei kommt es stets darauf an, ob die jeweils betroffene Klausel ausgehandelt wurde und nicht darauf, ob überhaupt einzelne Klauseln eines Vertrags zur Disposition standen. Mithin ist für jede Klausel im Einzelfall gesondert zu prüfen, ob es sich um eine individuell vereinbarte (verhandelte) Regelung oder aber um Allgemeine Geschäftsbedingungen handelt.[32]

80 Die Darlegungs- und Beweislast, dass im konkreten Einzelfall eine Klausel zwischen den Vertragsparteien ausgehandelt wurde, obliegt dem Verwender und somit dem EVU.

! **Achtung**
Je nach Einordung einer Klausel entweder als Allgemeine Geschäftsbedingung oder als vertraglich individuell vereinbarte Hauptabrede stellt sich bei einem EVU die Frage, ob und inwieweit ggf. auch bei einem „Sonderkundenvertrag Gewerbekunden individuell" eine Preisanpassungsklausel aufgenommen werden soll oder nicht. Je nachdem, welche „Qualität" eine solche Klausel hat, gelten

32 Eine Vertragsbedingung gilt als ausgehandelt i. S. v. § 305 Abs. 1 S. 3 BGB, wenn ihr Inhalt nicht nur vom Verwender, sondern ebenso von der anderen Vertragspartei in deren rechtsgeschäftlichen Gestaltungswillen aufgenommen worden ist, und somit Ausdruck der rechtsgeschäftlichen Selbstbestimmung und Selbstverantwortung beider Vertragsparteien ist (vgl. BGH, Urt. v. 27.3.1991 – IV ZR 90/90 – NJW 1991, 1678 f.).

unterschiedlich strenge Prüfungsmaßstäbe und Wirksamkeitsvoraussetzungen. Die Autoren haben davon abgesehen, in diesem Vertragsformularhandbuch dem „Sonderkundenvertrag Gewerbekunden individuell" eine Preisanpassungsklausel beizufügen. Gleichwohl möchten die Autoren den EVU eine Preisanpassungsklausel vorstellen, die Grundlage individueller Vertragsgespräche mit Gewerbe- oder Industriekunden sein kann.

(1) Preisanpassungsklausel

Klauselmuster

81 (1) Der Vertragspreis setzt sich aus einem verbrauchsunabhängigen Grundpreis und einem verbrauchsabhängigen Arbeitspreis zusammen. Das derzeit gültige Preisblatt liegt als Anlage bei.

(2) Der Netto-Grundpreis enthält die Kosten für [...]. Der Netto-Arbeitspreis enthält die Kosten für [...]. Zusätzlich enthält der Netto-Arbeitspreis die Energiesteuer für steuerbegünstigtes Erdgas (Erdgassteuer) und die Konzessionsabgabe sowie die Mehrbelastungen aus der Regel- und Ausgleichsenergieumlage nach § 29 S. 2 GasNZV und das Entgelt für die Nutzung des Virtuellen Handelspunktes (VHP-Entgelt) jeweils in der im Zeitpunkt des Vertragsschluss geltenden Höhe. Die Bruttopreise enthalten zusätzlich die Umsatzsteuer in der jeweils gesetzlichen Höhe (derzeit 19 %).

(3) Die Stadtwerke ... GmbH nimmt mindestens alle 12 Monate eine Überprüfung der Kostenentwicklung vor. Bei Kostensteigerungen ist die Stadtwerke ... GmbH berechtigt und bei Kostensenkungen verpflichtet, die vereinbarten Preise (Grund- bzw. Arbeitspreis) nach billigem Ermessen im Wege der einseitigen Leistungsbestimmung nach § 315 BGB anzupassen, wenn dies aufgrund einer veränderten Kostensituation erforderlich wird, um das bei Vertragsschluss vereinbarte Verhältnis von Leistung und Gegenleistung (Äquivalenzinteresse) aufrecht zu erhalten. Der Kunde kann dies nach § 315 Abs. 3 BGB zivilgerichtlich überprüfen lassen. Bei der Preisermittlung ist die Stadtwerke ... GmbH verpflichtet, Kostensteigerungen nur unter Ansatz gegenläufiger Kostensenkungen zu berücksichtigen und eine Saldierung von Kostensteigerungen und Kostensenkungen vorzunehmen. Preisanpassungen sind dabei so durchzuführen, dass Kostensenkungen nicht nach für den Kunden ungünstigeren Maßstäben Rechnung getragen wird als Kostensteigerungen.

(4) Änderungen der Preise nach Abs. 3 werden jeweils zum Monatsbeginn und erst nach brieflicher Mitteilung wirksam, die mindestens sechs Wochen vor der beabsichtigten Änderung erfolgen muss. Die Stadtwerke ... GmbH ist verpflichtet, die beabsichtigten Änderungen der Preise zeitgleich mit der brieflichen Mitteilung an den Kunden auf ihrer Internetseite zu veröffentlichen. Der Kunde ist berechtigt, den Vertrag ohne Einhaltung einer Frist zum Zeitpunkt des Wirksamwerdens der Änderungen zu kündigen. Hierauf wird die Stadtwerke ... GmbH den Kunden in der brieflichen Mitteilung über die bevorstehende Änderung ausdrücklich hinweisen. Die Kündigung bedarf der Textform. Die Stadtwerke ... GmbH soll eine Kündigung des Kunden unverzüglich nach Eingang in Textform bestätigen.

(5) Abweichend von vorstehenden Abs. 3 und 4 werden Änderungen der Umsatzsteuer gemäß Umsatzsteuergesetz ohne Ankündigung und ohne außerordentliche Kündigungsmöglichkeit an den Kunden weitergegeben.

(6) Die Abs. 3 bis 5 gelten auch, soweit nach Vertragsschluss die Einführung, Änderung oder der Wegfall neuer Steuern, Abgaben, Umlagen oder sonstige hoheitliche Belastungen den Bezug, die Fortleitung, die Übertragung, die Verteilung oder die Abgabe von Gas für die Stadtwerke ... GmbH verteuern oder verbilligen und die Mehrbelastungen oder Entlastungen für die Stadtwerke ... GmbH wirksam werden.

(7) Aktuelle Informationen über die geltenden Tarife der Stadtwerke ... GmbH sind auf unserer Homepage www.[...].de zu finden.

(2) Erläuterung der Preisanpassungsklausel

(a) Abs. 1 bis Abs. 2 Kostenbestandteile

Neben der Zusammensetzung des Energiepreises aus einem Grund- und einem Arbeitspreis (Abs. 1) werden in Abs. 2 die einzelnen Kostenbestandteile genannt, aus denen der Grund- und Arbeitspreis besteht. Dies ist wichtig, damit dem Kunden bei Vertragsschluss die Bestandteile und deren Zusammensetzung als Gesamtenergiebezugspreis bekannt sind, und damit der Kunde weiß, auf welche Kostenbestandteile und deren Entwicklung sich eine Preisanpassung beziehen kann. 82

(b) Abs. 3 Preisänderungsklausel

Mit der Preisänderungsklausel können Veränderungen bei den in Abs. 2 aufgeführten Preisbestandteilen vom EVU gemäß den vertraglichen Voraussetzungen an den Kunden weitergegeben werden. Es handelt sich somit um ein einseitiges Leistungsbestimmungsrecht zugunsten des EVU. Bei der Ausgestaltung der Klausel wurden die gesetzlichen Prämissen und Wirksamkeitskriterien, die im Laufe der vergangenen Jahre durch den BGH aufgestellt und weiterentwickelt wurden, berücksichtigt. Dazu zählt u. a. der Hinweis, dass das EVU bei Kostensenkungen verpflichtet und nicht bloß – wie im Fall von Kostensteigerungen – berechtigt ist, diese an den Kunden weiterzugeben. Ferner zählt dazu der Umstand, dass das EVU bei Preisanpassungen darauf zu achten hat, dass keine Ausweitung des bei Vertragsschluss zwischen Leistung und Gegenleistung feststehenden Äquivalenzinteresses erfolgt. Folglich muss vor einer möglichen Weiterbelastung an den Kunden geprüft werden, ob etwaige Kostensteigerungen nicht mit gegenläufigen Kostensenkungen saldiert werden können. Zudem wird ausdrücklich auf die Einhaltung und Berücksichtigung der in § 315 BGB enthaltenen Billigkeitsgrundsätze hingewiesen, die im Fall einer Preisanpassung zwingend zu beachten sind. Aus Gründen der Klarstellung und Transparenz erfolgt ferner der Hinweis, dass der Kunde gemäß § 315 Abs. 3 BGB das Recht hat, Preisanpassungen und das der Anpassung zugrundeliegende Ermessen des EVU gerichtlich überprüfen zu lassen.[33] 83

(c) Abs. 4 Zeitpunkt der Wirksamkeit der Preisänderung

In Abs. 4 werden der Modus einer Preisanpassung und die damit einhergehenden Mitteilungs- und Informationspflichten des EVU beschrieben. So wird der Kunde rechtzeitig über eine bevorstehende Preisänderung mittels brieflicher Mitteilung informiert. Die Informationspflicht und der Zeitraum der Vorankündigung (6 Wochen vor Wirksamwerden der Preisanpassung) sind an die verordnungsrechtliche Regelung in § 5 Abs. 2 GasGVV angelehnt. Im Falle einer Preisänderung steht dem Kunden ein Son- 84

---

33 BGH, Urt. v. 31.7.2013 – VIII ZR 162/09 –.

derkündigungsrecht zu, auf welches er in dem Preisänderungsschreiben hingewiesen werden muss.[34]

(d) Abs. 5 und 6 Klarstellungen und Erweiterung der Anwendbarkeit

85 In Abs. 5 wird klargestellt, dass eine – aufgrund einer Änderung der Umsatzsteuer erforderlich werdende – Preisanpassung jederzeit möglich ist und weder vom EVU angekündigt werden muss noch dadurch ein Sonderkündigungsrecht des Kunden begründet wird. Diese umsatzsteuerliche Ausnahme folgt aus einer spezialgesetzlichen Regelung in § 29 Abs. 1 UStG.

86 Abs. 6 dient schließlich der Klarstellung, dass die Bestimmungen zur Preisanpassung entsprechend anzuwenden sind, wenn und soweit nach Vertragsschluss die Einführung, Änderung oder der Wegfall neuer Steuern, Abgaben, Umlagen oder sonstiger hoheitlicher Belastungen den Bezug, die Fortleitung, die Übertragung, die Verteilung oder die Abgabe von Gas für die EVU verteuern oder verbilligen. Auch in diesem Fall hat das EVU – in entsprechender Anwendung des Abs. 5 – seine Kunden vorab über die anstehenden Änderungen zu informieren (brieflich und auf der Homepage) und in seiner brieflichen Mitteilung auf das dem Kunden zustehende Sonderkündigungsrecht hinzuweisen.

dd) Ziff. 4 Abrechnung

87 RLM-Kunden werden aufgrund ihrer hohen Verbrauchsmenge nicht selten monatsscharf abgerechnet. So ist auch im Vertragsmuster vorgesehen, dass RLM-Kunden eine monatliche Abrechnung über den tatsächlichen Verbrauch des Vormonats erhalten. Dadurch wird auch dem Gedanken des § 40 Abs. 3 S. 2 EnWG entsprochen, wonach Letztverbraucher als kürzestes Abrechnungsintervall eine monatliche Abrechnung verlangen können.

---

34 Soweit der Kunde berechtigt ist, im Falle einer Preisänderung den Vertrag zum Zeitpunkt des Wirksamwerdens der Änderung zu kündigen, gibt es in erster Linie im Zusammenhang mit Verträgen mit Haushaltskunden vereinzelte Stimmen in der Literatur, wonach die Kündigung mit sofortiger Wirkung und nicht erst zum Zeitpunkt des Wirksamwerdens der Änderung erfolgen soll. Nach dem Wortlaut des § 41 Abs. 3 S. 2 EnWG kann der Kunde bei Änderungen der Vertragsbedingungen ohne Einhaltung einer Frist kündigen. Dies könnte für eine Kündigung mit sofortiger Wirkung sprechen. Dagegen spricht jedoch der Wortlaut des § 5 Gas-/StromGVV, der bei einer Preisänderung dem Kunden das Recht einräumt, den Vertrag ohne Einhaltung einer Frist zum Zeitpunkt des Wirksamwerdens der Änderungen zu kündigen. Sinn und Zweck des Sonderkündigungsrecht sprechen daher hier dafür, dass zum Zeitpunkt des Wirksamwerdens der Änderungen der Vertrag zu kündigen ist und nicht vorher. Nichtsdestotrotz soll auch der Gewerbekunde durch das Sonderkündigungsrecht davor geschützt werden, an den Vertrag gebunden zu sein, obwohl sich die Bedingungen des Vertrags geändert haben. Dies ist erst nach Wirksamwerden der neuen Preise der Fall.

ee) Ziff. 6 Datenschutzhinweis

Bitte beachten Sie, dass bei der Beschreibung des Verwendungszweckes für die Erhebung von Daten die Verwendung der Daten für die eigentliche Durchführung des Vertrages nicht genannt wird. Hierfür darf das EVU die Daten auch ohne gesonderte Einwilligung des Kunden verwenden.[35] 88

ff) Ziff. 7 Laufzeit

Die Laufzeit des Vertrags ist zwischen dem EVU und dem Kunden individuell abzustimmen. Hierbei gilt es jedoch zu beachten, dass der maximalen Laufzeit gewisse Grenzen gesetzt sind. Zwar handelt es sich bei dem „Gewerbekundenvertrag individuell" um einen Vertrag, der zwischen zwei Unternehmern im Sinne von § 14 BGB abgeschlossen wird, sodass die Regelung betreffend die Laufzeit aus § 309 Nr. 9 BGB nicht unmittelbar Anwendung findet. Im unternehmerischen Rechtsverkehr sind Vertragslaufzeiten, Verlängerungsklauseln und Kündigungsfristen jedoch an § 307 BGB zu messen. § 309 Nr. 9 BGB ist betont verbraucherbezogen und hat keinen auf den Geschäftsverkehr mit Unternehmern ausstrahlenden Gerechtigkeitsgehalt. Allerdings greift die Rechtsprechung den Rechtsgedanken der Regelung aus § 309 Nr. 9 BGB auf und verfährt zunehmend strenger.[36] Eine lange vertragliche Bindung kann nur durch besondere Umstände auf Seiten des Kunden gerechtfertigt werden, d. h. der Kunde muss in den Vertragsverhandlungen eigenständig eine lange Laufzeit, zum Beispiel über 5 Jahre, wollen. 89

---

35 Vgl. dazu Rn 33.

36 Vgl. BGH, Urt. v. 8.4.1997 – X ZR 62/95 –.

Kapitel 4
Messwesen

A. Einführung

1 Die **Liberalisierung des Messwesens** soll einen freien Markt schaffen, der zu sinkenden Messentgelten für den Kunden führt. Ein weiteres wichtiges Ziel der Liberalisierung ist die Etablierung innovativer Techniken im Bereich des Messwesens („Smart Metering"). Hierdurch soll ein energiesparendes Verbrauchsverhalten des Letztverbrauchers erreicht werden.[1]

2 Im Grundsatz wurde die Liberalisierung des Messwesens im EnWG 2005 mit § 21b verankert.[2] Durch diese Vorschrift wurde das Segment des Messwesens erstmalig für den Wettbewerb geöffnet. Zuvor wurden Installation und Betrieb von Messeinrichtungen ausschließlich vom Netzbetreiber erbracht und die Marktrollen Messstellenbetreiber und Messdienstleister existierten nicht.[3] Als Messstellenbetreiber wird ein Netzbetreiber oder ein Dritter verstanden, der die Aufgaben des Messstellenbetriebs wahrnimmt (vgl. § 3 Nr. 26a EnWG).[4] Ein Messdienstleister hingegen ist derjenige, der die Ab- und Auslesung der Messeinrichtung sowie die Weitergabe der Daten an die Berechtigten durchführt.[5] Die Liberalisierung des Mess- und Zählerwesens hat nicht nur **neue Marktrollen** hervorgebracht, es entstanden durch sie auch **neue Rechtsverhältnisse**, insbesondere in der **Beziehung dieser Marktrollen untereinander** und **zum Netzbetreiber**.[6] Zunächst hatte allein der Anschlussnehmer (Eigentümer) die Wahl im Hinblick auf die Beauftragung eines Dritten mit dem Messstellenbetrieb. Erst mit dem „Gesetz zur Öffnung des Messwesens bei Strom und Gas für Wettbewerb"[7] im Jahre 2008 wurde § 21b EnWG dahingehend geändert, dass nunmehr dem Anschlussnutzer (Mieter) das Wahlrecht zustand.

3 Nach § 21b Abs. 1 EnWG ist weiterhin grundsätzlich der Netzbetreiber für den Messstellenbetrieb und die Messung zuständig, soweit nicht ein Dritter diese Rollen übernimmt.[8] Eine solche Rollenübernahme ist abhängig vom Willen des Anschlussnutzers und dem Abschluss eines Vertrages zwischen dem Netzbetreiber und dem Dritten. Zunächst wurde die Ausgestaltung solcher Verträge weitgehend den Beteiligten überlassen. Eine funktionierende Marktöffnung des Messwesens konnte jedoch

1 BR-Drucks. 568/08, S. 1.
2 BerlK-EnR/*Busse von Colbe*, § 21b EnWG Rn 6.
3 Schneider/Theobald/*de Wyl/Thole/Bartsch*, § 16 Rn 294.
4 § 2 Nr. 7 Messstellenrahmenvertrag/Messstellenvertrag (MSRV/MRV).
5 § 2 Nr. 3 MSRV/MRV.
6 *Eder/vom Wege/Weise*, ZNER 2012, 59, 60.
7 BGBl. I 2008 S. 1790
8 Schneider/Theobald/*de Wyl/Thole/Bartsch*, § 16 Rn 295.

nur unter zwei Bedingungen gewährleistet werden: Die Ansprüche Dritter auf Übernahme der Aufgaben mussten an definierte Voraussetzungen geknüpft und diese so ausgestaltet werden, dass trotz des Übergangs der Aufgaben auf einen Dritten die mit der Regulierung verfolgten Ziele der *„Sicherstellung eines wirksamen Wettbewerbs bei der Versorgung mit Elektrizität und Gas"* und der *„Sicherung eines langfristig angelegten leistungsfähigen und zuverlässigen Betriebs von Energieversorgungsnetzen"* nicht gefährdet werden.[9] Der Gesetzgeber ermächtigte in § 21b Abs. 4 a. F. EnWG daher die Bundesregierung durch Rechtsverordnung die Bedingungen für Messstellenbetrieb und Messung festzulegen, die einheitliche Ausgestaltung der Rechte und Pflichten der Marktbeteiligten zu regeln und eine entsprechende Festlegungskompetenz der Regulierungsbehörde zu bestimmen.[10] Die Bundesregierung machte durch den Erlass der Messzugangsverordnung (MessZV) im Jahr 2008 von dieser Ermächtigung Gebrauch und schränkte damit die Vertragsfreiheit der Beteiligten ein.[11]

Die konkrete Gestaltung der Rahmenverträge in diesem Bereich sowie der 4
Geschäftsprozesse und sonstigen Bedingungen der Messung und des Messstellenbetriebs wurden in § 13 MessZV der BNetzA übertragen.[12] Vorausgesetzt wurde für den Erlass dieser Festlegungen, dass die dort enthaltenen Regelungen der *„Verwirklichung einer effizienten Öffnung des Messstellenbetriebs und des Messbetriebes"* dienen.[13] Von dieser Ermächtigung machte die BNetzA im Jahre 2010 Gebrauch und beschloss die Festlegungen **zur Standardisierung von Verträgen** und Geschäftsprozessen im Bereich des Messwesens für Strom und Gas.[14] Als Anlagen wurden den Festlegungen u. a. ein **Messstellenrahmenvertrag**[15] zwischen Netzbetreiber und Messstellenbetreiber und ein **Messrahmenvertrag**[16] zwischen Netzbetreiber und Messdienstleister beigefügt. Die wörtliche Verwendung dieser Standardrahmenverträge ist seit dem 15.10.2010 bei neuen Verträgen zwingend vorgegeben. Bestandsverträge mussten bis spätestens zum 1.2.2011 an die Vorgaben der Standardverträge angepasst werden.[17] Aufgrund der Vorgabe, die entsprechenden Standardverträge zu verwenden, wurden diese unverändert in diesem Werk übernommen. Darüber hinaus wurden Anlagen, die zur Konkretisierung einzelner Punkte in den Standardverträgen dienen, als Musteranlagen aufgenommen.

Die **Novellierung des EnWG im Jahr 2011** und die damit verbundene **Einfüh-** 5
rung neuer Messsysteme hatten zur Folge, dass die Möglichkeit zur separaten Beauf-

---

9 BerlK-EnR/*Busse von Colbe*, § 21b EnWG Rn 2.
10 BNetzA, BK6-09-034, S. 4.
11 BerlK-EnR/*Busse von Colbe*, § 21b EnWG Rn 3.
12 BNetzA, BK6-09-034, S. 4.
13 BerlK-EnR/*Böhnel*, 2. Aufl., Anh. § 21b EnWG, § 4 MessZV Rn 4.
14 BNetzA, BK6-09-034 und BK07-09-001.
15 Anlage 3 zu den Beschlüssen der BNetzA BK6-09-034 und BK7-09-001.
16 Anlage 4 zu den Beschlüssen der BNetzA BK6-09-034 und BK7-09-001.
17 BNetzA, BK6-09-034 und BK07-09-001, jeweils S. 2.

tragung eines Messdienstleisters Im Grundsatz wegfiel. Denn die Beauftragung eines Messdienstleisters separat von einem Messstellenbetreiber ist danach nur zulässig, wenn die betreffende Messeinrichtung nicht elektronisch ausgelesen wird (§ 9 Abs. 2 MesZV). Dies dürfte in der Praxis selten der Fall sein.[18] Nachdem auch eine **Novelle der MessZV** in näherer Zukunft erwartet wird, ist abzuwarten, inwiefern die BNetzA die Standardverträge entsprechend den neuen gesetzlichen Vorgaben anpassen wird. Diese geplante Novelle wird maßgeblichen Einfluss auf die zukünftige Gestaltung von Standardverträgen im Messwesen haben. Zum jetzigen Zeitpunkt können jedoch keine konkreten Einschätzungen dazu gemacht werden, wie die Änderungen und Entwicklungen aussehen werden. Die gesetzlichen Entwicklungen sind im Auge zu behalten.

18 BR-Drucks. 568/08, S. 11; *Eder/vom Wege/Weise*, ZNER 2012, 59, 60.

B. Vertragsmuster

I. Messstellenrahmenvertrag (MSRV)

Muster

Messstellenrahmenvertrag 6

zwischen

Messstellenbetreiber/Messdienstleister
Straße, PLZ Ort
– im Folgenden „Messstellenbetreiber/Messdienstleister" –

und

Netzbetreiber
Straße, PLZ Ort
– im Folgenden „Netzbetreiber" –

– gemeinsam „Vertragsparteien" genannt, –

wird folgender Rahmenvertrag geschlossen.

Angaben zur Identifikation:

Netzbetreiber:	______________________ Marktpartneridentifikationsnummer
Messstellenbetreiber:	______________________ Marktpartneridentifikationsnummer
Messdienstleister:	______________________ Marktpartneridentifikationsnummer

§ 1 Gegenstand des Vertrages

1. Dieser Vertrag regelt die Rechte und Pflichten zur Durchführung des Messstellenbetriebs an den Messstellen von Letztverbrauchern in den Bereichen Elektrizität und/oder Gas durch einen vom Anschlussnutzer beauftragten Messstellenbetreiber im Netzgebiet des Netzbetreibers auf der Grundlage des EnWG sowie der auf dieser Basis erlassenen Rechtsverordnungen und behördlichen Festlegungen in jeweils aktueller Fassung. Die in dem vorliegenden Vertrag enthaltenen Regelungen sind in ihrem Anwendungsbereich abschließend. Die Parteien sind befugt, in beiderseitigem Einverständnis diesen Vertrag ergänzende Regelungen zu treffen, sofern der Netzbetreiber den Abschluss der ergänzenden Regelungen jedem Messstellenbetreiber diskriminierungsfrei anbietet. Der Abschluss der ergänzenden Regelungen darf nicht zur Bedingung für den Abschluss dieses Vertrages bzw. für die Aufnahme des Messstellenbetriebs gemacht werden.
2. Dieser Vertrag gilt für alle Messstellen, für die der Messstellenbetreiber den Messstellenbetrieb durchführt. Sofern der Messstellenbetreiber auch die Messung durchführt, so sind die Regelungen des von der Bundesnetzagentur festgelegten Messrahmenvertrages auch ein Bestandteil dieses Vertrages. Der Messrahmenvertrag ist in diesem Fall diesem Vertrag als Anlage beizufügen, einer gesonderten Unterzeichnung bedarf es nicht.

§ 2 Definitionen

1. Anschlussnutzer: jeder Letztverbraucher, der im Rahmen eines Anschlussnutzungsverhältnisses einen Anschluss zur Entnahme von Elektrizität oder Gas nutzt.
2. Messeinrichtung: Elektrizitäts- bzw. Gaszähler, die der Erfassung der elektrischen Arbeit bzw. der Gasmenge sowie ggf. der Registrierung der Lastgänge oder der Feststellung der Leistungsaufnahme dienen.
3. Messung: Die Ab- und Auslesung der Messeinrichtung sowie die Weitergabe der Daten an die Berechtigten (vgl. § 3 Nr. 26c EnWG).
4. Messdienstleister: Derjenige, der die Messung i. S. d. Ziffer 3 durchführt.
5. Messstelle: die Gesamtheit der technischen Einrichtungen, die der Messung dienen. Sie bezeichnet zugleich auch den Ort, an dem die Messung erfolgt. Die Messstelle umfasst neben der Messeinrichtung selbst insbesondere Wandler, vorhandene Telekommunikationseinrichtungen sowie Druck- und Temperaturmesseinrichtungen. Nicht zu den Telekommunikationseinrichtungen im vorgenannten Sinn gehören Vertragsverhältnisse zum jeweiligen Anbieter von Telekommunikationsdienstleistungen nebst denjenigen physischen Bestandteilen, die die Nutzungsberechtigung vermitteln (SIM-Karten etc.).
6. Messstellenbetrieb: Der Einbau, der Betrieb und die Wartung von Messeinrichtungen (vgl. § 3 Nr. 26 b. EnWG).
7. Messstellenbetreiber: Ein Netzbetreiber oder ein Dritter, der die Aufgabe des Messstellenbetriebs wahrnimmt (vgl. § 3 Nr. 26a. EnWG).
8. Elektronisch ausgelesene Messeinrichtung: Messeinrichtung, bei der die Messwerte elektronisch vor Ort oder mittels Fernübertragung ausgelesen werden (vgl. § 9 Abs. 2 MessZV).
9. Zählpunkt: Der Zählpunkt ist der Netzpunkt, an dem der Energiefluss messtechnisch erfasst wird.
10. Zählpunktbezeichnung: Eine eindeutige, nicht temporäre alphanumerische Codierung, die der Identifizierung eines Zählpunktes dient. Die Bildung der Zählpunktbezeichnung erfolgt nach dem DVGW-Arbeitsblatt G2000 bzw. nach dem MeteringCode oder dessen Nachfolgedokument „FNN Anwendungsregel Messwesen Strom“ in der jeweils geltenden Fassung.

§ 3 Anforderungen an die Messstelle

1. Der Messstellenbetreiber bestimmt Art, Zahl und Größe von Mess- und Steuereinrichtungen unter Beachtung der gesetzlichen Anforderungen, insbesondere des § 8 Abs. 1 S. 2 MessZV. Diese Bestimmung muss unter Berücksichtigung energiewirtschaftlicher Belange in angemessenem Verhältnis zur Höhe des Verbrauchs und zum Verbrauchsverhalten stehen.
2. Das Zählverfahren legt der Netzbetreiber nach Maßgabe der gesetzlichen Bestimmungen sowie unter Berücksichtigung gesetzlich vorgesehener Auswahlrechte des Letztverbrauchers fest (z. B. § 10 Abs. 3 MessZV). Der Netzbetreiber bestimmt ferner den Anbringungsort von Mess- und Steuereinrichtungen (§ 22 Abs. 2 Satz 1 NAV, § 22 Abs. 2 Satz 1 NDAV).
3. Messstellen dürfen keine unzulässigen Rückwirkungen auf das Netz des Netzbetreibers oder auf Anlagen anderer Anschlussnehmer verursachen.
4. Für die sonstigen Mindestanforderungen an die Messstelle gilt § 12 dieses Vertrages.

§ 4 Voraussetzungen für das Tätigwerden/den Wechsel des Messstellenbetreibers

1. Der Messstellenbetrieb durch den Messstellenbetreiber erfolgt auf Wunsch des Anschlussnutzers. Dies setzt voraus, dass der Anschlussnutzer in Textform erklärt, dass er beabsichtigt, nach § 21b EnWG den Messstellenbetreiber mit dem Messstellenbetrieb zu beauftragen (§ 5 MessZV). Die Erklärung des Anschlussnutzers kann von diesem selbst oder vom Messstellenbetreiber in Vertretung des Anschlussnutzers gegenüber dem Netzbetreiber abgegeben werden. Die Erklärung kann gem. § 5 Abs. 1 S. 3 und 4 MessZV stattdessen vom Anschlussnutzer auch gegenüber dem Messstellenbetreiber abgegeben werden, in diesem Fall genügt

die Übersendung einer Kopie als elektronisches Dokument an den Netzbetreiber. Für den Fall, dass der Messstellenbetreiber in Vertretung des Anschlussnutzers handelt, sichert der Messstellenbetreiber hiermit zu, dass ihm die Vollmacht des Anschlussnutzers vorliegt. Gleiches gilt in Bezug auf die Vorlage anderweitiger Erklärungen des Anschlussnutzers (z. B. gem. § 5 Abs. 1 MessZV). Der Netzbetreiber wird nur in begründeten Einzelfällen die Vorlage der Vollmacht bzw. der Erklärung in Form der Übersendung als elektronisches Dokument verlangen. Der Messstellenbetreiber stellt den Netzbetreiber oder anderweitige Empfänger von in Vertretung abgegebenen Erklärungen von Haftungsansprüchen Dritter frei, die daraus resultieren, dass zugesicherte Vollmachten oder sonstige Erklärungen des Anschlussnutzers tatsächlich nicht oder nicht rechtswirksam vorliegen.

2. Soweit nicht der Netzbetreiber selbst dies durch eigenes gleichermaßen qualifiziertes Personal durchführt, dürfen die Anlagenbestandteile der Messstelle
   - in Niederspannung nur durch ein in ein Installateurverzeichnis eines Elektrizitätsnetzbetreibers eingetragenes Installationsunternehmen, das auch die Befähigung aufweisen muss, falls erforderlich, Arbeiten unter Spannung durchführen zu können,
   - in den anderen Spannungsebenen durch hierzu qualifiziertes Personal, dessen Befähigung in geeigneter Weise gegenüber dem Netzbetreiber nachgewiesen ist, entsprechend den anerkannten Regeln der Technik,
   - im Bereich des DVGW-Arbeitsblattes G 600 (DVGW-TRGI) nur durch ein in ein Installateurverzeichnis eines Gasnetzbetreibers eingetragenes Installationsunternehmen,
   - im Bereich des DVGW-Arbeitsblattes G 492 nur durch ein nach DVGW-Arbeitsblatt G 493-1 bzw. G 493-2 zertifiziertes Unternehmen,

   ein- und ausgebaut, geändert, repariert und gewartet werden.
3. Die Vertragsparteien verpflichten sich gem. § 4 Abs. 2 Nr. 1 MessZV, mit dem Anschlussnutzer anlässlich des Messstellenbetriebs keine Regelungen zu vereinbaren, die dessen Lieferantenwechsel behindern.

§ 5 Abwicklung der Wechselprozesse

Für die Abwicklung der Geschäftsprozesse und den Datenaustausch beim Messstellenbetrieb im Rahmen dieses Vertrages gelten die von der Bundesnetzagentur festgelegten „Wechselprozesse im Messwesen" (Beschluss BK6-09-034 bzw. BK7-09-001, jeweils Anlage 1) in der jeweils geltenden Fassung. Der elektronische Datenaustausch zwischen den Beteiligten erfolgt in Anwendung von verbändeübergreifend und unter Begleitung durch die Bundesnetzagentur erarbeiteten Spezifikationen in jeweils aktueller Fassung.

§ 6 Installation

1. Wird die Messeinrichtung nicht elektronisch ausgelesen und hat der Anschlussnutzer einen anderen als den Messstellenbetreiber mit der Messung beauftragt, darf der Messstellenbetreiber eine elektronisch ausgelesene Messeinrichtung nur einbauen, sofern Anschlussnutzer und Netzbetreiber ihr Rechtsverhältnis mit dem Messdienstleister für diese Messstelle beendet haben.
2. Die Durchführung der Installation hat unter Beachtung der technischen Anschlussbedingungen des Netzbetreibers zu erfolgen, soweit dies aus Gründen der sicheren und störungsfreien Versorgung notwendig ist.

§ 7 Wechsel des Messstellenbetreibers

1. Die Vertragsparteien verpflichten sich, beim Übergang des Messstellenbetriebs dem neuen Messstellenbetreiber die zur Messung vorhandenen technischen Einrichtungen, insbesondere
   - die Messeinrichtung,
   - Wandler,
   - vorhandene Telekommunikationseinrichtungen und

– bei Gasentnahmemessung Druck- und Temperaturmesseinrichtungen

vollständig oder einzelne dieser Einrichtungen, soweit möglich, gegen angemessenes Entgelt zum Kauf oder zur Nutzung anzubieten. Kommt es zwischen dem alten und dem neuen Messstellenbetreiber zu keiner einvernehmlichen Einigung über das angemessene Entgelt, so gilt im Zweifel

a) im Fall des Kaufs der Sachzeitwert,
b) im Fall der Nutzungsüberlassung höchstens dasjenige monatliche Entgelt, das der alte Messstellenbetreiber seinerseits bislang als Entgelt für die betreffende technische Einrichtung verlangt hat,

als angemessen.

2. Soweit der neue Messstellenbetreiber von dem Angebot nach Abs. 1 keinen Gebrauch macht, hat der bisherige Messstellenbetreiber die vorhandenen technischen Einrichtungen zu einem von dem neuen Messstellenbetreiber zu bestimmenden Zeitpunkt unentgeltlich zu entfernen oder den Ausbau der Einrichtungen durch den neuen Messstellenbetreiber zu dulden, wenn dieser dafür Sorge trägt, dass die ausgebauten Einrichtungen dem bisherigen Messstellenbetreiber auf dessen Wunsch zur Verfügung gestellt werden.
3. Kommt es zum Ausbau der bisherigen Messeinrichtung durch den neuen Messstellenbetreiber und wird zwischen den Beteiligten (den Parteien dieses Vertrages bzw. zwischen den beteiligten Dritten untereinander) keine einvernehmliche abweichende Regelung erzielt, so gilt: Ist eine der Vertragsparteien neuer Messstellenbetreiber im Sinne von Abs. 1 und 2, bewahrt sie bis zur unverzüglichen Abholung durch den alten Messstellenbetreiber die von ihr ausgebauten technischen Einrichtungen unentgeltlich auf und sichert diese gegen Beschädigungen und den unberechtigten Zugriff Dritter. Hierbei hat sie für die Sorgfalt einzustehen, welche sie in eigenen Angelegenheiten anzuwenden pflegt. Ist eine der Vertragsparteien alter Messstellenbetreiber im Sinne von Abs. 1 und 2, so hat sie die vom neuen Messstellenbetreiber ausgebauten technischen Einrichtungen auf eigene Kosten und Gefahr unverzüglich abzuholen. Holt der alte Messstellenbetreiber die Einrichtungen nicht unverzüglich ab, so ist der neue Messstellenbetreiber berechtigt und verpflichtet, diese dem alten Messstellenbetreiber auf dessen Kosten und Gefahr zu übersenden. Dabei sind die Grundsätze der effizienten Leistungserbringung zu beachten.
4. Zeigt der alte Messstellenbetreiber gegenüber dem neuen Messstellenbetreiber an, seine technischen Einrichtungen im Rahmen eines Gerätewechsels selbst auszubauen und ist er zu dem vom neuen Messstellenbetreiber genannten Zeitpunkt an einem Ausbau deshalb gehindert, weil er diesen nur in Zusammenwirken mit dem neuen Messstellenbetreiber vollziehen darf, der neue Messstellenbetreiber jedoch zum vorgesehenen Zeitpunkt nicht an der Messstelle erschienen ist, verpflichtet sich der neue Messstellenbetreiber gegenüber dem Netzbetreiber, dem alten Messstellenbetreiber die hierdurch entstandenen Kosten zu ersetzen (echter Vertrag zugunsten Dritter).

§ 8 Messstellenbetrieb

1. Der Messstellenbetreiber hat die Aufgabe, Einbau, Ausbau, Betrieb und Wartung der Messeinrichtung und gegebenenfalls weiterer technischer Einrichtungen ordnungsgemäß durchzuführen.
2. Der Messstellenbetreiber sichert (z. B. durch Plombierung) die Messeinrichtungen in angemessener Weise gegen unberechtigte Energieentnahme. Die Sicherungsvorrichtungen müssen dem Messstellenbetreiber oder dem von ihm beauftragten Unternehmen in einer für den Netzbetreiber erkennbaren Weise eindeutig zuordenbar sein. Mit Einverständnis des Messstellenbetreibers darf der Netzbetreiber die entsprechenden Sicherungsmaßnahmen auch selbst vornehmen. Er darf Sicherungsmaßnahmen auch ohne Einverständnis des Messstellenbetreibers

und auf dessen Kosten vornehmen, falls der Messstellenbetreiber die nach Satz 1 erforderlichen Sicherungsmaßnahmen unterlässt.

3. Sofern Sicherungsvorrichtungen des Netzbetreibers im Rahmen der Arbeiten des Messstellenbetreibers geöffnet werden müssen, hat der Messstellenbetreiber den Netzbetreiber zu informieren und auf eigene Kosten für eine ordnungsgemäße Wiederherstellung der Sicherungsvorrichtungen zu sorgen, die eine eindeutige Zuordnung des ausführenden Unternehmens ermöglicht.
4. Vor Arbeiten an der Messstelle, die erkennbar Auswirkungen auf den Netzbetrieb oder auf netzgesteuerte Kundenanlagen haben können, ist das Einverständnis des Netzbetreibers einzuholen. Der Netzbetreiber hat unverzüglich, spätestens aber am dritten Werktag nach Information durch den Messstellenbetreiber, mitzuteilen, ob zwingende technische Gründe entgegenstehen. Andernfalls gilt das Einverständnis des Netzbetreibers als erteilt.
5. Hat der Netzbetreiber aufgrund gesetzlicher oder vertraglicher Verpflichtungen – etwa zur Durchführung der Unterbrechung des Anschlusses oder der Anschlussnutzung nach den §§ 17 und 24 der NAV bzw. NDAV – Arbeiten durchzuführen und ist hierfür die Einwirkung auf technische Einrichtungen der vom Messstellenbetreiber betriebenen Messstelle erforderlich, so gilt: Der Netzbetreiber hat den Messstellenbetreiber mit einer Vorlaufzeit von drei Werktagen über Erforderlichkeit, Umfang und Zeitpunkt der Einwirkung zu informieren. Der Messstellenbetreiber hat dem Netzbetreiber innerhalb der drei Werktage eine Rückmeldung zu geben, ob er der Vorgehensweise durch den Netzbetreiber zustimmt. Die Zustimmung des Messstellenbetreibers kann auch generell im Voraus erteilt werden. Erteilt der Messstellenbetreiber die Zustimmung nicht, so ist er verpflichtet, zur Unterstützung der vom Netzbetreiber durchzuführenden Unterbrechung die seinerseits erforderliche Mitwirkung zu leisten. Leistet der Messstellenbetreiber zum angegebenen Zeitpunkt die erforderliche Mitwirkung nicht, so ist der Netzbetreiber seinerseits berechtigt, die erforderlichen Handlungen auch ohne den Messstellenbetreiber vorzunehmen. Nach Abschluss der Arbeiten hat der Netzbetreiber unverzüglich den Ausgangszustand in Bezug auf die technischen Einrichtungen der Messstelle wieder herzustellen. Bestanden die Arbeiten in einer Unterbrechung des Anschlusses oder der Anschlussnutzung, so ist der Ausgangszustand spätestens bei Aufhebung der Unterbrechung wieder herzustellen.
6. Bei Gefahr im Verzug, insbesondere in den Fällen des § 24 Abs. 1 Nr. 1 und Nr. 3 NAV bzw. NDAV, ist der Netzbetreiber auch ohne vorherige Information und ohne vorherige Zustimmung des Messstellenbetreibers berechtigt, unmittelbar auf technische Einrichtungen der Messstelle des Messstellenbetreibers einzuwirken. Er hat den Messstellenbetreiber in diesem Fall unverzüglich im Nachgang über Art, Umfang und Dauer der vorgenommenen Arbeiten zu informieren. Nach Abschluss der Arbeiten hat der Netzbetreiber unverzüglich den Ausgangszustand in Bezug auf die technischen Einrichtungen der Messstelle wieder herzustellen. Bestanden die Arbeiten in einer Unterbrechung des Anschlusses oder der Anschlussnutzung, so ist der Ausgangszustand spätestens bei Aufhebung der Unterbrechung wieder herzustellen.
7. Der Messstellenbetreiber darf Unterbrechungen des Anschlusses oder der Anschlussnutzung, die der Netzbetreiber veranlasst hat, nicht ohne Zustimmung des Netzbetreibers wieder aufheben. Der vorstehende Satz gilt auch im Rahmen der Durchführung des Messstellenbetreiberwechsels.
8. Im Fall des Wechsels des bisherigen Anschlussnutzers ist der bisherige Messstellenbetreiber auf Wunsch des Netzbetreibers für einen Übergangszeitraum von längstens drei Monaten verpflichtet, den Messstellenbetrieb gegen ein vom Netzbetreiber zu entrichtendes angemessenes Entgelt fortzuführen, bis der Messstellenbetrieb auf Grundlage eines Auftrages des neuen Anschlussnutzers im Sinne des § 5 Abs. 1 Satz 1 MessZV erfolgt. Als angemessen gelten im Zweifel höchstens die zwischen Messstellenbetreiber und bisherigem Anschlussnutzer individuell vereinbarten Entgelte. Sofern diese nicht separat ausgewiesen wurden, gelten höchstens

die vom Netzbetreiber jeweils auf seiner Internetseite zu veröffentlichenden Entgelte für den Messstellenbetrieb bzw. einzelne Komponenten, sofern die Leistungen vergleichbar sind. Die Parteien sind berechtigt, abweichende Pauschalentgelte zu vereinbaren. Äußert der Netzbetreiber den Wunsch nach Satz 1 nicht, gilt § 7 Abs. 1 MessZV. In anderen Fällen als dem Wechsel des Anschlussnutzers, in denen die Messstelle des Anschlussnutzers dem Netzbetreiber wieder zuzuordnen wäre, ist der Netzbetreiber in entsprechender Anwendung dieses Absatzes für einen Übergangszeitraum von längstens einem Monat berechtigt, vom Messstellenbetreiber die Fortführung des Messstellenbetriebs gegen ein vom Netzbetreiber zu entrichtendes angemessenes Entgelt zu verlangen. Kommt es im Rahmen des Wechsels der Zuständigkeit des Messstellenbetreibers für eine Messstelle durch Verzögerungen bei Gerätewechsel und/oder Geräteübernahme zwischen altem und neuem Messstellenbetreiber zu einer Verkürzung oder Verlängerung der Zuständigkeit des alten Messstellenbetreibers von bis zu neun Werktagen (Realisierungskorridor), so steht den Messstellenbetreibern hierfür jeweils gegenseitig kein finanzieller Ausgleich zu. Die Regelungen dieses Absatzes umfassen im Fall einer elektronisch ausgelesenen Messeinrichtung auch die Tätigkeit der Messung.

9. Der Messstellenbetreiber übermittelt dem Netzbetreiber die zur Verwaltung der Zählpunkte erforderlichen Informationen über die Messstelle, insbesondere Zählernummer, Zählerdaten (z. B. Typ, Hersteller) sowie ggf. Wandlerdaten (z. B. Typ, Hersteller, Wandlerart und -faktor).

§ 9 Kontrolle der Messstelle, Störungsbeseitigung und Befundprüfung

1. Der Messstellenbetreiber hat eine Störungsannahme vorzuhalten. Liegen Anhaltspunkte für Störungen (z. B. Fehlfunktion, Verlust, Beschädigungen, Manipulationen oder Manipulationsversuche) der Messstelle vor, führt der Messstellenbetreiber nach eigener Kenntnisnahme oder nach Aufforderung durch den Netzbetreiber unverzüglich eine Kontrolle der Messstelle durch und beseitigt erforderlichenfalls die Störung. Erfolgt im Störungsfall innerhalb der nach den festgelegten Geschäftsprozessen vorgesehenen Fristen keine Rückmeldung über die Störungsannahme bzw. keine Störungsbeseitigung durch den Messstellenbetreiber, so kann der Netzbetreiber die Störung auf Kosten des Messstellenbetreibers selbst beseitigen oder einen Dritten mit der Störungsbeseitigung beauftragen. Erfolgt die Kontrolle durch den Messstellenbetreiber aufgrund einer Aufforderung des Netzbetreibers und werden keine Störungen im Sinne von Satz 1 festgestellt, kann der Messstellenbetreiber vom Netzbetreiber ein angemessenes Entgelt verlangen. Bei Gefahr im Verzug hat der Messstellenbetreiber unmittelbar die in seinem Einwirkungsbereich befindlichen offenen und unter Spannung stehenden Anlagenteile gefahrlos zu machen bzw. die Hauptsicherungs- oder -absperreinrichtung zu schließen, damit die Strom- oder Gaszufuhr unterbrochen wird und Gefahren abgewendet werden.
2. Der Netzbetreiber ist berechtigt, jederzeit die Nachprüfung der Messeinrichtung durch eine Befundprüfung nach § 32 Abs. 1, 1a und 3 der Eichordnung oder einer Nachfolgevorschrift durch eine Eichbehörde oder eine staatlich anerkannte Prüfstelle im Sinne des Eichgesetzes zu verlangen. Stellt der Netzbetreiber den Antrag auf Nachprüfung nicht beim Messstellenbetreiber, so hat er diesen zugleich mit der Antragstellung zu benachrichtigen. Beantragt der Netzbetreiber eine solche Befundprüfung, ist der Messstellenbetreiber zum Wechsel der Geräte, zur Übergabe der ausgebauten Messeinrichtung an die Eichbehörde oder Prüfstelle und zur Unterrichtung des Netzbetreibers verpflichtet. Ergibt die Befundprüfung, dass das Messgerät nicht verwendet werden darf, so trägt der Messstellenbetreiber die Kosten der Nachprüfung sowie des aufseiten des Messstellenbetreibers entstandenen Aufwandes, ansonsten trägt der Netzbetreiber die vorbezeichneten Kosten.
3. Bekannt gewordene Störungen sowie die Ergebnisse der Maßnahmen zur Störungsbeseitigung oder einer Befundprüfung sind dem Netzbetreiber vom Messstellenbetreiber unverzüglich in Textform mitzuteilen. Erhält der Messstellenbetreiber anlässlich seiner Tätigkeit Anhaltspunk-

te über Störungen an Anlagen des Netzbetreibers, hat er diesen hierüber unverzüglich in Textform zu unterrichten.

§ 10 Pflichten des Netzbetreibers

1. Der Netzbetreiber ist für die Vergabe der eindeutigen Zählpunktbezeichnung bzw. Messstellenbezeichnung in seinem Netzgebiet zuständig. Die Zählpunktbezeichnung bzw. Messstellenbezeichnung wird nach den Vorgaben des BDEW-MeteringCode bzw. dessen Folgedokument sowie des DVGW-Arbeitsblattes G 2000 in der jeweils geltenden Fassung vom Netzbetreiber vergeben.
2. Plausibilisierung, Ersatzwertbildung und Archivierung von Messwerten, die für den Netzbetreiber Abrechnungsrelevanz besitzen, insbesondere im Hinblick auf Netzentgeltabrechnung, Mehr-/Mindermengenabrechnung und Bilanzkreisabrechnung, sind Aufgabe des Netzbetreibers. Der Messstellentreiber wird ihn hierzu durch Bereitstellung etwa erforderlicher Zusatzangaben (etwa bei Wandlermessung die Produktivdaten wie z. B. Rohdaten und Wandlerfaktor) zur Messstelle unterstützen, soweit dies nicht vorrangig Aufgabe des (nicht mit dem Messstellenbetreiber identischen) Messdienstleisters ist.
3. Der Netzbetreiber verpflichtet sich zur unverzüglichen Übergabe der für die Realisierung des Messstellenbetriebs erforderlichen Informationen (z. B. zur Ausgestaltung der Messstelle, Tarifschalt- und Unterbrechungszeiten) und der durch ihn vorgegebenen Zählpunktbezeichnung bzw. Messstellenbezeichnung.
4. Führt der Netzbetreiber erforderliche Maßnahmen in seinen Anlagen durch, die erkennbar Auswirkungen auf die Wirkungsweise der Messstelle (z. B. Ausfall, Störung, Veränderung von Messwerten) haben können, so ist der Messstellenbetreiber vor Aufnahme der Arbeiten unverzüglich zu informieren, soweit dies möglich ist und die Beseitigung einer Störung nicht verzögern würde. Ansonsten ist die Information unverzüglich nachzuholen.
5. Stellt der Netzbetreiber den Verlust, Beschädigungen oder Störungen der Messstelle fest, so hat er dies dem Messstellenbetreiber unverzüglich mitzuteilen.
6. Der Netzbetreiber ist nicht verpflichtet, Inkassoleistungen für den Messstellenbetreiber zu erbringen.

§ 11 Erfüllung eichrechtlicher Vorschriften

Der Messstellenbetreiber ist mit Blick auf die Durchführung des Messstellenbetriebs Messgeräteverwender im Sinne des Eichrechts und verantwortlich für die Einhaltung aller sich aus dem Eichrecht ergebenden Anforderungen und Verpflichtungen.

§ 12 Mindestanforderungen des Netzbetreibers

1. Der Netzbetreiber ist berechtigt, gemäß § 21b Abs. 3 S. 2 Nr. 2 EnWG sachlich gerechtfertigte und nicht diskriminierende technische Mindestanforderungen und Mindestanforderungen in Bezug auf Datenumfang und Datenqualität einheitlich für sein Netzgebiet vorzugeben.
2. Sofern auf eine Messstelle wegen baulicher Veränderungen oder einer Änderung des Verbrauchsverhaltens des Anschlussnutzers oder Änderungen des Netznutzungsvertrages andere Mindestanforderungen anzuwenden sind, ist der Netzbetreiber berechtigt, mit einer Frist von zwei Monaten vom Messstellenbetreiber eine Anpassung der Messstelle an die anderweitigen Mindestanforderungen zu verlangen. Erfolgt keine Anpassung an die anzuwendenden Mindestanforderungen, ist der Netzbetreiber berechtigt, den Vertrag über den Messstellenbetrieb für diese Messstelle bei einer wesentlichen Abweichung von den Mindestanforderungen zu beenden.
3. Der Netzbetreiber ist berechtigt, die Mindestanforderungen bei Bedarf anzupassen. Über beabsichtigte Änderungen wird der Netzbetreiber den Messstellenbetreiber mindestens drei Monate vor deren Wirksamwerden schriftlich informieren und dem Messstellenbetreiber in angemessener Weise Gelegenheit zur Stellungnahme geben.

§ 13 Datenaustausch und Datenverarbeitung

1. Der Datenaustausch zwischen Netzbetreiber und Messstellenbetreiber erfolgt elektronisch.
2. Die Kontaktdaten für die jeweiligen Ansprechpartner beim Netzbetreiber und Messstellenbetreiber sind in Textform zusammenzustellen und auszutauschen. Änderungen werden sich die Vertragsparteien unverzüglich mitteilen.
3. Die Vertragsparteien werden die im Zusammenhang mit der Durchführung dieses Vertrages erhobenen, übermittelten oder zugänglich gemachten personenbezogenen Daten vertraulich behandeln. Dies gilt namentlich hinsichtlich der Beachtung von § 9 EnWG und der datenschutzrechtlichen Bestimmungen. Die Vertragsparteien sind berechtigt, Verbrauchs-, Abrechnungs- und Vertragsdaten (insbesondere für die Erfassung, Bilanzierung und Abrechnung der Elektrizitäts- bzw. Gaslieferungen sowie der Netznutzung) an Dritte in dem Umfang weiterzugeben, wie dies zur ordnungsgemäßen technischen und kommerziellen Abwicklung der jeweiligen Pflichten erforderlich ist. Diese Regelungen schließen eine Weitergabe an Behörden und Gerichte im Rahmen der gesetzlichen Vorgaben nicht aus.

§ 14 Messdatenübertragung über das Elektrizitätsverteilernetz

Der Messstellenbetreiber ist berechtigt, zur Messdatenübertragung gegen angemessenes und diskriminierungsfreies Entgelt Zugang zum Elektrizitätsverteilernetz des Netzbetreibers zu erhalten, soweit und für den Teil des Netzes, in dem der Netzbetreiber selbst eine solche Messdatenübertragung durchführt oder zulässt. Dies gilt nicht, solange der Netzbetreiber die Messdatenübertragung für einen eng befristeten Zeitraum ausschließlich zu technischen Testzwecken durchführt. Die Parteien werden über eine Zugangsgewährung nach Satz 1 eine gesonderte Vereinbarung treffen.

§ 15 Haftung

1. Der Messstellenbetreiber haftet gegenüber dem Netzbetreiber für Schäden durch Unterbrechung oder Unregelmäßigkeiten der Energieversorgung entsprechend den besonderen Haftungsbestimmungen des § 18 NAV und § 18 NDAV. Für sonstige Schäden, die durch die Messstelle selbst oder deren fehlerhaften Einbau, Ausbau, Betrieb oder Wartung verursacht worden sind, haftet der Messstellenbetreiber nach den allgemeinen gesetzlichen Bestimmungen und stellt den Netzbetreiber von etwaigen Schadensersatzforderungen Dritter in diesem Zusammenhang frei.
2. Wirkt der Messstellenbetreiber nach § 8 Abs. 5 dieses Vertrages an Maßnahmen des Netzbetreibers mit, ist der Netzbetreiber verpflichtet, den Messstellenbetreiber nach § 4 Abs. 6 S. 2 MessZV von sämtlichen Schadensersatzansprüchen freizustellen, die sich aus einer unberechtigten Handlung ergeben können.
3. Der Netzbetreiber haftet gegenüber dem Messstellenbetreiber für Schäden durch Unterbrechung oder Unregelmäßigkeiten der Energieversorgung entsprechend den besonderen Haftungsbestimmungen des § 18 NAV und § 18 NDAV. Die gesetzliche Haftung bleibt im Übrigen unberührt.

§ 16 Vertragslaufzeit und Kündigung

1. Der Rahmenvertrag tritt *[am (Datum einfügen)/mit Unterzeichnung (Datum der Unterzeichnung)]* in Kraft und läuft auf unbestimmte Zeit. Er kann vom Messstellenbetreiber mit einer Frist von drei Monaten auf das Ende eines Kalendermonats schriftlich gekündigt werden.
2. Dieser Vertrag kann von beiden Parteien fristlos aus wichtigem Grund schriftlich gekündigt werden, wenn gegen wesentliche Bestimmungen dieses Vertrages wiederholt trotz Abmahnung schwerwiegend verstoßen wird.

§ 17 Übergangs- und Schlussbestimmungen

1. Rechte und Pflichten aus diesem Vertrag können mit Zustimmung der jeweils anderen Vertragspartei auf einen Dritten übertragen werden. Die Zustimmung darf nur verweigert werden, sofern die technische und wirtschaftliche Leistungsfähigkeit des eintretenden Dritten nicht gewährleistet ist. Die Zustimmung gilt als erteilt, wenn die andere Vertragspartei nicht innerhalb von sechs Wochen nach der schriftlichen Mitteilung über die Übertragung der Rechte und Pflichten schriftlich widerspricht. Im Fall der Gesamtrechtsnachfolge oder der Rechtsnachfolge nach dem Umwandlungsgesetz oder in sonstigen Fällen der rechtlichen Entflechtung des Netzbetriebs nach § 7 EnWG gehen die Rechte und Pflichten des Vertrages ohne Zustimmung über.
2. Gibt der Netzbetreiber sein Netz oder ein Teil seines Netzes an einen anderen Netzbetreiber ab, informiert er den Messstellenbetreiber über die Netzabgabe und die Einzelheiten der Abwicklung mit einer Frist von mindestens dreieinhalb Monaten vor Wirksamwerden der Netzabgabe. Übernimmt der Netzbetreiber ein Netzgebiet, werden die Messstellen des Messstellenbetreibers in diesem Netzgebiet ab Übernahme des Netzes durch den Netzbetreiber im Rahmen dieses Vertrages abgewickelt. Der Netzbetreiber informiert den Messstellenbetreiber über die Netzübernahme und die Einzelheiten der Abwicklung mit einer Frist von mindestens dreieinhalb Monaten vor Wirksamwerden der Netzübernahme.
3. Sollten einzelne Bestimmungen des Vertrags unwirksam oder undurchführbar sein oder werden, so bleibt der Vertrag im Übrigen unberührt. Die Vertragsparteien verpflichten sich, bis zum Inkrafttreten einer regulierungsbehördlich festgelegten Nachfolgefassung die unwirksamen oder undurchführbaren Bestimmungen durch andere, ihrem wirtschaftlichen Erfolg möglichst nahe kommenden Regelungen zu ersetzen. Zur Schließung von Regelungslücken sind die Vertragsgrundlagen nach § 1 Abs. 1 dieses Vertrages heranzuziehen.
4. Sollten sich sonstige für das Vertragsverhältnis bestimmende Umstände wesentlich ändern oder gesetzliche oder behördliche Maßnahmen eine Änderung erforderlich machen, haben die Vertragsparteien den Vertrag bis zum Inkrafttreten einer regulierungsbehördlich festgelegten Nachfolgefassung unverzüglich an die neuen Rahmenbedingungen anzupassen.
5. Der Datenaustausch erfolgt bis zum Wirksamwerden einer Festlegung durch die Bundesnetzagentur nach den Vorgaben des Netzbetreibers unter Beachtung des § 12 Abs. 1 MessZV.
6. Mit Vertragsbeginn werden bis zu diesem Zeitpunkt zwischen den Vertragsparteien bestehende Vereinbarungen über den Messstellenbetrieb unwirksam.
7. Änderungen oder Ergänzungen des Vertrages bedürfen zu ihrer Wirksamkeit der Schriftform. Gleiches gilt für die Änderung der Schriftformklausel.

Ort	Datum	Ort	Datum
Messdienstleister		Netzbetreiber	

II. Messrahmenvertrag (MRV)

Muster

7 **Messrahmenvertrag**

zwischen

Messstellenbetreiber/Messdienstleister
Straße, PLZ Ort
– im Folgenden „Messstellenbetreiber/Messdienstleister" –

und

Netzbetreiber
Straße, PLZ Ort
– im Folgenden „Netzbetreiber" –

– gemeinsam „Vertragsparteien" genannt, –

wird folgender Rahmenvertrag geschlossen.

Angaben zur Identifikation:

Netzbetreiber:	______________________ Marktpartneridentifikationsnummer
Messstellenbetreiber:	______________________ Marktpartneridentifikationsnummer
Messdienstleister:	______________________ Marktpartneridentifikationsnummer

§ 1 Gegenstand des Vertrages

1. Dieser Vertrag regelt die Rechte und Pflichten zur Durchführung der Messung an den Messstellen von Letztverbrauchern in den Bereichen Elektrizität und/oder Gas durch einen vom Anschlussnutzer beauftragten Messdienstleister im Netzgebiet des Netzbetreibers auf der Grundlage des EnWG sowie der auf dieser Basis erlassenen Rechtsverordnungen und behördlichen Festlegungen in jeweils aktueller Fassung. Die in dem vorliegenden Vertrag enthaltenen Regelungen sind in ihrem Anwendungsbereich abschließend. Die Parteien sind befugt, in beiderseitigem Einverständnis diesen Vertrag ergänzende Regelungen zu treffen, sofern der Netzbetreiber den Abschluss der ergänzenden Regelungen jedem Messdienstleister diskriminierungsfrei anbietet. Der Abschluss der ergänzenden Regelungen darf nicht zur Bedingung für den Abschluss dieses Vertrages bzw. für die Aufnahme der Messung gemacht werden.
2. Dieser Vertrag gilt für alle Messstellen, für die der Messdienstleister die Messung durchführt. Sofern der Messdienstleister auch den Messstellenbetrieb durchführt, so sind die vorliegenden Regelungen dem Messstellenrahmenvertrag als Anlage beizufügen. Einer gesonderten Unterzeichnung der Anlage bedarf es nicht.

§ 2 Definitionen

1. Anschlussnutzer: jeder Letztverbraucher, der im Rahmen eines Anschlussnutzungsverhältnisses einen Anschluss zur Entnahme von Elektrizität oder Gas nutzt.

2. Messeinrichtung: Elektrizitäts- bzw. Gaszähler, die der Erfassung der elektrischen Arbeit bzw. der Gasmenge sowie ggf. der Registrierung der Lastgänge oder der Feststellung der Leistungsaufnahme dienen.
3. Messung: Die Ab- und Auslesung der Messeinrichtung sowie die Weitergabe der Daten an die Berechtigten (vgl. § 3 Nr. 26c EnWG).
4. Messdienstleister: Derjenige, der die Messung i. S. d. Ziffer 3 durchführt.
5. Messstelle: die Gesamtheit der technischen Einrichtungen, die der Messung dienen. Sie bezeichnet zugleich auch den Ort, an dem die Messung erfolgt. Die Messstelle umfasst neben der Messeinrichtung selbst insbesondere Wandler, vorhandene Telekommunikationseinrichtungen sowie Druck- und Temperaturmesseinrichtungen. Nicht zu den Telekommunikationseinrichtungen im vorgenannten Sinn gehören Vertragsverhältnisse zum jeweiligen Anbieter von Telekommunikationsdienstleistungen nebst denjenigen physischen Bestandteilen, die die Nutzungsberechtigung vermitteln (SIM-Karten etc.).
6. Messstellenbetrieb: Der Einbau, der Betrieb und die Wartung von Messeinrichtungen (vgl. § 3 Nr. 26 b. EnWG).
7. Messstellenbetreiber: Ein Netzbetreiber oder ein Dritter, der die Aufgabe des Messstellenbetriebs wahrnimmt (vgl. § 3 Nr. 26a. EnWG).
8. Elektronisch ausgelesene Messeinrichtung: Messeinrichtung, bei der die Messwerte elektronisch vor Ort oder mittels Fernübertragung ausgelesen werden (vgl. § 9 Abs. 2 MessZV).
9. Zählpunkt: Der Zählpunkt ist der Netzpunkt, an dem der Energiefluss messtechnisch erfasst wird.
10. Zählpunktbezeichnung: Eine eindeutige, nicht temporäre alphanumerische Codierung, die der Identifizierung eines Zählpunktes dient. Die Bildung der Zählpunktbezeichnung erfolgt nach dem DVGW-Arbeitsblatt G2000 bzw. nach dem MeteringCode oder dessen Nachfolgedokument „FNN Anwendungsregel Messwesen Strom" in der jeweils geltenden Fassung.

§ 3 Voraussetzungen für das Tätigwerden/den Wechsel des Messdienstleisters

1. Die Messung durch den Messdienstleister erfolgt auf Wunsch des Anschlussnutzers. Dies setzt voraus, dass der Anschlussnutzer in Textform erklärt, dass er beabsichtigt, nach § 21b EnWG den Messdienstleister mit der Messung zu beauftragen (§ 5 MessZV). Die Erklärung des Anschlussnutzers kann von diesem selbst oder vom Messdienstleister in Vertretung des Anschlussnutzers gegenüber dem Netzbetreiber abgegeben werden. Die Erklärung kann gem. § 5 Abs. 1 S. 3 und 4 MessZV stattdessen vom Anschlussnutzer auch gegenüber dem Messdienstleister abgegeben werden, in diesem Fall genügt die Übersendung einer Kopie als elektronisches Dokument an den Netzbetreiber. Für den Fall, dass der Messdienstleister in Vertretung des Anschlussnutzers handelt, sichert der Messdienstleister hiermit zu, dass ihm die Vollmacht des Anschlussnutzers vorliegt. Gleiches gilt in Bezug auf die Vorlage anderweitiger Erklärungen des Anschlussnutzers (z. B. gem. § 5 Abs. 1 MessZV). Der Netzbetreiber wird nur in begründeten Einzelfällen die Vorlage der Vollmacht bzw. der Erklärung in Form der Übersendung als elektronisches Dokument verlangen. Der Messdienstleister stellt den Netzbetreiber oder anderweitige Empfänger von in Vertretung abgegebenen Erklärungen von Haftungsansprüchen Dritter frei, die daraus resultieren, dass zugesicherte Vollmachten oder sonstige Erklärungen des Anschlussnutzers tatsächlich nicht oder nicht rechtswirksam vorliegen.
2. Die Durchführung der Messung durch den Messdienstleister ist, sofern dieser in Bezug auf eine individuelle Messstelle nicht identisch mit dem Messstellenbetreiber ist, nur möglich, wenn es sich nicht um eine elektronisch ausgelesene Messeinrichtung handelt.
3. Die Vertragsparteien verpflichten sich entsprechend § 4 Abs. 2 Nr. 1 MessZV, mit dem Anschlussnutzer anlässlich der Messung keine Regelungen zu vereinbaren, die dessen Lieferantenwechsel behindern.

§ 4 Abwicklung der Wechselprozesse

Für die Abwicklung der Geschäftsprozesse und den Datenaustausch bei der Messung im Rahmen dieses Vertrages gelten die von der Bundesnetzagentur festgelegten „Wechselprozesse im Messwesen" (Beschluss BK6-09-034 bzw. BK7-09-001, jeweils Anlage 1) in der jeweils geltenden Fassung. Der elektronische Datenaustausch zwischen den Beteiligten erfolgt in Anwendung von verbändeübergreifend und unter Begleitung durch die Bundesnetzagentur erarbeiteten Spezifikationen in jeweils aktueller Fassung.

§ 5 Anforderungen an die Messung/Pflichten des Messdienstleisters

1. Der Messdienstleister hat die Anforderungen nach § 21 b Abs. 2 S. 1 Nr. 2 EnWG zu erfüllen. Etwaige direkte Übermittlungen von Messwerten zwischen dem Messdienstleister und Dritten (z. B. Lieferant oder Anschlussnutzer), die nicht abrechnungsrelevant im Hinblick auf Netzentgelte, Mehr-/Mindermengenabrechnung oder Bilanzierung sind, sind nicht Gegenstand dieses Vertrages.
2. Der Messdienstleister muss die Daten der Messeinrichtung entsprechend den Vorgaben an den Netzbetreiber weitergeben, die sich aus den von der Bundesnetzagentur festgelegten Geschäftsprozessen über Wechselprozesse im Messwesen (WiM) ergeben.
3. Der Messdienstleister ist verpflichtet, die von ihm ab- oder ausgelesenen Messdaten an den Netzbetreiber zu den Zeitpunkten zu übermitteln, die dieser zur Erfüllung eigener Verpflichtungen vorgibt. Die verordnungsrechtlichen Regelungen zur Messung der von Haushaltskunden entnommenen Energie sowie zur Messung nach Vorgabe des Netznutzers bzw. Transportkunden, etwaige Festlegungen der Bundesnetzagentur sowie gesetzliche Vorgaben sind zu beachten.
4. Weitere Berechtigungen und Verpflichtungen des Messdienstleisters zur Ablesung aufgrund der Beauftragung durch Dritte bleiben unberührt.
5. Der Messdienstleister hat Störungen der Messstelle dem Messstellenbetreiber und dem Netzbetreiber unverzüglich in Textform mitzuteilen.
6. Im Fall des Wechsels des bisherigen Anschlussnutzers ist der bisherige Messdienstleister auf Wunsch des Netzbetreibers für einen Übergangszeitraum von längstens drei Monaten verpflichtet, die Messung gegen ein vom Netzbetreiber zu entrichtendes angemessenes Entgelt fortzuführen, bis die Messung auf Grundlage eines Auftrages des neuen Anschlussnutzers im Sinne des § 5 Abs. 1 Satz 1 MessZV erfolgt. Als angemessen gelten im Zweifel höchstens die zwischen Messdienstleister und bisherigem Anschlussnutzer individuell vereinbarten Entgelte. Sofern diese nicht separat ausgewiesen wurden, gelten höchstens die vom Netzbetreiber jeweils auf seiner Internetseite zu veröffentlichenden Entgelte für die Messung, sofern die Leistungen vergleichbar sind. Die Parteien sind berechtigt, abweichende Pauschalentgelte zu vereinbaren. Äußert der Netzbetreiber den Wunsch nach Satz 1 nicht, gilt § 7 Abs. 1 MessZV.
7. Der Netzbetreiber ist berechtigt, bei Zweifeln an der Richtigkeit der Messwerte die Durchführung einer Kontrollablesung durch den Messdienstleister zu verlangen. Die Kosten hierfür trägt der Netzbetreiber, sofern die Messwerte des Messdienstleisters richtig sind. Andernfalls trägt der Messdienstleister die Kosten dieser Ablesung.
8. Stellt der Messdienstleister in den von ihm ausgelesenen Daten Unplausibilitäten oder fehlerhafte Messwerte fest, so führt er in geeigneter Weise Kontrollmaßnahmen durch. Dies erfolgt unverzüglich nach Kenntnis des Messdienstleisters oder in begründeten Einzelfällen nach Aufforderung durch den Netzbetreiber. Ging die Kontrolle auf ein Verlangen des Netzbetreibers zurück oder wurden vom Messdienstleister aufgrund der Kontrolle Messwerte korrigiert, so sind die Ergebnisse der Kontrolle dem Netzbetreiber unverzüglich elektronisch mitzuteilen. Erfolgte die Kontrolle aufgrund einer Aufforderung des Netzbetreibers, erfolgt die Kostenverteilung entsprechend der Regelung in Abs. 7 Satz 2 und 3. Zutrittsrechte des Netzbetreibers gem. §§ 21 NAV bzw. NDAV bleiben unberührt.

§ 6 Pflichten des Netzbetreibers

1. Der Netzbetreiber ist für die Vergabe der eindeutigen Zählpunktbezeichnung bzw. Messstellenbezeichnung in seinem Netzgebiet zuständig. Die Zählpunktbezeichnung bzw. Messstellenbezeichnung wird nach den Vorgaben des BDEW-MeteringCode bzw. dessen Folgedokument sowie des DVGW-Arbeitsblattes G 2000 in der jeweils geltenden Fassung vom Netzbetreiber vergeben.
2. Plausibilisierung, Ersatzwertbildung und Archivierung von Messwerten, die für den Netzbetreiber Abrechnungsrelevanz besitzen, insbesondere im Hinblick auf Netzentgeltabrechnung, Mehr-/Mindermengenabrechnung und Bilanzkreisabrechnung, sind Aufgabe des Netzbetreibers. Der Messdienstleister wird ihn hierzu durch Bereitstellung etwa erforderlicher Zusatzangaben unterstützen, soweit dies nicht vorrangig Aufgabe des (nicht mit dem Messstellenbetreiber identischen) Messstellenbetreibers ist.
3. Der Netzbetreiber verpflichtet sich zur unverzüglichen Übergabe der für die Realisierung der Messung erforderlichen Informationen (z. B. zur Tarifierung und zur Turnusablesung) und der durch ihn vorgegebenen Zählpunktbezeichnung bzw. Messstellenbezeichnung.
4. Führt der Netzbetreiber erforderliche Maßnahmen in seinen Anlagen durch, die erkennbar Auswirkungen auf die Wirkungsweise der Messstelle (z. B. Ausfall, Störung, Veränderung von Messwerten) haben können, so ist der Messstellenbetreiber vor Aufnahme der Arbeiten unverzüglich zu informieren, soweit dies möglich ist und die Beseitigung einer Störung nicht verzögern würde. Ansonsten ist die Information unverzüglich nachzuholen.
5. Stellt der Netzbetreiber den Verlust, Beschädigungen oder Störungen der Messeinrichtung fest, so hat er dies dem Messdienstleister unverzüglich mitzuteilen.
6. Der Netzbetreiber ist nicht verpflichtet, Inkassoleistungen für den Messdienstleister zu erbringen.

§ 7 Datenaustausch und Datenverarbeitung

1. Der Datenaustausch zwischen Netzbetreiber und Messdienstleister erfolgt elektronisch.
2. Die Kontaktdaten für die jeweiligen Ansprechpartner beim Netzbetreiber und Messdienstleister sind in Textform zusammenzustellen und auszutauschen. Änderungen werden sich die Vertragsparteien unverzüglich mitteilen.
3. Die Vertragsparteien werden die im Zusammenhang mit der Durchführung dieses Vertrages erhobenen, übermittelten oder zugänglich gemachten personenbezogenen Daten vertraulich behandeln. Dies gilt namentlich hinsichtlich der Beachtung von § 9 EnWG und der datenschutzrechtlichen Bestimmungen. Die Vertragsparteien sind berechtigt, Verbrauchs-, Abrechnungs- und Vertragsdaten (insbesondere für die Erfassung, Bilanzierung und Abrechnung der Elektrizitäts- bzw. Gaslieferungen sowie der Netznutzung) an Dritte in dem Umfang weiterzugeben, wie dies zur ordnungsgemäßen technischen und kommerziellen Abwicklung der jeweiligen Pflichten erforderlich ist. Diese Regelungen schließen eine Weitergabe an Behörden und Gerichte im Rahmen der gesetzlichen Vorgaben nicht aus.

§ 8 Haftung

1. Der Messdienstleister haftet für sämtliche Schäden, die beim Netzbetreiber durch die fehlerhafte, verspätete oder unterlassene Messung verursacht worden sind, nach den allgemeinen gesetzlichen Bestimmungen und stellt den Netzbetreiber von etwaigen Schadensersatzforderungen Dritter in diesem Zusammenhang frei.
2. Der Netzbetreiber haftet gegenüber dem Messdienstleister für Schäden durch Unterbrechung oder Unregelmäßigkeiten der Energieversorgung entsprechend den besonderen Haftungsbestimmungen des § 18 NAV und § 18 NDAV. Die gesetzliche Haftung bleibt im Übrigen unberührt.

§ 9 Vertragslaufzeit und Kündigung

1. Der Rahmenvertrag tritt *[am (Datum einfügen)/mit Unterzeichnung (Datum der Unterzeichnung)]* in Kraft und läuft auf unbestimmte Zeit. Er kann vom Messdienstleister mit einer Frist von drei Monaten auf das Ende eines Kalendermonats schriftlich gekündigt werden.
2. Dieser Vertrag kann von beiden Parteien fristlos aus wichtigem Grund schriftlich gekündigt werden, wenn gegen wesentliche Bestimmungen dieses Vertrages wiederholt trotz Abmahnung schwerwiegend verstoßen wird.

§ 10 Übergangs- und Schlussbestimmungen

1. Rechte und Pflichten aus diesem Vertrag können mit Zustimmung der jeweils anderen Vertragspartei auf einen Dritten übertragen werden. Die Zustimmung darf nur verweigert werden, sofern die technische und wirtschaftliche Leistungsfähigkeit des eintretenden Dritten nicht gewährleistet ist. Die Zustimmung gilt als erteilt, wenn die andere Vertragspartei nicht innerhalb von sechs Wochen nach der schriftlichen Mitteilung über die Übertragung der Rechte und Pflichten schriftlich widerspricht. Im Fall der Gesamtrechtsnachfolge oder der Rechtsnachfolge nach dem Umwandlungsgesetz oder in sonstigen Fällen der rechtlichen Entflechtung des Netzbetriebs nach § 7 EnWG gehen die Rechte und Pflichten des Vertrages ohne Zustimmung über.
2. Gibt der Netzbetreiber sein Netz oder ein Teil seines Netzes an einen anderen Netzbetreiber ab, informiert er den Messdienstleister über die Netzabgabe und die Einzelheiten der Abwicklung mit einer Frist von mindestens 3,5 Monaten vor Wirksamwerden der Netzabgabe. Übernimmt der Netzbetreiber ein Netzgebiet, werden die Messstellen des Messdienstleisters in diesem Netzgebiet ab Übernahme des Netzes durch den Netzbetreiber im Rahmen dieses Vertrages abgewickelt. Der Netzbetreiber informiert den Messdienstleister über die Netzübernahme und die Einzelheiten der Abwicklung mit einer Frist von mindestens dreieinhalb Monaten vor Wirksamwerden der Netzübernahme.
3. Sollten einzelne Bestimmungen des Vertrags unwirksam oder undurchführbar sein oder werden, so bleibt der Vertrag im Übrigen unberührt. Die Vertragsparteien verpflichten sich, bis zum Inkrafttreten einer regulierungsbehördlich festgelegten Nachfolgefassung die unwirksamen oder undurchführbaren Bestimmungen durch andere, ihrem wirtschaftlichen Erfolg möglichst nahe kommenden Regelungen zu ersetzen. Zur Schließung von Regelungslücken sind die Vertragsgrundlagen nach § 1 Abs. 1 dieses Vertrages heranzuziehen.
4. Sollten sich sonstige für das Vertragsverhältnis bestimmende Umstände wesentlich ändern oder gesetzliche oder behördliche Maßnahmen eine Änderung erforderlich machen, haben die Vertragsparteien den Vertrag bis zum Inkrafttreten einer regulierungsbehördlich festgelegten Nachfolgefassung unverzüglich an die neuen Rahmenbedingungen anzupassen.
5. Der Datenaustausch erfolgt bis zum Wirksamwerden einer Festlegung durch die Bundesnetzagentur nach den Vorgaben des Netzbetreibers unter Beachtung des § 12 Abs. 1 MessZV.
6. Mit Vertragsbeginn werden bis zu diesem Zeitpunkt zwischen den Vertragsparteien bestehende Vereinbarungen über die Messung unwirksam.
7. Änderungen oder Ergänzungen des Vertrages bedürfen zu ihrer Wirksamkeit der Schriftform. Gleiches gilt für die Änderung der Schriftformklausel.

Ort	Datum	Ort	Datum
Messdienstleister		Netzbetreiber	

III. Anlage 1 zum MSRV und MRV – Kontaktdaten

Muster
Anlage 1 8

zum Messstellenrahmenvertrag[1] (§ 13.2)
zum Messrahmenvertrag[2] (§ 7.2)

Kontaktdaten
Ansprechpartner und Erreichbarkeit

1. **Netzbetreiber:**

Firma	
Straße	
Postleitzahl, Ort	

Ansprechpartner des Netzbetreibers:

Störungen

Ansprechpartner	Telefon- und Faxnummer	E-Mail-Adresse
Name:	Telefon:	E-Mail:
	Fax:	
Name:	Telefon:	E Mail:
	Fax:	

Datenaustausch

Ansprechpartner	Telefon- und Faxnummer	E-Mail-Adresse
Name:	Telefon:	E-Mail:
	Fax:	
Name:	Telefon:	E-Mail:
	Fax:	

2. Messstellenbetreiber/Messdienstleister:

Firma	
Straße	
Postleitzahl, Ort	

Ansprechpartner des Messstellenbetreibers/Messdienstleisters:

Störungen

Ansprechpartner	Telefon- und Faxnummer	E-Mail-Adresse
Name:	Telefon:	E-Mail:
	Fax:	
Name:	Telefon:	E-Mail:
	Fax:	

Datenaustausch

Ansprechpartner	Telefon- und Faxnummer	E-Mail-Adresse
Name:	Telefon:	E-Mail:
	Fax:	
Name:	Telefon:	E-Mail:
	Fax:	

1 Der Messstellenrahmenvertrag wurde als Anlage 3 zum Beschluss BK6-09-034/BK7-09-001 der Bundesnetzagentur vom 09.09.2010 erlassen.

2 Der Messrahmenvertrag wurde als Anlage 4 zum Beschluss BK6-09-034/BK7-09-001 der Bundesnetzagentur vom 09.09.2010 erlassen.

IV. Anlage 2 zum MSRV und MRV – Wortlaut § 18 NAV/NDAV

Muster
Anlage 2 9

zum Messstellenrahmenvertrag (§ 15.1)[1]
zum Messrahmenvertrag (§ 8.2)[2]

Wortlaut § 18 NAV/NDAV
Haftungen bei Störungen der Anschlussnutzung

(1) Soweit der Netzbetreiber für Schäden, die ein Anschlussnutzer durch Unterbrechung oder durch Unregelmäßigkeiten in der Anschlussnutzung erleidet, aus Vertrag, Anschlussnutzungsverhältnis oder unerlaubter Handlung haftet und dabei Verschulden des Unternehmens oder eines Erfüllungs- oder Verrichtungsgehilfen vorausgesetzt wird, wird
1. hinsichtlich eines Vermögensschadens widerleglich vermutet, dass Vorsatz oder grobe Fahrlässigkeit vorliegt,
2. hinsichtlich der Beschädigung einer Sache widerleglich vermutet, dass Vorsatz oder Fahrlässigkeit vorliegt.

Bei Vermögensschäden nach Satz 1 Nr. 1 ist die Haftung für sonstige Fahrlässigkeit ausgeschlossen.

(2) Bei weder vorsätzlich noch grob fahrlässig verursachten Sachschäden ist die Haftung des Netzbetreibers gegenüber seinen Anschlussnutzern auf jeweils 5.000 Euro begrenzt. Die Haftung für nicht vorsätzlich verursachte Sachschäden ist je Schadensereignis insgesamt begrenzt auf
1. 2,5 Millionen Euro bei bis zu 25.000 an das eigene Netz angeschlossenen Anschlussnutzern;
2. 10 Millionen Euro bei 25.001 bis 100.000 an das eigene Netz angeschlossenen Anschlussnutzern;
3. 20 Millionen Euro bei 100.001 bis 200.000 an das eigene Netz angeschlossenen Anschlussnutzern;
4. 30 Millionen Euro bei 200.001 bis einer Million an das eigene Netz angeschlossenen Anschlussnutzern;
5. 40 Millionen Euro bei mehr als einer Million an das eigene Netz angeschlossenen Anschlussnutzern.

In diese Höchstgrenzen werden auch Schäden von Anschlussnutzern in vorgelagerten Spannungsebenen einbezogen, wenn die Haftung ihnen gegenüber im Einzelfall entsprechend Satz 1 begrenzt ist.

(3) Die Absätze 1 und 2 sind auch auf Ansprüche von Anschlussnutzern anzuwenden, die diese gegen einen dritten Netzbetreiber im Sinne des § 3 Nr. 27 des Energiewirtschaftsgesetzes aus unerlaubter Handlung geltend machen. Die Haftung dritter Netzbetreiber im Sinne des § 3 Nr. 27 des Energiewirtschaftsgesetzes ist je Schadensereignis insgesamt begrenzt auf das Dreifache des Höchstbetrages, für den sie nach Absatz 2 Satz 2 eigenen Anschlussnutzern gegenüber haften. Hat der dritte Netzbetreiber im Sinne des § 3 Nr. 27 des Energiewirtschaftsgesetzes keine eigenen an das Netz angeschlossenen Anschlussnutzer im Sinne dieser Verordnung, so ist die Haftung insgesamt auf 200 Millionen Euro begrenzt. In den Höchstbetrag nach den Sätzen 2 und 3 können auch Schadensersatzansprüche von nicht unter diese Verordnung fallenden Kunden einbezogen werden, die diese gegen das dritte Unternehmen aus unerlaubter Handlung geltend machen, wenn deren Ansprüche im Einzelfall entsprechend Absatz 2 Satz 1 begrenzt sind. Der Netzbetreiber ist verpflichtet, seinen Anschlussnutzern auf Verlangen über

die mit der Schadensverursachung durch einen dritten Netzbetreiber im Sinne des § 3 Nr. 27 des Energiewirtschaftsgesetzes zusammenhängenden Tatsachen insoweit Auskunft zu geben, als sie ihm bekannt sind oder von ihm in zumutbarer Weise aufgeklärt werden können und ihre Kenntnis zur Geltendmachung des Schadensersatzes erforderlich ist.

(4) Bei grob fahrlässig verursachten Vermögensschäden ist die Haftung des Netzbetreibers, an dessen Netz der Anschlussnutzer angeschlossen ist, oder eines dritten Netzbetreibers, gegen den der Anschlussnutzer Ansprüche geltend macht, gegenüber seinen Anschlussnutzern auf jeweils 5.000 Euro sowie je Schadensereignis insgesamt auf 20 vom Hundert der in Absatz 2 Satz 2 sowie Absatz 3 Satz 2 und 3 genannten Höchstbeträge begrenzt. Absatz 2 Satz 3 sowie Absatz 3 Satz 1, 4 und 5 gelten entsprechend.

(5) Übersteigt die Summe der Einzelschäden die jeweilige Höchstgrenze, so wird der Schadensersatz in dem Verhältnis gekürzt, in dem die Summe aller Schadensersatzansprüche zur Höchstgrenze steht. Sind nach Absatz 2 Satz 3 oder nach Absatz 3 Satz 4, jeweils auch in Verbindung mit Absatz 4, Schäden von nicht unter diese Verordnung fallenden Kunden in die Höchstgrenze einbezogen worden, so sind sie auch bei der Kürzung nach Satz 1 entsprechend einzubeziehen. Bei Ansprüchen nach Absatz 3 darf die Schadensersatzquote nicht höher sein als die Quote der Kunden des dritten Netzbetreibers.

(6) Die Ersatzpflicht entfällt für Schäden unter 30 Euro, die weder vorsätzlich noch grob fahrlässig verursacht worden sind.

(7) Der geschädigte Anschlussnutzer hat den Schaden unverzüglich dem Netzbetreiber oder, wenn dieses feststeht, dem ersatzpflichtigen Unternehmen mitzuteilen.

1 Der Messstellenrahmenvertrag wurde als Anlage 3 zum Beschluss BK6-09-034/BK7-09-001 der Bundesnetzagentur vom 09.09.2010 erlassen.

2 Der Messrahmenvertrag wurde als Anlage 4 zum Beschluss BK6-09-034/BK7-09-001 der Bundesnetzagentur vom 09.09.2010 erlassen.

V. Anlage 3 zum MSRV und MRV – Datenaustausch

Muster
Anlage 3 10

zum Messstellenrahmenvertrag[1]
zum Messrahmenvertrag[2]

Art, Weise und Zeitpunkt des Datenaustauschs

1.) **Art und Weise des Datenaustauschs (§ 10.5 Messrahmenvertrag/§ 17.5 Messstellenrahmenvertrag)**
Bis zum Wirksamwerden einer Festlegung durch die Bundesnetzagentur erfolgt der Datenaustausch nach den Vorgaben des Netzbetreibers.
Folgende Vorgaben sind vom Messstellenbetreiber bzw. Messdienstleister einzuhalten (unter Beachtung der DuM-Richtlinie und der MaBiS):
... [bitte ausfüllen]

2.) **Zeitpunkt: gilt nur für Messdienstleistungen (§ 5.3 Messrahmenvertrag)**
Der Messdienstleister ist verpflichtet, die ab- oder ausgelesenen Messdaten an den Netzbetreiber zu bestimmten Zeitpunkten zu übermitteln, insbesondere:
- jährliche Ablesung der Kundengruppe A am ...
- halbjährliche Ablesung der Kundengruppe B am ...
- vierteljährliche Ablesung der Kundengruppe C am ...
- monatliche Ablesung der Kundengruppe D am ...
- bei Ein- und Auszug des Anschlussnutzers
- bei Wechsel des Lieferanten.

Auf Wunsch des Netzbetreibers führt der Messdienstleister zusätzliche Ablesungen gegen ein angemessenes Entgelt durch.

1 Der Messstellenrahmenvertrag wurde als Anlage 3 zum Beschluss BK6-09-034/BK7-09-001 der Bundesnetzagentur vom 09.09.2010 erlassen.
2 Der Messrahmenvertrag wurde als Anlage 4 zum Beschluss BK6-09-034/BK7-09-001 der Bundesnetzagentur vom 09.09.2010 erlassen.

VI. Anlage 4 zum MSRV – Zugangsgewährung

Muster

11 **Anlage 4**

zum Messstellenrahmenvertrag[1] (§ 14)

Vereinbarung über die Zugangsgewährung zum Elektrizitätsverteilernetz

1.) **Teil des Netzes**

... [bitte ausfüllen]

2.) **Entgelt**

... [bitte ausfüllen]

1 Der Messstellenrahmenvertrag wurde als Anlage 3 zum Beschluss BK6-09-034/BK7-09-001 der Bundesnetzagentur vom 09.09.2010 erlassen.

VII. Anlage 5 zum MSRV – Mindestanforderungen

Muster
Anlage 5 12

zum Messstellenrahmenvertrag[1] (§ 12.1)

Technische Mindestanforderungen
und Mindestanforderungen bezüglich Datenumfang und Datenqualität

1.) **Technische Mindestanforderungen**

... [bitte ausfüllen]

Der Netzbetreiber ist berechtigt, weitere technische Anforderungen an die Messeinrichtung sowie deren Betrieb festzulegen, soweit dies aus Gründen der sicheren und störungsfreien Versorgung und der ordnungsgemäßen Messung notwendig ist. Diese Anforderungen müssen den allgemein anerkannten Regeln der Technik entsprechen.

Der Messstellenbetreiber verwendet, soweit zumutbar, ausschließlich Messeinrichtungen, deren Messwerte ohne zusätzlichen Aufwand des Netzbetreibers in dessen Ablese- und Abrechnungssystem verarbeitet werden können.

2.) **Mindestanforderungen bezüglich Datenumfang und Datenqualität**

... [bitte ausfüllen]

1 Der Messstellenrahmenvertrag wurde als Anlage 3 zum Beschluss BK6-09-034/BK7-09-001 der Bundesnetzagentur vom 09.09.2010 erlassen.

VIII. Anlage 6 zum MSRV – Zählverfahren und Anbringungsort der Messeinrichtung

Muster

13 **Anlage 6**

zum Messstellenrahmenvertrag[1] (§ 3.2)

Festlegungen über das Zählverfahren und den Anbringungsort der Messeinrichtung

1.) **Zählverfahren**

... [bitte ausfüllen]

z. B.:

– Erfassung der entnommenen elektrischen Arbeit, Registrierung der Lastgänge am Zählpunkt oder Feststellung der maximalen Leistungsaufnahme bei Letztverbrauchern im Sinne des § 12 StromNZV (§ 10 Abs. 1 MessZV)
– Viertelstündige registrierende Leistungsmessung für andere (§ 10 Abs. 2 MessZV)

2.) **Allgemeine Anforderungen an den Anbringungsort der Messeinrichtung und an den Zählerplatz (unter Beachtung der TAB)**

... [bitte ausfüllen]

1 Der Messstellenrahmenvertrag wurde als Anlage 3 zum Beschluss BK6-09-034/BK7-09-001 der Bundesnetzagentur vom 09.09.2010 erlassen.

IX. Anschreiben Neuanschluss MRV und MSRV

Muster

Empfänger 14
Straße, Hausnummer
PLZ, Ort

Ort, Datum

Übersendung der Messrahmenverträge und Messstellenrahmenverträge nebst Anlagen

Sehr geehrte Frau .../geehrter Herr ...,

Sie möchten als Messstellenbetreiber/Messdienstleister [Unzutreffendes bitte streichen] in unserem Netzgebiet tätig werden. Voraussetzung dafür ist der Abschluss eines Messrahmenvertrag/Messstellenrahmenvertrag [Unzutreffendes bitte streichen] zwischen Ihrem und unserem Unternehmen (§ 21b Abs. 2 Satz 4 EnWG in Verbindung mit § 2 Abs. 1 MessZV).
Die Bundesnetzagentur (BNetzA) hat hierfür Verträge vorgegeben (Musterverträge). Diese müssen ab sofort verwendet werden (BNetzA Beschluss vom 9. September 2010, Aktenzeichen BK6-09-034).
Der Wortlaut der Musterverträge ist von der BNetzA festgelegt, für alle Marktpartner gleich und im Internet veröffentlicht. Als Anlage zu diesem Schreiben übersenden wir Ihnen die von uns bereits unterzeichneten Musterverträge mit der Bitte um Unterzeichnung und Rücksendung eines der gegengezeichneten Verträge. Zudem übersenden wir Ihnen der Vollständigkeit halber auch unsere Technischen Mindestanforderungen (Stand: ...), die Sie auch unter www.....de in ihrer jeweils aktuellen Fassung abrufen können sowie unsere Vorgaben zu Art, Weise und Zeitpunkt des Datenaustauschs.
Die darüber hinaus beiliegenden Anlagen dienen der Konkretisierung regelungsbedürftiger Punkte.
Schließlich übersenden wir Ihnen unsere Ergänzenden Bedingungen zu den Musterverträgen (vergleiche § 1 Ziffer 1 der Musterverträge). Die Ergänzenden Bedingungen sollen einem reibungslosen Ablauf des Vertragsverhältnisses dienen und sind mit ihren Rechten und Pflichten ausgewogen für beide Parteien ausgestaltet. Wir bitten Sie daher, mit Ihrer Unterschrift unter dieses Schreiben der Geltung dieser Bedingungen zuzustimmen und uns ein unterzeichnetes Exemplar des Schreibens zurück zu senden.
Für Rückfragen steht Ihnen Frau/Herr (Telefon: ...., E-Mail: ...) gern zur Verfügung.

Mit freundlichen Grüßen

Stadtwerke ... GmbH

Wir bestätigen die Geltung der ergänzenden Bedingungen zum Vertrag.

____
Datum

____
Unterschrift

Stempel:

Anlagenverzeichnis
Anlage 1: Mustervertrag/Musterverträge [Unzutreffendes bitte streichen]
Anlage 2: Kontaktdaten/Ansprechpartner
Anlage 3: Wortlaut § 18NAV/NDAV
Anlage 4: Art, Weise und Zeitpunkt des Datenaustauschs

Anlage 5: Zugangsgewährung [Unzutreffendes bitte streichen]
Anlage 6: Technische Mindestanforderungen [Unzutreffendes bitte streichen]
Anlage 7: Zählverfahren und Anbringungsort [Unzutreffendes bitte streichen]
Anlage 8: Ergänzende Bedingungen Messstellenrahmenvertrag/Messrahmenvertrag [Unzutreffendes bitte streichen/müssen separat beauftragt werden]

An den grau markierten Stellen muss unterschieden werden, ob das betreffende Unternehmen mit Ihnen nur einen Messstellenrahmenvertrag, nur einen Messrahmenvertrag oder beide Verträge abschließen möchte. Soll ein Vertrag nicht abgeschlossen werden, ist er an den grau markierten Stellen zu streichen. Die Anlagen 4 bis 6 sind nur beizufügen, wenn ein Messstellenrahmenvertrag abgeschlossen werden soll.

C. Erläuterung

I. Verwendung der Standardverträge und Möglichkeit von Abweichungen und Ergänzungen

Im Tenor 3 und 4 der Festlegung zur Standardisierung von Verträgen und Geschäftsprozessen im Bereich des Messwesens ist bestimmt, dass das Rechtsverhältnis zwischen einem Netzbetreiber und einem Messstellenbetreiber bzw. Netzbetreiber und einem Messdienstleister so auszugestalten ist, dass der jeweilige Vertrag dem MSRV bzw. dem MRV **wörtlich entspricht.**[19] Die dort enthaltenen Regelungen sind in ihrem Anwendungsbereich **abschließend** und **Abweichungen** von diesen **unzulässig.** 15

Lediglich ergänzende Bedingungen zu diesen Verträgen können zwischen den Beteiligten vereinbart werden. Soweit die Vertragsparteien daher der Auffassung sind, dass eine vertragliche Regelung zu Punkten erforderlich ist, die im Standardvertrag keine Berücksichtigung gefunden haben, steht es ihnen nach §1 Abs. 1 S. 3 der Standardverträge frei, diese zu ergänzen. In diesen ergänzenden Bedingungen können z. B. Bestimmungen zur Gewährleistung der eichrechtlichen Vorgaben bzw. einer möglichen Vergütung, soweit der Messstellenbetreiber den Messstellenbetrieb im Falle eines Wechsels des Anschlussnutzers fortführen soll, enthalten sein. Der Netzbetreiber ist allerdings auch in diesen ergänzenden Bedingungen zu einem **diskriminierungsfreien** Verhalten verpflichtet. Betreffende vertragliche Zusatzregelungen sind jedem Vertragspartner in der gleichen Formulierung anzubieten.[20] Zudem darf nach §1 Abs. 1 S. 4 der vorgegebenen MSRV/MRV die Aufnahme des Messstellenbetriebs bzw. der Messung nicht davon abhängig gemacht werden, dass die Zusatzvereinbarungen mitaufgenommen werden. 16

II. Wesentlichen Bestimmungen der Standardverträge im Einzelnen

Die grundlegende Voraussetzung für das Tätigwerden eines Messstellenbetreibers bzw. Messdienstleisters ist in §4 Abs. 1 MSRV bzw. §3 Abs. 1 MRV genannt. Dies ist danach davon abhängig, dass ein entsprechender **Wunsch des Anschlussnutzers** vorliegt. Der Anschlussnutzer hat den Willen einen Dritten zu beauftragen grundsätzlich gegenüber dem Netzbetreiber in Textform zu erklären. Die Erklärung muss nicht persönlich erfolgen, sondern kann vom Dritten in Auftrag und in Vertretung des Anschlussnutzers erfolgen.[21] Zum Nachweis der Vertretungsbefugnis ist die Abgabe der Zusicherung des Vertreters, dass ihm die betreffende Originalvollmacht 17

19 BNetzA, BK6-09-034 und BK07-09-001, S. 1–2.
20 BNetzA, BK6-09-034, S. 48.
21 BNetzA, BK6-09-034 und BK07-09-001, S. 49.

des Anschlussnutzers vorliegt i. V. m. der Übersendung einer Kopie als elektronisches Dokument an den Netzbetreiber ausreichend. Nur in begründeten Ausnahmefällen ist es dem Netzbetreiber möglich, die Vorlage der Originalvollmacht zu verlangen. Damit der Netzbetreiber auf der anderen Seite nicht das Risiko trägt, dass sich die vom Vertreter zugesicherte Existenz der Vollmacht später nicht bewahrheitet, hat der Messstellenbetreiber ihn von hieraus resultierenden Schadensersatzansprüchen Dritter freizustellen.[22] Dadurch wollte der Gesetzgeber die Voraussetzungen für ein Tätigwerden eines Dritten beschleunigen und vereinfachen.

18 In § 4 Abs. 2 MessZV ist aufgeführt, welche **Vorgaben zwingend** in den Vertrag miteinbezogen werden müssen. Dies betrifft die Pflicht des Netzbetreibers, mit dem Anschlussnutzer **keine Regelungen** zu vereinbaren, die dessen **Lieferantenwechsel behindern**. Eine praktische Relevanz hat dies insbesondere in Konstellationen, in denen der Messstellenbetreiber oder Messdienstleister der derzeitige Energielieferant des Anschlussnutzers ist und insoweit ein wirtschaftliches Interesse an Vereinbarungen im Zusammenhang mit der Durchführung des Messstellenbetriebs oder der Messung haben könnte, die einen zukünftigen Lieferantenwechsel behindern.[23] Obwohl die Rechtsbeziehung des Dritten mit dem Anschlussnutzer weder Gegenstand der MessZV noch des Rahmenvertrags ist, greift diese Regelung in die Rechtsbeziehung zum Anschlussnutzer ein. Dies hat den Grund, dass der Wettbewerb im Bereich des Messstellenbetriebs und der Messung das übergeordnete Ziel des Wettbewerbs der Lieferanten fördern und nicht gefährden soll.[24] Diese Verpflichtung findet sich in § 4 Abs. 3 MSRV und § 3 Abs. 3 MRV wieder.

19 Eine weitere wesentliche Regelung zur Erleichterung des Wechsels findet sich in § 4 Abs. 2 Nr. 2 MessZV. Es geht um die Pflicht des bisherigen Messstellenbetreibers, seine Einrichtungen vollständig bzw. teilweise an den neuen Messstellenbetreiber gegen angemessenes Entgelt zum Verkauf oder zur Nutzung anzubieten. Durch den Übergang des Messstellenbetriebs werden somit eine aufschiebend bedingte Angebotspflicht und ein Kontrahierungszwang begründet.[25] Zum Entgelt für die Übernahme der vorhandenen Einrichtungen enthält § 7 Abs. 1 S. 2 MSRV eine Regelung. Einigen sich die Parteien hier nicht, kommt im Falle eines Kaufes der Sachzeitwert und im Falle eine Nutzungsüberlassung das Entgelt zur Anwendung, das der alte Messstellenbetreiber auch bislang für die betreffende Einrichtung verlang hat. Soweit Messeinrichtungen nicht übernommen werden sollen, ist der bisherigen Messstellenbetreiber verpflichtet, die vorhandenen Einrichtungen zu entfernen und so den Einbau der Einrichtungen des neuen Messstellenbetreibers zu ermöglichen.

22 BNetzA, BK6-09-034 und BK07-09-001, S. 49.
23 BR-Drucks. 568/08, S. 20.
24 BerlK-EnR/*Böhnel*, 2. Aufl., Anh. § 21b EnWG, § 4 MessZV Rn 28.
25 BerlK-EnR/*Böhnel*, 2. Aufl., Anh. § 21b EnWG, § 4 MessZV Rn 32.

In § 8 Abs. 8 MSRV und § 5 Abs. 6 MRV ist geregelt, dass auf Wunsch des Netzbetreibers der bisherigen Messstellenbetreiber bzw. -dienstleister verpflichtet ist, für eine Übergangszeit von höchstens drei Monaten seine Leistungen weiter gegen ein vom Netzbetreiber zu entrichtendes angemessenes Entgelt zu erbringen. Die vertragliche Regelung zur Anwendbarkeit der Verpflichtungsmöglichkeit des bisherigen Messstellenbetreibers soll dem Netzbetreiber die Möglichkeit geben, **kurzfristige Zuordnungslücken** im Hinblick auf den zuständigen Messstellenbetrieb überbrücken zu können.[26] Ein zusätzliches Entgelt darf dem Anschlussnutzer hierfür nicht aufgebürdet werden. Soweit der Netzbetreiber von diesem Recht keinen Gebrauch macht, findet § 7 Abs. 1 MessZV Anwendung. Danach übernimmt der Netzbetreiber diese Aufgaben. Dadurch soll sichergestellt werden, dass angesichts der Bedeutung von Messstellenbetrieb und Messung für den liberalisierten Energiemarkt kein verantwortungsfreier Raum in diesem Bereich entsteht. In § 7 Abs. 1 MessZV ist die Verpflichtung des Netzbetreibers nach § 21b Abs. 1 EnWG konkretisiert Messstellenbetrieb und Messung (wieder) zu übernehmen, wenn der Dritte dies aus welchen Gründen auch immer nicht tut. 20

Die Mitwirkungspflichten des Netzbetreibers gegenüber dem Messstellenbetreiber bzw. Messdienstleister sind in § 10 MSRV und § 6 MRV bestimmt. Dadurch wird die ordnungsgemäße Ausführung der Leistungen des Messstellenbetreibers und Messdienstleisters ermöglicht. 21

III. Anlagen

Da einige Regelungen in den Standardverträgen weiterer Konkretisierungen, v. a. durch den Netzbetreiber in Form von einheitlichen Vorgaben, bedürfen, bietet es sich an, diese in Anlagen zu bestimmen. Solchen Konkretisierungen wurden in den **Anlagen 1–6** aufgegriffen und den Vertragsmustern angehängt. Zu unterscheiden ist zwischen Anlagen, die **sowohl dem MSRV als auch dem MRV** beigefügt werden können **(Anlage 1–3)** und solchen für den **MSRV (Anlagen 3–6)** und daher nur diesem angehangen werden sollten. Die Anlagen sind entsprechend auszufüllen und im Hinblick auf den Einzelfall zu ergänzen. 22

1. Anlagen 1–3, die sowohl dem MSRV als auch dem MRV beigefügt werden können

Nach § 13 Abs. 2 MSRV und § 7 Abs. 2 MRV sind die Kontaktdaten für die jeweiligen Ansprechpartner beim Netzbetreiber und Messstellenbetreiber bzw. Messdienstleister in Textform zusammenzustellen und auszutauschen. Dadurch soll sichergestellt werden, dass die Beteiligten zur Durchführung der Kommunikation über die jeweils 23

26 BNetzA, BK6-09-034, S. 54.

aktuellen Kontaktdaten verfügen.[27] Ein passendes Format stellt die **Anlage 1** zur Verfügung.

24 Die **Anlage 2** zum MSRV und MRV gibt lediglich den Wortlaut des § 18 NAV/NDAV wieder. In § 15 Abs. 1 MSRV und § 8 Abs. 2 MRV ist bestimmt, dass der Messstellenbetreiber bzw. -dienstleister gegenüber dem Netzbetreiber für Schäden durch Unterbrechung oder Unregelmäßigkeiten der Energieversorgung entsprechend den besonderen Haftungsbestimmungen des § 18 NAV/NDAV haftet. Es besteht kein Anlass, den Messstellenbetreiber bzw. -dienstleister in eine strengere Haftung zu nehmen als den Netzbetreiber selbst. Im Übrigen haftet der Messstellenbetreiber bzw. -dienstleister nach den allgemeinen Bestimmungen. Darüber hinaus ist es aufgrund der eindeutigen Risiko- und Verantwortungssphäre des Dritten begründet, dass er den Netzbetreiber auch von entsprechenden Ansprüchen Dritter in diesem Zusammenhang freistellt.[28]

25 **Anlage 3** dient dazu, den Datenaustausch so unkompliziert und schnell wie möglich zu gestalten. In dieser Anlage sind Art, Weise und Zeitpunkt des Datenaustausches festzulegen. In § 17 Abs. 5 MSRV und § 10 MRV ist unter dem Punkt zu den Schlussbestimmungen geregelt, dass der Datenaustausch bis zum Wirksamwerden einer Festlegung der BNetzA nach den Vorgaben des Netzbetreibers unter Beachtung des § 12 Abs. 1 MessZV zu erfolgen hat. Nach § 12 Abs. 1 MessZV ist der Netzbetreiber verpflichtet, die Voraussetzungen für einen elektronischen Datenaustausch in einem einheitlichen, für alle offen zu legenden, Format zu ermöglichen.[29] Um den Versorgungsmarkt nicht durch die Marktöffnung im Bereich Messstellenbetrieb und Messung zu gefährden, bedarf es auch hier einer vollautomatisierten Bearbeitung sowie einer Integration der Prozesse in die bestehenden Lieferantenwechselprozesse. Die Gewährleistung dieses Ziels ist der Zweck der in § 12 Abs. 1 MessZV festgelegten Einzelheiten des Datenaustauschs zwischen dem Netzbetreiber und Dritten.[30] Nicht nur die Stamm- und Messdaten sind von dem einheitlichen Format auszutauschender Daten umfasst, sondern auch sonstige im Zusammenhang mit dem Geschäftsverkehr zwischen Netzbetreiber und Dritten auszutauschende Daten.[31] Der Austausch der Mess- und Stammdaten hat in einem Format zu erfolgen, das mit den in der GPKE bzw. Geli Gas festgelegten Formaten kompatibel ist.[32]

2. Anlagen 4–6, die nur Anwendung in Verbindung mit dem MSRV finden

26 Die **Anlage 4** zur Zugangsgewährung bezieht sich auf die Regelung in § 14 MSRV. Hier ist bestimmt, dass der Messstellenbetreiber gegen Zahlung eines angemessenen und

27 BNetzA, BK6-09-034, S. 56.
28 BNetzA, BK6-09-034, S. 57.
29 BR-Drucks. 568/08, S. 29.
30 BerlK-EnR/*Böhnel*, 2. Aufl., Anh. § 21b EnWG, § 12 MessZV Rn 1.
31 BerlK-EnR/*Böhnel*, 2. Aufl., Anh. § 21b EnWG, § 12 MessZV Rn 2.
32 BerlK-EnR/*Böhnel*, 2. Aufl., Anh. § 21b EnWG, § 12 MessZV Rn 3.

diskriminierungsfreien Entgelts berechtigt ist, zur Messdatenübertragung Zugang zum Elektrizitätsverteilernetz des Netzbetreibers zu erhalten, soweit und für den Teil des Netzes, in dem der Netzbetreiber selbst eine solche Messdatenübertragung durchführt oder zulässt. Nach Satz 3 soll über eine Zugangsgewährung zwischen den Beteiligten eine gesonderte Vereinbarung getroffen werden. Diese Bestimmung entspricht dem § 4 Abs. 7 MessZV. Hierbei hat der Messstellenbetreiber, soweit die genannten Voraussetzungen vorliegen, einen **Anspruch auf die Zugangsgewährung.**[33] Die Kontrahierungspflicht des Netzbetreibers ist in der Anlage 4 näher zu konkretisieren, v. a. im Hinblick auf die Bestimmung des Teils des Netzes, zu dem Zugang gewährt wird, und eines entsprechenden Entgelts für die Gewährung. Weder die Vorschrift des § 4 Abs. 7 MessZV noch § 14 MSRV geben konkrete Vorgaben im Hinblick auf die Art und Weise des Zugangs vor.[34] Daher obliegt es den Beteiligten, diese näher zu konkretisieren und im Einzelfall die technischen Gegebenheiten zu berücksichtigen. Hierbei unterliegt das Verhalten des Netzbetreibers gegenüber Messstellenbetreibern der Missbrauchsaufsicht nach § 30 EnWG.[35]

Anlage 5 dient der konkreten Festlegung der Anforderungen aus § 21b Abs. 4 27
Nr. 2 EnWG, die nach § 12 Abs. 1 MSRV vom Netzbetreiber bestimmt werden können. Danach müssen Messeinrichtungen und Messsysteme des Messstellenbetreibers den von dem Netzbetreiber einheitlich für sein Netzgebiet vorgesehenen technischen Mindestanforderungen und Mindestanforderungen in Bezug auf Datenumfang und Datenqualität entsprechen. Diese Anforderungen müssen **sachlich gerechtfertigt und nichtdiskriminierend** sein. Die konkrete Festlegung der Anforderungen soll den Dritten darüber informieren, welche Anforderungen bestehen und bei möglichen Konflikten Beweiszwecken dienen. Darüber hinaus ist der Netzbetreiber verpflichtet, die Anforderungen für sein Netzgebiet „einheitlich“ zu bestimmen. Aufgrund dessen sind sie im Rahmen der Diskriminierungsfreiheit den Verhandlungen mit dem Messstellenbetreiber entzogen und müssen sachlich gerechtfertigt sein. Sie sollten daher zusammen mit dem Messstellenvertrag im Internet veröffentlicht und diesem bei Vertragsschluss als Anlage beigefügt werden.[36]

Das Zählverfahren, welches in § 3 Abs. 2 MSRV grundsätzlich vorgeschrieben 28
ist und der Anbringungsort der Messeinrichtung in der **Anlage 6** näher zu konkretisieren. § 3 Abs. 2 MSRV stellt lediglich klar, dass die Vorgaben vom Netzbetreiber unter Berücksichtigung der gesetzlichen Auswahlrechte (z. B. § 10 Abs. 3 MessZV) zu bestimmen sind.[37] Diese Vorgaben des Netzbetreibers sollten in der **Anlage 6** detailliert aufgeführt werden.

---

33 BerlK-EnR/*Bohnel*, 2. Aufl., Anh. § 21b EnWG, § 4 MessZV Rn 82.
34 BR-Drucks. 568/08, S. 23.
35 BR-Drucks. 568/08, S. 23.
36 Danner/Theobald/*Eder*, § 21b EnWG Rn 66–67.
37 BNetzA, BK6-09-034, S. 49.

Kapitel 5
Einspeiseverträge für Erneuerbare-Energie-Anlagen

A. Einführung

I. EEG 2014

1 Zum Zeitpunkt der Erstellung dieses Buches wurde das EEG umfassend novelliert. Den Startschuss setzte dabei das vom Bundesminister für Wirtschaft und Energie *Gabriel* verfasste Eckpunktepapier vom 21.1.2014, mit dem erste Einzelheiten zu den geplanten Änderungen bekannt wurden.

2 Dem **EEG 2014** liegen nun die Bundestagsbeschlüsse vom 27.6.2014[1] und 4.7.2014[2] zugrunde. Der Bundesrat hat den Gesetzesbeschlüssen in seiner Plenarsitzung am 11.7.2014 nicht widersprochen. Eine Bekanntmachung des EEG 2014 vom 21.7.2014 ist am 24.7.2014 im Bundesgesetzblatt erfolgt.[3] Das EEG 2014 wird also wie geplant am 1.8.2014 in dieser Fassung in Kraft treten. Mit einem Gesetz vom 22.7.2014[4] wurde das EEG 2014 bereits geändert, weil einige Fehler (insbesondere im Bereich der Übergangsbestimmungen) korrigiert werden mussten. Die in diesem Buch vorgestellten Vertragsmuster berücksichtigen bereits die Änderungen durch das EEG 2014 inklusive der Korrektur vom 22.7.2014. Sie sind somit für Anlagen, für die ab dem 1.8.2014 das EEG 2014 gilt, geeignet. Bei einer Inbetriebnahme in dem Zeitraum vom 1.8.2014 bis zum 31.12.2014 kann es für bestimmte Anlagen (insbesondere BImSchG-Anlagen) noch zu einer Geltung des EEG 2012 kommen. In diesem Fall können Vertragsmuster für das EEG 2012 mit entsprechenden einzelfallbezogenen Anpassungen verwendet werden.

3 Um einen ersten Einblick in die Neuregelungen durch das EEG 2014 zu geben, werden im Folgenden einige Änderungen dargestellt:

1. Verpflichtende Direktvermarktung

4 *„Der Strom aus erneuerbaren Energien und aus Grubengas soll zum Zweck der* ***Marktintegration*** *direkt vermarktet werden“* heißt es in den nunmehr beschlossenen Regelungen (§ 2 Abs. 2 EEG 2014). Nicht nur an dieser Formulierung ist zu erkennen, dass die **Direktvermarktung** ein zentrales Thema der EEG-Novelle 2014 darstellt.

1 BT-Drucks. 18/1891.
2 BT-Drucks. 18/2037.
3 BGBl. I S. 1066 ff.
4 Gesetz zur Bekämpfung von Zahlungsverzug im Geschäftsverkehr und zur Änderung des Erneuerbare-Energien-Gesetzes v. 22.7.2014 (BGBl. I S. 1218 ff.), Art. 4.

Die Direktvermarktung nach dem **Marktprämienmodell** wird zum gesetzlichen Regelfall, demgegenüber wird eine Einspeisevergütung nur noch ausnahmsweise gewährt. Im Gegensatz zur **festen Einspeisevergütung** durch den Netzbetreiber ist der Anlagenbetreiber im Marktprämienmodell aufgefordert, einen Abnehmer für den erzeugten Strom zu finden. Durch die Marktprämie konnte bisher in vielen Fällen ein im Verhältnis zur gesetzlich festgeschriebenen Einspeisevergütung höherer Direktvermarktungspreis erzielt werden. Dieses Grundprinzip wird fortgeschrieben. Die nach dem bisherigen Recht alternativ mögliche Direktvermarktung zur Inanspruchnahme des sog. **Grünstromprivilegs** wurde ersatzlos gestrichen. Unternehmen, die das Grünstromprivileg nutzen, können das nach dem Entwurf noch bis zum 31.7.2014 tun, die Voraussetzungen müssen dafür im Zeitraum von Januar bis Juli 2014 und in vier einzelnen Kalendermonaten während dieses Zeitraums erfüllt werden (vgl. § 104 Abs. 2 EEG 2014). Auch das sog. **solare Grünstromprivileg** wird ersatzlos gestrichen. Als geförderte Direktvermarktung bleibt daher nur noch die Inanspruchnahme der sog. **Marktprämie**. Neben dem Marktprämienmodell und der ausnahmsweise zulässigen Einspeisevergütung bleibt dem Anlagenbetreiber noch die Möglichkeit der nicht geförderten **sonstigen Direktvermarktung**, bei der keine finanzielle Förderung nach dem EEG beansprucht werden kann.

Die Ausgestaltung der Förderung im **Marktprämienmodell** entspricht weitgehend der bisherigen Rechtslage, wobei jedoch die Managementprämienverordnung aufgehoben wird. Die **Managementprämie** wird für Neuanlagen direkt in die Fördersätze eingepreist. Für kleine Anlagen, die ausnahmsweise noch eine Einspeisevergütung beanspruchen können, ist daher der Fördersatz um 0,4 ct/kWh für Wind und solare Strahlungsenergie und um 0,2 ct/kWh für die übrigen Energieträger zu reduzieren, wenn die Marktprämie nicht genutzt wird. Für Bestandsanlagen wird die Managementprämie durch die Übergangsregelung (§ 100 Abs. 1 Nr. 8 EEG 2014) in ihrer bisherigen Höhe fortgeschrieben. Ab dem 1.1.2015 werden die Sätze auf 0,4 ct/kWh bzw. 0,3 ct/kWh (nicht-fernsteuerbar) für Wind und Solar und 0,2 ct/kWh für die übrigen Energieträger abgesenkt. 5

Neu ist allerdings, dass alle Anlagen in der Direktvermarktung zwingend fernsteuerbar sein müssen. Bestandsanlagen wird eine Übergangsfrist zur Nachrüstung gewährt, die im Laufe des Gesetzgebungsverfahrens bis Ende März 2015 verlängert wurde. Die nach bisherigem Recht mögliche **prozentuale Direktvermarktung** wird nur für einen Teil der erzeugten Strommenge beibehalten. Das EEG 2014 behält die **Wechselfristen** zwischen den verschiedenen Veräußerungsformen grundsätzlich bei, sodass die Meldung an den Netzbetreiber grundsätzlich vor Beginn des jeweils vorangegangenen Kalendermonats abgegeben werden muss. Beim Wechsel in oder aus der sog. **Ausfallvermarktung** kann die Wechselmitteilung bis zum fünftletzten Werktag des Vormonats erfolgen. Darüber hinaus wird klargestellt, dass Anlagenbetreiber den Direktvermarkter jederzeit wechseln können. Das Verfahren und die Formate für einen Wechsel können allerdings nach wie vor von der BNetzA durch Festlegung geregelt werden. Bis zu einer Anpassung der Festlegung von Marktpro- 6 zessen für Einspeisestellen (BK6-12-153) an das neue Recht bleibt es damit praktisch wohl bei der Anwendung der alten Festlegung. Problematisch könnte sich dabei der Wechsel in die Ausfallvergütung gestalten, da eine solche Wechselmöglichkeit noch nicht Gegenstand der alten Festlegung war und demnach auch keine Formate existieren. Hier wird die Praxis entsprechende Übergangslösungen schaffen müssen.

2. Ausschreibungen für Freiflächen-Photovoltaik

7 Die Höhe der finanziellen Förderungen soll bis spätestens zum Jahr 2017 durch **Ausschreibungen** ermittelt werden (vgl. § 2 Abs. 5 EEG 2014). Ab Geltung des neuen EEG sollen Ausschreibungen zunächst für **Photovoltaik-Freiflächenanlagen** durchgeführt werden (vgl. § 55 EEG 2014). Eine Ausschreibung wird dabei als objektives, transparentes, diskriminierungsfreies und wettbewerbliches Verfahren zur Bestimmung der Höhe der **finanziellen Förderung** definiert. Bislang wurden die Vergütungssätze eher auf Basis wissenschaftlicher Erkenntnisse oder empirischer Ansätze festgelegt. Die genauen Rahmenbedingungen der Ausschreibungen sind zum gegenwärtigen Zeitpunkt aber noch nicht bekannt.

8 Freiflächenanlagen in diesem Sinne sind allerdings nur Anlagen, die nicht in, an oder auf einem Gebäude oder einer sonstigen baulichen Anlage angebracht sind. Von der Ausschreibungspflicht ausgenommen sind daher nach dem derzeitigen Stand des Entwurfs insbesondere Anlagen auf Deponieflächen, weil in aller Regel der Deponiekörper eine bauliche Anlage im Sinne des Gesetzes ist. Auch Anlagen auf **Konversionsflächen** können unter Umständen keine Freiflächenanlagen sein, wenn die Anlagen etwa auf Flächen errichtet werden, die zu einem früheren Zeitpunkt zu anderen Zwecken befestigt worden sind.

9 Auf welchen Flächen die Anlagen errichtet werden dürfen, für die die Förderung ausgeschrieben wird, legt das Gesetz noch nicht fest. Diese Festlegung bleibt – wie auch die Details des Ausschreibungsverfahrens – einer Verordnung des Wirtschaftsministeriums vorbehalten. Die Verordnung kann neben einem Fördersatz in ct pro kWh auch ein Bereitstellungsentgelt in € pro kW zur Ausschreibung stellen. Außerdem können Vertragsstrafen für eine nicht fristgerechte Errichtung der Anlagen und ein Aufwendungsersatz für Angebote, die keinen Zuschlag erhalten haben, in der Verordnung geregelt werden.

3. Feste Ausbaupfade für Wind, Solar und Biomasse

10 Das **EEG 2014** gibt erstmals **Ausbaupfade,** unterteilt nach den einzelnen Erzeugungsarten, vor (vgl. § 3 EEG 2014). Die Windenergie an Land soll demnach auf 2.500 MW pro Jahr (netto) ausgebaut werden, wobei die Netto-Angabe bedeutet, dass von der in einem Jahr installierten Leistung die im gleichen Zeitraum stillgelegte Leistung abge-

zogen wird.[5] Windenergie auf See soll auf insgesamt 6.500 MW im Jahr 2020 (15.000 MW im Jahr 2030) gesteigert werden. Solare Strahlungsenergie soll wiederum auf 2.500 MW pro Jahr (brutto) ausgebaut werden. Für Biomasse ist ein Ausbaupfad von maximal 100 MW pro Jahr vorgesehen.

Die Einhaltung der jeweiligen Ausbaupfade soll durch energieträgerspezifische **Zielkorridore** abgesichert werden, die insbesondere für die Anwendung der Degressionsvorschriften maßgeblich sind (vgl. §§ 29, 31 EEG 2014). Die Windenergie an Land soll demnach in einem Zielkorridor um 2.400 bis 2.600 MW installierte Leistung pro Jahr gesteigert werden, solare Strahlungsenergie um 2.500 bis 3.500 MW. 11

Das EEG 2014 sieht zur Durchsetzung der Ausbaupfade eine Anpassung der **Degressionsvorschriften** vor. Die Intervalle bis zur nächsten Vergütungskürzung werden dabei stark verkürzt und in Anlehnung an die bereits geltenden Regelungen bezüglich der solaren Strahlungsenergie als sog. **atmender Deckel** ausgestaltet. So soll eine **Degression** bei Biomasse und der Windenergie an Land in Quartalsschritten erfolgen. Wenn der oben genannte Zielkorridor verlassen wird, wird die Degression erhöht oder gesenkt. Die Fördersätze bzw. anzulegenden Werte für Windenergie an Land und (eingeschränkt) für solare Strahlungsenergie können sich sogar erhöhen, wenn weniger als 1.800 MW (Wind) bzw. 1.100 MW (Photovoltaik) zugebaut werden. 12

4. Einspeisevergütung

Bereits mit der Überschrift **„Einspeisevergütung für kleine Anlagen"** macht der Gesetzgeber deutlich, dass zukünftig eben nur diese kleinen Anlagen einen Anspruch auf die Zahlung der Einspeisevergütung haben. Bis zum 31.12.2015 gelten dabei Anlagen mit einer installierten Leistung von 500 kW als klein. Für Strom aus Anlagen, die dann nach dem 31.12.2015 in Betrieb genommen worden sind, gilt eine Leistungsschwelle von einer installierten Leistung mit höchstens 100 kW. Die jeweils größeren Anlagen müssen also – um eine **finanzielle Förderung** im Rahmen des EEG zu erhalten – zwingend in die **Direktvermarktung**. 13

Die Vergütungsvorschriften zu den einzelnen Energiearten werden weitgehend nur redaktionell angepasst und hinsichtlich der ohnehin geltenden Degression geändert (z. B. Wasserkraft, Deponiegas, Klärgas, Grubengas, Geothermie). 14

Auch die Grundvergütung für Biomasse wird nur degressionsbereinigt fortgeschrieben. Als wesentlicher Vergütungsbestandteil entfällt aber die **Zusatzvergütung für bestimmte Einsatzstoffe.** Faktisch sinkt die Vergütung damit für viele neue Anlagen deutlich. Im Vergleich zu den „normalen" Biomasseanlagen gewinnen die Förderungen für Bioabfall- und Gülleanlagen aufgrund ihrer höheren Vergütungssätze an Bedeutung. 15

5 BT-Drucks. 18/1304, S. 164 der elektronischen Vorabfassung.

16 Bei Biogasanlagen ab 100 kW wird die förderfähige Strommenge auf 50 % der installierten Leistung beschränkt. Dafür wird ein Flexibilitätszuschlag in Höhe von 40,00 € pro kW installierter Leistung und Jahr gewährt (vgl. §§ 52, 53 EEG 2014).

5. Umstellung fossiler Erzeugungsanlagen auf Erneuerbare Energien

17 Das anzuwendende Recht und die Fördersätze hängen nach dem bisherigen und dem zukünftigen Fördersystem von dem **Zeitpunkt der Inbetriebnahme** ab. Der **Inbetriebnahmebegriff** wird durch das EEG 2014 wesentlich geändert. Eine Inbetriebnahme liegt danach erst dann vor, wenn die Anlage ausschließlich mit Erneuerbaren Energien in Betrieb gesetzt wird. Eine **fossile Inbetriebnahme** ist anders als im derzeit geltenden Recht nicht mehr möglich. Das hat erhebliche Auswirkungen auf die Umnutzung fossiler Erzeugungsanlagen.

18 Während nach dem EEG 2012 bzw. den Vorgängerfassungen die erste Inbetriebnahme z. B. eines BHKW mit Erdgas die Vergütungssätze und die **Vergütungsdauer** auch nach einer späteren Umstellung auf Erneuerbare Energien festlegt, ist zukünftig der Zeitpunkt der Umstellung auf Erneuerbare Energien für Förderhöhe und -dauer maßgeblich.

Beispiel
Eine KWK-Anlage, deren **Förderdauer** nach dem KWKG (in der Regel 30.000 VBh oder 10 Jahre) abgelaufen ist, kann danach 20 Jahre die Förderung nach dem EEG geltend machen.

---

19 Ausgeschlossen ist dagegen die Umstellung zu den höheren Fördersätzen des EEG 2004, EEG 2009 oder EEG 2012. Für Anlagen, die bereits vor dem 1.8.2014 mit Erneuerbaren Energien gelaufen sind, bleibt eine frühere fossile Inbetriebnahme maßgeblich. Betreiber von Biogasanlagen müssen dabei allerdings beachten, dass nur die sog. **Höchstbemessungsleistung** von den Bestandsschutzregelungen erfasst wird (vgl. § 101 Abs. 1 EEG 2014). Für den Stromanteil, der über die Höchstbemessungsleistung hinausgeht, wird zukünftig nur der Monatsmarktwert der Börse gezahlt. Die Höchstbemessungsleistung wird im Regelfall definiert als die höchste Jahresdurchschnittsleistung, die bis einschließlich 2013 in einem Kalenderjahr erreicht worden ist. Alternativ gelten 95 % der installierten Leistung als Höchstbemessungsleistung, wenn diese Berechnung für den Anlagenbetreiber günstiger ist.

Praxishinweis
Die Alternative (Höchstbemessungsleistung = 95 % der installierten Leistung) ist z. B. dann einschlägig, wenn die Anlage erst im Jahr 2014 bis zum 1.8.2014 in Betrieb genommen wurde. Dann konnte nämlich im Jahr 2013 oder früher keine Leistung erreicht worden sein.

---

6. Besondere Ausgleichsregelung und Eigenverbrauch

Auch Änderungen im Rahmen der **Besonderen Ausgleichsregelung** für die **strom-intensiven Unternehmen** und zum **Eigenverbrauch** von Strom gehen mit dem EEG 2014 einher. Beide Themen sind im Zusammenhang mit der Pflicht zur Zahlung der **EEG-Umlage** relevant, weil bisher weitgehende Ausnahmen von der Zahlung der EEG-Umlage bestanden. 20

Die **Besondere Ausgleichsregelung**, durch die stromintensive Unternehmen nur eine reduzierte EEG-Umlage zahlen müssen, wurde grundlegend überarbeitet und an geltendes EU-Recht angepasst. Privilegiert sind zukünftig nur stromintensive Unternehmen aus Branchen, die durch ein bestimmtes Maß an Strom- und Handelsintensität gekennzeichnet sind. Entscheidende Frage für Unternehmen des produzierenden Gewerbes ist zunächst, welcher Branche das Unternehmen und dessen beantragte Bereiche nach der Klassifikation der Wirtschaftszweige angehört. Je nach Branchenzugehörigkeit unterscheiden sich die weiteren Voraussetzungen der sog. Stromkostenintensität und der Höhe der Begrenzung der EEG-Umlage. Hierdurch soll die Begünstigung auf Unternehmen und Branchen beschränkt werden, die in einem harten internationalen Wettbewerb stehen. Grundsätzlich zahlen die privilegierten Unternehmen für die erste Gigawattstunde die volle EEG-Umlage. Für den darüber hinaus von ihnen verbrauchten Strom zahlen die privilegierten Unternehmen grundsätzlich 15 % der EEG-Umlage. Diese Belastung wird jedoch auf maximal 4 % der Bruttowertschöpfung des jeweiligen Unternehmens begrenzt, bzw. für Unternehmen mit einer Stromkostenintensität von mindestens 20 % auf maximal 0,5 % (sog. „Cap" bzw. „Super-Cap" der Umwelt- und Energiebeihilfeleitlinien, vgl. Abl.EU 2014/C 200/01). 21

Neben den Vergünstigungen für das produzierende Gewerbe werden auch Schienenbahnunternehmen für den Fahrstrom weiterhin privilegiert und zahlen nunmehr 20 % der EEG-Umlage, wenn der Stromverbrauch bei mindestens 2 GWh liegt. 22

Grundsätzlich sind die entsprechenden Anträge beim Bundesamt für Wirtschaft und Ausfuhrkontrolle bis zum 30.6.2014 zu stellen. Mit Inkrafttreten des EEG 2014 wird diese Ausschlussfrist zum 30.6.2014 per Gesetz bis zum 30.9.2014 verlängert. Bis zu diesem Zeitpunkt hat das Bundesamt für Wirtschaft und Ausfuhrkontrolle im Wege der **vorweggenommenen Nachsichtgewährung** die Ausschlussfrist bis 30.9.2014 verlängert. 23

Bei den sog. **Eigenversorgungssachverhalten** sieht das EEG 2014 ebenfalls Änderungen vor. Auch Betreiber von einer Eigenstromversorgung sollen künftig grundsätzlich einen Beitrag zu den Ausbaukosten für die erneuerbaren Energien leisten. Für Strom aus konventionellen Anlagen, der im Rahmen der Eigenversorgung genutzt wird, ist nach dem EEG 2014 die volle EEG-Umlage zu zahlen. Für Strom aus neuen Erneuerbare-Energien-Anlagen oder neuen Kraft-Wärme-Kopplungsanlagen, der in unmittelbarer räumlicher Nähe zu der Stromerzeugungsanlage genutzt wird, muss eine auf 40 % reduzierte EEG-Umlage gezahlt werden. Diesbezüglich wurde eine zeitliche Staffelung festgeschrieben. Ab dem 1.8.2014, also dem Zeitpunkt des 24

Inkrafttretens des EEG 2014, und für 2015 soll die EEG-Umlage 30 %, für 2016 35 % und dann ab 2017 40 % betragen.

25 Zudem wird eine sog. Bagatellgrenze eingeführt, die regelt, dass bei kleineren Anlagen mit einer installierten Leistung von höchstens 10 kW die ersten 10 MWh im Jahr, die selbst verbraucht werden, nicht mit der EEG-Umlage belastet werden.

26 Anlagen hingegen, die vor dem Inkrafttreten des EEG 2014 am 1.8.2014 zur Eigenversorgung im Sinne des EEG 2012 genutzt wurden, sind weiterhin von der EEG-Umlage befreit. Dies gilt auch für sog. „Ersatzinvestitionen", also Eigenversorgungsanlagen, die Bestandsanlagen am selben Standort erneuern, ersetzen oder um bis zu 30 % erweitern. Schließlich gelten auch Stromerzeugungsanlagen als Bestandsanlagen, die bereits vor dem 23.1.2014 nach Bundesrecht genehmigt wurden und vor dem 1.1.2015 erstmalig zur Eigenversorgung genutzt werden. Auch diese werden in der Regel nach dem EEG 2012 von der EEG-Umlage befreit.

27 Darüber hinaus wurde eine Meldepflicht der Eigenversorgung gegenüber dem regelverantwortlichen Übertragungsnetzbetreiber eingeführt (§ 74 EEG 2014), die zugleich Voraussetzung für die Inanspruchnahme der verringerten EEG-Umlage ist. Sofern der Eigenversorger dieser Meldepflicht nicht bis zum 31.5. des Folgejahres (§ 61 Abs. 1 S. 2 Nr. 2 EEG 2014) nachkommt, ist die volle EEG-Umlage zu zahlen.

7. Übergangsregelung

28 Ein **Bestandsschutz für Altanlagen** wird grundsätzlich über die Übergangsbestimmungen des Gesetzes erreicht. Im Gegensatz zum EEG 2012 ordnen die Übergangsvorschriften grundsätzlich die Geltung des neuen Rechts auch für Bestandsanlagen an, wobei die Fortgeltung der alten Regelungen im Einzelfall (unter Bestandsschutzgesichtspunkten) bestimmt wird (vgl. § 100 Abs. 1 EEG 2014).

29 Während grundsätzlich alle Anlagen, die ab dem 1.8.2014 in Betrieb gehen, unter das neue Recht fallen, gilt das EEG 2012 für **immissionsschutzrechtlich genehmigungsbedürftige Anlagen**, die von August bis Dezember 2014 in Betrieb genommen werden, weiter, wenn die Anlage bereits vor dem 23.1.2014 genehmigt wurde. Die Übergangsregelung wurde auch auf Anlagen ausgeweitet, die am Stichtag 22.1.2014 zwar über keine **immissionsschutzrechtliche Genehmigung** verfügt haben, aber über eine andere **nach Bundesrecht erforderliche Zulassung** (vgl. § 100 Abs. 3 EEG 2014).

II. Anwendung der Vertragsmuster

30 Die nachfolgenden Vertragsmuster mit Anlagen verfolgen das Ziel, die vielfältigen und rechtlich zulässigen Gestaltungsmöglichkeiten bei **Anschluss und Einspeisung von EEG-Anlagen** umfassend darzustellen und in praktikable Musterverträge umzusetzen. Damit werden Vorschläge zur Vertragsgestaltung an die Hand gegeben, die

helfen, die Integration von EEG-Anlagen auf rechtssicherem und praxisgerechtem Wege zu erreichen.

Laut § 7 Abs. 1 EEG 2014 dürfen Netzbetreiber die Erfüllung ihrer Verpflichtungen aus dem EEG nicht vom Abschluss eines Vertrags abhängig machen. Von den Bestimmungen dieses Gesetzes darf nach § 7 Abs. 2 EEG 2014 nur in eng begrenzten Ausnahmen zulasten des **Anlagenbetreibers** bzw. des Netzbetreibers abgewichen werden. Ausgangslage der Vertragsgestaltung ist daher, dass bezüglich aller Kernpflichten des EEG keine Abweichung von den gesetzlichen Vorgaben stattfindet. Soweit das EEG keine Vorgaben macht bzw. lediglich einen Gestaltungsrahmen vorgibt, wurden an den Interessen des Netzbetreibers orientierte, ausgewogene Regelungen geschaffen, die aber auch von den Anlagenbetreibern akzeptiert werden können. 31

Auch wenn die Erfüllung der Verpflichtungen aus dem EEG nicht vom Abschluss eines Vertrags abhängig gemacht werden darf, dürften in der Praxis die anschlussbegehrenden Anlagenbetreiber bzw. Anschlusssuchenden davon zu überzeugen sein, dass ein Vertrag zweckmäßig ist, um die gesetzlich nicht geregelten Fragen zu klären und die individuellen Umstände zu dokumentieren, die die Anlagenart, den Anlagenanschluss, die Vergütung usw. bestimmen. Insbesondere im Hinblick auf die **Sicherung der Projektfinanzierung** besteht häufig seitens der Anlagenbetreiber ein Interesse an der (frühzeitigen) Dokumentation des Netzanschlusses. Daher bietet sich grundsätzlich der Abschluss von Einspeiseverträgen für EEG-Anlagen an, um dadurch Missverständnissen vorzubeugen, die Abläufe klar zu regeln und insofern Rechtssicherheit für die Beteiligten zu schaffen. 32

Inhaltlich werden in dem Vertragswerk die Bereiche des Netzanschlusses, der Anschlussnutzung und der Stromeinspeisung zusammengefasst. Damit muss für die Einspeisung durch eine EEG-Anlage nur der jeweilige für den Anlagentyp vorgesehene Vertrag abgeschlossen werden. Sollte sich der Anlagenbetreiber für eine **Direktvermarktung** entscheiden, ist keine Anpassung des Vertragsverhältnisses erforderlich, da das Vertragswerk so gestaltet ist, dass die Regelungen zu Netzanschluss und -nutzung auch bei einer Direktvermarktung fortgelten, wohingegen die Regelungen zur Einspeisevergütung während der Direktvermarktung (nur) suspendiert sind. Die Verträge müssen daher auch bei der gesetzlich möglichen Rückkehr zur **Einspeisevergütung** nicht angepasst werden. 33

Systematisch ist das Vertragswerk so aufgebaut, dass der Anwender allein durch Ergänzen der offenen Vertragsstellen (Leerstellen und Ankreuzen) und die Beifügung der Anlagen den Vertrag so individualisieren kann, dass die jeweiligen Sachverhalte vertraglich erfasst werden können (Vertragspartner, Anlagenart und -leistung, Anschlusssituation usw.). Bei den zu erhebenden Daten wurde darauf geachtet, dass insbesondere die Voraussetzungen für die oftmals sehr kompliziert gestaltete Vergütung umfassend dokumentiert sind. Die Verträge sind so gestaltet, dass für die Sachbearbeiter aus dem Vertrag heraus zu erkennen ist, welche Nachweise seitens des Anlagenbetreibers zu erbringen sind. Teilweise werden spezielle Nachweiserfor- 34 dernisse ausdrücklich genannt, teilweise sollten Nachweise (nur) dann angefordert werden, wenn Zweifel an den Angaben in den Datenblättern bestehen.

35 Die in Bezug auf die verschiedenen EEG-Anlagen spezifischen Regelungen haben wir in dem jeweiligen Einspeisevertrag erfasst sowie in einem weiteren Dokument die für alle Verträge relevanten, allgemeinen Vorschriften in den AGB.

36 Wir empfehlen folgende **Vorgehensweise bei einer Anfrage zum Netzanschluss** einer EEG-Anlage:

Vorgehensweise bei Netzanschlussanfragen

- Sobald Anlagenbetreiber und Netzbetreiber sich auf den **Verknüpfungspunkt** verständigt haben, sollte der Einspeisevertrag abgeschlossen werden. Hierbei wird das jeweilige, für die Energieart konzipierte Muster verwendet. Netzbetreiber und Anlagenbetreiber müssen die Muster an den dafür vorgesehenen Platzhaltern um die jeweiligen individuellen Angaben ergänzen.
- Dem Muster sind verschiedene Anlagen beizufügen. Bereits mit Vertragsschluss können beigefügt werden:
  - die AGB,
  - das von Netzbetreiber und Anlagenbetreiber auszufüllende Datenblatt für die Anlage,
  - die Anlage zum Datenaustausch und zu den Ansprechpartnern und
  - die technischen Bedingungen des Netzbetreibers (soweit vorhanden).
- Mit der **Inbetriebnahme** bzw. vor der ersten (Abschlags-) Zahlung sollten zum Vertrag genommen werden:
  - das Inbetriebnahmeprotokoll und
  - der Lageplan/Schemaplan des Netzanschlusses einschließlich Eigentumsgrenzen (sofern nicht bereits vorher zu den Unterlagen genommen).

---

37 Bestandteil des Vertrags werden die in den AGB getroffenen Regelungen nur, wenn sie i. S. d. §305 BGB wirksam einbezogen werden. Aus Gründen der Rechtssicherheit ist es zweckmäßig, dem Anlagenbetreiber bei Vertragsschluss eine Zweitschrift des gesamten Vertragswerks auszuhändigen.

38 Mit Abschluss des Vertrags auf Grundlage der Vertragsmuster ist das Rechtsverhältnis zwischen Anlagenbetreiber und Netzbetreiber vollständig abgebildet. Der Abschluss weiterer Verträge ist nicht erforderlich.

39 Darüber hinaus müssen die Anlagen zum Vertrag teilweise noch ergänzt werden. Die technischen Anlagen (Anlage 3) sind in Bezug auf die jeweilige Anlagen- bzw. Anschlusssituation zu gestalten.

! **Praxistipp**
Die Datenblätter sollten regelmäßig überprüft und ggf. geändert werden. Eine Aufnahme von weiteren Informationen kann nicht nur nach einer Novellierung des EEG ratsam sein, sondern auch, wenn sich in der Praxis (z. B. durch Vorgaben der Rechtsprechung) bestimmte Informationen als wesentlich erweisen.

---

40 Im Vertragsentwurf ist die Möglichkeit vorgesehen, auch **Technische Anschlussbedingungen (TAB)** als Anlage 6 zum Vertrag zu nehmen. Dies dürfte sich insbesondere

dann anbieten, wenn in Ergänzung zu den üblichen TAB weitere Regelungen speziell für das betroffene Netz geschaffen worden sind. In diesem Fall sollten ggf. auch die Regelungen in 3.2. der AGB in Bezug auf die eigenen TAB des Netzbetreibers angepasst werden.

Nach § 10 Abs. 1 EEG 2014 ist der Anlagenbetreiber berechtigt, den Netzbetreiber **41**
oder einen fachkundigen Dritten u. a. die **Einrichtung und den Betrieb der Messeinrichtungen** einschließlich der **Messung** vornehmen zu lassen. § 10 Abs. 1 S. 2 EEG 2014 ordnet Messstellenbetrieb und Messung ausdrücklich dem Regime des Energiewirtschaftsgesetzes (§§ 21b bis 21h EnWG) zu.

Wir haben daher in den Einspeiseverträgen vorgesehen, dass der Einspeiser den **42**
Netzbetreiber oder einen Dritten auswählen kann. Dies hat zum einen den Vorteil, dass die Netzbetreiber zuerst genannt werden und ohne weitere Schwierigkeiten von dem Einspeiser ausgewählt werden können. Zum anderen werden aber auch unmittelbar alle erforderlichen Daten für den Fall, dass ein Dritter von dem Einspeiser beauftragt wurde, benannt. Sollte der Netzbetreiber das **Messwesen** zukünftig nur noch restriktiv behandeln wollen, kann diese Auswahlmöglichkeit des Einspeisers gestrichen und abgewartet werden, ob der Einspeiser von selbst an den Netzbetreiber herantritt.

Die Geltendmachung einer Einspeisevergütung für eine EEG-Anlage ist mit **43**
besonderen Pflichten hinsichtlich der Andienung des in der Anlage erzeugten Stroms verbunden (vgl. § 39 EEG 2014). Die Datenblätter enthalten daher allesamt die anzukreuzenden Erklärungen, dass

- der gesamte Strom aus der Anlage, für den dem Grunde nach ein EEG-Vergütungsanspruch besteht und der nicht in unmittelbarer **räumlicher Nähe** zur Anlage verbraucht wird und der durch ein Netz durchgeleitet wird, dem Netzbetreiber zur Verfügung gestellt wird, und
- dass der Strom nicht als **Regelenergie** vermarktet wird.

B. Einzelne Regelungen in den AGB

I. Muster – Anlage 1 zum Einspeisevertrag

44 Die in der Anlage 1 dargestellten AGB gelten **für jeden Einspeisevertrag** unabhängig vom spezifischen Energieträger und wären in dem hier dargestellten Vertragswerk daher in jedem Fall beizufügen.

Muster

45 **Anlage 1**

AGB

Allgemeine Geschäftsbedingungen zum EEG-Einspeisevertrag

1. **Geltungsbereich**
Diese Allgemeinen Geschäftsbedingungen (AGB) ergänzen den mit dem Anlagenbetreiber geschlossenen Vertrag über den Netzanschluss einer EEG-Anlage und die Einspeisung des erzeugten Stroms.

2. **Einspeisung und Anschluss**

2.1 Der Anlagenbetreiber ist berechtigt, den gesamten Strom, der in seiner EEG-Anlage erzeugt wird, in das Verteilernetz des Netzbetreibers einzuspeisen.

2.2 Im Fall der Einspeisung durch kaufmännisch-bilanzielle Weitergabe im Sinne des § 11 Abs. 2 EEG ist der Netzbetreiber berechtigt, die eingespeisten Strommengen rechnerisch zu bestimmen. Hierbei sind Übertragungs- und Umspannverluste angemessen zu berücksichtigen. Dies kann in Form von Pauschalen erfolgen. Die entstehenden Mehrkosten für Einbau, Betrieb und Wartung der zusätzlich erforderlichen Messeinrichtungen hat der Anlagenbetreiber zu tragen. Der Anlagebetreiber ist verpflichtet, das Einverständnis des Netzbetreibers nachzuweisen, an dessen Netz die Anlage unmittelbar angeschlossen ist. Diese Vorgabe gilt für den Anschluss an eine Kundenanlage entsprechend.

2.3 Bei Einspeisung in Niederspannung erfolgt die Einspeisung des Stroms entweder in Form von Drehstrom mit einer Spannung von 400 V oder, in Abhängigkeit von der Einspeiseleistung, in Form von Wechselstrom mit einer Spannung von 230 V und einer Frequenz von 50 Hz, siehe hierzu auch Ziff. 4 dieses Vertrages.
Bei Einspeisung in Mittelspannung erfolgt die Einspeisung des Stroms in Form von Drehstrom mit einer Spannung von 20 kV oder 30 kV und einer Frequenz von 50 Hz, siehe hierzu auch Ziff. 4 dieses Vertrages.

3. **Betrieb der EEG-Anlage**

3.1 Planung, Errichtung, Betrieb, Instandhaltung und Änderung der EEG-Anlage müssen auf Kosten des Anlagenbetreibers gemäß den notwendigen technischen Anforderungen, den gesetzlichen Bestimmungen sowie den anerkannten Regeln der Technik durchgeführt werden. Der Netzbetreiber kann ergänzende technische Anforderungen stellen. Für technische Anschlussbedingungen gilt § 20 NAV entsprechend.

3.2 Bei Einspeisung in Niederspannung sind insbesondere die folgenden Vorgaben in der jeweils gültigen Fassung einzuhalten:

a) Die einschlägigen VDE-Bestimmungen (DIN-VDE-Normen), insbesondere DIN VDE 0100. Um eine sichere Trennung der Anlage vom Netz im Falle einer Störung zu gewährleisten, darf auch die E DIN VDE 0126 herangezogen werden.

b) Die „Technischen Anschlussbedingungen für den Anschluss an das Niederspannungsnetz (TAB)" des BDEW.

c) Die „Richtlinie für Anschluss und Parallelbetrieb von Stromerzeugungsanlagen am Niederspannungsnetz" des Netzbetreibers, herausgegeben vom BDEW.

Bei Einspeisung in Mittelspannung sind insbesondere die folgenden Vorgaben in der jeweils gültigen Fassung einzuhalten:

a) Die „Technische Richtlinie Transformatorstationen am Mittelspannungsnetz Bau und Betrieb von Übergabestationen zur Versorgung von Kunden aus dem Mittelspannungsnetz" des Netzbetreibers.

b) Die „Richtlinie für Anschluss und Parallelbetrieb von Stromerzeugungsanlagen am Mittelspannungsnetz" des Netzbetreibers, herausgegeben vom BDEW.

Die genannten Verordnungen bzw. Richtlinien können bei Bedarf beim Netzbetreiber angefordert werden.

3.3 Der Anlagenbetreiber wird seine EEG-Anlage so betreiben, dass schädlichen Rückwirkungen auf das Netz bzw. den Netzbetrieb ausgeschlossen sind. Zwingende gesetzliche Rechte des Anlagenbetreibers bleiben unberührt.

3.4 Der Netzbetreiber (Systemverantwortlicher nach §§ 13, 14 EnWG) ist berechtigt, Anpassungen von zu errichtenden oder bestehenden Anlagen zu verlangen, soweit dies aus Gründen des sicheren und störungsfreien Betriebs des Netzes des Netzbetreibers notwendig ist.

3.5 Der Anlagenbetreiber wird bei beabsichtigten Änderungen an seiner EEG-Anlage, soweit diese Änderungen Auswirkungen auf den Betrieb des Netzes des Netzbetreibers haben können (z. B. Änderung der Nennleistung der EEG-Anlage, Auswechslung von Schutzeinrichtungen oder Änderungen an den Kompensationseinrichtungen), vor Durchführung der jeweiligen Änderung die Zustimmung des Netzbetreibers einholen.

3.6 Der Anlagenbetreiber benennt dem Netzbetreiber einen „Anlagenverantwortlichen" gemäß DIN VDE 0105 für die EEG-Anlage, mit dem der Netzbetreiber anlagentechnische und betriebliche Maßnahmen abstimmen kann, es sei denn, der Netzbetreiber verzichtet auf die Benennung. Sollte sich der Anlagenverantwortliche ändern, ist der Netzbetreiber hiervon unverzüglich schriftlich in Kenntnis zu setzen. Gegenüber dem Netzbetreiber wird die Änderung erst mit Zugang der Anzeige wirksam.

3.7 Der Anlagenbetreiber ist verpflichtet, die Vorgaben aus § 9 EEG einzuhalten.

3.8 Der Netzbetreiber ist während des bestehenden Vertragsverhältnisses berechtigt, nach vorheriger Anmeldung die Einhaltung der zuvor geregelten Bedingungen für die Einspeisung zu kontrollieren. Der Anlagenbetreiber hat dem Beauftragten des Netzbetreibers Zutritt zu seinen Räumen zu gewähren, soweit dies für die Prüfung der technischen Einrichtungen der EEG-Anlage oder zur Wahrnehmung sonstiger Rechte und Pflichten aus diesem Vertrag erforderlich ist. Ergibt die Kontrolle, dass ein Verstoß des Anlagenbetreibers gegen die vertraglich vereinbarten Bedingungen vorliegt, hat der Anlagenbetreiber die Kosten für die Kontrolle zu tragen. Weitere Rechte und Pflichten der Parteien aufgrund des Verstoßes bleiben unberührt.

4. Bereitstellung der Netzanschlusskapazität

Der Netzbetreiber stellt dem Anlagenbetreiber die vertraglich bestimmte Netzanschlusskapazität zum Zwecke der Einspeisung von nach EEG förderfähigem Strom zur Verfügung. Gesetzliche und vertragliche Regelungen zur Reduzierung der Einspeiseleistung bleiben unberührt.

5. Störung und Unterbrechung der Einspeisung

5.1 Die Bereitstellung des Netzes zur Einspeisung von Strom kann unterbrochen werden, soweit dies zur Vornahme betriebsnotwendiger Arbeiten, zur Vermeidung eines drohenden Netzzusammenbruchs, im Störungsfalle oder zur Abwendung einer unmittelbaren Gefahr für Perso-

nen oder Anlagen erforderlich ist. Der Netzbetreiber wird jede Unterbrechung oder Unregelmäßigkeit unverzüglich beheben.
Für die Benachrichtigungspflicht des Netzbetreibers gegenüber dem Anlagenbetreiber gelten die entsprechenden Festlegungen in § 17 NAV, „Unterbrechung der Anschlussnutzung" in der jeweils gültigen Fassung. Darüber hinaus dürfen weitere Schalthandlungen vom Personal des Netzbetreibers dann vorgenommen werden, wenn dies zur Abwehr von Gefahren, insbesondere erheblicher Schäden jeglicher Art bzw. bei Störungen, die aus der Kundenanlage herrühren, erforderlich ist.

5.2 Sollte einer der beiden Vertragspartner durch höhere Gewalt, insbesondere durch Krieg, Arbeitskampfmaßnahmen, Beschädigung von Erzeugungs-, Übertragungs- oder Verteilungsanlagen, behördlichen Anordnungen oder durch sonstige Umstände, die abzuwenden nicht in seiner Macht liegen bzw. deren Eintritt mit einem angemessenen technischen und wirtschaftlichen Aufwand nicht vorgebeugt oder verhindert werden kann, an der Erzeugung, der Übertragung, der Verteilung oder der Aufnahme von Strom gehindert sein, so ruhen insoweit seine vertraglichen Verpflichtungen zur Lieferung und zur Abnahme von Strom, bis diese Umstände und deren Folgen beseitigt sind. In solchen Fällen kann der andere Vertragspartner keine Entschädigung beanspruchen. Die Vertragspartner werden in solchen Fällen mit allen angemessenen Mitteln dafür sorgen, dass sie ihren vertraglichen Verpflichtungen sobald wie möglich wieder nachkommen können.

5.3 §§ 14 und 15 EEG bleiben unberührt.

6. Datenaustausch

6.1 Grundsätzlich erfolgt der Datenaustausch zwischen Netzbetreiber und Anlagenbetreiber zur Abwicklung des Netzzugangs elektronisch. Der Netzbetreiber gibt die Formate unter angemessener Berücksichtigung der Interessen des Anlagenbetreibers in der Anlage 5 zu Ansprechpartner und Datenaustausch vor.

6.2 Alle wesentlichen, die Vertragsgrundlagen betreffenden Umstände werden dem Vertragspartner stets unverzüglich mitgeteilt. Sämtliche Mitteilungen erfolgen in den vertraglich festgelegten Datenformaten bzw. Kommunikationswegen.

7. Mitteilungs- und Veröffentlichungspflichten

7.1 Die Mitteilungs- und Veröffentlichungspflichten aus §§ 70–77 EEG sind von den Vertragspartnern einzuhalten.

7.2 Werden in diesem Rahmen Daten zwischen den Vertragsparteien übermittelt, sind die Vorgaben zum Datenaustausch aus Ziff. 6 dieses Vertrages zu berücksichtigen.

7.3 Der Anlagenbetreiber ist mit seinem Vergütungsanspruch präkludiert, soweit die Daten, die für die Endabrechnung eines Kalenderjahres erforderlich sind, vom Anlagenbetreiber nicht bis zum 28. Februar des Folgejahres zur Verfügung gestellt werden. Ausnahmsweise kann der Netzbetreiber verspätet zur Verfügung gestellte Daten berücksichtigen, wenn dadurch die Erfüllung seiner Mitteilungs- und Veröffentlichungspflichten (insb. nach § 72 EEG) nicht erschwert wird oder soweit eine nachträgliche Korrektur nach § 62 EEG zulässig ist. Der Anlagenbetreiber trägt im Fall einer nachträglichen Korrektur die Kosten, die zur Korrektur notwendig sind, insbesondere Rechtsberatungskosten des Netzbetreibers und zusätzliche Kosten für ein Nachtragstestat nach § 75 EEG. Der Anlagenbetreiber erstattet dem Netzbetreiber außerdem die wirtschaftlichen Nachteile, die aus der nachträglichen Korrektur resultieren, insbesondere Zinsnachteile.

8. Messung und Messstellenbetrieb

8.1 Der vom Anlagenbetreiber gelieferte Strom wird durch Messeinrichtungen erfasst, deren Auslesung die vertragsgemäße Abrechnung durch bereitzustellende Messdaten gewährleisten muss. Für Anlagen mit einer Leistung größer 100 kW ist der Anlagenbetreiber gesetzlich verpflichtet, die Anlage mit technischen Einrichtungen zur Abrufung der jeweiligen Ist-Einspeisung auszustatten.

8.2 Die Kosten für Einbau, Betrieb und Wartung sowie für den Unterhalt der Messeinrichtung trägt der Anlagenbetreiber. Die Messeinrichtung muss den eichrechtlichen Vorschriften entsprechen. Wenn nicht durch den Netzbetreiber selbst festgelegt, erfolgt die Festlegung von Art, Umfang und Anbringungsort der Messeinrichtungen in Absprache mit dem Netzbetreiber und unter Beachtung der unter Ziff. 3 des Vertrages aufgeführten Richtlinien. Der Anlagenbetreiber stellt einen Zählerplatz nach den Vorgaben des Netzbetreibers zur Verfügung und sorgt für leichte Zugänglichkeit.
Der Messstellenbetrieb und die Messung sind bei Durchführung durch den Netzbetreiber nach den im Preisblatt in seiner jeweils aktuellen Fassung ausgewiesenen Entgelten zu vergüten und werden mit der Vergütung abgerechnet.

8.3 Der Anlagenbetreiber ist ebenso wie der Netzbetreiber berechtigt, jederzeit eine Überprüfung der Messeinrichtungen durch eine Eichbehörde oder eine staatlich anerkannte Prüfstelle im Sinne des § 2 Abs. 4 des Eichgesetzes zu verlangen. Wird der Antrag auf Prüfung nicht bei dem jeweiligen Messstellenbetreiber gestellt, so wird die antragstellende Partei den Messstellenbetreiber vor Antragstellung benachrichtigen. Die Kosten der Prüfung trägt der Messstellenbetreiber, falls die Abweichung die gesetzlichen Verkehrsfehlergrenzen überschreitet, sonst der Antragssteller. Die Kosten werden nach dem tatsächlichen Aufwand (Zählerwechsel und die staatlich festgelegten Befundprüfungskosten) in Rechnung gestellt.

8.4 An die technische Ausführung von Zähleinrichtungen am Entnahme- und/oder Einspeisepunkt werden mindestens die Anforderungen nach dem VDN-Metering Code 2006 (in seiner aktuellen Fassung) gestellt. Die Identifikationskennzahlen für die Messeinrichtungen und Datenübertragung sind dem Kennzahlensystem "OBIS" IEC 62056-61:2002 (Deutsche Fassung DIN EN 62056-61:2002 OBIS – Object Identification System), herausgegeben vom BDEW (BDEW Materialien M-13/2003), zu entnehmen.

8.5 Der Netzbetreiber ist berechtigt, die Messeinrichtung und die Zählerstände in regelmäßigen Abständen nach vorheriger Anmeldung zu kontrollieren.

8.6 Wird der Netzbetreiber mit der Durchführung der Messung und/oder des Messstellenbetriebs beauftragt, so hat der Anlagenbetreiber hierfür ein Entgelt entsprechend dem jeweils aktuellen Preisblatt des Netzbetreibers zu zahlen.

9. Vergütung des eingespeisten Stroms

9.1 Der Netzbetreiber vergütet ab Inbetriebnahme der EEG-Anlage dem Anlagenbetreiber den an der Übergabestelle gelieferten Strom in Höhe des gemäß EEG zu zahlenden Mindestentgelts.

9.2 Ist die Anlage bereits zu einem früheren Zeitpunkt in Betrieb genommen worden, so stellt der Anlagenbetreiber dem Netzbetreiber alle erforderlichen Informationen über den bisherigen Betrieb zur Ermittlung der Vergütungsfähigkeit und Vergütungshöhe zur Verfügung.

9.3 Der Netzbetreiber ist berechtigt, die Vergütung gemäß Ziff. 9.1 im Wege der umsatzsteuerlichen Gutschrift zu vergüten. Hierdurch entstehende Kosten können dem Anlagenbetreiber auferlegt werden. Für den Fall, dass im Gutschriftswege abgerechnet wird, wird der Anlagenbetreiber dem Netzbetreiber seine Umsatzsteueridentifikationsnummer bzw. Steuernummer mitteilen oder dem Netzbetreiber bestätigen, dass er von der Kleinunternehmerregelung des § 19 UStG Gebrauch macht.

9.4 Nimmt der Anlagenbetreiber eine Abtretung seiner Forderungen gegenüber dem Netzbetreiber wirksam vor oder findet in anderer Weise ein Wechsel des Forderungsberechtigten bzgl. der Einspeiseerlöse statt, so setzt der Anlagenbetreiber den Netzbetreiber unverzüglich von der erfolgten Abtretung in Kenntnis. Maßgeblich sind für den Netzbetreiber bei der Zahlung der Vergütung allein die Angaben des Anlagenbetreibers. Der Netzbetreiber zahlt bis zur Mitteilung des Anlagenbetreibers über eine Änderung der Forderungsberechtigung befreiend an den ihm bislang benannten Berechtigten.

9.5 Die Auszahlung der Vergütung erfolgt unter dem Vorbehalt der Rückforderung für den Fall, dass eine der Voraussetzungen, die das EEG für einen Vergütungsanspruch aufstellt, nicht erfüllt ist. Sämtliche Schäden, die dem Netzbetreiber dadurch entstehen, dass er aufgrund der Angaben des Anlagenbetreibers von der Vergütungsberechtigung ausgegangen ist, sind vom Anlagenbetreiber zu tragen.

10. Direktvermarktung

10.1 Die Regelungen zur Vergütung aus Ziff. 9 gelten nicht, solange und soweit der Anlagenbetreiber seinen EEG-Strom in den in § 20 Abs. 1 Nr. 1 oder Nr. 2 EEG genannten Formen direkt vermarktet.

10.2 Im Fall der Direktvermarktung zum Zweck der Inanspruchnahme der Marktprämie sind die Voraussetzungen der §§ 34 bis 36 EEG zu erfüllen.

10.3 Für den Wechsel zwischen der Direktvermarktung und einer Einspeisevergütung sind die Voraussetzungen der §§ 20 und 21 EEG sowie der Festlegungen der BNetzA nach § 85 Abs. 3 Nr. 3 EEG zu erfüllen.

11. Haftung

11.1 Die Haftung der Vertragspartner sowie ihrer Erfüllungs- und Verrichtungsgehilfen und der gesetzlichen Vertreter richtet sich grundsätzlich nach der NAV. Die Haftung des Netzbetreibers bei Störungen der Netznutzung ist nach § 25a StromNZV entsprechend § 18 NAV begrenzt.

11.2 Damit gelten folgende Haftungsregelungen:

(1) Soweit der Netzbetreiber für Schäden, die ein Anschlussnutzer durch Unterbrechung oder durch Unregelmäßigkeiten in der Anschlussnutzung erleidet, aus Vertrag, Anschlussnutzungsverhältnis oder unerlaubter Handlung haftet und dabei Verschulden des Unternehmens oder eines Erfüllungs- oder Verrichtungsgehilfen vorausgesetzt wird, wird

1. hinsichtlich eines Vermögensschadens widerleglich vermutet, dass Vorsatz oder grobe Fahrlässigkeit vorliegt,
2. hinsichtlich der Beschädigung einer Sache widerleglich vermutet, dass Vorsatz oder Fahrlässigkeit vorliegt. Bei Vermögensschäden nach S. 1 Nr. 1 ist die Haftung für sonstige Fahrlässigkeit ausgeschlossen.

(2) Bei weder vorsätzlich noch grob fahrlässig verursachten Sachschäden ist die Haftung des Netzbetreibers gegenüber seinen Anschlussnutzern auf jeweils 5.000 Euro begrenzt. Die Haftung für nicht vorsätzlich verursachte Sachschäden ist je Schadensereignis insgesamt begrenzt auf

1. 2,5 Millionen Euro bei bis zu 25.000 an das eigene Netz angeschlossenen Anschlussnutzern;
2. 10 Millionen Euro bei 25.001 bis 100.000 an das eigene Netz angeschlossenen Anschlussnutzern;
3. 20 Millionen Euro bei 100.001 bis 200.000 an das eigene Netz angeschlossenen Anschlussnutzern;
4. 30 Millionen Euro bei 200.001 bis einer Million an das eigene Netz angeschlossenen Anschlussnutzern;
5. 40 Millionen Euro bei mehr als einer Million an das eigene Netz angeschlossenen Anschlussnutzern. In diese Höchstgrenzen werden auch Schäden von Anschlussnutzern in vorgelagerten Spannungsebenen einbezogen, wenn die Haftung ihnen gegenüber im Einzelfall entsprechend S. 1 begrenzt ist.

(3) Die Absätze 1 und 2 sind auch auf Ansprüche von Anschlussnutzern anzuwenden, die diese gegen einen dritten Netzbetreiber im Sinne des § 3 Nr. 27 EnWG aus unerlaub-

ter Handlung geltend machen. Die Haftung dritter Netzbetreiber im Sinne des § 3 Nr. 27 EnWG ist je Schadensereignis insgesamt begrenzt auf das Dreifache des Höchstbetrages, für den sie nach Abs. 2 S. 2 eigenen Anschlussnutzern gegenüber haften. Hat der dritte Netzbetreiber im Sinne des § 3 Nr. 27 EnWG keine eigenen an das Netz angeschlossenen Anschlussnutzer im Sinne der NAV, so ist die Haftung insgesamt auf 200 Millionen Euro begrenzt. In den Höchstbetrag nach den Sätzen 2 und 3 können auch Schadensersatzansprüche von nicht unter diese Verordnung fallenden Kunden einbezogen werden, die diese gegen das dritte Unternehmen aus unerlaubter Handlung geltend machen, wenn deren Ansprüche im Einzelfall entsprechend Abs. 2 S. 1 begrenzt sind. Der Netzbetreiber ist verpflichtet, seinen Anschlussnutzern auf Verlangen über die mit der Schadensverursachung durch einen dritten Netzbetreiber im Sinne des § 3 Nr. 27 EnWG zusammenhängenden Tatsachen insoweit Auskunft zu geben, als sie ihm bekannt sind oder von ihm in zumutbarer Weise aufgeklärt werden können und ihre Kenntnis zur Geltendmachung des Schadensersatzes erforderlich ist.

(4) Bei grob fahrlässig verursachten Vermögensschäden ist die Haftung des Netzbetreibers, an dessen Netz der Anschlussnutzer angeschlossen ist, oder eines dritten Netzbetreibers, gegen den der Anschlussnutzer Ansprüche geltend macht, gegenüber seinen Anschlussnutzern auf jeweils 5.000 Euro sowie je Schadensereignis insgesamt auf 20 vom Hundert der in Abs. 2 S. 2 sowie Abs. 3 S. 2 und 3 genannten Höchstbeträge begrenzt. Abs. 2 S. 3 sowie Abs. 3 S. 1, 4 und 5 gelten entsprechend.

(5) Übersteigt die Summe der Einzelschäden die jeweilige Höchstgrenze, so wird der Schadensersatz in dem Verhältnis gekürzt, in dem die Summe aller Schadensersatzansprüche zur Höchstgrenze steht. Sind nach Abs. 2 S. 3 oder nach Abs. 3 S. 4, jeweils auch in Verbindung mit Abs. 4, Schäden von nicht unter diese Verordnung fallenden Kunden in die Höchstgrenze einbezogen worden, so sind sie auch bei der Kürzung nach S. 1 entsprechend einzubeziehen. Bei Ansprüchen nach Abs. 3 darf die Schadensersatzquote nicht höher sein als die Quote der Kunden des dritten Netzbetreibers.

(6) Die Ersatzpflicht entfällt für Schäden unter 30 Euro, die weder vorsätzlich noch grob fahrlässig verursacht worden sind.

(7) Der geschädigte Anschlussnutzer hat den Schaden unverzüglich dem Netzbetreiber oder, wenn dieses feststeht, dem ersatzpflichtigen Unternehmen mitzuteilen.

Bei Inkrafttreten einer Nachfolgeregelung zu § 18 NAV wird die Haftungsregelung an diese angepasst. Die gesetzliche Haftung bleibt im Übrigen unberührt. Für Folgeschäden wird nicht gehaftet.

11.3 Steht das Netz des Netzbetreibers dem Anlagenbetreiber aus betrieblichen Gründen und/oder zur Abwehr von Gefahren zeitlich begrenzt nicht zur Verfügung, so haftet der Netzbetreiber nicht für mögliche Erlösausfälle seitens des Anlagenbetreibers unabhängig davon, ob der Vorfall angekündigt wurde oder nicht.

12. Vertragslaufzeit und Kündigung

12.1 Dieser Vertrag tritt nach seiner Unterzeichnung durch beide Vertragspartner in Kraft und läuft unbefristet, längstens jedoch, solange der Netzbetreiber zur Abnahme und Vergütung des vom Anlagenbetreiber erzeugten Stroms aufgrund des EEG in der jeweils gültigen Fassung verpflichtet ist.

12.2 Das Recht zur außerordentlichen Kündigung aus wichtigem Grund bleibt für beide Vertragspartner unberührt. Ein wichtiger Grund liegt insbesondere vor bei Aufhebung oder wesentlicher Änderung der gesetzlichen Abnahme- und Vergütungspflicht für Strom aus Erzeugungsanlagen, die Gegenstand dieses Vertrages sind, wenn das EEG seine Gültigkeit verliert oder wenn der Anlagenbetreiber bei dem Betrieb seiner EEG-Anlage die gesetzlichen Bestimmungen oder die anerkannten Regeln der Technik im Sinne der Ziff. 3 dieses Vertrages wiederholt trotz Mahnung nicht einhält.

12.3 Mit Beginn der Laufzeit dieses Vertrages enden alle früheren, für die Einspeisung an der Einspeisestelle geschlossenen Verträge, Vereinbarungen o. ä. zwischen dem Anlagenbetreiber und dem Netzbetreiber mit Ausnahme von denjenigen Verträgen und Vereinbarungen, die Netzanschlussfragen (z. B. Netzanschlussvertrag) betreffen.

13. Schlussbestimmungen

13.1 Sollten einzelne Bestimmungen des Vertrages unwirksam oder undurchführbar sein oder werden, so bleibt der Vertrag im Übrigen unberührt. Die Vertragsparteien verpflichten sich, die unwirksamen oder undurchführbaren Bestimmungen durch andere, ihnen im wirtschaftlichen Ergebnis möglichst gleich kommende Regelungen zu ersetzen. Dies gilt entsprechend bei unbeabsichtigten Regelungslücken.

13.2 Sollten sich sonstige für das Vertragsverhältnis bestimmende Umstände wesentlich ändern und sollte dadurch für eine der Vertragsparteien das Festhalten am Vertrag nicht mehr zumutbar sein, so werden die Vertragsparteien den Vertrag an die geänderten Bedingungen anpassen.

13.3 Wechseln während der Vertragslaufzeit der Betreiber der EEG-Anlage, der Anschlussnutzer oder der Anschlussnehmer, so teilt dies der Anlagenbetreiber dem Netzbetreiber unverzüglich schriftlich mit.

II. Erläuterung

1. Ziff. 1 Geltungsbereich

Nach Ziff. 1 der AGB dienen diese dazu, den mit dem Anlagenbetreiber geschlossenen Vertrag über den Netzanschluss der EEG-Anlage und die Einspeisung des erzeugten Stroms zu ergänzen. 46

2. Ziff. 2 Einspeisung und Anschluss

Ziff. 2.1 der AGB regelt den Normalfall, bei dem der in der EEG-Anlage erzeugte Strom direkt in das Verteilernetz des Netzbetreibers eingespeist wird. Dieser Normalfall wird durch mittlerweile häufig vorkommende Sonderkonstellationen ergänzt, wobei der Strom zunächst in das (private) Netz eines Dritten eingespeist und erst dann in das Verteilernetz weitergeleitet wird. Diese Konstellationen erkennt das EEG ausdrücklich an und spricht dabei von einer „**kaufmännisch-bilanziellen Weitergabe**" (vgl. § 11 Abs. 2 EEG 2014). 47

Praxistipp !

Sowohl Anlagenbetreiber als auch der Netzbetreiber sollten genau prüfen, ob ein Fall der kaufmännisch-bilanziellen Weitergabe vorliegt. In der Praxis kommt dieser Fall recht häufig vor, weil z. B. bereits die Nutzung eines Netzes einer sog. Infrastrukturgesellschaft, die Eigentümerin der windparkinternen Verkabelung ist, zu einer kaufmännisch-bilanziellen Weitergabe führen kann.

Mangels gesetzlicher Vorgaben müssen sich die Parteien auf einen Ablauf einigen, wie die erforderlichen Werte im Rahmen der **kaufmännisch-bilanziellen Weitergabe** ermittelt werden sollen, wenn keine konkreten Messwerte vorliegen. Da es sich im Einzelfall gar nicht um eine physikalische Einspeisung handelt, weil der Strom gar nicht in das Netz für die allgemeine Versorgung gelangt, sondern im (privaten) Netz des Dritten verbraucht wird, muss eine **rechnerische Ermittlung der Werte** erfolgen. Eine mögliche Regelung ist in Ziff. 2.2 der AGB vorgesehen. Weigert sich der Anlagenbetreiber, einen Einspeisevertrag abzuschließen, müssen sich die Parteien anderweitig einigen. Sofern keine exakten Messwerte vorliegen, dürfte es im Ergebnis letztendlich keine Alternativen geben, als die Werte rechnerisch zu ermitteln. 48

Hinweis !

Die EEG-Umsetzungshilfe des BDEW zum EEG 2012 widmet der kaufmännisch-bilanziellen Weitergabe ein eigenes Unterkapitel.[6] Dort ist auch ein Beispiel für einen Messaufbau bei kaufmännisch-bilanzieller Weitergabe aufgeführt. Es ist zu erwarten, dass die Umsetzungshilfe im Hinblick auf das EEG 2014 überarbeitet wird.

---

6 BDEW, Umsetzungshilfe zum EEG 2012, S. 32 f.

49 Wird ein Einspeisevertrag abgeschlossen, so sieht Ziff. 2.2 der AGB zulasten des Anlagenbetreibers die Beibringung eines Einverständnisses des Netzbetreibers, in dessen (privates) Netz unmittelbar eingespeist wird, als Voraussetzung für die Einspeisung in das Netz der allgemeinen Versorgung vor. Ohne einen Vertragsabschluss besteht eine solche Pflicht nicht bzw. ist eine solche zumindest fraglich. Ob die Verpflichtung zur Beibringung eines Einverständnisses zulässig ist, ist nach derzeitigem Meinungsstand unklar. Insofern ist zu empfehlen, die Einspeisung auch bei fehlender Einverständniserklärung zu ermöglichen. Dies ist schon deswegen sinnvoll, da eine kaufmännisch-bilanzielle Weitergabe ohne das Vorliegen des zumindest konkludenten Einverständnisses des Netzbetreibers, in dessen (privates) Netz unmittelbar eingespeist wird, aus tatsächlichen Gründen nicht denkbar ist.

50 Der Netzbetreiber muss dem Anlagenbetreiber Vorgaben bezüglich der konkreten Einspeisung (z. B. zu Spannung und Frequenz) machen können, um einen **sicheren Netzbetrieb** zu gewährleisten. Wird ein Einspeisevertrag abgeschlossen, finden sich entsprechende Regelungen dazu in Ziff. 2.3 der AGB. Dies wäre auch ohne vertragliche Regelung schon aus praktischen Zwängen heraus der Fall. Allerdings birgt ein ungeregelter Sachverhalt immer Streitpotenzial.

3. Ziff. 3 Betrieb der EEG-Anlage

51 Der Anwendungsbereich der NAV beschränkt sich grundsätzlich auf Netzanschlüsse zur Entnahme elektrischer Energie in Niederspannung. Insoweit bedarf es einer Ausdehnung ihres Anwendungsbereichs. In S. 2 der Ziff. 3.1 der AGB ist ein Verweis auf §20 NAV zugunsten des Netzbetreibers vorgesehen, wonach dieser berechtigt ist, weitere **technische Anforderungen** an Netzanschluss und Anlagenteile zu stellen. Ohne Vertragsabschluss hat der Netzbetreiber nur nach den allgemeinen Vorschriften des EnWG die Möglichkeit, technische Mindestanforderungen zu verlangen (vgl. auch Ausführungen zu Ziff. 3.2).

52 In Ziff. 3.2 der AGB werden die **Regelwerke der Verbände** einbezogen, die technische Mindestanforderungen für die Einspeisung in Nieder- bzw. Mittelspannung aufstellen. Auch bei dieser Regelung stellt sich die Frage, was gelten soll, wenn kein Einspeisevertrag geschlossen und die Regelwerke somit nicht ausdrücklich einbezogen sind. Im EEG 2014 selbst finden sich hinsichtlich technischer Vorgaben lediglich in §9 einige Spezialregelungen für Anlagen, deren Leistung 100 kW übersteigt, bzw. für Photovoltaikanlagen mit einer Leistung von über 30 kW sowie für Biogas- und Windenergieanlagen. Im Übrigen sind gem. §10 Abs. 2 EEG 2014 die „im Einzelfall notwendigen technischen Anforderungen des Netzbetreibers“ und §49 EnWG zu berücksichtigen. Danach müssen Anlagen die technische Sicherheit gewährleisten und die allgemein anerkannten Regeln der Technik beachten. Dabei greift grundsätzlich eine Vermutung zugunsten des Anlagenbetreibers, wenn dieser die Regelwerke der Verbände **VDE** und **DVGW** einhält.

Praxistipp

!

Die technischen Mindestanforderungen können konkretisiert werden. Je nach Anschluss an die Mittelspannungs- oder Niederspannungsebene kommen folgende Vorgaben in Betracht:

Mittelspannung
- Technische Anschlussbedingungen für den Anschluss an das Mittelspannungsnetz (TAB)[7]
- Richtlinie für Anschluss und Parallelbetrieb von Erzeugungsanlagen am Mittelspannungsnetz[8]

Niederspannung
- Technische Anschlussbedingungen für den Anschluss an das Niederspannungsnetz (TAB)[9]
- DIN VDE 0100[10]
- VDE-Anwendungsregel VDE-AR-N 4105:2011-08[11]

In Ziff. 3.3 findet sich eine klarstellende Regelung, wonach **schädliche Rückwirkungen** aus dem Betrieb der Anlage auf das Netz des Netzbetreibers zu vermeiden sind. 53
Dies ergibt sich eigentlich bereits aus den allgemeinen zivilrechtlichen Grundsätzen, denn die Parteien eines Schuldverhältnisses sind gehalten, auf die Rechte, Rechtsgüter und Interessen der jeweils anderen Partei Rücksicht zu nehmen (vgl. § 241 Abs. 2 BGB). In solchen Fällen steht dem geschädigten Netzbetreiber daher ohnehin ein Anspruch auf Schadensersatz zu.

Eine Pflicht, die Zustimmung des Netzbetreibers vor der Durchführung von 54
solchen Änderungen an seiner Anlage einzuholen, die Auswirkungen auf den Betrieb des Netzes haben könnten, ergibt sich nicht unmittelbar aus dem Gesetz. Insofern ist die Regelung in Ziff. 3.5 der AGB für den Netzbetreiber von hoher Relevanz.

4. Ziff. 8 Messung und Messstellenbetrieb

In der MessZV wird der Netzbetreiber ermächtigt, die **Datenformate** vorzugeben. Dies 55
ist vor dem Hintergrund, dass er es mit einer Vielzahl verschiedener Anlagenbetreiber zu tun hat, auch interessengerecht. Durch den Verweis in § 10 Abs. 1 S. 2 EEG auf die Anwendbarkeit der §§ 21b bis 21h EnWG ist der Regelungsgehalt von § 12 MessZV auch auf das vorliegende Verhältnis zwischen Netzbetreiber und Anlagenbetreiber über-

7 BDEW, TAB Mittelspannung 2008, 5/2008.

8 BDEW, Technische Richtlinie Erzeugungsanlagen am Mittelspannungsnetz, 6/2008. Diese Richtlinie wird mittlerweile ergänzt durch: BDEW, Regelungen und Übergangsfristen für bestimmte Anforderungen in Ergänzung zur technischen Richtlinie, gültig ab 1.1.2013.

9 BDEW, Technische Anschlussbedingungen TAB 2007 für den Anschluss an das Niederspannungsnetz, Stand: 7/2007, Ausgabe 2011.

10 Die DIN VDE 0100 – Errichten von Niederspannungsanlagen sowie weitere DIN-VDE-Normen werden vom VDE-Verlag veröffentlicht.

11 VDE-Anwendungsregel VDE-AR-N 4105:2011-08 – Erzeugungsanlagen am Niederspannungsnetz, Technische Mindestanforderungen für Anschluss und Parallelbetrieb von Erzeugungsanlagen am Niederspannungsnetz, gültig ab 1.8.2011.

tragbar. Die Vorgabe der Datenformate sollte im Einzelfall jedoch verhältnismäßig sein. Weitere Regelungen zum Messwesen finden sich in Ziff. 8 der AGB.

5. Ziff. 9 Vergütung des eingespeisten Stroms

56 Im Rahmen der Vergütung des eingespeisten Stroms sieht Ziff. 9.4 die Abrechnung im Wege des umsatzsteuerlichen **Gutschriftverfahrens** vor. Das bedeutet, dass die Abrechnung im Wesentlichen durch den Netzbetreiber – also den Leistungsempfänger – erfolgt und dieser für die Formalitäten bei der **Rechnungserstellung** verantwortlich ist. Dabei wird er besonderen Wert auf die korrekte Ausweisung der **Umsatzsteuer** legen. Da der Netzbetreiber ein Interesse daran hat, alle Einspeiser in seinem Netzgebiet aus Praktikabilitätsgründen gleichzubehandeln, nimmt er in der Regel den Verwaltungsmehraufwand durch das Gutschriftverfahren in Kauf. Für den Anlagenbetreiber bedeutet die Abrechnung im Gutschriftverfahren weniger Aufwand. Er wird sich auf die Mitteilung der notwendigen Daten und eine Prüfung der Gutschrift beschränken können.

! Praxistipp
Seit dem 30.6.2013 muss die Rechnung, die im Gutschriftverfahren ausgestellt wird, gem. § 14 Abs. 4 Nr. 10 UStG zwingend die Angabe „Gutschrift" enthalten.

---

6. Ziff. 10 Direktvermarktung

57 Das EEG 2014 sieht eine Festlegungskompetenz der BNetzA für Verfahren und die Formate bei den Wechseln der Veräußerungsform vor (vgl. § 21 Abs. 3 i. V. m. § 85 Abs. 3 Nr. 3 EEG 2014). Damit keine weitere Vertragsanpassung erfolgen muss, erklärt Ziff. 10.3 der AGB die entsprechenden Regelungen des EEG und Festlegungen der BNetzA für anwendbar. Mit der Festlegung zu „Marktprozessen für Einspeisestellen (Strom)" vom 29.10.2012 (BK6-12-153) hatte die BNetzA bereits ein solches Verfahren für die Datenübermittlung für das EEG 2012 etabliert, welches in der Praxis zu beachten war.

! Hinweis
Die Festlegung zu „Marktprozessen für Einspeisestellen (Strom)" der BNetzA vom 29.10.2012 (BK6-12-153) hat ein einheitliches, massengeschäftstaugliches Verfahren zur Datenübermittlung eingeführt. Mangels anderweitiger Regelungen werden diese Vorgaben in der Praxis zu beachten sein, bis eine neue Festlegung durch die BNetzA erfolgt ist.

---

58 Durch die Formulierung in den AGB ist sichergestellt, dass auch zukünftige Änderungen zu dem Verfahren ohne Vertragsanpassung berücksichtigt werden müssen. Das hat besondere praktische Relevanz, weil mit einer auf das EEG 2014 angepassten Festlegung der BNetzA zu rechnen ist. Momentan existieren insbesondere für den

Fall der Einspeisevergütung in Ausnahmefällen (§ 38 EEG 2014) keine Vorgaben zum Wechselprozess. Bis zu einer diesbezüglichen Festlegung wird eine Übergangslösung entwickelt werden müssen.

C. Wind

I. Vertragsmuster

59 Der Mustervertrag und das zugehörige Datenblatt für Windenergieanlagen beziehen sich auf **Windenergieanlagen an Land**.

1. Einspeisevertrag

Muster

60 **Vertrag über den Netzanschluss einer EEG-Anlage und die Einspeisung des erzeugten Stroms**

– Wind –

zwischen

Stadtwerke .... GmbH
[Adresse] (Netzbetreiber)

und

Name/Firma
[Adresse] (Anlagenbetreiber)

Telefon/Fax ____________ Kundennummer ____________

Registergericht ____________ Registernummer ____________

Präambel
Der Anlagenbetreiber beabsichtigt, eine Anlage oder mehrere Anlagen zur Erzeugung von Elektrizität aus Windenergie zu errichten und zu betreiben. Dieser Vertrag regelt den Anschluss der Anlage an das Verteilernetz des Netzbetreibers, den Betrieb der Anlage sowie die Einspeisung und Vergütung der zur Einspeisung angestellten Energiemengen. Grundlage für diesen Vertrag ist das Gesetz für den Vorrang Erneuerbarer Energien (Erneuerbare-Energien-Gesetz (EEG) vom 21. Juli 2014 (BGBl. 2014 I S. 1066 ff.), zuletzt geändert durch Gesetz vom 22. Juli 2014 (BGBl. 2014 I S. 1218 ff.), sowie das Energiewirtschaftsgesetz (EnWG), die Stromnetzzugangsverordnung (StromNZV), die Stromnetzentgeltverordnung (StromNEV) sowie die Niederspannungsanschlussverordnung (NAV) in ihrer jeweils geltenden Fassung, die in den Vertrag einbezogen werden, soweit im Folgenden keine anderweitigen Regelungen getroffen werden. Im Falle eines inhaltlichen Widerspruchs haben zwingende Regelungen des EEG Vorrang vor vertraglichen Regelungen.

1. **Vertragsgegenstand**

1.1 Dieser Vertrag regelt den Netzanschluss, die Einspeisung, die Abnahme und die Vergütung von Strom, den der Anlagenbetreiber in seiner EEG-Anlage erzeugt und ganz oder teilweise in das Netz des Netzbetreibers einspeist. Die Vergütung erfolgt ausschließlich aufgrund des EEG.

1.2 Die „AGB Allgemeine Geschäftsbedingungen zum EEG-Einspeisevertrag" (AGB) sind Bestandteil dieses Vertrages. Sie sind diesem Vertrag als **Anlage 1** beigefügt. Zudem gelten die technischen Bedingungen des Netzbetreibers, soweit der Netzbetreiber entsprechende Bedingungen aufgestellt hat. Diese Bedingungen sind dem Vertrag als **Anlage 6** beigefügt.

1.3 Die in diesem Vertrag und den Anlagen genannten Regelwerke und Richtlinien, die nicht beigefügt sind, sind dem Kunden bekannt und werden von ihm beachtet.

2. EEG-Anlage

2.1 Es handelt sich bei der Anlage um eine Anlage zur Erzeugung von Strom aus Windenergie.

2.2 Die Anlagendaten ergeben sich aus dem „Datenblatt für Anlage/n zur Erzeugung von Strom aus Windenergie" (**Anlage 2**).

2.3 Der Standort der Anlage und die Lage des Netzanschlusses sowie der Verknüpfungspunkt mit dem Netz des Netzbetreibers ergeben sich aus den Plänen nach **Anlage 3.**

2.4 Über die Inbetriebsetzung der Anlage ist dem Netzbetreiber unverzüglich nach der Inbetriebsetzung ein Inbetriebnahmeprotokoll nach dem von diesem Vertrag vorgegebenen Muster vorzulegen. Das Inbetriebnahmeprotokoll wird diesem Vertrag als **Anlage 4** beigefügt.

2.5 Planung, Errichtung, Anschluss, Betrieb, Instandhaltung und Änderung der EEG-Anlage müssen gemäß den gesetzlichen Bestimmungen sowie den anerkannten Regeln der Technik durchgeführt werden und den technischen Anforderungen des Netzbetreibers, soweit solche aufgestellt sind (**Anlage 6**), entsprechen.

3. Netzanschluss und technische Vorgaben

3.1 Der Netzanschluss der Anlage erfolgt in

- ☐ Netzebene 7 (Niederspannung)
- ☐ Netzebene 6 (Umspannung Niederspannung/Mittelspannung)
- ☐ Netzebene 5 (Mittelspannung)
- ☐ Netzebene 4 (Umspannung Hochspannung/Mittelspannung)
- ☐ Netzebene 3 (Hochspannung)
- ☐ Netzebene 2 (Umspannung Höchstspannung/Hochspannung)

3.2 Der Verknüpfungspunkt des Netzanschlusses mit dem Netz ist aus dem Schemaplan Netzanschluss in **Anlage 3** ersichtlich.

3.3 Der Netzanschluss steht im Eigentum

☐ des Anlagenbetreibers. ☐ des Netzbetreibers.

3.4 Voraussetzung für den Netzanschluss von Anlagen mit einer Leistung über 100 Kilowatt ist die Erfüllung der Verpflichtung des Anlagenbetreibers nach § 9 Abs. 1 EEG, die Anlage mit einer technischen Einrichtung zur ferngesteuerten Reduzierung der Einspeiseleistung bei Netzüberlastung und zur Abrufung der jeweiligen Ist-Einspeisung auszustatten, auf die der Netzbetreiber zugreifen darf.

- ☐ Die Anlage ist mit einer technischen Einrichtung nach § 9 Abs. 1 EEG ausgestattet.
- ☐ Die Anlage ist zusammen mit einer oder mehreren anderen Anlagen, die gleichartige erneuerbare Energien einsetzen und über denselben Verknüpfungspunkt mit dem Netz verbunden sind, mit einer gemeinsamen technischen Einrichtung nach § 9 Abs. 1 S. 2 EEG ausgestattet.

3.5 Der Anlagenbetreiber stellt sicher, dass die Windenergieanlage am Verknüpfungspunkt mit dem Netz einzeln oder gemeinsam mit anderen Anlagen die Anforderungen nach § 9 Abs. 6 EEG (Systemdienstleistungsverordnung) erfüllt.

4. Einspeisung

4.1 Der Anlagenbetreiber ist berechtigt, den gesamten Strom, der in seiner EEG-Anlage erzeugt wird, in das Netz des Netzbetreibers einzuspeisen, soweit dieser Vertrag einschließlich seiner Anlagen oder die gesetzlichen Regelungen keine Ausnahmen vorsehen.

4.2 Der Anlagenbetreiber betreibt seine EEG-Anlage derart, dass am Netzverknüpfungspunkt ein Leistungsfaktor nicht unterhalb von cos phi = 0,9 induktiv liegt. Kapazitive Werte des Leistungsfaktors dürfen nicht auftreten; daher muss die Einspeisung der elektrischen Energie in das Stromnetz des Netzbetreibers mit einem Leistungsfaktor cos phi zwischen 0,9 und 1 (induktiver Bereich) erfolgen.

4.3 Der Anlagenbetreiber führt auf seine Kosten in Abstimmung mit dem Netzbetreiber zur Einhaltung des vorgenannten Leistungsfaktors ggf. eine seinen tatsächlichen Belastungsverhältnissen angepasste ausreichende Blindstromkompensation durch.

5. Messstellenbetrieb und Messung

5.1 Der Anlagenbetreiber

☐ beauftragt den Netzbetreiber mit Messung und Messstellenbetrieb.

☐ beauftragt einen Dritten mit der Messung.	☐ beauftragt einen Dritten mit dem Messstellenbetrieb.
______________ Fa./Name	______________ Fa./Name
______________ Straße	______________ Straße
______________ PLZ, Ort	______________ PLZ, Ort
______________ Telefon	______________ Telefon
______________ Fax	______________ Fax
______________ E-Mail	______________ E-Mail

5.2 Die Messung richtet sich nach Ziff. 8 der diesem Vertrag als **Anlage 1** beigefügten AGB.

5.3 Der Anlagenbetreiber erklärt,

☐ dass die EEG-Anlage nicht gemeinsam mit anderen (eigenen oder fremden) Anlagen im Sinne von § 5 Nr. 1 EEG über eine gemeinsame Messeinrichtung abgerechnet wird,

oder

☐ dass die EEG-Anlage mit anderen (eigenen oder fremden) Anlagen im Sinne von § 5 Nr. 1 EEG gemeinsam über eine Messeinrichtung abgerechnet wird.

6. Vergütung und Abrechnung des eingespeisten Stroms

6.1 Der Netzbetreiber vergütet ab Inbetriebnahme der EEG-Anlage dem Anlagenbetreiber für die am Verknüpfungspunkt gelieferte Energie das gemäß EEG zu zahlende Mindestentgelt.

6.2 Die Zahlung der Vergütung erfolgt

☐ durch monatliche Abschlagszahlungen in angemessenem Umfang mit einer Jahresschlussrechnung für das jeweilige Kalenderjahr. Die Jahresschlussrechnung hat der Anlagenbetreiber dem Netzbetreiber bis zum 28. Februar des Folgejahres zu übersenden, soweit die Abrechnung nicht im Gutschriftsverfahren erfolgt.

☐ durch monatliche Abrechnungen.

Die Regelungen der §§ 24 und 25 EEG bleiben unberührt.

7. Laufzeit, Inkrafttreten, Wirksamkeit und Kündigung

7.1 Dieser Vertrag tritt nach seiner Unterzeichnung durch beide Vertragspartner in Kraft und läuft unbefristet, längstens jedoch solange der Netzbetreiber zur Abnahme und Vergütung der vom Anlagenbetreiber erzeugten Energie verpflichtet ist.

7.2 Während der geförderten Direktvermarktung gemäß §§ 34 ff. EEG oder der sonstigen Direktvermarktung verlieren die vergütungsbezogenen Regelungen dieses Vertrages ihre Wirksamkeit.

7.3 Näheres ist in Ziff. 10 AGB (**Anlage 1**) geregelt.

8. Schlussbestimmungen

8.1 Die Vertragsparteien benennen ihre Ansprechpartner und deren jeweilige Erreichbarkeit in der Anlage 5. Änderungen diesbezüglich werden der jeweils anderen Vertragspartei unverzüglich mitgeteilt. Grundsätzlich erfolgt der Datenaustausch zwischen Netzbetreiber und Anlagenbetreiber zur Abwicklung des Netzanschlusses und der Einspeisung des erzeugten Stroms elektronisch. Die technischen Einzelheiten des Datenaustauschs sind in Anlage 5 festgelegt.

8.2 Sollten einzelne Bestimmungen des Vertrages unwirksam oder undurchführbar sein oder werden, so bleibt der Vertrag im Übrigen unberührt. Die Vertragsparteien verpflichten sich, die unwirksamen oder undurchführbaren Bestimmungen durch andere, ihnen im wirtschaftlichen Ergebnis möglichst gleich kommende Regelungen zu ersetzen. Dies gilt entsprechend bei unbeabsichtigten Regelungslücken.

8.3 Die Rechte und Pflichten aus diesem Vertrag können mit Zustimmung des jeweils anderen Vertragspartners auf einen Dritten übertragen werden. Das Einverständnis darf nur verweigert werden, wenn gegen die technische und wirtschaftliche Leistungsfähigkeit begründete Zweifel vorliegen. Einer Zustimmung bedarf es nicht, wenn es sich bei dem Rechtsnachfolger um ein verbundenes Unternehmen im Sinne der §§ 15 ff. Aktiengesetz des Netzbetreibers handelt oder der Netzbetreiber aufgrund des mit der Gemeinde abgeschlossenen Konzessionsvertrages verpflichtet ist, das Netz zu übertragen.

8.4 Änderungen und Ergänzungen des Vertrages sowie die Änderung dieser Bestimmung selbst bedürfen der Schriftform.

8.5 Gerichtsstand ist der Sitz des Netzbetreibers.

Ort (Netzbetreiber), den ____________	Ort (Anlagenbetreiber), den ____________
____________	____________
Unterschrift des Netzbetreibers	Unterschrift des Anlagenbetreibers

Anlagenverzeichnis

Anlage 1: AGB Allgemeine Geschäftsbedingungen zum EEG-Einspeisevertrag
Anlage 2: Datenblatt für Anlage/n zur Erzeugung von Strom aus Windenergie
Anlage 3: Lageplan und Schemaplan für die EEG-Anlage und den Netzanschluss
Anlage 4: Inbetriebnahmeprotokoll
Anlage 5: Ansprechpartner und Datenaustausch
Anlage 6: Technische Bedingungen des Netzbetreibers

2. Anlage 2 – Datenblatt

Muster

61 **Anlage 2**

Datenblatt
für Anlage/n zur Erzeugung von Strom aus Windenergie

Anlagenbetreiber

Fa./Name: ____________________

Straße: ____________________

PLZ, Ort: ____________________

Telefon: ________/____________

Mobil: ________/____________

Fax: ________/____________

E-Mail: ____________________

Errichter der Anlage

Fa./Name: ____________________

Straße: ____________________

PLZ, Ort: ____________________

Telefon: ________/____________

Mobil: ________/____________

Fax: ________/____________

E-Mail: ____________________

Anlagenverantwortlicher nach DIN VDE 0105

☐ Benennung eines Anlagenverantwortlichen

Fa./Name: ____________________

Straße: ____________________

PLZ, Ort: ____________________

Telefon: ________/____________

Mobil: ________/____________

Fax: ________/____________

E-Mail: ____________________

☐ Verzicht auf die Benennung eines Anlagenverantwortlichen

Bankverbindung des Anlagenbetreibers

Kontoinhaber: ____________________

DE _ _ | _ _ _ _ | _ _ _ _ | _ _ _ _ | _ _ _ _ | _ _
IBAN

____________________ _ _ _ _ _ _ _ _ | _ _ _
Kreditinstitut BIC

Umsatzsteuerrechtlicher Status

Umsatzsteuer-Identifikationsnummer/FA-Steuernummer: ____________________

oder

Kleinunternehmer i. S. d. § 19 UStG (ja/nein): ____________________

Anlage

Hersteller: ____________________

Typ: ____________________

Anlagenanschrift (Standort)

Straße: ____________________

PLZ, Ort: ____________________

Gemarkung: ____________________

Flur: ____________________

Anzahl baugleicher Einzelanlagen: _____

Vergütungsangaben
Die Höhe und Dauer der Vergütung bestimmt sich nach dem Inbetriebnahmezeitpunkt der Anlage. Der Inbetriebnahmezeitpunkt ist nach dem Inbetriebnahmeprotokoll der **Anlage 4**:
(bei mehreren Anlagen gesondert für jede Einzelanlage auflisten):

Anlage 1: _____ /_____ /_____

Anlage 2: _____ /_____ /_____

Anlage 3: _____ /_____ /_____

Anlage 4: _____ /_____ /_____
(ggf. auf gesondertem Blatt fortführen)

Installierte elektrische Anlagenleistung insgesamt: _____ kW

(Zutreffendes bitte ankreuzen:)
- ☐ Der Strom aus mehreren Windenergieanlagen wird über eine gemeinsame Messeinrichtung abgerechnet mit der Folge, dass die Zuordnung der Strommengen zu den Windenergieanlagen im Verhältnis der jeweiligen Referenzerträge erfolgt.
- ☐ Die Anlage hat eine Leistung von 50 kW oder weniger.
- ☐ Nachweis nicht erforderlich.

Anforderungen der Systemdienstleistungsverordnung
(gilt nur für Anlagen mit Inbetriebnahmezeitpunkt bis zum 31. Dezember 2016):
- ☐ die Anforderungen der technischen Richtlinie des Bundesverbandes der Energie- und Wasserwirtschaft „Erzeugungsanlagen am Mittelspannungsnetz“, Ausgabe Juni 2008 (Mittelspannungsrichtlinie 2008) (BAnz. Nr. 67a vom 6. Mai 2009) in Verbindung mit „Regelungen und Übergangsfristen für bestimmte Anforderungen in Ergänzung zur technischen Richtlinie: Erzeugungsanlagen am Mittelspannungsnetz“, Stand: 15. Februar 2011 (Ergänzung vom 15. Februar 2011) (BAnz. Nr. 51 vom 31. März 2011, S. 1189), für Anlagen, die nach dem 30. Juni 2010 an das Mittelspannungsnetz angeschlossen werden, werden am Verknüpfungspunkt nach § 8 Abs. 1 S. 1 EEG einzeln, gemeinsam mit anderen Anlagen oder durch andere technische oder betriebliche Einrichtungen, erfüllt. Nachweis erfolgt durch:
- ☐ Vorlage von Einheitenzertifikaten nach dem Verfahren des Kapitels 6.1 der Mittelspannungsrichtlinie 2008 in Verbindung mit der Ergänzung vom 15. Februar 2011 durch einen nach DIN EN 45011:1998 akkreditierten Zertifizierer und
- ☐ Gutachten eines Sachverständigen

____

(Datum/Sachverständiger)

- ☐ Anforderungen des „TransmissionCodes 2007 – Netz- und Systemregeln der deutschen Übertragungsnetzbetreiber“, Ausgabe Version 1.1, August 2007 (TransmissionCode 2007) (BAnz. Nr. 67a vom 6. Mai 2009) nach Maßgabe der Anlage 1 der Systemdienstleistungsverordnung, werden für

Anlagen, die nach dem 30. Juni 2010 an das Hoch- und Höchstspannungsnetz angeschlossen werden, am Verknüpfungspunkt nach § 8 Abs. 1 S. 1 EEG einzeln, gemeinsam mit anderen Anlagen oder durch andere technische oder betriebliche Einrichtungen, erfüllt. Nachweis erfolgt durch:

- ☐ Vorlage von Einheitenzertifikaten nach dem Verfahren des Kapitels 6.1 der Mittelspannungsrichtlinie 2008 in Verbindung mit der Ergänzung vom 15. Februar 2011 durch einen nach DIN EN 45011:1998 akkreditierten Zertifizierer und
- ☐ Gutachten eines Sachverständigen

____

(Datum/Sachverständiger)

Verlängerte Anfangsvergütung

- ☐ Nach Ablauf von fünf Jahren ab der Inbetriebnahme der Anlage verlängert sich die Anfangsvergütung für _____ Monate (Die Zahlung der Anfangsvergütung von fünf Jahren verlängert sich um einen Monat je 0,36 % des Referenzertrages, um den der Ertrag der Anlage 130 % des Referenzertrages unterschreitet. Zusätzlich verlängert sich die Zahlung der Anfangsvergütung um einen Monat pro 0,48 % des Referenzertrags, um den der Ertrag der Anlage 100 % des Referenzertrags unterschreitet).
- ☐ Nachweis durch Ertragstestat (Wirtschaftsprüfer-Bescheinigung) wird nach fünf Jahren eingeholt. Daraus ergibt sich der Referenzertrag der Anlage von _____ %.
- ☐ Grundvergütung wird gezahlt ab dem _____ /_____ /_____.

Einrichtung zur ferngesteuerten Regelung/Datenerfassung im Sinne des § 9 Abs. 1 EEG

- ☐ vorhanden
- ☐ wegen Kapazitätsgröße
  - ☐ derzeit nicht vorhanden
  - ☐ derzeit nicht erforderlich
- ☐ Nachholung der Errichtung bis zur Inbetriebnahme
- ☐ Der gesamte Strom aus der Anlage, für den dem Grunde nach ein Förderanspruch nach § 19 EEG besteht und der nicht in unmittelbarer räumlicher Nähe zur Anlage verbraucht wird und der durch ein Netz durchgeleitet wird, wird dem Netzbetreiber zur Verfügung gestellt.
- ☐ Der Strom wird nicht als Regelenergie vermarktet.

Ergeben sich Änderungen zu den obigen Angaben, so verpflichtet sich der Anlagenbetreiber, diese dem Netzbetreiber unverzüglich schriftlich mitzuteilen.

Sonstiges/Anmerkungen

____

____

____

______________________________	______________________________
Ort (Netzbetreiber), den	Ort (Anlagenbetreiber), den
______________________________	______________________________
Unterschrift des Netzbetreibers	Unterschrift des Anlagenbetreibers

II. Erläuterung

1. Strom aus mehreren Windenergieanlagen

62 Wird bei **Windparks** mit mehreren Anlagen, für die verschiedene Vergütungssätze anzuwenden sind, der erzeugte Strom über eine **gemeinsame Messeinrichtung** abgerechnet, erfolgt die Aufteilung der Strommengen gem. § 32 Abs. 4 EEG im Verhältnis der jeweiligen **Referenzerträge.**

63 Der **Referenzertrag** einer Anlage ist gemäß der Definition in Anlage 2 Nr. 2 S. 1 zum EEG *„die für jeden Typ einer Windenergieanlage einschließlich der jeweiligen Nabenhöhe bestimmte Strommenge, die dieser Typ bei Errichtung an dem* ***Referenzstandort*** *rechnerisch auf Basis einer vermessenen Leistungskennlinie in fünf Betriebsjahren erbringen würde."* Vorgaben für die Ermittlung der Referenzerträge finden sich ebenfalls in Anlage 2 zum EEG.

64 Die Vergütungsaufteilung über **Referenzwerte** kann jedoch in manchen Fällen zu nicht sachgerechten Ergebnissen führen, da auf standardisierte Werte abgestellt wird. Besonderheiten des Einzelfalls werden nicht berücksichtigt.[12] So erzeugen Windenergieanlagen in den hinteren Reihen eines Windparks von der Hauptwindrichtung aus gesehen regelmäßig weniger Strom.[13] Zwischenlösungen sind allerdings für den Netzbetreiber riskant, weil Nachforderungsansprüche der Anlagenbetreiber drohen, die nach der gesetzlichen Aufteilung eine höhere Vergütung erhalten würden.

Praxistipp !
Daher sollte ein Windpark entweder über eine gemeinsame Messeinrichtung oder jede einzelne Anlage über eine eigene Messung abgerechnet werden.

65 Vor dem oben aufgezeigten Hintergrund sollte eine Dokumentation des konkreten Vorgehens erfolgen. Insbesondere sieht das Datenblatt eine Angabe vor, wenn mehrere Windenergieanlagen gemeinsam gemessen und die Gesamtstrommenge anhand der jeweiligen Referenzerträge zugeordnet wird.

2. Repowering-Anlagen

66 Der Repowering-Bonus wurde im EEG 2014 ersatzlos gestrichen. Neue Repowering-Anlagen, die ab dem 1.8.2014 in Betrieb genommen werden und Bestandsanlagen ersetzen, erhalten somit keinen Repowering-Bonus mehr.

67 Besondere Beachtung sollte jedoch Anlagen geschenkt werden, die nach dem 31.7.2014 und vor dem 1.1.2015 in Betrieb genommen werden, wenn die Anlagen vor dem 23.1.2014 nach dem Bundesimmissionsschutzgesetz genehmigt wurden. Für

12 Gabler/Metzenthin/*Bandelow*, § 19 EEG Rn 42, mit Beispiel *Salje*, EEG, § 19 Rn 38 ff.
13 *Salje*, EEG, § 19 Rn 39.

diese Anlagen gelten nach § 100 Abs. 3 EEG die Übergangsbestimmungen des § 100 Abs. 1 EEG und so unter anderem die Vergütungsregelungen des EEG 2012 teilweise weiter. So haben diese Anlagen noch Anspruch auf den Repowering-Bonus.

68 Der vorliegende Mustervertrag berücksichtigt diese Besonderheit nicht und muss daher ggf. angepasst werden.

3. Anforderungen der Systemdienstleistungsverordnung

69 Die Anforderungen der **Systemdienstleistungsverordnung** müssen von Windenergieanlagen eingehalten werden, die bis zum 31.12.2016 in Betrieb genommen werden. Werden diese Vorgaben nicht eingehalten, verringert sich der anzulegende Wert nach § 9 Abs. 6 i. V. m. § 25 Abs. 2 Nr. 1 EEG für die Dauer des Verstoßes auf den Monatsmarktwert. Daher wurde die Einhaltung der Vorgaben der Systemdienstleistungsverordnung in Ziff. 3.5 des Mustervertrags als Pflicht des Anlagenbetreibers aufgenommen.

70 Anlagen, die nach dem 1.1.2017 in Betrieb genommen werden, müssen nach dem derzeitigen Gesetzeswortlaut die Vorgaben der Systemdienstleistungsverordnung nicht mehr einhalten. Bis zu diesem Zeitpunkt sollen die entsprechenden Vorgaben jedoch in Normen des Forums Netztechnik beim VDE übernommen werden, sodass eine gesetzliche Regelung dann nicht mehr erforderlich sein soll.[14]

71 Die Erfüllung der Anforderungen der Systemdienstleistungsverordnung muss von den Anlagenbetreibern nachgewiesen werden. In § 6 Abs. 1 Systemdienstleistungsverordnung sind die Anforderungen an die Nachweise genannt. So sind sowohl **Einheitenzertifikate** nach dem Verfahren des Kap. 6.1 der Mittelspannungsrichtlinie 2008 in Verbindung mit der Ergänzung vom 15.2.2011 als auch Sachverständigengutachten vorzulegen. Im Datenblatt Windenergie ist es somit nicht ausreichend, wenn nur ein Nachweis angekreuzt wird. Nur wenn beide Nachweise vorliegen, erhält der Anlagenbetreiber die EEG-Vergütung.

! **Praxistipp**
Das doppelte Nachweiserfordernis gilt auch für Bestandsanlagen, die die Anforderungen der Systemdienstleistungsverordnung durch Nachrüstung erfüllen.

---

4. Verlängerte Anfangsvergütung

72 Windenergieanlagen erhalten grundsätzlich für die ersten fünf Jahre ihres Betriebs statt der Grundvergütung eine **Anfangsvergütung**, die höher ist als die Grundvergütung.[15] Unter den Bedingungen des § 49 Abs. 2 S. 2 und 3 EEG verlängert sich dieser

14 BT-Drucks. 18/1304, S. 184 der elektronischen Vorabfassung.
15 Frenz/Müggenborg/*Schomerus*, § 29 Rn 10.

Zeitraum, wenn der Ertrag der Anlage 130 % des **Referenzertrags** unterschreitet. Je 0,36 % Unterschreitung der 130 % des Referenzertrags verlängert sich die Anfangsvergütung um einen Monat.[16] Eine weitere Verlängerung der Anfangsvergütung ist darüber hinaus für Anlagen möglich, deren Ertrag 100 % des Referenzertrags unterschreitet. In diesem Fall verlängert sich die Anfangsvergütung um je einen weiteren Monat pro 0,48 % des Referenzertrags, um den der Ertrag der Anlage 100 % des Referenzertrags unterschreitet. Da der Ertrag der ersten fünf Jahre[17] beim Abschluss des Netzanschluss- und Einspeisevertrags und Ausfüllen des Datenblatts noch nicht feststeht, kann dieser Abschnitt des Datenblatts erst zu einem späteren Zeitpunkt vollständig ausgefüllt werden (es sei denn, es handelt sich um eine **Kleinstanlage**, siehe unten). Entsprechend ist im Datenblatt vorgesehen, dass der Anlagenbetreiber fünf Jahre nach Inbetriebnahme ein **Ertragstestat** einholt und die sich daraus ergebenden Werte in das Datenblatt nachgetragen werden.[18]

Beispiel
Berechnungsbeispiel für Windkraftanlage mit mehr als 50 kW installierter Leistung:
Ertrag: 90 % des Referenzertrags
Berechnung der Verlängerung der Anfangsvergütung nach § 49 Abs. 2 S. 2 EEG: (130 – 90)/0,36 = 111
Berechnung der Verlängerung der Anfangsvergütung nach § 49 Abs. 2 S. 3 EEG: (100 – 90)/0,48 = 20
Summe: 111 + 20 = 131
Damit erhält die Anlage die Anfangsvergütung für 15 Jahre und 11 Monate.

Eine Sonderregelung findet sich in § 49 Abs. 3 EEG, nach der **Kleinstanlagen** mit einer 73
Leistung bis einschließlich 50 kW installierter Leistung einen fiktiven Ertrag von 75 % ihres **Referenzertrags** zugewiesen bekommen. Eine entsprechende Möglichkeit, das Vorliegen einer Kleinstanlage anzukreuzen, findet sich im Datenblatt Windenergie. Die Zuweisung des fiktiven – geringen – Ertrags in Höhe von 75 % des Referenzertrags führt dazu, dass die Anfangsvergütung für die gesamte Förderdauer von 20 Jahren plus Inbetriebnahmejahr gezahlt wird.

---

16 Dabei ist bei jedem Berechnungsschritt nach der kaufmännischen Rundung auf ganze Monate zu runden, vgl. BT-Drucks. 18/1304, S. 222 der elektronischen Vorabfassung.
17 Gabler/Metzenthin/*Heinemann*, § 29 EEG Rn 14.
18 Vgl. auch BDEW, Umsetzungshilfe zum EEG 2012, S. 72.

D. Wasser

I. Vertragsmuster

74 Unter die Regelungen des EEG für **Wasserkraftanlagen** fallen nicht nur **Laufwasser- und Speicherkraftwerke**, sondern nach § 5 Nr. 14 EEG auch Anlagen zur Erzeugung von Strom aus **Wellen-, Gezeiten-, Salzgradienten- und Strömungsenergie**.

1. Einspeisevertrag

Muster

75 **Vertrag über den Netzanschluss einer EEG-Anlage und die Einspeisung des erzeugten Stroms**

– Wasserkraft –

zwischen

Stadtwerke .... GmbH
[Adresse] (Netzbetreiber)

und

Name/Firma
[Adresse] (Anlagenbetreiber)

Telefon/Fax ______________ Kundennummer ______________

Registergericht ______________ Registernummer ______________

Präambel
Der Anlagenbetreiber beabsichtigt, eine Anlage oder mehrere Anlagen zur Erzeugung von Elektrizität aus Wasserkraft zu errichten und zu betreiben. Dieser Vertrag regelt den Anschluss der Anlage an das Verteilernetz des Netzbetreibers, den Betrieb der Anlage sowie die Einspeisung und Vergütung der zur Einspeisung angestellten Energiemengen. Grundlage für diesen Vertrag ist das Gesetz für den Vorrang Erneuerbarer Energien (Erneuerbare-Energien-Gesetz (EEG) vom 21. Juli 2014 (BGBl. 2014 I S. 1066 ff.), zuletzt geändert durch Gesetz vom 22. Juli 2014 (BGBl. 2014 I S. 1218 ff.), sowie das Energiewirtschaftsgesetz (EnWG), die Stromnetzzugangsverordnung (StromNZV), die Stromnetzentgeltverordnung (StromNEV) sowie die Niederspannungsanschlussverordnung (NAV) in ihrer jeweils geltenden Fassung, die in den Vertrag einbezogen werden, soweit im Folgenden keine anderweitigen Regelungen getroffen werden. Im Falle eines inhaltlichen Widerspruchs haben zwingende Regelungen des EEG Vorrang vor vertraglichen Regelungen.

1. **Vertragsgegenstand**

1.1 Dieser Vertrag regelt den Netzanschluss, die Einspeisung, die Abnahme und die Vergütung von Strom, den der Anlagenbetreiber in seiner EEG-Anlage erzeugt und ganz oder teilweise in das Netz des Netzbetreibers einspeist. Die Vergütung erfolgt ausschließlich aufgrund des EEG.

1.2 Die „AGB Allgemeine Geschäftsbedingungen zum EEG-Einspeisevertrag" (AGB) sind Bestandteil dieses Vertrages. Sie sind diesem Vertrag als **Anlage 1** beigefügt. Zudem gelten die technischen Bedingungen des Netzbetreibers, soweit der Netzbetreiber entsprechende Bedingungen aufgestellt hat. Diese Bedingungen sind dem Vertrag als **Anlage 6** beigefügt.

1.3 Die in diesem Vertrag und den Anlagen genannten Regelwerke und Richtlinien, die nicht beigefügt sind, sind dem Kunden bekannt und werden von ihm beachtet.

2. EEG-Anlage

2.1 Es handelt sich bei der Anlage um eine Anlage zur Erzeugung von Strom aus Wasserkraft.

2.2 Die Anlagendaten ergeben sich aus dem „Datenblatt für Anlage(n) zur Erzeugung von Strom aus Wasserkraft" (**Anlage 2**).

2.3 Der Standort der Anlage und die Lage des Netzanschlusses sowie der Verknüpfungspunkt mit dem Netz des Netzbetreibers ergeben sich aus den Plänen nach **Anlage 3**.

2.4 Über die Inbetriebsetzung der Anlage ist dem Netzbetreiber unverzüglich nach der Inbetriebsetzung ein Inbetriebnahmeprotokoll nach dem von diesem Vertrag vorgegebenen Muster vorzulegen. Das Inbetriebnahmeprotokoll wird diesem Vertrag als **Anlage 4** beigefügt.

2.5 Planung, Errichtung, Anschluss, Betrieb, Instandhaltung und Änderung der EEG-Anlage müssen gemäß den gesetzlichen Bestimmungen sowie den anerkannten Regeln der Technik durchgeführt werden und den technischen Anforderungen des Netzbetreibers, soweit solche aufgestellt sind (**Anlage 6**), entsprechen.

3. Netzanschluss

3.1 Der Netzanschluss der Anlage erfolgt in

- ☐ Netzebene 7 (Niederspannung)
- ☐ Netzebene 6 (Umspannung Niederspannung/Mittelspannung)
- ☐ Netzebene 5 (Mittelspannung)
- ☐ Netzebene 4 (Umspannung Hochspannung/Mittelspannung)
- ☐ Netzebene 3 (Hochspannung)
- ☐ Netzebene 2 (Umspannung Höchstspannung/Hochspannung)

3.2 Der Verknüpfungspunkt des Netzanschlusses mit dem Netz ist aus dem Schemaplan Netzanschluss **in Anlage 3** ersichtlich.

3.3 Der Netzanschluss steht im Eigentum

☐ des Anlagenbetreibers. ☐ des Netzbetreibers.

3.4 Voraussetzung für den Netzanschluss von Anlagen mit einer Leistung über 100 Kilowatt ist die Erfüllung der Verpflichtung des Anlagenbetreibers nach § 9 Abs. 1 EEG, die Anlage mit einer technischen Einrichtung zur ferngesteuerten Reduzierung der Einspeiseleistung bei Netzüberlastung und zur Abrufung der jeweiligen Ist-Einspeisung auszustatten, auf die der Netzbetreiber zugreifen darf.

☐ Die Anlage ist mit einer technischen Einrichtung nach § 9 Abs. 1 EEG ausgestattet.

☐ Die Anlage ist zusammen mit einer oder mehreren anderen Anlagen, die gleichartige erneuerbare Energien einsetzen und über denselben Verknüpfungspunkt mit dem Netz verbunden sind, mit einer gemeinsamen technischen Einrichtung nach § 9 Abs. 1 S. 2 EEG ausgestattet.

4. Einspeisung

4.1 Der Anlagenbetreiber ist berechtigt, den gesamten Strom, der in seiner EEG-Anlage erzeugt wird, in das Netz des Netzbetreibers einzuspeisen, soweit dieser Vertrag einschließlich seiner Anlagen oder die gesetzlichen Regelungen keine Ausnahmen vorsehen.

4.2 Der Anlagenbetreiber betreibt seine EEG-Anlage derart, dass am Netzverknüpfungspunkt ein Leistungsfaktor nicht unterhalb von cos phi = 0,9 induktiv liegt. Kapazitive Werte des Leistungsfaktors dürfen nicht auftreten; daher muss die Einspeisung der elektrischen Energie in das Stromnetz des Netzbetreibers mit einem Leistungsfaktor cos phi zwischen 0,9 und 1 (induktiver Bereich) erfolgen.

4.3 Der Anlagenbetreiber führt auf seine Kosten in Abstimmung mit dem Netzbetreiber zur Einhaltung des vorgenannten Leistungsfaktors ggf. eine seinen tatsächlichen Belastungsverhältnissen angepasste ausreichende Blindstromkompensation durch.

5. Messstellenbetrieb und Messung

5.1 Der Anlagenbetreiber

☐ beauftragt den Netzbetreiber mit Messung und Messstellenbetrieb.

☐ beauftragt einen Dritten mit der Messung.	☐ beauftragt einen Dritten mit dem Messstellenbetrieb.
______________________ Fa./Name	______________________ Fa./Name
______________________ Straße	______________________ Straße
______________________ PLZ, Ort	______________________ PLZ, Ort
______________________ Telefon	______________________ Telefon
______________________ Fax	______________________ Fax
______________________ E-Mail	______________________ E-Mail

5.2 Die Messung richtet sich nach Ziff. 8 der diesem Vertrag als Anlage 1 beigefügten AGB.

5.3 Der Anlagenbetreiber erklärt,

☐ dass die EEG-Anlage nicht gemeinsam mit anderen (eigenen oder fremden) Anlagen im Sinne von § 5 Nr. 1 EEG über eine gemeinsame Messeinrichtung abgerechnet wird,

oder

☐ dass die EEG-Anlage mit anderen (eigenen oder fremden) Anlagen im Sinne von § 5 Nr. 1 EEG gemeinsam über eine Messeinrichtung abgerechnet wird.

6. Vergütung und Abrechnung des eingespeisten Stroms

6.1 Der Netzbetreiber vergütet ab Inbetriebnahme der EEG-Anlage dem Anlagenbetreiber für die am Verknüpfungspunkt gelieferte Energie das gemäß EEG zu zahlende Mindestentgelt.

6.2 Die Zahlung der Vergütung erfolgt

☐ durch monatliche Abschlagszahlungen in angemessenem Umfang mit einer Jahresschlussrechnung für das jeweilige Kalenderjahr. Die Jahresschlussrechnung hat der Anlagenbetreiber dem Netzbetreiber bis zum 28. Februar des Folgejahres zu übersenden, soweit die Abrechnung nicht im Gutschriftsverfahren erfolgt.

☐ durch monatliche Abrechnungen.

Die Regelungen der §§ 24 und 25 EEG bleiben unberührt.

7. Laufzeit, Inkrafttreten, Wirksamkeit und Kündigung

7.1 Dieser Vertrag tritt nach seiner Unterzeichnung durch beide Vertragspartner in Kraft und läuft unbefristet, längstens jedoch solange der Netzbetreiber zur Abnahme und Vergütung der vom Anlagenbetreiber erzeugten Energie verpflichtet ist.

7.2 Während der geförderten Direktvermarktung gem. §§ 34 ff. EEG oder der sonstigen Direktvermarktung verlieren die vergütungsbezogenen Regelungen dieses Vertrages ihre Wirksamkeit.

7.3 Näheres ist in Ziff. 10 der AGB (**Anlage 1**) geregelt.

8. Schlussbestimmungen

8.1 Die Vertragsparteien benennen ihre Ansprechpartner und deren jeweilige Erreichbarkeit in der **Anlage 5**. Änderungen diesbezüglich werden der jeweils anderen Vertragspartei unverzüglich mitgeteilt. Grundsätzlich erfolgt der Datenaustausch zwischen Netzbetreiber und Anlagenbetreiber zur Abwicklung des Netzanschlusses und der Einspeisung des erzeugten Stroms elektronisch. Die technischen Einzelheiten des Datenaustauschs sind in **Anlage 5** festgelegt.

8.2 Sollten einzelne Bestimmungen des Vertrages unwirksam oder undurchführbar sein oder werden, so bleibt der Vertrag im Übrigen unberührt. Die Vertragsparteien verpflichten sich, die unwirksamen oder undurchführbaren Bestimmungen durch andere, ihnen im wirtschaftlichen Ergebnis möglichst gleich kommende Regelungen zu ersetzen. Dies gilt entsprechend bei unbeabsichtigten Regelungslücken.

8.3 Die Rechte und Pflichten aus diesem Vertrag können mit Zustimmung des jeweils anderen Vertragspartners auf einen Dritten übertragen werden. Das Einverständnis darf nur verweigert werden, wenn gegen die technische und wirtschaftliche Leistungsfähigkeit begründete Zweifel vorliegen. Einer Zustimmung bedarf es nicht, wenn es sich bei dem Rechtsnachfolger um ein verbundenes Unternehmen im Sinne der §§ 15 ff. Aktiengesetz des Netzbetreibers handelt oder der Netzbetreiber aufgrund des mit der Gemeinde abgeschlossenen Konzessionsvertrages verpflichtet ist, das Netz zu übertragen.

8.4 Änderungen und Ergänzungen des Vertrages sowie die Änderung dieser Bestimmung selbst bedürfen der Schriftform.

8.5 Gerichtsstand ist der Sitz des Netzbetreibers.

Ort (Netzbetreiber), den ______________________	Ort (Anlagenbetreiber), den ________________
______________________________	______________________________
Unterschrift des Netzbetreibers	Unterschrift des Anlagenbetreibers

Anlagenverzeichnis

Anlage 1: AGB Allgemeine Geschäftsbedingungen zum EEG-Einspeisevertrag
Anlage 2: Datenblatt für Anlage(n) zur Erzeugung von Strom aus Wasserkraft
Anlage 3: Lage- und Schemapläne für die EEG-Anlage und den Netzanschluss
Anlage 4: Inbetriebnahmeprotokoll
Anlage 5: Ansprechpartner und Datenaustausch
Anlage 6: Technische Bedingungen des Netzbetreibers

2. Anlage 2 – Datenblatt

Vertragsmuster

76 **Anlage 2**

Datenblatt
für Anlage/n zur Erzeugung von Strom aus Wasserkraft

Anlagenbetreiber

Fa./Name: ______________________

Straße: ______________________

PLZ, Ort: ______________________

Telefon: ________/______________

Mobil: ________/______________

Fax: ________/______________

E-Mail: ______________________

Errichter der Anlage

Fa./Name: ______________________

Straße: ______________________

PLZ, Ort: ______________________

Telefon: ________/______________

Mobil: ________/______________

Fax: ________/______________

E-Mail: ______________________

Anlagenverantwortlicher nach DIN VDE 0105

☐ Benennung eines Anlagenverantwortlichen

Anlagenbetreiber

Fa./Name: ______________________

Straße: ______________________

PLZ, Ort: ______________________

Telefon: ________/______________

Mobil: ________/______________

Fax: ________/______________

E-Mail: ______________________

☐ Verzicht auf die Benennung eines Anlagenverantwortlichen

Bankverbindung des Anlagenbetreibers

Kontoinhaber: ____

DE _ _ | _ _ _ _ | _ _ _ _ | _ _ _ _ | _ _ _ _ | _ _
IBAN

______________________ _ _ _ _ _ _ _ _ | _ _ _
Kreditinstitut BIC

Umsatzsteuerrechtlicher Status des Anlagenbetreibers

Umsatzsteuer-Identifikationsnummer/FA-Steuernummer: ______________________

oder

Kleinunternehmer i. S. d. § 19 UStG (ja/nein): ______________________

Anlage		**Anlagenanschrift (Standort)**	
Hersteller:	____________	Straße:	____________
Typ:	____________	PLZ, Ort:	____________
		Gemarkung:	____________
		Flur:	____________

☐ Auf demselben Grundstück oder sonst in unmittelbarer räumlicher Nähe befindet sich eine Anlage zur Stromerzeugung aus Wasserkraft mit Inbetriebnahme innerhalb der letzten zwölf Kalendermonate vor Inbetriebnahme dieser Anlage.

Vergütungsangaben
Die Höhe und Dauer der Vergütung bestimmt sich nach dem Inbetriebnahmezeitpunkt der Anlage. Der Inbetriebnahmezeitpunkt ist nach dem Inbetriebsetzungsprotokoll der **Anlage 4**:
_____ /_____ /_____

Installierte elektrische Anlagenleistung: _____ kW

Vergütung bei Leistungserhöhung
☐ Die Anlage ist vor dem 01. Januar 2009 in Betrieb genommen worden und nach dem 31. Juli 2014 wurde das Leistungsvermögen der Anlage durch eine Ertüchtigungsmaßnahme erhöht.
☐ Die Ertüchtigungsmaßnahme wurde wasserrechtlich zugelassen. Als Nachweis liegt dem Netzbetreiber eine Kopie der Zulassung vor.
☐ Die Ertüchtigungsmaßnahme bedarf keiner wasserrechtlichen Zulassung. Das Leistungsvermögen der Anlage wurde um mindestens zehn Prozent erhöht.

Vor dem 01. August 2014 hatte die Anlage eine Leistung
☐ bis 5 Megawatt. ☐ über 5 Megawatt.

Das Leistungsvermögen wurde

von _____ Megawatt um _____ Megawatt

auf _____ Megawatt

beziehungsweise um _____ % gesteigert.

☐ Der Nachweis über die Erhöhung des Leistungsvermögens infolge der Ertüchtigungsmaßnahme liegt dem Netzbetreiber vor.

Die Errichtung der Anlage ist vorgenommen worden
☐ im räumlichen Zusammenhang mit einer ganz oder teilweise bereits bestehenden oder vorrangig zu anderen Zwecken als der Erzeugung von Strom aus Wasserkraft neu zu errichtenden Stauanlage oder
☐ ohne durchgehende Querverbauung.

Einrichtung zur ferngesteuerten Regelung/Datenerfassung im Sinne des § 9 Abs. 1 EEG
☐ vorhanden
☐ wegen Kapazitätsgröße ☐ derzeit nicht vorhanden
☐ derzeit nicht erforderlich
☐ Nachholung der Errichtung bis zur Inbetriebnahme
☐ Der gesamte Strom aus der Anlage, für den dem Grunde nach ein Förderanspruch nach § 19 EEG besteht und der nicht in unmittelbarer räumlicher Nähe zur Anlage verbraucht wird und der durch ein Netz durchgeleitet wird, wird dem Netzbetreiber zur Verfügung gestellt.

☐ Der Strom wird nicht als Regelenergie vermarktet.

Ergeben sich Änderungen zu den obigen Angaben, so verpflichtet sich der Anlagenbetreiber, diese dem Netzbetreiber unverzüglich schriftlich mitzuteilen.

Sonstiges/Anmerkungen

____

____

____

______________	______________
Ort (Netzbetreiber), den	Ort (Anlagenbetreiber), den
______________	______________
Unterschrift des Netzbetreibers	Unterschrift des Anlagenbetreibers

II. Erläuterung

Die Vorgaben für die finanzielle Förderung von Strom aus Wasserkraft wurden im EEG 2014 deutlich verschlankt. So sind die besonderen Voraussetzungen für Speicherkraftwerke und die Vorgaben hinsichtlich der Nachweisführung über die Einhaltung der Bestimmungen des Wasserhaushaltsgesetzes entfallen. Dies wird damit begründet, dass die entsprechenden Vorgaben nun im Fachrecht bundeseinheitlich umgesetzt sind und deren Einhaltung dadurch gewährleistet ist.[19] 77

1. Vergütung bei Leistungserhöhung

Grundsätzlich haben die neuen Fördersätze des EEG 2014 keine Auswirkung auf Anlagen, die vor dem 1.8.2014 in Betrieb genommen wurden. §40 Abs. 2 EEG sieht jedoch eine Ausnahme von diesem Grundsatz vor. 78

Anwendung für Bestandsanlagen

Für Anlagen, die vor dem 1.1.2009 in Betrieb genommen wurden, besteht nach § 40 Abs. 2 S. 1 EEG dann ein Anspruch auf die Vergütung nach den Vergütungssätzen des EEG 2014, wenn das Leistungsvermögen der Anlage nach dem 31.7.2014 infolge einer wasserrechtlich zugelassenen Ertüchtigungsmaßnahme erhöht wurde. Ist die Ertüchtigungsmaßnahme nicht wasserrechtlich zulassungspflichtig, kommt eine Anwendung der Förderregelungen des EEG 2014 nach § 40 Abs. 2 S. 2 EEG nur in Betracht, wenn das Leistungsvermögen um mindestens 10 % erhöht wurde. Wurde die Ertüchtigungsmaßnahme bis zum 31.7.2014 durchgeführt, kommt nach der Übergangsvorschrift in §100 Abs. 1 Nr. 7 EEG noch § 23 EEG 2012 zur Anwendung. Das vorliegende Vertragsmuster kann für diesen Fall nicht angewendet werden.

Eine Erhöhung des Leistungsvermögens liegt vor, „*wenn aktive Maßnahmen ergriffen werden, die die technische Funktionsfähigkeit der Anlage so verbessern, dass eine erhöhte Stromausbeute erzielt werden kann*“.[20] Hierüber hat der Anlagenbetreiber Nachweise zu erbringen, was insbesondere durch Planungsunterlagen geschehen kann.[21] Eine Betrachtung der tatsächlichen Stromausbeute im Jahr nach der Umsetzung der Maßnahme bzw. über den gesamten Förderzeitraum hinweg ist jedoch nicht erforderlich.[22] Maßgeblich soll vielmehr die Prognose zum Zeitpunkt des Abschlusses der Ertüchtigungsmaßnahme sein. 79

Die Förderregelungen des EEG 2014 sind nach §40 Abs. 2 S. 3 EEG ab dem Abschluss der Ertüchtigungsmaßnahme für eine Dauer von 20 Jahren zuzüglich des 80

---

19 BT-Drucks. 18/1304, S. 213 der elektronischen Vorabfassung.
20 BT-Drucks. 18/1304, S. 214 der elektronischen Vorabfassung.
21 BT-Drucks. 18/1891, S. 197 der elektronischen Vorabfassung; vgl. auch zu den konkreten Anforderungen an die Nachweisführung: Clearingstelle EEG, Hinweis 2012/24 vom 22.3.2013.
22 BT-Drucks. 18/1891, S. 197 der elektronischen Vorabfassung.

verbleibenden Teils des Jahres anwendbar, in dem die Maßnahme abgeschlossen wurde.[23] Der Inbetriebnahmezeitpunkt der Anlage bleibt davon aber – anders als bei einer Modernisierung nach früheren Fassungen des EEG – unberührt.

81 Im Datenblatt Wasserkraft ist es erforderlich, eine Unterscheidung zu treffen zwischen Anlagen mit einer installierten Leistung von bis zu 5 MW und Anlagen mit einer höheren Leistung jeweils vor dem 1.8.2014.

82 Sofern die Bestandsanlagen eine installierte Leistung von mehr als 5 MW haben, gilt der Förderanspruch gemäß § 40 Abs. 3 EEG nur für den Strom, der der Leistungserhöhung zuzurechnen ist. Entsprechend werden im Datenblatt die ursprüngliche Leistung und die Leistung nach der Leistungserhöhung abgefragt. Hatte die Anlage hingegen eine ursprüngliche Leistung von bis zu 5 MW, besteht für diesen Leistungsanteil der bisherige Vergütungssatz fort.

2. Standortbezogene Voraussetzungen

83 Im Datenblatt Wasserkraft wird abgefragt, ob die Anlage im **räumlichen Zusammenhang** mit einer ganz oder teilweise bereits bestehenden oder vorrangig zu anderen Zwecken als der Erzeugung von Strom aus Wasserkraft neu zu errichtenden **Stauanlage** errichtet wurde oder ob keine **durchgängige Querverbindung** vorliegt. Nur wenn eine dieser Voraussetzungen erfüllt ist, besteht nach § 40 Abs. 4 EEG ein Anspruch auf die EEG-Vergütung. Ein **räumlicher Zusammenhang** dürfte bei einer Entfernung von 200 bis 300 m noch gegeben sein.[24]

---

23 *Salje*, EEG, § 23 Rn 16; Frenz/Müggenborg/*Schomerus*, § 23 Rn 38.
24 Salje, EEG, § 23 Rn 36.

E. Biomasse

I. Vertragsmuster

1. Einspeisevertrag

Muster

Vertrag über den Netzanschluss einer EEG-Anlage und die Einspeisung des erzeugten Stroms 84

– Biomasse –

zwischen

Stadtwerke .... GmbH
[Adresse] (Netzbetreiber)

und

Name/Firma
[Adresse] (Anlagenbetreiber)

Telefon/Fax ______________ Kundennummer ______________

Registergericht ______________ Registernummer ______________

Präambel
Der Anlagenbetreiber beabsichtigt, eine Anlage oder mehrere Anlagen zur Erzeugung von Elektrizität aus Biomasse zu errichten und zu betreiben. Dieser Vertrag regelt den Anschluss der Anlage an das Verteilernetz des Netzbetreibers, den Betrieb der Anlage sowie die Einspeisung und Vergütung der zur Einspeisung angestellten Energiemengen. Grundlage für diesen Vertrag ist das Gesetz für den Vorrang Erneuerbarer Energien (Erneuerbare-Energien-Gesetz (EEG) vom 21. Juli 2014 (BGBl. 2014 I S. 1066 ff.), zuletzt geändert durch Gesetz vom 22. Juli 2014 (BGBl. 2014 I S. 1218 ff.), sowie das Energiewirtschaftsgesetz (EnWG), die Stromnetzzugangsverordnung (StromNZV), die Stromnetzentgeltverordnung (StromNEV) sowie die Niederspannungsanschlussverordnung (NAV) in ihrer jeweils geltenden Fassung, die in den Vertrag einbezogen werden, soweit im Folgenden keine anderweitigen Regelungen getroffen werden. Im Falle eines inhaltlichen Widerspruchs haben zwingende Regelungen des EEG Vorrang vor vertraglichen Regelungen.

1. Vertragsgegenstand

1.1 Dieser Vertrag regelt den Netzanschluss, die Einspeisung, die Abnahme und die Vergütung von Strom, den der Anlagenbetreiber in seiner EEG-Anlage erzeugt und ganz oder teilweise in das Netz des Netzbetreibers einspeist. Die Vergütung erfolgt ausschließlich aufgrund des EEG.

1.2. Die „AGB Allgemeine Geschäftsbedingungen zum EEG-Einspeisevertrag" (AGB) sind Bestandteil dieses Vertrages. Sie sind diesem Vertrag als **Anlage 1** beigefügt. Zudem gelten die technischen Bedingungen des Netzbetreibers, soweit der Netzbetreiber entsprechende Bedingungen aufgestellt hat. Diese Bedingungen sind dem Vertrag als **Anlage 6** beigefügt.

1.3 Die in diesem Vertrag und den Anlagen genannten Regelwerke und Richtlinien, die nicht beigefügt sind, sind dem Kunden bekannt und werden von ihm beachtet.

2. EEG-Anlage

2.1 Es handelt sich bei der Anlage um eine Anlage zur Erzeugung von Strom aus Biomasse.

2.2 Die Anlagendaten ergeben sich aus dem „Datenblatt für Anlage(n) zur Erzeugung von Strom aus Biomasse für den Parallelbetrieb mit dem Netz des Netzbetreibers" (**Anlage 2**).

2.3 Der Standort der Anlage und die Lage des Netzanschlusses sowie der Verknüpfungspunkt mit dem Netz des Netzbetreibers ergeben sich aus den Plänen nach **Anlage 3**.

2.4 Über die Inbetriebsetzung der Anlage ist dem Netzbetreiber unverzüglich nach Inbetriebsetzung ein Inbetriebnahmeprotokoll nach dem von diesem Vertrag vorgegebenen Muster vorzulegen. Das Inbetriebnahmeprotokoll wird diesem Vertrag als **Anlage 4** beigefügt.

2.5 Planung, Errichtung, Anschluss, Betrieb, Instandhaltung und Änderung der EEG-Anlage müssen gemäß den gesetzlichen Bestimmungen sowie den anerkannten Regeln der Technik durchgeführt werden und den technischen Anforderungen des Netzbetreibers, soweit solche aufgestellt sind, entsprechen.

2.6 Soweit die Anlage in Gasäquivalentnutzung (Einsatz von aus dem Gasnetz entnommenem Erdgas, welches als Biomethan gilt) betrieben wird, ist der Anlagenbetreiber verpflichtet, kalenderjährlich einen geeigneten Nachweis dafür zu erbringen, dass die Menge des entnommenen Gases im Wärmeäquivalent der Menge von Biomethan entspricht, das an anderer Stelle im Geltungsbereich des EEG in das Gasnetz eingespeist worden ist. Der Anlagenbetreiber ist ferner verpflichtet, nachzuweisen, dass für den gesamten Transport und Vertrieb des Biomethans von seiner Herstellung, seiner Einspeisung in das Erdgasnetz bis zu seiner Entnahme aus dem Erdgasnetz Massenbilanzsysteme verwendet worden sind.
Der Anlagenbetreiber ist verpflichtet, vor Inbetriebnahme der Anlage ein geeignetes Konzept vorzulegen, wie der Nachweis nach Abs. 1 geführt werden soll.

2.7 Soweit die Anlage flüssige Biomasse einsetzt, hat der Anlagenbetreiber die jeweils geltenden Anforderungen der Biomassestrom-Nachhaltigkeitsverordnung einzuhalten.
Der Anlagenbetreiber ist verpflichtet, vor Inanspruchnahme der Vergütung (Abschlagszahlungen) die Einhaltung der Voraussetzungen der Biomassestrom-Nachhaltigkeitsvoraussetzungen plausibel zu machen und in geeigneter Form nachzuweisen.

2.8 Der Anlagenbetreiber einer Anlage zur Erzeugung von Strom aus Biogas ist verpflichtet, vor Inanspruchnahme der Vergütung (Abschlagszahlungen) die Einhaltung der gesetzlich geltenden Voraussetzungen nach § 9 Abs. 5 EEG plausibel zu machen und in geeigneter Form nachzuweisen. Danach hat der Anlagenbetreiber sicherzustellen, dass bei der Erzeugung des Biogases
   a) ein neu zu errichtendes Gärrestlager am Standort der Biogaserzeugung technisch gasdicht abgedeckt ist, wenn in der Anlage nicht ausschließlich Gülle eingesetzt wird,
   b) die hydraulische Verweilzeit in dem gasdichten und an eine Gasverwertung angeschlossenen System mindestens 150 Tage beträgt, wenn in der Anlage nicht ausschließlich Gülle eingesetzt wird und wenn nicht die Förderung für die Vergärung von Bioabfällen nach § 45 EEG beansprucht wird, und
   c) zusätzliche Gasverbrauchseinrichtungen zur Vermeidung einer Freisetzung von Biogas verwendet werden.

3. Netzanschluss

3.1 Der Netzanschluss der Anlage erfolgt in
   ☐ Netzebene 7 (Niederspannung)
   ☐ Netzebene 6 (Umspannung Niederspannung/Mittelspannung)
   ☐ Netzebene 5 (Mittelspannung)
   ☐ Netzebene 4 (Umspannung Hochspannung/Mittelspannung)
   ☐ Netzebene 3 (Hochspannung)
   ☐ Netzebene 2 (Umspannung Höchstspannung/Hochspannung)

3.2 Der Verknüpfungspunkt des Netzanschlusses mit dem Netz ist aus dem Schemaplan Netzanschluss **in Anlage 3** ersichtlich.

3.3 Der Netzanschluss steht im Eigentum

☐ des Anlagenbetreibers. ☐ des Netzbetreibers.

3.4 Voraussetzung für den Netzanschluss von Anlagen mit einer Leistung über 100 Kilowatt ist die Erfüllung der Verpflichtung des Anlagenbetreibers nach § 9 Abs. 1 EEG, die Anlage mit einer technischen Einrichtung zur ferngesteuerten Reduzierung der Einspeiseleistung bei Netzüberlastung und zur Abrufung der jeweiligen Ist-Einspeisung auszustatten, auf die der Netzbetreiber zugreifen darf.

☐ Die Anlage ist mit einer technischen Einrichtung nach § 9 Abs. 1 EEG ausgestattet.

☐ Die Anlage ist zusammen mit einer oder mehreren anderen Anlagen, die gleichartige erneuerbare Energien einsetzen und über denselben Verknüpfungspunkt mit dem Netz verbunden sind, mit einer gemeinsamen technischen Einrichtung nach § 9 Abs. 1 S. 2 EEG ausgestattet.

4. Einspeisung

4.1 Der Anlagenbetreiber ist berechtigt, den gesamten Strom, der in seiner EEG-Anlage erzeugt wird, in das Netz des Netzbetreibers einzuspeisen, soweit dieser Vertrag einschließlich seiner Anlagen oder die gesetzlichen Regelungen keine Ausnahmen vorsehen.

4.2 Der Anlagenbetreiber betreibt seine Biomasseanlage derart, dass sich am Netzverknüpfungspunkt ein Leistungsfaktor nicht unterhalb von cos phi = 0,9 induktiv liegt. Kapazitive Werte des Leistungsfaktors dürfen nicht auftreten; daher muss die Einspeisung der elektrischen Energie in das Stromnetz des Netzbetreibers mit einem Leistungsfaktor cos phi zwischen 0,9 und 1 (induktiver Bereich) erfolgen.

4.3 Der Anlagenbetreiber führt auf seine Kosten in Abstimmung mit dem Netzbetreiber zur Einhaltung des vorgenannten Leistungsfaktors ggf. eine seinen tatsächlichen Belastungsverhältnissen angepasste ausreichende Blindstromkompensation durch.

5. Messstellenbetrieb und Messung

5.1 Der Anlagenbetreiber

☐ beauftragt den Netzbetreiber mit Messung und Messstellenbetrieb.

☐ beauftragt einen Dritten mit der Messung.	☐ beauftragt einen Dritten mit dem Messstellenbetrieb.
______________________	______________________
Fa./Name	Fa./Name
______________________	______________________
Straße	Straße
______________________	______________________
PLZ, Ort	PLZ, Ort
______________________	______________________
Telefon	Telefon
______________________	______________________
Fax	Fax
______________________	______________________
E-Mail	E-Mail

5.2 Die Messung richtet sich nach Ziff. 8 der diesem Vertrag **als Anlage 1** beigefügten AGB.

5.3 Der Anlagenbetreiber erklärt,

☐ dass die EEG-Anlage nicht gemeinsam mit anderen (eigenen oder fremden) Anlagen im Sinne von § 5 Nr. 1 EEG über eine gemeinsame Messeinrichtung abgerechnet wird, oder

- ☐ dass die EEG-Anlage mit anderen (eigenen oder fremden) Anlagen im Sinne von § 5 Nr. 1 EEG gemeinsam über eine Messeinrichtung abgerechnet wird.

6. Vergütung und Abrechnung des eingespeisten Stroms

6.1 Der Netzbetreiber vergütet ab Inbetriebnahme der EEG-Anlage dem Anlagenbetreiber für die am Verknüpfungspunkt gelieferte Energie das gemäß EEG zu zahlende Mindestentgelt.

6.2 Die Zahlung der Vergütung erfolgt

- ☐ durch monatliche Abschlagszahlungen in angemessenem Umfang mit einer Jahresschlussrechnung für das jeweilige Kalenderjahr. Die Jahresschlussrechnung hat der Anlagenbetreiber dem Netzbetreiber bis zum 28. Februar des Folgejahres zu übersenden, soweit die Abrechnung nicht im Gutschriftsverfahren erfolgt.
- ☐ durch monatliche Abrechnungen.

Die Regelungen der §§ 24 und 25 EEG bleiben unberührt.

7. Laufzeit, Inkrafttreten, Wirksamkeit und Kündigung

7.1 Dieser Vertrag tritt nach seiner Unterzeichnung durch beide Vertragspartner in Kraft und läuft unbefristet, längstens jedoch solange der Netzbetreiber zur Abnahme und Vergütung der vom Anlagenbetreiber erzeugten Energie verpflichtet ist.

7.2 Während der geförderten Direktvermarktung gemäß § 34 ff. EEG oder der sonstigen Direktvermarktung verlieren die vergütungsbezogenen Regelungen dieses Vertrags ihre Wirksamkeit.

7.3 Näheres ist in Ziff. 10 der „AGB Allgemeine Geschäftsbedingungen zum EEG-Einspeisevertrag" (**Anlage 1**) geregelt.

8. Schlussbestimmungen

8.1 Die Vertragsparteien benennen ihre Ansprechpartner und deren jeweilige Erreichbarkeit in der **Anlage 5**. Änderungen diesbezüglich werden der jeweils anderen Vertragspartei unverzüglich mitgeteilt. Grundsätzlich erfolgt der Datenaustausch zwischen Netzbetreiber und Anlagenbetreiber zur Abwicklung des Netzanschlusses und der Einspeisung des erzeugten Stroms elektronisch. Die technischen Einzelheiten des Datenaustauschs sind in **Anlage 5** festgelegt.

8.2 Sollten einzelne Bestimmungen des Vertrages unwirksam oder undurchführbar sein oder werden, so bleibt der Vertrag im Übrigen unberührt. Die Vertragsparteien verpflichten sich, die unwirksamen oder undurchführbaren Bestimmungen durch andere, ihnen im wirtschaftlichen Ergebnis möglichst gleich kommende Regelungen zu ersetzen. Dies gilt entsprechend bei unbeabsichtigten Regelungslücken.

8.3 Die Rechte und Pflichten aus diesem Vertrag können mit Zustimmung des jeweils anderen Vertragspartners auf einen Dritten übertragen werden. Das Einverständnis darf nur verweigert werden, wenn gegen die technische und wirtschaftliche Leistungsfähigkeit begründete Zweifel vorliegen. Einer Zustimmung bedarf es nicht, wenn es sich bei dem Rechtsnachfolger um ein verbundenes Unternehmen im Sinne der §§ 15 ff. Aktiengesetz des Netzbetreibers handelt oder der Netzbetreiber aufgrund des mit der Gemeinde abgeschlossenen Konzessionsvertrages verpflichtet ist, das Netz zu übertragen.

8.4 Änderungen und Ergänzungen des Vertrages sowie die Änderung dieser Bestimmung selbst, bedürfen der Schriftform.

8.5 Gerichtsstand ist der Sitz des Netzbetreibers.

Ort (Netzbetreiber), den ____________________ Ort (Anlagenbetreiber), den ________________

______________________________ ______________________________

Unterschrift des Netzbetreibers Unterschrift des Anlagenbetreibers

Anlagenverzeichnis

Anlage 1: AGB zum EEG-Einspeisevertrag
Anlage 2: Datenblatt für Anlage(n) zur Erzeugung von Strom aus Biomasse
Anlage 3: Lage- und Schemapläne für die Biomasseanlage(n) und den Netzanschluss
Anlage 4: Inbetriebnahmeprotokoll für eine EEG-Anlage
Anlage 5: Ansprechpartner und Datenaustausch
Anlage 6: Technische Bedingungen des Netzbetreibers

2. Anlage 2 – Datenblatt Biomasse

Muster
85 **Anlage 2**

Datenblatt
für Anlage(n) zur Erzeugung von Strom aus Biomasse[1]

Anlagenbetreiber

Fa./Name: ______________________________

Straße: ______________________________

PLZ, Ort: ______________________________

Telefon: ________ /____________________

Mobil: ________ /____________________

Fax: ________ /____________________

E-Mail: ______________________________

Errichter der Anlage

Fa./Name: ______________________________

Straße: ______________________________

PLZ, Ort: ______________________________

Telefon: ________ /____________________

Mobil: ________ /____________________

Fax: ________ /____________________

E-Mail: ______________________________

Anlagenverantwortlicher nach DIN VDE 0105

☐ Benennung eines Anlagenverantwortlichen

Fa./Name: ______________________________

PLZ, Ort: ______________________________

Telefon: ______________________________

☐ Verzicht auf die Benennung eines Anlagenverantwortlichen

Bankverbindung des Anlagenbetreibers

Kontoinhaber: ____

DE _ _ | _ _ _ _ | _ _ _ _ | _ _ _ _ | _ _ _ _ | _ _
IBAN

______________________________ _ _ _ _ _ _ _ _ | _ _ _
Kreditinstitut BIC

Umsatzsteuerrechtlicher Status

Umsatzsteuer-Identifikationsnummer/FA-Steuernummer ______________________________

oder

Kleinunternehmer i. S. d. § 19 UStG (ja/nein) ______________________________

Anlage

Hersteller: ______________________________

Typ: ______________________________

Anlagenanschrift (Standort)

Straße: ______________________________

PLZ, Ort: ______________________________

Gemarkung: ______________________________

Flur: ______________________________

☐ Auf demselben Grundstück oder sonst in unmittelbarer räumlicher Nähe befindet sich eine Anlage zur Stromerzeugung aus Biomasse mit Inbetriebnahme innerhalb der letzten zwölf Kalendermonate vor Inbetriebnahme dieser Anlage.
☐ Die Anlage ist gemeinsam mit einer oder mehreren anderen Anlagen an eine Biogaserzeugungsanlage angeschlossen.

Die Nutzung von Biogas erfolgt
☐ in Gasäquivalentnutzung (Einsatz von aus dem Gasnetz entnommenem Erdgas, welches als Biogas gilt)
☐ durch Vor-Ort-Verstromung

Vergütungsangaben
Die Höhe und Dauer der Vergütung bestimmt sich nach dem Inbetriebnahmezeitpunkt der Anlage. Der Inbetriebnahmezeitpunkt ist nach dem Inbetriebsetzungsprotokoll der **Anlage 4**:
_____ /_____ /_____

Installierte elektrische Anlagenleistung: _____ kW

Einsatzstoffe
Die Anlage setzt folgende Einsatzstoffarten ein:
☐ feste Biomasse,
☐ gasförmige Biomasse,
☐ flüssige Biomasse (soweit zur Anfahr-, Zünd- und Stützfeuerung notwendig).

Einrichtung zur ferngesteuerten Regelung/Datenerfassung im Sinne des § 9 Abs. 1 EEG
☐ vorhanden
☐ wegen Kapazitätsgröße ☐ derzeit nicht vorhanden
☐ derzeit nicht erforderlich
☐ Nachholung der Errichtung bis zur Inbetriebnahme
☐ Der gesamte Strom aus der Anlage, für den dem Grunde nach ein Förderanspruch nach § 19 EEG besteht und der nicht in unmittelbarer räumlicher Nähe zur Anlage verbraucht wird und der durch ein Netz durchgeleitet wird, wird dem Netzbetreiber zur Verfügung gestellt.
☐ Der Strom wird nicht als Regelenergie vermarktet.

Ergeben sich Änderungen zu den obigen Angaben, so verpflichtet sich der Anlagenbetreiber, diese dem Netzbetreiber unverzüglich schriftlich mitzuteilen.

Sonstiges/Anmerkungen

____

____

____

______________________	______________________
Ort (Netzbetreiber), den	Ort (Anlagenbetreiber), den
______________________	______________________
Unterschrift des Netzbetreibers	Unterschrift des Anlagenbetreibers

1 Für die Stromerzeugung aus Biogas aus anaerober Vergärung benutzen Sie bitte ggf. alternativ das Datenblatt für Anlage(n) zur Erzeugung von Strom aus Bioabfall gemäß § 45 EEG oder das Datenblatt für die Erzeugung von Strom in Mini-Güllevergärungsanlagen gemäß § 46 EEG.

3. Anlage 2 – Datenblatt Bioabfall

Muster

86 **Anlage 2**

Datenblatt
für Anlage(n) zur Erzeugung von Strom aus Bioabfall gemäß § 45 EEG[1]

Anlagenbetreiber

Fa./Name: ______________________

Straße: ______________________

PLZ, Ort: ______________________

Telefon: ________/______________

Mobil: ________/______________

Fax: ________/______________

E-Mail: ______________________

Errichter der Anlage

Fa./Name: ______________________

Straße: ______________________

PLZ, Ort: ______________________

Telefon: ________/______________

Mobil: ________/______________

Fax: ________/______________

E-Mail: ______________________

Anlagenverantwortlicher nach DIN VDE 0105

☐ Benennung eines Anlagenverantwortlichen

Fa./Name: ______________________

PLZ, Ort: ______________________

Telefon: ______________________

☐ Verzicht auf die Benennung eines Anlagenverantwortlichen

Bankverbindung des Anlagenbetreibers

Kontoinhaber: ____

DE _ _ | _ _ _ _ | _ _ _ _ | _ _ _ _ | _ _ _ _ | _ _
IBAN

______________________ Kreditinstitut

_ _ _ _ _ _ _ _ | _ _ _ BIC

Umsatzsteuerrechtlicher Status

Umsatzsteuer-Identifikationsnummer/FA-Steuernummer ______________________

oder

Kleinunternehmer i. S. d. § 19 UStG (ja/nein) ______________________

Anlage

Hersteller: ______________________

Typ: ______________________

Anlagenanschrift (Standort)

Straße: ______________________

PLZ, Ort: ______________________

Gemarkung: ______________________

Flur: ______________________

Meyer/Klewar

- ☐ Auf demselben Grundstück oder sonst in unmittelbarer räumlicher Nähe befindet sich eine Anlage zur Stromerzeugung aus Biomasse mit Inbetriebnahme innerhalb der letzten zwölf Kalendermonate vor Inbetriebnahme dieser Anlage.
- ☐ Die Anlage ist gemeinsam mit einer oder mehreren anderen Anlagen an eine Biogaserzeugungsanlage angeschlossen.

Installierte elektrische Anlagenleistung: _____ Kilowatt

Die Nutzung von Biogas erfolgt

- ☐ in Gasäquivalentnutzung (Einsatz von aus dem Gasnetz entnommenem Erdgas, welches als Biogas gilt).
- ☐ durch Vor-Ort-Verstromung.

Vergütungsangaben

Die Höhe und Dauer der Vergütung bestimmt sich nach dem Inbetriebnahmezeitpunkt der Anlage. Der Inbetriebnahmezeitpunkt ist nach dem Inbetriebsetzungsprotokoll der **Anlage 4**:

_____ /_____ /_____

- ☐ Anaerobe Vergärung von Biomasse im Sinne der Biomasseverordnung.
- ☐ Das in der Anlage eingesetzte Gas soll auf Basis von mindestens 90 Masseprozenten getrennt erfasster Bioabfälle im Sinne der Nr. 20 02 01, 20 03 01 und 20 03 02 der Nr. 1 des Anhangs 1 der Bioabfallverordnung (Jahresdurchschnitt) erzeugt werden.
- ☐ Die Anlage ist mit einer Einrichtung zur Nachrotte der festen Gärrückstände unmittelbar verbunden.
- ☐ Die nachgerotteten Gärrückstände werden stofflich verwertet.

Einrichtung zur ferngesteuerten Regelung/Datenerfassung im Sinne des § 9 Abs. 1 EEG

- ☐ vorhanden
- ☐ wegen Kapazitätsgröße
  - ☐ derzeit nicht vorhanden
  - ☐ derzeit nicht erforderlich
- ☐ Nachholung der Errichtung bis zur Inbetriebnahme
- ☐ Der gesamte Strom aus der Anlage, für den dem Grunde nach ein Förderanspruch nach § 19 EEG besteht und der nicht in unmittelbarer räumlicher Nähe zur Anlage verbraucht wird und der durch ein Netz durchgeleitet wird, wird dem Netzbetreiber zur Verfügung gestellt.
- ☐ Der Strom wird nicht als Regelenergie vermarktet.

Ergeben sich Änderungen zu den obigen Angaben, so verpflichtet sich der Anlagenbetreiber diese dem Netzbetreiber unverzüglich schriftlich mitzuteilen.

Sonstiges/Anmerkungen

____

____

______________________	______________________
Ort (Netzbetreiber), den	Ort (Anlagenbetreiber), den
______________________	______________________
Unterschrift des Netzbetreibers	Unterschrift des Anlagenbetreibers

1 Für die Stromerzeugung aus sonstiger Biomasse benutzen Sie bitte das Datenblatt für Anlage(n) zur Erzeugung von Strom aus Biomasse. Für die Stromerzeugung in sog. Mini-Güllevergärungsanlagen benutzen Sie bitte das Datenblatt für die Erzeugung von Strom in Mini-Güllevergärungsanlagen gemäß § 46 EEG.

4. Anlage 2 – Datenblatt Güllevergärung

Muster

87 **Anlage 2**

Datenblatt

Für Anlage(n) zur Erzeugung von Strom aus Biogas gemäß § 46 EEG[1] („Mini-Gülleanlage")

Anlagenbetreiber

Fa./Name: ______________________

Straße: ______________________

PLZ, Ort: ______________________

Telefon: ________ /______________

Fax: ________ /______________

E-Mail: ______________________

Errichter der Anlage

Fa./Name: ______________________

Straße: ______________________

PLZ, Ort: ______________________

Telefon: ________ /______________

Fax: ________ /______________

E-Mail: ______________________

Anlagenverantwortlicher nach DIN VDE 0105

☐ Benennung eines Anlagenverantwortlichen

Fa./Name: ______________________

PLZ, Ort: ______________________

Telefon: ________ /______________

☐ Verzicht auf die Benennung eines Anlagenverantwortlichen

Bankverbindung des Anlagenbetreibers

Kontoinhaber: ____

DE _ _ | _ _ _ _ | _ _ _ _ | _ _ _ _ | _ _ _ _ | _ _
IBAN

______________________ _ _ _ _ _ _ _ _ | _ _ _
Kreditinstitut BIC

Umsatzsteuerrechtlicher Status

Umsatzsteuer-Identifikationsnummer/FA-Steuernummer ______________________

oder

Kleinunternehmer i. S. d. § 19 UStG (ja/nein) ______________________

Anlage

Hersteller: ______________________

Typ: ______________________

Anlagenanschrift (Standort)

Straße: ______________________

PLZ, Ort: ______________________

Gemarkung: ______________________

Flur: ______________________

Vergütungsangaben
Die Höhe und Dauer der Vergütung bestimmt sich nach dem Inbetriebnahmezeitpunkt der Anlage. Der Inbetriebnahmezeitpunkt ist nach dem Inbetriebsetzungsprotokoll der **Anlage 4**:

_____ /_____ /_____

- ☐ Anaerobe Vergärung von Biomasse im Sinne der Biomasseverordnung.
- ☐ Die installierte Leistung am Standort beträgt höchstens 75 kW.
- ☐ Geplanter Einsatz von mindestens 80 Masseprozent Gülle mit Ausnahme von Geflügelmist und Geflügeltrockenkot.
- ☐ Die Stromerzeugung erfolgt am Standort der Biogaserzeugungsanlage.
- ☐ Der gesamte Strom aus der Anlage, für den dem Grunde nach ein Förderanspruch nach § 19 EEG besteht und der nicht in unmittelbarer räumlicher Nähe zur Anlage verbraucht wird und der durch ein Netz durchgeleitet wird, wird dem Netzbetreiber zur Verfügung gestellt.
- ☐ Der Strom wird nicht als Regelenergie vermarktet.

Ergeben sich Änderungen zu den obigen Angaben, so verpflichtet sich der Anlagenbetreiber diese dem Netzbetreiber unverzüglich schriftlich mitzuteilen.

Sonstiges/Anmerkungen

____

____

____

Ort (Netzbetreiber), den	Ort (Anlagenbetreiber), den
Unterschrift des Netzbetreibers	Unterschrift des Anlagenbetreibers

1 Für sonstige Stromerzeugung aus Biomasse benutzen Sie bitte das Datenblatt für Anlage(n) zur Erzeugung von Strom aus Biomasse oder ggf. alternativ das Datenblatt für Anlage(n) zur Erzeugung von Strom aus Bioabfall gemäß § 45 EEG.

II. Erläuterung

1. Neue Vergütungsstruktur für Biomasseanlagen

88 Die Vergütungsregelungen für den Einsatz von Biomasse werden im EEG 2014 gegenüber den §§ 27 ff. EEG 2012 **umstrukturiert**: Für die §§ 44 ff. EEG, welche funktional die §§ 27 bis 27b EEG 2012 ersetzen, werden die gleichermaßen anwendbaren Regelungen nunmehr in § 47 EEG zusammengefasst. Auch inhaltlich ergeben sich wesentliche Änderungen bei der Vergütungsstruktur: Mit der Streichung des bisherigen § 27 Abs. 2 EEG 2012 entfällt zukünftig die sog. **einsatzstoffbezogene Vergütung** nach Einsatzstoffvergütungsklasse I (nachwachsende Rohstoffe) und Einsatzstoffvergütungsklasse II (ökologisch wertvolle Einsatzstoffe) für Strom aus fester und gasförmiger Biomasse. Anlagebetreiber haben auch bei einem Einsatz von Einsatzstoffen nach den bisherigen Anlagen 2 und 3 der Biomasseverordnung zukünftig nur noch Anspruch auf die Grundvergütung nach § 44 EEG. Eine zusätzliche einsatzstoffbezogene Förderung, z. B. für den Einsatz von Energiepflanzen wie Mais, wird nicht mehr gewährt. Die Grundvergütung richtet sich gemäß § 44 EEG weiterhin nach den Vergütungsstufen 150 kW, 500 kW, 5 MW und 20 MW. Der **Gasaufbereitungsbonus** für den Einsatz von Biomethan entfällt.

Rechtsprechung
Der BGH hat in seiner Entscheidung vom 23.10.2013[25] entschieden, dass der sog. **weite Anlagenbegriff** anzuwenden ist. Danach sind mehrere BHKW, die gemeinsam einen **Fermenter** nutzen, unter bestimmten Voraussetzungen eine Anlage. Die besonderen Regelungen des § 19 Abs. 1 EEG sind danach nicht anzuwenden, wenn bereits eine technische Anlagenzusammenfassung („**Verklammerung**“ z. B. durch den gemeinsam genutzten Fermenter) vorliegt. Für die Praxis bedeutet dies, dass die einzelnen BHKW nicht als eigenständige Anlagen vergütet werden und die unteren lukrativeren Vergütungsstufen nicht mehrfach in Anspruch nehmen können.

---

89 Schon im EEG 2012 war der sog. KWK-Bonus entfallen und in die Grundvergütung eingepreist worden. Während die gesetzgeberisch gewollte **Kraftwärmekoppelung** nach dem EEG 2009 eine Zusatzvergütung auslöste, war die Nutzung der Kraftwärmekoppelung im EEG 2012 als Vergütungsvoraussetzung im Rahmen der Grundvergütung vorgesehen. So bestand der Anspruch auf Vergütung nur, wenn und solange mindestens 60 % des in dem jeweiligen Kalenderjahr in der Anlage erzeugten Stroms in Kraftwärmekoppelung nach Maßgabe der Anlage 2 zum EEG erzeugt wurde. Die allgemeine Wärmenutzungspflicht ist jetzt (außer bei der Biomethanverstromung) wieder entfallen. Auch die ersatzweise Nutzung von mindestens **60 Masseprozent Gülle** ist nicht mehr verpflichtend. Da der Gesetzgeber davon ausgeht, dass die §§ 44 bis 47 EEG künftig den Einsatz von Mais ökonomisch unattraktiv machen bzw. auf-

25 BGH, Urt. v. 23.10.2013 – VIII ZR 262/12 –.

grund des hohen Abfall- und Reststoffanteils deutlich begrenzen, bedürfe es keiner **Deckelung des Maiseinsatzes** bei Neuanlagen mehr.

2. Gasäquivalentnutzung

Die Möglichkeit der sog. Gasäquivalentnutzung findet sich nunmehr in § 47 Abs. 6 EEG: Aus einem **Erdgasnetz** entnommenes Gas gilt jeweils als Deponiegas, Klärgas, Grubengas, Biomethan oder Speichergas, soweit die Menge des entnommenen Gases im **Wärmeäquivalent** am Ende eines Kalenderjahres der Menge von Deponiegas, Klärgas, Grubengas, Biomethan oder Speichergas entspricht, die an anderer Stelle im Geltungsbereich dieses Gesetzes in das Erdgasnetz eingespeist worden ist, und wenn für den gesamten Transport und Vertrieb des Gases von seiner Herstellung oder Gewinnung, seiner Einspeisung in das Erdgasnetz und seinem Transport im Erdgasnetz bis zu seiner Entnahme aus dem Erdgasnetz **Massenbilanzsysteme** verwendet worden sind. 90

Unter Geltung des EEG 2012 war umstritten, ob die Vorgabe, Massenbilanzsysteme zu verwenden, auch für Bestandsanlagen gilt.[26] Dies wird nunmehr in den Übergangsbestimmungen (§ 101 Abs. 2 Nr. 2 EEG) für Strom, der ab August 2014 erzeugt wird, eindeutig geregelt. Ab dem Inkrafttreten des EEG 2014 ist die Gasäquivalentnutzung damit ohne **Massenbilanzierung** in keinem Fall mehr möglich. 91

Gleichzeitig wird in § 100 Abs. 1 Nr. 4 EEG klargestellt, dass Bestandsanlagen, die Einsatzstoffe verschiedener Einsatzstoffvergütungsklassen einsetzen, die daraus erzeugten Gasmengen für die Zwecke einer Förderung nach dem EEG 2012 **getrennt bilanzieren** und getrennt vermarkten können. Für die Förderung nach dem EEG 2004 und EEG 2009 besteht diese Möglichkeit aber nach wie vor nicht, das **Ausschließlichkeitsprinzip** im Hinblick auf den NawaRo-Bonus muss also nach wie vor von der Biogaserzeugungsanlage eingehalten werden. 92

3. Förderung von Flexibilität

Neue Biogasanlagen sollen nur noch dann finanziell gefördert werden, wenn sie nicht nur Strom einspeisen, sondern zusätzlich **flexible Leistung** anbieten. Für Biogasanlagen ab 100 kW gilt der jeweilige Fördersatz daher nur noch bis zu einer Strommenge, die einer Auslastung der installierten Kapazität der Anlage von 50 % entspricht. Für den darüberhinausgehenden Strom verringert sich die Förderung auf den Monatsmarktwert, die Marktprämie verringert sich dadurch auf null. 93

Zum Ausgleich erhalten die betreffenden Anlagen einen **Flexibilitätszuschlag.** Anders als die nach dem EEG 2012 gewährte Flexibilitätsprämie wird der Zuschlag als fester Betrag in Euro pro Kilowatt installierte Leistung gewährt und kann für die 94

26 *Herz/von Bredow*, ZNER 2012, 580, 582.

gesamte Förderdauer beansprucht werden. Der Flexibilitätszuschlag kann nicht nur als Ergänzung zur Marktprämie, sondern auch als Ergänzung zur **Einspeisevergütung** für kleine Anlagen und als Ergänzung zur Ausfallvergütung in Anspruch genommen werden.

95 Die **Flexibilitätsprämie** für Bestandsanlagen wird nahezu unverändert fortgeschrieben. Es wird aber klargestellt, dass keine Volleinspeisung notwendig ist, sondern neben der Flexibilitätsprämie auch ein teilweiser **Eigenverbrauch** des Stroms zulässig ist.[27] Außerdem wird ein **Deckel** von 1.350 MW zusätzlich installierter Kapazität eingeführt. Dieser Deckel gilt allerding nur für einen Zubau nach dem 1.8.2014, bereits vor dem Stichtag installierte Kapazitäten bleiben davon unberührt.

4. Zubaudeckel für Biomasseanlagen

96 Im EEG 2014 wird ein **Zubaudeckel** für Bioenergieanlagen mit einer Höhe von 100 MW installierter Leistung pro Jahr eingeführt, vgl. § 28 Abs. 1 EEG. Dieser Zubaudeckel wird von den Verbänden als zu niedrig kritisiert. Gleichzeitig ist fraglich, ob dieser Zubaudeckel erreicht wird, da möglicherweise aufgrund der wirtschaftlich wesentlich weniger attraktiven Bedingungen insgesamt weniger Anlagen errichtet werden. Wird der Deckel überschritten, erhöht sich die für Biomasseanlagen anwendbare **Vergütungsdegression.**

5. Nachweispflichten

97 Für Biomasseanlagen bestehen besondere Nachweispflichten: Erforderlich ist zum einen ein lückenloser Nachweis der Einsatzstoffe durch Führung eines **Einsatzstofftagebuchs** mit Anlagen und Belegen über Art, Menge und Einheit sowie Herkunft der eingesetzten Stoffe hinsichtlich des Umstandes, welche Biomasse und in welchem Umfang Speichergas oder Grubengas eingesetzt werden. Eine Kopie des Einsatzstofftagebuches ist bis zum 28.2. jeden Jahres jeweils für das vorangegangene Kalenderjahr vorzulegen.

98 Bei erstmaliger Geltendmachung des Vergütungsanspruches für Anlagen, in denen **Biomethan** eingesetzt wird, muss die Eignung zur Erzeugung von Strom in **Kraft-Wärme-Kopplung** durch Vorlage eines **Umweltgutachtens** nachgewiesen werden. Zusätzlich muss der KWK-Anteil bis zum 28.2. jeden Jahres jeweils für das vorangegangene Kalenderjahr durch Umweltgutachten oder bei Kleinanlagen bis 2 MW durch ein **Datenblatt des Herstellers** über die thermische und elektrische Leistung sowie die Stromkennzahl nachgewiesen werden.

27 BT-Drucks. 18/1304, S. 291 der elektronischen Vorabfassung.

Praxistipp
Die **Clearingstelle EEG** erkennt eine Nachweisfunktion von **Umweltgutachten** an, wenn diese schlüssig, objektiv nachvollziehbar und in sich widerspruchsfrei sind.[28] Der Netzbetreiber sollte die Umweltgutachten daher mindestens auf Plausibilität, offensichtliche Fehler und Vollständigkeit prüfen.

6. Minigülleanlagen

§ 46 EEG enthält auch weiterhin eine separate Vergütung für **Minigülleanlagen.**[29] In diesem Fall ist die Vergütungsstruktur wesentlich vereinfacht, da es nur einen Vergütungssatz, nämlich 23,73 ct/kWh gibt.[30] Die Voraussetzungen dieser Vergütungsart sind: Stromerzeugung am Standort der Biogasanlage, eine installierte Leistung am Standort der Biogaserzeugungsanlage insgesamt von höchstens 75 kW, Mindesteinsatz von 80 Masseprozent Gülle. Diese Vergütung kann nicht mit anderen Vergütungen kombiniert werden. Der Anspruch auf Vergütung von Minigülleanlagen gilt nur bei Gas aus anaerober Vergärung von Biomasse. Der nach der Biomasseverordnung zulässige Einsatz von bis zu 10 Gewichtsprozent Klärschlamm ist deshalb für diese Anlagen unzulässig. Die 80 Masseprozent beziehen sich auf Gülle mit Ausnahme von Geflügelmist und Geflügeltrockenmist. 99

Die installierte Leistung von 75 kW ist in der Regel identisch mit der vom Hersteller des Generators bescheinigten Leistung. Die Leistungsgrenze von 75 kW bezieht sich auf den Standort der Biogasanlage. Daher ist die installierte Leistung aller Anlagen am Standort maßgeblich. Die Stromerzeugung muss am Standort der Biogasanlage erfolgen. Auf sog. **Satelliten-BHKW**, die an einem anderen Standort errichtet werden und Biogas über eine lange Biogasleitung beziehen, soll die Vorschrift ausdrücklich nicht anwendbar sein.[31] 100

Praxistipp
Zum **Nachweis** der Vergütungsvoraussetzungen lässt der Gesetzgeber bei den Minigülleanlagen eine Kopie des **Einsatzstofftagebuches** ausreichen, darüberhinausgehende Nachweise sind nicht erforderlich.

28 Votum der Clearingstelle EEG v. 12.9.2011 – 2010/18 – S. 1; Votum der Clearingstelle EEG v. 10.6.2013 – 2013/21 – S. 11.
29 Bisher § 27b EEG 2012.
30 Die Degression richtet sich nach § 28 EEG.
31 Vgl. BT-Drucks. 17/6071, S. 73.

7. Bioabfallanlagen

101 Für Anlagen, die mehr als 90 Masseprozent getrennt gesammelte **Bioabfälle** vergären, ist ebenfalls ein eigener Tarif nach § 45 EEG[32] vorgesehen. Der Vergütungsanspruch setzt unter anderem voraus, dass die Einrichtungen zur anaeroben Vergärung der Bioabfälle unmittelbar[33] mit einer Einrichtung zur Nachrotte der festen Gärrückstände verbunden sind und die nachgerotteten Gärrückstände stofflich verwertet werden.

102 Die Vergütung für Strom aus Bioabfallvergärungsanlagen beträgt 15,26 ct/kWh bis einschließlich einer Bemessungsleistung von 500 kW und 13,38 ct/kWh bis einschließlich einer Bemessungsleistung von 20 MW.[34] Diese erhöhten Vergütungssätze sind den höheren Investitionskosten der Vergärungstechnik geschuldet. Außerdem soll ein deutlicher Anreiz gesetzt werden, die energetische Nutzung von **Bioabfällen** zu verstärken. Der Vergütungsanspruch gem. § 45 EEG gilt für Biogasanlagen, welche Biogas einsetzen, dass durch anaerobe Vergärung von Biomasse im Sinne der Biomasseverordnung mit einem Anteil von getrennt erfassten Bioabfällen im Sinne der **Abfallschlüssel** Nr. 20 02 01, 20 03 01 und 20 03 02 der Nr. 1 des Anhangs 1 der Bioabfallverordnung von durchschnittlich mindestens 90 Masseprozent gewonnen wurde. Dabei handelt es sich im Wesentlichen um Garten- und Parkabfälle, Abfälle aus der Biotonne sowie Marktabfälle. Der nach der Biomasseverordnung zulässige Einsatz von bis zu 10 Gewichtsprozent Klärschlamm ist für diese Anlagen unzulässig.

103 Auch bei der Bioabfallvergärung gelten umfangreiche Nachweispflichten. So muss gem. § 47 Abs. 2 EEG ein **Einsatzstofftagebuch** geführt werden. Bei Anlagen, die auch flüssige Biomasse einsetzen, ist im Einsatzstofftagebuch der Stromanteil aus flüssiger Biomasse zu dokumentieren, die zur Anfahr-, Zünd- und Stützfeuerung notwendig ist. Wird das Biogas aufbereitet und ins Erdgasnetz eingespeist, wird die Stromerzeugung durch ein das Gas wieder entnehmendes BHKW nur gefördert, soweit der Strom aus Kraft-Wärme-Kopplung erzeugt wird. Der Nachweis der KWK-Nutzung muss durch ein Gutachten eines **Umweltgutachters** oder bei Kleinanlagen bis 2 MW durch ein **Datenblatt des Herstellers** über die thermische und elektrische Leistung sowie die Stromkennzahl erfolgen.

104 Bioabfallanlagen, die die speziellen Voraussetzungen des § 45 EEG nicht erfüllen, etwa weil der Mindestanteil für Bioabfälle nicht eingehalten wird, weil andere Bioabfälle als die privilegierten Abfallschlüssel verwendet werden oder weil keine Nachrotte vorhanden ist, können auf die Vergütung für Biogasanlagen nach § 44 EEG zurückgreifen.

---

32 Bisher § 27a EEG 2012.

33 Bei der Frage, wann eine solche „unmittelbare Verbindung" vorliegt, sollte im Kern darauf abgestellt werden, ob die Vergärungsanlage und die Einrichtung zur Nachrotte in einem funktionalen Zusammenhang zueinanderstehen; entscheidend ist, ob ein objektiver Dritter Biogasanlage und Nachrotte als Teil einer Gesamtanlage ansehen würde, vgl. Loibl/Maslaton/von Bredow/Walter/*von Bredow*, S. 327 f.

34 Die Degression richtet sich nach § 28 EEG.

8. Bestandsanlagen

Nach § 100 Abs. 1 EEG gilt das neue EEG im Grundsatz auch für **Bestandsanlagen,** allerdings enthalten die nachfolgenden Bestimmungen umfangreiche und komplexe Übergangsregelungen, welche **Vertrauensschutz** gewähren sollen. Für Bestandsanlagen soll im Grundsatz die bisherige Förderkulisse unverändert erhalten bleiben, wo die Anwendung der neuen Regelungen nicht ausdrücklich gewollt ist. 105

Gemäß § 101 Abs. 1 EEG erhalten bestehende Biogasanlagen für den Strom, der über die sog. **Höchstbemessungsleistung** hinausgeht, nur den Marktwert. Höchstbemessungsleistung ist dabei die höchste Bemessungsleistung der Anlage in einem Kalenderjahr seit dem Zeitpunkt ihrer Inbetriebnahme und vor dem 1.1.2014. Abweichend gilt der um 5 % verringerte Wert der am 31.7.2014 installierten Leistung der Anlage als Höchstbemessungsleistung, wenn der so ermittelte Wert höher als die tatsächliche Höchstbemessungsleistung ist. 106

Die Gewährung des **Landschaftspflegebonus** wird in § 101 Abs. 2 Nr. 1 EEG eingeschränkt, als nunmehr die Definition von Landschaftspflegematerial aus dem EEG 2012 auch für die Bonusgewährung nach dem EEG 2009 gilt. Damit will der Gesetzgeber den Einsatz von nicht besonders förderungswürdigen Stoffen, insbesondere Mais aus bestimmten Förderprogrammen, im Rahmen des Landschaftspflegebonus auch für Bestandsanlagen unterbinden. Die entsprechenden Stoffe bleiben aber nach wie vor im Rahmen des **Bonus für Strom aus nachwachsenden Rohstoffen** förderfähig. 107

Auf Anlagen mit der Inbetriebnahme ab 1.8.2014 findet das neue EEG uneingeschränkt Anwendung. Bisher orientierte sich der **Zeitpunkt der Inbetriebnahme** an der erstmaligen Inbetriebsetzung des Generators bzw. der Anlage nach Herstellung der technischen Betriebsbereitschaft. Die Art des verwendeten Einsatzstoffes war dabei irrelevant. Folglich war die nachträgliche **Umrüstung von Erdgas-BHKW auf Biomethan** – mit gewissen Einschränkungen – unter Beibehaltung des früheren Inbetriebnahmezeitpunktes möglich. Nach dem EEG 2014 erfolgt die Inbetriebnahme grundsätzlich erst mit der **Umstellung** auf den Betrieb ausschließlich mit Erneuerbaren Energien. Das alte Recht und damit auch der Inbetriebnahmezeitpunkt bei der erstmaligen Stromerzeugung aus fossilen Brennstoffen gilt aber weiterhin, wenn die Umstellung bis zum 31.7.2014 erfolgt ist. 108

F. Deponie-/Klär-/Grubengas

I. Vertragsmuster

1. Einspeisevertrag

Muster

109 **Vertrag über den Netzanschluss einer EEG-Anlage und die Einspeisung des erzeugten Stroms – Deponie-, Klär- oder Grubengas –**

zwischen

Stadtwerke .... GmbH
[Adresse] (Netzbetreiber)

und

Name/Firma
[Adresse] (Anlagenbetreiber)

Telefon/Fax __________ Kundennummer __________

Registergericht __________ Registernummer __________

Präambel
Der Anlagenbetreiber beabsichtigt, eine Anlage oder mehrere Anlagen zur Erzeugung von Elektrizität aus Deponie-, Klär- oder Grubengas zu errichten und zu betreiben. Dieser Vertrag regelt den Anschluss der Anlage an das Verteilernetz des Netzbetreibers, den Betrieb der Anlage sowie die Einspeisung und Vergütung der zur Einspeisung angestellten Energiemengen. Grundlage für diesen Vertrag ist das Gesetz für den Vorrang Erneuerbarer Energien (Erneuerbare-Energien-Gesetz (EEG) vom 21. Juli 2014 (BGBl. 2014 I S. 1066 ff.), zuletzt geändert durch Gesetz vom 22. Juli 2014 (BGBl. 2014 I S. 1218 ff.), sowie das Energiewirtschaftsgesetz (EnWG), die Stromnetzzugangsverordnung (StromNZV), die Stromnetzentgeltverordnung (StromNEV) sowie die Niederspannungsanschlussverordnung (NAV) in ihrer jeweils geltenden Fassung, die in den Vertrag einbezogen werden, soweit im Folgenden keine anderweitigen Regelungen getroffen werden. Im Falle eines inhaltlichen Widerspruchs haben zwingende Regelungen des EEG Vorrang vor vertraglichen Regelungen.

1. Vertragsgegenstand

1.1 Dieser Vertrag regelt den Netzanschluss, die Einspeisung, die Abnahme und die Vergütung von Strom, den der Anlagenbetreiber in seiner EEG-Anlage erzeugt und ganz oder teilweise in das Netz des Netzbetreibers einspeist. Die Vergütung erfolgt ausschließlich aufgrund des EEG.

1.2 Die „AGB Allgemeine Geschäftsbedingungen zum EEG-Einspeisevertrag" (AGB) sind Bestandteil dieses Vertrages. Sie sind diesem Vertrag als **Anlage 1** beigefügt. Zudem gelten die technischen Bedingungen des Netzbetreibers, soweit der Netzbetreiber entsprechende Bedingungen aufgestellt hat. Diese Bedingungen sind dem Vertrag als **Anlage 6** beigefügt.

1.3 Die in diesem Vertrag und den Anlagen genannten Regelwerke und Richtlinien, die nicht beigefügt sind, sind dem Kunden bekannt und werden von ihm beachtet.

2. EEG-Anlage

2.1 Es handelt sich bei der Anlage um eine Anlage zur Erzeugung von Strom aus Deponie-, Klär- oder Grubengas.

2.2 Die Anlagendaten ergeben sich aus dem „Datenblatt für Anlage(n) zur Erzeugung von Strom aus Deponie-, Klär- oder Grubengas für den Parallelbetrieb mit dem Netz des Netzbetreibers" (**Anlage 2**).

2.3 Der Standort der Anlage und die Lage des Netzanschlusses sowie der Verknüpfungspunkt mit dem Netz des Netzbetreibers ergeben sich aus den Plänen nach **Anlage 3**.

2.4 Über die Inbetriebsetzung der Anlage ist dem Netzbetreiber unverzüglich nach der Inbetriebsetzung ein Inbetriebnahmeprotokoll nach dem von diesem Vertrag vorgegebenen Muster vorzulegen. Das Inbetriebnahmeprotokoll wird diesem Vertrag als **Anlage 4** beigefügt.

2.5 Planung, Errichtung, Anschluss, Betrieb, Instandhaltung und Änderung der EEG-Anlage müssen gemäß den gesetzlichen Bestimmungen sowie den anerkannten Regeln der Technik durchgeführt werden und den technischen Anforderungen des Netzbetreibers, soweit solche aufgestellt sind, entsprechen.

2.6 Soweit die Anlage in Gasäquivalentnutzung (Einsatz von aus dem Gasnetz entnommenen Erdgases, welches als Deponie-, Klär- oder Grubengas gilt) betrieben wird, ist der Anlagenbetreiber verpflichtet, kalenderjährlich einen geeigneten Nachweis zu erbringen, dass die Menge des entnommenen Gases im Wärmeäquivalent der Menge Deponie-, Klär- oder Grubengas entspricht, das an anderer Stelle im Geltungsbereich des EEG in das Gasnetz eingespeist worden ist.

Der Anlagenbetreiber ist verpflichtet, vor Inbetriebnahme der Anlage ein geeignetes Konzept vorzulegen, wie der Nachweis nach Abs. 1 geführt werden soll.

3. Netzanschluss

3.1 Der Netzanschluss der Anlage erfolgt in

- ☐ Netzebene 7 (Niederspannung)
- ☐ Netzebene 6 (Umspannung Niederspannung/Mittelspannung)
- ☐ Netzebene 5 (Mittelspannung)
- ☐ Netzebene 4 (Umspannung Hochspannung/Mittelspannung)
- ☐ Netzebene 3 (Hochspannung)
- ☐ Netzebene 2 (Umspannung Höchstspannung/Hochspannung)

3.2 Der Verknüpfungspunkt des Netzanschlusses mit dem Netz ist aus dem Schemaplan Netzanschluss **in Anlage 3** ersichtlich.

3.3 Der Netzanschluss steht im Eigentum

☐ des Anlagenbetreibers. ☐ des Netzbetreibers.

3.4 Voraussetzung für den Netzanschluss von Anlagen mit einer Leistung über 100 Kilowatt ist die Erfüllung der Verpflichtung des Anlagenbetreibers nach § 9 Abs. 1 EEG, die Anlage mit einer technischen Einrichtung zur ferngesteuerten Reduzierung der Einspeiseleistung bei Netzüberlastung und zur Abrufung der jeweiligen Ist-Einspeisung auszustatten, auf die der Netzbetreiber zugreifen darf.

- ☐ Die Anlage ist mit einer technischen Einrichtung nach § 9 Abs. 1 EEG ausgestattet.
- ☐ Die Anlage ist zusammen mit einer oder mehreren anderen Anlagen, die gleichartige erneuerbare Energien einsetzen und über denselben Verknüpfungspunkt mit dem Netz verbunden sind, mit einer gemeinsamen technischen Einrichtung nach § 9 Abs. 1 S. 2 EEG ausgestattet.

4. Einspeisung

4.1 Der Anlagenbetreiber ist berechtigt, den gesamten Strom, der in seiner EEG-Anlage erzeugt wird, in das Netz des Netzbetreibers einzuspeisen, soweit dieser Vertrag einschließlich seiner Anlagen oder die gesetzlichen Regelungen keine Ausnahmen vorsehen.

4.2 Der Anlagenbetreiber betreibt seine Deponie-, Klär- oder Grubengasanlage derart, dass sich am Netzverknüpfungspunkt ein Leistungsfaktor nicht unterhalb von cos phi = 0,9 induktiv liegt. Kapazitive Werte des Leistungsfaktors dürfen nicht auftreten; daher muss die Einspeisung der elektrischen Energie in das Stromnetz des Netzbetreibers mit einem Leistungsfaktor cos phi zwischen 0,9 und 1 (induktiver Bereich) erfolgen.

4.3 Der Anlagenbetreiber führt auf seine Kosten in Abstimmung mit dem Netzbetreiber zur Einhaltung des vorgenannten Leistungsfaktors ggf. eine seinen tatsächlichen Belastungsverhältnissen angepasste ausreichende Blindstromkompensation durch.

5. Messstellenbetrieb und Messung

5.1 Der Anlagenbetreiber

☐ beauftragt den Netzbetreiber mit Messung und Messstellenbetrieb.

☐ beauftragt einen Dritten mit der Messung.

____
Fa./Name

____
Straße

____
PLZ, Ort

____
Telefon

____
Fax

____
E-Mail

☐ beauftragt einen Dritten mit dem Messstellenbetrieb.

____
Fa./Name

____
Straße

____
PLZ, Ort

____
Telefon

____
Fax

____
E-Mail

5.2 Die Messung richtet sich nach Ziff. 8 der diesem Vertrag **als Anlage 1** beigefügten AGB.

5.3 Der Anlagenbetreiber erklärt,

☐ dass die EEG-Anlage nicht gemeinsam mit anderen (eigenen oder fremden) Anlagen im Sinne von § 5 Nr. 1 EEG über eine gemeinsame Messeinrichtung abgerechnet wird,

oder

☐ dass die EEG-Anlage mit anderen (eigenen oder fremden) Anlagen im Sinne von § 5 Nr. 1 EEG gemeinsam über eine Messeinrichtung abgerechnet wird.

6. Vergütung und Abrechnung des eingespeisten Stroms

6.1 Der Netzbetreiber vergütet ab Inbetriebnahme der EEG-Anlage dem Anlagenbetreiber für die am Verknüpfungspunkt gelieferte Energie das gemäß EEG zu zahlende Mindestentgelt.

6.2 Die Zahlung der Vergütung erfolgt

☐ durch monatliche Abschlagszahlungen in angemessenem Umfang mit einer Jahresschlussrechnung für das jeweilige Kalenderjahr. Die Jahresschlussrechnung hat der Anlagenbetreiber dem Netzbetreiber bis zum 28. Februar des Folgejahres zu übersenden, soweit die Abrechnung nicht im Gutschriftsverfahren erfolgt.

☐ durch monatliche Abrechnungen.

6.3 Die Regelung der §§ 24 und 25 EEG bleiben unberührt.

7. Laufzeit, Inkrafttreten, Wirksamkeit und Kündigung

7.1 Dieser Vertrag tritt nach seiner Unterzeichnung durch beide Vertragspartner in Kraft und läuft unbefristet, längstens jedoch solange der Netzbetreiber zur Abnahme und Vergütung der vom Anlagenbetreiber erzeugten Energie verpflichtet ist.

7.2 Während der geförderten Direktvermarktung gem. §§ 34 ff. EEG oder der sonstigen Direktvermarktung verlieren die vergütungsbezogenen Regelungen dieses Vertrages ihre Wirksamkeit.

7.3 Näheres ist in Ziff. 10 der AGB (**Anlage 1**) geregelt.

8. Schlussbestimmungen

8.1 Die Vertragsparteien benennen ihre Ansprechpartner und deren jeweilige Erreichbarkeit in der **Anlage 5**. Änderungen diesbezüglich werden der jeweils anderen Vertragspartei unverzüglich mitgeteilt. Grundsätzlich erfolgt der Datenaustausch zwischen Netzbetreiber und Anlagenbetreiber zur Abwicklung des Netzanschlusses und der Einspeisung des erzeugten Stroms elektronisch. Die technischen Einzelheiten des Datenaustauschs sind in **Anlage 5** festgelegt.

8.2 Sollten einzelne Bestimmungen des Vertrages unwirksam oder undurchführbar sein oder werden, so bleibt der Vertrag im Übrigen unberührt. Die Vertragsparteien verpflichten sich, die unwirksamen oder undurchführbaren Bestimmungen durch andere, ihnen im wirtschaftlichen Ergebnis möglichst gleich kommende Regelungen zu ersetzen. Dies gilt entsprechend bei unbeabsichtigten Regelungslücken.

8.3 Die Rechte und Pflichten aus diesem Vertrag können mit Zustimmung des jeweils anderen Vertragspartners auf einen Dritten übertragen werden. Das Einverständnis darf nur verweigert werden, wenn gegen die technische und wirtschaftliche Leistungsfähigkeit begründete Zweifel vorliegen. Einer Zustimmung bedarf es nicht, wenn es sich bei dem Rechtsnachfolger um ein verbundenes Unternehmen im Sinne der §§ 15 ff. Aktiengesetz des Netzbetreibers handelt oder der Netzbetreiber aufgrund des mit der Gemeinde abgeschlossenen Konzessionsvertrages verpflichtet ist, das Netz zu übertragen.

8.4 Änderungen und Ergänzungen des Vertrages sowie die Änderung dieser Bestimmung selbst, bedürfen der Schriftform.

8.5 Gerichtsstand ist der Sitz des Netzbetreibers.

Ort (Netzbetreiber), den ____________	Ort (Anlagenbetreiber), den ____________
____________	____________
Unterschrift des Netzbetreibers	Unterschrift des Anlagenbetreibers

Anlagenverzeichnis

Anlage 1: AGB zum EEG-Einspeisevertrag

Anlage 2: Datenblatt für Anlage(n) zur Erzeugung von Strom aus Deponie-, Klär- oder Grubengas

Anlage 3: Lage- und Schemapläne für die Deponie-, Klär- oder Grubengasanlage(n) und den Netzanschluss

Anlage 4: Inbetriebnahmeprotokoll für eine EEG-Anlage

Anlage 5: Ansprechpartner und Datenaustausch

Anlage 6: Technische Bedingungen des Netzbetreibers

2. Anlage 2 – Datenblatt

Muster
110 **Anlage 2**

Datenblatt
für Anlage(n) zur Erzeugung von Strom aus Deponie-, Klär- oder Grubengas

Anlagenbetreiber		**Errichter der Anlage**	
Fa./Name:	____________________	Fa./Name:	____________________
Straße:	____________________	Straße:	____________________
PLZ, Ort:	____________________	PLZ, Ort:	____________________
Telefon:	______ /____________	Telefon:	______ /____________
Fax:	______ /____________	Fax:	______ /____________
E-Mail:	____________________	E-Mail:	____________________

Anlagenverantwortlicher nach DIN VDE 0105

☐ Benennung eines Anlagenverantwortlichen

Fa./Name: ____________________

PLZ, Ort: ____________________

Telefon: ____________________

☐ Verzicht auf die Benennung eines Anlagenverantwortlichen

Bankverbindung des Anlagenbetreibers

Kontoinhaber: ____

DE _ _ | _ _ _ _ | _ _ _ _ | _ _ _ _ | _ _ _ _ | _ _
IBAN

____________________ _ _ _ _ _ _ _ _ | _ _ _
Kreditinstitut BIC

Umsatzsteuerrechtlicher Status

Umsatzsteuer-Identifikationsnummer/FA-Steuernummer ____________________

oder

Kleinunternehmer i. S. d. § 19 UStG (ja/nein) ____________________

Anlage		**Anlagenanschrift (Standort)**	
Hersteller:	____________________	Straße:	____________________
Typ:	____________________	PLZ, Ort:	____________________
		Gemarkung:	____________________
		Flur:	____________________

☐ Auf demselben Grundstück oder sonst in unmittelbarer räumlicher Nähe befindet sich eine Anlage zur Stromerzeugung aus gleichartigen Erneuerbaren Energien und einer Inbetriebnahme innerhalb der letzten zwölf Kalendermonate.

Vergütungsangaben

Die Höhe und Dauer der Vergütung bestimmt sich nach dem Inbetriebnahmezeitpunkt der Anlage. Der Inbetriebnahmezeitpunkt ist nach dem Inbetriebsetzungsprotokoll der **Anlage 4**:

_____ /_____ /_____

Installierte elektrische Anlagenleistung: _____ kW

Einsatzstoffe

☐ Deponiegas
☐ Klärgas
☐ Grubengas aus Bergwerken des aktiven oder stillgelegten Bergbaus

Die Nutzung des Deponie-, Klär- bzw. Grubengases erfolgt
☐ in Gasäquivalentnutzung (Einsatz von aus dem Gasnetz entnommenem Erdgas, welches als Deponie-, Klär- bzw. Grubengases gilt)
☐ durch Vor-Ort-Verstromung

Einrichtung zur ferngesteuerten Regelung/Datenerfassung im Sinne des § 9 Abs. 1 EEG

☐ vorhanden
☐ wegen Kapazitätsgröße ☐ derzeit nicht vorhanden
☐ derzeit nicht erforderlich
☐ Nachholung der Errichtung bis zur Inbetriebnahme
☐ Der gesamte Strom aus der Anlage, für den dem Grunde nach ein Förderanspruch nach § 19 EEG besteht und der nicht in unmittelbarer räumlicher Nähe zur Anlage verbraucht wird und der durch ein Netz durchgeleitet wird, wird dem Netzbetreiber zur Verfügung gestellt.
☐ Der Strom wird nicht als Regelenergie vermarktet.

Ergeben sich Änderungen zu den obigen Angaben, so verpflichtet sich der Anlagenbetreiber, diese dem Netzbetreiber unverzüglich schriftlich mitzuteilen.

Sonstiges/Anmerkungen

____

____

____

Ort (Netzbetreiber), den	Ort (Anlagenbetreiber), den
Unterschrift des Netzbetreibers	Unterschrift des Anlagenbetreibers

II. Erläuterung

111 Die Vergütungen für Strom aus **Deponie-, Klär- und Grubengas** werden, parallel strukturiert, in den § 41 ff. EEG geregelt. Wesentliche Änderungen im Vergleich zum EEG 2012 haben sich nicht ergeben. Laut § 41 EEG beträgt die Vergütung für Strom aus Deponiegas bis einschließlich einer **Bemessungsleistung** von 500 kW 8,42 ct/kWh und bis einschließlich einer Bemessungsleistung von 5 MW 5,83 ct/kWh. Die Beträge beim Klärgas gem. § 42 EEG beziffern sich mit 6,69 ct/kWh sowie 5,83 ct/kWh. Nach § 43 EEG beträgt die Vergütung für Strom aus Grubengas bis einschließlich einer Bemessungsleistung von 1 MW 6,74 ct/kWh, bis einschließlich einer Bemessungsleistung von 5 MW 4,30 ct/kWh und ab einer Bemessungsleistung von mehr als 5 MW 3,80 ct/kWh. Die Pflicht zur Vergütung besteht nur, wenn das Grubengas aus Bergwerken des aktiven oder stillgelegten Bergbaus stammt.

112 Diese Beträge unterliegen gem. § 27 EEG der Degression von jährlich 1,5 % ab 2016.

113 Für Deponie-, Klär- und Grubengas gibt es wie für Biogas die Möglichkeit der **Gasäquivalentnutzung** nach § 47 Abs. 6 EEG. Der Anspruch auf den sog. Gasaufbereitungsbonus, welcher auch bei Deponiegas- und Klärgasanlagen, nicht dagegen Grubengasanlagen bestand, entfällt durch die ersatzlose Streichung des bisherigen § 27c Abs. 2 EEG 2012.

G. Solar

I. Vertragsmuster

1. Einspeisevertrag

Muster

Vertrag über den Netzanschluss einer EEG-Anlage und die Einspeisung des erzeugten Stroms 114

– Solare Strahlungsenergie –

zwischen

Stadtwerke .... GmbH
[Adresse] (Netzbetreiber)

und

Name/Firma
[Adresse] (Anlagenbetreiber)

Telefon/Fax ______________ Kundennummer ______________

Registergericht ______________ Registernummer ______________

Präambel
Der Anlagenbetreiber beabsichtigt, eine Anlage oder mehrere Anlagen zur Erzeugung von Elektrizität aus solarer Strahlungsenergie zu errichten und zu betreiben. Dieser Vertrag regelt den Anschluss der Anlage an das Verteilernetz des Netzbetreibers, den Betrieb der Anlage sowie die Einspeisung und Vergütung der zur Einspeisung angestellten Energiemengen. Grundlage für diesen Vertrag ist das Gesetz für den Vorrang Erneuerbarer Energien (Erneuerbare-Energien-Gesetz (EEG) vom 21. Juli 2014 (BGBl. 2014 I S. 1066 ff.), zuletzt geändert durch Gesetz vom 22. Juli 2014 (BGBl. 2014 I S. 1218 ff.), sowie das Energiewirtschaftsgesetz (EnWG), die Stromnetzzugangsverordnung (StromNZV), die Stromnetzentgeltverordnung (StromNEV) sowie die Niederspannungsanschlussverordnung (NAV) in ihrer jeweils geltenden Fassung, die in den Vertrag einbezogen werden, soweit im Folgenden keine anderweitigen Regelungen getroffen werden. Im Falle eines inhaltlichen Widerspruchs haben zwingende Regelungen des EEG Vorrang vor vertraglichen Regelungen.

1. Vertragsgegenstand

1.1 Dieser Vertrag regelt den Netzanschluss, die Einspeisung, die Abnahme und die Vergütung von Strom, den der Anlagenbetreiber in seiner EEG-Anlage erzeugt und ganz oder teilweise in das Netz des Netzbetreibers einspeist. Die Vergütung erfolgt ausschließlich aufgrund des EEG.

1.2 Die „AGB Allgemeine Geschäftsbedingungen zum EEG-Einspeisevertrag" (AGB) sind Bestandteil dieses Vertrages. Sie sind diesem Vertrag als **Anlage 1** beigefügt. Zudem gelten die technischen Bedingungen des Netzbetreibers, soweit der Netzbetreiber entsprechende Bedingungen aufgestellt hat. Diese Bedingungen sind dem Vertrag als **Anlage 6** beigefügt.

1.3 Die in diesem Vertrag und den Anlagen genannten Regelwerke und Richtlinien, die nicht beigefügt sind, sind dem Kunden bekannt und werden von ihm beachtet.

2. EEG-Anlage

2.1 Es handelt sich bei der Anlage um eine Anlage zur Erzeugung von Strom aus solarer Strahlungsenergie.

2.2 Die Anlagendaten ergeben sich aus dem „Datenblatt für Anlage/n zur Erzeugung von Strom aus solarer Strahlungsenergie" (**Anlage 2**).

2.3 Der Standort der Anlage und die Lage des Netzanschlusses sowie der Verknüpfungspunkt mit dem Netz des Netzbetreibers ergeben sich aus den Plänen nach **Anlage 3**.

2.4 Über die Inbetriebsetzung der Anlage ist dem Netzbetreiber unverzüglich nach Inbetriebsetzung ein Inbetriebnahmeprotokoll nach dem von diesem Vertrag vorgegebenen Muster vorzulegen. Das Inbetriebnahmeprotokoll wird diesem Vertrag als **Anlage 4** beigefügt.

2.5 Planung, Errichtung, Anschluss, Betrieb, Instandhaltung und Änderung der EEG-Anlage müssen gemäß den gesetzlichen Bestimmungen sowie den anerkannten Regeln der Technik durchgeführt werden und den technischen Anforderungen des Netzbetreibers, soweit solche aufgestellt sind (**Anlage 6**), entsprechen.

3. Netzanschluss und technische Vorgaben

3.1 Der Netzanschluss der Anlage erfolgt in

- ☐ Netzebene 7 (Niederspannung)
- ☐ Netzebene 6 (Umspannung Niederspannung/Mittelspannung)
- ☐ Netzebene 5 (Mittelspannung)
- ☐ Netzebene 4 (Umspannung Hochspannung/Mittelspannung)
- ☐ Netzebene 3 (Hochspannung)
- ☐ Netzebene 2 (Umspannung Höchstspannung/Hochspannung)

3.2 Der Verknüpfungspunkt des Netzanschlusses mit dem Netz ist aus dem Schemaplan Netzanschluss in **Anlage 3** ersichtlich.

3.3 Der Netzanschluss steht im Eigentum

☐ des Anlagenbetreibers. ☐ des Netzbetreibers.

3.4 Voraussetzung für den Netzanschluss von Anlagen mit einer Leistung über 100 Kilowatt ist die Erfüllung der Verpflichtung des Anlagenbetreibers nach § 9 Abs. 1 EEG, die Anlage mit einer technischen Einrichtung zur ferngesteuerten Reduzierung der Einspeiseleistung bei Netzüberlastung und zur Abrufung der jeweiligen Ist-Einspeisung auszustatten, auf die der Netzbetreiber zugreifen darf.

Voraussetzung für den Netzanschluss von Anlagen mit einer Leistung von mehr als 30 Kilowatt bis höchstens 100 Kilowatt ist die Erfüllung der Verpflichtung des Anlagenbetreibers nach § 9 Abs. 2 Nr. 1 EEG, die Anlage mit einer technischen Einrichtung zur ferngesteuerten Reduzierung der Einspeiseleistung bei Netzüberlastung auszustatten, auf die der Netzbetreiber zugreifen darf.

Voraussetzung für den Netzanschluss von Anlagen mit einer Leistung von höchstens 30 Kilowatt ist die Erfüllung der Verpflichtung des Anlagenbetreibers nach § 9 Abs. 2 Nr. 2 EEG, die Anlage mit einer technischen Einrichtung zur ferngesteuerten Reduzierung der Einspeiseleistung bei Netzüberlastung auszustatten, auf die der Netzbetreiber zugreifen darf, oder die maximale Wirkleistungseinspeisung der Anlage auf 70 Prozent der installierten Leistung zu begrenzen.

- ☐ Die Anlage ist mit einer technischen Einrichtung nach § 9 Abs. 1 EEG ausgestattet
  - ☐ zur ferngesteuerten Reduzierung der Einspeiseleistung bei Netzüberlastung und/oder
  - ☐ zur Abrufung der jeweiligen Ist-Einspeisung.
- ☐ Die Anlage ist zusammen mit einer oder mehreren anderen Anlagen, die gleichartige erneuerbare Energien einsetzen und über denselben Verknüpfungspunkt mit dem Netz verbunden sind, mit einer gemeinsamen technischen Einrichtung nach § 9 Abs. 1 S. 2 EEG ausgestattet

- ☐ zur ferngesteuerten Reduzierung der Einspeiseleistung bei Netzüberlastung und/ oder
- ☐ zur Abrufung der jeweiligen Ist-Einspeisung.

☐ Die maximale Wirkleistungseinspeisung der Anlage am Verknüpfungspunkt der Anlage mit dem Netz ist auf 70 Prozent der installierten Leistung begrenzt.

4. Einspeisung

4.1 Der Anlagenbetreiber ist berechtigt, den gesamten Strom, der in seiner EEG-Anlage erzeugt wird, in das Netz des Netzbetreibers einzuspeisen, soweit dieser Vertrag einschließlich seiner Anlagen oder die gesetzlichen Regelungen keine Ausnahmen vorsehen.

4.2 Der Anlagenbetreiber betreibt seine Stromzeugungsanlage derart, dass am Netzverknüpfungspunkt ein Leistungsfaktor nicht unterhalb von cos phi = 0,9 induktiv liegt. Kapazitive Werte des Leistungsfaktors dürfen nicht auftreten; daher muss die Einspeisung der elektrischen Energie in das Stromnetz des Netzbetreibers mit einem Leistungsfaktor cos phi zwischen 0,9 und 1 (induktiver Bereich) erfolgen.

4.3 Der Anlagenbetreiber führt auf seine Kosten in Abstimmung mit dem Netzbetreiber zur Einhaltung des vorgenannten Leistungsfaktors ggf. eine seinen tatsächlichen Belastungsverhältnissen angepasste ausreichende Blindstromkompensation durch.

5. Messstellenbetrieb und Messung

5.1 Der Anlagenbetreiber

☐ beauftragt den Netzbetreiber mit Messung und Messstellenbetrieb.

☐ beauftragt einen Dritten mit der Messung.	☐ beauftragt einen Dritten mit dem Messstellenbetrieb.
____________ Fa./Name	____________ Fa./Name
____________ Straße	____________ Straße
____________ PLZ, Ort	____________ PLZ, Ort
____________ Telefon	____________ Telefon
____________ Fax	____________ Fax
____________ E-Mail	____________ E-Mail

5.2 Die Messung richtet sich nach Ziff. 8 der diesem Vertrag **als Anlage 1** beigefügten AGB.

5.3 Der Anlagenbetreiber erklärt,

☐ dass die EEG-Anlage nicht gemeinsam mit anderen (eigenen oder fremden) Anlagen im Sinne von § 5 Nr. 1 EEG über eine gemeinsame Messeinrichtung abgerechnet wird,

oder

☐ dass die EEG-Anlage mit anderen (eigenen oder fremden) Anlagen im Sinne von § 5 Nr. 1 EEG gemeinsam über eine Messeinrichtung abgerechnet wird.

6. Vergütung und Abrechnung des eingespeisten Stroms

6.1 Der Netzbetreiber zahlt ab Inbetriebnahme der EEG-Anlage dem Anlagenbetreiber für die am Verknüpfungspunkt gelieferte Energie das gemäß EEG zu zahlende Mindestentgelt.

6.2 Die Zahlung der Vergütung erfolgt

- ☐ durch monatliche Abschlagszahlungen in angemessenem Umfang mit einer Jahresschlussrechnung für das jeweilige Kalenderjahr. Die Jahresschlussrechnung hat der Anlagenbetreiber dem Netzbetreiber bis zum 28. Februar des Folgejahres zu übersenden, soweit die Abrechnung nicht im Gutschriftsverfahren erfolgt.
- ☐ durch monatliche Abrechnungen.

Die Regelungen der §§ 24 und 25 EEG bleiben unberührt.

7. Laufzeit, Inkrafttreten, Wirksamkeit und Kündigung

7.1 Dieser Vertrag tritt nach seiner Unterzeichnung durch beide Vertragspartner in Kraft und läuft unbefristet, längstens jedoch solange der Netzbetreiber zur Abnahme und Vergütung der vom Anlagenbetreiber erzeugten Energie verpflichtet ist.

7.2 Während der geförderten Direktvermarktung gemäß §§ 34 ff. EEG und der sonstigen Direktvermarktung verlieren die vergütungsbezogenen Regelungen dieses Vertrages ihre Wirksamkeit.

7.3 Näheres ist in Ziff. 10 der AGB (**Anlage 1**) geregelt.

8. Schlussbestimmungen

8.1 Die Vertragsparteien benennen ihre Ansprechpartner und deren jeweilige Erreichbarkeit in der **Anlage 5**. Änderungen diesbezüglich werden der jeweils anderen Vertragspartei unverzüglich mitgeteilt. Grundsätzlich erfolgt der Datenaustausch zwischen Netzbetreiber und Anlagenbetreiber zur Abwicklung des Netzanschlusses und der Einspeisung des erzeugten Stroms elektronisch. Die technischen Einzelheiten des Datenaustauschs sind in **Anlage 5** festgelegt.

8.2 Sollten einzelne Bestimmungen des Vertrages unwirksam oder undurchführbar sein oder werden, so bleibt der Vertrag im Übrigen unberührt. Die Vertragsparteien verpflichten sich, die unwirksamen oder undurchführbaren Bestimmungen durch andere, ihnen im wirtschaftlichen Ergebnis möglichst gleich kommende Regelungen zu ersetzen. Dies gilt entsprechend bei unbeabsichtigten Regelungslücken.

8.3 Die Rechte und Pflichten aus diesem Vertrag können mit Zustimmung des jeweils anderen Vertragspartners auf einen Dritten übertragen werden. Das Einverständnis darf nur verweigert werden, wenn gegen die technische und wirtschaftliche Leistungsfähigkeit begründete Zweifel vorliegen. Einer Zustimmung bedarf es nicht, wenn es sich bei dem Rechtsnachfolger um ein verbundenes Unternehmen im Sinne der §§ 15 ff. Aktiengesetz des Netzbetreibers handelt oder der Netzbetreiber aufgrund des mit der Gemeinde abgeschlossenen Konzessionsvertrages verpflichtet ist, das Netz zu übertragen.

8.4 Änderungen und Ergänzungen des Vertrages sowie die Änderung dieser Bestimmung selbst bedürfen der Schriftform.

8.5 Gerichtsstand ist der Sitz des Netzbetreibers.

Ort (Netzbetreiber), den ________________	Ort (Anlagenbetreiber), den ________________
________________________	________________________
Unterschrift des Netzbetreibers	Unterschrift des Anlagenbetreibers

Anlagenverzeichnis

Anlage 1: AGB Allgemeine Geschäftsbedingungen zum EEG-Einspeisevertrag
Anlage 2: Datenblatt für Anlage/n zur Erzeugung von Strom aus solarer Strahlungsenergie
Anlage 3: Lageplan und Schemaplan für die EEG-Anlage und den Netzanschluss
Anlage 4: Inbetriebnahmeprotokoll
Anlage 5: Ansprechpartner und Datenaustausch
Anlage 6: Technische Bedingungen des Netzbetreibers

2. Anlage 2 – Datenblatt

Muster
Anlage 2 115

Datenblatt
für Anlage/n zur Erzeugung von Strom aus solarer Strahlungsenergie

Anlagenbetreiber

Fa./Name: ____________________

Straße: ____________________

PLZ, Ort: ____________________

Telefon: ________/____________

Fax: ________/____________

E-Mail: ____________________

Errichter der Anlage

Fa./Name: ____________________

Straße: ____________________

PLZ, Ort: ____________________

Telefon: ________/____________

Fax: ________/____________

E-Mail: ____________________

Anlagenverantwortlicher nach DIN VDE 0105

☐ Benennung eines Anlagenverantwortlichen

Fa./Name: ____________________

Straße: ____________________

PLZ, Ort: ____________________

Telefon: ________/____________

Mobil: ________/____________

Fax: ________/____________

E-Mail: ____________________

☐ Verzicht auf die Benennung eines Anlagenverantwortlichen

Bankverbindung des Anlagenbetreibers

Kontoinhaber: ____

DE __|____|____|____|____|__
IBAN

____________________ Kreditinstitut

________|___ BIC

Umsatzsteuerrechtlicher Status

Umsatzsteuer-Identifikationsnummer/FA-Steuernummer: ____________________

oder

Kleinunternehmer i. S. d. § 19 UStG (ja/nein): ____________________

Anlage		**Anlagenanschrift (Standort)**	
Hersteller:	______	Straße:	______
Typ:	______	PLZ, Ort:	______
		Gemarkung:	______
		Flur:	______

Anzahl baugleicher Einzelanlagen: _____

☐ Auf demselben Grundstück oder sonst in unmittelbarer räumlicher Nähe befindet sich eine Anlage zur Stromerzeugung aus solarer Strahlungsenergie mit Inbetriebnahme innerhalb der letzten zwölf Kalendermonate vor Inbetriebnahme dieser Anlage.

☐ Innerhalb der letzten 24 aufeinanderfolgenden Kalendermonate wurde in derselben Gemeinde eine Anlage oder mehrere Anlagen zur Erzeugung von Strom aus solarer Strahlungsenergie im Sinne des § 51 Abs. 1 Nr. 2 oder 3 EEG („Freiflächenanlage") in einem Abstand von zwei Kilometern in der Luftlinie gemessen vom äußeren Rand der anzuschließenden sowie bestehenden Anlage errichtet und in Betrieb genommen.

Vergütungsangaben
Die Höhe und Dauer der Vergütung bestimmt sich nach dem Inbetriebnahmezeitpunkt der Anlage. Der Inbetriebnahmezeitpunkt ist nach dem Inbetriebnahmeprotokoll der **Anlage 4**
(bei mehreren Anlagen gesondert für jede Einzelanlage auflisten):
Anlage 1: _____ /_____ /_____
Anlage 2: _____ /_____ /_____
Anlage 3: _____ /_____ /_____
Anlage 4: _____ /_____ /_____
(ggf. auf gesondertem Blatt fortführen)

Installierte elektrische Anlagenleistung insgesamt: _____ kWp

(Zutreffendes bitte ankreuzen:)

☐ Installation ausschließlich in, an oder auf einem Gebäude oder einer Lärmschutzwand (§ 51 Abs. 2 EEG).

☐ Installation in, an oder auf einem Gebäude oder einer sonstigen baulichen Anlage, das oder die vorrangig zu anderen Zwecken als der Erzeugung von Strom aus solarer Strahlungsenergie errichtet worden ist (§ 51 Abs. 1 Nr. 1 EEG) **oder**.

☐ Installation ausschließlich in, an oder auf einem Gebäude, das kein Wohngebäude ist und das im Außenbereich nach § 35 BauGB errichtet wurde **und**.

 ☐ Für das Gebäude wurde nachweislich vor dem 01.04.2012 der Bauantrag oder der Antrag auf Zustimmung gestellt oder die Bauanzeige erstattet (§ 51 Abs. 3 Nr. 1 Buchstabe a EEG) **oder**

 ☐ Die Errichtung des Gebäudes ist nicht genehmigungsbedürftig, aber nach Maßgabe des Bauordnungsrechts der zuständigen Behörde zur Kenntnis zu bringen und die erforderliche Kenntnisgabe ist nachweislich vor dem 01.04.2012 an die Behörde erfolgt (§ 51 Abs. 3 Nr. 1 Buchstabe b EEG) **oder**

 ☐ Mit der Bauausführung des Gebäudes, dessen Errichtung aus sonstigen Gründen nicht genehmigungsbedürftig, sondern insbesondere genehmigungs-, anzeige- und verfahrensfrei ist, wurde nachweislich vor dem 01.04.2012 begonnen (§ 51 Abs. 3 Nr. 1 Buchstabe c EEG) **oder**

- ☐ Das Gebäude steht im räumlich funktionalen Zusammenhang mit einer nach dem 31.03.2012 errichteten Hofstelle eines land- oder forstwirtschaftlichen Betriebes (§ 51 Abs. 3 Nr. 2 EEG) **oder**
- ☐ Das Gebäude dient der dauerhaften Stallhaltung von Tieren und ist von der zuständigen Baubehörde genehmigt worden (§ 51 Abs. 3 Nr. 3 EEG).

☐ Die Anlage ist auf einer Fläche errichtet worden, für die ein Verfahren nach § 38 S. 1 des Baugesetzbuchs durchgeführt worden ist (§ 51 Abs. 1 Nr. 2 EEG).

☐ Die Anlage ist im Bereich eines beschlossenen Bebauungsplans im Sinne des § 30 des Baugesetzbuchs errichtet worden **und**

- ☐ Der Bebauungsplan ist vor dem 1. September 2003 aufgestellt und später nicht mit dem Zweck geändert worden, eine Anlage zur Erzeugung von Strom aus solarer Strahlungsenergie zu errichten (§ 51 Abs. 1 Nr. 3 Buchstabe a EEG) **oder**
- ☐ Der Bebauungsplan hat vor dem 1. Januar 2010 für die Fläche, auf der die Anlage errichtet worden ist, ein Gewerbe- oder Industriegebiet im Sinne der §§ 8 und 9 der Baunutzungsverordnung ausgewiesen, auch wenn die Festsetzung nach dem 1. Januar 2010 zumindest auch mit dem Zweck geändert wurde, eine Anlage zur Erzeugung von Strom aus solarer Strahlungsenergie zu errichten (§ 51 Abs. 1 Nr. 3 Buchstabe b EEG) **oder**
- ☐ Der Bebauungsplan ist nach dem 1. September 2003 zumindest auch mit dem Zweck der Errichtung einer Anlage zur Erzeugung von Strom aus solarer Strahlungsenergie aufgestellt worden (§ 51 Abs. 1 Nr. 3 Buchstabe c EEG) **und**
  - ☐ Die Anlage befindet sich auf Flächen, die längs von Autobahnen oder Schienenwegen liegen und sie ist in einer Entfernung bis zu 110 Metern, gemessen vom äußersten Rand der befestigten Fahrbahn errichtet worden (§ 51 Abs. 1 Nr. 3 Buchstabe c Doppelbuchstabe aa EEG) **oder**
  - ☐ Die Anlage befindet sich auf Flächen, die zum Zeitpunkt des Beschlusses über die Aufstellung oder Änderung des Bebauungsplans bereits versiegelt waren (§ 51 Abs. 1 Nr. 3 Buchstabe c Doppelbuchstabe bb EEG) **oder**
  - ☐ Die Anlage befindet sich auf Konversionsflächen aus wirtschaftlicher, verkehrlicher, wohnungsbaulicher oder militärischer Nutzung und diese Flächen wurden zum Zeitpunkt des Beschlusses über die Aufstellung oder Änderung des Bebauungsplans nicht als Naturschutzgebiet im Sinne des § 23 des Bundesnaturschutzgesetzes oder als Nationalpark im Sinne des § 24 des Bundesnaturschutzgesetzes rechtsverbindlich festgesetzt (§ 51 Abs. 1 Nr. 3 Buchstabe c Doppelbuchstabe cc EEG).

☐ Der gesamte Strom aus der Anlage, für den dem Grunde nach ein Förderanspruch nach § 19 EEG besteht und der nicht in unmittelbarer räumlicher Nähe zur Anlage verbraucht wird und der durch ein Netz durchgeleitet wird, wird dem Netzbetreiber zur Verfügung gestellt.

☐ Der Strom wird nicht als Regelenergie vermarktet.

Ergeben sich Änderungen zu den obigen Angaben, so verpflichtet sich der Anlagenbetreiber, diese dem Netzbetreiber unverzüglich schriftlich mitzuteilen.

Sonstiges/Anmerkungen

____

____

Ort (Netzbetreiber), den	Ort (Anlagenbetreiber), den
Unterschrift des Netzbetreibers	Unterschrift des Anlagenbetreibers

II. Erläuterung

116 Die Vergütungsstruktur für Strom aus **solarer Strahlungsenergie** unterlag in der Vergangenheit mehrfachen Änderungen und wurde durch die sog. **PV-Novelle 2012**[35] umfangreich geändert. Die Vergütungssystematik wird im EEG 2014 grundsätzlich beibehalten. Allerdings entfällt das mit dem EEG 2012 eingeführte und erst seit dem 1.1.2014 anzuwendende Marktintegrationsmodell nach § 33 EEG 2012 ersatzlos. Eine besondere Problematik stellt dabei die Anwendung der Übergangsvorschriften dar. Die im Vergleich zu anderen Anlagentypen relativ komplexen Vorschriften mögen daraus resultieren, dass die vergütungsfähigen Solaranlagen[36] in der Praxis sehr unterschiedlich gestaltet sein können. Die Spanne reicht von der kleinen PV-Anlage auf Hausdächern bis hin zu großen **Freiflächenanlagen** an unterschiedlich zu behandelnden Standorten. Zwar wurde die Vergütungshöhe für einige Anlagen bereits mit der PV-Novelle 2012 vereinheitlicht, allerdings bleiben viele Voraussetzungen und Umstände bei der Einordnung einer konkreten Anlage zu berücksichtigen. Der Einspeisevertrag mit dazugehörigem Datenblatt hilft dabei, diese Voraussetzungen zu erfassen. Die Vertragsparteien sind (auch ohne vertragliche Regelung) dazu aufgerufen, bestimmte Nachweise zu fordern bzw. vorzulegen. Einspeisevertrag und Datenblatt unterstützen die Vertragspartner dabei, sich über die jeweils notwendigen Nachweise zu verständigen.

117 Anlagenbetreiber müssen ihre Anlagen mit einer installierten Leistung von mehr als 100 kW mit technischen Einrichtungen ausstatten, mit denen der Netzbetreiber jederzeit die Einspeiseleistung bei Netzüberlastung ferngesteuert reduzieren und die jeweilige Ist-Einspeisung abrufen kann (vgl. § 9 Abs. 1 EEG 2014). Für Solaranlagen gilt jedoch die Besonderheit, dass bereits Anlagen mit einer installierten Leistung von mehr als 30 kW und höchstens 100 kW mit einer ferngesteuerten Reduzierungsmöglichkeit ausgestattet werden müssen (vgl. § 9 Abs. 2 Nr. 2 lit. a EEG 2014). Das gilt grundsätzlich auch für Anlagen mit einer installierten Leistung von höchsten 30 kW, wenn sie ihre maximale **Wirkleistungseinspeisung** nicht auf 70 % der installierten Leistung am Verknüpfungspunkt begrenzen. Wenn diese Vergütungsvoraussetzungen nicht beachtet werden, dann verringert sich die Vergütung nach dem EEG 2014 nunmehr auf den Monatsmarktwert (vgl. § 25 Abs. 2 EEG 2014) und nicht mehr „auf null", wie es noch das EEG 2012 vorsah (vgl. § 17 Abs. 1 EEG 2012). Aus diesem Grund

35 Gesetz zur Änderung des Rechtsrahmens für Strom aus solarer Strahlungsenergie und zu weiteren Änderungen im Recht der erneuerbaren Energien vom 17.8.2012 (BGBl. I S. 1754), in Kraft getreten zum 1.4.2012.

36 In der BDEW, Umsetzungshilfe zum EEG 2012, S. 75, wird zurecht darauf hingewiesen, dass aus solarer Strahlungsenergie entweder direkt mit (PV)-Modulen oder indirekt über solarthermische Prozesse elektrische Energie erzeugt werden kann. In Deutschland werden jedoch überwiegend PV-Module eingesetzt. Zur Erfassung aller möglichen Anlagentypen wird hier der Begriff „Solaranlagen" einheitlich verwendet.

enthält Ziff. 3.4 des Einspeisevertrags eine entsprechende Abfrage. In Kombination mit der Angabe der installierten Leistung (Datenblatt) lässt sich die Förderfähigkeit feststellen.

Das mit der PV-Novelle 2012 neu eingeführte **Marktintegrationsmodell** sieht für Anlagen ab 10 kW bis einschließlich 1 MW installierter Leistung eine Begrenzung der Vergütung auf 90 % der insgesamt in diesem Kalenderjahr in der Anlage erzeugten Strommenge vor (vgl. § 33 Abs. 1 EEG 2012).[37] In diesem Zusammenhang dürfen betroffene Anlagenbetreiber den Strom nur mit Strom aus anderen Anlagen über eine **gemeinsame Messeinrichtung** abrechnen, soweit alle Anlagen jeweils derselben Begrenzung der vergütungsfähigen Strommenge unterliegen (vgl. § 33 Abs. 4 EEG 2012). Bei Verstößen gegen diese Vorschrift verringert sich die Vergütung.[38] In Ziff. 5.3 des Einspeisevertrags wird daher nach einer gemeinsamen Messung und der Einhaltung der oben genannten Anforderungen gefragt. 118

Praxistipp !

- Bestandsanlagen und neu installierte Module sind hinsichtlich der Anwendbarkeit des **Marktintegrationsmodells** jeweils getrennt zu betrachten, auch wenn sie nach § 19 Abs. 1 EEG 2012 zur Ermittlung der Vergütung im Übrigen als eine Anlage gelten.[39]
- Keine Abrechnung über eine **gemeinsame Messeinrichtung** i. S. v. § 33 Abs. 4 EEG 2012 liegt vor, wenn der Messaufbau sicherstellt, dass von den jeweiligen Anlagen tatsächlich erzeugte und eingespeiste Strommengen eindeutig und aufgrund von Messdaten ermittelt werden können.[40]

Dieses Marktintegrationsmodell wird im EEG 2014 nicht fortgeführt, aber auch nicht für die Vergangenheit aufgehoben. Das bedeutet, dass Anlagen, die zwischen dem 1.4.2012 und dem 31.7.2014 in Betrieb genommen wurden – soweit sie in den Anwendungsbereich fallen – weiterhin dem Marktintegrationsmodell unterliegen. 119

Die vergütungsfähigen Anlagen unterteilen sich grundsätzlich in **Freiflächenanlagen** (vgl. § 51 Abs. 1 EEG 2014) und **Gebäudeanlagen** (vgl. § 51 Abs. 2 EEG 2014). Die Vergütungsangaben im Datenblatt stellen eine umfassende Abfrage der gesetzlich normierten, unterschiedlichen Anlagenkategorien dar. Die genaue Klärung ist zur Bestimmung der konkreten Höhe der Vergütung unerlässlich, da sich die Vergütungssätze unterscheiden. Für die angekreuzten Tatbestände sollte der Netzbetreiber die Vorlage von Nachweisen fordern. 120

37 Frenz/Müggenborg/*Schomerus*, § 33 Rn 1.
38 Frenz/Müggenborg/*Schomerus*, § 33 Rn 42.
39 Hinweis der Clearingstelle EEG v. 21.3.2013 – 2012/30 – S. 1.
40 Hinweis der Clearingstelle EEG v. 22.11.2013 – 2013/19 – S. 1.

Praxistipp
Bei Anlagen, die eine Vergütung erhalten sollen, weil sie u. a. im Bereich eines beschlossenen **Bebauungsplans** liegen, sollte eine Kopie des Bebauungsplans mit Angabe des Datums der Beschlussfassung, der Ausfertigung und der ortsüblichen Bekanntmachung vom Anlagenbetreiber angefordert werden sowie eine Bestätigung der betreffenden Gemeinde, dass der Bebauungsplan nicht aufgehoben wurde.[41]

121 Wenn z. B. die Errichtung einer Freiflächenanlage auf einer **Konversionsfläche** geplant ist, dann sollte ein (gutachterlicher) Nachweis über die Konversionsflächeneigenschaft erbracht werden.[42] Die Nachweisführung zur Flächeneigenschaft vor Netzanschluss bzw. Baubeginn steht sowohl im Interesse des Netzbetreibers als auch des Anlagenbetreibers. Eine zunächst (rechtsgrundlos) geleistete Zahlung des Netzbetreibers kann – und soll (vgl. § 55 Abs. 5 EEG 2014) – zurückgefordert werden.[43] Bei einer bereits errichteten Anlage gestaltet sich eine spätere Nachweisführung des Anlagenbetreibers unter Umständen schwierig (z. B. aufgrund Veränderungen der Fläche im Zuge von Baumaßnahmen).

122 Eine Solaranlage setzt sich in der Regel aus mehreren Modulen zusammen. Nach der Definition im EEG handelt es sich aber bereits bei dem einzelnen Modul um eine separate Anlage (vgl. § 5 Nr. 1 EEG 2014). Bei einer zeitgleichen Inbetriebnahme hat dieser Umstand generell keine Auswirkungen. Anders ist es aber, wenn eine zeitversetzte Inbetriebnahme erfolgt. Dann nämlich sind Anlagen voneinander abzugrenzen. Besondere Bedeutung erhält diese Anlagenabgrenzung bzw. -zusammenfassung in Bezug auf Freiflächenanlagen. **Mehrere Freiflächenanlagen** i. S. v. § 51 Abs. 1 Nr. 2 und 3 EEG gelten unabhängig von den Eigentumsverhältnissen vergütungstechnisch als eine Anlage, wenn sie innerhalb derselben Gemeinde errichtet und innerhalb von 24 aufeinanderfolgenden Kalendermonaten in einem Abstand von bis zu 2 km in der Luftlinie in Betrieb genommen worden sind (§ 32 Abs. 2 EEG 2014). Da die Vergütung für Freiflächenanlagen nur bis einschließlich einer installierten Leistung von 10 MW zu zahlen ist, bedeutet eine **Anlagenzusammenfassung** ggf. den Verlust der gesamten Vergütung, wenn die bestehende Anlage die 10 MW bereits ausnutzt. Der Hintergrund dieser Vorschrift ist, dass der Zubau von Freiflächenanlagen innerhalb der Gemeinden begrenzt werden soll. Aus diesem Grund sind im Datenblatt daher Abfragen zu evtl. bereits vorhandenen Anlagen enthalten. Die gesetzlichen Vergütungsregelungen sind unabhängig von den jeweiligen Erklärungen anzuwenden. Die Erklärungen helfen aber zur Erfassung des Sachverhalts und veranlassen den Anlagenbetreiber – auch in seinem eigenen Interesse – zu einer Prüfung. Sofern dem

41 Frenz/Müggenborg/*Schomerus*, § 32 Rn 55.
42 Empfehlung der Clearingstelle EEG v. 1.7.2010 – 2010/2 – Solarstromanlagen auf Konversionsflächen aus wirtschaftlicher oder militärischer Nutzung i. S. d. § 32 Abs. 3 Nr. 2 EEG 2009 bzw. § 11 Abs. 4 Nr. 2 EEG 2004, S. 75, Rn 158 ff.
43 Frenz/Müggenborg/*Schomerus*, § 35 Rn 47.

Netzbetreiber Hinweise vorliegen oder Umstände bekannt sind, die auf eine mögliche Anlagenzusammenfassung deuten, sollte der Anlagenbetreiber um die Vorlage von Nachweisen gebeten werden. Diese Nachweise sollen das Nicht-Ankreuzen der entsprechenden Regelungen im Datenblatt bestätigen.

Praxistipp

Die Nachweisführung im Rahmen einer potenziellen Anlagenzusammenfassung obliegt – wie auch bei anderen Vergütungsvoraussetzungen – dem Anlagenbetreiber.[44]

---

44 Vgl. BDEW, Umsetzungshilfe zum EEG 2012, S. 76.

H. Geothermie

I. Vertragsmuster

1. Einspeisevertrag

Muster

123 **Vertrag über den Netzanschluss einer EEG-Anlage und die Einspeisung des erzeugten Stroms**

– Geothermie –

zwischen

Stadtwerke .... GmbH
[Adresse] (Netzbetreiber)

und

Name/Firma
[Adresse] (Anlagenbetreiber)

Telefon/Fax ______________ Kundennummer ______________

Registergericht ______________ Registernummer ______________

Präambel
Der Anlagenbetreiber beabsichtigt, eine Anlage oder mehrere Anlagen zur Erzeugung von Elektrizität aus Geothermie zu errichten und zu betreiben. Dieser Vertrag regelt den Anschluss der Anlage an das Verteilernetz des Netzbetreibers, den Betrieb der Anlage sowie die Einspeisung und Vergütung der zur Einspeisung angestellten Energiemengen. Grundlage für diesen Vertrag ist das Gesetz für den Vorrang Erneuerbarer Energien (Erneuerbare-Energien-Gesetz (EEG) vom 21. Juli 2014 (BGBl. 2014 I S. 1066 ff.), zuletzt geändert durch Gesetz vom 22. Juli 2014 (BGBl. 2014 I S. 1218 ff.), sowie das Energiewirtschaftsgesetz (EnWG), die Stromnetzzugangsverordnung (StromNZV), die Stromnetzentgeltverordnung (StromNEV) sowie die Niederspannungsanschlussverordnung (NAV) in ihrer jeweils geltenden Fassung, die in den Vertrag einbezogen werden, soweit im Folgenden keine anderweitigen Regelungen getroffen werden. Im Falle eines inhaltlichen Widerspruchs haben zwingende Regelungen des EEG Vorrang vor vertraglichen Regelungen.

1. Vertragsgegenstand

1.1 Dieser Vertrag regelt den Netzanschluss, die Einspeisung, die Abnahme und die Vergütung von Strom, den der Anlagenbetreiber in seiner EEG-Anlage erzeugt und ganz oder teilweise in das Netz des Netzbetreibers einspeist. Die Vergütung erfolgt ausschließlich aufgrund des EEG.

1.2 Die „AGB Allgemeine Geschäftsbedingungen zum EEG-Einspeisevertrag“ (AGB) sind Bestandteil dieses Vertrages. Sie sind diesem Vertrag als **Anlage 1** beigefügt. Zudem gelten die technischen Bedingungen des Netzbetreibers, soweit der Netzbetreiber entsprechende Bedingungen aufgestellt hat. Diese Bedingungen sind dem Vertrag als **Anlage 6** beigefügt.

1.3 Die in diesem Vertrag und den Anlagen genannten Regelwerke und Richtlinien, die nicht beigefügt sind, sind dem Kunden bekannt und werden von ihm beachtet.

2. EEG-Anlage

2.1 Es handelt sich bei der Anlage um eine Anlage zur Erzeugung von Strom aus Geothermie.

2.2 Die Anlagendaten ergeben sich aus dem „Datenblatt für Anlage(n) zur Erzeugung von Strom aus Geothermie (**Anlage 2**).

2.3 Der Standort der Anlage und die Lage des Netzanschlusses sowie der Verknüpfungspunkt mit dem Netz des Netzbetreibers ergeben sich aus den Plänen nach **Anlage 3**.

2.4 Über die Inbetriebsetzung der Anlage ist dem Netzbetreiber unverzüglich nach der Inbetriebsetzung ein Inbetriebnahmeprotokoll nach dem von diesem Vertrag vorgegebenen Muster vorzulegen. Das Inbetriebnahmeprotokoll wird diesem Vertrag als **Anlage 4** beigefügt.

2.5 Planung, Errichtung, Anschluss, Betrieb, Instandhaltung und Änderung der EEG-Anlage müssen gemäß den gesetzlichen Bestimmungen sowie den anerkannten Regeln der Technik durchgeführt werden und den technischen Anforderungen des Netzbetreibers, soweit solche aufgestellt sind (**Anlage 6**), entsprechen.

3. Netzanschluss

3.1 Der Netzanschluss der Anlage erfolgt in

- ☐ Netzebene 7 (Niederspannung)
- ☐ Netzebene 6 (Umspannung Niederspannung/Mittelspannung)
- ☐ Netzebene 5 (Mittelspannung)
- ☐ Netzebene 4 (Umspannung Hochspannung/Mittelspannung)
- ☐ Netzebene 3 (Hochspannung)
- ☐ Netzebene 2 (Umspannung Höchstspannung/Hochspannung)

3.2 Der Verknüpfungspunkt des Netzanschlusses mit dem Netz ist aus dem Schemaplan Netzanschluss in **Anlage 3** ersichtlich.

3.3 Der Netzanschluss steht im Eigentum

☐ des Anlagenbetreibers. ☐ des Netzbetreibers.

3.4 Voraussetzung für den Netzanschluss von Anlagen mit einer Leistung über 100 Kilowatt ist die Erfüllung der Verpflichtung des Anlagenbetreibers nach § 9 Abs. 1 EEG, die Anlage mit einer technischen Einrichtung zur ferngesteuerten Reduzierung der Einspeiseleistung bei Netzüberlastung und zur Abrufung der jeweiligen Ist-Einspeisung auszustatten, auf die der Netzbetreiber zugreifen darf.

- ☐ Die Anlage ist mit einer technischen Einrichtung nach § 9 Abs. 1 EEG ausgestattet.
- ☐ Die Anlage ist zusammen mit einer oder mehreren anderen Anlagen, die gleichartige erneuerbare Energien einsetzen und über denselben Verknüpfungspunkt mit dem Netz verbunden sind, mit einer gemeinsamen technischen Einrichtung nach § 9 Abs. 1 S. 2 EEG ausgestattet.

4. Einspeisung

4.1 Der Anlagenbetreiber ist berechtigt, den gesamten Strom, der in seiner EEG-Anlage erzeugt wird, in das Netz des Netzbetreibers einzuspeisen, soweit dieser Vertrag einschließlich seiner Anlagen oder die gesetzlichen Regelungen keine Ausnahmen vorsehen.

4.2 Der Anlagenbetreiber betreibt seine EEG-Anlage derart, dass am Netzverknüpfungspunkt ein Leistungsfaktor nicht unterhalb von cos phi = 0,9 induktiv liegt. Kapazitive Werte des Leistungsfaktors dürfen nicht auftreten; daher muss die Einspeisung der elektrischen Energie in das Stromnetz des Netzbetreibers mit einem Leistungsfaktor cos phi zwischen 0,9 und 1 (induktiver Bereich) erfolgen.

4.3 Der Anlagenbetreiber führt auf seine Kosten in Abstimmung mit dem Netzbetreiber zur Einhaltung des vorgenannten Leistungsfaktors ggf. eine seinen tatsächlichen Belastungsverhältnissen angepasste ausreichende Blindstromkompensation durch.

5. Messstellenbetrieb und Messung

5.1 Der Anlagenbetreiber

☐ beauftragt den Netzbetreiber mit Messung und Messstellenbetrieb.

☐ beauftragt einen Dritten mit der Messung.	☐ beauftragt einen Dritten mit dem Messstellenbetrieb.
______________________	______________________
Fa./Name	Fa./Name
______________________	______________________
Straße	Straße
______________________	______________________
PLZ, Ort	PLZ, Ort
______________________	______________________
Telefon	Telefon
______________________	______________________
Fax	Fax
______________________	______________________
E-Mail	E-Mail

5.2 Die Messung richtet sich nach Ziff. 8 der diesem Vertrag **als Anlage 1** beigefügten AGB.

5.3 Der Anlagenbetreiber erklärt,

☐ dass die EEG-Anlage nicht gemeinsam mit anderen (eigenen oder fremden) Anlagen im Sinne von § 5 Nr. 1 EEG über eine gemeinsame Messeinrichtung abgerechnet wird,

oder

☐ dass die EEG-Anlage mit anderen (eigenen oder fremden) Anlagen im Sinne von § 5 Nr. 1 EEG gemeinsam über eine Messeinrichtung abgerechnet wird.

6. Vergütung und Abrechnung des eingespeisten Stroms

6.1 Der Netzbetreiber vergütet ab Inbetriebnahme der EEG-Anlage dem Anlagenbetreiber für die am Verknüpfungspunkt gelieferte Energie das gemäß EEG zu zahlende Mindestentgelt.

6.2 Die Zahlung der Vergütung erfolgt

☐ durch monatliche Abschlagszahlungen in angemessenem Umfang mit einer Jahresschlussrechnung für das jeweilige Kalenderjahr. Die Jahresschlussrechnung hat der Anlagenbetreiber dem Netzbetreiber bis zum 28. Februar des Folgejahres zu übersenden, soweit die Abrechnung nicht im Gutschriftsverfahren erfolgt.

☐ durch monatliche Abrechnungen.

6.3 Die Regelungen der §§ 24 und 25 EEG bleiben unberührt.

7. Laufzeit, Inkrafttreten, Wirksamkeit und Kündigung

7.1 Dieser Vertrag tritt nach seiner Unterzeichnung durch beide Vertragspartner in Kraft und läuft unbefristet, längstens jedoch solange der Netzbetreiber zur Abnahme und Vergütung der vom Anlagenbetreiber erzeugten Energie verpflichtet ist.

7.2 Während der geförderten Direktvermarktung gem. §§ 34 ff. EEG oder der sonstigen Direktvermarktung verlieren die vergütungsbezogenen Regelungen dieses Vertrages ihre Wirksamkeit.

7.3 Näheres ist in Ziff. 10 der AGB (**Anlage 1**) geregelt.

8. Schlussbestimmungen

8.1 Die Vertragsparteien benennen ihre Ansprechpartner und deren jeweilige Erreichbarkeit in der **Anlage 5**. Änderungen diesbezüglich werden der jeweils anderen Vertragspartei unverzüglich mitgeteilt. Grundsätzlich erfolgt der Datenaustausch zwischen Netzbetreiber und Anlagenbetreiber zur Abwicklung des Netzanschlusses und der Einspeisung des erzeugten Stroms elektronisch. Die technischen Einzelheiten des Datenaustauschs sind in **Anlage 5** festgelegt.

8.2 Sollten einzelne Bestimmungen des Vertrages unwirksam oder undurchführbar sein oder werden, so bleibt der Vertrag im Übrigen unberührt. Die Vertragsparteien verpflichten sich, die unwirksamen oder undurchführbaren Bestimmungen durch andere, ihnen im wirtschaftlichen Ergebnis möglichst gleich kommende Regelungen zu ersetzen. Dies gilt entsprechend bei unbeabsichtigten Regelungslücken.

8.3 Die Rechte und Pflichten aus diesem Vertrag können mit Zustimmung des jeweils anderen Vertragspartners auf einen Dritten übertragen werden. Das Einverständnis darf nur verweigert werden, wenn gegen die technische und wirtschaftliche Leistungsfähigkeit begründete Zweifel vorliegen. Einer Zustimmung bedarf es nicht, wenn es sich bei dem Rechtsnachfolger um ein verbundenes Unternehmen im Sinne der §§ 15 ff. Aktiengesetz des Netzbetreibers handelt oder der Netzbetreiber aufgrund des mit der Gemeinde abgeschlossenen Konzessionsvertrages verpflichtet ist, das Netz zu übertragen.

8.4 Änderungen und Ergänzungen des Vertrages sowie die Änderung dieser Bestimmung selbst bedürfen der Schriftform.

8.5 Gerichtsstand ist der Sitz des Netzbetreibers.

Ort (Netzbetreiber), den ____________________	Ort (Anlagenbetreiber), den ____________________
____________________	____________________
Unterschrift des Netzbetreibers	Unterschrift des Anlagenbetreibers

Anlagenverzeichnis

Anlage 1: Allgemeine Geschäftsbedingungen zum EEG-Einspeisevertrag
Anlage 2: Datenblatt für Anlage zur Erzeugung von Strom aus Geothermie
Anlage 3: Lage- und Schemapläne für die Geothermieanlage und den Netzanschluss
Anlage 4: Inbetriebnahmeprotokoll
Anlage 5: Ansprechpartner und Datenaustausch
Anlage 6: Technische Bedingungen des Netzbetreibers

2. Anlage 2 – Datenblatt

Muster

124 **Anlage 2**

Datenblatt
für Anlage(n) zur Erzeugung von Strom aus Geothermie

Anlagenbetreiber

Fa./Name: ______________________

Straße: ______________________

PLZ, Ort: ______________________

Telefon: ________/______________

Fax: ________/______________

E-Mail: ______________________

Errichter der Anlage

Fa./Name: ______________________

Straße: ______________________

PLZ, Ort: ______________________

Telefon: ________/______________

Fax: ________/______________

E-Mail: ______________________

Anlagenverantwortlicher nach DIN VDE 0105

☐ Benennung eines Anlagenverantwortlichen

Fa./Name: ______________________

Straße: ______________________

PLZ, Ort: ______________________

Telefon: ________/______________

Mobil: ________/______________

Fax: ________/______________

E-Mail: ______________________

☐ Verzicht auf die Benennung eines Anlagenverantwortlichen

Bankverbindung des Anlagenbetreibers

Kontoinhaber: ______________________________________

DE _ _ | _ _ _ _ | _ _ _ _ | _ _ _ _ | _ _ _ _ | _ _
IBAN

______________________ _ _ _ _ _ _ _ _ | _ _ _
Kreditinstitut BIC

Umsatzsteuerrechtlicher Status

Umsatzsteuer-Identifikationsnummer/FA-Steuernummer: ______________________

oder

Kleinunternehmer i. S. d. § 19 UStG (ja/nein): ______________________

Anlage

Hersteller: ______________________

Typ: ______________________

Anlagenanschrift (Standort)

Straße: ______________________

PLZ, Ort: ______________________

Gemarkung: ______________________

Flur: ______________________

Vergütungsangaben

☐ Die Höhe und Dauer der Vergütung bestimmt sich nach dem Inbetriebnahmezeitpunkt der Anlage. Der Inbetriebnahmezeitpunkt ist nach dem Inbetriebnahmeprotokoll der **Anlage 4**:

_____ /_____ /_____

Installierte elektrische Anlagenleistung: _____ kW

☐ Der gesamte Strom aus der Anlage, für den dem Grunde nach ein Förderanspruch nach § 19 EEG besteht und der nicht in unmittelbarer räumlicher Nähe zur Anlage verbraucht wird und der durch ein Netz durchgeleitet wird, wird dem Netzbetreiber zur Verfügung gestellt.

☐ Der Strom wird nicht als Regelenergie vermarktet.

Ergeben sich Änderungen zu den obigen Angaben, so verpflichtet sich der Anlagenbetreiber, diese dem Netzbetreiber unverzüglich schriftlich mitzuteilen.

Sonstiges/Anmerkungen

____

____

____

______________________	______________________
Ort (Netzbetreiber), den	Ort (Anlagenbetreiber), den
______________________	______________________
Unterschrift des Netzbetreibers	Unterschrift des Anlagenbetreibers

II. Erläuterung

125 **Geothermie (auch geothermische Energie oder Erdwärme)** bezeichnet die unterhalb der Oberfläche der festen Erde in Form von Wärme gespeicherte Energie.[45]

126 Der Beitrag der Geothermie zur Stromerzeugung ist in Deutschland noch relativ gering. So gibt es bundesweit erst ca. 27 Anlagen, die durch Nutzung der tiefen Geothermie (Bohrtiefe > 400m) Strom erzeugen.[46]

127 Um die Stromerzeugung aus Geothermie weitergehend zu fördern, wurden im EEG 2012 die Vergütungsstruktur vereinfacht und die Vergütungssätze erhöht. Diese Vergütungsstruktur bleibt im EEG 2014 im Wesentlichen unverändert, allerdings wurde der Bonus für petrothermale Systeme gestrichen.

128 Aufgrund der einfachen Vergütungsstruktur ist das Datenblatt zum Netzanschluss- und Einspeisevertrag verhältnismäßig einfach aufgebaut. Vom Anlagenbetreiber müssen entsprechend wenige Nachweise erbracht werden. Auch ergeben sich im Netzanschluss- und Einspeisevertrag für Geothermieanlagen keine Besonderheiten, sodass auf die allgemeinen Hinweise verwiesen werden kann.

129 Im EEG 2009 sowie im EEG 2004 war noch eine Staffelung der Vergütung nach Leistungsklassen vorgesehen. Diese wurde im EEG 2012 gestrichen, da der Schwellenwert im EEG 2009 von 10 MW installierter Leistung von bestehenden Anlagen bisher nicht erreicht wurde und auch von für die nächsten Jahre geplanten Projekten wohl nicht erreicht werden wird.[47]

130 Nach § 27 Abs. 2 EEG beginnt die jährliche Absenkung der Grundvergütung und des Bonus für neu in Betrieb genommene Anlagen erst ab dem Jahr 2018. Dieser späte Degressionsbeginn wurde aufgrund der noch langsamen Entwicklung der Stromerzeugung aus Geothermie gewählt.[48] Um den technologischen Entwicklungsdruck zu erhöhen, beträgt der Degressionssatz 5 %.

---

45 PK Tiefe Geothermie, Arbeitsblatt v. 8.2.2007; Frenz/Müggenborg/*Franke*, § 28 Rn 9.

46 Bundesverband Geothermie e. V., http://www.geothermie.de/wissenswelt/geothermie/in-deutschland.html.

47 Vgl. Gesetzesbegründung zum EEG 2012, BT-Drucks. 17/6071, S. 74; Frenz/Müggenborg/*Franke*, § 28 Rn 11.

48 Gesetzesbegründung zum EEG 2012, BT-Drucks. 17/6071, S. 67.

I. Inbetriebnahmeprotokoll

I. Muster – Anlage 4 zum Einspeisevertrag

Muster
Anlage 4 131

Inbetriebnahmeprotokoll

Anlagenbetreiber

Fa./Name: ______________________

Straße: ______________________

PLZ, Ort: ______________________

Telefon: ________ /______________

Fax: ________ /______________

E-Mail: ______________________

Inbetriebnahme durch

Fa./Name: ______________________

Straße: ______________________

PLZ, Ort: ______________________

Telefon: ________ /______________

Fax: ________ /______________

E-Mail: ______________________

Anlage

Hersteller: ______________________

Typ: ______________________

Anlagenanschrift

Straße: ______________________

PLZ, Ort: ______________________

Anzahl baugleicher Einzelanlagen: _____

Inbetriebnahmezeitpunkt: _____ /_____ /_____

Installierte elektrische Anlagenleistung: _____ Kilowatt

☐ Die Anlage wurde erstmalig in Betrieb gesetzt und ab dem Inbetriebnahmezeitpunkt ausschließlich mit erneuerbaren Energien oder Grubengas betrieben.

☐ Die Anlage oder Teile der Anlage (bitte ggf. auf einem separaten Blatt erläutern) wurden bereits zuvor (z. B. an anderer Stelle) in Betrieb gesetzt. Die erstmalige Inbetriebsetzung erfolgte am:

_____ /_____ /_____

☐ Die Anlage wurde erstmalig mit sonstigen Energieträgern in Betrieb gesetzt. Die Umstellung auf den Betrieb ausschließlich mit erneuerbaren Energien oder Grubengas erfolgte am:

_____ /_____ /_____

Einspeisung

Verwendung von:

☐ Asynchrongenerator
☐ Synchrongenerator
☐ Wechselrichter

Daten der Einzelanlage

Wirkleistung: PnE ________________ kW

Scheinleistung: SnE ________________ kVA

Gen.-Nennspannung: UnG ________________ V

Gen.-Nennstrom: InG ________________ A

SE max 10 min ________________ kVA ☐ ja ☐ nein

Im Falle motorischen Anlaufs des Generators: Anzugsstrom Ia ________________ A

Im Falle der Einspeisung durch Wechselrichter:

Steuerung:	☐ netzgeführt	☐ selbstgeführt	
inselbetriebsfähig:	☐ ja	☐ nein	
Pulszahl	☐ 6pulsig	☐ 12pulsig	☐ puls.mod
Oberschwingungsströme	☐ gemäß DIN VDE 0838 Teil 2		
	☐ beigefügter Anlage		

Kurzschlussstrom der Eigenerzeugungsanlage IKE ________________ kA

Kompensationsanlage	☐ nicht vorhanden	
	☐ nicht vorhanden mit 0,01 .... kVAr	
zugeordnet der	☐ Einzelanlage	☐ Gesamtanlage
geregelt	☐ ja	☐ nein
erdrosselt	☐ ja, mit _____ %	☐ nein
mit TF-Sperre	☐ ja, für _____ Hz	☐ nein
zu Saugkreisen ausgebaut	☐ ja, für n = _____	☐ nein

Einrichtung zur ferngesteuerten Reduzierung der Einspeiseleistung i. S. d. § 6 Nr. 1 EEG:

☐ vorhanden
☐ wegen Kapazitätsgröße ☐ derzeit nicht vorhanden
☐ derzeit nicht erforderlich
☐ Nachholung der Errichtung bis zur Inbetriebnahme

Einrichtung zur Abrufung der Ist-Einspeisung i. S. d. § 6 Nr. 1 EEG

☐ vorhanden
☐ wegen Kapazitätsgröße ☐ derzeit nicht vorhanden
☐ derzeit nicht erforderlich
☐ Nachholung der Errichtung bis zur Inbetriebnahme

Sonstiges/Anmerkungen:

____

____

____

Ort, Datum, Firmenstempel, Unterschrift

____

Klewar

II. Erläuterungen zum Inbetriebnahmebegriff

Der Zeitpunkt der **Inbetriebnahme** hat erhebliche Auswirkungen auf die Vergütung, die der Anlagenbetreiber beanspruchen kann. Der Zeitpunkt der Inbetriebnahme entscheidet nach Maßgabe der jeweiligen Übergangsvorschriften darüber, welche Fassung des EEG auf die Anlage anwendbar ist. Je nachdem, ob eine Anlage vor oder nach einem Jahreswechsel in Betrieb genommen wurde, kann dadurch der Vergütungsanspruch bestehen oder vollständig entfallen. 132

Beispiel
Biomasseanlagen, die fossile Zünd- und Stützfeuerung einsetzen, haben gem. § 8 Abs. 6 EEG 2004 nur dann einen Vergütungsanspruch, wenn die Inbetriebnahme vor dem 1.1.2007 erfolgt ist.

Darüber hinaus sinken die Vergütungssätze regelmäßig um einen bestimmten Prozentsatz (**Degression**). Auch dafür ist der Zeitpunkt der Inbetriebnahme maßgeblich. Außerdem bestimmt der Zeitpunkt der Inbetriebnahme das Ende des gesetzlichen Mindestvergütungsanspruches, dieser besteht nämlich für 20 Kalenderjahre zuzüglich des Jahres, in das die Inbetriebnahme fällt. 133

Der Netzbetreiber muss daher auf die rechtssichere Feststellung und Dokumentation des Zeitpunktes der Inbetriebnahme besonderen Wert legen. Die Clearingstelle EEG hat in ihrem Hinweis **zum Inbetriebnahmezeitpunkt** bei Photovoltaikanlagen nach dem EEG 2009 unter anderem ein schriftliches Inbetriebnahmeprotokoll als geeigneten Nachweis angesehen.[49] Das **Inbetriebnahmeprotokoll** sollte von einer von dem Anlagenbetreiber unabhängigen fachkundigen Person erstellt werden oder es sollte der Netzbetreiber bei der Aufnahme des Protokolls hinzugezogen werden. Der Netzbetreiber ist aber nicht verpflichtet, an der beabsichtigten Inbetriebnahme der Anlage mitzuwirken, soweit er damit nicht auch gleichzeitig seiner Verpflichtung zum Netzanschluss der Anlage nachkommt. Neben dem Inbetriebnahmeprotokoll können insbesondere auch Lichtbilder von der Inbetriebnahme als Nachweis herangezogen werden. Dabei ist der Anlagenbetreiber dafür verantwortlich, dass die Aufnahmen aussagekräftig sind. 134

Das Muster des **Inbetriebnahmeprotokolls** ist vorrangig für Fälle entwickelt worden, in denen der Netzbetreiber bei der Inbetriebnahme der Anlage anwesend ist, weil gleichzeitig der Netzanschluss der Anlage in Betrieb gesetzt wird. Es gibt dann regelmäßig keine Zweifel an der **Betriebsbereitschaft** und der **Inbetriebsetzung** der Anlage. Das Muster konzentriert sich daher auf technische Fragen betreffend den Netzanschluss. Wenn der Anlagenbetreiber die Anlage bereits vor der Herstellung des Netzanschlusses in Betrieb nehmen will, etwa um sich einen günstigeren Vergütungssatz zu sichern, kann das Muster ebenfalls verwendet werden. Es ist allerdings 135

---

49 Clearingstelle EEG, Hinweis v. 25.6.2010 – 2010/1 –.

als Nachweis der Inbetriebnahmevoraussetzungen ohne weitere Nachweise und Unterlagen regelmäßig nicht geeignet. Der Anlagenbetreiber sollte in solchen Fällen möglichst frühzeitig darauf hingewiesen werden, dass er selbst für eine ausreichende Dokumentation zum Nachweis der Inbetriebnahme verantwortlich ist.

Praxistipp
In dem Schreiben, mit dem dem Anlagenbetreiber der Verknüpfungspunkt für den Anschluss der Anlage mitgeteilt wird, kann dieser auf die Nachweispflichten bei einer Inbetriebnahme der Anlage vor Herstellung des Netzanschlusses hingewiesen werden.

---

136 Der Begriff der **Inbetriebnahme** ist seit der Einführung des EEG mehrfach geändert worden. Allen Fassungen des EEG ist aber gemeinsam, dass mindestens zwei Voraussetzungen für die Inbetriebnahme bestehen. Zum einen muss die Anlage **technisch betriebsbereit zur Stromerzeugung aus erneuerbaren Energien** sein. Zum anderen muss eine **tatsächliche Inbetriebsetzung** der Anlage erfolgen und zwar zumindest eine juristische Sekunde nach der Herstellung der technischen Betriebsbereitschaft. Nach dem Inbetriebnahmebegriff des EEG 2014 (§ 3 Nr. 21 EEG) muss auch die Inbetriebsetzung ausschließlich mit erneuerbaren Energien erfolgen. In früheren Fassungen des EEG war eine fossile Inbetriebsetzung noch ausreichend. Bei einer Inbetriebsetzung unter Verwendung fossiler Energieträger musste der Anlagenbetreiber aber nachweisen, dass die Anlage technisch bereits zur Stromerzeugung aus Erneuerbaren Energien fähig war.

Beispiel
Nach der Rechtsprechung des BGH ist eine Biogasanlage erst dann technisch betriebsbereit, wenn der Fermenter der Biogasanlage fertiggestellt und mit dem BHKW verbunden wurde.[50]

---

137 Seit der **PV-Novelle 2012**[51] ist eine weitere Voraussetzung der Inbetriebnahme, dass die Anlage bei der Inbetriebsetzung fest an dem für den dauerhaften Betrieb vorgesehenen Ort installiert ist und, soweit erforderlich, auch **Wechselrichter** vorhanden sind. Diese Regelung zielt vor allem auf Photovoltaikanlagen. Der Gesetzgeber wollte verhindern, dass Photovoltaikmodule bereits vorsorglich vor einem Stichtag in Betrieb genommen werden können, um mit diesen Modulen nach dem Stichtag eine Anlage zu errichten, für die dann die alten Vergütungssätze gelten.[52] Praktische Bedeutung hat die Regelung aber auch für BHKW, die nach jetziger Rechtslage

50 BGH, Urt. v. 16.3.2011 – VIII ZR 48/10 – ZNER 2011, 322.

51 Gesetz zur Änderung des Rechtsrahmens für Strom aus solarer Strahlungsenergie und zu weiteren Änderungen im Recht der erneuerbaren Energien vom 17.8.2012 (BGBl. I S. 1754), in Kraft getreten zum 1.4.2012.

52 BT-Drucks. 17/8877, S. 17.

nicht mehr bereits vom Hersteller ab Werk in Betrieb genommen werden können. Für Anlagen, die bereits nach früherem Recht in Betrieb genommen wurden, bleiben solche vorgezogenen Inbetriebnahmen allerdings unberührt.

Der Austausch des Generators und sonstiger technischer oder baulicher Teile führt nach der gesetzlichen Definition nicht zu einer Änderung des Zeitpunkts der Inbetriebnahme. Im Umkehrschluss ist der Austausch nicht nur von Teilen, sondern der gesamten Anlage als Neuinbetriebnahme dieser neuen Anlage einzustufen. Wenn der Anlagenbetreiber bei einem Austausch eine Neuinbetriebnahme vermeiden will, muss er also dem Netzbetreiber nachweisen, welche Einrichtungen er nicht ausgetauscht hat und dass diese Einrichtungen auch Teile der Anlage im Rechtssinne sind. Nach der Gesetzesbegründung zum EEG 2009 sind alle technischen oder baulichen Einrichtungen vom Anlagenbegriff erfasst, die zur Stromerzeugung erforderlich sind.[53] Davon abzugrenzen sind Infrastruktureinrichtungen wie etwa Wechselrichter und der Netzanschluss der Anlage. 138

Ebenfalls nicht zu einer Neuinbetriebnahme führt nach einhelliger Meinung die **Versetzung einer Anlage** an einen anderen Standort nach der erstmaligen Inbetriebnahme. Dies ergibt sich daraus, dass die Inbetriebsetzung der Anlage an einem neuen Standort nicht mehr die erstmalige Inbetriebsetzung ist. Zudem könnte anderenfalls der Anlagenbetreiber durch Versetzung einer Anlage an einen anderen Standort die Begrenzung des Vergütungszeitraums auf 20 Jahre zuzüglich des Inbetriebnahmejahres umgehen. Bei einer Versetzung einer Anlage stellt sich natürlich nach heutiger Rechtslage die Frage, ob die Anlage vorher an dem zum dauerhaften Betrieb vorgesehenen Ort installiert war. Die Gesetzesbegründung bejaht diese Frage grundsätzlich dann, wenn die Anlage mindestens ein Jahr lang an diesem Ort betrieben wurde.[54] Für Fälle einer Versetzung der Anlage kann im Muster des **Inbetriebnahmeprotokolls** das Datum der erstmaligen Inbetriebsetzung am bisherigen Standort eingetragen werden. 139

Praxistipp

Beim Einsatz von gebrauchten Anlagen sollte vom Anlagenbetreiber nach Ziff. 9.2 der AGB der Nachweis verlangt werden, dass bei der erstmaligen Inbetriebsetzung die Anlage schon betriebsbereit zur Stromerzeugung aus Erneuerbaren Energien war.

Bei Photovoltaikanlagen gilt nach allgemeiner Meinung jedes einzelne Modul als eigene Anlage nach dem EEG. Somit führt der Austausch eines Moduls grundsätzlich auch immer zu einer Neuinbetriebnahme des Moduls. Das hat die Konsequenz, dass eine Photovoltaikanlage im umgangssprachlichen Sinne aus einer Vielzahl von Anlagen im Rechtssinne bestehen kann, für die unterschiedliche Vergütungssätze 140

53 BT-Drucks. 16/8148, S. 38.
54 BT-Drucks. 17/8877, S. 17.

gelten. Diese Problematik hat der Gesetzgeber zum Anlass genommen, eine Sonderregelung für Photovoltaikanlagen einzuführen. Bei einem Austausch von Modulen aufgrund eines Defekts, einer Beschädigung oder eines Diebstahls gilt für die neuen Module bis zu der bereits vorher am selben Standort installierten Modulleistung der bisherige Zeitpunkt der Inbetriebnahme fort.

141 Die nach dem früheren Recht umstrittene Behandlung von Fällen, bei denen Anlagen von fossilen Brennstoffen auf Erneuerbare Energien **umgestellt** werden, ist mit dem EEG 2014 eindeutig geklärt. Nach dem 1.8.2014 kann die Anlage erst dann im Sinne des EEG in Betrieb gehen, wenn die Umstellung erfolgt. Die frühere Rechtslage bleibt aber für **Altfälle** relevant. Wenn die erstmalige Stromerzeugung ausschließlich aus erneuerbaren Energien noch bis zum 31.7.2014 erfolgt ist, bleibt nach § 100 Abs. 2 EEG der bisherige Inbetriebnahmebegriff maßgeblich.

142 Für das frühere Recht muss nach der hier vertretenen Auffassung nach den **Umständen des Einzelfalls** differenziert werden: Wenn eine Umrüstung erforderlich war, um aus dem neuen Brennstoff Strom erzeugen zu können, konnte die Inbetriebnahme erst dann bejaht werden, als die Anlage nach der **Umrüstung** erstmals wieder in Betrieb gesetzt wurde. Denn vor der Umrüstung lag noch keine technische Betriebsbereitschaft zur Stromerzeugung gerade aus Erneuerbaren Energien vor. Demgegenüber hat die Clearingstelle EEG in einer Entscheidung bei einem BHKW, das zunächst mit **Heizöl** und nach einer Umrüstung mit **Pflanzenöl** betrieben wurde, die Inbetriebnahme bereits im Zeitpunkt der erstmaligen Inbetriebsetzung mit Heizöl gesehen.[55] Das dafür angeführte Argument, das BHKW habe zumindest theoretisch bereits vor der Umrüstung aus flüssiger Biomasse Strom erzeugen können, ist allerdings aus tatsächlichen Gründen nicht sehr überzeugend.

143 Ein Sonderfall ist die Umstellung von **Erdgas-BHKW** auf **Biomethan**. In diesem Fall ist keine technische Änderung an der Anlage erforderlich, weil physikalisch nach wie vor Erdgas eingesetzt wird, das nur aufgrund der Vergütungsregelungen des EEG als Biomasse und damit als erneuerbarer Energieträger gilt. Die technische Betriebsbereitschaft ist damit zwangsläufig bereits dann gegeben, wenn das BHKW erstmals mit **Erdgas** in Betrieb gesetzt wird. Davon abweichend hat die Clearingstelle EEG für BHKW, die in den Jahren 2004 bis 2008 auf Biomethan umgestellt wurden, die Inbetriebnahme erst mit der Umstellung bejaht.[56] Dafür wird angeführt, vor der Einführung des EEG 2004 sei der Einsatz von Biomethan rechtlich nicht möglich gewesen und vor Inbetriebnahme der ersten **Biomethanaufbereitungsanlage** in Pliening im Jahre 2005 sei der Einsatz von Biomethan auch faktisch unmöglich gewesen. Dabei wird aber übersehen, dass Voraussetzung der Inbetriebnahme die technische Betriebsbereitschaft der Anlage ist und nicht die rechtliche Möglichkeit oder die tatsächliche Verfügbarkeit von Biomethan.

55 Clearingstelle EEG, Votum v. 13.4.2010 – 2009/26 –.
56 Clearingstelle EEG, Votum v. 2.7.2012 – 2012/9 –.

Schwierig zu beurteilen sind Fälle, in denen **Teile von Anlagen** an andere Standorte versetzt oder in andere Anlagen eingebaut werden. Die **Clearingstelle EEG** hat zu dieser Problematik ein Empfehlungsverfahren durchgeführt. Zum Zeitpunkt des Redaktionsschlusses lag allerdings noch nicht die vollständige Entscheidung vor, sondern nur die Leitsätze.[57] Nach Auffassung der Clearingstelle wird das bisherige Inbetriebnahmedatum nur dann weitergeführt, wenn die **gesamte Anlage vollständig** an einen anderen Standort versetzt wird. Werden dagegen nur Teile einer Anlage an einen anderen Standort versetzt und dort mit anderen neuen oder gebrauchten Teilen zusammen wieder in Betrieb gesetzt, kommt es nach der Clearingstelle zu einer **Neuinbetriebnahme**. Eine Ausnahme soll für **BHKW** gelten. Ein BHKW soll das bisherige Inbetriebnahmedatum weiterführen, wenn es an einem neuen Standort nicht mit weiteren Anlagenteilen verbunden wird, am alten Standort nicht ersetzt wird und nicht zu einer bestehenden Anlage hinzugebaut wird. 144

Die Auffassung der Clearingstelle EEG widerspricht der **gesetzgeberischen Intention** und der **in der Praxis herrschenden Meinung** und ist dogmatisch kaum nachvollziehbar. Es ist daher gut vorstellbar, dass die **Rechtsprechung** der Clearingstelle – wie schon beim Anlagenbegriff[58] – widersprechen wird und die oben dargestellte Handhabung daher keinen Bestand haben wird. Denn die Annahme, das Versetzen von Teilen einer Anlage könne zu einer Neuinbetriebnahme führen, steht im Gegensatz zu der gesetzlichen Wertung, dass der Austausch des Generators oder sonstiger technischer oder baulicher Teile nicht zu einer Änderung des Zeitpunkts der Inbetriebnahme führt. Die Auffassung der Clearingstelle ist daher in vielen Fällen evident **gesetzeswidrig**. Der Gesetzgeber ging ausweislich der Gesetzesbegründung zum EEG 2009 auch davon aus, dass beim Einbau eines gebrauchten Generators in ein neues BHKW auf die erstmalige Inbetriebnahme des Generators abzustellen sei und nicht auf die erneute Inbetriebnahme im BHKW.[59] Auch für die von der Clearingstelle postulierte Sonderregelung für BHKW fehlt es an einer gesetzlichen Grundlage. Es gibt auch keinen vernünftigen Grund, BHKW anders zu behandeln als andere Stromerzeugungseinheiten wie etwa Turbinen, Brennstoffzellen oder Stirlingmotoren. 145

Das gewichtigste Argument gegen die Auffassung der Clearingstelle EEG ist, dass damit eine **Neuinbetriebnahme** ermöglicht wird, ohne dass es dafür eine **gesetzliche Grundlage** gibt. Das widerspricht offensichtlich auch den Zielen des EEG. Denn der Gesetzgeber hat die im EEG 2004 eröffnete Möglichkeit der Neuinbetriebnahme – und da mit auch der Verlängerung der Vergütungsdauer – bereits im EEG 2009 bewusst ersatzlos gestrichen.[60] Diese gesetzgeberische Grundentscheidung darf nicht durch die Auslegung des Inbetriebnahmebegriffs wieder ausgehebelt werden. 146

57 Clearingstelle EEG, Empfehlung v. 2.7.2014 – 2012/19 –.
58 BGH, Urt. v. 23.10.2013 – VIII ZR 262/12 –.
59 BT-Drucks. 16/8148, S. 40.
60 BT-Drucks. 16/8148, S. 52.

Die Auffassung der Clearingstelle dürfte auch europarechtswidrig sein. Denn die **Leitlinien der Kommission für Energie- und Umweltschutzbeihilfen** legen fest, dass grundsätzlich keine Förderung von bereits abgeschriebenen Anlagen erfolgen darf.[61] Durch die Annahme einer Neuinbetriebnahme kann der Anlagenbetreiber aber gerade die Förderdauer über den europarechtlich noch zulässigen Rahmen hinaus verlängern.

61 Guidelines on State aid for environmental protection and energy 2014–2020 – C(2014) 2322 – Rn 133.

J. Direktvermarktung

I. Grundmuster

Das Grundmuster für einen sog. **Direktvermarktungsvertrag** ist ein Stromliefervertrag. Dieser wird im Regelfall an die Besonderheiten im konkreten **Direktvermarktungsverhältnis** angepasst. Aufgrund der Vielzahl der denkbaren Konstellationen mit unterschiedlichen Vertragspartnern (Letztverbraucher, **Direktvermarktungshändler** etc.) bietet es sich nicht an, hier eine standardisierte Fassung abzudrucken. 147

Beispiel
Wenn es sich bei dem Vertragspartner des Anlagenbetreibers um einen Händler handelt, dann wird der Strom in der Regel in den **Bilanzkreis** des Händlers geliefert. Ist der Vertragspartner jedoch ein Letztverbraucher, dann bleibt es bei der Lieferung an eine **Entnahmestelle.**

Bei der Ausgestaltung eines Direktvermarktungsvertrags ist zu überlegen, wie die Anforderungen im **Marktprämienmodell** (vgl. §§ 34 ff. EEG 2014) zwischen den Vertragspartnern aufgeteilt werden sollen. Darüber hinaus kommen weitere mögliche Vertragsbestandteile in Betracht. Die Vertragspartner können sich z. B. über die Beibringung von Sicherheiten (z. B. Bankbürgschaften), Kündigungs- und **Wechselfristen**, Abnahme- und Entschädigungspflichten sowie gegenseitige Bevollmächtigungen verständigen. 148

Praxistipp
Die Möglichkeiten zur Beendigung des Direktvermarktungsvertrags, z. B. durch Kündigung oder Zeitablauf, sollten mit den Wechselmöglichkeiten des Anlagenbetreibers harmonisieren, um ggf. einen reibungslosen Übergang zur festen Einspeisevergütung oder anderen Veräußerungsformen (z. B. nicht geförderte Direktvermarktung) zu ermöglichen.

II. Erläuterung

1. Entwicklung der Direktvermarktung

Die **Direktvermarktung** des in Anlagen zur Erzeugung von Strom aus Erneuerbaren Energien erzeugten Stroms als Alternative zur Einspeisevergütung war bis Ende 2011 nur rudimentär geregelt. Eine Förderung der Direktvermarktung erfolgte nur indirekt über das sog. **Grünstromprivileg**, nach dem Stromhändler die EEG-Umlage um 2 ct/kWh verringern konnten, wenn mindestens 50 % des von ihnen an Letztverbraucher gelieferten Stroms aus Erneuerbaren Energien stammt. Die Direktvermarktung war für viele Anlagen unattraktiv, weil die damit erzielbaren Erlöse unter den Erlösen durch die Einspeisevergütung lagen. In Anspruch genommen wurde die Direktver- 149 marktung vor allem von Wasserkraftanlagen und Anlagen zur Erzeugung von Strom aus Deponiegas, Klärgas und Grubengas.

150 Mit Wirkung zum 1.1.2012 wurde mit der **Marktprämie** ein Mechanismus eingeführt, durch den die Direktvermarktung grundsätzlich für alle Anlagen interessant sein kann. Bei der Direktvermarktung im **Marktprämienmodell** erhielt der Anlagenbetreiber einen Zuschuss vom Netzbetreiber, der die Differenz zwischen dem Marktpreis für den Strom und der EEG-Einspeisevergütung decken sollte. Zusätzlich wurde eine **Managementprämie** gewährt, die die Kosten für die Vermarktung abdecken sollte. Im wirtschaftlichen Ergebnis boten die meisten Direktvermarkter dem Anlagenbetreiber an, dass die Managementprämie zwischen Anlagenbetreiber und Direktvermarkter geteilt wird und im Übrigen der Anlagenbetreiber weiterhin garantierte Erlöse in Höhe der Einspeisevergütung erhielt. Bei steuerbaren Anlagen wurde zudem oft vereinbart, dass zusätzliche Erlöse aus der Bereitstellung von Regelenergie oder aus Fahrplanlieferungen zwischen dem Direktvermarkter und dem Anlagenbetreiber aufgeteilt wurden.

2. Direktvermarktung im EEG 2014

151 Die Förderstruktur hat sich mit dem EEG 2014 grundlegend geändert. Nachdem die Einspeisevergütung bisher den Regelfall darstellte und anstelle der Einspeisevergütung unter bestimmten Voraussetzungen in die Direktvermarktung gewechselt werden konnte, ist die Direktvermarktung für viele Anlagen nunmehr verpflichtend und damit die einzige Möglichkeit einer finanziellen Förderung im EEG 2014. Die mit der Marktprämie geförderte Direktvermarktung (§§ 34 ff. EEG 2014) wird daher zum Regelfall.

152 Die **verpflichtende Direktvermarktung** gilt ab dem 1.8.2014 zunächst für eine Übergangszeit bis zum 31.12.2015 für Neuanlagen mit einer installierten Leistung über 500 kW. Ab dem 1.1.2016 wird die Schwelle dann auf 100 kW abgesenkt, mit der Folge, dass alle Anlagen mit einer höheren installierten Leistung dann zwingend direkt vermarkten müssen.

153 Den Anlagenbetreibern steht im Rahmen der Direktvermarktung das sog. **Grünstromprivileg** nicht mehr zur Verfügung. Das Grünstromprivileg wurde zum einen mit der Begründung ersatzlos gestrichen, dass europarechtliche Bedenken bestehen, wenn Elektrizitätsversorgungsunternehmen nur dann privilegiert werden, wenn sie Strom von heimischen Grünstromproduzenten kaufen.[62] Zum anderen sei die Streichung auch aus ökonomischer Sicht sinnvoll, da die Förderung über das Grünstromprivileg deutlich teurer sei als die Direktvermarktung in der Marktprämie.[63]

62 BT-Drucks. 18/1304, S. 135 der elektronischen Vorabfassung.
63 BT-Drucks. 18/1304, S. 135 der elektronischen Vorabfassung.

Das **Marktprämienmodell** aus dem EEG 2012 hat der Gesetzgeber im EEG 2014 grundsätzlich fortgeführt. Grundlage für die Berechnung der Marktprämie ist die Anlage 1 zum EEG 2014. Danach ermittelt sich die Marktprämie aus der Differenz des sog. anzulegenden Wertes (im EEG 2012 als Vergütungssatz bezeichnet) und dem Monatsmarktwert. 154

Die bisherigen Regelungen zur Direktvermarktung sowie die **Managementprämienverordnung** vom 2.11.2012 (MaPrV) treten zum 1.8.2014 außer Kraft. Für Strom aus Bestandsanlagen werden die Regelungen zur Berechnung der Marktprämie nach Anlage 1 des EEG 2014 in ihrer geänderten Fassung entsprechend für anwendbar erklärt. Dies ergibt sich aus der Übergangsvorschrift des § 100 Abs. 1 Nr. 8 EEG 2014. Wenn die Anlagen fernsteuerbar im Sinne des § 3 MaPrV sind, dann erhöht sich der anzulegende Wert für im Jahr 2014 erzeugten Strom aus Windenergie und solarer Strahlungsenergie um 0,60 Cent/kWh und für ab dem 1.1.2015 erzeugten Strom um 0,40 Cent/kWh. Für nicht fernsteuerbare Windkraft- und PV-Anlagen beträgt die Erhöhung für 2014 0,45 Cent/kWh und ab 2015 0,30 Cent/kWh, bei sonstigen Bestandsanlagen für 2014 0,25 Cent/kWh und ab 2015 noch 0,20 Cent/kWh. 155

Voraussetzungen für die Inanspruchnahme der Marktprämie sind generell die Nichtinanspruchnahme von vermiedenen Netzentgelten, die **Fernsteuerbarkeit der Anlage** und die **Bilanzierung des Marktprämienstroms in einem sortenreinen Bilanzkreis**. Bei Verstößen des Anlagenbetreibers oder des Direktvermarkters gegen die gesetzlichen Vorgaben sieht das EEG als Sanktion den zeitweisen Entfall der Marktprämie oder die Reduzierung des anzulegenden Wertes auf den Marktwert vor. 156

Für Neu- und Bestandsanlagen wird die Fernsteuerbarkeit zur zwingenden Voraussetzung für die Inanspruchnahme der Marktprämie. Neuanlagen müssen ab dem 1.8.2014 eine technische Einrichtung vorhalten, mit der ein Direktvermarktungsunternehmen oder eine andere Person, an die der Strom veräußert wird, jederzeit die jeweilige Ist-Einspeisung abrufen und die Einspeiseleistung ferngesteuert reduzieren kann. Daneben ist wie bereits in der MaPrV als Voraussetzung der Fernsteuerbarkeit noch die Einräumung einer Befugnis zur Nutzung der technischen Einrichtung erforderlich (vgl. § 36 Abs. 1 Nr. 2 EEG 2014). 157

Für Bestandsanlagen gilt grundsätzlich dieselbe Verpflichtung. Diese muss allerdings erst ab dem 1.4.2015 eingehalten werden (vgl. § 100 Abs. 1 Nr. 5 EEG 2014). Bis dahin haben Anlagenbetreiber Zeit, ihre Anlagen entsprechend nachzurüsten und die geforderte Befugnis einzuräumen. 158

Als Alternative zur **Nachrüstung von Bestandsanlagen** im Sinne des § 36 EEG 2014 bleibt für diese Anlagen die Möglichkeit des Wechsels in das System der festen Einspeisevergütung, da diese Option für Bestandsanlagen nach der Übergangsvorschrift des § 100 Abs. 1 Nr. 6 EEG 2014 erhalten bleibt. Dabei sind die gesetzlich vorgeschriebenen formalen Anforderungen eines Wechsels der Veräußerungsform nach § 20 ff. EEG 2014 zu beachten, der Wechsel sollte also bis spätestens Ende Februar 2015 mittels einer EDIFACT-Nachricht durch den Direktvermarkter oder mittels des entsprechenden Formulars der BNetzA durch den Anlagenbetreiber erklärt werden. 159

Ein Wechsel in die feste Einspeisevergütung ist allerdings dann nicht möglich, wenn für die Anlage bereits eine Verpflichtung zur Direktvermarktung nach dem EEG 2012 bestand (z. B. Biogasanlagen i. S. v. § 27 Abs. 3 i. V. m. § 33c Abs. 3 EEG 2014).

160 Alternativ zu der verpflichtenden Direktvermarktung kommt nur die sog. **Einspeisevergütung in Ausnahmefällen** in Betracht (vgl. § 38 EEG 2014). Diese Veräußerungsform ist vom Gesetzgeber für eine Notfallsituation gedacht, in der der Anlagenbetreiber daran gehindert ist, den Strom direkt zu vermarkten. Dies kann nach der Gesetzesbegründung zum Beispiel im Fall der Insolvenz des Direktvermarktungsunternehmens oder unmittelbar nach Inbetriebnahme der Anlage der Fall sein.[64] Die Notfallsituation ist aber nicht Tatbestandsvoraussetzung im Wortlaut der Vorschrift des § 38 EEG 2014. Damit ließe sich argumentieren, dass ein Wechsel in diese Form der Einspeisevergütung auch ohne speziellen Grund möglich ist. Diese Veräußerungsform sieht aber eine Kürzung der Einspeisevergütung um 20 % vor (§ 38 Abs. 2 S. 1 EEG 2014), wodurch sich ein dauerhafter Wechsel wirtschaftlich nicht lohnen dürfte.

! **Checkliste Direktvermarktung**

- Alle über eine **gemeinsame Messeinrichtung** abgerechneten Anlagen sind in der Direktvermarktung.
- Die allgemeinen **Fördervoraussetzungen** und die Voraussetzungen des Förderanspruchs für den jeweiligen **Energieträger** sind erfüllt.
- Es wird kein Entgelt für **vermiedene Netzentgelte** in Anspruch genommen.
- Die Anlage ist ab dem zweiten auf die Inbetriebnahme der Anlage folgenden Kalendermonat **fernsteuerbar**.
- Der Strom wird in einem **Bilanzkreis** oder Unterbilanzkreis bilanziert, in dem ausschließlich Marktprämienstrom bilanziert wird.
- Es wird der gesamte eingespeiste Strom aus der Anlage oder ein jederzeit gleicher Prozentsatz des Stroms direkt vermarktet.

---

161 Ein **Wechsel zwischen den Veräußerungsformen** kann nur zum Beginn eines Kalendermonats erfolgen und muss dem Netzbetreiber mit einer Frist von einem Kalendermonat vor dem Wechseltermin mitgeteilt werden (vgl. §§ 20, 21 EEG 2014). Als Ausnahme kommt lediglich ein Wechsel in die Veräußerungsform „Einspeisevergütung in Ausnahmefällen" in Betracht. Dieser Wechsel ist – sofern die Voraussetzungen dafür vorliegen – dem Netzbetreiber bis zum fünftletzten Werktag des Vormonats mitzuteilen.

162 Die BNetzA hat für **Wechselmeldungen** unter der Geltung des EEG 2012 die Festlegung getroffen, dass die Meldungen seit Oktober 2013 im Rahmen der elektronischen **Marktkommunikation** entsprechend der **GPKE** erfolgen müssen.[65] Der Anlagenbetreiber ist damit praktisch darauf angewiesen, dass der Direktvermarkter die

---

64 BT-Drucks. 18/1304, S. 211 der elektronischen Vorabfassung.

65 BNetzA, Festlegung v. 29.10.2012 – BK6-12-153 –.

Meldungen für ihn abgibt. Eine Ausnahme besteht für die Rückmeldung von Erzeugungsanlagen in die Einspeisevergütung. Diese Meldung kann durch den Anlagenbetreiber selbst per E-Mail erfolgen. Die BNetzA stellt den Beteiligten dafür ein Formular im Excel-Format zur Verfügung, das der Anlagenbetreiber verwenden muss. Die Festlegung berücksichtigt naturgemäß noch nicht die Regelungen des EEG 2014 und ist daher für Anlagen, die dem neuen Recht unterfallen, nur bedingt geeignet. Hier wird die Praxis bis zu einer Überarbeitung der Festlegung Übergangslösungen schaffen müssen. Anlagenbetreiber und Direktvermarkter sollten daher in Zweifelsfällen die Wechselfristen nach Möglichkeit nicht komplett ausnutzen, um noch ausreichend Zeit für die Abstimmung mit dem Netzbetreiber zu haben.

K. Netzverknüpfungspunkt

I. Muster – Anlage 3 zum Einspeisevertrag

163 Der **Netzverknüpfungspunkt** sollte in einer gesonderten Anlage dokumentiert werden. In dem hier vorgestellten Vertragswerk wäre ein Lageplan als Anlage 3 aufzunehmen. Dort sollte der konkrete Netzverknüpfungspunkt dann einzelfallgerecht dargestellt werden.

Muster
164 **Anlage 3**

Lageplan für die EEG-Anlage und den Netzanschluss – individuell anzupassen –

II. Erläuterung

165 Laut Anlage 3 zum Einspeisevertrag sollen die Parteien den Netzverknüpfungspunkt grafisch darstellen. Im Folgenden wird ausgeführt, wie der Netzverknüpfungspunkt zu bestimmen ist.

166 Die Bestimmung des Netzverknüpfungspunktes ist von zentraler Bedeutung für die Verteilung der Kostenlast zwischen Netz- und Anlagenbetreiber, da der Netzverknüpfungspunkt das maßgebliche Kriterium zur Abgrenzung von Anschluss- und Netzausbaukosten darstellt.[66] § 8 Abs. 1 EEG 2014 statuiert dabei die Verpflichtung des Netzbetreibers, die EEG-Anlage an den Netzverknüpfungspunkt unverzüglich und vorrangig anzuschließen.

167 Nach § 8 Abs. 1 EEG 2014 ist der Netzverknüpfungspunkt die im Hinblick auf die Spannungsebene geeignete Stelle, welche die **in Luftlinie kürzeste Entfernung** zum Standort der Anlage aufweist, wenn nicht dieses oder ein anderes Netz einen technisch und wirtschaftlich günstigeren Verknüpfungspunkt aufweist.

168 Im ersten Schritt ist zu prüfen, ob ein in Betracht kommender **Netzverknüpfungspunkt** im Hinblick auf die Spannungsebene zum Anschluss der EEG-Anlage geeignet ist. Im Regelfall wird die Eignung zur Aufnahme von Strom bei allen Netzen, die aufgrund ihrer Spannung (also Nieder-, Mittel- oder Hochspannung) zur Aufnahme der

---

66 Altrock/Oschmann/Theobald/*Altrock*, § 13 Rn 6 ff.

angebotenen Strommenge grundsätzlich in der Lage sind, gegeben sein.[67] Denn entscheidend ist hierbei nicht, dass der in Betracht kommende Netzverknüpfungspunkt im Hinblick auf die Netzleistung technisch den Strom aus der EEG-Anlage nicht ohne Weiteres aufnehmen kann. Ausreichend ist vielmehr, dass die Abnahme des Stroms durch die **Optimierung, Verstärkung oder den Ausbau des Netzes** ermöglicht werden kann, wozu der Netzbetreiber nach § 12 Abs. 1 EEG 2014 verpflichtet ist.[68] Dies ergibt sich aus § 8 Abs. 4 EEG, wonach die **Anschlusspflicht** des Netzbetreibers auch dann besteht, wenn zunächst eine Maßnahme nach § 12 Abs. 1 EEG 2014, also eine Optimierung, Verstärkung oder ein Ausbau des Netzes, notwendig ist. § 8 Abs. 4 EEG 2014 verweist auf § 12 EEG 2014 und das dort verankerte Korrektiv, wonach ein **Netzausbau** des Netzbetreibers wirtschaftlich zumutbar sein muss.[69] Dies ist dann der Fall, wenn die Kosten des Netzausbaus 25 % der Kosten der Errichtungskosten der EEG-Anlage nicht überschreiten.[70]

In einem zweiten Schritt ist der wirtschaftlich günstigste Netzverknüpfungspunkt 169
im Wege einer **gesamtwirtschaftlichen Betrachtung** zu ermitteln.[71] Nach dem im EEG 2014 klarstellend geänderten gesetzlichen Wortlaut ist in diesen **Variantenvergleich** nicht lediglich ein möglicher Netzverknüpfungspunkt eines anderen Netzes einzustellen, sondern auch ein solcher innerhalb desselben Netzes.[72]

Rechtsprechung
Der BGH hat in seiner Entscheidung vom 10.10.2012 entschieden, dass eine gesamtwirtschaftliche Betrachtung bei einem Variantenvergleich innerhalb eines Netzes vorzunehmen ist.

Hierzu sind zunächst sämtliche in Betracht kommende Netzverknüpfungspunkte 170
für die jeweilige Anlage zu betrachten. Sodann sind für jede Anbindungsvariante die Gesamtkosten (**Netzanschluss- und Netzausbaukosten**), losgelöst von der entsprechenden Kostentragungspflicht, zu ermitteln.[73] Zu diesen Kosten gehören etwa solche für betriebsnotwendige Netzeinrichtungen (etwa im Besitz des Netzbetreibers stehende Leitungen, Transformatoren, Umspannwerke und Masten sowie sonstige Baulichkeiten, die im Zusammenhang mit dem Netzbetrieb stehen), die Anschlusstechnik, Material-, Personal-, Verlegungskosten sowie mittelbare Kosten wie Grund-

67 Altrock/Oschmann/Theobald/*Altrock*, § 5 Rn 55.
68 BGH, Urt. v. 10.10.2012 – VIII ZR 362/11 – S. 8 f.
69 § 9 Abs. 3 EEG; Frenz/Müggenborg/*Cosack*, § 5 Rn 96.
70 BT-Drucks. 15/2864, S. 34; OLG Düsseldorf, Beschl. v. 11.7.2012 – VI-2 U (Kart) 6/12 –.
71 BGH, Urt. v. 10.10.2012 – VIII ZR 362/11 – S. 10. Das zitierte BGH-Urteil bezieht sich zwar auf das EEG 2009, da aber in Bezug auf § 5 nach der Gesetzesnovelle mit dem EEG 2012 keine Änderungen einhergingen, gilt diese Rechtsprechung auch für das EEG 2012.
72 Vgl. zum früheren Recht BGH, Urt. v. 10.10.2012 – VIII ZR 362/11 – S. 10, 12.
73 Altrock/Oschmann/Theobald/*Altrock*, § 5 Rn 52.

buch- und Notargebühren.[74] Kosten, welche während der Betriebszeit der Anlage erst noch entstehen werden, wie Trafo- oder Netzverluste sowie Vorteile des Eigenverbrauchs, sind nach dem EEG 2014 in der Kostenermittlung nicht mehr zu berücksichtigen, da nach dem eindeutigen Gesetzeswortlaut nur die unmittelbar durch den Netzanschluss entstehenden Kosten maßgeblich sind. Zwischen den verschiedenen Anbindungsvarianten ist die insgesamt gesamtwirtschaftlich günstigste Variante ausschlaggebend für die Lage des Netzverknüpfungspunkts.

171 Abweichend von dem nach § 8 Abs. 1 S. 1 EEG 2014 ermittelten Netzverknüpfungspunkt kann der Anlagenbetreiber gem. § 8 Abs. 2 EEG 2014 einen anderen Netzverknüpfungspunkt wählen. Dabei erstreckt sich das **Wahlrecht des Anlagenbetreibers** auch auf den räumlich nächstgelegenen Verknüpfungspunkt, sofern dieser nicht bereits nach § 8 Abs. 1 EEG 2014 geschuldet ist.

172 Die Grenze dieses Wahlrechts besteht hierbei zum einen darin, dass der gewählte Netzverknüpfungspunkt im Hinblick auf die Spannungsebene geeignet sein muss und zum anderen, dass aus der Ausübung des Wahlrechts keine erheblichen Mehrkosten für den Netzbetreiber resultieren dürfen. Letzteres ist eine sprachliche Änderung im Vergleich zum früheren Recht: Der Gesetzgeber hat damit die Rechtsprechung des BGH zum Wahlrecht in den Gesetzestext übernommen.

Rechtsprechung

Der BGH sieht in seiner Entscheidung vom 10.10.2012 einen Rechtsmissbrauch dann als gegeben an, wenn die dem Netzbetreiber entstehenden Mehrkosten nicht nur unerheblich sind.

173 Nach der Rechtsprechung des BGH machen Mehrkosten von knapp 60 % nicht mehr eine nur unerhebliche Kostensteigerung aus.[75] Höchstrichterlich nicht entschieden ist allerdings die in der Praxis bedeutsame Frage, wo genau die **Erheblichkeitsschwelle der Mehrkosten** liegt.

174 Übt der Anlagenbetreiber sein Wahlrecht nach § 8 Abs. 2 EEG 2014 aus, verbleibt es hinsichtlich der Kosten bei dem Grundsatz des § 16 Abs. 1 EEG 2014: Der Anlagenbetreiber trägt die **Netzanschlusskosten**. Wird der Netzanschluss teurer als bei dem nach § 8 Abs. 1 EEG 2014 ermittelten Netzverknüpfungspunkt, so hat diese Mehrkosten der Anlagenbetreiber zu tragen. Die **Netzausbaukosten** trägt weiterhin der Netzbetreiber.

175 Das Letztentscheidungsrecht über die Lage des Netzverknüpfungspunktes hat der Netzbetreiber in Form des **Zuweisungsrechts** nach § 8 Abs. 3 EEG 2014. Danach kann der Netzbetreiber abweichend vom gesetzlichen Netzverknüpfungspunkt des § 8 Abs. 1 EEG 2014 oder vom von dem Anlagenbetreiber nach § 8 Abs. 2 EEG 2014 gewählten Netzknüpfungspunkt ausdrücklich einen anderen Netzverknüpfungspunkt

74 Altrock/Oschmann/Theobald/*Altrock*, § 5 Rn 59.

75 BGH, Urt. v. 10.10.2012 – VIII ZR 362/11 – S. 24.

zuweisen, solange an diesem Punkt die Abnahme des gesamten Stroms gesichert ist. Zulässig ist auch die Ausübung des Zuweisungsrechts mit dem Ziel, abweichend von einem vom Anlagenbetreiber nach § 8 Abs. 2 EEG 2014 gewählten Verknüpfungspunkt den gesetzlichen Verknüpfungspunkt nach § 8 Abs. 1 EEG 2014 wiederherzustellen. Das Zuweisungsrecht des Netzbetreibers steht jedoch unter dem Vorbehalt, dass es nicht rechtsmissbräuchlich ausgeübt wird und der Netzverknüpfungspunkt für den Anlagenbetreiber zumutbar bleibt. Für den Anlagenbetreiber muss der zugewiesene Netzverknüpfungspunkt daher technisch und genehmigungsrechtlich erreichbar sein sowie zu einer effizienteren Netzkonfiguration führen.[76] Die Ausübung des Zuweisungsrechts führt dazu, dass der Netzbetreiber gem. § 16 Abs. 2 EEG 2014 die Mehrkosten trägt. Sofern dem Anlagenbetreiber erhöhte Anschlusskosten entstehen, kann er vom Netzbetreiber Erstattung verlangen.

Das **Verfahren zum Netzanschluss** wird maßgeblich durch § 8 Abs. 5 und Abs. 6 **176**
EEG 2014 geregelt. Danach muss der Netzbetreiber dem Einspeisewilligen unverzüglich nach Eingang des **Netzanschlussbegehrens** einen Zeitplan für die Bearbeitung des Netzanschlussbegehrens sowie vollständige Informationen zur Prüfung des **Netzverknüpfungspunktes** und einen **Kostenvoranschlag** mitteilen.[77] Nach dem Gesetzeswortlaut des § 8 Abs. 6 S. 1 Ziff. 2 Hs. 2 EEG 2014 ist die Pflicht zur Vorlage dieser Daten von der Durchführung einer **Netzverträglichkeitsprüfung**, welche im Gesetz nicht ausdrücklich geregelt ist, zu unterscheiden. Es besteht kein Anspruch des Anlagenbetreibers auf die Erstellung einer Netzverträglichkeitsprüfung durch den Netzbetreiber und Ergebnismitteilung an ihn. Allerdings ist der Netzbetreiber auf Antrag des Anlagenbetreibers verpflichtet, die für die Netzverträglichkeitsprüfung erforderlichen **Netzdaten** zu übermitteln. Gleichwohl wird der Netzbetreiber für die Bestimmung des Netzverknüpfungspunktes sowie zur Erstellung des oben genannten Zeitplans faktisch eine eigene Netzverträglichkeitsprüfung durchführen müssen. Da diese der Erfüllung seiner gesetzlichen Verpflichtungen nach § 8 Abs. 5 und Abs. 6 EEG 2014 dient, hat der Netzbetreiber auch die Kosten einer solchen Netzverträglichkeitsprüfung zu tragen. Der Netzbetreiber kann dies nicht dadurch verhindern, dass er vom Anlagenbetreiber den Abschluss eines Vertrags verlangt, mit dem sich dieser sich zur Zahlung eines Entgelts verpflichtet.[78]

Praxistipp !

Insgesamt zeigt sich, dass zur Bestimmung des Netzverknüpfungspunkts eine möglichst präzise und sachverständige Prüfung zur Ermittlung der verschiedenen Anbindungsvarianten und deren Kosten vorangehen muss. Sowohl dem Anlagenbetreiber als auch dem Netzbetreiber stehen dabei in Form des Wahl- und Zuweisungsrechts Gestaltungsmöglichkeiten zur Verfügung, um jeweils eigene Kosten

---

76 BT-Drucks. 16/8148, S. 41 f.; Frenz/Müggenborg/*Cosack*, § 5 Rn 82.
77 *Salje*, EEG, § 5 Rn 71.
78 Vgl. § 7 Abs. 2 EEG.

zu sparen bzw. andere Vorteile zu generieren. Hierbei hat sich in der Beratungspraxis herausgestellt, wie komplex sich die Gesetzesanwendung für die Beteiligten gestaltet.

---

177 Neben den bereits nach dem früheren Recht zu übermittelnden Informationen schreibt § 8 Abs. 6 S. 1 Nr. 4 EEG 2014 nunmehr vor, dass dem Anlagenbetreiber die zur Teilnahme am Einspeisemanagement erforderlichen Informationen zu übermitteln sind. Unterbleibt diese Information, kann der Anlagenbetreiber nach § 9 Abs. 4 EEG 2014 ausnahmsweise eine Förderung beanspruchen, obwohl die Anlage nicht am Einspeisemanagement teilnimmt. Voraussetzung der Förderung ist in diesen Fällen allerdings eine schriftliche oder elektronische Aufforderung des Anlagenbetreibers, die erforderlichen Informationen zu übermitteln. Außerdem muss die Anlage bereits über die notwendigen technischen Vorrichtungen verfügen, die zusammen mit der Steuereinrichtung des Netzbetreibers die Fernsteuerung der Anlage ermöglichen (z. B. „EinsMan-ready“ Wechselrichter).

L. Ansprechpartner und Datenaustausch

Die in der Anlage 5 dargestellten Ansprechpartner gelten **für jeden Einspeisevertrag** 178
unabhängig vom spezifischen Energieträger und wären in dem hier dargestellten Vertragswerk daher in jedem Fall beizufügen.

Muster
Anlage 5 179

Ansprechpartner und Datenaustausch

[ggf. kann es sich insbesondere bei größeren organisatorischen Einheiten anbieten, neben den im Datenblatt erfassten natürlichen Personen noch weitere Ansprechpartner gegenseitig zu benennen, um die Vertragsabwicklung zu erleichtern]

Anlagenbetreiber		**Netzbetreiber**	
Fa./Name:		Fa./Name:	
Straße:	______________	Straße:	______________
PLZ, Ort:	______________	PLZ, Ort:	______________
Telefon:	_____/_________	Telefon:	_____/_________
Mobil:	_____/_________	Mobil:	_____/_________
Fax:	_____/_________	Fax:	_____/_________
E-Mail:	______________	E-Mail:	______________
Stellvertreter		**Stellvertreter**	
Fa./Name:	______________	Fa./Name:	______________
Straße:	______________	Straße:	______________
PLZ, Ort:	______________	PLZ, Ort:	______________
Telefon:	_____/_________	Telefon:	_____/_________
Mobil:	_____/_________	Mobil:	_____/_________
Fax:	_____/_________	Fax:	_____/_________
E-Mail:	______________	E-Mail:	______________

Alle Ansprechpartner sind während der Bürozeiten erreichbar.

Kapitel 6
Einspeisevertrag für KWK-Anlagen

A. Einführung

1 Das KWKG[1] ist am **1.4.2002** in Kraft getreten und wurde seitdem in den Jahren **2009 und 2012** novelliert. Gerade die gesetzlichen Vorgaben zur **Vergütung** von KWK-Anlagen weisen erhebliche Änderungen im Vergleich zu den alten Fassungen des KWKG auf, insbesondere aber zum Gesetz zum Schutz der Stromerzeugung aus Kraft-Wärme-Kopplung vom 12.5.2000 als **KWK-Vorschaltgesetz**, das dem KWKG vorausging. Dieses diente als „Soforthilfegesetz" zum Bestandsschutz kommunaler KWK-Anlagen.[2] Das KWKG 2002 wurde als Teil eines Bündels von Maßnahmen zur Minderung der CO_2-Emmissionen und zur Förderung der Kraft-Wärme-Kopplung verabschiedet.[3] Anders als das KWKG 2002 sah das KWKG 2009 keine konkreten CO_2-Minderungsziele vor, sondern hatte nach § 1 KWKG 2009 das Ziel, einen Beitrag zur Erhöhung der Stromerzeugung aus KWK in Deutschland auf 25 % zu leisten. Dies sollte durch einen befristeten Schutz, die Förderung der Modernisierung und des Neubaus von KWK-Anlagen, die Unterstützung der Markteinführung der Brennstoffzelle und die Förderung des Neu- und Ausbaus von Wärmenetzen, in die Wärme aus KWK-Anlagen eingespeist wird, erfolgen. Zudem wurde das KWKG 2009 um den Zweck der Förderung des Neubaus auch von „nicht-kleinen KWK-Anlagen" mithin solchen KWK-Anlagen mit über 2 MW elektrischer Leistung erweitert.[4] Mit dem KWKG 2012 wurde die grundsätzliche Systematik der Förderung von KWK-Anlagen und Wärmenetzen beibehalten. Eine Erweiterung der Förderung erfolgte insofern, als dass nun auch Wärmespeicher und Kältenetze sowie Kältespeicher umfasst waren. Im KWKG 2012 wurden zudem etwa die Zuschläge für KWK-Strom erhöht, da der Anteil der KWK-Stromerzeugung hinter dem Ziel von 25 % zurückblieb.[5]

2 Ziel ist es, die vielfältigen und rechtlich zulässigen Gestaltungsmöglichkeiten bei **Anschluss von KWK-Anlagen** und **Einspeisung** von **KWK-Strom** umfassend darzustellen und in einen praktikablen Mustervertrag umzusetzen. Damit sollen Vorschläge zur Vertragsgestaltung an die Hand gegeben werden, die helfen, die Integration von KWK-Anlagen auf rechtssicherem und praxisgerechtem Wege zu erreichen.

---

1 Gesetz für die Erhaltung, die Modernisierung und den Ausbau der Kraft-Wärme-Kopplung (Kraft-Wärme-Kopplungsgesetz) vom 19.3.2002 (BGBl. I S. 1092).

2 Danner/Theobald/*Jacobshagen/Kachel*, § 1 KWKG Rn 1.

3 Danner/Theobald/*Jacobshagen/Kachel*, § 1 KWKG Rn 1.

4 Gerstner/*Gerstner*, Kap. 3 Rn 103 ff.

5 Gerstner/*Gerstner*, Kap. 3 Rn 109 ff.

Relevant für die Vertragsgestaltung ist insbesondere die Frage, ob die Regelungen in § 4 Abs. 1 und Abs. 3 KWKG ein **gesetzliches Schuldverhältnis** oder aber einen **Kontrahierungszwang** bezogen auf Anschluss der KWK-Anlage sowie Abnahme und Vergütung des KWK-Stroms begründen. Denn in der Gesetzesbegründung zum KWKModG wird ausgeführt, dass diese Regelungen nur einen Zwang des Netzbetreibers zum Abschluss eines Einspeisungsvertrags und damit einen Kontrahierungszwang begründen.[6] Anders ist es aber möglicherweise nach der KWK-Novelle 2012 zu beurteilen: Nach der Gesetzesbegründung hierzu wird ausgeführt, dass § 4 Abs. 1 S. 2 KWKG im Rahmen einer Rechtsfolgenverweisung klarstellt, dass sich der vorrangige Netzzugang nach den Regelungen der §§ 5, 11 und 12 EEG richtet.[7] Im EEG ist dieser Anspruch eindeutig (siehe dort § 4 EEG 2012 bzw. § 7 EEG 2014[8]) als gesetzliches Schuldverhältnis ausgestaltet. Auch aus dem Wortlaut des § 4 Abs. 1 KWKG ergibt sich dann bereits eine unmittelbare gesetzliche Verpflichtung. Nach anderer Ansicht kommt beim KWKG anders als bei Anwendung des EEG kein gesetzliches Schuldverhältnis zustande, da im KWKG eine ausdrückliche Anordnung wie in § 7 Abs. 1 EEG 2014 fehlt. Da der Gesetzgeber die Novellierung des EEG (2009) und des KWKG (2009) nahezu gleichzeitig auf den Weg brachte, könne nach dieser Ansicht von einem Redaktionsfehler oder einer Gesetzeslücke schwerlich ausgegangen werden.[9] Wird ein gesetzliches Schuldverhältnis verneint, besteht Kontrahierungszwang. Dann kann sich der Anlagenbetreiber zwar nicht unmittelbar auf § 4 Abs. 1 S. 1 KWKG berufen und auf dieser Grundlage Anschluss seiner Anlage verlangen. Stattdessen müsste er dann bei Verweigerung des Netzanschlusses zunächst auf Abschluss eines Anschlussvertrags klagen.[10] Vor dem Hintergrund, dass der Gesetzgeber weitestgehend einen Gleichlauf von Erneuerbare-Energien-Anlagen und KWK-Anlagen und damit einen ähnlichen Fördermechanismus erzielen wollte und etwa der Umweg, zunächst auf Abschluss eines Anschlussvertrags zu klagen, deutlich unpraktikabel wäre, ist die Entstehung eines gesetzlichen Schuldverhältnisses überzeugend. 3

Ausgangslage der Vertragsgestaltung ist daher, dass bezüglich der Pflichten nach dem KWKG im Hinblick auf den Anschlussanspruch, die Abnahme und Verteilung des Stroms keine Abweichung von den gesetzlichen Vorgaben stattfindet. Soweit das KWKG keine Vorgaben macht bzw. lediglich einen Gestaltungsrahmen vorgibt, wurden an den Interessen des Netzbetreibers orientierte, ausgewogene Regelungen geschaffen, die aber auch von den Anlagenbetreibern akzeptiert werden können. 4

---

6 BT-Drucks. 14/7024, S. 13.

7 BT-Drucks. 17/8801, S. 16.

8 Das EEG wurde im Jahr 2014 umfangreich novelliert. Das EEG 2014 ist am 1.8.2014 in Kraft getreten. Im Zuge der EEG Novelle wurde auch das KWKG angepasst, wobei es sich im Wesentlichen um die Verweise auf das EEG handelt. Die Änderungen sind in diesem Kapitel bereits berücksichtigt; vgl. auch Kapitel 4.

9 Gerstner/*Gerstner*, Kap. 4 Rn 216 ff.

10 Gerstner/*Gerstner*, Kap. 4 Rn 216 ff.

5 Die Einspeisung in das Netz des Netzbetreibers darf nach der hier vertretenen Ansicht nicht vom Abschluss eines Vertrags abhängig gemacht werden. Daher dürften in der Praxis die anschlussbegehrenden Anlagenbetreiber bzw. Anschlusssuchenden davon zu überzeugen sein, dass ein Vertrag zweckmäßig ist, um die gesetzlich nicht geregelten Fragen zu klären und die individuellen Umstände zu dokumentieren, die die Anlagenart, den Anlagenanschluss, die Vergütung usw. bestimmen. Insbesondere im Hinblick auf die Sicherung der Projektfinanzierung besteht häufig seitens der Anlagenbetreiber ein Interesse an der (frühzeitigen) Dokumentation des Netzanschlusses. Daher bietet sich grundsätzlich der Abschluss von **Einspeiseverträgen für KWK-Anlagen** an, um dadurch Missverständnissen vorzubeugen, die Abläufe klar zu regeln und insofern Rechtssicherheit für die Beteiligten zu schaffen.

6 Die in Bezug auf KWK-Strom maßgeblichen Regelungen wurden hier im KWK-Anlagen-Vertrag sowie in einem weiteren Dokument, das allgemeine Vorschriften in den Allgemeinen Geschäftsbedingungen (AGB) erfasst, geregelt.

7 Bei einer Anfrage zum Netzanschluss einer KWK-Anlage empfiehlt sich folgende Vorgehensweise:

Vorgehensweise bei Netzanschlussanfragen

- Sobald Anlagenbetreiber und Netzbetreiber sich auf den Verknüpfungspunkt verständigt haben, sollte der KWK-Anlagen-Vertrag abgeschlossen werden. Hierbei wird das hierfür konzipierte Muster des KWK-Anlagen-Vertrags verwendet. Netzbetreiber und Anlagenbetreiber müssen das Muster an den dafür vorgesehenen Platzhaltern um die jeweiligen individuellen Angaben ergänzen.
- Dem Muster sind verschiedene Anlagen beizufügen. Bereits mit Vertragsschluss können beigefügt werden:
  - die Allgemeinen Geschäftsbedingungen (AGB),
  - das von Netzbetreiber und Anlagenbetreiber auszufüllende Datenblatt für die Anlage,
  - die Anlage zum Datenaustausch und zu den Ansprechpartnern und
  - die technischen Bedingungen des Netzbetreibers (soweit vorhanden).
- Mit der Inbetriebnahme bzw. vor der ersten (Abschlags-) Zahlung sollten zum Vertrag genommen werden:
  - das Inbetriebnahmeprotokoll und
  - der Lageplan/Schemaplan des Netzanschlusses einschließlich Eigentumsgrenzen (sofern nicht bereits vorher zu den Unterlagen genommen).

B. Vertragsmuster

I. KWK-Anlagen-Vertrag

Muster

Vertrag über den Netzanschluss einer KWK-Anlage und die Einspeisung des erzeugten Stroms 8

– KWK-Anlagen-Vertrag –

zwischen

Stadtwerke .... GmbH
[Adresse] (Netzbetreiber)

und

Name/Firma
[Adresse] (Anlagenbetreiber)

Telefon/Fax ____________ Kundennummer ____________

Registergericht ____________ Registernummer ____________

Präambel
Der Anlagenbetreiber beabsichtigt, eine Anlage zur Erzeugung von Strom aus Kraft-Wärme-Kopplung zu errichten und zu betreiben. Dieser Vertrag regelt den Anschluss der Anlage an das Verteilernetz des Netzbetreibers, den Betrieb der Anlage sowie die Einspeisung und Vergütung der zur Einspeisung angestellten Energiemengen. Grundlage für diesen Vertrag bilden das Kraft-Wärme-Kopplungs-Gesetz (KWKG), das Erneuerbare-Energien-Gesetz (EEG), das Energiewirtschaftsgesetz (EnWG), die Stromnetzzugangsverordnung (StromNZV), die Stromnetzentgeltverordnung (StromNEV) sowie die Niederspannungsanschlussverordnung (NAV) in ihrer jeweils geltenden Fassung, die in den Vertrag einbezogen werden, soweit im Folgenden keine anderweitigen Regelungen getroffen werden. Im Falle eines inhaltlichen Widerspruchs haben zwingende Regelungen Vorrang vor vertraglichen Regelungen.

1. Vertragsgegenstand

1.1 Dieser Vertrag regelt den Netzanschluss der KWK-Anlage sowie die Einspeisung, die Abnahme und die Vergütung von Strom, den der Anlagenbetreiber in der KWK-Anlage gemäß KWKG erzeugt und ganz oder teilweise in das Netz des Netzbetreibers einspeist. Die Vergütung erfolgt ausschließlich aufgrund des KWKG.

1.2 Die „AGB Allgemeine Geschäftsbedingungen zum KWK-Anlagen-Vertrag“ (AGB) sind Bestandteil dieses Vertrages. Sie sind diesem Vertrag als **Anlage 1** beigefügt. Zudem gelten die technischen Bedingungen des Netzbetreibers, soweit der Netzbetreiber entsprechende Bedingungen aufgestellt hat. Diese Bedingungen sind dem Vertrag als **Anlage 6** beigefügt.

1.3 Die in diesem Vertrag und den Anlagen genannten Regelwerke und Richtlinien, die nicht beigefügt sind, sind dem Kunden bekannt und werden von ihm beachtet.

2. KWK-Anlage

2.1 Es handelt sich bei der KWK-Anlage um eine Anlage zur Erzeugung von Strom in Kraft-Wärme-Kopplung.

2.2 Die Anlagendaten ergeben sich aus dem „Datenblatt für Anlage(n) zur Erzeugung von Strom aus KWK“ (**Anlage 2**).

2.3 Der Standort der KWK-Anlage und die Lage des Netzanschlusses sowie der Verknüpfungspunkt mit dem Netz des Netzbetreibers ergeben sich aus den Plänen nach **Anlage 3**.

2.4 Unverzüglich nach Inbetriebsetzung der KWK-Anlage ist dem Netzbetreiber ein Inbetriebnahmeprotokoll nach dem von diesem Vertrag vorgegebenen Muster vorzulegen. Das Inbetriebnahmeprotokoll wird diesem Vertrag als **Anlage 4** beigefügt.

2.5 Planung, Errichtung, Anschluss, Betrieb, Instandhaltung und Änderung der KWK-Anlage müssen gemäß den gesetzlichen Bestimmungen sowie den anerkannten Regeln der Technik durchgeführt werden und den technischen Anforderungen des Netzbetreibers, soweit solche aufgestellt sind, entsprechen.

3. Netzanschluss

3.1 Der Netzanschluss der KWK-Anlage erfolgt in
- □ Netzebene 7 (Niederspannung)
- □ Netzebene 6 (Umspannung Niederspannung/Mittelspannung)
- □ Netzebene 5 (Mittelspannung)
- □ Netzebene 4 (Umspannung Hochspannung/Mittelspannung)
- □ Netzebene 3 (Hochspannung)
- □ Netzebene 2 (Umspannung Höchstspannung/Hochspannung).

3.2 Der Verknüpfungspunkt des Netzanschlusses mit dem Netz ist aus dem Schemaplan Netzanschluss **in Anlage 3** ersichtlich.

3.3 Der Netzanschluss steht im Eigentum
□ des Anlagenbetreibers. □ des Netzbetreibers.

3.4 Der Anlagenbetreiber trägt die Kosten für die Verbindung zwischen der KWK-Anlage und dem Netzanschlusspunkt. Der Anschlussnehmer trägt die Kosten für die Ertüchtigung des Netzanschlusspunkts nach den Regeln des § 8 Abs. 2 KraftNAV, insofern die Kosten ausschließlich durch vom Anschlussnehmer genutzte Betriebsmittel verursacht sind, es sei denn, die Betriebsmittel gehen in das Eigentum des Netzbetreibers oder Dritten über.

3.4 Voraussetzung für den Netzanschluss von KWK-Anlagen mit einer Leistung über 100 Kilowatt ist die Erfüllung der Verpflichtung des Anlagenbetreibers nach § 9 Abs. 1 EEG, die Anlage mit einer technischen Einrichtung zur ferngesteuerten Reduzierung der Einspeiseleistung bei Netzüberlastung und zur Abrufung der jeweiligen Ist-Einspeisung auszustatten, auf die der Netzbetreiber zugreifen darf.

4. Einspeisung

4.1 Der Anlagenbetreiber ist berechtigt, den gesamten Strom, der in seiner KWK-Anlage erzeugt wird, in das Netz des Netzbetreibers einzuspeisen. Das weitere regelt Ziffer 4.1 der AGB.

4.2 Der Anlagenbetreiber beabsichtigt,
- □ den eingespeisten Strom an den Netzbetreiber abzugeben.
- □ dem Netzbetreiber gem. § 4 Abs. 3 Satz 4 KWKG einen Dritten zu benennen, der bereit ist, den eingespeisten KWK-Strom zu kaufen.
- □ dem Netzbetreiber gem. § 4 Abs. 2a KWKG einen Bilanzkreis zu benennen, dem der eingespeiste Strom zugeordnet werden soll.

Der Anlagenbetreiber teilt dem Netzbetreiber die notwendigen Daten rechtzeitig vor der erstmaligen Einspeisung oder vor einer Änderung dieser Daten in Textform mit. Bei einer verspäteten Mitteilung setzt der Netzbetreiber die Änderung zum nächstmöglichen Zeitpunkt um. Der Netzbetreiber informiert den Anlagenbetreiber in diesem Fall unverzüglich über den Zeitpunkt.

4.3 Der Anlagenbetreiber betreibt seine KWK-Anlage derart, dass am Netzverknüpfungspunkt der Leistungsfaktor nicht unterhalb von cos phi = 0,9 induktiv liegt. Kapazitive Werte des Leistungsfaktors dürfen nicht auftreten; daher muss die Einspeisung der elektrischen Energie in das Netz des Netzbetreibers mit einem Leistungsfaktor cos phi zwischen 0,9 und 1 (induktiver Bereich) erfolgen.

4.4 Der Anlagenbetreiber führt auf seine Kosten in Abstimmung mit dem Netzbetreiber zur Einhaltung des vorgenannten Leistungsfaktors ggf. eine seinen tatsächlichen Belastungsverhältnissen angepasste, ausreichende Blindstromkompensation durch.

5. Messstellenbetrieb und Messung

5.1 Der Anlagenbetreiber

☐ beauftragt den Netzbetreiber mit Messung und Messstellenbetrieb.

☐ beauftragt einen Dritten mit der Messung.	☐ beauftragt einen Dritten mit dem Messstellenbetrieb.
___ Fa./Name	___ Fa./Name
___ Straße	___ Straße
___ PLZ, Ort	___ PLZ, Ort
___ Telefon	___ Telefon
___ Fax	___ Fax
___ E-Mail	___ E-Mail

5.2. Die Messung richtet sich nach Ziffer 8 der AGB.

5.3 Der Anlagenbetreiber meldet dem Netzbetreiber gem. § 8 Abs. 1 Satz 1 KWKG monatlich die in das Netz eingespeiste und die selbst verbrauchte KWK-Strommenge. Das gilt nicht bei KWK-Anlage mit einer installierten Leistung von bis zu 2 MW, die nicht über Vorrichtungen zur Abwärmeabfuhr verfügen.

5.4 Der Anlagenbetreiber teilt dem Netzbetreiber bis zum 31. März eines jeden Jahres die im vorangegangenen Kalenderjahr eingespeiste und die selbst verbrauchte KWK-Strommenge mit. Bei KWK-Anlagen mit einer elektrischen Leistung von mehr als 50 kW teilt der Anlagenbetreiber darüber hinaus die Anzahl der Vollbenutzungsstunden seit der Aufnahme des Dauerbetriebs mit.

6. Vergütung und Abrechnung des eingespeisten Stroms

6.1 Der Netzbetreiber vergütet ab Inbetriebnahme der KWK-Anlage dem Anlagenbetreiber für die am Verknüpfungspunkt gelieferten KWK-Strommengen den üblichen Preis und den Zuschlag. Der Vergütungsanspruch des Anlagenbetreibers ergibt sich aus den gesetzlichen Bestimmungen, insbesondere aus dem KWKG. Die hier geregelte vertragliche Vergütungspflicht gilt nur insoweit und solange ein gesetzlicher Anspruch auf Abnahme und Vergütung der Strommengen besteht und die Voraussetzungen, insbesondere Nachweispflichten, für diesen Anspruch erfüllt werden.

☐ Die eingespeiste Strommenge wird nach dem üblichen Preis im Sinne des § 4 Abs. 3 S. 2 KWKG abgerechnet.

 ☐ Dies gilt (ausschließlich) für den eingespeisten KWK-Strom.

 ☐ Dies gilt für die gesamte eingespeiste Strommenge.

- ☐ Die eingespeiste Strommenge wird nach einem individuell vereinbarten Preis abgerechnet. Die Parteien regeln die Preisvereinbarung in **Anlage** _____ zu diesem Vertrag.
  - ☐ Dies gilt (ausschließlich) für den eingespeisten KWK-Strom.
  - ☐ Dies gilt für die gesamte eingespeiste Strommenge.

Soweit der Anlagenbetreiber gem. § 4 Abs. 3 S. 4 KWKG einen Dritten benannt hat, gilt stattdessen der von dem Dritten gebotene Strompreis für den KWK-Strom.

Soweit der eingespeiste Strom gem. § 4 Abs. 2a KWKG einem Bilanzkreis zugeordnet ist, entfällt die Vergütungspflicht.

Bei KWK-Anlagen mit einer elektrischen Leistung größer 50 Kilowatt entfällt die Vergütungspflicht gem. § 4 Abs. 4 KWKG, sobald der Netzbetreiber nicht mehr zur Zuschlagzahlung verpflichtet ist.

Zusätzlich zur Vergütung erhält der Anlagenbetreiber den Zuschlag entsprechend dem KWKG und dem Zulassungsbescheid der KWK-Anlage sowie das Entgelt für dezentrale Einspeisung gem. § 18 StromNEV.

6.2 Die Zahlung der Vergütung erfolgt

- ☐ durch monatliche Abschlagszahlungen in angemessenem Umfang mit einer Jahresschlussrechnung für das jeweilige Kalenderjahr.
- ☐ durch monatliche Abrechnungen.

Bei KWK-Anlagen mit einer installierten Leistung von mehr als 2 MW hat der Anlagenbetreiber die Jahresschlussrechnung nach den Vorgaben des § 8 KWKG zu erstellen und testieren zu lassen und dem Netzbetreiber bis zum 31. März des Folgejahres vorzulegen.

6.3 Die Regelung des § 9 Abs. 7 EEG bleibt unberührt.

7. Laufzeit, Inkrafttreten, Wirksamkeit und Kündigung

Dieser Vertrag tritt nach seiner Unterzeichnung durch beide Vertragspartner in Kraft und läuft unbefristet, längstens jedoch solange der Netzbetreiber gesetzlich zur Abnahme und Vergütung des vom Anlagenbetreiber erzeugten Stroms verpflichtet ist.

8. Schlussbestimmungen

8.1 Die Vertragsparteien benennen ihre Ansprechpartner und deren jeweilige Erreichbarkeit in der **Anlage 5**. Änderungen diesbezüglich werden der jeweils anderen Vertragspartei unverzüglich mitgeteilt. Grundsätzlich erfolgt der Datenaustausch zwischen Netzbetreiber und Anlagenbetreiber zur Abwicklung des Netzanschlusses und der Einspeisung des erzeugten Stroms elektronisch. Die technischen Einzelheiten des Datenaustauschs sind in **Anlage 5** festgelegt.

8.2 Sollten einzelne Bestimmungen des Vertrages unwirksam oder undurchführbar sein oder werden, so bleibt der Vertrag im Übrigen unberührt. Die Vertragsparteien verpflichten sich, die unwirksamen oder undurchführbaren Bestimmungen durch andere, ihnen im wirtschaftlichen Ergebnis möglichst gleich kommende Regelungen zu ersetzen. Dies gilt entsprechend bei unbeabsichtigten Regelungslücken.

8.3 Die Rechte und Pflichten aus diesem Vertrag können mit Zustimmung des jeweils anderen Vertragspartners auf einen Dritten übertragen werden. Das Einverständnis darf nur verweigert werden, wenn gegen die technische und wirtschaftliche Leistungsfähigkeit begründete Zweifel vorliegen. Einer Zustimmung bedarf es nicht, wenn es sich bei dem Rechtsnachfolger um ein verbundenes Unternehmen im Sinne der §§ 15 ff. Aktiengesetz des Netzbetreibers handelt oder der Netzbetreiber aufgrund des mit der Gemeinde abgeschlossenen Konzessionsvertrages verpflichtet ist, das Netz zu übereignen.

8.4 Änderungen und Ergänzungen des Vertrages sowie die Änderung dieser Bestimmung selbst bedürfen der Schriftform.

8.5 Gerichtsstand ist der Sitz des Netzbetreibers.

Ort (Netzbetreiber), den ____________________	Ort (Anlagenbetreiber), den ____________________
____________________	____________________
Unterschrift des Netzbetreibers	Unterschrift des Anlagenbetreibers

Anlagenverzeichnis
Anlage 1: AGB zum KWK-Anlagen-Vertrag
Anlage 2: Datenblatt für Anlagen zur Erzeugung von Strom in Kraft-Wärme-Kopplung
Anlage 3: Lage- und Schemapläne für die KWK-Anlage und den Netzanschluss
Anlage 4: Inbetriebsetzungsprotokoll für eine KWK-Anlage
Anlage 5: Ansprechpartner und Datenaustausch
Anlage 6: Technische Bedingungen des Netzbetreibers
Anlage 7: Individuelle Vergütungsvereinbarung

II. Anlage 1 – Allgemeine Geschäftsbedingungen (AGB)

Muster

9 **Anlage 1**

AGB

Allgemeine Geschäftsbedingungen zum KWK-Anlagen-Vertrag

1. **Geltungsbereich**

Diese Allgemeinen Geschäftsbedingungen (AGB) ergänzen den mit dem Anlagenbetreiber geschlossenen Vertrag über den Netzanschluss einer KWK-Anlage und die Einspeisung des erzeugten Stroms (nachfolgend „Vertrag").

2. **Einspeisung und Anschluss**

2.1 Der Anlagenbetreiber ist berechtigt, den gesamten Strom, der in seiner KWK-Anlage erzeugt wird, in das Netz des Netzbetreibers einzuspeisen, soweit ein entsprechender gesetzlicher Anspruch besteht und dieser Vertrag einschließlich seiner Anlagen oder die gesetzlichen Regelungen keine Ausnahmen vorsehen. Der Anlagenbetreiber ist berechtigt, Kondensationsstrom einzuspeisen. Der Netzbetreiber ist berechtigt, die Einspeisung von Kondensationsstrom zu untersagen, soweit und solange dies zur Erfüllung gesetzlicher Verpflichtungen des Netzbetreibers erforderlich ist, insbesondere zur Wahrung des Einspeisevorrangs von Strom aus Erneuerbaren Energien und aus Kraft-Wärme-Kopplung.

2.2 Bei Einspeisung in Niederspannung erfolgt die Einspeisung des Stroms entweder in Form von Drehstrom mit einer Spannung von 400 V oder, in Abhängigkeit von der Einspeiseleistung, in Form von Wechselstrom mit einer Spannung von 230 V und einer Frequenz von 50 Hz, siehe hierzu auch Ziffer 4 dieser AGB.

2.3 Bei Einspeisung in Mittelspannung erfolgt die Einspeisung des Stroms in Form von Drehstrom mit einer Spannung von 20 kV oder 30 kV und einer Frequenz von 50 Hz, siehe hierzu auch Ziffer 4 dieser AGB.

2.4 Eine Änderung der Spannungsebene aus technischen oder wirtschaftlichen Gründen behält sich der Netzbetreiber vor.

3. **Betrieb der KWK-Anlage**

3.1 Planung, Errichtung, Betrieb, Instandhaltung und Änderung der KWK-Anlage müssen auf Kosten des Anlagenbetreibers gemäß den notwendigen technischen Anforderungen, den gesetzlichen Bestimmungen sowie den anerkannten Regeln der Technik durchgeführt werden. Der Netzbetreiber kann ergänzende technische Anforderungen stellen. Für technische Anschlussbedingungen gilt § 20 NAV entsprechend.

3.2 Bei Einspeisung in Niederspannung sind insbesondere die folgenden Vorgaben in der jeweils gültigen Fassung einzuhalten:

a) Die einschlägigen VDE-Bestimmungen (DIN-VDE-Normen), insbesondere die DIN VDE 0100. Um eine sichere Trennung der Anlage vom Netz im Falle einer Störung zu gewährleisten, darf auch die DIN VDE 0126-1-1 herangezogen werden.

b) Die „Technischen Anschlussbedingungen für den Anschluss an das Niederspannungsnetz (TAB)" des BDEW.

c) Die VDE-Anwendungsregel „VDE-AR-N 4105:2011-08 Erzeugungsanlagen am Niederspannungsnetz, Technische Mindestanforderungen für Anschluss und Parallelbetrieb von Erzeugungsanlagen am Niederspannungsnetz".

Bei Einspeisung in Mittelspannung sind insbesondere die folgenden Vorgaben in der jeweils gültigen Fassung einzuhalten:

a) Die „Technischen Anschlussbedingungen für den Anschluss an das Mittelspannungsnetz (TAB)“ des BDEW.

b) Die „Richtlinie für Anschluss und Parallelbetrieb von Erzeugungsanlagen am Mittelspannungsnetz“ des BDEW.

Die genannten Verordnungen bzw. Richtlinien können bei Bedarf beim Netzbetreiber angefordert werden.

3.3 Der Anlagenbetreiber wird seine KWK-Anlage so betreiben, dass schädlichen Rückwirkungen auf das Netz bzw. den Netzbetrieb ausgeschlossen sind. Zwingende gesetzliche Rechte des Anlagenbetreibers bleiben unberührt.

3.4 Der Netzbetreiber (Systemverantwortlicher nach §§ 13, 14 EnWG) ist berechtigt, Anpassungen von zu errichtenden oder bestehenden Anlagen zu verlangen, soweit dies aus Gründen des sicheren und störungsfreien Betriebs des Netzes des Netzbetreibers notwendig ist.

3.5 Der Anlagenbetreiber wird bei beabsichtigten Änderungen an der KWK-Anlage, soweit diese Änderungen Auswirkungen auf den Betrieb des Netzes des Netzbetreibers haben können (z. B. Änderung der Nennleistung der KWK-Anlage, Auswechslung von Schutzeinrichtungen oder Änderungen an den Kompensationseinrichtungen), vor Durchführung der jeweiligen Änderung die Zustimmung des Netzbetreibers einholen.

3.6 Der Anlagenbetreiber benennt dem Netzbetreiber einen „Anlagenverantwortlichen“ gemäß DIN VDE 0105 für die KWK-Anlage, mit dem der Netzbetreiber anlagentechnische und betriebliche Maßnahmen abstimmen kann, es sei denn, der Netzbetreiber verzichtet auf die Benennung. Sollte sich der Anlagenverantwortliche ändern, ist der Netzbetreiber hiervon unverzüglich schriftlich in Kenntnis zu setzen. Gegenüber dem Netzbetreiber wird die Änderung erst mit Zugang der Anzeige wirksam.

3.7 Der Anlagenbetreiber ist verpflichtet, die für ihn geltenden Vorgaben aus § 9 EEG einzuhalten.

3.8 Der Netzbetreiber ist während des bestehenden Vertragsverhältnisses berechtigt, nach vorheriger Anmeldung die Einhaltung der zuvor geregelten Bedingungen für die Einspeisung zu kontrollieren. Der Anlagenbetreiber hat dem Beauftragten des Netzbetreibers Zutritt zu seinen Räumen zu gewähren, soweit dies für die Prüfung der technischen Einrichtungen der KWK-Anlage oder zur Wahrnehmung sonstiger Rechte und Pflichten aus diesem Vertrag erforderlich ist. Ergibt die Kontrolle, dass ein Verstoß des Anlagenbetreibers gegen die vertraglich vereinbarten Bedingungen vorliegt, hat der Anlagenbetreiber die Kosten für die Kontrolle zu tragen. Weitere Rechte und Pflichten der Parteien aufgrund des Verstoßes bleiben unberührt.

4. Bereitstellung der Netzanschlusskapazität

Der Netzbetreiber stellt dem Anlagenbetreiber die vertraglich bestimmte Netzanschlusskapazität zum Zwecke der Einspeisung von nach KWKG förderfähigem Strom zur Verfügung. § 4 Abs. 4 S. 2 KWKG sowie gesetzliche und vertragliche Regelungen zur Reduzierung der Einspeiseleistung bleiben unberührt.

5. Störung und Unterbrechung der Einspeisung

5.1 Die Bereitstellung des Netzes zur Einspeisung von Strom kann unterbrochen werden, soweit dies zur Vornahme betriebsnotwendiger Arbeiten, zur Vermeidung eines drohenden Netzzusammenbruchs, im Störungsfalle oder zur Abwendung einer unmittelbaren Gefahr für Personen oder Anlagen erforderlich ist. Der Netzbetreiber wird jede Unterbrechung oder Unregelmäßigkeit unverzüglich beheben.

Für die Benachrichtigungspflicht des Netzbetreibers gegenüber dem Anlagenbetreiber gelten die entsprechenden Bestimmungen in § 17 NAV, „Unterbrechung der Anschlussnutzung“ in der jeweils gültigen Fassung. Darüber hinaus dürfen weitere Schalthandlungen vom Personal des Netzbetreibers dann vorgenommen werden, wenn dies zur Abwehr von Gefahren, insbesondere erheblicher Schäden jeglicher Art bzw. bei Störungen, die aus der KWK-Anlage herrühren, erforderlich ist.

5.2 Sollte einer der beiden Vertragspartner durch höhere Gewalt, insbesondere durch Krieg, Arbeitskampfmaßnahmen, Beschädigung von Erzeugungs-, Übertragungs- oder Verteilungsanlagen, behördlichen Anordnungen oder durch sonstige Umstände, die abzuwenden nicht in seiner Macht liegen bzw. deren Eintritt mit einem angemessenen technischen und wirtschaftlichen Aufwand nicht vorgebeugt oder verhindert werden können, an der Erzeugung, der Übertragung, der Verteilung oder der Aufnahme von Strom gehindert sein, so ruhen insoweit seine vertraglichen Verpflichtungen insbesondere zur Lieferung und zur Abnahme von Strom, bis diese Umstände und deren Folgen beseitigt sind. In solchen Fällen kann der andere Vertragspartner keine Entschädigung beanspruchen. Die Vertragspartner werden in solchen Fällen mit allen angemessenen Mitteln dafür sorgen, dass sie ihren vertraglichen Verpflichtungen sobald wie möglich wieder nachkommen können.

5.3 §§ 14 und 15 EEG bleiben unberührt.

6. Datenaustausch

6.1 Grundsätzlich erfolgt der Datenaustausch zwischen Netzbetreiber und Anlagenbetreiber zur Abwicklung des Netzzugangs elektronisch. Der Netzbetreiber gibt die Formate unter angemessener Berücksichtigung der Interessen des Anlagenbetreibers in der Anlage 5 zu Ansprechpartner und Datenaustausch vor.

6.2 Alle wesentlichen, die Vertragsgrundlagen betreffenden Umstände werden dem Vertragspartner stets unverzüglich mitgeteilt. Sämtliche Mitteilungen erfolgen in den vertraglich festgelegten Datenformaten bzw. Kommunikationswegen.

7. Messung und Messstellenbetrieb

7.1 Der vom Anlagenbetreiber gelieferte Strom wird durch Messeinrichtungen erfasst, deren Auslesung die vertragsgemäße Abrechnung durch bereitzustellende Messdaten gewährleisten muss. Für Anlagen mit einer Leistung größer 100 kW ist der Anlagenbetreiber gesetzlich verpflichtet, die Anlage mit technischen Einrichtungen zur Abrufung der jeweiligen Ist-Einspeisung auszustatten.

7.2 Die Kosten für Einbau, Betrieb und Wartung sowie für den Unterhalt der Messeinrichtung trägt der Anlagenbetreiber. Die Messeinrichtung muss den eichrechtlichen Vorschriften entsprechen. Wenn nicht durch den Netzbetreiber selbst festgelegt, erfolgt die Festlegung von Art, Umfang und Anbringungsort der Messeinrichtungen in Absprache mit dem Netzbetreiber und unter Beachtung der unter Ziffer 3 aufgeführten Richtlinien. Der Anlagenbetreiber stellt einen Zählerplatz nach den Vorgaben des Netzbetreibers zur Verfügung und sorgt für leichte Zugänglichkeit.

7.3 Der Anlagenbetreiber ist ebenso wie der Netzbetreiber berechtigt, jederzeit eine Überprüfung der Messeinrichtungen durch eine Eichbehörde oder eine staatlich anerkannte Prüfstelle im Sinne des § 2 Abs. 4 des Eichgesetzes zu verlangen. Wird der Antrag auf Prüfung nicht bei dem jeweiligen Messstellenbetreiber gestellt, so wird die antragstellende Partei den Messstellenbetreiber vor Antragstellung benachrichtigen. Die Kosten der Prüfung trägt der Messstellenbetreiber, falls die Abweichung die gesetzlichen Verkehrsfehlergrenzen überschreitet, sonst der Antragssteller. Die Kosten werden nach dem tatsächlichen Aufwand (Zählerwechsel und die staatlich festgelegten Befundprüfungskosten) in Rechnung gestellt.

7.4 Die Messeinrichtungen müssen mindestens der VDE-Anwendungsregel „VDE-AR-N 4400:2011-09 Messwesen Strom“ entsprechen.

7.5 Der Netzbetreiber ist berechtigt, die Messeinrichtung und die Zählerstände in regelmäßigen Abständen nach vorheriger Anmeldung zu kontrollieren.

7.6 Wird der Netzbetreiber mit der Durchführung der Messung und/oder des Messstellenbetriebs beauftragt, so hat der Anlagenbetreiber hierfür ein Entgelt entsprechend dem jeweils aktuellen Preisblatt des Netzbetreibers zu zahlen.

8. Vergütung des eingespeisten Stroms

8.1 Die Pflicht zur Vergütung nach Ziffern 6.1 und 6.2 des Vertrages steht unter der aufschiebenden Bedingung der Zulassung bzw. der Eingangsbestätigung des Zulassungsantrags durch das Bundesamt für Wirtschaft und Ausfuhrkontrolle (BAFA). Solange die endgültige Zulassung noch nicht vorliegt, erfolgt die Zahlung der Vergütung unter dem Vorbehalt der Zulassung. Der endgültige Zulassungsbescheid als KWK-Anlage ist dem Netzbetreiber unverzüglich durch den Anlagenbetreiber zu übersenden.

8.2 Der Netzbetreiber ist berechtigt, die Vergütung gemäß Ziffer 6 des Vertrages im Wege der umsatzsteuerlichen Gutschrift zu vergüten. Hierdurch entstehende Kosten können dem Anlagenbetreiber auferlegt werden. Für den Fall, dass im Gutschriftswege abgerechnet wird, wird der Anlagenbetreiber dem Netzbetreiber seine Umsatzsteueridentifikationsnummer bzw. Steuernummer mitteilen oder dem Netzbetreiber bestätigen, dass er von der Kleinunternehmerregelung des § 19 UStG Gebrauch macht.

8.3 Nimmt der Anlagenbetreiber eine Abtretung seiner Forderungen gegenüber dem Netzbetreiber vor oder findet in anderer Weise ein Wechsel des Forderungsberechtigten bzgl. der Vergütung statt, so setzt der Anlagenbetreiber den Netzbetreiber unverzüglich von der erfolgten Abtretung in Kenntnis. Maßgeblich sind für den Netzbetreiber bei der Zahlung der Vergütung allein die Angaben des Anlagenbetreibers. Der Netzbetreiber zahlt bis zur Mitteilung des Anlagenbetreibers über eine Änderung der Forderungsberechtigung befreiend an den ihm bislang benannten Berechtigten.

8.4 Die Auszahlung der Vergütung erfolgt unter dem Vorbehalt der Rückforderung für den Fall, dass eine der Voraussetzungen, die das KWKG für einen Vergütungsanspruch aufstellt, nicht erfüllt ist. Sämtliche Schäden, die dem Netzbetreiber dadurch entstehen, dass er aufgrund der Angaben des Anlagenbetreibers von der Vergütungsberechtigung ausgegangen ist, sind vom Anlagenbetreiber zu tragen.

9. Haftung

9.1 Die Haftung der Vertragspartner sowie ihrer Erfüllungs- und Verrichtungsgehilfen und der gesetzlichen Vertreter richtet sich grundsätzlich nach der NAV. Die Haftung des Netzbetreibers bei Störungen der Netznutzung ist nach § 25a StromNZV entsprechend § 18 NAV begrenzt.

9.2 Damit gelten folgende Haftungsregelungen:

(1) Soweit der Netzbetreiber für Schäden, die ein Anschlussnutzer durch Unterbrechung oder durch Unregelmäßigkeiten in der Anschlussnutzung erleidet, aus Vertrag, Anschlussnutzungsverhältnis oder unerlaubter Handlung haftet und dabei Verschulden des Unternehmens oder eines Erfüllungs- oder Verrichtungsgehilfen vorausgesetzt wird, wird

1. hinsichtlich eines Vermögensschadens widerleglich vermutet, dass Vorsatz oder grobe Fahrlässigkeit vorliegt,
2. hinsichtlich der Beschädigung einer Sache widerleglich vermutet, dass Vorsatz oder Fahrlässigkeit vorliegt. Bei Vermögensschäden nach S. 1 Nr. 1 ist die Haftung für sonstige Fahrlässigkeit ausgeschlossen.

(2) Bei weder vorsätzlich noch grob fahrlässig verursachten Sachschäden ist die Haftung des Netzbetreibers gegenüber seinen Anschlussnutzern auf jeweils 5.000 Euro begrenzt. Die Haftung für nicht vorsätzlich verursachte Sachschäden ist je Schadensereignis insgesamt begrenzt auf

1. 2,5 Millionen Euro bei bis zu 25.000 an das eigene Netz angeschlossenen Anschlussnutzern;
2. 10 Millionen Euro bei 25.001 bis 100.000 an das eigene Netz angeschlossenen Anschlussnutzern;
3. 20 Millionen Euro bei 100.001 bis 200.000 an das eigene Netz angeschlossenen Anschlussnutzern;
4. 30 Millionen Euro bei 200.001 bis einer Million an das eigene Netz angeschlossenen Anschlussnutzern;
5. 40 Millionen Euro bei mehr als einer Million an das eigene Netz angeschlossenen Anschlussnutzern. In diese Höchstgrenzen werden auch Schäden von Anschlussnutzern in vorgelagerten Spannungsebenen einbezogen, wenn die Haftung ihnen gegenüber im Einzelfall entsprechend S. 1 begrenzt ist.

(3) Die Absätze 1 und 2 sind auch auf Ansprüche von Anschlussnutzern anzuwenden, die diese gegen einen dritten Netzbetreiber im Sinne des § 3 Nr. 27 EnWG aus unerlaubter Handlung geltend machen. Die Haftung dritter Netzbetreiber im Sinne des § 3 Nr. 27 EnWG ist je Schadensereignis insgesamt begrenzt auf das Dreifache des Höchstbetrages, für den sie nach Abs. 2 S. 2 eigenen Anschlussnutzern gegenüber haften. Hat der dritte Netzbetreiber im Sinne des § 3 Nr. 27 EnWG keine eigenen an das Netz angeschlossenen Anschlussnutzer im Sinne der NAV, so ist die Haftung insgesamt auf 200 Millionen Euro begrenzt. In den Höchstbetrag nach den Sätzen 2 und 3 können auch Schadensersatzansprüche von nicht unter diese Verordnung fallenden Kunden einbezogen werden, die diese gegen das dritte Unternehmen aus unerlaubter Handlung geltend machen, wenn deren Ansprüche im Einzelfall entsprechend Abs. 2 S. 1 begrenzt sind. Der Netzbetreiber ist verpflichtet, seinen Anschlussnutzern auf Verlangen über die mit der Schadensverursachung durch einen dritten Netzbetreiber im Sinne des § 3 Nr. 27 EnWG zusammenhängenden Tatsachen insoweit Auskunft zu geben, als sie ihm bekannt sind oder von ihm in zumutbarer Weise aufgeklärt werden können und ihre Kenntnis zur Geltendmachung des Schadensersatzes erforderlich ist.

(4) Bei grob fahrlässig verursachten Vermögensschäden ist die Haftung des Netzbetreibers, an dessen Netz der Anschlussnutzer angeschlossen ist, oder eines dritten Netzbetreibers, gegen den der Anschlussnutzer Ansprüche geltend macht, gegenüber seinen Anschlussnutzern auf jeweils 5.000 Euro sowie je Schadensereignis insgesamt auf 20 vom Hundert der in Abs. 2 S. 2 sowie Abs. 3 S. 2 und 3 genannten Höchstbeträge begrenzt. Abs. 2 S. 3 sowie Abs. 3 S. 1, 4 und 5 gelten entsprechend.

(5) Übersteigt die Summe der Einzelschäden die jeweilige Höchstgrenze, so wird der Schadensersatz in dem Verhältnis gekürzt, in dem die Summe aller Schadensersatzansprüche zur Höchstgrenze steht. Sind nach Abs. 2 S. 3 oder nach Abs. 3 S. 4, jeweils auch in Verbindung mit Abs. 4, Schäden von nicht unter diese Verordnung fallenden Kunden in die Höchstgrenze einbezogen worden, so sind sie auch bei der Kürzung nach S. 1 entsprechend einzubeziehen. Bei Ansprüchen nach Abs. 3 darf die Schadensersatzquote nicht höher sein als die Quote der Kunden des dritten Netzbetreibers.

(6) Die Ersatzpflicht entfällt für Schäden unter 30 Euro, die weder vorsätzlich noch grob fahrlässig verursacht worden sind.

(7) Der geschädigte Anschlussnutzer hat den Schaden unverzüglich dem Netzbetreiber oder, wenn dieses feststeht, dem ersatzpflichtigen Unternehmen mitzuteilen.

Bei Inkrafttreten einer Nachfolgeregelung zu § 18 NAV wird die Haftungsregelung an diese angepasst. Die gesetzliche Haftung bleibt im Übrigen unberührt. Für Folgeschäden wird nicht gehaftet.

9.3 Steht das Netz des Netzbetreibers dem Anlagenbetreiber aus betrieblichen Gründen und/oder zur Abwehr von Gefahren zeitlich begrenzt nicht zur Verfügung, so haftet der Netzbetreiber nicht für mögliche Erlösausfälle seitens des Anlagenbetreibers unabhängig davon, ob der Vorfall angekündigt wurde oder nicht.

10. Vertragslaufzeit und Kündigung

10.1 Der Vertrag tritt nach seiner Unterzeichnung durch beide Vertragspartner in Kraft und läuft unbefristet, längstens jedoch solange der Netzbetreiber gesetzlich zur Abnahme und Vergütung des vom Anlagenbetreiber erzeugten Stroms verpflichtet ist.

10.2 Der Vertrag kann mit einer Frist von drei Monaten schriftlich gekündigt werden.

10.3 Das Recht zur außerordentlichen Kündigung aus wichtigem Grund bleibt für beide Vertragspartner unberührt. Ein wichtiger Grund liegt insbesondere vor bei Aufhebung oder wesentlicher Änderung der gesetzlichen Abnahme- und Vergütungspflicht für Strom aus Erzeugungsanlagen, die Gegenstand dieses Vertrages sind, wenn das KWKG seine Gültigkeit verliert oder wenn der Anlagenbetreiber bei dem Betrieb der KWK-Anlage die gesetzlichen Bestimmungen oder die anerkannten Regeln der Technik im Sinne der Ziffer 3 dieser AGB wiederholt trotz Abmahnung nicht einhält.

10.4 Mit Beginn der Laufzeit dieses Vertrages enden alle früheren, für die Einspeisung an der Einspeisestelle geschlossenen Verträge, Vereinbarungen o. Ä. zwischen dem Anlagenbetreiber und dem Netzbetreiber mit Ausnahme von denjenigen Verträgen und Vereinbarungen, die Netzanschlussfragen (z. B. Netzanschlussvertrag) betreffen.

11. Schlussbestimmungen

11.1 Sollten einzelne Bestimmungen des Vertrages unwirksam oder undurchführbar sein oder werden, so bleibt der Vertrag im Übrigen unberührt. Die Vertragsparteien verpflichten sich, die unwirksamen oder undurchführbaren Bestimmungen durch andere, ihnen im wirtschaftlichen Ergebnis möglichst gleich kommende Regelungen zu ersetzen. Dies gilt entsprechend bei unbeabsichtigten Regelungslücken.

11.2 Sollten sich sonstige für das Vertragsverhältnis bestimmende Umstände wesentlich ändern und sollte dadurch für eine der Vertragsparteien das Festhalten am Vertrag nicht mehr zumutbar sein, so werden die Vertragsparteien den Vertrag an die geänderten Bedingungen anpassen.

11.2 Wechseln während der Vertragslaufzeit der Betreiber der KWK-Anlage, der Anschlussnutzer oder der Anschlussnehmer, so teilt dies der Anlagenbetreiber dem Netzbetreiber unverzüglich schriftlich mit.

III. Anlage 2 – Datenblatt für die KWK-Anlage

Muster

10 **Anlage 2**

Datenblatt
für die KWK-Anlage

Anlagenbetreiber

Fa./Name: ______________________________

Straße: ______________________________

PLZ, Ort: ______________________________

Telefon: __________/____________________

Fax: __________/____________________

E-Mail: ______________________________

Errichter der Anlage

Fa./Name: ______________________________

Straße: ______________________________

PLZ, Ort: ______________________________

Telefon: __________/____________________

Fax: __________/____________________

E-Mail: ______________________________

Anlagenverantwortlicher nach DIN VDE 0105

☐ Benennung eines Anlagenverantwortlichen

Fa./Name: ______________________________

PLZ, Ort: ______________________________

Telefon: ______________________________

☐ Verzicht auf die Benennung eines Anlagenverantwortlichen

Bankverbindung des Anlagenbetreibers

Kontoinhaber: ____

DE __|____|____|____|____|__
IBAN

______________________________ ________|___
Kreditinstitut BIC

Umsatzsteuerrechtlicher Status

Umsatzsteuer-Identifikationsnummer/FA-Steuernummer ______________________________

oder

Kleinunternehmer i. S. d. § 19 UStG (ja/nein) ______________________________

Anlage

Hersteller: ______________________________

Typ: ______________________________

Anlagenanschrift (Standort)

Straße: ______________________________

PLZ, Ort: ______________________________

Gemarkung: ______________________________

Flur: ______________________________

☐ Am selben Standort befindet sich eine KWK-Anlage, die mit der vertragsgegenständlichen KWK-Anlage unmittelbar verbunden ist und innerhalb der letzten zwölf Kalendermonate in Dauerbetrieb genommen worden ist.
Installierte elektrische Anlagenleistung: _____ Kilowatt

Vergütungskategorie

☐ Sehr kleine KWK-Anlage mit fabrikneuen Hauptbestandteilen (§ 5 Abs. 1 S. 1 Nr. 1 KWKG) oder Brennstoffzellen-Anlage (§ 5 Abs. 1 S. 1 Nr. 2 KWKG) bis 2 kW mit pauschaler Vergütung für 30.000 Vbh

☐ Kleine KWK-Anlage mit fabrikneuen Hauptbestandteilen (§ 5 Abs. 1 S. 1 Nr. 1 KWKG) bis 50 kW
- ☐ Vergütung für 30.000 Vbh
- ☐ Vergütung für 10 Jahre

☐ Brennstoffzellen-Anlage (§ 5 Abs. 1 S. 1 Nr. 2 KWKG)
- ☐ Vergütung für 30.000 Vbh
- ☐ Vergütung für 10 Jahre

☐ Kleine KWK-Anlage mit fabrikneuen Hauptbestandteilen (§ 5 Abs. 1 S. 1 Nr. 1 KWKG) > 50 kW

☐ KWK-Anlage > 2 MW mit fabrikneuen Hauptbestandteilen (§ 5 Abs. 2 KWKG)
- ☐ Anlage im Anwendungsbereich des Treibhaus-Emissionshandelsgesetzes

☐ Modernisierte KWK-Anlage (§ 5 Abs. 3 KWKG) bis 50 kW
- ☐ Vergütung für 15.000 Vbh
- ☐ Vergütung für 5 Jahre
- ☐ Vergütung für 30.000 Vbh (Modernisierungskosten ≥ 50 %)
- ☐ Vergütung für 10 Jahre (Modernisierungskosten ≥ 50 %)

☐ Modernisierte KWK-Anlage (§ 5 Abs. 3 KWKG) > 50 kW
- ☐ Vergütung für 15.000 Vbh (Modernisierungskosten ≥ 25 %)
- ☐ Vergütung für 30.000 Vbh (Modernisierungskosten ≥ 50 %)

☐ Nachgerüstete KWK-Anlage (§ 5 Abs. 4 KWKG)
- ☐ Vergütung für 10.000 Vbh (Nachrüstungskosten ≥ 10 %)
- ☐ Vergütung für 15.000 Vbh (Nachrüstungskosten ≥ 25 %)
- ☐ Vergütung für 30.000 Vbh (Nachrüstungskosten ≥ 50 %)

Bei Widersprüchen zwischen diesem Vertrag und dem Zulassungsbescheid der Anlage ist der Zulassungsbescheid maßgeblich.

Sonstiges/Anmerkungen:

____

____

____

Ort (Netzbetreiber), den	Ort (Anlagenbetreiber), den
Unterschrift des Netzbetreibers	Unterschrift des Anlagenbetreibers

IV. Anlage 3 – Lage- und Schemapläne für die KWK-Anlage und den Netzanschluss

Muster

11 **Anlage 3**

Lageplan für die KWK-Anlage und den Netzanschluss
– individuell anzupassen –

V. Anlage 4 – Inbetriebsetzungsprotokoll für eine KWK-Anlage

Muster
Anlage 4 12

Inbetriebnahmeprotokoll

Anlagenbetreiber

Fa./Name: ______________________
Straße: ______________________
PLZ, Ort: ______________________
Telefon: ________ /________________
Fax: ________ /________________
E-Mail: ______________________

Inbetriebnahme durch

Fa./Name: ______________________
Straße: ______________________
PLZ, Ort: ______________________
Telefon: ________ /________________
Fax: ________ /________________
E-Mail: ______________________

Anlage

Hersteller: ______________________
Typ: ______________________

Anlagenanschrift

Straße: ______________________
PLZ, Ort: ______________________

Anzahl baugleicher Einzelanlagen: _____

Zeitpunkt der Aufnahme des Dauerbetriebs: _____ /_____ /_____

Installierte elektrische Anlagenleistung: _____ Kilowatt

Einspeisung:
Verwendung von:
- ☐ Asynchrongenerator
- ☐ Synchrongenerator
- ☐ Wechselrichter

VI. Anlage 5 – Ansprechpartner und Datenaustausch

Muster

13 **Anlage 5**

Ansprechpartner und Datenaustausch

[ggf. kann es sich insbesondere bei größeren organisatorischen Einheiten anbieten, neben den im Datenblatt erfassten natürlichen Personen noch weitere Ansprechpartner gegenseitig zu benennen, um die Vertragsabwicklung zu erleichtern]

Anlagenbetreiber		**Netzbetreiber**	
Fa./Name:	______________	Fa./Name:	______________
Straße:	______________	Straße:	______________
PLZ, Ort:	______________	PLZ, Ort:	______________
Telefon:	_____ /________	Telefon:	_____ /________
Mobil:	_____ /________	Mobil:	_____ /________
Fax:	_____ /________	Fax:	_____ /________
E-Mail:	______________	E-Mail:	______________
Stellvertreter		**Stellvertreter**	
Fa./Name:	______________	Fa./Name:	______________
Straße:	______________	Straße:	______________
PLZ, Ort:	______________	PLZ, Ort:	______________
Telefon:	_____ /________	Telefon:	_____ /________
Mobil:	_____ /________	Mobil:	_____ /________
Fax:	_____ /________	Fax:	_____ /________
E-Mail:	______________	E-Mail:	______________

Alle Ansprechpartner sind während der Bürozeiten erreichbar.

C. Erläuterung

I. Aufbau des Vertragswerks

Systematisch ist das Vertragswerk in der Weise aufgebaut, dass der Anwender allein 14
durch Ergänzen der offenen Vertragsstellen (Leerstellen und Ankreuzen) und die Beifügung der Anlagen den Vertrag so individualisieren kann, dass die jeweiligen Sachverhalte vertraglich erfasst werden können (Vertragspartner, Anlagenart und -leistung, Anschlusssituation usw.). Bei den zu erhebenden Daten wurde darauf geachtet, dass insbesondere die Voraussetzungen für die oftmals sehr kompliziert gestaltete Vergütung umfassend dokumentiert sind. Die Verträge sind so gestaltet, dass für die Sachbearbeiter aus dem Vertrag heraus zu erkennen ist, welche Nachweise seitens des Anlagenbetreibers zu erbringen sind. Teilweise werden spezielle Nachweiserfordernisse ausdrücklich genannt, teilweise sollten Nachweise (nur) dann angefordert werden, wenn Zweifel an den Angaben in den Datenblättern bestehen.

Bestandteil des Vertrags werden die in den AGB getroffenen Regelungen nur, 15
wenn sie i. S. d. § 305 BGB wirksam **einbezogen** werden. Aus Gründen der Rechtssicherheit ist es zweckmäßig, dem Anlagenbetreiber bei Vertragsschluss eine Zweitschrift des gesamten Vertragswerks auszuhändigen.

Mit Abschluss des Vertrages auf Grundlage des Vertragsmusters ist das Rechts- 16
verhältnis zwischen Anlagenbetreiber und Netzbetreiber vollständig abgebildet. Der Abschluss weiterer Verträge ist nicht erforderlich.

Im Vertragsentwurf ist die Möglichkeit vorgesehen, auch **Technische Anschluss-** 17
bedingungen (TAB) als Anlage 6 zum Vertrag zu nehmen. Dies dürfte sich insbesondere dann anbieten, wenn in Ergänzung zu den üblichen TAB weitere Regelungen speziell für das betroffene Netz geschaffen worden sind. In diesem Fall sollten ggf. auch die Regelungen in 3.2. ff. der AGB in Bezug auf die eigenen TAB des Netzbetreibers angepasst werden.

Da sich der Anspruch des Anlagenbetreibers und damit korrespondierend die 18
Pflicht des zuständigen Netzbetreibers auf Anschluss der KWK-Anlage und Abnahme des KWK-Stroms aus dem Gesetz im Rahmen eines gesetzlichen Schuldverhältnisses ergeben, werden die Regelungen des Mustervertrags nicht von den Vorschriften des KWKG abweichen.

Das vom KWKG gesetzte Ziel der Förderung von KWK-Anlagen wird durch die 19
Anschluss-, Abnahme- und Vergütungspflicht des Netzbetreibers umgesetzt. Dementsprechend werden mit dem KWK-Anlagen-Vertrag diese Pflichten des Netzbetreibers aufgegriffen und geregelt. Die nachfolgenden Ausführungen umfassen die Anschluss-, die Abnahme- und Vergütungspflicht betreffend **KWK-Strom** aus KWK-Anlagen. Gegenstand der Ausführungen sind keine Ansprüche bzw. Verpflichtungen, welche Wärme- und Kältenetze sowie Wärme- und Kältespeicher betreffen.

II. Einzelne Regelungen im Mustervertrag und in den AGB

20 Die in der Anlage 1 dargestellten AGB gelten für den KWK-Anlagen-Vertrag und sind in jedem Fall beizufügen. Diese dienen dazu, den mit dem Anlagenbetreiber geschlossenen KWK-Anlagen-Vertrag zu ergänzen.

21 Im Folgenden wird auf die einzelnen Regelungen der AGB sowie des KWK-Anlagen-Vertrags eingegangen.

1. KWK-Anlage

22 Ausgangspunkt für die Prüfung der Voraussetzungen des Anschlusses einer **KWK-Anlage** und der Einspeisung von **KWK-Strom** ist die Frage, ob überhaupt eine KWK-Anlage vorliegt und es sich bei der erzeugten elektrischen Energie um KWK-Strom handelt.

23 Nach Ziff. 1 der AGB und Ziff. 2 des KWK-Anlagen-Vertrags muss es sich bei der stromerzeugenden Einheit um eine KWK-Anlage handeln. Hiermit ist zugleich der **Anwendungsbereich** des Vertrags und der AGB definiert. Der Gesetzgeber hat auf den Begriff der KWK-Anlage in § 3 Abs. 2 KWKG zwar Bezug genommen, eine abstrakte Definition fehlt jedoch an dieser Stelle. Stattdessen erfolgt hier eine **Aufzählung** bestimmter Anlagen, in denen Strom und Nutzwärme erzeugt werden, die grundsätzlich förderfähige KWK-Anlagen im Sinne des KWKG darstellen. Eine Beschreibung der Funktionsweise der jeweiligen Anlagen findet sich im Arbeitsblatt FW 308 der AGFW.[11]

24 Ungeachtet der Aufzählung von technischen Einrichtungen in § 3 Abs. 2 KWKG ist Voraussetzung für die Einordnung als KWK-Anlage, dass diese die Voraussetzungen und Anforderungen der **Kraft-Wärme-Kopplung** nach § 3 Abs. 1 KWKG erfüllt, mithin muss die Erzeugung von Strom und Nutzwärme gleichzeitig und in einer ortsfesten Anlage erfolgen.[12] An den Begriff der Kraft-Wärme-Kopplung knüpft das KWKG jedoch direkt nur in der Vorschrift des § 9 a Abs. 1 KWKG über den Herkunftsnachweis für Strom aus hocheffizienter Kraft-Wärme-Kopplung an. Diejenigen Vorschriften zur Anschlusspflicht und zur Abnahme- wie auch Vergütungspflicht knüpfen dagegen an die Begriffe der KWK-Anlage und des KWK-Stroms an, die wiederum jeweils nicht unmittelbar auf die Definition der Kraft-Wärme-Kopplung in § 3 Abs. 1 KWKG Bezug nehmen. Stattdessen ergänzen sich die Begriffe der Kraft-Wärme-Kopplung in § 3 Abs. 1 KWKG und der KWK-Anlage in § 3 Abs. 2 KWKG, indem die Definition der Kraft-

11 AGFW – Der Energieeffizienzverband für Wärme, Kälte und KWK e. V., AGFW-Arbeitsblatt FW 308, Ausgabe Juli 2011, S. 8 f., abrufbar unter http://www.agfw.de/service/fw-308.

12 Gerstner/*Gerstner*, Kap. 3 Rn 128 ff.

Wärme-Kopplung in den Begriff der KWK-Anlage hineinzulesen ist. Danach müssen also KWK-Anlagen die Anforderungen nach § 3 Abs. 1 KWKG erfüllen.[13]

Somit müssen in der Anlage **gleichzeitig elektrische Energie** (Strom) und **Nutzwärme** erzeugt werden. Die weitere Voraussetzung nach § 3 Abs. 1 KWKG, dass dieser KWK-Prozess in einer ortsfesten technischen Anlage erfolgt, hat hier die Funktion einer Klarstellung, dass die gleichzeitige Erzeugung von Strom und Wärme in einer Einrichtung stattfinden muss.[14] Aufgrund des Kriteriums der **Ortsfestigkeit** werden alle Gebäude sowie alle wesentlichen Bestandteile eines Grundstücks i. S. v. §§ 93, 94 BGB erfasst in Abgrenzung etwa zu KWK-Anlagen auf oder in Fahrzeugen.[15] 25

Neben der elektrischen Energie muss die eingesetzte Energie gleichzeitig in Nutzwärme umgewandelt werden.[16] Nach der Legaldefinition in § 3 Abs. 6 KWKG ist Nutzwärme die **aus einem KWK-Prozess ausgekoppelte Wärme**, die außerhalb der KWK-Anlage für die Raumheizung, die Warmwasserbereitung, die Kälteerzeugung oder als Prozesswärme verwendet wird. Dabei wird Wärme immer dann außerhalb der KWK-Anlage genutzt, wenn sie nicht für die Unterstützung des eigentlichen KWK Prozesses verwendet wird.[17] Hiervon ist etwa nicht solcher Strom erfasst, bei dessen Herstellung die Wärme ungenutzt an die Umgebung abgegeben wird (sog. Kondensationsstrom). Gleichwohl räumt Ziff. 2.1 der AGB dem Anlagenbetreiber das Recht zur Einspeisung auch von **Kondensationsstrom** ein. Die elektrische Energie und die Nutzwärme müssen zudem gleichzeitig in einer Anlage erzeugt werden; dies in Abgrenzung zu Wärme, die zwar im Umfeld der Anlage, aber nicht durch einen KWK-Prozess erzeugt wird.[18] 26

Um eine rechtssichere und eindeutige Einordnung einer Anlage als KWK-Anlage und damit als förderfähige Anlage zu gewährleisten, schreibt das KWKG in §§ 6 und 10 ein Zulassungsverfahren vor. Eine **Zulassung** i. S. v. § 6 Abs. 1 S. 1 KWKG ist Voraussetzung für den Anspruch auf Zahlung des Zuschlags auf den Abnahmepreis. Dieses Erfordernis ist in Ziff. 8 der AGB aufgegriffen. 27

2. Anschluss

In Übereinstimmung mit der Vorschrift des § 4 Abs. 1 S. 1 KWKG setzt Ziff. 3 des Vertrags die Verpflichtung des Netzbetreibers zum **Anschluss** der KWK-Anlage voraus. Diese Anschlussverpflichtung des Netzbetreibers bzw. der dem gegenüberstehende Anschlussanspruch regelt Ziff. 4 der AGB bzw. Ziff. 2 der AGB. 28

---

13 Gerstner/*Gerstner*, Kap. 3 Rn 119 ff.
14 Danner/Theobald/*Jacobshagen/Kachel*, § 3 KWKG Rn 3.
15 Danner/Theobald/*Jacobshagen/Kachel*, § 3 KWKG Rn 4.
16 Gerstner/*Gerstner*, Kap. 3 Rn 119 ff.
17 Danner/Theobald/*Jacobshagen/Kachel*, § 3 KWKG Rn 18.
18 Gerstner/*Gerstner*, Kap. 3 Rn 119 ff.

29 Die Vorschrift des § 4 Abs. 1 S. 1 KWKG verpflichtet den Netzbetreiber, die Anlagen anzuschließen und den in diesen Anlagen erzeugten Strom vorrangig abzunehmen.

30 Ausweislich des Wortlauts in § 4 Abs. 1 KWKG besteht der Anschlussanspruch (wie auch die Pflicht, den KWK-Strom vorrangig abzunehmen, zu übertragen und zu verteilen) nur bei **hocheffizienten KWK-Anlagen**. In der Begriffsbestimmung in § 3 Abs. 11 KWKG ist eine Definition nicht enthalten. Stattdessen verweist diese auf die Richtlinie 2004/8/EG.[19] Maßgeblich für die Einordnung einer KWK-Anlage als hocheffizient ist, dass diese gegenüber der getrennten Wärme- und Stromerzeugung **Primärenergie einspart**. Hierfür sind in den Anlagen II und III der Richtlinie die technischen und methodischen Vorgaben enthalten.

31 Der Anspruch des Anlagenbetreibers auf Anschluss seiner Anlage wird vom Netzbetreiber mit der **Herstellung und Aufrechterhaltung des Anschlusses** erfüllt. Die **technischen Bedingungen** des Anschlusses sind im KWKG nicht geregelt. Deren Ausgestaltung und wer hierfür zuständig ist, ergibt sich stattdessen aus § 19 EnWG i. V. m. mit § 20 NAV i. V. m. den technischen Vorschriften des Transmission Code bzw. Distribution Code und des Metering Code in ihrer jeweils gültigen Fassung.[20]

! **Hinweis**
Die technischen Vorschriften des **Transmission Code** bzw. **Distribution Code** und des **Metering Code** haben keinen Gesetzesrang. Vielmehr handelt es sich hierbei um eine Zusammenfassung der in den **Fachkreisen angewandten Standards**. Es gibt jedoch keine gesetzliche Verpflichtung zur Anwendung dieser technischen Regelwerke. Lediglich der Gesetzesbegründung nach sind diese zu berücksichtigen. Daraus ergibt sich im Sinne einer Vermutung, dass die technischen Mindestanforderungen grundsätzlich sachlich gerechtfertigt und nichtdiskriminierend (§ 19 Abs. 3 EnWG) sind, wenn sie mit den Anforderungen der „Codes" übereinstimmen. Diese Regelwerke können vor dem Hintergrund dieser **Vermutungswirkung** nur als Richtschnur wirken, wobei Abweichungen hiervon im Einzelfall aufgrund Besonderheiten der einzelnen Netze möglich sind.

---

32 Auch sind gem. § 49 Abs. 1 i. V. m. Abs. 2 Nr. 1 EnWG vom Anlagenbetreiber bestimmte Anforderungen bei der Errichtung und dem Betrieb der Energieanlagen unter Beachtung der allgemein anerkannten Regeln der Technik einzuhalten. Diese Vorgabe wird in Ziff. 3.1 der AGB aufgegriffen und konkretisiert. § 49 Abs. 2 Nr. 1 EnWG geht davon aus, dass die allgemein anerkannten Regeln der Technik als eingehalten vermutet werden, wenn die technischen Regeln des Verbands der Elektrotechnik Elektronik Informationstechnik e. V. eingehalten worden sind. Auch diese Vermutung ist nach Abs. 2 S. 1 widerlegbar.

---

19 RL 2004/8/EG v. 11.2.2004 – ABl. EU L 52 – S. 50.
20 BerlK-EnR/*Barbknecht*, § 19 EnWG Rn 50.

Hinweis !
Die Einhaltung der allgemein anerkannten Regeln der Technik kann den Betreiber einer Energieanlage in einem Schadensersatzprozess exkulpieren. Hinzukommt, dass sogar ein Haftungsausschluss bei Einhaltung der allgemein anerkannten Regeln in § 2 Abs. 1 S. 2 und S. 3 HPflG vorgesehen ist.

Die technischen Mindestanforderungen können noch weiter konkretisiert werden. 33
Je nach Anschluss an die Mittelspannungs- oder Niederspannungsebene kommen hierfür **Technische Anschlussbedingungen für den Anschluss an das Mittelspannungsnetz des BDEW**[21] und die **Richtlinie für Anschluss und Parallelbetrieb von Erzeugungsanlagen am Mittelspannungsnetz**[22] oder die **Technischen Anschlussbedingungen für den Anschluss an das Niederspannungsnetz des BDEW**[23] in Betracht. Hiervon wurde in den AGB in Ziff. 3.2 Gebrauch gemacht.

Neben der Frage, welche technischen Anforderungen beim Anschluss zu beachten sind, stellt sich auch die Frage, an welcher Stelle des Netzes des Netzbetreibers eine Anlage anzuschließen ist. Nach Ziff. 2.3 des KWK-Anlagen-Vertrages ergeben sich der Standort der Anlage, die Lage des Netzanschlusses und der Verknüpfungspunkt mit dem Netz des Netzbetreibers aus den Plänen der Anlage 3. 34

Durch den Verweis auf die §§ 8 und 9 EEG in § 4 Abs. 1 S. 2 KWKG erfolgt im Rahmen 35
der Anschlusspflicht eine vollständige Gleichstellung mit Erneuerbaren-Energien-Anlagen. § 8 EEG regelt dabei den **Netzverknüpfungspunkt**. Zur Bestimmung des Netzverknüpfungspunktes kann auf die Ausführungen dazu verwiesen werden.[24]

Im Zusammenhang mit dem Anschluss der Anlage bzw. dem gesetzlichen Netz- 36
verknüpfungspunkt stellt sich zugleich die Frage der **Kostenverteilung** hinsichtlich der für den Anschluss erforderlichen Maßnahmen. Hier hält Ziff. 3.4 des KWK-Anlagen-Vertrags eine Regelung bereit und greift damit die gesetzliche Regelung nach § 4 Abs. 1a KWKG auf. Nach dieser Vorschrift wird ungeachtet des Anwendungsbereichs der **KraftNAV** auf deren § 8 verwiesen. Die hier geregelte Kostenverteilung gilt für alle Neuanschlüsse und Anschlussveränderungen von KWK-Anlagen, sofern die Anschlussverpflichtung zum Tragen kommt. Hier ist anzumerken, dass aufgrund der (lediglich) entsprechenden Anwendung keine Aufteilung der Kosten zwischen Netzbetreiber und Anschlussnehmer stattfindet, sondern zwischen Netzbetreiber und

21 BDEW Bundesverband der Energie- und Wasserwirtschaft e. V., Technische Anschlussbedingungen für den Anschluss an das Mittelspannungsnetz (TAB Mittelspannung 2008), Ausgabe Mai 2008.

22 BDEW Bundesverband der Energie- und Wasserwirtschaft e. V., Technische Richtlinie Erzeugungsanlagen am Mittelspannungsnetz, Richtlinie für Anschluss und Parallelbetrieb von Erzeugungsanlagen am Mittelspannungsnetz, Ausgabe Juni 2008. Diese Richtlinie wird mittlerweile ergänzt durch: Regelungen und Übergangsfristen für bestimmte Anforderungen in Ergänzung zur technischen Richtlinie, gültig seit 1.1.2013.

23 BDEW Bundesverband der Energie- und Wasserwirtschaft e. V., Technische Anschlussbedingungen TAB 2007 für den Anschluss an das Niederspannungsnetz, Stand: Juli 2007, Ausgabe 2011.

24 Siehe Kap. 4.

Anlagenbetreiber. Nach § 8 KraftNAV wird nach mehreren Kategorien von Kosten differenziert: Zum einen trägt der Anschlussnehmer bzw. hier der Anlagenbetreiber die Kosten für die **Verbindungsleitung** zwischen der Erzeugungsanlage und dem Netzanschlusspunkt. Weiterhin trägt nach § 8 Abs. 2 S. 1 KraftNAV der Anschlussnehmer bzw. hier der Anlagenbetreiber die Kosten für die **Ertüchtigung des Netzanschlusspunktes** sowie für die Maßnahmen zum **Ausbau des Netzes**, soweit diese durch ausschließlich vom Anschlussnehmer bzw. hier vom Anlagenbetreiber genutzte Betriebsmittel verursacht sind und nicht etwa Anschaffungs- und Herstellungskosten von Betriebsmitteln, die in das Eigentum des Netzbetreibers oder von Dritten übergehen, betroffen sind. Kosten der Verstärkung des Netzes und Baukostenzuschuss trägt dagegen der Anschlussnehmer bzw. der Anlagenbetreiber nicht.

3. Abnahmeverpflichtung des Netzbetreibers

37 Die Regelungen der Ziff. 4.1 des KWK-Anlagen-Vertrags sowie der Ziff. 2.1 der AGB stehen vor dem Hintergrund der Verpflichtung des Netzbetreibers zur **Abnahme** des KWK-Stroms nach § 4 Abs. 1 S. 1 KWKG.

38 Laut § 4 Abs. 1 S. 1 KWKG sind Netzbetreiber verpflichtet, den erzeugten Strom auch **vorrangig** abzunehmen. Diese Verpflichtung besteht **gleichrangig** mit der entsprechenden Abnahmeverpflichtung nach dem **EEG**. Mit dem Kriterium der Vorrangigkeit stellt der Gesetzgeber einen Gleichlauf von KWK-Anlagen und EEG-Anlagen her. Diese Gleichstellung ist notwendig, um auch KWK-Anlagenbetreibern die erforderliche Investitionssicherheit zu bieten.[25] Vorrangigkeit meint daher, dass der Netzbetreiber den KWK-Strom vor dem aus nicht förderfähigen Anlagen stammenden Strom abnehmen muss. Dieses Vorrangigkeitsprinzip erstreckt sich auf sämtliche Schritte vom Anschluss über die Abnahme und Übertragung bis zu der vom Begriff der Übertragung umfassten Verteilung des KWK-Stroms.[26] Da das Vorrangprinzip für EEG- und KWK-Strom von sämtlichen Netzbetreibern der allgemeinen Versorgung einzuhalten ist, sind die Überschussstrommengen aus der Netzebene des aufnahmepflichtigen Netzbetreibers, die aus KWK- und/oder Erneuerbare-Energien-Anlagen stammen, auch von den dieser Netzebene vorgelagerten Netzbetreibern vorrangig physikalisch abzunehmen. Dies ergibt sich aus § 4 S. 2 KWKG, der den vorrangigen Netzzugang auf Engpässe im deutschen Übertragungsnetz und nicht lediglich auf die Netzebene des abnahmepflichtigen Netzbetreibers bezieht. Eine bilanzielle Abnahmeverpflichtung besteht jedoch für die vorgelagerten Netzbetreiber nicht.[27]

39 Nach § 4 Abs. 4 KWKG endet die Abnahmeverpflichtung des Netzbetreibers für KWK-Anlagen mit einer elektrischen Leistung von mehr als 50 kW, wenn auch

25 BT-Drucks. 16/8305, S. 16.

26 Gerstner/*Gerstner*, Kap. 4 Rn 227 ff.

27 Danner/Theobald/*Jacobshagen*/*Kachel*, § 4 KWKG Rn 33.

die Pflicht zur **Zuschlagszahlung** nach §4 Abs.3 S.1 KWKG endet. Demgegenüber besteht auch nach Ende der Abnahmepflicht die Anschlusspflicht fort, da §4 Abs.4 S.1 KWKG nur die Abnahme- und Vergütungspflicht ausdrücklich erfasst.

4. Vergütung

Die Vergütung für KWK-Strom setzt sich gem. §4 Abs.3 S.1 KWKG aus einem **Strompreis** und dem **KWK-Zuschlag** zusammen. Der **Zuschlag** hat die Funktion eines Ausgleichs der Differenz zwischen dem Marktpreis und den für die Wirtschaftlichkeit der entsprechenden Anlage erforderlichen Deckungsbeiträgen. Dauer und Höhe des Zuschlags ergeben sich aus §7 KWKG. Die vorrangige Anschluss- und Abnahmepflicht des Netzbetreibers nach §4 Abs.1 KWKG besteht unabhängig vom Anspruch auf den Zuschlag, §4 Abs.4 S.2 KWKG. Der **Marktpreis** wird vorrangig zwischen Netz- und Anlagenbetreiber **vereinbart**. Insofern besteht hier – anders als im EEG – ein **Verhandlungs- und Kontrahierungszwang**. Wird hierbei keine Einigung erzielt, ist gem. §4 Abs.3 S.2 KWKG der übliche Preis zu zahlen zuzüglich einer Vergütung für die vermiedenen Netznutzungsentgelte. In Übereinstimmung mit dieser gesetzlichen Bestimmung haben die Parteien nach Ziff. 6.1 des KWK-Anlagen-Vertrags durch das Setzen eines Kreuzchens die Wahl, einen individuellen Preis zu vereinbaren oder aber den üblichen Preis abzurechnen. Weiterhin hat der Anlagenbetreiber die Möglichkeit, seinen Strom an einen Dritten zu **vermarkten.** In diesem Fall ist der Netzbetreiber verpflichtet, den Strom zu den mit dem Dritten ausgehandelten Konditionen abzunehmen. Sodann hat wiederum der Netzbetreiber einen Anspruch auf Abnahme durch den Dritten, §4 Abs.3 S.4, S.5 KWKG, Ziff. 6.1 des KWK-Anlagen-Vertrags. Darüber hinaus besteht nach §4 Abs.2a KWKG die Möglichkeit des Anlagenbetreibers oder eines von ihm beauftragten Dritten zur Vermarktung des Stroms ähnlich der **Direktvermarktung** im EEG. Diese Option wird dem Anlagenbetreiber in Ziff. 6.1 des KWK-Anlagen-Vertrags ausdrücklich eingeräumt. 40

Der **KWK-Zuschlag** ist der **eigentliche Förderbetrag** des Netzbetreibers an den Anlagenbetreiber. Voraussetzung für die Zahlung des Zuschlags ist die **Zulassung** einer Anlage als KWK-Anlage gem. §6 KWKG, Ziff. 8.1 der AGB. Laut §4 Abs.3 S.1 KWKG sind zugelassene KWK-Anlagen zuschlagsberechtigt, die an das Netz angeschlossen sind und deren Strom in das Netz aufgenommen wurde. Weiterhin sind gem. §4 Abs. 3a KWKG solche Anlagen zuschlagsberechtigt, die nicht in ein Netz der allgemeinen Versorgung einspeisen, womit ein Anspruch auf den KWK-Zuschlag auch für **Eigenbedarf** bzw. die direkte Versorgung Dritter besteht. Hier ist zu erwähnen, dass die Eigenversorgung in das Förderregime des KWKG einbezogen ist.[28] Laut §3 Abs.10 S.3 KWKG ist **Eigenversorgung** die unmittelbare Versorgung eines Letztverbrauchers aus der für seinen Eigenbedarf errichteten Eigenanlage oder aus einer KWK- 41

28 BT-Drucks. 16/9469, S. 14 f.

Anlage, die von einem Dritten ausschließlich oder überwiegend für die Versorgung bestimmbarer Letztverbraucher errichtet und betrieben wird. Im Falle der Eigen- oder Drittversorgung trifft die Pflicht zur Zahlung des Zuschlags gem. § 4 Abs. 3a S. 2 KWKG den Betreiber des Netzes für die allgemeine Versorgung, mit dessen Netz die entsprechende KWK-Anlage unmittelbar oder mittelbar verbunden ist. Hier ist zu erwähnen, dass Netzbetreiber durch den Belastungsausgleich gem. § 9 KWKG entlastet werden.

42 Welche Anlagen **zuschlagsberechtigt** sind, ergibt sich aus § 5 KWKG. Danach wird u. a. nach der **elektrischen Leistung** und danach, ob es sich um **Neuanlagen, Ersatzanlagen oder modernisierte Anlagen** handelt, differenziert. Diese Differenzierung ist auch maßgeblich für die **Zuschlagshöhe** und die **Förderungsdauer** nach § 7 KWKG. Die Differenzierung nach Anlagentypen wird zur Bestimmung der Vergütungshöhe im Datenblatt, Anlage 2, aufgegriffen, wonach der Anlagenbetreiber entsprechend ankreuzen muss.

43 Hier ist beachtlich, dass es ein **Wahlrecht** zwischen **EEG- und KWK-Förderung** gibt. Zudem ist mit § 2 S. 2 KWKG eine anteilige finanzielle Förderung nach dem EEG nicht ausgeschlossen, sodass gegen eine Aufteilung des produzierten Stroms in solchen, der nach dem EEG gefördert wird, und solchen, der nach dem KWKG einen Zuschlag erhält, nichts spricht.[29] Nach der Vorschrift des § 2 S. 2 KWKG ist das KWKG nicht für KWK-Strom, der nach dem EEG finanziell gefördert wird, anwendbar. Hieraus folgt im Umkehrschluss, dass dies für im KWK-Prozess entstandene Wärme nicht gilt. § 2 Abs. 2 KWKG schließt daher nur eine Doppelvergütung bzw. -förderung von Strom aus.

44 Weiterer Bestandteil der Vergütung ist, wie oben bereits dargestellt, **das vermiedene Netzentgelt**, soweit dieses nicht schon im Strompreis inbegriffen ist, § 4 Abs. 3 S. 2 KWKG. Ausweislich der Ziff. 6.1 des KWK-Anlagen-Vertrags wird das vermiedene Netzentgelt zusätzlich gezahlt. Hintergrund hierfür ist, dass der Vorteil, der durch die dezentrale Einspeisung generiert wird, bei den dezentralen Einspeisern verbleibt.[30]

45 Zur **Fälligkeit der Vergütung** ist in der Vorschrift des § 4 KWKG keine Regelung enthalten. Jedoch können ausweislich der Regelung des § 8 Abs. 4 KWKG vor Vorlage der Abrechnung bzw. bei kleinen Anlagen vor Vorlage der Mitteilung **monatliche Abschlagszahlungen** verlangt werden, wenn die Anlage zugelassen ist oder der Antrag auf Zulassung gestellt worden ist. Daher ist der Anspruch auf Vergütung mit Vorlage dieser Abrechnung bzw. der genannten Mitteilung fällig.

46 Nach Ziff. 8.2 der AGB ist im Rahmen der Vergütung des eingespeisten Stroms die Abrechnung im Wege des **Gutschriftverfahrens** durch den Netzbetreiber möglich.

---

29 Gerstner/*Lünenbürger*, Kap. 5 Rn 374.
30 Gerstner/*Lünenbürger*, Kap. 5 Rn 377 ff.

Praxistipp
Seit dem 30.6.2013 muss die Rechnung, die im Gutschriftverfahren ausgestellt wird, gem. § 14 Abs. 4 Nr. 10 UStG zwingend die Angabe „Gutschrift“ enthalten.

Der Anspruch auf Vergütung endet bei Strom aus Anlagen mit einer elektrischen Leis- 47
tung größer als 50 kW mit dem **Ende des Anspruchs auf Zuschlagszahlung.** Mit dem Wegfall des Zuschlagsanspruchs besteht auch kein Anspruch auf Vergütung in Höhe des marktüblichen Preises nach § 4 Abs. 3 S. 2 KWKG, Ziff. 6.1 der AGB. Es bleibt dem Anlagenbetreiber in diesem Falle lediglich der Anspruch auf **physische Aufnahme des KWK-Stroms** durch den Netzbetreiber sowie auf vorrangigen Netzzugang. Im Umkehrschluss aus § 4 Abs. 4 S. 1 KWKG behalten **kleine Anlagen** mit einer Leistung bis einschließlich 50 kW auch nach Wegfall des Anspruchs auf Zuschlagszahlungen den Vergütungsanspruch des KWKG, der sich damit nur noch aus dem vereinbarten Preis für den KWK-Strom gem. § 4 Abs. 3 KWKG zusammensetzt.

Stichwortverzeichnis

Die Zahlen und Buchstaben in Fettdruck beziehen sich auf die Kapitel des Werkes, die Ziffern beziehen sich auf die Randnummern innerhalb der Kapitel.

D

E

O

P

R

S

T